Collection
Le Patrimoine des
Communes de France

F L O H I C
— EDITIONS —

Le Patrimoine des Communes du Bas-Rhin

Tome I

COLLECTION DIRIGÉE PAR
Jean-Luc Flohic

RESPONSABLE ÉDITORIALE
Muriel Vandeventer

RESPONSABLE DE L'ÉDITION
Sophie-Dorothée Delesalle

RESPONSABLE RÉDACTIONNELLE
Raphaële Vidaling

RESPONSABLE DE LA CHAÎNE GRAPHIQUE ET DU MULTIMÉDIA
Christian Olles
En collaboration avec Thierry Thibault

RECHERCHE ET COORDINATION ÉDITORIALE
Jocelyn Wolff
Corinne Botella, Corinne Bouvier et Marie-Charlotte Furiet

COORDINATION RÉDACTIONNELLE
Sophie Michiels
En collaboration avec
Audrey Dal Bo, Virginie Gazon, Anne-Laure Jourdain, Claire Lemoine, Éva Lovato, Gilles Plum et Stéphanie Zweifel
Avec la participation Frédérique Berthet, Sébastien Cerisier, Alice Gaudiard, Karine Lebossé, Matthieu Lebreton, Claire Nau, Agnès de Queiroz, David Reneault, Jérôme Saliou, Nathalie Sarrabezolles, Juliette Souchon, Audrey Stavrevitch et Agnès Thomas

SECRÉTARIAT D'ÉDITION
Astrid Desbordes, Anne-Élisabeth Fournié et Delphine Mousset
Avec la participation de Cécile Allemand et Véronique Delétoille

CONTRÔLE ICONOGRAPHIQUE
Audrey Hette
Ainsi que Guylène Constable et Anne Silve

MAQUETTE PAO
Céline Boury, Anne-Marie Bretagne, Sylvie Guth, Myriam Hossain et Rémy Toulouse
Ainsi que Lysiane Brusselle, Médiamax et Quetzal Grafic

INFOGRAPHIE
Steve Colas
Virginie Cotica, Renaud Courtecuisse et Jean-Marc Launay

ADMINISTRATEUR BASE DE DONNÉES
Sylvain Morat

ISBN : 2-84234-055-8

COLLABORATION RÉDACTIONNELLE ET PHOTOGRAPHIE PAR CANTON

CANTON DE BARR
Nicolas et Sylvie Mengus
Raphaël Chipault

CANTON DE BENFELD
Caroline Lang
ainsi que Robert Muckensturm
Samuel Jouglet

CANTON DE BISCHHEIM
Jean-Pierre Zeder
Valéry Antsychkine

CANTON DE BISCHWILLER
Christian Gunther
Christian Creutz

CANTON DE BOUXWILLER
Robert Bittendiebel
ainsi que Frédéric Luckel, musée de l'Image populaire de Pfaffenhoffen, Joëlle Gasser-Dossmann, refuge fortifié de Dossenheim-sur-Zinsel
Hatem Bali

CANTON DE BRUMATH
Marcel Antoni
ainsi que Michel Knittel
Valéry Antsychkine

CANTON DE DRULINGEN
Bernard Klein
Rudolf Dejean

CANTON D'ERSTEIN
Liane Holfert
Valéry Antsychkine

CANTON DE GEISPOLSHEIM
Marie-Line Maurice
Yves Breton

CANTON DE HAGUENAU
Jean-Paul Grasser
ainsi que Pia Wendling, Musée alsacien et Musée historique de Haguenau, et Pierre Paille, musée du Pain d'Uhrwiller
Stéphane Gasser

CANTON DE HOCHFELDEN
François Entz et les membres de l'ARCHE
Valéry Antsychkine

CANTON D'ILLKIRCH-GRAFFENSTADEN
Jean-Marie Zugmeyer
Olivier Luttringer

CANTON DE LAUTERBOURG
Antoine Rauscher
ainsi que Valérie Loux et Charles Krieger
Christian Melaye

CANTON DE MARCKOLSHEIM
Michel Knittel
Paul Meursault

CANTON DE MARMOUTIER
Gérard Pérals
Samuel Jouglet

CANTON DE MOLSHEIM
Grégory Oswald
Yves Breton

CANTON DE MUNDOLSHEIM
Jean-Marie Holderbach et Didier Metz
ainsi que Georges Riedinger
Christian Melaye

CANTON DE NIEDERBRONN-LES-BAINS
Jeannie Del Grande
ainsi que Pascal Prévost, maison de l'Archéologie des Vosges du Nord, Frédéric Luckel, Maison du village d'Offwiller, Bernard Rombourg, et le musée du Fer de Reichshoffen,
François Doury

CANTON D'OBERNAI
Jacques Preiss, Jean-Paul Bailliard et François Kieffer
Stéphane Régnier

CANTON DE LA PETITE-PIERRE
Jean-Marie Rudrauff
ainsi que Michel Schiller, musée du Sceau alsacien et musée des Arts et Traditions de La Petite-Pierre, et Joëlle Gasser-Dossmann, maisons troglodytiques de Graufthal
Michel Dhainaut

CANTON DE ROSHEIM
Jean-Paul Bailliard
ainsi que Jacques Preiss et Jean-Marie Gyss
Stéphane Régnier

CANTON DE SAALES
Marie-Thérèse Fischer, Paul Vogel et les membres de l'association Environnement et Culture
Stéphane Gasser

CANTON DE SARRE-UNION
Jacques Wolff
Stéphane Gasser et Rudolf Dejean

CANTON DE SAVERNE
Henri Heitz et Georges Lévy
ainsi que Harry Franz, Tour de l'ancien télégraphe Chappe
Rudolf Dejean

CANTON DE SCHILTIGHEIM
Pierre Georges
Jean-Louis Hess

CANTON DE SCHIRMECK
Pierre Hutt et Marie-Thérèse Fischer
ainsi que Jean-Marie Holderbach, site du Donon
Anne Immelé et Philippe Paret

CANTON DE SÉLESTAT
Daniel Millius
ainsi que François Schleret (†) et Hubert Meyer, bibliothèque humaniste de Sélestat
Emmanuel Janin, Stéphane Régnier et Rudolf Dejean

CANTON DE SELTZ
Jean-Pierre Dentinger
Thomas Dupaigne

CANTON DE SOULTZ-SOUS-FORÊTS
Alain Boos
Denis Canguilhem

CANTONS DE STRASBOURG
Guy Bronner (origines et Moyen Âge)
François Kieffer (Renaissance et Ancien Régime)
Gérard Ulrich (XIXe siècle français)
Denis Durand de Bousingen (Reichsland)
Jean-François Wolff (XXe siècle)
ainsi que :
Valérie Ancel, musée de Sismologie,
Cécile Dupeux, musée de l'Œuvre-Notre-Dame,
Jean-Louis Faure, musée des Beaux-Arts,
Jean-Claude Gall, collections de paléontologie,
Anny-Claire Haus, cabinet des Estampes,
Elisabeth Lang et Marie Dominique Vandhammer, musée zoologique de l'Université et de la Ville de Strasbourg,
Denis Leypold, musée de Minéralogie,
Louis Ludes,
Jean-Yves Mariotte, archives municipales,
Étienne Martin, musée des Arts décoratifs,
Michel Martinez, Françoise Barré, Franck Storne, Marie-Laure Ingelaere, département alsatique et patrimoine de la Bibliothèque nationale universitaire de Strasbourg,
Théodore Rieger,
Bernadette Schnitzler, Musée archéologique,
Malou Schneider, Musée alsacien,
Henri Sick, institut d'Anatomie normale,
Christian Wolff, archives départementales
Stéphan Lucas et Stéphane Régnier

CANTON DE TRUCHTERSHEIM
Albert Lorentz et Maurice Ruch
Olivier Luttringer et Christian Melaye

CANTON DE VILLÉ
Christian Dirwimmer
Pierre Moign

CANTON DE WASSELONNE
Pierre-Valentin Blanchard et Robert Bernhardt
Ainsi que Marie-Hélène David, Bernard Haegel, Stéphane Helbourg, Gustave Koch, Jacques Rapp, Robert Scheer, Bernard Schmitt et Herbert Schwartz
Valéry Antsychkinc

CANTON DE WISSEMBOURG
Bernard Weigel
Yann Rossignol et Valéry Antsychkine

CANTON DE WŒRTH
Othon Dahl et Hubert Walther
ainsi que Alphonse Atzenhoffer, Jean-Michel Weiss, René Schelmanns, Denise Michel et Lilly Guyonnet
François Doury et Stéphane Régnier

NOUS REMERCIONS POUR LEUR COLLABORATION

M. Howiller, directeur en chef,
et M. Hirn, directeur commercial
des *Dernières Nouvelles d'Alsace*

AVANT-PROPOS

Aborder un département à travers son patrimoine est pour nous un moyen de rendre compte de la spécificité d'un territoire, à partir des traces que les hommes y ont laissées. Le patrimoine, au sens étymologique, rassemble les biens que nous ont transmis les « pères » et que nous avons aujourd'hui entre les mains. Les trois parties de cette définition nous intéressent :

– la démarche considère des « biens », du moins des marques tangibles (édifices, objets, archives), à la fois comme objets qui trouvent leur fin en soi, et comme témoins d'une civilisation,

– la « transmission » de ces éléments nous préoccupe tout autant que leur origine : nous sommes attentifs au parcours qu'ils ont effectué à travers des époques, des styles artistiques, des courants de pensée,

– ces éléments sont « entre nos mains » : directement concernés par cet héritage culturel qui nous façonne, nous abordons le patrimoine sans faire l'apologie du passé. La multiplicité des approches, aussi bien historiques, architecturales, artistiques que sociologiques, permet une pluralité de points de vue.

L'originalité de cet ouvrage consiste donc à traiter les éléments à la fois pour eux-mêmes, en tant qu'unités signifiantes cohérentes, et au sein d'un territoire, en tant que jalons d'une histoire. Cette double destination de chaque notice est avant tout le garant de notre objectivité. Présenter l'élément dans sa singularité, c'est aussi respecter l'exception, la nuance, la différence ; refuser d'aplanir les vagues de l'histoire, de niveler les courants artistiques ou de simplifier l'identité d'une communauté. Rassembler ces éléments par commune, c'est permettre au lecteur d'entrevoir la particularité d'un territoire, dans sa continuité comme dans ses ruptures.

De plus, notre approche est systématique : chaque commune est recensée, dans un souci de traiter du patrimoine aussi bien civil, religieux ou artistique que militaire, agricole, archéologique ou industriel. Chaque type d'élément y trouve sa place, des objets familiers aux collections uniques, des bâtiments usuels, caractéristiques d'une époque, aux constructions exceptionnelles.

Au cours d'une réflexion que nous menons depuis une dizaine d'années, nous avons défini un cadre éditorial pour élaborer une collection d'ouvrages de référence : nous recueillons des informations d'une part auprès de collaborateurs rédactionnels – chercheurs, historiens, érudits locaux, conservateurs de musée –, d'autre part au moyen d'une investigation bibliographique. Par ailleurs, nous avons fait le choix d'arrêter le corpus aux années 1960, pour conserver le recul nécessaire à la reconnaissance objective.

La banque de données collectées dans chaque département s'inscrit dans le projet de couvrir la France entière, et l'information publiée ici sera bientôt disponible sous forme multimédia. Notre vaste enquête n'est cependant qu'un point de départ pour constituer ensemble un recensement qui pourra être enrichi chaque jour. Nous espérons qu'il suscitera de nombreuses réactions, qui feront évoluer notre travail.

SOMMAIRE GÉNÉRAL

Les textes et illustrations portent un code propre aux Éditions Flohic et composé à partir du numéro du département, 67.

INDEX DES COMMUNES

Le Bas-Rhin

ARRONDISSEMENTS

- HAGUENAU
- MOLSHEIM
- SAVERNE
- SÉLESTAT
- STRASBOURG
- STRASBOURG-CAMPAGNE
- WISSEMBOURG

Wissembourg
Lauterbourg
Wœrth
Soultz-
sous-Forêts
Seltz
Niederbronn-
les-Bains
Sarre-Union
Drulingen
La Petite-
Pierre
Bouxwiller
Haguenau
Bischwiller
Saverne
Hochfelden
MOSELLE
Brumath
Marmoutier
Truchtersheim
Bischheim
Schiltigheim
ALLEMAGNE
Wasselonne
Mundolsheim
Strasbourg
Molsheim
Illkirch-
Graffenstaden
MEURTHE-
ET-MOSELLE
Geispolsheim
Rosheim
Schirmeck
Obernai
Erstein
Saales
Barr
Benfeld
Villé
VOSGES
Sélestat
Marckolsheim
HAUT-RHIN

Les Juifs arrivent en Alsace dès le début de l'ère chrétienne, avec les légions romaines dont ils assurent l'intendance ; ils s'installent à proximité des camps romains, qui donneront naissance aux villes, et y exercent tout l'éventail des activités agricoles, artisanales et commerciales, sur un pied d'égalité avec les autres communautés.

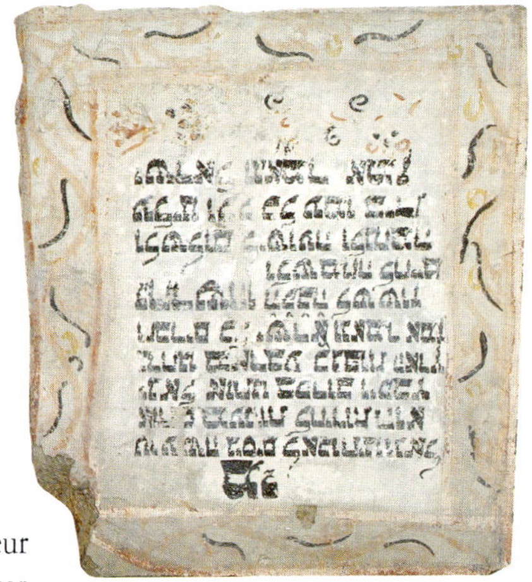

INSCRIPTION EN HÉBREU
1724 – Traenheim

Les persécutions commencent au Xe siècle, avec les croisades. L'empereur germanique, pour leur assurer une certaine protection, en fait des « serfs de la chambre impériale », en les assujetissant au paiement de lourdes redevances. Mais par la suite, pour s'assurer la fidélité de ses vassaux, l'empereur leur concède le droit de réception et de protection des juifs sur leurs terres, qui en raison des redevances s'avère fort lucratif. En outre, les juifs sont petit à petit soumis à de multiples restrictions de leurs droits : interdiction de posséder de la terre, d'utiliser de la main-d'œuvre non juive, d'entrer dans une corporation d'artisans ou de marchands. Enfin, après la Grande Peste du milieu du XIVe siècle, dont les juifs sont rendus responsables, la plupart des villes d'Alsace leur interdisent la résidence dans leurs murs.

À partir du XVe siècle, le judaïsme alsacien devient donc un judaïsme presque exclusivement rural : dans le Bas-Rhin notamment, les juifs forment des communautés de faible importance, implantées dans des villages ou bourgs, où ils sont entièrement dépendants de l'arbitraire du seigneur local. Écartés des activités agricoles et artisanales, et même du commerce en boutique, ils prennent en main tout le commerce rural. Quelques rares privilégiés assurent le ravitaillement des troupes en campagne – en vivres, fourrage, chevaux, sellerie, équipements divers –, et deviennent riches. D'autres assurent le gros commerce rural : bestiaux, cuirs et peaux, grains, et arrivent, au prix d'un dur travail quotidien, à vivre correctement. Mais la grande majorité doit pour survivre se limiter au petit commerce ambulant : colportage de tissus, de vaisselle, de mercerie, de petit outillage, ou à des activités de récupération : friperie, ferraille. Ces juifs vivent à la limite de l'indigence et font preuve d'une imagination débordante pour subsister, en récupérant des plumes et du duvet d'oie pour le bourrage des édredons, des os dans les abattoirs, en les cuisant pour fabriquer soit du noir animal, soit de la colle d'os très prisée par les ébénistes, en cueillant et brûlant des fougères afin de récupérer les cendres utilisées dans le trempage du linge avant la lessive.

SYNAGOGUE
XIVe-XIXe siècles – Cour du Château – Ingwiller

CIMETIÈRE JUIF
Rosenwiller

La plupart des juifs ne deviennent pas riches, mais certains, par le commerce, parviennent à disposer d'un peu d'argent liquide, et en l'absence d'un système bancaire, deviennent prêteurs d'argent. Mais compte tenu de la précarité de leur situation, ils hésitent à s'engager à long terme : les prêts sont le plus souvent de faible importance et à courte échéance ; ils permettent aux paysans de faire la soudure entre deux récoltes. Mais cette activité engendre des tensions avec le monde chrétien : beaucoup de paysans éprouvent des difficultés à rembourser ; en outre, les bourgeois chrétiens pratiquent aussi le prêt d'argent, souvent sous des formes déguisées pour ne pas se mettre ouvertement en conflit avec l'église, et voient les juifs comme des concurrents qu'il faut discréditer auprès de la clientèle éventuelle.

CONSOLE D'ANCIENNE SYNAGOGUE
1752 – Obernai

Ces conditions ont fortement marqué le judaïsme alsacien. Au sein du village, la communauté juive forme un petit monde isolé : dans un milieu hostile, la solidarité est l'un des facteurs essentiels de survie ; les prescriptions rituelles, notamment dans le domaine alimentaire, interdisent une convivialité un peu développée avec les non-juifs. Mais les membres de cette communauté ont, par leurs activités commerciales, un contact permanent avec le monde chrétien : le juif devient, pour beaucoup de villageois, un ami, sinon du moins un confident et un conseiller écouté. Beaucoup de paysans ne font une transaction, ne marient un de leurs enfants qu'après avoir recueilli l'avis de « leur juif ». Le juif alsacien a donc acquis une ouverture sur le monde non juif que n'ont pas su se créer les juifs vivant en ghetto. Par ailleurs, l'antagonisme entre la vie communautaire et la vie individuelle des juifs conduit les paysans alsaciens à considérer que les Juifs sont un peuple épouvantable composé de gens individuellement « très bien ».

La vie communautaire exige la présence de certains équipements : bain rituel pour les ablutions de purification, boucherie pour la production de viande cachère, boulangerie pour la fabrication des pains azymes pour la Pâque. Mais les juifs n'ont pas le droit de construire un édifice de culte : la synagogue n'est en général qu'une pièce assez vaste dans une maison particulière. Ils n'ont pas non plus le droit de créer des cimetières n'importe où. Les quelques cimetières autorisés sont donc des nécropoles où sont ensevelis les défunts de plusieurs communautés. Ces cimetières, ainsi que quelques rares bains rituels, sont les seuls témoins de la vie des communautés juives rurales d'Alsace avant la Révolution française.

MIQVÉ
XVIIIe siècle – Bischheim

La Révolution française, en accordant aux juifs la citoyenneté en 1791, va amorcer une évolution. Les juifs peuvent s'installer de nouveau dans les villes, et les communautés urbaines se créent et se développent très rapidement, alors que les communautés rurales stagnent ou se développent plus lentement. Sur le plan professionnel, peu de juifs deviennent paysans ou artisans. En Alsace, les terres sont rares, et rares sont les artisans chrétiens prêts à accueillir un apprenti juif. Aussi le commerce reste l'activité principale, le colportage étant progressivement remplacé par l'ouverture de magasins, pendant que certains s'orientent vers l'industrie ou les professions libérales. Ainsi le fripier ouvrira-t-il un magasin de confection, le ferrailleur deviendra-t-il quincaillier, le brûleur de fougères deviendra-t-il savonnier.

Les communautés juives tant rurales qu'urbaines profitent de leurs droits pour édifier en premier lieu des synagogues. D'abord bâtiments discrets, n'attirant pas l'attention, ces synagogues vont progressivement devenir plus voyantes, pour tenir leur rang à côté des églises et des temples. Les communautés se dotent aussi de cimetières plus proches des lieux de résidence. Il en résulte l'existence, dans le Bas-Rhin notamment, d'un patrimoine funéraire juif très abondant, mais dont l'ancienneté ne dépasse que très rarement deux siècles.

ANCIENNE AUBERGE JUIVE
XVIIIe siècle – Niedernai

À partir du milieu du XIXe siècle, les juifs quittent progressivement les communautés rurales pour s'installer en ville. Cette évolution s'accélère au début du XXe siècle, et l'occupation allemande de 1940 à 1945 la parachève. Aujourd'hui, le judaïsme rural alsacien a disparu pour faire place à un judaïsme exclusivement urbain. Mais il a conservé son esprit d'ouverture sur le monde non juif, qu'il a développé au cours de plusieurs siècles de vie dans la campagne alsacienne.

Pierre KATZ

LE BAS-RHIN, PAYS DES ORGUES

En 1844 déjà, le célèbre facteur d'orgues français Aristide Cavaillé-Coll écrivait à propos de l'Alsace : « C'est le pays des orgues. C'est l'inverse de la France : il y a plus d'orgues que de pianos ». En 1999, ce jugement serait toujours valable.

Les recensements du patrimoine historique, artistique et touristique français ont attiré l'attention sur le réseau d'orgues le plus dense de France, et peut-être d'Europe. Dans le seul Bas-Rhin, on dénombre environ huit cent cinquante de ces instruments, au moins un par commune – n'eût-elle que cent habitants–, et souvent deux voire trois. À Strasbourg, on en a recensé quatre-vingt-onze. Ces chiffres doivent être appréciés par comparaison. La région PACA (Provence-Alpes-Côte d'Azur), avec six départements et des villes aussi importantes que Nice, Cannes ou Toulon, ne totalise que trois cent soixante-douze orgues. Les exemples pourraient être multipliés. De plus, les instruments du Bas-Rhin sont pratiquement toujours de valeur, et seraient facilement classés monuments historiques dans des régions plus dépourvues. Il n'y a pas dans le Bas-Rhin – et il n'y en a jamais eu – de ces produits de grande série, livrés en kit préharmonisé en usine (« Fabrikorgeln »). Dans un certain nombre de cas, le buffet est le seul élément subsistant de l'orgue « historique ». La mécanique et le matériel sonore de l'instrument ont évolué avec le temps et les modes. Le résultat s'apprécie durant les offices religieux ou lors des nombreux concerts du département.

ORGUE
1717 – Facteur : Pierre Delorme – Église Saint-Georges – Sarre-Union

ORGUE
1712 – Facteur : Johann Georg Rohrer
Église Saint-Michel – Weiterswiller

Enfin, sauf rarissimes exceptions, les orgues du Bas-Rhin sont en parfait état et présentés dans des écrins qui mettent ces joyaux en valeur, les églises et chapelles d'Alsace se distinguant par une décoration et un entretien impeccable.

Les instruments les plus connus sont ceux de Strasbourg, une ville qui offre une prestigieuse et complète palette, du baroque au contemporain, en passant par le romantisme, les André Silbermann authentiques de

Marmoutier et d'Ebersmunster, et aussi toute une série d'excellents Jean-André Silbermann restaurés à l'identique. Mais certains chefs-d'œuvre récents sont aussi à découvrir, comme, parmi bien d'autres, l'orgue Marc Garnier de Rosenwiller, celui de Gaston Kern à Steinbourg, ou encore l'Aubertin de Saessolsheim. En effet, et par-delà les classiques qui méritent un détour, il y a dans le Bas-Rhin la possibilité de passionnants repérages en des domaines quelque peu délaissés par les historiens de l'art. Un buffet, à Bischoffsheim, est la copie de celui de l'église de la Madeleine à Paris ; un autre fait partie du « modèle » de la dynastie des Stiehr dont on peut repérer, à travers les pittoresques villages et bourgs ruraux, les variations, conférant un supplément d'intérêt inédit à maint voyage à ambition artistique ou tout simplement touristique.

DES FACTEURS CÉLÈBRES

Les organiers installés dans le Bas-Rhin ont toujours compté parmi les meilleurs d'Europe. Au XVIIIe siècle, André Silbermann (1678-1734) et son fils Jean-André (1712-1783) sont à l'orgue ce que Stradivarius est au violon. De nos jours, les principales entreprises d'Alsace spécialisées dans ce domaine sont localisées dans le Bas-Rhin. Elles restaurent, construisent ou réparent, et environ cent salariés y vivent de cet artisanat, ce qui constitue la moitié de la profession française. Les manufactures Daniel Kern et Mühleisen à Strasbourg, Gaston Kern à Hattmatt, Koenig à Sarre-Union, Alfred Wild à Gottenhouse, ou Remy Mahler à Pfaffenhoffen exportent hors de la région, et en divers pays d'Europe, mais aussi vers le Japon, où ils jouissent d'une excellente réputation. Un centre de formation d'apprentis à la facture d'orgues (CFA), unique en France, est implanté à Eschau (Bas-Rhin).

ORGUE
Facteur : Callinet
1780-1844-1887 – Église Saint-Étienne – Wolxheim

UNE POPULATION ATTACHÉE À SES ORGUES

La construction ou la restauration d'un orgue est financièrement dispendieuse, puisqu'un instrument d'église revient à 600 000 francs s'il est petit et que ce prix peut doubler ou tripler pour un orgue plus prestigieux. Les habitants financent ces constructions et ces rénovations, consentant des sacrifices pour leurs édifices cultuels difficiles à imaginer dans la plupart des autres régions françaises.

UN NOMBRE EXCEPTIONNEL DE PRATIQUANTS

Deux mille organistes ont été recensés en Alsace, c'est-à-dire dans deux départements et mille communes environ. Ils rassemblent autour de « l'instrument roi » près de mille chorales, soit plus de trente mille pratiquants. Dans les trois conservatoires de Strasbourg, de Colmar et de Mulhouse, il existe six classes d'orgue réunissant plus de soixante-dix étudiants. Une école diocésaine d'orgue catholique regroupe vingt-cinq professeurs et trois cents élèves. Une école d'orgue protestante compte vingt professeurs et cent vingt élèves. Il existe aussi des classes d'orgue

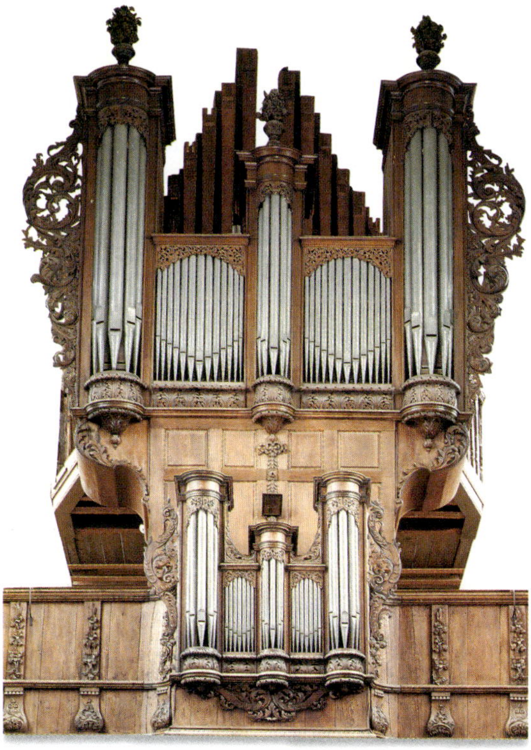

ORGUE
1710-1746 – Facteurs : André et Jean Silbermann
Église Saint Étienne – Marmoutier

dans les écoles municipales de musique, ainsi que de nombreux groupements associatifs d'Amis de l'Orgue, qui animent les instruments par des concerts, des visites et des cours pour organistes. Ils s'occupent également des restaurations en organisant des collectes de fonds et des actions de sensibilisation auprès du public.

UN CENTRE EUROPÉEN DE L'ORGUE À MARMOUTIER

Depuis 1992, un centre européen de l'orgue est en voie de mise en place à Marmoutier pour faire connaître et reconnaître cette spécialité hors du commun. C'est l'Alsacien Albert Schweitzer qui en est le père spirituel. Dans un écrit de 1927, il a donné le sens profond du projet en voie de réalisation, qui est d' « abolir le rempart qui sépare l'art organistique français et allemand, afin que la symbiose entre les deux courants spirituels donne naissance à une vie nouvelle, de ce côté-ci de la frontière comme aussi de l'autre ».

Cette institution bénéficie, sur le plan national, européen et transfrontalier, du soutien des pouvoirs publics et de mécènes.
Grâce à une situation géographique au point de convergence de circuits touristiques et artistiques divers, le Centre européen de Marmoutier ambitionne de devenir un centre de recherches et de documentation sur l'orgue, une vitrine de la facture d'orgue du Rhin supérieur et de ses entreprises, ainsi que le support scientifique et logistique d'un tourisme culturel consacré à l'orgue, le lieu d'expositions muséales et pédagogiques permanentes et temporaires sur l'orgue et les métiers de la facture d'orgue, le siège d'une médiathèque et d'une librairie sur l'orgue, le centre logistique de la mise en place, de la gestion et de l'animation d'une « route transfrontalière des orgues du Rhin supérieur », une académie de musique pour « Masterclass », proposant des stages, et un foyer de manifestations musicales, incluant, entre autres, festivals d'été et cycles de concerts.

Marcel THOMANN
Président du Centre européen de l'orgue de Marmoutier

ORGUE
1847-XXe siècle – Facteur : Stiehr-Mockers
Église protestante – Langensoultzbach

La bière est introduite en Alsace dès l'âge du fer, avec l'arrivée des Celtes. Jusqu'aux alentours de l'an mille, le brassage de la bière incombe à la femme de la maison, d'où l'appellation de Hausbrauerei, brasserie ménagère. Toutefois, dès le IXe siècle, de nombreux monastères se dotent d'une brasserie, la fabrication de la bière revenant moins cher que celle du vin ; elle peut donc être distribuée en plus grande quantité aux pèlerins de passage. Dès le Xe siècle, le jus d'orge, alors miellé et enrichi d'épices, se diffuse donc grâce aux moines-brasseurs, qui officient dans les abbayes et qui font commerce de leur production de Wissembourg à Pfaffenhoffen, via le chapitre des chanoines de la cathédrale de Strasbourg.

FOUR À SOUFRER
Début du XXe siècle – Graineterie

La bière séduit le peuple, alors que le vin reste une boisson prisée des riches et des nobles. Elle jouit d'une mauvaise réputation : toujours considérée comme la boisson des Barbares, elle est diabolisée par l'église catholique. D'autre part, une concurrence artisanale et laïque se fait jour dans les cités. Les moines abandonnent alors sa fabrication et se tournent vers la viticulture. Recueillie par les protestants au moment de la Réforme, la bière trouve en Luther, marié à une brasseuse, un fervent défenseur, qui proclame dogmatiquement que le brasseur sert Dieu et l'économie en réussissant sa vie professionnelle, avec pour prix de son labeur la sueur de l'orge : « Vinum est donatio Dei, cerevesia traditio humana », « Le vin est un don de Dieu, la bière, une tradition humaine ».

En 1259, un dénommé Arnoldus installe à Strasbourg, impasse de la Bière, la première brasserie roturière et citadine en terre alsacienne. Suivant son exemple, dès 1471, les artisans brasseurs prolifèrent et se regroupent au sein de la corporation des Tonneliers, ce qui leur permet d'avoir un second métier à exercer, la période de brassage ne s'étendant alors qu'au long de la saison froide, de la Saint-Michel, le 29 septembre, à la Saint-Georges, le 23 avril.

En 1789, la Révolution met fin au corporatisme. Le nombre des brasseurs se multiplie pour répondre aux besoins de la population. Des centaines d'auberges-brasseries se créent : 1774 en l'an X dans le Haut-Rhin, 280 dans le Bas-Rhin ; elles vivent en autarcie, leur production étant destinée à leur seule clientèle.

SALLE DE BRASSAGE
1932 – Brasserie Heineken – Schiltigheim

Du XIXe au XXe siècle, lors de la révolution industrielle, émergent les dynasties brassicoles, grâce à des hommes entreprenants tels David Gruber, Louis Schutzenberger, Louis et Michel Haag, Jérôme Hatt ou Michel Debus. Avisés, ils modernisent cette industrie, en s'appuyant sur les travaux de Pasteur autour de la pasteurisation, sur la maîtrise de la fermentation basse et sur l'invention de la réfrigération industrielle, techniques qui permettent le transport de la bière. La naissance du chemin de fer consacre l'âge d'or de l'expansion de leurs brasseries : en 1860, le premier train brassicole quitte l'Alsace pour Paris, où la bière va triompher jusqu'à financer les mythiques institutions que deviendront les Brasseries Parisiennes. La production régionale passe de 100 000 à 400 000 hectolitres de 1850 à 1869, un succès contrecarré par l'annexion de 1870. En 1918, les brasseurs alsaciens retrouvent leur liberté, en même temps que leur exclusivité.

ENSEIGNE DE BRASSERIE
Début du XXe siècle – Bischwiller

Cependant, de nombreuses brasseries disparaissent, dont toutes les haut-rhinoises, victimes de l'industrialisation à outrance ou des dommages de guerre. Seul reste le souvenir des noms, souvent éponymes, des bières qu'elles produisaient : Alsator, Amos, Ancre, Biedermann, Colmar Pils, Espérance, Étoile Rouge, Freysz, Gold Star de Mutzig, Gruber, Hatt, Haag, Kleinknecht, Klotz, Kronenpils, Metzger, Moritz, Muller, Perle, Prieur, Rinckenberger, Roehrig, Roemer ou Tigre-Bock.

Le Bas-Rhin a conservé Kronenbourg, avec deux usines, K1 à Strasbourg et K2 à Obernai, Meteor et Schutzenberger. Des brasseries venues d'ailleurs s'y sont également installées : Heineken, Fischer, Adelshoffen et Saverne. Chaque bière, née des cuves de chacune d'entre elles, contribue à l'édification de l'ouvrage brassicole alsacien. Devenue une référence internationale, l'Alsace brasse aujourd'hui 54 % du volume national avec ses cinq brasseries et ses huit sites. Pour la première fois au monde, une femme, Rina Muller, président-directeur général de la Brasserie Schutzenberger, est à la tête de son syndicat régional. À ces sites se sont ajoutées plusieurs microbrasseries, telles celles des Trois Brasseurs et de La Lanterne à Strasbourg, les brasseries artisanales de Lauth à Scharrachbergheim, de Lutterbach, de Holl à Riquewihr et celle d'Uberach, en attendant celle du Scala à Strasbourg et celle de Saales.

BOUTEILLE DE BIÈRE
Seconde moitié du XXe siècle
Musée régional de l'Alsace bossue
Sarre-Union

Ancrée dans la tradition gourmande de la région, la bière jouit depuis toujours du respect sacré dû au produit du terroir. Sachant qu'ici la cuisine à la bière fait florès, des tables étoilées aux fermes-auberges, une route de la Bière, circuit touristique destiné à la mise en valeur du patrimoine brassicole, vient d'être créée. La visite de brasseries, la découverte du Strasbourg brassicole d'antan, de Schiltigheim, la cité des brasseurs, ainsi que des promenades en calèche dans les houblonnières en sont les points d'orgue.

Saupoudré de levures mystérieuses par les mains alchimiques du brasseur, tout juste épicé de l'amertume houblonnière du Kochersberg, première région productrice d'or vert de France, l'or blond reste associé au légendaire Hans Prinus, roi de la bière local, jumeau du Gambrinus brabançon, et demeure l'éternel rival du nectar de Bacchus. La réputation de la bière alsacienne n'est point usurpée ; Sir Winston Churchill lui-même en parlait en ces termes au général de Lattre de Tassigny : « De toutes vos provinces de France, l'une des plus chères à mon cœur est l'Alsace. Elle s'enorgueillit de l'opulence de vos meilleurs vins mais produit aussi des bières aussi bonnes que nos meilleures anglaises. »

Jean-Claude COLIN
Écrivain et journaliste brassicole

SOMMAIRE DU TOME I

Canton de Barr

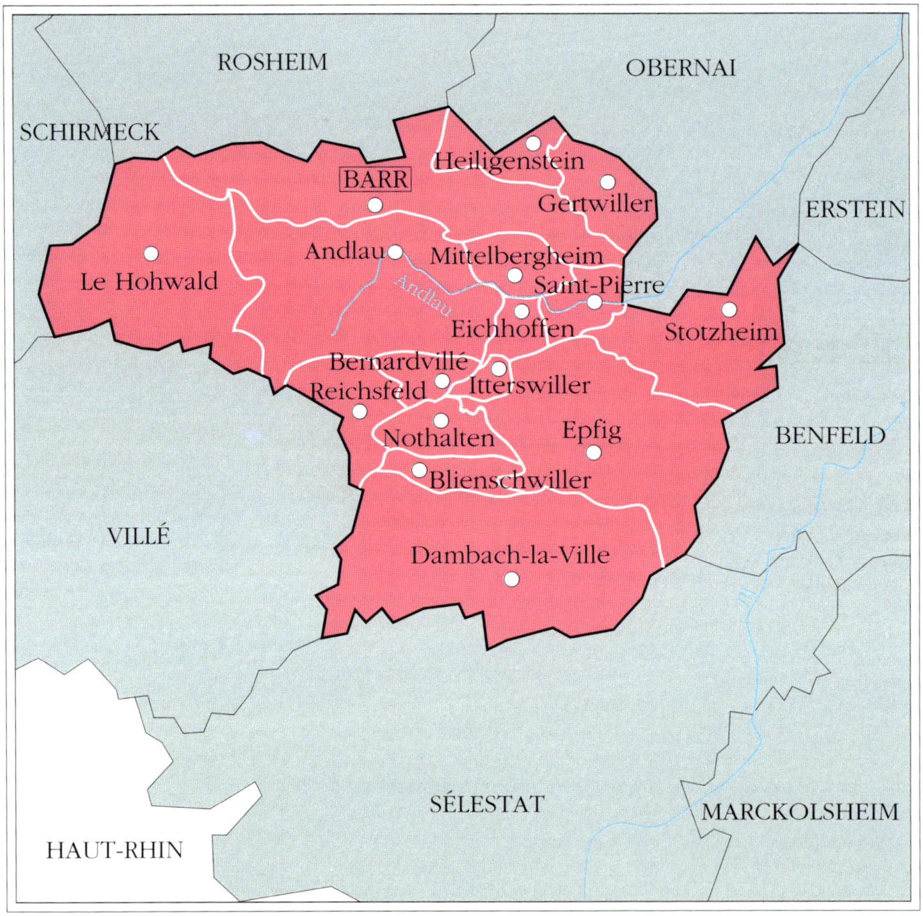

- Andlau
- Barr
- Bernardvillé
- Blienschwiller
- Dambach-la-Ville
- Eichhoffen
- Epfig
- Gertwiller
- Heiligenstein
- Le Hohwald
- Itterswiller
- Mittelbergheim
- Nothalten
- Reichsfeld
- Saint-Pierre
- Stotzheim

Andlau

Canton de Barr
Arrondissement de Sélestat-Erstein
Superficie : 2 369 ha
Population 1992 : 1 697 hab.
Habitants : les Andlaviens
Cours d'eau : l'Andlau

Origine du nom : peut-être du nom d'origine gréco-latine *Eleon,* désignant le mont des Oliviers.

Blason : ce sont les armes adoptées par les sires d'Andlau et les sires de Bergheim dès le XIIIe siècle.
67010100

HISTORIQUE

Le site est occupé dès l'époque gallo-romaine. Le village s'installe autour de l'abbaye de femmes fondée, au IXe siècle, par sainte Richarde, fille du comte d'Alsace Erchangar et épouse de l'empereur Charles le Gros. Une tour appartenant aux nobles de Dicka, souvent confondue avec le château de Spesbourg, est attestée au XIVe siècle. Entre le XIIe et le XIVe siècle, au moins quatre châteaux sont édifiés à Andlau. De celui de Wibelsberg-Crax, il ne subsiste que quelques vestiges de maçonnerie. En effet, construit entre 1232 et 1249, il est démoli une première fois par Eberhard d'Andlau ; reconstruit avant 1293, il prend le nom de château de Crax, mais est définitivement démoli en 1298, sur ordre de l'évêque de Strasbourg. Les sires d'Andlau fortifient la ville au XVe siècle. En 1695, le garde forestier du Haut-Andlau, Frantz Ettighoffen, tue l'un des derniers ours des Vosges. Au milieu du XIXe siècle, Andlau compte dix-huit moulins. La commune est entourée de vignes et de forêts.

ÉGLISE SAINT-PIERRE-ET-SAINT-PAUL
XIe-XVIIIe siècles
Grès et granit
Place de l'Église *67010111*

L'abbaye de femmes est fondée vers 880 par l'impératrice Richarde.

L'église abbatiale primitive est reconstruite au XIe siècle et consacrée par le pape alsacien Léon IX, en 1049. La crypte date de cette époque. Le massif occidental est vraisemblablement reconstruit au milieu du XIIe siècle. L'édifice est dévasté par un incendie vers 1160. La croisée du transept et le chœur sont alors rebâtis. En 1445, les tourelles d'escalier permettant l'accès aux tribunes du transept sont élevées. En 1698, Marie Cunégonde de Beroldingen, abbesse d'Andlau de 1666 à 1700, entreprend la reconstruction partielle de l'église, notamment de la nef. Le clocher date du XVIIIe siècle. Il se compose d'une tour carrée, percée de baies gothiques, et d'un niveau octogonal surmonté d'un lanternon avec un coq en cuivre doré. *(Cl. M. H. 1930)*

PORTAIL
XIe siècle
Grès
Église Saint-Pierre-et-Saint-Paul
67010107

Le portail de l'église se trouve sur le mur oriental du massif du XIe siècle. Le tympan représente le Christ donnant la clef à saint Pierre et le livre de la Loi à saint Paul, avec, de part et d'autre, des chasseurs. En outre, des scènes de la Genèse sont sculptées sur le linteau. Enfin, les montants sont décorés de monstres pris dans des rinceaux ainsi que de plusieurs couples pouvant représenter des donateurs de l'abbaye, ou bien le père et sa fille allant au couvent. *(Cl. M. H. 1930)*

FRISE
XIIe siècle
Grès
Église Saint-Pierre-et-Saint-Paul
67010106

Le décor du massif occidental de l'église est l'un des plus importants de la sculpture romane alsacienne. Son style s'apparente à celui de l'atelier d'Eschau. Visible sur les murs nord et ouest, cette frise est sculptée en bas relief. Courant sur 30 mètres de long, elle comporte quarante-huit panneaux et représente des scènes de combat et de chasse ainsi que des animaux exotiques ou fabuleux. *(Cl. M. H. 1930)*

CRYPTE
XIe siècle
Grès
Église Saint-Pierre-et-Saint-Paul
67010104

La crypte de l'abbatiale se compose de deux salles voûtées d'arêtes, séparées par d'imposants piliers. Elle abrite des reliquaires et des statues, notamment deux pietà en bois de 1330 et de 1475, ainsi qu'une Vierge à l'Enfant du XVe siècle qui fait l'objet d'un important pèlerinage aux XVIIIe et XIXe siècles. *(Cl. M. H. 1930)*

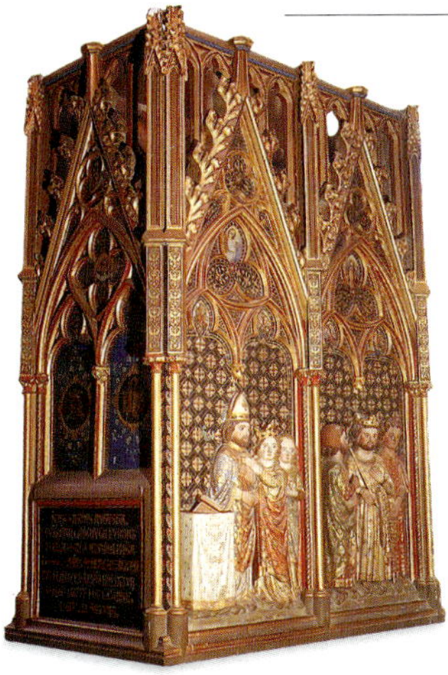

CHÂSSE RELIQUAIRE
XIVe siècle
Grès
Église Saint-Pierre-et-Saint-Paul
67010109

En 1049, lors de la translation des restes de sainte Richarde par le pape Léon IX, les ossements de la sainte sont déposés dans une châsse en métal. Par la suite, ils sont transférés dans celle-ci, à l'intérieur d'un petit sarcophage. Le tombeau reliquaire est situé dans le chœur de l'église. Des scènes de la vie de sainte Richarde en constituent le principal décor. La polychromie actuelle date de 1860. *(Cl. M. H. 1930)*

STALLES
XVe siècle
Bois
Église Saint-Pierre-et-Saint-Paul
67010149

Ces stalles de style gothique sont commandées par l'abbesse Sophie d'Andlau, morte en 1444. Deux rangées sont placées contre les murs nord et sud du chœur et devaient faire, à l'origine, retour à l'ouest. Les jouées sont tantôt ajourées, tantôt sculptées de personnages, parmi lesquels un chasseur et un cueilleur de pommes, perchés dans des arbres. Certains dorsaux sont décorés d'écus aux armes d'abbesses et de chanoinesses, tenus par des adolescents, des hommes sauvages ou des singes.
(Cl. M. H. 1930)

OURS SCULPTÉ
XVIe siècle
Grès (H. : 85 cm)
Crypte
Église Saint-Pierre-et-Saint-Paul
67010105

Selon la tradition, la crypte de l'abbatiale abrite des ours vivants jusqu'à la Révolution. Mais, un enfant ayant été dévoré, les animaux sont ensuite remplacés par des ours en pierre.

Cette sculpture, d'inspiration romane, semble cependant dater du XVIe siècle. Elle est retirée du porche occidental en 1857 pour être transférée dans la crypte. Aux pieds de la sculpture, une cavité correspondrait à l'emplacement où une ourse aurait gratté le sol afin d'indiquer à sainte Richarde le lieu de fondation de son abbaye. Ainsi, l'ourse est l'attribut principal de la sainte.
(Cl. M. H. 1930)

NEF

1698-1700

Grès

Église Saint-Pierre-et-Saint-Paul

67010108

Remplaçant l'ancienne nef romane charpentée, cette nef est élevée lors des travaux entrepris sous l'abbesse Marie Cunégonde de Beroldingen. Les voûtes d'ogives rappellent l'art gothique, tandis que les pilastres toscans, les arcs en plein cintre, les balustrades et les proportions de l'ensemble caractérisent davantage le style du XVIIe siècle. Le vaisseau central à cinq travées est flanqué de bas-côtés surmontés de tribunes. *(Cl. M. H. 1930)*

CHAIRE

Début du XVIIIe siècle

Bois de noyer

Église Saint-Pierre-et-Saint-Paul

67010110

Cette chaire est réalisée lors d'un aménagement de la nef. De style baroque germanique, elle est attribuée au sculpteur allemand Franz Hauser (1651-1717), de Kirchzarten (Forêt-Noire). Elle est portée par un Hercule couvert de la dépouille du lion de Némée. Les statuettes, enlevées pendant la Révolution, sont remplacées vers 1860. Les évangélistes ornent la cuve, tandis que les Pères de l'Église se trouvent sur l'abat-voix, de part et d'autre d'une Vierge à l'Enfant d'origine. En outre, saint Pierre et saint Paul sont sculptés sur le dorsal. Enfin, au départ de l'escalier tournant, une abbesse représente sans doute Marie-Madeleine Rebstock, morte en 1609. *(Cl. M. H. 1930)*

SAINTE RICHARDE

XIXe siècle

Peintre verrier : Baptiste Petit-Gérard

Vitrail

Église Saint-Pierre-et-Saint-Paul

67010151

Les verrières du chœur, de la crypte et de la chapelle Sainte-Richarde sont commandées par le curé d'Andlau, Deharbe, et réalisées dans le style néo-roman, par le célèbre peintre verrier strasbourgeois Baptiste Petit-Gérard (1811-1871). La grande baie axiale du chœur représente sainte Richarde en pied. Elle est surmontée d'une rose au Christ bénissant. D'autre part, un tableau d'Étienne Dubois, conservé dans la nef, figure également la sainte et illustre la légende de la fondation de l'abbaye. *(Cl. M. H. 1930)*

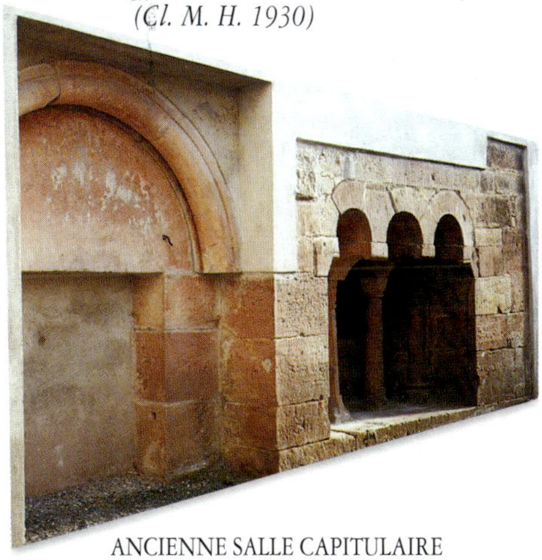

ANCIENNE SALLE CAPITULAIRE

XIIe siècle

Grès

Église Saint-Pierre-et-Saint-Paul

67010102

Une maison en pans de bois du XVIIIe siècle conserve, au rez-de-chaussée de la façade occidentale, les vestiges de l'ancienne salle capitulaire : une porte en plein cintre, murée, jouxte une fenêtre à trois petits arcs. *(I. M. H. 1935)*

SITE DU KASTELBERG

XIIe siècle *67010103*

Ce site est souvent confondu avec un château du XIIIe siècle, non localisé, appelé Landeshaoite. Une chapelle et un ermitage sont en fait attestés à Kastelberg au XIIe siècle. La chapelle est reconstruite au XVe siècle, et ses ruines sont encore visibles au XVIIIe siècle. À la fin du XXe siècle, un kiosque en bois occupe le lieu.

CHÂTEAU DE SPESBOURG

XIIIe-XVIe siècles

Granit et grès *67010117*

Probablement construit peu après 1246 pour l'avoué de l'abbaye Alexandre de Dicka, ce château n'est attesté qu'en 1310. Les Andlau en deviennent les uniques possesseurs en 1386. Il est abandonné après 1550. L'édifice comprend un donjon carré ainsi que deux logis enserrés dans une haute courtine et délimités, du côté de l'attaque, par un mur-bouclier. Au premier étage de l'aile orientale, les voussures des fenêtres présentent encore des vestiges de fresques. La basse-cour comporte des bâtiments du XVIe siècle. *(Cl. M. H. 1967)*

PORTE

XIIIe siècle

Granit

Château de Haut-Andlau *67010148*

Le principal accès au logis seigneurial ne bénéficie pas seulement d'une défense militaire. Les deux croix, gravées de part et d'autre de la porte, semblent placer symboliquement le château sous la protection divine. *(Cl. M. H. 1926)*

DONJON

XIIIe siècle

Granit et grès

Château de Spesbourg *67010118*

Le château de Spesbourg passe pour être hanté par une « dame blanche ». Il semble qu'une habitante de Barr, surprise par un orage, ait décidé d'y passer la nuit. Elle y aurait entendu des voix d'hommes puis aperçu deux silhouettes. Se rappelant la mauvaise réputation du lieu, elle se serait alors couvert la tête de sa robe et aurait poussé des cris afin d'effrayer et de chasser les maraudeurs. Épouvantés, ceux-ci ont sans doute perpétué la légende par leur récit. *(Cl. M. H. 1967)*

CHÂTEAU DE HAUT-ANDLAU

XIIIe-XVIe siècles

Granit et grès *67010115*

Ce château est bâti avant 1274 par les nobles d'Andlau. Un important corps de logis est flanqué de deux tours rondes du XIIIe siècle, selon un plan unique en Alsace. La basse-cour comporte notamment un pont-levis, des communs et des tours. Elle apparaît aujourd'hui, telle qu'elle était au XVIe siècle. Le château appartient aux sires d'Andlau jusqu'à la Révolution. À partir de 1806, son propriétaire le vend, par morceaux, cédant les boiseries et les toitures d'abord, les pierres ensuite. *(Cl. M. H. 1926)*

LOGIS SEIGNEURIAL
XIIIe siècle
Granit et grès
Château de Haut-Andlau 67010146

Le logis seigneurial, en granit, est percé de grandes baies de grès. Il est habitable jusqu'au début du XIXe siècle. La légende raconte que Louise d'Andlau vécut seule dans ce château, et que celui qui plongeait son regard dans le sien mourait instantanément. La jeune châtelaine, surnommée la « dame de la mort », aurait ainsi conservé au Haut-Andlau les dépouilles de son fiancé Henri de Guebwiller et de plusieurs autres personnes. *(Cl. M. H. 1926)*

TOUR NORD
XIIIe siècle
Granit
Château de Haut-Andlau 67010116

Les deux tours rondes du château présentent un pan coupé du côté du logis, avec lequel elles font corps. Ces tours, d'un diamètre de 10 mètres environ, ont gardé toute leur hauteur. Au deuxième étage du logis, une porte rectangulaire et une volée de marches donnent accès à la tour nord et certainement à la citerne qui s'y trouve. À l'étage supérieur, une autre porte, en arc brisé, est sans doute accessible depuis les combles, par une passerelle ou une échelle. *(Cl. M. H. 1926)*

CHÂTEAU DE BAS-ANDLAU (portail)
1334-1340
Grès
Rue du Maréchal-Foch 67010120

Ce château est construit par Rodolphe d'Andlau. Inclu dans l'enceinte urbaine au milieu du XVe siècle, il perd de son importance et, dès le début du XVIe siècle, est peut-être en ruine. Il est implanté sur une partie du jardin intérieur de l'hospice Sainte-Richarde. Le portail d'entrée et sa porte pour piétons subsistent au fond d'une ruelle.

ANCIENNE ÉGLISE SAINT-FABIEN-ET-SAINT-SÉBASTIEN
XIVe-XVIIIe siècles
Grès 67010132

Cette ancienne église paroissiale, dont le cimetière est mentionné au XIVe siècle, possède encore des contreforts d'origine ainsi qu'un porche du XVIIIe siècle. Le bâtiment abrite, à partir du XIXe siècle, une caserne, puis l'école communale.

ÉGLISE SAINT-ANDRÉ
XVe siècle-1768
Grès 67010144

L'église Saint-André, située en dehors de l'enceinte d'Andlau, est l'ancienne église paroissiale d'une partie de la ville et d'Eichhoffen. Le clocher médiéval abrite, au rez-de-chaussée, des peintures murales du XVe siècle. La nef et le chœur sont reconstruits au XVIIIe siècle.

Deux autels et retables, de style Louis XVI, sont ornés de tableaux de Joseph Melling (1724-1795), datés de 1776. L'église est désaffectée depuis 1864 et utilisée comme chapelle de cimetière.

REMPARTS
1432-1442
Grès et galet
Entrée sud de la ville 67010128
En 1432, l'abbesse autorise les sires d'Andlau à fortifier la ville. Les trois tours-portes sont démolies au XIXe siècle. En revanche, trois des neuf tours de l'enceinte, parmi lesquelles la tour dite des Sorcières, sont bien visibles à l'est. En outre, d'importants tronçons de remparts subsistent.

PUITS SAINTE-RICHARDE
1513
Grès
Rue Deharbe 67010125
Ce puits est élevé sous l'abbatiat de Cunégonde de Reinach et se trouvait, à l'origine, dans le cloître de l'abbaye. La date et les blasons des familles d'Andlau et de Reinach figurent sur le socle de la statue de sainte Richarde. Celle-ci, par sa robe en flammes, évoque le jugement de Dieu qu'elle subit. La potence est formée de l'ours, attribut de la sainte, prisonnier de branchages qui sont, selon un motif de style gothique tardif, les ramifications des moulures du montant.
(Cl. M. H. 1930)

PORTE
1549-1741
Grès
14 a, rue Foch 67010131
La porte de cette maison est ornée d'un arc en accolade abritant deux blasons, bûchés, ainsi que la date de 1549. En outre, l'une des fenêtres de la façade côté rue présente la date de 1741. Le bâtiment est renforcé, aux angles, de chaînes en pierre.

MAISON
XVIe-XVIIe siècles
1, rue de la Marne 67010141
Cette maison, peut-être une ancienne maison forte, conserve deux chanes d'angle en pierre à bossage. L'angle sur rue est sculpté d'un visage humain et d'un besant dans le style Renaissance. À l'étage supérieur, les fenêtres en arc de cercle sont plus récentes. L'une d'elles porte d'ailleurs la date de 1669.

MAISON
XVIe siècle-1692
Grès et pan de bois
9, rue des Serruriers 67010123
Cette maison en grès possède une façade latérale partiellement en pans de bois. Une tourelle hexagonale abrite un escalier en vis. Le gros œuvre et des chaînes d'angle du XVIe siècle sont conservés, ainsi qu'un cadran solaire daté de 1582. La date de 1692 inscrite sur la porte correspond à des transformations plus tardives.

ANCIEN HÔTEL
DES SIRES D'ANDLAU
1573
Grès et pan de bois
17, rue Stoltz *67010137*

Cet hôtel est élevé par le cadet des fils d'Alexandre d'Andlau, Frédéric. La date de construction est inscrite sur la porte d'entrée, côté cour, et sur la porte cochère. La statue d'abbesse, sur le poteau cornier, est un ajout postérieur. Le bâtiment possède des fenêtres du XVIe siècle, à chambranle en grès avec meneaux et colonnette galbée, ainsi que des baies à chambranle en bois sculpté. Au XVIIIe siècle, le départ de l'escalier en chêne est orné de riches sculptures de style rocaille. *(I. M. H. 1934)*

CORBEAUX
1574-1653
Pierre
6, rue Foch *67010139*

Cette maison en maçonnerie et en pans de bois possède plusieurs éléments de décor. L'un d'entre eux forme une gargouille. En outre, deux corbeaux superposés soutiennent les étages du bâtiment. Le premier porte la date de 1574

ainsi qu'un blason orné des lettres « M » et « V », de deux lances croisées et d'un soulier ou d'un sabot. L'autre, daté de 1653, présente un blason avec les lettres « A » et « R » gravées et un bretzel sculpté.

ANCIEN HÔTEL
DES SIRES D'ANDLAU
1582
Grès
8, rue Stoltz *67010119*

Les premiers sires d'Andlau apparaissent vers la fin du XIIe siècle. Ministériaux puis vassaux de l'abbaye, ils s'émancipent au cours du XIIIe siècle pour entrer dans la basse noblesse. Cette famille puissante, qui possède de nombreux biens dans la ville et la région, est également très présente en haute Alsace dès le début du XIVe siècle. Cette demeure est construite par l'un des quatre fils de Frédéric d'Andlau. Dominant l'ensemble des habitations de la ville, elle est coiffée d'une haute toiture à deux pans et ornée de pignons à volutes très en vogue à la fin du XVIe siècle. Le cellier et les magasins sont au rez-de-chaussée. Les appartements se trouvent au premier étage, et les chambres au second. Les greniers, enfin, occupent le niveau des combles. *(Cl. M. H. 1934)*

PORTE
1582
Grès
Ancien hôtel des sires d'Andlau
67010135

La porte d'entrée sur cour indique l'année de construction du bâtiment. En outre, elle est sculptée d'un personnage féminin présentant les armoiries, bûchées, des commanditaires de l'hôtel. Aménagée dans une tourelle polygonale, elle donne accès à un escalier en vis.
(Cl. M. H. 1934)

RESTAURANT *AU CANON*
1583
Grès et pan de bois
2, rue des Remparts *67010124*

Entre 1357 et 1360, un hôpital est élevé par les familles nobles d'Andlau et de Bergheim, probablement à l'initiative des confréries d'Andlau, pour venir en aide aux personnes les plus pauvres. Le bâtiment est sans doute en ruine au début du XVIe siècle. Cette demeure est construite sur l'emplacement de l'ancien hôpital.

ANCIENNE COMMANDERIE
DE L'ORDRE TEUTONIQUE
XVIIIe siècle
Architectes : Jean Caspar Bagnato
et François Antoine Bagnato
Pan de bois
8, rue de la Commanderie *67010134*

Fondée avant 1268, la commanderie de l'ordre des chevaliers Teutoniques est reconstruite au XVIIIe siècle. L'architecte de l'ordre, Jean-Caspar Bagnato (1696-1757), est l'auteur des deux ailes, qui comprennent un pressoir, des chambres et une chapelle, en 1741 et en 1742. Son fils François-Antoine (1732-1810) rebâtit le corps de logis central entre 1781 et 1787. Les bâtiments abritent l'institut Mertian depuis 1946.

ANCIENNE CURE
XVIe siècle
Pierre et pan de bois
3, rue de l'École *67010133*

Cette maison est l'ancienne cure de l'église Saint-Fabien-et-Saint-Sébastien. Elle est sans doute construite au XVIe siècle, la cave étant datée de 1586. Les encadrements des fenêtres situées sur la partie en pans de bois, en revanche, sont récents.

PUITS
1596-1709
Grès
3, rue de la Marne *67010142*

Ce puits possède une margelle de plan carré. La pierre de potence semble avoir fait l'objet d'un remploi. L'une de ses faces présente en effet la date de 1596 tandis que l'autre porte, celle de 1709 ainsi qu'un blason sculpté.

MAISON SAINTE-RICHARDE
1623-1830
Grès et bois
11, rue du Général-de-Gaulle *67010122*

Cette maison est construite au début du XVIIe siècle pour le receveur de la famille d'Andlau. La façade est modifiée, vers 1830, pour le comte de Hallez-Claparède. Les logettes sont alors transformées en oriels par l'addition d'un niveau en bois. En 1873, le bâtiment est donné aux Sœurs de la Toussaint de Strasbourg, et les armoiries des Hallez-Claparède sont remplacées par la statue de sainte Richarde, du sculpteur Feuerstein.

HÔPITAL STOLTZ-GRIMM

1759

12, cour de l'Abbaye *67010129*

L'abbesse Marie-Béatrice de Breiten-Landenberg est à l'origine de cette construction, qui abrite les logements de l'abbesse et des chanoinesses, la salle capitulaire ainsi qu'un oratoire. Le bâtiment, constitué de deux ailes disposées en équerre, est significatif du goût français de l'époque. La cave voûtée d'arêtes et la charpente sont conservées. L'escalier principal est composé de marches en grès et d'une rampe en fer forgé. En outre, les lambris, les volets et les portes, intacts pour la plupart, sont décorés dans le style rocaille. *(I. M. H. 1935)*

CHEMINÉE DE L'ANCIENNE BONNETERIE ALLENBACH

XIXe siècle

Brique

11, rue de la Marne

67010127

Cette bonneterie constitue, jusqu'aux environs de 1900, la seule activité industrielle de la vallée d'Andlau. Elle comporte, outre la maison du directeur, trois bâtiments. Une cheminée est construite à l'extérieur de l'aile sud afin d'en faciliter l'entretien et de limiter les risques d'incendie. *(I. M. H. 1988)*

MONUMENT STOLTZ-GRIMM

1905

Granit rouge

Hôpital Stoltz-Grimm *67010113*

L'ancienne résidence abbatiale est transformée en hôpital et léguée à la commune par le célèbre obstétricien Joseph Alexis Stoltz (1803-1896) et sa gouvernante, Sophie-Amélie Grimm (1834-1904). Ce monument témoigne de la reconnaissance de la ville pour ses deux bienfaiteurs. En outre, le mausolée Stoltz-Grimm se trouve au cimetière d'Andlau.

MAISON

Vers le XIXe siècle

Granit, brique et pan de bois

9, cour de l'Abbaye *67010121*

Les maisons en brique apparente, qui datent pour la plupart du XIXe siècle, ne sont pas nombreuses dans la région. Celle-ci possède un soubassement en granit et un étage alliant la brique au colombage.

FONTAINE SAINTE-RICHARDE

1871

Grès

Place de la Mairie *67010140*

La fontaine Sainte-Richarde est offerte à Andlau par le curé de la ville, Charles Deharbe. Sainte Richarde se tient debout, le regard et le bras pointés dans la même direction. À ses côtés, une ourse est assise et lève la tête vers elle. Cette composition rappelle la tradition selon laquelle l'animal aurait indiqué à la sainte l'endroit où fonder son abbaye.

ÉVIERS
Grès
15, rue Stoltz *67010130*
Représentatifs du type d'équipement dont disposent les habitations de la région à partir du Moyen Âge, ces deux grands éviers en pierre sont très bien conservés.

VIERGE
XIXe siècle
Pierre
Kapellenbaum *67010147*
La légende raconte qu'un habitant du val de Villé, s'étant rendu au marché de Barr pour vendre deux bœufs et s'en retournant chez lui, aurait échappé à des brigands qui le poursuivaient en se cachant dans un arbre creux. Ainsi, cette statue de la Vierge est placée dans une niche ménagée dans un tronc d'arbre de la forêt d'Andlau.

MONUMENT AUX MORTS
XXe siècle
Pierre
Cour de l'Abbaye *67010112*
Ce monument est érigé à la mémoire des soldats d'Andlau morts lors des deux guerres mondiales. Les deux colonnes de style dorique supportant un fronton rappellent la composition des temples antiques.

PLAQUE J.-L. STOLTZ
XXe siècle
Bronze et grès des Vosges
Maison Stoltz
13, rue Stoltz *67010114*
J.-L. Stoltz (1777-1869) est d'abord chirurgien soldat et membre de la commission de l'hospice à Andlau. Il se tourne ensuite vers l'ampélographie, étudie le bôche, insecte ravageur des vignobles alsaciens, et écrit plusieurs ouvrages traitant principalement de la vigne et de la viticulture. Il est également membre du conseil municipal de la ville de 1810 à 1830.

Barr

Canton de Barr
Arrondissement de Sélestat-Erstein
Superficie : 4 839 ha
Population 1990 : 4 837 hab.
Habitants : les Barrois
Cours d'eau : la Kirneck

Origine du nom : le terme gaélique *bar* désignerait une barrière, une clôture ou une herse.

Blason : la barrière rappelle l'origine du nom de la localité.
67010200

HISTORIQUE

Le site révèle quelques vestiges des âges du fer et du bronze ainsi qu'une partie d'un mur d'enceinte païen de la fin de l'époque gauloise, relié par un mur secondaire à un mégalithe de 10 mètres de haut, appelé rocher du Wachtstein, qui a pu servir de poste d'observation. La localité, déjà attestée en 788, est le chef-lieu de la seigneurie de Barr, composée de plusieurs villages du Saint Empire. À proximité s'installe le couvent franciscain de Saint-Ulrich, au XIIIe siècle. En 1522, la seigneurie est donnée, à titre d'alleu, au vice-chancelier de Charles-Quint Nicolas Ziegler. Les deux fils de ce dernier y introduisent la Réforme puis la vendent, en 1566 et en 1568, à la Ville de Strasbourg, qui conserve la seigneurie jusqu'à la Révolution. Les guerres des XVIe et XVIIe siècles sont dévastatrices pour Barr. La vieille ville est surtout reconstruite dans les années 1720. Quant aux fortifications du XVe siècle, elles ne sont pas restaurées, et disparaissent bientôt. Au XIXe siècle, une importante activité industrielle s'y maintient. Le travail du cuir occupe de nombreuses tanneries et fabriques de chaussures. L'industrie textile et la bonneterie sont également prospères. D'autre part, les casernes de 1814-1816 sont transformées, l'une en école, l'autre en église catholique. Une synagogue et une poste, notamment, sont construites. Enfin, une ligne de chemins de fer relie Barr à Strasbourg puis à Sélestat.

GROTTES DES DRUIDES
Pierre 67010203
Ces grottes se trouvent à l'extérieur de l'enceinte formée par le Mur païen. Elles seraient bien antérieures au druidisme et pourraient résulter d'un phénomène naturel. Elles sont composées de différents mégalithes posés les uns sur les autres. Le plus grand des dolmens est fait d'une imposante pierre plate posée horizontalement sur deux autres blocs.

MUR PAÏEN
Fin de l'époque gauloise
Pierre
Mont Saint-Odile 67010239
L'enceinte, dénommée Mur païen, s'étend sur près de 10 kilomètres et concerne les communes de Barr et d'Ottrott. Composé de blocs cyclopéens assemblés par des tenons de bois, le Mur païen est percé de plusieurs portes, en forme de couloir ou de poterne. D'une hauteur originelle de 3 à 4 mètres, cette enceinte est la seule occurence de ce type au nord des Alpes. Sa longueur ainsi que le gigantisme de son appareil ont donné lieu à de nombreuses légendes sur l'origine du Mur païen, mais il est probable qu'il s'agisse de la fortification d'un *oppidum* celtique.
(Cl. M. H. 1840)

PIERRE LEVÉE
Granit 67010243
Plusieurs pierres levées de la forêt de Barr sont signalées comme menhirs au XIXe siècle. Non loin de celle-ci, vers l'ouest, un rocher à cupules est dénommé le rocher du Jugement, ou Blutgerichtsfelsen, par les celtisants de l'époque. *Blutgericht* désigne le tribunal chargé des crimes de sang relevant de la haute justice.

ÉGLISE PROTESTANTE
XIIe-XIXe siècle
Grès
Rue de l'Église 67010204
De l'église Saint-Martin subsiste la tour, qui date des années 1180 et dont les trois niveaux romans sont surmontés d'un dernier étage au XVe siècle. La nef est reconstruite au XVIe siècle. Cette église devient protestante en 1545 puis mixte en 1686. Les catholiques utilisent alors le chœur, jusqu'à l'édification de leur propre église en 1828. En 1850, une nouvelle nef remplace l'ancienne. Élevée par l'architecte Antoine Ringeisen (1811-1889) dans le style néo-roman, elle est dotée de tribunes périphériques et s'adapte particulièrement bien au culte protestant.
(I. M. H. 1935)

CHAIRE
1672
Bois
Église protestante 67010206
La chaire et l'autel de même style sont conservés dans la sacristie transformée en oratoire. La chaire porte la date de 1672 sur l'abat-voix. Les dates de 1571 et de 1679, inscrites sur le socle en grès, correspondent sans doute à l'élévation d'une chaire plus ancienne et à une restauration de l'église. L'autel daterait de 1685. Il est décoré de panneaux marquetés et de colonnettes annelées, comme peut l'être le mobilier bourgeois alsacien de l'époque.

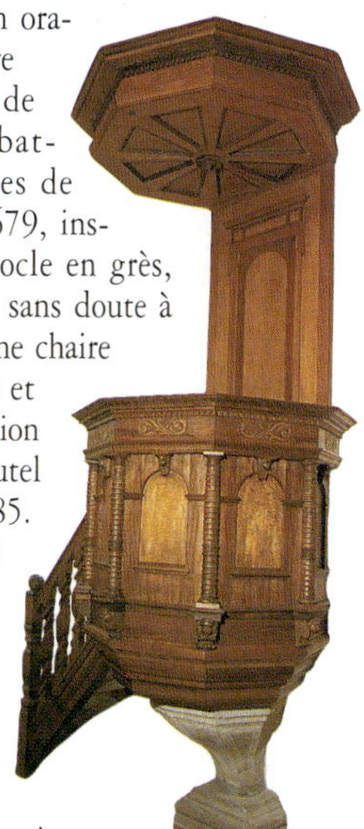

CHAPELLE SAINTE-ANNE
Vers le XVe siècle
Granit et conglomérat 67010209

Probablement fondée par les cordeliers de Saint-Ulrich, la chapelle Sainte-Anne, située au pied du château de Haut-Andlau, est un lieu de pèlerinage assez fréquenté au début du XVIe siècle. Elle est désaffectée vers 1540. Ce mur, avec l'entrée cintrée et son linteau en brique, en est un vestige. Selon la légende, un souterrain reliant le Haut-Andlau au Landsberg passerait sous la chapelle.

MAISON
Vers le XVIe siècle
Grès
3, rue Reiber 67010244

Cette maison, de style Renaissance, est peut-être une ancienne maison forte. Elle possède un pignon à redents et des chaînes d'angle en pierre à bossage. Les pierres, pour la plupart, ne présentent plus de relief. L'une d'elle est cependant sculptée d'un cochon ou d'un sanglier. La façade est flanquée d'un large portail dont l'arc est orné d'un blason au motif bûché.

AUBERGE *LE BROCHET*
XVIe-XVIIe-XVIIIe siècles
Grès et pan de bois
10, place de l'Hôtel-de-Ville 67010216

Mentionnée dès 1514, cette auberge bénéficie d'une très bonne réputation. L'édifice actuel se compose de trois maisons accolées. La façade principale est remaniée et restaurée au cours des XVIe, XVIIe et XVIIIe siècles. Le rez-de-chaussée en grès laisse apparaître des chaînes d'angle et possède des fenêtres à chambranle mouluré ainsi qu'une porte de passage, cintrée et moulurée, conduisant à la cour. Les deux étages, en pans de bois, sont coiffés d'une haute toiture. En 1793, le bâtiment abrite une annexe locale du Tribunal révolutionnaire, dont l'accusateur public pour le Bas-Rhin est Euloge Schneider, ancien religieux qui sème la terreur dans toute l'Alsace. Dénoncé pour ses cruautés, il est guillotiné en 1794. La légende raconte que, certaines nuits d'orage, sur la route de Barr à Mittelbergheim, un carrosse ruisselant de sang, tiré par deux squelettes de chevaux et conduit par un cocher armé d'un long couteau, transporte le fantôme de Schneider, qui tient sa tête sur ses genoux.

HÔTEL DE VILLE
1640-1833
Grès 67010215

Le château des Wepfermann n'est attesté qu'en 1305. Délabré au XVIe siècle, il est incendié par les Lorrains en 1592, puis rebâti et à nouveau détruit par le feu. En 1640, l'édifice est restauré par la Ville de Strasbourg pour son bailli. Les seules traces de fortifications sont deux canonnières. Le fronton à volutes est orné de statues allégoriques représentant la Justice, la Tempérance et la Paix. Les arcades du rez-de-chaussée datent de 1833. Ce vaste bâtiment abrite, à la fin du XXe siècle, l'hôtel de ville. *(I. M. H. 1931)*

LES PÈLERINS
DU MONT SAINTE-ODILE
1881
Peintre : Martin Feuerstein
Huile sur toile
Hôtel de ville 67010222

Martin Feuerstein (1856-1931) naît à Barr d'un père sculpteur. Il étudie la peinture à Munich, à Paris et en Italie, puis s'installe à Munich. Ses peintures, essentiellement religieuses, sont très connues. Ce tableau, offert par la fille de l'artiste à la ville de Barr en 1941, est restauré par Georges Ritleng après l'incendie de l'hôtel de ville en 1944. La scène, caractéristique de la peinture romantique alsacienne, représente deux femmes vêtues des costumes traditionnels de Meistratzheim et d'Obernai.

ANCIEN GREFFE
XVIIe siècle
Pan de bois
Place de l'Hôtel-de-Ville 67010211

L'ancien greffe est intégré dans une maison agrandie à trois reprises par la famille Diebold au XVIIIe siècle. Cette construction en pans de bois présente un décor aux motifs géométriques variés. À l'angle, un oriel est surmonté d'un clocheton.

TANNERIE ET MOULIN À TAN
Vers le XVIIe siècle
Maçonnerie et grès
8-10, rue de la Kirneck 67010235

Cette tannerie est reconstruite après un incendie qui a lieu en 1678. Le moulin à tan qui la jouxte est appelé le *Niedermuehle*. En outre, la cour abrite une synagogue, entre 1863 et 1878. Les moulins sont souvent, à la fois ou successivement, à tan et à farine. Barr compte cinq moulins à tan en 1761 et trois en 1811. En plus de celui-ci, le *Burgundischmuehle* subsiste encore, au numéro 10 de la rue du Collège.

MAISON
Vers le XVIIe siècle
Pan de bois
2, rue des Cigognes 67010231

Cette construction est une ancienne maison de tanneurs. Le toit du bâtiment d'angle est percé d'une longue ouverture d'aération permettant de sécher les peaux. Dans la cour subsiste un séchoir de la tannerie Simon qui innove, en 1859, par l'usage de la machine à vapeur et exporte la plupart de ses cuirs de veau aux États-Unis. La façade sous long-pan est longée par la Kirneck jusqu'à ce que celle-ci soit couverte, vers 1870.

ÉTABLISSEMENT DE BAINS
XVIIe siècle
Rue de la Vallée-Saint-Ulrich
67010248

Un établissement de bains est créé au XVIIe siècle. Les barrois viennent y prendre des bains médicinaux puis des bains « de propreté » jusqu'au début du XIXe siècle. Ce corps de bâtiment devient ensuite le restaurant *À la Vieille-Fontaine.*

LA VIEILLE-FONTAINE
XVIIe siècle
Grès
Établissement de bains *67010249*

Le déversoir de la source Saint-Ulrich est encastré dans un mur et semble porter la date de 1605. Au XVIIe siècle, cette fontaine, dite Vieille-Fontaine, est intégrée à l'établissement de bains.

MAISON (détail de façade)
1679
Grès et pan de bois
2, rue Reiber *67010246*

La façade de cette construction en pans de bois présente un décor particulièrement soigné et deux niveaux supérieurs de loggias. Cette habitation est la maison natale des frères Schwartz, propriétaires de la Folie Marco, qui en refont les boiseries.

PRESSOIR
1708
Bois
Avenue de la Gare *67010221*

Cette région viticole possède de nombreux pressoirs. Une route du Vin traverse le canton du nord au sud, au pied des Vosges, passant par de riches villages vignerons.

MAISON
1726-1727
Grès et pan de bois
4, place de l'Hôtel-de-Ville *67010212*

Cette maison, construite par un boucher barrois, présente un écu sculpté d'une tête de bœuf associée à une hachette. Le rez-de-chaussée, en maçonnerie, est percé d'un large porche. Les deux étages supérieurs, avec l'oriel, sont en pans de bois.
(I. M. H. 1935)

ÉCUSSON DE TANNEUR
XVIIIe siècle
Bois
28, rue de la Kirneck *67010220*

Le poteau cornier d'une maison en pans de bois située à l'angle de la rue de la Kirneck et de la rue de l'Essieu présente un écusson sculpté des outils du tanneur. Au numéro 12 de la rue Neuve, une base de poêle, datée de 1721 et encastrée dans un mur, porte un écusson du même genre. Au début du XIXe siècle, Barr compte plus d'une vingtaine de tanneries. Durant la seconde moitié du XIXe siècle, les tanneries industrielles remplacent les tanneries artisanales, les teintureries et les filatures.

MAISONS
XVIIIe siècle
Pan de bois
32-38, rue du Collège *67010233*

Toutes ces maisons sont reconstruites au début du XVIIIe siècle. Les numéros 32 et 34 datent de 1723. Elles ont en commun un passage couvert et, côté cour, une longue coursière à balustrade. Pendant la Révolution, les emblèmes sculptés sur les portes sont bûchés. Le numéro 36 est une ancienne maison d'artisan. Le premier étage, doté d'une logette, est surmonté, au XIXe siècle, d'un niveau supérieur. Ce bâtiment partage sa cour avec le numéro 38, ancienne maison de vigneron avec logette, loggia et cellier.

MUSÉE DE LA FOLIE MARCO
1763
Grès
30, rue du Docteur-Sultzer
67010230

Cette demeure est construite pour Louis Félix Marco, bailli de la seigneurie de Barr. Comparable à certains hôtels strasbourgeois, la bâtisse, de style Régence, est rapidement surnommée la « Folie Marco ». La façade sur rue présente un avant-corps incurvé. Les portes cochères sont surmontées de balcons dont les grilles comportent les armes du propriétaire et de sa femme. Une cour, avec écuries et communs, ainsi qu'un jardin complètent l'ensemble. En 1922, les frères Schwartz achètent l'hôtel et le remeublent dans le style alsacien du XVIIIe siècle. Légué à la ville, l'édifice devient un musée.
(I. M. H. 1935)

COULEUVRINIÈRE
XVe siècle
Grès
Musée de la Folie Marco *67010201*

Le village est sans doute fortifié dès le XIIIe siècle, mais son enceinte de pierre n'est attestée qu'au XVe siècle ; le cimetière est également fortifié, peut-être dès le XIVe siècle. Après les guerres du XVIe et du XVIIe siècle, en 1702 les fortifications sont réparées avec des palissades. Leur démolition commence en 1738, et la dernière porte est détruite en 1843. Il ne reste que quelques vestiges du rempart, notamment des couleuvrinières remployées dans des constructions postérieures.

BÉNITIER
Pierre
Musée de la Folie Marco *67010210*

L'ancien ermitage situé à l'ouest du ban de Heiligenstein, en contrebas du Kappelhüsfelsen, est en ruine. Parmi les restes encore visibles de l'édifice subsistent les vestiges d'une fontaine ainsi que ce bénitier, qui est conservé à Barr.

FONTAINE MURALE
Vers 1670
Sculpteurs : Reichenbach et Wild
Étain et bois
Musée de la Folie Marco 67010223

Pendant plusieurs siècles, Barr produit de nombreux objets en étain, portant le poinçon de l'artisan qui les réalise ainsi que l'écusson à la barrière, blason de la ville. Face à la concurrence de la faïence et de la porcelaine, cette activité perd de son importance au cours du XIXe siècle.

VIERGE DE NIDERWILLER
Fin du XVIIIe siècle
Terre cuite (H. : 74 cm)
Musée de la Folie Marco 67010225

Une statue de la Vierge, semblable à celle-ci bien qu'un peu plus petite, est conservée au musée national de la Céramique de Sèvres et porte une inscription attestant qu'elle provient de Niderwiller. Cette sculpture conservée à Barr, en revanche, est dépourvue de toute marque. Elle peut être un original, une épreuve ou un modèle.

ANCIEN HÔTEL-BAINS
XVIIIe-XIXe siècles
Pierre
Rue du Buhl 67010218

Cette construction est la cour dîmière, dite Heiligkreuzhof, de Niedermunster, qui devient, par la suite, la propriété du grand chapitre de Strasbourg. Le bâtiment est reconstruit au XVIIIe siècle avec les pierres de Truttenhausen. La création de bains date du XIXe siècle. La source tarit en 1904, et l'hôtel ferme au milieu du XXe siècle. Dans les années 1990, l'édifice abrite l'internat du collège.

PHARMACIE SCHMIDT
XVIIIe-XIXe siècles
Grès et pan de bois
11, rue des Maréchaux 67010219

Le rez-de-chaussée du XVIIIe siècle et sa grande arcade ne sont vraisemblablement pas modifiés depuis le XIXe siècle. Ce commerce est créé en 1830 et transféré, en 1860, dans la ville d'Epfig, qui ne possède pas encore de pharmacie. La tradition raconte que l'on pouvait se procurer des herbes dites « faux fourrages » chez les pharmaciens de la région, qui auraient permis d'ensorceler le bétail.

ARCADES
1770
Grès
8, rue du Docteur-Sultzer 67010214

Cette construction présente une façade élégante, avec, notamment, des svastikas sculptés en haut des chaînes d'angle. Le rez-de-chaussée à arcades est caractéristique de nombreuses maisons de commerçants barrois des XVIIIe et XIXe siècles.

ANCIENNE PRISON
AU GULLERZIPFEL
Vers le XVIIIe siècle
Enduit et grès
20, rue de la Kirneck 67010237

Ce bâtiment servait d'hospice avant d'être aménagé en prison, en 1800. Le rez-de-chaussée comporte alors un corps de garde ainsi que le logement du gardien. Les deux étages, suivant la même disposition, possèdent, l'un, une salle pour les hommes et trois chambres individuelles, à l'avant, pour ceux qui payent une pension, l'autre, une salle pour les femmes et trois pièces, devant, pour les criminels. La prison fonctionne pendant près de cent ans et devient, au XXe siècle, une maison particulière.

PAVILLON DE JARDIN
Début du XIXe siècle
Kirchberg 67010228

Les pavillons de ce genre, très à la mode au XVIIIe siècle, sont nombreux dans le canton. Barr en compte une vingtaine au siècle suivant. En général, le rez-de-chaussée sert de cabane à outils, et l'étage, d'habitation de plaisance. Ce pavillon porte le nom de Mairehiesel, qui signifie la maisonnette du maire. Une fontaine, aménagée à l'avant du bâtiment, est appelée Mairebrunnel, la fontaine du maire, puis Petit Gaensbraennel.

REPÈRE D'INONDATION
1826
Pierre
9-11, rue des Cigognes 67010229

Ce repère, gravé sur un montant de porte, indique le niveau atteint par les eaux – 1,23 mètre au-dessus du sol actuel – lors de l'inondation du 5 août 1826. Une marque similaire se trouve à l'angle des rues des Boulangers et de la Kirneck.

MAISON DIETZ
XIXe siècle
Grès
19, rue du Docteur-Sultzer 67010213

Benjamin Dietz (1825-1905) est issu d'une famille de tanneurs barrois. Il s'établit comme marchand de cuir à New York, où il vit des années prospères. Il revient à Barr en 1877 et fait construire le S'Dietze Schlessel, le petit château de Dietz, à la façade néo-Renaissance. Par la suite, la maison s'appelle Les Hortensias.

MONUMENT FUNÉRAIRE
DE CHARLES SULTZER
1854
Sculpteur : Martin Feuerstein
Grès (H. : 220 cm, L. : 70 cm, P. : 43 cm)
Cimetière protestant, Kirchberg 67010226

Charles Sultzer (1770-1854) est chercheur en botanique. Il projette de partir en Inde mais devient finalement médecin cantonal de Barr en 1803 et spécialiste des épidémies pour l'arrondissement de Sélestat. En outre, il effectue l'examen des ossements de sainte Odile, en 1836, et de sainte Richarde, en 1841. Sa maison se situe au numéro 22 de la rue Sultzer.

FONTAINE LAQUIANTE
XIXe siècle
Grès *67010242*
Cette fontaine, située en pleine forêt, porte les initiales « A » et « L », pour Atticus Alphonse Auguste Jean Michel Laquiante, et l'inscription « 26 mai 1854 », qui correspond à la date de décès de ce capitaine du génie. Laquiante, ayant vu des bûcherons se coucher à terre pour se désaltérer, aurait en effet capté cette source.

COLLÈGE DE GARÇONS
1872
Grès
Rue du Collège *67010236*
Ce bâtiment remplace une construction de 1854, et ne subit aucune transformation jusqu'après la Seconde Guerre mondiale. De 1876 à 1950, le chauffage se fait au moyen de poêles dont l'entretien est assuré par un appariteur et a nécessité, pour les années 1902 et 1903, cinq wagons de combustible.

HÔPITAL
1866
Grès
Avenue de la Gare *67010234*

Construit grâce au médecin cantonal Charles Sultzer, qui lègue sa fortune à la ville de Barr, cet hôpital sert en fait d'hospice. L'édifice comporte un corps de logis central flanqué de deux ailes placées en retrait. Il est simplement décoré d'un pignon abritant une horloge et surmonté d'une croix.

CHÂTEAU D'EAU
1895-1898
Vallée Saint-Ulrich *67010250*
À la fin du XIXe siècle, le maire de Barr Richard Dietz fait construire un château d'eau afin d'améliorer l'alimentation de la ville en eau potable. En dépit de cette installation, Barr compte encore, en 1907, 14 fontaines et plus de 130 puits.

AMTSGEFÄNGNIS
Fin du XIXe siècle
Grès
Chemin du Gaensbraennel *67010238*
Ce bâtiment, utilisé comme prison jusqu'en 1921, conserve un passage de communication directe avec l'hôtel de ville, où siège le tribunal, et devient une propriété privée.

FONTAINE GAENSBRAENNEL
30, rue du Docteur-Sultzer
67010217

La Gaensbraennel se trouvait initialement devant l'auberge très réputée de *La Poire d'or*. Après un incendie en 1855, la maison est agrandie, et la fontaine installée de l'autre côté de la rue, à l'emplacement de l'ancien corps de garde du Voegeltor. En 1907, quatorze fontaines existent encore à Barr. Beaucoup d'entre elles sont fermées à la suite des épidémies qui ravagent la localité. Il n'en reste que quelques-unes, dont la Gaensbraennel ainsi que le Platzbrunne, place de l'Hôtel-de-Ville, et le Reschbrunne.

SOUTERRAIN
Pierre
Place de l'Hôtel-de-Ville *67010227*

En partie visible à travers une grille scellée dans le sol de la place, ce passage souterrain relie l'hôtel de ville à la rue des Bouchers. Une rigole y est aménagée tout du long pour les eaux du Reschbrunne.

Bernardvillé

Canton de Barr
Arrondissement de Sélestat-Erstein
Superficie : 276 ha
Population 1999 : 200 hab.
Habitants : les Bernardvillois
Cours d'eau : la Schermetz

Origine du nom : de saint Bernard, fondateur de l'ordre de Cîteaux auquel appartient l'abbaye de Baumgarten.

HISTORIQUE

La localité se développe autour du couvent de Baumgarten créé au XIIe siècle. Elle est mentionnée pour la première fois en 1260. Les sires d'Andlau, vassaux du Saint Empire germanique pour leurs fiefs à Bernardvillé, y sont possessionnés dès 1305 et gardent leurs droits sur le village jusqu'à la Révolution. La commune, qui conserve plusieurs vieilles maisons, et notamment le presbytère de 1732, ne s'étend presque plus à partir du XIXe siècle. À la fin du XXe siècle, elle est surtout un lieu de résidence.

ÉGLISE SAINT-ANTOINE-ERMITE
1371-1750-XIXe siècle
Rue de l'Église *67010301*

L'église Saint-Antoine-Ermite, dont la date de construction reste inconnue, est attestée à partir de 1371. L'édifice conserve quelques baies gothiques. Il est remanié et agrandi aux XVIIIe et XIXe siècles.

ABBAYE DE BAUMGARTEN
1125-1153 *67010303*

Le couvent de Baumgarten est fondé en 1125 et agrandi, en 1153, par des moines cisterciens venus de Lorraine. Ruiné en 1525, il est d'abord transformé en ferme et devient par la suite une résidence privée. L'ancien réfectoire des religieux, utilisé comme cellier par le fermier, subsiste encore. Il est voûté d'arêtes et comporte des colonnes au chapiteau sculpté dans le style roman lorrain.

AUTEL-RETABLE
1769-1770
Sculpteur : Matthias Faller
Bois polychrome et doré
Église Saint-Antoine-Ermite 67010302

Les quatre autels-retables commandés pour la chartreuse de Molsheim au sculpteur allemand Matthias Faller (1707-1791), véritables chefs-d'œuvre du rococo, sont vendus aux enchères en 1793. Deux d'entre eux sont alors acquis par l'église de Bernardvillé, tandis que les deux autres parviennent à Obernai. Les statues d'origine des retables de l'église Saint-Antoine-Ermite sont remplacées, l'une, par une Vierge de l'Immaculée Conception datant de la fin du XVIIIe siècle ou du début du XIXe siècle, l'autre, en 1804, par une représentation du patron de l'église.

ANCIENNE FERME
XIXe siècle
Pan de bois
8, rue des Chariots 67010307

Dans la cour de cette ancienne ferme se trouvent différentes machines et installations agricoles. En outre, la margelle en grès d'un puits, peut-être roman, est décorée d'arcatures et de motifs floraux. Un ancien évier de pierre est posé à sa base.

ATTELAGE
XXe siècle
Bois
Rue des Chariots 67010308

Lors des vendanges, les raisins coupés sont portés dans des hottes jusqu'aux cuves destinées au foulage et à la fermentation. Cet attelage permet de transporter les tonneaux.

Blienschwiller

Canton de Barr
Arrondissement de Sélestat-Erstein
Superficie : 307 ha
Population 1990 : 292 hab.
Habitants : les Blienschois
Cours d'eau : la Schermetz

Origine du nom : de l'anthroponyme germanique Blion et du latin *villa*, ferme.

HISTORIQUE

Des vestiges datant sans doute de l'époque gallo-romaine sont découverts en 1842, lors de la démolition de l'ancienne tuilerie située près du Herrweg, et, plus tard, à proximité de la chapelle Saint-Érasme. Le village est mentionné dès 823. Erchangar, père de la future impératrice Richarde, y possède alors des biens. La localité est notamment possédée par l'évêque de Strasbourg et les sires d'Andlau. Très touchée par le passage des Armagnacs en 1444, elle est en revanche relativement épargnée pendant la guerre de Trente Ans. Durant la Révolution, l'église est transformée en temple de la Raison, et le clocher, coiffé d'un bonnet phrygien. Au XVIIIe *siècle, la culture de la vigne tient une place importante dans l'économie de Blienschwiller. En outre, une modeste activité minière voit le jour. Le charbon est extrait au Geissenmättel, et les maisons des mineurs longent le Geissengässel. Enfin, une industrie familiale de gants de soie prospère jusqu'en 1854.*

CHAPELLE SAINT-ÉRASME
XIIe-XVe siècles
Route du Vin 67010410

Cette chapelle est dédiée à Notre-Dame de la Délivrance puis à saint Érasme. Celui-ci guérit *das Grimmen*, les maux de ventre, d'où le nom de « *Grimmenkapelle* » donné à la chapelle. Probablement élevée au XIIe siècle, la chapelle est reconstruite, après le passage des Armagnacs, au XVe siècle. Elle sert de corps de garde aux Suédois pendant la guerre de Trente Ans. Restaurée en 1656 et en 1741, elle est notamment convertie en prison pendant la Révolution. Elle est à nouveau endommagée pendant la Seconde Guerre mondiale. Le portail, de style gothique, proviendrait de l'église paroissiale.

ÉPITAPHE DE NICOLAS SCHWENDT
1714
Grès
Église des Saints-Innocents 67010403

Nicolas Schwendt (1631-1714) devient, à partir de 1666, sous-prévôt impérial, puis royal, à Blienschwiller. Son épitaphe, scellée dans le mur sud de l'église des Saints-Innocents, mentionne sa première femme, Anne Klein, morte en 1701, mais pas sa seconde épouse, Marie Metz, avec laquelle il se marie en 1708.

ÉGLISE DES SAINTS-INNOCENTS
XIIe-XIXe siècle
Grès 67010401

De l'édifice roman subsistent la base et le premier étage du clocher. Le niveau supérieur de la tour et la nef, gothiques, datent de transformations du XVe siècle. D'autres travaux sont effectués au XVIIIe siècle. En 1911, l'architecte barrois Weigend dirige de nouveaux travaux. La tour, devenue tour-porche, est alors dotée d'un portail de style roman, et un chœur néo-roman est construit à l'ouest. Accolé à l'église, un mont des Oliviers de la fin du XVIIe siècle comporte des statues en bois polychrome. À l'intérieur, la chaire à prêcher de 1610 possède une cuve décorée de statuettes d'apôtres qui semblent dater du XVIIIe siècle. *Le Massacre des Saints Innocents* est un ancien tableau d'autel et correspond probablement à l'œuvre commandée en 1816 au peintre strasbourgeois Vivet.

CHÂTEAU
XIVe-XVIe siècle
Grès
128, route du Vin 67010404

Ce château, qui passe pour avoir appartenu aux sires de Bergheim au XIVe siècle, est mentionné en 1544. Il comporte alors une tour d'habitation flanquée de quatre tourelles reliées, au niveau du toit, par un chemin de ronde. Après 1786, seule la tour d'habitation, privée de son étage supérieur et des quatre tourelles, subsiste. Une couleuvrinière est encore visible.

DÉPENDANCES

1506-1715

Grès

Château 67010405

Ce bâtiment compte parmi les dépendances du château. La partie antérieure porte une inscription, difficilement déchiffrable, semblant correspondre à la date de 1506, tandis que la partie postérieure date de 1715.

MAISON

XVIIe siècle

Grès

49-51, route du Vin 67010408

Cette maison présente en façade un rez-de-chaussée percé d'arcades sous lesquelles se trouve une pierre à bossage probablement médiévale et dont l'origine reste inconnue. L'ensemble est flanqué d'un porche équipé d'une porte pour piétons.

PORTE MURÉE

XVIIe siècle

Grès

72, route de Hohwarth 67010407

Cette porte en arc brisé avec chanfrein à congé est d'un type courant dès l'époque gothique. Bien que murée et en partie masquée par l'entrée actuelle, elle est encore visible sur l'une des façades de la maison. Cette dernière est peut-être une construction plus récente : la date de 1611 est inscrite sur le porche de la cave.

MAISON DE CHARLES ÉMILE FREPPEL

XIXe siècle

Grès et pan de bois

74, route de Hohwarth 67010406

Né à Obernai en 1827, Charles Émile Freppel est évêque d'Angers en 1869 puis député du Finistère à partir de 1880 et durant onze ans. Comme le rappelle une plaque de marbre installée au-dessus du portail d'entrée, il passe une partie de sa jeunesse dans cette maison.

FONTAINE

Route du Vin 67010409

Le bassin octogonal de cette fontaine est décoré de motifs de style gothique tardif. Au centre, le fût torsadé est surmonté d'une fleur de lis sculptée.

(I. M. H. 1931)

Dambach-la-Ville

Canton de Barr
Arrondissement de Sélestat-Erstein
Superficie : 2 883 ha
Population 1990 : 1 800 hab.
Habitants : les Dambachois
Cours d'eau : la Scheer

Origine du nom : il désigne probablement un lieu planté de sapins.

Blason : l'ours dressé contre un sapin rappellerait le nom du château qui domine la ville, le Bernstein, de *Bärenstein*, le rocher aux ours, ou, plus simplement, de *Tannenbach*, lieu planté de sapins.
67010500

HISTORIQUE

La localité est citée depuis le XIIe siècle. Elle est entourée d'une première enceinte au cours du siècle suivant, et son cimetière est fortifié à la même époque. La construction d'un rempart en pierre débute en 1323 et s'achève sous l'évêque de Strasbourg Berthold (1328-1353), qui élève Dambach au rang de ville. En 1444, la cité est assiégée par les Armagnacs. Au XVIIe siècle, la culture de la vigne se développe sur la commune, qui possède aujourd'hui l'un des plus grands vignobles d'Alsace. Des petits filons de fer et de manganèse sont exploités à partir du XVIIIe siècle et jusqu'en 1943. D'autre part, la première usine de la ville produit des cigares d'abord, des brosses ensuite, puis des bas et des chaussettes. En 1924, Dambach devient Dambach-la-Ville.

CHAPELLE SAINT-JEAN-BAPTISTE
XIIe siècle
Granit et grès
Altenwiller *67010531*

Cette chapelle est l'ancienne église paroissiale du village disparu d'Altenwiller. Le bâtiment, de style roman, comporte deux travées voûtées d'arêtes. À l'origine, il abritait une représentation de la tête de saint Jean-Baptiste sur un plat, sculptée dans un seul bloc de tilleul, qui est attribuée à Clément Winterhalder et semble dater de la fin du XVIIe siècle. Le proche calvaire date de 1795. Son Christ est refait au XIXe siècle. *(I. M. H. 1965)*

CHAPELLE SAINT-SÉBASTIEN
XIIe-XIVe-XVe-XVIIe siècles
Grès *67010503*

Cette chapelle est l'église paroissiale, nommée *Oberkirch*, église haute, de Dambach. Son clocher remonte au XIIe siècle. Le chœur, voûté d'ogives, est reconstruit au début du XIVe siècle. La nef est remaniée aux XVe et XVIIe siècles. La sacristie, enfin, date de 1685. À l'intérieur, plusieurs statues des XVIe et XVIIe siècles

proviennent de l'église paroissiale Saint-Étienne. En outre, un ensemble de sculptures en bois peint, de la fin du XVIIe siècle, représente Jésus au mont des Oliviers. L'ossuaire pourrait être un vestige de l'église primitive. L'édifice et ses biens appartiennent à la confrérie Saint-Sébastien fondée, en 1796, par une trentaine de Dambachois.

RETABLE
1690-1692
Sculpteurs : Philippe et Clément Winterhalder
Bois de chêne, de tilleul et de noyer
Chapelle Saint-Sébastien *67010504*

Ce maître-autel est réalisé, avec l'aide d'artisans locaux, par les frères Philippe (1667-1727) et Clément (1668- ?) Winterhalder, sculpteurs allemands de Hinterzarten (Forêt-Noire), et restauré, en 1886, par Théophile Klem (1849-1923) de Colmar. Posé sur une pierre d'autel romane, le retable baroque présente un riche décor d'acanthes, de fruits et de fleurs. Au centre, Jésus faisant ses premiers pas est entouré de Marie et de Joseph. Devant, Anne et Joachim sont assis. L'ensemble est dominé par une colombe du Saint-Esprit et un Dieu bénissant. En outre, le martyre de saint Sébastien est représenté au sommet du retable. *(Cl. M. H. 1921)*

CHRIST EN CROIX
1682-1687
Chapelle Saint-Sébastien
67010527

Ce Christ en croix est dressé à la suite de la guérison de la jambe malade d'un fidèle. L'œuvre dans son ensemble, les nombreux plis du perizonium et le décor d'acanthes au sommet de la croix en particulier sont d'inspiration baroque. Le Christ évoque aussi le réalisme doloriste de la fin du Moyen Âge avec, notamment, les flots de sang qui coulent en grappe de ses blessures.

CHÂTEAU DE BERNSTEIN
Fin du XIIe-début du XIIIe siècle
Granit
67010507

Mentionné à la fin du XIIe siècle, ce château est probablement reconstruit sous sa forme actuelle avant 1227, année où l'évêque de Strasbourg s'en empare. Il devient alors un des plus importants bailliages de l'évêché de Strasbourg, jusqu'au XVIe siècle. Le haut château comporte un donjon pentagonal qui protège le corps de logis seigneurial, percé de fenêtres en plein cintre, la tour carrée abritant la chapelle et, en contrebas, une basse-cour. Une seconde enceinte est construite au XVe siècle. Au XVIe siècle, les bâtiments ne sont plus entretenus. Félix de Dartein les acquiert au début du XIXe siècle et y construit une maison avec ses dépendances.
(I. M. H. 1932)

CITERNE SOUTERRAINE
Fin du XIIe-début du XIIIe siècle
Granit
Château de Bernstein
67010508

Située à l'angle sud-ouest de l'enceinte du XVe siècle, cette citerne souterraine est une construction certainement unique en Alsace. Le dispositif mesure environ 13 mètres de long et comporte un couloir souterrain, éclairé par trois ouvertures carrées, donnant accès à la citerne.
(I. M. H. 1932)

TOUR-PORTE DE BLIENSCHWILLER
1325-1350
Granit et grès
67010517

Des fortifications érigées à Dambach au XIVe siècle subsistent encore une grande partie du mur d'enceinte et trois tours-portes de plan carré. Ainsi, la porte de Blienschwiller au nord, celle d'Ebersheim à l'est et celle de Dieffenthal au sud sont bien conservées. La porte haute, à l'ouest, n'existe plus. *(I. M. H. 1930)*

PORTE DE DIEFFENTHAL
XIVe-XVe siècle
Granit et grès
Rue des Remparts
67010521

La porte de Dieffenthal est également appelée Neutor ou porte Neuve. En dépit de certaines particularités architecturales, comme l'absence d'adaptation aux armes à feu, qui feraient remonter sa construction à la fin du XIVe siècle, elle n'est citée qu'au XVe siècle. Une maison en pans de bois, accolée à la porte, vient s'appuyer au rempart urbain.
(I. M. H. 1930)

PIETÀ
XVe siècle
Grès
Chapelle Notre-Dame, Steinhausen
67010530

La chapelle, élevée hors les murs, est attestée au XVe siècle. La porte de style gothique est surmontée d'un arc en accolade. En outre, une partie du pavement d'origine, en terre cuite, le plafond lambrissé de la nef avec ses motifs gothiques ainsi que la pietà du maître-autel datent du XVe siècle. Sur le toit, encore composé de quelques tuiles canal, le campanile est érigé en 1625. L'édifice est restauré en 1860. À l'angle extérieur sud-ouest, à 1,10 mètre du sol actuel, une marque rappelle le niveau atteint par l'eau lors de l'inondation de 1872.

GRAND SCEAU DE LA VILLE
Fin du XVe siècle
Cire (d. : 7 cm)
Collection particulière
67010519

L'inscription latine « + SIGILLUM. UNIVERSITATIS. OPPIDI. IN. TAMBACH. » est gravée sur le pourtour du sceau. En outre, le château de Bernstein, comme l'atteste une seconde légende, est représenté au centre du disque.

AUBERGE À *LA COURONNE*
Fin du XVe-XVIIe siècle
Pan de bois et grès
13, place du Marché
67010510

La technique d'assemblage du pan de bois et la charpente ainsi que les motifs gothiques du plafond lambrissé de la salle du premier étage semblent dater de la fin du XVe ou du début du XVIe siècle. L'édifice principal est complété, à l'arrière, par deux maisons, plus modestes, également très anciennes. L'entrée sur le mur pignon est ajoutée en 1685. Le décor sculpté des fenêtres est typique du XVIIe siècle.
(I. M. H. 1930)

HÔTEL DE VILLE
1547-1848
11, place du Marché
67010513

Ce bâtiment mêle la tradition des styles gothique et Renaissance. Il est caractérisé par son campanile et ses pignons à redents. Au XIXe siècle, Antoine Ringeisen modifie la distribution et crée l'accès principal précédé d'un perron. L'ancienne prison, surmontée à l'origine d'une loggia réservée aux cérémonies publiques, accueille maintenant le syndicat d'initiative.
(I. M. H. 1930)

EMBLÈME
Vers 1500-1599
Pan de bois
Maison Burrus
55, rue du Maréchal-Foch
67010532

Le pan de bois aux assemblages à queue d'aronde et la charpente sont de type médiéval. L'oriel est un ajout de Georg Strub d'Ochsenhusen. Il est daté, signé et sculpté d'un emblème, peu commun, qui représente le mécanisme d'un moulin. *(I. M. H. 1930)*

FONTAINE DE L'OURS (détail)
XVIe siècle
Grès
Place du Marché 67010514
Cette fontaine, appelée aussi Stockbrunnen, comporte un bassin octogonal, daté de 1543, au décor très altéré. Le fût de 1559, sculpté de créneaux et de torsades, s'achève par la représentation d'un visage surmonté d'un ours tenant une bourse. *(I. M. H. 1930)*

MAISON
1588
Architecte : Georg Strub
Pan de bois
82, rue du Maréchal-Foch 67010543
Cette maison traditionnelle est construite, comme l'oriel de la maison dite Burrus qui lui fait face, par le charpentier Georg Strub et présentait à l'origine, sur une fenêtre et son allège disparues depuis, la même représentation du mécanisme d'un moulin.
(I. M. H. 1930)

PUITS
1588-1717
Grès
Route du Vin et rue Clemenceau 67010515
Ce puits présente une structure tout à fait classique. Les deux faces de la potence sont décorées. La première, du XVIe siècle, porte un blason à la rose qui rappelle les armoiries des sires de Mullenheim. La seconde, qui porte une date du XVIIIe siècle, est ornée d'un écu dans lequel des initiales sont gravées.

MAISON
1599
Pan de bois
5, rue des Ours 67010539

Cette façade comprend un rez-de-chaussée surmonté de deux niveaux à balustres en bois superposés et couverts d'un auvent. Le poteau cornier porte la date de 1599. La grange, en revanche, est de 1704. *(I. M. H. 1934)*

MAISON
XVIe-XVIIe siècles
Grès et pan de bois
6, rue de l'Église 67010536
Un boucher de Dambach se fait construire cette maison en 1576. Son emblème est d'ailleurs sculpté sur le linteau de l'une des fenêtres du rez-de-chaussée. Le bâtiment est remanié en 1620 et agrandi en 1641. Le pan de bois, avec ses motifs en chaise curule au-dessus de l'encorbellement, date du XVIe ou du XVIIe siècle. La date de 1769, inscrite sur le poteau central, est un ajout postérieur.

ÉTABLISSEMENT DE BAINS
XVIIe siècle
Pan de bois *67010528*
Cet établissement de bains était réputé pour soulager les douleurs des jambes. Il aurait permis aussi des guérisons miraculeuses et possède encore au XIXe siècle des ex-voto à l'effigie de saint Sébastien. Les derniers bains sont pris vers 1930, et la source d'eau thermale tarit bientôt. Sur le toit, une tuile faîtière a la forme d'un cœur.

MAISON
1686
Grès et pan de bois
12, place du Marché *67010534*
Cette maison de type médiéval est construite pour le sabotier Alexandre Sermonet, qui vient de Savoie après la guerre de Trente Ans. L'espace réservé au pignon sur la place est restreint mais compensé par la hauteur de la construction. *(Cl. M. H. 1937)*

MAISON BURRUS
1699-1723
Grès et bois
16-18, rue Clemenceau *67010538*
Mis à part un porche de 1699, cette construction date de 1723. Certaines fenêtres sont ornées d'encadrement en bois sculpté. En outre, l'accès à l'étage se fait par un escalier extérieur en bois. Le numéro 18 arbore les armoiries de la famille Burrus dont les membres sont d'importants industriels.

MAISON
1706
Grès et pan de bois
4, rue de l'Église *67010511*
Cette maison possède un rez-de-chaussée en pierre et plusieurs niveaux en pans de bois. Le poteau cornier porte la date de 1706 associée à un bretzel sculpté. La représentation du bretzel ou de la miche de pain atteste souvent l'existence d'une boulangerie. *(I. M. H. 1930)*

CORBEAU DE MAISON
Grès
1, rue des Boulangers *67010524*
Ce corbeau en grès supporte l'encorbellement de la bâtisse. La base est sculptée d'un blason orné d'un bretzel. Au-dessus, un visage barbu est surmonté d'une fleur de lis. Le motif du bretzel décore en général la façade des boulangeries.

MAISON
Fin du XVIIIe siècle
12, rue du Général-de-Gaulle 67010526
Cette demeure présente des chaînes d'angle arrondies. Construite à la fin de l'Ancien Régime pour un collecteur d'impôts, elle appartient, en 1804, au général Roth et fait partie, depuis le milieu du XIXe siècle, des bâtiments scolaires élevés dans la cour.

CALVAIRE
Fin du XVIIIe-début du XIXe siècle
Artiste : Mathias Clog
Grès
Kaltenberg 67010505
Mathias Clog, né à Dambach en 1777, érige ce calvaire après avoir échappé à la peste qui sévit dans l'armée de Napoléon Bonaparte, en 1799, lors du siège de Saint-Jean-d'Acre. L'ensemble, composé de trois croix, évoque le mont Golgotha. La croix centrale, dressée sur un socle de granit, présente les stigmates du Christ, tandis que les deux croix qui l'encadrent ne portent aucun décor.

PAVILLON DE JARDIN
XIXe siècle
Grès et pan de bois
Rue de Dieffenthal 67010516
Les pavillons de jardin ont beaucoup de succès tout au long des XVIIIe et XIXe siècles. Ce petit pavillon carré, composé d'un rez-de-chaussée en grès et d'un étage en pans de bois, est coiffé d'un toit à quatre pans surmonté d'une girouette.

SYNAGOGUE
1865
Architecte : Antoine Ringeisen
Grès
Rue de la Paix 67010540
Élevée vers 1860, la synagogue est reconstruite en 1865. Le bâtiment abrite le cercle Saint-Sébastien depuis 1948.

ÉGLISE SAINT-ÉTIENNE
1865
Architecte : Antoine Ringeisen
Grès 67010502
La chapelle Saint-Étienne est citée dès le XIIIe siècle. Une construction baroque lui succède en 1757. Détruite dans l'incendie de 1862, l'église paroissiale est alors remplacée par cet édifice néo-roman.

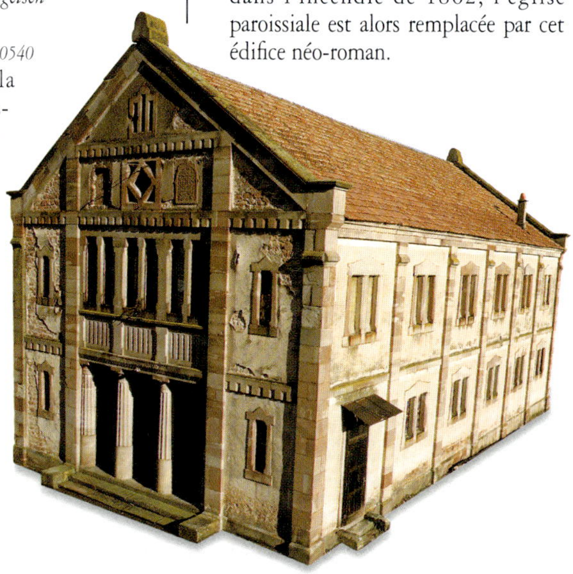

Eichhoffen

Canton de Barr
Arrondissement de Sélestat-Erstein
Superficie : 230 ha
Population 1990 : 393 hab.
Habitants : les Eichhoffenois
Cours d'eau : l'Andlau

Origine du nom : peut-être de l'anthroponyme germanique Agio et de l'allemand *Hof*, ferme, ou de l'allemand *Eiche*, chêne.

Blason : il représente un chêne, *Eiche* en allemand.
67010600

HISTORIQUE

Mentionné au XIe siècle, le village, avec sa cour domaniale et sa chapelle privée, fait partie des biens de l'abbaye d'Altorf. En 1227, il passe à l'évêché de Strasbourg. Les habitants d'Eichhoffen dépendent alors de la paroisse Saint-André d'Andlau. Au XIXe siècle, ce village essentiellement viticole possède une tannerie et une tuilerie. L'industrialisation se poursuit au début du XXe siècle. Ainsi, la population augmente, et la commune s'étend vers la gare.

CHAPELLE *WALDKAPELLE*
Milieu du XIXe siècle
Bois 67010506
L'origine de cette chapelle demeure inconnue. Élevée sur un soubassement de pierre, cette construction en bois est surmontée d'une croix en fer forgé. À l'intérieur, le chœur conserve les vestiges d'un autel de style baroque abritant une statue moderne de la Vierge.

CHRIST EN CROIX
Années 1950
Grès et granit
Rocher de Kaesmarkt 67010520
Lors de l'épidémie de peste de 1343, les habitants du val de Villé viennent déposer du fromage sur ce rocher, aujourd'hui surmonté d'un Christ en croix, pour les Dambachois malades. Ainsi, ce lieu-dit doit son nom au mot *Kaes*, fromage. D'autre part, selon la tradition, les mères racontent qu'elles trouvent leurs bébés au rocher appelé Bubelesfelsen, qui signifie roche aux enfants.

LINTEAU
1052-1569
Grès
Chapelle Saint-Jean-Baptiste
Place de la Mairie 67010607
Cette chapelle, dédiée à la Vierge et à saint Jean-Baptiste, est consacrée par le pape Léon IX en 1052. Un portail à linteau en bâtière, typique de l'art roman alsacien, est muré dans la façade latérale. L'édifice est modifié en 1569. Dans la cave d'une maison proche subsistent des

colonnes romanes qui proviendraient de la chapelle de l'ancien prieuré d'Ittenwiller, à Saint-Pierre.
(I. M. H. 1936)

MAISON
XVIIIe siècle
Pan de bois
6, rue du Vignoble 67010603
Cette bâtisse, très remaniée, conserve un porche de cave du XVIIIe siècle. Le torchis, isolant traditionnel des maisons à colombage, est remplacé à plusieurs endroits par des briques.

TUILERIE
Début du XIXe-début du XXe siècles
Brique et bois 67010604
Cette tuilerie à briques et à tuiles, localement nommée Ziegelhutte est créée au début du XIXe siècle par François Joseph Rohri. Au début du XXe siècle, elle est dotée d'un four à feu tournant « Hoffmann » et agrandie. Le rez-de-chaussée du nouveau bâtiment, en brique, abrite la galerie du four, tandis que l'étage, en bois, est ouvert et sert au séchage. La tuilerie ferme en 1942.

ANCIENNE GARE
Vers 1864
Grès
33, rue de la Gare 67010605

La ligne du chemin de fer vicinal reliant Barr à Strasbourg est inaugurée en 1864 et prolongée vers Sélestat en 1877. La station d'Eichhoffen est, après celle de Barr, la première sur la ligne. La gare est composée d'un corps de bâtiment principal, comprenant le hall et un logement de service, d'une tour d'escalier et de deux ailes qui abritent, l'une, la billetterie et la salle d'attente, l'autre, un entrepôt. À la fin du XXe siècle, la station est désaffectée.

ÉGLISE SAINT-ANDRÉ
1865
Architecte : Jehu
Grès
Route des Vosges 67010602

Eichhoffen dépend de la paroisse Saint-André d'Andlau jusqu'au milieu du XIXe siècle. Le village construit alors sa propre église paroissiale, également dédiée à saint André, sur les plans de l'architecte strasbourgeois Jehu. L'édifice abrite une Vierge à l'Enfant dorée et argentée de la seconde moitié du XVIIIe siècle.

ATTELAGE
XXe siècle
Bois 67010606

Cet attelage est utilisé lors des vendanges pour le transport des hottes et des cuveaux. Le dernier jour de la récolte, le char est couronné de pampres rouges ou dorés, les cuves sont entourées de branches, et le vendangeur le plus jeune se présente, couvert de feuillages et de fleurs, le visage barbouillé de jus de raisin.

Epfig

Canton de Barr
Arrondissement de Sélestat-Erstein
Superficie : 2 200 ha
Population 1990 : 1 753 hab.
Habitants : les Epfigeois
Cours d'eau : la ScherMetz

Origine du nom : probablement de l'anthroponyme latin Eppius et du suffixe *-acum*, qui a donné le nom de la ville franque d'Epheca, devenu Epfig.

HISTORIQUE

Des vestiges archéologiques attestent l'occupation du site dès la préhistoire et à l'époque romaine. Le village est cité au VIIIe siècle. Possession de l'évêché de Strasbourg jusqu'à la Révolution, il est le point d'appui principal de la puissance épiscopale. Epfig est une terre de vignoble, l'un des plus importants du département, de cultures céréalières et de prairies. En outre, un ensemble de carrières et de galeries souterraines permet, pendant plusieurs siècles, l'exploitation des sables argileux du Riebsand, qui fournissent un excellent abrasif. Au début du XIXe siècle, une tuilerie est créée afin de terminer les travaux de l'église et de construire les écoles et l'hôtel de ville. Une synagogue est également élevée. La station de chemin de fer date de 1877. Enfin, une briqueterie fonctionne jusqu'en 1939. Le village actuel résulte de l'adjonction au bourg principal des trois anciens hameaux de Sainte-Marguerite, du Fronholz et de Finckwiller.

CHAPELLE SAINTE-MARGUERITE
XIe-XIIe-XVIe siècles
Grès
Rue Sainte-Marguerite 67010702

Ce bâtiment roman de plan cruciforme conserve, dans la nef, les ouvertures en plein cintre d'origine et, dans le chœur, des peintures murales du XIVe siècle. Un portique coudé est construit au XIIe siècle.

Au XVIe siècle, une chapelle supplémentaire est élevée, les fenêtres du chœur et du transept sont remplacées par des baies gothiques, et la croisée du transept est voûtée d'ogives. *(Cl. M. H. 1876)*

OSSUAIRE
XVIIIe-XIXe siècle
Grès
Chapelle Sainte-Marguerite
67010715

Accolé au mur nord de la nef, cet ossuaire date peut-être du XVIIIe siècle. Il est reconstruit lors de la restauration de la chapelle effectuée par Antoine Ringeisen au siècle suivant. Selon la tradition, il abrite les crânes des paysans morts à la bataille de Scherwiller en 1525. En fait, ce genre d'ossuaire contient en général les ossements provenant de cimetières désaffectés ou de fosses trop pleines. *(Cl. M. H. 1876)*

PRESBYTÈRE
Vers 1725
Grès
14, rue de l'Église *67010707*

Ce presbytère est à l'origine un château élevé par les Rohan dans l'enceinte de l'ancien cimetière fortifié. Les armes des constructeurs figurent sur le linteau de la porte. La cave est à deux étages, et les trois niveaux du bâtiment sont distribués, à l'intérieur, par un escalier à balustres.

PORTIQUE
XIIe siècle
Grès
Chapelle Sainte-Marguerite *67010703*

Ce portique en équerre borde deux côtés de la nef. Il est percé d'arcatures à colonnettes coiffées de chapiteaux cubiques. Ce type de galerie-porche, fréquent en Orléanais, en Champagne ou en Île-de-France, est unique en Alsace.
(Cl. M. H. 1876)

MAISON
1725
Pan de bois
34, rue des Alliés *67010711*

Cette demeure est construite pour le tonnelier H. Schaeffer. Elle sert de relais de poste aux chevaux entre 1776 et 1800 puis abrite une hôtellerie. À l'origine, une grande galerie, sur la cour, est formée de six baies, murées par la suite. Le décor en pans de bois est le plus riche des maisons d'Epfig. En outre, un petit cœur en terre cuite, ornement fréquent dans la région, se dresse sur la crête du toit.

PUITS À TREUIL
1749
Grès et bois
9, rue de la Montée
67010713

Les puits sont longtemps la seule source d'eau potable de la commune. Epfig en comptait autrefois une soixantaine. Celui-ci est typique et très bien conservé. La roue à manivelle permet d'actionner un treuil à cylindre et à rouages en bois. Un grillage articulé recouvre la margelle. L'ensemble est coiffé d'un toit.

CALVAIRE
1788
Grès
Rue des Jardins et rue de la Montagne
67010709

Ce calvaire polychrome met en scène le Christ crucifié entouré de la Vierge et de saint Jean. C'est le seul de la commune, laquelle compte, en revanche, de nombreuses croix de chemin.

ÉGLISE SAINT-GEORGES
1790-1810
Architecte : Pierre Michel Dixnard
Grès
Rue de l'Église *67010704*

Une première construction, citée dès le VIIIe siècle, est probablement détruite en 1198 et remplacée par un édifice de style roman. L'église paroissiale Saint-Georges est reconstruite à la fin du XVIIIe siècle sur les plans de l'architecte Dixnard (1723-1795). Elle comporte trois vaisseaux, des bas-côtés avec tribunes, un transept peu saillant et un chœur en hémicycle flanqué de sacristies. La tour-porche est achevée en 1810 par l'ingénieur des Ponts et Chaussées Fournet. Le mobilier de l'église comprend un bâton de procession en chêne, du XVIIIe siècle, probablement utilisé par la corporation des vignerons et qui présente un riche décor de motifs floraux sculptés et de médaillons peints.

SAINT GEORGES TERRASSANT LE DRAGON
Fin du XVIIe-début du XVIIIe siècle
Bois
Église Saint-Georges *67010717*

Cette sculpture, de style baroque, doit être l'œuvre d'un artiste local. La légende raconte que saint Georges tue le dragon qui attend le sacrifice d'une princesse. Le combat symbolise la lutte des apôtres contre l'idolâtrie.

MAÎTRE-AUTEL
XVIIIe siècle
Bois et dorure
Église Saint-Georges *67010705*

Ce maître-autel, de même style que l'autel secondaire, est orné d'un tableau qui met en scène saint Georges terrassant le dragon. Dans le *Bestiaire* de Pierre de Beauvais, antérieur à 1217, le dragon, créature du Diable, est l'ennemi des colombes, qui représentent les fidèles.

VIERGE DE L'IMMACULÉE CONCEPTION
XVIIIe siècle
Huile sur toile
Église Saint-Georges — *67010716*

La famille Tanisch ou Daniche, originaire de Saxe, vient s'installer à Strasbourg au milieu du XVIIIe siècle. Ce tableau, qui rappelle le style du peintre Jean-Georges Tanisch, mort en 1775, est généralement attribué à l'une des filles Tanisch, Monique (1736-1824) ou Ursule (1741-1822), ou même aux deux. En outre, l'œuvre porte les armes des Anthès, qui en sont les donateurs ou les commanditaires.

PLAN CADASTRAL : CIMETIÈRE FORTIFIÉ
1835 — *67010701*

Mentionné tantôt comme château, tantôt comme cimetière fortifié depuis 1198, le site garde cette double étiquette jusqu'au XVIIe siècle. Prise par les Suédois en 1632, la fortification est abandonnée par la suite. Le tracé de l'enceinte, bien visible sur ce plan cadastral, atteste l'existence de deux tours de flanquement datant peut-être du XIIIe siècle. Un moignon informe de la tour d'angle nord-est et des pierres à bossage réutilisées dans un mur longeant l'église Saint-Georges témoignent de l'ancienne fortification.

HÔTEL DE VILLE
1857
Architecte : Antoine Ringeisen
Grès
Place de la Mairie — *67010712*

Antoine Ringeisen (1811-1889) est architecte de l'arrondissement de Sélestat. Il a la charge de surveiller et de diriger les travaux des bâtiments publics et cultuels de la région. Ses archives, qui couvrent les années 1840 à 1889, sont conservées à la bibliothèque humaniste de Sélestat.

ORNEMENT DE GOUTTIÈRE
Vers le XIXe siècle
24, rue des Écoles
67010714

Cet ornement de gouttière, installé sur une maison dont la porte charretière semble dater du XVIe ou du XVIIe siècle, évoque un fût de colonne antique décoré de draperies.

MAISONS
XXe siècle
Pan de bois
6, rue des Alliés — *67010710*

Réalisés avec des matériaux de remploi provenant d'édifices détruits dans la région, ces bâtiments sont imbriqués les uns dans les autres et possèdent de nombreuses loggias et coursières à balustrade. Certains éléments sont très anciens, comme en témoigne un angle de pierres à bossage. L'ensemble est conforme au type des maisons alsaciennes traditionnelles en pans de bois.

Gertwiller

Canton de Barr
Arrondissement de Sélestat-Erstein
Superficie : 489 ha
Population 1990 : 774 hab.
Habitants : les Gertwillerois
Cours d'eau : la Kirneck

Origine du nom : probablement de l'anthroponyme germanique Gard, ou de l'allemand *Gerten*, saule, ou *Garten*, jardin, et de l'allemand *Heim*, village.

Blason : ces armes représentent une branche de laurier, *Gert* en allemand.
67010800

HISTORIQUE

Attesté au XIIe siècle, Gertwiller relève du Saint Empire et appartient à la seigneurie de Barr. Au XVIe siècle, la localité devient possession de l'évêché de Strasbourg. Ce village d'agriculteurs et de vignerons se développe le long de la Kirneck et possède plusieurs moulins à huile et à grain. L'école de 1774 abrite la cure depuis 1868. La mairie et la nouvelle école construite par Antoine Ringeisen datent du XIXe siècle. L'église catholique, enfin, est érigée en 1938 par l'architecte strasbourgeois Eugène Sigrist. En 1954, la rivière est recouverte.

COLONNE
XIIe siècle
Grès
114, rue Principale *67010801*

L'abbaye de Niedermunster possède une cour dîmière à Gertwiller. De la maison du receveur sise à l'intérieur de la cour, subsiste cette colonne romane conservée dans la cave du bâtiment actuel.

MAISON
XIIe siècle
Grès *67010805*

Cette maison romane, dont subsiste le rez-de-chaussée, faisait partie de la cour domaniale, *Meyerhof*, de l'abbaye de Niedermunster. La façade ouest présente le bas, muré, d'une fenêtre d'origine. Les angles sont constitués de pierres à bossage à minces liserés.

ÉGLISE PROTESTANTE SAINT-BARTHÉLEMY
XIIe-XIXe siècles
Grès
Rue de la Gare *67010802*

La tour-chœur remonte au XIIe siècle, mais l'église n'est mentionnée qu'en 1206. L'architecte Antoine Ringeisen dirige les travaux du XIXe siècle : la nef, dotée d'un orgue Stiehr, est reconstruite en 1845, et le clocher est surhaussé entre 1858 et 1862. Les niveaux supérieurs de la tour, frappés par la foudre en 1928, sont refaits à l'identique. Au XVIe siècle, avec l'introduction de la Réforme, l'église devient protestante. Le chœur est cependant réservé aux catholiques, de 1685 jusqu'à la construction de leur propre église au XXe siècle.

FRESQUES
XVe siècle
Église protestante Saint-Barthélemy
67010804

La voûte, avec les symboles des évangélistes, et les murs du chœur sont ornés de fresques. De l'Adoration des mages subsistent la Vierge avec l'Enfant, saint Joseph et l'âne. La représentation du Jugement dernier, de part et d'autre d'une baie, figure l'admission des âmes au paradis et la gueule de l'enfer. En outre, une Dormition de la Vierge recouvre une Adoration des mages du XIVe siècle, et d'autres peintures montrent notamment saint Nicolas ou saint Barthélemy.

LA SAINTE FAMILLE
XIXe siècle
Huile sur toile
Église protestante Saint-Barthélemy
67010814

Comme les peintures interchangeables du retable, le tableau de l'antependium du maître-autel est probablement réalisé par l'un des Sorg, Joseph, Louis ou Carola. L'œuvre est inspirée de *La Sainte Famille* de Raphaël (1483-1520) conservée au musée du Louvre.

MAISON
1604-1605
Grès et pan de bois
134, rue Principale *67010810*

Cette maison construite pour un vigneron abrite une forge pendant quelque temps. La porte à moulures entrecroisées et les fenêtres, dont l'une, de style Renaissance, présente un chambranle saillant en bois sculpté, attestent l'ancienneté du bâtiment.

MAISON
XVIe-XVIIIe-XIXe siècles
Pan de bois
124-125, rue Principale *67010806*

Des bâtiments d'exploitation agricole et viticole se situent dans la cour commune. Les portes qui en gardent l'accès présentent la date de 1578 et sont surbâties au XIXe siècle. La maison du numéro 124 date de 1724, tandis que celle du numéro 125 est construite en 1768 et agrandie vers l'arrière après 1850. L'habitation, avec son oriel sculpté et ses boiseries peintes, appartenait vraisemblablement à une famille bourgeoise.

MAISON
1579-1722
Grès et pan de bois
127, rue Principale *67010815*

Le rez-de-chaussée percé d'un porche est surmonté d'un étage à colombage. L'oriel est peu proéminent et porte un cartouche orné, notamment, d'une tête de bovin du XVIIIe siècle.

ANCIENNE AUBERGE *AUX DEUX CLÉS*
Début du XIXe siècle
Pan de bois
Route Nationale *67010808*

Cette auberge cossue est située sur une route très fréquentée. Le logis comporte deux corps de bâtiment. Le premier est construit en 1820. Le second, doté d'un passage d'entrée et d'un étage en pans de bois, daterait de 1825. La cour est entourée d'écuries dont subsistent deux ailes en équerre. L'établissement décline à la suite de la mise en service de la ligne de chemins de fer Strasbourg - Barr en 1864. Une partie des écuries et une salle de bal sont détruites dans un incendie, en 1913.

MAISON DE MAÎTRE
XIXe-XXe siècle
Pan de bois
Cour Meyerhof *67010809*
Cette imposante bâtisse est couronnée d'une tourelle à bulbe construite par le peintre strasbourgeois Lucien Blumer (1871-1947), élève de Lothaire de Seebach et fondateur, avec Spindler, de la *Revue alsacienne illustrée*, en 1905.

MUSÉE DU PAIN D'ÉPICE
XXe siècle
110, rue Principale *67010811*
Le pain d'épice apparaît dès le XVe siècle à Strasbourg et à Mulhouse. Barr en produit également. Gertwiller maintient la tradition et devient très réputé pour cette spécialité, probablement fabriquée dans le village à partir du XVIIIe siècle.

CHAMBRE
XIXe siècle
Bois
Musée du Pain d'épice *67010812*
Cette grande pièce d'habitation rurale est appelée *Stube*. Elle sert à la fois de salle de séjour, de salle à manger et de salon. L'alcôve abrite deux lits, séparés par une armoire-penderie.

CUISINE
XXe siècle
Musée du Pain d'épice *67010813*

Les ustensiles traditionnels de cuisine sont présentés sur la cuisinière et les étagères. Les plats sont en faïence, en terre vernissée, en grès ou en étain. Les assiettes en faïence sont généralement fabriquées dans les faïenceries de Lunéville, de Sierck, de Sarreguemines ou de Niderviller.

Heiligenstein

Canton de Barr
Arrondissement de Sélestat-Erstein
Population 1990 : 730 hab.
Habitants : les Heiligensteinois

Origine du nom : du germanique *heilig*, sacré, et de l'allemand *Stein*, pierre.

HISTORIQUE

Ce village du Saint Empire, cité en 1181, fait partie de la seigneurie de Barr. Le prieuré de Truttenhausen y possède des biens. Les vestiges du château, déjà abandonné au XVe siècle, sont rasés en 1978. D'autre part, une ruine identifiée à un ermitage se situe à la limite ouest du ban, en contrebas du Kappelhusfelsen. La Réforme est introduite en 1554. Une nouvelle paroisse luthérienne protestante, avec son propre lieu de culte, est créée en 1869.

CHÂTEAU DE LANDSBERG
XIIe-XIIIe-XVe siècles
Granit et grès *67010903*
Le noyau primitif est bâti un peu avant 1200. Il comporte un donjon carré et un logis seigneurial dont la façade principale est ornée d'un oriel servant de chœur à une chapelle. Vers le milieu du XIIIe siècle, une seconde construction, autonome, est ajoutée. Elle comprend une habitation formée de deux logis et des tours d'angle circulaires. Le château est remanié au XVe siècle et adapté aux armes à feu. *(Cl. M. H. 1965)*

DONJON
XIIe-XIIIe-XVe siècles
Granit et grès
67010904

Les Landsberg engagent leur château à l'Électeur palatin en 1412. En mauvais état en 1461, il est rendu en fief aux Landsberg en 1479. Le site semble abandonné au XVIe siècle, mais un forestier y réside encore en 1733. Le château appartient à la famille de Turckheim depuis le début du XIXe siècle. D'autre part, l'*Eranthis hiemalis*, petite fleur jaune originaire d'Italie, pousse dès les mois de février ou de mars sur les terres du château. *(Cl. M. H. 1965)*

ORGUE
XIIe siècle-1852
Église Saint-Jean-Baptiste *67010914*

Cet orgue appartient à l'église Saint-Jean-Baptiste, dont les niveaux inférieurs du clocher sont romans. Le bâtiment conserve la pierre tombale du prêtre Johann Betschel, mort en 1456. L'église est protestante depuis 1545. Une chapelle est cependant réservée aux catholiques à partir de 1688. Des travaux d'entretien se déroulent au cours des XVIIe et XVIIIe siècles. La nef, reconstruite en 1852 par l'architecte Antoine Ringeisen, est endommagée lors d'un bombardement en 1944. Le presbytère est alors entièrement détruit.

ANGLE DE MAISON
Vers le XIVe siècle
Grès
24, rue de la Montagne *67010901*

L'angle en pierre à bossage visible sur cette demeure est peut-être un vestige d'une ancienne maison forte. Le porche d'une maison de style Renaissance, au numéro 1 de la rue de l'Ours, présente d'autres pierres à bossage. La localité elle-même est peut-être fortifiée à une époque, une porte, tournée vers Barr, étant mentionnée au XIIIe siècle.

ÉLÉMENT LAPIDAIRE
1732
Grès
24, rue de la Montagne *67010902*

Cet élément lapidaire, encastré au-dessus de la porte d'entrée, évoque l'activité viticole de Heiligenstein. Outre la date et les armoiries, une serpette de vigneron et une grappe de raisin sont en effet sculptées, rappelant ainsi le blason de la commune.

MAISON
XVIe-XVIIe siècles
Pan de bois
Rue Principale *67010905*

La date de 1566 est inscrite sur le corbeau d'angle qui soutient l'étage, tandis que la date de 1725 apparaît sur le linteau de la porte d'entrée. Une loggia orne le pignon. Comme il arrive souvent, l'ancien porche est comblé.

FONTAINE DE L'OURS
1558
Rue Principale *67010910*
Cette fontaine comporte un bassin octogonal dont quelques dalles sont sculptées. Le fût figure une colonne de style corynthien au sommet de laquelle un lion, souvent confondu avec un ours, tient un écu, refait, orné des armes de la ville. Un sarcophage mérovingien trouvé dans la commune est accolé à la fontaine et sert d'abreuvoir. *(I. M. H. 1990)*

MAISON
1720
Pan de bois
8, rue de l'Ours *67010906*
Cette maison de vigneron est construite à un croisement de rues dont elle suit l'angle convexe. Le rez-de-chaussée, remanié, est percé d'un passage central qui donne accès à la cour, postérieure.

MAISON MASSENET
XVIIIe siècle
Maçonnerie
Rue de la Montagne *67010907*
Jean-Pierre Massenet (1748-1824) est élu député du Bas-Rhin en 1791. Il est également le grand-père du compositeur Jules Massenet. Il achète cette demeure en 1788, s'y réfugie sous la Terreur et doit s'en défaire, pour la laisser à son épouse Hélène Mathieu, lors de son divorce.

MAIRIE
1867
Architecte : Antoine Ringeisen
Grès
Rue Principale *67010908*
En 1740, le maire Ehrhard Wantz rapporte d'Italie des pieds de vigne qui sont à l'origine du vin blanc klevener. Sa statue se dresse sur le pignon de la mairie, reconstruite au XIXe siècle.

TRAVAIL
XXe siècle
Bois
17, rue Principale *67010911*
Cette structure en bois, appelée travail ou *Notstall*, permet de maintenir les grands animaux domestiques dans différentes positions pendant qu'ils sont ferrés, pansés et soignés en général.

Le Hohwald

Canton de Barr
Arrondissement de Sélestat-Erstein
Superficie : 2 084 ha
Population 1990 : 360 hab.
Habitants : les Hohwaldois
Cours d'eau : l'Andlau

Origine du nom : du germanique *Wald*, la forêt.

Blason : il rappelle le site où est implanté Le Hohwald.
67011000

HISTORIQUE

La localité, située en pleine montagne, est entourée de forêts. Vers la fin du Moyen Âge, trois copossesseurs se partagent le territoire de la commune : l'évêché de Strasbourg avec les seigneurs du Val-de-Villé en copropriété, la seigneurie de Barr et l'abbaye d'Andlau. Le village se développe à partir de la seconde moitié du XVIIe *siècle. Les fermes des forestiers et celles des éleveurs originaires de Suisse et d'Autriche sont dispersées dans les prairies. Au milieu du* XIXe *siècle, la construction des routes et de la voie ferrée sort Le Hohwald de son isolement. La commune devient une célèbre station climatique et un important centre touristique. Des personnalités de toute l'Europe viennent y séjourner au début du* XXe *siècle.*

STÈLE DES KARSAKOV
XIXe siècle
Granit et marbre
Louisenthal *67011004*

Les deux diplomates russes du nom de Karsakov ont effectué de nombreux séjours au Hohwald et ont souhaité y être inhumés. Le père, décédé au Hohwald en 1882, et le fils, mort trois ans après, sont donc enterrés dans la même sépulture. Ces plaques de marbre fixées sur un bloc de granit sont installées, en leur mémoire, dans le parc du Séquoia au Louisenthal.

ROUE À AUBES
XIXe siècle
Bois
Square Kuntz *67011007*

Dans les années 1860, Le Hohwald compte cinq scieries. Cette roue à aubes rappelle l'existence de l'usine la plus ancienne et la plus importante, située près du Grand Hôtel, au lieu-dit Saegmühle.

GRAND HÔTEL
XIXe siècle
Grès
12, rue Principale
67011005

Les hôtels, les pensions et les résidences secondaires se développent au Hohwald. En 1856, le premier hôtel est élevé par la veuve du garde forestier de l'ancienne métairie Dorothé Kuntz. Ce bâtiment est complété, en 1860, par un chalet dans le style du Second Empire. À partir de 1872, d'autres constructions sont ajoutées. Une maison de bains est notamment aménagée en 1890.

ÉGLISE
NOTRE-DAME-DE-LA-NATIVITÉ
1851
Architecte : Eugène Petiti
3, rue Sainte-Odile *67011001*

La paroisse catholique est fondée en 1851, et son église, bâtie sur les plans de l'architecte strasbourgeois Eugène Petiti. L'édifice abrite un mobilier de provenances diverses et parfois indéterminées. Ainsi, le maître-autel du XVIIIe siècle, probablement commandé par l'abbé Jean Gacier d'Auvilliers, provient de l'abbaye cistercienne de Neubourg.

VILLA *LE BOIS-JOLI*
1885
Pan de bois
2, rue Sainte-Odile 67011006
Cette riche demeure de la fin du XIXe siècle, élevée par M. Schoop, premier ambassadeur de France au Japon, s'inspire du style des maisons alsaciennes en pans de bois. Aussi est-elle ornée d'un oriel et de loggias, ainsi que d'allèges à colombage et de chambranles sculptés.

TEMPLE PROTESTANT
1900
Grès
Route du Kreuzweg 67011008
Les habitants se regroupent selon leur confession bien avant la création de la commune. Ainsi, la paroisse protestante est fondée en 1833. Une première construction, transformée par la suite, est érigée à proximité de la Neumelkerei. Un second temple est élevé en pleine forêt, entre la Neumelkerei et la scierie.

Itterswiller

Canton de Barr
Arrondissement de Sélestat-Erstein
Superficie : 118 ha
Population 1990 : 248 hab.
Habitants : les Itterswillerois
Cours d'eau : la Schernetz

Origine du nom : peut-être de l'anthroponyme germanique Ither et du latin *villa*, ferme.

HISTORIQUE

Itterswiller est la commune la plus petite du canton. Mentionné pour la première fois au XIIe siècle, le village est alors sous la double domination de l'évêque de Strasbourg et des sires d'Andlau. La lutte menée contre les Suédois au XVIIe siècle est commémorée par une croix, détruite en 1836. Outre les vignes, il existait de nombreuses ruches sur la montagne qui domine le village, dont le souvenir est perpétué par le nom donné à la rue du Mont-des-Abeilles. Au XXe siècle, la localité renforce sa spécificité viticole et développe le tourisme.

CHAPITEAU
XIIe siècle
Grès
72, route du Vin 67011101
Ce chapiteau, remployé dans le cellier d'une maison, doit provenir de l'église Sainte-Catherine de l'ancien prieuré d'augustins d'Ittenwiller, à Saint-Pierre.

FRESQUE
XIIe-XXe siècle
Grès
Église Saint-Remy
Route du Vin 67011102
Les trois niveaux inférieurs de la tour sont d'époque romane, tout comme les têtes d'hommes et de béliers sculptées sur la façade. La nef remonte au XVIIIe siècle ; l'église est agrandie en 1777. Les deux étages supérieurs du clocher, de style néo-roman, datent de 1919, et la sacristie y est encore postérieure. À l'intérieur de la tour, une peinture murale du XIVe siècle représente le Jugement dernier.
(I. M. H. 1988)

RELIQUAIRE
1667
Bois doré
Église Saint-Remy 67011103
Ce reliquaire, de style baroque, est offert à l'église par l'abbesse d'Andlau, Marie Cunégonde de Beroldingen, dont les armoiries figurent sur le médaillon central en cire. Il contient les reliques de huit saints dont deux non identifiés.

LINTEAU
1549
Grès
Route Romaine 67011104
Comme souvent dans la commune et dans la région, le blason qui orne le portail de cette maison est sculpté d'une serpe de vigneron. En outre, deux autres maisons, situées sur la route du Vin, conservent, l'une en façade, l'autre sous le porche, des angles en pierre à bossage datant peut-être du XVIe siècle.

TONNEAU
XXe siècle
Bois
Route du Vin 67011105
Cet impressionnant tonneau en bois témoigne de l'importance, à Itterswiller, de la viticulture, principale ressource de la commune. À la fin du XXe siècle, l'endroit est aménagé pour la dégustation.

Mittelbergheim

Canton de Barr
Arrondissement de Sélestat-Erstein
Superficie : 383 ha
Population 1990 : 628 hab.
Habitants : les Mittelbergheimois
Cours d'eau : l'Andlau

Origine du nom : de l'allemand *Mittel*, milieu, *Berg*, montagne, et *Heim*, village.

Blason : il reprend le sens du nom de la commune.
67011200

HISTORIQUE

Le site semble être occupé dès l'époque romaine. Le village remonte au VIe siècle, et le vignoble y est présent dès le VIIIe siècle. Une famille de chevaliers adopte le nom de Bergheim à la fin du XIIe siècle. La paroisse dépend d'abord du chapitre d'Andlau. Après la Réforme, introduite en 1545, une nouvelle paroisse catholique est créée avec une filiale à Gertwiller, et le simultaneum est établi jusqu'en 1894. Bergheim devient Mittelbergheim au XVIIIe siècle. La commune vit essentiellement de son vignoble et conserve de nombreuses maisons anciennes.

ÉGLISE PROTESTANTE SAINT-ÉTIENNE
XIIe-XIXe siècle
Grès
Rue Principale 67011201
De l'église primitive du XIIe siècle subsistent les trois niveaux inférieurs de la tour-chœur. Le dernier étage du clocher, en revanche, date de 1614. Le chœur est voûté d'arêtes. La nef romane est remaniée à plusieurs reprises. Aussi est-elle percée de baies gothiques, Renaissance et du XIXe siècle. La chapelle, réservée aux catholiques de 1695 jusqu'à l'édification de leur propre église en 1894, est accolée au côté sud de la tour et la sacristie au côté nord.

FRESQUE
XVe siècle
Église protestante Saint-Étienne 67011202
Les fragments d'une peinture murale représentant une Dormition de la Vierge sont conservés dans un enfeu aménagé dans le chœur de l'église.

PIERRE TOMBALE

Fin du XIIe siècle

Grès

2, rue du Rotland

67011204

Cette dalle funéraire provient d'un édifice des environs de Mittelbergheim où elle est employée comme matériau de construction. Elle ne porte aucune inscription et représente un religieux, en vêtements sacerdotaux, qui est peut-être le chanoine Conrad, fondateur du prieuré d'Ittenwiller, à Saint-Pierre.

MAISON

XVIe siècle

Grès

7, rue Principale *67011206*

Cette maison est l'ancienne demeure de la famille d'Andlau. Le pignon est composé de créneaux et de merlons chaperonnés. Les auvents en dalles de grès, au-dessus des fenêtres, sont typiques des maisons anciennes en grès du vignoble alsacien. La porte charretière date de 1542. La tourelle polygonale sur cour, ajoutée en 1558, abrite un escalier à limon hélicoïdal. *(I. M. H. 1931)*

PUITS

XVIe siècle

Grès et pan de bois

21, rue Principale *67011207*

Cette maison est construite en 1576 pour le receveur des dîmes Adam Stumpf, bien que le portail présente la date de 1575 ; la porte piétonne date de 1617. La cave conserve un puits du XIVe siècle, toujours alimenté par la nappe phréatique, et une colonne en bois du XVIe siècle.

HÔTEL DE VILLE

1620

Grès

Rue Principale *67011208*

Cet hôtel de ville Renaissance présente un plan presque carré. L'escalier extérieur mène à une loggia, coiffée d'un toit à bulbe, servant probablement aux cérémonies publiques. Le rez-de-chaussée à arcades, où se tiennent le tribunal et le marché, est surmonté d'un étage qui abrite la salle d'assemblée. La cloche du campanile est fondue, en 1685, par les Bâlois Jacob Roth et Hans Heinrich Weitnauer. En outre, une couleuvrinière, utilisée en remploi, semble témoigner de l'existence d'une ancienne fortification. *(I. M. H. 1931)*

PUITS À POTENCE

Vers 1604

Grès

2, rue de la Montagne *67011213*

Ce puits provient d'une ferme du village de Romanswiller. Le mur de margelle, aux motifs gothiques, est peut-être plus ancien que la potence, de style Renaissance. Cette dernière est notamment ornée d'un masque léonin et soutenue par une console à volutes. En outre, le chaperon est sculpté de tuiles. La poulie en fer forgé présentait jadis un décor végétal.

WEINSCHLAGBUCH
XVIe-XVIIe-XXe siècles
Hôtel de ville 67011211
Ce *Weinschlagbuch* est une véritable chronique du vin tenue à Mittelbergheim depuis 1600 jusqu'à la fin du XXe siècle, par 29 rédacteurs différents. Il contient également la copie d'un *Weinschlagbuch* tenu entre 1510 et 1666. Le prix du vin, les années de bonne et de mauvaise récolte ainsi que les catastrophes telles les épidémies de phylloxéra y sont consignés.

PRESSOIR
1739
Bois
Rue Principale 67011212
Ce pressoir est en usage à la cour des seigneurs Maximilien et Frédéric Ziegler jusqu'en 1562 et fonctionne pour la dernière fois en 1952. Un autre pressoir, conservé rue de la Montagne, date du XVIIe siècle.

MAISON
Avant 1627
42, rue Principale 67011205
Plusieurs maisons de Mittelbergheim sont pourvues d'angles en pierre à bossage. Ces constructions peuvent être d'anciennes maisons fortes appartenant à des notables locaux. Aucune certitude n'existe cependant.

MOULIN À HUILE
XVIIIe siècle
Bois
35, rue Principale 67011210
À la fin du XVIIIe siècle, l'Alsace compte environ 1 650 moulins, qui totalisent plus de 3 000 tournants. Les moulins sont, en majorité, à farine mais peuvent également être à usage mixte et fonctionner pour la farine, l'huile ou le chanvre, ce qui évite les périodes d'inactivité.

GOURDE
1767
Étain
Collection particulière 67011215
Plusieurs villes d'Alsace produisent des pièces en étain, notamment des brocs, des bouteilles, des égouttoirs à cuillères, des bassines, des salières ou encore des chandeliers. Strasbourg et Barr, dans le Bas-Rhin, ainsi que Colmar et Ribeauvillé, dans le Haut-Rhin, sont les principaux fournisseurs.

Nothalten

Canton de Barr
Arrondissement de Sélestat-Erstein
Superficie : 400 ha
Population 1990 : 449 hab.
Habitants : les Nothaltenois
Cours d'eau : la Schermertz

Origine du nom : inconnue.

HISTORIQUE

La commune est formée des anciens villages de Nothalten et de Zell. Le premier est cité au XIIe siècle. À partir du XIVe siècle, les deux villages sont aux mains des nobles d'Andlau et de l'évêque de Strasbourg. C'est probablement au XIIIe siècle qu'est construit le proche château de Boehmstein. En ruine au XVe siècle, il n'en reste que quelques vestiges.

COLONNE
XIIe siècle
Grès
Fondation Ruhlmann 67011310
La cave de ce bâtiment abrite trois colonnes à chapiteau, d'époque romane, qui pourraient provenir du couvent de Baumgarten, à Bernardvillé. Un chapiteau analogue, originaire de cette abbaye, est conservé à la ferme de Boemstein.

FONTAINE
1543
Grès
Route du Vin 67011306
Le bassin octogonal de cette fontaine est sculpté de motifs Renaissance. Au sommet du fût, un lion, très abîmé, présente deux écus, devenus indéchiffrables, aux armes des nobles d'Andlau et des Rathsamhausen zum Stein, qui sont peut-être les commanditaires de la fontaine. *(I. M. H. 1931)*

ÉGLISE SAINT-MICHEL
1851-1854
Grès 67011302
L'ancienne église, consacrée en 1336, étant devenue trop petite, un nouvel édifice est construit, au XIXe siècle, à l'initiative du curé Bernard Atzenhoffer. L'architecte Antoine Ringeisen fournit les projets du maître-autel et de la chaire. L'orgue est un Mockers de 1871, avec buffet à quatre tourelles.

AUTEL SECONDAIRE
1889
Sculpteur : Théophile Klem
Bois
Église Saint-Michel 67011303
Cet autel secondaire est dessiné par Théophile Klem, de Colmar, qui sculpte les représentations de Bernadette dans la grotte de Lourdes et du Couronnement de la Vierge. En outre, le sculpteur tyrolien Stufflesser est l'auteur de la Nativité et du Calvaire. Martin Feuerstein, enfin, peint les douze panneaux qui relatent la vie de la Vierge et du Christ.

Reichsfeld

Canton de Barr
Arrondissement de Sélestat-Erstein
Superficie : 506 ha
Population 1990 : 295 hab.
Habitants : les Reichsfeldois
Cours d'eau : la Schernetz

Origine du nom : inconnue.

HISTORIQUE

La localité est mentionnée pour la première fois au début du XIVe siècle. Les nobles d'Andlau y possèdent alors des biens. Ils tiennent en fief du Saint Empire la totalité du village du début du XVe siècle à la Révolution. Au milieu du XIXe siècle, l'architecte Antoine Ringeisen construit l'école et le nouveau presbytère. Jusqu'en 1882, l'église est une filiale de la paroisse d'Itterswiller. La forêt et la vigne constituent les principales ressources de la commune.

MAIRIE
Années 1860
Architecte : Antoine Ringeisen 67011308
Une ancienne chapelle, datant du XIVe siècle et agrandie en 1786, est transformée et aménagée en mairie, au XIXe siècle. Le chœur médiéval à chevet plat, percé d'une baie de style gothique flamboyant, est conservé.

MAISON KIEFFER (détail)
1873-1881
32, rue Principale 67011309
Le linteau à l'entrée de la cave et la porte de cette maison sont datés. Les soupiraux de la cave sont équipés de volets métalliques décorés. Les pignons, enfin, sont couronnés, l'un d'une tête d'homme, l'autre d'une tête de femme.

ÉGLISE SAINT-URBAIN
XIIe-XVIIIe siècles
Maçonnerie et grès des Vosges 67011401
Cette église, attestée au XVe siècle, aurait été fondée par le couvent d'Erstein. Les trois niveaux inférieurs de la tour, ainsi que les têtes humaines encore visibles sous le cordon, aux angles du troisième niveau, doivent dater du XIIe siècle. Le dernier étage du clocher est sans doute ajouté au XVIIIe siècle.

NEF ET CHŒUR
Vers 1728
Église Saint-Urbain 67011402
La nef et le chœur sont voûtés en berceau et percés de baies en arc brisé. Les vitraux des trois fenêtres de l'abside sont réalisés par le Munichois F.-X. Zettler, en 1934.

MAISON
1714
Grès et pan de bois
35, chemin de l'Altenberg 67011405
Deux colonnes précèdent le porche de cette maison et soutiennent une avancée en pans de bois. Leur fût, bombé, est surmonté d'un chapiteau décoré.

POTEAU CORNIER
XVIIIe siècle
Pan de bois
30, rue Ringmann
67011404
Ce poteau cornier représente une colonne dont la base est décorée de motifs floraux, et le chapiteau, orné de volutes et de feuilles.

Saint-Pierre

Canton de Barr
Arrondissement de Sélestat-Erstein
Superficie : 321 ha
Population 1990 : 540 hab.
Habitants : les Saint-Pierrois
Cours d'eau : l'Andlau

Origine du nom : du saint éponyme.

Blason : la clef est l'attribut de saint Pierre.
67011500

HISTORIQUE

Des vestiges d'un atelier de potier, de l'époque romaine, sont découverts à Ittenwiller, annexe de Saint-Pierre. Le village appartient à l'évêque de Strasbourg durant tout le Moyen Âge. Un bras de dérivation de l'Andlau est aménagé au XIXe siècle et permet d'alimenter plusieurs moulins, une tannerie, des scieries et une fabrique de parquets. Située dans la plaine, la commune pratique la polyculture, en particulier la plantation de tabac et de vigne d'appellation d'origine contrôlée.

TYMPAN
XIIe siècle
Grès des Vosges
Château d'Ittenwiller *67011505*
Plusieurs éléments lapidaires sont encastrés dans le mur de clôture du château. Ce tympan de style roman, incomplet, serait un vestige de la chapelle primitive dédiée à sainte Christine. Il représente le Christ dans sa mandorle et, de part et d'autre, des personnages probablement liés à la fondation du prieuré.

PUITS
Grès des Vosges
Château d'Ittenwiller *67011506*
Ce puits à margelle circulaire comporte deux colonnes de style roman et un linteau gothique en accolade. Les colonnes, ainsi que les colonnettes posées sur le sol, proviennent sans doute de la chapelle Sainte-Christine et de son cloître, détruits en 1793.

LOGIS
XVIe-XIXe siècles
Grès
Château d'Ittenwiller *67011504*
Les bâtiments conventuels sont aménagés en maison pour le receveur épiscopal, au XVIe siècle. Le château subit beaucoup de restaurations en 1838 dues à l'architecte Jehu, mais trois petites tours carrées équipées de canonnières et la tour flanquant l'entrée sont antérieures à ces travaux. L'ensemble est de style Renaissance.
(I. M. H. 1937)

CHÂTEAU D'ITTENWILLER (entrée)
XIIe-XIXe siècle
Grès des Vosges
Ittenwiller *67011503*
En 1115, un prieuré d'augustins est fondé, à Ittenwiller, par le chanoine Conrad. Supprimé en 1525, il est incorporé à l'évêché de Strasbourg en 1530. Incendié en 1632, il est partiellement rebâti à partir de 1661. Le château actuel est une possession de la famille d'Andlau. Il est entouré d'un fossé d'eau et flanqué de tours percées de canonnières ; la fortification du domaine n'est attestée qu'en 1574. Le passage d'entrée est doté d'une tour de plan pentagonal et d'une aile qui est sans doute la maison du portier. Cette tour et les canonnières sont postérieures à 1530. *(I. M. H. 1937)*

PONT
1736
Grès
Route Nationale *67011513*
Ce pont sur l'Andlau date, au moins en partie, de 1736. Il est composé de trois arches en forme d'anse de panier et de becs faisant saillie sur les piles.

MOULIN FELDMUEHL
1778
3, chemin de Stotzheim 67011510

Saint-Pierre conserve trois moulins, remaniés, du XVIIIe siècle. Le Feldmuehl est détruit pendant la Seconde Guerre mondiale. Il n'en subsiste que les soubassements. La maison date du XIXe siècle. Le poteau de la porte de la clôture est de 1810 et porte l'emblème d'une roue de moulin.

MAISON
1782
Grès et pan de bois
11, rue de l'Église 67011507

Cet ancien corps de ferme regroupe, sous le même toit, le logis et le bâtiment agricole, qui comprend une étable avec fenil, un hangar et un cellier.

CHÂTEAU HALLEZ CLAPARÈDE
1815
Maçonnerie et grès
32, rue Principale
67011512

Ce château sert de maison de retraite aux pères des missions africaines. Le linteau d'une porte est daté. En outre, un cimetière privé contient une croix en grès de 1826.

LA ROSERAIE
1840
Grès
1, rue de l'Église 67011508

La cour, les communs, l'écurie, la remise et la glacière de cette ancienne maison de maître sont conservés. Le logis est cependant transformé en immeuble locatif.

ORGUE
1852-1854
Architecte : Antoine Ringeisen
Grès
Église Saint-Arbogast 67011501

L'église est reconstruite au XIXe siècle. Elle abrite notamment un buffet d'orgue du XVIIIe siècle de Jean-André Silbermann. En outre, les fonts baptismaux, en grès rose, datent de 1739. Parmi les statues conservées, une statue de procession en bois doré, du début du XIXe siècle, représente la Vierge de l'Immaculée Conception.

CHAPELLE
XIXe siècle
Grès
Ittenwiller 67011502

La chapelle des comtes d'Andlau est une construction de style néo-roman. Elle est entourée d'un petit cimetière privé qui comporte plusieurs pierres tombales.

Stotzheim

Canton de Barr
Arrondissement de Sélestat-Erstein
Superficie : 1 361 ha
Population 1990 : 953 hab.
Habitants : les Stotzheimois
Cours d'eau : l'Andlau

Origine du nom : pourrait provenir de l'allemand *Stortzen*, souche.

HISTORIQUE

Mentionné pour la première fois au VIIIe siècle, Stotzheim est, à partir du XIVe siècle, une possession de l'évêché de Strasbourg. Le village est incendié en 1622 par les troupes du comte de Mansfeld. La synagogue et la mairie datent des années 1830. Les écoles sont également construites au XIXe siècle, par Antoine Ringeisen. La commune, qui s'étend le long du Muhlbach, canal de dérivation de l'Andlau, est située dans la plaine et vit de ses cultures, de tabac notamment.

CHÂTEAU DE GRUNSTEIN
XVe-XVIe siècle
Grès
21, rue du Bas-Village *67011606*
Deux châteaux ont sans doute coexisté à Stotzheim. Un château, peut-être sur motte, du XIIIe siècle, est appelé Schollenhof. Le second, Grunstein, est construit dans sa basse-cour au XVe siècle. Il est toujours entouré de fossés pleins d'eau. Le bâtiment principal, rectangulaire, mêle des styles différents qui sont le résultat d'aménagements successifs. *(I. M. H. 1986)*

GISANT
XVe siècle
Grès
Château de Grunstein *67011603*
Divers éléments lapidaires de style Renaissance ainsi que des monuments funéraires sont encastrés dans les murs d'un pavillon moderne du château. Ce gisant de Henri de Mullenheim provient de la chapelle de la Toussaint de Strasbourg, détruite en 1790.
(I. M. H. 1986)

CALVAIRE
1715
Grès *67011612*
Au XXe siècle, le territoire communal compte encore une vingtaine de croix monumentales dont un seul calvaire. Ce dernier, commandé par Théobald Ruhlmann et son épouse Barbara Kieffer, est l'œuvre d'un sculpteur local.

MAISON DE PLAISANCE
XVIIIe siècle
Grès et pan de bois
15, rue du Haut-Village *67011607*
Située dans un parc, cette longue bâtisse est percée de nombreuses baies. Le rez-de-chaussée en maçonnerie de grès est surmonté d'un étage en pans de bois crépis. Une partie des communs en équerre subsiste. Cette maison de plaisance, qui connaît plusieurs propriétaires successifs, est habitée par les Andlau après la Révolution.

MOULIN GELB
1754
Grès et bois
27, rue du Quartier-Central *67011610*
Ce moulin d'origine inconnue est reconstruit au XVIIIe siècle. La roue à aubes et le rez-de-chaussée sont conservés et restaurés. L'étage, en revanche, est reconverti en séchoir à tabac puis supprimé. Au XXe siècle, la commune ne compte plus que cinq moulins, remaniés.

ÉGLISE SAINT-NICOLAS
1765 67011601
Remplaçant un édifice plus petit bâti en 1626, l'église est reconstruite au XVIIIe siècle. Le mobilier est alors renouvelé. Le maître-autel à baldaquin est réalisé par le menuisier Scharmatt. Le peintre Jacob Erhart de Sélestat exécute le tableau, qui représente saint Nicolas. Enfin, le tombeau d'autel provient de Pontarlier (Doubs), et le tabernacle, de Lachapelle-sous-Chaux (Territoire de Belfort). Martin Feuerstein décore de grisailles les lambris du chœur, en 1875. Dans le mur nord de la nef est encastrée la dalle funéraire de Jean-Frédéric de Schwengsfeld (1719-1783), général de brigade puis maréchal de camp au cours de la campagne de Bohême et pendant la guerre de Sept Ans.

ORGUE
1751
Bois de chêne doré
Église Saint-Nicolas 67011602
Cet orgue de Jean-André Silbermann, dont seul le buffet subsiste, provient sans doute du couvent des franciscains de Sélestat. La commune de Stotzheim l'achète en 1800 et le fait remettre en état par le facteur d'orgues Michel Stiehr.

CHAPELLE FUNÉRAIRE
DE LA FAMILLE D'ANDLAU
1826
Grès
Route Romaine 67011604
La chapelle du Rosaire est reconstruite par les comtes d'Andlau, qui en font une chapelle funéraire. Un calvaire plus ancien est intégré dans le mur de façade. Elle abrite notamment une série de cinq tableaux du XIXe siècle, peints à l'huile sur marbre blanc.

HÔTEL DU LION D'OR
1884
Grès, brique et pan de bois
19, route Romaine 67011609
L'originalité de cette construction tient au décor de sa façade. Les motifs géométriques ainsi que la date de 1884 sont en effet entièrement constitués par le jeu de la brique rouge et jaune et du pan de bois.

LAITERIE
XXe siècle
Brique
Rue du Bas-Village 67011611
Comme les cafés, les postes de collecte de lait sont des lieux de rencontre, où l'on se retrouve deux fois par jour. Cette laiterie est abandonnée à la fin des années 1970.

Canton de Benfeld

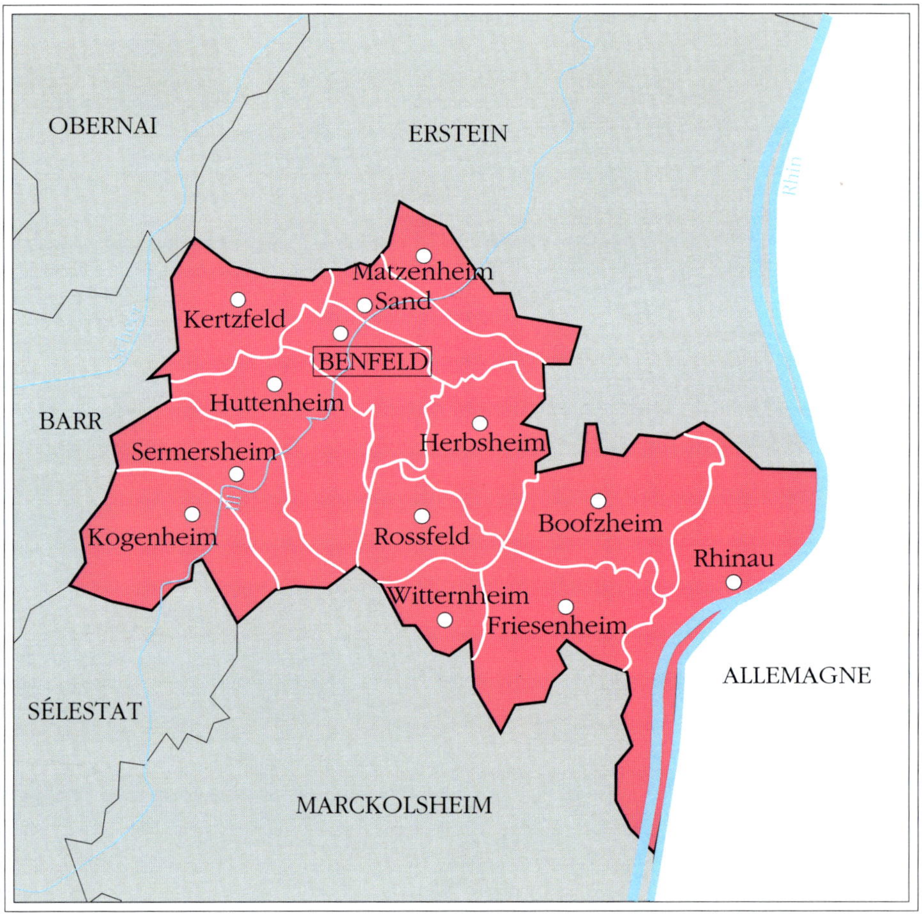

- Benfeld
- Boofzheim
- Friesenheim
- Herbsheim
- Huttenheim
- Kertzfeld
- Kogenheim
- Matzenheim
- Rhinau
- Rossfeld
- Sand
- Sermersheim
- Witternheim

Benfeld

Canton de Benfeld
Arrondissement de Sélestat-Erstein
Superficie : 779 ha
Population 1999 : 4 924 hab.
Habitants : les Benfeldois
Cours d'eau : l'Ill

Origine du nom : de l'anthroponyme germanique Beno ou Benno et du germanique *Feld*, champ.

Blason : il est constitué des émaux de l'évêché.
67020100

HISTORIQUE

À l'origine, Benfeld est une annexe de la ville gallo-romaine d'Helvetum, aujourd'hui Ehl, que les Vandales détruisent en 407. Élevé au rang de ville en 1306 par l'empereur Albert Ier, Benfeld est aussi doté de fortifications. La population est cependant massacrée en 1331 par les troupes du duc de Wurtemberg, entrées grâce à la trahison d'un certain Stubenhansel. En redevenant propriété de l'évêché de Strasbourg, Benfeld devient le chef-lieu du plus grand bailliage. Au cours du XVIe siècle, les fortifications sont consolidées et modernisées. Lors de leur incursion en France au XVIIe siècle, les Suédois font de Benfeld leur quartier général et en renforcent encore les protections. Mais, en vertu des traités de Westphalie, elles sont rasées. Pendant la Révolution, Benfeld est le siège de l'un des cinq districts du Bas-Rhin. En 1945, environ un quart de la ville est sinistré par une contre-offensive allemande. Le 12 mars 1949, Benfeld reçoit la croix de guerre.

ENCEINTE
XIVe siècle
Pierre
Place Aristide-Briand *67020102*

Les fortifications de la ville comportaient un large fossé d'eau avec palissade, une enceinte avec cinq tours et deux portes à tour, des poternes à pont-levis et une série de ponts. Dès 1548, des travaux sont entrepris pour agrandir et moderniser les fortifications. L'installation médiévale est doublée par des remparts appareillés, composés de bastions et de demi-lunes, par un second fossé et par une redoute, également bastionnée, dite « Zollschantz ». Conformément aux traités de Westphalie de 1648, les fortifications modernes sont rasées, et seuls subsistent l'ancien mur d'enceinte et les deux portes intérieures, lesquelles sont détruites en 1879. Benfeld a été l'une des places fortes les mieux fortifiées de basse Alsace.

ÉGLISE SAINT-LAURENT
(détail du clocher)
XIVe-XIXe siècle
Grès rose
Rue de l'Église *67020103*

Cette église est construite sur les vestiges d'un édifice de l'époque mérovingienne, comme l'attestent les sarcophages trouvés dans les alentours. Des travaux effectués entre 1352 et 1365 il ne reste que le chœur. Entre 1529 et 1537, alors que Benfeld est engagé à Strasbourg, l'église abrite le culte protestant, puis, de 1632 à 1650, sous la domination suédoise, elle est transformée en simultaneum. En 1754, les galeries latérales agrandissent l'église, et la tour-porche est modifiée, haussée à 8 mètres, la partie supérieure devenant octogonale. Devenue trop exiguë pour la population de Benfeld dès 1830, la bâtisse est à nouveau modifiée en 1840 selon les plans de Gustave Klotz. La nef et la sacristie sont alors supprimées, les fenêtres agrandies. Enfin, en 1861, ont lieu les dernières transformations, sous la direction d'Antoine Ringeisen : une nouvelle tour-porche haute de 54 mètres est construite à la place de l'ancienne, et la nef est allongée d'une travée.

BAS-RELIEF
Moyen Âge
Grès
Église Saint-Laurent *67020101*

Au mur de l'église, ce bas-relief serait un vestige de l'église primitive datant du Moyen Âge. Il s'agit vraisemblablement des armes de Berthold de Bucheck (1328-1353), sous l'épiscopat duquel les travaux de l'édifice ont été entrepris. Ils sont achevés sous celui de Jean de Lichtenberg (1353-1365).

CHŒUR

1352

Grès rose

Église Saint-Laurent

67020104

Seul élément restant de l'église gothique, ce chœur a résisté aux modifications subies par l'église aux XVIIe et XIXe siècles. Les vitraux, bien plus récents, datent de 1947. Une chapelle d'entrée est aménagée sous la tribune, à l'entrée.

CHAIRE

1746

Bois

Église Saint-Laurent

67020116

Conçue pour l'église antérieure, dans laquelle elle se trouvait déjà, cette chaire est remaniée pour s'encastrer dans la colonne de la nouvelle église. À la suite de la restauration de 1884, il ne reste du monument original que le lion, qui servait alors de pied, la partie supérieure de l'abat-voix supportant la statue de Jean Baptiste, ainsi que quelques morceaux de la cuve. Celle-ci porte un écu aux armes de la ville ainsi que la date de fabrication de la chaire.

SAINT MATERNE

XVe siècle

Église Saint-Laurent *67020117*

Saint Materne est représenté sur une dalle funéraire maçonnée dans le mur. Ce saint, formé auprès de Pierre à Rome, aurait reçu pour ordre d'évangéliser les pays germaniques. En Alsace, il convertit la population d'Ehl, puis, malade, y meurt. D'après la légende, ses compagnons l'enterrent et retournent à Rome, où Pierre leur ordonne de ressusciter Materne en emportant son bourdon. C'est ainsi que, quarante jours après sa mort, saint Materne ressuscite, miracle qui entraîne alors une vague de conversions.

FONTS BAPTISMAUX

Troisième quart du XVe siècle

Grès rose

Église Saint-Laurent *67020105*

Ces fonts baptismaux, qui proviennent du couvent d'Ehl, n'ont plus leur pied d'origine. Leur structure et la décoration de style gothique évoquent ceux de la cathédrale de Strasbourg, réalisés en 1463 par Dotzinguer.

ANCIEN GRENIER À CÉRÉALES

Vers le XVe siècle

Pierre

1, place de la République *67020111*

Ce bâtiment, dont seuls les murs porteurs sont anciens, abrite le grenier à céréales et le cellier de la commune jusqu'en 1649, date à laquelle il est vendu. Il aurait fait usage d'arsenal, puis devient le siège de l'état-major de la garde nationale de Benfeld de 1800 à 1848. Le second pignon à redents est supprimé en 1870.

PUITS À POTENCE

XVe-XVIe siècle

Grès rose

1, place Aristide-Briand

67020115

Constitué d'une margelle monolithique, ce puits circulaire se trouvait sur le domaine appartenant à l'évêque de Strasbourg. La potence qui supporte la poulie est en grès.

TOUR DE L'ANCIENNE TUILERIE

XVIe-XIXe siècles

Pan de bois

16, rue du Faubourg-du-Rhin

67020114

Cette tour-foyer est l'un des vestiges de l'ancienne tuilerie, avec le logis reconstruit en 1884. Elle est constituée de moellons jusqu'à son niveau intermédiaire, à partir duquel elle est en pans de bois. De longues lucarnes situées sous le toit permettent l'aération. Mentionnée dès 1540, la tuilerie fonctionne jusqu'en 1886.

HÔTEL DE VILLE

1531-1619-XXe siècle

Architecte : Ascagne Albertini

Grès rose

Place de la République 67020109

Lorsque l'hôtel de ville est construit, la ville est sous le règne des princes-évêques de Strasbourg. La tour, ajoutée en 1619, est l'œuvre d'Ascagne Albertini, qui est aussi le bailli de Benfeld. Une fresque de 1952 évoque Benfeld pendant la guerre de Cent Ans, et les quatorze vitraux qui ornent les fenêtres, datés de 1956, évoquent les corporations de métiers qui existent à Benfeld, ainsi que les villes de la décapole qui s'y sont réunies en 1349. L'horloge astronomique conçue par J.-B. Schilgué au XVIIIe siècle fonctionne grâce à un mécanisme manuel. Au centre se trouve le Stubbehansel. Il ouvre et referme la bouche à chaque heure, en levant et abaissant le bâton qu'il tient dans sa main droite. Il représente la trahison. Ce sergent de ville aurait, moyennant argent, laissé entrer Ulrich de Wurtemberg et ses troupes en ville en 1331. La presque totalité des villageois a alors été massacrée. C'est pourquoi il ouvre la bouche en vain pour se justifier et tend de sa main gauche la bourse d'argent qui a causé sa perte. À droite, un chevalier cuirassé, figure de la sagesse, bat les quarts d'heure, rappelant ainsi que les assises en cours s'apprêtent à rendre leur verdict. La mort qui retourne un sablier à chaque heure symbolise la justice.

MAISON DES BAILLIS

1562

Grès et pan de bois

12, rue Clemenceau 67020108

Une inscription sur une poutre indique la date d'origine de cette maison, réservée aux baillis. Ceux-ci étaient des officiers d'épée ou de robe chargés de rendre la justice au nom d'un seigneur ou d'un roi. À l'intérieur, une porte présente des armoiries non identifiées. La maison, bâtie en grès avec un encorbellement latéral en pans de bois, comprend une cave voûtée en berceau, des fenêtres à meneaux et une tourelle d'escalier hors œuvre donnant sur la cour. *(I. M. H. 1988)*

MAISON D'ANDLAU
1566
Pan de bois
4, rue du Général-de-Gaulle 67020120
Cette maison a vraisemblablement appartenu à la famille d'Andlau avant de devenir le siège de l'administration agricole. *(I. M. H. 1929)*

SOLDAT
XVIe ou XVIIIe siècle
Grès
Maison d'Andlau 67020131
Formant console à l'angle gauche de la façade sur rue, cette statue représente un soldat, appelé S. Männel Am Hüs, assis en tailleur et portant un uniforme caractéristique du XVIe siècle. La date de 1718 inscrite en dessous a probablement été ajoutée tardivement, sans doute lors d'un déplacement de la statue. *(I. M. H. 1929)*

ESCALIER
XVIe-début du XVIIe siècle
Grès
Maison d'Andlau 67020121
Cet escalier à vis s'inscrit dans une tourelle à cage circulaire. Des colonnes de soutien ornées de hauts-reliefs se trouvent au rez-de-chaussée et à l'étage.

PORTE DE CHÂTEAU
1575
Grès et brique
3, rue du Château 67020106

Cette porte scellée de style gothique est probablement le seul vestige du château des évêques de Strasbourg.

PORTE
Fin du XVIe-début du XVIIe siècle
Grès rose
1, place Aristide-Briand 67020133
Mise au jour lors des travaux de restauration au début du XXe siècle, cette porte est surmontée des dates gravées de 1594 et 1625. Au-dessus, l'écusson porte les armoiries de l'évêché. Cette entrée était sans doute celle de la chapelle des membres du chapitre. Le chapitre territorial de l'évêque de Strasbourg à Benfeld, présidé par un archevêque qu'il délègue, est créé dès la fin du XIe siècle. En 1441, ses comptes sont unis à ceux du chapitre d'Huttenheim. Vers 1822, le chapitre est dissous, et le domaine acquis par des particuliers. La municipalité de Benfeld l'achète en 1932 et l'aménage, l'espace central devenant l'actuelle place Aristide-Briand.

CHÂTELET
1620-1840
10, rue du Châtelet 67020107
Cette maison est édifiée pour le gouverneur de Benfeld, puis elle est habitée par Ascagne Albertini et le baron Jean-Louis Zorn de Bulach. Pendant la guerre de Trente Ans et jusqu'en 1650, deux commandants suédois occupent les lieux : Arndt De Quernheim et Moser De Vilseck. Dans la

façade latérale, une Vierge à l'Enfant datée de 1620 est scellée à la Révolution, sur ordre des Jacobins, qui l'enlèvent vraisemblablement de la tour d'escalier de l'hôtel de ville. La bâtisse est agrandie en 1840. *(I. M. H. 1990)*

EMBLÈME D'ARTISAN
1733
Grès rose
9, rue du Faubourg-du-Rhin
67020113

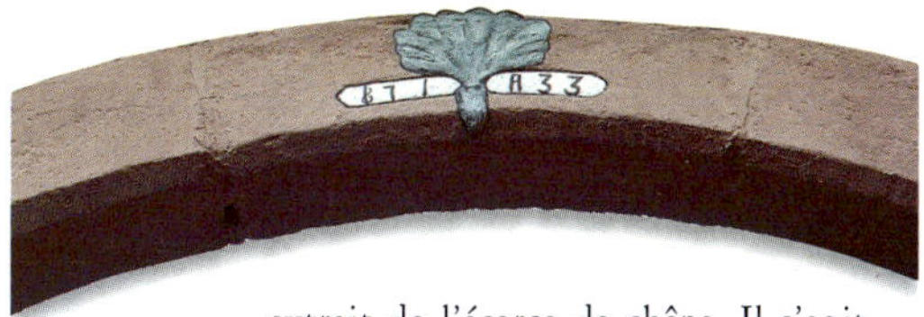

Cet emblème d'artisan semble être constitué d'une feuille de chêne, qui rappelle que le tanin nécessaire aux tanneries était extrait de l'écorce de chêne. Il s'agit peut-être aussi d'une feuille de légume, auquel cas cette maison serait celle d'un maraîcher.

HÔPITAL
1625
Pierre
Rue de l'Hôpital *67020129*
Construit à l'emplacement de la léproserie, cet édifice est commandité par quelqu'un dont l'identité est inconnue puisque ses armes, sculptées sur un pilier, ont été martelées. Il est probable néanmoins qu'il s'agisse de l'ingénieur militaire, bailli et gouverneur de Benfeld, Ascagne Albertini. La demeure, de style Renaissance, se compose de quatre corps de bâtiment disposés autour d'une cour centrale. Sur un mur extérieur, un monument funéraire rend hommage à un bienfaiteur de l'hôpital, Joseph Reich von Platz, bailli de Benfeld, mort en 1732. L'édifice est offert à la ville avant le XVIIIe siècle pour servir d'hôpital, mais les archives le concernant ont brûlé au début du XXe siècle. *(I. M. H. 1929)*

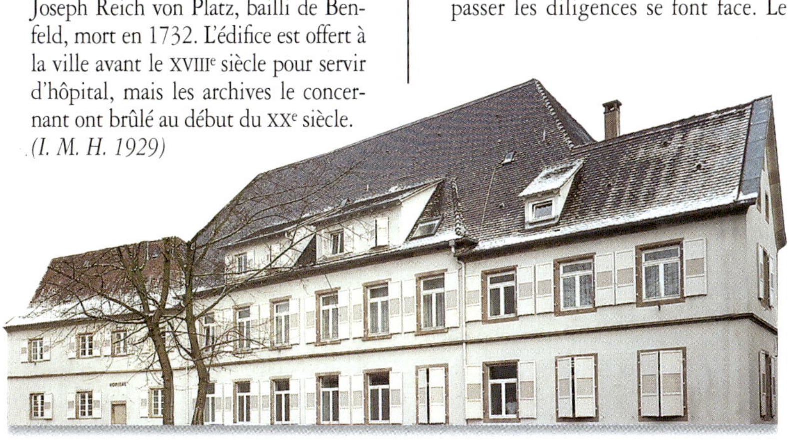

ANCIEN RELAIS DE POSTE
1742-1784-1904
Pan de bois
2, avenue de la Gare *67020125*
Étape importante sur l'ancienne route de Strasbourg à Lyon, ce relais de poste passe sous le contrôle des Stackler, maîtres de poste de 1773 à 1870, et sert à cette époque à la fois de résidence et de bâtiment industriel. Les bâtiments s'organisent autour d'une vaste cour ; l'un servait d'écurie, l'autre était une auberge à l'enseigne du *Canon*, et le troisième abritait le logis des propriétaires. Deux portes cochères assez grandes pour laisser passer les diligences se font face. Le relais a probablement été modifié en 1784, car cette date figure sur un mur avec un cor de postillon. L'étage est ajouté en 1904. *(I. M. H. 1986)*

MAISON OUVRIÈRE
XIXe siècle
Pierre
Rue d'Huttenheim *67020123*
Cette maison exiguë à un seul étage, typique de l'habitat ouvrier, témoigne de l'activité industrielle dans la commune, qui supplante l'activité agricole et permet à la ville de rester un centre économique important.

MAGASIN DES TABACS
1853-1855
Architecte : André Weyer
Brique et grès
3, rue du Château
67020112

Ce centre de fermentation lié à l'exploitation du tabac de Benfeld est l'un des derniers existant encore en Alsace, avec ceux de Strasbourg et de Colmar. Benfeld obtient le monopole des tabacs dès 1811, et installe son premier magasin dans l'ancien château des évêques de Strasbourg. Puis Louis-Philippe autorise la construction de ce bâtiment à cet usage, constuction entreprise sous Napoléon III. Il est composé de quatre corps de bâtiment disposés en quadrilatère autour d'une cour intérieure. *(I. M. H. 1988)*

SYNAGOGUE
1846-1875
Pierre
Rue de la Dîme *67020119*

De l'extérieur, la synagogue, agrandie en 1875, apparaît comme un bâtiment simple, à l'architecture délibérément dépouillée. L'intérieur, au contraire, est décoré d'une profusion d'éléments d'inspiration orientale. La communauté israélite de Benfeld est sévèrement touchée par le génocide de la Seconde Guerre mondiale, puisque trente-six juifs sont morts dans les camps d'extermination allemands. *(I. M. H. 1984)*

ARMOIRE AUX ROULEAUX SACRÉS
XXe siècle
Faux marbre
Synagogue *67020130*

Cette armoire, l'*aron-ha-qodesh,* abrite les rouleaux sacrés de la Torah. La décoration qui l'entoure est peinte par A. Metzger et se conforme à la loi mosaïque, qui interdit les représentations figurées, en utilisant le motif de l'étoile de David.

ANCIENNE ÉCOLE DE FILLES
1854
Grès rose
Rue du Docteur-Sieffermann *67020128*

L'école de filles ayant été détruite pour permettre l'édification du nouveau clocher de l'église Saint-Laurent en 1861, elle est installée dans cette maison au moment même où l'augmentation de la population, consécutive à l'implantation de l'usine d'Huttenheim, requiert une augmentation de la capacité d'accueil des établissements scolaires. L'enseignement est assuré par les Sœurs de la congrégation de la Divine Providence de Ribeauvillé (Haut-Rhin).

ÉGLISE PROTESTANTE
1866
Architecte : Antoine Ringeisen
Grès
Rue du Docteur-Sieffermann *67020118*

Ville épiscopale, Benfeld reste presque entièrement catholique jusqu'en 1826, date à laquelle, avec l'usine de textile implantée à Huttenheim, arrive une population protestante. Celle-ci dépend successivement des paroisses de Boofzheim puis de Sélestat à partir de 1840, avant que cette église ne soit construite. Benfeld a son propre vicariat à partir de 1877, et devient une paroisse en 1880. Le premier projet d'Antoine Ringeisen, daté de 1864, prévoyait la construction d'une salle de classe surmontée d'un logement d'instituteur dans le bâtiment de l'église. Il n'est finalement pas réalisé.

ÉCOLE
1890
Brique
Rue du Châtelet 67020126
Jusqu'en 1890, l'école se tient dans l'enceinte des magasins de tabac, où se trouve également une classe pour les enfants de confession protestante. Ce bâtiment est construit spécifiquement pour accueillir le cours complémentaire, fondé seize ans auparavant par Balthasar Pfleger. Il est ensuite agrandi de deux salles de classe, l'une pour les élèves protestants et l'autre pour les élèves israélites. Ce cours complémentaire, dont le niveau correspondait à peu près à celui du collège et proposait un cycle d'études court, comprenait l'enseignement de l'allemand, puis du français à partir de 1918, des mathématiques, de l'histoire et de la géographie. Balthasar Pfleger reste directeur de l'école jusqu'à sa mort, en 1908. Le statut du cours change en 1961 : il devient un collège d'enseignement général, qui fonctionne jusqu'en 1967.

VILLA JAEGER
Fin du XIXe siècle
Pan de bois 67020122
Cette maison doit son nom à d'anciens propriétaires sans descendance qui en ont fait don à la paroisse protestante de Benfeld, spécifiant qu'elle devrait être habitée par des pasteurs à la retraite. Le testament en interdit donc la vente aux agents immobiliers, pourtant vivement intéressés par cette demeure au mobilier précieux et aux murs ornés de moulures en stuc et de boiseries. Après accord du consistoire protestant, la commune devient finalement propriétaire de la maison et du domaine et y aménage une résidence pour personnes âgées.

POSTE
1903
Grès rose
Rue du Général-Leclerc 67020127
La poste, comme il est d'usage au début du XXe siècle dans les bâtiments administratifs, est marquée par plusieurs styles architecturaux, avec une entrée d'inspiration néo-romane et un portail à trumeau et pignon à volute de style Renaissance.

Boofzheim

Canton de Benfeld
Arrondissement de Sélestat-Erstein
Superficie : 1 194 ha
Population 1982 : 1 070 hab.
Habitants : les Boofzheimois
Cours d'eau : l'Allachgraben, le Westerlachgraben et le Canal du Rhône au Rhin

Origine du nom : peut-être de bœuf et du germanique *Heim*, village.

Blason : ce sont les armes de la famille Mueg.
67020200

HISTORIQUE

Boofzheim est mentionné pour la première fois au IXe siècle sous le nom de Botesheim. Deux siècles plus tard, le village appartient en partie à l'abbaye Saint-Étienne et en partie à l'évêque de Strasbourg. Il entre dans le fief de la famille Mueg au XVIe siècle et, sous son influence, adopte la religion réformée à partir de 1545. En 1636, en pleine guerre de Trente Ans, les Suédois détruisent le village, qui doit son repeuplement à l'immigration de familles suisses et hollandaises. Après la mort de Paul Jacques Mueg en 1684, le domaine est partagé entre différentes familles. De multiples combats se déroulent ensuite sur le territoire alsacien au cours de l'histoire, mais Boofzheim souffre surtout de la Seconde Guerre mondiale et est d'ailleurs évacué en 1939. À la fin de l'Occupation, environ un tiers du village est sinistré par les combats qui opposent les Alliés, lancés dans la reconquête des territoires après le Débarquement, aux Allemands qui tentent en Alsace une contre-offensive désespérée en janvier 1945, mais sont bientôt repoussés.

ÉGLISE SAINT-ÉTIENNE
1522-XIXe siècle
Maçonnerie et grès rose
Rue de Rhinau *67020202*

À l'emplacement de cette église, il existe déjà un premier édifice en 1211, qui est reconstruit en 1522. Lorsque la religion réformée est introduite à Boofzheim, l'église est transformée en temple, puis, entre 1687 et 1854, en simultaneum. Elle n'est rendue à un usage exclusivement catholique qu'en 1855, la communauté protestante ayant fait édifier son propre temple. Modifié en 1870 par la construction d'une nef plus grande, puis par l'ajout d'un chœur en 1896, le nouvel édifice conserve la tour-porche et des vestiges de la première travée de la nef du XVIe siècle.

PORTE
XVIe siècle
Grès rose
Église Saint-Étienne *67020205*
Vestige de l'ancienne église, cette porte, à moulures croisées typiques de la fin de l'époque gothique, donne accès à la sacristie. *(Cl. M. H. 1935)*

PIERRE TOMBALE
XVIIe siècle
Pierre
Église Saint-Étienne *67020206*
Cette pierre appartient à un ensemble de trois monuments de la lignée Mueg scellés dans le mur nord de l'abside. Le monument funéraire de Paul Jacques Mueg (1618-1684), dernier du nom, porte les armes des Mueg au centre et en bas à gauche, celles des Bock en bas à droite et celles des Rathsamhausen dans les deux autres angles.

MAÎTRE-AUTEL
XIXe siècle
Bois
Église Saint-Étienne *67020203*
Cet autel est probablement celui qui est élevé dans l'ancien chœur de l'église en 1890. Il est surmonté d'un tableau de Melling qui représente saint Étienne lors de sa lapidation, et montant au ciel.

MAISON
1661
24, rue de Strasbourg *67020211*
La date de construction de cette maison figure gravée sur le poteau cornier. Comme il est d'usage dans les maisons anciennes d'Alsace, le plancher s'appuie sur des charpentes longitudinales, ce qui prouve la survivance, dans la seconde moitié du XVIIe siècle, de cette pratique pourtant le plus souvent abandonnée.

LE CHÂTEAU
XVIIIe-XIXe siècle
Pan de bois
2, rue de Rhinau 67020208

Cette demeure doit probablement son appellation à la richesse du propriétaire plutôt qu'à son appartenance à un seigneur. Le colombage en chêne et la présence d'une serre indiquent en effet que le propriétaire, un général napoléonien, était fortuné.

ÉCLUSE
XIXe siècle
Béton
Canal du Rhône au Rhin 67020210

Le canal du Rhône au Rhin est creusé de 1784 à 1833 et parcourt 320 kilomètres. Cent soixante-quatre écluses retiennent ou font affluer l'eau dans les plans pour créer dans chaque section les nivellements nécessaires au déplacement des bateaux.

FERME
XIXe siècle
Pan de bois
6, rue de Rhinau 67020209

Cette maison à colombage de un étage est celle d'un exploitant agricole. Les mesures agricoles prises par le préfet Lezay-Marnesia ont permis à l'Alsace de diversifier ses cultures et de parer à la crise qui affecte la production viticole depuis le XIXe siècle. La polyculture intensive pratiquée est marquée par la prédominance de plantes commerciales, comme le houblon, la betterave sucrière, le tabac et le chanvre. Celles-ci occupent une surface égale à celle qui est dévolue à la culture des céréales.

RESTAURANT *AU BŒUF*
XIXe siècle
Pan de bois
Route de Strasbourg 67020201

Ce restaurant est le plus ancien encore en activité. Les auberges jouaient un rôle important dans la vie locale : non seulement elles accueillaient les voyageurs, mais elles étaient aussi un lieu de rencontre, de vives discussions et de parties de cartes acharnées.

ÉGLISE PROTESTANTE
1854
Architecte : Antoine Ringeisen
Grès rose et maçonnerie
Rue de l'Église 67020204

Pour la construction de ce temple, élevé sur un terrain racheté à la commune en 1849, les habitants les plus pauvres de Boofzheim sont embauchés. Les fondations, les murs et le toit sont achevés dès 1852. L'orgue, fabriqué en 1854 par la maison Stiehr de Seltz, est inspiré de celui d'Orschwihr, les cloches sont fondues la même année, et l'horloge est fabriquée par l'atelier Schwilgué à Strasbourg. Le temple est inauguré le 18 mars 1855. La nef s'ouvre sur une grande abside demi-circulaire, où se trouvait une chaire centrale entourée des stalles occupées par les conseillers presbytéraux. Les vitraux et les peintures sont rénovés en 1886, et l'intérieur de l'église est restauré en 1905.

Friesenheim

Canton de Benfeld
Arrondissement de Sélestat-Erstein
Superficie : 1 203 ha
Population : 510 hab.
Habitants : les Friesenheimois
Cours d'eau : le Canal du Rhône au Rhin

Origine du nom : des Frisons qui se sont installés sur le site aux VIIe et VIIIe siècles.

Blason : la bêche est l'emblème des Frisons.
67020300

HISTORIQUE

Situé dans le Ried, le village est habité dès l'époque romaine. Aux VIIe et VIIIe siècles, les Frisons s'installent et construisent une église à la suite de leur conversion au christianisme. Possession des seigneurs d'Hunenbourg au XIIIe siècle, le domaine passe à l'évêque de Strasbourg le siècle suivant. Le fief est accordé aux seigneurs de Landsberg. À la fin du XIXe siècle, Friesenheim devient une commune à part entière, à laquelle sont annexées Neunkirch et Zellsheim.

ÉGLISE NOTRE-DAME
1455-1752-XIXe-XXe siècles
Maçonnerie et grès
Neunkirch *67020301*
Cette église édifiée à la demande de l'évêque Robert de Bavière est modifiée en 1752 par l'agrandissement de la sacristie et l'installation de la chapelle du Berger. En 1820, la tour est rehaussée, et le clocher remplacé par un bulbe. La chapelle des Confessions est adjointe sur le côté en 1872. Auprès de la sacristie se trouvent les dalles funéraires de F. B. Hurstel, archiprêtre de la paroisse mort en 1826, et de sa mère. Le bâtiment est rénové en 1953.

VIERGE À L'ENFANT
Fin du XIIIe-début du XIVe siècle
Ivoire (H. : 12,5 cm)
Église Notre-Dame *67020304*
Selon la légende, cette statuette aurait été découverte par un berger à côté d'une pierre, où elle aurait été placée pour préserver le village des inondations. Elle donne lieu à de nombreux pèlerinages, au point que les lépreux s'établissent aux alentours de l'église. Volée à plusieurs reprises, pendant la guerre de Trente Ans puis la Révolution, la Vierge est chaque fois retrouvée, et accompagne les réfugiés en Dordogne en 1939. Abritée dans une châsse du XXe siècle, elle porte l'Enfant Jésus, qui pointe son index sur l'Évangile.

ORGUE
1840
Facteur : Stiehr-Mockers
Église Notre-Dame *67020302*
Le fronton de ce type d'orgue en buffet-caisse s'inspire des temples grecs. La peinture grise ajoutée par la suite recouvre les dorures d'origine et estompe les ornements. Cet instrument, placé à l'origine à Flexbourg, a subi plusieurs modifications.

NOTRE-DAME DE NEUNKIRCH
1956
Peinture
Église Notre-Dame *67020303*
Cette peinture murale raconte de bas en haut l'histoire du pèlerinage dédié à Notre-Dame de Neunkirch : la découverte de la statuette de Notre-Dame par un pâtre, la création d'une

chapelle dans laquelle la première messe est célébrée en 1290, l'arrivée des frères jésuites en 1590 qui desservent le sanctuaire jusqu'en 1765, et le développement du pèlerinage.

VIERGE
XVIIIe siècle
Bois polychrome
Église Sainte-Anne 67020307

Cette statue, qui provient de la chapelle du Berger, est placée dans l'église Sainte-Anne à partir de 1961. Elle représente la Vierge tenant d'une main un sceptre et de l'autre l'Enfant Jésus, portant lui-même un globe doré. L'église Sainte-Anne est érigée en 1891 à l'initiative de l'abbé Kelhetter.

ESCALIER
1760
Bois
Presbytère
Neunkirch 67020308

Par son plan et ses élévations, le presbytère, conçu par Henri Neuhof, est caractéristique des nombreux bâtiments de ce type reconstruits au XVIIIe siècle en Alsace. Son escalier, de style Louis XV, est marqué du trigramme des jésuites.

ÉCLUSE
Début du XIXe siècle
Béton 67020306

Le Canal du Rhône au Rhin, ouvert à la navigation en 1833, compte 136 kilomètres en Alsace. Joseph Liard (1747-1832) est chargé d'établir le projet général détaillé de la création du canal à partir de 1791 ; les travaux sont terminés en 1834, sept ans après la date prévue. Des améliorations sont apportées peu à peu au projet initial, mais la mise en place du fonctionnement du canal souffre des problèmes politiques qui secouent l'Alsace. En 1867, la taille des écluses est allongée de 4 mètres, puis en 1879 d'encore 4 mètres, de telle sorte qu'elles mesurent finalement 38,50 mètres de long.

MAISON SCHLŒSSEL
Fin du XVIIIe siècle
Architecte : Antoine Ringeisen
2, rue du Couvent, Zelsheim 67020305

Cette maison est construite après la Révolution par l'officier Claude François Rousselet, dont la fille épouse l'architecte Antoine Ringeisen. Après la mort de sa femme, celui-ci fait vendre le Schloessel aux enchères en 1863. L'abbé Kelhetter s'en porte acquéreur, et l'aménage pour y recevoir les Sœurs de la Croix ainsi que les orphelins et les enfants handicapés dont elles s'occupent. En 1894, l'évêque y transfère la maison d'éducation de Still, gérée par les Frères de Matzenheim. À la fin du XXe siècle, cette maison devient une habitation privée.

CROIX
1854
Sculpteur : Ahreiner
Grès
Cimetière 67020309

Le socle de cette croix commanditée par Michaël Krempp est gravé d'une inscription pieuse et commémorative. Sous le Christ se trouve une statue de la Vierge, les mains jointes dans une attitude de recueillement.

ÉGLISE SAINT-NICOLAS
1871-1952
Architecte : Merrenschmidt
67020310

Cette église remplace celle de 1737, devenue trop exiguë. La tour-porche hors œuvre centrale est remplacée par une tour latérale en 1952, après sa destruction pendant la Seconde Guerre mondiale. Les autels latéraux portent des statues sculptées par le curé Haeusler : une Vierge aux bras étendus semblable à celle du vitrail de la cathédrale Notre-Dame de Strasbourg (1867) et saint Nicolas (1872). Les vitraux sont l'œuvre de René Kuder.

CROIX DE CHEMIN
1901
Grès
Rue Principale 67020311

Le Christ de cette croix semble être un remploi d'une autre croix de chemin du ban de Friesenheim. Il rappelle le style de l'auteur anonyme du calvaire d'Eschau, daté du début du XVIIIe siècle.

HANGAR À TABAC
XXe siècle
Bois et tôle 67020312

Cet immense édifice témoigne de l'importance de la culture du tabac dans la région. Elle semble y avoir été introduite vers 1620 par un négociant du nom de Robert Kœnigsmann et elle connaît une grande expansion à la fin du XVIIIe siècle.

Herbsheim

Canton de Benfeld
Arrondissement de Sélestat-Erstein
Superficie : 860 ha
Population 1989 : 722 hab.
Habitants : les Herbsheimois
Cours d'eau : le Zembs, le Trulygraben et l'Hanfgraben

Origine du nom : de l'anthroponyme germain Harbo et du germanique *Heim*, village.

HISTORIQUE

Les nombreux tumuli *témoignent d'une occupation ancienne du site d'Herbsheim, qui remonte au moins à l'époque romaine. Il est fait mention d'Herbsheim pour la première fois en 1136, dans les archives de l'abbaye de Schuttern, qui en est alors propriétaire. Un château, détruit au* XVIe *siècle, appartient à l'origine aux Dornhauser, puis revient aux Graffenstein. Pendant la Seconde Guerre mondiale, Herbsheim est occupé par les Allemands à partir du 18 juin 1940 et est libéré le 2 décembre 1944. Le village est détruit aux trois quarts lors de la contre-offensive allemande du 7 janvier 1945.*

LA BELLE SOURCE 67020407

Située au milieu des prés, la source phréatique du Ried, à l'eau pure d'une température constante de 11 °C, donne naissance au ruisseau le Trulygraben. Son origine légendaire est attribuée à la foudre, un jour d'orage (Donnerloch).

ÉGLISE SAINTE-BARBE
Moyen Âge-1762-XIXe siècle
Maçonnerie et grès rose
67020401

La tour date de époque médiévale, mais l'église est reconstruite en 1762, notamment la nef, le chœur et le portail. Au début du XIXe siècle, la nef est prolongée, le chœur et la sacristie étant à nouveau reconstruits. L'édifice abrite une Vierge à l'Enfant de la fin du XIVe siècle ou du début du XVe siècle, à laquelle des accessoires – couronne, sceptre et globe – sont ajoutés au XVIIIe siècle.

FÛT DE CROIX
1708
Grès jaune et gris
Église Sainte-Barbe
67020402

Seul le fût avec cartouche subsiste de la croix monumentale d'origine. Un Christ était autrefois sculpté au-dessus des deux crânes et des tibias.

PRESSOIR À HUILE
XVIIIe siècle
Grès
Place de la Mairie *67020406*

Témoin de la culture d'oléagineux dans la région, le pressoir permettait de transformer en huile les récoltes de colza et de noix que les cultivateurs apportaient. Elles étaient écrasées par les meules superposées, actionnées par un cheval. Hors d'usage depuis 1920, le pressoir est offert à la commune par la famille du cultivateur et huileur Xavier Wiedenkeller.

GRANGE
XIXe siècle
Pan de bois
61, rue de l'Église *67020403*

L'augmentation de la population d'Herbsheim au cours de la seconde moitié du XXe siècle est rendue possible moins par la construction de lotissements neufs – le village ne s'agrandit que modérément – que par la reconversion de bâtiments agricoles. Cette ancienne grange, qui possède une salle en rez-de-chaussée, en est un des nombreux exemples. En effet, si autrefois la majeure partie des habitants se consacrait à l'agriculture, cette proportion ne cesse de décroître depuis le début du XXe siècle.

ANCIENNE ÉCOLE
1952 *67020405*

Cette école est construite au milieu du XXe siècle car la précédente, qui date de 1850, est désormais utilisée comme mairie.

Huttenheim

Canton de Benfeld
Arrondissement de Sélestat-Erstein
Superficie : 1 255 ha
Population 1990 : 2 034 hab.
Habitants : les Huttenheimois
Cours d'eau : l'Ill

Origine du nom : de la seigneurie féodale des Huten ou des huttes qui se trouvent le long de l'Ill.

HISTORIQUE

Les origines d'Huttenheim remontent au VIIe siècle. Au XIIe siècle, la tribu des Huten s'établit dans le village, et son chef, Frédéric, fait ériger le premier château fortifié, Husenburg. Mais les nombreux combats menés par celui-ci causent sa perte et la ruine du château. Le couvent d'Ebermunster devient propriétaire du village en 1257. Aux XIVe et XVe siècles, les raids ennemis et les guerres plongent les paysans dans une extrême famine. Pour échapper aux Barbares, ceux-ci prient la Vierge Notre-Dame du Grasweg, qui fait l'objet de pèlerinages. Les troubles cessent avec la remise des pouvoirs de l'Alsace au cardinal de Lorraine et l'attribution des terres aux paysans, au XVIIe siècle. S'ouvre alors une ère prospère qui s'achève avec l'invasion suédoise (1632-1650) et la guerre de Trente Ans. À la veille de la Révolution, Huttenheim a cependant retrouvé sa prospérité. Le XIXe siècle est marqué par l'amélioration sociale et culturelle des conditions de vie, et l'implantation de l'usine de textile apporte une grande prospérité commerciale. Depuis lors, Huttenheim reste une cité industrielle, et les activités agricoles se maintiennent parallèlement.

CHAPELLE NOTRE-DAME-DE-GRASWEG
Moyen Âge-XVe-XVIe-XVIIIe siècles
Grès
Rue du 1er-décembre 67020501
La petite chapelle, siège de la confrérie Notre-Dame-de-la-Merci, qui rassemble les pêcheurs, les bateliers et les boulangers, existe dès le XIVe siècle. Grâce à l'évêque Robert de Bavière et à de nombreux donateurs, la nef est élevée en 1441. Le campanile date du XVIe siècle ; le porche et la sacristie sont construits en 1739. Pendant des siècles, les rencontres des chanoines du chapitre de l'évêché et des pèlerins se tiennent dans la chapelle. Il existe pendant un temps un pèlerinage, désormais disparu.

PIETÀ
XIVe siècle
Bois
Chapelle Notre-Dame-de-Grasweg 67020502
La position penchée du Christ est typique du XIVe siècle. Durant des siècles, elle s'est trouvée derrière la chapelle Notre-Dame-de-Grasweg, puis vers 1850 le recteur Raoul fait ériger un petit sanctuaire, derrière la chapelle, par un maçon protestant dont la femme catholique a été guérie par la Vierge. Elle est longtemps un lieu de pèlerinage.

VIERGE À L'ENFANT
1420
Chapelle du cimetière 67020503
Cette Vierge à l'Enfant est restaurée en 1875, date à laquelle la peinture est également refaite. Elle est redorée en 1954 par le peintre Arthur Graff, mais sans la patine qui était de règle au Moyen Âge. Par son style, cette œuvre s'apparente aux madones d'Europe centrale.

MAISON DE BATELIER
XVIIIe siècle
Pan de bois
15, rue du Général-Leclerc 67020508
L'emblème porté sur l'écu de cette maison figure peut-être des gaffes de batelier. Le poteau cornier de la demeure est sculpté à l'effigie d'une sirène et porte un écu effacé.

SCHLŒSSEL
XVIIIe siècle
Maçonnerie et grès
Rue Louis-Wiedemann *67020507*

Nicolas Mans se fait construire un château au nord du village après la destruction en 1428 du château d'Husenbourg. Détruit en 1632 par les Suédois et reconstruit par les Mullenheim en 1684, le nouveau bâtiment est dès lors connu comme « Schloessel des Mullenheim ». Cette demeure, construite au XVIIIe siècle sur leurs vestiges, sert ensuite de résidence au directeur de l'usine textile d'Huttenheim.

MAISON
1814
Pan de bois
4, place de la République *67020509*

Cette grande demeure en pans de bois est représentative d'un grand nombre de maisons du début du XIXe siècle dans le canton de Benfeld. De plan rectangulaire, la distribution est conforme à celle qui est habituelle dans la maison rurale.

FERME
1723-XXe siècle
Bois de chêne
4, rue de la Mairie *67020513*

Le colombage serré de cette maison a la particularité de présenter les figures dites « de l'homme des demi-hommes », qui symbolisent la virilité. À l'origine, ce bâtiment est une exploitation agricole. Léguée en 1945 par un certain M. Strub à la commune, elle a été entièrement remaniée pour devenir une maison du troisième âge.

CALVAIRE
1739
Grès et fonte
7, rue de la Forêt
67020506

Un Christ disproportionné par rapport à la croix remplace le Christ d'origine. Il est entouré de la Vierge et de saint Jean, et de sculptures caractéristiques des œuvres de type populaire de certains sculpteurs de croix et de calvaires de la première moitié du XVIIIe siècle. *(I. M. H. 1934)*

MAIRIE
1815
Rue du Général-de-Gaulle *67020511*

La tradition orale prétend que cette maison aurait été construite par un soldat de Napoléon, grâce à la vente de bois de chauffage.

ANCIENNE FILATURE
1823
Brique
2, rue du Travail 67020514

À la place de cette usine se trouvait à l'origine un moulin. En 1780, le nouveau propriétaire, Étienne Mainoni, y installe une manufacture de tabac, qu'un incendie détruit en 1817. En 1823, le nouveau propriétaire des lieux y construit un bâtiment de tissage et de filature du coton, haut de six étages, pourvu de trois cents métiers, utilisant l'Ill comme force hydraulique. La filature connaît un grand essor dès 1852, et vers 1865 elle compte parmi les plus grandes industries de coton d'Alsace, avec huit cents métiers. Après des agrandissements en 1870, l'industrie connaît une crise vers 1875 qui, suivie d'un incendie en 1881, entraîne sa faillite en 1882. L'usine prend le nom de Filature et Tissage d'Huttenheim et fusionne avec les établissements Kullmann de Mulhouse en 1926. Elle ferme définitivement en 1962.

ÉCOLE DE FILLES
1867
Maçonnerie et grès rose
Rue du Général-de-Gaulle 67020512

La première école de filles est établie en 1845 dans la maison Kretz, près de l'église, mais en 1867 les locaux sont jugés trop étroits. La commune achète alors sa propriété à la veuve Andlauer pour y ériger l'école. Vers 1920, le nombre croissant de garçons scolarisés oblige la commune à acheter la propriété de la veuve Bauer pour y faire construire l'école de garçons.

ÉGLISE SAINT-ADELPHE
1843 -1845
Architecte : Antoine Ringeisen
Maçonnerie et grès rose 67020505

Construit pour le monastère d'Ebermunster, l'édifice devient par la suite église paroissiale. Après la Révolution, elle est trop petite pour contenir la population croissante et nécessite un agrandissement. L'église d'origine constitue le chœur du bâtiment actuel, auquel sont ajoutés une nef centrale et deux transepts.

MAISON
1926
Pan de bois
6, place de la République 67020510

À partir du début du XXe siècle, les maisons à colombage, associées au monde rural, ne se construisent plus guère en Alsace. Aussi, cette habitation, qui mêle le colombage agencé de façon moderne à un rez-de-chaussée en maçonnerie, marque une étape dans la transition vers un habitat homogène.

NEF ET CHŒUR
XIXe siècle
Grès et maçonnerie
Église Saint-Adelphe 67020504

Le chœur est orné de peintures murales et de statues en bois datées de 1852 et 1859. Le tabernacle *(Cl. M. H. 1979)*, du XVIIIe siècle, provient de l'ancienne église de Rhinau. De style rococo, il représente un Bon Pasteur en relief du XIXe siècle rapporté sur un fond qui semble avoir été mobile dans la partie inférieure. *(Cl. M. H. 1979)*

Kertzfeld

Canton de Benfeld
Arrondissement de Sélestat-Erstein
Superficie : 942 ha
Population 1995 : 1 118 hab.
Habitants : les Kertzfeldois
Cours d'eau : la Scheer

Origine du nom : de l'anthroponyme germanique Kart et du germanique *Feld*, champ.

HISTORIQUE

Une occupation humaine est attestée sur le site de Kertzfeld dès l'âge du bronze. Vers l'an 1000, le village est mentionné pour la première fois comme l'une des plus anciennes possessions de l'évêché de Strasbourg dans la région de Benfeld. D'autres monastères, comme Baumgarten, Eschau et Saint-Arbogast, sont aussi propriétaires de parties du village. Au XIXe siècle, la moitié de la population travaille pour les chemins de fer, et l'autre dans les usines d'Huttenheim.

BILDSTOCK
1740
Grès rose (H. : 3 m)
18, rue de Benfeld
67020603

Ce monument est élevé à la demande de Madeleine Andlauer, mère du prêtre de Kertzfeld L. Escher. Un *Bildstock* est une croix à oratoire : l'image d'un saint, en allemand *Bild*, est conservée dans une niche aménagée dans le fût, ici les statuettes de la Vierge et de sainte Bernadette.

FERME
XVIIIe siècle
Pan de bois
7, rue du Général-de-Gaulle *67020604*

La porte piétonne porte la date de 1742, alors que le logis en pans de bois remonte au début du XVIIIe siècle. La façade sud offre une décoration de colombage plus soignée et créative que l'autre façade.

PORTRAIT
1779
Peintre : François Joseph Stoeber
Huile sur toile
Presbytère *67020602*

Il s'agit peut-être d'une représentation de l'abbé Matton, tenant dans les mains une lettre rédigée par le peintre du tableau. La raison de la présence dans le presbytère de ce tableau, qui faisait partie des collections du musée d'Obernai, est inexpliquée.

HANGAR À TABAC
XIXe siècle
Bois *67020605*

Cette tour est un vestige de l'une des activités économiques principales de la commune : la culture du tabac, traditionnelle dans les régions de plaine. Après la récolte, les feuilles sont suspendues pour être séchées dans la tour.

ÉGLISE SAINT-ARBOGAST
1838
Grès et maçonnerie *67020601*

La première église de Kertzfeld est édifiée en 1705, mais la population du village double en un siècle, et la bâtisse est bientôt trop petite pour accueillir les fidèles. Plutôt que de l'agrandir, il est décidé d'en construire une autre, et il ne reste plus de l'église d'origine qu'une partie de clocher avec une porte. La nouvelle église est consacrée le 6 novembre 1838. Elle abrite des fonts baptismaux du XVIe siècle, un orgue Stiehr Mockers de 1842, un tableau d'autel montrant la Présentation au Temple (1837), et une statue de la Vierge de la fin du XVIIIe siècle qui rappelle le travail du sculpteur badois Philippe Winterhalder, auteur du maître-autel de la chapelle de Dambach-la-Ville.

Kogenheim

Canton de Benfeld
Arrondissement de Sélestat-Erstein
Superficie : 1 163 ha
Population 1996 : 867 hab.
Habitants : les Kogenheimois
Cours d'eau : l'Ill et le Mehlbach

Origine du nom : de l'anthroponyme germanique Chagan et du germanique *Heim*, village.

Blason : le maillon évoque la construction de bateaux.
67020700

HISTORIQUE

Occupé depuis la plus haute Antiquité par les Celtes puis par les Romains, Kogenheim est l'un des fiefs de l'abbaye de Wissembourg avant de faire partie des terres conquises par l'empereur Rodolphe de Habsbourg en 1079. En 1232, le village entre en possession de l'évêque de Strasbourg qui, en 1330, le met en gage auprès des seigneurs de Ribeauvillé. Il reste sous leur juridiction jusqu'en 1465. Dès lors, plusieurs propriétaires se succèdent au château, qui est transformé en métairie par les chevaliers de Kress jusqu'en 1777. Restitué en château, le domaine est acquis par les bourgeois de Dietrich, puis par les barons de Mullenheim. La situation fluviale et routière de Kogenheim a permis au village de rester de tout temps un centre commercial important. Son économie repose également sur les activités liées à la pêche et sur un chantier fluvial où l'on construisait des barques à fond plat. La batellerie est particulièrement florissante à Kogenheim jusqu'à la fin du XVIIIe siècle.

MAISON LADHOF
XVIe siècle-1733
Pan de bois
89, rue de l'Ill 67020710

Cette maison, qui était sans doute en relation avec le port, doit son nom à un ancien entrepôt portuaire. Si le rez-de-chaussée semble dater du XVIe siècle, l'étage, d'après la date indiquée sur une porte et un poteau cornier, est reconstruit en 1733. En 1759, la demeure est la possession d'un maréchal-ferrant-serrurier, comme l'indique l'emblème qui surmonte la porte charretière.

AUBERGE *À L'ANGE*
Début du XVIIIe siècle
Pan de bois
3, rue du Maréchal-Leclerc 67020707
Situé sur la route qui relie Strasbourg à Belfort, Kogenheim comprend plusieurs auberges, dont celle-ci, qui est la plus ancienne.

MAISON DE FORGERON
1703
Pan de bois
11, rue du Maréchal-Leclerc
67020705
Cette maison, dont la date d'édification est inscrite sur l'un des poteaux, comprend un atelier de forgeron au rez-de-chaussée. Elle est constituée de pans de bois, et seul le mur pare-feu intérieur est en brique.

MAISON DE BATELIER
XVIIIe siècle
Pan de bois
95, rue des Sapeurs-Pompiers 67020708
Le toit à versants brisés de cette maison est probablement dû à l'influence du chantier fluvial, dont les moines bénédictins d'Ebersmunster sont les principaux clients. Le chantier se trouvait à proximité du fleuve, sur les quais et près des habitations.

POTEAU CORNIER
1740
Bois
Maison de batelier
67020709

Cette poutre porte une ancre renversée, symbole de la corporation des bateliers. Les moines d'Ebermunster, experts dans l'art de la batellerie, ont transmis leurs connaissances aux villageois. Groupés en corporations, les bateliers transportent sur l'Ill matériaux et denrées. En 1631, les poutres ciselées conçues pour la chancellerie de la forteresse sont transportées par les bateliers de Kogenheim de Strasbourg jusqu'à Benfeld.

ÉGLISE SAINT-LÉGER
1746-XIXe siècle
Grès rose
Rue de l'Église *67020701*

Cette église porte sur le socle de son arc la date de sa construction. Jusqu'en 1880, elle comprend une tour médiévale, puis son côté ouest est agrandi, et une nouvelle tour est édifiée.

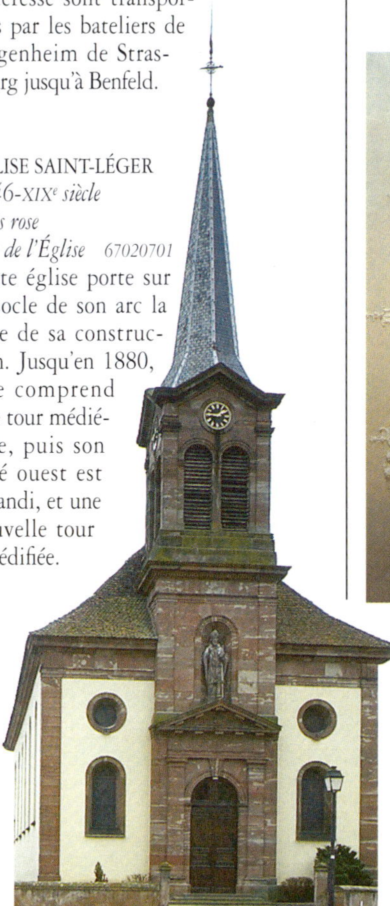

MAÎTRE-AUTEL
1769
Ébéniste : Thomas Batt
Peintre : Jean-Baptiste Bremy
Bois, toile de lin et peinture à l'huile
Église Saint-Léger *67020703*

Ce maître-autel à baldaquin est probablement commandé au XVIIIe siècle pour être en harmonie avec l'église reconstruite dans le goût baroque. Les statues sont celles de saint Pierre et de saint Paul, et le tableau, exécuté en 1761, représente l'évêque saint Léger d'Autun, martyr de l'époque mérovingienne, dont les yeux sont crevés avant la décapitation. Ses attributs, l'épée et les yeux sur un plateau, se trouvent à ses pieds. Avant la restauration de l'édifice se trouvait aussi un tableau du Christ au Sacré Cœur, par Carola Sorg, qui a été supprimé.

L'ASCENSION
1954
Peintre : Arthur Graff
Fresque
Église Saint-Léger *67020702*

Peinte au plafond de la nef, cette fresque représente l'Ascension de Jésus vers le ciel après sa mort, pour siéger à la droite de Dieu.

CROIX
1767
Grès
Église Saint-Léger *67020704*

La date d'édification de cette croix est portée sur son socle, ainsi qu'un crâne d'Adam sculpté sur rocaille. Ce motif est commun à plusieurs croix qui datent de la même époque, qu'il est cependant impossible d'attribuer au même artiste de façon certaine.

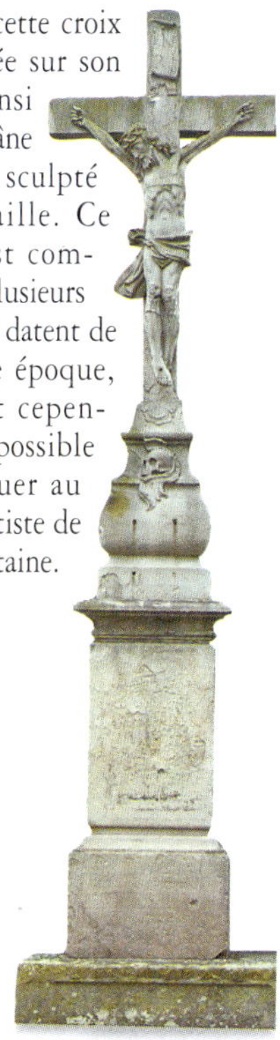

Matzenheim

Canton de Benfeld
Arrondissement de Sélestat-Erstein
Superficie : 714 ha
Population 1990 : 1 366 hab.
Habitants : les Matzenheimois
Cours d'eau : l'Ill

Origine du nom : de l'anthroponyme germanique Mazo et du germanique *Heim*, village.

HISTORIQUE

Le site de Matzenheim est occupé à l'époque celtique, puis à l'époque romaine. Le village appartient d'abord aux landgraves d'Alsace avant de passer au XIVe siècle à l'évêque de Strasbourg. À cette époque, la population est ravagée par la peste noire. La paroisse est créée en 1464. À partir du XVIIIe siècle, Matzenheim doit son renom à la qualité du tabac qui s'y produit. L'agriculture y connaît un lent déclin depuis le XIXe siècle.

CHÂTEAU DE WERDE
XVIe- XVIIIe-XIXe siècle
Grès
Werde 67020810
Le premier château de Werde est édifié en 1185 par Siegebert III et détruit au XVIe siècle par les barons de Seebach, propriétaires depuis 1539. Ils construisent à la place une construction civile. De ce deuxième édifice il ne reste que quelques vestiges, comme les murs épais, les baies et les écus. C'est au XVIIIe siècle qu'est construit l'édifice actuel, composé de deux ailes accolées, dans un parc autrefois entouré d'eau. Propriétaire à partir de 1865, l'abbé Mertian y fait de nombreux remaniements, et ajoute notamment les deux tourelles.
(I. M. H. 1993)

MAISON DE BOULANGER
1624-1883
Pan de bois
3, rue de Strasbourg 67020803
Cette maison est habitée jusqu'en 1776 par les descendants de son constructeur, Willmann Anstedt (1560-1630), qui sont à la fois cultivateurs et cabaretiers, ou cultivateurs et bouchers. Elle devient ensuite propriété de la famille Hermann. En 1883, la bâtisse, qui ne comporte que un étage, est agrandie. Répertoriée comme l'une des plus anciennes boulangeries d'Alsace, elle n'a pourtant, semble-t-il, jamais été habitée par des boulangers. Une confusion se serait établie au fil du temps avec la maison voisine, qui était une boulangerie. Deux indices cependant étayent la première hypothèse : la porte est surmontée d'un linteau gravé d'un bretzel et d'un petit pain, et sa disposition, directement sur la rue, ne correspond pas aux caractéristiques des maisons alsaciennes et pourrait indiquer qu'elle servait à la vente.

MOULIN
XIIIe-XVIe siècles
Brique et pierre 67020807
Reconstruit en 1572 par Jean Georges de Seebach sur des vestiges du XIIIe siècle, le moulin garde de cette époque les murs en pierre de taille et l'inscription commémorative en allemand, située au-dessous de la porte d'entrée.

ANCIENNE FERME
1688-XXe siècle
Pan de bois
1, rue d'Erstein 67020804

Il semblerait que cette ancienne ferme ait conservé son état d'origine. Le pan de bois reste simple, et la décoration se concentre dans les pignons. Après restauration à la fin du XXe siècle, les fondations sont légèrement haussées, et la distribution intérieure est modernisée.

CALVAIRE
1710
Grès
Église Saint-Sigismond 67020802

Le calvaire de Matzenheim est sculpté par un maître anonyme à qui sont attribuées d'autres croix dans des cantons voisins.

ÉGLISE SAINT-SIGISMOND
1784
Grès 67020801

Comme l'atteste l'inscription qui se trouve au-dessus du portail, cette église est bâtie au XVIIIe siècle, à l'emplacement d'une construction plus petite qui comportait une tour-chœur, une nef et un porche ouverts à l'ouest. Sur la façade se trouve un monument aux morts érigé en 1710, et, à l'intérieur, des fonts baptismaux de 1617 en grès blanc sont décorés de marques de tâcheron et d'une hachette.

CHAPELLE
1875
Collège Saint-Joseph 67020809

Cette chapelle rattachée au collège Saint-Joseph est bénie le 10 août 1876 par le père supérieur. En 1938, la chapelle échappe à l'incendie qui ravage la toiture et les dortoirs. Ce qu'on appelle dès lors un miracle est attribué au patronage de saint Joseph : le feu s'est en effet arrêté près de sa statue.

COLLÈGE SAINT-JOSEPH
1869-1870
Grès des Vosges
Rue du Chanoine-Eugène-Mertian 67020806

L'abbé Eugène Mertian, qui dirige un orphelinat à Hilsenheim, est l'un des fondateurs du groupe des Frères de la Doctrine chrétienne. Devenu propriétaire d'un ancien hôtel-relais postal à Matzenheim et de trois grands vergers, il crée ce collège dédié à saint Joseph, qui ouvre en 1871. Il le dote peu à peu d'une chapelle, puis de services annexes, comme la boulangerie, la boucherie, la menuiserie, la serrurerie, un potager et une ferme qui fournit viande, lait et légumes. Lors de la Première Guerre mondiale, le collège est réquisitionné par l'armée allemande pour servir d'hôpital. Pendant la Seconde Guerre mondiale, enseignants et scolaires se replient en Seine-et-Marne, tandis que les bâtiments vidés sont occupés par les Jeunesses hitlériennes et les services de santé de l'armée allemande.

Rhinau

Canton de Benfeld
Arrondissement de Sélestat-Erstein
Superficie : 1 735 ha
Population 1990 : 2 295 hab. pour la partie française
Habitants : les Rhinois
Cours d'eau : le Rhin et le Brunnwasser

Origine du nom : du Rhin.

Blason : datant de la guerre de Cent Ans, il représente la Vierge protectrice assise tenant une rose et l'Enfant Jésus.
67020900

HISTORIQUE

Le village d'origine, situé près du Rhin, est inondé en 1398. Il est alors déplacé plus loin. Rhinau devient ville épiscopale dès 1223 et dépend de l'évêché de Strasbourg. C'est le siège d'un chapitre rural qui administre vingt-cinq paroisses. Au début du XVIe siècle, une nouvelle inondation nécessite la reconstruction de Rhinau. La peste décime la population en 1675. La plus importante des inondations qu'ait connues Rhinau a lieu en 1852. Durant la Seconde Guerre mondiale, la population de la ville est évacuée en Dordogne, et, à la fin du conflit, le village est détruit aux trois quarts par des bombardements. Rhinau est en grande partie rebâti après la guerre.

HANGAR À TABAC
XIXe siècle
Pan de bois 67020808

Ce hangar servait à entreposer le tabac, dont la culture est introduite en Alsace au XVIIe siècle. Le tabac produit à Matzenheim, le matzenheimer, est le favori des acheteurs suisses au XVIIIe siècle. En 1846, la surface cultivée

consacrée au tabac est de 43,3 hectares, mais, durant la période allemande, entre 1870 et 1913, elle diminue de 70 %. La culture ne reprend qu'en 1918 grâce au monopole de l'État et à l'installation de productions de qualité.

ANCIENNE ÉGLISE SAINT-NICOLAS
1540
Brique
Rue de l'Hôtel-de-Ville 67020903

Unique vestige de l'église après le bombardement de la ville, le chœur date de la construction du XVIe siècle, dont l'évêque Guillaume III de Honstein avait posé la première pierre. Sur les clefs de voûtes sont gravées ses armes ainsi qu'une représentation de saint Nicolas. Les vitraux, de 1973, sont l'œuvre d'Ernest Werle.

HÔPITAL
XVIIe-XXe siècles
6, rue de l'Hôpital
67020907

Un premier hôpital est fondé au même emplacement que celui-ci par les joannites, de l'ordre militaire de Saint-Jean-de-Jérusalem, et détruit par les crues du Rhin en 1514. En 1610, les soldats du margrave le mettent à sac. Il est remis en état en 1627. Avant la Révolution, il est constitué de deux parties : le « petit » hôpital pour les voyageurs, les ouvriers, les étrangers, les autochtones et le « grand » hôpital, pour les pauvres. Le bâtiment abrite aujourd'hui une maison de retraite.

MAISON DE PÊCHEUR
XVIIe siècle
Pan de bois
5, rue de la Digue 67020906

L'agencement de cette maison évoque plus une exploitation agricole qu'une maison de batelier. À l'intérieur, les pièces sont spacieuses.

PUITS
XVIIe-XVIIIe siècles
Grès gris et rose
2, rue du Rhin 67020908

Si ce puits est constitué de matériaux de couleurs différentes, c'est parce qu'il est monté avec les vestiges de deux puits du village, déplacés après la Seconde Guerre mondiale. Il est surmonté d'un linteau portant la date de 1607 et un écusson de boucher. La margelle, plus récente, date de 1774.

CALVAIRE
1733
Grès
Rue du Rhin 67020905

Ce calvaire est érigé par les propriétaires du moulin de Rhinau. La croix et le Christ sont taillés dans un seul bloc, mais le Christ est amputé d'une jambe depuis la Seconde Guerre mondiale. La colonne porte la date et les initiales des propriétaires successifs du moulin.

ANCIENNE FILATURE
Vers le XIXe siècle
Rue de Boofzheim 67020917

Le bâtiment sert de filature jusqu'en 1930-1932, puis se transforme en usine textile. Pendant la Seconde Guerre mondiale, elle devient la propriété de la firme allemande Heinrich List, qui produit alors l'armement pour la *Luftwaffe*. Petit à petit, des ouvriers qualifiés sont requis, notamment des étrangers, et pour les loger de nombreux baraquements sont construits, ainsi que des maisons individuelles. Après la guerre, l'usine reprend son activité en septembre 1948.

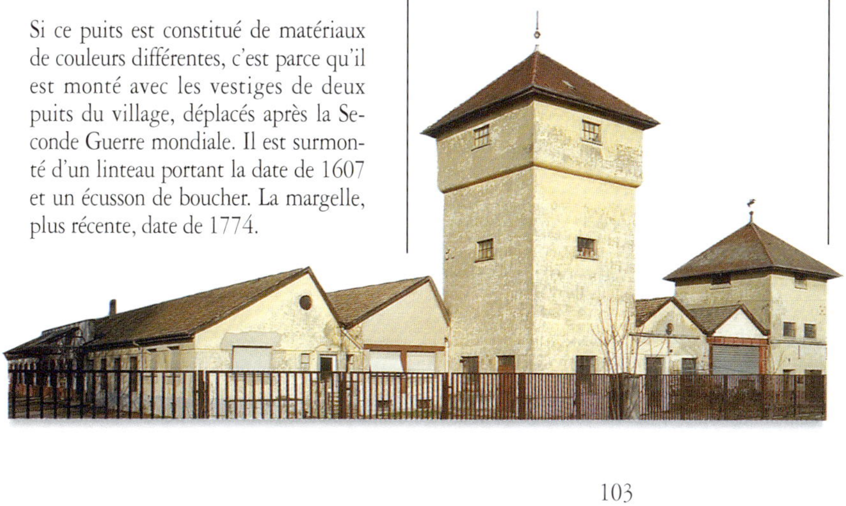

BANC NAPOLÉON
XIXe siècle
Grès rose
Rue du Nouveau-Faubourg 67020909

Ce type de banc, qui adopte la forme couramment donnée aux bancs napoléoniens, est disposé le long des chemins de campagne pour accueillir les femmes qui souhaitent se reposer en rentrant de la messe. La tradition orale raconte que les maisons du Nouveau-Faubourg ont été payées par Napoléon III à la suite d'inondations.

RESTAURANT *AU VIEUX COUVENT*
XIXe siècle
Brique
6, rue des Chanoines 67020915

Le restaurant a reçu, dans le cadre d'un déjeuner amical auquel participaient les anciens de la 2e DB, le général Leclerc de Hauteclocque et sa femme. Sous les ordres de celui-ci, la division de blindés a délivré Paris et Strasbourg et s'est rendue jusqu'à Berchtesgaden. Le repas a lieu à la mi-novembre 1947, lors de la commémoration de la Libération, et les résistants sont décorés de la croix de guerre et de la médaille de la Résistance. Le général Leclerc est mort le 28 novembre 1947 dans un accident d'avion.

COLONNE DE LA VIERGE
1862
Sculpteur : Feuerstein
Grès (H. : 7 m)
Rue du Rhin 67020916

En août 1861, Louis Hilsz, sa fille et André Boehli périssent noyés dans le Rhin. Toute la ville, touchée par le drame, décide d'élever un monument en leur mémoire. Celui-ci imite la colonne de la Piazza di Spagna de Rome. Il est surmonté d'une statue dorée de la Vierge, haute de 2 mètres. Le piédestal est orné de deux reliefs : le blason de Rhinau d'une part, la Vierge portant l'Enfant Jésus et saint Georges se battant contre le dragon d'autre part.

DISTILLERIE
Début du XXe siècle
Pierre 67020912

Cette distillerie est une activité traditionnelle et artisanale dans la région, reprise de façon industrielle par une famille.

BUNKER
Début du XXe siècle
Béton 67020913

Ce bunker fait partie de la ligne Maginot, mise en place par le ministre de la Défense avant la Seconde Guerre mondiale pour empêcher l'invasion de la France par l'armée allemande. Mais après la déclaration de guerre et l'évacuation de la population, la ligne est attaquée dans le secteur de Rhinau. En décembre 1944, les Alliés croyant les Allemands toujours présents à Rhinau, l'artillerie française bombarde la ville. Elle entre en libérateur dans la ville, que les Allemands bombardent à leur tour cinq jours plus tard.

PLAQUE DE RUE
XXe siècle 67020914

En hommage à la célèbre aviatrice, cette rue porte le nom de Maryse Hilsz (1901-1946). Née de parents alsaciens qui ont quitté Rhinau à la suite du traité de Francfort, elle se lance dans le parachutisme et exécute cent vingt-deux sauts homologués entre 1924 et 1929. Elle obtient son brevet de pilote en 1930 et établit des records d'altitude. Durant la guerre, elle s'engage dans l'armée de l'air. Maryse Hilsz meurt dans un accident d'avion en janvier 1946, au-dessus de Bourg-en-Bresse.

ÉGLISE SAINT-MICHEL
1955-1959
Architectes : Chuiot, Kuntz et Schaetzel
Brique et béton
Rue de l'Hôtel-de-Ville 67020901

Après les nombreuses destructions subies en 1944, les années 1950 sont consacrées à la reconstruction de la ville, et notamment de cette église, dont la première pierre est posée le 11 décembre 1955. À l'intérieur se trouvent un nouvel orgue Roethinger et des fonts baptismaux en céramique de L. E. Chevallier.

SAINT MICHEL
XIXe siècle
Grès jaune et plâtre
Église Saint-Michel 67020902

Installée autrefois au-dessus du porche de l'église, cette statue de saint Michel terrassant le dragon, qui symbolise le jugement dernier, était entourée de deux justes et de deux condamnés. Elle est retrouvée par une habitante de Rhinau parmi les gravats après le bombardement de la ville en 1944, restaurée, puis mise en place dans la nouvelle église.

BAC AUTOMOTEUR
1967-1999 67020910

Dès le XVe siècle, le problème du franchissement du Rhin se pose : en 1494, l'évêque de Strasbourg et le seigneur de Mathsamhausen se mettent d'accord sur la création d'un premier bac contre le paiement d'une redevance. Ce privilège leur est contesté sous Louis XIV, puis il est à nouveau reconnu en 1759. Entre 1871 et le début de la Seconde Guerre mondiale, un pont flottant reposant sur trente-deux pontons est mis en place. Finalement, le bac automoteur existe depuis 1967, et un nouveau modèle est mis en place en 1999.

USINE HYDROÉLECTRIQUE
1963
Kembs 67020911

Cette usine hydroélectrique d'EDF est mise en service en 1963. Elle est équipée d'un barrage de 20 mètres de largeur qui dérive l'eau vers la centrale et les écluses. Sur place, une vingtaine de personnes travaillent à l'exploitation de l'ouvrage. Une Vierge à l'Enfant en fer forgé, celle du blason de Rhinau, est placée sur l'une des façades. La salle des machines est ornée d'une fresque.

Rossfeld

Canton de Benfeld
Arrondissement de Sélestat-Erstein
Superficie : 615 ha
Population 1992 : 687 hab.
Habitants : les Rossfeldois

Origine du nom : du germanique *Ross*, cheval, et *Feld*, champ.

HISTORIQUE

Des traces d'occupation néolithique subsistent sur le site de Rossfeld, qui reste un lieu d'activité humaine à l'époque gallo-romaine. Le village appartient aux comtes de basse Alsace, puis, dès 1358, aux évêques de Strasbourg, qui en restent propriétaires jusqu'à la Révolution. Libéré de l'occupation allemande le 2 décembre 1945 par le général Leclerc, le village est repris par les nazis après de violents combats le 9 janvier 1945. À la fin du mois, Rossfeld est libéré une seconde fois, mais le village a subi de nombreux dommages.

CROIX DE CHEMIN
XVIIIe siècle
1, rue de Witternheim
67021004

Cette croix est restaurée par F. Schoen en 1843, alors maire de Rossfeld. Il est probable qu'elle soit l'œuvre du maître du calvaire d'Eschau, un artiste anonyme qui a fabriqué de nombreuses croix dans la région au cours des deuxième et troisième quarts du XVIIIe siècle.

ANCIENNE FERME
1726
Maître d'œuvre : Henri Botz
Pan de bois
35, rue Principale 67021005

Cette maison à colombage est une ancienne ferme. Elle comporte quatre niveaux, avec un sous-sol, un rez-de-chaussée, un étage et des combles. Les lucarnes d'origine ont disparu, remplacées par des loggias à deux baies dans le pignon. Le logement se prolongeait par une étable, qui a été détruite, mais possède toujours une grange en brique. Le mur de clôture qui l'entoure est à hauteur d'homme.

ANCIEN MOULIN
1767
Pan de bois
61, rue du Moulin 67021008

Outre la date de construction du moulin, gravée sur un poteau cornier, apparaissent des couronnes et les initiales CHWM au-dessus de la roue dentée, emblème du meunier. Le logis est séparé du moulin par un couloir qui donne accès à une grande salle et une cuisine.

PRESBYTÈRE
1820
36, rue Principale 67021003

Avant la construction de ce presbytère, il existait aux XVIIe et XVIIIe siècles, à son emplacement, une maison commune que les bergers utilisaient comme logement et qui abritait l'école. Un peu plus en avant vers la route, la commune avait aussi édifié un corps de garde pour la garde nationale. Ce presbytère est érigé en 1820, l'année où le village devient paroisse indépendante.

ÉGLISE SAINT-WENDELIN
1842-1844-1951
Architecte : Antoine Ringeisen
Grès rose et maçonnerie 67021001

Construite pour la première fois en 1723, cette église est reconstruite au XIXe siècle, lorsque la chapelle qui abritait les messes est jugée trop petite. L'église est rapidement édifiée, grâce au bénévolat des paroissiens, et se dote d'un orgue de Stiehr. La tour-porche, endommagée pendant la Seconde Guerre mondiale, est restaurée en 1951.

SAINT JOSEPH
1843
Peintre : Martin Feuerstein
Huile sur bois
Église Saint-Wendelin 67021002

Ce tableau de l'autel latéral droit est réalisé par le peintre barrois Martin Feuerstein (1856-1931), dont le style relève d'un académisme d'inspiration nazaréenne.

MAIRIE
1867
Maçonnerie et grès
Rue Principale 67021006

Le premier bâtiment public de la commune est construit en 1835. C'est une mairie-école, qui accueille des garçons et des filles dans une classe unique et mixte. L'hôtel de ville est édifié en 1867 et porte les armoiries anciennes de la commune sur le pignon : un fer à cheval.

LAVOIR
Début du XXe siècle
Bois *67021007*

Ce lavoir, caractéristique des lavoirs du canton, possède deux treuils qui retiennent les poutres sur lesquelles repose le plancher. De cette manière, il est possible d'adapter la hauteur du plancher au niveau de l'eau. Le versant du toit est surélevé en prévision des moments où le plancher est monté à très haut niveau. Un autre lavoir en plus mauvais état existe dans le village.

ÉCOLE
1952 *67021009*

Lorsque le conseil municipal vote la gratuité de l'enseignement primaire, la commune prend à sa charge l'écolage, la taxe que chaque écolier doit payer à l'instituteur. En 1849, une maison avec jardin est achetée pour être transformée en école de filles. L'enseignement y est assuré par les Sœurs de la Divine Providence de Ribeauvillé jusqu'en 1877. Durant la Seconde Guerre mondiale, les écoliers sont installés dans des baraquements provisoires. Puis, en 1952, cette nouvelle école est édifiée.

Sand

Canton de Benfeld
Arrondissement de Sélestat-Erstein
Superficie : 635 ha
Population 1998 : 1 148 hab.
Habitants : les Sandois
Cours d'eau : l'Ill

Origine du nom : du germanique *Sant*, sable.

HISTORIQUE

La découverte de vestiges aussi bien de l'âge du bronze que de l'époque romaine fait remonter le peuplement du site de Sand à une époque très ancienne. Durant le Moyen Âge, Sand fait partie du domaine des comtes de basse Alsace, jusqu'à ce qu'il soit racheté par l'évêché de Strasbourg en 1538. Celui-ci l'engage aux Mullenheim de Werde. La paroisse, autonome au Moyen Âge, devient filiale de Matzenheim. Elle ne retrouve son autonomie qu'après le Concordat de 1801. Dîme et patronage sont perçus par l'abbaye d'Eschau, puis par le chapitre cathédral de Strasbourg. Au XIXe siècle, l'installation de l'usine textile à Huttenheim attire la population jusqu'à Sand.

CHŒUR
1784
Église Saint-Martin *67021102*

Le chœur de l'église Saint-Martin semble avoir été rénové lors de la seconde vague de travaux effectués

dans l'église. Le mobilier comprend un tableau de l'Assomption de la Vierge, un autel dédié à la Vierge, de 1806, et une chaire suspendue du XVIIIe siècle.

ÉGLISE SAINT-MARTIN
XIVe siècle-1781-1784
Maçonnerie et grès
67021101

De la construction du XIVe siècle il ne reste que la tour, conservée lorsque cette église est érigée, à la fin du XVIIIe siècle. Les travaux, financés par le chapitre de Strasbourg, se sont faits en deux étapes, à trois ans d'intervalle, comme l'indiquent les deux dates gravées sur la porte et dans la nef.

À l'intérieur, des niches abritent les statues, datées de 1893, des saintes Odile et Richarde, et des saints Martin, Materne, Pierre et Paul.

TOUR DE L'ANCIENNE FILATURE
Vers le XVIIIe siècle
Brique
Impasse du Moulin
67021107

Cette tour est à l'origine celle d'un moulin, avant de devenir celle d'une usine de filature dépendant de Saint-Dié. Elle ferme à la fin des années 1960, une quinzaine d'années avant l'usine de Saint-Dié.

FERME
1808
Pan de bois
Rue du 1er-Décembre *67021104*

Cette maison, qui comprend en annexe une grange, une étable et une remise, est une ancienne ferme, qui rappelle la vocation agricole de la commune.

MAISON
XIXe siècle
Rue du Moulin *67021108*

À proximité de l'ancienne filature se trouve cette demeure, appelée communément « le château », où résidait le meunier. Ainsi, de chez lui, il pouvait voir les paysans qui venaient de Benfeld apporter leur blé.

FERME
1763
Pan de bois
12, rue du Général-Vix *67021105*

Cette ferme rénovée pourrait être une ancienne maison dîmière, où étaient emmagasinés les impôts que prélevait l'Église. Le montant de ceux-ci était une fraction variable des récoltes de l'année.

CHAPELLE SAINT-MATERNE
1884 *67021103*

Élevée à l'initiative du curé de Sand l'abbé Munsch, près d'une source du nom de Materne, cette chapelle rend hommage à cet évangélisateur de l'Alsace. À cette même place, une église est érigée dès 342 par l'évêque Amandus, puis détruite au Ve siècle. Un nouveau sanctuaire est consacré au même endroit par Léon IX, mais il est rasé à la Révolution. Le lieu dépend successivement des manufactures de tabac, de sucre et de torréfaction de chicorée.

Sermersheim

Canton de Benfeld
Arrondissement de Sélestat-Erstein
Superficie : 1 012 ha
Population 1999 : 840 hab.
Habitants : les Sermersheimois

Origine du nom : du celte *sar*, lin, *mar*, marché, et du germanique *Heim*, lieu.

HISTORIQUE

Sermersheim, qui existe depuis l'époque celte, est l'un des plus vieux villages de moyenne Alsace. Au VIIIe siècle, le père de sainte Odile, Atticho, lègue Sermersheim comme cour royale, avec droit de dîme, à l'abbaye d'Ebermunster, dont il est fondateur. En 1274, le roi Rodolphe de Habsbourg obtient le village en fief impérial et y fait construire un château fort. Les fortifications sont démantelées en 1298 par l'évêché de Strasbourg. En 1316, l'évêque achète le domaine de Sermersheim, qui reste propriété épiscopale jusqu'en 1789. Le village est doté de quatre chapelles. Le 1er décembre 1944, il est libéré par la 3e DIA 1944 du 4e régiment de tirailleurs tunisiens. L'économie de Sermersheim repose sur l'agriculture, l'élevage, l'artisanat, le commerce et le tourisme.

MAISON DE BATELIER
1621
Pan de bois
107, rue Principale *67021205*

Cette maison est construite pour un notable, pêcheur ou batelier. Sous la fenêtre, les armoiries, érodées, ne sont plus lisibles. Ce type de construction dit « en bois long » n'est plus pratiqué en basse Alsace à partir du XVe siècle. L'existence de cette maison témoigne donc de l'influence de la toute proche ville de Strasbourg, où ce type d'architecture se pratique encore jusqu'au XVIIe siècle.

PRESBYTÈRE
1780
Rue Principale *67021207*

Ancienne maison dîmière de l'abbaye d'Ebermunster, ce presbytère possède un sous-sol partiellement voûté qui abritait un pressoir. À l'étage se trouve le logement du curé.

ÉGLISE SAINT-JEAN-BAPTISTE (chœur)
1829-1831
Architecte : Kuhlmann *67021201*

Une première église est élevée au XIe siècle, puis elle est reconstruite au XVIIIe siècle par un prêtre de la paroisse, le chanoine Lamoureux. Les travaux comprennent le remploi de la tour, du XVe siècle, de l'ancienne église, avec ses réseaux de fenêtres gothiques. La particularité de l'église est son chœur très en hauteur par rapport à la nef et sa sacristie à étages. Dans l'abside, la peinture murale de Joseph Sorg représente la Transfiguration.

FERME
XVIIIe siècle
Pan de bois *67021208*

L'activité agricole de Sermersheim est telle que la commune compte soixante-cinq exploitations au XIXe siècle. Les cultures pratiquées sont celles du blé, du tabac, essentiellement au XIXe siècle, des vignes, jusqu'en 1889, et du houblon après la Première Guerre mondiale.

VIERGE DE L'APOCALYPSE
XVIIIe siècle
Bois polychrome
Église Saint-Jean-Baptiste 67021204

La Vierge, debout sur le globe terrestre, triomphe de la menace du dragon-serpent qui symbolise le mal. Cette représentation se répand en Occident à partir du IXe siècle et devient peu à peu le symbole de l'Église.

AUTEL SAINT-WENDELIN
1831
Église Saint-Jean-Baptiste 67021202

L'autel latéral nord est surmonté d'une peinture de Joseph Sorg (1791-1870), le père de Louis, réalisée en 1834.

ORGUE
1836
Facteur : Joseph Callinet
Bois
Église Saint-Jean-Baptiste
67021203

En concevant cet orgue, Joseph Callinet adopte le type de buffet-caisse probablement créé par Louis Geib (1759-1827), qui se répand à partir des années 1830. Le facteur répond sans doute là à une requête de l'architecte de l'église. Il n'y a plus de tourelles, mais des plates-faces surmontées d'un arc en plein cintre et séparées par des pilastres ioniques. La boiserie est suffisamment large pour placer les jeux de la pédale non pas derrière le soubassement, mais à proximité du grand orgue. L'instrument est restauré par Berger en 1896.

ÉCOLE DE FILLES
1848
17, rue Principale 67021210

L'école de filles est construite sur une propriété que la commune avait achetée à Jean Oclus, prévôt à Benfeld.

MAIRIE-ÉCOLE
1866
Maçonnerie et grès rose
Place de la Mairie 67021209

La mairie est érigée sur les fondations du château des barons de Mullenheim qui vendent le terrain à la commune en 1843. L'école de garçons est, elle, construite en 1866, sous l'administration du maire Dominique Meyer. Elle se trouvait dans l'aile gauche de la mairie avant d'être déplacée.

Witternheim

Canton de Benfeld
Arrondissement de Sélestat-Erstein
Superficie : 499 ha
Population 1990 : 386 hab.

Origine du nom : de l'anthroponyme germanique Witto, Witin ou Wieding et du germanique *Heim*, village.

HISTORIQUE

Le site est occupé dès l'âge du bronze, et Witternheim est mentionné pour la première fois dans des documents au XIIe siècle. Le village, qui appartient à la famille des Rathsamhausen d'Ehnwihr, est vendu à celle des Mueg de Boofzheim en 1498. Après l'extinction de cette famille, plusieurs propriétaires se succèdent. Jusqu'au XIXe siècle, Witternheim fait partie de la paroisse de Neunkirch.

CROIX DE CHEMIN
Seconde moitié du XVIIIe siècle
Grès 67021301

Le Christ qui figure sur cette croix semble être l'œuvre du sculpteur qui a réalisé celui qui se trouve sur la croix de Zellwiller, exécutée en 1773.

ÉGLISE SAINT-SÉBASTIEN
Milieu du XXe siècle 67021302

Démolie en 1945, cette église a été reconstruite après la guerre. Pour certains, le premier édifice élevé à cet endroit daterait du XVe siècle et serait dû à l'initiative de Jacques Mueg, déjà propriétaire du village. En 1760, elle serait déjà ruinée. D'autres affirment que l'église est érigée en 1537 et reconstruite en 1851. Elle aurait subi de nouveaux remaniements en 1870. L'orgue qui se trouvait dans l'église provenait d'Avolsheim, mais il a été détruit en 1945 et remplacé par l'orgue de Schwenkedel, daté de 1957.

FERME
Début du XVIIIe siècle
Pan de bois
64, rue de l'École 67021303

Dans cette maison, qu'une inscription sur un poteau cornier date de 1707, sont probablement remployés des éléments plus anciens, comme un linteau de porte intérieure gravé de la date de 1637.

MAIRIE-ÉCOLE
1863
71, rue de l'Église 67021305

Ce bâtiment remplace une ancienne école devenue trop petite. Au rez-de-chaussée se trouvent deux salles de classe séparées par un couloir ; le logement de service est à l'étage.

Canton de Bischheim

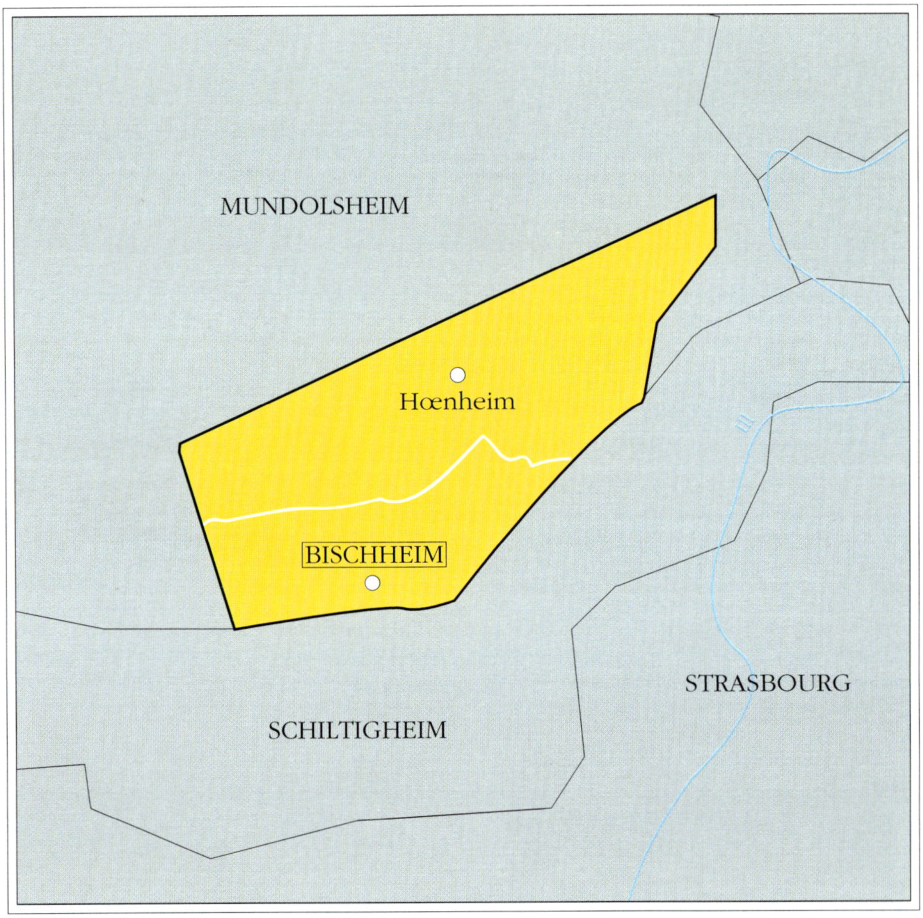

- Bischheim
- Hœnheim

Bischheim

Canton de Bischheim
Arrondissement de Strasbourg-Campagne
Superficie : 441 ha
Population 1999 : 18 777 hab.
Habitants : les Bischheimois
Cours d'eau : l'Ill et le canal
de la Marne au Rhin

Origine du nom : de l'allemand *Bischof*, évêque, et *Heim*, demeure.

Blason : les crosses d'or rappellent l'appartenance de Bischheim à l'Église.
67030100

HISTORIQUE

Occupé depuis la préhistoire, comme le prouvent les fragments néolithiques que l'on y a retrouvés, le site de Bischheim est encore habité à l'époque gallo-romaine. Le premier document écrit concernant le village date de l'époque mérovingienne. Pour son baptême, Clovis offre en effet à saint Remy, évêque de Reims, deux villages outre-Vosges, dont Bischheim. Le village est ensuite légué à l'Église et aux monastères de Reims, puis cédé à l'Église de Strasbourg. Au XVe siècle, l'évêque Guillaume de Diest le donne aux Boecklin de Boecklinsau, l'une des familles les plus anciennes et les plus puissantes de l'Alsace féodale. Jusqu'à la Révolution le village accueille la plus importante communauté juive d'Alsace, en raison de l'interdiction faite aux Juifs, depuis 1381, de résider à Strasbourg. Bischheim est rattaché à la France en 1681. La communauté bischheimoise, à majorité protestante, s'ouvre à nouveau à la confession catholique, et, en 1692, Louis XIV accorde le simultaneum à la population. En 1814, le village est pillé par les Cosaques et les Kalmouks à la poursuite de l'armée napoléonienne. Annexé avec l'ensemble de l'Alsace par Bismarck au lendemain de la défaite de 1870, Bischheim voit une partie de ses habitants s'exiler en France. Après un demi-siècle de rattachement à la Prusse, le village redevient français jusqu'à l'occupation nazie. Le général Leclerc libère l'Alsace le 23 novembre 1944.

ÉGLISE NOTRE-SEIGNEUR-JÉSUS-CHRIST
XIIIe-XVIIIe siècles
Pierre de taille
27, rue Nationale *67030101*

L'église primitive est attestée aux XIIIe et XIVe siècles. De cette première construction, il ne subsiste aujourd'hui que la tour, de style gothique tardif, située sur le flanc sud de la nef. Sur le tympan de sa porte se distinguent quelques traces d'une Crucifixion martelée pendant la Terreur. En 1787 et en 1788, la nef gothique, jugée vétuste et exiguë, est remplacée par un grand vaisseau avec un chœur semi-circulaire orienté vers l'est. Les plans de cette nouvelle église sont signés Salins de Monfort, inspecteur des Bâtiments et architecte du cardinal de Rohan. L'imposante façade du monument, avec ses ordres superposés et ses quatre pilastres surmontés d'une corniche, rappelle le style des temples doriques de la Grèce antique. Cette nouvelle église, protestante, est l'unique témoignage de l'architecture religieuse strasbourgeoise de l'époque de Louis XVI. *(I. M. H. 1984)*

ORGUE
1715
Église Notre-Seigneur-Jésus-Christ
67030102

Cet orgue, destiné à l'origine à l'église Saint-Étienne, est transféré en 1793 à Bischheim. Il se distingue avant tout par son buffet, sculpté pour un orgue Silbermann, à trois tourelles, et par certains tuyaux d'origine qu'il a conservés : Bourdon 8', Prestant 4'et le 8 pieds du Cornet. *(Cl. M. H. 1997)*

ROSE DE LUTHER
1923-1928
Vitrail
Église Notre-Seigneur-Jésus-Christ 67030103

Ces verrières évoquent, par leurs sujets et leur agencement, certains éléments de la théologie des Églises réformées. Un ensemble de six vitraux, disposé de part et d'autre de la nef, fait référence au Christ, aux apôtres Pierre et Paul et à deux grandes figures de la Réforme au XVIe siècle : Martin Luther et son plus proche collaborateur, Philipp Melanchthon. Les deux verrières du chœur, dont la rose de Luther constitue le motif central, sont fortement imprégnées du luthéranisme de l'époque. L'une rapporte les mots du réformateur : « Le cœur du chrétien marche sur des roses, même sous la croix », tandis que l'autre comporte un propos étonnamment militant : « La parole de Dieu et l'enseignement de Luther jamais ne passeront. »

COUR DES BOECKLIN
Vers 1650
Pan de bois
17, rue Nationale 67030115

Construite par le *Stettmeister* Jacques Frédéric Boecklin de Boecklinsau, second fils de Jean-Philippe Boecklin, bâtisseur du domaine badois de Rust – l'actuel Europapark –, cette maison noble à colombage est habitée par la famille des seigneurs de Bischheim jusqu'à la fin du XVIIIe siècle. Sur le poteau cornier, côté cour, se trouve la sculpture d'une tête que l'on suppose être celle du constructeur. Pendant la Révolution, la propriété est acquise par le banquier juif Baruch Lévy, qui fait installer dans les dépendances un bain souterrain, le *miqvé*. La cour des Boecklin abrite depuis 1989 la bibliothèque municipale.

GALERIE
XVIIe siècle
Pan de bois
15, rue de la Bruche
67030116

Cette maisonnette à galerie sur rue est la seule du genre à Bischheim. Conçu pour remplacer un couloir et un escalier intérieurs, mais également pour agrémenter la façade, le balcon couvert est réalisé par une avancée de solives, elles-mêmes soutenues par des consoles. Les balustres tournés, d'esprit Louis XIII, et l'appui galbé du garde-corps témoignent d'une certaine aisance du propriétaire.

COUR D'ANGLETERRE
1751
Grès
Rue du Château-d'Angleterre 67030110

Dès le XVIIe siècle, une demeure s'élève à l'emplacement de l'actuelle cour d'Angleterre. Elle appartient à l'Anglais Robert Koenigsmann et porte le nom de *d'r Englisch Hoft*. Au XVIIIe siècle, le baron Jean de Dietrich, père de la célèbre industrie métallurgique de Reichshoffen et richissime propriétaire terrien en Alsace, acquiert la propriété et décide d'y faire construire une résidence estivale. Entre 1749 et 1751, il fait élever une demeure de style Régence. Plusieurs éléments de ce bâtiment illustrent les plaisirs de la vie champêtre : la façade occidentale est ornée d'un soleil rayonnant entouré de deux cornes d'abondance, d'une petite hotte de vigneron, d'un fer à cheval et de la tête de Diane, déesse de la Chasse. Au début du XXe siècle, le domaine héberge une maison de correction. En 1947, il est racheté par l'Association régionale spécialisée d'action sociale, d'éducation et d'animation (Arsea), qui restaure le château pour y installer un centre d'orientation et d'éducation pour garçons. *(I. M. H. 1929)*

CARIATIDE
XVIIIe siècle
Grès
Cour d'Angleterre 67030111

Deux cariatides coiffées d'une corbeille de fleurs supportent les pilastres de l'avant-corps. Leur chevelure a été traitée de façon originale par le sculpteur : tressée en deux nattes, elle se réunit à la hauteur du buste, puis descend curieusement jusqu'à la taille où aboutissent deux autres nattes, en guise de bras. L'une des cariatides regarde devant elle, tandis que l'autre lève les yeux au ciel.

DESSUS-DE-PORTE
Vers 1761
Peintre : Pierre-Ignace Parrocel
Cour d'Angleterre 67030113

Ce dessus-de-porte fait partie d'une série d'œuvres du même genre, réalisées par trois artistes différents, et qui se trouvent dans les pièces lambrissées de la demeure du baron de Dietrich. Celles du grand salon, signées Jean-Jacques Sorg (1743-1821), représentent des scènes rustiques avec chasseurs, cavaliers et paysans. Deux autres œuvres, en camaïeu bleu, auraient été réalisées par Jean-Christophe de Bemmel vers 1750. Quatre autres dessus-de-portes – *Concert champêtre* et *Repos de chasse* dans la chambre jaune, *Poème satirique* et *Poème pastoral* dans la bibliothèque – sont de la main de Pierre-Ignace Parrocel. Ce peintre a été formé aux Académies royales de Paris et de Rome avant que le cardinal de Rohan ne le ramène à Strasbourg pour agrémenter son palais. Il devient finalement le peintre attitré de l'évêché.

MIQVÉ
XVIIIe siècle
Grès (P. : 8,60 m)
17, rue Nationale 67030130

Dans les dépendances de la cour des Boecklin se trouve un bain rituel israélite, ou *miqvé*, destiné à la purification des femmes juives, mariées, après leurs menstruations et leurs couches. Le terme *miqvé*, signifiant rassemblement des eaux, désigne un bassin alimenté par une eau pure, c'est-à-dire une eau de source ou une eau directement issue de la nappe phréatique. On y accède par un escalier en vis de quarante-huit marches à noyau creux, de style Renaissance. À mi-parcours se trouve la salle de déshabillage. Quatre niches aménagées dans les parois recevaient jadis chandelles ou lampes à huile. *(Cl. M. H. 1997)*

MAISON WALDTEUFEL
Fin du XVIIIe siècle
Pan de bois
1, rue Waldteufel 67030124

Le violoniste Moïse Lévy, dit Waldteufel, originaire de Rhénanie, épouse une femme de Bischheim à la fin du XVIIIe siècle et s'installe dans cette maison. Six enfants y naissent, dont trois partagent la passion paternelle pour la musique. Le premier, Lazare-Louis, est directeur des bals de la préfecture de Strasbourg et du casino de Baden-Baden, puis chef d'orchestre des bals dansants de Paris. Son fils Émile lui succède, en tant que directeur des bals de la cour impériale de Napoléon III. Le deuxième, Nathan, enseigne la musique à Nancy, à Dijon, à Lyon et à Paris, et devient professeur au conservatoire de Strasbourg. Le cadet, Salomon, sans doute le plus doué, succombe à la phtisie à l'âge de 20 ans. Moïse meurt le 10 janvier 1848, et sa tombe se trouve au cimetière juif, sous le numéro 168. La présence de cette famille de musiciens vaut à Bischheim d'être le « berceau de la valse française ».

BÂTON DE CHEF D'ORCHESTRE
1867
Collection particulière *67030125*
En 1937, lors des cérémonies du centenaire de la naissance d'Émile Waldteufel, à Strasbourg, son fils Henri fait don à l'harmonie militaire du bâton de chef d'orchestre dont Émile s'est servi jusqu'en 1890. Garni d'un pommeau doré gravé au nom du maître, il est aujourd'hui exposé dans le hall d'entrée de la maison d'accueil pour personnes âgées La Voûte étoilée, dont le nom est emprunté à l'une de ses œuvres.

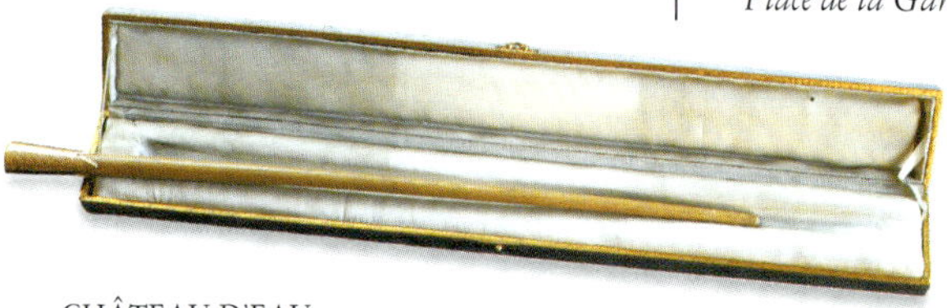

BALCON
XIXe siècle
35, avenue de Périgueux
67030135
Ce balcon porte l'emblème des charpentiers : la cognée dite épaule de mouton ou doloire, le marteau-arrache-clou, l'équerre, le compas et le fil à plomb.

GARE
1876
Pierre de taille
Place de la Gare, Schiltigheim *67030120*
Pour des raisons techniques, la gare de Bischheim se trouve située sur le territoire de la commune de Schiltigheim. Construite pendant le rattachement à la Prusse, dans un style massif caractéristique de l'architecture wilhelminienne, elle porte sur ses girouettes la date de 1876. À l'ouest de la ligne Strasbourg-Lauterbourg, une longue rampe dite militaire s'étirait jusqu'à Hoenheim.

CHÂTEAU D'EAU
XIXe siècle
Pierre de taille (H. : 20 m)
Rue du Fossé-Neuf *67030122*
Ces deux châteaux d'eau sont contemporains de la construction des ateliers des chemins de fer. Une station de pompage équipée de deux électropompes, d'un débit unitaire de 100 m³ par heure, refoule dans les réservoirs l'eau puisée dans la nappe phréatique. Chacun de ces réservoirs a une contenance de 200 m³.

ATELIER DES CHEMINS DE FER
1876-1879
Avenue de Périgueux *67030119*
Ces ateliers sont construits afin de servir de locaux pour la révision et l'entretien des locomotives à vapeur et des wagons. Vers 1950, leur activité porte sur les autorails, puis sur les turbotrains, avant de se tourner, dès 1972, avec le prototype 001, vers la maintenance des TGV. En 1987, la rame appelée Bischheim se veut le précurseur du TGV Atlantique. *(Cl. M. H. 1996)*

ÉCOLE
Fin du XIXe siècle
Brique
6, rue Nationale *67030118*

Par une ordonnance de Guillaume 1er, empereur d'Allemagne et roi de Prusse, datée du 11 janvier 1873, la commune de Bischheim reçoit l'autorisation d'effectuer un prêt de 70 000 francs pour la construction de deux bâtiments d'école. Elle obtient également le droit d'ajouter au principal des quatre impôts d'État, pour une durée de trente ans, 20 centimes additionnels. À la fin du XIXe siècle, le bâtiment du 6, rue Nationale accueille les filles, tant catholiques que protestantes. L'enseignement est alors confié à six sœurs enseignantes et à six institutrices. Les garçons catholiques fréquentent à cette époque le 18 de la rue des Veaux, et les protestants, le 25 de la rue Nationale.

HÔTEL DE VILLE
Vers 1890
Pierre de taille
37, route de Bischwiller *67030136*

Cette maison, construite en trois étapes successives, appartient au charbonnier-transporteur Adolphe Rey. Son escalier monumental, son fronton, ses portes et ses fenêtres cintrées, et surtout sa tour, destinée à lui conférer une allure de châtelet, sont autant d'éléments caractéristiques des demeures de la petite bourgeoisie à la fin du XIXe siècle. Bischheim possède d'autres villas de cette époque, construites sur le même modèle, comme par exemple la villa Stoll, le manoir Riehl ou la villa Schaub. En 1952, l'ancienne maison d'Adolphe Rey devient l'hôtel de ville de Bischheim.

BIBLE
Vers 1545
Imprimeur : Lazare Zetner
Couverture en bois (26 × 41 × 12 cm)
Hôtel de ville *67030134*

Cette bible de 800 feuillets est protégée par une couverture en bois recouverte de peau de veau et garnie aux angles de motifs en laiton. Elle possédait sans doute autrefois des fermetures métalliques. Composé en caractères gothiques arrondis, le texte est présenté sur deux colonnes et entouré de gloses. Deux cent trente-trois estampes signées Mathias Mérian, orfèvre en gravure sur cuivre de Strasbourg, illustrent cet ouvrage. En 1630, les héritiers du typographe-imprimeur strasbourgeois Lazare Zetner reproduisent la Bible traduite en allemand par Martin Luther, en se référant au dernier exemplaire authentique.

RÉNOVATION DU BAN
1664-1726
Hôtel de ville *67030131*

Ordonné par Wolff Jacques Boecklin de Boecklinsau le 13 octobre 1664, le recensement porte sur toutes les maisons et les terres situées sur le territoire de Bischheim, avec l'indication de leur situation et de leur superficie. C'est la plus ancienne description connue à ce jour du village tel qu'il se présentait dans le passé. Ce document prouve également que le seigneur de Bischheim prend encore le titre de *Frey-Reichsherr*, baron libre de l'Empire germanique, seize ans après le traité de Westphalie rattachant l'Alsace à la France. Bischheim ne devient complètement français qu'en 1681, avec la reddition de Strasbourg. Une seconde rénovation du ban a lieu au XVIIIe siècle.

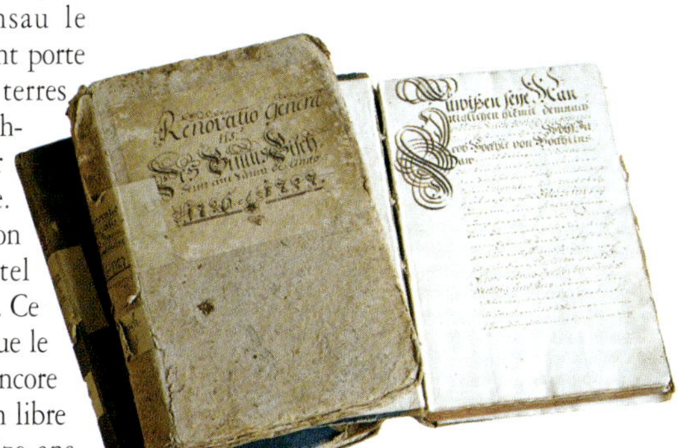

ENSEIGNE
Début du XVIIIe siècle
Tôle
Hôtel de ville 67030133

Cette enseigne date vraisemblablement de l'époque à laquelle Jean Conrad Ryff transféra son auberge du vieux village à l'intersection des deux artères principales de Bischheim. Elle est ornée d'un motif à la Bérain, l'ornemaniste de Louis XIV.

REGISTRE
1726-1727
Hôtel de ville 67030137

Jean-Georges Freysz, « der herrschafltiche Fiscale », dont la propriété, citée dès 1664, se trouvait sur la place du village (l'actuelle place du Marché), bénéficie d'un registre personnel lors du recensement de 1726-1727. Le contenu du registre est introduit par les fleurs de lis de la maison royale de France et confirmé par apposition du sceau gaufré de Jacques Frédéric Boecklin de Boecklinsau.

Zur fünfzigjährigen Jubiläums-Feier
den
französischen Kämpfern von Sebastopol
am 8. und 9. September 1855

Gewidmet von Alt-Bischheimer Bürgern.

HYMNE
1905
Hôtel de ville 67030132

Bischheim dédie un hymne à la vaillance des hommes du corps expéditionnaire français qui, en 1855, s'est illustré à la bataille de Sébastopol.

MONUMENT RUEFF
1897
Sculpteur : J. Riegger
Grès des Vosges
Cimetière 67030107

En 1897, Philippe Rueff, alors maire de Bischheim, fait réaliser ce monument à la mémoire de son fils unique, Auguste, décédé à l'âge de 16 ans. Il s'inspire d'un tableau cher aux milieux protestants, dans lequel Marie est assise aux pieds du Christ pour écouter sa parole. La Vierge a été remplacée par l'adolescent. Le sculpteur J. Riegger s'illustre notamment par l'ornementation des grands bâtiments néo-Renaissance construits à Strasbourg par l'Allemagne wilhelminienne.

ÉGLISE SAINT-LAURENT
1909-1910
Brique
2, rue Saint-Laurent 67030104

L'église Saint-Laurent est construite selon une libre interprétation du style gothique. L'inauguration de la nouvelle église en 1912 entraîne la fin du simultaneum établi en 1692. Les vitraux des bas-côtés, réalisés par les frères Ott, verriers strasbourgeois des plus réputés depuis 1852, illustrent des scènes bibliques et la vie des saints. Dans le chœur, le grand vitrail central symbolise le Credo, l'acte de foi du peuple de Dieu. La chapelle Mater-Dolorosa abrite une grande toile représentant le martyre de saint Laurent, laquelle provient sans doute de l'ancienne église protestante, démolie à la fin du XVIIIe siècle.

FONTS BAPTISMAUX
Fin du XVe siècle
Grès
Église Saint-Laurent
67030105

Ces fonts baptismaux sculptés portent la marque du gothique tardif. Sans doute proviennent-ils de l'église primitive du village, dont il ne reste aujourd'hui que le clocher, à côté de l'actuelle église protestante.
(Cl. M. H. 1997)

ORGUE
1933
Facteur : Roethinger
Église Saint-Laurent 67030106

La forme circulaire de cet orgue à cinquante registres correspond à celle de la rosace, et l'agencement original des tuyaux répond à un souci décoratif. Il est l'un des rares orgues alsaciens à posséder un quatrième clavier commandant un orgue d'écho, dit *Fernwerk*, installé sous la voûte du transept droit. Cet instrument est l'œuvre de Roethinger, facteur d'orgues à Schiltigheim et promoteur de l'orgue néoclassique dit « alsacien ». Les boiseries et la statue de sainte Cécile, patronne des musiciens, fixée à l'avant de la tribune, sont signées Buckenmeyer, ébéniste sculpteur de Bischheim.

PONT
1912
Constructeur : De Dietrich-Reichshoffen
Fer
Avenue de Périgueux 67030121

Ce pont a été l'une des premières constructions à bénéficier du béton coulé pour les culées. Sa membrure supérieure, portant le tablier, est assemblée par rivetage.

MONUMENT AUX MORTS
1934
Sculpteur :
Alfred Marzolff
Grès des Vosges
Parc Wodli 67030109

Le monument aux morts est constitué d'un obélisque portant les noms des 180 victimes de la Première Guerre mondiale et d'une plaque à la mémoire des morts de la Seconde Guerre mondiale. L'ange de la paix trône au-dessus de cet obélisque. Alfred Marzolff est également l'auteur des statues du pont Kennedy et de la *Marseillaise* à Strasbourg.

VASE
Vers 1934
Porcelaine
Maison de retraite La Voûte étoilée
67030126

Le 22 juillet 1934, au concours national et international de musique à Caen, l'harmonie militaire 1846 de Strasbourg se voit décerner le grand prix national du Conseil supérieur de la musique populaire. Le prix est un vase de Sèvres, que les derniers propriétaires confient à la municipalité après la disparition de l'harmonie.

MÉMORIAL DU CIMETIÈRE JUIF
Vers 1950
Granit
Rue des Saules 67030108

Au milieu du cimetière juif, créé en 1797, le mémorial porte les noms de vingt-sept Juifs victimes de la Seconde Guerre mondiale.

SYNAGOGUE
1957
Brique
Place de la Synagogue *67030129*

Reconstruite à l'emplacement de l'ancienne synagogue désaffectée en 1940 sur ordre des nazis et détruite par un bombardement en mai 1944, la synagogue est ornée de l'étoile de David et d'une épigraphe en hébreu gravé sur l'auvent : « Ceci est la porte de Dieu. »

Hœnheim

Canton de Bischheim
Arrondissement de Strasbourg-Campagne
Superficie : 329 ha
Population 1990 : 10 587 hab.
Habitants : les Hoenheimois
Cours d'eau : le canal de la Marne au Rhin

Origine du nom : de l'allemand *Heim*, demeure, et *Höhen*, hauteurs.

Blason : les corbeaux symbolisent les trois couvents bénédictins bénéficiaires du village.
67030200

HISTORIQUE

En 742, le duc Luitfried, neveu de sainte Odile, fait don à l'abbaye bénédictine de Wissembourg d'un pré situé à Hœnheim. En 884, Charles le Gros cite Hœnheim parmi les propriétés des bénédictins de Honau, et le village se trouve également dans une minute de l'abbaye de Marmoutier. Les Uttenheim de Ramstein règnent sur Hœnheim pendant deux cent dix-neuf ans. En 1681, le village passe aux Rathsamhausen von Stein, mais leur règne est de très courte durée. En effet, dès 1689, le fief de Hœnheim revient à l'évêque de Strasbourg, Guillaume Egon de Furstenberg, puis, deux ans plus tard, au maréchal de Chamlay. À la mort de celui-ci, en 1719, Jean-Baptiste Klinglin, prêteur royal, devient seigneur d'Hœnheim. Son fils François-Joseph échange le fief en 1735 contre Illkirch-Graffenstaden, jusqu'à la cassation du contrat d'échange par le conseil de Colmar en 1765. La Révolution met fin au règne des Klinglin. En 1870, les Prussiens qui assiègent Strasbourg transforment l'école de Hœnheim en lazaret. À la fin de la Première Guerre mondiale, le village redevient français avec le reste de l'Alsace, mais retombe sous la domination allemande au moment de l'invasion nazie. Évacués en Haute-Vienne en 1939, les Hœnheimois rentrent dans leur village en août-septembre 1940 et sont libérés avec le reste de l'Alsace le 23 novembre 1944.

CHAPELLE SAINT-JEAN
XIIe-XIVe-XXe siècles
Rue de la République
67030201

Cette chapelle est probablement construite dès le XIIe siècle, même si la première mention écrite de son existence, sous le nom d'église Saint-Jean-Baptiste, ne date que de 1350. Sa tour carrée à trois étages, percée d'ouïes géminées, abrite le chœur. L'écroulement de la façade principale en 1969 oblige à la reconstruire.

ÉGLISE DU CHRIST-ROI
1969
Brique
2, rue de Reichshelt *67030127*

La conception de cette église moderne, sans clocher, est le fruit d'une réflexion concertée entre les responsables ecclésiastiques et l'architecte. Elle reste avant tout un lieu de prière, mais la forme de la nef, plus large que longue, invite les fidèles à participer plus activement aux célébrations. En outre, les nombreuses salles annexes en font un lieu de rencontre privilégié.

CLOCHE
XVIIe-XIXe siècles
Chapelle Saint-Jean 67030217

Cette cloche, baptisée Hœnheim, rythme la vie des habitants du village : c'est la raison pour laquelle ils donnent à la chapelle le surnom de « *s'Gloeckel* », la clochette. Fêlée, elle est refondue en 1881.

PIERRE TOMBALE
1721
Chapelle Saint-Jean 67030202

À l'intérieur de l'église, deux pierres tombales sont scellées dans les murs. La plus ancienne signale la sépulture de la dame d'Uttenheim, l'autre est celle de la famille Klinglin. L'enterrement des notables à l'intérieur de l'église était une pratique courante à cette époque. *(I. M. H. 1998)*

MÉCANISME D'HORLOGE
1872
Constructeurs : les frères Ungerer
Mairie 67030215

L'ancienne horloge de la chapelle Saint-Jean est construite par les frères Ungerer, collaborateurs et héritiers de Jean-Baptiste Schwilgué, le père du mécanisme de l'horloge astronomique de la cathédrale de Strasbourg. Elle est dotée d'un mécanisme à poids actionnant deux rouages : le mouvement pour mesurer le temps et afficher l'heure, et la sonnerie pour indiquer la demi-heure et l'heure.

VASE
XVIIIe siècle
Mairie 67030218

Pour protéger les maisons, il était courant de murer, dans un compartiment de la poutraison, un vase contenant des pièces d'argent. Selon la croyance populaire, cette monnaie permettait de se libérer du Malin et de ses maléfices. Ce vase, découvert en 1986 au restaurant du Cheval-Noir, rappelle cette coutume.

MAISON
Début du XVIIIe siècle
Pan de bois
21, rue de la République 67030209

Citée pour la première fois dans la rénovation du ban de Hœnheim en 1746, cette maison appartient alors à Joseph Raphaël, l'un des trois Juifs du village, mais elle a vraisemblablement été construite quelques années plus tôt par Moïse Bliem, alors syndic général des Juifs d'Alsace. Elle est connue sous le nom de *Juddehûs*, maison juive. Sa couverture à la Mansart, ses lucarnes à pignon, son colombage et ses sablières d'étage moulurées traduisent la richesse de son propriétaire. À l'intérieur, l'escalier à balustres confirme cette aisance financière. Au moment de la construction de la synagogue, un bain juif est installé dans le sous-sol de la maison. *(I. M. H. 1987)*

REGISTRE
1746
Mairie *67030216*
Ce registre de rénovation du ban de Hœnheim contient la plus ancienne description connue des maisons et des terres de la commune.

AUBERGE À *LA CROIX-BLANCHE*
1783
41, rue de la République *67030210*

Cette ancienne auberge se caractérise par ses sablières d'étage moulurées, ses linteaux de fenêtres et de portes légèrement cintrés, ses lucarnes en chien-assis, ainsi que par ses pentures de fer forgé aux volets sur rue et le heurtoir de sa porte. Une inscription sur le poteau cornier indique que l'édifice est construit pour Jean-Théobald Thomas et Catherine Ehrhard. Six petites étoiles à six branches décorent ce texte ; elles représentent le soleil, source de vie qui, renaissant chaque matin, est un symbole de la Résurrection, tandis que le chiffre 6 rapelle les six jours de la Création.

MAISON
1777
Pan de bois
11, rue de la République *67030208*
Bâtie selon le modèle classique des maisons à colombage de la région, avec un soubassement de faible hauteur, par souci d'économie, recevant la sablière basse sur laquelle s'appuie toute la charpente du colombage, cette maison est construite pour Georges Mathis et son épouse Marie-Gertrude Muths. Deux petites lucarnes en chien-assis, avec découpe d'inspiration Renaissance, assurent l'éclairage et la ventilation des combles, autrefois destinés au stockage des subsistances.

VOLETS
XIXe siècle
Bois
29, rue de la République *67030205*
À partir du XIXe siècle les volets, jusqu'alors en bois plein, se garnissent de petites ouvertures dans leur tiers supérieur. Ces ouvertures ne sont parfois pratiquées qu'à l'étage, afin de préserver les habitants d'éventuelles indiscrétions. Les motifs représentés sont divers, mais ont tous une valeur symbolique. Sur ces volets sont représentées des tulipes, qui évoquent le sexe féminin et expriment le souhait d'une procréation féconde.

MAISON
XIXe siècle
52, rue de la République *67030206*
Il est d'usage, dans la région, de couvrir les cheminées d'un chapeau. Sa forme est généralement assez simple : un mitron de forme circulaire ou une pyramide tronquée de section carrée. Certains chapeaux plus luxueux, les mitres, symbolisent la richesse de leur propriétaire. Cette maison se distingue par sa mitre – *Pfaffekapp* – mais aussi par sa toiture riche en couleurs et l'ornementation chantournée de son pignon.

PRESBYTÈRE
Vers 1859
45, rue de la République 67030211

Cette maison au toit à demi-croupe apparaît pour la première fois dans la matrice cadastrale en 1859 et appartient alors à Frédéric Stiegelmann. La commune achète la maison et le terrain en 1865, et les cède en 1874 à la paroisse, qui désire y bâtir une église. La maison est transformée en presbytère en 1880. La croix de Saint-André, symbole de fécondité, intégrée sur les allèges des fenêtres côté rue, rappelle les origines profanes du bâtiment.

ÉGLISE SAINT-JOSEPH
1874-1877
Rue de la République 67030203

La première pierre de cette église, bénite par le curé de Bischheim, est posée le 15 novembre 1874. Au printemps suivant, la nef et la tour sont achevées, suivies du chœur en 1876 et de la sacristie en 1877. En 1879, la jeune paroisse, autonome depuis un an, procède au baptême des deux premières cloches. En 1884, l'orgue est installé, et, dix ans plus tard, un bourdon de 1000 kilogrammes vient compléter la sonnerie. Saisies par le gouvernement militaire en 1917 afin d'être refondues en canons, les cloches ne sont remplacées qu'en 1925. Contrairement aux autres églises de la région, celle de Hœnheim ne possède pas de coq-girouette à son sommet, mais une simple croix fixe, don d'un restaurateur du village.

ORIEL
Fin du XIXe-début du XXe siècles
Brique
6, rue du Lion 67030212

Cette maison possède deux oriels, signes extérieurs de la richesse du propriétaire. Au début du XXe siècle est sculptée une partie de la décoration fantaisiste et originale du bâtiment : têtes de lion, feuilles d'acanthe aux chapiteaux, draperies sur les appuis des fenêtres et motifs écailles sur leurs linteaux. Une spirale s'enroule autour des colonnettes des fenêtres et dans certaines allèges latérales, et une oie rappelle que les frères Besch, propriétaires de la maison, outre leur profession de tapissier et de sculpteur, pratiquaient le gavage de ces animaux.

PONT
1903-1905
Constructeur : Constructions métalliques de Düsseldorf
Fer (L. : 300 m) 67030214

À l'extrémité ouest du ban, le pont qui franchit la gare de triage de Hausbergen fait partie d'un groupe de quatre ouvrages, réalisés à Schiltigheim, à Bischheim, à Hœnheim et à Souffelweyersheim. Les deux premiers ont été remplacés depuis, mais celui de Hœnheim, avec quatre arcs et une jetée à poutres, reste le plus impressionnant.

MONUMENT AUX MORTS
1924
Route de Bischwiller 67030204

Érigé devant l'église Saint-Joseph, le monument aux morts perpétuait nommément le souvenir des victimes de la Première Guerre mondiale. Mais en 1945, devant l'impossibilité de chiffrer toutes les victimes, on a préféré supprimer les noms pour honorer la mémoire collective de tous les enfants de Hœnheim, connus ou inconnus, morts ou portés disparus.

Canton de Bischwiller

- Auenheim
- Bischwiller
- Dalhunden
- Drusenheim
- Forstfeld
- Fort-Louis
- Herrlisheim
- Kauffenheim
- Leutenheim
- Neuhaeusel
- Oberhoffen-sur-Moder
- Offendorf
- Rœschwoog
- Rohrwiller
- Roppenheim
- Rountzenheim
- Schirrhein
- Schirrhoffen
- Sessenheim
- Soufflenheim
- Stattmatten

Auenheim

Canton de Bischwiller
Arrondissement de Haguenau
Superficie : 392 ha
Population 1990 : 730 hab.
Habitants : les Auenheimois
Cours d'eau : la Moder

Origine du nom : du germanique *Au*, prairie, ou de l'anthroponyme Avo, et du germanique *Heim*, village.

HISTORIQUE

Auenheim est mentionné pour la première fois sous le nom de Hauuihaim en l'an 775, dans un acte de donation au bénéfice du couvent de Wissembourg. En 1357, le village, alors dénommé Oweheim, est cédé par les landgraves d'Œtingen aux barons de Fleckenstein. Il fait alors partie du bailliage de l'Uffried, dépendant du tribunal de Rœschwog. En 1732, après l'extinction de la maison de Fleckenstein, Auenheim passe en la propriété de la famille de Rohan-Soubise, qui le conserve jusqu'à la Révolution de 1789. En 1744, durant la guerre de Succession d'Autriche, les Pandours réduisent le village en cendre. Les habitants sont couramment surnommés les « Rhinpfel », pieux du Rhin, ou les « Krütstorze », peut-être du fait qu'une parcelle de potager, Krutfeld *en alsacien, était attribuée gracieusement à chaque couple le jour de son mariage. Jusqu'au milieu du XXe siècle, la population vit essentiellement de la pêche dans la Moder et dans les bras du Rhin. Les pêcheurs professionnels écoulent alors leurs produits sur le marché régional et jusque dans la capitale. L'artiste peintre Henri Loux, mondialement connu pour le décor des services de table Obernai, est natif d'Auenheim.*

AUBERGE
XVIIIe siècle
Pan de bois
23, rue Principale 67040106

Au XIXe siècle, ce bâtiment abrite un relais postal où s'arrêtent les brasseurs de Schiltigheim, venus pour leurs transactions de houblon. Les paysans s'y arrêtent également en revenant du marché de Seltz. *La Diligence* devient ensuite le restaurant *À l'Ancre*, communément appelé *ins Jul's*, c'est-à-dire chez les Jul, puis est transformée en maison d'habitation.

MAISON
XIXe siècle
Pan de bois
Rue de la Moder
67040107

BAS-RELIEF
Début du XXe siècle
Grès
20, rue de la Moder
67040105

Certains pêcheurs ont représenté leur activité sous forme symbolique, tel ce filet et ces poissons sculptés sur les poteaux d'entrée d'une propriété.

ÉCOLE
1880
Rue Principale 67040102

C'est dans ce bâtiment, surmonté d'un clocheton, que naît le peintre Henri Loux le 20 février 1873, comme en témoigne la stèle commémorative élevée devant. Il abrite toujours une école.

La rue qui longe la Moder était essentiellement habitée par des pêcheurs, qui n'avaient donc pas à se déplacer très loin pour rejoindre cette rivière ou les bras morts du Rhin. L'auvent de cette maison est typique des constructions alsaciennes.

STÈLE D'HENRI LOUX
1980
Marbre *67040104*

Né en 1873 à Auenheim, où son père était instituteur, Henri Loux passe son enfance avec sa famille à Sessenheim. Après des études au gymnase Jean-Sturm à Strasbourg, il décide de se lancer dans une carrière artistique et suit les cours de l'école des arts décoratifs de Strasbourg, puis, de 1893 à 1897, ceux de l'Akademie der Bildenten Kunst à Munich. Il revient avec le titre de *Kunstmaler* ou artiste peintre. Lors de ses pérégrinations en Alsace, il dessine entre autres des scènes villageoises et des maisons à colombage. Henri Loux est surtout connu pour la vaisselle Obernai, fabriquée aux faïenceries Utzschneider et Cie à Sarreguemines, sur laquelle il réalise une cinquantaine d'illustrations. Les premières datent de 1903. Henri Loux, qui s'était établi à Strasbourg, meurt en 1907, à l'âge de 34 ans.

PIETÀ
Années 1920
Potier : Léon Elchinger
Céramique
Chapelle *67040101*

Cette pietà dolorosa et la chapelle où elle se trouve ont été réalisées sur l'initiative du curé, à la mémoire des victimes de la Première Guerre mondiale. Les habitants du village et les enfants de l'école participent à la construction de l'édifice et le potier Léon Elchinger de Soufflenheim, auteur de cette pietà, fournit les tuiles. La chapelle est inaugurée en 1920 par le curé Siegwald.

PLAT
Fin du XIXe-début du XXe siècle
Peintre : Henri Loux
Faïence
Collection particulière
67040103

Le marchand de poteries est l'un des thèmes peint pour le service Obernai. Cet artisan se rend de village en village, avec sa carriole, pour y vendre de la poterie de Soufflenheim ou de Betschdorf.

Bischwiller

Canton de Bischwiller
Arrondissement de Haguenau
Superficie : 1 725 ha
Population 1990 : 11 092 hab.
Habitants : les Bischwillerois
Cours d'eau : la Moder

Origine du nom : du germanique *Bischoff*, évêque, et du latin *villa*, ferme.

Blason : la Vierge est coiffée de trois étoiles, qui représentent les trois fleurons de sa couronne ; elle rappelle l'ancienne appartenance du bourg à l'évêché de Strasbourg.
67040200

HISTORIQUE

Les évêques de Strasbourg, auxquels l'empereur Henri II lègue d'importants domaines de chasse au début du XIe siècle, fondent le bourg de Bishofeswilre à la fin du XIIe siècle. D'après la tradition, le hameau se développe, au début du XIIIe siècle, à partir de la cour domaniale que l'évêque Conrad de Hunebourg fait édifier sur les berges de la Moder. En 1263, le hameau est incendié par les Strasbourgeois, alors en conflit avec l'évêque. Les évêques le cèdent ensuite à des seigneurs banaux, dont les familles Müllenheim, Hüttendorf, Blyberg et Eschenau, mais conservent des droits épiscopaux jusqu'au XVe siècle. Le bourg est cédé au duc Wolfgang de Deux-Ponts en 1542 et reste en possession de cette famille jusqu'en 1789, date à laquelle il devient le chef-lieu du canton. Christian II, époux d'Agathe de Ribeaupierre et protecteur des ménétriers, transfère en 1686 le siège des musiciens de la basse Alsace à Bischwiller. Au début du XVIIe siècle, après l'introduction de la Réforme, des huguenots originaires de Picardie et des Ardennes s'installent sur les terres de Bischwiller. Drapiers pour la plupart, ils sont à l'origine d'une importante industrie lainière, qui entraîne le développement économique du bourg et fait de Bischwiller le « Mulhouse du Bas-Rhin ». En 1855, les cousins Fraenckel fondent deux ateliers de draperie, connus sous les raisons sociales de Fraenckel-Blin et Fraenckel-Hirsch ; ils sont rejoints en 1860 par Salomon Herzog. La guerre de 1870 met un terme à ce développement et voit l'émigration de plus d'un tiers des habitants vers la France, en particulier vers Elbeuf, Vire et Sedan. Mais l'implantation de nouvelles usines en filature et la création de structures hospitalières spécialisées font de Bischwiller une cité industrielle à fort potentiel économique.

FRESQUES
XVe siècle
Église Saint-Nicolas 67040263
Les fresques sont mises au jour lors de la rénovation de l'église, dans les années 1950. Au plafond, le Christ en Gloire est entouré des figures symboliques des quatre évangélistes : l'ange pour Matthieu, l'aigle pour Jean, le taureau pour Luc et le lion pour Marc. Les murs sont ornés d'épisodes de la vie de saint Nicolas, notamment la dotation des trois pucelles et saint Nicolas, patron des marins, qui calme la tempête.

ÉGLISE SAINT-NICOLAS
XIIe-XIIIe siècle-années 1950
Hanhoffen 67040202
De style roman, cette église serait selon certains plus ancienne que l'église de Bischwiller. La chapelle est affectée au culte catholique en 1686, selon l'ordonnance du roi Louis XIV qui décrète la nécessité d'un lieu de culte à partir de 10 familles catholiques. De 1686 à 1789, l'église est un lieu de pèlerinage le 15 août pour les ménétriers de la basse Alsace. Elle fonctionne sous le régime du *simultaneum* depuis le milieu du XIXe siècle. Une restauration fait apparaître derrière le crépi des fresques du XVe siècle représentant un christ en gloire, les évangélistes et la vie de saint Nicolas. Le chœur est doté d'un autel en grès des Vosges et orné de deux statues du XVIIIe siècle, qui représentent la Vierge et saint Nicolas.

ÉGLISE PROTESTANTE
1300
Rue de l'Église 67040201
Construite à proximité de la cour domaniale, cette église romane est tout d'abord dédiée à Notre-Dame ; la commémoration de sa dédicace est célébrée à la Saint-Gall. Au cours du XVIe siècle, elle est entourée d'une enceinte fortifiée. En 1525 est créée une paroisse réformée de langue allemande ; en 1620, avec l'arrivée de réfugiés huguenots, une paroisse réformée de langue française lui est adjointe ; enfin, en 1684, les comtes de Birkenfeld y installent une paroisse luthérienne. L'église accueille ces trois paroisses jusqu'au début du XIXe siècle, époque à laquelle les deux paroisses réformées fusionnent. En 1860, le clocher est rehaussé et doté d'un toit néoroman. L'édifice est agrandi en 1722 sous Christian III. Le caveau que possède la famille princière dans le chœur est profané et pillé durant la Révolution.

DALLE COMMÉMORATIVE
1607
Grès
Église protestante 67040261
Cette dalle commémorative aux armes du duc Jean II rappelle que Bischwiller est officiellement rattaché au duché de Deux-Ponts en 1607.

PIERRE FUNÉRAIRE
1644
Grès
Église protestante
67040260

La première dépouille déposée dans le caveau princier de l'église protestante est celle de Clara-Sybille, décédée en 1644 à l'âge de un an, un mois, une semaine et un jour. Le monument funéraire est sculpté des blasons des familles alliées aux Deux-Ponts-Birkenfeld. Certaines armoiries sont mutilées, enlevées pour des raisons pratiques – peut-être pour pouvoir installer des boiseries le long des murs – ou mutilées volontairement à la Révolution. Seules subsistent celles qui étaient cachées par des boiseries. Le monument se prolonge derrière la tribune.

LOGE DUCALE
1722
Boiserie et grès
Église protestante *67040259*

En 1722, le comte de Birkenfeld, Christian III, procède à des travaux d'agrandissement de l'église protestante, pour l'adapter au développement démographique de la seigneurie. Il fait aménager une tribune ou loge au sud, qui lui permet d'assister confortablement aux offices. La loge, équipée d'une cheminée à la française, sert peu, puisque le comte ne réside qu'épisodiquement à Bischwiller : il possède en effet un hôtel à Strasbourg, un château à Ribeauvillé et des possessions dans le Palatinat.

ORGUE
1725-1853-1867-1984
Facteur :
André Silbermann
Bois de chêne et étain
Église protestante
67040258

L'orgue, commandé par les trois paroisses protestantes de Bischwiller en 1723, n'est inauguré qu'en 1729. Il subit une première transformation en 1853, entreprise par la maison Stiehr à Seltz : un positif de dos est ajouté et l'instrument est placé sur la tribune, au-dessus de la porte d'entrée. En 1867, l'orgue est une nouvelle fois agrandi par la maison Stiehr-Mockers, qui réalise un nouveau buffet tout en conservant le style original du buffet du XVIIIe siècle et un certain nombre de jeux Silbermann. Au XXe siècle, l'instrument compte encore 603 tuyaux de Silbermann, 935 de Stiehr et 391 tuyaux neufs de Kern.
(I. M. H. 1972)

ANCIEN MOULIN GOETZ
XVIe-XVIIe siècles
Bois
Rue du Moulin
67040247

En 1618, le duc de Deux-Ponts Jean II cède l'usage d'un ancien moulin désaffecté aux réfugiés huguenots, qui le rénovent et y installent un moulin à foulon. Au milieu du XVIIIe siècle, la seigneurie en cède la propriété. Au XIXe siècle, ses nouveaux propriétaires, la famille Goetz, y installent une machine à vapeur et le moulin fonctionne alors comme manufacture de draps jusqu'après 1870.

AUBERGE *LE LION D'OR*
1618-XIXe siècle
Pan de bois
Place de la Mairie *67040248*

Cette auberge, construite par un immigré huguenot Moïse Luroth, devient de 1686 à la Révolution française le lieu de réunion de la confrérie des ménétriers de basse Alsace, qui y tiennent un banquet tous les 15 août, après leur assemblée générale. Au XIXe siècle,

l'auberge s'agrandit de salles de danse et d'écuries. Elle accueille en particulier les cueilleurs de houblon saisonniers du Palatinat. Au milieu du XXe siècle, la bibliothèque municipale et des services sociaux occupent une partie des bâtiments, qui est désormais une annexe de la mairie.

MAISON BANEAU
XVIIe siècle
Pan de bois
Rue de l'Église 67040224

Selon certains, cette propriété, située à proximité du château Tifenthal, aurait été la résidence du bailli de la seigneurie au XVIIe siècle.

MUSÉE DE LA LAUB
1664
Maçonnerie et pan de bois
Place de la Mairie 67040239

La Laub est l'ancienne maison commune du bourg. Elle abrite alors les services administratifs, ainsi que les marchés et les foires sous ses arcades ouvertes sous l'Ancien Régime. De 1686 à la Révolution, les fifres et musiciens de la basse Alsace se réunissent chaque année, le 15 août, devant le bâtiment pour leur assemblée annuelle. Sa tourelle octogonale comporte trois cloches : la plus ancienne, œuvre du fondeur Melchior Edel et offerte par le duc Christian II, date de 1667. En 1912, la Laub devient l'annexe de l'hôtel de ville, puis sert ensuite de dépôt au corps des sapeurs pompiers, de 1922 à 1986. Elle abrite désormais un musée. À l'origine, un escalier en bois extérieur desservait le premier étage.

MACHINE À VAPEUR
Début du XXe siècle
Fonte, laiton et acier (l. : 250 cm)
Musée de la Laub 67040276

D'une puissance de 10 chevaux, cette machine à vapeur fait tourner les machines de la confiserie Gutekunst durant plusieurs décennies. De nombreuses machines à vapeur, d'une puissance pouvant dépasser les 60 chevaux, sont également installées dans les manufactures de draps au milieu du XIXe siècle.

MAISON BAUMER
1657
Pan de bois
Rue des Charrons 67040223

Cette demeure appartient durant plus de deux siècles à la famille de forgerons Groll, dont la dernière propriétaire, née Groll, est la veuve d'Édouard Teutsch, député et censeur de la Banque de France. En 1919, le marqueteur Henri Baumer rachète la maison, qu'il habite jusqu'à son décès en 1968. Passionné d'histoire locale et collectionneur, meilleur ouvrier de France en 1927, il transforme la demeure et entreprend sa rénovation à plus de 80 ans. Il fait ressortir le colombage, installe des portes à l'ancienne et agrémente les poteaux corniers de dates et de motifs sculptés. Après la Seconde Guerre mondiale, son gendre, le peintre Philippe Steinmetz, vient également habiter la maison.

BUSTE
DE PHILIPPE STEINMETZ
1939
Sculpteur : Daniel Meyer
Plâtre (H. : 40 cm)
Musée de la Laub 67040274

Le peintre Philippe Steinmetz (1900-1987), né à Landau dans le Palatinat, est successivement professeur de dessin à Lille, à Dunkerque et à Nancy, puis au lycée Fustel-de-Coulanges à Strasbourg. Il est membre de l'AIDA et de l'académie d'Alsace. Il réside à Bischwiller de 1945 à sa mort. Son buste est l'œuvre du sculpteur Daniel Meyer de Mulhouse, ancien professeur de sculpture à l'école des beaux-arts de Nancy.

PAYSAGE DE LA FORÊT RHÉNANE
Vers 1970
Peintre : Philippe Steinmetz
Huile sur toile (50 × 65 cm)
Musée de la Laub 67040271

Philippe Steinmetz peint dans un style postimpressionniste. Sa peinture entretient des affinités avec celle de Cézanne, de Seurat, de Signac, du Sidaner ou encore de James Ensor.

PAYSAGE DE RIED
Vers 1950
Peintre : Paul Weiss
Huile sur toile (50 × 60 cm)
Musée de la Laub 67040273

Paul Weiss affectionnait tout particulièrement les paysages de la plaine rhénane, marquée par les saules, les marécages et les prairies. Ce tableau représente un des paysages du Ried, aux environs de Bischwiller.

BUSTE DE PAUL WEISS
Vers 1950
Sculpteur : René Hetzel
Bronze et marbre (H. : 40 cm)
Musée de la Laub 67040272

Paul Weiss (1896-1961) débute par une carrière de typographe, puis suit des études en peinture à l'académie Julian de Paris. Il se spécialise dans la représentation des paysages vaporeux du Ried, d'où son surnom de « Corot du Ried ». Membre de l'AIDA et de l'académie d'Alsace, il est l'inventeur d'un procédé de peinture gravée, la weissographie. Son buste est réalisé par René Hetzel (1902-1972), sculpteur qui se consacre à l'art du portrait à partir de 1937.

MAQUETTE DU CHÂTEAU
Vers 1950
Ébéniste : Henri Baumer
Bois (120 × 120 cm)
Musée de la Laub 67040275

Le château Tiefenthal, qui date du XVe siècle, est mentionné pour la première fois en 1436. Il sert successivement de résidence aux sous-baillis d'Alsace, aux électeurs palatins, aux ducs de Deux-Ponts et aux comtes de Birkenfeld jusqu'à la Révolution ; Christian II y naît en 1637 et Christian IV en 1722. Le 4 janvier 1795, le château est vendu comme bien national et démoli par son propriétaire. Les habitants du lieu récupèrent des matériaux, qu'ils réemploient dans d'autres constructions. L'auteur de cette maquette, Henri Baumer est ébéniste, marqueteur et historien local.

ANCIENNE PHARMACIE PRINCIÈRE
1681
Pan de bois
Rue du Château 67040222

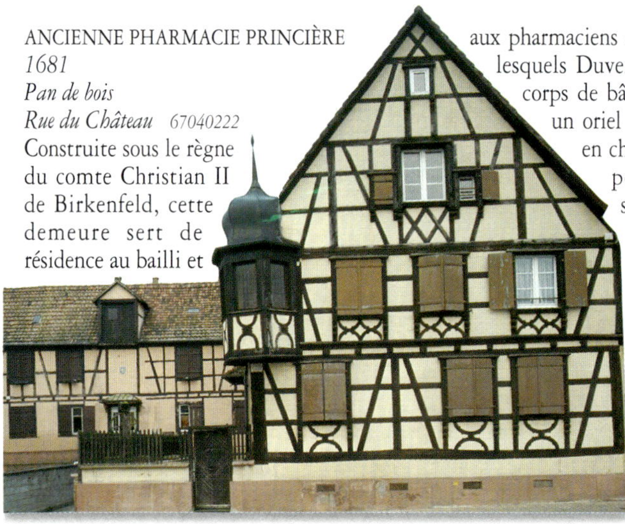

Construite sous le règne du comte Christian II de Birkenfeld, cette demeure sert de résidence au bailli et aux pharmaciens de la cour, parmi lesquels Duvernois et Pfaff. Le corps de bâtiment comporte un oriel et un colombage en chaises curules : les poutres cintrées sont croisées, ce qui donne à l'ensemble l'aspect d'un siège. À proximité se trouve un vieux puits à seau. L'édifice est vendu comme bien national après la Révolution. *(I. M. H. 1987)*

PRESBYTÈRE
Fin du XVIIe siècle
Hanhoffen 67040203

Un curé réside en ce presbytère à partir de 1686. Mais en 1793, le curé Xavier Klein émigre et la commune de Bischwiller procède à la vente de l'immeuble. La famille Schneider l'acquiert et le transforme en auberge. Le bâtiment est ensuite aménagé en habitation particulière.

MAIRIE
XVIIIe siècle-1912
Place de la Mairie 67040238

Le bâtiment, qui abritait autrefois le restaurant *À la Rose*, construit par l'immigrant suisse Jacob Bodmer, est acquis par la ville en 1909. Des travaux de rénovation sont entrepris, avec notamment l'ajout d'un pignon central, et les services de la mairie s'y installent en 1912. La salle du conseil municipal occupe l'ancienne salle de danse.

ANCIENNE AUBERGE
AU TILLEUL
Début du XVIIIe siècle
Pan de bois
Rue des Tilleuls 67040221

Cette maison à colombage est un ancien corps de ferme transformé en auberge et relais postal. Elle est communément appelée *Schlembe*, du nom des loquets de volets, fabriqués par une forge dépendante de l'auberge et vendus par l'aubergiste.

ANCIENNE ÉCOLE PAROISSIALE RÉFORMÉE
XVIIIe siècle
Pan de bois
Rue des Charrons 67040267

Avant l'institution des écoles publiques au XIXe siècle, l'enseignement des enfants se fait dans le cadre des paroisses. Bischwiller abrite ainsi une école catholique, une école luthérienne, une école réformée de langue française et une autre de langue allemande, installée un certain temps dans ce bâtiment.

ANCIEN HOSPICE
DES PAROISSES PROTESTANTES
XVIIIe siècle
Pan de bois
Rue de la République 67040235

En 1721, les trois paroisses protestantes créent un refuge pour nécessiteux, la première institution hospitalière du lieu. En 1833, cet hospice est transféré dans l'ancienne maison Kaeppler, rue de la République. En 1912, l'institution, qui n'arrête pas de se développer, s'installe dans la résidence Dierstein.

PRESBYTÈRE LUTHÉRIEN
XVIIIe siècle
Pan de bois 67040211

Bischwiller possède quatre presbytères protestants, deux luthériens et deux réformés. Le côté droit de ce bâtiment abritait autrefois l'école luthérienne.

MAISON DE TUILIER

1760

Pan de bois

Rue du Moulin 67040270

Les comtes de Birkenfeld, seigneurs de Bischwiller, possèdent jusqu'au milieu du XVIIIe siècle plusieurs moulins, ainsi qu'une tuilerie. Cette dernière, créée en 1618, est gérée par un tuilier nommé par le comte. Après 1733, moulins et tuilerie sont progressivement cédés en bail emphytéotique à des habitants du bourg. En 1760, le tuilier Beiner construit cette maison d'habitation à colombage. Après l'extinction de sa famille, l'ensemble du domaine de la tuilerie, dont la présente habitation, est repris par la famille Rinckenberger.

MAISONS OUVRIÈRES

XVIIIe-XIXe siècle

Rue de la République

67040218

Ces maisons ouvrières se situent dans l'ancien quartier français, établi à partir de 1618 par des réfugiés huguenots sur des terres qui leur sont accordées gratuitement par le duc de Deux-Ponts. Elles comprennent chacune un rez-de-chaussée, et certaines d'entre elles ont un comble mansardé. La modestie des habitations est liée à la modestie des revenus de leurs occupants.

POUTRE

1803

Bois

Restaurant-café du Commerce

67040256

Sur cette poutre du restaurant *Au Café du Commerce*, autrefois auberge *À l'Ours Noir*, puis *Café Christian* et *Café Bertrand*, sont inscrits les noms des aubergistes de 1803, Michaël Christian et Magdalena Thalmann. L'auberge date de 1656 ; des dépendances sont rajoutées en 1803, d'où la date portée sur la poutre. Selon la tradition, des montreurs d'ours s'y arrêtaient et attachaient leurs bêtes aux anneaux suspendus au plafond des écuries. Au XIXe siècle, le restaurant, alors appelé *À l'Ours Noir*, est aussi le siège d'un casino littéraire.

ANCIENNE DOUANE SEIGNEURIALE

1786-début du XIXe siècle

Rue de la Couronne 67040241

En 1786, les autorités font construire une maison du commerce et de douane, les bâtiments de l'ancienne douane et du bureau de pesage étant devenus trop exigus. L'ensemble, édifié grâce à des matériaux provenant de l'ancien château Tiefenthal, comporte un bâtiment à la Mansart, une maison à colombage, des caves voûtées et des hangars pour entreposer les produits.

CADRAN SOLAIRE

1830

Pierre

Presbytère réformé

10, rue de l'Église 67040257

La forme de ce cadran solaire, peint sur le mur, rappelle celle d'une lyre. Les lignes horaires, tels des rayons, partent d'un petit soleil.

ÉGLISE SAINT-AUGUSTIN
XIXe siècle
Rue Foch
67040208

L'accroissement de la population catholique au début du XIXe siècle pousse la paroisse à envisager la construction d'une église à Bischwiller ; auparavant, les catholiques se rendaient à la chapelle de Hanhoffen. La première pierre est posée le 15 juillet 1835 et l'église inaugurée le 28 août 1837. Le clocher est construit en 1843. De 1860 à 1865, l'édifice est agrandi par l'adjonction d'un chœur et d'un transept néo-gothique. En 1866, les ateliers Schreiner de Molsheim édifient deux autels, l'un dédié à la Vierge et l'autre à saint Joseph. Un troisième autel, de style gothique, est acheté à la paroisse Saint-Nicolas de Haguenau en 1867.

SAINT AUGUSTIN
1800
Peintre :
de Rudder
Huile sur toile
Église
Saint-Augustin
67040262

Ce tableau représentant saint Augustin est offert par le gouvernement à la paroisse catholique en 1840.

ANCIENNE RÉSIDENCE DIERSTEIN
Vers 1835
Rue de l'Église
67040232

Le négociant en laine Auguste Dierstein (1804-1890) construit cette bâtisse correspondant au goût romantico-médiéval de l'époque. Le perron néo-classique, surmonté d'un balcon à balustre, compte trois arcades aux colonnes surmontées de chapiteaux ioniques. L'aile au pignon à colombage est utilisée pour l'intendance et le logement des domestiques, au nombre de cinq en 1861. Une tourelle octogonale crénelée à deux meurtrières et aux fenêtres ornées de vitraux relie les deux ailes. En 1912, le résidence Dierstein est acquise par le diaconat et devient maison de retraite.

ÉCOLE FOCH
Milieu du XIXe siècle
Rue Foch
67040237

Les bâtiments abritent tout d'abord une manufacture de draps, établie par les drapiers Heusch, qui ferme ses portes après la guerre de 1870. Après la Première Guerre mondiale, l'école supérieure de jeunes filles – *Höhere Töchterschule* – ccupe les locaux. Après 1945, les bâtiments accueillent un collège moderne de jeunes filles, puis sont intégrés en 1953 au collège Erlenberg pour accueillir les classes mixtes du primaire ou petit collège. Lors de la restructuration des écoles primaires en 1977, une école de quartier, mixte et interconfessionnelle, y est installée.

ANCIENNE MANUFACTURE ZIMMERMANN
Milieu du XIXe siècle
Rue des Rames
67040269

Le bâtiment principal de l'ancienne manufacture de draps Zimmermann présente une architecture typique des premières manufactures construites dans les années 1850 : un édifice allongé à plusieurs étages et une toiture à forte pente, caractéristique de l'architecture alsacienne. La famille Zimmermann, qui émigre à Vire en 1870, revient ensuite à Bischwiller. L'usine fonctionne jusque dans les années 1930 ; le bâtiment est occupé par diverses petites entreprises avant d'être reconverti, dans les années 1980, en lieu de prière pour la communauté turque.

CHEMINÉE D'USINE
Milieu du XIXe siècle
Brique
Rue de la Couronne
67040255

Cette cheminée est le seul vestige de l'ancienne manufacture de draps Pierson. De forme carrée, elle appartient à la première génération de cheminées, qui sont circulaires vers la fin du XIXe siècle. Elle sert de lieu de nidification aux cigognes.

MAISON NATALE DE CLAUDE VIGÉE
XIXe siècle
Rue Rampont *67040251*

L'écrivain Claude Vigée, de son vrai nom Strauss, naît dans cette maison en 1921. En 1939, sa famille se réfugie dans le sud de la France et en 1943, Claude Vigée se rend aux États-Unis pour achever ses études en histoire de l'art et en lettres. Titulaire de la chaire de civilisation française puis directeur du département des langues et littératures européennes à partir de 1955, il enseigne la littérature comparée à l'Ohio State University, au Wellesley Collège et à la Brandeis University. Il donne ensuite des cours à l'université hébraïque de Jérusalem, où il s'installe après 1950. Son œuvre poétique et ses essais lui valent de nombreux prix littéraires : Burckhardt en 1977, Fémina Vacaresco en 1979, J.-P. Hebelpreis en 1984 et le grand prix de poésie de l'Académie française en 1996. Ses œuvres disent l'exil, le déchirement et le devenir partagé entre les terres de Judée, l'Amérique et l'Alsace.

LAVOIR
XIXe siècle
Bois
Rue du Moulin
67040254

Au milieu du XIXe siècle, la commune entretient six lavoirs publics, dont quatre sur le Rothbaechel, un sur la Moder et un à Hanhoffen ; certains d'entre eux sont couverts à la fin du siècle. Les lavandières peuvent aller chercher de l'eau chaude dans les proches manufactures et l'un de ces lavoirs, situé sur le Rothbaechel, est même, à une époque, alimenté directement en eau chaude.

CIMETIÈRE ISRAÉLITE
1856
Rue des Cimetières
67040216

Les premières familles juives arrivent à Bischwiller en 1825 et un cimetière est implanté par la communauté en 1856. Il renferme plus de 300 tombes, dont celle d'Aron Blin, le premier père de famille établi à Bischwiller ou encore celle de Jonathan Fraenckel (1796-1859), oncle d'André Maurois. En 1951, une stèle est érigée à la mémoire des victimes du régime nazi ; elle comporte 36 noms pour Bischwiller et 14 pour Schirrhoffen.

VESTIGES DE L'ANCIENNE SYNAGOGUE
1859
Grès
Rue Leclerc
67040209

La première synagogue de Bischwiller, construite en 1859, est détruite par les autorités nazies en 1941 : le mobilier est brûlé,

les pierres sont dispersées et servent notamment au renforcement des berges de la Moder. Une nouvelle synagogue est construite à proximité en 1959 ; elle n'est désormais plus utilisée, la communauté juive étant devenue trop réduite. En 1996, quelques-unes des pierres de l'édifice primitif sont dégagées par des enfants, dans le cadre d'une action pédagogique, et replacées en souvenir sur le site de la synagogue ; une plaque commémorative y est ensuite apposée.

ANCIENNE USINE BLIN
1862
Rue d'Oberhoffen 67040246
Après la Révolution française, un certain nombre de familles juives s'installent à Bischwiller et se lancent dans le textile. Parmi eux, Aron Blin et ses fils Maurice et Théodore, qui construisent une usine moderne sur les bords de la Moder. Celle-ci fait travailler près de 200 ouvriers. La famille Blin part pour Elbeuf en 1872 et l'usine est rachetée en 1885 par la Deutsche Tuchmanufaktur, qui devient après 1918 la Nouvelle Manufacture de draps. Reprise en 1955 par une entreprise de fabrication de tissu éponge, l'usine est rachetée dans les années 1980 par la fondation Sonnenhof, qui en fait un centre d'aide par le travail.

ANCIEN BÂTIMENT DU TÉLÉGRAPHE
1864
Rue Profonde 67040240
Au milieu du XIXe siècle, l'important développement économique de Bischwiller impose la création de nouveaux services, dont un bureau de poste et un poste de télégraphe, alors installé dans la rue du Conseil. L'inscription « 1864 télégraphe » figure encore au XXe siècle sur le linteau de la porte du bâtiment, qui conserve cette fonction jusqu'à la construction de la nouvelle infrastructure de la poste, rue Clemenceau, en 1900.

PRESBYTÈRE RÉFORMÉ
1864
8, rue de l'Église
67040210
Ce presbytère réformé est construit en remplacement de l'ancien presbytère réformé français. À l'arrière du presbytère se trouvait autrefois un bâtiment d'école appartenant à la paroisse.

ANCIEN PROGYMNASE
1864
Impasse de la Bleiche 67040236
Vers 1860, le pasteur Brüstlein, appuyé par les patrons d'usine et les notables, envisage de créer un progymnase, établissement d'études supérieures. Celui-ci est financé par les paroisses protestantes. En 1864, un bâtiment neuf est construit au lieu-dit Erlenberg. L'établissement est successivement baptisé progymnasium, Real schule et Sebastian Brant Schule (1942-1945). Après la construction d'un nouveau lycée, ouvert en 1971, l'ancien collège Erlenberg devient une école primaire de quartier.

MACHINE À VAPEUR (chaudière)
1865-1884
Ateliers : mécaniques de Graffenstaden, usines De Dietrich
(p. : 17 t, L. : 13 m)
Parc du Cimetière 67040245

Cette machine à vapeur, transformée en 1884 par la maison Wick-Spoersein à Mulhouse, alimentait la manufacture de draps Schwebel-Schmidt, puis la filature de laine cardée Wenger. Elle fonctionne jusqu'en 1947.

MONUMENT AUX MORTS FRANÇAIS DE 1870

1871

Grès

Cimetière 67040215

Ce monument édifié à la mémoire des 126 soldats français décédés à Bischwiller pendant la guerre de 1870 est inauguré avec l'inscription « Érigé à la mémoire de leurs compatriotes par les habitants de Bischwiller le 9 septembre 1871 ». Sur ordre des autorités allemandes, l'inscription est aussitôt effacée au burin.

ANCIEN HÔPITAL CIVIL

1870

Architecte : Jacques-Albert Brion

Rue du Moulin 67040231

Vers 1860, la ville de Bischwiller envisage de construire un hôpital civil par souscription publique. Une « société de l'hôpital civil de Bischwiller » est créée en 1865 et placée sous la présidence du maire. Le bâtiment, en briques apparentes jusqu'au début du XXe siècle, s'articule autour d'un pan de façade en grès des Vosges. La baie qui surmonte la porte d'entrée est dotée après la guerre d'un vitrail réalisé par le maître verrier Werlé. L'hôpital ouvre en 1870 et accueille en premier les blessés des batailles de Froeschwiller. Vers 1970, il est transformé en maison de retraite et prend le nom de Julie Gsell, bienfaitrice bischwilléroise.

MONUMENT AUX MORTS ALLEMANDS DE 1870

Début du XXe siècle

Granit gris, grès, bronze et fer forgé (H. : 3 m, l. : 4 m, L. : 4 m)

Cimetière 67040214

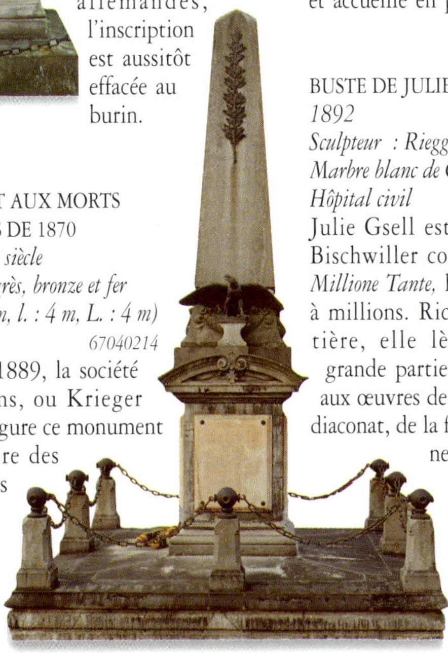

En octobre 1889, la société des Vétérans, ou Krieger Verein, inaugure ce monument à la mémoire des soldats morts dans les combats en 1870 et 1871. Sur la base sont inscrits les noms des grandes batailles, comme celles de Wissembourg, de Wörth, de Gravelotte, de Sedan ou de Paris. Quatre plaques de marbre portent les noms des soldats et de leur régiment. Le monument présente par ailleurs l'inscription « Den 1870/71 für das Vaterland gefallenen deutschen Kameraden der Kriegerverein Bischweiler », qui signifie « Aux camarades allemands tombés pour la patrie en 1870-1871, les vétérans de Bischwiller ».

BUSTE DE JULIE GSELL

1892

Sculpteur : Rieggert

Marbre blanc de Carrare

Hôpital civil 67040264

Julie Gsell est connue à Bischwiller comme la *Millione Tante,* la tante à millions. Riche héritière, elle lègue une grande partie de sa fortune aux œuvres de bienfaisance du diaconat, de la fondation Sonnenhof et de l'hôpital. Après sa mort en 1891, un buste est installé à sa mémoire dans l'entrée de l'hôpital.

ANCIENNE USINE DE JUTE

1883

Rue Joffre 67040244

Le 8 mai 1883, la Société alsacienne de filature et tissage de jute est créée sous l'impulsion d'un groupe d'industriels, dont M. Herrenschmidt, président de la chambre de commerce de Strasbourg, pour donner un nouvel essor à la vie économique locale, fortement touchée par l'exode de 1870. Plusieurs fois agrandie, cette usine, dite aussi « la Jute », est la principale entreprise de la ville entre 1883 et 1961, avec 1 400 ouvriers en 1925. Elle fabrique essentiellement des sacs en toile de jute, à partir de matières premières importées d'Extrême-Orient. Après sa fermeture en 1961, les bâtiments sont repris par l'usine de confection masculine Vestra.

MAISONS OUVRIÈRES
Début du XXe siècle
Rue Rampont 67040219

Au début du XXe siècle, la Société alsacienne de filature et tissage de jute fait construire ces maisons de cité pour ses ouvriers, dans les rues voisines de l'usine. Les maisons, jumelées, possèdent chacune un jardinet à l'arrière. Après 1961, date de la cessation d'activité de l'usine, les maisons de « la Jute » ou *Jutehiesle* sont vendues à des particuliers.

MAISON D'INGÉNIEUR
Vers 1925-1930
Rue Rampont 67040220

Cette villa fait partie de celles construites par la Société alsacienne de filature et tissage de jute pour ses directeurs et ingénieurs.

GARE
1888
Place de la Gare 67040243

La ligne ferroviaire qui relie Strasbourg à Haguenau est inaugurée en 1855, plus de trente ans avant la construction de la gare. Ce bâtiment est plusieurs fois transformé jusqu'à la fin du XXe siècle.

ÉTABLISSEMENTS HOSPITALIERS DÉPARTEMENTAUX
1888
Route de Strasbourg 67040226

Destinés aux personnes âgées et aux malades incurables, les établissements hospitaliers départementaux sont construits avec les fonds publics sous l'impulsion d'Otto Back, président du Bezirkstag, et du maire Heusch, qui en est le premier directeur. Les premiers pavillons de style prussien – architecture en maçonnerie apparente, rappelant celle des casernes de garnison – sont petit à petit entourés par d'autres bâtiments : une chapelle, des dortoirs, une ferme, une chaufferie, des ateliers et un orphelinat. À la fin du XXe siècle, les établissements hospitaliers départementaux, spécialisés dans la gérontologie, possèdent plus de 800 lits et plus de 500 employés, et sont l'un des premiers employeurs de la ville.

CHAPELLE
1900
Établissements hospitaliers départementaux
67040205

Cette chapelle néo-romane abrite en fait une chapelle catholique et une chapelle protestante aux entrées distinctes ; elle est donc désignée sous l'appellation de *Doppel Kapelle,* ou double chapelle. Le clocher s'élève à la jonction des deux chapelles. Les caves de ce bâtiment abritent désormais un musée retraçant l'histoire de l'établissement. Sur le fronton d'accès à la cave figure une inscription gravée dans le grès, « Oben selig unten fröhlich », « la félicité en haut, la gaieté en bas », qui rappelle les deux fonctions du bâtiment.

CHAPELLE NOTRE-DAME
1914
Rue Joffre 67040204

En 1914, la Société alsacienne de filature et tissage de jute fait édifier la chapelle Notre-Dame pour la centaine d'ouvrières, recrutées en Pologne entre1900 et 1930 et hébergées dans des bâtiments collectifs dans l'enceinte de l'usine. Édifiée selon l'architecture de la période allemande, avec des encadrements et angles en briques apparentes, la chapelle s'intègre dans les bâtiments d'usine. Elle est aujourd'hui une annexe de la paroisse Saint-Augustin. À l'intérieur, une toile de Charles Henri Herrmann représente la Vierge noire de Czestochowa, patronne de la Pologne.

ANCIEN TRIBUNAL
1897-1900
Entreprise : Dueren, à Godesberg
Pierre de taille et grès blanc
Rue du Houblon
67040242

Les travaux du *Kaiserliches Amstsgericht*, ou tribunal cantonal, débutent en juin 1899, après plusieurs années d'études. Ce bâtiment à deux pignons est dans le style wilhelminien ; ce type d'architecture, en pierre de taille et aux décors en grès, se retrouve partout à cette époque, notamment à Strasbourg. Les services y sont installés en 1900, puis sont transférés en 1958 au tribunal d'instance de Haguenau. L'importante bâtisse devient alors la propriété de l'Association populaire familiale, puis, en 1990, le siège de la Caisse primaire d'assurance maladie.

ANCIENNE PRISON
1900
Rue du Houblon 67040277

La prison est construite à l'arrière du tribunal cantonal. Ce dernier ferme en 1958, et le bâtiment de la prison est alors transformé en bains municipaux. Mais avec le progrès et l'installation d'équipements sanitaires dans les maisons privées, ceux-ci perdent de leur utilité. Le bâtiment rénové abrite désormais un hôpital de jour, dépendant de l'hôpital psychiatrique de Hœrdt.

CASERNES
Vers 1895-1900
Maçonnerie et brique
Rue des Casernes 67040249

De 1890 à 1920, Bischwiller est une ville de garnison. La première caserne est construite en 1890.

Sont ensuite édifiés les bâtiments des troupes et du commandement, puis des hangars, des écuries et un manège. Ces casernes hébergent d'abord le 31e régiment d'artillerie allemand, puis le 67e régiment d'artillerie de campagne. Après le retour de l'Alsace à la France, les casernes sont affectées à des régiments de la 127e, puis de la 42e division d'infanterie. De 1918 à 1920, les casernes sont baptisées Fiegenschuh, du nom du capitaine strasbourgeois tombé au Tchad en 1910. Après 1920, tout le complexe change d'affectation ; les bâtiments sont aménagés en lotissement d'habitation, en gendarmerie et en locaux à usage scolaire.

KIOSQUE À MUSIQUE
1899
Pierre et métal
Parc de la Promenade
67040252

Ce kiosque à musique, inauguré le 18 juin 1899, est le lieu de nombreux concerts, dont celui des concerts militaires donnés par la garnison entre 1890 et 1914. Presque entièrement détruit par une tempête le 4 juillet 1905, il est ensuite reconstruit avec une nouvelle toiture.

ORIEL ET PONT
Fin du XIXe siècle
Bois et carrelage
Rue de l'Église et rue du Diaconat
67040233

Cette passerelle métallique reliait à l'origine les deux parties du parc de la propriété Dierstein. L'oriel est bâti sur un mur de 200 mètres de longueur, constitué de pierres provenant de l'ancien château Tiefenthal.

ENSEIGNE DE BRASSERIE
Début du XXe siècle
Fer forgé
Rue de la Couronne *67040225*

Au XIXe siècle, plusieurs brasseries fonctionnent à Bischwiller, centre de culture du houblon ; une foire au houblon y est établie vers 1860. En 1850, Jules Rickenberger installe une brasserie au restaurant *La Couronne*. En 1886, la bière est commercialisée en fûts, puis plus tard en bouteilles. Devenue *Brasserie Rickenberger Frères* après 1918, l'établissement produit jusqu'à 12 000 hectolitres par an, jusqu'à sa cessation d'activité en 1968.

CHAPELLE TABOR
1909
Rue Clemenceau *67040206*

À la fin du XIXe siècle, des communautés évangéliques libres s'installent à Bischwiller. Cette chapelle, édifiée par l'église évangélique méthodiste, comporte, comme tous les lieux de culte établis par cette communauté, la salle de culte à l'étage. Elle témoigne de la pluralité des confessions protestantes en Alsace.

VILLA JULIA
Vers 1900
Rue du Rhin *67040217*

Baptisée Julia, du nom de la fille de son premier propriétaire, Philippe Schmidt, dit Landauer Schmidt, cette propriété comporte des dépendances, des écuries et des logements pour le personnel. Le surnom de cette famille rappelle son origine : les Schmidt sont en effet originaires de Landau dans le Palatinat.

CHAPELLE DU SONNENHOF
1904
Sonnenhof *67040230*

Les origines du Sonnenhof, fondation protestante créée sous l'impulsion du pasteur Stricker pour l'accueil de handicapés mentaux, remontent aux années suivant la guerre de 1870. Un premier asile pour déficients mentaux est ouvert à Oberhoffen en 1876. En 1885, l'ancienne usine Bertrand de Bischwiller, devenue vacante, est acquise ; les sections masculines s'installent alors à Bischwiller, alors que les filles restent dans l'établissement Les Trois Tilleuls d'Oberhoffen. Le bâtiment, qui prend le nom de Sonnenhof en 1911, est ensuite agrandi. Il compte désormais plus de 500 résidents et plus de 300 employés. Le bâtiment de la direction, datant des années 1850, conserve son clocheton d'origine ; les deux ailes abritaient les ateliers de la manufacture. La chapelle permet aux résidents d'assister au culte : les pensionnaires sortent peu de l'établissement et l'institution vit pratiquement en autarcie.

Dalhunden

Canton de Bischwiller
Arrondissement de Haguenau
Superficie : 744 ha
Population 1990 : 867 hab.
Cours d'eau : la Moder

Origine du nom : du germanique *Dalh* ou *Thal*, vallée et *unten*, bas.

HISTORIQUE

L'origine de Dalhunden peut être située entre le XIe et le XIIIe siècle. Le village est cité pour la première fois au XIVe siècle comme fief accordé par le landgrave à Anselin de Batzendorf. En 1333, à l'extinction de cette famille, le lieu passe aux Fleckenstein et fait partie du comté de l'Uffried. Le village, situé entre la Moder et les bras morts du Rhin, est souvent menacé par les crues. L'agriculture, la pêche, le métier de bûcheron, la chasse et la batellerie sont, jusqu'au début du XXe siècle, les principales activités de la commune. Dans le courant du XXe siècle, les activités tertiaires, en particulier l'hôtellerie et la gastronomie, se développent.

MONUMENT AUX MORTS
Sculpteur : Moreau-Vauthier
Granit
Square de Gaulle 67040213

Le 24 juin 1922, la municipalité inaugure ce monument, édifié à la mémoire des victimes bischwilléroises de la Première Guerre mondiale, 129 sous l'uniforme allemand et 23 sous l'uniforme français. Par sa forme en demi-cercle, le monument symbolise le soleil de la délivrance. Il porte à l'arrière une citation de Victor Hugo : « Entre les plus beaux noms leur nom est le plus grand ». En 1940, le régime nazi retire ce mémorial, qu'il remplace par un monument plus conforme à son idéologie. En 1952, la municipalité récupère le monument initial et le réinstalle à son emplacement d'origine.

CHÂTEAU D'EAU
1933
(H. : 55 m)
Rue du Rhin
67040268

Le château d'eau dispose d'un réservoir d'une capacité de 1200 mètres cubes et alimente un réseau de conduite long de 48 kilomètres. Sa construction, qui rend Bischwiller autonome en eau, provoque alors de vives tensions avec la ville de Haguenau, qui n'apprécie pas que Bischwiller rompe le contrat d'association existant entre les deux villes pour le pompage et la distribution de l'eau.

ENSEIGNE DE RESTAURANT
Vers le XIXe siècle
Fer forgé
Restaurant Schneider
67040310

Cette enseigne reprend le blason de la commune.

MAISON
XVIIIe-XIXe siècle
Pan de bois
Rue du Rhin
67040304

Cette maison à colombage est une maison de pêcheur. La petitesse des habitations de Dalhunden s'explique par la modestie des revenus des habitants. De modestes dépendances – granges, écuries – indiquent une activité diversifiée de la population, entre l'agriculture et la pêche.

ANCIEN MOULIN DU THALWEG
Vers 1820
Rue du Rhin
67040311

La construction de ce moulin fait suite à l'ordonnance royale de 1791 sur les droits d'eau. Il est successivement géré par les familles Christoph, Wenger et Deiber. Trois barrages assuraient la régularisation du courant, l'un près du moulin et deux autres plus à distance. Le moulin est endommagé durant l'hiver 1944-1945, lors des combats de la Libération, et son activité est arrêtée.

MAIRIE
1828
Pan de bois
68, place de la Mairie *67040305*

L'architecture de la mairie de Dalhunden est caractéristique de l'époque napoléonienne. Il s'agirait en fait d'une ancienne caserne du début du XIXe siècle, primitivement établie à Drusenheim et transportée ensuite à Dalhunden. En 1817, après la chute de Napoléon, la caserne de Drusenheim est vendue aux enchères et acquise par la commune de Dalhunden.

SÉCHOIR À TABAC
Vers 1950
Bois et tuile
48, rue du Rhin *67040306*

Le tabac récolté est entreposé dans ce séchoir avant d'être traité en usine. Cette culture aurait été introduite dans la région vers 1620 par Benjamin Mauclerc, parent du prévôt Hensch de Bischwiller. Elle se développe après la guerre de Trente Ans.

ÉGLISE CATHOLIQUE
1885-1886
Entrepreneur : Schindelé
Place de la Mairie
67040301

De même que l'église protestante de Dalhunden, cette église catholique, bénie le 17 novembre 1886, est construite sous l'administration du maire, M. Doweck. Les paroissiens dépendaient auparavant de Sessenheim.

ÉGLISE PROTESTANTE
1885-1886 *67040309*

À la fin du XIXe siècle, les habitants de Dalhunden souhaitent avoir leur propre église, ce qui explique la construction de deux édifices semblables, l'un pour les protestants et l'autre pour les catholiques, chacun désirant son église aussi grande et aussi belle que celle de l'autre. L'église protestante néo-romane, inaugurée le 22 novembre 1886, présente une disposition architecturale analogue à celle de l'église catholique.

PONT
Après 1945
Métal *67040308*

Au cours de la Seconde Guerre mondiale, de nombreux ponts de la zone du front sont dynamités ou détruits par les tirs d'artillerie. Après la guerre, ils sont remplacés par des ponts métalliques de type Bailey. Celui de Dalhunden est l'un des derniers à être encore utilisé.

Drusenheim

Canton de Bischwiller
Arrondissement de Haguenau
Superficie : 1 573 ha
Population 1990 : 4 363 hab.
Cours d'eau : la Moder et le Kreuzrhein

Origine du nom : de l'anthroponyme latin Drusus et de *Heim*, village.

Blason : ce sont les armes des comtes de Hanau et Schwarzenberg. Le monde rappelle le fief impérial de 1420.
67040400

HISTORIQUE

*Le village s'établit autour d'un castel romain, édifié vers l'an 12 avant J.-C. par le général Drusus. Le nom de Drusenheim apparaît pour la première fois en l'an 725. À partir de 1305, le village, terre d'Empire, appartient aux seigneurs de Trusenheim ; ils cèdent une partie des droits aux Lichtenberg, qui en deviennent totalement propriétaires en 1420. Drusenheim, qui fait partie du bailliage d'Offendorf, appartient successivement aux Deux-Ponts-Bitche de 1480 à 1570, aux Hanau-Lichtenberg de 1570 à 1736 et aux Hesse-Darmstadt de 1736 à 1789. Situé sur les rives du Rhin, le village souffre des nombreuses crues, des guerres, des passages de troupes et de population. Au XVIII*e *siècle, il est doté de retranchements, d'une redoute, et des travaux de régularisation du fleuve sont entrepris ; un premier ponton est construit par le duc de Bade en 1805 et le cours du fleuve est modifié par le projet Tulla vers 1850. Lieu de passage douanier, Drusenheim abrite à la fin du XIX*e *siècle une importante filature, travaillant pour les manufactures bischwilleroises. Les combats de l'hiver 1944-1945 détruisent presque entièrement le village ; le 11 novembre 1948, il reçoit la Croix de guerre avec étoile de vermeil. Après la guerre, l'économie repose essentiellement sur la raffinerie de pétrole, fermée en 1984, et sur les industries de pointe, comme Dow et Caddie. Le géologue Émile Haug (1861-1927) est natif de Drusenheim et le peintre Jacques Gachot y réside jusqu'à sa mort.*

CASQUE ROMAIN
*Vers le I*er *siècle*
Bronze (d. : 32 cm, H. : 15 cm)
Musée historique de Haguenau 67040410
La présence de ce casque, découvert vers 1900 au lieu-dit Kasernenberg par un nommé Eichler, habitant de Drusenheim, confirme la présence d'une place militaire sur le territoire de la commune. D'après les inscriptions figurant sur le couvre-nuque, le casque aurait été porté par quatre ou cinq soldats différents : Marcius, Marcus Julius Celer, Aper et Julius.

BORNE RHEINMARK
Vers 1820
Grès (H. : 90 cm)
Site de l'ancienne raffinerie 67040409
En application des traités de Paris, la limite des localités de part et d'autre du Rhin est marquée de Bâle à Lauterbourg par 120 *Rheinmark* ou bornes-repères, généralement placées dans le lit du fleuve. Elles étaient à l'origine gravées des armes du pays de Bade et de la France ; après 1870, les armes de la France sont retirées et remplacées par les initiales « E » et « L », pour Elsass-Lothringen. Les bornes portent un numéro, une date de fabrication, une ligne indiquant la direction de la borne suivante et les initiales des quatre villages limitrophes. Celle-ci porte le numéro 92.

MAISON DE L'ÉCLUSIER
*Début du XVIII*e *siècle*
Pan de bois 67040404
Cette bâtisse, située près du canal Vauban, est probablement l'une des plus anciennes habitations du village. Elle servait de logement pour l'éclusier ou pour l'employé du service de la navigation.

MAIRIE
1826-1830-XXe siècle
Architecte : Reiner
67, rue du Général-de-Gaulle 67040405

Les travaux visant à construire une maison commune et une école s'échelonnent sur quatre ans. Le bâtiment, doté d'une tourelle, comprend à l'origine un corps de garde, une salle d'école, une prison, un dépôt d'incendie et des locaux municipaux. Depuis sa rénovation, il abrite exclusivement les services administratifs de la mairie.

PRESBYTÈRE
XVIIIe siècle-1842
2, place de l'Église 67040402

Le bâtiment est rénové en 1842 par l'entrepreneur Felter de Leutenheim. Les lois de 1905 et 1907 privent l'Église de la propriété des presbytères, qui deviennent alors propriété de la commune.

ÉGLISE SAINT-MATTHIEU
1835
Architecte : Voyer
67040401

L'église néo-classique, construite en remplacement d'un premier lieu de culte qui datait du début du XVIIe siècle, comporte une nef et un chœur flanqué de hautes chapelles. Elle est consacrée en 1837. L'édifice subit des dommages lors des combats de l'hiver 1944-1945 ; lors des travaux de remise en état, les paroissiens célèbrent l'office dans les locaux provisoires d'une usine.

ANCIEN COLLÈGE
XIXe siècle
Pierre de taille
Place de l'Église 67040406

Ce bâtiment accueille tout d'abord une école primaire. Dans les années 1960, la municipalité décide d'ouvrir un collège : les classes sont installées pendant quelques années dans les locaux de l'école primaire, jusqu'à la construction d'un bâtiment plus adéquat. Depuis 1968, le bâtiment est réaffecté entièrement à l'école élémentaire.

DRUSENHEIM
1945
Peintre : Jacques Gachot
Huile sur toile
Mairie 67040417

Cette toile représente Drusenheim en ruine, après la Libération. Au début du XXe siècle, le peintre strasbourgeois Jacques Gachot (1885-1954) suit les cours de l'école des arts décoratifs de Strasbourg, ceux de la Königliche Akademie de Düsseldorf puis ceux de l'académie Julian à Paris. En 1919, il adhère au groupe de Mai, qui souhaite reprendre en main l'ensemble de la culture alsacienne. En 1921, il oriente sa peinture vers le monde du théâtre et de la danse. Il réalise ensuite des dessins et caricatures pour les *Dernières Nouvelles de Strasbourg*. Lié d'amitié avec le sculpteur Alfred Marzolff, et attiré par les paysages du Ried, il séjourne fréquemment à Drusenheim. Sa passion pour le village lui vaut d'en être nommé citoyen d'honneur.

Forstfeld

Canton de Bischwiller
Arrondissement de Haguenau
Superficie : 490 ha
Population 1999 : 601 hab.
Cours d'eau : la Sauer

Origine du nom : de l'anthroponyme germanique Forst et de *Feld*, champ.

Blason : l'ancre rappelle la proximité de l'eau.
67040500

HISTORIQUE

Comme l'indique l'origine de son nom, Forstfeld naît des défrichements de la Forêt sainte de Haguenau. Il est possible que le village soit un fortin de défense gallo-romaine. Des objets de l'époque celte ont également été découverts dans les proches environs. Le village est cité pour la première fois dans un texte de l'an 745, sous le nom de Fundesfeld. Les abbayes de Wissembourg et de Kœnigbrück y possèdent des biens. le nom de Furdesfeld apparaît en 819. En 1359, les comtes d'Œtingen, landgraves de basse Alsace, cèdent le lieu aux seigneurs de Fleckenstein. Forstfeld fait alors partie du comté de l'Uffried ou Riedgau. En 1660, la baronne de Fleckenstein vend en viager le moulin de Forstfeld et toutes ses dépendances au comte Jean-René de Hanau-Lichtenberg. Suite à l'extinction des Fleckenstein, les princes de Rohan-Soubise administrent le fief de 1720 à la Révolution. Les activités restent essentiellement liées à l'agriculture et à la forêt. Le village accueille désormais de nombreux travailleurs frontaliers.

BÂTIMENT DE LA DOUANE
Début du XXe siècle
Rue du Rhin *67040407*
Les bâtiments administratifs de la douane perdent leur fonction avec l'ouverture des frontières en 1993, confirmée par le traité de Schengen, et le libre passage des personnes sur le bac. L'ancienne douane est alors adjugée à un particulier.

FILATURE DE LAINE CARDÉE
1911
Route de Strasbourg *67040408*
La filature Wenger, qui possède une succursale à Bischwiller, est détruite par un incendie en 1911. Entièrement reconstruite la même année, elle est vendue en 1919 par la famille Wenger aux établissements Boussac. L'usine de Drusenheim prospère après la crise de 1920 et emploie une cinquantaine de personnes. La production, qui peut atteindre annuellement 750 000 kilogrammes de fils, est en partie destinée aux tissages de Bischwiller. Les articles de laine cardée sont utilisés dans la fabrication de robes et de flanelles. L'usine accueille désormais les établissements Ateliers réunis, fabricants des Caddies, et emploie plus de 300 personnes.

ANCIEN RESTAURANT *À L'ÉTOILE*
XVIIIe siècle
Pan de bois
13, rue Principale *67040506*
L'ancien restaurant *À l'Étoile* diffère des maisons paysannes par sa toiture à quatre pans et sa porte d'entrée côté rue.

CORPS DE FERME
1724
Pan de bois
34, rue Principale *67040507*
Les auvents encerclent tout le corps de ferme, protégeant ainsi les trois niveaux du pignon. La bâtisse est ornée d'une sablière moulurée et dotée de poteaux corniers sculptés, portant la date de construction de l'édifice et les initiales de ses premiers propriétaires, « I. M. ». La cour donne accès aux dépendances.

CROIX
1822
Grès *67040503*

Cette croix porte l'inscription : « Alle die Ihr vorüber gehet schauet doch und sehet ob irgend ein grösser Schmerz sey als der meinige. Den 21. August 1822 », qui signifie « Vous tous qui passez par là, y a-t-il plus grande douleur que la mienne ? ». De nombreux autres calvaires et crucifix se rencontrent aux alentours et dans les villages voisins, sauf ceux qui, comme Oberhoffen, ont eu un passé spécifiquement protestant.

ÉGLISE
1835 *67040501*

Jusqu'en 1835, les protestants de Forstfeld se rendent à l'église de Kauffenheim et les catholiques à celle de Leutenheim. Cette église néo-classique mixte accueille ensuite les luthériens et les catholiques ; mais la cohabitation entre les deux communautés se révèle vite houleuse, notamment pour des questions d'occupation de l'église, car il s'agit de s'entendre sur les jours, les fêtes et les heures.

ORGUE
1839
Facteur : Joseph Stiehr
Église *67040502*

Plusieurs générations de Stiehr fabriquent des orgues en Alsace ; ils sont considérés comme les vecteurs du néo-clacissisme. Joseph Stiehr (1792-1867) est notamment connu pour la réalisation de ceux de Hochfelden, Kintzheim, Langensoultzbach et Neunkirch. Cet orgue n'est désormais plus utilisé, puisqu'il a été remplacé en 1988 par un orgue électrique.

MAIRIE
XIXe siècle
Maçonnerie et pierre de taille
Rue de Kœnigsbrück *67040504*

Comme dans d'autres villages modestes, le bâtiment de la mairie abrite également les classes de l'école.

Fort-Louis

Canton de Bischwiller
Arrondissement de Haguenau
Superficie : 1 220 ha
Population 1999 : 242 hab.
Cours d'eau : la Moder

Origine du nom : du nom de la forteresse édifiée par Vauban.

Blason : il rappelle le fort Vauban et le roi Louis XIV.
67040600

HISTORIQUE

Dans la seconde moitié du XVIIe siècle, le roi Louis XIV entreprend la fortification des frontières est du royaume. Le 6 janvier 1687, Vauban pose personnellement la première pierre sur une île du Rhin ; la forteresse est appelée Fort-Louis en l'honneur du roi. Elle devient l'un des maillons de défense de la ligne de la Moder avec un fort principal, le fort Carré, et deux forts secondaires, les forts Alsace et Marquisat. Les matériaux utilisés proviennent de la destruction du château de Seltz, des fortifications de Beinheim et surtout du palais impérial de Haguenau, incendié en 1677. Dès 1688, Louis XIV incite des colons à venir s'établir autour du fort : une ville voit alors le jour. Les habitants, dont certains sont israélites, ont surtout pour mission de ravitailler la garnison. Ils sont parfois surnommés les « Gajserahmler *», ou « crème de lait de chèvre », car une grande pauvreté aux XVIIe et XVIIe siècles les contraint à élever des chèvres pour leur subsistance. Après la Révolution, le lieu est appelé Fort-Vauban ou Fort-Libre ; la forteresse est finalement entièrement démantelée en 1818. Avec la disparition de la garnison, la ville perd un grand nombre de ses habitants ; après les travaux de régularisation du Rhin, elle se reconvertit dans l'agriculture et l'élevage. Fort-Louis est fortement touché au cours de la Seconde Guerre mondiale.*

VESTIGES DU FORT CARRÉ
Fin du XVIIe siècle
Maçonnerie, brique et pierre de taille
Île de Giesenheim 67040609

Le fort Carré est la principale forteresse de Fort-Louis. Les seuls vestiges de la porte principale sont la courtine et son cordon, appareillage empêchant les assaillants d'escalader le rempart. L'intérieur du fort couvrait une superficie d'environ 4 hectares. Une autre forteresse, le fort Alsace, avait pour rôle de protéger le passage du côté alsacien ; seuls subsistent quelques pans du mur qui l'entourait et des levées de terre, de chaque côté de la route menant de Rœschwoog à Fort-Louis.

ACCÈS SOUTERRAIN
Fin du XVIIe siècle
Fort Carré 67040610

Un couloir souterrain dans le rempart de chaque courtine du fort permet le passage vers le fossé et l'extérieur ; il débouche face à une demi-lune, un ouvrage de défense avancé protégeant la forteresse principale. À la fin de la Seconde Guerre mondiale, lors des combats de la Libération, les souterrains et les passages dans les remparts servent d'abris contre les tirs d'artillerie.

ANCIENNE LIEUTENANCE DES DOUANES
XVIIIe siècle
Rue Principale 67040607

Les dimensions de ce bâtiment, l'un des plus grands de la rue Principale, attestent l'importance commerciale de Fort-Louis au temps de la garnison.

BAPTISTÈRE
XVIIIe siècle
Grès
Église 67040601

Le baptistère, en forme de vasque et de style baroque, provient de la première église paroissiale de la ville de garnison, construite en 1724 dans un style militaire classique et consacrée en 1736 – il y avait une autre église dite de garnison dans le fort Carré et une dans le couvent local des capucins. Gravement endommagé au cours de la Seconde Guerre mondiale, l'édifice est rasé et remplacé en 1964 par une église moderne, dont l'architecture austère rappelle le passé militaire de la localité.

PIERRE SCULPTÉE
XVIIIe siècle
Grès 67040602

Lors de la démolition de l'église, quelques pierres sont placées près de la mairie en souvenir ou réemployées dans d'autres constructions. Celle-ci provient d'un linteau de porte.

CHÂTELET BATISTON
Vers 1815
20, rue du Glaude 67040604

Christophe Batiston, maire de Fort-Louis de 1815 à 1835 et de 1837 à 1849, grand propriétaire foncier, construit ce châtelet sur un domaine de 6 hectares. Sa famille, d'origine italienne, joue un grand rôle dans l'histoire de Fort-Louis au XIXe siècle, faisant effectuer des travaux d'assainissement et d'assèchement et favorisant le développement de l'agriculture. La bâtisse est cédée en 1935 à l'évêché de Strasbourg, qui gère le bien par le biais de l'association « Cure d'Air et colonie de vacances de Sury d'Aspremont-Batiston », puis en 1959 à un particulier.

BORNE RHEINMARKE
1820-1825
Grès *67040612*
Cette borne Rheinmarke, qui porte l'inscription « RM 741,4 », délimitait au début du XIXe siècle le ban de Fort-Louis de ceux des communes badoises sur la rive droite du Rhin.

PRESBYTÈRE
1862
Rue d'Orléans
67040603
Avant 1862, les curés sont logés dans la maison d'école, dans une maison en location, puis dans l'ancien couvent des capucins. Ce presbytère est donc le premier du village.

PROPRIÉTÉ SURY D'ASPREMONT
Milieu du XIXe siècle
Pierre de taille
Unterwœrth et Oberwœrth *67040605*
Les barons de Sury d'Aspremont, d'origine suisse, sont de grands

propriétaires fonciers sur le ban de Fort-Louis, et également à Strasbourg, à Vendenheim et à Paris. Victor de Sury d'Aspremont, député au Grand Conseil et intendant des bâtiments, achète en 1830 les terres d'Unterwœrth et d'Oberwœrth, qu'il loue à des fermiers, et acquiert la nationalité française en 1845. Dans la localité, il s'occupe de constructions et de l'exploitation de la forêt. La propriété est toujours occupée par un membre de cette famille.

MAISON
XIXe siècle
1, rue du Bourg *67040606*
Le pignon de cette maison, l'une des plus anciennes de l'agglomération, est réalisé en tuiles vernissées, tradition qui se retrouve essentiellement à Soufflenheim, centre potier du canton.

DIGUE
XIXe siècle
Route du Rhin
67040608
Les travaux de régularisation du cours du Rhin, entrepris à partir du début du XIXe siècle, nécessitent la construction de digues pour protéger les terres et les villages des inondations. Des passages routiers sont réalisés, dont celui de Fort-Louis, qui peuvent être comblés au moyen de madriers et de sacs de sable en cas de montée des eaux. La surveillance des digues était autrefois assurée par des équipes.

Herrlisheim

Canton de Bischwiller
Arrondissement de Haguenau
Superficie : 1 437 ha
Population 1990 : 3 890 hab.
Cours d'eau : la Zorn

Origine du nom : de l'anthroponyme germanique Herileich et de *Heim*, village.

Blason : les chevrons représentent le comté de Hanau, la lance la communauté de Gambsheim, le lion le comté de Lichtenberg et le poisson la prévôté d'Offendorf.
67040700

HISTORIQUE

Herrlisheim est cité pour la première fois en 743, dans un acte de donation en faveur du couvent de Wissembourg, sous le nom de Hariolfesvilla, la ferme de Hariolf. En 1251, le village est la propriété des comtes d'Œtingen, landgraves de basse Alsace, qui le cèdent aux Lichtenberg en 1332. En 1480, les seigneurs de Deux-Ponts-Bitche entrent en sa possession. Le village est intégré au comté de Hanau-Lichtenberg en 1570 ; à partir de 1570 et jusqu'à la Révolution, il est propriété des Hesse-Darmstadt. Herrlisheim fait alors partie du bailliage d'Offendorf ; c'est un village à tradition agricole et artisanale dont dépend la Breymühle, près de Rohrwiller. La localité subit de lourdes destructions au cours des combats de la Libération en février 1945. De 1963 à 1984, la raffinerie de Strasbourg, implantée en partie sur le ban, contribue à son développement démographique et économique.

MAISON
1619
Pan de bois
2, rue du Marais *67040708*
Les plus anciennes maisons du village se trouvent dans la rue du Marais. Ce quartier, à proximité duquel se trouvent des glaisières, aurait été habité par des potiers dès le Moyen Âge.

POTEAU CORNIER
1619
2, rue du Marais *67040709*
Le poteau cornier porte la date de construction de la maison, les noms des constructeurs ou premiers propriétaires, Hans Georg Naas et Catharina

Kienz, et le monogramme du Christ, « IHS ». Après la maison Heintz de Stattmatten, cette bâtisse est probablement la plus ancienne du canton.

MAISON
1716
Pan de bois
Rue d'Offendorf *67040713*
Cette maison se caractérise par son colombage en losanges et ses poteaux corniers sculptés de cartouches représentant des bouquets de fleurs, symbole de fortune et de fertilité. Sur le poteau cornier figurent les initiales des propriétaires, « GNE » et « HGF », et la date de construction.

PRESBYTÈRE
XVIIIe siècle *67040702*
Le presbytère est l'un des rares bâtiments rescapés des tirs d'artillerie de la Seconde Guerre mondiale. Comme beaucoup d'autres du canton, il est surmonté d'une toiture à quatre pans.

MAISON
1723
Pan de bois
Rue de la Loutre 67040707

Quelques maisons à colombage échappent aux destructions de l'hiver 1944-1945 dont celle-ci, qui comporte un pignon agrémenté d'un balcon ajouré et une sablière moulurée. Ce type de balcon aurait été amené par les Suisses au XVIIe siècle. Le colombage figure par ses formes les *Manns,* la croix de Saint-André et des losanges, symboles de fécondité et de préservation.

TOMBES
XIXe siècle
Grès et pierre de taille
Cimetière 67040714

Le cimetière communal est créé sous le ministère du curé Freund (1825-1846). Thérèse Kientz est la première personne du village à y être enterrée en 1841. De 1893 à 1945, le cimetière est réservé aux paroissiens catholiques. Quelques tombes de la famille Reibell, une famille dont sont issus plusieurs hauts fonctionnaires et généraux, y sont regroupées.

IMMACULÉE CONCEPTION
1785-1789
Bois polychrome
Église 67040715

Cette statue serait le seul vestige de l'ancienne église Saint-Arbogast, démolie en 1786 et remplacée par un édifice néo-classique entre 1785 et 1789. Cette seconde église est détruite lors des bombardements de l'hiver 1944-1945 et brûle au mois de janvier 1945. Un troisième sanctuaire est élevé en 1965, consacré en 1970.

CALVAIRE
1803-1805
Grès
Rue Seelach
67040704

Le fût de ce calvaire porte une inscription rappelant qu'il a été édifié par Jean-Michel Scherrer et Françoise Becker en 1803. Conformément à la tradition iconographique, la base, sculptée du voile de sainte Véronique, supporte la statue de la Vierge, encadrée des statues de Marie Madeleine et de Jean.

BÂTIMENT DES POSTES
1825
Rue Saint-Arbogast 67040711

Ce bâtiment comportait autrefois un corps de garde, comme l'attestent les colonnes de grès qui l'encadraient sur le côté pignon, entre lesquelles la baie a été murée. Il abrite ensuite une école, puis la poste vers 1970.

SYNAGOGUE
1850-vers 1950
Rue de Limoges *67040701*

La première synagogue, construite en 1811, est remplacée par un nouveau lieu de culte en 1850, auquel sont adjoints une maison communautaire et un bain rituel. Saccagé durant la Seconde Guerre mondiale l'édifice est ensuite restauré.

GARE
Vers 1880
Pierre de taille
Rue du Chemin-de-Fer *67040710*

En 1876, époque de la Kaiserliche general Direktion der Eisenbahnen in Elsass und Lothringen, ou Direction impériale générale des chemins de fer en Alsace et en Lorraine, l'administration des chemins de fer inaugure une ligne reliant Strasbourg à Lauterbourg, parallèle à celle allant de Strasbourg à Wissembourg. Cette gare, qui comprend un bâtiment central flanqué de deux ailes, est construite peu après.

CIMETIÈRE JUIF
1886
Rue d'Offendorf *67040706*

En 1784, Herrlisheim recense 12 familles juives, soit 63 personnes. La communauté enterre ses morts à Haguenau. Un cimetière est ensuite créé à Herrlisheim et accueille comme première sépulture celle de Barbara Dreyfuss, épouse de Jacques Strauss. Après la Seconde Guerre mondiale, un monument à la mémoire des déportés est érigé dans l'enceinte du cimetière.

VESTIGES DU MOULIN BREYMÜHLE
Fin du XIXe siècle *67040712*

Le moulin Breymühle est construit à l'emplacement d'un ancien moulin du bailliage d'Offendorf. Il connaît un développement important sous la famille Reibell, qui en est propriétaire jusqu'en 1862. Elle y installe une filature en 1811, puis une machine à vapeur en 1858. En 1880, la ville de Haguenau achète la partie usine à la famille Amann, propriétaire depuis 1862. De 1883 à 1939, une usine hydraulique y est installée, avec une station de pompage pour la ville de Haguenau. Les bâtiments sont gravement endommagés en 1944-1945.

MONUMENT AUX MORTS
1975
Maître verrier et sculpteur :
Gérard Lardeur
Grès des Vosges
Place de l'Église *67040705*

Ce monument aux morts est réalisé avec des blocs provenant du démantèlement d'une colonne du porche de l'ancienne église paroissiale. La croix commémore les victimes chrétiennes de la Seconde Guerre mondiale. La pierre sculptée en forme de demi-lune rappelle le souvenir des victimes d'autres confessions religieuses.

Kauffenheim

Canton de Bischwiller
Arrondissement de Haguenau
Superficie : 220 ha
Population 1990 : 202 hab.
Cours d'eau : l'Eberbach et la Sauer

Origine du nom : du germanique *Kauf*, marché, ou du celte *coichin*, ruisseau, et de *Heim*, village.

Blason : l'ancre rappelle la proximité de l'eau.
67040800

HISTORIQUE

Situé à proximité d'une ancienne voie romaine, le village est cité pour la première fois en l'an 884, sous le nom de Chochinheim, dans un acte de cession de l'empereur Charles le Gros en faveur du couvent de Honau. Au XIVe *siècle, le lieu fait partie, avec dix autres villages, du comté de l'Uffried ou « Riedgau », terre d'Empire tenue en fief par les comtes d'Œtingen, landgraves de basse Alsace. En 1359, ces derniers accordent le fief aux seigneurs de Fleckenstein, qui en deviennent propriétaires à part entière en 1537. À l'extinction de la maison des Fleckenstein, et par la faveur du roi Louis XIV, Kauffenheim passe aux mains de la famille des Rohan-Soubise, qui le détiennent jusqu'à la Révolution. Kauffenheim est le théâtre de nombreux conflits et souffre en particulier du passage des Pandours en 1744. Les habitants du lieu sont couramment surnommés les « Barfiessler », « va-nu-pieds », ou les « Backermoller », « matous de ruisseaux », car la rivière est le terrain de jeu privilégié des enfants et un lieu de rencontre pour les adultes. Jusqu'au début du* XXe *siècle, la pêche est fort pratiquée dans cette commune, dont l'économie repose essentiellement sur l'agriculture et sur les activités du moulin de Forstfeld.*

ÉGLISE SAINT-JEAN-BAPTISTE
1607-1847 *67040801*
L'église fonctionne en simultaneum depuis 1696. Plusieurs fois rénovée au cours de l'histoire, elle conserve cependant son aspect d'origine.

AUTEL
XVIIIe siècle
Bois polychrome
Église Saint-Jean-Baptiste *67040802*
Cet ancien autel catholique de style baroque sert jusque dans les années 1970. *(I. M. H.)*

ORGUE
1767
Facteur : Ferdinand Stieffel
Église Saint-Jean-Baptiste *67040803*
La partie instrumentale de cet orgue, dont la tuyauterie de fabrication Stiehr-Mockers, est classée monument historique. Le buffet *(I. M. H.)* est l'œuvre du facteur Waltrin père.

TÊTE DE BÉLIER SCULPTÉE
XVIIe siècle
Grès
15, rue Principale *67040810*
L'origine et la symbolique de cette sculpture de bélier sont inconnues. Elle pourrait provenir de l'abbaye de Kœnigsbrück, de la forteresse de Fort-Louis ou encore de l'époque des Fleckenstein, dont le blason comportait un mouton. L'élément est réemployé dans le soubassement d'une dépendance de ferme.

POTEAUX DU PORTAIL
DU PRESBYTÈRE
XVIIIe siècle
Grès
Presbytère 67040811

Ces poteaux sont vraisemblablement des réemplois. Ils semblent provenir de l'ancienne abbaye de Kœnigsbrück, qui était située à proximité de Kauffenheim.

MOULIN DE FORSTFELD
XVIIIe-XIXe siècles
4, rue de Hoppenheim 67040805

Les premières traces écrites concernant le moulin de Forstfeld, situé sur l'Eberbach, remontent à 1773. Il appartient alors à J. Emond Schneider et comporte trois tournants. Au XIXe siècle, le moulin est un certain temps transformé en chaiserie. Il est propriété de la famille Arbogast depuis 1883. Le moulin, équipé d'une turbine Voith en 1909, comporte encore des équipements anciens et s'est spécialisé dans la farine biologique.

INSCRIPTION
XIXe siècle
Bois
3, rue de l'Église 67040804

Les *Hüszeiche* ou inscriptions sont des pictogrammes taillés dans le colombage des maisons, des fermes et mêmes des outils des paysans, pour marquer leur appartenance. Ils apparaissent aussi sur des bâtonnets de bois servant aux tirages au sort, par exemple pour les corvées.

ANCIENNE AUBERGE *AU SOLEIL*
1824
Bois
10, rue Principale 67040808

Aux XVIIIe et XIXe siècles, les auberges sont des lieux économiques importants, mais elles sont aussi l'unique lieu de rencontre des habitants. Il existe également au village un forgeron, une entreprise de construction et une épicerie-quincaillerie. La bâtisse, dotée de dépendances, porte le nom de son constructeur, Daniel Stumpf.

Leutenheim

Canton de Bischwiller
Arrondissement de Haguenau
Superficie : 1 028 ha
Population 1999 : 790 hab.
Cours d'eau : l'Eberbach

Origine du nom : de l'anthroponyme germanique Leuto et de *Heim*, village.

Blason : la crosse abbatiale rappelle l'abbaye de Kœnigsbrück et la couronne fait référence au nom de Kœnigsbrück, signifiant pont royal.
67040900

HISTORIQUE

L'occupation du territoire de la commune remonte à l'époque de Hallstatt ; le village s'organise alors autour d'une place forte appelée Hexenberg ou Heidenbuckel. La première mention écrite du lieu, alors appelé Lithaim, apparaît dans un acte de donation en faveur du couvent de Wissembourg, en 773. Lentenheim appartient successivement aux ducs d'Alsace, aux comtes de Nordgau et, vers 1135, aux landgraves de basse Alsace. À proximité de Leutenheim se trouve le hameau de Kœnigsbrück, connu sous le nom de Chochinheim-Bruega avant l'an 1000, puis de Regis-Pons au XIIe siècle, qui s'organise autour d'une abbaye cistercienne du XIIe siècle. En 1359, les sires de Fleckenstein acquièrent le fief de Leutenheim. Les landgraves de Bade en sont les derniers propriétaires, de 1402 à la Révolution. En 1790, l'abbaye de Kœnigsbrück est détruite, et le hameau est alors rattaché à Leutenheim. La commune était essentiellement spécialisée dans la culture du chanvre, mais abritait aussi plusieurs moulins, à blé et à huile. Au XIXe siècle, les femmes et les enfants du village filent de la laine pour les manufactures bischwilleroises. La tradition de la poterie est également attestée. L'un des moulins est désormais transformé en scierie.

MAISON
1747
Pan de bois
25, rue du Fossé *67040909*
Cette maison à auvent, peut-être une ancienne cordonnerie, est appelée S'Schuhsepps, Joseph à chaussures. Elle porte l'inscription « HBM MULV ANNO 1747 ».

MAISON
1775
Pan de bois
41, rue Principale *67040905*
Cette maison à colombage édifiée par Adam Leman et M. A. Isinger est dénommée *S'Wawners*, les charrons, en référence au métier de l'un de ses anciens propriétaires. Elle comporte un *Mann* central.

MEULE
XIXe siècle
Métal et grès
Rue de l'Huilerie *67040908*
Jusqu'à la fin de la Seconde Guerre mondiale, il existe deux huileries à Leutenheim. Malgré l'arrêt de cette activité, le mécanisme du moulin est toujours en place dans ce bâtiment.

ÉGLISE
SAINT-BARTHÉLEMY
1875 *67040901*
Le 15 avril 1874 est posée la première pierre de l'église, qui reçoit sa bénédiction le 18 avril 1875. Ce lieu de culte remplace une ancienne église, citée en 1721, agrandie en 1770 et démolie en 1877. En 1877, l'église Saint-Barthélemy est équipée d'un orgue Stiehr.

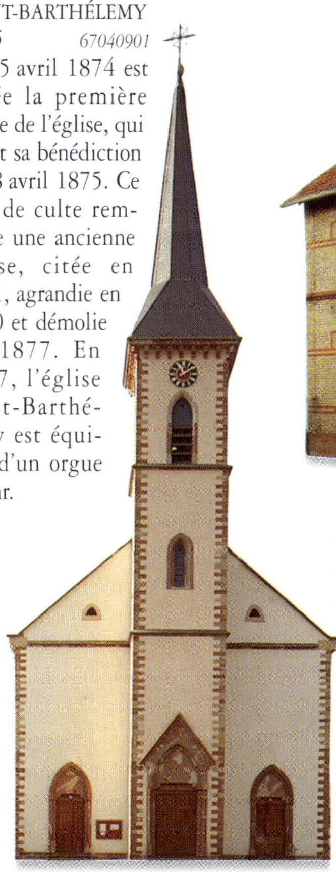

ÉCOLE-MAIRIE
1887
Maçonnerie et pierre de taille
42, rue Principale *67040906*
Le bâtiment abritant l'école et les locaux administratifs de la municipalité est construit sous l'administration allemande, ce qui explique son architecture wilhelminienne.

PRESBYTÈRE
1893
Brique *67040902*
Un premier presbytère, construit au XVIIIe siècle un peu plus loin, subit les destructions de la guerre de 1870-1871. Il est alors remplacé par ce bâtiment, plus proche de l'église de 1875 et typique de l'architecture austère de la fin du XIXe siècle avec ses briques apparentes, ses encadrements de fenêtres en brique et sa toiture faiblement inclinée.

ENSEIGNE
1918
Fer forgé et tôle
Auberge Au Lion d'Or *67040907*
L'enseigne porte les initiales des propriétaires : « G. E. »

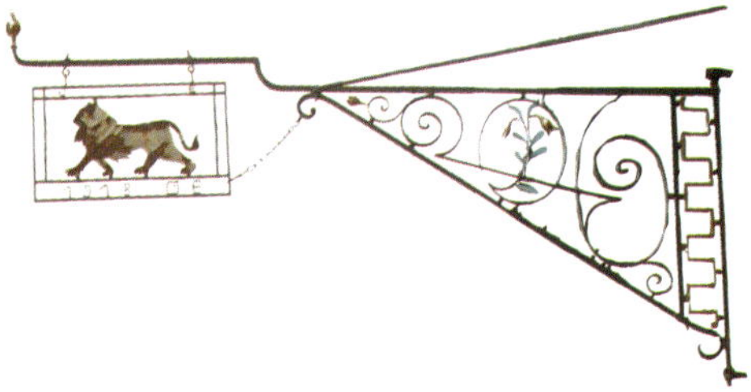

CASEMATE
1932
Béton (L. : 37 m, P. : 17 m)
Heidenbuckel *67040910*
Le ban de Leutenheim est traversé par la ligne Maginot, et plusieurs ouvrages de défense ont donc été construits sur le territoire de la commune. Ainsi les casemates de Kœnigsbrück et de Kauffenheim, les abris de Kœnigsbrück et du Heidenbuckel. Ce dernier se situe à l'emplacement de l'ancienne place forte hallstatienne. Il devait assurer la surveillance de la forêt de Haguenau et pouvait loger une section entière ; sa cuisine pouvait ravitailler près de 200 soldats. Il comporte également une cloche centrale de guet et de tir.

Neuhaeusel

Canton de Bischwiller
Arrondissement de Haguenau
Superficie : 304 ha
Population 1990 : 269 hab.
Cours d'eau : la Moder et le Rhin

Origine du nom : de l'allemand *neu*, neuf et *Haus*, maison.

Blason : ce sont les armes des sires de Fleckenstein et des landgraves de Bade.
67041000

HISTORIQUE

Neuhaeusel, dont les origines remontent à la fin du XVIIe siècle, est le village le plus récent du canton. En 1666, quelques habitants de Hügelsheim, en pays de Bade, demandent au landgrave l'autorisation de défricher des terres au lieu-dit Langenau. En 1677, des pêcheurs construisent quelques huttes sur le site, près d'une ferme. Le Neuwehof, *ou nouveau village, est édifié à proximité. La construction de la forteresse de Fort-Louis, puis l'incendie du village de Hügelsheim, contribuent au développement du hameau, avec la venue de nouveaux habitants. En 1720, la commune est connue sous le nom de Neuhof, possession des sires de Fleckenstein. C'est en 1725 qu'apparaît le nom de Newheusel. Au milieu du XIXe siècle, après les travaux de régularisation du Rhin, un échange de terres avec le village de Hügeshein confère à Neuhaeusel les limites définitives de son ban. Au début du XXe siècle, le détournement de la Moder dans un bras mort du Rhin déplace leur confluent de Drusenheim à Neuhaeusel. Le village vit de la pêche et de la batellerie jusqu'au début du XXe siècle. Il est désormais un lieu essentiellement résidentiel.*

MAISON
XVIIIe siècle
Pan de bois
19, rue du Rhin *67041005*
Cette petite maison de pêcheur, probablement l'une des plus anciennes du village, témoigne de la pauvreté des habitants d'alors, leurs seules ressources étant la pêche et une agriculture éparse sur des terres souvent inondées.

ÉGLISE SAINT-LUC
1839 *67041001*
Neuhaeusel est depuis ses origines un village catholique. L'église est édifiée sur les fondations de l'ancienne chapelle, datant de 1724. Le propriétaire foncier Christophe Batiston, marchand de bois à Fort-Louis et entrepreneur de grands travaux, participe à sa construction. La modeste taille de l'édifice s'explique par le petit nombre d'habitants, 260 à l'époque.

NICHE DE LA VIERGE
1947
Grès
Église Saint-Luc 67041002
Ce monument est érigé à la suite d'un vœu de la population, qui avait promis d'ériger une grotte à la Vierge si le village était épargné par les tirs d'artillerie, durant la Seconde Guerre mondiale. À l'image de la grotte de Lourdes, la niche de la Vierge est un lieu de dévotion populaire.

CALVAIRE
1871
Grès et acier 67041003
Le monument, qui se trouvait initialement dans le cimetière, semble être composé de parties de crucifix différents, provenant peut-être de réemplois de calvaires détruits pendant la Révolution. La datation n'en mentionne que la restauration, effectuée par Johannes Jaeger en 1871.

Oberhoffen-sur-Moder

Canton de Bischwiller
Arrondissement de Haguenau
Superficie : 1 425 ha
Population 1990 : 2 932 hab.
Cours d'eau : la Moder

Origine du nom : du germanique *ober,* supérieur et *Hof,* ferme.

Blason : il est créé d'après un sceau de justice de 1660.
67041100

HISTORIQUE

Un domaine fermier est à l'origine du village. En 1207, Oberhoffen est mentionné pour la première fois dans un document signé par Philippe le Souabe, empereur du Saint-Empire. Les sires de Lichtenberg en sont dès cette époque les propriétaires. Le village est ensuite cédé à la famille Deux-Ponts-Bitche en 1480, puis aux comtes de Hanau-Lichtenberg en 1570. Après les ravages de la guerre de Trente Ans, le lieu est repeuplé par des immigrants suisses. Oberhoffen-sur-Moder devient possession des landgraves de Hesse-Darmstadt en 1736. Le village est depuis ses origines une localité à vocation agricole : au XVIIIe siècle, le pasteur Ehrenpfort y introduit la culture du houblon. Au XIXe siècle, le village connaît une émigration vers l'Amérique : ainsi, le général américain Miller est originaire d'Oberhoffen. À la fin du XIXe siècle, la construction du camp militaire d'Oberhoffen fait du lieu un site militaire stratégique. En 1876 s'y établit la maison des Trois-Tilleuls pour handicapés mentaux, sous l'impulsion du pasteur Stricker et grâce aux travaux d'aménagement de son fils. Oberhoffen est presque entièrement sinistré lors des combats de la Libération, de novembre 1944 à mars 1945. Le village est désormais un lieu résidentiel, ouvert à l'artisanat et au commerce.

HOLSTEINERHOF
1617
Brique et pan de bois
49, rue Principale 67041103
En 1617, le comte Johann Reinhard de Hanau-Lichtenberg autorise un certain Holstein à construire cette ferme à Oberhoffen, véritable châtelet avec dépendances. La propriété appartient successivement à la famille de Peter Manuel, bailli des comtes de Birkenfeld-Bischwiller, aux familles Junker-Wetzel et Kormann, à Louis Funk, conseiller des seigneurs de Bischwiller, en 1765, au lieutenant d'artillerie Cournil de Lavergne, à la famille Kopf en1857, qui baptise le lieu S'Kopfe Hof, à la famille Schuster en 1883, puis à la famille Herrmann. Le lieu est également appelé le *Schlössel*, château en alsacien.

ANCIENNE CHANCELLERIE
1726
Pan de bois
18, rue de la Gare 67041104
Au XVIIIe siècle, cette maison à colombage sert de chancellerie aux fonctionnaires du comte Johann Reinharo III de Hanau-Lichtenberg. Elle est l'un des rares bâtiments rescapés des destructions de la Seconde Guerre mondiale.

MAISON BOHR-HEINRICH
XVIIIe siècle
Pan de bois
29, rue Principale *67041118*

Cette maison paysanne qui comprend un rez-de-chaussée et un étage provient de Sessenheim. Démontée dans les années 1890, elle est ensuite remontée à Oberhoffen.

SÉCHOIR À HOUBLON
XIXe siècle
Brique et pan de bois *67041117*

Cet ancien séchoir témoigne de l'activité houblonnière du village

du XVIIIe siècle au début du XXe siècle. Après la récolte, dite « *Hopfezopfe* », les lianes de houblon sont acheminées dans les fermes et les cônes sont détachés à la main. Le houblon est ensuite séché, soit à l'air, soit dans des séchoirs de ce type. Cette activité automnale réunit alors bon nombre de paysans, voisins et saisonniers, dans les cours de fermes.

INSTITUTION DES TROIS-TILLEULS
XIXe siècle
Rue des Trois-Tilleuls
67041109

La famille Golt-Heldt vend sa propriété en deux étapes, de 1876 à 1880, à une institution protestante pour enfants handicapés mentaux, fondée à l'initiative du pasteur Stricker, qui prend alors le nom de Sonnenhof. En 1885, le siège principal est transféré à Bischwiller et l'institution, devenue une annexe, prend le nom de Trois-Tilleuls, en référence aux grands tilleuls de la propriété.

ANCIENNE GUÉRITE
1871-1874
Camp d'Oberhoffen
67041114

Implanté dans la forêt de Haguenau sur un espace de presque 1 000 hectares, le *Truppenübungsplatz Oberhoffen,* ou camp d'Oberhoffen, est au XIXe siècle une importante place forte de l'armée prussienne. Il comporte alors de nombreux bâtiments pour les troupes, des cantines, des lazarets et des écuries. Auberges et hôtels s'installent aux alentours, ce qui en fait un atout économique pour le village. À partir de 1918, il sert de camp d'entraînement et de tir à l'armée française. Cette guérite est le seul vestige du camp, entièrement détruit lors des combats de la Libération de mars 1945. Les nouvelles casernes, construites dans les années 1970, sont de taille plus modeste.

LAVABOS
Début du XXe siècle
Béton
Camp d'Oberhoffen *67041115*

Cette rangée de lavabos est l'un des rares vestiges des baraquements qui abritaient les troupes en manœuvre.

ANCIENS HANGARS
Début du XXe siècle
26-28, rue de Bischwiller
67041111

Ces hangars à sécher les tuiles font partie d'une tuilerie, construite en 1787 par un membre de la famille Bertrand de Bischwiller. Le dernier exploitant en est le potier Knepfler de Soufflenheim, qui y exerce son activité jusqu'en 1904. Les hangars sont alors acquis par des particuliers, qui les transforment en maisons d'habitation. La largeur des pignons témoigne de leur destination première.

Offendorf

Canton de Bischwiller
Arrondissement de Haguenau
Superficie : 1 422 ha
Population 1990 : 1 640 hab.
Cours d'eau : le Muehlrhein

Origine du nom : de l'anthroponyme germanique Offo et du germanique *Dorf*, village.

Blason : les armes sont celles de la seigneurie de Hanau-Lichtenberg et le poisson rappelle la tradition de la pêche.
67041200

HISTORIQUE

La mention du village d'Offonthorof apparaît dans un document de 884, dans lequel l'empereur Charles le Gros confirme les possessions de l'abbaye de Hanau en ce lieu. Un autre document, signé par l'empereur Barberousse et daté de l'an 1187, accorde des biens d'Offendorf à l'abbaye de Königsbrück. En 1343, Offendorf passe aux mains des seigneurs de Lichtenberg et devient le chef-lieu du bailliage, qui comprend entre autres les localités de Drusenheim, Rohrwiller et Oberhoffen-sur-Moder. Offendorf fait ainsi partie du comté de Hanau-Lichtenberg. De par sa situation géographique, le village subit les multiples guerres et les crues du Rhin, qui provoquent de graves inondations et dès 1600, Offendorf se dote de digues pour assurer sa protection. Les deux abbayes des environs sont détruites au cours de la guerre de Trente Ans. Le village, durement éprouvé par les tirs d'artillerie au cours des combats de la Libération, regroupe une population de petits agriculteurs, vivant essentiellement de la pêche et de la batellerie. Au début du XXe *siècle, le site portuaire d'Offendorf est réputé pour son activité batelière, supplantée à partir des années 1970 par la navigation de plaisance. Le village est entouré d'une réserve naturelle.*

BARAQUE
1945-1950
Bois
16, rue des Trois-Tilleuls *67041108*
Construit pour parer au plus urgent après les destructions de la Seconde Guerre mondiale, ce baraquement provisoire abrite les services de la mairie de 1945 à 1954, date de la construction d'un nouveau bâtiment municipal.

CHALET
Vers 1950
Pan de bois
38-40, rue de Schirrhein *67041105*
Après la guerre, une reconstruction rapide du village s'impose pour loger les familles sinistrées. C'est ainsi que sont construits de nombreux chalets en bois, dont beaucoup subsistent encore.

ÉGLISE PROTESTANTE
SAINT-MICHEL
1954-1956
Place de l'Église *67041101*
Une église dépendant de l'abbaye de Neubourg est construite en 1645, en remplacement d'un ou de deux précédents lieux de culte, le dernier datant du XIIIe siècle. Le tombeau d'un sainte nommée Riechtielt fait l'objet d'un pèlerinage, mais le sanctuaire est incendié durant la guerre de Trente Ans par les troupes de Mansfeld. Agrandi en 1811 et en 1866, il est victime des bombardements au cours des combats de la Libération de l'hiver 1944-1945. La construction d'une nouvelle église est donc nécessaire, et la première pierre est posée le 18 juillet 1954, tandis que l'inauguration a lieu le 29 juillet 1956.

PIERRE TOMBALE
DU PASTEUR EHRENPFORT
1808
Grès
Église protestante *67041102*
Johann Philipp Reinhard Ehrenpfort est pasteur d'Oberhoffen de 1760 à 1808. Il est à l'origine des premiers essais de plantations de houblon dans le village entre 1770 et 1780, qui jouent un rôle fondamental dans l'introduction de cette culture en Alsace. Elle s'étend rapidement grâce au développement de la brasserie.

ÉGLISE SAINTE-BRIGITTE
ET SAINTS-PIERRE-ET-PAUL

1571-1848-1963 67041202

De la première église édifiée en 1571, seul subsiste le clocher, surélevé en 1865-1875. L'édifice, fortement endommagé durant la Seconde Guerre mondiale, est en partie reconstruit. Une restauration récente du clocher permet de mieux comprendre les techniques de construction du XVIe siècle.

MAISON

1699

Architecte : Schini

Pan de bois

20, rue Principale 67041209

Cette maison peut être considérée comme la plus ancienne du village. Elle est communément appelée maison Schini, du nom de son constructeur. Cette famille suisse, établie dans le pays de Hanau avant la guerre de Trente Ans, est notamment réputée pour la qualité de ses charpentes. Hans Peter Schini, originaire de Dehlingen, se marie à Offendorf en 1672 et y construit sa maison en 1699, comme l'indique l'inscription « HPS 1699 AH. » sur le poteau d'angle. Une des poutres du premier étage porte un décor sculpté fait d'outils de charpentier entourés d'une couronne. Après 1726, le fils de Hans Peter Schini se construit une maison identique, juste en face de celle-ci.

ANCIEN CHÂTELET

XVIIIe siècle

Pan de bois

39, rue Principale 67041208

Cité en 1725 comme propriété de la famille strasbourgeoise Aynes, le château d'Offendorf est alors entouré d'un important domaine. Vers 1750, il est cédé à M. Merckel, membre du conseil de Strasbourg. La tradition veut que le célèbre « espion de l'Empereur », Charles-Louis Schulmeister (1770-1853), y ait rencontré Savary, le chef de la police secrète de Napoléon Ier, auquel il offrit ses services. Le puits en grès qui se trouve devant la propriété date de 1752. Cette demeure est désormais connue sous le nom de maison Merckel.

ANCIEN CORPS DE GARDE

1788

Pan de bois

Rue de Gambsheim 67041211

La construction de ce corps de garde coïncide avec la réforme municipale de 1788. L'inscription « Das Wachhaus der Gemeinde Offendorf im Jahr 1788 », le poste de garde d'Offendorf, 1788, rappelle la date de construction. Le bâtiment sert ensuite de maison communale et jusqu'au début du XXe siècle, un veilleur de nuit garde les lieux. Une restauration a permis de redécouvrir le colombage, auparavant recouvert de crépi. Le bâtiment abrite désormais un poste d'incendie du début du XXe siècle.

MOULIN

1800

Rue de Gambsheim 67041214

Le moulin d'Offendorf, construit par le meunier Schotter, appartient depuis plusieurs décennies à la famille Hibou, protestants d'origine parisienne venus se réfugier en Alsace vers 1700 et qui s'installent à Offendorf à la fin du XVIIIe siècle.

CALVAIRE
1830
Grès *67041203*

Conformément à la tradition iconographique, ce calvaire présente le Christ crucifié, entouré des statues de la Vierge et de Marie Madeleine. Le socle est sculpté du voile de sainte Véronique : ce linge, qui a servi à essuyer le visage du Christ durant sa montée au Calvaire, a conservé son image imprimée.

TOMBE
XIXe siècle
Grès
Cimetière *67041205*

Cette tombe, comme de nombreuses autres, est sculptée de motifs se rapportant à l'activité batelière. L'ancre, qui est l'un des plus fréquents, est également un symbole chrétien de la foi, en raison de sa forme en croix.

TEMPLE PROTESTANT
1878-1880
Brique et maçonnerie *67041201*

Les protestants d'Offendorf dépendent de la paroisse de Bischwiller jusqu'à l'édification de ce temple, dit en alsacien *S'Tempele*, dont la construction provoque la mort d'un ouvrier ; il est alors desservi par le pasteur bischwillerois. L'originalité de son architecture réside dans l'utilisation de la brique et dans le petit clocheton à cloche apparente.

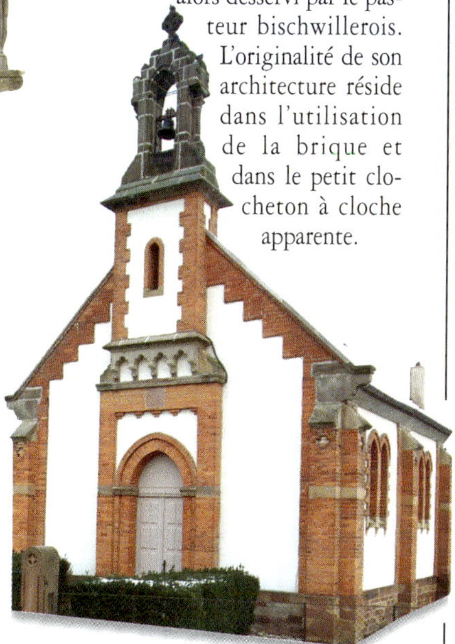

MAISON DE L'ESPION ZILLIOX
XIXe siècle *67041217*

Né en 1888 à Offendorf, Joseph Zilliox, batelier, est incorporé dans l'armée allemande ; il déserte en 1916 et devient franc-tireur au service des armées de la Triple-Entente. Il se distingue par ses actes de résistance : il parvient à acheminer par voie d'eau une quarantaine de jeunes combattants belges vers la Hollande sur l'automoteur allemand *Anna*. Arrêté par les Allemands en avril 1917, il est torturé et condamné à mort après un procès sommaire, puis fusillé en juillet 1917 à Liège. À titre posthume, il est décoré de la Croix de chevalier de la Légion d'honneur, de la Croix de guerre avec palme des Forces Armées belges et de la Croix de chevalier de l'Ordre de Léopold avec liseré d'or. Son nom figure sur un mémorial de Liège, érigé à la mémoire des fusillés de la Chartreuse. En 1920, deux plaques sont apposées à Offendorf, l'une sur cette maison, sa maison natale et l'autre à l'église catholique du village.

VIERGE
Début du XXe siècle
Grès *67041204*

Dédiée aux bateliers, la statue de la Vierge porte l'inscription : « Notre Dame des bateliers priez pour nous, Notre Reine Mère du bon Pasteur priez pour nous. » Jusqu'au début du XXe siècle, les mariniers exercent en effet un métier dangereux et éprouvant sur le Rhin.

MAISON DE MARINIERS
Années 1930
Quai des Bateliers *67041216*

Dans les années 1930, le centre batelier d'Offendorf assure la prospérité d'une partie de la population. Les maisons construites le long du quai des Bateliers, plus marquées par le style des maisons particulières que par l'architecture spécifique des bateliers, témoignent de la relative aisance de cette profession.

MAISON STŒCKEL

XXe siècle

18, rue de Herrlisheim 67041207

Quelques propriétés de bateliers comportent, comme celle-ci, un mât, souvenir des années passées sur les péniches du Rhin. D'autres objets propres à la batellerie sont parfois réemployés de la sorte, comme des barres ou des hélices.

PÉNICHE

Années 1950

Quai des Bateliers

67041215

Cette péniche automoteur de type Freycinet rappelle l'activité batelière longtemps exercée par la population.

Rœschwoog

Canton de Bischwiller
Arrondissement de Haguenau
Superficie : 975 ha
Population 1990 : 1 573 hab.

Origine du nom : peut-être du germanique *Roesch*, cheval et *Woog*, étang ou abreuvoir.

Blason : d'azur à étoiles à huit rais d'or enfermée dans un cercle de sable.
67041300

HISTORIQUE

Rœschwoog peut être considéré comme l'un des plus anciens villages du Ried nord. Dès 736, il est mentionné dans un acte de l'abbaye de Murbach sous le nom Rosusago. En 1359, les landgraves d'Œtingen cèdent le lieu aux seigneurs de Fleckenstein. Rœschwoog fait ainsi partie, avec dix autres villages, des comtés de l'Uffried ou Riedgau, et accueille le siège du tribunal de ce comté. À l'extinction de la famille Fleckenstein, le Conseil souverain d'Alsace accorde le comté à la famille de Rohan-Soubise, qui le conserve jusqu'en 1789. Au XVIIIe siècle, le village de Giesenheim est adjoint à Rœschwoog. La région est particulièrement éprouvée durant la guerre des Pandours en 1744 : le lieu-dit Pandurenbuckel, entre Auenheim et Rœschwoog, rappelle le passage de ces troupes. Au XIXe siècle, le village de Rœschwoog est doté d'un notariat. À la fin du XXe siècle, la commune est essentiellement tournée vers des activités agricoles et artisanales.

CHAPELLE MORTUAIRE DESSIRES DE FLECKENSTEIN

XVe siècle

Maçonnerie et pierre de taille

Cimetière 67041314

Cette chapelle date de l'époque des seigneurs de Fleckenstein, dont les armes sont représentées à l'intérieur, sur la clef de voûte. Elle renferme un autel dédié à la Vierge des sept Douleurs. Les murs massifs de cette chapelle lui ont valu de servir de poste d'observation et d'abri durant la Seconde Guerre mondiale.

CANAL VAUBAN

1704-1707

Architecte : Jean-Baptiste de Régemorte, entrepreneur : Jacques Daudet 67041310

La dépression du tracé du canal Vauban, qui relie au XVIIIe siècle la Wantenau à Seltz, est encore visible à Rœschwoog, au chevet de l'église, tout comme à Drusenheim et à Sessenheim. Ce canal est réalisé par l'architecte Jean-Baptiste de Régemorte sur une idée de Vauban. Il est construit par un entrepreneur de Strasbourg en suivant les fossés et ravins existants, ce qui explique les sinuosités de son tracé. Le canal est prévu à l'origine pour faciliter le transport du bois de la forêt de Haguenau, mais il fonctionne surtout, à l'époque de sa construction, pour l'armée. Après le traité de Rastatt, en 1714, le canal, construit à la hâte, est inutilisable. Aucun des projets de rétablissement du canal Vauban n'aboutit réellement, car sa nécessité décroît à mesure que les travaux de régularisation du Rhin rendent ce fleuve plus facilement navigable.

PRESBYTÈRE
1716
36, rue de Fort-Louis *67041304*
Ce presbytère est édifié sous le ministère du curé Brousse (1711-1722). La taille de l'édifice s'explique par le fait que le presbytère servait de lieu d'accueil et de formation pour les jeunes de la paroisse.

ANCIENNE RÉSIDENCE BATISTON
1754
17, rue Principale *67041306*
Christophe Batiston (1773-1856) habite le château de Fort-Louis, commune dont il est maire de 1815 à 1835 et de 1837 à 1849. Il achète plusieurs immeubles à Fort-Louis, à Neuhaemel et à Rœschwoog, où il s'installe en 1849. Cette maison de maître comporte une toiture à la Mansart. Le perron arrière de la bâtisse donne alors accès à un parc entouré par un mur d'enceinte. À la mort de Christophe Batiston, le 7 mai 1856, sa famille hérite de cette propriété, qu'elle conserve durant plusieurs générations. La bâtisse abrite ensuite le siège du notariat, puis une école de filles.

PORTE
1754
Grès et bois
Ancienne résidence Batiston
67041307
La date de construction de cette demeure est inscrite dans un cartouche sur la porte d'entrée. La tête sculptée sur le linteau supérieur témoigne de l'aisance des premiers propriétaires.

SPHINX
XVIIIe siècle
Grès
École de filles *67041312*
Les deux sphinx, peut-être une réminiscence des campagnes napoléoniennes en Égypte, faisaient à l'origine partie de l'ancienne propriété Batiston ; ils encadrent désormais l'entrée de l'école de filles.

ÉGLISE SAINT-BARTHÉLEMY
1765-1767
Rue de Fort-Louis *67041301*
La paroisse de Rœschwoog est créée au XVe siècle, puis érigée en rectorat. De 1543 à 1685, le village est sous l'influence de la Réforme. L'existence d'une église paroissiale catholique est mentionnée en 1717, démolie pour faire place à l'église actuelle, qui est l'une des rares, sinon la seule, église de style baroque du canton.

BÉNITIER
XVIIIe siècle
Grès
Église Saint-Barthélemy *67041315*
Deux anciens bénitiers décorés de fleurs sculptées encadrent l'entrée de l'église. Plus anciens que l'église, ils proviennent certainement de la première église, ou peut-être même de l'abbaye de Kœnigsbrück.

MAÎTRE-AUTEL
XVIIIe siècle
Église Saint-Barthélemy *67041303*
Ce maître-autel de style baroque, don de la famille Batiston, pourrait, selon certains, provenir de l'abbaye de Kœnigsbrück. Pour d'autres, il aurait été réalisé spécialement pour l'église lors de sa construction. Il comporte les statues de saint Pierre et saint Paul ainsi qu'une représentation peinte de saint Barthélemy. Cet autel est encadré de deux autels latéraux, l'un dédié à saint Sébastien et l'autre, orné de peintures du XVIIIe siècle, voué à la Vierge.

ORGUE
1808
Facteur : Michel Stiehr
Église Saint-Barthélemy *67041302*
Michel Stiehr (1750-1829) est le doyen de trois générations d'organistes alsaciens. Il est à l'origine du style néo-classique dont l'œuvre la plus caractéristique est l'orgue de Notre-Dame de Guebwiller. L'orgue néo-classique se distingue par sa sobriété, avec ses tourelles plates et ses volumes rectilignes.
(Cl. M. H. 1971)

BANC-REPOSOIR NAPOLÉONIEN
1811
Grès *67041313*
À l'occasion de la naissance et du baptême du prince impérial, futur Aiglon, le préfet Lezay-Marnésia, surnommé le préfet-laboureur, fait ériger des bancs le long des routes du Bas-Rhin, appelés bancs du roi de Rome. Le préfet West, son successeur, fait à son tour ériger 448 bancs, en l'honneur cette fois du mariage de l'empereur Napoléon III avec Eugénie de Montijo, en 1853. Ces bancs-reposoirs, souvent entourés d'arbres très anciens, sont implantés tous les 2 kilomètres.

MAISON
XIXe siècle
Pan de bois
19, rue de la Gare *67041308*
Rœschwoog, ancien centre administratif, abrite des maisons traditionnelles à colombage, mais aussi des demeures plus citadines, telle cette maison de style Belle Époque qui comporte un balcon en boiserie.

Rohrwiller

Canton de Bischwiller
Arrondissement de Haguenau
Superficie : 295 ha
Population 1990 : 1 441 hab.
Cours d'eau : la Moder

Origine du nom : de l'anthroponyme germanique Rohr et du latin *villa*, ferme.

Blason : il a été créé d'après un ancien sceau de justice de 1660.
67041400

MAIRIE
XIXe siècle
1, rue de la Gare *67041309*
Le bâtiment de la mairie se caractérise par ses arcades.

CALVAIRE
Grès
Rue des Hirondelles *67041305*
Le crucifix est flanqué de deux statues plus récentes, qui représentent la Vierge et une sainte à genoux, peut-être Marie Madeleine. La partie centrale du crucifix comporte une couronne de feuilles de laurier sculptée en haut relief. La stèle droite porte l'inscription suivante : « Vous qui passez par là, voyez jusqu'où va l'amour véritable ».

HISTORIQUE

Il est fait mention pour la première fois du village sous le nom de Rohrheimet, dans un acte de donation au profit du couvent de Wissembourg en 1207. En 1342, les comtes d'Œtingen, landgraves de basse Alsace qui administrent le Nordgau, vendent Rohrwiller, de même qu'Offendorf et Herrlisheim, aux seigneurs de Lichtenberg. Ils constituent, en y intégrant Drusenheim et Oberhoffen, un bailliage, dont Offendorf devient le chef-lieu. Jusqu'à la Révolution française, Rohrwiller est une possession des comtes de Hanau-Lichtenberg, puis de la famille de Hesse-Darmstadt. Le village est principalement agricole, mais bon nombre de ses habitants travaillent à partir du XIXe siècle à la proche cité manufacturière de Bischwiller. Rohrwiller, détruit au trois quart par les bombardements au cours de la Seconde Guerre mondiale, reste un village à vocation agricole.

MAISON
1738
Pan de bois
Rue Principale *67041405*
Cette maison à colombage, la plus ancienne du village, comprend un pignon à auvent orné d'un colombage en forme de chaise curule.

PRESBYTÈRE
1764
4, rue des Écoles *67041403*
Théobald Edel est le premier curé à occuper ce presbytère, construit sur un terrain acheté par Jacques Grunder. Ce bâtiment est l'un des rares rescapés des tirs d'obus de la Seconde Guerre mondiale.

CRUCIFIX
1767
Grès
Neugritt 67041404
Ce calvaire est le plus ancien des neuf crucifix que compte le village. Celui-ci comporte une niche gravée d'une prière en lettres gothiques. Il est élevé par Martin Borschneck, instituteur à Holtzheim vers 1760, et Catharina Wintersinger.

ÉGLISE SAINT-WENDELIN
1849-1854-1957
Rue Principale 67041401
Reconstruite en remplacement d'un premier lieu de culte trop petit et délabré, l'église est consacrée le 19 juin 1854. Elle est gravement endommagée au cours des combats de la Libération, au début de l'année 1945, et il n'en reste alors que les murs. L'édifice est donc entièrement restauré et doté d'un nouveau clocher. Il est à nouveau consacré en avril 1958.

Roppenheim

Canton de Bischwiller
Arrondissement de Haguenau
Superficie : 688 ha
Population 1999 : 950 hab.

Origine du nom : de l'anthroponyme germanique Ropp et de *Heim*, village, ou du germanique *Rappen*, cheval noir.

Blason : le fer à cheval rappelle l'une des significations possibles du nom de la commune.
67041500

HISTORIQUE

Roppenheim est cité pour la première fois en 1207, dans un acte signé par l'empereur Philippe de Souabe. Terre d'Empire sous l'autorité des landgraves d'Alsace, puis des comtes d'Œtingen, le bailliage revient aux seigneurs de Fleckenstein en 1359, qui en acquièrent progressivement tous les droits jusqu'en 1571. Dès 1404, Roppenheim devient le chef-lieu administratif et juridique des 10 villages des comtés de l'Uffried dont Forstfeld, Kauffenheim, Giessenheim, Rœschwoog, Sessenheim, Rountzenheim, Stattmatten, Auenheim, Dalhunden et Dengolsheim. En 1720, à l'extinction de la lignée des Fleckenstein, le roi de France Louis XV accorde le bailliage aux princes de Rohan-Soubise, qui le conservent jusqu'à la Révolution. La localité est fortement agricole, comme en témoignent les nombreuses fermes à colombage.

ÉGLISE PROTESTANTE SAINT-MICHEL
1583-1623
Rue du Presbytère 67041511
L'église protestante présente un clocher massif daté de la fin du XVIe siècle, percé de meurtrières et doté à l'intérieur d'un ancien système de verrouillage. Certains pensent qu'il s'agit d'une tour de l'ancien château des Fleckenstein ; Schoepflin et Grandidier, historiens, y voient plutôt une ancienne tour d'un fortin romain formant le long du Rhin la frontière, *limes*, de l'empire romain.
(I. M. H. 1984)

CHAIRE
XVIe siècle
Bois de chêne
Église protestante Saint-Michel 67041509
Cette chaire Renaissance est surmontée d'un dais ouvragé.

ORGUE
1789-1791
Facteur : Michel Stiehr
Métal et bois
Église protestante Saint-Michel 67041510
L'installation de cet orgue est financée par Jean Balthazar Keesser, citoyen de Roppenheim qui fit fortune avant la Révolution en acheminant des munitions à la forteresse de Fort-Louis.

DALLE FUNÉRAIRE
Grès
Église protestante Saint-Michel 67041503

En 1772, la paroisse a pour ordre de sceller les pierres tombales des seigneurs de Fleckenstein dans les murs de l'église. Cette famille est célèbre pour avoir introduit la Réforme dans le village. Cette dalle est celle d'un *Freiherr*, seigneur, de Fleckenstein, comme l'indique le blason sculpté, né en 1611 et mort en 1677.

PRESBYTÈRE
Milieu du XVIIIe siècle
Rue du Presbytère 67041502
Ce bâtiment à colombage de style Louis XV, qui présente une toiture à quatre pans, est l'ancien pavillon de chasse des seigneurs de Fleckenstein, qui servait aussi à l'époque de logement au Vogt.

ANCIENNE GRANGE DÎMIÈRE
XVIIIe siècle
Pan de bois 67041508
Jusqu'à la Révolution, cette grange sert à entreposer les produits prélevés pour acquitter la dîme. Elle abrite désormais le foyer paroissial.

MAIRIE
XVIIIe-XIXe siècle
Pan de bois
Rue de l'Or 67041506
Avant d'abriter la mairie, ce bâtiment abritait un corps de ferme. La présence de colombages donne à la mairie un aspect typiquement alsacien.

POTEAU CORNIER
1738
Bois
11, rue Principale
67041505
Le poteau cornier porte la date de construction de l'auberge *À l'Agneau* et le nom de son constructeur.

Rountzenheim

Canton de Bischwiller
Arrondissement de Haguenau
Superficie : 667 ha
Population 1999 : 976 hab.
Cours d'eau : l'Eberbach

Origine du nom : de l'anthroponyme germanique Hrodmunt et de *Heim*, village.

ÉCOLE
1866
26, rue Principale 67041507
Une école existait à Roppenheim depuis la fin du XVIIIe siècle.

ÉGLISE CATHOLIQUE SAINT-JOSEPH
1885
Rue Principale 67041501
Les premiers catholiques s'installent dans le village vers 1700. Ils doivent tout d'abord se rendre à l'église de Rœschwoog jusqu'en 1853, puis à celle de Neuhaeusel, plus proche. Ce n'est qu'à la fin du XIXe siècle que la paroisse parvient à construire une église.

HISTORIQUE

Le village est mentionné pour la première fois en 884 sous le nom de Ruadmundesheim, dans un acte de donation signé par l'empereur Charles le Gros en faveur du couvent de Honau. En 1359, Runsheim appartient aux seigneurs de Fleckenstein et fait partie jusqu'à la Révolution française du comté de l'Uffried, dont Rœschwoog est le centre administratif. Le peintre Henri Loux, dont la mère était originaire de Rountzenheim, y fut baptisé. Le sculpteur Alfred Marzolff s'y installe de 1914 à sa mort, en 1936. Les habitants de la commune portent le surnom de « d'Pfannifuchser », avares ou extorqueurs de sous, dont l'origine remonte au XIXe siècle. Un jour d'hiver, des adolescents de Rountzenheim partent faire de la luge avec les jeunes de Stattmatten ; en rentrant, ils les insultent en les traitant de « Griesbabbseckel », abrutis de bouillie de semoule. Les gens de Stattmatten portent l'affaire devant les tribunaux ; les jeunes de Rountzenheim sont condamnés à une amende et passent alors chez tous les paysans des environs pour mendier des sous : l'amende est payée en centimes, ou Pfanni, d'où le surnom de « Pfannifuchser ».

MAIRIE-POSTE
XVIIIe siècle
Pan de bois
Rue de la Mairie 67041607
Appelé plus communément *d'Wacht*, le bâtiment abritant la mairie et la poste est un ancien corps de garde qui servait de logement, jusque dans les années 1920, à l'appariteur ou policier local. Une pièce servait aussi de prison.

MAISON WOLFF
XVIIIe siècle
Pan de bois
5, rue de Soufflenheim 67041611
Ce corps de ferme, muni d'un portail d'entrée sur cour, est successivement occupé par deux membres de la famille Wolff, maires de la commune entre 1843 et 1896, dont Michel Wolff, grand-père du peintre Henri Loux. Depuis ce temps, les habitants de cette maison sont appelés *s'Alde Mair's*. Elle est également connue sous le nom de *s'Salzkrischanne*, qui rappelle que l'un de ses anciens occupants transportait du sel depuis Le Havre jusqu'à Rountzenheim, en passant par le col de Saverne.

ÉGLISE DE L'EXALTATION-
DE-LA-SAINTE-CROIX
1779-1781
Maçonnerie, grès et pierre de taille
Rue de la Mairie *67041602*

La paroisse de Rountzenheim est créée en 1763. En 1777, les habitants du village signalent au cardinal de Rohan-Soubise l'état délabré de leur église. Ce dernier, qui vient de prendre possession de l'ancien comté de Fleckenstein, autorise la construction d'un édifice aux frais du village. Tous les habitants contribuent alors à son financement et à sa construction, par la mise à disposition d'attelages pour le transport du matériel. La première pierre du nouvel édifice est posée le 26 août 1779 et les travaux s'achèvent le 18 novembre 1781. La façade, qui comprend un portail néo-classique, est surmontée d'un clocher entièrement en pierre de taille. L'église est un lieu de culte simultané, protestant et catholique. *(I. M. H. 1934)*

MAÎTRE-AUTEL
Vers 1750
Bois polychrome
Église de l'Exaltation-de-la-Sainte-Croix
67041604

Le maître-autel, doté d'un décor baroque rocaille, est surmonté d'un tableau qui représente l'Identification de la Vraie Croix. Le reste du mobilier de l'église, également baroque, est commandé au menuisier et sculpteur sur bois Pfaff, de Haguenau.

ORGUE
1822
Facteur : Michel Stiehr
Église de l'Exaltation-de-la-Sainte-Croix
67041612

Ce buffet d'orgue à trois tourelles alterne les styles néo-baroque et néo-classique.

CALVAIRE
1781
Grès
Église de l'Exaltation-de-la-Sainte-Croix *67041601*

Érigé par Jacob Flach et Barbara Haltter, d'Auenheim, lors de la consécration de l'église, ce calvaire doit rappeler l'ancien cimetière qui entourait auparavant l'édifice.

TOMBE DE CHRISTIAN WOLFF
Grès
Église de l'Exaltation-de-la-Sainte-Croix
67041606

Christian Wolff (1780-1843) est membre du consistoire de Bischwiller et conseiller municipal. Un autre membre de cette famille, Michel Wolff, dont la fille épouse le peintre Henri Loux, est maire de Rountzenheim de 1860 à 1896.

MONUMENT AUX MORTS
Début du XXe siècle
Sculpteur : Alfred Marzolff
Grès
Église de l'Exaltation-de-la-Sainte-Croix
67041605

Érigé à la mémoire des victimes de la Première Guerre mondiale, ce monument est inauguré le 20 novembre 1928, lors du 10e anniversaire de l'Armistice. Il porte les noms de 22 victimes de la Première Guerre mondiale et ceux des 22 victimes, 14 militaires et 8 civiles, de la Seconde Guerre mondiale. Alfred Marzolff, qui avait l'habitude de prendre comme modèles des personnes de son entourage, représente peut-être ici sa propre épouse, Emmi.

Schirrhein

Canton de Bischwiller
Arrondissement de Haguenau
Superficie : 645 ha
Population 1990 : 1 850 hab.

Origine du nom : peut-être de l'anthroponyme germanique Sciri et de *Heim,* village, ou du celte *sceir*, hangar à foin, grange et du celte *rein*, versant herbeux.

Blason : la hache rappelle l'activité forestière du village et la demi-rose rappelle que la ville dépendait de Haguenau.
67041700

HISTORIQUE

L'occupation du site de Schirrhein remonte à l'Âge du bronze, comme en témoigne la découverte de nombreux tumuli *et de pièces, conservées au musée historique de Haguenau. En l'an 1521, une lettre de l'empereur Charles Quint confirme les droits de la ville de Haguenau sur le village, alors mentionné sous le nom de Schürrieth. Après la guerre de Trente Ans, des immigrants suisses, allemands et autrichiens s'y installent. Au cours du XIX*e *siècle, de nombreux résidents émigrent aux États-Unis. La plupart des habitants du village sont bûcherons dans la forêt de Haguenau, d'où leur surnom de Harzknüpe. Schirrhein, village-rue typique du nord de l'Alsace, est un lieu résidentiel, presque entièrement reconstruit après les importantes destructions occasionnées par les combats de la Libération en février 1945.*

MAISON DU SCULPTEUR MARZOLFF
Pan de bois
20, rue de la Mairie *67041609*
L'ancienne maison d'Alfred Marzolff est connue sous le nom de S'Profasser's, puisqu'il était lui-même surnommé le professeur. Il y fit ajouter une aile, qui lui servait d'atelier.

ALFRED MARZOLFF
Années 1920
Photo
Mairie de Rountzenheim *67041610*
Né en 1867 à Strasbourg, Alfred Marzolff, apprend son art dans l'atelier du sculpteur Eugène Dock. Il fréquente l'académie de Munich de 1889 à 1891, puis devient professeur à l'école des arts décoratifs de Strasbourg. En 1914, il s'installe à Rountzenheim, où il réside jusqu'à sa mort, en 1936. Il repose au cimetière de Rountzenheim-Auenheim. Marzolff est l'auteur de nombreux monuments en Alsace, dont certains sont détruits par les guerres. Sa sculpture, par son modelé rugueux, entretient des affinités avec celle de Rodin. Il est notamment l'auteur de *La Marseillaise* de Strasbourg, statue qui fut détruite sous le régime nazi ; la maquette en est conservée au musée de Strasbourg.

CROIX
*XVIII*e *siècle*
Grès
Foyer paroissial
67041705
Cette croix tombale provient de l'ancien cimetière.

CALVAIRE
1752
Grès
Ancien cimetière *67041704*
Situé dans l'enceinte de l'ancien cimetière, ce calvaire est le plus ancien de Schirrhein. Il ne porte que l'inscription « anno 1752 ».

PRESBYTÈRE
1772
Rue de l'Église *67041702*
Le presbytère est probablement le plus ancien bâtiment du village. Il est construit, à la demande du curé Richard Zipp, en remplacement d'un ancien presbytère, datant de 1712 et devenu insalubre. Il sert encore de cure à la fin du XXe siècle.

CHÂTELET
1865
147, rue Principale 67041706
Le châtelet à clocheton de Schirrhein, dit le « Schloessel », est construit par la famille Baer, originaire de Lorraine. Une ferme lui est alors adjointe. Les Baer résident essentiellement à Strasbourg et ne viennent à Schirrhein que deux ou trois mois par an. Seuls protestants dans ce village entièrement catholique, ils sont propriétaires de 70 hectares de champs et de prés sur le ban de Schirrhein.

MAISON
XIXe-XXe siècles
Pan de bois
126, rue Principale 67041707
L'écrivain Édouard Halter (1845-1925) passe son enfance dans cette maison. Après une formation religieuse, il s'engage dans l'armée, participe à la guerre de 1870 et termine sa carrière comme secrétaire de la nouvelle bibliothèque universitaire de Strasbourg. Il est l'auteur de poésies, de recueils de souvenirs, de textes sur l'histoire locale et d'ouvrages d'inspiration religieuse.

ÉGLISE SAINT-NICOLAS
1949-1950
Maçonnerie, brique et pierre de taille
Rue de l'Église 67041701
Construite en 1749 et agrandie en 1866, l'église est gravement endommagée pendant la Seconde Guerre mondiale. Elle est entièrement reconstruite en 1949-1950, élargie de 6 mètres et surélevée de 2,50 mètres. Les briques et les pierres de taille sont des réemplois des anciens bâtiments du camp d'Oberhoffen. Le nouvel édifice est consacré le 20 août 1950.

PIERRE DE SOUBASSEMENT
Grès
Église Saint-Nicolas 67041703

Ce bloc de pierre, qui porte une croix gravée, est probablement un réemploi de l'ancien édifice. Sur une autre des pierres du soubassement est inscrite la date de reconstruction de l'édifice, 1949.

Schirrhoffen

Canton de Bischwiller
Arrondissement de Haguenau
Superficie : 63 ha
Population 1999 : 630 hab.

Origine du nom : du germanique *Schür*, grange et *Hof*, ferme.

Blason : ce sont les armes de la famille Dotzeler de Haguenau, possesseurs du hameau au Moyen Âge.
67041800

HISTORIQUE

Mentionné sous le nom de le Schürhof en l'an 1347 comme possession des Dotzler, bouffons au palais impérial de Haguenau, le hameau existe probablement déjà en 1294, sous le nom de Schüre. Son ban couvre 63 hectares, qui produisent de faibles ressources. Le village appartient à la famille Rosenbaum à partir de 1391, puis à plusieurs autres au cours des siècles : Eschenau en 1429, Haller et Knod en 1565, Niedheimer de Wasenbourg, puis Warstatt de 1593 à la Révolution française. Au XIXe siècle, Schirrhoffen compte l'une des plus importantes communautés juives du département, avec 445 personnes sur les 645 habitants de 1841 et un maire israélite de 1844 à 1907. L'un des habitants, Raphaël Lévy, est l'ancêtre de Brice Lalonde, ancien Ministre de l'Environnement. Schirrhoffen est aussi le lieu de naissance de l'écrivain Alexandre Weill.

CROIX
Granit et grès
Rue des Juifs 67041801

Cette croix funéraire remplace une croix de bois. Elle s'élève sur un socle aux arêtes supérieures chanfreinées. La base, qui présente à l'avant des feuilles d'olivier, imite la rocaille. Un sarment de lierre s'enroule autour de la croix en branches écotées. Elle provient de l'ancien cimetière, où elle avait été érigée par Louis Mosser, dit « Baecke Louis » ; elle a été transférée à cet emplacement par la famille Kuntz-Schott.

ÉCOLE
1844
11, rue du Château 67041806
L'école juive, qui fonctionne jusqu'à la Seconde Guerre mondiale, comprend deux salles de classe et deux logements à l'étage. Elle devient ensuite une école de filles, avant d'être transformée en maison d'habitation.

MAISON
1856
Pan de bois
16, rue du Château 67041805
Cette maison, qui constitue l'un des plus importants corps de ferme du village, a été habitée par la dernière personne de confession juive du village. Alors que la population juive s'élève à 444 personnes en 1841, elle ne compte plus qu'une vingtaine de personnes après la Première Guerre mondiale, la plupart s'étant réfugiés en Amérique ou dans les villes alsaciennes de Strasbourg ou de Haguenau. En 1950, il ne reste plus que cet homme, Ermence Ruff, qui décède en 1986.

MAIRIE
1865
Rue du Château 67041807
Le bâtiment de la mairie abrite à l'origine une école catholique. Celle-ci est intégrée à celle de Schirrhein, et le bâtiment est alors affecté aux services de la commune. Plusieurs maires israélites se succèdent entre 1844 et 1907 : Raphaël Lévy, Léon Weill, Abraham Weill, Simon Heymann et Salomon Kahn.

CHÂTELET
XVIIe siècle
9, chemin du Château 67041803
Ancienne résidence des seigneurs de Niedheimer-Wasenbourg, le châtelet, ou *Schloessel*, change plusieurs fois de propriétaires au XIXe siècle. En 1907, la firme allemande Engelhardt et Fritze y installe une manufacture de cigares, exploitée jusqu'à la fin de la Première Guerre mondiale. Depuis cette époque, la résidence appartient à des propriétaires particuliers.

LES ÉMIGRÉS D'ALSACE
1874
Auteur : Alexandre Weill
Mairie 67041808
Né à Schirhoffen, qu'il quitte en 1826 pour suivre des études à Francfort et à Paris, l'écrivain Alexandre Weill (1811-1899) est l'auteur de 130 ouvrages, dont *Les Émigrés d'Alsace*, en 1874, qui relate l'exode d'après 1870. Il fréquente les plus grands écrivains de son époque : Victor Hugo, George Sand, Henri Heine, Alphonse de Lamartine, Eugène Sue et Théophile Gautier. À Paris, il

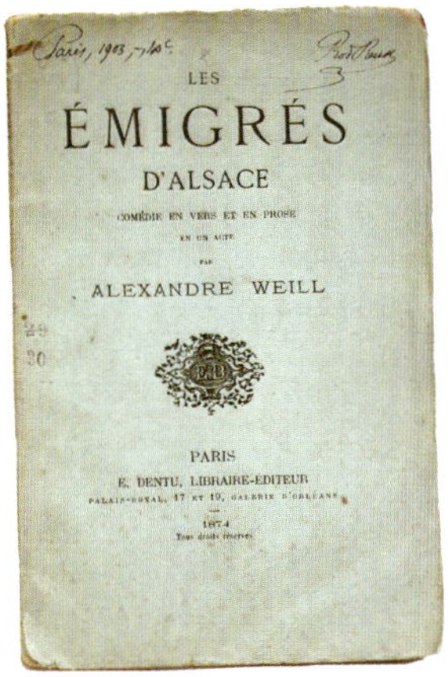

est surnommé « le prophète du faubourg Saint-Honoré » car il déteste l'injustice et annonce une conflagration apocalyptique due à la dégénérescence de la civilisation devenue idolâtre et athée.

CIMETIÈRE ISRAÉLITE

1881 67041802

Avant la Révolution, les Juifs n'avaient pas le droit d'élire domicile dans les villes et se regroupaient dans les villages. Le seigneur François-Antoine de Vorstatt leur accorde droit d'asile et protection, et après la destruction en 1814 de la forteresse de Fort-Louis, de nombreux juifs de la commune trouvent refuge à Schirrhoffen. Une synagogue est érigée en 1817, puis détruite durant la Seconde Guerre mondiale, et le siège du rabbinat est transféré à Bischwiller en 1910. Le cimetière israélite reste un témoin de l'histoire de l'une des plus importantes communautés juives rurales du nord de l'Alsace.

Sessenheim

Canton de Bischwiller
Arrondissement de Haguenau
Superficie : 918 ha
Population 1990 : 1 542 hab.

Origine du nom : de l'anthroponyme germanique *Sahso*, ou de l'ancien allemand *Sahs*, sabre, ou de *Sëz*, propriété, et de *Heim*, village.

HISTORIQUE

L'occupation du site de Sessenheim remonte probablement au-delà de l'an mille avant notre ère, comme en témoigne la découverte d'un tumulus *à proximité du village. Le lieu est mentionné pour la première fois en 737, dans un document de l'abbaye de Murbach. Au XIVe siècle, les sires de Lichtenberg y détiennent des biens en tant que vassaux des comtes d'Œtingen, landgraves de basse Alsace. Ces derniers cèdent le village aux Fleckenstein en 1359, mais les Lichtenberg y conservent des droits jusqu'en 1450. Comme de nombreux autres villages, Sessenheim est peuplé d'immigrants suisses après les ravages de la guerre de Trente Ans. L'écrivain allemand Johann Wolfgang von Goethe, étudiant à Strasbourg, s'y rend souvent en 1770 et s'éprend de Frédérique Brion, la fille du pasteur. À la fin du XIXe siècle, le peintre Henri Loux, né à Auenheim, y passe son enfance. Il associe son nom au village, ainsi que les motifs traditionnels du service de table Obernai qu'il peint. Le hameau de Dengolsheim, Daukratesheim à l'origine, est rattaché au village de Sessenheim.*

ÉGLISE PROTESTANTE

XIVe-XIXe-XXe siècles 67041901

La première église de Sessenheim, mentionnée pour la première fois en 1314, était dotée d'un clocher à bulbe. L'édifice est affecté au culte protestant de 1543 à la fin du XVIIe siècle et fonctionne ensuite, jusqu'en 1911, comme église simultanée. Une première campagne de réparations a lieu entre 1804 et 1805, puis la reconstruction de l'édifice est entreprise en 1911 et 1912. Seuls le chœur et une partie du clocher de l'édifice primitif sont conservés ; le clocher, qui présente la particularité d'être carré à la base et octogonal dans la partie supérieure, est surmonté d'un nouveau bulbe.

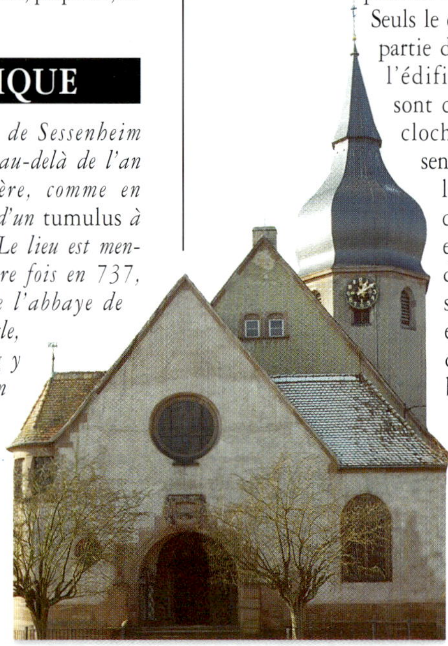

STALLE PASTORALE

XVIIe-XVIIIe siècle

Bois de chêne

Église protestante 67041914

Lors du culte de Pâques, le 31 mars 1771, Goethe est assis dans ce *Pfarrstuhl,* ou stalle pastorale, avec Frédérique Brion, la fille du pasteur.

CHAIRE
XVIIIe siècle
Bois de chêne
Église protestante 67041913

La chaire de l'église, déjà en place du temps du pasteur Brion, est réinstallée dans l'église en 1911. Elle est décorée de sculptures représentant Jésus prêchant sur le lac, et d'une colombe.

GIROUETTE
Vers le XVIIIe siècle
Musée Goethe 67041915

L'ancienne girouette du clocher de l'église protestante, dont Goethe parle dans ses écrits, est retirée lors de la reconstruction de l'église en 1911. Elle est désormais conservée au musée Goethe. En 1895, la mairie accueille un premier musée, créé par le professeur Gustave Adolf Muller, avec le soutien de Guillaume Gillig, restaurateur, et de M. Loux, instituteur. En désaccord avec la commune, ils finissent par transporter les collections dans l'auberge *Au Bœuf*, dont Guillaume Gillig est propriétaire. Après les décès des époux Gillig, le musée est administré par la famille Wolfgang Sautter, qui le rénove entièrement ; leur fille en est désormais la conservatrice.

S'BILLE HÜSS
1731
Pan de bois
1, rue Albert-Fuchs 67041904

La maison est appelée ainsi dans le village, du nom de ses anciens propriétaires. Elle abrite le restaurant *À l'Arbre Vert* jusque dans les années 1840, puis est de nouveau transformée en lieu d'habitation.

MAISON SCHOEPPFLIN
Vers 1760-1802
Pan de bois 67041905

Au XVIIIe siècle, cette maison appartient au barbier-chirurgien Jean-Christophe Schoeppflin, ami de Goethe. Le poteau cornier porte l'inscription « Binder Schoepflin 1765 ». Ce bâtiment abrite ensuite, et jusqu'à la fin du XIXe siècle, l'auberge *Au Lion d'Or*.

ENSEIGNE
XVIIIe-XXe siècles
Fer forgé et tôle
5, place de la Mairie 67041906

L'enseigne du restaurant *À la Couronne,* de style Louis XV, est restaurée entre les deux guerres. Ce restaurant est l'une des plus anciennes auberges encore en fonction.

BANC-REPOSOIR
XIXe siècle
Grès 67041908

Les bancs-reposoirs du roi de Rome, puis plus tard ceux de l'impératrice, sont placés le long des principales voies de communication. Ils sont d'une grande utilité à une époque où beaucoup de déplacements se font à pied. Lorsque les paysannes vont au marché, portant des paniers sur la tête, elles déposent leur fardeau sur le linteau supérieur du banc, puis le reprennent, sans devoir se baisser. Ce banc-reposoir, qui était placé sur la route menant de Sessenheim à Drusenheim, est déplacé dans les années 1960 pour être installé devant l'église protestante.

MÉMORIAL GOETHE
Vers 1820-1955
Pan de bois 67041902
Construit dans le style Empire, cet ancien corps de garde rappelle par ses colonnes les édifices romains. Le veilleur de nuit du village y avait son local. Le bâtiment, entièrement restauré vers 1955, accueille désormais le mémorial Goethe, ouvert au public depuis 1960.

BUSTE DE GOETHE
1828-1829
Sculpteur : David d'Angers
Plâtre
Mémorial de Goethe 67041903
Cette sculpture est une reproduction d'un buste en marbre de Goethe réalisé par le sculpteur français Jean-Pierre David, dit David d'Angers (1788-1856). Celui-ci était venu de Paris à Weimar pour réaliser cette œuvre. Deux ans après son séjour, il expédie le buste à Weimar ; exposé à la bibliothèque, il est officiellement dévoilé pour les 82 ans de l'écrivain, le 28 août 1831. Le buste du mémorial est entouré de textes tirés des œuvres de Goethe, en trois langues et en lettres de bronze.

GOETHE HÜGEL
1880
Bois 67041907
Cette gloriette, édifiée en souvenir de l'idylle de Goethe et de Frédérique, s'élève sur un ancien *tumulus*, dont la fouille avait mis au jour une cruche de bronze. Inaugurée le 18 juillet 1880, la gloriette est par la suite reconstruite à plusieurs reprises.

GRANGE
XVIIe siècle-1927-1946
Bois
Presbytère protestant 67041911
L'ancien presbytère, fréquenté par Goethe, était flanqué d'une grange construite peu après la guerre de Trente Ans. Fortement délabrée au début du XXe siècle, elle est rebâtie à l'identique, avec les mêmes matériaux. Elle est à nouveau endommagée au cours de la Seconde Guerre mondiale, et donc restaurée après 1945. Goethe raconte qu'il se rendait fréquemment dans cette grange, rejoignant ainsi les filles du village qui y filaient ou travaillaient le chanvre, et qu'il a même tenté, mais sans succès, de repeindre la calèche du pasteur Brion.

PRESBYTÈRE PROTESTANT
1835 67041910
L'ancien presbytère du pasteur Brion, construit peu après la guerre de Trente Ans, subit de lourdes dégradations en 1815, lors du passage des troupes russes qui y établissent leurs quartiers. Malgré les plaintes des pasteurs successifs, il faut attendre 1835 pour qu'un nouveau bâtiment soit édifié. Le souvenir de l'ancien presbytère est conservé grâce à un dessin réalisé par Goethe au cours de l'un de ses séjours.

ÉGLISE CATHOLIQUE NATIVITÉ-DE-NOTRE-DAME
1911-1912
Rue Principale 67041909

Au début du XXe siècle, la communauté catholique de Sessenheim décide de faire édifier son propre lieu de culte, alors que l'église protestante, qui a longtemps fonctionné sous le régime du simultaneum, est elle-même reconstruite. Cette église néo-gothique, construite à l'emplacement d'une usine de cigares désaffectée, est consacrée le 20 octobre 1912. Le chœur, éclairé de vitraux représentant des scènes de la vie de la Vierge, abrite un autel sculpté de scènes de la vie du Christ, œuvre du sculpteur Maechling de Strasbourg.

BAPTISTÈRE
XVIIIe siècle
Grès
Église catholique Nativité-de-Notre-Dame
67041917

À l'époque du *simultaneum*, ce baptistère est en place dans l'église protestante. Il est ensuite déplacé dans l'église catholique.

LA MARSEILLAISE
Années 1920
Sculpteur : Alfred Marzolff
Plâtre
Mairie 67041916

L'original de cette œuvre est détruit durant la Seconde Guerre mondiale. Il s'agit ici d'un moulage, dont la maquette en marbre est conservée au musée de Strasbourg. Elle demeure le monument le plus marquant de l'œuvre de Marzolff.

Soufflenheim

Canton de Bischwiller
Arrondissement de Haguenau
Superficie : 1 323 ha
Population 1999 : 4 401 hab.
Cours d'eau : l'Eberbach et le Fallgraben

Origine du nom : du celte *sawell*, four à brûler.

Blason : il fait référence à saint Michel, patron de la paroisse.
67042000

HISTORIQUE

Soufflenheim possède une tradition potière très ancienne. Il est probable que l'argile y est extraite et travaillée depuis l'%oge du bronze. Le village est mentionné pour la première fois sous le toponyme de Suvelnheim en 1147, dans une bulle du pape Eugène III. Au XIIe siècle, l'empereur germanique Frédéric Barberousse attribue aux résidents le droit perpétuel de tirer la glaise de la forêt de Haguenau. Au XIIIe siècle, le lieu nommé Suovilheim abrite un castrum, *probablement un castel fortifié situé à la frontière des Vosges et de la Forêt-Noire. Sous la dynastie des Habsbourg, qui sont à l'origine du grand bailliage impérial en 1354, l'histoire de Soufflenheim, village impérial dépendant du bailliage de la décapole, est liée à celle de Haguenau. Un document de l'empereur Mathias en 1613 confirme l'investiture du fief par les Niedheimer de Wasembourg. La localité est incendiée en 1622 par les soldats de Mansfield, venus au secours des princes protestants durant la guerre de Trente Ans. En 1648, les traités de Westphalie transfèrent au roi de France les droits des Habsbourg en Alsace et le village d'Empire est rattaché à la France. Le village est le siège de nombreux conflits, notamment celui des Pandours en 1744. L'activité potière y est prédominante, avec 55 ateliers de potiers en 1837. Il en reste désormais une vingtaine, spécialisés dans*

la poterie culinaire et les produits réfractaires. Les habitants du lieu sont surnommés les « Häfele », « petits pots », ou les « Hoellegeischter », « esprits de l'enfer », par allusion aux fournées des potiers et à la fumée s'échappant des cheminées. Soufflenheim est la ville natale de l'évêque de la Côte-de-l'Or au Ghana, Mgr Hummel (1870-1924) et de l'évêque de Strasbourg Léon Arthur Elchinger (1908-1998). La commune, qui a souffert des trois guerres successives, est citée à l'ordre de la nation et reçoit la croix de guerre.

PRESBYTÈRE
XVIIIe siècle 67042003
La bâtisse, juchée sur la butte du Œlberg, témoigne de l'importance de la paroisse. Un ancien puits, contemporain du presbytère, est encore en place à proximité.

ÉGLISE SAINT-MICHEL
1825-1831 67042002
Cette église néo-classique remplace un lieu de culte datant de 1766 et devenu trop exigu. Elle n'est consacrée qu'en 1931, à l'occasion du centenaire de sa construction. L'église conserve les reliques des saints martyrs Fortunatus et Vénérius. Un orgue Stiehr-Mockers y est installé en 1850. L'édifice est sérieusement endommagé par les tirs d'artillerie du mois de février 1945. La pierre tombale de François Thannberger, curé au temps de sa construction, est encore visible devant l'église.

CHAIRE
XVIIIe siècle
Bois doré et peint
Église Saint-Michel 67042011
La chaire baroque, au dais surmonté d'une couronne et d'un angelot, proviendrait de l'abbaye de Kœnigsbrück.

CONFESSIONNAL
XVIIIe siècle
Bois
Église Saint-Michel 67042012
Le confessionnal, sculpté de branches entrelacées, comporte une porte bombée à sa base et proviendrait également de l'abbaye de Kœnigsbrück.

CHAPELLE
XIXe siècle
Architecte et maçon : Paul Messner
Maçonnerie, céramique et terre cuite
Cimetière 67042004

Paul Messner (1823-1886) débute ses études au séminaire, mais des circonstances l'obligent à revenir au village. Il mène alors une vie de consécration et de prière et soigne les villageois au moyen de médecines naturelles, ce qui lui vaut le surnom de « docteur Paul ». Il édifie de ses propres mains la chapelle du cimetière, décorant l'intérieur de fresques bibliques. Une cinquantaine de bas-reliefs, représentant anges, saints et évangélistes, ornent l'intérieur comme l'extérieur de la chapelle. Il modèle aussi les stations d'un chemin de croix dans le mur d'enceinte du cimetière.

MAISON
XIXe siècle
Pan de bois 67042005

Plusieurs maisons de Soufflenheim sont dotées de tuiles vernissées multicolores, en guise d'isolation et de décoration. Cette pratique se retrouve également dans quelques villages aux alentours.

HANGAR À TUILES
XIXe siècle
Bois
Produits réfractaires Knepfler 67042008

Ce hangar servait à sécher les tuiles et les produits réfractaires. Ce type de construction est fréquent dans les cités de potiers.

GARE
1895 67042007

La gare, qui se trouve sur la ligne Haguenau - Rastatt, connaît un trafic important jusqu'à la Seconde Guerre mondiale. Réouverte en 1947, elle est affectée au seul trafic de marchandises. Elle ferme définitivement en 1981, mais la ligne reste ouverte aux militaires du camp d'Oberhoffen.

LA SAINTE CÈNE
1932
Céramistes : Léon Elchinger et Charles Burger
Céramique
Œlberg 67042001

L'ancien cimetière fortifié, où se trouvait le mausolée des Niedheimer – une chapelle avec Jésus en prière au jardin des Oliviers, d'où le toponyme Œlberg –, abrite une reproduction grandeur nature de la sainte Cène peinte par Léonard de Vinci et exposée à Milan. Réalisée pour le Congrès eucharistique qui se tient à Soufflenheim en 1932, l'œuvre illustre le moment où le Christ dit : « L'un de vous me trahira ». Léon Elchinger (1871-1944) est également l'auteur de la façade émaillée de l'école des beaux-arts à Strasbourg et du chemin de croix du mont Sainte-Odile. La chapelle est détruite au cours de la Seconde Guerre mondiale, mais il subsiste sur certaines pierres du mur d'enceinte des fleurs de lis et des roses gravées.

TOUR DE POTIER
Années 1930
Métal et pierre 67042013

Vestige des ateliers de la poterie Lehnann-Scheydecker, ce tour de potier était actionné au moyen d'un moteur électrique et d'une courroie. Cette génération de tours prend alors le relais des tours à pédale.

TERRINE
XXe siècle
Grès 67042014

La poterie traditionnelle de Soufflenheim est majoritairement destinée à l'usage culinaire. Les pichets, cruches, jattes et terrines sont décorés de motifs simples, souvent des fleurs, sur fond beige ou de couleur. La terrine à *Baeckeoffe,* plat traditionnel alsacien composé de pommes de terre, de viandes et de vin blanc, est cuit par le boulanger dans une terrine de ce type.

Stattmatten

Canton de Bischwiller
Arrondissement de Haguenau
Superficie : 393 ha
Population 1990 : 570 hab.
Habitants : les Stattmattenois
Cours d'eau : la Moder

Origine du nom : du germanique *Statt,* site et *Mato,* prairie.

Blason : le confluent de la Moder et du Rhin est exprimé par la croix, dont le tourteau rappelle l'île sur laquelle est construit le village.
67042100

HISTORIQUE

Selon la légende, le village est fondé par une famille suisse, les Heintzen, qui, longeant le Rhin, élisent ce site, au milieu des prairies, pour s'y établir. Les origines du hameau remontent probablement au IXe siècle, mais les textes n'en font mention avec précision qu'au XIVe siècle. En 1359, Stattmatten passe, avec les autres villages de l'Uffried, sous l'autorité des Fleckenstein. En 1720, il entre en la possession des Rohan-Soubise, qui le détiennent jusqu'à la Révolution française. Situé à proximité du Rhin, le village souffre au cours de l'histoire de crues et de nombreux passages de troupes. La guerre de Trente Ans y est meurtrière, et les habitants trouvent refuge sur les îles du Rhin. Au cours de la guerre de Succession d'Espagne, les troupes de Villard y livrent une grande bataille contre les armées du duc de Bade. Le village conserve une redoute faisant partie du système de fortification établi par Vauban le long du Rhin ; dotée de canons au XVIIIe siècle, elle sert alors de poste d'observation et de défense. Jusqu'au début du XXe siècle, la pêche, l'agriculture et la batellerie constituent les principales activités du village, ainsi que l'orpaillage, qui se pratique dans de nombreux villages situés le long des berges du Rhin.

MAISON HEINTZ
Vers 1618
Pan de bois
Rue Principale *67042101*

La maison Heintz, du nom de ses premiers propriétaires, est considérée comme la plus ancienne maison de Stattmatten, voire de l'Alsace du Nord. Autrefois restaurant *À l'Aigle,* elle comprend alors une salle de danse ornée de fresques et une cave percée de niches utilisées, peut-être, par les trafiquants de sel. Selon la tradition orale, la partie basse de la maison proviendrait d'Oberhoffen et daterait de la fin du XVIe siècle ou du tout début du XVIIe siècle. L'ancienne porte d'entrée, conservée à la mairie, peut être datée de la fin du XVIe siècle.

MAISON
1828
Pan de bois
Rue des Messieurs *67042103*

La rue des Messieurs, ou *Herregass,* dénomination courante dans les localités alsaciennes, fait en général référence aux anciens notables, en général de riches paysans, qui étaient membres du conseil des échevins. Il subsiste quelques-unes de ces maisons, qui se démarquent des modestes fermes du village. La maison voisine de celle-ci date de 1749.

MAISON
XVIIIe-XXe siècles
Pan de bois
20, rue Principale *67042102*

Selon la tradition, Frédéric le Grand, roi de Prusse, aurait, en 1777, séjourné une nuit dans cette demeure, qui abritait alors l'auberge *À la Couronne.* La maison subit d'importantes transformations au XXe siècle.

ANCIEN CORPS DE GARDE
1911
33, rue Principale *67042104*

Le corps de garde est entièrement reconstruit en 1911. Une fresque à l'intérieur des arcades rappelle que l'orpaillage était une activité très pratiquée dans le village. Certains noms de fermes, tels Goldriecke ou Goldschängel, en conservent également le souvenir.

Canton de Bouxwiller

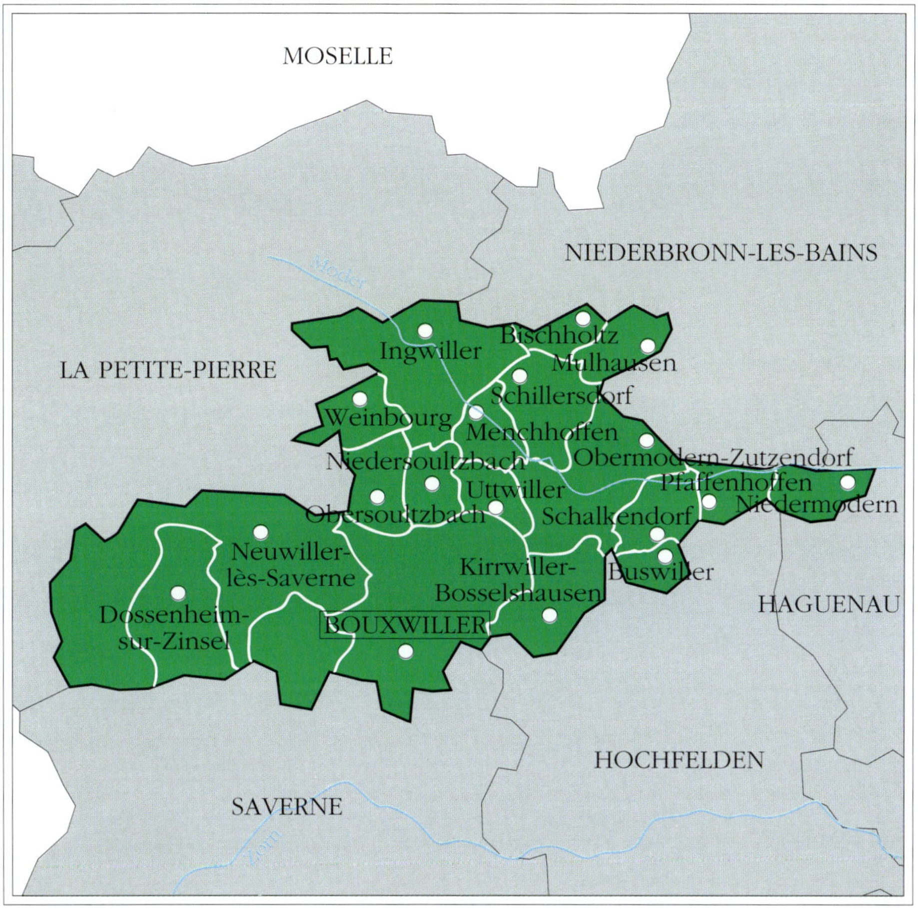

- Bischholtz
- Bouxwiller
- Buswiller
- Dossenheim-sur-Zinsel
- Ingwiller
- Kirrwiller-Bosselshausen
- Menchhoffen
- Mulhausen
- Neuwiller-lès-Saverne
- Niedermodern
- Niedersoultzbach
- Obermodern-Zutzendorf
- Obersoultzbach
- Pfaffenhoffen
- Schalkendorf
- Schillersdorf
- Uttwiller
- Weinbourg

Bischholtz

Canton de Bouxwiller
Arrondissement de Saverne
Superficie : 239 ha
Population 1990 : 244 hab.
Habitants : les Bischholtzois
Cours d'eau : le Rothbach

Origine du nom : du germanique *Bischof*, évêque et *Holtz*, bois.

Blason : il figure une houlette, qui rappelle les nombreux bergers se trouvant autrefois à Bischholtz.
67050100

HISTORIQUE

Le village est mentionné en 1178 comme appartenant à l'abbaye de Neuwiller. Il passe ensuite en la possession de la famille Lichtenberg, puis à ses descendants, les Hanau-Lichtenberg et les Hesse-Darmstadt. Il s'y trouve, de la fin du Moyen Âge au XVIIIe *siècle, une grande bergerie et d'importants élevages de moutons. Le village subit de lourds préjudices durant la Seconde Guerre mondiale.*

FERME
XIXe siècle
Grès et pierre enduite
41, rue Principale *67050105*
Cette petite habitation à un niveau est une maison de journaliers typique. Au XIXe siècle, l'usage de la pierre dans la construction des fermes tend à se généraliser, au détriment du colombage.

ÉGLISE SAINT-ARBOGAST
1957-1959
Pierre enduite *67050101*
Une première église Saint-Arbogast est mentionnée en 1178. La Réforme est introduite en 1545 et, plus tard, le village s'engage fortement dans le mouvement du réveil luthérien des années 1845-1888. L'église est démolie en 1851 et remplacée en 1853 par un autre édifice, qui est détruit par une bombe à retardement en mars 1945.

Bouxwiller

Canton de Bouxwiller
Arrondissement de Saverne
Superficie : 1 341 ha
Population 1990 : 3 693 hab.
Habitants : les Bouxwillerois

Origine du nom : de l'anthroponyme germanique Bucco et du latin *villa*, ferme.

Blason : il figure une aigle, qui semble rappeler les privilèges que l'Empire a accordés à la ville, et le lion de la famille de Lichtenberg.
67050200

HISTORIQUE

Le site est occupé dès l'époque romaine. Au début du Moyen Âge, le comté-évêché de Metz en confie le fief, alors dénommé Buchswilre, aux sires de Lichtenberg, et fait de ceux-ci les avoués de l'abbaye de Neuwiller. En se liant à l'empereur Louis de Bavière, à l'évêque de Strasbourg et aux comtes palatins, les Lichtenberg agrandissent substantiellement leur territoire. La ville entre en la possession des comtes de Hanau-Lichtenberg en 1480, qui font du comté un petit État avec sa justice et sa monnaie. Ils fondent un hôpital en 1528, introduisent la Réforme en 1545 et ouvrent une école latine en 1612. La ville ne souffre d'aucune destruction pendant la guerre de Trente Ans, mais en subit le contrecoup en pauvreté et en dépeuplement. Elle conserve son statut indépendant, malgré son annexion à la couronne de France en 1680 et un changement de dynastie en 1736, avec l'arrivée des landgraves de Hesse-Darmstadt. Toutefois, les comtes de Hanau-Lichtenberg se retirent progressivement de leurs territoires français au profit de leurs terres d'Empire, plus autonomes. Ils n'entreprennent donc plus de projets architecturaux à Bouxwiller et se contentent d'investir dans les jardins et les réserves de chasse. Le château et ses jardins mis sous séquestre pendant la Révolution,

Napoléon Ier fait remettre les orangers à la ville de Strasbourg. La ville traverse ensuite une période faste, avec une bourgeoisie très active. La Révolution, qui rallie une grande partie de la population, est suivie par une crise économique. La prospérité revient avec la création en 1810 des Mines, point de départ d'une importante industrie chimique. Cet établissement domine la vie économique et sociale de Bouxwiller jusque dans la première moitié du XXe siècle. Au XIXe siècle, de nombreux petits exploitants travaillent comme journaliers au service de notables. Le Bouxwillérois Christophe-Guillaume Koch (1737-1813), juriste, historien et diplomate, rédige les articles de droit qui permettent au premier consul d'organiser les églises protestantes. L'annexion de la ville par le second Empire allemand au sortir de la guerre de 1870 et son retour à la France en 1918 marquent profondément les mentalités. La période qui suit 1918 et qui voit s'opposer germanophiles, francophiles et autonomistes est appelée le malaise alsacien. Après l'arrêt des activités des Mines en 1955, la ville consolide sa position de centre tertiaire.

ÉGLISE CATHOLIQUE SAINT-LÉGER
XIIIe siècle-1779-1781
Grès et maçonnerie enduite
Rue Charles-Schattenmann 67050287

Une première église sert de paroisse aux habitants de la ville jusqu'au XVIe siècle et est ensuite transformée en bâtiment funéraire, le comté ayant adopté la Réforme. Les habitants se rendent alors à l'église annexe, construite au XVe siècle centre du bourg. En 1684, l'église Saint-Léger est attribuée à la paroisse catholique nouvellement constituée. Du bâtiment d'origine, il subsiste le clocher, ancienne tour forte surélevée au Moyen Âge, tandis que la nef est reconstruite entre 1779 et 1781. L'intérieur abrite un orgue dont le buffet provient de l'instrument réalisé en 1668 par le facteur strasbourgeois Baldner. *(I. M. H. 1930)*

REMPART
XIVe siècle
Maçonnerie, calcaire, grès et bois 67050246

Deux types de défense sont successivement utilisées. Au XIVe siècle, des niches percées de hautes fentes pour le tir à l'arc sont disposées à intervalles réguliers. Ensuite, ces fentes sont ébréchées pour permettre le tir à l'arbalète. Lorsque les armes à feu se répandent, les niches sont comblées et des embrasures de tir sont pratiquées dans le parapet, sur le chemin de ronde.

REMPART
XVIIe siècle
Maçonnerie et calcaire 67050245

Édifiée sans fondations sur un remblai de terre glaise, l'enceinte fortifiée de la ville, dont il reste trois côtés au XXe siècle, est surmontée d'un chemin de ronde, couvert par endroits. Dès le XVIIIe siècle, les propriétaires des maisons adossées à la muraille sont autorisés à y pratiquer des ouvertures. Par la suite, ils en deviennent propriétaires.

ÉGLISE
Moyen Âge-1614-XVIIIe siècle
Grès et maçonnerie enduite
Place de l'Église 67050294

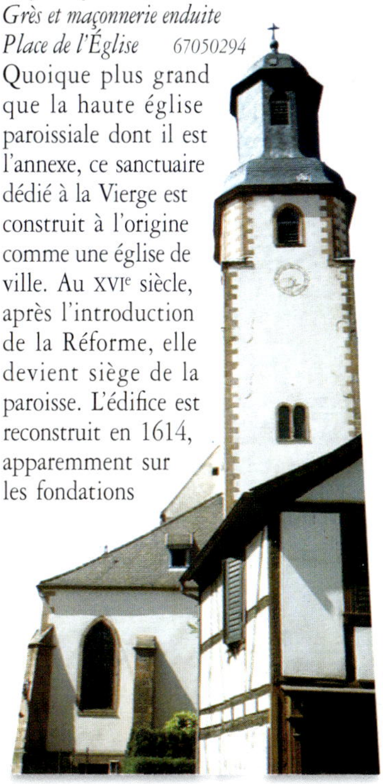

Quoique plus grand que la haute église paroissiale dont il est l'annexe, ce sanctuaire dédié à la Vierge est construit à l'origine comme une église de ville. Au XVIe siècle, après l'introduction de la Réforme, elle devient siège de la paroisse. L'édifice est reconstruit en 1614, apparemment sur les fondations de l'édifice antérieur. La forme générale – disposition des volumes et contour des baies – reste gothique. En revanche, les profils et les contours sont d'inspiration Renaissance. En raison de problèmes de statique, des travaux d'allègement – la suppression des voûtes – et de consolidation sont pratiqués dès le XVIIIe siècle. La partie supérieure du clocher, carrée et à pans coupés, est coiffée d'un petit dôme à lanternon. *(I. M. H. 1930)*

CHAPELLE SAINT-GEORGES
ET HALLE AUX BLÉS
XIVe siècle
Maçonnerie enduite et grès
Place du Château 67050205

Ce bâtiment, tout en longueur, abritait la chapelle du château et le grenier à grains. Aux époques où les petits territoires ne disposent que de modestes fonds monétaires, les réserves de céréales constituent une richesse importante et un moyen de pression politique. La chapelle Saint-Georges, où se trouvaient les tombeaux de certains sires de Lichtenberg et celui du dernier landgrave de basse Alsace, mort en 1375, est saccagée lors de la guerre des Paysans, en 1525, puis désaffectée et transformée en local d'archives. L'édifice, qui a été contemporain des trois dynasties seigneuriales de la ville, est restauré en 1999 et destiné à un usage culturel. *(I. M. H. 1987)*

ANCIENNE MAIRIE
XVe siècle-1721
Maçonnerie, pierre et pan de bois
25, Grand-Rue 67050237

Le rez-de-chaussée de cette ancienne mairie comporte encore un reste de l'arcade médiévale qui ouvrait sur la halle, où se trouvaient les étals des bouchers. Les chambranles des fenêtres plaqués sur les poutres et les refends taillés dans les poteaux corniers peuvent laisser supposer que le pan de bois était dès l'origine recouvert d'un crépi, imitant une façade en pierre. Sous l'Ancien Régime, l'immeuble abrite l'auberge *Au Lion d'Or* qui, affermée à intervalles réguliers, tient lieu de poêle communal, ou *Burger Stube,* et accueille les banquets publics et privés, et les ventes aux enchères.

PIGNON
Fin du XVe siècle
Grand-Rue 67050236

Ce pignon comporte un colombage archaïque, avec un réseau de poutres très simple, un assemblage à mi-bois ou à tiers-bois et des décharges parallèles à la pente du toit, caractéristiques de l'époque.

CHAIRE
1579-1614
Grès polychrome
Église protestante 67050202

Les quatre faces de la cuve sont ornées de reliefs représentant les symboles des quatre évangélistes. Ce sont les éléments les plus anciens de la chaire, de l'époque médiévale. En 1579, ils sont réutilisés dans la confection d'une chaire Renaissance et en 1614, date de la reconstruction de l'église, l'ensemble est placé sur un nouveau socle.

PIERRE TOMBALE
XVIIe siècle
Grès
Église protestante 67050203

La partie orientale de l'église recèle les pierres tombales de plusieurs membres des familles régnantes et de l'aristocratie locale, dont celle de Philippe Christophe Gremp de Freudenstein, issu d'une famille d'administrateurs et de magistrats établie pendant un siècle et demi à Bouxwiller. Son blason, qui représente un cygne tenant dans son bec un anneau, voisine avec celui de son épouse Marie Madeleine de Glaubitz, qui figure un barbeau.

ORGUE
1778
Facteur : Jean-André Silbermann
Bois et métal
Église protestante 67050201

L'intérieur de l'église est profondément remanié à la fin du XVIIIe siècle. L'ancien orgue, qui était placé à l'extrémité occidentale de la nef, est démonté et vendu à la paroisse catholique. Un nouvel instrument est installé contre le mur oriental, au-dessus de la loge seigneuriale. De style Louis XVI, il comprend trois tourelles, séparées par deux plates-formes et ornées de volutes à feuillages, selon la mode du début du XVIIIe siècle.

MAISON
1595
Maçonnerie et pan de bois
1, rue du Sable 67050226

Deux niveaux en maçonnerie servent d'assise aux deux étages supérieurs en pans de bois, traités de manière très sobre.
(I. M. H. 1930)

MAISON À ORIEL
1599
Maçonnerie et pan de bois
18, rue du Canal 67050274

Lorsque la ville, transformée en petit État en 1480, devient le siège d'une importante administration, de nombreuses fermes sont transformées en bâtiments administratifs ou détruites et remplacées par des logements neufs de fonctionnaires ou d'artisans. Cela se produit selon deux grandes étapes, l'une dans les années 1550, l'autre de 1590 à 1630, interrompue par la guerre de Trente Ans.

GALERIE
1583-1599
Bois et pierre
37, Grand-Rue 67050272

Dans l'espace restreint de la vieille ville, peu d'immeubles présentent comme celui-ci leurs murs gouttereaux sur rue, la cour étant accessible par une porte cochère. Une longue galerie dessert les pièces de l'étage, reliée au rez-de-chaussée par un escalier à vis logé dans une tourelle.

ORIEL
1599
Maçonnerie et pan de bois
18, rue du Canal 67050220

Comme beaucoup de maisons situées à proximité de la halle communale, celle-ci appartient au début du XVIIe siècle à un boucher et négociant, Nicolas Chardin, d'origine huguenote. En 1696, elle devient la résidence du receveur ecclésiastique. Elle est crépie à la fin du XVIIIe ou au

début du XIXe siècle, comme le sont alors la plupart des maisons en pans de bois. Les sculptures et moulures sont alors endommagées et les poutres entaillées pour faire tenir l'enduit.
(I. M. H. 1930)

MAISON
1608
Pierre et pan de bois
Grand-Rue 67050242

Au-dessus d'un premier niveau en maçonnerie enduite s'élèvent les étages en pans de bois, chacun en surplomb par rapport à l'autre. Ce colombage de type Renaissance est en vogue du milieu du XVIe siècle à la fin du XVIIe, et se caractérise par la densité du poutrage et par sa disposition à but ornemental. La façade est rythmée par des ensembles verticaux formant des *Mann* et richement décorée sur les allèges des fenêtres principales.

MAISON D'ARTISAN
1611
Maçonnerie et pan de bois
2, rue des Cygnes 67050231

Cet habitat de plan carré est une version modeste du type des grandes maisons Renaissance qui bordent les artères principales.

ORIEL
1613
Pan de bois
46, Grand-Rue
67050223

La ville, devenue siège d'une importante administration, acquiert sa forme définitive à la Renaissance. Entre 1550 et 1635 et dans les années 1660, après la guerre de Trente Ans et la guerre franco-espagnole, les grandes fermes disparaissent et leurs terrains, morcelés, sont bâtis de logements neufs pour les fonctionnaires et les artisans. Le décor Renaissance en pan de bois de cet oriel rappelle celui de la chaire de l'église protestante.
(I. M. H. 1930)

PORTE DE L'ANCIENNE COUR
Début du XVIIe siècle
Pierre
7, rue des Seigneurs 67050228

Cette porte Renaissance donne accès à la tourelle d'escalier de l'une des deux anciennes cours nobles de Kirchheim, bâtie en 1484. Celle-ci est occupée à la fin du XVIIe siècle par le grand bailli David Kircher. Abandonnant des études au séminaire, celui-ci s'engage dans l'armée impériale, est anobli en 1642 et se trouve chargé par le comte Frédéric Casimir de Hanau-Lichtenberg de missions diplomatiques en Europe, durant la guerre de Trente Ans. Après le traité de Westphalie, il a pour mission d'organiser la reconstruction du pays. Au milieu du XVIIIe siècle, ses descendants cèdent la cour à Abraham Lippmann, négociant et agent financier du prince. Au XIXe siècle, un rabbin et théologien s'installe en ces lieux et fait aménager dans la tourelle une cavité rectangulaire, destinée à loger une *mezzouza* – parchemin portant un extrait de la Torah – en souvenir de la sortie d'Égypte.

MAISON
1636
Maçonnerie et pan de bois
26, place du Marché-aux-Grains
67050224

Le receveur des finances qui fait construire cette maison est ensuite autorisé à l'agrandir, à condition de ne pas empiéter sur le communal. L'extension est donc érigée sur une série de poteaux. La bâtisse comporte une grande fenêtre dont le chambranle en relief est typique du pan de bois Renaissance. *(I. M. H. 1930)*

PORTAIL
1659
Grès
Ancienne chancellerie
67050214

La porte arrière de l'ancienne chancellerie présente une voussure encadrée de deux niches Renaissance et un décor de feuillages et de fruits. Le couronnement, qui porte les armoiries seigneuriales, est un pastiche du XIXe siècle.

ANCIENNE CHANCELLERIE
1659
Maçonnerie et enduit
Place du Château *67050213*

À partir du XVIe siècle, le gouvernement du comté de Hanau-Lichtenberg devient une véritable institution, dont le siège se trouve dans ce bâtiment de style Renaissance rhénane. Il abrite les salles de réunion et les bureaux des divers départements de cette Régence. Agrandi au XIXe siècle, il est désormais occupé par la mairie et par le musée municipal.

MAISON
XVIIe siècle
Maçonnerie enduite, pierre et pan de bois
Rue des Seigneurs *67050243*

Cette maison appartient à l'origine à un conseiller du comte de Hanau-Lichtenberg qui, en remerciement des services rendus, bénéficie de l'affranchissement de toutes les charges grevant normalement les habitations roturières – impôts et logement de militaires. Les initiales du seigneur, Johann Reinhard, figurent sur le poteau cornier.

POSTE
1668-1905
Maçonnerie et grès
8, place du Château *67050219*

Construit pour abriter les écuries seigneuriales, ou *Marstall,* le bâtiment est affecté au XIXe siècle à la gendarmerie à cheval, avant d'être amputé des deux tiers et modifié pour accueillir les locaux de la poste. Selon la tradition Renaissance rhénane, le mur-pignon, ancienne entrée côté ville, juxtapose du XVIIIe siècle comme le porche à des éléments médiévaux, ainsi la tourelle avec escalier à vis.

DÉCOR DE TYPE CARTILAGE
1670
Bois
2, rue de l'Église 67050221

Cette maison, qui a appartenu au boucher et aubergiste Hans Jacob Siegler, comporte un décor Renaissance à tendance baroque, avec des motifs de feuillages aux formes molles, évoquant le cartilage de l'oreille, sculptés sans cadre et directement sur la poutre . Le lansquenet en armure, la tête d'indigène coiffée de plumes et les visages d'angelots font partie du répertoire de l'époque.
(I. M. H. 1930)

ENTRÉE DE MAISON
XVIIe-XVIIIe siècle
Grès et fer forgé
Rue du 22-Novembre
67050227

Le garde-corps en fer forgé est dans le style du XVIIIe siècle, tandis que le chambranle de la porte d'entrée de cette demeure appartient au gothique finissant, dont la mode se maintient jusqu'au milieu du XVIIe siècle.

VŒUX DE BAPTÊME
1706
Musée du Pays-de-Hanau 67050279

Ce type de document, manuscrit à l'origine et illustré dès le XVIIe siècle, enveloppe la pièce de monnaie ou la médaille offerte au baptisé par son parrain ou par sa marraine. L'offrande d'une pièce de monnaie, attestée dès le XIIIe siècle dans le Saint Empire romain germanique, trouve peut-être son origine dans la parabole des dix talents, auquel cas elle serait une incitation pour l'enfant à faire fructifier la foi qui lui est offerte par le baptême. Les textes de ces lettres constituent d'ailleurs une sorte de théologie du baptême. Cet usage cesse au début du XIXe siècle.

BUFFET D'ANGLE
XVIIIe siècle
Bois
Musée du Pays-de-Hanau 67050275

Ce buffet est un meuble d'apparat. La petite bourgeoisie en possédait de semblables, avec un décor traditionnel de formes géométriques ou de fleurs et peint en rouge, vert et blanc.

COIFFE
XIXe siècle
Tissu
Musée du Pays-de-Hanau 67050278

Le costume traditionnel de Bouxwiller, riche et coloré, comprend au début du XIXe siècle une petite calotte en guise de coiffe. Le ruban servant à la maintenir à l'arrière de la tête est élargi tout au long du XIXe siècle – de même qu'à Strasbourg –, pour donner la célèbre coiffe alsacienne. Les jeunes filles des villages protestants en portent des noires, tandis que celles des villages catholiques utilisent des rubans de couleurs. Cette *Schlupkapp* complète un costume dont la couleur change selon la saison, conformément au code liturgique. Les traditions vestimentaires du pays de Hanau disparaissent au milieu du XXe siècle.

LAMPE DE MINEUR
XIXe siècle
Métal
Musée du Pays-de-Hanau 67050281
Cette lampe est utilisée au XIXe siècle dans l'exploitation des mines de lignite des établissements Schattenmann.

ABÉCÉDAIRE
XIXe siècle
Musée du Pays-de-Hanau 67050282
Au XIXe siècle, les très jeunes filles apprennent dans le même temps la broderie et l'alphabet. L'abécédaire brodé reprend ici les couleurs traditionnelles du linge qui composait la majeure partie du trousseau des jeunes filles, le rouge et le blanc.

RÉSIDENCE DE FONCTIONNAIRES
Vers 1739
Maçonnerie enduite
64-72, Grand-Rue 67050211
L'administration du comté se développe au début du XVIIe siècle, puis dans le deuxième tiers du XVIIIe siècle. Trois ensembles de logements de fonction sont alors édifiés, dont celui-ci, le Neubau, composé de cinq maisons accolées. Chacune d'elles comprend un corps de logis et, entourant une cour intérieure, diverses dépendances. La construction, caractéristique des petites principautés allemandes du XVIIIe siècle, s'inspire de l'architecture militaire française, notamment par l'usage de façades sobres, de fenêtres relativement petites et de vastes combles.

ÉGLISE
1746
Place de l'Église
Riedheim 67050253
Anciennement placée sous le vocable de Sainte-Croix, cette église, construite à l'emplacement d'un précédent édifice, est depuis son origine le siège d'une annexe de la paroisse de Bouxwiller. En 1973, la commune de Riedheim est intégrée à celle de Bouxwiller.

MAISON
Vers 1740
Maçonnerie et pan de bois
7, rue des Roses 67050230
Au milieu du XVIIIe siècle, la prospérité et l'augmentation de la population provoquent une poussée d'urbanisation. Les jardinets, les dépendances et les petites maisons basses sont alors surbâtis d'édifices aux façades étroites, qui adoptent tous la même configuration, avec un logement par niveau et trois fenêtres, deux pour la pièce principale et une pour la cage d'escalier, les paliers servant à l'occasion de cuisines.

PAVILLON DE JARDIN
XVIIIᵉ siècle
Maçonnerie enduite et grès
Boulevard Christophe-Guillaume Koch
67050212

Si sa fonction de résidence princière disparaît à partir du XVIIIᵉ siècle au profit des villes de Hanau, de Pirmasens et de Strasbourg, Bouxwiller reste capitale administrative, avec une bourgeoisie très active, jusqu'à la fin de l'Ancien Régime. Ce milieu, formé par les conseillers de la Régence, les professeurs du Gymnase princier, les pasteurs, les membres des professions libérales et les négociants, mène par ailleurs une existence cosmopolite, entretenant des relations à Paris, à Saint-Pétersbourg, à Francfort et à Berlin. Le présent pavillon date de cette époque faste.

HOLZHOF
XVIIIᵉ siècle
Maçonnerie enduite 67050209

Chantier de construction du château à l'origine, le Holzhof est entièrement remanié au XVIIIᵉ siècle par la construction de deux grandes bâtisses, reliées entre elles par une troisième, plus petite. L'aile orientale, qui comporte un toit à comble brisé, abrite le logement du président de la Régence du comté, puis, pendant un siècle et demi, le siège de l'administration des Mines et les appartements de ses directeurs. Au XXᵉ siècle, le Holzhof est affecté aux logements de fonction et à la demi-pension du collège et du lycée.

FONTAINE AU LION
XVIIIᵉ siècle
Grès
Parc de l'Hôpital 67050207

Au XVIIIᵉ siècle, les seigneurs agrandissent et réaménagent maintes fois les jardins, dont seul subsiste un grand parc d'agrément. Cette terrasse replantée au XIXᵉ siècle comporte quelques statues des anciens jardins et deux fontaines dont celle-ci, au bassin trilobé et décoré d'un relief de guirlandes. *(I. M. H. 1930)*

TERME
XVIIIᵉ siècle
Grès
Holzhof 67050208

Ce terme d'un dieu romain provient de l'une des grilles qui séparaient la cour du château des jardins de plaisance. À l'origine, les statues de ce type représentaient des divinités protectrices des bornes des champs mais à partir du XVIIᵉ siècle, elles sont d'intérêt purement décoratif.

ESCALIER
XVIIIᵉ siècle
Bois
Holzhof 67050210

Cet escalier, qui décrit un plan ovale, comporte des balustres à panses de section ronde, modèle très répandu à Bouxwiller, quoique déjà archaïque au XVIIIᵉ siècle.

MAISON D'ARTISAN
XVIIIe siècle
Pan de bois
30, rue du Canal 67050241

La ville vit presque exclusivement de l'administration jusqu'à la Révolution. Celle-ci supprimée, la pauvreté s'installe jusqu'au début du XIXe siècle, période durant laquelle l'essor de l'industrie rétablit une économie florissante. Les familles ouvrières, souvent logées à l'étroit, entretiennent néanmoins des jardins et des vignes, et élèvent quelques chèvres et des poules. Cette maison, occupée à partir du XIXe siècle par des ouvriers paysans, est vraisemblablement morcelée, de même que les dépendances, pour abriter plusieurs familles.

PRESBYTÈRE
Milieu du XVIIIe siècle
Maçonnerie enduite
Rue de l'École, Imbsheim 67050268
Le presbytère, dont les éléments structurants – les chaînes d'angle, la corniche et la bande – se détachent nettement sur la façade des murs, est construit dans le style des bâtiments administratifs du XVIIIe siècle.

ANCIEN GYMNASE PRINCIER
1750
Architecte : Faber
Grès
8, rue de l'Église 67050217
Le rôle de la ville comme capitale du comté s'affirme à la Renaissance, avec le passage d'une administration dynastique à une administration territoriale. La Réforme, introduite en 1545, symbolise cette mutation dans les institutions et les mentalités. L'école latine, rétablie en 1612 sur une initiative laïque, répond à la volonté de séculariser l'enseignement et de fournir au comté des agents administratifs compétents. Devenu gymnase en 1658, c'est-à-dire apte à préparer à l'Université, l'établissement connaît une certaine renommée dans les années précédant la Révolution. Cet édifice est construit à l'emplacement du bâtiment de 1612, dont la plaque de dédicace figure dans le lycée actuel. Au XXe siècle, le bâtiment abrite la maison des associations et l'école de musique.

MAISON
Vers 1760
Maçonnerie, pierre et pan de bois
27, place du Marché-aux-Grains
67050229
Comme c'est souvent le cas à Bouxwiller, cette maison est édifiée sur une étroite parcelle entre deux voies communales, d'où résulte sa construction en encorbellement, archaïque pour l'époque, qui contribue à la solidité du bâtiment. Le pan de bois est percé de baies à linteaux cintrés, tandis qu'un chambranle mouluré encadre la porte d'entrée à deux battants.

CALVAIRE
1768
Grès
Cimetière catholique
67050284
Ce crucifix est encadré par quatre stations en forme de stèles qui comportent, dans leur partie supérieure, des médaillons illustrant chacun un épisode de la Passion.

PAVILLON DE JARDIN
XVIIIe-XIXe siècle
Maçonnerie et pan de bois
21 bis, rue d'Imbsheim 67050289

Jusqu'au milieu du XXe siècle, la grande majorité de la population vit à l'intérieur des anciennes murailles, celles-ci étant ceinturées de jardins. Ceux des notables comportent des pavillons qui tiennent lieu à la fois de réserve à outils, d'abri et de salon d'été.

ANCIENNE GENDARMERIE
XVIIIe-XIXe siècles
Maçonnerie et pan de bois
Rue de Kirrwiller 67050218

Sous l'Ancien Régime, le jardinier en chef de la Résidence habite cette maison, dont les dimensions traduisent l'importance que les comtes accordent alors à l'aménagement des jardins. Son comble à pente brisée est remplacé au début du XIXe siècle par un troisième étage, couronné par un toit à croupes. Occupé par la gendarmerie de 1930 à 1975, le bâtiment abrite à la fin du XXe siècle diverses administrations.

DÉPENDANCES
Début du XIXe siècle
Maçonnerie enduite et pan de bois
45, rue de l'École, Imbsheim 67050269

Ces importantes dépendances de ferme abritent au XIXe siècle les produits de la culture céréalière, principale source de revenus, mais aussi ceux de la vigne.

ÉGLISE
1833-1870
Maçonnerie enduite
Griesbach le Bastberg 67050256

À Griesbach se trouvait une chapelle dédiée à saint Georges, vraisemblablement désaffectée puis détruite au XVIIe siècle, les habitants se rendant au culte à Neuwiller. Au début du XIXe siècle, l'agriculture prospère, ce qui entraîne une augmentation démographique et conduit la commune à faire construire cette église, dont le clocher est élevé plus tardivement.

ANCIEN BÂTIMENT DES MINES
1865
Maçonnerie
Rue des Mines 67050235

Les mines de lignite, à forte teneur en soufre et contenant de l'alun natif, sont découvertes au milieu du XVIIIe siècle et fermées presque aussitôt, ne se prêtant guère à l'industrie sidérurgique. Elles sont rouvertes et exploitées à partir de 1810, fournissant la matière première d'une usine chimique de vitriol et d'alun. Dénommée Administration des Mines, l'entreprise, qui se développe sous l'impulsion de Charles-Henri Schattenmann, se spécialise dans la chimie organique, et en particulier dans les composants de colorants. Le présent bâtiment sert d'entrepôt et abrite des bureaux, tandis que le site de production a été transféré à trois kilomètres, pour cause de nuisances. De même que la synagogue, la chapelle du cimetière et la station de pompage, construites à la même époque, le bâtiment comporte de hautes fenêtres en plein cintre.

STÈLE FUNÉRAIRE
1847
Grès
Cimetière protestant *67050252*

Charles Frédéric Casimir Pfersdorf (1769-1847), jeune artiste-peintre originaire de Bouxwiller, est enrôlé dans l'armée révolutionnaire et poursuit sa carrière dans la gendarmerie jusqu'au début de l'Empire, participant sous le Consulat à l'enlèvement du duc d'Enghien. Il démissionne lors de la Restauration et devient professeur de dessin et de calligraphie dans le collège de sa ville natale, tout en écrivant des poèmes. Sa tombe présente un angelot, un canon, une palette de peinture et une lyre, qui résument les différents aspects de sa vie.

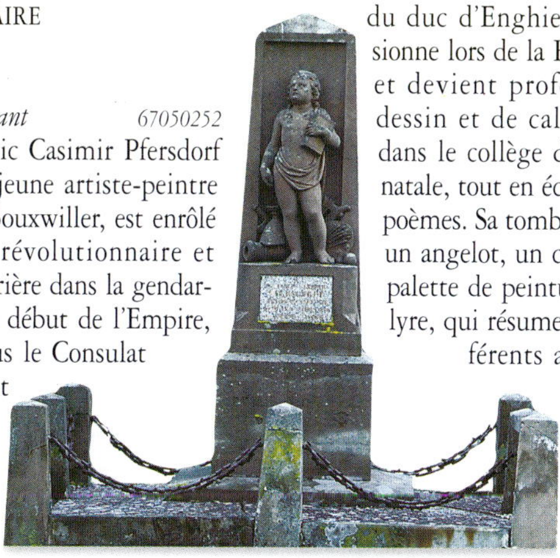

PETITE FERME DE VIGNERON
XIXe siècle
Maçonnerie enduite
130, rue de Pâques, Imbsheim *67050265*

À côté des exploitations traditionnelles de la plaine se trouvent des établissements de vignerons. Ceux-ci exploitent les coteaux abrupts du finage d'Imbsheim et complètent généralement leurs modestes revenus par un travail journalier dans les grosses fermes à polyculture.

SYNAGOGUE
1843
Maçonnerie enduite
Musée judéo-alsacien
67050204

De la fin du Moyen Âge à la Seconde Guerre mondiale, une importante communauté juive est établie à Bouxwiller. Participant étroitement à l'économie rurale, elle assure à la ville son autonomie financière après la Révolution. L'ancienne synagogue, trop étroite, est remplacée par cet édifice néo-classique, qui porte une horloge en façade, à l'instar des édifices chrétiens. L'intérieur, dégradé pendant la guerre, est transformé en musée en 1998. *(I. M. H. 1984)*

GRANGE
XIXe siècle
Maçonnerie et pan de bois
Rue Principale, Imbsheim *67050291*

Dans les fermes traditionnelles de la plaine les dépendances donnent, comme c'est le cas ici, sur trois côtés de la cour, la grange faisant face au portail. De taille proportionnelle à l'importance de l'exploitation, les granges constituent un élément de prestige et présentent par conséquent des façades décorées.

CORPS DE FERME
Milieu du XIXe siècle
Maçonnerie enduite, brique, grès et pan de bois
48, rue Principale
Griesbach le Bastberg
67050259

Cette grande ferme, construite pignon sur rue, possède un corps de logis à colombage et une cour fermée, donnant sur les bâtiments annexes.

ENTRÉE DE JARDIN
XVIIIe-XIXe siècle
Grès
Rue de Neuwiller 67050255
Au XVIIIe siècle, les jardins sont le plus souvent ceints d'une clôture de bois, soutenue par des poteaux en grès. Les chambranles de cette porte d'entrée offre des décors inspirés des panneaux d'ébénisterie.

CORPS DE FERME
XIXe siècle
Maçonnerie et pan de bois
Rue de Pâques, Imbsheim 67050264
Cette ferme de plaine destinée à la polyculture est bâtie selon une disposition peu fréquente dans la région, avec un corps de logis, un porche et des dépendances alignés le long de la rue.

ÉGLISE
XIXe siècle
Grès
Rue de l'École, Imbsheim 67050261
Cette église néo-gothique anciennement dénommée Saint-Imbsheim et simultanée depuis la fin du XVIIe siècle remplace un édifice médiéval dédié à saint Martin.

ANNEXE DE LA MAIRIE
XIXe siècle
Grès
Rue Principale, Imbsheim 67050266
Depuis la fusion de la commune d'Imbsheim avec celle de Bouxwiller, en 1973, une annexe de la mairie assure les services administratifs de proximité.

MAISON
XIXe siècle
Maçonnerie enduite
4, rue Principale
Griesbach le Bastberg 67050260
Vers le milieu du XIXe siècle, dans les villages proches du piémont des Vosges, la pierre tend à remplacer le pan de bois et certaines fermes, comme celle-ci, sont construites comme des maisons urbaines, avec comme signe distinctif un pignon percé de baies cintrées, le plus souvent géminées.

ANCIENNE GARE
XIXe siècle
Grès
Rue du Président-Poincaré 67050248
Comme la plupart des bâtiments construits sur le réseau d'Alsace-Lorraine à la fin du XIXe siècle, cette gare, avec sa tour et ses murs à bossages parementés, évoque un château fort. Elle abrite au XXe siècle les ateliers municipaux.

COUR INTÉRIEURE
1884
Brique et grès
Lycée 67050216
Au-dessus d'un rez-de-chaussée revêtu d'un faux bossage en table, l'étage présente, sur trois côtés, une alternance de pilastres et de fenêtres, ces dernières éclairant une galerie de circulation. Sur le quatrième côté s'ouvrent les grandes baies de la bibliothèque, ancienne salle des fêtes, ou *Aulra*. Une stèle est érigée en mémoire de Charles-Henri Schattenmann (1785-1869), qui favorise la construction de l'édifice et y contribue financièrement.

MAISON
XIXe siècle
Grès et brique
9, faubourg Saint-Georges 67050273
La fin du XIXe siècle et le début du XXe voient fleurir dans la région des pavillons de ce type, aux murs parementés de briques lissées. Celle-ci comporte des chaînages d'angle, des arcs de décharge et des chambranles de fenêtres assortis, qui forment avec le jeu des couleurs l'unique décoration de cette sobre bâtisse.

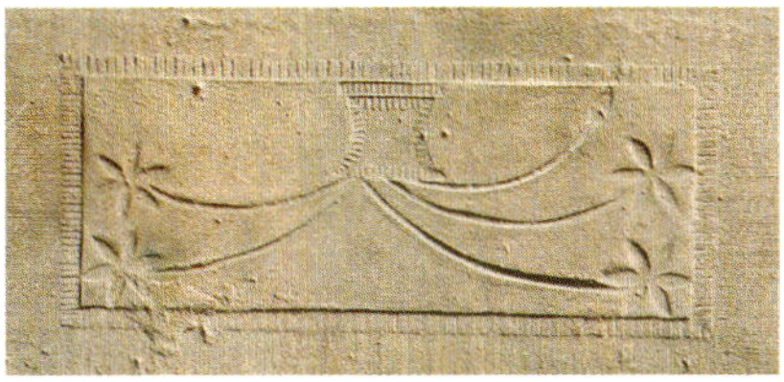

ALLÈGE
XIXe siècle
Grès
Rue Principale, Riedheim 67050247
Dans l'architecture rurale, les panneaux de grès se rencontrent plus fréquemment sur les porches que sous les fenêtres, comme c'est le cas de cette allège.

LYCÉE
1883-1884
Architecte : Metzenthin
Brique, fer et grès
4, place du Château 67050215
À la fin du XIXe siècle, les locaux du collège communal deviennent trop exigus et la municipalité, aidée par un industriel local, fait construire ce bâtiment au sein d'une promenade boisée, aménagée vers 1840. L'édifice, édifié selon l'architecture officielle de la fin du XIXe siècle et riche en évocations historiques, fait penser à l'aile frédéricienne du château de Heidelberg, construite au début du XVIIe siècle.

LAVOIR
XIXe-XXe siècle
Grès et bois
Griesbach le Bastberg 67050257
En Alsace, les lavoirs ne constituent pas des constructions édilitaires remarquables. N'ayant plus d'utilité, ces installations modestes sont vouées à la disparition. Celui-ci est l'un des derniers de la commune encore en place au XXe siècle.

ANCIENNE ÉCOLE AGRICOLE
Début du XXe siècle
Maçonnerie enduite
4, rue du Bastberg 67050250
À la charnière du XIXe et du XXe siècles, les architectes officiels s'inspirent du château fort, du manoir Renaissance et de la maison de maître du XVIIIe siècle. Cette bâtisse, à laquelle un avant-corps arrondi confère une note baroque, imite une gentilhommière du XVIIIe siècle.

MAISON
Début du XXe siècle
Maçonnerie enduite et grès
6, rue d'Ingwiller 67050233
Au début du XXe siècle, quelques édifices s'inscrivent dans les courants esthétiques à la mode, comme cette maison dont la façade comporte une imbrication de volumes divers, où dominent les formes géométriques.

LYCÉE SCHATTENMANN
Fin du XIXe siècle
Pierre
88, Grand-Rue 67050285
Édifié comme *Amtsgericht*, ou tribunal cantonal, ce bâtiment à l'architecture palatiale officielle emprunte à l'Art nouveau la stylisation des éléments décoratifs. En 1960, le bâtiment est affecté à l'enseignement professionnel agricole et nommé d'après Charles-Henri Schattenmann (1785-1869), l'industriel des Mines de Bouxwiller, qui s'intéresse également à l'agronomie, mettant ses idées à l'épreuve dans une ferme modèle et un domaine viticole.

GRILLE
Début du XXe siècle
Fer forgé
4, rue d'Ingwiller 67050234
Cette grille aux formes ondulées témoigne de la rapide diffusion de l'Art nouveau dans l'ensemble du pays.

Buswiller

Canton de Bouxwiller
Arrondissement de Saverne
Superficie : 230 ha
Population 1990 : 189 hab.
Habitants : les Buswillerois

Origine du nom : de l'anthroponyme latin Bussouillare.

Blason : il représente le pape saint Sixte.
67050300

HISTORIQUE

Le village est cité pour la première fois en 784, dans une charte de l'abbaye de Wissembourg. À partir du XIVe siècle, il appartient successivement à plusieurs familles chevaleresques, dont les Mittelhausen et les Berstett. Les Gayling d'Altheim rassemblent toutes les parts au début du XVIIIe siècle et demeurent les seuls seigneurs jusqu'à la Révolution. Au XVIIIe siècle, ils font construire un château et choisissent l'église comme lieu de sépulture. Les monuments funéraires, sauvés à l'époque de la Révolution par l'astuce d'un maire, sont conservés et constituent une part importante du patrimoine de la localité. Village agricole prospère au XIXe siècle, ce dont témoignent les nombreuses fermes construites à cette époque, Buswiller est désormais une localité résidentielle, comme la plupart des villages des environs.

ÉGLISE
Moyen Âge- XVIIIe-XIXe siècles
Maçonnerie enduite et grès taillé *67050301*
L'église, une chapelle médiévale agrandie à plusieurs reprises – la nef est réédifiée au XVIIIe siècle et le clocher surélevé au XIXe – est rattachée à la paroisse voisine de Ringendorf. Dédiée à saint Sixte de ses origines à la Réforme, elle abrite un petit orgue du XVIIIe siècle.

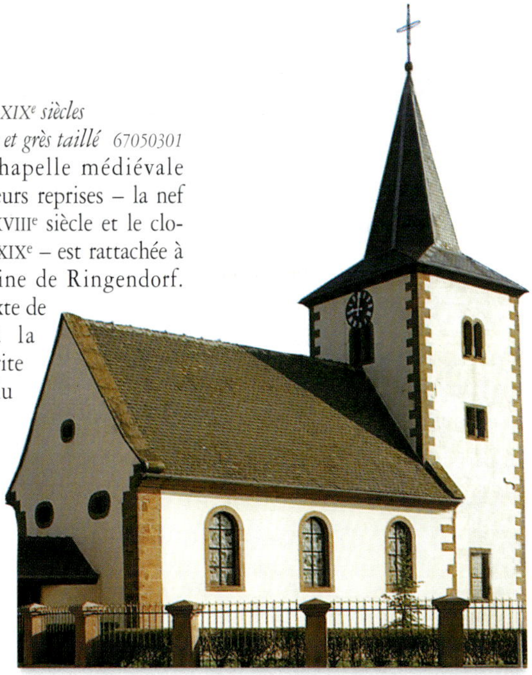

FERME
1599-XIXe siècle
Pierre et pan de bois
17, rue Principale *67050316*
Cette ferme Renaissance appartient à l'origine à un riche agriculteur, tenancier de terres ecclésiastiques. Elle est représentative de son époque, possédant un étage en léger surplomb, les fenêtres des pièces principales encadrées par des chambranles en relief richement sculptés et une loggia dans le pignon, dont les formes reprennent celui du pan de bois. Au début du XIXe siècle, les fenêtres du rez-de-chaussée sont modifiées et un grand porche adjoint à l'ensemble.
(I. M. H. 1981)

TOUR
1602
Maçonnerie enduite *67050315*

Au XVIIe siècle, l'église et le cimetière sont défendus par un mur de deux mètres de hauteur environ, percé de meurtrières. Cette tour munie d'une double canonnière en est le dernier vestige au XXe siècle, le mur d'enceinte ayant été remplacé au milieu du XIXe siècle par une grille. Il subsiste par ailleurs dans le village les monuments funéraires de plusieurs de ses anciens seigneurs.

MAISON D'HABITATION
Début du XIXe siècle
Bois
Ferme
17, rue Principale 67050304

Un escalier à deux volées, abrité par un auvent sur colonnes, permet d'accéder au rez-de-chaussée surélevé de la maison d'habitation. La rampe et le garde-fou sont dotés de balustres à panses stylisées, caractéristiques du pays de Hanau. La porte d'entrée, à double battant, permet l'ouverture d'une partie de la porte, pour l'éclairage du vestibule. Ce modèle d'ouverture traditionnel disparaît au XIXe siècle, pour des raisons de prestige et de confort.

DÉPENDANCES
XIXe siècle
Maçonnerie enduite et pan de bois
17, rue Principale 67050306
La taille importante de cette ferme, qui clôt la cour de la maison d'habitation, provient, outre la richesse de son propriétaire, de l'importance de la production céréalière au XIXe siècle. Cette culture, et particulièrement celle du blé, prospère jusque dans les années 1950. Sur la gauche du bâtiment, une cave peu enfoncée abrite le pressoir. Les coteaux abrupts du village, peu propices aux grandes cultures, sont couverts de vignes jusqu'à l'épidémie de phylloxéra, entre 1874 et 1913, après quoi la vigne est remplacée par des arbres fruitiers.

FERME
XIXe siècle
Pan de bois
6, rue Principale 67050311
Cette ferme est caractéristique de celles du pays de Hanau, dont le modèle se développe à partir de la fin du XVIIIe siècle et se répand dans les premières décennies du XIXe. La présence du balcon et de certains détails décoratifs comme les losanges sous les fenêtres relève de la tradition classique, tandis que le colombage simple, les fenêtres égales, plus hautes que larges et à linteaux en segments d'arcs, et la découpe des balustres sont modernes pour l'époque.

ANNEXE DE FERME
XIXe siècle
Grès et bois
15, rue Principale 67050312
Tout au long du XIXe et du début du XXe siècles, les fermes sont rénovées et dotées de nouveaux bâtiments d'exploitation. De vastes auvents sont aménagés pour faciliter le déchargement du foin, des céréales et du houblon, ou pour sécher le tabac.

PIGEONNIER
XIXe siècle
Maçonnerie et bois
18, rue Principale 67050314
Ce genre de pigeonnier, de la forme d'une petite tour et aménagé dans une construction particulière, est une construction assez rare dans la région et témoigne de l'importance passée de la ferme dans laquelle il se trouve.

Dossenheim-sur-Zinsel

Canton de Bouxwiller
Arrondissement de Saverne
Superficie : 1 720 ha
Population 1990 : 1 098 hab.
Habitants : les Dossenheimois
Cours d'eau : le Zinsel

Blason : il figure un carcan d'or et des clés, attributs respectifs de saint Léonard et de saint Pierre.
67050400

HISTORIQUE

Dossenheim est mentionné pour la première fois comme dépendance de l'abbaye de Neuwiller, protégée par le fief de Herrenstein. Les sires de Lichtenberg opèrent une mainmise sur Neuviller, le château et les villages qui en dépendent, tandis que Dossenheim et Dettwiller forment une seigneurie à part. La ville de Strasbousrg achète l'ensemble des terres à la fin du Moyen Âge et les revend en 1651 à Rinhold de Rosen, un général suédois au service de la France, dont la famille reste propriétaire du lieu jusqu'à la Révolution. Jusqu'au début du XXe siècle, Dossenheim-sur-Zinsel, comme d'autres villages du Piémont, vit d'un petit artisanat combiné à de petites exploitations agricoles.

ÉGLISE
XIVe siècle-1743-1811-1905-1906
Grès des Vosges *67050401*

L'église est élevée dans l'ancienne enceinte médiévale. La voûte de l'ancienne tour et les murs latéraux de la nef sont reconstruits en 1743 et, en 1811, le clocher est surélevé et les murs à colombage de l'étage supprimés. Une nouvelle tour-porche est élevée en 1905-1906. Saint Léonard, qui figure en habit pontifical sur l'ancien sceau du village, est vénéré au Moyen Âge comme patron et protecteur des prisonniers.

REFUGE FORTIFIÉ
XIVe siècle
Grès enduit
Cour de l'Église *67050414*

À l'origine, un chemin de ronde couvert et garni de créneaux permet la surveillance des environs et assure la défense du lieu. De ce refuge fortifié, établi par les villageois, il subsiste au XXe siècle un épais mur d'enceinte, utilisé dans la construction de petites maisons. Deux d'entre elles, du XIXe siècle, sont transformées au XXe siècle pour la création d'un musée consacré au refuge fortifié.

NEF ET CHŒUR DE L'ÉGLISE SIMULTANÉE
XIVe-XVe-XIXe siècles
Grès *67050412*

Cette église est simultanée, c'est-à-dire partagée entre une paroisse catholique et une paroisse protestante. Cet usage est imposé par Louis XIV aux paroisses protestantes après sa conquête de l'Alsace. Alors que l'Allemagne renonce à l'unité politique en permettant l'existence de territoires de confessions différentes, la France, pays très centralisé, tente, malgré les traités garantissant à l'Alsace le respect de la territorialité confessionnelle, d'imposer le catholicisme comme seule religion légitime. Des avantages fiscaux incitent les catholiques, convertis ou immigrés, à s'installer dans les localités protestantes. Puisque le simultaneum rend les catholiques propriétaires du chœur, construit au XVe siècle, l'autel protestant, du XIXe siècle, est déplacé dans la nef et sur un autre axe, ce qu'autorise la théologie protestante, qui n'établit aucune hiérarchie entre les éléments sacrés. Cet état de choses corespond à une époque, précédant la Révolution, où l'Église était encore associée au gouvernement du royaume.

MAISON
XVIIe siècle
Maçonnerie, bois et torchis
Cour de l'Église 67050402
Cettte maison construite dans l'enceinte du refuge fortifié s'ouvre par une porte cintrée portant deux écussons aux armes de la ville de Strasbourg, dont les seigneurs possèdent Dossenheim aux XVIe et XVIIe siècles.

CELLIER
XIVe siècle
Cimetière fortifié 67050417
Le sous-sol du refuge fortifié conserve au XXe siècle la trace des anciens *Gaden* ou *Keller*, réduits réguliers de forme trapézoïdale, dans lesquels les paysans aménageaient des saloirs et entreposaient des coffres à grains et quelques tonneaux. Pendant les périodes troublées, ils s'y réfugiaient en prenant tous leurs biens avec eux, vivant de quartiers de lard et de saucisses, travaillant la laine et le chanvre.

MAISON
XVIIe siècle
Maçonnerie, bois et torchis
107, rue des Vergers 67050423
Située dans une cour close, cette maison Renaissance peut avoir été une ferme seigneuriale. Son architecture est mixte, avec une maçonnerie décorée de chaînes d'angles au rez-de-chaussée et un colombage apparent à l'étage. Ce dernier, à dominante horizontale, est de structure archaïque. Jusque dans les années 1960, le toit est couvert de tuiles canal.

MAISON
XVIIe siècle
Pierre
Rue des Tuiles 67050403
Cette maison présente des encadrements de fenêtres à cavets, ce qui caractérise le style Renaissance simple des régions rurales.

MAISON
XVIIIe siècle
Pierre
28, rue de la Gare 67050404
Cette grande maison aux importantes dépendances appartient à l'origine à un riche fermier. Les linteaux des fenêtres, arrondis, sont décorés de fausses clef s.

INSIGNE DE TONNELIER
XVIIIe siècle
Grès
137, rue Principale 67050419
Jusqu'au milieu du XIXe siècle, les tonneliers écoulent leur production dans les villages de la plaine.

MAISON FORESTIÈRE DU HUNEBOURG
Début du XIXe siècle
Maçonnerie et grès taillé
67050418

Peu de temps après son établissement à Neuwiller, le Général Clarke acquiert le domaine forestier de Hunebourg, ce qui lui permet, lors de son accession au rang de comte d'Empire, de devenir comte de Hunebourg. Pour l'administration de la forêt et de la chasse, il fait élever ce pavillon de chasse Empire.

MAISON
XVIIIe siècle
Rue du Moulin *67050407*
Cette maison au comble brisé s'articule sur cinq axes, disposés en trois travées. Elle est caractéristique de l'architecture des maisons de notables à la fin du XVIIIe et au début du XIXe siècle.

MAISON
1776
169, rue Principale *67050406*
Cette maison de forme allongée et au pignon perpendiculaire à la rue fait face, avec deux bâtisses similaires, à une rangée de bâtiments utilitaires, les deux ensembles étant séparés par une cour commune. Cette disposition avoisine d'autres types d'implantation, du fait que les villages du Piémont se distinguent des villages de la plaine par une grande diversité de plans d'immeubles et par une importante variété de formes et de matériaux.

MAIRIE
1847
Maçonnerie et grès rose
Rue Principale *67050420*
Ce bâtiment est doté d'un grand toit à croupes et d'une façade régulière, dotée d'encadrements de fenêtre régulièrement disposés, de chaînes d'angles et de bandes de grès. Le rez-de-chaussée, largement éclairé par des fenêtres doubles, abrite à l'origine les salles de classe. Le toit comporte un pignon frappé aux armoiries des comtes de Rosen, surmonté d'un petit campanile.

ANCIEN CORPS DE GARDE
Milieu du XIXe siècle
Grès
Rue Principale *67050413*
Jusqu'au début du XIXe siècle, le corps de garde abrite le local du garde champêtre et de l'appariteur, la balance publique et la prison.

FONTAINE
Milieu du XIXe siècle
Grès
Rue de Bouxwiller 67050410
Au XIXe siècle, le village est doté d'un ensemble de fontaines publiques de ce type.

VAISSELIER
XIXe siècle
Bois peint
77, rue de l'Église 67050421
Ce vaisselier très simple est un exemple de l'ameublement d'un ménage peu fortuné. Jusqu'au début du XXe siècle, certains villageois se nourrissent du produit de quelques lopins de terre et d'un petit élevage, tirant leurs revenus soit de l'artisanat, soit d'un travail journalier, ou encore, de façon saisonnière, de l'activité de bûcheron, de la cueillette et de la vente de fruits sauvages. Au XXe siècle, la municipalité acquiert cette petite maison pour en faire un musée consacré à la vie quotidienne des familles modestes de Dossenheim, du XIXe au début du XXe siècles.

LAVOIR
1860-1904
Grès et bois de chêne
Rue de la Zinsel 67050415
Couvert d'un vaste auvent, ce lavoir couvert, dit Oschterbrunne, est composé de quatre bassins entourés de grandes dalles, sur lesquelles on lavait le linge. Quoique situé à proximité de la rivière, il est alimenté par la nappe d'eau d'un synclinal rocheux, l'eau étant ensuite retenue dans une citerne d'une capacité de 7 mètres cubes environ.

MAISON DE MANOUVRIER
XIXe siècle
2, rue de la Gare 67050425
Autrefois nombreuses, les maisons de manouvriers sont détruites ou transformées depuis le milieu du XXe siècle. Celle-ci, de plain-pied avec la rue, est l'une des dernières.

MOULIN
XIXe siècle
Maçonnerie et fer
Rue du Moulin 67050409
Plusieurs moulins se succèdent à cet endroit avec leurs maisons d'habitation, jusqu'à l'établissement d'une minoterie. Cet habitat en constitue au XXe siècle la partie la plus ancienne.

Ingwiller

Canton de Bouxwiller
Arrondissement de Saverne
Superficie : 1 805 ha
Population 1990 : 3 753 hab.
Habitants : les Ingwillerois
Cours d'eau : la Moder et le Mittelbach

Origine du nom : de l'anthroponyme germanique Ingo et du latin *villa*, ferme.

Blason : il représente les différents sceaux de la commune.
67050500

HISTORIQUE

Des vestiges retrouvés au XIXe siècle permettent de supposer que la ville est un ancien centre gallo-romain. Une première mention du lieu apparaît en 742, dans les chartes de l'abbaye de Wissembourg. Au IXe siècle, la localité passe en la possession de Lothaire II et suit le morcellement de l'Empire. Elle appartient successivement au comté d'Alsace, au landgraviat de basse Alsace et, au début du XIIIe siècle, aux Lichtenberg. Le 11 mai 1343, la bourgade est élevée au rang de ville, avec le droit de tenir des marchés et d'édifier des enceintes. Le dernier comte de Lichtenberg meurt en 1480, et Ingwiller passe par héritage aux comtes de Deux-Ponts-Bitche puis revient en 1570 à la maison Hanau-Lichtenberg. La guerre de Trente Ans ruine la petite ville, qui est placée en 1633 sous la protection du roi de France. De 1889 à 1895, des lignes de chemin de fer reliant Ingwiller à Bouxwiller, à Mommenheim et à Sarreguemines sont mises en place et exploitées. Au XXe siècle, Ingwiller devient un petit centre industriel et commercial.

ÉGLISE PROTESTANTE (façade sud)
XIIIe-XVIe-XIXe siècles
Grès *67050510*
L'église comporte un chœur-clocher, roman dans sa partie inférieure et néo-gothique dans sa partie supérieure. La façade sud est couronnée d'un gâble gothique.

CHAIRE
1617
Grès gris
Église protestante *67050531*
Cette chaire, ornée de motifs Renaissance de ferronnerie, est accessible par un escalier, dont la rampe présente des rinceaux entremêlés de fleurs et de raisins.

CHŒUR-HALLE
XIIIe siècle
Grès
Église protestante *67050544*

Le chœur-halle voûté, de plan carré, donne sur une nef formée de deux triples travées d'égale hauteur, dont le plafond, couvert de bois, est refait au XIXe siècle.

REMPART
XIVe siècle
Grès
Rue des Étoiles *67050509*
Les remparts de la ville, bordés de fossés, se distinguent par la qualité de leur parement en blocs de grès lisses et réguliers.

SYNAGOGUE
XIVe-XIXe siècles
Grès
Cour du Château
67050511

En 1822, la communauté juive d'Ingwiller fonde une nouvelle synagogue dans un bâtiment administratif de l'ancien comté de Hanau-Lichtenberg, lui-même établi sur les vestiges de l'ancien château. Le soubassement, qui comprend une salle dont les voûtes s'organisent autour d'un pilier central, est médiéval. À la fin du XIXe siècle, le bâtiment est percé de nouvelles baies et doté d'un porche d'entrée, et la tour est couronnée d'un toit en bulbe.

INTÉRIEUR
Vers 1850
Synagogue
67050532

Selon la disposition d'usage, les bancs sont dirigés vers le mur oriental, percé d'un oculus, et qui abrite l'armoire à Torah. Devant celle-ci se trouvent l'estrade – où se tiennent les officiants – et un chandelier à sept branches. Les tribunes, disposées le long des trois autres côtés, sont réservées aux femmes.

ANCIENNES DÉPENDANCES DU CHÂTEAU
XVe-XVIIIe-XIXe siècles
Cour du Château
67050525

Des dépendances du château médiéval subsistent ces bâtiments, transformés aux XVIIIe et XIXe siècles.

PLAQUE COMMÉMORATIVE
1472
Grès
Hôtel de ville *67050513*

Cette dalle, qui provient de l'ancien fief, porte une inscription en lettres gothiques qui commémore les travaux entrepris en 1472 par Jacques de Lichtenberg, le dernier représentant en ligne directe de sa famille, pour restaurer le château. Elle est murée dans la halle de l'hôtel de ville, édifié en 1824.

MAISON DU BAILLI
XVIIIe siècle
Grès enduit, bois et torchis
4, rue des Étoiles *67050515*

Cette bâtisse est sans doute édifiée pour le bailli Geiger, issu d'une famille de clercs et de juristes, qui, dans la deuxième moitié du XVIIIe siècle, accumule les charges publiques et ecclésiastiques. La maison, dotée d'un toit à comble brisé, est flanquée d'un bâtiment annexe, tout en longueur, qui se termine par un double porche en plein cintre.

ESCALIER
XVIIIe siècle
Bois de chêne
Maison particulière 67050538
L'escalier présente deux volées et une rampe à balustres. Les murs de certaines pièces sont revêtus de lambris de style Louis XV.

MAISON DE MEUNIER
1779
Grès enduit, bois et torchis
16, route de Rothbach 67050522
Des nombreux moulins établis le long de la Moder, tous hors d'usage au XXe siècle, la plupart produisaient de la farine, mais il s'en trouvait quelques-uns à foulon ou à tan. Cette maison appartient au XVIIIe siècle à un meunier.

MAISON
XVIIIe-XIXe siècle
Grès enduit
2, rue de Rothbach
67050519

Maison bien proportionnée, dans la tradition du XVIIIe siècle : linteaux en segment d'arc, chaînages d'angle. Sa disposition, en bloc : habitat et dépendances sous un même toit, son grand porche en plein cintre montrent qu'on n'est pas loin des Vosges et du plateau lorrain.

PIERRE TOMBALE MULLER
Début du XIXe siècle
Grès gris
Route de Bitche 67050541

Jacob Muller est pasteur à Ingwiller de 1825 à 1847. Son monument funéraire se distingue par son inscription commémorative, imitant une feuille de papier gondolée et aux coins repliés, disposée de biais.

INSIGNE DE TANNEUR
XIXe siècle
Grès
14, faubourg du Général-Philippot
67050539
Les anciens ateliers de tanneurs comportent, sculpté sur les linteaux de portes, l'insigne de la profession. Il figure deux racloirs disposés en croix, instruments qui servaient à nettoyer les peaux.

ANCIENNE MALTERIE
XIXe siècle
Brique enduite et bois
58, rue du Général-Gouraud 67050536
Le malt, obtenu à partir de grains d'orge, entre dans l'élaboration de la bière. De cette ancienne malterie, il subsiste au XXe siècle un bâtiment surmonté d'une tour, percée de fenêtres cintrées, et une cheminée.

MAISON OUVRIÈRE AVEC PASSAGE
XIXe siècle
Maçonnerie enduite et grès
20, rue du Général-Philippot 67050505

Au début du XIXe siècle, un quartier d'ouvriers et d'artisans s'établit dans ce quartier, à l'extérieur de la ville médiévale. Un passage traversant cette maison permet l'accès aux immeubles situés dans une autre rue.

ASILE DU NEUENBERG
1877
Pierre enduite
38, rue du Pasteur-Herrmann
67050514

Cet asile est fondé par le pasteur Herrmann pour accueillir et soigner les indigents et, plus spécialement, les personnes âgées. Herrmann confie l'institution à des sœurs diaconesses, qui fondent à cette occasion une communauté à Ingwiller. L'établissement, qui ne cesse de se développer, comprend au XXe siècle une maison de retraite et un hôpital. Ce bâtiment, le plus ancien, est de facture sobre, selon la tendance architecturale des constructions publiques de l'époque, et décoré de quelques éléments néoclassiques.

CHAPELLE DE L'HÔPITAL
1959
Asile du Neuenberg
67050501

La chapelle de l'institution, rénovée et agrandie, porte sur son pignon arrière une grande baie vitrée qui représente le Christ accompagné des quatre évangélistes.

ÉTABLE
XIXe siècle
Grès
Rue de l'Église 67050540

Jusqu'au début du XXe siècle, les modestes artisans et les ouvriers subviennent presque entièrement à leurs besoins alimentaires au moyen d'un petit potager, d'une grange et d'une étable. Celle-ci, de taille très réduite, abritait peut-être des chèvres.

MAISON
Fin du XIXe siècle
Grès gris et brique
89, rue du Général-Gouraud
67050517

Cette maison possède des chaînes d'angles assorties aux encadrements des fenêtres et des lucarnes à pignons ornées de volutes. L'intérieur de la bâtisse est décoré de panneaux peints en faux marbre et de scènes de genre.

ÉGLISE SAINTE-MADELEINE
1892
Grès
Rue du Général-Philippot 67050502

Cette église néo-gothique est édifiée après la suppression du simultaneum, qui avait fait de l'ancienne église paroissiale une église mixte.

ORGUE
1829
Facteurs : Conrad et Théodor Sauer
Église Sainte-Madeleine 67050529

La nouvelle église construite, la paroisse achète l'ancien orgue de l'église Saint-Louis, de Strasbourg. De l'instrument d'origine, réalisé par Conrad et Théodore Sauer, il ne subsiste que le buffet à tourelles.

MAISON
XIXe-XXe siècle
Brique
14, rue des Étoiles 67050523

À la fin du XIXe siècle, le perfectionnement de leur fabrication donne des briques plus dures et plus lisses qu'auparavant, produites de façon semi-industrielle, ce qui suscite leur emploi dans les chaînages d'angles ou dans les encadrements des baies, mais aussi comme matériau de base, ce qui est le cas de cet immeuble, tout en briques apparentes.

FONTS BAPTISMAUX
Fin du XVe siècle
Grès
Église Sainte-Madeleine 67050530

Soutenue par un pied hexagonal, la cuve, de la même forme en haut et rétrécie vers le bas, est marquée sur les angles et au milieu de chaque face par des pinacles courbes, et décorée de nombreux décors de branchages. Ces fonts baptismaux sont transférés dans l'église Sainte-Madeleine au XXe siècle.

VILLA
Vers 1910
11, rue des Étoiles
67050528

La villa comporte un large oriel en arc de cercle, utilisé comme terrasse à l'étage. Ce type de construction, inspiré du *bow-window* anglais, est très en vogue au début du XXe siècle.

VILLA ROSE
Début du XXe siècle
Brique, grès, bois, fonte et zinc
5, rue de Weibourg 67050526

Cette maison, qui doit son nom à la couleur de sa façade de briques, comporte un toit percé d'un gâble et conserve son décor d'origine, des lucarnes et des épis de faîtage.

BÂTIMENT COMMERCIAL
Années 1930
Maçonnerie enduite
34, rue du Général-Philippot
67050506

Ce bâtiment est typique du style des années trente, avec des surfaces planes coupées de formes géométriques. Il accueille désormais des locaux commerciaux.

LAVOIR
XXe siècle
Bois
Rue de la Moder 67050507

Une douzaine de lavoirs privés jalonnent la Moder. Abrités par des cabanes de planches, ils surplombent les rivières.

MAISON DE FONCTION
Début du XXe siècle
Maçonnerie enduite et grès
12, côte de Weinbourg 67050503

Cette maison forme avec ses dépendances et son mur de clôture un ensemble unifié, bâti dans le même style. La bâtisse comporte des chaînes d'angles en relief et des linteaux de fenêtres surmontés d'arcs de décharge.

Kirrwiller-Bosselshausen

Canton de Bouxwiller
Arrondissement de Saverne
Superficie : 818 ha
Population 1990 : 647 hab.
Habitants : les Kirwillerois
Cours d'eau : l'Emsbaechel

Origine du nom : du toponyme franc Chirico et du latin *villa*, ferme.

HISTORIQUE

Attesté comme ancien relais par la découverte de pièces romaines dans son puits, le village se trouve à proximité de la voie romaine reliant Brumath à Bouxwiller. Il est mentionné pour la première fois en 742, sous le toponyme Chirihcovvilare, *en tant que possession de Wissembourg. En 1294, le fief revient au chevalier Ramstein. En 1335, la famille Lichtenberg possède la moitié du village, ainsi que les droits de juger, d'ordonner et de contraindre. En 1548, Kirrwiller est le siège d'un* Stab, *ou réunion juridique, regroupant les villages de Kirrwiller et d'Issenhausen, et dirigé par le* Schultheiss. *Un gisement de fer, mentionné en 1541, est exploité au XVIIIe siècle par les comtes des Deux-Ponts, puis par la famille Dietrich. La guerre de Trente Ans dévaste le village, qui ne compte plus que deux habitants en 1639, et que repeuplent des immigrés suisses. Le sceau du village figure saint Martin en évêque jusqu'en 1664, puis saint Rémy. Jusqu'à la Révolution, Kirrwiller fait partie du comté de Hanau-Lichtenberg. La fête du village est le dimanche précédant la Saint-Martin, fêtée le 11 novembre.*

ÉGLISE PROTESTANTE
Moyen Âge-1790-1922
Pierre 67050602
À la veille de la Première Guerre mondiale, le simultaneum – utilisation conjointe par les deux confessions chrétiennes d'un même lieu de culte – disparaît avec la construction d'une église catholique. L'édifice conserve de l'ancienne église Saint-Martin le clocher-chœur, de style Louis XVI. La nef, vétuste et devenue trop grande pour les seuls protestants, est reconstruite dans les proportions et les formes de la précédente. Un ensemble architectural est construit à l'ouest, comprenant un porche, un local de service et un escalier intérieur, typique de l'architecture édilitaire du début du XXe siècle.

CHŒUR
XIXe siècle
Maçonnerie enduite et bois de chêne
Église 67050621
Le chœur largement ouvert sur la nef est réduit à un chevet court en trois pans, qui lui sont directement rattachés. Il est meublé d'un autel et d'une chaire qui, dans la tradition protestante du XIXe siècle, occupe la place centrale dominant l'autel. Il s'y trouve également une logette aux ouvertures grillagées destinée au pasteur. Ce type de banc, qui était à l'origine occupé par les représentants de l'autorité et les personnalités de marque, est une version plébéienne de la loge seigneuriale. Au XXe siècle, il perd cette fonction pour devenir décoratif et utilitaire, notamment comme placard de rangement.

ÉGLISE
XIVe-1891
Maçonnerie et grès
Bosselshausen 67050613
L'église de Bosselhausen est depuis ses origines une annexe de la paroisse de Kirrwiller. Dédiée à saint Jacques juqu'à la Réforme, elle est construite à l'emplacement d'un ancien édifice, de dimensions plus modestes, dont elle conserve le clocher-chœur, surélevé à plusieurs reprises. Une nouvelle nef est construite selon une interprétation de l'architecture romane, orientée Nord-Sud pour gagner de la place.

FERME
XVIIe-XVIIIe siècle
Maçonnerie, bois et torchis
6, rue Principale
Bosselshausen 67050622
Cette ferme de notable, dont le corps de logis se situe en fond de cour, parallèlement à la rue, possède de larges fenêtres aux chambranles saillants, dont certains sont décorés, et une loggia. La bâtisse présente de nombreux traits de l'architecture du XVIIe siècle, mais il est difficile de la dater, du fait que dans les villages, les formes perdurent bien après les modes.

FERME
1701
Maçonnerie, bois et torchis
4, rue de l'Église 67050611
Mis à part un ajout plus tardif, la maison est édifiée par Hans Israël, d'une lignée de grands agriculteurs de Kirrwiller. L'encorbellement de l'étage, le traitement décoratif des poutres, la disposition asymétrique des fenêtres, la mise en valeur des fenêtres des pièces principales par leur taille et par un chambranle saillant et sculpté rattachent cette construction à l'architecture de la Renaissance, les XVIe et XVIIe siècles dans le monde rural.

FENÊTRE DÉCORÉE ET LOGGIA
1701
Bois
4, rue de l'Église 67050618

Dans la maison rurale de plaine traditionnelle, la pièce la plus habitée et la plus grande est le poêle, *die Stube*, pièce jouxtant la cuisine et le vestibule, avec lesquels elle était auparavant confondue. Lorsque les maisons sont dotées d'un étage, la disposition du rez-de-chaussée est reprise, mais sans chauffage et sans que la grande pièce de devant reçoive une affectation. Dans la tradition de l'architecture du Moyen Âge et de la Renaissance, les ouvertures de la *Stube* sont plus grandes et plus ornées que celles des pièces secondaires. Habituellement composée de trois battants, la fenêtre s'insère dans un cadre en relief décoré et composé de deux consoles et de deux colonnettes, surmontées d'un entablement. Ici, un ensemble de poutres forme également une loggia, dont le garde-corps est composé de balustres.

PORCHE
XVIIIe siècle
Maçonnerie, grès gris, bois et torchis
41, rue Principale 67050604

Johannes Dresch appartient à un groupe de familles catholiques que la politique royale encourage après 1680 à s'établir dans les territoires protestants, tout en leur interdisant de s'intégrer dans les structures confessionnelles locales, comme c'était la coutume dans l'Empire. Le porche de cette ferme abrite, comme de coutume, un portail et une porte plus petite, surmontés, ainsi qu'une petite niche contenant une statue de la Vierge, d'arcs en plein cintre.

GALERIE
XVIIIe siècle
Bois
41, rue Principale 67050605

Ce type de galerie, courant le long du mur gouttereau et desservant les pièces situées à l'étage, disparaît dans les maisons d'habitation de la région à la fin du XVIIIe siècle, pour ne subsister que dans les dépendances. Celle-ci a un aspect plutôt rustique, dû à son garde-corps fait de poutrelles disposées comme les allèges des fenêtres.

MAISON
XVIIIe siècle
Maçonnerie enduite et grès
Rue de la Moder 67050612

Le XVIIIe siècle est une grande période de construction de presbytères et de logements de fonction en général. Alors que le style des maisons paysannes évolue lentement, les presbytères adoptent d'emblée les formes et les proportions de l'architecture urbaine de l'époque : des pièces hautes et de grands vestibules. Les façades ont une composition classique, structurée par des chaînes, des bandeaux, des chambranles et une corniche.

FERME
1787
Maçonnerie, bois et torchis
65, rue Principale 67050607

Malgré quelques archaïsmes, comme des assemblages décoratifs de poutres, la façade sur rue de cette ferme correspond aux canons esthétiques du XVIIIe siècle, avec une surface plane et une répartition régulière des fenêtres.

BALCON
1825
Bois
1, rue de l'Église 67050619

Le balcon de pignon à balustres caractéristique du pays de Hanau s'échelonne sur deux étages. Au début du XIXe siècle, les balustres circulaires disparaissent au profit des balustres carrés, au corps tout en angles et en lignes droites, selon la tendance néo-classique.

BOISERIES D'ALCÔVE
1825
Collection particulière 67050624

Dans la ferme traditionnelle, la *Stube* est prolongée par une alcôve, où dorment les maîtres de maison. La séparation est réalisée par une cloison en boiseries intégrant une armoire et une horloge, ouverte sur la *Stube* par deux larges baies fermées par des rideaux. Cette alcôve comporte une inscription en marqueterie où figurent les noms de Friedrich Bauer et de Catarina Mehl.

PORTAIL DE FERME
1827
Pierre taillée et bois
10, rue Principale
Bosselshausen 67050606

Ce portail néo-classique d'une ferme du XVIIIe siècle comprend des montants faits d'une superposition de blocs de grès, décorés d'un motif superficiel en forme de cadre, rappelant la gravure sur bois. La porte piétonne est surmontée d'un relief qui figure un laboureur menant une charrue attelée.

FERME
1852
Maçonnerie, bois et torchis
3, rue de l'Église
67050609

À partir de la deuxième moitié du XIXe siècle, le rez-de-chaussée des fermes est bâti en maçonnerie, le pan de bois régressant vers l'étage, puis se limitant au seul triangle du pignon. Par ailleurs, les ouvertures sont disposées de façon symétrique et les éléments décoratifs disparaissent, à commencer par les balcons.

FERME
1869
Maçonnerie, bois et torchis
1, rue des Vignes
Bosselshausen 67050616

La façade sur rue de cette ferme présente un fondement de grès, un premier niveau en maçonnerie enduite et un second étage en pans de bois formant des losanges, avec des appuis de fenêtres moulurés et ornés de denticules. La porte piétonne, surmontée d'une claire-voie à balustres, conserve son ancien battant.

PORTAIL
1905
Maçonnerie, brique et grès
12, rue Principale, Bosselshausen 67050617

Ce portail, inscrit dans le prolongement des bâtiments d'exploitation, comprend une porte piétonne de tradition villageoise, tandis que la structure d'ensemble et les éléments décoratifs – bandeaux, balustrade, pot à feu – relèvent de l'architecture savante. La porte piétonne est surmontée d'une plaque commémo-

rative sculptée par Bernasconi, comportant un buste de jeune fille en haut relief.

PORCHE DE L'EGLISE SAINT-MARTIN
1912
Maçonnerie, bois et torchis
Rue Principale 67050614

Une première église Saint-Martin, mentionnée dans une charte de 840 et patronnée à partir de 855 par l'abbaye de Wissembourg, s'élevait à l'emplacement de l'actuelle église protestante. La communauté catholique de la ville, qui avait disparu, se forme à nouveau à partir de 1671, avec l'installation de sauniers lorrains, qui font baptiser leurs enfants à Neuwiller, et le simultaneum est attesté dès 1687. Ce sanctuaire est construit en 1912, après la suppression du simultaneum dans l'ancienne église paroisiale Saint-Martin. Le porche de l'église est typique de l'architecture des premières années du XXe siècle, qui cherche à se distancier des styles historiques en les soumettant à une interprétation plus moderne.

Menchhoffen

Canton de Bouxwiller
Arrondissement de Saverne
Superficie : 427 ha
Population 1990 : 506 hab.
Habitants : les Menchhoffenois
Cours d'eau : la Moder

Origine du nom : inconnue.

HISTORIQUE

Menchhoffen est une ancienne possession de l'abbaye de Neuwiller, dont le fief appartient à l'évêché de Metz et revient à la famille de Lichtenberg. Dès le XIVe siècle, le village est organisé d'un point de vue économique et administratif, avec une bergerie, un moulin, une organisation foncière avec ses défenseurs locaux, un four banal et un tribunal commun avec Niedersoultzbach et Uttwiller. La guerre de Trente Ans décime le village, qui est alors repeuplé par huit familles suisses. Jusqu'à la Révolution, il fait partie du comté de Hanau-Lichtenberg.

MAISON
XVIe siècle
Maçonnerie, bois et torchis
5, rue du Tilleul 67050702

Le chambranle orné de spirales et le linteau de la grande fenêtre du premier étage, ainsi que la large demi-croupe du toit, abritant un balcon au garde-corps en poutres croisées, sont caractéristiques du XVIe siècle.

ÉGLISE
SAINTE-CATHERINE
1782-1967-1968
Grès des Vosges
et pierre enduite
67050701

Une chapelle, probablement dédiée à sainte Catherine, la patronne des meuniers, est mentionnée en 1178, date à laquelle débute probablement son patronage. Cette église dotée d'un chevet polygonal est édifiée en 1782 à son emplacement. Le simultaneum, qui avait été introduit en 1682, se poursuit après la restauration de l'édifice, en 1967 et 1968, mais avec un nouvel autel servant aux deux confessions.

PIGNON
1782
Maçonnerie et grès
Église Sainte-Catherine 67050711

Le mur-pignon ouest formant écran devant la nef, est réalisé dans le style Louis XVI.

MAISON
1837
9, rue de la Mairie 67050706

L'architecture néo-classique en vogue au début du XIXe siècle, toute de géométrie, privilégie les grandes surfaces planes, sur lesquelles les baies et les autres éléments de décor tracent des traits rectilignes. Dans la région, beaucoup de maisons en pierre de cette époque ont édifié dans ce goût. On les reconnaît le plus souvent à l'arc aveugle qui surmonte la fenêtre du triangle du pignon comme ici. À remarquer la plaque de grès ornant la façade : elle représente une scène de ferrage d'un cheval et porte les noms des propriétaires : Georg MülheimHushmit in Mechhoffen Catharina Groszin 1837.

PORTAIL
1849
Pierre
6, rue du Tilleul 67050705
La porte piétonne de cette ferme offre un décor légèrement sculpté, rappelant le décor peint des meubles de la région, et qui figure un personnage féminin tenant un bouquet, un autre, coiffé d'un chapeau de paille et tenant une faucille, des bouquets de fleurs liés ou sortant d'un vase, une cigogne, un bœuf, des oiseaux stylisés et des svastikas.

INSCRIPTIONS
XIXe siècle
Chaux et pigment
Rue d'Uttwiller 67050708
Une série de panneaux porte inscrites les sentences suivantes : « *Ich Kam einst in ein fremdes land/da stand geschrieben an der Wand/Bleib verschniegen, was nicht dein ist das lass ligen* », qui signifie « Je vins jadis dans un pays étranger/J'y vis une inscription sur un mur/Sache tenir ta langue, laisse de côté ce qui ne t'appartient pas » et « *Das Wein trinken macht fröhlich/Gott fürchten macht selig/fürchte Gott und trinke Wein/so kannst du frölich und glücklich sein* », qui peut être traduite par « Boire du vin rend joyeux/Craindre Dieu bienheureux [sauve l'âme]/Crains Dieu et bois/Tu trouveras joie et bonheur ».

Mulhausen

Canton de Bouxwiller
Arrondissement de Saverne
Superficie : 400 ha
Population 1990 : 372 hab.
Habitants : les Mulhausenois
Cours d'eau : le Rothbach

Origine du nom : du germanique *Mühle*, moulin, et *Haus*, maison.

HISTORIQUE

La découverte de nombreuses monnaies et médailles romaines laisse supposer l'existence sur le site d'une villa, *sur l'ancienne voie reliant Pfaffenhoffen à la Lorraine. Dès 884, le village est une possession de l'abbaye de Honau. Au début du* XIVe *siècle, il passe pour partie aux mains des chevaliers de Waltenheim. En 1308, ceux-ci donnent le château en propriété aux Lichtenberg et le reçoivent d'eux en fief. En 1414, le château passe en fief à la famille d'Uttwiller, qui le détient jusqu'à son extinction, en 1507. En 1508 la famille Rothenburg lui succède, suivie de 1749 à 1789 par la famille Gail. Au* XVIIIe *siècle, les mines de fer du village sont exploitées par la famille de Dietrich.*

ÉGLISE
XIXe-XXe siècles
Maçonnerie et bois 67050801

Les combats de l'hiver 1944-1945 endommagent gravement l'église, dont seul le chœur subsiste, la nef étant reconstruite sur ses anciennes fondations.

MAISON
XVIIIe siècle
Maçonnerie, bois et torchis
27, rue Principale 67050810

Certains éléments, notamment le dessin du poutrage du pignon, rattachent cette ferme à l'architecture du XVIIe siècle, tandis que ses proportions et sa symétrie lui confèrent le style du XVIIIe siècle. Selon une coutume assez répandue dans le village, la cour est fermée par un portail bas.

ENTRÉE DU CHÂTEAU
XVIIIe siècle
Grès
7, rue Principale 67050811

Jusqu'à la Révolution, le village est divisé en deux fiefs, le plus petit étant essentiellement constitué d'une grande cour domaniale. Au milieu du XVIIIe siècle, les barons de Gail en font l'acquisition, avant d'entrer en possession de l'ensemble de la seigneurie. Ils agrandissent alors la maison de maître qu'ils possédaient, et qui devient le château actuel, dont l'entrée est marquée par ces trois piliers.

MONUMENT FUNÉRAIRE
XVIIe siècle
Grès
Église 67050803

Ce monument, d'un type très rare dans la campagne du Bas-Rhin et qui rappelle, en plus modeste, le mausolée de Philippe V à Lichtenberg, commémore l'existence de Wolff Caspar Blicker von Rothenburg, seigneur de Mulhausen décédé en 1609, et de son épouse, Anna Wöllwart, enterrée en 1600. Durant deux siècles, cette famille de petite noblesse exerce des charges à la cour des princes territoriaux de la région – les ducs de Deux-Ponts et les comtes de Hanau-Lichtenberg – ou remplit des fonctions de bailli. Elle y possédait un château, dont il subsiste au XXe siècle un fragment de portail et une dépression, marquant l'emplacement des anciennes douves.
(I. M. H. 1936)

FONTAINE
1844
Grès
Rue Principale 67050812

Cette fontaine publique, dont les auges alignées servaient d'abreuvoir, comporte un fût cylindrique renflé, surmonté d'un amortissement de section carrée, probablement un réemploi. Au-dessus du tuyau d'écoulement, une plaque circulaire porte l'inscription « DER EINIGKEIT GEWIDMET 1844 », qui signifie « Consacré à la concorde, en 1844 ».

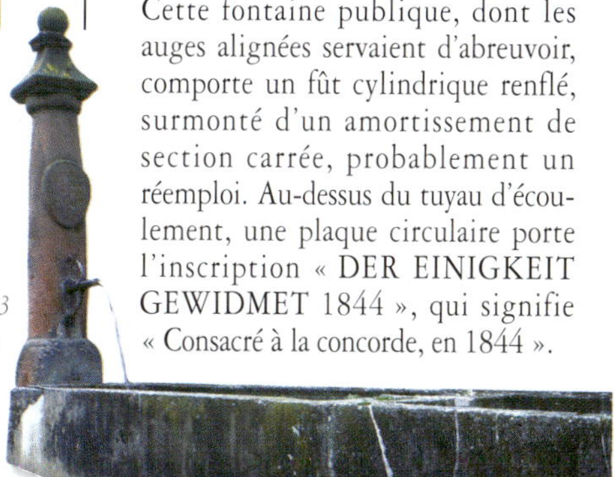

MAISON À UN NIVEAU
XIXe siècle
Bois et torchis
16, rue du Blohn
67050807

Au XIXe siècle, les manouvriers, les petits laboureurs et les artisans se faisaient construire des maisons de ce type, à un niveau carré. Une pièce du comble, de forme carrée, était aménagée, tandis que les autres, éclairées par de petites fenêtres, servaient de débarras.

PLAQUE COMMÉMORATIVE
XXe siècle
Granit
Rue Principale *67050808*

Cette plaque, apposée sur la façade de l'ancienne synagogue, rappelle le souvenir de la petite communauté juive qui se forme dans le village au cours de la première moitié du XIXe siècle et qui est décimée au cours de la Seconde Guerre mondiale.

Neuwiller-lès-Saverne

Canton de Bouxwiller
Arrondissement de Saverne
Superficie : 3 189 ha
Population 1990 : 1 166 hab.
Habitants : les Neuwillerois

Origine du nom : du latin *novum*, nouveau, et *villa*, ferme, domaine.

Blason : il représente l'évêque de Metz.
67050900

HISTORIQUE

L'origine de Neuwiller-lès-Saverne est attribuée à la fondation d'un couvent par Sigebaud, évêque de Metz au VIIIe siècle. Cet établissement est jusqu'au XVe siècle un centre religieux, administratif et économique très important, protégé par une succession d'avoués : les comtes de Metz aux XIe et XIIe siècles, la dynastie de Hunebourg à partir de 1163, les Lichtenberg à partir du XIVe siècle, puis leurs successeurs, les Hanau-Lichtenberg. Ceux-ci prennent progressivement possession de la localité, pour laquelle ils obtiennent les droits urbains, un marché et des murailles fortifiées. En revanche, l'abbaye reste en dehors de leur emprise. La Révolution met fin aux deux institutions, le comté et l'abbaye. Un certain nombre de grandes demeures devenues vacantes sont alors occupées par les nouveaux cercles dirigeants, et notamment les généraux d'Empire. Au XIXe siècle, Neuwiller est essentiellement un bourg agricole, après quoi sa vocation résidentielle s'affirme dans la deuxième moitié du XXe siècle.

ÉGLISE SAINTS-PIERRE-ET-PAUL
XIe-XIIIe-XVIIIe siècles-1852-1858
Grès des Vosges
Cour du Chapitre *67050901*

Le premier édifice, qui abrite les reliques de saint Adelphe au IXe siècle, est partiellement détruit par un incendie en 1177. Sa reconstruction, au début du XIIIe siècle, débute dans le style roman – il s'agit alors des croisées et de la partie orientale de la nef – et se termine à la fin du siècle dans les formes du gothique. Au XVIIIe siècle, un clocher néo-classique lui est adjoint, dont la sévérité est tempérée par quatre groupes de sculptures pleines de mouvement, qui le couronnent.
(Cl. M. H. 1840)

CHEVET
XIIe siècle
Grès des Vosges et pierre enduite
Église Saints-Pierre-et-Paul 67050927

Les deux chapelles superposées, Sainte-Catherine et Saint-Sébastien, qui peuvent être datées du XIIe siècle, prolongent le chevet.

ANCIENNE SALLE DU CHAPITRE
XIIIe siècle
Grès enduit
Église Saints-Pierre-et-Paul 67050907

Située au rez-de-chaussée du bâtiment conventuel et contemporaine des parties orientales de l'église, cette salle se divise en trois vaisseaux de trois travées, les nervures des voûtes retombant sur des colonettes aux fins chapiteaux ornés de feuilles.

CHÂSSE-RELIQUAIRE
Fin du XIIIe-vers le XVIIe siècles
Grès et bois doré
Église Saints-Pierre-et-Paul
67050903

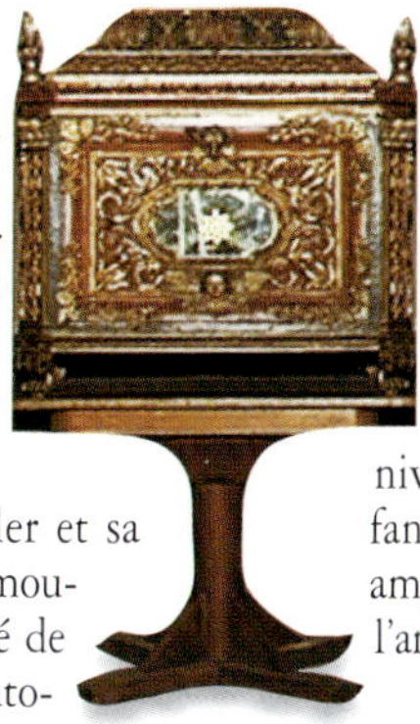

Au Moyen Âge, Neuwiller et sa région, tout comme Marmoutier, dépendent de l'évêché de Metz. Pour affirmer l'autorité épiscopale dans cette partie excentrée du territoire, on fait transférer dans l'abbaye bénédictine de Neuwiller les reliques de saint Adelphe, évêque de Metz décédé vers 400. Dans un premier temps, celles-ci sont exposées dans une confession pratiquée sous la croisée du transept de l'église abbatiale. Mais le pèlerinage prend rapidement de l'ampleur et perturbe la vie monastique, ce qui fait qu'une église de pèlerinage est édifiée au début du XIIIe siècle à proximité, desservie par un collège de chanoines. Les reliques du saint y sont transférées et placées dans cette châsse-reliquaire, qui est dotée par la suite d'un autre reliquaire, placé entre deux colonnes et datant de l'époque baroque.

SAINT-SÉPULCRE
XVe siècle
Grès polychrome
Église Saints-Pierre-et-Paul 67050904

Ce saint-sépulcre représente dans sa partie inférieure le tombeau avec les gardes au milieu, le Christ mort et les saintes femmes et au niveau supérieur, une Vierge à l'Enfant. Cette composition aux formes amples et au relief accusé représente l'art des sculpteurs du gothique tardif.

CHAPELLE SAINT-SÉBASTIEN
XIIe siècle
Grès et pierre enduite
Église Saints-Pierre-et-Paul 67050905

Cette petite église, haute et de plan basilical aux formes épurées, possède pour tout ornement des chapiteaux cubiques richement décorés. Saint Sébastien, né à Narbonne, s'engage dans l'armée romaine. Nommé chef de la première cohorte des prétoriens par Dioclétien, il travaille à la conversion des païens, ce qui conduit le pape Caïus à le nommer défenseur de l'Église. Dénoncé à l'empereur comme chrétien, il est condamné à mourir percé de flèches. Une veuve, qui le trouve à l'agonie, parvient à le guérir, et il se place sur le passage de l'empereur. Il est alors arrêté et fustigé à mort, vers 288.

VIE DE SAINT ADOLPHE
XVIe siècle
Église Saints-Pierre-et-Paul
67050906

Probablement offerte par le comte Philippe III de Hanau-Lichtenberg, cette tapisserie retrace la vie légendaire du saint en vingt et un tableaux.

VESTIGES DE CHAPELLE
Fin du XIe siècle
Pierre
Cour du chapitre 67050908

Les traces de cette chapelle – dont les écrits attestaient l'existence – sont mises au jour lors de fouilles en 1987 et 1988. Il peut s'agir d'un sanctuaire du XIe siècle à trois nefs, au transept peu saillant et à l'abside semi-circulaire. Des murs de refend présents dans le chœur laissent supposer l'existence d'une tour. Ces vestiges font partie d'un premier ensemble abbatial bénédictin, fondé vers 730.
(I. M. H. 1989)

MAISON
Moyen Âge
Grès enduit
8, impasse Léopold 67050915

Du XVe au XVIIe siècles, la ville abrite une série de cours nobles, sortes de manoirs *intra muros* assortis d'un domaine foncier, dont les propriétaires, des familles de la petite noblesse au service des sires de Lichtenberg et ensuite des comtes de Hanau-Lichtenberg, sont affranchis de servitudes et d'impôts. L'*Edelmannshof*, ou cour des gentilshommes, qui regroupe plusieurs immeubles, abrite cette bâtisse gothique, la plus ancienne, dont la porte comporte un chambranle en forme d'arc brisé trilobé.
(I. M. H. 1934)

ÉGLISE SAINT-ADELPHE
XIIIe siècle-1845-1847
Grès des Vosges
Rue de l'Église 67050928

Établie pour organiser le pèlerinage de saint Adelphe, l'église de la collégiale est aussi l'église paroissiale. La paroisse devient protestante en 1562 et la création d'une nouvelle paroisse catholique y entraîne le simultaneum. Cependant, après la Révolution, tandis que le pèlerinage est sur le point de disparaître, les catholiques se voient attribuer l'ancienne abbatiale Saints-Pierre-et-Paul. L'église du XIIIe siècle est dotée plus tardivement d'un grand chœur-halle, qui abrite la châsse de saint Adelphe jusqu'à son transfert. Le chœur-halle, qui n'a plus d'utilité après la cessation du simultaneum, est démoli en 1824.
(Cl. M. H. 1862)

REMPART
Moyen Âge
Grès
Rue de Metz 67050938

Au XIXe siècle, Neuwiller est pourvu d'une enceinte fortifiée, dont il subsiste un chemin de ronde et une tour d'angle carrée.

INSCRIPTIONS FUNÉRAIRES JUIVES
Moyen Âge
Grès 67050950

La communauté juive de Neuwiller, déjà présente au Moyen Âge, possède un cimetière dès la fin du XVIIe siècle, établi au pied de la partie sud du rampart, et dont cette stèle provient. Au XIXe siècle, un nouveau cimetière est établi en dehors de la localité, le premier étant dès lors désaffecté. Par ailleurs, le parement extérieur du rempart, marqué d'inscriptions en hébreu datant d'une période plus ancienne, appartenait peut-être à un lieu d'inhumation provisoire. Par ailleurs, le bâtiment de l'ancienne synagogue de cette communauté, du XIXe siècle, subsiste toujours au centre de la localité.

MAISON
1599
Grès enduit et bois
6, impasse Léopold
67050919
Cette maison Renaissance, qui fait partie de la cour des Gentilshommes, comporte un oriel, une tourelle d'escalier et un portique d'entrée.
(I. M. H. 1934)

MAISON DE MANOUVRIER
1751
Grès
8, rue Hedwig *67050951*
La partie nord-ouest de la ville comprend de nombreuses maisons de manouvriers et de petits laboureurs cultivant les champs et les vignes pour le compte des notables. Celle-ci comporte une porte de cave cintrée et datée.

PUITS À CHAÎNE
XVIIIe siècle
Grès
5, rue du Général-Leclerc *67050916*
Ce puits, qui était mitoyen, est l'un des derniers en place dans la ville, les autres ayant disparu avec l'usage des pompes, puis par l'installation d'un réseau d'adduction en eau.

MAISON BOURGEOISE
XVIIIe siècle
Maçonnerie enduite et grès
21, rue du Général-Koenig *67050930*
Cette maison présente des chaînes d'angles, un bandeau et des encadrements de fenêtres issus de la même pierre. Le toit, à égout retroussé, repose sur une corniche moulurée.

ANCIENNE MAISON CANONIALE
Vers le XVIIIe siècle
Grès
1, rue du Général-Koenig *67050917*
En 1496, l'abbaye bénédictine est transformée en chapitre de chanoines. La communauté des moines est dissoute et ceux-ci s'établissent séparément, chacun dans un immeuble. Cette bâtisse, qui appartenait à l'un d'eux, comporte sur ses portes des médaillons en méplat, des pilastres cannelés et un fronton triangulaire, éléments caractéristiques de la Renaissance rhénane.

ESCALIER
XVIIIe siècle
Grès
4, rue du 22-Novembre
67050948
La porte d'entrée de cette maison est desservie par un escalier extérieur, dont la rampe est formée de panneaux de grès sculptés.

ESCALIER
Vers 1750
Bois
Place du Chapitre 67050929

L'architecture du XVIIIe siècle en Alsace adopte progressivement les formes françaises, mis à part quelques éléments baroques, empruntés aux formes allemandes ou italiennes, comme cet escalier tournant suspendu, aux balustres en forme de vasques. Il a été conçu pour l'une des maisons de chanoines édifiées au XVIIIe siècle sur la place du Chapitre.

INSIGNE DE L'ABBAYE
XVIIIe siècle
Bois
8, cour du Chapitre 67050910

Ce blason sculpté sur la rampe de l'escalier d'une ancienne demeure canoniale figure l'insigne de l'abbaye, deux clés entrecroisées, qui représentent saint Pierre et saint Paul.

ANCIEN HÔTEL DU PRÉVÔT DU CHAPITRE
Vers 1750
Grès crépi
8, cour du Chapitre
67050909

L'hôtel du prévôt, le supérieur du chapitre des chanoines, est acquis en 1785 par le général Clarke, fait duc de Feltre par Napoléon Ier, dont il devient ministre de la Guerre. Un étage attique lui est adjoint sous l'Empire. *(I. M. H. 1934)*

MOULURE
Seconde moitié du XVIIIe siècle
Grès crépi
Salon d'été du château Reissenbach
Rue de Metz
67050912

L'ancienne cour domaniale des comtes de Hanau-Lichtenberg, qui occupe une vaste superficie dans la ville, est inféodée vers 1760 au baron de Reissenbach, ancien officier, qui construit cet édifice dans le style de l'architecture militaire française, très influente dans l'Alsace de la fin de l'Ancien Régime. L'ornementation légère du salon d'été contraste avec la sévérité de la façade. Au XXe siècle, cet espace est occupé par un centre de rencontres.

FERME
XVIIIe-XIXe siècles
Maçonnerie enduite et grès
10, rue de Metz
67050931

Il se trouve dans le piémont des Vosges deux types de ferme : la ferme de plaine, avec une cour centrale donnant sur des bâtiments annexes indépendants, et la ferme de montagne ou du plateau lorrain, qui, comme celle-ci, réunit sous un même toit l'habitation, l'étable et la grange.

MAIRIE
1780
Pierre enduite et grès
7, rue du Général-Koenig
67050914

L'ancien tribunal de la ville s'élève à l'emplacement d'un précédent édifice, dont l'usage était le même. Une façade de la bâtisse néo-classique est couronnée d'un fronton triangulaire et dotée d'un balcon. *(I. M. H. 1938)*

MONUMENT FUNÉRAIRE
DU GÉNÉRAL CLARKE
1818
Marbre blanc
Cimetière catholique 67050920

Le monument funéraire du général Clarke, le plus célèbre des généraux de Napoléon, domine les autres tombes militaires. Sous l'Empire, plusieurs de ces hommes et d'anciens fonctionnaires de l'abbaye font l'acquisition des maisons de maître construites pour les chanoines du XVIIIe siècle et laissées vacantes après la Révolution.
(Cl. M. H. 1948)

FERME
Vers 1830
Pierre et bois
17, rue de l'Église
67050934

Cette ferme du Piémont est bâtie sur une petite parcelle, à l'intérieur des remparts de la ville, où l'espace est limité. Cela explique que son vaste auvent couvre une partie de la cour, habituellement dégagée.

PORTAIL DU CIMETIÈRE
PROTESTANT
1841
Maçonnerie, grès et fer
Route de Dossenheim
67050942

Établi à l'extérieur du bourg et à l'emplacement d'une ancienne léproserie, le cimetière protestant est fermé par cet imposant portail. Un haut mur maçonné entoure une ouverture se terminant en arc brisé et fermée par deux vantaux en fer, dont la surface est constituée de plaques de tôle ajourées.

PIERRE TOMBALE
1931
Grès gris
Cimetière protestant
Route de Dossenheim 67050953

Cette stèle basse est la tombe du baron d'Uexküll, le dernier châtelain de Neuwiller. Il était issu d'une famille de la noblesse balte, successivement au service des rois de Pologne, de ceux de Suède et des tsars de Russie. Sa femme, née de Bary, venait d'une famille de huguenots wallons établis, après leur expulsion des Flandres, comme fabricants et négociants le long de l'axe Hambourg-Bâle, et alliés aux dynasties industrielles de Mulhouse.

MAISON
1875
Maçonnerie enduite et grès gris
2-4, faubourg du Maréchal-Leclerc
67050937

Construite dans un style néo-classique tardif, qui reste en vogue dans la région jusqu'à la fin du XIXe siècle, cette maison comporte un oriel, réminiscence des façades Renaissance, avec un toit en flèche.

Niedermodern

Canton de Bouxwiller
Arrondissement de Saverne
Superficie : 439 ha
Population 1990 : 573 hab.
Habitants : les Niedermodernois
Cours d'eau : la Moder

Origine du nom : du germanique *nieder*, en bas, et du nom de la rivière.

Blason : il rappelle les armes des familles d'Ochsenstein et de Gayling d'Altheim.
67051000

HISTORIQUE

Au Moyen Âge, il se trouve à Niedermodern un château nommé Niedermotherbourg. Au XIVe siècle, il est occupé par des seigneurs brigands, que la ville de Strasbourg déloge en 1386. Un moulin joue un rôle économique important dans le village jusqu'au XIXe siècle, date à laquelle il est transformé en filature. À la fin du Moyen Âge, le château appartient à la famille de Soultz, à laquelle succèdent ses héritiers, les Gayling d'Altheim, qui le détiennent jusqu'à la Révolution. Le château est détruit au début du XIXe siècle. Désormais, Niedermodern appartient au Syndicat intercommunal à vocations multiples de la région.

FONTAINE
1902
Grès
Faubourg du Maréchal-Clarke *67050949*
Située à l'origine au centre du bourg, cette fontaine est déplacée en ce lieu en 1947.

CHAÎNE D'ANGLE
1913
Grès enduit
5, rue de l'Église *67050943*

Cette maison d'architecture traditionnelle comporte des chaînes d'angles sculptées dans le style du début du XXe siècle. Le méplat stylisé est une retombée locale de l'Art nouveau.

CALVAIRE
XVIIIe siècle-1828
Grès des Vosges
Rue Principale *67051002*

Ce calvaire semble provenir de l'ancienne abbaye cistercienne de Neubourg. Il est offert aux catholiques du village par le propriétaire du moulin voisin, le Kreebsmühle, grand collectionneur de biens nationaux, au moment de la rénovation de l'église.

MAISON
Fin du XVIIIe siècle
59, rue Principale *67051004*
Au milieu du XVIIIe siècle, l'architecture du pan de bois cesse d'évoluer et reproduit les formes de l'architecture en pierre. Le colombage connaît ensuite

un nouvel essor au début du XIXe siècle, dans les zones rurales. Cette maison de notable, une ancienne auberge, présente une façade entièrement crépie, ce qui lui confère l'aspect de la pierre.

MAISON
XVIIIe siècle
Bois et torchis
2, rue d'Uberach
67051005
Édifié pour moitié en maçonnerie et pour moitié en pans de bois, cet immeuble est l'un des plus cossus du village.

Niedersoultzbach

Canton de Bouxwiller
Arrondissement de Saverne
Superficie : 419 ha
Population 1990 : 253 hab.
Habitants : les Niedersoultzbachois
Cours d'eau : le Soultzbach

Origine du nom : du germanique *Sulza,* source salée, et *Bach,* ruisseau.

Blason : il reprend le sceau de 1506.
67051100

HISTORIQUE

Niedersoultzbach est mentionné pour la première fois en 1319, sur des parchemins concernant l'abbaye de Neuwiller. De 1359 à la Révolution, le village est rattaché à l'histoire des Lichtenberg. Impliqué dans la guerre des Paysans et ravagé pendant la guerre de Trente Ans, il est ensuite incendié lors de la retraite des troupes lorraines vaincues à la bataille de Pfaffenhoffen.

ÉCOLE ÉLÉMENTAIRE
1842
Maçonnerie et pierre enduite
2, rue de l'École *67051003*

Sans être une république, la monarchie de Juillet cultive un discours et une symbolique se référant à la citoyenneté antique. Cette école présente une architecture classique, qui correspond à cette tendance.

MAISON À UN NIVEAU
Début du XXe siècle
Pierre enduite, brique et grès gris
56, rue Principale *67051009*

Ce type de construction au décor soigné se multiplie au début du XXe siècle, avec le développement de l'industrie de la brique.

MOULIN
XXe siècle
Pierre enduite
Route de Neubourg *67051011*

Deux moulins importants se trouvaient sur le ban du village : le Kreebsmühle et le Rheinmattmühle. Le premier est transformé au XIXe siècle en établissement industriel, pour la fabrication de textile, puis de chaussures, tandis que celui-ci, le second, poursuit son activité minotière jusque dans les années 1980. Il est entièrement reconstruit après la Seconde Guerre mondiale.

VITRAIL
1866-1869-XXe siècle
Église protestante *67051012*

L'église catholique, dédiée à saint Jean Baptiste, remplace un édifice médiéval. Toutes deux font office d'église paroissiale commune depuis l'introduction de la Réforme jusqu'en 1869, où cette église protestante est édifiée. Presque entièrement rénovée, elle conserve cependant ce vitrail d'origine.

DÉPENDANCES

XVIIIe siècle

Bois et torchis

2, rue Principale 67051105

L'autosuffisance alimentaire, assurée par la polyculture, se traduit, hormis une grange aux céréales dominante, par de nombreuses dépendances spécialisées et de tailles variées : des séchoirs divers, des étables, une écurie, une buanderie, un pressoir, des caves à vin et une remise à pommes de terre. Ces locaux sont desservis à l'étage par des galeries, qui servent également de séchoir.

MAISON

1837

10, rue Principale 67051107

À partir du premier tiers du XIXe siècle, les conditions économiques favorables permettent un fréquent recours au grès – taillé et sculpté – dans les constructions. Sous la fenêtre centrale du premier étage de cette maison, une plaque sculptée d'un laboureur attelant un cheval à sa charrue indique la profession de son commanditaire.

GRANGE

Début du XIXe siècle

Maçonnerie, bois et torchis

6, rue d'Ingwiller 67051110

La grange, plus qu'une simple dépendance, était un élément vital de la ferme, ce qui explique qu'elle était autant décorée que le logis. Sa partie centrale servait d'aire de battage, ou *Tenne,* et lors des récoltes, les charrettes y déchargeaient la moisson quartier par quartier, ou *Viertel.* La partie inférieure des quartiers de cette grange est occupée par d'autres dépendances, une étable et une porcherie.

MAIRIE

Début du XIXe siècle

Bois et torchis

67051113

Le petit bâtiment de la mairie, construit dans le style moderne de l'époque, comporte en pignon une façade Empire.

ÉGLISE

1824-1825 67051112

Cette église de style Louis XVI très dépouillé est d'abord une paroisse d'Ingwiller, puis de Bouxwiller.

FERME

XIXe siècle

Bois

10, rue Principale 67051108

Le hangar sous portique de cette ferme est directement accessible par la rue, ce qui permet de décharger le fourrage et de stocker facilement le foin au-dessus de l'étable, ainsi que de cueillir le houblon à l'abri de la pluie. Un modeste pigeonnier est aménagé entre deux piliers.

Obermodern-Zutzendorf

Canton de Bouxwiller
Arrondissement de Saverne
Superficie : 1 446 ha
Population 1990 : 1 395 hab.
Cours d'eau : la Moder

Origine du nom : du germanique *ober*, au-dessus de, et Moder, nom de la rivière.

HISTORIQUE

La première mention écrite du bourg date de 773, lorsque son église est offerte à l'abbaye de Wissembourg. Au XIII*e siècle, les seigneurs de Lichtenberg acquièrent le fief – impérial – et jusqu'à la Révolution, le village appartient au comté de Hanau-Lichtenberg. Le lieu est entièrement déserté de 1637 à 1648, à la suite de la guerre de Trente Ans, et repeuplé par l'immigration helvétique. De 1870 à 1914, un carrefour ferroviaire est mis en place, reliant Steinbourg à Haguenau et Obermodern à Sarrable, ce qui entraîne un fort accroissement démographique. Le village, de tradition agricole, pratique la polyculture, la production laitière et l'élevage. Trois moulins à blé fonctionnent du Moyen Âge aux années 1960. À partir du* XVIII*e siècle, des imagiers-peintres réalisent des images-souvenirs qui, avec les images religieuses, constituent une spécialité alsacienne. Au* XX*e siècle, la prédominance de la production de céréales mène à l'abandon de la culture du tabac. En 1973, la commune d'Obermodern fusionne avec celle de Zutendorf, qui prend le statut de commune associée.*

ÉGLISE PROTESTANTE
1505-1843
Pierre enduite
Rue de la Moder 67051202
Cet édifice est construit à l'emplacement d'une église gothique, dont il réemploie la base voûtée d'un clocher, rehaussé par la suite. La Réforme est introduite en 1545 et l'église, devenue trop exiguë, est agrandie par une nouvelle construction, orientée nord-sud, ce qui entraîne le déplacement du chœur de l'est au nord.

CHAIRE
1844
Sculpteur : Eugène Laville
Grès des Vosges
Église protestante 67051227
Cette chaire est installée lors de la reconstruction de l'église dans un court chevet arrondi, assez loin des bancs des fidèles. Elle est accessible par un escalier en colimaçon situé à l'intérieur du dispositif et porte cinq médaillons peints, représentant le Christ et les quatre évangélistes.

FRESQUE
XVe siècle
Badigeon et pigments
Église protestante 67051219
Cette fresque gothique est découverte avec d'autres sous les couches de badigeon, dans l'ancien chœur de l'église. *(I. M. H. 1995)*

ORGUE
1857
Facteur : Stiehr-Mockers
Bois
Église protestante 67051204
L'ancien orgue, acquis en 1817, se révèle trop faible pour la nouvelle église. Le conseil municipal commande alors cet orgue, inscrit dans un buffet rocaille, dont le jeu est un compromis entre l'orgue Silbermann et l'orgue romantique.

MAISON
XVIe-XVIIe siècles
Maçonnerie, bois et torchis
72, rue Principale 67051206

Cette maison de plan presque carré possède un rez-de-chaussée surélevé, un étage en pan de bois au maillage assez lâche et un toit à large demi-croupe. Ces formes s'enracinent dans l'architecture de la fin du Moyen Âge et contrastent avec celles de l'architecture plus tardive, qui privilégie les plans longitudinaux et les poutrages denses.

MAISON
1780
Maçonnerie, bois et torchis
38, rue de Hanau-Lichtenberg
Zutzendorf 67051222

Édifiée parallèlement à la rue, cette maison possède une porte d'entrée surélevée, accessible par un escalier à double volée. La porte, encadrée ainsi que les fenêtres du premier niveau par un chambranle de type urbain, est surmontée d'un double linteau, le plus élevé portant sculpté sur une fausse clé un emblème de maréchal-ferrant. La bâtisse est traversée par un passage, dont le linteau porte l'inscription : « DIESES HAUSZ HAT GEBAUT IACOB BOCK UND MARGREDA FANER IN 1780. »

PORCHE
1820
Grès
9, rue de Kirkwiller
67051210

Les piliers de ce porche sont décorés par panneaux, tandis que le linteau de la porte piétonne présente une scène de labour dans un style naïf, l'attelage étant curieusement précédé d'un lion héraldique. Le nom du propriétaire, Iacob Ruch, figure sans celui de son épouse : autre curiosité.

MAISON
Fin du XVIIe siècle
Bois et torchis
45, rue de la Moder 67051216

L'architecture rurale conserve jusqu'au début du XVIIIe siècle les formes des constructions urbaines du XVIe siècle : colombage en Mann, fenêtre de la Stube à multiples battants et à chambranle battant, balcon de pignon. Au XVIIe siècle, certaines maisons perpétuent cependant un pan de bois archaïque avec une structure de poutrage très lâche et notamment une seule rangée d'entretoises, comme c'est le cas ici.

MAISON À UN NIVEAU
1826
Bois et torchis
49, rue de Hanau-Lichtenberg, Zutzendorf
67051220

Cette maison est typiquement celle du propriétaire d'une petite exploitation, dont l'activité était complémentaire d'une autre profession – artisan, journalier, ou, à partir de la fin du XIXe siècle, ouvrier ou cheminot. Comme d'autres, elle est bâtie à la sortie du village, où les parcelles de terrain sont plus étroites que celles du centre. Selon l'usage en vigueur pour les maisons à un niveau, dont la forme générale suit cependant celle de la maison rurale, une pièce carrée est aménagée dans la partie avant du comble, flanquée de part et d'autre de soupentes éclairées par de petites lucarnes.

ANCIENNE ÉCOLE
Milieu du XIXe siècle
Maçonnerie, bois et torchis
1, place de l'Église 67051225

La famille Gayling d'Altheim, établie à Buswiller, hérite au début du XVIIIe siècle des droits seigneuriaux sur Zutzendorf, après le décès du dernier des Fleckenstein. Leur descendant fait au XXe siècle l'acquisition de ce bâtiment, une école désaffectée. L'ancienne salle de classe, au rez-de-chaussée, est par la suite aménagée en un musée exposant des documents relatifs à cette famille.

ŒILS-DE-BŒUF DÉCORÉS
Milieu du XIXe siècle
Grès
7, rue de Bouxwiller 67051215

Les œils-de-bœuf sont traditionnellement percés dans les murs des dépendances du village et souvent ornés d'un décor floral. Ceux-ci portent en outre les noms d'anciens propriétaires des lieux, Anna-Barbara Frintz et Georg Dutt, qui appartiennent à deux importantes lignées d'agriculteurs du pays de Hanau.

MAISON
XIXe siècle
Grès et maçonnerie
25, rue de Hanau-Lichtenberg
Zutzendorf 67051223

Les dernières décennies du XIXe siècle voient se multiplier les constructions en pierre, et en particulier en grès parementé, comme c'est le cas de cette maison et de son porche. Le tympan de grès gris qui surmonte la porte présente une partie supérieure arrondie et ajourée à la manière d'un remplage gothique. L'inscription dédicatoire, à caractère religieux, qui signifie « Le Seigneur bénisse notre entrée et notre sortie », témoigne du réveil luthérien de la deuxième moitié du XIXe siècle.

MOULIN
XIXe siècle
Maçonnerie, bois et torchis
Route de Pfaffenhoffen 67051217

Ce moulin, dit Buchmühle, ou moulin d'aval, n'est plus en activité à la fin du XXe siècle, mais il conserve, ainsi que les deux autres, sa roue, le mécanisme d'entraînement et une partie de l'installation de meunerie.

FERME
1813
Bois et torchis
5, place de l'Église, Zutzendorf 67051224

Cette maison est typique de l'architecture des trois premières décennies du XIXe siècle dans le Pays de Hanau, avec un bâtiment dont la verticalité est accentuée par une double galerie en surplomb, un pan de bois de style XVIIIe siècle avec des décors simples, un poutrage rectiligne et des linteaux de fenêtres en segments d'arcs. La disposition asymétrique des baies, l'encorbellement de l'étage côté cour et la mouluration des sablières perpétuent en revanche les traditions du XVIIe siècle.

MAISON
1860
Maçonnerie, bois et torchis
2, rue de la Forêt 67051207

Les maisons rurales de la deuxième moitié du XIXe siècle, sans balcon, sont plus larges que celles de la génération précédente, qui ne possédaient généralement que deux fenêtres ordinaires et une à un battant. L'usage de la pierre pour le premier niveau se généralise. Les appuis des différentes fenêtres de cette maison sont moulurés de denticules.

ANCIEN PRESBYTÈRE
Vers 1870
21, rue de Hanau-Lichtenberg
Zutzendorf 67051228

La pente assez faible du toit de cet ancien presbytère, la modénature simple des chambranles et des corniches sont caractéristiques de l'architecture Restauration ou Louis-Philippe, en vigueur lors de la première moitié du XIXe siècle. Le coloris d'origine – ocre orangé – du crépi tranchant sur le gris clair de la pierre évoque les traditions méditerranéennes, à laquelle se réfère l'architecture néo-classique.

MAISON
XIXe-XXe siècle
Brique
76, rue Principale 67051211

Cette maison diffère des principes de l'architecture villageoise par son implantation, parallèle à la rue, et par son entrée, dénuée d'escalier extérieur.

MAISON À UN NIVEAU
1913
Maçonnerie et pierre
45, rue de Hanau-Lichtenberg
Zutzendorf 67051221

Dans cette maison d'une petite exploitation, la densité des fenêtres et la hauteur des pièces correspondent aux nouvelles normes d'habitabilité apparues au début du XXe siècle.

MONUMENT AUX MORTS
XXe siècle
Grès et marbre blanc 67051205

Ce monument aux morts des deux guerres mondiales est surmonté d'une statue de femme, qui incarne une mère pleurant ses enfants. De nombreux monuments aux morts du département représentent en effet une mère, l'Alsace, pleurant ses deux enfants, symbolisant les victimes allemandes et les victimes françaises.

PUITS À BALANCIER
XXe siècle
Grès et bois
Rue de la Moder 67051214

Ce puits reproduit un modèle ancien, dont le matériau principal était le bois.

Obersoultzbach

Canton de Bouxwiller
Arrondissement de Saverne
Superficie : 516 ha
Population 1990 : 378 hab.
Habitants : les Obersoultzbachois
Cours d'eau : la Soultzbach

Origine du nom : du germanique *Sulza*, source d'eau salée, et *Bach*, rivière.

Blason : il représente saint Sébastien.
67051300

HISTORIQUE

Une première mention du lieu, alors appelé Solzbach, date d'un écrit de 1213, où le duc Theobald de Lorraine confirme que son père a transmis des biens allodiaux du ban d'Obersoultzbach au cloître de Stürzelbronn. En 1335, le bourg appartient aux sires de Lichtenberg, en tant que fief de l'évêché de Metz. À la suite d'un conflit entre les deux branches de la famille à propos de la colonge, le fief passe en 1480 au comté de Bitche, et revient ensuite au comté de Hanau-Lichtenberg, en 1570. En 1611, une partie du ban sert à constituer le Tiergarten *seigneurial, une réserve de chasse pour le grand gibier. Le village subit de lourdes pertes lors de la guerre de Trente Ans. À partir du milieu du XIVe siècle, la prospérité agricole provoque la multiplication des exploitations de moyenne dimension, autonomes économiquement. De tradition agricole, Obersoultzbach vit encore de la polyculture et de l'élevage.*

ÉGLISE PROTESTANTE
XIVe-1858
Grès *67051301*
Cette église est bâtie en plusieurs étapes. La partie ancienne du chœur-clocher, percée ultérieurement de fenêtres gothiques subdivisées chacune en deux lancettes surmontées par un quadrilobe, s'étage sur trois niveaux, chacun en retrait par rapport au précédent. L'étage intermédiaire ne présente que des fentes, tandis que l'ancien étage des cloches s'ouvre par des baies romanes géminées. La nef se rattache par deux pans coupés au clocher.

VITRAIL
Milieu du XIXe siècle
Église protestante *67051303*
Ce double vitrail représente Luther et le réformateur de Strasbourg, Bucer. Comme d'autres villages du canton, Obersoultzbach est marqué par le réveil luthérien, mouvement dans lequel se mêlent la piété, un renouveau liturgique et une réactivation de la tradition doctrinale, sans oublier un arrière-plan social, du fait des transformations du monde rural à partir du milieu du XIXe siècle, caractérisées par l'émergence des catégories d'exploitation moyennes. Les petits deviennent indépendants et n'on plus besoin des gros : progrès agricoles, début de la mutualité bancaire.

TABLEAU
XIXe siècle
Peintre : Jordan
Toile marouflée
Église protestante *67051302*
Le panneau central, le plus important des trois, représente le Sermon sur la montagne, mis en scène dans la campagne alsacienne, avec les habitants d'Obersoultzbach en costume de l'époque. Le peintre est né en 1863 au Tyrol. Après des études d'art à Munich, il enseigne à l'école des arts décoratifs de Strasbourg et se spécialise dans la peinture historique destinée souvent à décorer des bâtiments administratifs.

PIERRE TOMBALE

1859

Grès

Ancien cimetière 67051315

Il subsiste quelques tombes de l'ancien cimetière, dont celle d'une jeune fille du village, Christine Roth, une stèle encadrée de colonettes à chapiteaux ioniques et coiffée d'un lanternon, gravée de motifs de l'art populaire : des fleurs, une main tenant un bouquet et un saule pleureur.

DÉPENDANCES

XVIIIe siècle

Pan de bois

6, rue Sainte-Catherine 67051309

Cette aile des dépendances abrite une étable, une porcherie, un cellier et, à l'étage, des pièces à usage d'habitation et de réserves, desservies par une galerie au garde-corps fait de poutres entrecroisées.

MAISON

XVIIe siècle

Maçonnerie, pierre, bois et torchis

11, rue Principale 67051306

Cette maison possède un rez-de-chaussée de pierre avec des encadrements de porte et de fenêtres moulurés. Selon la tradition, elle aurait appartenu à la famille de Lœben, issue d'un officier de l'armée suédoise passé sous le commandement français vers 1639, au cours de la guerre de Trente Ans. Des pierres tombales dans le chœur de l'église en rappellent le souvenir.

COLONNE

Fin du XVIIIe siècle

Grès des Vosges 67051313

Au début du XIXe siècle, un ensemble de colonnes provenant du château épiscopal de Saverne, dit des Rohan, est placé aux carrefours, où elles indiquent les directions et les distances.

MAIRIE

XIXe siècle

Grès 67051304

Le bâtiment de la mairie est un exemple du style « historicisant », prisé par les commanditaires des édifices publics à la fin du XIXe siècle. Il reprend différents styles architecturaux, assez librement interprétés.

MAISON

1842

Maçonnerie, bois et torchis

13, rue Principale 67051307

Les baies des pièces principales de cette maison se distinguent de celles des pièces secondaires, ces dernières n'ayant que des fenêtres à un battant. Selon la tendance du milieu du XIXe siècle, qui s'approche du style urbain, la façade est peu décorée et le rez-de-chaussée en pierre.

MAISON ET PORCHE
1861
Pierre
2, rue des Seigneurs *67051316*
Donnant accès à un porche profond, intégré aux dépendances, le portail de cette maison se caractérise par sa hauteur et par l'originalité de son décor, des sculptures et gravures coloriées.

LAVOIR
XXe siècle
Pierre et bois
Rue Principale *67051305*
Ce lavoir est bâti sur la petite rivière du Soultzbach, à l'entrée du village.

Pfaffenhoffen

Canton de Bouxwiller
Arrondissement de Saverne
Superficie : 354 ha
Population 1990 : 2 285 hab.
Habitants : les Pfaffenhoffenois
Cours d'eau : la Moder

Origine du nom : de l'anthroponyme germanique Papo et de *Hoven*, la cour.

Blason : il figure les clefs de saint Pierre.
67051400

HISTORIQUE

Le village est mentionné en 739 sous le nom de Papanhaim, comme possession de l'abbaye de Wissembourg. Au XIVe siècle, les dissensions féodales ruinent le bourg, qui est, de plus, insuffisamment fortifié. Au XVe siècle, Pfaffenhofen, qui est une terre d'Empire, devient le siège d'un baillage lichtenbergeois, avec dix-huit communes. Au Moyen Âge, c'est un centre de commerce et d'artisanat, la vente de laine et de cuir étant à l'origine de l'expansion de marchés hebdomadaires et de foires annuelles. Le bourg possède le monopole de la laine produite par les Hanau-Lichtenberg et abrite tous les corps de métiers liés à son traitement, des cordiers, des couteliers, des teinturiers et des marchands de draps. La ville est également un lieu de négoce du bétail, notamment en vue de l'approvisionnement de Strasbourg, et compte de nombreux bouchers, marchands de bestiaux et tanneurs. Au XXe siècle, en 1965 le Syndicat intercommunal à vocations multiples du Val de Moder est créé pour établir des infrastructures nécessaires à un développement équilibré de l'agglomération, qui regroupe les communes de La Walck, Uberach et Niedermodern. Deux personnages ont marqué l'histoire de la localité. Le premier, Philipe Georg Helmstetter (1759-1814), jeune boucher et aubergiste, épouse Salomé Stephan en 1786 et s'engage dans la Révolution. Commandant de la garde nationale, il participe à la défense des frontières lors de l'offensive autrichienne de 1793-1794. Sous la direction de Hoche, il obtient le grade d'adjudant-général. Le second, Philippe-Chrétien Schweitzer (1817-1900), instituteur démissionnaire après le coup d'État de Louis-Napoléon-Bonaparte, compte dans sa descendance de nombreux hommes illustres, parmi lesquels Albert Schweitzer, prix Nobel de la Paix en 1952, et Jean-Paul Sartre.

ANCIEN REMPART
ET TOUR D'ANGLE
XIVe siècle-1603
Rue du Rempart *67051423*
Parmi les quelques traces de la muraille médiévale, qui comportait plusieurs tours, ce fragment expose une canonnière double, qui témoigne des transformations effectuées pour adapter la fortification à l'artillerie.

ÉGLISE SAINTS-PIERRE-ET-PAUL
Fin du XIVe siècle-1884
Grès des Vosges 67051401

La paroisse existe depuis l'an mille et constitue un centre d'expansion religieux régional. La Réforme est introduite en 1545 et le rattachement à la France, en 1680, se traduit par le simultaneum dès juillet 1685. L'édifice, construit dans le style gothique tardif, comporte sur cinq travées une large nef centrale éclairée par des fenêtres hautes et circulaires et séparée des bas-côtés par les arcades sur colonnes. Le clocher lui est adjoint en 1884.

CHŒUR
XIXe siècle
Église Saints-Pierre-et-Paul 67051402
L'intérieur de l'église, qui comporte sur le mur sud-est les restes d'un saint-sépulcre, est profondément transformé à la fin du XIXe siècle. L'ancien chœur, qui se trouvait sous le clocher primitif, disparaît avec celui-ci et se trouve remplacé par une construction néo-gothique plus vaste et plus claire.

MAISON
1577-1587
Maçonnerie enduite et grès
Rue du Docteur-Schweitzer 67051429
Avant la guerre de Trente Ans, cette maison appartenait à un notable aisé dénommé Roemer, ce qui signifie « romain ». Dès lors, la bâtisse est connue sous ce nom, qui sert d'enseigne à l'auberge-brasserie installée plus tard. Celle-ci développe progressivement son activité, jusqu'à occuper tous les bâtiments du quartier. Entièrement rénové, l'édifice abrite à la fin du XXe siècle le musée de l'Image triste et populaire alsacienne.

Fiat pax in uirtute tua: et
habundancia in turribȝ tuis.
Propter fratres meos et pro
ximos meos loquebar pacem de te.
Propter domū dnī dei nrī
quesiui bona tibi. psalmus.
Ad te leuaui oculos me
os qui habitas in celis.
Ecce sicut oculi seruorū: in
manibus dnōrum suorum.
Sicut oculi ancille in ma
nibȝ dnē sue ita oculi nrī ad
dominum deum nostrū do
nec misereatur nostri
Miserere nostri dnē mise

ENLUMINURE
Fin du XVe siècle
(160 × 115 mm)
Musée de l'Image triste
et populaire alsacienne 67051438
L'art de l'illustration et de l'enluminure de textes bibliques ou religieux se développe dans les couvents à partir du haut Moyen Âge et dans les familles protestantes vers le XVIIe siècle. Réalisées sous l'influence des écrits mystiques du XIVe siècle et des effusions piétistes des XVIIe et XVIIIe siècles, ces planches reprennent souvent les textes des psaumes.

SAINTE BARBE
Milieu du XVIIIe siècle
Aquarelle sur vélin (195 × 130 mm)
Musée de l'Image triste
et populaire alsacienne 67051444
Ce napperon, un travail de couvent, représente sainte Barbe, la patronne des mineurs et des sapeurs-pompiers, souvent vénérée en Alsace.

SAINT JEAN
XVIIIe siècle
Peinture sous verre
(196 mm × 134 mmm)
Musée de l'Image triste
et populaire alsacienne
67051436
Avec la taille douce, ou gravure sur cuivre, et la lithographie, la peinture sous verre est l'une des techniques les plus utilisées en Alsace pour représenter les saints, appelés *Helje,* selon des règles de composition

propres à chaque atelier, lié en général à une verrerie. Les images d'art populaire étaient ensuite vendues tout encadrées par des colporteurs, qui possédaient des dépôts intermédiaires dans quelques fermes. Cette technique est également utilisée en Bavière, au Tyrol, en Transylvanie, dans la Bohême et en Moravie.

SAINTE VIERGE
Vers 1775
Atelier : Joseph Ottinger
Gravure au burin (163 × 95 mm)
Musée de l'Image triste
et populaire alsacienne 67051443
L'atelier strasbourgeois de Joseph Ottinger, originaire de Munich et actif à Strasbourg à la fin du XVIIIe siècle, est renommé pour ses gravures en taille douce, représentant l'imagerie catholique.

VŒUX DE BAPTÊME
1776
Peinture et calligraphie manuelles
(198 × 223 mm)
Musée de l'Image triste
et populaire alsacienne 67051437
Les vœux de baptême, appelés entre autres *Goettelbrief,* sont remis à un enfant le jour de son baptême par ses parrain et marraine. Ils lui souhaitent en général une vie religieuse accomplie et une existence heureuse, et s'accompagnent d'un don, le *Goettelpfennig,* ou denier de baptême, proportionnel aux moyens du donateur.

SOUVENIR DE CONFIRMATION
1849
Peintre : André Schultz
(33 × 42 cm)
Musée de l'Image triste
et populaire alsacienne 67051439
Ce texte commémore la confirmation de Georges Finck, le 21 mars 1847, à 14 ans, et son décès le 18 janvier 1848, à près de 15 ans. André Schultz est un célèbre imagier d'Obermodern.

SOUVENIR DE CONSCRIPTION
1862
Peintre : Jean Schultz
(310 × 310 mm)
Musée de l'Image triste
et populaire alsacienne 67051442
Au XIXe siècle, le recrutement des appelés se fait par tirage au sort, le choix du « mauvais numéro » impliquant un service militaire de cinq à sept ans, souvent effectué en Algérie ou en Cochinchine. Décoré de fleurs et de drapeaux tricolores, ce document commémore la conscription de Christian Doerflinger, tiré numéro 143 de la classe 1858 à Rosteig, dans le canton de la Petite-Pierre. Jean Schultz est un des trois représentants de l'atelier Schultz, situé à 25 kilomètres.

SOUVENIR DE MARIAGE
1874
Peintre : Henri Robitzer
(454 × 396 mm)
Musée de l'Image triste
et populaire alsacienne 67051440
Ce souvenir de mariage peint à la main commémore le mariage de Georg Schmitt et d'Anna Klein, en 1874.

SOUVENIR DE DÉCÈS
1886
Peintre : Jacques Dutt
(380 × 380 mm)
Musée de l'Image triste
et populaire alsacienne 67051441
Ce texte funéraire commémore le souvenir de Jean Lentz, décédé le 4 avril 1881 à l'âge de 9 ans. Né à Obermodern, Jacques Dutt, qui exerçait la profession de cultivateur, a peint environ 150 images.

MAISON
1666
Maçonnerie, bois et torchis
20, rue du Docteur-Schweitzer
67051412

De même que dans la proche commune de Bouxwiller, la guerre de Trente Ans est suivie à Pfaffenhoffen par une période de construction, dans le même style qu'au début XVIIe siècle. La partie arrière de ce bâtiment, d'aspect typiquement médiéval, est plus ancienne.

CHAPELLE-OSSUAIRE
1537
Maçonnerie et grès
Rue des Tanneurs *67051403*

Cet édifice, peut-être un ancien ossuaire, est éclairé du côté de l'entrée par des baies gothiques.
(I. M. H. 1984)

ANCIENNE BRASSERIE BIEDERMANN
XVIIIe-XIXe siècles
Maçonnerie, bois et torchis
16, rue du Marché *67051426*

Alors que traditionnellement chaque auberge élaborait sa propre bière, la fabrication se concentre au XIXe siècle dans quelques centres de production spécialisés. Cette maison, l'ancienne auberge *À l'Arbre vert,* qui appartient à la famille Biedermann, est alors agrandie à l'arrière. Par la suite, la production s'industrialise, la fabrique est transférée dans de nouveaux bâtiments et ces locaux sont affectés à malterie. La brasserie cesse son activité après la Seconde Guerre mondiale.

ANCIENNE AUBERGE
XVIe-XVIIe siècles
Bois et torchis
18, rue du Docteur-Schweitzer *67051413*

Avant la Révolution, cette bâtisse Renaissance à oriel, l'auberge *À la Charrue,* est le siège de la confrérie des bergers de basse Alsace. Elle est ensuite transformée en maison d'habitation au XXe siècle.

ENTRÉE DE JARDIN
1772
Grès
Rue du Rempart 67051424
Les petites villes étaient habituellement entourées de jardins, accessibles par des portes comme celle-ci, qui comporte un linteau sculpté d'une fausse clé, portant des initiales et une date.

MAISON
1779
Maçonnerie, pierre, bois et torchis
13, rue du Marché 67051434
La maison, qui présente une façade de six axes sur la rue et de huit axes sur la cour est l'ancienne résidence du receveur de l'abbaye cistercienne de Neubourg, une commune établie à 5 kilomètres de la localité. Au début du XXe siècle, la bâtisse est dotée d'un oriel.

SYNAGOGUE (intérieur)
1791
Maçonnerie et bois
Rue du Temple 67051408

À une époque où la notion de culte public était importante, car liée à l'ordre public, les communautés d'une autre confession devaient donner à leurs sanctuaires l'apparence d'édifices privés. Cette obligation, jointe à la modestie des ressources, explique la simplicité du bâtiment. Construite grâce à l'aide du gouverneur du comté, cette synagogue fonctionne jusqu'au milieu du XXe siècle, tandis que les autres sont pour la plupart remplacées par des édifices neufs au XIXe siècle. La fontaine pour ablutions, située dans le couloir d'entrée, provient sans doute d'un autre édifice. Tandis que les locaux communautaires, dont l'école, occupent le rez-de-chaussée du bâtiment, le lieu de culte proprement dit se trouve à l'étage. Remeublé au XIXe siècle, il conserve cependant quelques éléments du mobilier d'origine, et notamment le linteau de l'armoire de la Torah. *(Cl. M. H. 1992)*

MAIRIE
Début du XIXe siècle
Rue du Docteur-Schweitzer 67051411
Le bâtiment néo-classique de la mairie comprend une ancienne halle qui, fermée, sert au XXe siècle de vestibule. Sur les murs extérieurs, des plaques de grès commémorent l'évolution des prix des denrées du Moyen Âge au XIXe siècle.

CALVAIRE
1828
Grès
Rue de l'Ours 67051422
Composé d'un crucifix au pied duquel se tiennent Marie et saint Jean, ce calvaire témoigne de la persistance de la tradition baroque par l'attitude des corps, légèrement déhanchés, et par le traitement des drapés.

ANCIENNE GARE
Fin du XIXe siècle
Grès
Place de la Gare 67051410
Avec ses baies inspirées de la Renaissance, et sa tour rappelant un manoir ou un château, cette ancienne gare emprunte le style des villas à réminiscences historiques de l'époque wilhelminienne, dont l'architecture puise dans divers styles du passé.

CHŒUR
Fin du XIXe siècle
Maçonnerie enduite et grès
Église protestante 67051405
L'intérieur inspiré des formes romanes est constitué d'un court vaisseau, auquel est directement rattaché le chevet semi-circulaire. De hautes arcades en plein cintre séparent la nef en deux espaces latéraux, essentiellement destinés à loger les tribunes.

ÉGLISE PROTESTANTE
Fin du XIXe siècle
Architecte : Albert Brion
Grès
Rue du Temple 67051404
Cette église est construite à la suite de la suppression du simultaneum, en 1884 et 1885. Avec le presbytère voisin, elle occupe le site de l'ancienne cour seigneuriale, ou Grafenhof, où résidait le bailli du comté de Hanau-Lichtenberg. L'alternance d'assises de grès gris et de grès rouge et les ouvertures des murs latéraux évoquent l'architecture romane tardive.

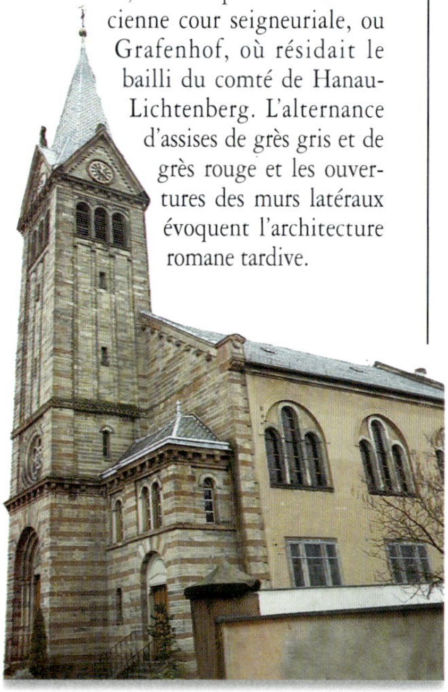

ORGUE
Fin du XIXe siècle
Facteur : Dalstein-Haerpfer
Bois et étain
Église protestante 67051406
L'orgue, au buffet néo-roman, est rénové une première fois sur les indications du docteur Schweitzer, puis une seconde fois dans les années 1970.

PRESBYTÈRE CATHOLIQUE
1897
Rue de l'Ours 67051421
Construit à l'emplacement d'une ou de plusieurs constructions médiévales et dans une partie de la ville au sous-sol riche en vestiges archéologiques, le bâtiment du presbytère constitue un exemple de l'architecture des dernières années du XIXe siècle, avec un toit aux versants rectilignes débordant du mur pignon et des rampants, ainsi que des encadrements de fenêtres décorés.

DÉCOR SUR MOUCHETIS
Début du XXe siècle
Crépi
12, rue du Docteur-Schweitzer 67051415
Ce type de décor, dit crépi à la tyrolienne, est en vogue au début du XXe siècle et permet de plaquer une architecture factice sur une façade préexistante en pierre ou à colombage.

TOIT EN CARÈNE
Début du XXe siècle
Maçonnerie et bois
12, place du Marché 67051431
Parmi les innovations architecturales du début du XXe siècle, le toit en carène connaît une certaine popularité, qui dure près de dix ans.

ANCIENNE BRASSERIE
AU ROMAIN
Début du XXe siècle
Maçonnerie et béton
Place des Brasseurs 67051432
Lorsque, dans les années 1970, la brasserie Moritz, dite *Au Romain,* cesse son activité, l'espace anciennement occupé par les bâtiments est transformé en zone d'habitation, de commerce et de services. De l'ancienne brasserie, il subsiste au XXe siècle quelques bâtiments, conservés pour leur intérêt architectural ou, comme un silo de 1928, pour leur valeur symbolique.

VILLA
Début du XXe siècle
Maçonnerie enduite, grès et crépi
1, rue du Docteur-Moritz
67051433
Formée de différents volumes parallélépipédiques, cette villa comporte des chaînes d'angle et des allèges décoratifs faits de grès de couleurs différentes.

VILLA
1925
Maçonnerie et grès
14, rue de Saverne 67051417
Issue de la transformation d'un petit immeuble, cette bâtisse néo-classique comprend deux ailes avec des frontons triangulaires et un corps central précédé d'un porche et surmonté d'un balcon. Des pilastres lisses couronnés de chapiteaux ioniques forment les chaînes d'angle.

IMMEUBLE
Début du XXe siècle
Maçonnerie et béton armé
25, rue du Marché *67051418*
La généralisation du béton armé permet de réaliser de larges baies, de créer des ressauts et des balcons, qui confèrent aux façades lisses et sans décor une allure de « paquebot ».

IMMEUBLE
Début du XXe siècle
32, rue de Saverne
67051419
Cet immeuble de forme traditionnelle abrite différents logements.

ÉCOLE
Milieu du XXe siècle
15, rue de Haguenau *67051409*
Le grand bâtiment de l'école, construit selon une architecture néo-classique, comporte plusieurs ailes et un toit à comble brisé.

VILLA
Début du XXe siècle
12, rue des Tanneurs *67051430*
Cette petite villa présente des volumes et des formes générales inspirées de l'architecture bourgeoise du XVIIIe siècle, tandis que le choix des matériaux, la disposition des ouvertures et le traitement des éléments de décor sont caractéristiques du XXe siècle.

Schalkendorf

Canton de Bouxwiller
Arrondissement de Saverne
Superficie : 521 ha
Population 1990 : 260 hab.
Habitants : les Schalkendorfois
Cours d'eau : la Moder

Origine du nom : de l'anthroponyme germanique Scalco et de *Dorf*, village.

Blason : il représente le lion des sires de Lichtenberg.
67051500

HISTORIQUE

En 774, des possessions de l'abbaye de Wissembourg sont attestées à Schalkendorf. Le village fait partie en 1405 du fief d'Empire renouvelé à Louis IV de Lichtenberg et revient en 1480 aux Hanau-Lichtenberg. Pendant des siècles, le blé est la culture principale du lieu et de sa région, avec celle de la vigne, le vin constituant la boisson de base avant la création de réseaux d'eau potable. Quelques cultures accessoires, comme celles des oléagineux, du houblon, du chanvre et de la garance sont pratiquées. À la fin du XXe siècle, les exploitations agricoles ont disparu et le village vit de quelques entreprises artisanales locales et des emplois offerts par les villes voisines.

ÉGLISE

1774

Maître maçon : J. Lerch

Pierre 67051504

Cette église est construite à l'emplacement d'un ancien édifice, mentionné en 1365, et où la Réforme est introduite en 1545. Pendant la deuxième moitié du XVIIe siècle, l'état de guerre presque permanent empêche tout entretien ou rénovation des églises. Au milieu du XVIIIe siècle, avec le retour de la paix et de la prospérité, la plupart d'entre elles sont reconstruites, et de taille supérieure, du fait d'un accroissement démographique. Une plaque y entretient le souvenir des cinq victimes de la Première Guerre mondiale.

NEF ET ORGUE

1774

Maçonnerie et bois

Église 67051506

Selon la tradition des églises protestantes de la région, le décor se limite à des motifs purement ornementaux et à des représentations de scènes et de personnages bibliques. La présence d'un importante tribune montre que l'église est avant tout un lieu d'assemblée. L'orgue Wetzel, construit dans la tradition du XVIIIe siècle, est rénové en 1960.

MAISON

1836

Brique et pan de bois

12, rue Principale 67051509

Avec son double balcon en pignon et ses fenêtres différenciées, celle à double battant indiquant la pièce principale, ou *Stube*, et celle à battant simple éclairant l'alcôve, cette maison est typique du pays de Hanau. Les têtes des poutres permettent également de deviner la fonction des pièces : la plus importante supporte les solives de la grande pièce de devant, tandis que la plus petite marque la limite entre cette pièce et l'alcôve. Le hourdissage d'origine est remplacé, vraisemblablement au début du XXe siècle, par des briques de parement.

TYMPAN

XIVe siècle

Grès

Église 67051510

Ce tympan est l'unique vestige de l'ancienne église gothique. Une croix apparaît au point de rencontre des trois lobes de l'arcade. Par ailleurs, la lancette d'un petit arc porte, en relief, une représentation symbolique de la lune, qui devait être assortie de celle du soleil.

MAISON

1848-1865

Maçonnerie, grès, bois et torchis

79, rue Principale

67051505

Cette maison à un niveau possède un soubassement élevé et un porche à claire-voie aménagé plus tardivement.

FERME
XIXe siècle
Maçonnerie, bois et torchis
13, rue Principale 67051507

Ce bâtiment peu profond et tout en longueur, abrite des réserves diverses et des réduits destinés aux animaux de basse-cour et au petit bétail. Les diverses pièces de l'étage, qui comprennent les anciennes chambres des domestiques, sont desservies par une longue galerie.

GRANGE
ET ENTRÉE DE CAVE
XIXe siècle
Maçonnerie, bois et torchis
13, rue Principale 67051508

Cette vaste grange à double entrée sert à entreposer le blé et un auvent protège l'entrée d'une cave et d'un pressoir.

MAISON
1869
Maçonnerie enduite, bois et torchis
15, rue Principale 67051501

Après 1850, la mode des balcons disparaît, mais certains éléments traditionnels comme les auvents sont conservés, supportés ici par des corniches moulurées.

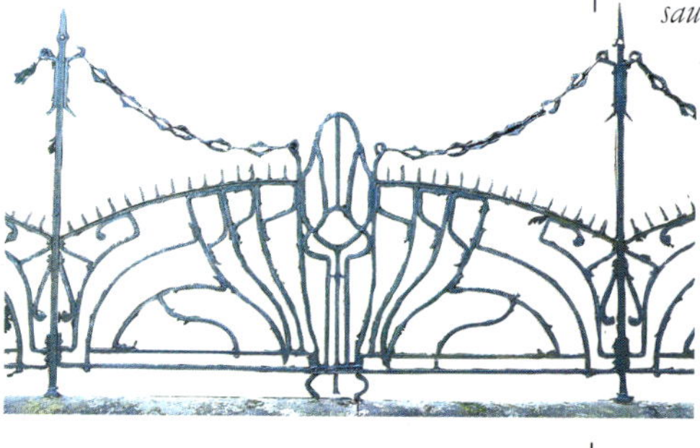

GRILLE
Vers 1900
Fer forgé
2, rue Principale 67051511

Cette grille de style art nouveau comporte des panneaux de ferronnerie à motifs floraux et des chaînes aux maillons garnis de dents.

Schillersdorf

Canton de Bouxwiller
Arrondissement de Saverne
Superficie : 753 ha
Population 1990 : 479 hab.
Habitants : les Schillersdorfois
Cours d'eau : la Moder

Origine du nom : de l'anthroponyme germanique Schiller et de *Dorf*, village.

Blason : il figure les armoiries des familles Hohenstein et Zorn.
67051600

HISTORIQUE

Le premier document faisant état de la localité date de 1208, où l'empereur Philippe de Souabe accorde aux hospices Saint-Nicolas de Haguenau la propriété du lieu, dit Schiltrsdorf. Le village est pris en main par différentes maisons seigneuriales, après quoi l'empereur investit, en 1289, la famille Lichtenberg, puis, en 1374, les seigneurs de Hohenstein, vassaux des sires d'Ochsenstein et les Zorn. Au XVIe siècle, le village appartient aux Linange. Après un long procès, il entre dans le comté de Hanau-Lichtenberg. La guerre de Trente Ans décime le village, qui est repeuplé en partie par des immigrés suisses. Au XXe siècle, Schillersdorf conserve sa tradition agricole.

PRESBYTÈRE
1740
Rue du Pasteur-Schroeder 67051614

Plusieurs pasteurs jouent un rôle dans la révolution agricole de la fin du XVIIIe siècle, leur foi – héritée des lumières – dans le progrès matériel et moral de l'humanité les conduisant à s'intéresser aux sciences et aux

MAIRIE
1780
Maçonnerie, bois et torchis
Rue du Pasteur-Schroeder 67051609
Cette bâtisse est l'ancienne demeure du prévôt, le seul villageois autorisé à s'appeler *Herr,* ou Monsieur, car il représentait l'autorité seigneuriale.

techniques. Au XIXe siècle, ils militent auprès des villageois pour améliorer les techniques de culture. Ainsi, le pasteur Schroeder persuade les habitants du village de remplacer la jachère par la culture du trèfle. La génération suivante de pasteurs reste dans cette mouvance rationaliste et moralisatrice, ce qui provoque un mouvement de rénovation piétiste et de restauration liturgique, et des dissensions durant toute la seconde partie du XIXe siècle.

PUITS À BALANCIER
XIXe-XXe siècles
Grès et bois
15, rue des Comtes-de-Hanau
67051604
Plus hygiénique, car le puits est couvert, et plus pratique que le puits à chaîne, ce type de pompe, réalisé principalement en bois, est très répandu dans toute la plaine au XIXe siècle.

ANCIEN CORPS DE GARDE
1864
Grès, bois et torchis
2, rue Klamm 67051610
Construit selon un plan type établi par l'administration, en pleine vogue de l'architecture « historique », cet ancien corps de garde comprenait les locaux du garde champêtre et du veilleur de nuit appariteur, ainsi qu'une cellule d'arrêt, une balance à bétail et, à l'étage, un bureau pour les vérificateurs des poids et mesures.

MAISON
XVIIIe siècle
Bois et torchis
1, rue du Puits 67051613
Cette demeure perpétue les formes du XVIe siècle, avec une grande fenêtre indiquant la *Stube.* L'entrée dans la cour s'effectue par un portail bas, les grands porches n'apparaissant qu'au début du XIXe siècle. L'un des piliers porte la date de 1769, mais la maison est plus ancienne.

ÉGLISE
1851
Grès 67051608
Une première église dédiée à saint Martin est mentionnée en 1535. En 1554, le village devient protestant. Cet édifice, construit dans des formes rappelant l'art roman, abrite une grande salle meublée de bancs, orientés en direction d'un chœur rectangulaire.

Uttwiller

Canton de Bouxwiller
Arrondissement de Saverne
Superficie : 299 ha
Population 1990 : 191 hab.
Habitants : les Uttwillerois
Cours d'eau : le Soutzbach et la Moder

Origine du nom : de l'anthroponyme germanique Udo ou Uto et du latin *villa*, ferme.

Blason : il figure le sceau de la famille von Uttweiler, le bonnet de l'homme libre au Moyen Âge.
67051700

HISTORIQUE

La première mention écrite du lieu, alors dénommé Utenwilr, remonte au XIIe siècle, dans un parchemin de l'abbaye de Neuwiller. Les Lichtenberg tiennent le village en fief de l'évêché de Metz et y possèdent un domaine composé de terres, de prés et de jardins, ainsi que d'une bergerie après 1395. La Réforme est introduite à Uttwiller en 1545. Abandonné pendant la guerre de Trente Ans, le village est en partie repeuplé par des familles suisses. Il est de tradition agricole, avec des établissements artisanaux, et possède une vocation résidentielle.

MAISON
1865
Maçonnerie et grès
19, rue des Comtes-de-Hanau
67051606

À la suite de la révolution agricole des XVIIIe et XIXe siècles, la productivité augmente et les exploitations sont agrandies, ce qui est favorisé par l'accès aux terres vendues comme biens nationaux, après la Révolution. Le domaine bâti devient plus dense, les maisons sont construites sur l'alignement de la rue et flanquées de grands porches. Le toit de cette maison paysanne est composé de tuiles vernissées.

PORTAIL
1874
Grès et bois
15, rue Spiess
67051612

Ce portail, doté d'une grande porte charretière cintrée, est construit en grès parementé, selon le style urbain. Ses deux vantaux, réalisés par un artisan local, sont constitués d'un assemblage original de panneaux et de montants.

MAISON
1914
Brique et grès
23, rue du Puits
67051607

Les années 1910 sont une importante période de construction, où la brique jaune lissée est fréquemment utilisée. Les différentes baies adoptent les tendances de l'architecture urbaine dans leurs dimensions et leur disposition, ainsi que pour le décor des chambranles.

MAISON
1564
Maçonnerie, pierre, bois et torchis
Place de l'Église 67051708

Selon la tradition, cette maison, dont la date de construction est gravée sur un linteau, est l'ancienne bergerie seigneuriale.

ÉGLISE
1785-1787-1928
Maçonnerie enduite et grès
Place de l'Église 67051701
Cette église de style Louis XVI, qui comprend un orgue Stiehr de 1868 à deux tourelles, est dotée d'une tour-porche et d'un chœur important pour une église protestante.

FERME
Milieu du XIXe siècle
Maçonnerie, bois et torchis
40, rue d'Ingwiller 67051704
Au milieu du XIXe siècle, de nombreuses fermes sont reconstruites dans des formes néo-classiques dont celle-ci, qui présente également une fenêtre inspirée de la serlienne de la Renaissance italienne, située dans le pignon.

DÉPENDANCE
À PORTIQUE
1835
Bois
37, place des Sapins 67051706
Un même toit abrite d'un côté une étable et des dépendances et de l'autre, un hangar sous portique.

MAISON
1839
Bois et torchis
29, rue Principale 67051707
Commanditée en 1839 par Michel Bachmann et son épouse Catharina Mertz, cette ferme de dimension moyenne comprend une maison d'habitation à un niveau. Les têtes de poutres profilées de la bâtisse débordent largement sur le mur-pignon.

BANC-REPOSOIR
1856
Grès des Vosges 67051709
Après ceux dédiés en 1811 au roi de Rome, 448 bancs sont érigés en l'honneur du mariage, en 1853, de l'empereur Napoléon III avec Eugénie de Montijo. Appelés aussi les « bancs des amoureux », ils sont implantés tous les deux kilomètres, ce qui permet aux femmes revenant du marché de se soulager régulièrement de leurs fardeaux.

FERME
1839
Maçonnerie, bois et torchis
38, place des Sapins 67051705
Située sur une parcelle surélevée, cette ferme classique du pays de Hanau possède des dimensions plus importantes que la moyenne. Sa situation légèrement surélevée et son bon état de conservation en font l'une des fermes les plus notables du village.

Weinbourg

Canton de Bouxwiller
Arrondissement de Saverne
Superficie : 529 ha
Population 1990 : 473 hab.
Habitants : les Weinbourgeois
Cours d'eau : le Weinbæchel

Origine du nom : de l'anthroponyme germanique Wino et de *Burg*, bourg.

Blason : sans signification, il reprend l'ancien sceau du tribunal du village.
67051800

HISTORIQUE

*Le livre des possessions de l'abbaye de Wissembourg mentionne le lieu de Wigone en 742, qui correspond soit à ce fief, soit à un autre du même nom, situé dans la vallée du Fischbach. Le village appartient au comte de Lichtenberg à partir de 1316 et est ensuite divisé entre deux seigneuries différentes, séparées par le Weinbæchel. La partie sud-est, qui est d'abord détenue par la seigneurie d'Oberbronn, revient en 1480 au comte de Bitche-Deux-Ponts, puis, en 1551, au comte Linange-Westerburg. À l'extinction de cette lignée, en 1691, elle passe aux barons Sinclair, et en 1751, le comte de Löwenhaupt, un général suédois, en devient propriétaire. La partie nord entre en 1450 dans les possessions des ducs de Deux-Ponts, seigneurs de La Petite-Pierre, ou Lützelstein. Le village est à nouveau réuni en 1791. De tradition agricole, il compte en particulier de nombreux vergers. Les exploitations, autrefois nombreuses, se sont concentrées, et à la fin du XX*e *siècle, la majorité des habitants travaillent à l'extérieur de la commune, notamment à Ingwiller.*

MAISON
*XV*e*-XVI*e *siècle*
Bois et torchis
Rue des Roses *67051803*

La démolition d'un bâtiment contigu a mis en évidence ce pignon, présentant un colombage archaïque, bâti selon les formes en vigueur au XVe siècle, qui disparaissent au début du XVIe.

MAISON
*XVII*e *siècle*
Maçonnerie, bois et torchis
60, rue Principale *67051805*

Cette maison présente un rez-de-chaussée en maçonnerie, surmonté d'un étage en pan de bois rythmé par une succession d'assemblages en *Mann.* Les baies, peu nombreuses, y sont disposées de manière irrégulière.

MAISON
*XVI*e *siècle*
Maçonnerie, bois et torchis
Rue Principale *67051811*

Percé d'une baie surmontée d'un arc en plein cintre, ce bâtiment haut et étroit possède une *loggia* au deuxième niveau.

PRESBYTÈRE
1750
Rue Principale *67051801*

Ce presbytère est une maison de notable typique du XVIIIe siècle, avec une façade de composition symétrique en trois travées comprenant une baie centrale, deux paires de baies latérales et un toit à comble brisé.

ÉGLISE
1751-1911 67051806
Cet édifice dédié à saint Wendelin est l'ancienne église paroissiale de la partie sud du village, simultanée depuis l'introduction de la Réforme, qui a lieu en 1556 pour la partie Lützelstein et en 1570 pour la partie Oberbronn. La nef est reconstruite en 1911, et l'ancien clocher médiéval démoli et remplacé par une tour-porche. Jusqu'à la Révolution, la partie nord possède son propre lieu de culte, consacré à saint Jacques le Majeur. L'édifice, devenu inutile du fait de la réunification du village, est démoli en 1830, certains de ses fragments, gothiques, étant conservés dans l'entrée de cette église.

MAIRIE
1847
Maçonnerie et grès 67051808
Le bâtiment de la mairie est caractéristique de l'architecture publique de la première moitié du XIXe siècle, qui s'inspire de l'architecture romaine, censée symboliser les vertus civiques.

ANCIENNE SYNAGOGUE
1886
Rue des Forgerons 67051807
La petite synagogue, un simple oratoire, est désaffectée en 1915, du fait de la baisse de l'effectif de la communauté juive.

FONTAINE-LAVOIR
XIXe siècle
Grès
Rue Principale 67051809

À côté de la chambre de captage, deux séries de bacs servaient, les uns d'abreuvoir, les autres, aménagés en 1848, de lavoir.

CLÔTURE DE JARDIN
XIXe siècle
Grès et bois
Rue des Forgerons 67051813
La proximité des carrières de grès permet un usage fréquent de ce matériau. Habituellement montés en maçonnerie à mi-hauteur et recouverts de grès, les piliers de ce type sont percés d'encoches permettant de fixer une palissade dans le prolongement du mur.

MAISON
XIXe siècle
68, rue Principale 67051812
À partir du milieu du XIXe et jusqu'au début du XXe siècle, quelques négociants en fruits assurent la réputation de Weinbourg dans ce domaine. L'un d'eux se fait édifier cette demeure néo-classique, de l'époque Louis-Philippe.

Canton de Brumath

- Bernolsheim
- Bietlenheim
- Bilwisheim
- Brumath
- Donnenheim
- Eckwersheim
- Gambsheim
- Geudertheim
- Gries
- Hœrdt
- Kilstett
- Krautwiller
- Kriegsheim
- Kurtzenhouse
- Mittelschaeffolsheim
- Mommenheim
- Olwisheim
- Rottelsheim
- Vendenheim
- La Wantzenau
- Weyersheim

Bernolsheim

Canton de Brumath
Arrondissement de Strasbourg-Campagne
Superficie : 339 ha
Population 1990 : 440 hab.
Habitants : les Bernolsheimois

Origine du nom : de l'anthroponyme germanique Berold et de l'allemand *Heim*, village.

Blason : il représente la main bénissant de saint Pancrace, patron de la commune.
67060100

HISTORIQUE

Occupé dès l'époque gallo-romaine, des tombes en attestent, Bernolsheim est cité pour la première fois en 798 dans le cartulaire de Fulda, sous le nom de Beroldashaim villa. Dans cet écrit apparaît la donation d'Aldarich à l'abbaye dirigée par l'abbé Bauglulf. Un autre acte, rédigé le 15 juin 815 à Lorsch, fait état d'une donation de Geginrat à cette même abbaye. Bernolsheim, comme les communes voisines Mommenheim et Wahlenheim, fait partie du bailliage de Haguenau, et devient village impérial dès 1521. Son finage, qui n'est jamais soumis aux inondations, est de tout temps une terre propice à l'agriculture, ses grandes superficies en labours permettant la céréaliculture et l'élevage. Un peu retiré mais proche des voies de communication, le village sait tirer profit de la proximité des grands centres commerciaux, développant les activités liées au bâtiment, à la culture et au tourisme.

ÉGLISE SAINT-PANCRACE
1762
Grès rose et bois *67060104*

Une première église est déjà citée au début du XIVe siècle. Sur le même emplacement est alors érigé ce bâtiment, qui comprend un chœur polygonal en retrait, une nef unique et un clocher néo-baroque, rajouté en 1906 à une travée supplémentaire.

CHŒUR
1762
Pierre, bois et dorure
Église Saint-Pancrace *67060102*

Contrairement aux nombreuses communes du canton passées au protestantisme lors de la Réforme, car elles font partie du comté de Hanau-Lichtenberg, Bernoldsheim, qui appartient au baillage de Haguenau, reste catholique. Le chœur, richement décoré pour accueillir les évêques et les princes en visite, abrite trois autels baroques et une chaire. Ce mobilier provient probablement des domaines des jésuites de Haguenau.

CROIX
1777
Grès rose *67060101*

La fonction du calvaire varie selon les siècles. Au XVIIIe siècle, il est dédié au recueillement des processionnaires lors des fêtes des Rogations, des Rameaux ou de l'Ascension. Après la guerre de 1870, les monuments aux morts sont souvent placés à proximité de ces croix, ou à l'intérieur des églises, près des vitraux.

MAISON
1775
Pan de bois de chêne et grès *67060105*

La localité, qui souffre des incendies provoqués par les troupes de Turenne en 1664 et de ceux allumés au cours de la tourmente révolutionnaire, compte peu de maisons à colombage. Ces destructions conduisent certains habitants aisés à édifier des demeures en pierre, plus résistantes. Ce bâtiment en pan de bois est caractéristique de la fin du XVIIIe siècle : la régularité des poutres, notamment, laisse deviner l'utilisation des scies mécaniques et non plus de la cognée.

Bietlenheim

Canton de Brumath
Arrondissement de Strasbourg-Campagne
Superficie : 213 ha
Population 1990 : 260 hab.
Habitants : les Bietlenheimois
Cours d'eau : la Zorn

Origine du nom : de l'anthroponyme germanique Butilo et de l'allemand *Heim*, village.

HISTORIQUE

Bietlenheim est situé sur les collines de Brumath, sur le versant nord de la Zorn. Ancienne possession de l'évêché de Strasbourg, il est cédé en fief aux Gerolseck, puis aux Lichtenberg et à leurs successeurs, les Deux-Ponts-Bitche, en 1480. Le ban est sous autorité des Hanau-Lichtenberg en 1570, puis des Hesse-Darmstadt en 1736. Les paysans, qui possèdent peu de prairies, pratiquent la culture des céréales et du maïs ; les terres lœssiques du plateau sont utilisées pour les labours, tandis que les alluvions humides de la vallée fournissent les fourrages pour bovins et porcins. La localité, traversée par la route reliant Geudertheim à Weyersheim, est majoritairement à vocation résidentielle, les actifs travaillant dans l'agglomération strasbourgeoise et à Bichwiller.

TOMBE
1824
Grès et pierre marbrée
Cimetière — *67060202*

La tombe, la plus ancienne en place, présente diverses particularités. Son origine est antérieure à la construction du temple actuel, un vestige d'un autre agencement. Placée au centre du cimetière, la stèle est sculptée en forme de tronc d'arbre fleuri par une rose et orné d'une poignée de mains. La base du fût est gravée en allemand ancien. Les inscriptions se présentent au verso de la sépulture, fait unique pour la région. Le remembrement des lots doit être à l'origine de cette exception.

ÉGLISE-TEMPLE
1835
Grès, brique et bois — *67060203*

Le village catholique passe au culte protestant lors de la cession du ban aux Hanau-Lichtenberg en 1570. L'ancienne église est détruite, remplacée par un nouvel édifice en 1835. L'édifice, de grande taille pour une petite agglomération, est situé sur une butte, en bordure de la route qui mène à Weyersheim. L'accès se fait par un escalier en grès. Un petit auvent abrite l'entrée du temple. Le clocher carré se termine par un toit hexagonal de faible élancement.

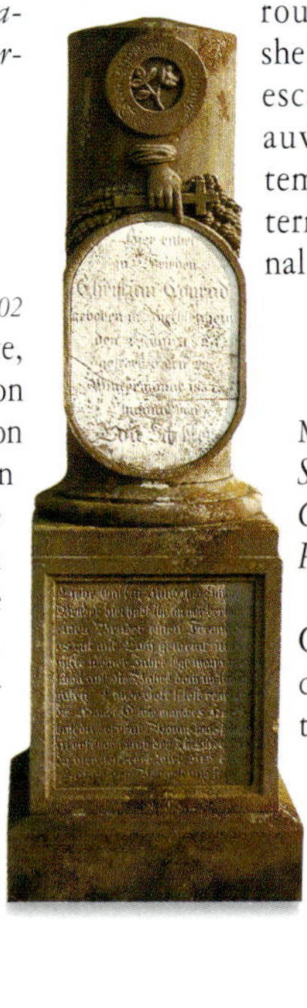

MONUMENT AUX MORTS
Seconde moitié du XXe siècle
Grès et marbre
Parvis de l'église-temple
67060204

Cette simple plaque, placée près de l'entrée du temple, sur le mur d'enceinte, commémore la mémoire des six disparus de la Seconde Guerre mondiale.

MAISON DE FERME
1847
Grès, brique, calcaire et bois
Rue des Roses — *67060205*

Ce bâtiment est construit dans un style caractéristique du temps de la Révolution industrielle et du début de l'époque de Napoléon III. Il ressemble au corps de ferme dans sa totalité. La présentation et la disposition des dépendances restent identiques aux XVIIIe et XIXe siècles. La disposition symétrique des fenêtres ne varie point, seuls des encadrements en grès remplacent les poutres en bois. La fenêtre des combles est en plein cintre, fait marquant pour cette période. Les volets restent simples et

les fenêtres petites, en raison des taxes sur les ouvertures. L'épigraphe est placée au centre du pignon, entre les étages habités. Une maxime y est gravée : « Le travail est un devoir pour les hommes, celui qui ne sème pas, ne récolte pas. »

ABREUVOIR
1857
Grès gris
Rue des Roses
67060201

Cet ancien abreuvoir, aux inscriptions illisibles sauf la lettre A, sert de grande jardinière. Il appartient à la ferme voisine, d'époque Napoléon III.

MAIRIE
XIXe-XXe siècles
Pan de bois, grès et brique *67060207*
Bietlenheim fait partie des rares communes du canton, avec Eckversheim et Kilstett, qui ont établi la mairie dans une ancienne maison à colombage. Encore dotée de ses dépendances, celle-ci garde son aspect original malgré une grande rénovation et d'importantes transformations.

MAISON
1859
Pan de bois, grès et brique
9, rue Principale *67060206*
Cette maison à colombage possède des ouvertures légèrement agrandies. Les poutres droites, débitées par les scieries, sont assemblées de manière traditionnelle, notamment avec les *Mann* simples et doubles. Aux XVIIIe et XIXe siècles, les croix de Saint-André, symboles de fertilité, ornent beaucoup de pignons. La toiture, à croupes et à forte pente, protège des hivers rigoureux et neigeux. Une inscription sur le mur d'enceinte de la propriété, à 5 mètres de la porte cochère en plein cintre, porte une épigraphe en allemand.

Bilwisheim

Canton de Brumath
Arrondissement de Strasbourg-Campagne
Superficie : 453 ha
Population 1990 : 332 hab.
Habitants : les Bilwisheimois
Cours d'eau : le Muhlbach

Origine du nom : inconnue.

Blason : ce sont les armes de la famille de Bilwisheim.
67060300

HISTORIQUE

Le village est mentionné dès le XIIIe siècle. Une famille von Bilolwisheim est citée jusqu'en 1458. En 1263, sous le règne de Rodolphe de Habsbourg, une réunion des biens dispersés du Saint Empire romain germanique affecte le ban au bailliage de Haguenau, avec quarante autres villages. À cette époque, la paroisse est rattachée à celle du bourg voisin d'Olwisheim. La Réforme n'est pas introduite dans ce village impérial, dont la paroisse dépend du chapitre de Haguenau jusqu'en 1802, date de son indépendance religieuse. Il connaît une croissance constante, et atteint 270 habitants vers 1870. L'agriculture est alors l'activité économique principale, le tissage de lin constituant une source d'appoint. Le nombre de foyers tributaires de l'agriculture se réduit au XXe siècle et leurs activités se diversifient : houblon, tabac, maïs et céréales notamment. Depuis les années 1950, de jeunes agriculteurs introduisent le bison dans leurs pâturages, d'autres produisent du foie gras. Bilwisheim devient peu à peu résidentiel, attirant des habitants de Strasbourg.

CLOCHER DE L'ÉGLISE SAINTS-PIERRE-ET-PAUL
XIIe siècle-1838
Grès et brique 67060301

Cette église est construite sur des fondations romanes. Les quatre faces symétriques du clocher abritent des cloches dont le son est diffusé par les grandes baies jumelées en plein cintre, ouvertes aux quatre points cardinaux. Un clocheton en trois phases couronne la tour, surmontée d'un coq doré qui sert de girouette parafoudre. Un petit cimetière entoure l'édifice. Une grotte dédiée à la Vierge permet le recueillement lors des processions de l'année liturgique.

PORCHE
1838
Grès rose, bois et fer forgé
Église Saints-Pierre-et-Paul 67060302

Relevant de la paroisse de Mittelschaeffolsheim, la communauté de Bilwisheim cherche, vers 1857, alors que sa population atteint 333 habitants, à former avec les 163 habitants de Donnenheim une communauté indépendante. Les deux villages réalisent leur rapprochement, avalisé par le décret impérial de Napoléon III en date du 15 août 1867. Le desservant habite le nouveau presbytère de Bilwisheim, qui est entouré d'un vaste jardin et d'un verger.

CHŒUR
Fin du XVIIe siècle
Granit, bois, dorure, argent et porcelaine
Église Saints-Pierre-et-Paul 67060303

Le maître autel de style néo-classique est situé dans le chœur, éclairé par deux vitraux. Il est surmonté d'un dais soutenu par quatre colonnes et revêtu d'une grande couronne dorée. Dans cette petite église, l'éclairage est diffusé par deux lustres, ciselés et ornés de dorures. Le plus petit est placé à l'entrée du chœur et le plus grand, composé de trente-six flammes sur deux niveaux, au centre du vaisseau, en milieu d'allée principale. Sur le mur droit de la nef, où se tiennent traditionnellement les hommes, trois vitraux non datés représentent les saints Etienne, Michel et Arbogast ; sur le mur gauche, côté des femmes, les saintes Anne, de 1947, Jeanne d'Arc et Odile veillent sur les fidèles. Sous ces fenêtres, quatorze tableaux en relief, sculptés sur bois, retracent les étapes du calvaire du Vendredi saint. L'orgue, au buffet du XVIIIe siècle, est orné de frises.

SAINT PAUL
Maître verrier : atelier Ott frères
Vitrail
Église Saints-Pierre-et-Paul 67060305

Saint Paul est présenté sur ce vitrail comme le prédicateur des continents africain et européen. Il joue un rôle primordial dans la diffusion du christianisme c'est pourquoi il porte ici un livre dans sa main gauche, tandis que l'épée singularise le citoyen romain. Il change de nom lors de sa conversion à la religion du Christ : Saül devient alors Paul. Jugé à Rome comme rebelle politique, il aurait été décapité à la hache.

SAINT PIERRE
Maître verrier : atelier Ott frères
Vitrail
Église Saints-Pierre-et-Paul 67060306

Saint Pierre, premier chef du peuple catholique, présente ici la clef du paradis céleste. Jésus, qui le connaît d'abord sous le nom de Simon, lui octroie le surnom araméen de Kephas,

en grec Petros, lui signifiant qu'il est désormais la pierre de fondation de l'Église. Selon la tradition, le saint porte la toge, symbole de citoyenneté, et il est représenté en professeur, tête et pieds nus. Suivant les époques, ses attributs peuvent varier selon le sens recherché : outre la clef apparaissent la barque, en allusion à l'Église dont il a la charge, le coq, emblème du reniement, les chaînes brisées, en témoignage de son emprisonnement et de sa libération par un ange, et la croix renversée, rappelant qu'il fut crucifié la tête vers le sol, et dont le triple croisillon exprime la dignité papale.

STRENGEKRITZ
1712
Grès 67060304

Strengekritz, de *Streng*, parcelle de terre étroite et longue, et *Kritz*, croix, est un monument à niche. L'inscription sur le bord est devenue illisible à la suite de l'aiguisage d'outils, comme les faux ou faucilles. Le fût porte l'épitaphe en alsacien.

Brumath

Canton de Brumath
Arrondissement de Strasbourg-Campagne
Superficie : 3 000 ha
Population 1999 : 9 000 hab.
Habitants : les Brumathois
Cours d'eau : la Zorn

Origine du nom : du gaulois *broccos*, blaireau, ou de Brocchus, anthroponyme, et *magos*, marché.

Blason : la branche de chêne évoque les forêts de la commune.
67060400

HISTORIQUE

La vallée de la Zorn est habitée depuis plus de six mille ans. Sur le sol de Brumath et de Stephansfeld, des vestiges archéologiques du Rubané et de l'âge du bronze témoignent de cette occupation ancienne. Vers 80 av. J.-C., la densité du peuplement est la plus forte de l'Alsace celtique. La tribu germanique des Triboques s'établit sur la rive gauche du Rhin, mais en 58 av. J.-C., César et ses légions annexent la totalité du territoire entre le Rhin et les Vosges, qui deviennent la province romaine de la Germanie supérieure. Durant près de quatre siècles, Brumath, située au carrefour d'importantes voies commerciales et militaires, est la capitale régionale, Strasbourg n'étant qu'une base de l'armée. L'occupant respecte les anciens droits tribaux et parvient à maintenir la paix. Lorsque l'empire romain chancelle, Brocomagus est réduit en cendres et occupée par les Alamans, puis les Francs. La cité, après l'épanouissement de Strasbourg, reste un centre administratif civil. Le rattachement à la Gaule mérovingienne, puis à la monarchie carolingienne, enfin l'incorporation au royaume de Germanie, devenu empire germanique en 962, perturbent l'évolution de la place. Brumath reçoit la visite de nombreux souverains, Carloman, Charlemagne en 772, Otton II en 979, Henri II en 1023 et Henri VI en 1196. Les siècles suivants sont très troublés par les guerres seigneuriales, la peste noire et l'invasion des Anglais. La guerre de Trente Ans ruine ensuite complètement Brumath, qui se reconstruit sous le protectorat français. Au Moyen Âge est fondé à Stephansfeld l'ordre du Saint-Esprit, comptant en France 288 hôpitaux, chargé à l'origine de recueillir les orphelins. Au cours des siècles, cet établissement évolue pour devenir un hôpital psychiatrique. L'importance de la Zorn, le cours d'eau qui alimente de nombreuses activités telles que la minoterie, la tannerie ou la transformation du chanvre, décroît lors de la construction du Canal de la Marne au Rhin et du chemin de fer. Dans la seconde moitié du XXᵉ siècle, Brumath est desservi par l'autoroute.

COLONNE MONOLITHIQUE
IIᵉ-IIIᵉ siècle av. J.-C.
Grès gris (H. : 140 cm)
Musée archéologique 67060404

Cette colonne, don d'un collectionneur de Brumath, fait probablement partie d'un monument commémoratif érigé au début de l'époque romaine. Le chapiteau est orné de feuilles d'acanthe d'où surgissent quatre bustes de divinités romaines : Jupiter, barbu, Junon, Mercure et Minerve.

AMPHORE
Ier siècle
(H. : 73 cm)
Musée archéologique 67060405
Cette grande amphore, d'une contenance de 88 litres, servait à transporter de l'huile d'olive provenant du Sud de l'Espagne. Elle est découverte à Brumath lors de la mise en place d'une canalisation dans la rue Raymond-Poincaré, en 1968. Les recherches archéologiques entreprises à cette époque aux environs de la ville ont permis en outre de mettre au jour du mobilier funéraire, comme une urne à incinération avec couvercle en plomb du Ier siècle, et des verreries du IIIe et du Ve siècles.

GOBELET ET VASE
IIe-IIIe siècles
Terre cuite
Musée archéologique 67060402
Ces deux poteries de production locale sont découvertes à Brumath en 1972. De nombreux ateliers de potiers sont installés dans la périphérie de la ville entre le IIe et le IIIe siècles, qui montrent l'importance de l'artisanat et du commerce à l'époque romaine. Des fouilles archéologiques, dirigées par les Antiquités historiques en 1968 et 1973, ont permis la mise au jour de thermes de grande taille, du IIe ou du IIIe siècle, ainsi que des traces d'habitations romaines, au centre de la ville, longeant le cardo, l'une des routes principales des cités romaines.

VASE
IIe siècle
Céramique métallescente (H. : 30 cm)
Musée archéologique 67060403
Ce vase ovoïde, découvert rue des Romains à Brumath en 1991, est une céramique métallescente, technique qui lui donne un reflet de vieux cuivre. La décoration à la barbotine représente une scène de chasse avec cerfs, biches et chiens.

ÉLÉMENT DE VOÛTE
IIIe siècle
Grès gris et enduit de chaux (60 × 27 cm)
Musée archéologique
67060401
Cette partie de voûte, décorée de caissons qui encadrent des motifs de fleurs, provient d'une porte monumentale ou d'un arc de triomphe romain. Elle est découverte à Brumath en 1972.

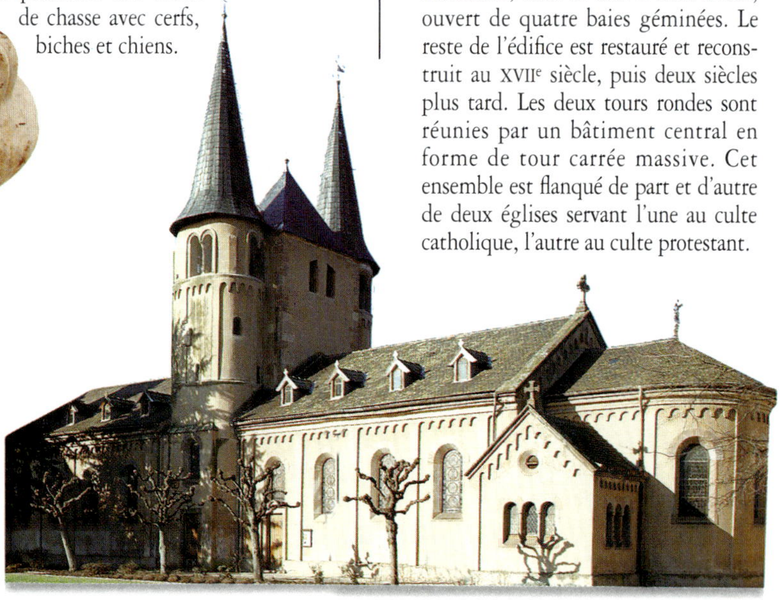

ÉGLISE
XIIe-XIXe siècles
Grès des Vosges, brique et bois de chêne
Établissement public de santé Alsace Nord
Stephansfeld 67060442
De l'église primitive fondée par les chevaliers de l'ordre hospitalier du Saint-Esprit, seules subsistent les deux tours rondes, dont les étages intermédiaires et supérieurs semblent dater du XIIe siècle. Leurs trois étages, accessibles par un escalier hélicoïdal, vont en s'amenuisant et sont différenciés : un premier niveau aveugle et lisse, un second orné de bandes lombardes et percé de quelques ouvertures et un troisième, sous le toit à bord évasé, ouvert de quatre baies géminées. Le reste de l'édifice est restauré et reconstruit au XVIIe siècle, puis deux siècles plus tard. Les deux tours rondes sont réunies par un bâtiment central en forme de tour carrée massive. Cet ensemble est flanqué de part et d'autre de deux églises servant l'une au culte catholique, l'autre au culte protestant.

ÉPITAPHE
Fin du XVe siècle
Grès des Vosges
Église 67060443

Cette plaque, épitaphe du chevalier Hudovicus Zorn zum Riet et de sa femme Agatha de Hochfelden, est encastrée à l'extérieur du mur méridional de l'église.

GRAND ESCALIER
1760-1768
Bois de chêne
Établissement public de santé Alsace Nord
Stephansfeld 67060444

Le complexe hospitalier est composé de bâtiments anciens, wilhelmiens et modernes. Il est possible de relever, au sud, quelques éléments de construction du XVIIIe siècle, isolés dans des maçonneries remaniées depuis lors pour les besoins de l'institution. Dans le bâtiment central, construit entre 1760 et 1770, subsiste un escalier en bois de style Louis XV. Sur le départ est sculpté un bouquet de rinceaux, où se mêlent quelques éléments de coquilles goudronnées caractéristiques de l'époque.

CADRAN SOLAIRE
XVIIIe siècle
Grès des Vosges et fer
Établissement public de santé Alsace Nord
Stephansfeld 67060441

Ce cadran solaire monumental, particulièrement original dans le Bas-Rhin, est situé à l'entrée de l'Établissement Public. Le bloc central est flanqué dans sa partie supérieure d'un cadran méridional, occidental et oriental, et l'arrière d'un cadran septentrional. C'est surtout dans sa partie inférieure que réside l'originalité de ce monument : il est en effet équipé d'un bloc gnomonique unique, permettant des mesures astronomiques locales.

CROIX
1870
Sculpteur : D. Rousseau
Grès des Vosges
Établissement public de santé Alsace Nord
Stephansfeld 67060439

L'inscription sur la base de cette croix est gravée en allemand, et signifie : « Dieu doit nous épargner les accidents et les maladies. » Le sculpteur alsacien exprime dans son œuvre la prédominance de la bourgeoisie, l'importance des armoiries en témoigne.

RÉSIDENCE COULMANN
1834-1835
Grès, brique, bois et fer forgé
Établissement public de santé Alsace Nord
Stephansfeld 67060421

Ce bâtiment à pans coupés, orné sur son balcon de décors de fer forgé manuellement, est édifié sur la colline par un architecte parisien pour Jean-Jacques Coulmann, notable né à Brumath le 2 janvier 1796 d'un père avocat de la Régence. Entré en 1830 au Conseil d'État en qualité de maître des requêtes, Jean-Jacques Coulmann est élu député libéral du Bas-Rhin en 1831. Il participe alors à la commission des Finances, des Affaires étrangères, de l'Instruction publique et des Cultes. Il cesse ses activités parlementaires en 1848 et se retire à Brumath. L'édifice, transformé en hôpital rural en 1896, est désigné par les Brumathois du terme de *S'cholessel*, le Châtelet. Cependant, aucun château n'a jamais existé en ce lieu, et l'appellation Graffenbourg, autre dénomination de l'endroit, est une déformation du lieu-dit Krapburg, qui signifie colline à garance. Affecté à l'Établissement public de santé Alsace Nord, le bâtiment sert désormais d'hôpital de jour.

STÈLE DES MARTYRS DE LA SECONDE GUERRE MONDIALE

1993

Grès des Vosges

Établissement public de santé Alsace Nord Stephansfeld 67060440

Cette stèle est érigée à la mémoire des cinquante malades mentaux hospitalisés à Stephansfeld et déportés vers l'asile de Hadamar (Allemagne) le 5 janvier 1944 pour y être exterminés. Un seul en est revenu. Parmi la centaine d'autres malades évacués ou déportés, beaucoup sont victimes de l'extermination passive imposée par l'idéologie nazie.

MAISON

1728

Pan de bois de chêne et de marronnier, grès et brique

4, rue des Cygnes 67060434

La maison paysanne en Alsace, à poutrage apparent, n'offre pas un caractère uniforme, chaque secteur géographique se distingue par ses habitations au style adapté à l'activité locale. À Brumath, la prospérité liée à la transformation du chanvre permet la construction d'opulentes demeures. La guerre de Trente Ans, la campagne de Turenne et les incendies réduisent la commune en cendres, mais les citoyens reconstruisent rapidement la localité. Cette maison fait partie d'un ensemble de type rural ; elle possède un pignon à haute toiture et à galerie, une porte cochère et une petite porte latérale en poutrage. Sur la petite porte, les solives sont maintenues par tenons et mortaises fixées par chevilles en bois, les *dolle* en dialecte. Le losange avec sa croix de Saint-André est un symbole de fécondité.

MAISONS

XVIe-XVIIe siècles

Pan de bois de chêne, grès, brique et calcaire

Rue du Cygne 67060428

Rares sont les vestiges architecturaux antérieurs à la guerre de Trente Ans, époque au cours de laquelle Brumath est pratiquement détruit. Jusqu'à la moitié du XVIIIe siècle, Brumath tire toute son énergie de la Zorn, ce qui explique que ses bâtiments les plus anciens soient implantés le long de ce cours d'eau qui traverse la ville, abritant de nombreux moulins, tanneries ou entreprises de transformation du chanvre. Primitivement, et jusqu'au milieu du XVIIIe siècle, ces maisons sont couvertes de chaume et ne possèdent pas de cheminée ; seules la cuisine et la *Stub*, chambre attenante, sont chauffées, l'évacuation des fumées passant par des conduits extérieurs.

TEMPLE

1720-XIXe siècle

Bois et brique

67060414

Au début des années 1700, Jean Regnard III de Hanau-Lichtenberg rase le château médiéval local pour faire construire au même endroit un château de résidence. En 1775, une princesse étrangère de sang royal, Marie-Christine de Saxe (1735-1782), abbesse de Remiremont et belle-sœur de Louis XV, vient s'y établir. Vendu comme bien national pendant la Révolution et en partie démoli, le bâtiment devient église protestante après transformation en 1804, et accueille les paroissiens qui partageaient avec les catholiques l'église Saints-Nazaire-et-Celse depuis 1685. La petite tour cornée est érigée en août 1805 et abrite une grande cloche depuis le 28 janvier 1806, et une plus petite installée en 1810.

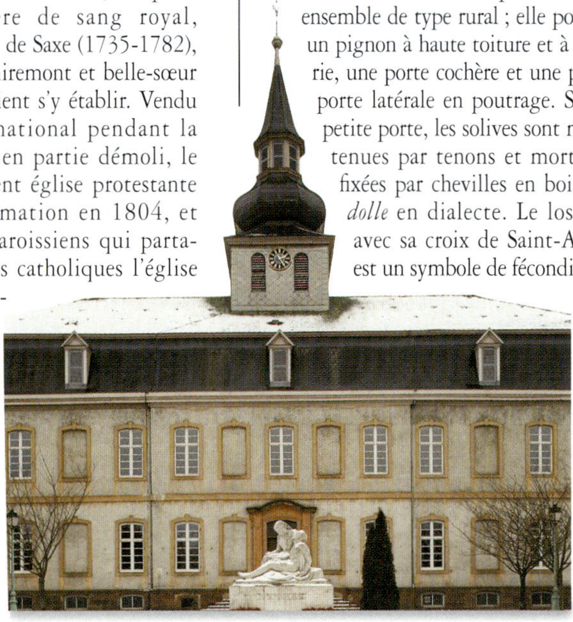

MAISON
XVIIIe siècle
Pan de bois de chêne et grès
6, rue des Cygnes 67060435

Bien que le linteau mentionne la date de 1763, certains éléments évoquent d'autres années : un cartouche de 1700 est placé sur le poteau cornier, et une inscription de 1763 sur un support d'un bâtiment annexe. Souvent, le pignon de ce type de bâtiment présente des fenêtres partiellement murées, ces orifices servant à l'aération du grenier, utilisé comme entrepôt de grains et denrées pour l'hiver. Certaines maisons à exploitation importante possèdent des extensions contenant des fours à pain, qui demandent un apport de combustible important.

PRESBYTÈRE
1778
Grès
Place de l'Église 67060408

Les tractations, débutées le 29 juillet 1774 en vue de la construction du presbytère, ne sont pas favorables à Brumath. Le style royal, unique pour toutes les paroisses en Alsace, est en effet cause de gros sacrifices.

NICHE
1778
Grès
Presbytère 67060407

L'angle brisé à droite du presbytère abrite à chaque étage une niche sculptée couronnée d'une coquille, conçue pour abriter une statue. Lors de la construction, une grande importance est ainsi accordée à l'aspect visuel, l'adoration et la contemplation des saints par des sculptures permettant de renforcer la foi des fidèles.

MAISON D'ENFANCE
1DE MARCEL WEINUM
Brique, grès, bois et fer
Rue de Krautwiller 67060418

Né à Brumath en 1924, Marcel Weinum entre dans la Résistance dès son évacuation en Dordogne. De retour dans sa cité natale, il constitue avec une dizaine d'amis le réseau la Main noire, spécialisé dans les vols d'explosifs et les attaques de vitrines de propagande nazie, d'établissements de communication, et dans la diffusion de tracts appelant au soulèvement alsacien contre l'envahisseur. Le 8 mai 1941, Marcel Weinum et son collègue André Ulrich lancent une grenade dans le véhicule du *Gauleiter* nazi Wagner. Lors d'une mission, le jeune résistant brumathois est arrêté et remis à la Gestapo, puis condamné à la peine capitale le 31 mars 1941. En prison en Allemagne jusqu'à ses dix-huit ans, il est décapité à Stuttgart le 14 avril 1942. Sa dépouille est transférée à Strasbourg en 1949, avec les honneurs militaires et la Légion d'honneur.

MAISON NATALE
DE GUSTAVE STOSKOPF
1776
Grès, pan de bois de chêne et fer
Rue Gustave-Stoskopf 67060429

Gustave Stoskopf naît le 8 juillet 1869 à Brumath dans cette maison à colombage. Il y passe son enfance et s'y retire en ses vieux jours. La demeure est entourée de dépendances abritant un musée et d'un jardin en partie aménagé à l'anglaise. En ces lieux l'auteur, peintre, poète et conteur, puise son inspiration. Représentant la révolte sourde de l'ère wilhelmienne, Gustave Stoskopf incarne la personnalité alsacienne.

ÉGLISE SAINTS-NAZAIRE-ET-CELSE
(clocher)
1837-1884-1907-1956
Architectes : Samain et Voyer
Grès et brique 67060409

La paroisse est fondée par l'abbé de Lorsch,Gerbodon (951-972), qui fait construire une église sur un emplacement probablement déjà occupé par d'autres sanctuaires, romains puis chrétiens. L'édifice est dédié aux saints milanais Nazaire et Celse, martyrs dont les reliques sont rapportées de la ville italienne par un moine de Lorsch. En 1570, la ville de Brumath passant au protestantisme, le pasteur Samuel Leisenius prend possession de l'église le 15 juin. À la suite d'une missive royale datée du 19 novembre 1693 qui instaure le simultaneum à Brumath, Saints-Nazaire-et-Celse est utilisée pour les deux cultes. Devenue vetuste, l'église est interdite par le préfet en 1803. La communauté protestante ayant racheté les restes du château pour y édifier son église, la paroisse catholique décide, avec l'aide de la ville, d'édifier l'actuel sanctuaire. Dès 1884, des aménagements augmentent la capacité de l'édifice, réaménagé en 1907. En 1956, Charles-Gustave Stoskopf l'agrandit et le restaure. La spacieuse nef à cinq travées, d'une capacité de 650 places, aboutit à une façade à clocher légèrement saillant.

CHEVET
1956
Architecte : Charles-Gustave Stoskopf
Grès et brique
Église Saints-Nazaire-et-Celse 67060410

L'auteur des restaurations, Charles-Gustave Stoskopf, né le 2 septembre 1907, architecte, peintre et homme de lettres, est lauréat du prix de Rome d'architecture en 1933 et jalonne sa carrière de nombreuses réalisations marquantes. Urbaniste de la ville de Colmar, architecte en chef des deux départements du Rhin, il aménage la ville de Strasbourg avec les réalisations de la place de l'Homme-de-Fer, du groupe d'immeubles du quai des Belges, de l'Esplanade et du quartier de la Canardière à la Meinau. Il œuvre à Bobigny, Bondy, Poissy, Montbéliard et Créteil, où il est à l'origine de six mille logements, de groupes scolaires, de centres commerciaux et de la cathédrale. De nombreuses églises catholiques, temples protestants, synagogues et hôpitaux, portent en outre sa griffe. Médaille d'or de la ville de Brumath, il est installé dans la résidence de ses parents, où il peint et écrit.

CHŒUR
1956
Architecte : Charles-Gustave Stoskopf
Église Saints-Nazaire-et-Celse 67060411

Le chœur semi-circulaire, particulièrement sobre, abrite le maître-autel, une simple table de pierre. Au-dessus est suspendu un grand baldaquin, œuvre de Paul Rovarino, orné en son centre d'un Christ en majesté dans une mandorle, entouré des symboles des quatre évangélistes. Le même artiste est l'auteur de la Vierge à l'Enfant, de la Pêche miraculeuse et des Pèlerins d'Emmaüs, scènes gravées dans l'enduit du mur et rehaussées de couleurs discrètes. Face à l'autel principal, côté porche, se dresse un orgue au buffet large et élancé.

FONTS BAPTISMAUX
1491
Grès
Église Saints-Nazaire-et-Celse 67060448

Ces fonts baptismaux, de style flamboyant, portent la date de 1146 car

ils ont été sculptés, au XVe siècle, pour l'abbaye cistercienne de Neubourg, qui passe, au XIIe siècle, un contrat dans lequel est mentionnée pour la première fois la paroisse de Brumath.

MAISON AVEC SÉCHOIR À CHANVRE
1839
Pan de bois de chêne et grès
34, rue de la Rivière 67060452

Dès le milieu du XVIIIe siècle, la culture du chanvre, qui constitue l'une des bases essentielles de la fabrication des cordes et des toiles, tient parmi les activités rurales une grande place sociale et économique. Durant la première partie du XIXe siècle, Brumath est resté le second producteur du Bas-Rhin et un cinquième de la population active est employé dans cette activité. La plante séchée se négocie sur le marché de Brumath, établi dès 1863. La ville profite ainsi des diverses richesses que produisent le chanvre, les moulins et les tanneries. Une manufacture fabrique des cordages et des bâches vendus pour leur qualité à l'armée et aux chemins de fer. De réputation mondiale, cette entreprise obtient la médaille de vermeil de l'Exposition universelle de Londres en 1862. La perte de niveau d'eau de la rivière lors du fonctionnement du canal déclenche le déclin de l'usine et, en 1866, elle cesse son activité faute de crédits pour sa modernisation.

RESTAURANT *L'ÉCREVISSE*
1844
Grès, brique et bois
Rue Gustave-Stoskopf 67060426

À un angle de ce bâtiment, une inscription invite le convive dans le *Kreb's Stubel*, petite salle de l'écrevisse. Ce nom d'écrevisse est la traduction directe du nom de famille des propriétaires du lieu, originaires de Suisse et installés à Brumath depuis le XVIe siècle. En 1792,Georges Krebs achète un bâtiment au bord de la Zorn. Son fils agrandit la demeure et y fonde un restaurant,en 1844. Une source romaine placée sous la maison lui permet d'obtenir une licence de limonadier. L'une des spécialités du restaurant, le brochet « à l'assurance », est une recette secrète préparée à l'origine par un assureur. Bien que le nom des propriétaires soit désormais Orth, à la suite du mariage d'une héritière en 1867, le restaurant a conservé sa dénomination d'origine. *L'Écrevisse* a accueilli de nombreux hôtes prestigieux comme Jean-Paul Sartre, Albert Camus, Jean Marais ou encore des hommes célèbres issus des deux rives du Rhin.

LAVOIR
XIXe siècle
Grès et bois
Rue du Lavoir 67060436

L'eau claire et propre de la Zorn, par sa fraîcheur et sa faible teneur en calcaire, facilite l'effort des lavandières locales. Les journées de lavages suivent un schéma régulier. Les femmes quittent leur domicile tôt dans la matinée, le linge sale dans leur charrette à bras, ou *Kutch*, et une terrine sous le bras, le *Baeckeoffe*, de *Baeck*, boulanger et *Hoffe*, four, qu'elle dépose chez le boulanger, où elle cuit trois heures dans le fournil. Au retour, la lavandière récupère sa potée, spécialité alsacienne comme la choucroute, garnie pour le repas de la famille.

HÔTEL DE VILLE
1844
Grès, brique et bois 67060449

La modification des annexes du château permet d'édifier un ensemble de quatre bâtiments : un corps de garde et son annexe, devenu presbytère protestant, qui abritent désormais la trésorerie principale, une halte-garderie, une crèche ainsi qu'une bibliothèque. En face est érigé l'hôtel de ville, dans un style qui rappelle le clacissisme français. Ce bâtiment est flanqué d'une construction néo-Renaissance, caractéristique de la période allemande de la fin du XIXe siècle, siège du tribunal d'instance.

GARE DE BRUMATH
1851
Grès des Vosges et bois 67060424

Lors de l'élaboration du réseau de chemin de fer du nord de l'Alsace, Brumath est choisi comme axe de ralliement des liaisons vers Strasbourg, Paris, Haguenau et le Luxembourg. Un dépôt de machines à vapeur et une gare marchandise doivent être implantés à cette bifurcation. Mais la majorité de la population est réticente en raison des vapeurs et des fumées de suie, qui dégradent les cultures de primeurs. Malgré la volonté du secteur industriel très prospère à cette époque, l'implantation ferroviaire est refusée. Finalement, Brumath ne devient qu'un point d'arrêt sur la ligne. Lors du déclin des activités du chanvre, des moulins et des tanneries à la suite de la régularisation du Rhin, à la construction du Canal de la Marne au Rhin, et à la Zorn rendue non navigable, l'absence des activités ferroviaires devient un handicap.

BANC-REPOSOIR
XIXe siècle
Grès (l. : 180 cm, P. : 50 cm)
Route de Pfaffenhoffen 67060406

Ce type de mobilier urbain est nommé « banc de l'impératrice » ou « banc Eugénie ». Il se distingue des bancs dits « du roi de Rome », installés en 1811 lors du baptême du roi de Rome, et dont il ne subsiste que très peu d'exemplaires, parmi lesquels se trouve celui de la route reliant Brumath à Kriegsheim. En revanche, entre 1853 et 1854, près de 450 bancs du modèle « de l'impératrice » sont implantés dans toute l'Alsace, dont une large proportion est encore en place. L'une des traverses

horizontales est à faible hauteur afin de s'y asseoir, la seconde est destinée recevoir les fardeaux des usagers, ce qui est à l'époque un soulagement pour les femmes qui portent leur panier sur la tête, suivant la tradition alsacienne. Une circulaire de 1910 émanant de l'empire allemand précise que ces bancs, ne répondant plus aux besoins actuels, n'exigent plus aucun entretien.

GARE DE STEPHANSFELD
1853
Grès, brique, bois et fer 67060445

La ligne de chemin de fer Strasbourg-Saverne est inaugurée plus de dix ans avant la liaison avec Paris. La richesse et l'autonomie de Stephansfeld aboutissent à l'édification d'un arrêt-voyageurs, distant de deux kilomètres de la gare de Brumath. Si cet arrêt n'est qu'une halte, son importance demeure significative. L'établissement hospitalier couvrant l'ensemble de l'Alsace et une grande partie de la Lorraine, l'afflux de malades et de visiteurs rentabilisent l'exploitation ferroviaire. Le bâtiment, construit en retrait des voies, occupe un grand espace en construction et jardins. Son style est celui des compagnies des chemins de fer de l'Est, spacieux et robuste.

HÔTEL DU LION
1863
Grès, brique et bois 67060432

Ce bâtiment qui s'inspire du style du second Empire est construit par Charles Frédéric Hoestetter pour servir de restaurant et d'hôtel. Une salle de spectacle et un dancing y sont ajoutés, attirant la jeunesse régionale dans la première moitié du XXe siècle. Depuis, un établissement bancaire y est installé.

CROIX
1822
Grès
Cimetière 67060415
En 1869, la commune de Brumath rachète à la paroisse protestante son cimetière, pour l'ouvrir à toutes les confessions. Cette croix qui domine le fond de l'allée centrale, érigée une cinquantaine d'années plus tôt, porte l'inscription *Gemeinde Brumath*, commune de Brumath, témoignant de l'ouverture d'esprit de ses commanditaires.

TOMBE DE LOUIS SCHNOERINGER
1869
Grès
Cimetière 67060416
Louis Schnoeringer, médecin généraliste de la première moitié du XIXe siècle, oriente ses loisirs dans la recherche archéologique sur le site de Brumath et des bans limitrophes. Le musée historique de Mulhouse répertorie quatre cents de ses découvertes en tous genres et possède l'inventaire écrit de la main du docteur sous le titre *Collection du Musée Schnoeringer à Brumath*. Cet archéologue transmet de manière posthume sa passion à une équipe de bénévoles de la commune, qui anime aujourd'hui le musée archéologique. Né en 1797, il reste célibataire et décède à Brumath le 18 juillet 1869. Outre les pièces retrouvées dans la localité, il possède des objets de provenance d'Égypte, de Chine et d'Italie.

TOMBE DE JACQUES SENGEL
1892
Granit, marbre, grès et fer
Cimetière 67060419
Jacques Sengel fait campagne en Crimée de 1854 à 1856. Il se bat contre l'Allemagne d'août 1870 à mars 1871, notamment comme chef de bataillon au 120e régiment d'infanterie de ligne pendant le siège de Paris. Il s'illustre le 19 janvier au cours de la sanglante bataille de Buzenval qui voit l'échec de la dernière sortie de la garnison parisienne. Il participe ensuite aux combats contre la Commune. Chevalier de la Légion d'honneur le 1er août 1862, chef de bataillon le 6 janvier 1871, il est fait officier le 4 mai 1878. Il est titulaire de la médaille de sa majesté la reine d'Angleterre et de la médaille du Mexique. Le 11 février 1869, alors qu'il est en garnison dans la région parisienne, il épouse la fille de l'adjoint au maire de Brumath. Sa tombe porte une plaque offerte par l'association Le Souvenir français et une petite tablette en marbre, hommage des soldats du 46e régiment territorial, dont il fut lieutenant-colonel.

TOMBE DE GUSTAVE STOSKOPF
1944
Grès
Cimetière 67060417
Gustave Stoskopf (Brumath 1869-1944) poursuit des études à Strasbourg, où il fait ses premières armes littéraires et artistiques : poésie, peinture, lithographie, puis passe quelque temps à Munich. À 25 ans, l'artiste révèle aux Strasbourgeois, dans son cabaret, le style et la manière des chansonniers parisiens. Gustave Stoskopf créé les *Images alsaciennes*, qui deviennent la *Revue alsacienne illustrée*. Sa pièce en dialecte *D'r Herr Maire*, *Monsieur le Maire*, est un classique du théâtre alsacien. Plus tard, le poète crée les salons de la *Revue alsacienne illustrée* et révèle de nouveaux talents comme Hansi, Ritleng, Ebel ou Beecke. Son groupe défend le vieux Strasbourg et assure la création du Musée alsacien et du *Journal d'Alsace-Lorraine*, qui combat satiriquement la présence allemande à la veille du premier conflit mondial.

TOUR-CHEMINÉE
Début du XXe siècle
Brique pleine réfractaire et fer
67060437

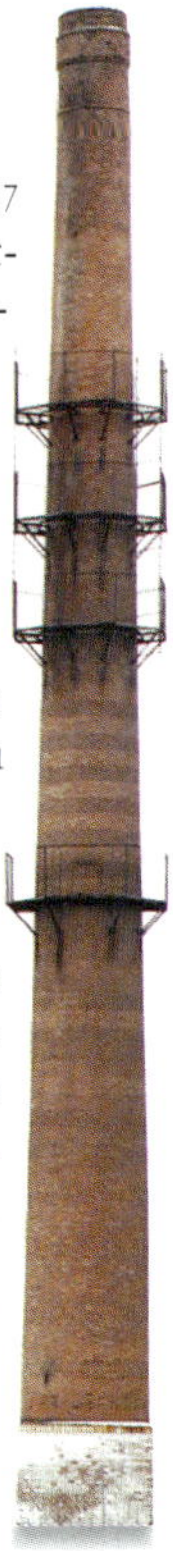

À la fin du XIXe siècle, les secteurs industriels ont un important besoin en force motrice. Les cheminées sont érigées pour chauffer les locaux, comme pour le centre hospitalier de Stephansfeld, ou pour mouvoir des machines ou turbines à vapeur qui utilisent la combustion du charbon, du coke et du bois. Le site industriel de la localité est doté de quatre de ces conduits de fumée : une pour l'hospice de Stephansfeld, une pour la tuilerie, une autre à la houblonnière et une dernière construite à l'origine pour une scierie. La hauteur des cheminées varie selon l'usage du combustible de 45 mètres pour l'utilisation du coke à 53 mètres lors du passage au charbon.

CHÂTEAU D'EAU
1915
Grès, brique, bois et fer
Stephansfeld 67060438
Faisant partie intégrante du territoire de Brumath, le centre hospitalier de Stephansfeld gérait sa communauté et profitait d'une indépendance financière, culturelle, religieuse et surtout alimentaire. Situé en hauteur et à proximité des prés, le captage de la nappe phréatique proche ne pose pas de problème. À la fin du XIXe siècle, cependant, avec la régularisation du Rhin éloignant les crues de la Zorn, le problème de stockage de l'eau s'impose et conduit à la construction de ce réservoir. Avant l'arrivée, au milieu du XXe siècle, de la distribution généralisée en eau potable, il assure sa distribution locale par des moyens très modernes pour l'époque.

CAISSE D'ÉPARGNE
1931
Grès
Rue Jacques-Kablé 67060447
La première pierre de la Caisse d'Épargne, banque créée par ordonnance royale le 18 mai 1834, est posée le 24 juin 1930 et la réunion du premier conseil d'administration a lieu le 27 juin 1931. Ce bâtiment reflète par son aspect la richesse de la ville. Lors de sa construction, ce bâtiment est encastré dans un pâté de maisons anciennes et traversé par un passage piéton, encore perceptible. Il est bâti en pierre de taille, à la bordure de la grande voie de circulation vers Strasbourg, qui désenclave le secteur sud de la ville. À l'endroit du porche n'existe alors qu'un simple passage, bordé d'une ferme détruite au cours des travaux.

VIERGE
1936
Grès
Place de l'Église
67060413
En 1936, sous l'autorité du curé-doyen Klipfel, une maison des œuvres est érigée à côté du presbytère catholique. Après cinquante années de fonctionnement, la ville de Brumath restaure le bâtiment, qui accueille des activités culturelles et en assure la gestion. Seule cette statue de la Vierge informe du caractère religieux de l'endroit.

MONUMENT AUX MORTS
Après 1945
Pierre 67060453
Au lendemain de la Première Guerre mondiale, Brumath se dote d'un monument au morts, érigé sur la place de la Liberté. En 1940, les Allemands, soucieux d'éliminer tout souvenir de la période française, détruisent le monument. L'actuel monument, situé derrière le temple protestant, à l'entrée du cimetière, est construit au lendemain de la Seconde Guerre mondiale.

Donnenheim

Canton de Brumath
Arrondissement de Strasbourg-Campagne
Superficie : 380 ha
Population 1990 : 248 hab.
Cours d'eau : le canal de la Marne au Rhin

Origine du nom : de l'anthroponyme germanique Dono et de l'allemand *Heim*, village.

HISTORIQUE

Donnenheim est cité à plusieurs reprises au VIIe siècle ; l'abbaye de Wissembourg y possède des biens. À l'origine, il fait partie du Landgraviat de basse Alsace, mais en 1196, l'empereur Henri VI l'attribue à l'abbaye de Neubourg. Dans cette commune où le houblon et le chanvre sont cultivés depuis des siècles, la légende rapporte que les valets et les servants devaient travailler aussi durement qu'aux galères. Le village est appelé pour cela S'klein Gallée, *la petite galère. Les* Hofname, *noms de fermes, restent une tradition dans la vie des villageois et sont évoqués dans des poésies satiriques élaborées vers 1880, lors des* Kunkelstuben, *veillées hivernales. Le houblon, essentiellement destiné à l'industrie brassicole, est utilisé en faibles quantités en herboristerie, pharmacie et cosmétologie. Le regroupement agricole, ainsi que la proche voie de circulation transforment peu à peu Donnenheim en lieu de résidence. Les labours progressent aux dépens des surfaces en herbe, en raison de l'introduction des cultures à bon rapport financier tel que le maïs.*

CALVAIRE
1778
Grès *67060505*

L'implantation d'un calvaire en pleine nature, hors village, peut indiquer diverses situations : l'entrée dans un nouveau ban, un point de repère géographique, un fait divers ou des remerciements religieux. La lecture de l'inscription, ici en allemand, oriente le lecteur. Elle sert de lieu de pèlerinages aux habitants du village jusqu'au milieu du XXe siècle. Le jour des Rogations de la Saint-Marc, le 25 avril, un autel fleuri marque l'étape de la procession contournant le ban de la commune.

HOUBLONNIÈRE
1800
Bois et fil d'acier *67060506*

Le sol argileux et sablonneux, les coteaux exposés au soleil conviennent à la culture des cannabinacées, famille du chanvre et du houblon. La plante grimpante, de 6 à 10 mètres de long, entortille ses tiges rugueuses et ses vrilles autour des perches-tuteurs. Les plantes femelles portent des fleurs en cônes d'où partent des bractées, à la base desquelles se trouvent des piquants glandulaires semblables à de petits grains jaunes ; les poils sécrètent la lupuline, substance de saveur amère, qui sert à la préparation de la bière, à laquelle elle donne son arôme. Cette culture de bon rendement est onéreuse en équipement et en main d'œuvre. Avant la mécanisation de la fin du XXe siècle, les temps d'efforts manuel par hectare avoisinent plusieurs milliers d'heures. De ce fait, chaque famille ne cultive qu'une dizaine d'ares. Trois phases de travail sont nécessaires : la taille, de mars à fin avril, la mise au fil dans la dernière semaine d'avril et la récolte, qui dure de fin août à septembre, englobant les activités de cueillette, de séchage et de livraison à la coopérative. Jusqu'aux années 1950, les villageois procèdent manuellement, dans les granges aménagées, à la séparation des cônes de la liane dioïque.

ÉGLISE SAINT-BERNARD
1801-1803
Grès, brique et bois *67060501*

L'église Saint-Bernard est construite à une époque où l'activité en général n'est pas florissante. La pauvreté et la sortie des effets de la Révolution retardent l'évolution de grands travaux et peu de lieux de culte se construisent. Des donations permettent néanmoins l'édification de celui-ci, de style post-baroque. Au chœur polygonal en retrait, coiffé d'un clocheton, succède la courte nef unique accessible côté cimetière. La paroisse reste longtemps sous autorité de Wingersheim avant d'être rattachée, après de longues tractations, à la paroisse de Bilwisheim, le quinze août 1862 par la volonté de l'empereur Napoléon III.

PORCHE D'ENTRÉE
1803
Bois de chêne
Église Saint-Bernard 67060502
Cette entrée est certainement copiée sur l'église abbatiale du village proche de Hohatzenheim. Le porche est lié aux rites cléricaux du XIXe siècle : lors des cérémonies nuptiales, des fêtes avec procession et des enterrements, le prélat récite les prières sur le perron de l'église, accueille les officiants à l'abri, devant les fidèles groupés à ciel ouvert.

CRUCIFIXION
Grès
Église Saint-Bernard 67060503
La façade-pignon est ornée d'une sculpture flamboyante représentant le Christ crucifié entouré de la Vierge et de saint Jean, sur fond de lacis curvilignes. Ce groupe, stylistiquement proche de l'art strasbourgeois de la fin du XVe siècle, provient sans doute de la chapelle des cisterciens, citée dès 1177 et démolie en 1803. Cette œuvre est placée au centre du triangle formé par les trois vitraux circulaires disposés sur ce flanc de façade.

CROIX
1785
Grès
Enclos de l'église Saint-Bernard 67060504
Dans ces villages des régions du Kochersberg, la religion et ses diverses cérémonies tout au long de l'année liturgique régulent les mœurs des villageois des XVIIIe et XIXe siècles. Les croix implantées à des endroits précis rappellent à l'homme de la campagne ses devoirs religieux tout au long de la journée. Tout cortège ou dévotion débute par une prière faite près d'un calvaire ou d'une croix. Celle-ci est placée au fond du cimetière pour demander le pardon, afin de permettre aux défunts de transiter vers un nouveau monde, au pécheur d'accroître son salut par des indulgences et à l'humble de se considérer égal à autrui. Après les souffrances des guerres et massacres successifs, ces calvaires restaurent la confiance des croyants.

Eckwersheim

Canton de Brumath
Arrondissement de Strasbourg-Campagne
Superficie : 750 ha
Population 1990 : 1 113 hab.
Habitants : les Eckwersheimois
Cours d'eau : le Neubächel et le canal de la Marne au Rhin

Origine du nom : de l'anthroponyme germanique Agafrid et de l'allemand *Heim*, village.

HISTORIQUE

Cette commune du Kochersberg est signalée pour la première fois dans un document sous le nom de Eccefrydesheim, comme propriété de l'Évêché de Metz lors du partage de l'empire de Charlemagne en 814. Le domaine est transmis, vers 850, à l'abbaye de Saint-Étienne, lors de sa fondation. Au XIVe siècle, l'évêque de Metz donne le village en fief aux Ochsenstein, mais après l'extinction de cette famille, en 1490, les comtes de Deux-Ponts-Bitche gèrent le domaine jusqu'en 1531. Les Lichtenberg assurent la relève, et en 1579, transmettent le village aux Hanau-Lichtenberg. La Réforme est introduite en 1554 et les paroissiens se convertissent. En 1780, Eckwersheim, Eckbersche en dialecte local, passe sous l'autorité royale française. En 1793, les troupes françaises détruisent par le feu la moitié du village. La population, en baisse pendant plus d'un siècle, se stabilise depuis les années 1950, lorsque l'activité agricole s'amoindrit et que la commune, intégrée à la zone d'influence strasbourgeoise, devient résidentielle.

TEMPLE
XVe-XVIIIe siècles
Grès, brique et bois de chêne
5, rue du Général-de-Gaulle 67060601
La nef du temple est reconstruite au XVIIIe siècle, et le presbytère est érigé à proximité en 1746, dans une paroisse qui compte jusqu'à 95 % de protestants en 1871. Deux cloches équipent la tour de l'église. Le grand

bourdon, dont les anses sont à visage humain, comprend le mécanisme d'horlogerie, il est coulé en 1735 par la Maison Mathias Edel à Strasbourg. Sur les flasques entourés d'une couronne de feuilles entrecoupées de fleurs stylisées est gravé le nom de Ludwig Wurmser von Vendenheim, le seigneur des lieux, ainsi que les noms des prévôts et maire. L'horloge, créée en 1922 et rénovée en 1959, est du constructeur Ungerer de Strasbourg.

MAISON
1564
Pan de bois, grès et brique
3, rue du Général-de-Gaulle 67060606

Cette maison échappe au sinistre de 1793. La construction d'époque repose sur une pratique simple : le poutrage horizontal prédomine sur le poutrage vertical, le pignon est peu élancé et les fenêtres sont petites et basses. Les toits sont à deux versants et demeurent raides, pour faire glisser la neige et ménager un volume intérieur habitable, parfois dotés de petites croupes, *Kippelwalme*, ou fausses croupes, qui rompent le faîtage. La toiture présente des angles brisés pour éviter les méfaits du vent. Les sorties de cheminées n'existent pas à cette époque. Avec la cuisine, seule est chauffée la *grosse Stub*, qui sert de local de réception, de salle à manger et de chambre à coucher par son alcôve traditionnelle.

FERME
XVIIIe siècle
1, rue des Tuileries 67060613

Cette grande ferme ne présente pas ses pignons sur la rue, contrairement aux exploitations agricoles des siècles précédents. La cour, en forme de T, est étendue en longueur et s'ouvre sur deux voies publiques différentes. Le porche principal donnant accès à la route est très large, pour permettre aux charrettes d'entrer. Par sécurité, la porte piétonne est placée du côté de la maison d'habitation, séparée des dépendances par un jardinet. La seconde issue en arrière de propriété, plus étroite, ne sert que périodiquement, suivant les saisons.

MAISON
Fin du XVIIIe siècle
Pan de bois, grès, brique et bois
1, impasse de la Mairie 67060610

Ce type de maison permet à un employé de ferme de cultiver un lopin de terre en appoint et d'élever une ou deux vaches pour ses besoins laitiers. Le peu de fenêtres et le manque de symétrie contrastent avec le corps de logis de la grande ferme. Un petit escalier permet d'accéder à la cave, protégée des infiltrations d'eau liées aux orages par la pente du jardinet.

MITRE DE CHEMINÉE
Fin du XVIIIe siècle
Brique, tuile et terre cuite
67060611

Les mitres de cheminées agrémentent les grandes toitures des maisons à colombage alsaciennes et protègent l'extrémité supérieure du conduit d'évacuation des fumées, en empêchant l'introduction de pluie ou de neige tout en favorisant un bon tirage. Avant le XVIIIe siècle, les conduits de cheminées s'arrêtent sous les combles, la fumée s'échappant entre les interstices des tuiles. En Alsace, contrairement aux autres régions françaises, le conduit de fumée traditionnel permet le raccordement de plusieurs foyers sur un seul conduit, tout en comportant, au niveau du premier étage, le *Raucherkammerle,* fumoir, indispensable dans une ferme. À l'origine, les mitres sont réalisées par l'artisan maçon selon plusieurs types. Le plus simple des *Kaminkàppe*, chapeaux de cheminée, est construit en forme de petite tente. La forme la plus élaborée est ce *Pfaffekapp*, bonnet du curé, ainsi nommé en référence aux barrettes que les prêtres portaient aux offices avant la réforme du Concile de Vatican II.

MAISON
1830
Pan de bois de chêne, grès et brique
12, rue du Moulin 67060607

Ce corps de logis de ferme s'élève sur une cave aux épais murs en pierre de taille de grès, qui protègent de la maison de l'humidité et du froid et permettent la conservation de différentes denrées : pommes de terre, choucroute, navets salés et vin en tonneaux. Deux ouvertures permettent d'accéder au sous-sol : une grande entrée, destinée à l'emmagasinage ,et une trappe. La croix de Saint-André, sous les fenêtres de l'étage, est censée apporter la prospérité aux occupants. Au dernier niveau étaient jadis engrangés les récoltes céréalières utiles à la ferme, les semences, les pommes et les raisins coupés avec une partie du sarment. La girouette, qui fait office de paratonnerre, date de 1930.

MAIRIE
XIXe siècle
Grès, brique et bois de chêne
4, rue du Général-de-Gaulle 67060609

La mairie, construite dans le style second Empire, a conservé ses chambranles en grès des Vosges, qui la singularisent par rapport aux nombreuses maisons à colombage des XVIe, XVIIIe et XIXe siècles.

PORTAIL
1830
Grès et bois
12, rue du Moulin 67060608

La sécurité des fermes, surtout durant la nuit, repose sur l'efficacité des enceintes de la propriété. Le grand porche est hermétiquement bouclé, sauf pour laisser passer les attelages ; c'est le petit portail qui est le plus souvent utilisé, doté d'un système d'alarme courant dans la région, actionné à chaque ouverture de la porte : une chaînette, pourvue à son extrémité d'un contrepoids, fait tourner sur son axe une cage circulaire dans laquelle sont enfermés trois ou quatre grelots métalliques dont le bruit alerte le chien de garde. Au-dessus de la porte est placée une épigraphe qui indique, outre la date d'édification et une maxime morale, l'identité des propriétaires qui au cours du temps devient le *Hofname*, le nom de la ferme.

MAISON
XIXe siècle
Pan de bois, grès et brique
Rue du Général-de-Gaulle 67060604

Couverte de tuiles modernes depuis les années 1950, cette maison disposait jusque-là d'un toit en tuiles *Bieberschwanz*, queue de castor. Fabriquées à la main, ces plaquettes d'argile cuite sont trois fois plus longues que larges, plates et arrondies aux extrémités. Elles sont posées selon deux méthodes. La plus simple consiste à les juxtaposer, superposant un rang sur l'autre du tiers de sa longueur. La seconde solution, plus technique et bien plus onéreuse, consiste à poser les tuiles afin que chacune recouvre la moitié de l'autre. Pratiquée depuis plus de deux siècles pour la couverture des auvents en particulier, cette méthode nécessite des tuiles plus courtes et une charpente renforcée. Elle est responsable des pentes abruptes des toitures, dont l'angle est adapté au poids des tuiles et de la neige.

CORPS DE FERME
1864
Pan de bois de chêne, grès et brique
(L. : 40 m)
4, rue du Général-de-Gaulle 67060612

Ce bâtiment de dépendance, réservé en partie au logement des employés, ainsi que la porte cochère appartiennent à une grande ferme. Le logis et l'annexe, tous les deux à pignons sur rue, sont reliés par un corps de passage ouvert de deux grands portails séparés d'une dizaine de mètres, et d'une porte pour piéton près de la maison. Au rez-de-chaussée de l'annexe sont installées les écuries et l'étable, tandis que l'alimentation du bétail est conservée au premier étage, et qu'au second étage sont engrangés les grains de semence et de fourrage.

CENTRE ÉQUESTRE
XIXe-XXe siècles
Bois et fer 67060614

Dès le début du XVIIIe siècle, des gardiens de troupeaux de chevaux pratiquent des jeux équestres. Le jour de la Pentecôte, les jeunes gens se rendent au hameau de Niefern, montés sur des chevaux empanachés, et vont vérifier les limites des bans et l'emplacement correct des bornes-frontières. À leur arrivée, du vin, des saucisses, côtelettes, gâteaux et un peu d'argent leur sont offerts. Ces festivités se transforment en 1837 en concours hippique, qui a lieu sur la place du village. En 1850 est fondé un comité local qui organise de véritables courses. Après la Seconde Guerre mondiale, la tradition rapporte que c'est à Londres et à Eckwersheim que les courses de chevaux reprennent les premières.

MONUMENT AUX MORTS
Seconde moitié du XXe siècle
Granit 67060602

En mémoire aux disparus des deux conflits mondiaux, la commune a implanté une stèle en bordure de l'artère principale, à un emplacement propice au recueillement.

Gambsheim

Canton de Brumath
Arrondissement de Strasbourg-Campagne
Superficie : 1 740 ha
Population 1992 : 3 719 hab.
Habitants : les Gambsheimois
Cours d'eau : le Muehlrhein, l'Ill, le Giessen et le Rhin

Origine du nom : de l'anthroponyme germanique Wamb et de l'allemand *Heim*, village.

Blason : il représente un fer de flèche, arme de guerre qui, pointée vers le haut, symbolise droiture et vitesse.
67060700

HISTORIQUE

Gambsheim, alors dénommé Gambbapine, est mentionné pour la première fois lors d'une acquisition de biens par l'abbaye de Honau, le 16 avril 748. Les premiers habitants se sont installés sur ce site en raison de la proximité d'un gué sur le Rhin, des découvertes datées des périodes mérovingiennes et carolingiennes en font foi. La localité souffre à plusieurs reprises de faits de guerre : en 1388, elle est incendiée au cours du conflit entre les Strasbourgeois et le margrave de Bade, et,en 1587, elle est pillée. Propriétaire de la forêt dès 1700, le village vit essentiellement de l'agriculture. De nombreuses fermes des XVIIe et XVIIIe siècles témoignent de ce passé agricole. En 1802, Gambsheim ne fait plus partie du canton de Bischwiller mais intègre celui de Brumath. Située sur la ligne Maginot, la localité garde des séquelles de la Seconde Guerre mondiale : les habitants sont évacués en septembre 1939 à Saint-Yrieix (Haute-Vienne) et en janvier 1945 au pays de Bade et dans le Brisgau (Allemagne). Depuis la seconde moitié du XXe siècle, si quelques agriculteurs cultivent encore le maïs, le blé et les primeurs sur les 800 hectares disponibles, la commune, en plein essor économique, vit essentiellement de l'industrie et de sa situation de ville-frontière, où se sont installés des services douaniers et touristiques.

CHAPELLE DE LA VIERGE DOULOUREUSE
Vers le XIIIe siècle-1658
Grès
131, route Nationale 67060706
À un carrefour de la sortie nord du village, se dressent au Moyen Âge des corps de fermes et le relais le plus important de la contrée. La localité nommée Bettenhoffen, maison de prière ou lieu de prière, se situe alors à cet endroit ; un lieu de culte y subsiste, dans lequel est vénéré saint Quirin. Le chevet polygonal gothique de cette chapelle atteste un âge avancé. Elle est restaurée en l'an 1658, comme le précise le linteau de la petite porte d'accès. Sur l'un des pans du chevet est implantée une croix composée d'éléments de plusieurs époques, qui marquent diverses étapes de croyance religieuse. Le fût comporte plusieurs niches, comme souvent dans les villages du Kochersberg ou de la région de Brumath. La plus ancienne, qui remonte certainement au XVIIe siècle est creusée à la base. Quant au Christ, il est probablement mis en place en 1739, sur le support déjà présent à cet endroit. Mise à l'abri des révolutionnaires en 1793, cette croix reprend sa place en 1807, comme le mentionne un cartouche posé aux pieds du Christ.

ANCIEN RELAIS DE POSTE
1787
Pan de bois
15, route du Rhin 67060710
Cette maison fait partie d'un ensemble de vieux bâtiments à colombage, situé dans le quartier de la mairie, elle-même installée dans une ancienne demeure en pan de bois. Elle est un ancien relais de la poste aux chevaux, sur la ligne Strasbourg-Fort-Louis. Reconstruit après le grand incendie de 1717, le bâtiment appartient à la famille des prévôts Schoeringer. En hommage à Louis XIV, il adopte l'enseigne *Au Soleil d'or*. Au rez-de-chaussée et au premier étage, des modifications ne correspondent pas au style du XVIIIe siècle, notamment la multitude de croisement de poutres, peut-être à l'origine des croix de Saint-André, ainsi que les trois fenêtres inférieures, aux ouvertures de tailles variables.

GRAVIÈRE
Fin du XVIIIe-XXe siècles
Giessloch 67060713
Depuis les premiers travaux d'implantation de digues pour régulariser le niveau du Rhin de 1848 à 1880, la récupération des produits du sol, graviers et sables, a trouvé de nombreux débouchés. Deux entreprises se partagent l'essentiel de l'exploitation : la grande entreprise régionale de granulats Veltz-Fix et Les Granulats d'Alsace réalisent ensemble une production annuelle de plus d'un million et demi de tonnes de produit, dont la moitié est exportée. La voie fluviale assure une activité dense

dans la carrière, exploitée par des industries de transformation de granulats et graviers. Une centaine d'emplois gravite dans cette exploitation de gravière et la commune profite financièrement de cette activité du sol communal. Gambsheim demeure une plaque tournante du transport routier et fluvial des plus importantes pour la basse Alsace.

MAISON
Fin du XVIIIe siècle
Pan de bois, grès et brique
22, rue de l'Église 67060712

Si cette maison garde sa structure d'origine telle que l'équilibre du colombage, la répartition des poutres en V, les *Mann*, et la disposition des fenêtres, elle a toutefois subi des transformations nécessaires à la vie moderne. Le toit à quatre pans est ainsi ajouté et les fenêtres ont été agrandies au fil du temps.

MAISON
1838
Pan de bois de chêne, grès et brique
127, route Nationale 67060711

Cette maison est située en bordure de l'ancienne route reliant Kilstett à Herlisheim. Le colombage dense, au poutrage vertical, est représentatif d'une période sobre et économe même pour les fermes cossues. Les deux auvents sur fenêtres et le clos compact rappellent l'époque agricole de la commune. La maison possède encore un four à pain.

CROIX
1878
Grès
31, rue de l'Ancienne-Église 67060702

Cette croix édifiée après le conflit de 1870 est similaire à celle de 1890, seule l'inclinaison de la tête varie. Elles sont probablement l'œuvre du même sculpteur. Placées en bordure de l'ancien chemin qui mène à l'église, ces croix constituent des étapes de prières et de dévotions lors des processions.

CROIX
Vers 1890
Grès, bois et métal
2, rue de l'Ancienne-Église
67060709

Le choix des quatre clous, au lieu des trois généralement représentés depuis le haut Moyen Âge, est caractéristique de la période française avant la guerre de 1870. Le pélican, sculpté sur la base, se trouve souvent représenté sur le haut des lutrins. Il nourrit ses petits de sa chair et de son sang et symbolise, dans l'iconographie chrétienne, l'amour paternel, le sacrifice et la résurrection. Il est identifié pour cela au Christ et représente sa plaie au côté, d'où s'échappent le sang et l'eau, breuvages de la vie.

MONUMENT AUX MORTS
Après 1918
Sculpteurs : Maechling et Weber
Grès gris
Cimetière 67060707

Des statues du cœur sacré du Christ sont érigées à la mémoire des soldats morts ou disparus, dans les églises, au pied des représentations de Jeanne d'Arc, dans les cimetières ou au centre du village, comme à La Wantzenau. Ce monument, à la statue tronquée et aux multiples impacts de balles, est resté en place après l'érection d'une nouvelle stèle, pour témoigner de la barbarie de la guerre.

BARRAGE
Seconde moitié du XXe siècle
Béton et fer
Haugrun *67060714*

L'utilisation de ce fleuve aux variations saisonnières de flux a posé de nombreux problèmes jusqu'à la création des digues à la fin du XIXe siècle. Au début du XXe siècle, la construction du Grand Canal d'Alsace permet la production d'energie électrique et facilite la navigation fluviale par la construction de grandes écluses. Après la Seconde Guerre mondiale, le site de Gambsheim est choisi pour l'installation d'une centrale hydro-électrique. La production, de 596 GWh, est favorisée par une chute d'eau de plus de dix mètres de hauteur et par un débit constant de près de 1000 m³ d'eau par seconde.

ÉGLISE SAINT-NAZAIRE
1954
Architecte : F. Guri
Entrepreneur : Zimmer
Maître verrier : Werlé
Béton
105, route Nationale *67060703*

L'ancien édifice, construit en 1763 dans le style baroque, ne résiste pas aux bombardements de la Seconde Guerre mondiale. Après sa démolition, le maître-autel est transféré dans l'église royale Saint-Louis de Neuf-Brisach et un nouveau sanctuaire est construit au centre du village. Le grand vaisseau, composé d'une succession de huit travées, est flanqué d'étroits bas-côtés. Des vitraux, plus grands à mesure de la progression vers le chœur, diffusent la lumière. Dans le bâtiment sont conservés une Vierge glorieuse du XIIIe siècle et des stalles de la même époque, ainsi que les orgues asymétriques réalisés en 1959 par J.-G. Koenig. Un Christ stylisé en bronze, de facture contemporaine, est placé à l'entrée du chœur. Le campanile, haut de 38 mètres, abrite à l'origine les fonts baptismaux, intégrés depuis dans la nef pour plus de commodité.

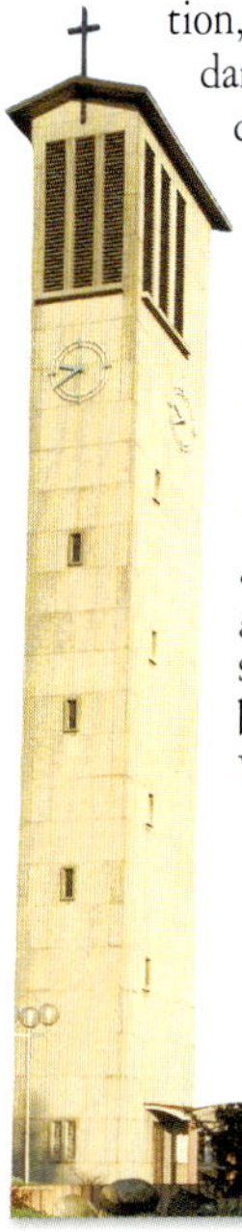

MONUMENT AUX MORTS
1962
Sculpteur : Emile Stoll
Grès rouge des Vosges
Place de l'Église *67060708*

Gambsheim, qui est une des dernières poches de résistance allemande en 1945, souffre beaucoup des combats dela Seconde Guerre mondiale. La commune, citée pour le mérite de ses citoyens durant l'occupation allemande, décorée de la croix de guerre avec étoile de vermeil, a fait ériger ce monument en mémoire des disparus.

Geudertheim

Canton de Brumath
Arrondissement de Strasbourg-Campagne
Superficie : 1 133 ha
Population 1990 : 2 010 hab.
Habitants : les Geudertheimois
Cours d'eau : la Zorn et le Rottgraben

Origine du nom : de l'anthroponyme germanique Cuotarat ou Cuoterit et de l'allemand *Heim*, village.

Blason : il reprend les armoiries d'une des lignées de la famille des von Geudertheim, ministériels du château impérial de Haguenau.
67060800

HISTORIQUE

Le bourg de Geudertheim naît probablement sur un gué de la Zorn, au bord d'une antique voie menant des Vosges au Rhin, via Brumath. Des découvertes archéologiques attestent de l'occupation ancienne du site, depuis l'âge du bronze jusqu'à l'époque romaine. Dès l'an mille, sans doute, le village est partagé entre deux seigneuries, l'une relevant de l'évêché de Metz et l'autre directement du Saint-Empire. Ce partage est – phénomène exceptionnel – matérialisé au Moyen Âge par un fossé coupant le village en deux. La moitié impériale est donnée en fief successivement aux Mullenheim, aux Wickersheim, aux Zweibrücken, aux Wurm, et enfin jusqu'à la Révolution aux von Gottesheim. La moitié épiscopale, souvent engagée ou tenue en arrière-fief, est cédée au Ochsenstein, aux Lichtenberg, puis à leurs héritiers les Hanau-Lichtenberg et enfin aux Hesse-Darmstadt. Chaque moitié du village possédait sa motte castrale, matérialisation du pouvoir seigneurial.

ÉGLISE PROTESTANTE
XIIe siècle-1576-1841
Grès et pierre *67060805*

Une église existe déjà au même emplacement en l'an 900. Il s'agit

originellement de la chapelle castrale de la proche motte des Ochsenstein. Au rez-de-chaussée du clocher-chœur sont conservés des sculptures romanes, chapiteaux et clef de voûte, ainsi qu'une piscine liturgique qui date de la seconde moitié du XIIe siècle ou de la première moitié du XIIIe siècle. Le sanctuaire passe au culte protestant lors de l'introduction de la Réforme vers 1570, puis est utilisé de 1747 à 1900 sur le principe du simultaneum. Devant accueillir le nombre croissant des membres des deux communautés, l'église est agrandie en 1841 ; la nef est alors détruite et reconstruite. Depuis le début du XXe siècle, elle sert exclusivement au culte protestant.

MONUMENT AUX MORTS
1922
Grès
Église protestante 67060820

La Première Guerre mondiale est, à Geudertheim comme ailleurs, une terrible saignée. 33 enfants de la commune y laissent leur vie. Ce monument aux morts est installé à l'intérieur de l'église, à l'emplacement d'une chapelle réservée au culte catholique jusqu'à la disparition du simultaneum.

CALVAIRE
1787
Grès
Ancien cimetière de l'église protestante 67060802

Ce grand calvaire est placé à l'origine au milieu des tombes qui entouraient l'église. Depuis le transfert du cimetière à l'extérieur du village en 1864, il se trouve isolé. Il est érigé une année de mauvaises récoltes, à une époque où les paysans redoutent une période de disette.

TOMBE DU MEUNIER ULRICH
1791
Grès
Ancien cimetière de l'église protestante 67060803

Lorsque le vieux cimetière entourant l'église est transféré à l'extérieur du village, quelques tombes sont conservées dans l'enclos, en général celles des notables. C'est le cas de celle de

Christian Samuel Ulrich (1745-1791), dont la pierre porte une inscription qui commence par ces phrases : « Tu te demandes ô lecteur qui repose en cette cellule mortuaire, recouvert de terre grise et de sable. Ci-gît en ce lieu de deuil un philanthrope qui avait charitablement étendu sa protection sur les pauvres, Christian Samuel Ulrich, bourgeois respectable et meunier en ce lieu, pour qui par amour filial a été dressé ce monument. »

PIERRE TOMBALE DU BARON ALBERTINI D'ICHTRATZHEIM
1808
Enclos de l'église protestante 67060817

Jean-François-Zénobie Albertini d'Ichtratzheim, ou d'Ichtersheim, beau-père du général Alexis-Balthasar de Schauenburg, décède en 1808, à 85 ans, à Geudertheim. Ancien capitaine de régiment des hussards de Chamborant, vétéran de la guerre de Sept Ans, emprisonné sous Napoléon, il est, avant la Révolution, seigneur de Hochfelden.

TOMBE SCHEER
1832-1850
Grès
Ancien cimetière de l'église protestante 67060822

La tombe de Jacques Scheer, tonnelier originaire d'Olwisheim, et son épouse Ève Lapp, est érigée par leurs enfants établis en Algérie, comme le précise le texte gravé sur la pierre. L'une de leurs filles est la grand-mère d'Henri Schmidt (1867-1953), général de division. Parmi leurs descendants se distinguent Charles Scheer (1871-1936), professeur à l'université de Strasbourg, député du Haut-Rhin et vice-président du parti démocrate républicain, ainsi que Christiane Scrivener, premier secrétaire d'État à la Consommation, nommé en 1976, et François Scheer, plusieurs fois ambassadeur.

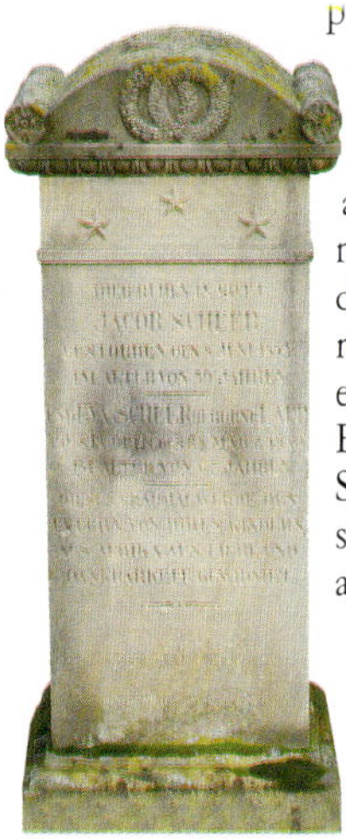

MANOIR DES WANGEN
Fin du XVIIe siècle
Pan de bois et pierre 67060829

Cette ferme est construite à l'emplacement de l'un des châteaux de Geudertheim, dit motte des Ochsenstein. Mentionné pour la première fois en 1400, il change de propriétaire au fil des mariages, des engagements et des ventes, appartenant successivement à diverses grandes familles. Il ne reste rien du château sur motte, qui se trouvait à l'emplacement de l'actuel verger. Le bâtiment d'habitation est l'ancien manoir construit probablement par les Wangen à la fin du XVIIe siècle, la maison forte, ruinée, citée dans les siècles précédents, étant définitivement rasée en 1696. À la fin des années 1760, la propriété est acquise définitivement par la famille des meuniers Ulrich.

BÜRGEL
XIVe-XVIe-XVIIIe-XIXe siècles
Grès et pierre
13, rue du Moulin 67060810

Cité dès 1399, ce *Bürgel*, petit château, est à l'origine une motte castrale établie dans le *Weyergarten*, jardin de l'étang, du nom du plan d'eau qui sert alors de douve, et transféré par la suite. Le bâtiment, propriété successive de diverses familles, est la combinaison d'éléments d'époques différentes. Domaine des Wetzel von Marsilien dans les années 1650, il est cédé aux Wurmser von Vendenheim vers 1722, puis aux von Falckenhayn vers 1745. Il est acquis en 1799 par le général Alexis-Balthasar de Schauenburg. Sa famille, qui procède à quelques transformations au milieu du XIXe siècle, notamment au couronnement de la tour qui donne sur la Zorn, le conserve jusqu'en 1919. Depuis les années 1950, le château est une exploitation agricole.

ESCALIER
1579-1585
Grès
Bürgel 67060824

Sur l'escalier de la tour polygonale figurent de nombreuses signatures de tailleurs de pierre, identiques pour certaines à des marques se trouvant sur plusieurs bâtiments strasbourgeois, qui permettent ainsi de dater les remaniements.

MANOIR DES WEITERSHEIM

Fin du XVIIe-début du XVIIIe siècle

Pierre

34, rue du Général-de-Gaulle 67060823

Ce manoir est issu du partage, sans doute vers la moitié du XVIe siècle, de la motte des Ochsenstein. Dès les années 1530, la famille des Weitersheim, chevaliers préposés à la garde du château de Brumath au XIIe siècle, puis détenteurs d'un fief au château impérial de Haguenau, s'installe dans cette résidence, qui ne se distingue guère des grandes maisons patriciennes ou des riches presbytères de l'époque. En 1798, le général Alexis-Balthasar de Schauenburg en fait l'acquisition. Revendu en 1862, le manoir accueille quelque temps les percepteurs successifs de la commune. Il fut aussi la propriété de Jacques Schaeck, ancien carrossier du roi, de Paris, qui aurait, selon la tradition, fait fortune au moment de la révolution de 1848.

ANCIEN MANOIR DES GOTTESHEIM

XVIIe-XVIIIe siècle

Grès et pierre

80, rue du Général-de-Gaulle 67060825

La famille des Von Gottesheim, seigneurs de Geudertheim entre 1586 et 1789, marque profondément l'histoire du village. Souvent alliée aux familles patriciennes de Strasbourg, elle se distingue au cours de la Révolution en combattant du côté des armées royales émigrées. Le dernier propriétaire noble de ce domaine, qui inclut une métairie, est Jean-Baptiste de Mauroy, époux de Frédérique-Barbara de Gottesheim. C'est après la guerre de 1870 que l'auberge *Au Cygne* – auparavant située sur la route de Brumath- y est installée.

POTEAU CORNIER

1759

Charpentier :

Johann-Nicolaus Strohschneider

Pan de bois

Ancienne école protestante

48, rue du Général-de-Gaulle 67060833

Le poteau cornier de cette maison est probablement unique dans toute l'Alsace. Seules deux inscriptions équivalentes sont recensées dans le pays de Bade (Allemagne). Le texte peut se traduire par « École protestante de Geudertheim – Année 1759 – Georg Kieffer prévôt – Diebold Klein Bourgmestre – Johann Nicolaus Strohschneider maître charpentier – Michael NN compagnon ». Cette propriété possède la particularité d'avoir été construite sur un terrain appartenant, dès le XIVe siècle et jusqu'en 1840, pour moitié à la commune et pour moitié aux hospices civils de Strasbourg. Une première école de la commune, alors exclusivement protestante, y est déjà installée en 1672, ainsi que le *Poêle des bourgeois*, où se réunissent alors les échevins. Le bâtiment accueille les écoliers du village et les réunions des édiles municipaux jusqu'en 1851, date de construction d'une mairie-école plus vaste et plus adaptée à ces fonctions.

BALCON

1788

Charpentier : Strohschneider

Bois

102, rue du Général-de-Gaulle 67060830

Ce balcon sur cour dessert à l'origine une ferme, dont il ne reste plus qu'une partie des bâtiments, transformée quelque temps en auberge.

MAISON ULRICH

1791

Pan de bois et pierre

93, rue du Général-de-Gaulle 67060815

Sur le linteau est sculpté le monogramme de Hans-Georg Ulrich, riche cultivateur membre de la famille des meuniers locaux, qui sont longtemps les propriétaires les plus aisés de la commune. Cette maison, dite « à la mansarde », sert d'exemple à plusieurs bâtiments construits ensuite dans le village, à l'identique.

CADRAN SOLAIRE
1797
15, rue du Moulin 67060813
Deux moulins à farine existent déjà dans la paroisse en l'an 900. Celui-ci, moulin seigneurial, est longtemps tenu en bail emphytéotique par la famille Ulrich, arrivée en 1705. Outre la farine, le chanvre, la garance et l'huile sont produits à cet endroit. La justice y est également rendue, le greffier seigneurial s'y installant périodiquement. Au-dessous du cadran solaire se trouve une cloche d'alarme, installée probablement dans la seconde moitié du XIXe siècle, destinée à prévenir le meunier en cas d'emballement de l'installation. Vers 1900, lors que le moulin a perdu sa fonction première, une usine électrique est installée dans la propriété de Georges Ulrich.

LINTEAU DE L'ANCIEN SÉCHOIR À GARANCE
1802
15, rue du Moulin 67060831
La culture de la garance connaît un essor important aux XVIIIe et XIXe siècles, car cette plante tinctoriale produit l'une des couleurs de base des uniformes, le rouge. La plante, avant son emploi, doit être séchée et broyée dans un moulin. Cet ancien séchoir, situé dans l'enceinte du moulin de Geudertheim, rappelait l'importance de cette culture dans les environs. Il est détruit en 1998, mais son linteau subsiste, qui porte le monogramme du meunier Johan-Adam Ulrich (1770-1833) ainsi que l'une des roues du moulin stylisée.

ÉGLISE CATHOLIQUE SAINT-BLAISE
1808-1899-1900
Architecte : Hannig
Grès
Rue du Moulin 67060806

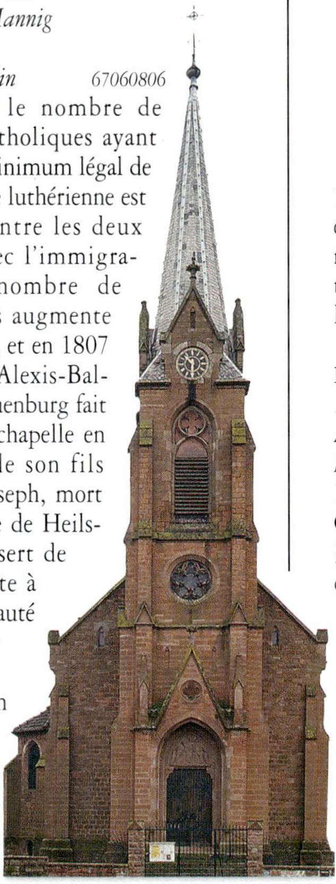

En 1746, le nombre de familles catholiques ayant atteint le minimum légal de sept, l'église luthérienne est partagée entre les deux cultes. Avec l'immigration, le nombre de catholiques augmente rapidement, et en 1807 le général Alexis-Balthasar Schauenburg fait ériger une chapelle en mémoire de son fils François-Joseph, mort à la bataille de Heilsberg. Elle sert de lieu de culte à la communauté catholique jusqu'à la construction de l'église, envisagée dès 1850 et réalisée grâce aux subsides du général Schauenburg, qui vend pour cela une partie de sa collection d'antiquités, et du percepteur Willien. La chapelle alors arasée laisse place à cet édifice néo-gothique ; les sépultures sont conservées au sous-sol, devenu crypte funéraire.
(I. M. H. 1995)

TABERNACLE
Vers le XVe siècle
Grès
Église catholique 67060819
Ce tabernacle, destiné à recevoir le ciboire où sont conservées les hosties consacrées, se trouve originellement dans l'unique église paroissiale. Il reste probablement inutilisé entre 1570 et 1747, date de réintroduction du culte catholique. Il est transféré dans le nouveau sanctuaire lors de la consécration de la nouvelle église catholique, le 8 juillet 1900.

ÉCOLE COMMUNALE
1849-1851
Architecte : Charles Morin
Pierre et brique
74, rue du Général-de-Gaulle 67060816
Cette école, qui peut accueillir jusqu'à 399 écoliers, est construite par la commune pour faire face à l'accroissement démographique. Les deux établissements confessionnels, protestant et catholique, ne sont en effet plus en mesure de recevoir tous les enfants. Ce n'est qu'en 1970 que les enfants des deux confessions sont enfin réunis, l'école conservant néanmoins deux directeurs, protestant et catholique, jusqu'en 1992. Comme dans de nombreux villages, le bâtiment dispose à l'origine de pièces destinées à abriter des services municipaux, jusqu'en 1994, date à laquelle la mairie s'installe dans une ancienne propriété privée restaurée.

ANCIEN CORPS DE GARDE
1860
Grès et maçonnerie
84, rue du Général-de-Gaulle 67060827

À l'instar de la plupart des communes, Geudertheim nomme, dès le Moyen Âge, un sergent qui exerce aussi les fonctions de messager communal. À la prison, construite très tôt, succède un corps de garde, établi sur le carrefour central, qui abrite en outre le matériel d'incendie. Délabré, le bâtiment est remplacé par un édifice plus fonctionnel, utilisé comme lieu de collecte du lait à la charnière du XXe siècle et continuant de longues années à abriter la pompe à incendie puis le camion des sapeurs-pompiers.

NIVEAU DES EAUX DE L'INONDATION DU 21 MAI 1897
1897
Pierre
69, rue du Général-de-Gaulle 67060828

Le 21 mai 1897, en fin d'après-midi, éclate un orage d'une violence extrême. Pendant plus de deux heures, se déversent de grandes

quantités d'eau, qui dévalent de la colline. Plus de 50 caves sont alors inondées, des maisons menacent de s'écrouler, des murs sont emportés et des récoltes ravagées. Dans certaines étables, le niveau de l'eau atteint plus d'un mètre, menaçant de noyer les bêtes. En souvenir de cet événement, le niveau d'eau atteint dans la rue principale est gravé sur le mur du restaurant *À la Charrue*.

PONT DE PIERRE
1863
Grès 67060818

La Zorn a de tout temps séparé la cité des terres cultivées. La franchir quotidiennement est donc important pour les agriculteurs du village. Construit à l'origine en bois, le pont est périodiquement endommagé par les crues de la rivière, et la commune décide de construire ce *steinerne Bruck*, pont de pierre, pour résoudre définitivement les problèmes d'accès aux champs. Deux plaques rappellent l'une la date de construction et l'autre le nom de Jean-Georges Fessman, maire entre 1849 et 1865.

MONUMENT AUX MORTS
Vers 1950
Grès rose
Place de la Mairie 67060809

Ce monument, dédié aux victimes de la Seconde Guerre mondiale, est érigé à l'origine devant l'école communale. Il est déplacé devant la nouvelle mairie à la fin du XXe siècle.

Gries

Canton de Brumath
Arrondissement de Strasbourg-Campagne
Superficie : 1 223 ha
Population 1990 : 2 466 hab.
Habitants : les Griesois
Cours d'eau : le Weihergraben

Origine du nom : de l'anthroponyme germanique Gerhard ou du germanique *Grios*, sable de la rive.

Blason : les trois grues, qui tiennent dans leur patte un caillou afin de rester éveillées, symbolisent la vigilance.
67060900

HISTORIQUE

L'histoire de Gries est liée à celle de différents villages disparus : Semheim, cité dès 702 à l'ouest du ban, et dont les traces se perdent en 830, Dieffenweiller, ou Wilre, cité dans les archives dès le XIIe siècle, et Greffenhofen, installé au nord et mentionné entre 994 et 1492. Gries, où l'abbaye de Wissembourg gère des biens vers 890, fait partie du landgraviat de Haguenau. En 1332, les Lichtenberg en prennent possession, puis les Deux-Ponts-Bitche en 1480, les Hanau-Lichtenberg en 1570, qui y introduisent alors la Réforme, et les Hesse-Darmstadt en 1736. En 1871, 1794 personnes y habitent, dont 67 % de protestants et 32 % de catholiques. La vocation agricole, prédominante durant des siècles, devient secondaire à la fin du XXe siècle ; la terre est exploitée par une minorité de gros producteurs qui pratiquent la céréaliculture. Desservi par le réseau routier et ferroviaire, le village est relié aux grandes agglomérations de Strasbourg, Haguenau et Bischwiller. Il est devenu progressivement plus résidentiel. L'industrie est concurrencée par les pôles d'attraction des grandes villes environnantes mais le village vit des nombreux services liés à sa nouvelle fonction et de l'activité générée par la proximité de la frontière allemande.

MAISON
1765
Pan de bois de chêne, grès et brique
50, rue Principale 67060906

Cette maison reflète le mode de construction de son époque, axé sur la solidité. Un toit de tuiles remplace le chaume primitif, qui n'autorise pas l'évacuation des fumées et limite de ce fait les possibilités de chauffage des pièces. Autrefois, ainsi, seule la cuisine disposait d'un fourneau, ou poêle, appelé *Kachelofen* ou *Stuben Ofen*.

FERME KEHRHOFF
1765
Pan de bois de chêne, grès et pierre du pays
13, rue de Weitbruch 67060907

Durant des siècles, les diligences qui parcourent le circuit postal reliant Strasbourg à Haguenau font étape dans cette ferme-auberge d'origine médiévale, reconstruite dans un style traditionnel au XVIIIe siècle. À l'intérieur, les grandes salles à plafond bas et à poutres apparentes conservent leur apparence originale. Après la disparition des malles-poste, causée par la venue du chemin de fer, le relais est devenu une auberge touristique où sont fabriqués la bière et l'alcool de pays.

PORTE
1765
Grès et bois de chêne
Ferme Kehrhoff 67060908

Le relais de poste Kehrhoff emploie à l'origine un personnel important, dont le logement est aménagé dans les bâtiments annexes. Cette porte est celle de l'appartement du chef écuyer, responsable des dépendances. Un escalier externe, depuis disparu, y donne alors accès, tandis qu'un autre, interne, mène aux pièces réservées aux valets de ferme, sous bonne surveillance. Ce type de porte ornée est rare. Il est le signe de la richesse de la ferme et d'une marque d'attention particulière pour le chef du personnel. Au-dessous de ce logement se trouvent à l'époque les écuries.

ÉGLISE PROTESTANTE
1773-1779-XXe siècle
Architecte : Eudtinger
Entrepreneur : Götz
Maître maçon : Jacques Wanner
Fondeur : Jean Edel
Grès, brique et bois de chêne
Rue Principale 67060905

Avant 1496, une première église, *die Feldkirche*, est bâtie dans les champs, hors du bourg. Un vitrail représentant ce premier lieu de culte, détruit en 1774, est exposé dans le temple qui le remplace, édifié au centre du village. Outre la chaire baroque et l'orgue, commandé le 4 avril 1779 à Joseph A. Silbermann qui réalise là son dernier instrument (*cl. M. H. 1986*), un ancien autel de pierre et un lutrin de 1704, qui provient de l'église de Marienthal, sont conservés dans le sanctuaire. L'édifice, gravement endommagé par les bombardements du 23 janvier 1945, subit ensuite diverses modifications. Le maître verrier Werle, de Haguenau, réalise notamment de nouveaux vitraux à cette occasion.

TOMBE FOERSTER
1824
Grès rouge des Vosges
Cimetière 67060910

La stèle est composée de plusieurs blocs de pierre chevillés, sculptés de motifs végétaux à valeur symbolique ; le tronc de l'arbre évoque notamment la force de la nature. Dans cette tombe sont inhumés des membres d'une famille de notables de la ville, dont le colonel Adolphe Foerster, décoré de la Légion d'honneur, et Auguste Frédéric Quirin, curé de Gries.

CROIX
1825
Grès des Vosges
Cimetière 67060902

Seul le socle est d'origine, transplanté du vieux cimetière au nouveau. En 1899, l'ancien Christ est remplacé par un autre, en métal, dédié aux Missions africaines.

BANC-REPOSOIR
1854
Grès des Vosges (200 × 180 × 30 cm)
67060901

Deux catégories de bancs de repos sont placées sur les bords des routes ou des chemins ruraux, les « bancs du roi de Rome » et les « bancs de l'impératrice ». Les premiers sont installés par les communes sur une instruction du préfet d'Alsace Lezay-Marnesia datée de 1811. Espacés d'une demi-lieue, ils sont ombragés par quatre ou cinq arbres plantés à cette occasion. Les communes ont reçu ordre de prévoir des fontaines à proximité. Les seconds sont installés entre 1854 et 1856 et servent le même dessein politique. Certains bancs sont flanqués d'une borne de part et d'autre, nommée montoir, qui permet aux cavaliers de monter à cheval sans aide.

ÉGLISE SAINT-JACQUES
1909-1910
Architecte : Buchmann
Maître maçon : Eugène Mehl
Grès rose et blanc des Vosges 67060903

La communauté catholique, qui partage le lieu de culte des protestants depuis la Réforme mais appartient à une paroisse officielle depuis 1788, demande en 1887 l'érection d'une nouvelle église. De style néo-gothique, celle-ci est construite grâce à l'aide bénévole et aux dons des paroissiens. L'édifice, qui dispose d'une tourelle d'escalier extérieure permettant l'accès à l'estrade d'orgue, est voûté et orné de multiples sculptures et vitraux. Sur l'autel se trouvent notamment deux statues, du XVIIe ou du XVIIIe siècle, qui proviennent de l'ancienne église. Le clocher abrite à l'origine trois cloches, réalisées par Causard, fondues pour l'armement lors de la Première Guerre mondiale et remplacées en 1924.

CHAIRE
1910
Grès des Vosges et métal
Église Saint-Jacques 67060904

Lors de l'édification de l'église, cette chaire, munie d'un garde-fou en ferronnerie, est installée dans la nef. La colombe du Saint-Esprit est sculptée sous l'abat-voix et la cuve est ornée des

figures du Christ et des quatre évangélistes. Ces derniers sont seulement dotés de leur livre traditionnel ; leurs symboles sont exposés des deux côtés de l'autel, dans le chœur.

MAIRIE
1921-1923
Architecte : Gustave Oberthür
Grès des Vosges, brique et bois de chêne
54, rue Principale 67060909

Cette construction est implantée en partie sur une portion de terrain acquis à la paroisse catholique. Elle côtoie ainsi l'église, l'école et le monument du Souvenir, qui rend hommage aux 43 morts et 3 disparus de la Première Guerre mondiale. Actuellement, le nom des victimes des deux guerres mondiales y sont gravés, ainsi que ceux des soldats morts pendant la guerre d'Algérie.

Hœrdt

Canton de Brumath
Arrondissement de Strasbourg-Campagne
Superficie : 1 660 ha
Population 1990 : 3 837 hab.
Habitants : les Hœrdtois
Cours d'eau : la Zorn

Origine du nom : du germanique *Herden*, foyer, ou *Herd*, troupeau.

Blason : la botte d'asperge évoque la principale culture locale.
67061000

HISTORIQUE

En 1195, le fief impérial de Hœrdt est sous autorité des comtes de Werd puis sous celle de l'évêché de Strasbourg, qui exerce son autorité jusqu'à l'arrivée de la famille de Lichtenberg. Lors de l'invasion des Écorcheurs en 1439, la localité compte parmi les 550 villages brûlés. Réédifiée en 1442, elle subit à nouveau différents conflits, notamment la guerre des Paysans de 1535 et la guerre de Trente Ans, qui détruit le fief d'un tiers. Pour remédier en partie à ces destructions, la commune s'équipe en 1725 de quatre lances à incendie. Le recensement de 1803 dénombre une population de 1235 habitants, parmi lesquels 1060 protestants et 175 catholiques. L'histoire contemporaine et la prospérité de Hœrdt sont liées au pasteur Heyler qui, constatant les conditions d'existence difficiles des paysans cultivant une terre sablonneuse peu fertile, introduit un nouveau légume adapté à ce type de sol, l'asperge. Cette culture ayant grandement contribué à améliorer le sort des habitants, la ville rend hommage au pasteur Heyler en lui donnant le nom d'une rue, la coopérative des planteurs d'asperges fait ériger son buste sur la maison presbytairale protestante. Le village possède une zone industrielle et artisanale,et ses manifestations culturelles, comme le Herrefasenacht, *carnaval des bourgeois, ou les seize courses hippiques, attirent de nombreux visiteurs.*

FERME STEHLY
1723
Charpentier : Jacob Bosenauer
Pan de bois et grès
26, rue de la République *67061021*

Cette maison est un ancien relais postal, *La Maison rouge*, lieu de ramassage de la dîme sous l'Ancien Régime. Les attelages qui relient alors Strasbourg à Haguenau font relâche à Hœrdt, situé à mi-chemin de ces deux villes, et ce jusqu'à l'avènement du chemin de fer en 1855. Le bâtiment est alors rendu à sa destination première, l'agriculture, et reste célèbre pour avoir offert son décor en 1942 à la pièce de Erkmann-Chatrian, *L'Ami Fritz*, jouée en français sous l'occupation allemande. La ferme est bâtie et distribuée de manière traditionnelle. Le corps de logis, les étables, les écuries et les dépendances forment une cour carrée où est foré un puits, nécessaire à l'exploitation

MAISON ALSACIENNE
1725
Pan de bois de chêne, grès et brique
6, rue de La Wantzenau *67061010*

Cette maison conserve son allure originale. La façade a reçu un décor typique d'Alsace, composé d'un enduit bleuté sur le torchis et de poutres brunies au vernis. La fenêtre sous la croupe ouvre sur le troisième étage, qui sert de remise à grains ou de séchoir pour les feuilles de tabac.

MAISON
XVIIIe siècle
Pan de bois de chêne et de pin, grès et brique
18, rue de La Wantzenau *67061013*

Sur les côtés de cette maison se trouvent des corridors, créés par les dépassements de toiture des maisons voisines. Ces espaces permettaient autrefois un écoulement des eaux usées.

MAISONS

Seconde moitié du XVIIIe siècle
Pan de bois de chêne et de pin, grès et brique
Rue de la Tour et rue de la République
67061016

La comparaison de ces deux maisons, construites à la même époque sur un même type d'ossature, permet de distinguer les différences de niveau social. La plus petite est édifiée à l'origine par des ouvriers, petits exploitants agricoles, qui optent pour un poutrage simple. Elle contraste ainsi avec la façade du bâtiment voisin, réalisée en pan de bois travaillé, sur laquelle sont disposés trois auvents. Les limites de propriétés, marquées par la fin des pans de toit, soulignent la disparité de fortune.

CORPS DE FERME

Fin du XVIIIe siècle
Pan de bois de chêne et de sapin et grès
20, rue de La Wantzenau 67061014

Il est rare qu'une ferme dispose d'une façade sur rue. Dans celle-ci, le porche d'entrée est placé au centre du corps de logis ; il donne accès à la cour, située à l'arrière du bâtiment. Les dépendances restent ainsi hors de vue, ainsi que le verger et le potager familial.

ÉGLISE SAINT-SIXTE

1848
Grès et brique 67061005

L'abbaye de Honau fait construire en 720 une petite chapelle en bois nommée *Bruderhaus*, maison des Frères, qui est placée ensuite sous le vocable de saint Sixte. Détruite au cours de l'invasion des Écorcheurs, en 1439, la nef est reconstruite en 1459. En 1570, lors de l'introduction de la Réforme par le comte Philippe de Hanau, la totalité des 95

paroissiens doit se convertir et le sanctuaire est dévolu au nouveau culte. Restauré en 1588, 1603 et 1615, il est utilisé en vertu d'un simultaneum à partir de 1686, date d'arrivée de trois familles catholiques. En 1846, les deux paroisses décident de démolir l'édifice, nommé *Feldkirche*, église des Champs, et construisent deux nouveaux bâtiments au centre du village. L'église catholique abrite un orgue Stiehr de 1792, provenant d'un autre édifice.

ANCIENNE FERME

Fin du XVIIIe siècle
Pan de bois, grès et brique
8, rue de La Wantzenau 67061015

Cette maison, qui abrite un atelier de ferronnerie d'art, conserve sa façade originale.

CALVAIRE

1821-1925
Grès des Vosges
Enclos de l'église Saint-Sixte 67061001

Ce calvaire, érigé en période française, est restauré dès le retour de l'Alsace à la France.

ANNEXE DE L'ÉTABLISSEMENT PUBLIC DE SANTÉ ALSACE NORD
1848-1878-1912
Grès, brique et bois
67061019

Le premier dépôt de mendicité, surnommé « la Colonie », est fondé hors du village. Il héberge des mendiants ainsi que d'anciens détenus sortant des prisons de la région, et les réinsère, par le travail de la terre en priorité. Il gère alors un domaine agricole et vit en autarcie, livrant ses excédents aux marchés strasbourgeois. Après le conflit de 1870, sous l'autorité allemande, des malades mentaux traités au centre voisin de Stephansfeld sont placés à Hœrdt, qui devient une annexe de cet hospice. Trois nouveaux pavillons sont construits dans ce nouvel asile. L'établissement est ensuite modifié au cours du temps, notamment par l'adjonction de la maison de sûreté en 1909. Il devient autonome en 1912 et accueille en 1914 l'institut médico-pédagogique.

TEMPLE PROTESTANT
1848
Brique et grès *67061007*

En 1686, les protestants délaissent l'église Saint-Sixte pour le bâtiment communal de la Laube, d'accès plus aisé au centre du village, qui sert à la fois d'école et d'oratoire. Les deux paroisses, catholique et protestante, prenant de l'ampleur, deux églises sont ensuite construites l'une après l'autre, dans un temps très rapproché. L'entrée au temple se fait par la face opposée au clocher, sur un grand parvis.

CHAPELLE
1848
Bois de chêne et grès
Centre hospitalier spécialisé *67061020*

La petite chapelle, aux baies ogivales, est l'un des vestiges du dépôt de mendicité. Elle permet à l'époque aux malades, qui vivent alors en réclusion, de pratiquer leur culte, et aux morts de recevoir une bénédiction avant l'enterrement dans le petit cimetière, situé à proximité. L'adjonction d'une entrée en T a modifié la nef.

ORGUE
1847
Facteurs : Stiehr et Mockers
Bois de chêne et métal
Temple protestant *67061006*

Cet instrument, inscrit à l'Inventaire, est composé de deux étages et comporte quatre tourelles.

MAISON
Milieu du XIXe siècle
Pan de bois de chêne et brique
Rue de La Wantzenau *67061012*

Les maisons alsaciennes sont souvent construites sur des ossatures de bois. Le manque de pierres ou de briques incite en effet les habitants à utiliser les arbres des forêts. Ce type de construction, plus économique et plus rapide, se révèle en outre plus résistant aux secousses sismiques, fréquentes dans la région. Cette maison, édifiée de cette façon, est ornée en façade de croix de Saint-André, symbole de prospérité.

MONUMENTS FUNÉRAIRES
1850-1900
Grès des Vosges et marbre
Cimetière 67061004

Ces stèles illustrent différents types de décor funéraire. Elles sont situées dans le cimetière d'un lieu de culte qui dépend, avant la Réforme, du chapitre Saint-Pierre-le-Vieux de Strasbourg. Le consistoire de Brumath, propriétaire des lieux par la suite, abandonne ses titres de propriétés à la commune en 1869.

TOMBE ARLEN
1876
Grès et granit
Cimetière 67061003

Christian Arlen (1801-1876) assume sous autorité française la fonction de premier magistrat de la commune durant quarante-deux années. L'avènement du Reichsland de Bismarck marque la fin de sa mandature. Plusieurs membres de la famille sont chargés de la gestion de la commune au fil de l'histoire. Son ancêtre Diebold Arlen est ainsi maire en 1792 et un de ses descendants est élu à cette même charge entre 1965 et 1977.

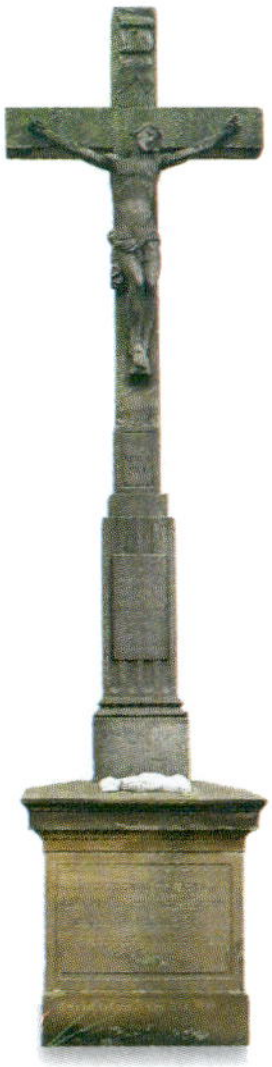

CALVAIRE
1870
Grès des Vosges
Cimetière 67061002

Sur la base de la croix est gravée en allemand une incitation à la prière : « cinq Ave pour quarante jours d'indulgences ».

PIGNON
XIXe siècle
Pan de bois de chêne
Rue de La Wantzenau 67061023

Ce pignon fait partie d'un ancien corps de ferme, transformé en résidence. Beaucoup d'exploitations agricoles ont été ainsi réaménagées à la suite de la diminution du nombre d'agriculteurs.

GARE
1855
Grès, brique et bois
Rue de la Gare 67061018

La commune de Hœrdt, qui possède un terroir peu adapté à l'agriculture, favorise la mise en place du réseau du chemin de fer, qui peut la désenclaver. Dès 1841, des crédits sont alloués par la municipalité à cette fin et, en 1847, des terrains sont mis à la disposition du maître d'œuvre de la jonction ferroviaire de Vendenheim vers Haguenau. La main-d'œuvre rurale se déplace alors vers les centres urbains proches de la localité. La gare, construite en style second Empire, est aménagée pour le transport des voyageurs et le petit fret. Elle est pendant plus d'un siècle un centre de communication important du secteur.

Kilstett

Canton de Brumath
Arrondissement de Strasbourg-Campagne
Superficie : 690 ha
Population 1990 : 1 552 hab.
Habitants : les Kilstettois
Cours d'eau : le Waldrhein, l'Ill et le Rau

Origine du nom : de l'anthroponyme germanique Chillo et de l'allemand *Statt*, endroit.

ANCIENNE MAIRIE
1863
Grès des Vosges et bois de chêne
Rue de la République *67061017*
La construction d'une nouvelle mairie, rendue nécessaire par l'accroissement démographique, fut retardée par les chantiers des deux églises, financés en grande partie par la municipalité. Un bâtiment moderne remplace désormais l'ancienne mairie.

RESTAURANT À *LA CHARRUE*
Fin XIX*e-début* XX*e siècle*
Grès, brique et bois de chêne
41, rue de la République *67061011*
Ce restaurant est situé dans un quartier de l'ancien village, autrefois composé de maisons à colombages, et qui change peu à peu d'aspect à mesure de la construction de bâtiments en pierres. De cette très ancienne ferme ne subsiste que le grand porche d'entrée. Le corps de logis, détruit, a laissé place à la nouvelle auberge.

HISTORIQUE

Les vestiges d'origine romaine, trouvés dans les gravières, indiquent une occupation du site dès cette époque. Une tombe, notamment, prouve l'existence du hameau avant l'arrivée des Francs. Le village est cité pour la première fois dans un acte de 723, où sont notées les possessions locales de l'abbaye de Honau. En 884, ces propriétés sont confirmées par Charles le Gros. L'évêché de Strasbourg prend la relève du couvent en 1356 et reste propriétaire jusqu'à la fin de l'Ancien Régime. Le village, de vocation agricole, subit au cours du temps les conséquences de différents conflits, parmi lesquels la guerre des Voleurs en 1587, la guerre de Trente Ans en 1622 et la Révolution. La Seconde Guerre mondiale éprouve particulièrement Kilstett : en 1939, la population est évacuée en Haute-Vienne et en janvier 1945 a lieu dans la commune la bataille qui décide du sort de Strasbourg. Proche du chef-lieu de département, Kilstett est très tôt intégré à cette zone d'influence et devient lieu de résidence des actifs strasbourgeois. Seuls quelques agriculteurs, une vingtaine, se partagent la terre pour une exploitation de céréaliculture. Un quart des actifs villageois exerce toutefois une activité dans la commune qui, très proche de la frontière, accueille beaucoup de travailleurs frontaliers.

ÉGLISE SAINT-JEAN
*1760-1840-*XX*e siècle*
Grès et brique
Rue des Écoles *67061101*
L'église Saint-Jean est fréquentée par les deux communautés, catholique et

protestante ; le vaisseau est scindé en deux parties égales par un simple rideau. De construction baroque, l'édifice est agrandi deux fois, au XIXe et au XXe siècles. Il est composé d'une nef et d'un chœur de trois travées. Ce dernier, qui sert de chapelle au cours de la semaine, est pourvu d'une entrée axiale couverte d'un auvent.

MISE AU TOMBEAU
XX*e siècle*
Pierre
Église Saint-Jean *67061103*
Ce grand groupe sculpté, placé en retrait dans une niche, fait partie des quelques éléments qui ornent l'église Saint-Jean.

TÉTRAMORPHE
1956
Bois
Église Saint-Jean *67061102*

Le tétramorphe entoure traditionnellement le Christ de la Résurrection. Les attributs permettent d'identifier les évangélistes : le taureau pour saint Luc, l'homme pour saint Matthieu, le lion pour saint Marc et l'aigle pour saint Jean. Un groupe similaire orne l'église de Gambsheim, commune voisine qui partage son desservant avec Kilstett.

HÔTEL *LA COURONNE*
1900
Pan de bois, grès et brique
6, route Nationale *67061106*

Cette auberge est caractéristique de la construction en pan de bois du début du XXe siècle. Le croisé des poutres, sous le toit du pignon, n'est utilisé que depuis la fin du XIXe siècle et permet de dater le bâtiment. L'auvent-balcon représente une variante des modèles des siècles passés, mais son aspect correspond bien au style du XXe siècle, comme le décor inférieur de la façade, à base de losanges et de croix de Saint-André.

ENSEIGNE *LA COURONNE*
1900
Fer forgé, cuivre, laiton, peinture et dorure
Hôtel La Couronne *67061107*

Les enseignes diffèrent en fonction des époques. Au cours de la période allemande, après 1870, les établissements et les personnages publics choisissent souvent l'emblème national, l'aigle, *der Adler*, ou la couronne, *die Kröne*, en signe d'allégeance au nouveau souverain. Après le rattachement à la France, seule la prononciation a varié. L'attribut, qui représente l'établissement, reste le même pendant plusieurs générations.

MONUMENT AUX MORTS
Seconde moitié du XXe siècle
Marbre
Place de la 3e DIA *67061104*

Dans l'histoire des conflits franco-allemands, le nom de Kilstett est souvent jumelé avec celui de la commune voisine, Gambsheim. Déjà en 1796 et 1797, le général Moreau, sous les ordres de Bonaparte et à la tête de l'armée Rhin-et-Moselle, traverse deux fois le fleuve à Kilstett. En 1945, lors de la défense de Strasbourg, de violents combats ont à nouveau lieu dans le village. De nombreux noms de rues évoquent la mémoire des combattants, tels les lieutenants Bettignies et Cambours et le sous-lieutenant Maussires.

Krautwiller

Canton de Brumath
Arrondissement de Strasbourg-Campagne
Superficie : 150 ha
Population 1990 : 136 hab.
Habitants : les Krautwillerois
Cours d'eau : la Zorn

Origine du nom : de l'allemand *Kraut*, chou, ou de l'anthroponyme germanique Graot, et de l'allemand *Weiler*, hameau.

Blason : il représente probablement un chou avec ses racines.
67061200

HISTORIQUE

Des poteries et monnaies romaines, découvertes sur le site, laissent supposer une activité en période préchrétienne. Si le village, mentionné de façon certaine à partir du XIIIe siècle dans les chartes, accueille les bourgeois et les gens d'Église de Brumath, il reste toutefois voué essentiellement à l'agriculture et plus particulièrement au chou, à la garance et au houblon. Les dénominations des voies de circulation locales rappellent cette activité : Hopfengasse, la ruelle du houblon, Zollgasse, la rue du péage, Mühlhofgasse, la ruelle de la ferme du moulin, et Trenkfurth, qui signifie le gué de l'abreuvoir. En 1343, les Lichtenberg acquièrent les trois quarts du village, la dernière partie restant sous l'autorité d'un chevalier de Haguenau. La guerre de Trente Ans puis l'armée de Turenne, en 1674, détruisent Krautwiller, qui ne compte plus ensuite que douze habitations. La population n'évolue pas beaucoup par la suite, oscillant entre 140 personnes en 1809 et 138 en 1947. En 1954, parmi la population active, 80 personnes exploitent leur propre ferme.

ÉTANG

Moyen Âge-XIXe siècle

Rue de la Douane *67061203*

Dès le haut Moyen Âge, un petit ruisseau, affluent de la Zorn, sert de retenue d'eau et d'abreuvoir à bétail pour la partie du village non riveraine du fleuve. Après la destruction du village par incendie en 1674, les villageois s'arment contre le feu. La poche d'eau est agrandie et un gué, puis un pont en bois, sont aménagés pour permettre la traversée du ruisseau.

ÉGLISE-TEMPLE SAINT-ULRICH

Première moitié du XIIe siècle-1460-1510

Grès et bois *67061201*

L'église Saint-Ulrich est mentionnée en 1297 dans l'acte de vente d'un pré. Tout d'abord fortifiée, comme l'attestent l'épaisseur des murs et la porte de la façade sud de la nef, elle perd sa fonction défensive à l'arrivée des seigneurs de Lichtenberg, qui assurent alors la défense de la communauté. Lorsque la bourgade s'agrandit, un portail d'entrée et un chœur de style gothique tardif sont ajoutés à la nef romane. À l'intérieur de l'édifice, parmi les quatre niches creusées dans les murs, une a pu servir de fonts baptismaux et une autre, plus grande, de tabernacle. La paroisse, qui perçoit la dîme et divers autres avantages, possède en 1572, outre le presbytère qui inclut une salle de classe, une propriété foncière de 155 ares.

MOULIN MECKERT

XVIIIe siècle

Grès, brique,

bois de chêne et acier

Route de Wingersheim

67061202

La communauté du village de Krautwiller utilise depuis longtemps le cours d'eau de la Zorn comme principale source motrice. Un descriptif de 1672, notamment, mentionne un endroit nommé *Mühlhof*, ferme du moulin. La régularisation du Rhin, aux XVIIIe et XIXe siècles, permet une meilleure utilisation du cours de la rivière et l'extension du moulin. La particularité de cette exploitation réside dans le passage d'une route, qui coupe la propriété en deux parties relevant chacune d'une commune différente, Krautwiller et Wingersheim.

MAIRIE-ÉCOLE

Fin du XVIIIe siècle

Grès et pan de bois

Rue Principale *67061204*

Avant la construction d'une école, l'instituteur, le *Schulmeister*, enseigne dans sa propre maison. Il est alors rémunéré par la paroisse et la commune et assume en outre la fonction de sonneur de cloches. En 1833, la municipalité acquiert cette propriété pour y installer une salle de classe, un logement d'enseignant et la mairie. L'établissement, qui accueille vingt-huit élèves avant la Première Guerre mondiale, ferme en 1963.

Kriegsheim

Canton de Brumath
Arrondissement de Strasbourg-Campagne
Superficie : 431 ha
Population 1999 : 633 hab.
Habitants : les Kriegsheimois

Origine du nom : peut-être du germanique *Krieg*, guerre, ou de l'anthroponyme germanique Creaches, et *Heim*, village ou ferme.

Blason : le livre fermé est le symbole de saint Ulrich, patron de la commune.
67061300

HISTORIQUE

Des sépultures mérovingiennes découvertes lors de fouilles archéologiques attestent une occupation ancienne du site. Différentes chartes citent un village dont l'identification à Kriegsheim n'est pas certaine : au cours d'un échange de biens entre le comte Erchangar et Bernold, l'évêque de Strasbourg, en 823 ; dans un texte sur les possessions, au XII*e* *siècle, de l'abbaye de Lorsch, en Allemagne ; lors d'un accord ratifié par le roi Philippe de Souabe en 1207. Kriegsheim fait partie des vingt-huit villages de l'ancien comté d'Alsace dont la possession est partagée, dès 1236, entre l'évêché de Strasbourg et l'Empire. Au* XIV*e* *siècle, la paroisse relève du bailliage de Haguenau. La moitié de Kriegsheim échoit en 1460 au chapitre Saint-Thomas de Strasbourg en échange d'un prêt et, deux siècles plus tard, en 1625, la part impériale de la paroisse est donnée en fief à Georges Dietrich de Wangen, qui la conserve jusqu'à la fin de l'Ancien Régime. Bien que le village soit encore essentiellement agricole, la majorité des actifs exerce à l'extérieur et transforme peu à peu cette commune rurale en secteur résidentiel.*

ÉGLISE SAINT-ULRICH
1822
Grès et brique *67061303*
L'église Saint-Ulrich, érigée sur une petite butte, est accessible par un escalier en grès. Les vitraux de la nef, réalisés par l'atelier Ott de Strasbourg, datent de 1921 ; ils sont consacrés à sainte Thérèse, sainte Odile, saint Arbogast et saint Antoine de Padoue.

JEANNE D'ARC
1921
Maître verrier : atelier Ott frères
Vitrail
Église Saint-Ulrich *67061302*
Ce vitrail, offert par la famille Wendling, est consacré au souvenir des disparus et morts de la Première Guerre mondiale. Trois noms sont gravés de chaque côté de la sainte Jeanne d'Arc. Dans la plupart des communes de basse Alsace, en effet, les monuments aux morts ne deviennent laïcs qu'après 1945.

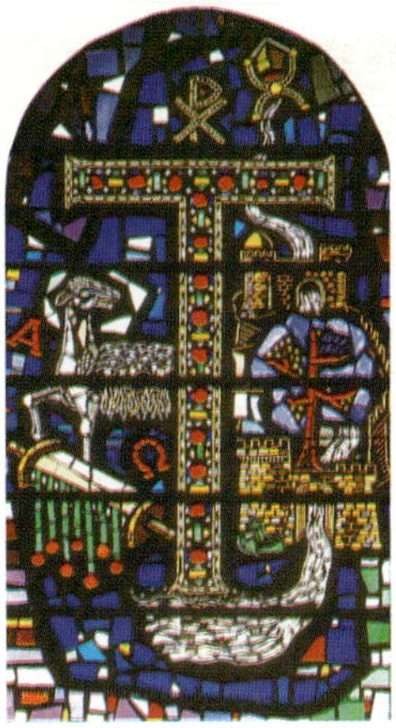

LA VIE ET LA PAIX
1960
Vitrail
Église Saint-Ulrich *67061301*
Ce vitrail est placé au fond du chœur, entre les fenêtres consacrées à saint Georges et à saint Udalricus. La verrière est ornée de divers éléments et symboles qui évoquent la vie, la souffrance, la mort et la paix. L'alpha et l'oméga, qui représentent la totalité de la connaissance, la totalité de l'être, la totalité de l'esprit et la totalité du temps, sont issus d'une phrase que saint Jean attribue au Christ : « C'est moi l'alpha et l'oméga, je suis le premier et le dernier ; moi excepté il n'y a pas de dieu. »

LUTRIN
XXe siècle
Bois et dorure
Église Saint-Ulrich *67061304*
Ce lutrin de composition simple, avec un décor en dorure, contraste avec les pupitres des livres sacrés du siècle précédent. Depuis le concile Vatican II, en effet, la décoration tend à la sobriété.

Kurtzenhouse

Canton de Brumath
Arrondissement de Strasbourg-Campagne
Superficie : 360 ha
Population 1990 : 894 hab.
Habitants : les Kurtzenhousiens
Cours d'eau : le Lohgraben

Origine du nom : de l'anthroponyme germanique Curzo et de l'allemand *Haus*, maison.

HISTORIQUE

*Les restes d'un habitat néolithique implanté en bordure du village, ainsi que quelques découvertes isolées, témoignent d'une occupation ancienne du site. Parmi les quatre fosses, trois appartiennent au Rubané et une au Grossgartach, entre 3900 et 3750 av. J.-C. Des sépultures mérovingiennes de la fin du VI*e *et du milieu du VII*e *siècles, essentiellement féminines, ont en outre permis de mettre au jour des colliers, des perles, des fibules, des garnitures de ceintures et des vases dont une amphore à panse ovoïdale munie de deux anses d'un type inconnu. En 994, Curtenhusen est cité dans une charte ; plus tard, il est une possession impériale qui relève du landgraviat de basse Alsace. Le village est ensuite vendu aux Lichtenberg en 1332, puis transmis aux Hanau-Lichtenberg en 1570. À cette date, le culte protestant est introduit et les catholiques se rallient à la commune voisine de Gries. Comme le reste du comté, il passe aux mains des Hesse-Darmstadt en 1736. Dans cet ancien village agricole, la disparition des propriétés s'accentue, et les petits fermiers, qui doivent le plus souvent occuper en outre un emploi d'ouvrier, laissent place aux grandes exploitations de céréales. Proche du grand bourg de Bischwiller, la commune se transforme peu à peu en site résidentiel.*

MAISON
1708
Pan de bois de chêne, grès et brique
34, rue du Village *67061408*

Cette maison, ancien corps de ferme, est caractéristique de l'évolution de la construction en pan de bois à cette époque. Un procédé nouveau, qui tient compte des différentes portées et utilise des poutres usinées, et non plus entièrement travaillées à la cognée, fait en effet son apparition. Un nouveau type de décor est également en vogue, rendu possible par les avancées techniques. Au-dessus du premier niveau, les deux croix de Saint-André, parmi les premières, ne sont pas encore symétriques.

ÉGLISE SAINT-MICHEL
1784-1821
Grès, brique et bois
Rue de l'Église *67061405*

De style néo-classique, l'église Saint-Michel se compose d'une nef unique, éclairée de hautes baies rectangulaires, et d'un chœur coiffé d'un clocher, refait en 1821. Dans le sanctuaire, qui sert aux deux cultes protestant et catholique, est conservé un orgue Stiehr de 1852.

SAINT ARBOGAST, SAINT MICHEL ET SAINTE ODILE
*XIX*e *siècle*
Grès
Église Saint-Michel *67061406*

Dans le chœur sont exposées trois statues : saint Arbogast et sainte Odile, patrons de l'Alsace traditionnellement honorés dans les églises rurales, entourant saint Michel. Celui-ci, que l'Église a toujours regardé comme son défenseur et son porte-étendard, est le plus souvent représenté en soldat armé d'une épée. Ses autres attributs traditionnels sont la balance divine, où sont pesées les âmes ; Michel est en effet autrement appelé le saint psychopompe, celui qui conduit les morts dont il pèsera les âmes au Jugement dernier.

CHAIRE
XIXe siècle
Bois
Église Saint-Michel
67061407

La chaire est utilisée jusqu'au milieu du XXe siècle, le plus souvent par le curé qui fait son sermon mais aussi, lors des offices du carême, par des prédicateurs attitrés. Dominant l'ensemble du vaisseau, elle est accessible par plusieurs marches d'un escalier tournant à 90°. L'abat-voix forme un couronnement pour le prêtre. En basse Alsace, la tradition voulait que le prélat soit couvert en se déplaçant vers sa tribune d'orateur ; il porte donc une barrette, ou mitre, dont l'usage perdure jusqu'aux années 1960 dans les campagnes.

CROIX
1899
Grès rose
Cimetière de l'église Saint-Michel
67061403

L'emplacement de cette croix, près de l'enceinte, est peut-être le résultat de l'aménagement du cimetière. Œuvre probable d'un artiste régional, ce monument commémore certainement le souvenir des morts de la guerre de 1870.

STÈLE
1875
Grès clair (H. : 2 m env.)
67061402

Cette colonne brisée est ornée de branches de lierre. Dans des couronnes ovales sont inscrits les prénoms de défunts, parmi lesquels Alfred, mort le 13 juillet 1875 à 16 ans.

MAIRIE
XIXe siècle
Grès, brique et bois
29, rue Principale
67061409

Sur le pignon de la mairie, édifiée dans le style Napoléon III, est encastrée partiellement une tourelle.

STÈLE HAPPEL
1840
Grès et marbre
Cimetière de l'église Saint-Michel
67061404

Sur la stèle de la famille Happel, la plus ancienne du cimetière, sont gravés six *Leichenpistel*, des psaumes funéraires.

STÈLES
1829-1856-1875
Grès clair et rouge 67061401

Six stèles, formant deux groupes de trois monuments, sont conservées en bordure du cimetière. Ces éléments funéraires, situés à l'origine dans l'allée centrale, ont été déplacés lors de la réorganisation des concessions.

GARE
1855
Grès, brique et bois 67061410

Le chemin de fer est implanté en basse Alsace dans la première moitié du XIXe siècle et la ligne de liaison Paris-Strasbourg entre en service en 1851. Pour joindre le nord de la région, un tronçon de ligne de 25 kilomètres, reliant Vendenheim à Haguenau, est inauguré le 18 juillet 1855. Le train passant entre Kurtzenhouse et Gries, les deux villages partagent une même gare, construite dans le style alsacien Napoléon III. Le trafic s'accroît ensuite peu à peu, notamment grâce à l'ouverture de nouvelles liaisons, vers Wissembourg et l'Allemagne le 23 octobre 1855, vers Niederbronn le 19 décembre 1864 et vers Sarreguemines le 8 décembre 1869.

Mittelschaeffolsheim

Canton de Brumath
Arrondissement de Strasbourg-Campagne
Superficie : 260 ha
Population 1990 : 272 hab.
Habitants : les Mittelschaeffolsheimois
Cours d'eau : le Muhlbach
et l'Ungerbruchgraben

Origine du nom : de l'allemand *mittel*, qui est au milieu, de l'anthroponyme germanique Scafwald et de l'allemand *Heim*, village.

Blason : il représente saint Sébastien, patron de la paroisse.
67061500

HISTORIQUE

Le couvent de Sindelsberg est peut-être possessionné dans la localité dès le début du XIIe siècle. Mittelschaeffolsheim compte alors parmi les quarante localités du domaine impérial et relève du bailliage de Haguenau, ce qui le met à l'écart de la Réforme et lui permet de demeurer sous le culte catholique. La dîme est perçue pour une moitié par le chapitre de la cathédrale de Strasbourg et pour l'autre par l'abbaye de Neuwiller. Dans différents registres fiscaux du XVe au XVIIe siècle, le village est mentionné sous le nom d'Oberschaeffolsheim. Cette particularité indique peut-être le rattachement ancien sous une même autorité, de plusieurs fiefs : Niederschaeffolsheim, de nieder, *bas, Oberschaeffolsheim, de* ober, *haut, et Mittelschaeffolsheim, qui se situe au centre et à équidistance de ces lieux. Géographiquement implanté sur les fertiles terres loessiques du Kochersberg Mittelschaeffolsheim vit en majorité de la polyculture, qui occupe le tiers de la force active de la population. La commune dispose des plus grandes surfaces cultivées en houblon de tout le canton, culture en déclin qui occupe pourtant encore 24 hectares en 1980.*

ÉGLISE SAINT-SÉBASTIEN
1782-1846
Grès, brique et bois 67061501
Cet édifice néoclassique se compose notamment d'une nef spacieuse, construite sans piliers. Un orgue ancien (*Cl. M. H. 1987*), dont la partie instrumentale est réalisée par Joseph Stiehr en 1848, acquis par le percepteur Louis-Martin Zégowitz, est installé sur une estrade. L'église abrite en outre une crèche de Noël, dont les cinquante personnages, qui mesurent de 10 à 30 centimètres, sont l'œuvre d'un ébéniste-sculpteur allemand, ancien prisonnier de guerre placé sous la protection du curé Meyer.

AUTEL
XVIIe siècle
Bois, dorure et métal
Église Saint-Sébastien 67061504
Le pillage des lieux de cultes par les révolutionnaires pousse les congrégations à dissimuler les objets d'art de valeur. Cet autel, provenant probablement de la cathédrale Saint-Étienne de Strasbourg, décimateur de la paroisse, est ainsi déplacé et caché par des fidèles de Mittelschaeffolsheim. Il est installé par la suite dans l'église paroissiale. *(Cl. M. H. 1969)*

TOMBE FISCHER
XIXe siècle
Marbre rose
Cimetière 67061502
Dans cette tombe sont inhumés plusieurs notables, en charge de fonctions politiques ou religieuses. Dans la première catégorie entrent François-Joseph Fischer (1810-1893), maire de la commune et conseiller général de Brumath de 1885 à sa mort, ainsi que son fils Marie-Laurent, qui reste premier magistrat de la commune durant un quart de siècle et succède à son père au poste de conseiller général de Brumath à partir de 1893. Parmi les ecclésiastiques se trouvent le frère de Joseph (1805-1864), chanoine de la cathédrale de Strasbourg, et Eugène Fischer, titulaire de la croix de guerre et de la Légion d'honneur, archiprêtre de la cathédrale de Strasbourg.

MONUMENT AUX MORTS
XXe siècle
Grès et acier
Cimetière 67061507
Sur la stèle du souvenir de la Première Guerre mondiale sont gravés à l'origine les noms des villageois morts au combat, associés, après le conflit suivant, à ceux des nouvelles victimes. Le symbole de l'ange poignardant le dragon est un espoir de paix.

CROIX À NICHE
1758
Grès (990 × 125 cm) 67061505
La niche de cette croix contient les vestiges d'une statuette du Christ de pitié. Ce monument, de type unique dans la région, est érigé à l'endroit d'un accident mortel. Selon les dires, une voiture s'est retournée et le cocher en place sur un des chevaux a trouvé la mort.

CROIX À NICHE
1691
Grès (211 × 65 × 22 cm)
Hinterfeld 67061506
La niche en accolade est surmontée d'un Sacré-Cœur. La croix se trouve en position inclinée, et a dû être déplacée lors d'un réaménagement du champ de houblon en bordure.

Mommenheim

Canton de Brumath
Arrondissement de Strasbourg-Campagne
Superficie : 820 ha
Population 1990 : 1 707 hab.
Habitants : les Mommenheimois
Cours d'eau : la Zorn, le Gebolsheimbach, le Minversheimerbach et le Spraengraben

Origine du nom : du germanique *Mumlen*, taurillons ou bovins, et de l'allemand *Heim*, demeure ou village.

Blason : il reprend peut-être les armoiries de saint Maurice, patron de l'église.
67061600

HISTORIQUE

Des vestiges archéologiques permettent de supposer une présence humaine au nord-ouest de la commune dès le VIe siècle av. J.-C. Il s'agit de tombes plates, incluant du mobilier à boules terminales gravées, du type de celles de la forêt de Haguenau. C'est au milieu du Xe siècle, sous le nom Mumlen, que le village est cité pour la première fois. La communauté étant une possession impériale, le hameau relève du bailliage de Haguenau. Des actes de 953 témoignent d'une donation de terres de l'empereur Otton Ier, en faveur de l'abbaye de Lorsch, en Allemagne. En 1077, l'empereur Henri IV dote l'abbaye de Seltz de biens fonciers à Mumelheim, où les couvents de Sindelsberg et de Schwarzach sont également propriétaires. Au Moyen Âge, le village et le cimetière sont tous deux fortifiés. Le musée historique de La Petite Pierre relève en son répertoire un sceau frappé en 1463 pour la localité. Le village, soumis à de fréquentes inondations, ne peut toutefois développer son activité agricole et la population stagne à 93 habitants en 1760. La régularisation du Rhin, entreprise par la suite, ainsi que l'inauguration de voies ferrées et la révolution industrielle, améliorent toutefois la condition économique de Mommenheim, qui recense 1272 habitants en 1856.

ÉGLISE SAINT-MAURICE
XIe-XIIe siècle-1759-1856-1909
Grès, brique, bois de chêne et de pin *67061603*

L'église romane Saint-Maurice est érigée par l'abbaye bénédictine de Schwarzach, qui fait alors partie des biens du diocèse de Strasbourg. Le soubassement du clocher est un vestige de cette fondation. Il indique, notamment par l'épaisseur de ses murs, que l'édifice est peut-être alors fortifié. Lors de la guerre de Trente Ans, avant les traités de Westphalie en 1648, ce niveau de la tour sert de sacristie, les traces d'un plancher appuyé sur un seuil de pierre orné de motifs Renaissance en témoignent. Une ouverture emmurée, anciennement munie d'un système de fermeture en bois par l'intérieur, permettait autrefois un accès depuis l'extérieur. Des traces d'une maçonnerie plus irrégulière dans l'angle nord-ouest de l'église ainsi que le prolongement des motifs sculptés, visibles sur la tour, suggèrent enfin le rattachement passé de celle-ci à un sanctuaire romain. Le plafond de la nef est orné d'une fresque réalisée par Peter Sauer, de Haguenau, en 1766, représentant l'Assomption.

MAÎTRE-AUTEL
XVIIIe siècle
Peintre : Feuerstein
Pierre, bois, métaux et dorure
Église Saint-Maurice
67061602

Ce maître-autel baroque, installé dans le chœur de l'église, est orné notamment des statues de sainte Sophie et saint Maurice. Ces deux saints sont à nouveaux figurés sur les vitraux de la nef, offerts par des paroissiens en 1909. Ils sont ainsi placés aux côtés de sainte Anne, sainte Thérésia, saint Aloïse et saint Nicolas, ainsi que d'une représentation de la grotte et de la Vierge de Lourdes. Une petite croix de Lorraine inversée permet de dater ces œuvres.

SAINT ARBOGAST
1909
Vitrail
Église Saint-Maurice 67061601

Selon la légende, Arbogast vécut en ermite dans la grande forêt de Haguenau près d'un gros chêne, avant de prendre ses fonctions d'évêque de Strasbourg. À Haguenau, une fête annuelle regroupe la population dans la forêt sainte autour des vestiges de l'arbre. En réalité, divers écrits attestent l'origine franque du saint et lui attribuent l'évangélisation du nord de l'Alsace.

CROIX À NICHE
1727
Grès des Vosges
(262 × 66 × 23 cm)
Route de Haguenau
67061605

Cette croix, érigée par André et Solvia Conrat, est la plus ancienne de Mommenheim. Elle est à l'origine située à 300 mètres du village et marque l'extrémité orientale du territoire communal.

CANAL DU MOULIN
1743 67061614

Ce canal, doté de deux barrages, régule le débit des eaux de la Zorn, qui alimentent le moulin. Celui-ci, implanté dès 1698, possède en outre une scierie qui constitue une source de revenus supplémentaire. Les portes des vannes sont assez larges pour le passage des grumes, qui sont ensuite convoyées par voie fluviale. Des turbines, installées au XIXe siècle, permettent d'augmenter la capacité et le rendement des six tournants.

PONT
1756-1856
Grès des Vosges
Route de Saverne 67061613

Ce pont est installé par les autorités militaires, qui éprouvent des difficultés à traverser la jonction des deux ruisseaux Gebolheimerbach et Minversheimerbach. L'ingénieur des Ponts et Chaussées Collignon, qui dirige la construction des ouvrages d'art dans le Bas-Rhin, remplace la vieille passerelle de bois par un pont plus robuste en arc voûté. Il se procure les matériaux sur les chantiers, commencés vers 1850, de la percée du Canal de la Marne au Rhin et du chemin de fer vers Paris.

MAISON COMMUNE
XVIIIe siècle
Pan de bois de chêne, grès et brique
7, rue des Juifs 67061615

Lorsque la communauté israélite, très importante dans la commune, obtient en 1776 l'accord du bailliage de Haguenau pour la construction d'une synagogue, elle installe sa maison commune dans un ensemble de deux immeubles en pans de bois. L'un d'entre eux abrite à son origine une boulangerie juive et dispense des produits cachères. L'emplacement du bain rituel est toujours visible dans la cave à la fin du XXe siècle. Le second bâtiment disparaît après la cessation de ses fonctions religieuses, en 1904, mais la boulangerie, reprise par un habitant du village à l'issue de la Première Guerre mondiale, ne cesse son activité que dans les années 1950.

CORPS DE FERME
1790
Pan de bois, grès et brique
Route du Général-de-Gaulle 67061616

Ce corps de ferme est l'une des plus anciennes maisons de Mommenheim, édifiée lors de la rénovation de l'artère routière du village. Il marque longtemps la limite ouest de la localité et conserve son apparence originale. Le petit porche d'entrée est orné de six balustres en bois tourné et sculpté.

ANCIENNE GARE
1850
Grès
Rue du Moulin 67061609

La gare est construite à 400 mètres du village par la Compagnie strasbourgeoise des chemins de fer. L'ouverture des nouvelles lignes, notamment celle qui relie Strasbourg à Paris, lui confère ensuite une certaine importance et de nouveaux bâtiments, réservés à la réparation de matériel, sont construits à proximité. Dès 1854, une auberge ouvre ses portes sur le site ; elle reste en activité durant près d'un siècle. L'inauguration de ce nouveau mode de transport, qui emploie de nombreux villageois, a entraîné une forte augmentation de la population de Mommenheim. Les distances, plus rapidement parcourues, permettent aux citadins de continuer leur activité professionnelle en ville, tout en résidant dans de petites bourgades.

CROIX
1875
Grès 67061604

Cette croix est érigé à l'entrée du village à l'initiative de Joseph Hess. La forme d'ogive donnée au fût, la statue sculptée en bas relief et non plus dans une niche, ainsi que l'aspect de branche donné à la hampe sont autant d'éléments représentatifs d'un nouveau style de monument, qui remplace à la fois les croix à niches et les calvaires traditionnels.

STÈLE DE ZADOC KAHN
1905
Marbre
Cimetière israélite 67061608

Zadoc Kahn est nommé très jeune, en 1869, grand rabbin de Paris, puis devient, en 1890, grand rabbin de France. Il consacre la première partie de son ministère au développement de la science et de la connaissance du judaïsme. En 1870, il fonde ainsi la *Revue de la Société des Études juives* et encourage, dès 1878, une traduction impartiale et érudite de la Bible en français. Le premier tome, paru en 1899, est toujours en usage à la fin du XXe siècle. À partir de 1880, cependant, il se voue à la lutte contre l'antisémitisme européen et à l'assistance aux juifs persécutés. S'opposant à la campagne de haine déclenchée par Drumont, il prend conscience du rôle que l'antisémitisme joue dans la condamnation de Dreyfus. Le grand rabbin laisse, en plus de ses sermons, des études consacrées à l'esclavage selon la Bible et le Talmud, à Titus d'après le Talmud et l'histoire, ainsi qu'au Livre de Joseph le Zélateur.

CIMETIÈRE ISRAÉLITE
1885
Route de Brumath
67061618

Le cimetière israélite est implanté à l'extérieur du village, à plus d'un kilomètre. La communauté juive, qui se consacre essentiellement au commerce, compose pourtant alors plus du tiers de la population locale.

STÈLE JOSEPH WIENER
XXe siècle
Marbre
Cimetière israélite
67061607

Joseph Wiener, grand rabbin de Belgique, est né à Mommenheim en 1870. Il meurt en déportation à Dachau en 1943. Dans le cimetière se trouve également un monument dédié aux déportés juifs de la Seconde Guerre mondiale.

GARE
1899
Grès
Place de la Gare *67061610*

Entre 1888 et 1895, la création de la ligne vers le Luxembourg et l'implantation d'un contournement ferroviaire militaire offrent à la localité des débouchés internationaux. Une nouvelle gare est érigée à partir de 1899 à proximité de l'ancienne station, dotée de plusieurs postes d'aiguillage ; les correspondances et mouvements de fret s'y organisent. La commune devient alors très prospère, profitant des nouvelles perspectives commerciales, axées essentiellement sur le bois, le bétail, les produits et machines agricoles, et de l'accroissement démographique qui en découle.

BALCON
1895
Fer forgé
Place de la Gare *67061619*

Ce balcon, qui reflète l'aisance des propriétaires, orne la façade du restaurant *À l'Aigle*. Il est situé face à la gare de Mommenheim. Celle-ci doit son existence au refus, par la ville de Brumath, de l'implantation sur son territoire communal de la tête de ligne lors de la construction de la voie de chemin de fer vers le Luxembourg. Mommenheim hérite donc de ce début de ligne, et la station est inaugurée en 1895. Le chemin de fer marque alors de destin de plusieurs familles de Mommenheim, et certaines s'y consacrent depuis cinq générations consécutives. La station, affectée au personnel de desserte dès 1900, lors de la construction de la nouvelle gare, devient le siège de la direction de l'entretien des voies du secteur de Mommenheim en 1956, à l'époque de l'électrification de la ligne Paris-Strasbourg.

SYNAGOGUE
1904-1954
Architectes : Falk et Wolf
Grès et bois de chêne
(H. : 8,5 m, l. : 8 m, P. : 20 m)
Rue des Juifs *67061606*

La synagogue est incendiée, puis rénovée en 1954, quatre années avant l'inauguration de la grande synagogue de Strasbourg. Elle est marquée de la symbolique du chiffre six. Les murs de la nef, ainsi, comportent chacune six vitraux et la façade elle-même est percée de six ouvertures. Des lustres en fer forgé, portant la croix de David aux six côtés, ornent l'allée centrale et six appliques du même style éclairent les vaisseaux latéraux. Une grande entrée interne donne accès à une tribune, qui surplombe les bancs à niches particulières. Le tympan de la porte d'entrée porte, en hébreu, l'inscription suivante : « souviens-toi devant qui tu es ».

PUITS
Début du XXe siècle
Pierre *67061612*

Une nappe souterraine, située à faible profondeur, alimente depuis des siècles plus de cinquante communes en eau potable. Le développement de l'industrie de la bière et des cultures maraîchères, qui entraîne une importante consommation d'eau, fait toutefois évoluer rapidement le mode de puisage. Sous l'influence du brasseur Haag, sept puits de pompage comme celui-ci sont ainsi installés, qui sont reliés par un réseau composé de 434 kilomètres de conduites.

ANCIENNE POSTE
1910
Grès et brique
Place de la Gare *67061611*

Pour faire face à l'évolution rapide du commerce local et aux nouveaux besoins de la population, le service postal est implanté près de la gare. Ce nouvel emplacement est le cinquième, en deux siècles, qu'a connu la Poste.

Olwisheim

Canton de Brumath
Arrondissement de Strasbourg-Campagne
Superficie : 300 ha
Population 1990 : 346 hab.
Habitants : les Olwisheimois
Cours d'eau : le Muhlbach

Origine du nom : de l'anthroponyme germanique Onulf, et de l'allemand *Heim*, village.

HISTORIQUE

Le nom d'Olwisheim apparaît peut-être dans les archives à l'occasion de mutations foncières au bénéfice de l'abbaye de Wissembourg en l'an 737 et, de façon certaine, dans une charte de 1074. Au Moyen Âge, l'abbaye de Marmoutier, la prévôté de Saint-Pierre-de-Strasbourg, l'abbaye de Neuwiller et l'hôpital de Haguenau possèdent des biens dans le village. Ces riches terres font partie du bailliage du Kochersberg et constituent une possession indivise, administrée conjointement par l'évêque de Strasbourg et l'empereur à dater de 1236. La partie épiscopale est cédée successivement à différentes familles, les Uttenheim en 1340, les Marx d'Eckwersheim au début du XVe siècle et les seigneurs de Berstett en 1596, qui réunifient la commune et la contrôlent jusqu'à la fin de l'Ancien Régime. Le village, qui recense 451 personnes en 1851, perd ensuite plus d'un tiers de ses habitants en raison de l'exode rural. Depuis 1964, seuls huit exploitants se partagent le terroir, cultivé de manière intensive, et la municipalité d'Olwisheim cherche à privilégier un aspect résidentiel, les grands centres industriels strasbourgeois et les zones artisanales voisines offrant de nombreux emplois.

MONUMENT AUX MORTS
Vers 1945
Grès *67061620*

Cette stèle, érigée à la mémoire des enfants de la commune, est située face à la mairie. Elle constitue le premier monument aux morts laïc de Mommenheim. En Alsace, avant la Seconde Guerre mondiale, ce type d'œuvre commémorative est en effet le plus souvent dressé dans les lieux de culte. C'est ainsi une grotte, dédiée à la Sainte Vierge et placée à l'entrée de l'église, qui marque le souvenir des soldats victimes de la Grande Guerre.

ÉGLISE SAINT-PIERRE
XIIIe-XVIIIe siècles
Grès, brique et bois
67061702

En 1309, le droit de patronage sur l'église d'Olwisheim est donné par l'évêque Jean, de Strasbourg, au chapitre de la cathédrale, qui en perçoit déjà la dîme. La Réforme est introduite dans le village en 1565 par les Marx d'Eckwersheim et les paroissiens, convertis, célèbrent désormais le culte protestant dans leur ancienne église. À partir de 1717, pourtant, celle-ci est partagée avec les catholiques en vertu d'un simultaneum qui existe encore aujourd'hui. L'édifice se compose d'un clocher-chœur, en partie gothique, dont la base est voûtée, et d'une nef, reconstruite au XVIIIe siècle avec des remplois du bâtiment précédent. À l'intérieur, la chaire à cuve polygonale reposant sur une colonne annelée date de 1680.

CHŒUR
XIIIe-XVIIIe siècles
Grès
Église Saint-Pierre 67061703
La voûte, sur croisée d'ogives, est constituée de quatre arcs qui soutiennent le premier étage du clocher. Ce chœur est caractéristique des débuts de l'architecture gothique dans ce secteur. Le style roman ne cède en effet sa place, dans cette région du Saint Empire, que deux siècles après son déclin en Île-de-France.

LANDHOF
1752-XXe siècle
Grès, brique et bois
27, rue Principale 67061704
Avant de devenir un domaine privé, l'ancienne ferme du Landhof, de *Land*, pays ou campagne, et *Hof*, ferme, est un relais-poste placé sur la route des diligences, peu éloigné de l'entrée ouest de Strasbourg. La *Stub*, grande salle, est ornée de boiseries et chauffée par un ancien poêle traditionnel à carreaux de terre cuite vernissée, le *Kachelof*.

PORTAIL
XXe siècle
Grès, brique et bois peint
Landhof 67061705
Cette porte, ornée d'une fresque, ouvre sur la cour de la ferme-auberge du Landhof, qui abrite notamment une basse-cour et une écurie. L'endroit, lors des sorties équestres de printemps et d'automne, assure un relais proche des nombreuses stalles d'Eckwersheim, commune voisine consacrée à l'élevage des chevaux.

Rottelsheim

Canton de Brumath
Arrondissement de Strasbourg-Campagne
Superficie : 250 ha
Population 1990 : 193 hab.
Habitants : les Rottelsheimois
Cours d'eau : le Seltenbach

Origine du nom : de l'anthroponyme germanique Hrodila et de l'allemand *Heim*, village.

Blason : il représente saint Martin, patron de la paroisse, partageant son manteau avec un pauvre.
67061800

HISTORIQUE

L'abbaye de Wissembourg, selon des documents de 774, est possessionnée dans le village, ainsi que l'abbaye de Lorsch, qui règne sur d'importantes propriétés à Rottelsheim au XIIe siècle. Les Lichtenberg sont propriétaires du village à partir de 1332 pour une courte période. Le bailliage de Haguenau, par la famille Schott, sous la seigneurie de Choiseul-Stainville, y détient également des terres. À la fin du XIVe siècle, les deux tiers de la dîme sont perçus par les Freudenstein, le dernier tiers revenant à l'hôpital de Stephansfeld. Après une nette progression entre 1760 et 1851, de 24 à 254 habitants, la démographie s'infléchit durant plus d'un siècle ; le village perd près de 34 % de sa population jusqu'en 1962. Dans ce village à vocation agricole, plus du tiers des actifs est employé dans la culture des céréales, notamment du maïs, et des fruits. Une partie des résidents travaille dans les proches centres industriels de Brumath et Haguenau.

CROIX
XVIIIe siècle
Grès
Rue Principale
67061802

Cette croix, dont le socle est gravé d'une inscription en allemand, servait autrefois d'étape lors des processions. Un autel était alors dressé à cette occasion.

CHAIRE
XVIIIe siècle
Bois de chêne
Église Saint-Martin
67061808

Cette chaire se compose d'un escalier, d'une cuve et d'un abat-voix sculpté, surmonté d'une croix de Malte. Cet emblème évoque la puissance des princes de l'Église ; ses huit bras symbolisent les huit états souverains ou, spirituellement, les huit béatitudes émises au cours du Serment de la montagne.

AUTEL LATÉRAL
XIXe siècle
Pierre et dorure
Église Saint-Martin
67061806

Saint Arbogast, auquel est consacré cet autel, tient une place privilégiée en Alsace. Évêque de Strasbourg de 550 à 575, il est chargé d'évangéliser les Alamans, que les Mérovingiens souhaitent intégrer à leur royaume. Son tombeau est conservé dans une église, élevée par lui dans un cimetière gallo-romain proche de Strasbourg. Arbogast est le premier évêque qui porte un nom germanique.

ÉGLISE SAINT-MARTIN
1785
Grès, brique et bois de chêne
Rue principale
67061804

Cette église de style néo-classique se compose d'un clocher de façade reposant sur des piles intérieures, d'un vaisseau unique long de cinq travées et d'un chœur en retrait, arrondi. Elle est placée sous le vocable de saint Martin, qui appartient à la catégorie des confesseurs, premiers saints non martyrs que l'Église ait placé sur les autels en Occident.

MAÎTRE-AUTEL
Vers 1715-1784
Bois, pierre, métal, peinture et dorure
Église Saint-Martin
67061805

Le maître-autel baroque provient de l'abbaye de Neubourg. Il est antérieur à l'édification de l'église. Pour respecter Vatican II, un second autel est dressé face aux fidèles dans le chœur.

FONTS BAPTISMAUX
XIXe siècle
Grès, bois d'ébène et acier
Église Saint-Martin
67061815

L'eau bénite le samedi saint, utilisée pour le baptême, est conservée dans la base des fonts baptismaux. Jean Baptiste, incarnation du Baptême, est représenté sur le couvercle.

CROIX
1760
Grès
(H. : 5 m env.)
Cimetière 67061801

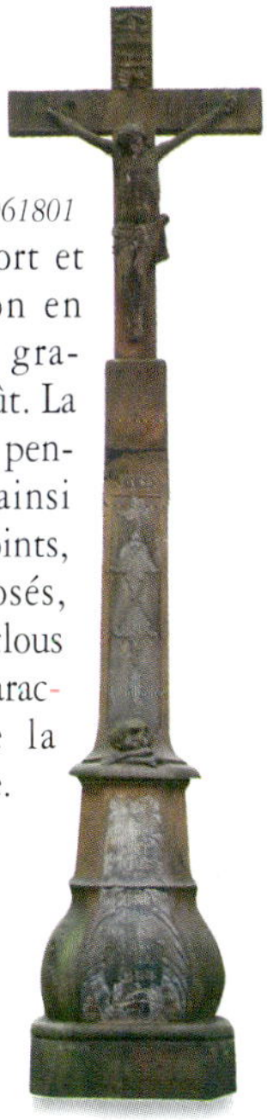

Une tête de mort et une inscription en allemand sont gravées en bas du fût. La tête du Christ, penchée à droite, ainsi que ses pieds joints, et non superposés, percés de deux clous distincts, sont caractéristiques de la période française.

CROIX À NICHES
1814
Grès et marbre
(995 × 131,5 cm)
67061803

Cette croix des Cinq Plaies est l'un des monuments-étapes des processions organisées autrefois le 25 avril, jour des Rogations, au cours desquelles les cultures étaient bénies. Les autres croix, de même type, se situent au nord pour l'une, au lieu-dit Herrengarten, jardin des messieurs, au sud pour l'autre, au lieu-dit Brumatherweg, chemin de Brumath, et à l'ouest pour la dernière, un monument de 1692 dédié à la mémoire de Jean, ou Hans, Heit.

LUSTRE
XIXe siècle
Métal doré, cristal et porcelaine
Église Saint-Martin 67061807

Le lustre de l'allée centrale, placé au centre du vaisseau, est composé de trois étages de foyers. L'ensemble est coiffé d'une couronne, surmontée de dix petits soleils.

CROIX
1809
Grès rose (H. : 4 m env.)
Niedermattgerg 67061809

Sur cette croix, l'inscription en allemand commémore le souvenir des disparus de la Première et de la Seconde Guerres mondiales.

MAISON
1867
Pan de bois de chêne, grès et brique
41, rue Principale
67061812

Le pan de bois n'est pas l'architecture caractéristique du village et cette maison même se distingue des habitats traditionnels alsaciens du bord du Rhin. Elle constitue en fait le corps de logis d'une ancienne ferme, accolé directement aux dépendances.

Vendenheim

PORCHE
XIXe siècle
Grès et bois de chêne
45, rue Principale *67061814*

Ce petit porche est typique de la période napoléonienne, caractérisée par l'abandon de la construction en pan de bois au profit de la pierre de taille. Depuis le développement des moyens de communication et notamment des transports ferroviaires, en effet, les propriétaires choisissent plus volontiers des matériaux en vogue, qui traduisent leur prospérité.

VERGERS
XXe siècle *67061810*

Ce village à vocation agricole est un grand producteur de fruits, notamment de pommes. La surface exploitée, surtout en basses tiges et espaliers, occupe 150 hectares. Seul un exploitant, sur les huit que recense la commune, a opté pour une autre culture, le tabac. Les vergers emploient les habitants durant les deux tiers de l'année, au cours dedesquels divers travaux sont nécessaires, depuis la taille, facteur essentiel de fructification, jusqu'à la récolte.

Canton de Brumath
Arrondissement de Strasbourg-Campagne
Superficie : 1 590 ha
Population 1990 : 5 193 hab.
Habitants : les Fédinois
Cours d'eau : le canal de la Marne au Rhin et le Muhlbaechel

Origine du nom : de l'anthroponyme germanique Windo et de l'allemand *Heim*, village.

Blason : sa partie supérieure porte les armes du landgraviat de basse Alsace, qui sont depuis celles du Bas-Rhin ; le croissant porté sur la partie inférieure du blason fait partie des armes des Wurmser, et rappelle la guerre contre les Turcs.
67061900

HISTORIQUE

Le site est occupé depuis l'époque néolithique, et un important cimetière de la période dite « rubannée » est mis au jour, avec 108 sépultures, 13 cénotaphes et 95 fosses. Un cimetière datant de l'époque mérovingienne est également découvert sur le territoire de la commune. La première mention certaine du village a lieu en 828. Une longue mutation transforme cette terre agricole en grand bourg rural, puis artisanal, industriel, résidentiel et commercial. Après avoir appartenu à divers seigneurs, laïcs ou religieux, la localité est transmise en 1366 à la famille d'Ochsenstein. Elle est incendiée par les troupes du comte palatin en 1389. Vers 1480, la famille Wurmser achète ensuite le finage, qu'elle gère jusqu'à la fin de l'Ancien Régime. Vendenheim compte alors 46 fermes dites franches, c'est-à-dire ayant privilèges de coupes de bois et pâturages pour les vaches et les porcs, qui appartiennent pour la plupart à divers seigneurs et pour quelques-unes à des villageois. Après la Révolution et le bouleversement industriel, le nombre d'exploitations agricoles diminue, passant de 210 en 1883 à 120 en 1920 et 40 environ dans les années 1950. La majorité de la population est employée à Strasbourg et la commune devient cité résidentielle. Une raffinerie, qui s'installe en 1959 à proximité, permet toutefois d'attirer de nouveaux habitants.

ÉGLISE PROTESTANTE
Vers le XIIIe siècle-1668-1786
Grès, brique et bois de chêne *67061901*

De la première église subsiste la tour du chœur, voûté d'ogives, dont les murs sont creusés de niches ogivales. Une pierre tombale de 1596, de style Renaissance, y est conservée. Dans la nef, agrandie et remaniée en style néoclassique en 1786, a été préservé un sépulcre gothique. Une façade-écran à portail en plein cintre et fronton triangulaire clôt le vaisseau à l'ouest. Le tympan du second portail est sculpté d'un personnage de style baroque, qui ne date peut-être que du début du XIXe siècle. Sur la toiture du clocher, des tuiles peintes rappellent les différentes étapes de construction.

PLAQUE DANNENBERGER
1931
Marbre
Fronton de l'église protestante 67061922

Cette plaque commémore le souvenir de Philippe-Frédéric Dannenberger (1776-1841), pasteur de Vendenheim dès 1803. En 1815, lors du siège de Strasbourg, les troupes du royaume de Wurtemberg organisent des représailles contre le village de Souffelweyersheim qu'ils incendient. Dix-huit habitants sont condamnés à être fusillés. Le pasteur, mandaté pour assister les otages, constate que ceux-ci sont tous catholiques. Il demande alors, et obtient, leur grâce. Il poursuit ensuite son action, s'engageant pour la reconstruction de Souffelweyersheim et de Mundolsheim, allant jusqu'à Paris pour intercéder auprès du roi. Le 27 juin 1819, il est fait chevalier de la Légion d'honneur par Louis XVIII.

MAISON
1677
Pan de bois, grès et brique
2, rue des Champs
67061914

Survivante d'un gigantesque incendie au XVIIIe siècle, cette maison conserve son aspect original. Le balcon, caractéristique des foyers aisés aux XVIe et XVIIe siècles, reflète la fortune des propriétaires. Même si l'aspect des ossatures des maisons à colombage semble identique, la construction diffère d'un siècle à l'autre. Aux grandes poutres, qui traversent l'ensemble de la bâtisse, succèdent peu à peu de petits pans de bois assemblés par des mortaises. Au fil du temps et des modes, si le charpentier reste l'artisan du fermier aisé, le maçon ou le tailleur de pierre deviennent les maîtres d'œuvre privilégiés de la classe bourgeoise.

MAISON
1570
Pan de bois, grès, brique et marbre
Rue du Lavoir 67061919

Cette maison, la plus ancienne de la localité et sans doute même du canton, abrite à l'origine un meunier établi près du ruisseau. La structure en pan de bois, qui résiste mieux que la pierre aux séismes occasionnels, offre l'avantage d'être moins coûteuse et de mieux protéger des rigueurs du climat. L'étendue des forêts, ainsi que la variété des essences des arbres favorisent cet usage. Les roches lointaines des Vosges ou les pierres calcaires de la région sont employées pour le sous-sol et la cave.
(I. M. H. 1981)

HERRGOTTSWINKEL
XVIIIe siècle
Bois de noyer
2, rue des Champs 67061917

Un *Herrgottswinkel* est une encoignure, destinée à recevoir divers objets religieux, Vierge, Christ ou eau bénite. Il est placé dans la *Stub*, pièce lambrissée qui sert à la fois de pièce de séjour, de salon de réception, et de chambre à coucher.

PLAQUE D'ORNEMENT
1803
Fabricant : fonderies De Dietrich
Fonte coulée et moulée
2, rue des Champs 67061916

Ce type de plaque sculptée, *platteofe*, ornait autrefois le fourneau à bois, qui avec le *Kachelofe*, poêle à carreaux de terre cuite vernissée, est alors la seule source de chaleur d'une habitation. Cette pièce, disposée sur l'un des piliers de la maison, représente des scènes de vendanges. Le fabriquant, de Dietrich, anobli par le roi Louis XV, est le principal fabriquant d'appareils de chauffage de l'est de la France. De ses fonderies sortent divers objets d'art en fonte moulée qui ornent des marchandises vendues dans toute l'Europe.

ANCIEN MOULIN

XVIIIe siècle

Pan de bois, grès et brique

7, rue du Lavoir *67061920*

Ce bâtiment est destiné essentiellement à l'hébergement du meunier. Le porche, certainement modifié, est plus étroit que d'habitude et l'ouverture n'est pas coulissante. Le caractère ancien de l'édifice transparaît à travers les fenêtres étroites, placées très haut, et les volets pleins percés de petits cœurs.

VOLETS

XVIIIe siècle

Bois, peinture à l'huile et peinture minérale

Ancien moulin *67061921*

Les façades des maisons se distinguent les unes des autres par des ornements peints ou sculptés. Les volets sont ainsi des supports privilégiés pour la peinture, ainsi que les hourdis enduits. Les propriétaires choisissent souvent d'évoquer leur profession dans ces décorations. Les roues et des timons représentent par exemple le charron, les épis et la roue dentelée le meunier, la charrue et son attelage le fermier. Les volets de l'ancien moulin, dont les peintures sont postérieures au XVIIIe siècle, reprennent cette tradition.

MAISON

1810

Pan de bois, grès et brique

Route d'Eckwersheim

67061912

Cette maison, l'un des vestiges de l'ancien village, est dotée d'une galerie avec balustres en bois tourné qui reflète l'aisance des propriétaires. Le poutrage, rectiligne, est caractéristique des débuts du débitage industriel des grumes.

COLONNE

1810

Grès et crépi *67061909*

Cette colonne se dresse en dehors de Vendenheim. Elle est élevée à la demande du préfet Lezay-Marnesia, pour commémorer la réfection de la route de Strasbourg à Landau (Allemagne). Sur la base de la colonne, une plaque rappelait le nom des villages qui ont participé bénévolement à cette réfection. En 1815, les troupes d'invasion la renversent et lorsque la colonne est à nouveau érigée, cette plaque n'est pas remployée. La face orientée vers la route, légèrement taillée, porte, gravées au tiers de sa hauteur, les distances séparant ce point de Brumath, 6,7 kilomètres, et de Strasbourg, 10,3 kilomètres.

FERME

1818

Pan de bois de chêne, grès et brique

14, rue du Général-Leclerc

67061913

Le corps de logis principal, composé de plusieurs niveaux et doté de nombreuses fenêtres, est séparé de la dépendance par un porche. Ce second bâtiment abrite traditionnellement le logement des valets à l'étage et l'étable au rez-de-chaussée. La pièce située sous le toit des deux immeubles sert de grenier pour les denrées d'hiver et les graines de semences.

CHÂTEAU DE SURY

1840

Grès, brique et bois

Route de Brumath *67061908*

Le château, doté de grandes dépendances, est clos par un rempart de douze rangées de moellons de grès des Vosges. Il domine une étendue plate couverte de forêts. Le domaine est acheté à la fin du XIXe siècle par Jean-François Herrenschmitt, descendant d'une famille de renom, originaire du Tyrol autrichien et installée à Strasbourg sous le premier Empire. Le nouveau propriétaire est un industriel, banquier, journaliste éditeur, grand patriote et homme politique, décoré de la Légion d'honneur en 1855. En 1939, son patrimoine foncier est vendu aux Pères oblats de Strasbourg.

STÈLE FUNÉRAIRE
1873-1900
Grès blanc et marbre
Cimetière *67061907*

Cette stèle est érigée par la famille Riehl. Elle reflète l'importance sociale et la richesse du défunt. Certains ornements, la poignée de main notamment, sont traditionnels sur ce type de monument, mais d'autres, comme le calice et les roses, sont généralement réservés aux sépultures des prêtres et des pasteurs.

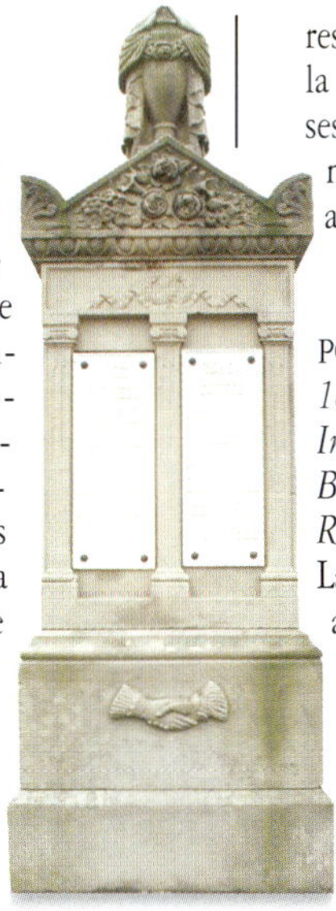

restaurant de grande taille, financé par la compagnie de chemin de fer, ouvre ses portes dans cette station qui permet à la ville de se développer en attirant de nombreuses industries.

PONT MOBILE
1856
Ingénieur : Colignon
Bois et acier
Route d'Eckwersheim *67061910*

La construction du canal de la Marne au Rhin, en 1856, est réalisée concomitamment à la ligne de chemin de fer de Paris à Strasbourg. Comme à Saverne, la route, la voie ferrée et le canal, ponctué de nombreuses écluses, suivent le même tracé. Ce pont mobile, qui pivote à l'approche des bateaux et se remet ensuite dans son axe premier, permet une circulation continue. Au début de la navigation fluviale, les chevaux tirent les péniches sur des chemins de halage et des treuils permettent de manœuvrer le pont. Dès 1958, toutefois, ce sont les moteurs électriques et à vapeur qui régissent les activités fluviales et routières.

CIMETIÈRE (portail)
1845
Grès, fer forgé et marbre *67061905*

Sous l'impulsion du conseil municipal, la communauté protestante érige un nouveau cimetière, ce qui permet de libérer l'emplacement autour du temple. Les noms des élus de la municipalité qui sont à l'origine du projet sont gravés sur les piliers du portail d'entrée.

STÈLE FUNÉRAIRE
1805
Sculpteur : Seller
Grès
Cimetière *67061906*

Contrairement aux monuments catholiques, qui représentent le plus souvent des croix, les stèles des cimetières protestants sont de formes et de matériaux variés. Sur ce tronc d'arbre sculpté, entouré d'une liane de lierre, les noms des défunts sont gravés.

GARE
1855
Ingénieur : Colignon
Grès, brique, acier et bois
67061911

La localité devient peu à peu un nœud ferroviaire stratégique en Alsace du nord et se rapproche de la banlieue strasbourgeoise. En effet, après la construction de la ligne Strasbourg-Saverne en 1851, de celle reliant Paris à Strasbourg en 1854, de la liaison vers Haguenau en 1855 et de la jonction vers le Luxembourg en 1895, le trafic ferroviaire s'intensifie à Vendenheim. Un

PRESBYTÈRE
1886
Grès, brique et bois
19, rue des Champs *67061904*
Un parc, coupé d'une allée, mène au porche d'entrée du presbytère. L'ensemble paroissial de Vendenheim regroupe les fidèles de la localité ainsi que ceux des communes de Eckwersheim et Lampertheim.

ÉGLISE SAINT-LAURENT
1894
Grès, brique et bois
Rue des Champs *67061903*
L'introduction de la Réforme, en 1532, entraîne la conversion immédiate des villageois. En 1686, cédant aux pressions qui suivent la suppression de l'Édit de Nantes, dix habitants de Vendenheim adoptent néanmoins le culte catholique et le sanctuaire accueille alors les nouveaux paroissiens en vertu d'un simultaneum. L'église catholique Saint-Laurent, édifiée en style gothique, se compose d'un clocher hors-d'œuvre, d'une nef de quatre travées marquées par des pilastres et d'un chœur voûté en retrait. Les fonts baptismaux, de 1720, proviennent peut-être de l'ancien lieu de culte. Un orgue Wegman de 1839, rénové par G. Kern en 1848, est installé dans la nef, ainsi qu'un chemin de croix en bois.

La Wantzenau

Canton de Brumath
Arrondissement de Strasbourg-Campagne
Superficie : 2 540 ha
Population 1999 : 5 400 hab.
Habitants : les Wantzenauviens
Cours d'eau : l'Ill

Origine du nom : vraisemblablement du germanique Wanzo, anthroponyme, et *au*, prairies humides.

Blason : il représente saint Wandelin, patron de la paroisse.
67062000

HISTORIQUE

Des vestiges antiques, comme une petite hache en bronze ou des monnaies romaines datant de plusieurs siècles avant notre ère, sont les premiers témoins d'une présence humaine en ces lieux. Par mention écrite en 1211 qui certifie une donation à l'abbaye de Honau, ceux-ci sont nommés Wanzenowe. Par la suite, le village relève de l'évêché de Strasbourg et du chapitre de la cathédrale en 1415, puis devient le siège du bailliage de La Wantzenau. Il subit les destructions liées aux divers conflits de 1447, 1592, 1622 et de 1793, lors des affrontements entre Français et Autrichiens. Rattaché au canton de Bischwiller depuis 1790, La Wantzenau est subordonné à celui de Brumath en 1802. Sa situation géographique, en bordure de l'Ill et proche du Rhin, lui est néfaste lors des trois derniers conflits franco-allemands. De 1850 à 1950, la renommée de la cité est fondée sur ses élevages de poussins, les Wanzenauer Mischtkrätzerle, *et d'oies, pour le foie gras. Lors de la seconde partie du XXe siècle, la ville diversifie ses activités, avec la fabrication du caoutchouc et d'équipements professionnels, qui occupe de nombreuses entreprises dans la zone industrielle. La production de granulat, par extraction des graviers et des sables, reste également prospère. La commune, qui dispose en outre de nombreux commerces et services, est ainsi un bassin d'emplois qui attire la main-d'œuvre environnante.*

MAISON
1668
Pan de bois de chêne et grès
30, rue des Bouchers *67062010*
Cet ancien corps de ferme est caractéristique du XVIIe siècle, symétrique, avec des *Mann* en simple et double au rez-de-chaussée et au premier étage. La maison est accessible par la façade sur cour.

MAISON
1678
Pan de bois et grès *67062011*
De la maison d'origine subsistent essentiellement l'emplacement des fenêtres et les deux premiers niveaux de pan de bois. Les croix de Saint-André, sous la fenêtre du premier étage, ont été ajoutées ultérieurement.

RESTAURANT
AU SOLEIL
1741-1810
Pan de bois, brique, grès et pierre du pays
1, quai des Bateliers
67062014

Ce restaurant appartient à l'origine à la famille Schaeffer, qui joue un rôle important dans la vie communale entre le XVIe et le XIXe siècles. Ses membres sont ainsi tour à tour syndic d'évêque, prévôt, ou maire. Les aubergistes et cabaretiers, en effet, ont toujours assuré d'importantes fonctions municipales. Les anciens prévôts sont presque tous des aubergistes, et, en 1831, pas moins de cinq aubergistes siègent au conseil municipal.

ÉGLISE SAINT-WENDELIN
1826-1965
Architecte : Andres
Grès, brique, béton et bois 67062001

Jusqu'à la Révolution, la chapelle du monastère de Honau sert d'église paroissiale aux habitants de La Wantzenau. Le chapitre de Saint-Pierre de Strasbourg détient alors le droit de patronage. Sur requête des habitants, forcés de traverser le Rhin pour joindre leur lieu de culte, et malgré l'opposition du chapitre de Saint-Pierre-le-Vieux, le seigneur autorise la construction d'un édifice en 1469. La nouvelle paroisse est placée sous le vocable de saint Michel, patron du couvent de Honau puis, au cours du XVIIe siècle sous le celui de saint Wendelin, protecteur du bétail. L'église, trop petite, est remplacée par un nouvel édifice, détruit en grande partie par un incendie en 1961. Seuls subsistent les murs et un clocher vide, qui servent d'assise à la réédification.

INSCRIPTION
1741-1810
Bois
Restaurant Au Soleil 67062015

Cette épigraphe rappelle que ces bâtiments sont certainement construits par les époux Wolff et Metz. La seconde date marque une restauration et le changement de propriétaire de cet immeuble, tout en conservant les premières inscriptions. Le cartouche en forme de cloche est un symbole de protection. À la suite du mariage de Salomé Wolff avec Xavier Schaeffer, contracté en 1809, l'immeuble est transformé en auberge.

MITRE
DE CHEMINÉE
XXe siècle
Brique, fonte et bronze
Restaurant Au Soleil
67062016

Lors de l'apparition des cheminées sur toitures, à la fin du XVIIe siècle, naît un type particulier d'ornementation. Les décors, divers, reflètent les personnalités des occupants ou évoquent leurs activités. Ils vont de la simple pose de briques et dallettes de terre cuite jusqu'aux mitres, *Pfàffenkàpp*, parfois triples et ornées de boules. Sur le toit de cette auberge, le propriétaire, désireux de se faire remarquer des bateliers, a installé une cloche.

MAISON
Fin du XVIIIe siècle
Pan de bois de chêne et grès
67062012

Cette maison, au poutrage symétrique et régulier, aux larges ouvertures, appartient probablement à l'origine à des fermiers aisés. La croix de Saint-André, encadrée et disposée à la partie extrême du pignon, accentue cette impression.

SAINT MATHIEU
1965
Bois
Église Saint-Wendelin
67062002

Cette sculpture, de taille humaine, est installée avec les trois autres dans le chœur. Elle représente Matthieu, accompagné de son attribut, l'homme, qui rappelle que cet évangéliste a dressé la généalogie du Christ, insistant par le fait sur l'humanité de ce dernier.

SAINT JEAN
1965
Église Saint-Wendelin
67062003

Les quatre évangélistes arborent de la main droite une plume et de la main gauche le parchemin, symboles des écrits sacrés. L'aigle de saint Jean représente le vol libre de la pensée qui se perd dans les nues. Ces symboles sont représentés depuis le IVe siècle en relation avec la vision d'Ézéchiel et l'Apocalypse de saint Jean. Il est dit que quatre animaux entourent le trône du Seigneur ayant chacun la forme d'un homme, d'un taureau, d'un lion et d'un aigle. Ces animaux symbolisent les quatre moments principaux de la vie du Christ : l'Incarnation, la Crucifixion, la Résurrection et l'Ascension.

SAINT LUC
1965
Bois
Église Saint-Wendelin *67062004*

L'évangéliste saint Luc est un médecin juif hellénisé. Converti par saint Paul, il devient son disciple favori et l'accompagne dans ses pérégrinations en Grèce et en Italie. Il consigne ses voyages dans les Actes des apôtres, mais il est aussi l'auteur du troisième évangile, le plus prolixe sur les détails de la vie de la Vierge. L'animal qui accompagne saint Luc est le taureau, animal du sacrifice, parce qu'il parle du sacrifice du Sauveur. Saint Luc comme saint Marc n'a pas connu le Christ, il n'est pas un apôtre. Il ne doit donc pas porter de barbe ni avoir des cheveux noirs. Parmi les statues de l'église de La Wantzenau, toutefois, seul saint Luc est glabre.

SAINT MARC
1965
Bois
Église Saint-Wendelin *67062005*

Le quatrième évangéliste, certainement le plus cité lors des lectures dominicales, est saint Marc. Juif d'origine, il se convertit après l'Ascension du Christ. Il est le disciple préféré et le porte-parole de l'apôtre Pierre qu'il accompagne à Rome. Cet évangéliste est représenté tenant son évangile, parfois coiffé d'un turban en souvenir de sa prédication à Alexandrie. Son animal est le lion, parce que le lion des bestiaires passait pour ressusciter par ses rugissements ses petits mort-nés.

PONT
1841-1860-1878
Grès, béton, fer et bois
Route de Strasbourg *67062013*

Avant la construction du pont, la route de La Wantzenau à La Roberstau n'est qu'un chemin rural. Hommes et voitures traversent alors l'Ill, moins profonde à l'époque, par des gués établis à chaque bout du village. En 1803 un bac est installé, qui assure la liaison entre les deux berges. Des digues sont réalisées entre 1842 et 1876 pour parer aux crues. Le cours du Rhin s'étend alors sur 250 mètres de large et cette opération provoque un rehaussement du niveau de l'Ill. La première passerelle, bâtie entièrement en bois sur des fondations en pierre a une durée de vie limitée. Elle est remplacée en 1878 par un nouveau pont, construit entièrement en pierre mais, détruit en 1940, il est reconstruit avant la fin de la Seconde Guerre mondiale.

MAISON COMMUNE

1844

Grès et brique

34, rue des Héros *67062007*

Ce grand bâtiment est construit une dizaine d'années après l'édification de l'école des garçons, qui sert alors pour les réunions du conseil municipal et pour entreposer les archives. Il reflète la prospérité de l'Alsace du nord à l'époque. La maison des associations s'y est établie en 1989.

CHRIST

1901

Grès, pierre maçonnée et granit

Rue du Patronage *67062008*

Sous l'influence de l'abbé Schillinger, en fonctions entre 1894 et 1910, les sœurs soignantes s'établissent dans la commune en 1898. La paroisse leur construit une maison en 1906, devant laquelle est érigée cette statue, financée par un don privé. Une inscription en allemand rappelle cet événement.

MONUMENT AUX MORTS

Milieu du XXe siècle

Grès

Rue des Héros

67062006

Ce monument est dédié aux victimes des deux guerres mondiales, particulièrement meurtrières dans la commune. Au cours de la Première Guerre mondiale, ainsi, sur les 492 garçons mobilisés, 35 sont tués, 7 disparaissent, 25 sont faits prisonniers et 10 sont mutilés.

STÈLE DES FFI

Seconde moitié du XXe siècle

Béton et grès

Pont de l'Ill *67062009*

Lors de la libération de La Wantzenau, les Forces françaises de l'Intérieur contribuent largement à la défaite allemande. Le 24 novembre 1944, deux FFI de la commune, Joseph Woeffel et Robert Burtscher, trouvent la mort au pont de l'Ill. Le monument érigé à cet endroit commémore leur sacrifice.

Weyersheim

Canton de Brumath
Arrondissement de Strasbourg-Campagne
Superficie : 1 946 ha
Population 1990 : 2 816 hab.
Habitants : les Weyersheimois
Cours d'eau : la Zorn

Origine du nom : de l'allemand *Weiher*, étang, et du germanique *Heim*, village.

Blason : le porche d'église évoque peut-être le fait que Weyersheim dépendait des princes-évêques de Strasbourg.
67062100

HISTORIQUE

Des vestiges de l'époque gallo-romaine, figurine en bronze, urnes cinéraires et tuiles à rebord, mis au jour dans une nécropole à Bruchkirch, témoignent d'une occupation ancienne du site. Le village est cité dès le 11 mai 774 dans une charte par laquelle Sigebaldus donne un cens au couvent de Wissembourg. La famille Bruchkirch est alors en possession du fief, dont les terres sont consacrées essentiellement à la culture du froment et du seigle. Divers seigneurs se succèdent ensuite à la tête de Weyersheim, au gré des legs et des héritages. Le village est réduit en cendres au cours de la guerre de Trente Ans ; seule une maison du village, datée de 1621, échappe à ces destructions. La reconstruction s'échelonne sur la décennie 1680. La période française correspond à un accroissement démographique et économique, perturbé par la Révolution. Napoléon Ier, qui arrive ensuite au pouvoir, est soutenu par la communauté villageoise. L'agriculture est la principale source de revenus des habitants, surtout au XIXe siècle, et reste l'emploi majeur de la communauté jusqu'à la moitié du XXe siècle. La culture du froment cède toutefois sa place au tabac et surtout à la pomme de terre. Depuis les années 1950, la ville devient résidentielle, dotée d'un bourg actif englobant de nombreux commerces, services et associations sportives et culturelles.

MAISON DU PETIT VILLAGE
1621
Pan de bois
11, rue du Petit-Village *67062129*

Cette maison a longtemps passé pour être la plus ancienne maison à colombage d'Alsace, en raison de la structure archaïque de son pan de bois, attribué au XVe siècle. En effet, ses poteaux corniers sont d'un seul tenant du sol au toit, et ils reposent en outre sur une pierre d'angle en grès, et non sur une poutre sablière ou un solin de pierre. La datation scientifique du bois montre cependant que le bâtiment est construit en 1621, les fouilles archéologiques attestant néanmoins une occupation dès le XVe siècle. La maison est rachetée par la commune en 1988, afin de la préserver comme un exemple atypique de l'architecture régionale.

MAISON DÎMIÈRE DES LINANGES
XVIIe siècle
Pan de bois de chêne, grès et brique
59, rue Hans-Baldung-Grien
67062119

Cette maison à colombage contraste nettement avec les édifices alsaciens traditionnels. Le grand porche, encastré dans l'immeuble, est soutenu par d'épais piliers en bois de chêne. Conçu sur le modèle des relais de poste du temps des diligences, il ouvre sur une grande cour intérieure et permet l'accès aux écuries. Son toit à la Mansart est une exception dans la commune.

POSTE
1712-1733-1982
Pan de bois de chêne et grès
80, rue Hans-Baldung-Grien
67062123

La poste est installée dans les murs d'une ancienne auberge. Sous Louis XIV, les aubergistes sont de riches et puissants personnages locaux, dont la demeure reflète l'importance. Le rez-de-chaussée est entièrement refait à la fin du XXe siècle.

ÉPIGRAPHE
1733
Bois de chêne
Poste *67062122*

Cette épigraphe est gravée sous une fenêtre, sur l'ossature de bois de chêne qui encadre les ouvertures dès le premier niveau de la construction.

MEULES
1721
Bois et grès
Impasse de la Montée *67062116*

Ces meules, conservées dans la cour d'une banque, sont les seuls vestiges du moulin à huile installé dans la maison dîmière épiscopale. Elles sont conçues pour presser les fruits oléagineux, le colza et la noix.

MAISON DÎMIÈRE ÉPISCOPALE
1721
Bois et grès
1, rue de la Dîme 67062110

Cette grande propriété fut la maison de la dîme des princes-évêques de Strasbourg, seigneurs de la moitié du village. Sur le linteau se trouvent les initiales de Sébastien Huber, tenancier d'une des auberges du village qui porte l'enseigne *Au Bœuf*.

PORTAIL
1748
Grès
9, rue du Petit-Village 67062128

Ce porche est un assemblage sans liant de blocs de pierre, taillés selon le système ancestral des bâtisseurs de cathédrales et maintenus par des chevilles. Pour réaliser ce type d'ouvrage, qui confère du prestige à la maison, le propriétaire fait appel à un *Steinmetz* ou *Steinscchlagger*, tailleur de pierre, qui loge sur place et prépare la réalisation de l'encadrement du porche selon les désirs du client. Il signe les travaux de sa marque de corporation. La hauteur inhabituelle de ce portail est caractéristique de Weyersheim.

AUBERGE DU PONT DE LA ZORN
1758
Grès, brique et bois
Rue de la République 67062112

Sur le pilier de l'entrée, côté rue, une inscription précise la date d'édification et les initiales du premier propriétaire : C et H, pour Caspar Hoffmann. L'auvent de protection de l'ouverture est couvert de tuiles anciennes du pays, de fabrication manuelle, nommées *Bieberschwanz*.

MAISON
1766
Pan de bois de chêne, grès et brique
73, rue Hans-Baldung-Grien
67062127

Cette maison est représentative de la construction locale. La structure de bois, très visible, repose sur le principe de symétrie. Les espaces entre les poutres sont très réduits, laissant peu de places aux torchis, ou *spigel*. Les ouvertures des fenêtres épousent la forme de l'endroit laissé vacant entre les poutres. Le toit à croupe permet de disposer de combles étendus.

ÉPIGRAPHE
1766
Bois de chêne
73, rue Hans-Baldung-Grien
67062125

Sur cette ossature en bois sont gravées les initiales des premiers propriétaires ainsi qu'une dédicace religieuse, qui signifie : « cette maison est placée dans la main de Dieu, qu'Il la préserve de la foudre et de l'incendie ».

MAISON
1779
Pan de bois, grès et brique
71, rue Hans-Baldung-Grien 67062120

Seuls témoignent de la maison originale l'inscription gravée sur un pilier de soutien en bois donnant sur rue, ainsi que l'ossature du colombage. En cette période pré-révolutionnaire, le manque de moyens pousse les propriétaires à édifier des bâtiments robustes mais dénués de fantaisie.

ÉGLISE SAINT-MICHEL
1784
Architecte :
Nicolas-Alexandre Salins de Montfort
Grès des Vosges
Place de l'Église 67062102

L'église paroissiale restaurée mais trop petite doit céder sa place à cet édifice néo-classique, qui comprend un clocher de façade, une ample nef unique et un chœur arrondi en retrait. Selon le curé Siffer, historien, au même emplacement est érigée au XIe siècle une église présentant un plan inverse, le chœur tourné vers l'orient, caractérisée par la solidité de son architecture byzantine, romane, et surtout par la hauteur de son clocher, dont l'élévation a peut-être valu au village son nom de *Wieresheim ad-vel apud altam turrim,* « Weyersheim à la haute tour », dans les chartes latines. Cette dénomination peut également faire référence, à l'époque romaine, à la présence d'une tour d'observation pour surveiller la plaine du Rhin. Saint Michel, patron de l'église et de la paroisse, est élu en référence aux moines irlandais qui, dès 721, ont évangélisé la région à partir de leur monastère de Honau, et qui vouent un attachement particulier à ce saint.

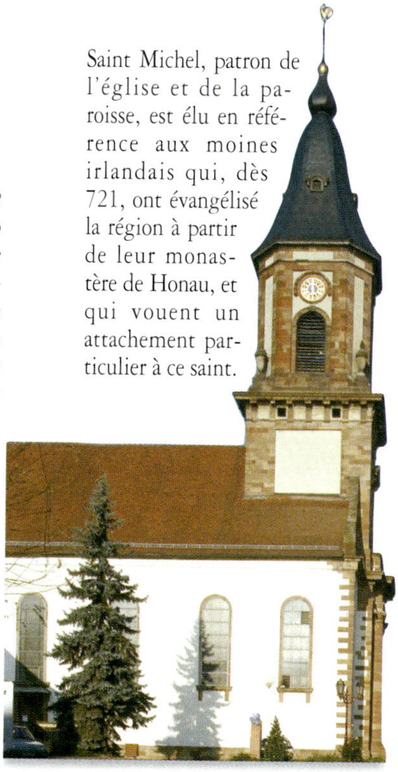

AUTEL
1745
Bois et dorure
Église Saint-Michel 67062105

Ce maître-autel baroque à baldaquin est orné de plusieurs sculptures, notamment sur le couronnement et le tabernacle. Une fresque, qui représente le Jugement dernier, orne le plafond du chœur. Elle est réalisée en 1953 par le peintre Gall.

PORCHE
1784
Grès, bois de chêne et verre
Église Saint-Michel 67062103

Les deux piliers encadrent la porte d'entrée en chêne massif, surmontée d'une sculpture réalisée également en grès des Vosges. Dans les bases du clocher sont aménagées deux chapelles, dont une abrite des œuvres médiévales, notamment un tableau avec deux rencontres de saint Pierre, de la fin du XVe siècle, où sont représentés la flèche d'une cathédrale, de la même époque, et un saint Wolfgang provenant de la chapelle du même nom, érigée en 1488, vendue comme bien national à la Révolution, puis détruite.

CHAIRE
XVIIIe siècle
Bois et dorure
Église Saint-Michel 67062104

La chaire est ornée de sept personnages, le Sauveur entouré par les quatre évangélistes et deux anges. D'autres éléments liturgiques sont exposés dans l'église, notamment dans la chapelle baptismale, où se trouvent un bénitier du XVIIIe siècle, une statue en bois de saint Wolfgang et deux reliquaires. Ces quatre objets d'art proviennent de l'ancienne chapelle Saint-Wolfgang, détruite par les révolutionnaires en 1796.

ORGUE
1877
Facteur : Wetzel
Bois et métaux
Église Saint-Michel 67062106

L'orgue au buffet néo-baroque est restauré de nombreuses fois depuis son installation, notamment pour sa partie instrumentale.

CALVAIRE

1846

Grès

Enclos de l'église Saint-Michel 67062101

Ce calvaire signale la présence des tombes de deux anciens prélats de la paroisse, parmi lesquels figure le curé Siffer (1808-1870), historien de la commune.

MAIRIE

1835

Grès, brique et bois 67062118

L'ancienne maison commune, en allemand *Laube*, qui signifie « arcades », construite sur des colonnes et une charpente de chêne, est détruite pour laisser place aux écoles de garçons, au corps de garde et à la nouvelle mairie.

PLAQUE À HANS BALDUNG GRIEN

Mairie 67062121

Sur la façade de la mairie est placée cette plaque en l'honneur de Hans Baldung Grien (Weyersheim, 1484 ou 1485-Strasbourg, 1545) peintre graveur dont le buste trône sur la place adjacente. Le père de l'artiste, qui résidait à Weyersheim, aurait tenu des fonctions administratives au service de l'évêque de Strasbourg.

GROTTE DE LOURDES

Enclos de l'église Saint-Michel 67062107

Cette grotte dédiée à la Vierge, édifiée en souvenir des défunts de la Première Guerre mondiale, sert de monument aux morts avant l'érection du monument actuel.

CALVAIRE

1856

Grès

Route de Kurtzenhouse 67062109

Ce calvaire, constitué d'un grand Christ entouré de deux personnages bibliques, est implanté en bordure de route. Le texte gravé sur le fût est rédigé en allemand, bien que l'Alsace soit alors sous autorité française. Cette particularité régionale perdure jusqu'à la Seconde Guerre mondiale.

MONUMENT AUX MORTS

1922

Grès 67062117

Deux stèles encadrant ce monument central, une pour chacune des deux guerres mondiales, sont érigées en mémoire des victimes. Ces conflits sont particulièrement douloureux dans une région qui dépend alternativement de la France et de l'Allemagne et dont la population sert tour à tour sous chacun des drapeaux.

Canton de Drulingen

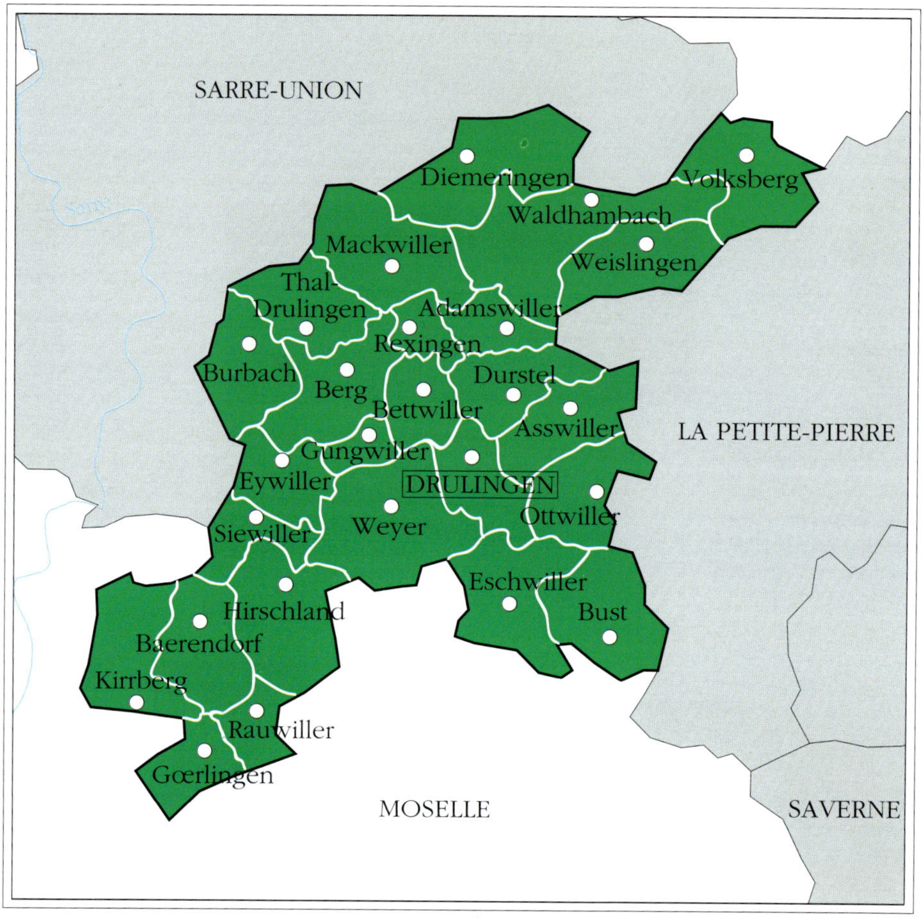

- Adamswiller
- Asswiller
- Baerendorf
- Berg
- Bettwiller
- Burbach
- Bust
- Diemeringen
- Drulingen
- Durstel
- Eschwiller
- Eywiller
- Gœrlingen
- Gungwiller
- Hirschland
- Kirrberg
- Mackwiller
- Ottwiller
- Rauwiller
- Rexingen
- Siewiller
- Thal-Drulingen
- Volksberg
- Waldhambach
- Weislingen
- Weyer

Adamswiller

Canton de Drulingen
Arrondissement de Saverne
Superficie : 340 ha
Population 1990 : 471 hab.
Habitants : les Adamswillerois
Cours d'eau : l'Eichel

Origine du nom : probablement de l'anthroponyme germanique Adalman et du latin *villa*, ferme.

Blason : les armes rappellent par les émaux et par la partition le comté de La Petite-Pierre, dont Adamswiller fait partie jusqu'en 1801.
67070100

HISTORIQUE

Le village est d'abord la propriété de l'abbaye Saint-Denis, puis du XIIe au XVe siècle de celles de Marmoutier et de Neubourg, avant de passer aux comtes de Lützelstein. La Réforme y est introduite en 1556. Le village est incorporé au royaume de France avec l'ensemble du comté de Lützelstein en 1793. La commune d'Adamswiller fait partie du parc régional des Vosges du Nord.

PORTE
XVIIIe-début du XIXe siècles
Bois
68, rue Principale *67070104*
Les portes de logis sont fréquemment à deux battants superposés. Au cours du XIXe siècle, elles sont remplacées soit par deux battants verticaux, soit par un battant unique. Le décor géométrique des panneaux, le cloutage extérieur de même que la cimaise transversale sont autant de variantes possibles. Les portes sont souvent utilisées en remploi à l'arrière des maisons.

LINTEAU
1745-début du XIXe siècle
Grès
57, rue Principale *67070106*
Les encadrements de porte dits Renaissance datent, dans la région, du début du XVIIIe siècle. Ce linteau daté de 1745 est tout à fait caractéristique d'un style alors largement répandu. La svastika, élément décoratif fort courant dans toute l'Europe, est en fait un symbole solaire de fertilité. Dans ce cas le propriétaire est un tisserand, puisqu'il surmonte la svastika de la navette très stylisée des métiers à tisser.

TUILE
1828
Artisan tuilier : Jacob Kenzel
Terre cuite
Musée régional de l'Alsace bossue, Sarre-Union *67070113*
Les tuiles décorées avec une matrice en bois représentent des arbres de vie ou des oiseaux paradisiaques, symbole de fertilité ou de protection. Comme tuile lucarne, elle est prévue pour être installée sur un toit de tuiles plates et permet de laisser pénétrer la lumière ou les chats pour qu'ils puissent chasser les rongeurs des greniers.

ANCIENNE TUILERIE
XIXe siècle
Totenberg *67070109*
Cette ancienne tuilerie, reconvertie depuis en exploitation agricole, était celle du maître tuilier Jacob Kenzel. Il subsiste de l'établissement un four daté de 1803, mais la production de Kenzel semble débuter en 1789.

TEMPLE
1837-vers 1960
Grès des Vosges *67070110*
Cette église est construite à une époque où de nombreuses « maisons de Dieu » voient le jour. Le style néo-classique d'origine a été modifié avec l'ajout vers 1960 d'un clocher et d'un narthex modernes.

MAIRIE
Grès des Vosges *67070112*
Les dimensions de ce bâtiment révèlent une certaine aisance des institutions municipales au moment de sa construction. Les pierres de taille de la façade proviennent de la carrière d'Adamswiller, la plus grande de l'est de l'Alsace ; le décor « tyrolien » aurait été introduit par des ouvriers italiens travaillant dans les carrières.

BANC REPOSOIR
Milieu du XIXe siècle
Grès des Vosges *67070108*
Le montant supérieur de ce banc porte une date incomplète. Il est fort probable que l'élément appartienne à la série de bancs reposoirs érigés en 1854, en l'honneur du mariage de Napoléon III.

MONUMENT AUX MORTS
1939
Grès
Cimetière *67070101*
Les deux monuments aux morts de la commune ont été érigés respectivement au lendemain de la Première et de la Seconde Guerre mondiale. Le premier, qui n'a en fait été réalisé qu'en 1939, alors que débute la Seconde Guerre mondiale, était à l'origine placé dans l'église.
Le texte et les prénoms sont orthographiés à l'allemande.

MONUMENT AUX MORTS
1950
Grès
Temple *67070102*
Sur le second monument aux morts de la commune, taillé en bas relief dans le narthex de l'église reconstruite dans les années 1950, les prénoms sont francisés, et le texte se limite à un solennel « À nos morts ».

MAISON DE MAÎTRE
Milieu du XXe siècle
Pierre
80, rue Principale *67070103*
Ce bâtiment de style classique témoigne de la prospérité de certains notables de la commune. L'architecture déployée comprend notamment une lucarne centrale ornée d'armoiries et un porche surmonté d'une balustrade que supportent des piliers monolithiques.

Asswiller

Canton de Drulingen
Arrondissement de Saverne
Superficie : 602 ha
Population 1990 : 216 hab.
Habitants : les Asswillerois

Origine du nom : probablement de l'anthroponyme germanique Azzo et du latin *villa*, ferme.

Blason : ce sont les armes de la famille de Steincallenfels.
67070200

HISTORIQUE

Asswiller constitue depuis le XIIIe siècle une petite seigneurie donnée en fief par le comte de Lützelstein et détenue par diverses familles entre 1406 et 1456, notamment les Asswiller, les Gerspach et les Huntingen. Le village est rasé, et ses habitants sont égorgés par les Armagnacs en 1444. Les comtes palatins, qui prennent possession du comté de Lützelstein, introduisent la Réforme en 1556-1558 et nomment dans leur fief d'Asswiller de nouveaux hommes liges, les Steincallenfels, seigneurs jusqu'à la Révolution. Quand en 1697 le comté de Lützelstein est annexé à la Couronne de France, la seigneurie demeure terre d'Empire et constitue une minuscule enclave entre le comté de Nassau-Sarrebruck et les possessions du roi de France. En dépit de ce positionnement politique problématique, les seigneurs d'Asswiller tentent de développer des activités commerçantes, notamment en autorisant l'installation d'une petite communauté juive, mais les barrières douanières empêchent toute expansion des marchés et foires annuels. En 1793, la seigneurie est annexée de fait avec le comté de Nassau-Sarrebruck à la République française, annexion reconnue en droit par le traité de Lunéville en 1801.

TOUR
XIIIe-XVIe siècles-1769
Pierre
6, route de Drulingen *67070215*
Le château médiéval est probablement érigé au moment où Asswiller est constitué en fief, soit au cours des XIIe-XIIIe siècles. Un fossé en partie comblé serait un vestige de cette époque. En 1561, le château est remanié et les deux tours d'angle qui demeurent datent de cette époque. Il est modifié en 1769, avant d'être démantelé au milieu du XIXe siècle.

MAISON
1761
Pan de bois
5 bis, rue de Durstel *67070206*
Cette petite maison est atypique dans l'Alsace bossue actuelle : en effet, si le colombage a été employé pour les pignons, les façades en pans de bois n'ont survécu que de façon exceptionnelle. Le colombage

demeure l'apanage de la vallée rhénane mais aussi de la vallée de Seille, voisines de l'Alsace bossue.

ÉGLISE LUTHÉRIENNE
1717-1723-1839
14, rue de Durstel *67070202*
L'ancienne église luthérienne est totalement remaniée vers 1717-1723. Auparavant les fidèles se rendaient à La Petite-Pierre ou à Lohr. En 1839, le clocher assis sur le côté sud de la toiture est démoli et remplacé par une tour bâtie depuis le sol.

TÊTES DE DIVINITÉS
Époque gallo-romaine
Grès
Église luthérienne *67070201*

Ces deux fragments de sculptures sont mis au jour en 1883 lors de travaux de rénovation de la façade. Ils représentent Mercure, avec son caducée et son pétase ailé, et une divinité féminine, probablement Rosmerta. Un autre fragment a été détruit lors de la restauration de l'église. Il est probable que cet ensemble de sculptures ait fait partie d'un bas-relief unique.

PRESBYTÈRE PROTESTANT
XVIIIe siècle
Pan de bois et pierre
4, rue de Durstel 67070208

Ce presbytère a été restauré en 1844 à la suite d'une ordonnance royale de 1842, légalisant le droit pour les pasteurs à un logement. Néanmoins une polémique éclate à ce sujet en 1882, la vétusté de l'édifice étant mise en cause à une époque où l'Administration allemande crée des logements nouveaux pour les instituteurs et des presbytères pour les ecclésiastiques. Finalement, le presbytère conserve sa destination première.

ENCADREMENT DE PORTE
Début du XIXe siècle
Grès
3, rue de Petersbach 67070209

Cet encadrement de porte se distingue avant tout en raison du motif d'art populaire qui le décore. Cet enchevêtrement de lignes est en fait un thème très ancien, attesté dans la région sur des pierres tombales aujourd'hui disparues, et répandu dans toute l'Europe sous des appellations diverses telles « nœud magique » ou « nœud d'amour ».

PIERRES TOMBALES
XIXe siècle
Grès
Cimetière 67070203

Le cimetière d'Asswiller recèle quelques pierres tombales aux formes singulières. Il s'agit des stèles funéraires de la famille Teutsch, dont un des descendants, Édouard, est devenu célèbre en protestant au Reichstag contre l'annexion de l'Alsace-Lorraine en 1871.

PIERRE TOMBALE
1860
Grès
Cimetière 67070204

Le pasteur réformé Charles Philippe Candidus a profondément marqué les esprits pendant le long exercice de ses fonctions (1821-1860). Ses colères et son ivrognerie étaient proverbiales dans toute la contrée ; ses collègues catholique, *Grünewald* et luthérien *Günther* pâtissaient indirectement de sa réputation, d'où le dicton local : « Candidus boit tout Jusqu'à la lie Grunewald lui dit : Alors, cela vient-il ? Quant à Günther : Cela pourrait venir plus vite. »

CHARLES AUGUSTE CANDIDUS
1817-1872
Collection particulière 67070216

Le pasteur Charles Auguste Candidus passe son enfance à Asswiller jusqu'à l'âge de 14, âge auquel il suit ses études à Strasbourg. Poète et ami des frères Stoeber, il publie en français et en allemand des études philosophiques et théologiques. Il est pasteur à Altwiller, à Nancy et à Odessa (Crimée) où il décède. Ses convictions politiques l'amènent à saluer le retour de l'Alsace à l'Allemagne unifiée en 1870.

MONUMENT AUX MORTS
XXe siècle
Grès 67070205

Implanté à côté de l'église, à l'emplacement de l'ancien cimetière, le monument aux morts est intégré dans l'espace religieux du village.

Baerendorf

Canton de Drulingen
Arrondissement de Saverne
Superficie : 736 ha
Population 1990 : 295 hab.
Habitants : les Baerendorfois

Origine du nom : probablement de l'anthroponyme germanique Bero et de l'allemand *Dorf*, village.

Blason : il représente le tilleul légendaire au centre du village, déraciné en 1849.
67070300

HISTORIQUE

Le village est cité dans une charte de l'abbaye de Wissembourg en 712 sous le nom de Parsonnevilla *mais est plus sûrement identifié par* Berunivillare. *L'abbaye de Graufthal est possessionnée dans le village, mais la plupart des droits reviennent aux seigneurs laïcs, majoritairement à partir du XIVe siècle aux Fénétrange-Brackenkopf. C'est à la même époque que les comtes de Sarrewerden perdent leurs biens à Baerendorf, pour des raisons inconnues. Si le domaine appartient aux rhingraves vers 1489, la Réforme n'est cependant pas introduite dans cette partie de leurs territoires. Le village est intégré au duché de Lorraine puis, au royaume de France en 1766 et pour peu de temps, puisqu'il est échangé contre celui de Carling, situé entre Saint-Avold et Sarrelouis, et incorporé au comté de Nassau-Sarrebruck vers 1768-1769.*

ENCADREMENT DE FENÊTRE
XVIIe-XVIIIe siècle
Bois
1, rue de Kirrberg *67070306*
Quand les maisons sont construites aux XVIIIe-XIXe siècles, des parties de l'ancienne demeure sont

fréquemment réutilisées. C'est ainsi que les linteaux des portes donnant sur la cour ou sur le jardin mentionnent des datations antérieures à la date de construction indiquée sur le côté rue. Les encadrements en bois pour les fenêtre sont rares dans ces villages.

CHAPELLE DE LA SAINTE FAMILLE
1707 *67070301*
Des travaux de réfection ont permis de mettre au jour sur l'édifice la date de 1707. Toutefois, la structure semble indiquer une chapelle initialement plus petite. La chapelle était à l'origine dédiée à la Sainte Famille avant de devenir un lieu de pèlerinage très populaire jusqu'à la Seconde Guerre mondiale.

CALVAIRE
XVIIIe siècle
Grès *67070308*
La base de ce crucifix représente une coquille Saint-Jacques, motif courant au XVIIIe siècle. Le fût comporte en haut relief deux tibias entrecroisés et un crâne d'Adam dont la particularité est de ne pas être tourné vers la route mais vers le village. Il subsiste quatorze croix sur le ban de la commune. Elles ont toutes été restaurées à la fin du XXe siècle et sont toutes des crucifix.

CALVAIRE
1747
Grès *67070310*
Ce crucifix à rinceaux de feuilles d'acanthe se trouvait autrefois à l'entrée du village. Il a été épargné par les guerres, malgré sa localisation sur le champ de tir des Américains lors de la Libération en 1944.

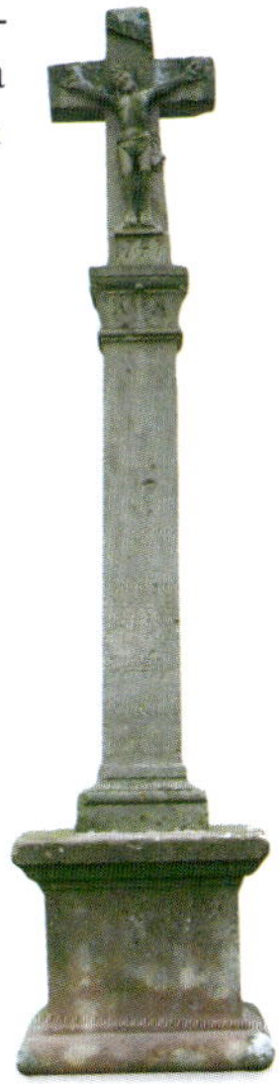

ÉGLISE
1774-1777-1838-1955
67070302

L'église paroissiale de Baerendorf a vraisemblablement été reconstruite à la suite de l'échange entre la France et Nassau-Sarrebruck, dans la veine des églises Stengel. L'édifice est agrandi en 1838 et transformé en 1955.

LAVOIR
Fin du XVIIIe-XXe siècle
Grès et calcaire *67070314*

Le lavoir est attesté sur un plan de 1793, mais a été aménagé dans sa structure actuelle en 1854. Une fontaine principale rassemble les sources dans un réceptacle carré en grès avant de distribuer son trop-plein d'eau vers deux bacs situés de part et d'autre. Des dalles de grès sont disposées en travers de ceux-ci et servent d'appui aux travaux de lavage. Des bancs de grès sont disposés derrière les bacs et reçoivent les corbeilles de linge. Le pavage est réalisé au moyen de pavés de calcaire. Après la Seconde Guerre mondiale, une nouvelle couche de pavés est disposée sans que l'ancienne soit enlevée. Cette surélévation a cependant été décriée par les ménagères, contraintes de se baisser plus bas que par le passé.

CROIX
Début du XIXe siècle
Grès et fonte
Presbytère *67070304*

Cette croix commémorative a été dressée en souvenir du prêtre réfractaire qui, sous la Révolution française, refusa de prêter serment et émigra avant de revenir dans sa paroisse et d'y mourir.

GROTTE DE LOURDES
1847
Calcaire
Route de Drulingen *67070303*

Cette grotte de lourdes est l'unique réalisation du canton de Drulingen, considéré comme le plus protestant de France, avec celui de Weyer. La grotte de Lourdes a aussi accueilli le monument aux morts de la commune sous la forme d'une plaque de marbre gravée. Dix victimes civiles des combats de la Libération y sont mentionnées, de même que douze « malgré-nous » qui ne revinrent pas des fronts de l'Est.

FONTAINE
Vers 1850
Grès
Rue Principale *67070313*

Quand les canalisations du village sont revues, vers 1850, il est question de doter les villages de fontaines dont la fonction serait représentative ou décorative et non plus seulement utilitaire. Cette fontaine, décorée d'un haut-relief, représentant une cruche, est le témoignage de cette recherche.

TAS DE FUMIER
XXe siècle
26, rue de Hischland
67070311

Les tas de fumier, situés devant le logis, jadis marque distinctive de l'Alsace bossue et objet de quolibets de la part des Alsaciens de la plaine, tendent à disparaître. Ils sont fréquemment conservés avec leur dallage vertical en grès, mais le fumier a fait place à un gazon et à un arrangement floral.

Berg

Canton de Drulingen
Arrondissement de Saverne
Superficie : 772 ha
Population 1990 : 431 hab.
Habitants : les Bergeois
Cours d'eau : le Mukgraben

Origine du nom : du germanique *Berg*, montagne

Blason : les copeaux représentent une montagne.
67070400

HISTORIQUE

Berg apparaît en 716 dans une charte de donation de Wissembourg sous l'appellation Villa Monte. *Le village est propriété de l'évêché de Metz et de l'abbaye de Wissembourg au cours des VIIIe et IXe siècles. Plus tard, d'autres établissements religieux comme l'abbaye de Neuwiller, de Saint-Étienne de Hombourg, près de Saint-Avold, et de Saint-Blaise de Sarrewerden détiennent des terres sur le village. À partir du XIIIe siècle, les comtes de Sarrewerden prennent la succession de ces propriétaires ecclésiastiques, et le village est intégré au comté de Sarrewerden.*

MAISON DE BAILLI
1730
Grès
42, rue Principale *67070402*

La maison, restaurée dans la seconde moitié du XXe siècle, était à l'origine celle du bailli, représentant du seigneur dans les localités qui, à ce titre, centralisait tous les mécontentements de la population. C'est notamment le cas en 1722, quand le comté de Sarrewerden se révolte contre les exigences de ses maîtres et refuse de payer les impôts. La maison du bailli de Berg est construite dix ans plus tard. C'est le capitaine Jean Jacques Schweitzer, en fonction depuis 1706, qui en est le premier occupant.

PRESBYTÈRE
XVIIIe siècle
Rue du Presbytère
67070411

Dans le siècle qui voit la construction de ce presbytère, les pasteurs ont beaucoup de mal à maîtriser les mœurs de leurs paroissiens. La population rurale est en hausse avant la Révolution française, et à Berg un historien local, pasteur de surcroît, s'est ingénié à calculer le pourcentage de naissances illégitimes ou survenues moins de neuf mois après le mariage. Il obtient ainsi le taux de 38,5 % dans la paroisse de Berg.

ÉGLISE SAINT-JEAN-BAPTISTE
VIIIe-XIVe-XVe siècles
Colline de Kirchberg *67070405*

Cette église, l'une des plus anciennes d'Alsace, est fondée par le chef franc Chrodoin et donnée à l'abbaye de Wissembourg en 716. L'originalité de l'édifice réside dans la tour romane de plan circulaire. Le chœur gothique est daté du XIVe-XVe siècle. Dédiée originellement à saint Martin, elle est consacrée à Jean Baptiste après la Réforme. La nef est détruite en 1893 afin de construire la nouvelle église catholique de Thal. Après 1918, le Kirchberg est devenu un lieu de pèlerinage dédié à saint Wendelin. Pendant la Seconde Guerre mondiale, ce qui restait de l'église est détruit, ce qui entraîne son déclassement en tant que monument historique en 1952. L'édifice a depuis été restauré.
(Cl. M. H. 1904 et 1930)

TEMPLE

1771

Architecte : Friedrich-Joachim Stengel

Grès 67070406

À la suite à de longues négociations entre Guillaume Henri de Nassau-Usingen-Sarrebruck et Louis XV, il est décidé en 1766 de construire dans six communes une église supplémentaire afin de permettre l'exercice séparé des cultes protestant et catholique. Les catholiques choisissent de conserver l'ancienne église, celle du Kirchberg. L'architecte Friedrich-Joachim Stengel établit ou inspire le plan rectangulaire du nouveau sanctuaire, qui fait l'impasse sur les traditionnels chœurs d'église inutiles à la liturgie protestante. Côté cour, un clocher médian à bulbe surmonte le vaisseau unique.

PIERRE TOMBALE

1850

Grès

Enclos du temple 67070401

Cette pierre tombale a été conservée à son emplacement d'origine malgré le transfert du cimetière à l'arrière de l'église protestante. L'intérêt ne réside pas tant dans l'architecture de la pierre sculptée, de facture classique, mais dans l'inscription gothique disposée sur les quatre côtés. L'épitaphe allemande, « *Als Jüngling schloss ich meine Bahn ein Messerstich ist schuld daran* » qui peut se traduire par « Un coup de couteau fut cause que tôt ma vie cessa... », est sans doute le fait du père de ce jeune homme assassiné par l'instituteur du village.

APPENTIS DE MARÉCHAL-FERRANT

XIXe siècle

Bois et fer forgé

Rue Principale 67070404

Au milieu du village se trouvait l'atelier du maréchal-ferrant. De cette activité qui réunissait traditionnellement les villageois, surtout en hiver, subsiste cette construction destinée à immobiliser les chevaux. La barre de fer servait à recevoir la jambe de l'animal afin d'y fixer les fers.

INSCRIPTION SUR IMPOSTE

1846

Grès

41, rue Principale 67070409

Les maisons étaient parfois pourvues d'inscriptions plus ou moins originales. L'imposte de l'encadrement de cette porte comporte une rime courante dans la région : « *Dies Haus ist mein Und doch nicht mein Wer nach mir kommt Bleibt auch nicht drein* », soit « Cette maison est mienne Et elle ne l'est pas Celui qui viendra après moi Aussi n'y restera pas ».

FONTAINE-ABREUVOIR

1885

Grès

Rue Principale 67070403

Les fontaines-abreuvoirs étaient considérablement plus présentes dans le paysage villageois avant l'élargissement de la route et la construction de trottoirs. Cette fontaine est dotée de deux auges.

Bettwiller

Canton de Drulingen
Arrondissement de Saverne
Superficie : 406 ha
Population 1990 : 347 hab.
Habitants : les Bettwillerois

Origine du nom : de l'anthroponyme germanique Betto ou Bedo et du latin *villa*, ferme.

Blason : il représente le soc et le tranchant d'une charrue, symbolisant l'activité de laboureur des villageois.
67070500

HISTORIQUE

Le territoire de Bettwiller est occupé dès l'époque gallo-romaine, ainsi qu'en témoigne la mise au jour d'un cadran solaire, déposé au Musée archéologique de Strasbourg, dont les quatre faces sont sculptées d'Apollon, de Mercure et de deux figures féminines. Dans les chartes de l'abbaye de Wissembourg est mentionnée en 713 l'une de ses possessions, celle de Marca Bettune *en 713. Le village passe dans le patrimoine de l'abbaye du Graufthal avant de devenir à la fin du XIII*[e] *siècle propriété des seigneurs d'Ettendorf. À la fin du Moyen Âge, une moitié du village revient aux seigneurs de Heringen, part acquise en 1559 par le comte de Lützelstein ; l'autre moitié est donnée en fief aux Lutzelbourg par l'évêque de Strasbourg. Au XVIII*[e] *siècle, Bettwiller passe intégralement au comté de Lützelstein.*

CLOCHE
XVIIIe *siècle*
Fondeur : Edel
Préau d'école *67070510*

Cette cloche, issue des ateliers du fondeur Edel de Strasbourg, date peut-être de 1732 et provient sans doute de l'ancien clocher abattu au début du XXe siècle.

TOMBE D'ENFANT
Fin du XIXe*-début du XX*[e] *siècle*
Fer forgé et tôle
Cimetière *67070505*

Les forgerons des villages étaient parfois sollicités pour réaliser des croix funéraires en fer forgé. Seul élément de ce type identifié sur le canton de Drulingen, cette œuvre est constituée d'un demi-arc de cercle, reliquat d'une toiture en tôle qui surmontait les stèles funéraires. Il semble que de telles constructions concernaient surtout les tombes d'enfants.

TEMPLE
1914
Grès *67070502*

Le chevet de l'église reconstruite en 1914 conserve quelques éléments du sanctuaire précédent, notamment un sommet d'ogive gothique sur le fronton ainsi qu'une porte Renaissance et baroque.

TOMBE DE LÉGIONNAIRE
1960
Marbre
Cimetière *67070508*

Le cimetière communal de Bettwiller abrite la tombe d'un soldat de la Légion étrangère tué pendant les guerres coloniales en 1960. Une inscription poétique en allemand prend appui sur le décor, constitué d'un chêne coupé dont les feuilles parsèment le sommet de la stèle funéraire.

Burbach

Canton de Drulingen
Arrondissement de Saverne
Superficie : 634 ha
Population 1990 : 289 hab.
Habitants : les Burbachois

Origine du nom : non élucidée.

Blason : il représente le vieux tilleul du village.
67070600

HISTORIQUE

C'est en 1269 que Burbach est mentionné pour la première fois. Les comtes de Sarrewerden détiennent vraisemblablement à partir de 1329 la plupart des droits sur le village. La collégiale de Sarrewerden y est également, dans une moindre mesure, possessionnée. Abandonné comme beaucoup d'autres au cours du XVe siècle, le territoire de Burbach est recolonisé en 1559 par des protestants, et le bourg devient l'un des villages « welsches » de l'Alsace bossue. Le culte catholique ne disparaît pas tout à fait pour autant, une chapelle dédiée à Marie étant attestée dans un lieu isolé en 1630. Après le traité de Ryswick de 1697, le roi de France étant protecteur des catholiques du comté de Sarrewerden, Burbach est érigé en paroisse, avec les extensions de Berg et de Thal. En 1793, comme le reste du comté de Sarrewerden, Burbach est intégré au territoire français.

LINTEAU
1610
Grès
51, rue Principale 67070606
Ce linteau est postérieur d'environ soixante ans à l'arrivée des huguenots dans le comté de Sarrewerden, alors entièrement germanophone. Les réfugiés, au contraire, sont pour la plupart francophones, comme en témoignent les patronymes inscrits sur les linteaux de leurs demeures.

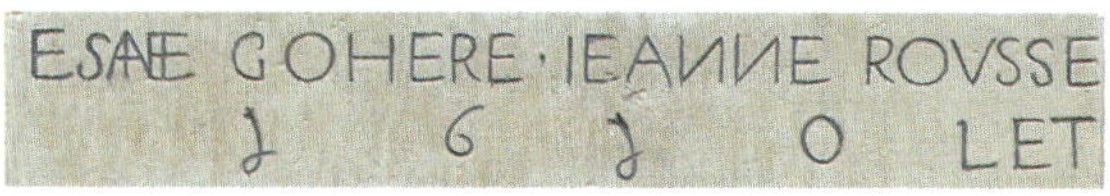

TEMPLE
1690 67070601
L'église que les huguenots avaient construite après leur arrivée en 1559 est détruite pendant la guerre de Trente Ans (1618-1648). Il faut attendre 1670 pour que les fidèles se remettent à l'ouvrage, après que le village a repeuplé. Le répit est cependant de courte durée puisque les troupes de Louis XIV détruisent le nouveau sanctuaire en 1686. Étant donné que l'ensemble du village prétend être converti au catholicisme, les autorités françaises font reconstruire l'église vers 1690.

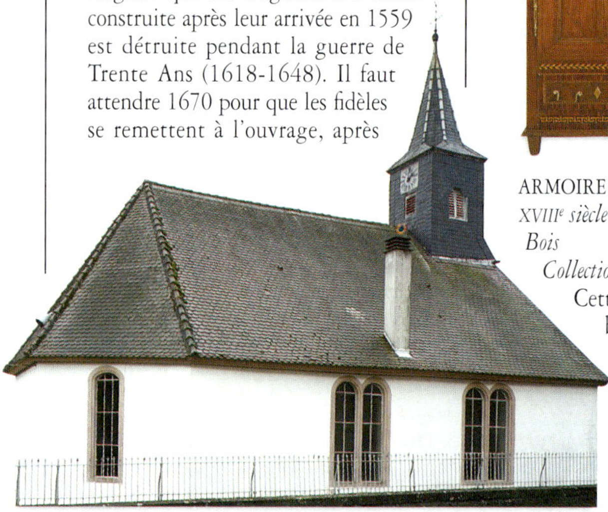

INSIGNE DE VIGNERON
1716
36, rue Principale 67070605
Les huguenots venus des rives de la Moselle mais aussi de Bourgogne apportent leur savoir-faire de vigneron et développent une activité dont quelques vignes témoignent encore. Les ouvertures cintrées de cave ont une largeur unique dans la région, en raison de la nécessité d'y faire entrer les tonneaux de vin.

ARMOIRE
XVIIIe siècle
Bois
Collection particulière 67070610
Cette armoire à linge de style bourgeois, caractérisée par la finesse du décor de marqueterie, est probablement une armoire de mariage et est composée de sept essences différentes de bois.

PORTE
1802
Grès et bois
23, rue Principale 67070604
Cet ensemble rare regroupant l'encadrement et sa porte d'origine est marqué par un souci manifeste de dépouillement puisque les pieds-droits ne sont pas décorés, et que le linteau ne comporte qu'un cœur et deux roues solaires, symboles de prospérité. La fenêtre sur imposte est destinée à éclairer le couloir du logis. La porte a conservé le style du XVIIIe siècle, de même que sa serrurerie d'origine.

Bust

Canton de Drulingen
Arrondissement de Saverne
Superficie : 670 ha
Population 1990 : 429 hab.
Habitants : les Bustiens
ou les Bustois

CIMETIÈRE
1879
Grès et granit 67070603
Le cimetière de Burbach est déplacé du cœur du village en 1879. Lors d'un réaménagement postérieur, on a pris la précaution d'aligner contre le mur les pierres tombales en déshérence. Des poésies populaires évoquent parfois les circonstances d'un drame, telle celle-ci : « *Einst ging ich aus die Feindeskugel traf mich draus beim Elternhaus Vater und Mutter auf wiedersehen* », qui peut se traduire de la façon suivante : « Un jour que je sortis Me frappa la balle ennemie Devant la maison paternelle Père et mère Au revoir ».

GRAVURE
Début du XXe siècle
Collection particulière 67070612
Ce souvenir du service militaire est une gravure colorée que les soldats personnalisent en collant leur portrait sur les emplacements réservés à cet effet.

Origine du nom : non élucidée.

Blason : il rappelle les armes des anciens propriétaires du village, les seigneurs de Fénétrange.
67070700

HISTORIQUE

L'abbaye de Graufthal, le comte de Lützelstein et surtout les Fénétrange-Brackenkopf et Fénétrange-Schwanhals possèdent des terres sur le domaine de Bischeit, qui n'apparaît qu'au XIVe siècle. L'avènement de la Réforme entraîne une partition religieuse du village, les terres dépendant des Brackenkopf demeurant de confession catholique tandis que celles qui relèvent des rhingraves adoptent la religion protestante. En 1664, Bust devient terre lorraine avant de revenir temporairement à la France en 1766. En effet, la même année Louis XV et le prince de Nassau-Sarrebruck s'accordent sur une modification des frontières de leurs royaumes respectifs, et Bust est intégré au comté de Nassau-Sarrebruck avant de revenir définitivement dans le camp français en 1793. Au XXe siècle, les activités de la commune se répartissent entre la polyculture herbagère et céréalière, l'exploitation des carrières de grès et la scierie.

BORNE
1768
Grès 67070713
Cette borne datée a été placée après la cession du village de Bust par le roi de France au prince de Nassau-Sarrebruck, en 1766.

MAISON
1834
32, rue de Siewiller 67070709
Cette façade est caractéristique des maisons de village des Vosges du Nord par l'emploi de cartouches de crépi piquées. Ce type de crépi aurait été introduit dans la région par des ouvriers tyroliens travaillant dans les carrières. Les dépendances sont placées à l'arrière du logis, auquel on accède par des escaliers réalisés en pleine pierre.

MAISON DE MAÎTRE
1894
Grès
7, rue de Siewiller 67070703

Les carrières de grès de Bust fournissent une matière première utilisée sur place pour la construction des maisons de maître entre la fin du XIXe et le début du XXe siècle. Celle-ci est élevée dans un style néoclassique urbain.

PANNEAU DE LA GARE DE BUST
1903
Métal
Rue de la Gare 67070708
En 1903, la petite ligne à voie étroite de l'Eselbahn doit relier Drulingen à Phalsbourg. Cette opportunité est saisie par les carrières de Bust, qui deviennent fournisseurs des maîtres d'ouvrage strasbourgeois. Le palais universitaire de Strasbourg a ainsi été construit avec le grès de Bust.

TEMPLE
1911
Grès 67070714
L'ancien sanctuaire baroque, datant de 1761, a été démoli lors de l'érection du nouveau temple en 1911, à l'initiative du jeune pasteur de l'époque, Charles Maurer (1874-1950). Le style historisant de l'église n'est pas sans rappeler les façades Renaissance à volutes de la région rhénane.

LUTHER
1911
Vitrail
Temple 67070711
Le canton de Drulingen compte le plus grand nombre de luthériens de France. La Réforme est introduite à Bust en 1556. Ce vitrail est contemporain d'une recommandation du directoire de l'Église de la confession d'Augsbourg de placer le portrait de Luther dans les églises et les salles d'école.

Diemeringen

Canton de Drulingen
Arrondissement de Saverne
Superficie : 904 ha
Population 1990 : 1 550 hab.
Habitants : les Diemeringeois
Cours d'eau : l'Eichel

Origine du nom : probablement de l'anthroponyme germanique Theudemar, et du suffixe germanique *ing*.

Blason : ce sont les armes de la famille de Diemeringen, éteinte au XVe siècle.
67070800

HISTORIQUE

Les fondations d'un mausolée daté du IIe siècle attestent une occupation humaine du territoire de la commune dès l'époque gallo-romaine. La cité de Dymringen n'est mentionnée qu'à partir de 1275 ; elle obtient dès 1289 privilèges et franchises du seigneur de Fénétrange-Brackenkopf et occupe probablement la place de capitale de l'Eichelgau, partie du Saargau administrée aux XIIe-XIIIe siècles par les dynasties de Sarrebrück-Deux-Ponts. La seigneurie de Diemeringen est alors constitué, notamment des villages de Voellerdingen, de Butten, perdus en 1422, de Ratzwiller et de Dehlingen. En 1467, les Moers-Sarrewerden et les Neufchatel-Montagu héritent des biens de Jean de Fénétrange-Schwanhals, seigneur de Dieneringen. Quelques années plus tard, en 1491, les rhingraves entrent en possession d'une moitié de la seigneurie et en rachètent l'autre moitié. En 1520, les rhingraves de la branche cadette des Kyrburg en héritent et y introduisent la Réforme en 1565. L'agglomération subit les dommages de la guerre de Trente Ans (1618-1648) avant d'être détruite en 1677 par les troupes de Turenne. Au cours du XVIIIe siècle, la seigneurie est partagée entre cinq puis quatre branches héritières ; elle est par la suite annexée par la Convention nationale en 1793, état de fait confirmé par le traité de Lunéville de 1801. Situé dans le parc régional des Vosges du Nord, Diemeringen est connu pour son activité potière.

TOUR DE MUR D'ENCEINTE
XIIe-XIIIe siècle
Pierre
Rue de la Gare 67070807

Cette tour est l'un des vestiges des anciennes fortifications de la ville peut-être érigées au cours des XIIe-XIIIe siècles et détruites en 1677 par les troupes de Turenne. Il s'agit d'une des treize tours de cet ensemble défensif.

VESTIGES DE CHÂTEAU
Fin XVIIe-XVIIIe siècles
Pierre
Impasse du Château 67070808

Le château médiéval, tout comme les fortifications et les treize tours de la cité, est détruit par les troupes de Turenne en 1677. À la mort du rhingrave Othon-Louis dit Jean X, en 1688, la seigneurie de Diemeringen devient propriété viagère de sa veuve, qui choisit de s'établir dans la ville. À cette fin, elle fait construire une résidence où elle demeure jusqu'à sa mort en 1718. La première mention du château est de 1275, tandis que sa démolition et sa transformation en ferme remontent probablement aux environs de 1900.

MAISON SEIGNEURIALE
1730-1758
5, rue des Remparts
67070809

Cette demeure est construite par les rhingraves de Dhaum et transformée en presbytère pour le pasteur protestant. Elle possède une porte dont l'encadrement est réalisé en grès. Le pasteur Ringel, qui occupe les lieux au milieu du XIXe siècle, se plaint de l'humidité des lieux, sans doute due à la présence des anciens fossés des remparts. Un nouveau presbytère est construit en 1899.

ENCADREMENT DE PORTE
XVIIIe siècle
Grès
Quai de l'Eichel 67070811

La tête de bœuf accompagnée d'un couperet qui domine le linteau de porte d'une boucherie de Diemeringen atteste la continuité de cette activité dans ce même lieu depuis 1727.

ENCADREMENT DE PORTE
1746
Grès
5, rue du Vin 67070822

Cette porte de logis et son encadrement sculpté témoignent de l'aisance du propriétaire, membre de l'importante communauté juive attestée à Diemeringen depuis le XVIIIe siècle. Les postes de douane sont à cette époque fréquents dans la région, en raison de nombreuses principautés enclavées, et le voyageur juif doit à son passage s'acquitter d'une taxe appelée *Weggeld*. Il était taxé au même titre que les marchandises et les animaux.

TEMPLE
1757-1769
Grès des Vosges 67070802

Le sanctuaire protestant est construit sur l'emplacement de l'ancienne *Stadt Kirche* de la ville, qui semble avoir été abandonnée au cours du XVIIIe siècle. La nouvelle église est bâtie durant la grande période de construction des églises de Friedrich-Joachim Stengel, et il est vraisemblable que l'édifice ait été exécuté sous son égide et sous la direction du maître d'ouvrage Charles Abraham Dodel.

TABLEAUX
1770
Huile sur bois
Temple 67070826

Après la découverte dans la seconde moitié du XXe siècle de ces peintures polychromes, des recherches ont permis de restituer ces œuvres dans leur contexte politique et culturel. Les rhingraves avaient l'essentiel de leurs possessions au nord de l'ancien Westrich, territoire culturel de référence de la région. Un style de décoration d'église qu'on appelle « baroque populaire » s'est répandu dans ces contrées, et il semble que les peintures polychromes relèvent de la même école.

CIMETIÈRE JUIF
Vers 1770-1892
Grès
Route de Ratzwiller
67070805

Le cimetière juif de Diemeringen était situé en dehors des murailles de la ville. Il abrite notamment une stèle funéraire que les élèves reconnaissants érigèrent à leur maître d'école Léopold Bloch en 1885.

MUR D'ENCEINTE (détail)
Moyen Âge-1892
Grès
Cimetière juif 67070806

Le cimetière initial avait la particularité de posséder une *Toten-Kirche*, église des défunts, attestée depuis le Moyen Âge. Elle est restaurée au temps des réunions de Louis XIV par l'intendant de La Goupillière en 1687 et affectée au culte catholique. Le mur d'enceinte du cimetière de 1892 conserve la clef de voûte de cette église gothique sans doute détruite au XIXe siècle, ainsi qu'un élément des anciennes fortifications de la ville.

MOULIN
1789-1867 67070818

Le moulin comprend vers 1834 un pilon à plâtre et un égrugeoir de chanvre. Vers 1850, un pressoir à huile y est exploité, et vers 1914 on y fait fonctionner « une sorte de laminoir » et une scierie. À l'arrière du bâtiment se trouve un édifice en brique où l'inventeur du gazogène, Georges Imbert, exploite vers 1920 une usine à fabrication de savons. Une teinturerie y a probablement également été installée. La grange située en face du moulin est datée de 1867.

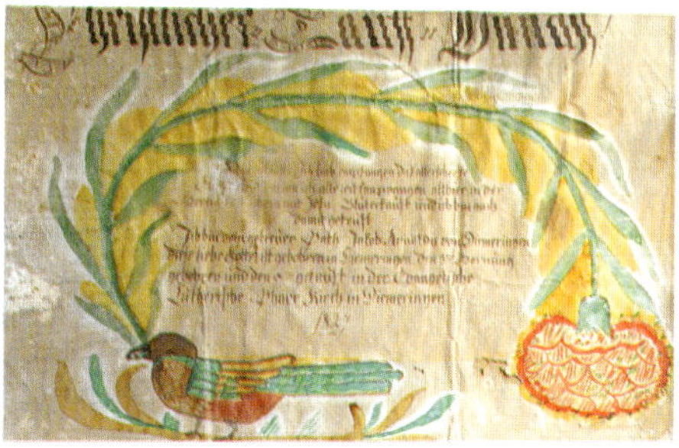

GOETTELBRIEFE
1827
Peintre : Jean Georges Griesbächer
Collection particulière *67070828*
Ce souhait de baptême donné par la *Göttel*, marraine, est l'œuvre de Jean Georges Griesbächer, peintre d'art populaire de la commune, dont la maison existe toujours rue du Vin.

BETTSTEIN
XIXe siècle
Céramique
Collection particulière *67070830*
Dénommée littéralement « pierre de lit », cet objet en céramique fabriqué par les artisans potiers de Diemeringen servait à réchauffer les lits.

LINTEAU
1831
Grès
9, rue des Potiers *67070823*
Il est vraisemblable que l'habitant de cette maison, dont le linteau est sculpté de ciseaux, était tailleur, mais d'autres métiers apparentés sont évoqués dans les archives de Diemeringen, notamment celui de *Hosenstricker* ou tricoteur de pantalon et de *Strumpfstricker*, tricoteur de chausses.

ÉCOLE JUIVE
Vers 1860
Grès
Rue du Vin *67070814*

L'école juive abrite, outre le *miqvé*, bain rituel où les femmes juives devaient laver leur corps des impuretés, le logement du maître à l'étage et la salle de classe au rez-de-chaussée. Lors de la construction de l'école, la communauté juive de Diemeringen connaissait son apogée avec une population de 136 habitants. Alors que celle-ci tombe à trois ou quatre familles dans les années 1970, l'école a servi d'oratoire en lieu et place de la synagogue, qu'elle jouxte.

SYNAGOGUE (détail)
1867-1868-1906
Architecte : Louis Furst
Grès des Vosges
Rue du Vin *67070803*
Une synagogue a probablement existé dès le XVIIIe siècle à Diemeringen mais a été détruite. Les cultes étaient alors organisés chez des particuliers. La synagogue construite dans la seconde moitié du XIXe siècle, restaurée en 1906, est endommagée au cours de la Seconde Guerre mondiale et temporairement utilisée comme lazaret en 1945. Elle est rendue au culte en 1947.

GARE
1895
Grès
Rue de la Gare *67070815*
La ligne de chemin de fer Strasbourg - Sarreguemines, vitale pour la vallée de l'Eichel, est inaugurée en 1895. Elle est complétée en 1913 par un tronçon Diemeringen - Drulingen qui permet de rejoindre Reding près de Sarrebourg et Phalsbourg par la Eselsbahn.

ORIEL

1920 67070817

À Sarre-Union et à Lixheim les oriels Renaissance sont nombreux. Aucun élément aussi ancien ne subsiste à Diemeringen, mais une mode de l'oriel émerge dans la région au cours des années 1930 à 1950 non seulement à Diemeringen, mais aussi dans les villages voisins de Mackwiller et de Waldhambach.

GRANDE POTERIE D'ALSACE

1922 67070833

Créé en 1922, cet établissement prolonge en l'industrialisant l'artisanat traditionnel de poterie de la commune ; en effet, en 1890, Diemeringen comptait onze poteries. La grande poterie d'Alsace produisait surtout de la poterie horticole (pots de fleurs). Les petites poteries artisanales fabriquaient tous les objets en céramique nécessaires à la vie quotidienne, tels les terrines, les moules ou encore les plats.

ÉGLISE CATHOLIQUE

1960

Architecte : Lavandier

Herrengarten 67070801

Les catholiques de Diemeringen allaient traditionnellement à la messe de Lorentzen, village voisin. En raison des migrations professionnelles et matrimoniales, le nombre de catholiques a atteint la centaine vers 1960, et le besoin de construire un lieu de culte pour cette communauté s'est fait sentir. L'église catholique est bénie en 1960 et consacrée en 1962. L'église de Lorentzen, quant à elle, a été désacralisée vers la même époque.

Drulingen

Canton de Drulingen
Arrondissement de Saverne
Superficie : 449 ha
Population 1990 : 1 472 hab.
Habitants : les Drulingeois
Cours d'eau : l'Isch

Origine du nom : probablement de l'anthroponyme germanique Trullo et du suffixe germanique *ing*.

Blason : ce sont les armes de l'ancien comté de Sarrewerden auxquelles s'ajoute un écu avec une lettre d'or après l'annexion de l'Alsace par l'Allemagne.
67070900

HISTORIQUE

La charte de 713 de l'abbaye de Wissembourg évoque les possessions du monastère sur le domaine de Ductegiso Marca. *D'autres établissements religieux, telles l'abbaye palatine de Werswiller et la fondation Saint-Blaise de Sarrewerden, y détiennent également des terres. En 1322, le village appartient déjà au comté de Sarrewerden, mais la dîme ne sera due aux princes de Nassau-Sarrebruck, héritiers du comté, qu'à partir de 1774. Jusqu'à cette date, ce sont les seigneurs d'Asswiller qui possèdent ce droit. À la suite de l'intégration de la commune au territoire français, Drulingen devient, en 1793, chef-lieu de canton.*

MAISON NEES

XVIe-XVIIIe siècles

Pan de bois

8, rue du Général-Leclerc 67070905

Cette maison à encorbellement est atypique pour les constructions de l'Alsace bossue, car elle est construite en pans de bois. Elle a appartenu à la famille Nees, d'où son nom.

TEMPLE
1790-1864
Architecte : Balthazar Wilhelm Stengel
67070902

L'église de la paroisse menace ruine au XVIIIe siècle. Une reconstruction de la nef est décidée, étant donné que le clocher est encore en bon état. Le fils de l'architecte, Stengel, des princes de Nassau préside à la nouvelle construction, qui est inaugurée en pleine Révolution française. En 1861, le clocher doit finalement être démoli ; il est reconstruit en 1864. L'église est endommagée par des tirs d'obus en novembre 1944. Lors de sa rénovation, la décoration intérieure des murs, constituée de versets bibliques et de motifs floraux de style Art nouveau, est recouverte.

ANCIEN TRIBUNAL CANTONAL
1802
Grès *67070908*

Quand le village de Drulingen devient chef-lieu de canton, il lui est nécessaire de s'équiper des infrastructures adéquates. Le bâtiment construit en 1802 fait alors office de mairie, d'école, de logement du maître, de poste de police et de salle de justice. Le bâtiment actuel est réaménagé en 1882 en tribunal de première instance.

ÉGLISE SAINT-MICHEL
1865-1961
Route de Weyer *67070901*

À la suite de la convention passée entre Louis XV et le prince Guillaume-Henri de Nassau, le simultaneum est conservé à Drulingen. La paroisse catholique est annexée en 1791 à Weyer et à Siewiller. Afin de maintenir le droit d'utilisation de l'église de Drulingen, les catholiques célèbrent quatre fois par an le service divin. Il faut attendre 1865 pour que soit entreprise l'élévation d'une petite chapelle dédiée à saint Michel, patron de l'ancienne église. Ce sanctuaire subit quelques transformations au début des années 1960.

ENCADREMENT DE PORTE
1816-1818
Grès
39, rue du Général-Leclerc *67070904*

Cette maison bourgeoise et ses dépendances ont été construites à l'initiative du juge de paix et « conseiller général de la municipalité du canton de Drulingen » Christian Teutsch et par son gendre Jean Schmidt. Les monogrammes entrelacés sur le fronton du portail d'entrée signent leur entreprise commune. Un pigeonnier témoigne de la volonté des notables établis par la Révolution de reproduire les privilèges de l'Ancien Régime puisque la tenue d'un pigeonnier était traditionnellement réservée aux seigneurs. *(I. M. H. 1987)*

PORTAIL DU CIMETIÈRE
1876
Grès
Rue du Général-Leclerc *67070907*

Le cimetière de la commune était à l'origine situé dans l'enclos de l'église. Quand celle-ci est reconstruite, en 1790, il est déplacé rue du Professeur-Froehlich, au centre du village. Le nouvel emplacement s'avère rapidement trop petit, et il faut envisager la construction d'un cimetière plus grand. Celui-ci, avec son portail imposant symbolisant le passage de la vie à la mort, date de 1876. Un nouvel agrandissement a lieu en 1924.

MONUMENT AUX MORTS
Granit
Cimetière *67070903*

Le monument aux morts de Drulingen témoigne d'une particularité alsacienne et lorraine : les morts de la Seconde Guerre mondiale sont plus nombreux que ceux de la Première. Dans la France de l'intérieur, où les hommes n'ont pas été incorporés dans l'armée allemande, la proportion est généralement inverse.

CENTRALE BEURRIÈRE
1960
Route de Weyer *67070909*

La centrale beurrière a initialement pour vocation de fédérer les coopératives laitières locales afin de fabriquer des produits locaux et de les commercialiser. Le beurre de Drulingen est un produit apprécié et fait l'objet d'une exportation importante vers la Sarre. Les activités de la centrale beurrière cessent à la fin des années 1980.

Durstel

Canton de Drulingen
Arrondissement de Saverne
Superficie : 476 ha
Population 1990 : 434 hab.
Habitants : les Durstelois

Origine du nom : non élucidée.

Blason : ce sont des armes inspirées de celles de la seigneurie de La Petite-Pierre.
67071000

HISTORIQUE

Durstel apparaît pour la première fois en 718, sous le nom Turestodolus *et dans une charte de l'abbaye de Wissembourg. Le domaine appartient en 1120 à l'abbaye de Marmoutier, puis aux familles von Heringen et von Lützelbourg. En 1570, une nouvelle partition s'instaure, la majorité des droits revenant aux comtes de Lützelstein, et l'autre partie aux Vinstingen-Brackenkopf. Durstel relève de la prévôté de Bettwiller et est intégré à ce titre dans le royaume de France comme le reste du comté de La Petite-Pierre, en 1681.*

MAISON DE NOTABLE
XVIIIe-XIXe siècles
16, rue de Diemeringen *67071007*

Cette maison de notable a été construite avec le grès bigarré de la région. L'accès s'y fait par un escalier double couvrant l'entrée de la cave.

BANC
XIXe siècle
Grès
Rue Principale 67071005
Quelques bancs de maison subsistent en Alsace bossue et constituent les vestiges d'une époque où *l'allmend*, c'est-à-dire l'usoir devant le logis, était un lieu de convivialité villageoise.

TEMPLE
1846-1849 67071001
Avant la Réforme, le village constitue une paroisse autonome. Après l'introduction de la doctrine luthérienne, les catholiques se rendent à Tieffenbach. La nef est complètement reconstruite en 1846, alors que des éléments de l'ancien chœur gothique ont été remployés pour le clocher.

MAISON JACQUILLARD
Milieu du XIXe siècle
Grès des Vosges
Steinbacherhof 67071002
À cet emplacement était installé le village de Steinbach, qui a disparu. Le site est ensuite exploité par les comtes de Lützelstein et converti en domaine. Celui-ci est vendu après la Révolution comme bien national. Une légende évoque les conditions rocambolesques de l'arrivée du huguenot Jacquillard dans la région.

FONTAINE
1892
Grès
3, rue de Diemeringen 67071006
Une légende rapporte que les paysans venaient avec leurs bêtes à la Saint-Sylvestre faire la queue devant la fontaine du village, la première eau de la nouvelle année étant réputée apporter la santé. Cette eau nouvelle était appelée la *Heilwog*.

Eschwiller

Canton de Drulingen
Arrondissement de Saverne
Superficie : 349 ha
Population 1999 : 183 hab.
Habitants : les Eschwillerois
Cours d'eau : le Rehbach et l'Isch

Origine du nom : signifie peut-être le hameau dans les frênes, ou proviendrait de l'anthroponyme germanique Asic et du latin *villa*, ferme.

Blason : ce sont des armes inspirées de celles de la famille d'Alben.
67071100

HISTORIQUE

La première mention du village, sous l'appellation Exwilre, remonte à 1346. Les terres dépendent notamment de la fondation Saint-Blaise de Sarrewerden, des Fénétrange-Schwanhals ou des comtes de Sarrewerden. Eschwiller est déserté vers la fin du XVe siècle avant d'être recolonisé, pendant l'occupation française survenue sous le règne de Louis XIV, par des catholiques. Quand le village retourne sous l'autorité des Nassau-Sarrebruck, le roi de France demeure leur protecteur. Eschwiller redevient territoire français, comme l'ensemble du comté de Sarrewerden, en 1793-1801.

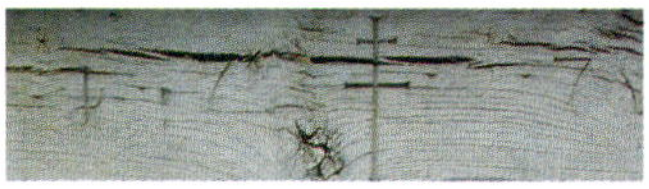

LINTEAU
1707
Bois
12, rue Principale 67071107
Comme dans le village catholique voisin de Baerendorf, il se trouve à Eschwiller plusieurs linteaux de porte de grange datant du XVIIIe siècle et portant une croix de Lorraine. Ce motif de décoration populaire connaît ainsi son avancée la plus orientale, exception faite du pays de Bitche, ancienne terre du duché de Lorraine.

PRESBYTÈRE
1771
76, rue Principale 67071116

Du fait des rivalités confessionnelles, les découpages de paroisses ont parfois créé des aberrations. C'est ainsi que le curé de la paroisse de Wolfskirchen habitait ce village où ne vivait qu'une famille catholique alors que ses paroissiens demeuraient à une heure de son domicile, à Eywiller. Il leur appartenait de surcroît de se déplacer à Wolfskirchen pour utiliser l'église des fidèles protestants. Cette situation perdure jusqu'en 1771, date à laquelle une église et un presbytère sont construits à Eschwiller, institué paroisse.

ÉGLISE
NOTRE-DAME-DE-L'ASSOMPTION
1772-1908-1910
Grès 67071101
L'église au portail baroque d'Eschwiller est construite dans la décennie au cours de laquelle F.-J. Stengel œuvre dans la région, et il est possible de supposer qu'elle porte sa signature. En 1908, un clocheton en bois est remplacé par une tour coiffée d'un clocher à bulbe. En 1910, l'intérieur de l'édifice est rénové.
(I. M. H. 1992)

ADORATION DES BERGERS
1948
Maître verrier : atelier Ott frères
Vitrail
Église Notre-Dame-de-l'Assomption
67071102
Les vitraux de l'église sortent de l'atelier Ott de Strasbourg. Ils évoquent diverses scènes bibliques, dont cet épisode du Nouveau Testament.

ENCADREMENT DE PORTE ET NICHE
1784
Grès
7, rue Principale 67071108
Les niches destinées à recevoir une statuette en décoration sont rares dans les villages de l'ancien comté de Sarrewerden, passé à la Réforme et, à ce titre, attaché à l'absence de représentation des figures saintes ou bibliques. Eschwiller est une exception étant donné son repeuplement par des Picards catholiques en 1690.

SCHOPF
XIXᵉ siècle
Bois
17, rue Principale 67071110
Cette construction est typique de la région de l'Alsace bossue. L'avancée en bois ouverte sur la rue est destinée à abriter les outils agricoles. Bien souvent, le *Schopf* est précédé d'un tas de fumier.

CALVAIRE
1816
Grès
Cimetière 67071103
Cette croix monumentale est précédée d'une pierre tombale. Cette stèle funéraire est celle d'un ecclésiastique, comme l'indiquent la

chasuble et le calice sculptés en relief. Il s'agit de la tombe d'Antoine Omer, qui occupe la fonction de curé à Eschwiller pendant trente-quatre années. L'abbé Michel Richard (1847-1877) est également inhumé à cet endroit. La croix fait aussi référence à plusieurs missions, dont les premières remontent à 1912. Ces missions duraient jusqu'à dix jours. Les missionnaires venaient de Drulingen, emmenés par un cortège de villageois en fête. Les paroissiens se déplaçaient trois fois par jour pour écouter les témoignages et se rendaient une fois par jour à la communion. Le pélican qui est taillé en relief sous la pierre rappelle le sacrifice du Christ.

CALVAIRE
1826-1944
Grès, marbre et fonte *67071105*
Les croix rurales ont souvent une fonction commémorative. Elles sont érigées par des particuliers afin de rendre grâce à Dieu. Celle-ci, placée à l'angle de la maison, comprend un texte gothique peu lisible et une plaquette de marbre qui fait référence aux combats de la fin 1944. La maison étant sortie indemne des bombardements, les propriétaires ont « actualisé » la croix de 1826.

Eywiller

Canton de Drulingen
Arrondissement de Saverne
Superficie : 482 ha
Population 1990 : 259 hab.
Habitants : les Eywillerois

Origine du nom : peut-être de l'anthroponyme germanique Aigo et du latin *villa*, ferme

Blason : il est inspiré des couleurs de la seigneurie de Nassau-Weilbourg.
67071200

HISTORIQUE

Au début du XVIe siècle, l'ensemble du village d'Eywiller est ravagé par un incendie. En 1559 débute une recolonisation des lieux par des protestants, comme pour les autres villages welsches *d'Alsace bossue. La population se reconstitue également après la guerre de Trente Ans, de façon mixte cette fois avec des habitants appartenant aux communautés catholique et protestante. Les catholiques doivent, pour suivre les offices, se rendre à Eschwiller. Le territoire d'Eywiller est alors principalement réparti entre le prieuré de Lixheim et les comtes de Sarrewerden avant d'échoir en 1745 aux Nassau-Weilbourg. Il est finalement intégré à celui de la République française en 1793.*

TEMPLE
1615-1712 *67071201*
Le temple d'Eywiller conserve un portail Renaissance à pointes de diamant. Probablement utilisé par les huguenots après leur arrivée dans le village, l'édifice est reconstruit en 1712.

LAVOIR
XIXe siècle
Pierre *67071212*
Ce lavoir comporte trois bacs distincts utilisés pour le trempage, le lavage et le rinçage ainsi qu'un système d'évacuation des eaux usagées.

ÉGLISE
1852 *67071203*
L'église catholique d'Eywiller a été reconstruite avec les matériaux de l'église Saint-Nicolas de Saverne. Sa façade ornée d'un Christ en croix est surmontée d'un clocher carré couvert d'ardoise.

MAIRIE-ÉCOLE

1860 *67071209*

Le volume occupé par le bâtiment qui regroupe la mairie et l'école ne s'explique pas seulement par ce regroupement, mais par le fait que les catholiques et les protestants avaient, sous un même toit, des écoles séparées. Quand, en 1924, le gouvernement du Cartel des gauches voulut introduire les lois laïques dans les régions recouvrées d'Alsace-Lorraine, le conseil municipal, fort de ses deux communautés religieuses, a repoussé ces mesures afin de conserver le caractère confessionnel de l'enseignement.

ENTRÉE DE LOGIS

XXe siècle

Grès *67071208*

La tradition des encadrements de porte en grès disparaît progressivement au lendemain de la Première Guerre mondiale. Cette entrée de villa comporte d'abord un escalier à

double rempart, traditionnel dans les Vosges du Nord tout en puisant dans un répertoire classique des années 1930 quant à l'agencement général.

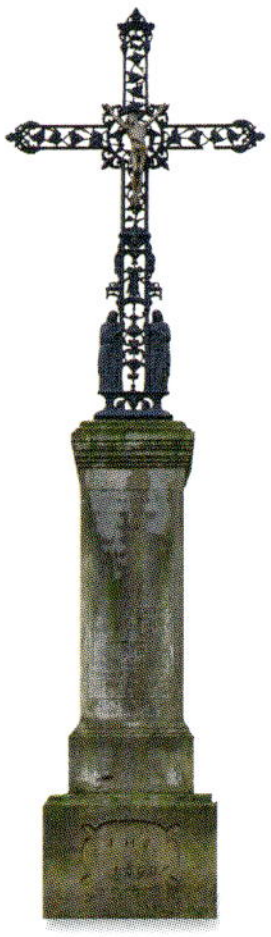

PORTAIL DU CIMETIÈRE

1899

Grès et fer forgé *67071205*

L'ancien cimetière, commun aux protestants et aux catholiques, se trouvait dans l'enclos de l'église protestante. Il accueillait notamment la pierre tombale d'un musicien ambulant, décédé en 1871, qui arborait les insignes de sa corporation, le violon et l'archet. Un portail à décor néo-gothique donne accès au nouveau cimetière construit en 1899.

CALVAIRE

1868

Grès et fonte *67071206*

Le calvaire, à la différence du crucifix, met en scène la passion du Christ notamment par la présence de personnages à la base de la croix. Ces calvaires sont en règle générale réalisés en grès. La combinaison de grès et de fonte représentée à Eywiller est moins courante.

ANCIENNE LAITERIE

1930 *67071210*

Ce bâtiment a été abandonné du fait de la modernisation de l'activité agricole. À l'image des lavoirs où se rencontraient les femmes, les laiteries étaient un lieu de communication et d'échange quotidien pour les hommes, qui y apportaient la traite du jour.

Gœrlingen

Canton de Drulingen
Arrondissement de Saverne
Superficie : 378 ha
Population 1999 : 206 hab.
Habitants : les Gœrlingeois
Cours d'eau : le Bruschbach

Origine du nom : probablement de l'anthroponyme germanique Gerlo et du suffixe germanique *ing*.

Blason : il évoque la culture principale de la commune.
67071300

HISTORIQUE

C'est sous le nom de Villa Gairoaldo *qu'est mentionné en 661 le domaine de Gœrlingen, qui appartient dans un premier temps à l'abbaye de Wissembourg avant d'être partagé jusqu'en 1314 entre le prieuré de Lixheim et la fondation Saint-Blaise. Alors que les comtes de Sarrewerden imposent progressivement au cours du XIVe siècle leur pouvoir sur le village, celui-ci est déserté. En 1559, des réfugiés huguenots originaires du pays messin s'y installent et le repeuplent, suivis aux XVIIe-XVIIIe siècles par d'autres protestants, venus du canton de Berne (Suisse). Gœrlingen est incorporé à la République française en 1793-1801.*

TEMPLE
1885
Grès *67071301*

L'ancienne église réformée de Gœrlingen est détruite en 1685 par les troupes de Louis XIV, l'année de la révocation de l'édit de Nantes. Les fidèles de confession réformée doivent alors se rendre à Rauwiller, les luthériens à Hirschland, et les catholiques à Kirrberg. L'église construite en 1818 pour mettre fin à cette situation est installée dans une maison de berger inhabitée. La nouvelle église a été reconstruite en 1885, soit exactement deux cents ans après la destruction du sanctuaire primitif.

MONUMENT AUX MORTS
Vers 1920
Grès
Cimetière *67071302*

Ce monument aux morts a été réalisé à l'initiative des familles des défunts. Érigé sur une terre consacrée, et non sur un lieu public, il illustre le particularisme alsacien-lorrain en matière de sentiment religieux.

PONT
1856
Grès *67071304*

Ce pont qui enjambe le Bruschbach déploie sur cinq arches une architecture imposante pour un village de la taille de Gœrlingen. Il témoigne de la détermination de la municipalité à se doter d'équipements remarquables.

Gungwiller

Canton de Drulingen
Arrondissement de Saverne
Superficie : 165 ha
Population 1990 : 222 hab.
Habitants : les Gungwillerois

Origine du nom : de l'anthroponyme germanique Chunico et du latin *villa*, ferme.

Blason : ces armes sont inspirées de celles de La Petite-Pierre.
67071400

HISTORIQUE

*Gungwiller est mentionné pour la première fois pour les terres et droits qu'y détiennent les abbayes de Wissembourg et de Marmoutier. Les comtes de La Petite-Pierre et l'abbaye de Graufthal se partagent les revenus de la paroisse et du village, vraisemblablement abandonné au cours du XV*e *siècle. Progressivement, la population se réinstalle depuis Bettwiller, alors chef-lieu de la prévôté, mais la guerre de Trente Ans entraîne une nouvelle fuite des habitants. En 1680, le bourg est annexé à la France avec l'ensemble du comté de Lützelstein. Gungwiller n'est que lentement repeuplé, vers le début du XVIII*e *siècle.*

PIERRES TOMBALES
*XIX*e *siècle*
Grès, granit, marbre et poudre de marbre
Cimetière *67071402*

Les pierres tombales de la fin du XIXe et du début du XXe siècle sont réalisées dans d'autres matériaux que le grès traditionnel, notamment le granit et le marbre, ici en incrustation. Les mains qui sont représentées sur ces deux pierres tombales sont un motif populaire courant. Celles de la stèle funéraire de la famille Ludmann sont moulées et constituées de poudre de marbre.

MAIRIE-ÉCOLE
1914 *67071407*

La première école de la commune n'est créée qu'en 1810. Avant cette date, l'instituteur doit aller de maison en maison. L'établissement est rénové en 1848 mais s'avère malgré tout trop vétuste. Un nouveau bâtiment regroupant mairie et école est donc construit en 1914.

ÉGLISE
1958 *67071401*

Une première église paroissiale datée de 1825 est détruite à la fin de la Seconde Guerre mondiale. Un nouvel édifice est construit au cours des années 1950.

Hirschland

Canton de Drulingen
Arrondissement de Saverne
Superficie : 1 073 ha
Population 1990 : 288 hab.
Habitants : les Hirschlandais

Origine du nom : du germanique *hirsch*, cerf, et *land*, pays.

HISTORIQUE

*L'occupation humaine du territoire de Hirschland est avérée dès l'âge du bronze et se poursuit vraisemblablement à partir de cette période sans interruption. Le village est mentionné pour la première fois sous le nom de Hirslanden au IX*e *siècle. Les principaux propriétaires sont la fondation Saint-Blaise de Sarrewerden, les seigneurs de Falkenstein, ceux de Vinstingen-Schwanhals et les comtes de Sarrewerden, qui étendent progressivement leur emprise sur l'ensemble du village.*

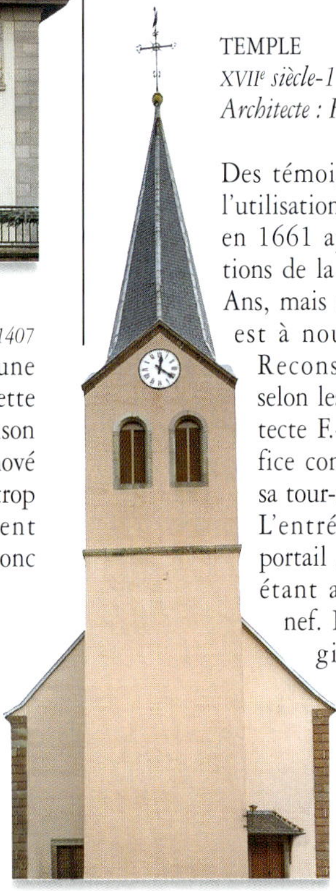

TEMPLE
*XVII*e *siècle-1755*
Architecte : F.-J. Stengel
67071501

Des témoignages attestent l'utilisation de ce sanctuaire en 1661 après les destructions de la guerre de Trente Ans, mais dès 1669 celui-ci est à nouveau en ruine. Reconstruit en 1755 selon les plans de l'architecte F.-J. Stengel, l'édifice conserve néanmoins sa tour-clocher primitive. L'entrée se fait par un portail latéral, le clocher étant accessible par la nef. Les cloches d'origine sont fondues au cours de la Première Guerre mondiale, comme beaucoup d'autres, et sont remplacées en 1924.

TOMBE MILITAIRE
1944
Granit
Temple 67071504

Dans la nuit du 24 au 25 février 1944, un Lancaster ND 454 du squadron 156 de la Royal Air Force est abattu. L'avion s'écrase sur la colline de l'Elensberg, et l'équipage de sept hommes trouve la mort. Le sergent Morton, âgé de 21 ans, est enterré à Hirschland. Ses compagnons sont inhumés à Schalbach, village voisin.

MOULIN OBERMUHLE
1753-1828
15, rue de Schalback
67071512

Le moulin était propriété seigneuriale. L'année 1753 est gravée sur le linteau de la porte de la cave. Ce moulin à farine cesse de moudre en 1897. Le canal d'amenée d'eau et la digue sont toutefois reconstruits en 1921 afin de produire l'électricité domestique et d'alimenter une scierie artisanale et une machine à concasser les pierres.

MAISON DÎMIÈRE
1759
Bois
20, rue de Schalbach
67071515

Cette maison serait, selon la tradition orale, celle où les paysans devaient remettre, pendant l'Ancien Régime, la dîme seigneuriale.

MOULIN DE L'ISCH
1612-1707-XIXe siècle 67071510

Le moulin de l'Isch se trouve sur le site d'un ancien village disparu. Une ferme y est attestée en 1518, un moulin en 1612. La maison d'habitation construite au XIXe siècle ne conserve que quelques éléments, côté cour, du moulin initial qui cesse toute activité de meunerie en 1923. Le canal d'amenée d'eau qui passait sous le bâtiment a été dynamité pendant la Seconde Guerre mondiale. La roue se trouvait à l'intérieur de l'édifice.

PRESBYTÈRE
1760
23, rue de la Poste
67071502

L'actuel presbytère est construit en 1760, soit cinq ans après l'église. Johann Jakob Lucius exerce son ministère à Hirschland de 1698 à 1754, soit cinquante-six années à propos desquelles la tradition a conservé l'image d'un sévère censeur des mœurs n'hésitant pas à sermonner sur la voie publique le paroissien oublieux des préceptes chrétiens.

Kirrberg

Canton de Drulingen
Arrondissement de Saverne
Superficie : 635 ha
Population 1990 : 168 hab.
Habitants : les Kirrbergeois
Cours d'eau : le Bruchbach

Origine du nom : de l'anthroponyme germanique Kero et du germanique *Berg*, montagne.

Blason : il évoque les émigrés huguenots installés en 1559.
67071600

HISTORIQUE

Kirrberg figure en 712 dans le patrimoine de l'abbaye de Wissembourg. Une église placée sous le vocable de saint Georges est sans doute à l'origine du nom de la commune, auparavant appelée Villa Teurinon. *Les commanderies de Sarrebourg et de Weiherstein partagent jusqu'aux environs de 1350 avec quelques familles nobles le territoire de la paroisse, qui devient alors possession des comtes de Sarrewerden. Vraisemblablement abandonné au début du XVe siècle, Kirrberg est repeuplé en 1559 par des huguenots, auxquels succèdent des immigrés suisses après la guerre de Trente Ans. Le village est intégré en même temps que le reste du comté au territoire français, en 1793-1801. Au cours des XVIIIe et XIXe siècles, de nombreux charretiers de Kirrberg transportent, sur les routes de l'axe rhénan, des produits tels que des céréales, du charbon ou le sel de Dieuze. La route des salines passe d'ailleurs par Kirrberg. Ce commerce prend fin avec l'inauguration de la ligne Paris - Strasbourg, ainsi qu'avec la mise en service du canal des Houillères de la Sarre. Au XIXe siècle, la population de la commune se spécialise dans le tressage des chapeaux de paille ainsi que dans la fabrication d'allumettes chimiques. Cette dernière activité cesse vers 1870.*

ENCADREMENT DE PORTE
1838
Grès
13, rue du Schalbach
67071506

Le linteau de cet encadrement de porte est caractéristique de son époque, notamment par la décoration végétale à feuilles de chêne, ainsi que par la guirlande et les consoles à queue d'aronde qui constituent au début du XIXe siècle un répertoire courant en Alsace bossue.

MOULIN UNTERMÜHLE
1860
2, rue de Rauwiller *67071511*

Ce moulin, dont les bâtiments et le logis principal ont depuis fait l'objet d'une rénovation, est destiné à moudre la farine. Il subit de façon croissante la concurrence des grands moulins tels que celui des établissements Trautmann à Wolfskirchen. Après cessé son activité peu avant 1914, il reprend son activité après le premier conflit mondial pendant deux à trois années avant de renoncer définitivement.

ÉCOLE
Milieu du XIXe siècle
21, rue de la Poste *67071508*

Les gouvernements tentaient au milieu du XIXe siècle d'améliorer les conditions des élèves et des instituteurs. Avant 1783, l'école n'est guère prise au sérieux par les parents, qui n'y envoyaient leurs enfants qu'en hiver. Mais après cette date un système d'amendes contribue à introduire l'école obligatoire. À cette époque, les livres scolaires sont au nombre de quatre : un abécédaire, un livre de cantiques, un catéchisme et la Bible en tant que « livre de lecture ».

LAVOIR
XIXe-XXe siècles
Bois et pierre
Hirtenbrunnen *67071513*

Ce lavoir a gardé son pavage d'origine. Il compte quatre bassins rectangulaires et une cuve ovale où les ménagères pouvaient venir laver leur linge mais aussi discuter sous le toit, refait en 1934. Le puits est recouvert d'une dalle de grès. Les bergers venaient certainement abreuver ici leurs troupeaux, d'où le nom de Hirtenbrunnen.

CALVAIRE
XVIIIe siècle
Grès
Église 67071603

Ce calvaire est initialement placé devant la chapelle catholique construite en même temps que l'église réformée afin de mettre fin au simultaneum. La chapelle, dédiée à saint Simon et à saint Jude, est détruite après 1945.

PONT
1790 67071609

Ce pont comptant trois arches à dos-d'âne aurait été construit à l'initiative du prince de Nassau-Sarrebruckn, à la suite d'une noyade spectaculaire.

LINTEAU
1833
Grès
37, Grand-Rue 67071606

La naïveté du décor d'art populaire et l'irrégularité des chiffres de la datation évoquent un propriétaire journalier ne pouvant se payer l'ostensible style « bourgeois » en vogue chez les notables de village.

MOULIN
1849
Pierre
Rue du Moulin 67071610

Le moulin, situé à cet emplacement depuis le Moyen Âge, appartient alors à l'hôpital de Saverne. Le comte de Nassau-Sarrewerden l'acquiert en 1671. Les huguenots Brua Vautrin Girardin l'exploitent depuis le XVIe siècle. Les habitants du village sont obligés de porter leur grain au moulin banal, et le meunier prélève sur chaque sac l'équivalent de 20 litres de grain, ce qu'on appelait le *Molter* ou *Mühlkerwel*.

MUR PIGNON
XIXe siècle
Pierre
6, rue du Moulin 67071605

Ce mur pignon laisse apparaître les pierres qui dépassent l'alignement vertical. Elles sont appelées *Schnapsstein* ou pierres eau-de-vie en raison de la tradition voulant que le propriétaire paie un verre de schnaps aux ouvriers qui acceptaient de monter ces lourds blocs renforçant, du fait de leur largeur, la cohésion et la solidité des murs.

DÉPÔT D'INCENDIE
1858
Grand-Rue 67071608

La pompe à incendie de Kirrberg a dû être révisée en 1852 car « l'eau jaillissait sur les pompiers », et non sur l'incendie. Kirrberg est alors un village très menacé car s'y trouve le plus grand nombre de toits de chaume de la région, soit 21 toits sur un total de 86 habitations en 1856. Le dépôt a depuis été rénové.

PIERRE TOMBALE
1862
Grès
Cimetière 67071602

Les Brion, famille réformée qui s'était réfugiée à Bischwiller pendant la guerre de Trente Ans, reviennent s'installer dans le comté de Sarrewerden après 1648. Abraham Brion, qui avait grandi à Asswiller, s'installe à Kirrberg. Les jésuites tentent de le convertir au catholicisme lors de la révocation de l'édit de Nantes, en vain.

ÉGLISE
1868-1912
Grès des Vosges 67071601

Il ne demeure aucune trace de l'ancienne église Saint-Georges, construite sans doute à l'emplacement de l'édifice actuel. Les huguenots bâtissent certainement un sanctuaire à leur arrivée. En 1685, pendant l'occupation française, l'église n'est pas détruite en raison des conversions au catholicisme. De 1698 à 1868, date de création d'un nouvel édifice, les deux confessions utilisent alternativement le lieu de culte. En 1912, l'ancien clocher est remplacé par une tour-clocher à bulbe.

MAIRIE-ÉCOLE
1927
Architecte : Schneider
Grand-Rue 67071607

La salle de classe de cette mairie-école est initialement prévue pour un effectif de 50 élèves, mais l'établissement n'en compte dès son ouverture que 24. L'exode rural vers les centres miniers et industriels de la proche Lorraine, alors en plein essor, devient au lendemain de la Première Guerre mondiale endémique dans les villages.

Mackwiller

Canton de Drulingen
Arrondissement de Saverne
Superficie : 902 ha
Population 1990 : 638 hab.
Habitants : les Mackwillerois
Cours d'eau : le Hoellbach

Origine du nom : probablement de l'anthroponyme germanique Macco et du latin *villa*, ferme.

Blason : il évoque le comté de Nassau-Sarrewerden et la voie romaine passant par Mackwiller.
67071700

HISTORIQUE

Le site de Mackwiller a été occupé dès l'Antiquité comme en témoignent le passage d'une voie romaine et la présence d'une grande villa romaine. Les chartes de l'abbaye de Wissembourg mentionnent pour l'année 712 Machone villare, *première appellation du village de Mackwiller. Si celui-ci comprend plusieurs domaines relevant notamment des familles de Lützelstein, de Falkenstein et de Vinstingen-Schwanenhals et des terres ecclésiastiques appartenant aux abbayes de Wissembourg et Sturzelbronn, l'essentiel des droits revient aux comtes de Sarrewerden. L'activité traditionnelle et principale des Mackwillerois concerne l'exploitation des carrières de grès.*

THERMES
Fin du Ie-IVe siècles
Pierre
Rue de l'École 67071701
Ces thermes romains sont les vestiges d'une demeure s'étendant sur 80 ares. Les éléments subsistants correspondent à des salles de bains froids, tièdes et chauds, des salles de massage et de détente. Les objets et vestiges découverts vers 1860 témoignent d'une ornementation constituée notamment de marbre de couleur mais aussi noir et blanc, de fresques murales colorées, et des fragments de mosaïques laissent supposer une riche décoration des sols. *(Cl. M. H. 1930)*

ÉGLISE PROTESTANTE
IIIe-XIXe siècle
Grès 67071715
L'église protestante, primitivement dédiée à saint Dyonisos puis à saint Gall, est reconstruite en 1842 puis réaménagée après les dégâts occasionés par les combats de l'hiver 1944-1945. Lors de la reconstuction de l'église, des blocs d'appareil, probablement ceux du temple romain, ont été réutilisés afin d'édifier les murs ouest, ainsi qu'une partie de la façade. Le clocher-cœur comporte quelques remplois de gothique flamboyant.

BAS-RELIEF
IIIe-IVe siècle
Grès
Église protestante 67071716
Ce bas-relief qui représente une bacchante accompagnée d'un instrument est certainement l'une des pièces ornant à l'origine le temple antique.

MOULIN KLINCKMÜHLE
XVIIe-XIXe siècles
Grès
13, chemin de la Klinckmühle 67071714
La vallée de la Klinck a peut-être été au Moyen Âge le site d'implantation d'une léproserie. Le moulin est attesté depuis le XVIIe siècle. Il est propriété seigneuriale et baillé à des meuniers qui peuvent le transmettre à leurs héritiers. Les meuniers de la Klinckmühle préféraient revendre le moulin car le petit débit du ruisseau handicapait l'exploitation. En conséquence, la Klinckmühle changea souvent de propriétaire. Il cessa de fonctionner à la fin du XIXe siècle.

LINTEAU
1812
Grès
95, rue de la Fontaine 67071712
Ce linteau travaillé en relief évoque l'activité artisanale principale du village depuis la haute Antiquité, à savoir l'exploitation des carrières de grès. Avant que le village ne soit doté d'une gare, les pierres taillées dans les carrières sont livrées en charrette

jusqu'à 150 kilomètres alentour. L'hiver, les tailleurs de pierre travaillent en forêt ou effectuent des travaux à domicile. Ce linteau est peut-être également le produit d'un travail hivernal.

LINTEAU
1838
Grès
137, rue des Menuisiers 67071708
Ce linteau daté déploie une ornementation classique pour ce type d'éléments aux XVIIIe-XIXe siècles, avec des

piédroits à chapiteau et un décor floral travaillé en relief.

Ottwiller

Canton de Drulingen
Arrondissement de Saverne
Superficie : 509 ha
Population 1990 : 243 hab.
Habitants : les Ottwillerois
Cours d'eau : l'Isch

Origine du nom : de l'anthroponyme germanique Audo et du latin *villa*, ferme.

Blason : il associe les armes des Sarrewerden et celles des Fülle de Geispolsheim.
67071800

HISTORIQUE

*Des découvertes archéologiques attestent une occupation du site dès l'époque gallo-romaine. Ottwiller est mentionné pour la première fois en 705 sous le nom d'*Audonevillare. *Le village appartient à cette époque au patrimoine de l'abbaye de Graufthal, avant de passer aux mains des seigneurs d'Asswiller au XVᵉ siècle, alors que le comte de Sarrewerden détient la moitié du domaine. La Réforme est introduite en 1572 à Ottwiller, dont les habitants deviennent français en 1793.*

PIERRES TOMBALES
XIXᵉ siècle
Grès
Temple *67071705*
Ces pierres tombales sont les seuls vestiges de l'ancien cimetière, placé derrière l'église.

DEMEURE MONTEBELLO
Vers 1900 *67071706*
Cette demeure est construite à l'initiative du duc de Montebello, propriétaire d'un chai de champagne à Mereuil-sur-Ay. Afin d'éviter les fortes taxes à l'importation du champagne en bouteilles, il fait aménager une ancienne carrière en cave à vin. Le vin est stocké, et un maître de chais surveille la champagnisation, la mise en bouteilles et l'expédition. Le duc fait également construire cette villa, où il réside les mois d'été.

ÉGLISE CATHOLIQUE
1897
Grès *67071703*
L'église protestante, simultanée, c'est-à-dire utilisée par les catholiques et les protestants, a été l'enjeu de nombreuses luttes d'influence. En construisant leur propre sanctuaire, les catholiques mettent fin à cette institution.

PANNEAU DE LA GARE
1913
Bois *67071711*
La gare a été construite à la suite de la réalisation de la ligne Diemeringen - Drulingen en 1913. La prolongation de cette ligne jusqu'à Réding-Sarrebourg est en projet ; elle n'aboutit qu'en 1936. Après la Seconde Guerre mondiale, cette destination est déclassée, mais la gare sert encore à une entreprise de fer et métaux qui utilise la ligne jusqu'à Diemeringen. La gare permet en outre d'expédier les pierres des carrières de grès, de même que les bouteilles de champagne Montebello issues des caves de Mackwiller.

ENCADREMENT DE PORTE
1734
Grès
22, rue des Rossignols
67071806
Ce rare encadrement de porte comporte un décor tout à fait inhabituel pour le XVIIIᵉ siècle. Il n'en existe que quelques autres exemples

en Alsace bossue. Les piédroits sont couronnés d'un chapiteau, et la composition du linteau comprend une tête d'homme hilare, sorte de *Lachmaennel* évoqué dans les légendes locales, qui accueille le nouveau venu.

TEMPLE
XVIIIe-XIXe siècle 67071801

L'église, de style néo-roman, comporte un clocher carré et un vaisseau unique à trois travées.

ANCIENNE TANNERIE
Début du XIXe siècle
Bois
28, rue des Tilleuls
67071810

Il existe à Ottwiller deux tanneries au début du XIXe siècle. C'est le tanneur Stroh qui fait construire ce bâtiment à galeries. Les Stroh sont une de ces familles de petits entrepreneurs qui prennent une part active à la vie politique en 1830-1856. Après s'être associée à un dénommé Wack, en 1870, la tannerie fait faillite en 1880.

ENCADREMENT DE PORTE
1827
Grès et bois
6, rue des Lilas 67071804

Cette porte et son encadrement constituent l'une des premières réalisations à décor de guirlande, destinées à se multiplier au cours des années

1830-1840. Le dessin de la porte, de facture récente, est marqué par un souci d'harmonie avec la parenthèse de l'architrave.

BANC-REPOSOIR
1812
Grès 67071802

Ce banc napoléonien atypique a été installé à l'initiative du préfet du Bas-Rhin Lezay-Marnésia afin de saluer la naissance du roi de Rome, fils de l'Empereur. De nombreux bancs napoléoniens n'ont pas survécu à la Restauration. Les habitants d'Ottwiller ont fait graver sur celui-ci une inscription allusive à Napoléon Ier : « Discite Justitiam Moniti, et non temnere divos. » Cette citation tirée de l'Eneïde de Virgile signifie : Pratiquez la justice, veillez à ne pas mépriser les dieux.

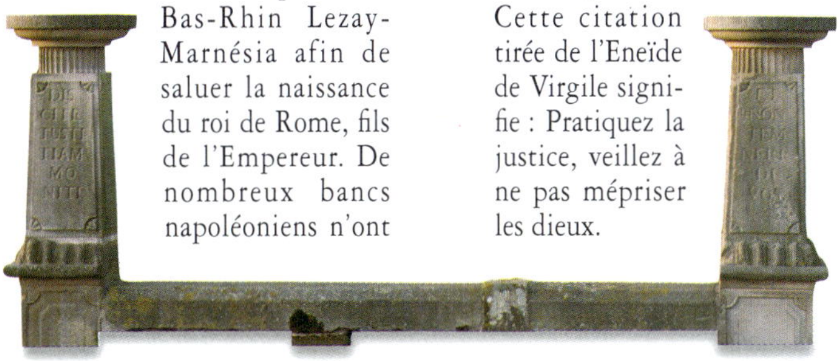

MAISON À DOUBLE *SCHOPF*
Début du XIXe siècle
Bois
19, rue des Rossignols 67071808

Cette maison paysanne a conservé sa structure d'origine, caractérisée par le toit couvert de tuiles à queue de castor (*Biwerschwantz*) et le double appentis (*Schopf*) abrité par les bardeaux de bois (*Schindle*). Le logis initial ne comptait que trois travées ; deux autres ont été ajoutées postérieurement.

ENSEIGNE D'AUBERGE
1832
Fer forgé
7, rue des Rossignols *67071809*

Une brasserie traditionnelle s'installe à Ottwiller au cours du XIXe siècle. Elle est l'une des 300 fabriques de bière alsacienne de l'époque.

MAISON
Vers 1840
29, rue des Tilleuls *67071807*

Ce logis de ferme est précédé par un large usoir (*Allmend*) qui s'étend le long de la maison. Cette façon de construire, le long des rues, est typique des régions à habitations franques et celles-ci s'opposent aux habitations alamanes de la plaine d'Alsace où les fermes sont fermées et ordonnées autour d'une cour.

MONUMENT AUX MORTS
XXe siècle
Grès des Vosges *67071803*

Ce monument aux morts a été érigé après la Seconde Guerre mondiale. Il remplace la réalisation du sculpteur Dorn de Petersbach construite au même emplacement en 1920, obélisque de grès gris portant la mention : « La commune d'Ottwiller en souvenir respectueux à ses concitoyens tombés à la guerre 1914-1918 », suivie des noms des dix soldats. Le nouveau monument ne comporte d'ailleurs plus que neuf noms.

COOPÉRATIVE AGRICOLE
Vers 1920
33, rue des Tilleuls *67071811*

À l'époque de la terre d'Empire (1871-1918), un agriculteur entreprenant d'Ottwiller, Georges Wehrung, initie le mouvement coopératif en Alsace bossue. Son fils Alfred lui succède et permet à la région agricole qu'est l'Alsace bossue d'écouler ses produits de façon autonome. Les deux hommes ont été à l'origine de la centrale beurrière de Drulingen.

Rauwiller

Canton de Drulingen
Arrondissement de Saverne
Superficie : 489 ha
Population 1990 : 178 hab.
Habitants : les Rauwillerois

Origine du nom : peut-être du nom d'un chef franc, Rudo, ou de l'anthroponyme germanique Radulf et du latin *villa*, ferme.

Blason : il rappelle l'appartenance au comté de Nassau-Sarrewerden et le repeuplement du village par les huguenots français en 1559.
67071900

HISTORIQUE

Rauwiller est mentionné pour la première fois en 1298 et comprend notamment des possessions de l'abbaye de Graufthal et de la collégiale de Sarrewerden. Le village est, comme nombre d'autres sites, abandonné au cours du XVe siècle mais repeuplé par l'arrivée d'émigrés de confession réformée en 1559. Appartenant à cette époque au comté de Sarrewerden, Rauwiller est intégré au territoire français en 1793.

TEMPLE
1567-1733 *67071901*

L'édifice religieux est construit peu de temps après l'immigration des huguenots à Rauwiller, sur l'emplacement de l'ancienne chapelle catholique détruite, probablement consacrée à saint Remy. Le portail daté de 1567 est encastré dans le mur nord de la nef. Les fenêtres géminées datent également de cette époque. En 1635 le village est abandonné et l'église s'effondre. En 1720, le remploi des murs de l'ancienne église permet l'adjonction du clocher bas d'œuvre. L'édifice est réaménagé en 1733, comme en témoigne la date inscrite sur le portail d'entrée, agrandi en 1774 et rénové en 1885. Le clocher est reconstruit après 1945.

BIBLE LUTHÉRIENNE
1740
Papier imprimé et reliure sur cuir
Collection particulière *67071909*
La Bible est l'un des seuls objets de culte que compte le protestantisme puisqu'elle présente la parole de Dieu. Les grandes bibles, munies de nombreuses explications, sont achetées pour les besoins de la lecture personnelle et sont conservées dans certaines familles comme un précieux patrimoine.

FERME
Début du XIXe siècle
Grès
21, rue de Schalbach *67071902*
Cette ferme se caractérise par sa porte géminée et sa fenêtre « lorraine ». Sur ce type d'ouverture, le linteau supérieur est cintré sur l'arête avant mais droit sur l'arête arrière.

LAVOIR
1891
Route de Hirschland
67071908
Les bassins de ce lavoir sont disposés en U. L'ensemble a été restauré à l'occasion du centenaire de sa construction.

LINTEAU DE PORTE
XIXe siècle
Grès
54, rue Principale *67071906*
L'arbre de vie représenté sur ce linteau est la figure d'art populaire la plus utilisée dans l'iconographie paysanne. Le jour du mariage, des arbres de vie étaient dessinés sur les portes des mariés. Il s'agit d'un symbole de prospérité et de fécondité courant dans toute l'Europe centrale.

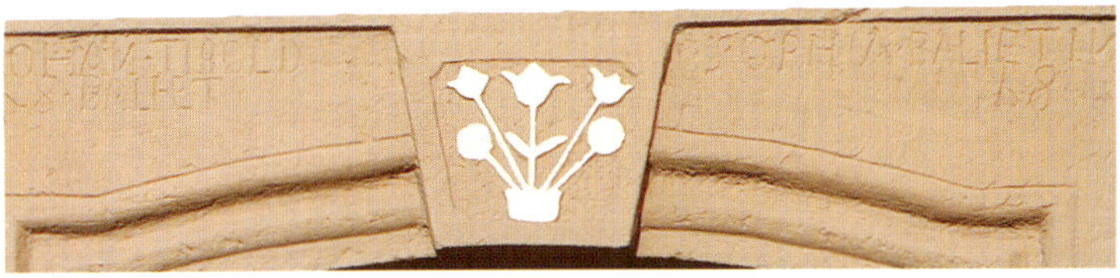

CANIFS ET RASOIR
Vers 1900
Bois et fer
Collection particulière *67071911*
Ces couteaux ont été réalisés par la famille Engels, dynastie de couteliers arrivée en 1750 de Solingen (Rhénanie), devenu un haut lieu de la coutellerie.

Rexingen

Canton de Drulingen
Arrondissement de Saverne
Superficie : 232 ha
Population 1990 : 171 hab.
Habitants : les Rexingeois
Cours d'eau : le Muhlgraben

Origine du nom : non élucidée.

Blason : ces armes sont celles de La Petite-Pierre et de Nassau-Sarrewerden.
67072000

HISTORIQUE

Une occupation du site de Rexingen dès l'époque gallo-romaine est probable, car il est en position de carrefour de deux importantes voies romaines. Le bourg est signalé au XIII*e siècle sous le nom de* Reckesinchen. *Plusieurs familles nobles se partagent les terres et droits du village, avant que s'impose progressivement l'emprise des comtes de Sarrewerden, qui y introduisent la Réforme en 1557.*

TEMPLE
1885
Architecte : Hannig
Grès des Vosges *67072001*
Une première église dédiée à saint Michel est bâtie en 1603 mais ne semble pas avoir survécu à la guerre de Trente Ans. Au début du XIXe siècle, une maison paysanne est transformée en église, et une salle d'école y est adjointe. Cette configuration singulière est démolie en 1885 pour faire place à un nouveau sanctuaire.

GARE
1913 *67072002*
Cette gare est construite lors de l'extension de la ligne de tramway Phalsbourg-Drulingen à Diemeringen. La ligne cesse d'être exploitée au lendemain de la Seconde Guerre mondiale.

Siewiller

Canton de Drulingen
Arrondissement de Saverne
Superficie : 623 ha
Population 1999 : 391 hab.
Habitants : les Siewillerois

Origine du nom : probablement de l'anthroponyme Sulichen et du latin *villa*, ferme.

Blason : ces armes rappellent les comtés de Sarrewerden et de La Petite-Pierre.
67072100

HISTORIQUE

La charte de l'abbaye de Wissembourg mentionne en 700 Siewiller sous l'appellation de Villare Sonechone. *Les monastères de Marmoutier jusqu'au* XI*e siècle puis de Neuwiller et de Graufthal, de même que la fondation Saint-Blaise de Sarrewerden, sont également de ces établissements religieux détenant des terres dans les villages. Les biens de l'abbaye de Sarrewerden échoient par la suite aux comtes de Lützelstein, puis aux Nassau-Sarrebruck. En 1793, cette situation prend fin avec l'incorporation du village à la République française. En 1833, une ligne de chemin de fer reliant Lutzelbourg à Phalsbourg est construite afin de faciliter le transport des produits issus de l'exploitation des carrières de grès. En 1903, cette ligne est prolongée jusqu'à Drulingen et passe par Siewiller, contribuant au désenclavement de la commune, jusqu'en 1953, date de la fermeture de la ligne.*

TEMPLE
1609-1859
Grès 67072101
L'église paroissiale d'inspiration néo-gothique est dès 1689 utilisée conjointement par les protestants et les catholiques. Derrière l'église se trouve alors une source où se rendaient au Moyen Âge les pèlerins afin d'honorer sainte Dorothée, patronne du lieu. Le cimetière entourait l'édifice et servait aux deux confessions. L'église est abandonnée aux seuls fidèles protestants quand les catholiques bâtissent en 1846 un nouveau lieu de culte. L'église est transformée en 1859, l'ancien chœur devenant notamment l'entrée de l'édifice, mais des éléments architecturaux Renaissance subsistent, telle l'ancienne porte d'entrée datée de 1609. Derrière ce temple se trouve la source Sainte-Dorothée qui est, au Moyen Âge, un lieu de pèlerinage réputé pour guérir les maladies des yeux.

ANCIENNE TUILERIE
XVIIIe siècle
13, rue de la Tuilerie
67072112
Cette exploitation agricole conserve quelques bâtiments de l'ancienne tuilerie seigneuriale des princes de Nassau-Sarrebruck. Ceux-ci l'affermaient au tuilier, membre de la famille Huber, originaire de Suisse, moyennant une redevance annuelle. La tuilerie cesse en 1903 son activité, qui concernait également la production de chaux.

MOULIN
XVIIIe siècle
Route de Weyer 67072113
Ce moulin était seigneurial ; moyennant un bail emphytéotique héréditaire, le seigneur concédait l'exploitation à une famille de meuniers. Le moulin cesse officiellement de fonctionner en 1881.

ENCADREMENT DE PORTE
Début du XIXe siècle
Grès
37, rue des Églises 67072108
Cet encadrement appartient à une façade caractéristique des maisons villageoises du versant ouest des Vosges du Nord. L'agencement des cartouches indique la volonté de quitter le mode architectural rural pour chercher un décor plus « bourgeois ». Il s'agit souvent de maisons de notables du village.

CALVAIRE
1826
Grès
Église 67072105
Cette croix érigée devant l'église catholique provient de l'ancien cimetière implanté autour de l'ancienne église simultanée, abandonnée par les catholiques en 1844. Des fleurs de lis ciselées dans le grès gris rappellent l'attachement des villageois catholiques de Siewiller à la monarchie restaurée.

ÉGLISE
1846
Rue des Églises 67072103
Avant l'institution du simultaneum en 1689, les catholiques, majoritaires dans le village, doivent se rendre d'abord à Drulingen puis à Weyer. La pose de la première pierre du nouvel édifice a lieu le 14 juillet 1846, l'inauguration trois ans plus tard, le 26 septembre 1849. L'église est construite grâce à 65 villageois catholiques qui conviennent de nourrir les ouvriers et d'effectuer les corvées nécessaires. Le mobilier intérieur de 1868 de même que les vitraux datés de 1899 sont offerts au fil des années par des paroissiens dévots. L'église n'a ainsi pas d'orgue jusqu'en 1928, seules les voix des paroissiens accompagnant l'office religieux. Le clocher d'origine se trouvait au-dessus du pignon ouest mais il est remplacé en 1960 par un clocher isolé.

TOMBE DE JOSEPH SIEGWALT
1908
Grès
Cimetière 67072107
Cette pierre tombale est celle du curé Joseph Siegwalt (1862-1908). Les sépultures des curés de l'Alsace bossue sont identiques, décorées en relief de la chasuble et du calice.

SALOIR
Milieu du XIXe siècle
Grès
21, rue des Églises 67072116
Ces saloirs étaient traditionnellement entreposés dans les caves des maisons. On y conservait surtout la choucroute hachée en fines bandes, accompagnée de diverses épices.

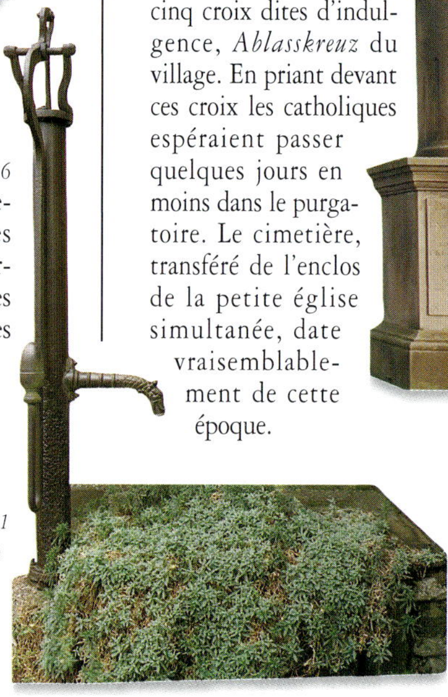

DÉGORGEOIR DE FONTAINE
Milieu du XIXe siècle
Fonte
26, rue des Églises 67072111
Le mobilier de village en fonte demeure l'exception, mais vers le milieu du XIXe siècle apparaissent les puits à pompe des particuliers.

CALVAIRE
1855
Grès
Cimetière 67072106
Érigée en 1855 par les époux Fiegel-Pfeiffer, cette croix est placée devant la pierre tombale du curé Joseph Siegwalt. Il s'agit de l'une des cinq croix dites d'indulgence, *Ablasskreuz* du village. En priant devant ces croix les catholiques espéraient passer quelques jours en moins dans le purgatoire. Le cimetière, transféré de l'enclos de la petite église simultanée, date vraisemblablement de cette époque.

RIDEAUX CROCHETÉS
XXe siècle
Laine
Collection particulière 67072110
Les rideaux crochetés étaient utilisés traditionnellement mais deviennent progressivement plus rares. Le tricot et le crochetage à domicile étaient avec le tressage des chapeaux de paille des activités très courantes jusqu'au lendemain de la Seconde Guerre mondiale pour les tricoteuses. Cette fenêtre comporte en outre un cadre finement sculpté de motifs carrelés et géométriques qui imitent une dentelle.

Thal-Drulingen

Canton de Drulingen
Arrondissement de Saverne
Superficie : 342 ha
Population 1990 : 205 hab.
Habitants : les Thaliens

Origine du nom : du germanique *Thal*, vallée, et du nom du chef-lieu de canton.

Blason : ces armes évoquent l'appartenance de la commune au comté de Sarrewerden.
67072200

HISTORIQUE

Le lieu d'origine de l'implantation humaine de Thal semble avoir été le village de Berg, placé sur une éminence et délaissé pour un nouvel emplacement définitif au cours du XIVe siècle. Ce site primitif abrite encore la petite église du Kirchberg. Le bourg, qui relève des comtes de Sarrewerden et de la fondation d'Oberhomburg, est signalé en 1487. Thal-Drulingen est intégré au territoire français en 1793.

ENTRÉES JUMELLES
1721
Grès
1-3, rue de la Fontaine 67072205
Ces deux encadrements de porte correspondent à des entrées de maisons distinctes, mais sont significatives de la promiscuité régnant dans les villages au cours des XVIe-XVIIIe siècles. Ces demeures peu spacieuses n'avaient en outre généralement qu'un rez-de-chaussée.

PAVEMENT
Fin du XIXe siècle
Pierre et grès des Vosges
16, rue Principale 67072208
Le pavement de cette cour d'habitation est mixte. Devant la porte de l'étable, un premier pavement est constitué de gros galets, alors que de longues dalles de grès conduisent à la porte du logis. Ces dalles, qui couvraient traditionnellement le parterre de la cuisine et du couloir, ont été posées devant la maison au lendemain de la Première Guerre mondiale et ont fait place à l'intérieur à du carrelage ou à du parquet.

ÉGLISE
1894
Grès des Vosges 67072201
L'église catholique est élevée au moment où l'église du Kirchberg est réservée aux catholiques de Berg. Le presbytère et l'église sont construits avec les matériaux de remploi, à la suite de la destruction de la nef de Kirchberg. Le temple protestant est réalisé cinq ans plus tard, avec un clocher néo-baroque et des ouvertures néo-gothiques.

MAIRIE
1903
Grès 67072206
Sur la façade de cette mairie figurent sa date d'érection et la mention de sa fonction initiale : « école et mairie ». Les lettres gothiques gravées dans le grès n'ont pas empêché la pose d'une plaque honorant les morts de la commune pendant les Première et Seconde Guerres mondiales.

TOMBE
Début du XXe siècle
Tôle et pierre
Cimetière 67072204
Les enfants morts avant d'avoir été baptisés étaient enterrés sous le bord du toit de l'église afin « d'être bénis » par l'eau de pluie. Les « toits de tôle » avaient peut-être une destination semblable. Il n'en subsiste plus que quelques exemplaires dont celui-ci.

Volksberg

Canton de Drulingen
Arrondissement de Saverne
Superficie : 945 ha
Population 1990 : 368 hab.
Habitants : les Volksbergeois

Origine du nom : peut-être de l'anthroponyme germanique Folco ou d'un mot signifiant sanglier et du germanique *Berg*, montagne.

Blason : il évoque le comté de La Petite-Pierre, les forêts et le *Spitzenstein*, ou menhir, situés sur le territoire de la commune.
67072300

HISTORIQUE

C'est au XIVe siècle qu'est signalé le site de Vollsberg pour la première fois. Le village est acquis en 1363 par les seigneurs de Lichtenberg. Cette famille s'éteint en 1480, laissant Volksberg passer en héritage dans le patrimoine des comtes de Deux-Ponts et de Bitche. Vers le milieu du XVIe siècle, Volksberg est intégré au comté de Lützelstein ; la Réforme y est introduite à cette occasion. Volksberg est intégré au territoire français en 1681.

ÉGLISE SAINT-SÉBASTIEN
1774-1782 *67072301*
Une église est attestée à Volksberg au XVIIe siècle au moins. L'édifice actuel, dédié à saint Sébastien, connaît encore le régime du simultaneum et constitue à cet égard l'un des derniers témoins de cette pratique instituée dans le village en 1767 et qui consiste en l'alternance des offices catholiques et protestants dans un même sanctuaire.

ESCALIER
XIXe siècle
Grès
12, rue de Verdun *67072310*
Cet escalier en équerre avec rampe d'appui permet d'accéder au logis surélevé. Dans le village de Volksberg se trouvent plusieurs escaliers imposants de ce type.

ALLÈGE DE FENÊTRE
1811
Grès
22, rue Principale *67072308*
Les allèges de fenêtres sculptées en bas relief ont une fonction décorative et symbolique, mais peuvent être utilisées pour évoquer une histoire ou caractériser le propriétaire. Les deux animaux, difficiles à identifier, sont peut-être un sanglier et un lion. Le cœur fleuri est un symbole de fertilité mais aussi un porte-bonheur et un signe de la fidélité au foyer.

MOULIN
1718-début du XIXe siècle
Erzberg *67072311*
Le moulin installé au lieu-dit Erzberg aurait été construit en 1718 mais aurait subi plusieurs transformations au début du XIXe siècle. Une verrerie et une mine de fer auraient été exploitées très tôt au cours des XVe et XVIe siècles à proximité de ce site.

ENCADREMENT DE PORTE
1820
Grès *67072307*
La simplicité avec laquelle le tailleur de pierre a décoré son linteau de

porte, en figurant ses principaux outils de travail, contraste fortement avec l'opulence de la décoration qui caractérise certains encadrements dits « bourgeois », ornés de guirlandes et d'un linteau d'imposte taillé en relief.

FRONTON DU PORTAIL D'ENTRÉE DU CIMETIÈRE
1849
Grès des Vosges *67072304*
Le saule pleureur (en allemand *Trauerweiche*, littéralement saule de deuil) est un motif traditionnel des pratiques funéraires. Il est particulièrement en vogue au milieu du XIXe siècle, à une époque où triomphe le romantisme.

PIERRE TOMBALE
Seconde moitié du XIXe siècle
Grès
Cimetière *67072302*
Les tailleurs de pierre de la région pouvaient, à l'occasion de leurs commandes, montrer leur maîtrise technique. Cette pierre tombale comporte ainsi un « plié », lequel s'avère être un véritable exercice de style, de même que l'inscription qui constitue une page de modèle de calligraphie où se succèdent les latines, les gothiques et les italiques.

PORCHERIE
XIXe siècle *67072312*
L'élevage porcin était une des ressources fondamentales des habitants des régions boisées du comté de Lützelstein. En 1866, alors que l'élevage porcin est déjà sur le déclin, Volksberg compte 168 cochons pour 147 ménages.

MOTIF ORNEMENTAL
XIXe-XXe siècles
Fer forgé *67072313*
Volksberg compte, comme le reste de l'Alsace bossue, quelques témoins d'un art populaire aujourd'hui disparu, celui des portails de jardin à motifs en fer forgé. Ces motifs sont pour la plupart d'inspiration naturaliste, comme cette fleur de tournesol.

MITRE DE CHEMINÉE
Fin du XIXe-début du XXe siècle
1, rue de la Montée
67072316
Cet élément d'habitat est l'un des derniers exemples de mitre de cheminée, construite à l'aide de briques et dont le sommet est réalisé avec des tuiles plates assemblées et du mortier.

Waldhambach

Canton de Drulingen
Arrondissement de Saverne
Superficie : 1 259 ha
Population 1990 : 630 hab.
Habitants : les Waldhambachois

Origine du nom : peut-être de l'anthroponyme Haganbal.

Blason : il évoque les armes des comtes de Fénétrange et de Lichtenberg.
67072400

HISTORIQUE

Un village de Disciacus *existe dès l'époque gallo-romaine, devenant* Villa Haganbah *à l'époque franque. L'abbaye de Wissembourg en est détentrice tout au long de la période médiévale, à l'issue de laquelle les seigneurs de Lichtenberg imposent progressivement leur emprise. En 1544, la famille cède néanmoins ses droits sur le bourg au comte de Lützelstein, par l'intermédiaire de qui le mouvement réformé est introduit. Le village devient français avec l'ensemble du comté en 1681. La commune prend en 1891 le nom de Waldhambach afin de se différencier de celle de Hambach, près de Sarreguemines.*

TEMPLE
XIIIe-1765-XIXe siècle
Grès des Vosges *67072401*
La tour d'église à base carrée et à élévation octogonale est sans doute médiévale. La nef de l'édifice a néanmoins été construite en 1765. En 1829, le mobilier de l'église a été complètement rénové.

REHMÜHLE
XVIIIe siècle *67072415*
Ce moulin qui est attesté depuis 1578 est reconstruit au XVe siècle. Les meuniers, la famille Roeser, représentaient une véritable dynastie depuis le XVIIe siècle. Un autre moulin, le Ruppertsmühle, est transformé en scierie en 1881 mais continue de moudre jusqu'en 1900. Son propriétaire, Adolphe Roeser, est élu député de l'arrondissement de Saverne au Reichstag à Berlin en 1912. Le Rehmühle fonctionne jusqu'au dernier tiers du XXe siècle.

ENCADREMENT DE PORTE
1831-1850
Grès *67072418*
L'habitat de Waldhambach conserve des encadrements de porte dont la richesse d'exécution et l'originalité la placent au premier plan des réalisations régionales. Les rinceaux alternent avec les couronnes et les bois de cerfs. La plupart des encadrements se présentent aujourd'hui sans « fards », c'est-à-dire non peints. Plusieurs encadrements ont cependant été peints, ce qui les rapproche de leur aspect d'origine.

PORTAIL DU CIMETIÈRE
1847-1848
Pierre *67072402*

Selon Louis-Charles Will, Waldhambach compterait quatre sites distincts et successifs où le village aurait enterré ses morts. L'enclos de l'église paroissiale aurait ainsi été utilisé comme enceinte de cimetière au moins à partir du XVIe siècle et jusqu'à la construction de l'actuel cimetière, inauguré en 1847 et agrandi en 1878.

FRONTON DU PRESBYTÈRE
1871
Grès *67072411*
Ce presbytère est le troisième qui est construit dans le village. Le premier, d'après une tuile canal, date de 1618. Le deuxième est construit en 1701, le troisième en 1871. L'arbre de vie stylisé représenté sur cette imposte est unique sous cette forme.

Weislingen

Canton de Drulingen
Arrondissement de Saverne
Superficie : 690 ha
Population 1990 : 540 hab.
Habitants : les Weislingeois

Origine du nom : probablement de l'anthroponyme germanique Wizzilo et du suffixe germanique *ing*.

Blason : il évoque les armes des seigneurs de La Petite-Pierre et le tilleul éponyme de la commune.
67072500

HISTORIQUE

*Le village créé en 1547 porte alors le nom de Buesweiler et est remis par le comte de Lützelstein à la famille de Flach de Schwarzenberg, qui le conserve jusqu'en 1613. Un second bourg, construit à cette époque à l'initiative du comte sur les hauteurs dites de Weislingen, lui est réuni au cours du XVII*e *siècle et donne son nom définitif au village. Weislingen est rattaché à la France en 1681.*

MAISON DE JOURNALIER
*XIX*e*-XX*e *siècle*
58-60, rue Grünewald 67072413
Appelées Stelzhiersse, littéralement maison à échasses, ces demeures sont caractérisées par un logis surélevé, accessible par un escalier, tandis que le rez-de-chaussée fait fonction d'étable.

INSIGNE DE CORDONNIERS
1746
Grès
28, rue des Menuisiers 67072509
La botte représentée sur la base du piédroit de cet encadrement de porte est une manière rare d'afficher un métier. En règle générale, les artisans privilégient le linteau comme emplacement pour ce genre d'insignes.

VILLA
*XX*e *siècle*
Grès
41, rue Grünewald 67072408
Ce bâtiment imposant comporte sur le pignon un oriel qui désigne une habitation bourgeoise de type urbain puisque cette avancée permettait une augmentation de la surface habitable sans agrandissement de la surface au sol.

ÉVIER
*XVIII*e*-XIX*e *siècle*
Grès
35, Grand-Rue
67072507
Cet évier était à l'origine monté dans le mur de la cuisine de façon que le canal d'évacuation des eaux usées dépasse de la façade arrière du logis.

LINTEAU
*XVIII*e *siècle*
Grès
12, rue de la Liberté 67072513
Ce motif de décor est rare. Il rappelle la forme d'un calice aux anses en forme de poissons. Il s'agit là d'un motif traditionnel qui puise ses racines dans l'art oriental. Les arbres de vie jaillissent généralement de ces calices stylisés.

ENCADREMENT DE PORTE

Début du XIXe siècle

Grès

2, place du Temple 67072506

Cet encadrement de porte comprend un décor floral très fourni, peu courant dans le registre habituel des motifs d'art populaire. Il se distingue d'autres éléments plus traditionnels par le peu d'éléments sculptés, laissant une large place à la surface peinte.

TEMPLE

1842

Grès des Vosges 67072519

Le village n'avait pas de lieu de culte avant la construction de cette église pour les habitants protestants. Les fidèles des deux confessions doivent jusqu'à cette époque se rendre dans les villages voisins pour suivre les offices, parfois dans les mêmes églises, quand celles-ci sont régies par le système du simultaneum.

PIERRE TOMBALE

1856

Grès

Cimetière 67072503

Cette pierre tombale est l'un des deux monuments funéraires consacrés à deux sœurs, dont l'une est décédée en 1856. La liaison des deux défuntes est soulignée par deux mains tendues qui se font face. Les stèles sont surmontées d'une construction dont les motifs, trèfle, cœur, feuille de vigne ou rose, sont tirés de l'art populaire.

MURET

XIXe siècle

Grès

35, Grand-Rue 67072517

Les murets de pierres sèches constituent le plus souvent les enclos de vergers, de jardins ou de cimetières et peuvent être coiffés de dalles de grès ou, comme ici, par des chapeaux triangulaires ou arrondis.

FÛT DE CROIX

Grès

Cimetière 67072504

Sur cette croix, tous les instruments de la Passion sont représentés en relief, autour de l'effigie du Christ souffrant. Le texte en allemand gothique évoque le sacrifice de Jésus, mort pour les péchés du monde.

ÉGLISE SAINT-FLORENT
1861
Grès des Vosges 67072501
Après l'édification d'une église protestante en 1842, les catholiques ont à cœur de faire construire également un lieu de culte afin de ne plus être obligés de se rendre à Tieffenbach, dans la vallée, pour assister aux offices religieux.

VIERGE
À L'ENFANT
XIXe siècle
Bois polychrome
Église Saint-Florent
67072502
Cette Vierge à l'Enfant, dont les attributs du pouvoir insistent sur la souveraineté de l'Enfant comme de sa mère, constitue le principal décor de l'église dédiée à saint Florent, évêque de Strasbourg représenté dans un décor paysager.

Weyer

Canton de Drulingen
Arrondissement de Saverne
Superficie : 1 193 ha
Population 1990 : 453 hab.
Habitants : les Weyerois

Origine du nom : du latin *vivarium*, étang.

Blason : il s'inspire des armes de l'abbaye de Graufthal.
67072600

HISTORIQUE

Le village de Wiheren est mentionné au XIIIe siècle. Il appartient successivement aux abbayes de Marmoutier, de Neuwiller, de Wörschweiler et de Graufthal et pour partie à des seigneurs laïcs. Parmi ceux-ci, les Sarrewerden s'imposent progressivement. Incendié au cours de la guerre de Trente Ans, Weyer retrouve la prospérité au XVIIe siècle. Il est ensuite intégré, en 1793, au territoire français.

ÉGLISE
XIIe siècle-1846 67072601
L'église se distingue par son clocher rond, dont il existe au XIXe siècle plusieurs exemplaires dans la région mais qui est désormais le seul d'Alsace. Ces clochers ont alors une fonction de surveillance et de défense, et les murs mesurent environ 1,50 mètre d'épaisseur. L'ancienne nef était gothique, la nouvelle est édifiée en 1846. L'église est utilisée par les deux confessions jusqu'en 1769, date de construction de la nouvelle église protestante.

GRANGE DIMIÈRE
XVIIIe siècle
Rue des Magasins 67072612
Les granges dîmières, dites « magasins », ont des murs d'une épaisseur d'1 mètre. La Révolution française a sans doute mis fin à leur fonction d'origine pour les transformer en logis indépendants. L'épaisseur des murs laisse à penser que les princes avaient fortifié leur dépôt. Peut-être faut-il y voir un lien avec la révolte des paysans du comté en 1722 dont le meneur, Dominique Streibel, était domicilié à Weyer.

TEMPLE
1769
Architecte : Stengel 67072603
Cet édifice est l'une des églises dues à l'architecte du prince Nassau-Sarrebruck, Friedrich-Joachim Stengel. À Weyer, une coutume particulière consistait en la conduite du défunt par l'assemblée au cimetière avant la tenue du service funéraire.

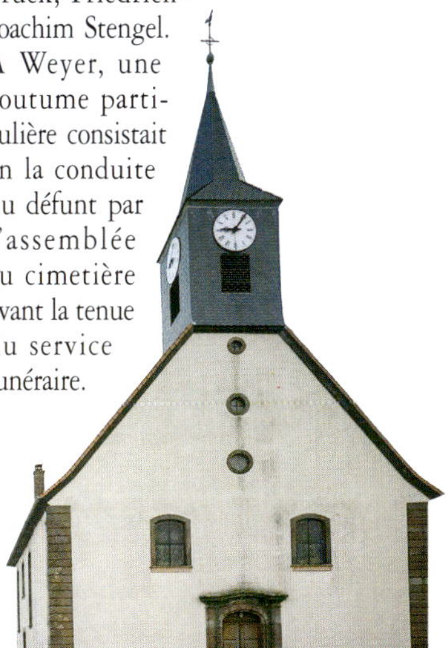

INSIGNE DE SABOTIER
Fin du XVIIIe siècle
Grès
19, rue Principale *67072618*

Une description du village de 1742 signale que deux cordonniers ou sabotiers y exerçaient. Étant donné qu'un

tanneur se trouve alors également au village, c'est vraisemblablement ce dernier qui leur livre la matière première qu'ils utilisent.

ENCADREMENT DE PORTE
Début du XIXe siècle
Grès
20, rue du Spiegelberg
67072626

Les encadrements de porte, plus spécialement les linteaux, ont une particularité à Weyer, surtout dans la rue du Spiegelberg. Ils comportent une forme en vague ou en ligne brisée qui n'est pas aussi courante ailleurs. L'arbre de vie s'impose comme symbole de fertilité même si une mitre d'évêque rappelle que Weyer est un village de confession mixte.

MAISON
1828
Grès des Vosges
2, rue de la Gare *67072623*

Cette maison est caractéristique de l'habitat du XIXe siècle en Alsace bossue. Alors que dans le reste du département, les habitations à colombage atteignent leur apogée, cette région se démarque par un style bourgeois avec encadrement de porte stylisé en grès.

ANCIEN PRESBYTÈRE CATHOLIQUE
Vers 1800
Grès
32, rue Principale *67072621*

Pendant l'occupation française (1671-1698), Weyer devient le centre d'une paroisse avec plusieurs villages importants à desservir. À cette époque le curé se plaint amèrement de la petite taille de son presbytère, si réduite qu'il n'y a même pas place pour un bureau. Ses successeurs n'ont pas les mêmes problèmes avec le spacieux bâtiment élevé pour eux vers 1800.

PRESBYTÈRE PROTESTANT
1838
15, rue Principale *67072613*

Avec l'introduction de la Réforme, Weyer est le siège d'une paroisse jusqu'en 1629 avant d'appartenir à celle d'Hirschland jusqu'en 1745. À cette date, Weyer redevient une paroisse indépendante. Les pasteurs en fonction dans la commune sont jusqu'en 1805 des adeptes du piétisme. Ce mouvement a pour but d'intérioriser la foi, en faisant appel non pas à la raison, mais aux sentiments. Après cette date, le rationalisme s'impose également à Weyer.

INSIGNE DE MARÉCHAL-FERRANT
1847
Grès
38, rue Principale 67072622
Le métier du propriétaire est rarement symbolisé avec autant de recherche, liée probablement à la position sociale éminente du maréchal-ferrant. Les hommes du village se retrouvaient souvent chez le forgeron, notamment en hiver, pour faire de l'atelier un endroit de convivialité. Selon un état de 1742, il existe à cette époque quatre forgerons à Weyer. Ils occupaient peut-être tous la fonction de maréchal-ferrant, car le travail ne manquait pas : Weyer compte en 1743 le nombre record de 162 chevaux.

MAIRIE
Seconde moitié du XIXe siècle
1, rue de l'Église 67072609
L'actuelle mairie est une ancienne maison de forestier, dont la construction s'explique par les 240 hectares de forêts se trouvant sur le ban communal.

CALVAIRE
1857
Grès des Vosges
Cimetière 67072611
Louis XV s'est institué « protecteur des catholiques du comté de Sarrewerden ». Dans le règlement relatif aux questions religieuses que le souverain français signe en 1766 avec le prince de Nassau-Sarrebruck, il est stipulé « qu'il sera libre aux catholiques d'ériger des croix sur leurs cimetières ».

PIERRE TOMBALE
1857
Grès des Vosges
Cimetière 67072604
Sur cette pierre tombale, l'inscription gothique rappelle que le défunt « fut président sous la révolution », probablement la Révolution française. Une partie de la population du comté de Sarrewerden avait demandé par pétition son rattachement à la République française. On peut supposer que « le président » fut le chef du parti révolutionnaire à Weyer.

PIERRES TOMBALES
1944
Grès des Vosges
Cimetière 67072616
Dans la nuit du 24 au 25 février 1944, un bombardier Lancaster de la Royal Air Force est abattu par un chasseur allemand. Deux des sept aviateurs sont tués, les autres faits prisonniers. Le sergent Tongue et le pilote officier Schwartz sont enterrés à Weyer.

PIERRE TOMBALE
1945
Grès des Vosges
Cimetière 67072617
Cette pierre tombale est en fait une stèle élevée en mémoire de trois frères morts en 1944, probablement sur le front de l'Est européen,, habillés de l'uniforme allemand. La palme gravée et dorée est un des symboles chrétiens fréquemment utilisés : elle représente la victoire sur la mort et la vie éternelle offerte par Dieu.

Canton d'Erstein

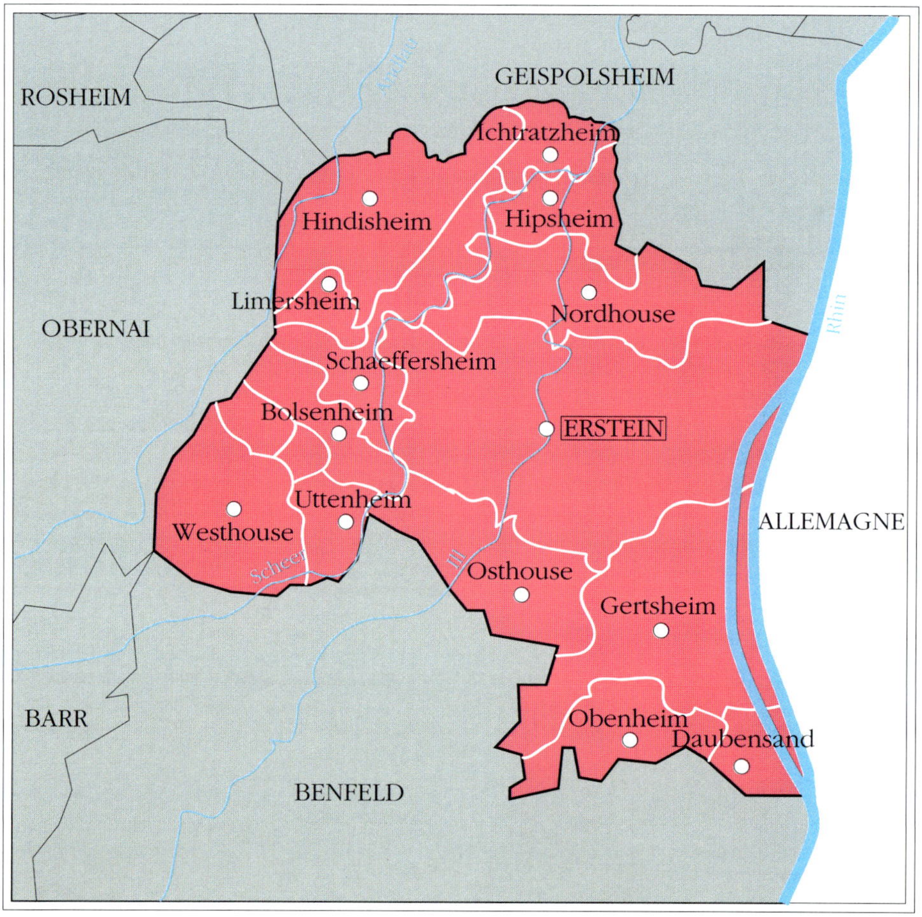

- Bolsenheim
- Daubensand
- Erstein
- Gertsheim
- Hindisheim
- Hipsheim
- Ichtratzheim
- Limersheim
- Nordhouse
- Obenheim
- Osthouse
- Schaeffersheim
- Uttenheim
- Westhouse

Bolsenheim

Canton d'Erstein
Arrondissement de Sélestat-Erstein
Superficie : 435 ha
Population 1990 : 425 hab.
Habitants : les Bolsenheimois
Cours d'eau : la Scheer

Origine du nom : du vieil allemand *Bolsen*, flèche, rappelant l'existence probable d'un champ d'exercice de tir appartenant à la *villa regia* d'Erstein.

HISTORIQUE

Bolsenheim est mentionné la première fois en 845. Au XIVe siècle, l'évêque de Strasbourg donne le village en fief aux Lampertheim. En 1487, il passe aux Bapst, qui prennent le nom du village. Les seigneurs habitent un château entouré d'un fossé et alimenté par les eaux de la Scheer. Au début du XVIIe siècle, la population est essentiellement composée de cultivateurs et se distingue par l'absence de pêcheurs professionnels, malgré la proximité de la Scheer. Le dernier des seigneurs, célibataire et protestant, Jean Christophe Bapst de Bolsenheim, meurt le 15 octobre 1714 en son château. À partir de 1750, le village connaît une extension progressive sur les terrains communaux, extension qui se poursuit jusqu'au XIXe siècle. Bolsenheim est un village d'élevage où trois sortes de pâtres existent : les gardiens de vaches, ceux de cochons et d'oies, et enfin ceux qui ont en charge les chevaux. Leurs familles se partagent trois maisonnettes appartenant à la commune au courant du XVIIIe siècle. Dès 1772, le village possède une petite synagogue pour les familles juives, installées au village depuis le début du XVIIIe siècle. Le château, ruiné pendant la Révolution, disparaît au début du XIXe siècle. Dans les années 1960, le village s'agrandit, avec la construction de nombreux lotissements. La commune reste à vocation agricole, même si de nombreux habitants vont travailler alentour.

PIERRE TOMBALE
1714
Grès
Cimetière *67080104*

Cette pierre tombale est érigée à la mort de Jean Christophe Bapst de Bolsenheim. On retrouve de nombreuses traces de la famille dans les registres paroissiaux du village.

STÈLE
1727
Grès
Cimetière *67080105*

Cette stèle est bâtie à la mort de Madeleine Sophie d'Ocahan, épouse du baron Jean d'Ocahan, anobli en 1705, et originaire d'une famille irlandaise venue en France à la fin du XVIIe siècle. Il loue le château à partir de 1715, et le fief reste dans les mains des descendants jusqu'à la Révolution. Le nom d'Ocahan s'éteint au décès des deux petit-fils de Jean, Jean Charles, mort en 1812, et Louis, mort en 1830.

CHRIST
XVIIIe siècle
Grès
Cimetière *67080101*

Cette statue du Christ sans bras provenant d'une croix de chemin est réutilisée dans le mur du cimetière. Elle est attribuée à un sculpteur anonyme nommé « Maître de la croix du cimetière de Ebermunster ». Six autres croix sont ainsi répertoriées dans la région, dont certaines sont datées entre 1724 et 1754.

ÉGLISE
1872 *67080102*

Cette église remplace une église primitive dédiée à saint Martin, qui se trouvait dans le cimetière, et dont la tour-chœur, d'époque romane, subsiste jusqu'en 1883.

Daubensand

Canton d'Erstein
Arrondissement de Sélestat-Erstein
Superficie : 387 ha
Population 1990 : 299 hab.
Habitants : les Neudörfler
Cours d'eau : le Rhin et le Canal du Rhône au Rhin

Origine du nom : probablement de l'allemand *Taube*, pigeon, et de *Sand*, sable.

HISTORIQUE

Daubensand est la plus jeune des communes du canton. Ses premiers habitants sont des émigrés calvinistes suisses, qui s'y réfugient dès 1675. Étrangers sur les terres princières et épiscopales, ils s'installent sur les îles du Rhin, qui appartiennent à Jacques Samson de Rathsamhausen, seigneur de Nonnenweier. Au début, il se trouve une trentaine de familles, calvinistes pour la plupart, luthériennes ou juives. En 1702, le baron et son épouse leur accordent le droit de construire, d'habiter et de devenir citoyen sur leurs terres de Nonnenweier. Les terres défrichées deviennent propriétés du défricheur, et sont exemptées d'impôts les trois premières années. Les trois suivantes, elles ne rapportent que la grande et la petite dîme. À la suite des terribles inondations de 1778, le village est déplacé. Le 23 avril 1793, tous les biens de la famille Rathsamhausen en Alsace sont confisqués et revendus. La Révolution distend les liens entre les habitants et les seigneurs, même si les populations de Nonnenweier et de Daubensand continuent à se fréquenter. En 1870, les douaniers quittent le village, le Rhin n'étant plus une frontière. Pendant la Seconde Guerre mondiale, la population est évacuée en Dordogne.

FERME ET MAISON DE PÊCHEURS
Vers le XVIIIe siècle
Bois et torchis
34, rue de l'Église 67080205

Cette bâtisse, située non loin du Rhin, est probablement l'une des plus anciennes du village. Au XVIIIe siècle, les premiers colons vivent en partie de la pêche, et cette maison appartient à l'un d'entre eux. Dans la première partie du XIXe siècle, il y a encore des pêcheurs professionnels à Daubensand. Ils confectionnent eux-mêmes leurs filets et leurs nasses, et revendent le produit de la pêche à des commerçants de Strasbourg, de Barr, d'Obernai et aux restaurateurs des alentours.

BORNE
XIXe siècle
Grès 67080202

Deux bornes, situées dans la forêt domaniale de Daubensand, sont les vestiges des travaux de délimitation, au XIXe siècle, des frontières du Rhin. Ni le système d'origine, où les arbres et les poteaux font office de bornes pour délimiter les propriétés, ni la ligne Noblat, du nom de l'un des concepteurs d'un premier système de délimitation, ne se révélaient efficaces. Ainsi, après le premier Empire, en 1814, une commission franco-allemande a la tâche de procéder à une nouvelle délimitation, plus moderne. Un système de triangulation, basé sur 120 bornes-limites, est adopté. Le nouveau tracé, dit « ligne Tulla », du nom de l'un des deux commissaires à la tête du projet, est officialisé en 1823, après six ans de travail. L'inscription « EL » – Elsass-Lothringen – remplace, après l'annexion au Reich en 1870, le lis des Bourbons sur la borne. Trois bornes Tulla sont encore en place.

ÉGLISE
1875
Pierre, crépi et grès 67080203

Les émigrés réformés en provenance de Suisse s'installent sur les îles du Rhin, le culte réformé n'étant toléré ni dans l'évêché ni à Strasbourg. Ces réfugiés ne trouvent un lieu de culte qu'à Wolfisheim. En 1718, le seigneur leur construit une école, qui sert le dimanche et les jours fériés de salle de prière. L'instituteur est l'officiant. Quatre fois par an, un pasteur bâlois vient pour administrer les sacrements. Le baron de Rathsamhausen leur offre alors une place à Nonnenweier et leur avance les fonds pour construire une église, à laquelle les réformés se rendent en barque. La petite église réformée est détruite lors du passage des troupes françaises en 1796. Un temple est construit en 1817. En 1822, la vieille école et la salle de prière sont abattues et reconstruites. Les inondations de 1852 abîment la salle de prière, qui est refaite en 1869. En 1875, est alors construite cette église. En 1932, toute la commune fait partie de l'église luthérienne sauf une famille catholique.

ANCIENNE CASERNE
DES DOUANIERS
36-38, rue Principale *67080207*

À la suite des traités de Westphalie, en 1648, l'Alsace est rattachée à la France. Le Rhin devient alors une frontière. Des douaniers sont chargés de surveiller le trafic des personnes et des marchandises traversant le Rhin. La caserne des douaniers, située au centre du village, abrite jusqu'en 1870 une brigade de douaniers et de huit préposés, tous logés sur place. En 1872, le pasteur protestataire Fred Auguste Stricker fonde un mouvement piétiste. Jusqu'en 1889, l'ancienne caserne sert de lieu de culte. Pendant la Première Guerre mondiale, il reste encore trois familles piétistes à Daubensand.

Erstein

Canton d'Erstein
Arrondissement de Sélestat-Erstein
Population 1990 : 8 974 hab.
Habitants : les Ersteinois
Cours d'eau : l'Ill

Origine du nom : de l'allemand *Stein de la Herrin*, pierre de la noble dame, de *Stein der Ehre*, pierre de l'honneur, ou de *Erster Heim*, premier foyer.

Blason : ces armoiries reprennent l'emblème des comtes de Werd et réfèrent à l'église abbatiale.
67080300

HISTORIQUE

Erstein est occupé dès la préhistoire, comme l'attestent les fouilles archéologiques. La présence franque se décèle à travers la villa regia *Herinstein, dans le rayon de laquelle Nordhouse, Osthouse, Westhouse, et Sundhouse s'organisent comme autant d'établissements francs. En 817, Louis le Pieux cède une partie de son domaine à son fils Lothaire. Celui-ci en offre une part à son épouse Irmengard, qui, en 849, y fonde une abbaye pour l'éducation des jeunes filles de la haute noblesse. En 1192, l'empereur Henri VI confie la charge de Landgrave de basse Alsace à Sigebert de Werde et l'investit du fief impérial. Ses successeurs en font une place fortifiée. Le village s'appelle Erstheim en 1238, et prend le nom d'Erstein en 1262. En 1321, le déclin commence, avec une épidémie de peste, une famine et les méfaits de Walter de Gerolseck, un chevalier brigand qui terrorise les marchands. Il se réfugie derrière les murs d'Erstein, où il a des droits. En 1333, les Strasbourgeois, excédés, attaquent la ville avant d'assaillir le château de la Schwanau. Condamné à abattre ses fortifications, Erstein retombe au rang d'un bourg. Le Landgraviat est vendu en 1359 à l'évêque de Strasbourg, puis cédé en 1472 au grand chapitre de la cathédrale de Strasbourg, qui garde la ville jusqu'à la Révolution. Le bourg est ravagé par la guerre de Trente Ans. Le mouvement de reconstruction démarre lentement, freiné par les guerres du XIXe siècle, coûteuses en hommes. Le vrai renouveau date de la seconde moitié du XIXe siècle. En effet, à partir de 1850, l'industrie textile est florissante et amène des ouvriers protestants à s'installer. À la même époque, les juifs obtiennent le droit de résidence dans la commune. À la fin du XIXe siècle, une sucrerie s'installe à son tour. Après la Seconde Guerre mondiale, deux zones industrielles, ainsi que des lotissements, agrandissent la ville.*

CHAPELLE DE LA VIERGE
Moyen Âge-1757-1959
Pierre et crépi
Krafft *67080305*

Mentionnée la première fois en 1371, la chapelle de la Vierge est à l'origine dédiée à saint Pierre. Le chœur voûté remonte au Moyen Âge, la nef est sans doute du XVIIIe siècle. Des réparations ont lieu en 1757. La chapelle, située près du pont, est fortement endommagée pendant la Seconde Guerre mondiale. C'est en faisant sauter le pont du canal de décharge de l'Ill, le 7 janvier 1945, que les Allemands sont arrêtés et que Strasbourg est sauvé. Après la reconstruction du village, la chapelle est dégagée et restaurée.

ANCIENNE VILLÉGIATURE DE CHANOINES
Fin du XVIIe siècle
Pierre et crépi
Quai du Château
67080331

Cette bâtisse appartient à l'origine à l'évêché de Strasbourg, qui possède déjà au Moyen Âge un château à cet endroit, sans doute détruit pendant la guerre de Trente Ans. La trentaine de pièces sert de villégiature aux chanoines qui viennent à Erstein. L'édifice est vendu comme bien national pendant la Révolution.

ANCIENNE TANNERIE
1704-1727-1804
Pan de bois
Rue du 28-Novembre et rue du Moulin
67080325

Cet ensemble fait partie de l'ancien quartier industriel de la ville. Les tanneries étaient bordées par le fossé des tanneurs, comblé depuis. Les grands toits ouverts servent alors au séchage des peaux. Sous le premier Empire, ces tanneries sont très florissantes, les nombreuses armées de Napoléon ayant besoin de beaucoup de cuir, à la fois pour les bottes des soldats et le harnachement des chevaux.

DALLE
1804
Pierre
Ancienne tannerie 67080326

Cette dalle armoriée, qui se trouve au-dessus du portail, représente les emblèmes du tanneur. Les outils figurés sont des racloirs, qui servent à débarrasser les peaux de la chair.

TOUR-PORCHE
1714-1716
Architecte : Peter Thumb
Pierre et crépi
Église Saint-Martin
67080303

Cette tour-porche est l'œuvre de Peter Thumb, jeune architecte originaire du Vorarlberg qui travaille dans la région au début du XVIIIe siècle. Il est l'auteur, entre autres, de la façade de l'abbaye d'Ebersmunster. La tour-porche est conservée lors de l'agrandissement de l'église en 1859-1861 ; seul le portail est modifié.

PORTE-CIERGE
1657-1863
Bois polychrome
Église Saint-Martin 67080311

Ce porte-cierge abrite dans ses niches les saints patrons de la corporation des pêcheurs : les statuettes de la Vierge, protectrice de la confrérie, saint Pierre et saint Paul, ainsi que des poissons. Cette corporation est la plus ancienne parmi les quatre autres existantes à Erstein – les paysans, les tisserands, les journaliers et les artisans. Chaque corporation a des règlements très stricts et un caractère religieux très profond. Elle est liée à une confrérie qui exige une pratique religieuse sous peine d'amendes. Lors de l'enterrement d'un membre, le porte-cierge est disposé près du cercueil.

PORTE-CIERGE
1657-1863
Bois polychrome
Église Saint-Martin 67080312

Ce porte-cierge appartient à la corporation des paysans. Il représente saint Wendelin, protecteur des bergers et du bétail. La statue date de 1772. Supprimées pendant la Révolution, les corporations réapparaissent sous Napoléon Ier. La confrérie a perdu de son importance, mais la corporation des paysans maintient la messe en l'honneur de saint Isidore, qui marque le commencement de l'année agricole. Le coffret, qui contient les statuts des livres de comptes, dont certains sont très anciens, est transmis chaque année à une autre famille paysanne, qui le garde et en prend soin. Cette remise donne lieu à une cérémonie et réunit les confrères autour d'un souper.

MONUMENT AUX MORTS
1923
Grès
Église Saint-Martin 67080310

Ce monument aux morts est érigé en l'honneur des hommes tombés pendant la Première Guerre mondiale. Une mention pour ceux de la Seconde Guerre mondiale, ainsi que pour ceux de la guerre d'Algérie et d'Indochine, est ajoutée depuis avec la simple phrase « À nos morts ».

PLAQUE DE LA MESSE DE MINUIT
1944
Grès
Église Saint-Martin
67080308

Cette plaque rappelle qu'en 1944, le général de Gaulle assiste à la messe de minuit dans l'église Saint-Martin. Cette messe a lieu sous haute surveillance, la guerre n'étant pas terminée et le front étant encore tout proche.

CALVAIRE DES MEUNIERS
1714-1802
Grès
67080306

Ce calvaire en T est commandé par Mathias Edel et Theresia Ringensein, meuniers de la Niedermuhle à Erstein. La famille Edel exploite le moulin appartenant au chapitre de la cathédrale de Strasbourg avant la Révolution, puis l'achète en 1791 comme bien national. Ce calvaire, sans doute caché pendant la Terreur, est remis en place en 1802 par le fils Edel, après restauration. Des inscriptions en allemand figurent sur le calvaire, mentionnant la date d'édification, le nom des commanditaires, un verset (Jean, chap. 19, v. 25), les noms des restaurateurs – Mathias Edel fils, bourgeois et meunier de la Niedermuhle, et Magdeleine Engelmann, son épouse – et la date de restauration.

CALVAIRE
1716
Grès
Rue de Saint-Quentin 67080309

Ce calvaire est édifié à la demande de Jean Albert Richemont, premier maître de poste à Krafft, et de son épouse Élisabeth Kuhn. Richemont, natif de Haguenau, s'appelle en réalité Johann Albrecht Reichenberg. Ancien laquais du général Monclar, il obtient par protection la place au relais de poste, créé à Krafft en 1698 sur la route de Strasbourg – Neuf-Brisach. Il traduit littéralement son nom en Richemont.

CROIX
1742
Grès
Rue du Monastère 67080307

Cette croix, attribuée au maître du calvaire d'Eschau, appartient à l'origine à l'ancien cimetière du couvent mais elle ne date pas de l'époque de l'abbaye, puisque la dernière abbesse meurt en 1421. Elle est déplacée sur ce pan de mur par la suite.
Une inscription permet de deviner le nom de Paul Offenstein-Stippich, descendant de deux anciennes familles d'Erstein.

CROIX À ORATOIRE
1747
Grès
32, rue du 28-Novembre
67080315

Cette croix à oratoire – *Bildstöckel* – est érigée près de la porte d'entrée d'une grande ferme. La lettre N marque l'initiale de la famille Neff, propriétaire de la ferme au moment de l'édification.

ANCIENNE TUILERIE
1774
Pan de bois 67080327

Cette tuilerie est située en plein champ, car ce genre d'atelier est toujours éloigné des autres habitations à cause du danger d'incendie. Appelée « tuilerie du bas », pour la distinguer d'une seconde, construite postérieurement, elle est longtemps exploitée par la même famille.

MAISON
DE FRANÇOIS JOSEPH BURGER
1777
Pierre et crépi
8, rue de la Rebruatt 67080330

François Joseph Burger, né en 1738 à Colmar, fils d'un savetier puis forgeron, entre en 1760 au service du greffier Antoine Hugard, dont il épouse la fille en 1765. En 1777, il fait construire cette maison avec grange et ferme. En 1783, à la mort du prévôt, il s'attribue ce titre, cumulant les deux fonctions, celles de greffier et de prévôt. Il se comporte très vite comme un seigneur féodal. En 1788, il est obligé de quitter les lieux avec sa famille et vend la maison à M. de Neuenstein, dont la fille Julie épouse en 1795 le colonel Henri de Péchery. Les initiales des deux familles figurent dans le médaillon. Des bourgeois de Colmar la rachètent par la suite puis la bâtisse échoit en 1926 à la filature de Laines Peignées, qui la transforme en logements de service.

MAISON
XVIIIe siècle
Pan de bois
Rue du Général-Da 67080313

Cette maison est la maison natale de François Joseph Offenstein, général napoléonien. Né le 27 juillet 1760 d'un père cultivateur et aubergiste, François Joseph Offenstein commence sa carrière militaire à 16 ans et 8 mois d'abord modestement, mais la Révolution lui donne l'occasion de montrer ses talents de militaire. Il finit baron d'empire et meurt à Mouzay, dans la Meuse, âgé de 77 ans.

FONTAINE AU DAUPHIN
XVIIIe siècle
Calcaire conchylien et bronze 67080340

L'origine de cette fontaine est inconnue, mais son matériau de construction – le calcaire conchylien – laisse penser qu'elle ne vient pas de la région. Elle se trouve au début près de l'ancienne porte de Sélestat, disparue à la fin du XIXe siècle. Lors de l'adduction d'eau en 1926, elle devient inutile. Elle est enlevée, avant de retrouver une place, près de la mairie en 1963.

BARQUE PLATE
Bois
Rue de l'Étoupe 67080338

La barque plate est un moyen de locomotion utilisé en Alsace depuis longtemps. Elle est construite en bois par les calfats. La région étant sillonnée par le Rhin, l'Ill et leurs innombrables bras, dont beaucoup ont été comblés, la barque servait à la pêche, au transport de matériaux divers, des animaux et des personnes.

FILET DE PÊCHE
Chanvre
Rue de l'Étoupe 67080339

Les pêcheurs tricotaient eux-mêmes leurs filets, selon une technique ancienne devenue très rare.

MAISON DE PÊCHEURS
XVIIIe siècle
Pan de bois
Rue du Général-de-Gaulle 67080333

Cette maison de pêcheurs est l'une de celles qui jalonnent Erstein, bourg sillonné par de nombreux cours d'eau – beaucoup ont été comblés – et dont la corporation de pêcheurs est fort ancienne. Son modèle de construction est très répandu. Située près de l'eau, elle est basse avec un colombage simple et surmontée d'un comble. À l'arrière se trouvent une étable pour la vache ou la chèvre, ainsi qu'un jardin, les femmes pratiquant une culture vivrière pendant que les hommes partent à la pêche.

ENSEIGNE À L'AGNEAU *67080317*

Les trois enseignes à l'agneau, au cerf et à l'ours sont les dernières de la ville. Pendant la Révolution, les aubergistes enlèvent les enseignes, ne désirant pas servir les troupes de passage qui paient avec ce qu'ils estiment être une monnaie de singe : les assignats.

ENSEIGNE AU CERF *67080318*

ENSEIGNE À L'OURS *67080319*

BANC DU ROI DE ROME

1811 *67080316*

Ce banc est l'un des nombreux édicules érigés le long des routes du Bas-Rhin par le préfet Lezay-Marnésia pour célébrer la naissance et le baptême du prince impérial, le futur Aiglon, en 1811. Ces bancs sont souvent édifiés en des endroits remarquables du paysage, et parfois entourés d'arbres plus que centenaires. *(I. M. H. 1982)*

GARE

1840

Pierre et crépi *67080337*

Les premiers travaux sur le ban d'Erstein sont entrepris en 1840. La gare se trouve sur la ligne Strasbourg – Bâle. Le premier tronçon, Koenigshoffen - Benfeld, est inauguré le 1er mai 1841. La gare se trouvant à 2,5 kilomètres du centre-ville, des wagons hippomobiles transportent les voyageurs sur ce trajet jusqu'au début du XXe siècle. Ils sont par la suite remplacés par un service de tramways, puis de bus.

FILATURE

1855

Pierre de taille

Rue du Général-de-Gaulle *67080320*

La première filature d'Erstein, Niffenecker et Cie, s'installe en 1855. La proximité de l'Ill favorise son implantation. En 1860, l'entreprise passe à la société Hartmann Reichard qui vient de Guebwiller. L'usine se développe ; s'adjoint un atelier de teinture. Après l'annexion de 1871, elle s'appelle Kammgarnspinnerei Erstein A.G. En 1923, après le retour de l'Alsace à la France, elle se nomme filature de Laines Peignées d'Erstein.

FERME
XIXᵉ siècle
Pan de bois
32, rue du 28-Novembre 67080334

Erstein possède quelques grandes fermes, dont celle-ci, qui conserve une croix à oratoire de 1747 près de la porte d'entrée.

SÉCHOIR À TABAC
XIXᵉ siècle
Bois
Île du Moulin 67080324

Ce séchoir à tabac est d'un modèle très courant dans la région. Sous l'impulsion de Napoléon Iᵉʳ, qui favorise la culture du tabac pour le besoin de ses troupes, les paysans se mettent à cultiver cette plante, qui demande beaucoup de main-d'œuvre, mais qui assure un revenu fixe. À l'époque, ils obtiennent même des subventions pour la construction des séchoirs. Par manque de place, certains séchoirs sont accolés à la maison d'habitation, condamnant ainsi des fenêtres.

SOUS-PRÉFECTURE
1880
Pierre de taille et crépi
Rue du Couvent 67080336

Après l'annexion allemande en 1871, les autorités entreprennent une vaste campagne de construction. La sous-préfecture, construite pour abriter les services de la *Kreisdirektion,* s'élève dans l'enceinte de l'ancienne abbaye des chanoinesses et partiellement sur les fondations de l'église abbatiale disparue en 1818. La construction est typique du style prussien de l'époque, autant pour les bâtiments publics que pour le quartier strasbourgeois hors des enceintes que l'on appelle aujourd'hui le quartier allemand.

TEMPLE PROTESTANT
1883
Architecte : Metzentin
Pierre de taille
Rue du Général-de-Gaulle 67080304

De style gothique, ce temple est construit à la suite de la difficile implantation de la communauté protestante à partir de 1850. La filature, nouvellement installée dans la ville, fait en effet venir de la main-d'œuvre protestante. L'industriel, lui-même protestant, met une salle de l'usine à disposition des nouveaux paroissiens pour leur permettre de célébrer leur culte. Le pasteur vient d'un village voisin, éloigné de 7 kilomètres. Ce n'est qu'en 1883 que cette église peut accueillir la communauté, qui fait de gros sacrifices pour en payer l'édification.

ÉCOLE ANNE-FRANK
1898
Pierre et crépi
Route de Strasbourg 67080341

Ce bâtiment, construit pendant l'annexion allemande, est à l'origine l'école des garçons. Elle devient une école de filles plus tard.

MAISONS DE L'ANCIENNE CITÉ OUVRIÈRE
Début du XXe siècle
Pierre et crépi
Rue du Général-Leclerc 67080332

Cette cité ouvrière, qui forme la rue du Général-Leclerc, est construite par les patrons de la filature de Laines Peignées. Elle fait partie des œuvres sociales que l'industriel de l'époque, M. Reichard, met à la disposition du personnel de l'usine, comme une crèche pour les bébés des ouvrières et une pension pour les jeunes ouvrières qui habitent loin. Toutes les maisons de la cité sont semblables et disposent d'un jardin. Dans les années 1970, tout le patrimoine immobilier de la filature est mis en vente et la plupart des locataires achètent leur habitation. L'hétérogénéité des façades date de cette reconversion de l'ancienne cité ouvrière.

MAIRIE
1926
Pierre et crépi 67080335

Cette mairie remplace l'ancien hôtel de ville, édifice à colombage, surmonté d'une tour, construit en 1844. En 1924, après avoir hésité à agrandir le bâtiment, les élus décident, par souci d'économie, de le démolir pour en construire un neuf.

ANCIENNE BORNE
Moyen Âge
Grès
Mairie 67080301

La mairie conserve plusieurs bornes, qui se trouvaient à l'origine sur le ban de la commune. Elles portent les blasons de quelques familles seigneuriales, qui possédaient des biens dans les alentours.

AGNEAU PASCAL
Vers le XIVe siècle
Grès
Mairie 67080302

Cette clef de voûte avec un agneau pascal est l'un des rares vestiges de l'église abbatiale. Elle ne provient pas

de l'église primitive, partie en flammes lors du grand incendie de 1343, mais de la seconde. Les pierres de l'abbatiale, démolie en 1818, sont remployées pour la construction du mur du nouveau cimetière en 1824. La clef de voûte est sauvée à cette occasion.

PLAQUE COMMÉMORATIVE
1998
Mairie 67080314

Cette plaque est inaugurée en 1998 en hommage à François Joseph Offenstein. Né à Erstein en 1760, il est en 1790 major de la garde nationale d'Erstein, puis lieutenant colonel du 1er bataillon des volontaires du Bas-Rhin à Belfort. Devenu général de brigade, puis général de division, il est baron d'Empire en 1809, et décède dans la Meuse en 1837.

LYCÉE AGRICOLE
Après 1945
Pierre et crépi
Avenue de la Gare
67080342

Ce lycée agricole est construit à l'origine pour dispenser un enseignement ménager aux jeunes filles issues de familles d'agriculteurs, et des cours saisonniers ou du soir pour les jeunes gens.

PLAQUE COMMÉMORATIVE
Après 1945
Marbre
Rue du Général-Leclerc *67080329*
Cette plaque apposée sur la villa rappelle que le général Leclerc établit son état-major dans cette maison à la fin de la Seconde Guerre mondiale. Autrefois rue des cordiers, qui y avaient leurs ateliers, la rue porte le nom du général.

PLAQUE COMMÉMORATIVE
Après 1945
Marbre
Pont de Krafft *67080328*
Le pont du canal de décharge de l'Ill est le théâtre de rudes combats le 7 janvier 1945. Trois plaques commémoratives apposées au pont reconstruit rappellent la contre-offensive allemande. C'est là que les

Allemands sont arrêtés et que Strasbourg est sauvé. La population de Krafft a particulièrement souffert lors de ces batailles. D'abord abritée dans les caves, elle doit ensuite quitter le village. À son retour, tout est en ruine.

SUCRERIE
XXe siècle
Crépi
Route du Rhin *67080321*
En 1802, Napoléon Bonaparte décerne la Légion d'honneur à Benjamin Delessert, chimiste français qui a mis au point une méthode industrielle pour extraire le sucre de la betterave. La France manquait alors de sucre à cause du blocus continental. En 1812, l'Alsace est la première région à cultiver la betterave à sucre et compte déjà 12 sucreries. Ce n'est qu'en 1893 qu'est créée la Sucrerie alsacienne d'Erstein, sous l'impulsion du baron Zorn de Bulach fils. Cette implantation se justifie grâce au canal du Rhône au Rhin et à la présence d'une main-d'œuvre abondante. En 1920, l'usine quadruple ses installations et se nomme « SA des Sucreries et Raffineries d'Erstein ». Dans les années 1980, des innovations technologiques relancent encore l'activité de l'entreprise.

HÔPITAL
Fin des années 1960
Route de Krafft *67080322*
Ce centre hospitalier accueille les malades dans des pavillons groupés comme un village autour d'une chapelle et dans un cadre de verdure. Tous les services, comme la cuisine ou la lingerie, sont implantés sur ce lieu, ce qui fait de l'hôpital un foyer d'emplois important dans la région d'Erstein.

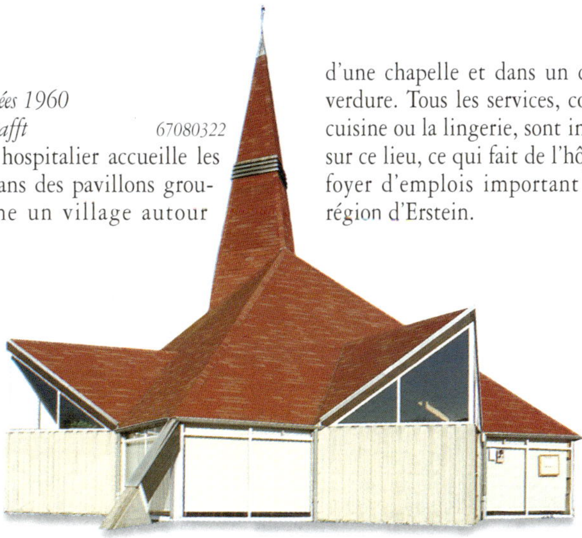

Gerstheim

Canton d'Erstein
Arrondissement de Sélestat-Erstein
Superficie : 1 642 ha
Population 1990 : 2 808 hab.
Habitants : les Gerstheimois
Cours d'eau : la Lachter et le Canal du Rhône au Rhin

Origine du nom : probablement de l'anthroponyme germanique Gerst et du germanique *Heim*, village.

HISTORIQUE

Des vestiges gallo-romains et mérovingiens témoignent de l'ancienneté de la présence humaine dans ce village. Gerstheim compte trois châteaux, dont le plus célèbre est la Schwanau, forteresse réputée imprenable et construite sur une île du Rhin. Les seigneurs de Gerolseck, connus pour leur brigandage, s'y réfugient jusqu'en 1333, date à laquelle elle est assiégée puis détruite par les Strasbourgeois. Quelques pierres subsistent cependant çà et là dans les champs. En 1546, Louis Bock, l'un des seigneurs du village, introduit la Réforme. Jusqu'à la Révolution, le village appartient à quatre seigneurs différents : les Berstett, les Bock, les Dettlingen et les Gail. Le château de Berstett disparaît en 1795, celui des Bock en 1798. Seul reste un manoir, celui des Bancalis.

CHÂTEAU
DE BANCALIS
1798-1872
Pierre et crépi
20, rue de Daubensand
67080404

Les Bancalis de Pruynes, originaires du Rouergue, s'établissent en Alsace dans la seconde moitié du XVIIIe siècle et à Gersheim à la fin de ce même siècle. Le corps principal de ce manoir est construit en 1798 par Jean Louis Arnaud de Bancalis, qui épouse la même année une demoiselle de Gail, petite-fille de l'un des seigneurs du village. En 1872, une aile néo-Renaissance et un pignon débordant de l'ancien corps existant sont ajoutés.

ÉGLISE PROTESTANTE
SAINT-GUILLAUME
1868-1869
Architecte : Antoine Ringeisen
Pierre et crépi
Rue Reuchlin
67080401

La Réforme est introduite en 1546 par l'un des seigneurs du village, Louis Bock. En 1586, l'ancienne église Saint-Denis, dédiée au culte catholique, devient temple. À partir de 1685, l'église est mixte, servant aux catholiques et aux protestants. Après qu'elle est détruite, l'architecte Antoine Ringeisen est chargé de construire deux églises, une pour chaque confession. Le porche de l'église protestante Saint-Guillaume abrite deux dalles funéraires gravées de couples célèbres, dont les armoiries ont été bûchées. *(I. M. H. 1935)*

ÉGLISE CATHOLIQUE SAINT-DENIS
1868-1869
Architecte : Antoine Ringeisen
Pierre et crépi
Rue du Rhin
67080402

Cette église, réservée au culte catholique, a connu la même histoire que l'église protestante Saint-Guillaume.

GRANGE *LAUFFENBURGER*
Pan de bois
17, rue du Général-de-Gaulle *67080407*

Cette vaste grange restaurée faisait partie d'une ferme.

CITÉ EDF
Années 1960
Pierre et crépi 67080405

Cette cité est érigée dans les années 1960 pour y loger les employés d'EDF travaillant alors à la construction du canal d'Alsace. À la fin du chantier, cette cité construite en dur est conservée.

USINE HYDROÉLECTRIQUE
1967
Béton armé 67080406

L'usine hydroélectrique de Gersheim, pourvue d'écluses pour le passage des bateaux, fait partie d'une série d'ouvrages visant à produire de l'électricité pour l'Alsace, la Bourgogne et la Franche-Comté. Ces ouvrages fournissent un tiers de l'énergie consommée par ces trois régions. La première des usines est créée en 1932 et reconstruite en 1946. Les travaux se poursuivent jusqu'en 1978. La puissance des quatre ouvrages (Marckolsheim, Rhinau, Gersheim, Strasbourg) oscille entre 152,3 MW et 148 MW.

Hindisheim

Canton d'Erstein
Arrondissement de Sélestat-Erstein
Superficie : 1 184 ha
Population 1990 : 1 204 hab.
Habitants : les Hindisheimois
Cours d'eau : l'Andlau

Origine du nom : de l'anthroponyme alamanique Hundo, signifiant « celui qui est riche en butin », et de l'allemand *Heim*, foyer.

Blason : la clef, attribut de saint Pierre, est assortie de deux étoiles relevées sur une borne de village. Les armes anciennes ont été simplifiées.
67080500

HISTORIQUE

À l'est du Bruch de l'Andlau, ce village est occupé depuis l'époque romaine, comme l'atteste une stèle à quatre dieux de cette époque, découverte au XVIIIe siècle. Au temps des Carolingiens, Hindisheim fait partie du domaine de la villa regia *Herinstein. Dès le XIII*e *siècle, l'abbé de Moyenmoutier fait construire une église dédiée à saint Pierre. Au XIV*e *siècle, le village passe à l'évêché de Strasbourg. Hindisheim est détruit par les Armagnacs en 1444, mais est épargné par la guerre de Trente Ans. En 1770, une nouvelle église est construite, sous le vocable Saints-Pierre-et-Paul. Le château d'Hindisheim, appartenant au* Mayer höffer, *est démoli en 1825. Le village, protégé par les marécages du Bruch, se trouve en retrait des grands axes routiers, ce qui le met à l'écart de nombreux bouleversements historiques. L'habitat très riche du village témoigne de sa prospérité et de son développement rural au XIX*e *siècle.*

CHAPELLE DE LA VIERGE
XIVe-XVe-XVIe-XVIIIe siècles
Crépi et pan de bois
Cimetière 67080501

Les murs du chœur de cette chapelle de pèlerinage remontent aux XIVe et XVe siècles. La nef est reconstruite en 1553, date figurant en haut du portail. Des travaux sont réalisés au XVIIIe siècle. L'édifice contient des sculptures de valeur, qui s'échelonnent du XVIe au XIXe siècles.

SAINTE CATHERINE
Vers 1500
Bois polychrome et doré
Chapelle de la Vierge
67080505

Sainte Catherine, qui porte la couronne du martyre, est l'objet d'une grande vénération au Moyen Âge, tout particulièrement en Angleterre. Elle est, avec sainte Marguerite, invoquée par Jeanne d'Arc. Patronne des jeunes filles, qui coiffent sa statue d'une couronne de fleurs à sa fête, mais aussi des clercs et des charrons, elle est parfois associée aux vierges Barbe et Marguerite. Cette statue d'applique provient peut-être de volets de retables. Le Christ du XVIIIe siècle en bois polychrome est sans doute la statue la plus visitée de la chapelle. La coqueluche, maladie redoutée autrefois, puisqu'elle était souvent mortelle, impressionnait l'entourage des petits malades. Pour obtenir la guérison, les parents attachaient un ruban bleu à ce Christ et allumaient un cierge ou faisaient une offrande. Par temps d'épidémie, la statue disparaissait sous ces rubans. En 1940, le curé admoneste ses paroissiens et dénonce ces pratiques superstitieuses ainsi que le « balayage » à reculons. Par ce rite, les balayeurs espéraient obtenir la guérison des maladies cutanées, comme l'impétigo, l'abcès, les furoncles, l'anthrax, l'eczéma. Le grand nombre de balais trouvés au fond de la chapelle fait alors dire au prêtre que celle-ci est transformée en « chapelle de sorcières ». À l'origine, ce christ est enchaîné à la colonne. Les chaînes ont disparu, de même que les rayons qui entouraient sa tête, dont il ne reste que deux morceaux.

SAINTE MARGUERITE
Vers 1500
Bois polychrome et doré
Chapelle de la Vierge *67080504*

Sainte Marguerite est l'une des saintes les plus populaires au Moyen Âge et devient connue dans la chrétienté grâce à la *Légende dorée*. Originaire d'Antioche, elle est convertie au christianisme par sa nourrice. Alors qu'elle a fait vœu de chasteté, elle est courtisée puis torturée par le gouverneur romain Olibrius. La légende rapporte qu'elle est attaquée par un dragon et qu'elle sort indemne du ventre du monstre. Après avoir été maintes fois

suppliciée, elle est décapitée. Elle est vénérée par les femmes enceintes, qu'elle délivre de la douleur par son intercession. Sa représentation avec une couronne laisse penser qu'elle est peut-être confondue avec la princesse que saint Georges délivre d'un dragon. Avec sainte Catherine, elle fait partie de la série des « quatorze saints auxiliaires », dont la réunion renforce, pensait-on, la vertu protectrice. Cette statue d'applique provient peut-être de volets de retables.

VIERGE À L'ENFANT
Seconde moitié du XVIIIe siècle
Bois polychrome
Chapelle de la Vierge *67080503*

Cette statue de procession est située non loin de celle du Christ, offrant ainsi un singulier contraste.

ANCIENNE FERME
1596
Pan de bois
155, rue Principale *67080509*

Le poteau cornier de la ferme porte la date de construction du bâtiment. Il est fait d'une seule pièce, et les solives sont longitudinales, ce qui est caractéristique du XVIe siècle. Le rez-de-chaussée est surmonté d'un comble à surcroît.

Hipsheim

Canton d'Erstein
Arrondissement de Sélestat-Erstein
Superficie : 452 ha
Population 1990 : 631 hab.
Habitants : les Hipsheimois
Cours d'eau : la Scheer et l'Ill

Origine du nom : du grec *hyppos*, cheval.

Blason : il réunit les blasons des trois seigneuries du village.
67080600

HISTORIQUE

Cette commune comprend le village et une annexe, où se situe l'église paroissiale Saint-Ludan, qui s'appelle à l'origine Saint-Georges. Mentionné dans un acte de 728, le village est alors une métairie pour l'élevage des chevaux de la villa regia *des rois francs à Erstein. Ceci explique l'origine du nom, d'ailleurs orthographié auparavant Hyppenesheim. L'abbaye de Murbach y possède des terres. Puis le village relève de la noblesse d'Empire et se partage entre trois seigneurs : les Kageneck, les Berstett et les Braun. Pendant la guerre de Trente Ans, en 1632, les Suédois incendient l'église et effectuent des travaux de terrassement et de fortification autour du sanctuaire. Par la suite, l'endroit devient un octroi. La chapelle Saint-Wendelin est construite au centre du village en 1694 et réédifiée en 1868. Le village est surtout connu pour son église, Saint-Ludan, qui attirait de nombreux pèlerins.*

ANCIENNE MAISON DE CHARRON
1737
Pan de bois
188, rue du Moulin
67080508

Le rez-de-chaussée de la maison, partiellement couvert, permet au charron de travailler dehors tout en étant abrité par temps de pluie. Ce genre de construction est fréquent dans les maisons d'artisans.

ANCIEN CORPS DE GARDE
Rue Principale
67080511

Rénové en 1831, ce corps de garde était habité par un veilleur qui donnait l'alerte en cas d'incendie.

CROIX À ORATOIRE
1746
Grès *67080507*

Cette croix à oratoire, ou *Bildstock*, est formée d'un fût et d'un édicule à niche qui contient une pietà. La croix au-dessus de l'édicule a disparu. Le médaillon comporte des inscriptions mentionnant le lieu et la date de l'édification.

MAIRIE-ÉCOLE
1874-1880
Architectes : Beyer et Charles Winkler
Grès
130, rue de la Gare *67080512*

La construction de cette mairie-école correspond à la mise en œuvre de la politique nationale de scolarisation des enfants à la fin du XIXe siècle. Charles Winkler, l'un des deux architectes de ce bâtiment, est aussi l'auteur d'ouvrages à Colmar.

ÉGLISE SAINT-LUDAN
XIIIe-XVIIe-XVIIIe siècles
Pierre et crépi
Route de Colmar 67080601

Cette église, qui existe avant la sépulture de saint Ludan, est très ancienne. Elle remonte probablement aux débuts de l'expansion du christianisme et servait d'église mère à Hipsheim, Ichtratzheim et Limersheim. L'élément le plus ancien qui subsiste est le clocher, qui date du XIIIe siècle. Le reste de l'édifice a fait l'objet de multiples remaniements. En effet, l'église est la proie des flammes pendant la guerre de Trente Ans ; elle se trouve incendiée par les Suédois. Le toit date du XVIIe siècle, la nef et le portail, de style baroque, de 1723. *(I. M. H. 1968)*

MONUMENT FUNÉRAIRE
1549
Grès polychrome
Église Saint-Ludan 67080603

Le chevalier Laurent de Ruchsleben fait construire ce monument à la mort de son épouse Anne de Keringen. La date de mort de l'époux n'est pas connue. Le couple et ses enfants sont représentés agenouillés au pied de la croix. Le texte figure en lettres gothiques.

TOMBE DE SAINT LUDAN
1492
Grès
Église Saint-Ludan 67080602

Le tombeau néo-gothique du saint se trouve dans la partie latérale gauche de l'église. Il représente saint Ludan sous les traits d'un pèlerin. En effet, saint Ludan, dévoué au service des malades et des pauvres, est célèbre pour son pèlerinage, qui l'amène en Terre sainte, à Rome et à Saint-Jacques-de-Compostelle. Il meurt le 12 février 1202 à Nordhouse, sur le chemin du retour. En 1492, son corps est déplacé de la chapelle funéraire à l'église. Une inscription latine en lettres gothiques mentionne son nom et celui du sculpteur Conrad Von Sinsheim, sous la forme de « CVS ». La dalle a vraisemblablement été sculptée dans l'atelier de l'artiste, qui est le maître d'œuvre de la cathédrale de Strasbourg. Un tableau anonyme de 1760 figure au-dessus du tombeau et représente la légende du saint pèlerin. Ce tombeau devient très vite un lieu où les pèlerins déposent leurs béquilles et invoquent le saint pour la guérison de leurs maux de jambes. Profané pendant la guerre de Trente Ans par les Suédois, il est désormais vide. Les reliques du saint se trouvent peut-être à quelques mètres sous terre, cette église se trouvant construite au-dessus de l'ancienne. *(I. M. H. 1968)*

PRESBYTÈRE
Après 1766
Pierre 67080604

Cette grande maison est typique des presbytères du XVIIIe siècle, avec sa porte d'entrée au milieu de la façade, et ses fenêtres de part et d'autre. Le toit est à quatre pans et le sous-sol partiellement voûté. Ce modèle est aussi très courant pour les petits manoirs de la noblesse locale.

Ichtratzheim

Canton d'Erstein
Arrondissement de Sélestat-Erstein
Superficie : 309 ha
Population 1990 : 281 hab.
Habitants : les Ichtratzheimois
Cours d'eau : l'Ill et la Scheer

Origine du nom : de l'anthroponyme germanique Ic-strad, et de l'allemand *Heim*, foyer.

Blason : ce sont les armes de la famille Albertini, qui a fait construire la pierre de la chapelle.
67080700

HISTORIQUE

Mentionné pour la première fois, sous le vocable de Uthratisheim, dans une lettre du pape Innocent II en 1140, ce village comporte une abbaye. Deux hommes, Gérard et Hecelin, donnent des terres et les rentes de cinq maisons qu'ils possèdent à Ichtratzheim à l'abbaye, qui les garde jusqu'à la Révolution. L'abbaye d'Erstein possède également des biens dans le village. Ils sont vendus en 1336 par l'abbesse, pour couvrir les dettes de l'abbaye, qui est sur le déclin. En 1358, Ichtratzheim est vendu par les comtes d'Ottingen avec tout le Landgraviat à l'évêque de Strasbourg Jean de Lichtenberg. Les dominicaines du couvent Sainte-Élisabeth de Strasbourg détiennent elles aussi des terres, comme le montre un relevé des terres effectué en 1380. En 1624, l'évêque de Strasbourg donne Ichtratzheim en fief à Ascagnio Albertini, bailli et gouverneur de Benfeld. Ses descendants prennent le nom du village, qu'ils gardent jusqu'à la Révolution. Au XVIII*e* *siècle, deux personnages jouent un rôle primordial dans le village, le* Schultheiss, *représentant de l'autorité religieuse dans le village, et le* Heimburger, *percepteur municipal. En 1803, Ichtratzheim, auparavant annexe de la paroisse Saint-Ludan de Hipsheim, devient une paroisse autonome, mais en 1804, dépend à nouveau des communes. La population tient à garder son curé et lui assure la subsistance. La paroisse, devenue une annexe de Fegersheim, n'est autonome qu'en 1844.*

BLASON DU CHÂTEAU D'ICHTRATZHEIM
1631 *67080704*
Ce château se trouve à l'emplacement d'une véritable petite forteresse, alors entourée d'un fossé alimenté par la Scheer depuis le XIIIe siècle. En 1618, les ruines sont achetées par Ascagnio Albertini, originaire d'Italie, qui s'est mis au service de l'empereur Rodolphe II. Albertini se distingue par les puissantes fortifications dont il entoure la ville de Benfeld sur ordre de l'archiduc Léopold, qui le nomme bailli de la ville. À sa demande, Léopold lui cède Ichtratzheim en fief en 1624. Albertini démolit alors l'ancien château ainsi que l'église en bois et fait construire un château Renaissance. À sa mort, en 1639, le château reste aux mains des descendants. Il est loué jusqu'à la Révolution. Le dernier descendant, François Hannibal Albertini d'Ichtratzheim, quitte le village avant la Révolution. Il loue le château à Antoine Sprauel et, en 1802, le vend avec ses dépendances à François Joseph Sprauel, frère d'Antoine, devenu maire du village. Acquéreur de biens nationaux, Sprauel ne s'intéresse non pas au château, mais à la grande cour fermière, dans laquelle il s'installe. Il fait démolir le château, combler les fossés et construire une maison d'habitation et une grange-écurie. Les seuls vestiges du château qui subsistent sont des pièces que François Sprauel a intégrées dans les deux constructions.

ÉGLISE SAINT-GALL
1835
Architecte : Samain
Pierre, crépi et grès *67080701*
L'église Saint-Gall est la troisième église du village. Une première église en bois, à peine éclairée, est détruite par Ascagnio Albertini, qui en fait reconstruire une en 1631. Le 29 mai 1829, la construction de l'église actuelle est décidée par le conseil municipal. La population ayant considérablement augmenté, la place manque. En outre, le clocher menace de s'effondrer. Après quelques hésitations, le conseil décide de construire du neuf. Les trois cloches de l'église Saint-Gall sont bénies le 21 mai 1923. Le 24 mai 1944, les Allemands réquisitionnent les deux grandes cloches pour en récupérer le bronze. Elles partent sur une camionnette vers la gare de Strasbourg pour être acheminées vers Hambourg, mais les nazis n'ont pas le temps ni les moyens de les faire partir. Le curé Eber les retrouve à la gare de Strasbourg parmi une trentaine d'autres cloches. Elles reviennent triomphalement au village en 1945.

CALVAIRE
1873-fin du XXe siècle
Sculpteur : Feuerstein
67080702

Œuvre du sculpteur Feuerstein de Barr, ce calvaire situé à l'entrée du village a été béni le 8 juin 1873. Joseph Bass, ancien curé d'Ichtratzeim, est à l'initiative de sa restauration.

MONUMENT AUX MORTS
1949
Pierre *67080703*

Ce monument aux morts d'Ichtratzheim est réalisé avec des pierres provenant du pont qui est détruit pendant la Seconde Guerre mondiale. L'emplacement choisi est singulier, puisque le monument est placé à l'orée de la forêt. L'inauguration a lieu le 1er mai 1949.

Limersheim

Canton d'Erstein
Arrondissement
de Sélestat-Erstein
Superficie : 558 ha
Population 1999 : 578 hab.
Habitants : les Limersheimois
Cours d'eau : la Scheer

Origine du nom : de l'anthroponyme germanique Lithomar, et du germanique *Heim*, village.

Blason : il représente saint Denis, patron de la paroisse, portant sa tête.
67080800

HISTORIQUE

La première mention du village remonte à l'an 800 environ. Il fait alors partie du domaine de la villa regia *Herinstein. En 847, Charles le Chauve offre le domaine au prieur de Lièpre, du nom de Fulda, attaché à la cour de Pépin le Bref. L'abbaye fait construire une chapelle dédiée à saint Denis. À partir de 1358, le village appartient à l'évêché de Strasbourg, comme la plupart des villages de la région, mais l'abbaye de Lièpre garde ses prérogatives jusqu'en 1400. De cette date à 1600, Limersheim est donné en fief à la famille de Mullenheim. Il est ensuite rattaché au diocèse de Strasbourg. Vers 1846, les habitants de Limersheim dévient le cours de la Scheer pour laisser le passage à la nouvelle ligne de chemin de fer allant de Strasbourg à Bâle. En remerciement, la SNCF nomme la station « Gare de Limersheim ». Limersheim est un petit village groupé en cercle autour de vergers.*

FERME
1708
Bois
61, rue Circulaire *67080803*

Cette ferme, au style relativement archaïque pour l'époque, est la plus

ancienne du village. La date de construction du bâtiment se trouve sur le poteau cornier. Dans le pignon se trouve une loggia qui servait au séchage des fromages. Jusqu'au début du XXe siècle, les paysans fabriquaient eux-mêmes leur fromage avec le lait de leurs vaches. Le caillé, transvasé dans les cerceaux en bois et garni d'un linge, était mis à égoutter sur une planchette pendant deux jours. Les fromages démoulés et salés séchaient. En hiver, cette opération se passait dans les maisons. En été, on enfermait ces fromages dans une cage grillagée à l'abri des mouches. Cette cage était placée au grenier ou sur le rebord de la loggia.

CROIX DE CHEMIN
1760
Grès *67080801*

Limersheim possède sept croix. Celle-ci porte dans son cartouche une inscription en allemand, indiquant qu'elle est faite en l'honneur de Dieu par Diebolt Fösel et Ursula Schall.

ÉGLISE SAINT-DENIS
1776
Crépi 67080802

Cette église se situe à l'emplacement d'une chapelle du XVe siècle déjà dédiée à saint Denis. Construite par l'abbaye de Lièpre, cette chapelle est démolie en 1776 sur ordre de l'évêque Louis Constantin de Rohan pour faire place à l'église actuclle. La construction du chœur est financée par le baron de Wangen.

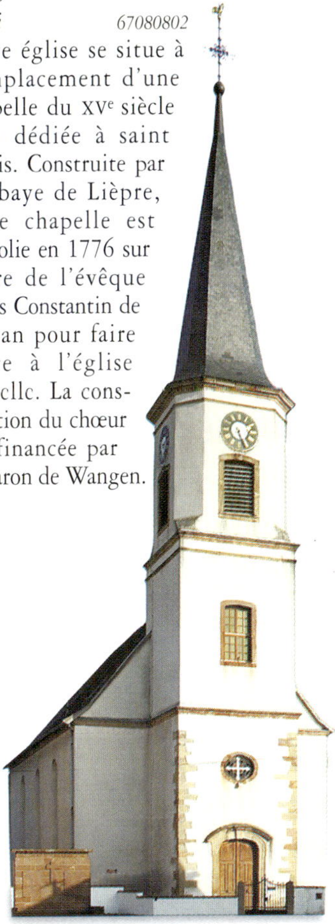

SAINT DENIS
Vers 1500
Bois
Église Saint-Denis
67080807

Cette statue d'applique de style gothique représente sans doute l'évêque saint Denis, patron de l'église. Premier évêque de Paris, cet évêque du IIIe siècle est mort martyr.

VIERGE À L'ENFANT
XVIIIe siècle
Bois
Église Saint-Denis
67080808

Cette statue était utilisée par les pèlerins lors des processions de la Vierge.

PORTE SCULPTÉE
Début du XIXe siècle
Bois de chêne
3, place de l'Église 67080804

Cette porte est caractéristique de celles de Limersheim construites sous le premier Empire. Le chambranle à refend imite un appareillage en pierre. La porte proprement dite est travaillée comme celle des armoires de l'époque.

PEINTURE POLYCHROME SUR HOURDIS
1846
74, rue Circulaire 67080805

Cette peinture comporte, comme beaucoup d'autres du village, les initiales gravées des propriétaires, l'année de la construction de la maison figurant sur le poteau cornier. Le cartouche est symbolique. En effet, l'étoile, en haut de la partie centrale, est un signe à valeur prophylactique. Les parties latérales sont ornées de l'arbre de vie, symbole de la continuité, et de la tulipe, dont le calice épanoui, qui reçoit les dons dispensés par Dieu, est un emblème de l'élément féminin. Le lis, symbole mâle, est représenté dans les écoinçons. L'ensemble exprime ainsi le désir d'avoir une famille préservée de tout malheur.

ÉCOLE
1851
Architecte : Antoine Ringeisen
Pierre et bois 67080806

Ce bâtiment, conçu par l'architecte de l'arrondissement de Sélestat, comporte une bibliothèque et une salle de classe. La mairie, qui auparavant occupait les locaux, a déménagé dans le presbytère.

Nordhouse

Canton d'Erstein
Arrondissement de Sélestat-Erstein
Superficie : 1 100 ha
Population 1990 : 1 333 hab.
Habitants : les Nordhousiens
Cours d'eau : l'Ill

Origine du nom : de l'emplacement du village, situé au nord de la *villa regia* d'Herinstein.

HISTORIQUE

Les nombreuses trouvailles archéologiques, comme le cimetière néolithique, les fosses d'habitation près de la route de Krafft et les tumuli *au lieu-dit Bürkelmatt, révèlent une occupation humaine remontant à la préhistoire. Le village est mentionné dès les VIII*e*-IX*e *siècles dans une charte de l'abbaye d'Ebersmunster, qui y possède des biens et les conserve jusqu'au XIII*e *siècle. Dès le début de ce siècle, l'évêque de Strasbourg est le vrai maître de Nordhouse. Il loue le village au bailli de Strasbourg. En 1261, le bourg devient la possession d'un chanoine de la cathédrale. Il est incendié la même année par les Strasbourgeois, en conflit avec leur évêque, dont un parent possède le château de Nordhouse. Le château, donné en gage à des familles successives, revient intégralement à l'évêché en 1527. L'administration des biens est confiée aux hospitaliers de Saint-Jean de la commanderie de Soultz. Le village étant ravagé par la guerre de Trente Ans, l'évêque réorganise le cadastre en 1662. La Révolution laisse quelques traces dans l'histoire du village, parmi lesquelles la création d'une garde nationale et la célébration du culte de la Raison à l'église en 1792. Les frais de cantonnement des régiments sous le premier Empire, les tributs payés aux troupes d'occupation lors de l'exil de Napoléon, éprouvent la population, essentiellement composée d'agriculteurs, de pêcheurs et d'artisans. À la fin du XX*e *siècle, le village, dont certaines fermes sont encore en exploitation, possède une zone industrielle.*

ÉGLISE SAINT-MICHEL (portail)
*VIII*e*-IX*e*-XIII*e *siècles-1731-1849*
Architecte : Antoine Ringeisen
Pierre, crépi et pierre de taille (H. : 45 m)
67080903

Cette église est mentionnée pour la première fois en 1252. La tour, qui faisait office de chœur, remonte à l'époque romane. Après la destruction du village par les Suédois en 1632, les deux églises Saint-Michel et Saint-Martin de Nordhouse ne forment plus qu'une seule paroisse : Saint-Michel, dont le curé est nommé par la commanderie de Saint-Jean. Saint-Martin devient une simple chapelle. Puis l'église Saint-Michel, qui s'avère trop exiguë, est agrandie en 1731, peut-être sur les ordres de Peter Thumb, mais le clocher est conservé. Le 15 octobre 1766, les deux paroisses sont définitivement réunies. En 1847, l'église connaît un nouvel agrandissement, sous la direction d'Antoine Ringeisen. Le style de construction respecte le caractère roman initial. Le clocher porte une fleur de lis, emblème des rois de France, à chaque angle du premier étage. La coupole, couverte de tuiles vertes, est elle-même surmontée d'un clocheton avec coupoles. Deux cadrans solaires se trouvent du côté sud.

BAPTISTÈRE
1620
Grès
Église Saint-Michel *67080919*
Une guirlande de fruits décore le socle. Au sommet, sont représentés un baptême bourgeois et des têtes d'angelots.

CHAPELLE SAINT-LUDAN
1665-1757
Grès
Cimetière *67080901*
Cette chapelle est démolie en 1757 pour être reconstruite et agrandie. Déraciné en 1850 lors d'un orage, le tronc du tilleul sous lequel Saint-

Ludan est mort le 12 février 1202 se trouve à l'intérieur de l'édifice. Les pèlerins qui veulent obtenir une guérison ou l'exaucement d'une prière balayent la chapelle à reculons avec un balai confectionné à l'aide de branches de bouleaux et laissent le balai sur place en signe d'ex-voto. Cette pratique était en usage dans de nombreuses chapelles de la région. En 1870, le nouveau cimetière est étendu jusqu'à la chapelle.

NEF
1665-1757
Grès
Chapelle Saint-Ludan 67080902
La nef, rectangulaire, est prolongée d'un chœur à pans coupés aveugles. Le plafond du chœur et de la nef est continu. L'escalier intérieur est à deux volées en équerre.

PILIER
1723
Grès
133, rue du Fossé 67080914
Ce pilier comporte les initiales des propriétaires de l'époque et trois poissons entrecroisés, rappelant ainsi que Nordhouse a été un village de pêcheurs. Le poisson, insigne professionnel, se retrouve à d'autres endroits du village.

MAISON
1701
Pan de bois
137, impasse de l'Ill 67080917
Cette vaste maison a, comme sa voisine, la particularité de tourner le dos à la rue. Ceci s'explique par sa fonction dans le passé. L'Ill, très poissonneuse, fournissait des poissons bien au-delà du village, et tout se transportait par bateau. Cet endroit était un véritable petit port fluvial où on centralisait, chargeait et déchargeait toutes sortes de marchandises. Il est donc normal que la maison soit tournée vers la rivière. Elle faisait office de *Ladhof*, de l'allemand *laden*, charger, et *Hof*, cour.

CROIX DE CIMETIÈRE
1731-fin du XXe siècle
Grès
Rue de l'Église 67080905
Cette croix, œuvre du maître du calvaire d'Eschau, représente le Christ en croix dans un grand état de dénuement.

PORTAIL
1736
Grès
129, rue du Fossé 67080915

Sur la fausse clef d'arc de ce portail en grès sculpté figure une croix de Lorraine, seul signe de ferme du village. Les jambages sont décorés de sculptures géométriques.

FERME
1775
Pan de bois de chêne *67080906*

Le cartouche de cette ferme comporte les noms des constructeurs Joseph Herd et Odilia Lagelin, surmontés du signe de protection et d'une croix, « J. H. S », Jésus Heiland-Segen, et accompagnés de leurs emblèmes professionnels, la roue, la scie du charron, et la faux.

SÉCHOIR À TABAC
Début du XIXe siècle
Pan de bois *67080909*

Ce grand séchoir à tabac fait partie à l'origine d'une ferme toute proche. Le terrain de celle-ci, aux formes irrégulières, ne permettait pas l'installation du séchoir. La technique du remplissage « inachevé », qui consiste à laisser apparaître le bois de l'armature du torchis au centre des panneaux, est utilisée afin d'assurer une bonne ventilation du séchoir.

BANC
Après 1811
Grès *67080913*

Ce banc public est appelé « banc du roi de Rome ». Ceux-ci ont été installés en grand nombre à la suite de la dépêche du préfet Lezay-Marnésia, le 22 avril 1811, qui demande aux communes du département d'ériger des bancs-reposoirs pour fêter la naissance et le baptême du roi de Rome, fils de Napoléon Ier et de Marie-Louise d'Autriche. Dans le canton d'Erstein, il ne reste que deux de ces bancs.
(I. M. H. 1982)

FERME
1833-1891
Pan de bois
17, rue du Printemps *67080908*

Au centre de la ferme se trouve un bâtiment pour l'enfilage et le séchage du tabac. Ce pavillon, autrefois utilisé comme logement de domestiques, comporte un étage auquel on accède par un escalier extérieur. D'après les plans, le bâtiment aurait changé de place.

MAIRIE
1830
Grès et pan de bois *67080912*

Cette bâtisse est construite à proximité d'une ancienne porte de fortification en bois datant du Moyen Âge et qui gardait l'entrée du pont. Son architecte l'a conçue dans un style néo-classique, très répandu pour les constructions officielles à l'époque. Elle abrite d'abord un corps de garde, puis l'école de filles à partir de 1839. La restauration effectuée met au jour les pans de bois, ce qui contraste avec l'intention initiale de l'architecte.

PUITS
Pierre
17, rue du Printemps 67080907

La vaste exploitation, qui comprend un puits, une grande étable avec auvent et une grange avec deux entrées charretières, connaît plusieurs extensions entre 1833 et 1891.

CALVAIRE
XIXe siècle
Cimetière 67080904

Ce calvaire sur socle représente le Christ en croix avec à ses pieds saint Jean et la Vierge Marie.

Obenheim

Canton d'Erstein
Arrondissement de Sélestat-Erstein
Superficie : 799 ha
Population 1990 : 1 078 hab.
Habitants : les Obenheimois
Cours d'eau : la Lachter

Origine du nom : inconnue.

HISTORIQUE

Obenheim appartient à l'origine au Landgraviat de basse Alsace : les Werd. Leurs successeurs cèdent le village en 1359 à l'évêque de Strasbourg. À la même époque, trois couvents strasbourgeois possèdent également des biens à Obenheim. Au XIVe siècle, le village est très morcelé. Avant la Révolution, Obenheim est partagé entre trois seigneuries, les Bock, les Sickingen, et les Böcklin de Böcklinsau, familles établies au village depuis longtemps. En 1546, Louis Bock introduit la Réforme, et l'église Saint-Rémy sert aux deux communautés. À la suite des ravages commis par les Suédois en 1632, le cadastre est refait en 1665. L'église reconstruite est utilisée par les protestants et les catholiques jusqu'en 1879. En 1897, un temple protestant remplace l'église, tandis que l'église actuelle, qui date de 1879, accueille une communauté catholique agrandie grâce à l'apport des familles des douaniers. L'ancienne résidence des Böcklin de Böcklinsau est rachetée par la commune en 1847 pour en faire le presbytère catholique. L'offensive allemande de janvier 1945 fait d'énormes dégâts dans le village. Certaines maisons sont restaurées par la suite.

ANCIENNE AUBERGE
1575
Pan de bois et pierre
12, rue de Strasbourg 67081007

En 1665, cette bâtisse a servi de mairie et d'auberge. Restaurée après la Seconde Guerre mondiale, elle est dotée d'une cour, d'une étable à vaches et d'une grange. L'ancien établissement est aujourd'hui devenu le restaurant *Au Bœuf*.

FERME
Début du XVIIe siècle
13, rue de Strasbourg
67081006

Selon la tradition, cette bâtisse, qui contient un abreuvoir et une cour, serait une ancienne maison aux dîmes.

ANCIENNE RÉSIDENCE SEIGNEURIALE
Première moitié du XVIIIe siècle
Pierre et crépi
6, rue Vœgele 67081005

L'ancienne résidence des Böcklin de Böcklinsau est un petit manoir – appelé *Schloessel* en alsacien – bâti dans le style d'un presbytère, agrandi de deux bâtiments de part et d'autre. En 1749, Charlotte Böcklin de Böcklinsau, domiciliée à Strasbourg, loue encore des terres à des paysans d'Obenheim. La résidence passe ensuite au capitaine Venez, puis à Claude Tourny qui l'habite en 1755. La commune acquiert le Schloessel en 1853 pour y installer le premier curé. Le bâtiment, qui abrite un escalier avec un départ de style rococo, sert de presbytère catholique pendant longtemps.

ÉGLISE CATHOLIQUE
1879
Pierre et crépi
Rue Vœgele 67081001

De 1545 à 1879 les catholiques se rendent à l'église mixte Saint-Rémy, démolie pendant la guerre de Trente Ans puis reconstruite, et dépendent du curé de Gerstheim. À cette date, ils sont autorisés à construire leur propre église, non loin du manoir des Böcklin de Böcklinsau qui sert de presbytère au premier curé Mathias Rohmer. Auparavant, c'était le curé de Gerstheim qui s'occupait des catholiques d'Obenheim.

TEMPLE PROTESTANT
1897
Grès rouge
Rue principale 67081002

En 1897, la paroisse protestante entreprend la construction du temple actuel, en remplacement de la petite église Saint-Rémy. Lors de la démolition de l'ancienne église, des pierres tombales sont trouvées, parmi lesquelles un relief gothique représentant saint Rémy, une dalle funéraire de 1733, et un monument funéraire de Frédéric de Sickingen datant de la Renaissance *(I. M. H. 1935)*. Le plus vieux registre de cette paroisse date de 1595, mais il est perdu pendant la guerre de Trente Ans. Pendant la Première Guerre mondiale, les cloches de l'église sont cédées aux autorités allemandes, qui en réutilisent le bronze. En 1924, Obenheim retrouve des cloches. La grande cloche du temple est un don de Mme veuve Andna, en souvenir de ses deux fils Jules et Albert, morts pendant la guerre à quelques semaines d'intervalle.

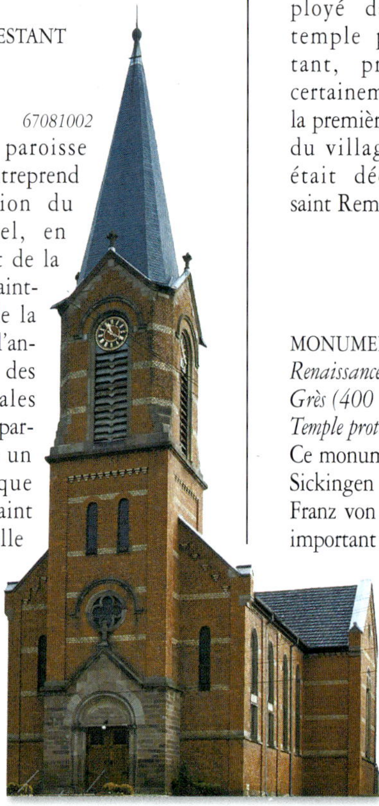

SAINT REMY
XIVe siècle
Grès
Temple protestant
67081003

Ce relief, réemployé dans le temple protestant, provient certainement de la première église du village, qui était dédiée à saint Remy.

MONUMENT FUNÉRAIRE
Renaissance
Grès (400 × 120 cm)
Temple protestant 67081004

Ce monument funéraire de Frédéric de Sickingen (1544 -1581) – petit-fils de Franz von Sickingen, qui joua un rôle important pendant la Réforme –, provient de l'ancienne église. Les Sickingen tenaient en fief une partie du village. À l'origine, ce monument est situé à l'entrée du chœur de l'église détruite. Les pilastres qui encadrent le personnage portent les blasons de ses aïeux. Le socle porte l'inscription suivante en vieil allemand : « le noble Frédéric de Sickingen est mort pieusement et chrétiennement, le 10 mai 1581, après la naissance du Christ notre Rédempteur, que Dieu lui accorde la grâce et à ceux qui l'ont précédé, de lui accorder une joyeuse résurrection. »

Osthouse

Canton d'Erstein
Arrondissement de Sélestat-Erstein
Habitants : les Osthousois
Cours d'eau : l'Ill

Origine du nom : de l'allemand *Ost*, est, et *Haus*, maison.

Blason : il représente le jeu de quilles, autrefois très pratiqué sur ce territoire.
67081100

HISTORIQUE

Comme l'attestent des vestiges archéologiques, ce village est occupé dès l'époque romaine. Il se trouve au sud d'Erstein, même si son nom le situe à l'est par rapport à la villa regia *Herinstein. En 737, l'abbaye de Murbach reçoit des biens du comte Eberhard. La famille Zorn de Bulach, qui possède des biens à Osthouse depuis le* XIV

CHÂTEAU D'OSTHOUSE
Première moitié du XVe-XVIe siècles
Pierre et crépi
Rue du Château 67081110
Du château de plaine d'origine, entouré de douves, subsistent la partie générale et le soubassement de l'enceinte. Les douves sont alimentées par une déviation de l'Ill. Au XVIe siècle, l'aile sud est ajoutée, avec un pignon crénelé et un toit couvert de tuiles vernissées. L'entrée du château est défendue par deux tours. *(Cl. M. H. 1983)*

VESTIGE DU MONUMENT FUNÉRAIRE DE GEORGES ZORN VON BULACH
Vers 1567
Grès
Château d'Osthouse
67081108
Les sculptures funéraires des deux époux Georges Zorn von Bulach (mort en 1567) et Ursule de Landsberg sont placées chacune sur une tour de l'entrée du château. Cet ensemble fait certainement partie d'un monument funéraire plus complet, auquel il manque la partie centrale.

VESTIGE DU MONUMENT FUNÉRAIRE D'URSULE DE LANDSBERG
Seconde moitié du XVIe siècle
Grès
Château d'Osthouse 67081107
Cette sculpture en hommage à Ursule de Landsberg est placée sur l'autre tour à l'entrée du château. Le socle est identique à celui de son époux.

LINTEAU DE PORTE
1540
Grès
Cimetière 67081101
Sur ce linteau de la porte du cimetière, l'arc porte de manière visible le blason des Zorn de Bulach. Les deux autres blasons sont indéchiffrables.

LINTEAU DE PORTE
1559
Grès
Cimetière 67081102

Ce linteau sculpté rectangulaire comporte trois blasons, celui des Zorn au milieu, et, de part et d'autre, le blason aux trois poissons des Schauenstein et celui des Pfaffenlepe, aux trois bonnets. La date de 1559 est gravée entre les blasons.

PIERRE TOMBALE
XVIIe siècle
Grès gris (82 × 215 cm)
Cimetière 67081109

En bon état de conservation, cette pierre tombale de Ludwig Zorn von Bulach porte les armes des Uttenheim, des Ramstein et des Bulach.

ÉGLISE SAINT-BARTHÉLEMY
XVe-XVIIe-XVIIIe-XIXe siècles
Pierre et crépi 67081104

Osthouse a d'abord eu une église portant le nom de Saint-Martin. La partie inférieure de la tour pourrait provenir de cette ancienne église. Le deuxième niveau, percé de fenêtres gothiques, et les gargouilles sur les angles, dateraient du milieu du XVe siècle – le tympan du porche comporte la date de 1453. Les frontons curvilignes sont du XVIIe-XVIIIe siècle. Le sanctuaire est dédié à saint Barthélemy à partir du milieu du XVIIIe siècle. En 1769, l'architecte Christiani fait les plans pour la reconstruction de la nef, du chœur et de la sacristie. Le maître-autel est néo-rococo. L'église conserve six porte-cierges du XVIIIe siècle qui appartenaient aux corporations. Le couronnement octogonal avec toit en forme de bulbe surmonté d'un clocheton est postérieur à 1895. *(I. M. H. 1937)*

GARGOUILLES
XVe siècle
Pierre
Tour-porche de l'église Saint-Barthélemy
67081106

Les quatre angles de la tour-porche sont ornés de gargouilles représentant des animaux grotesques dans un style gothique.

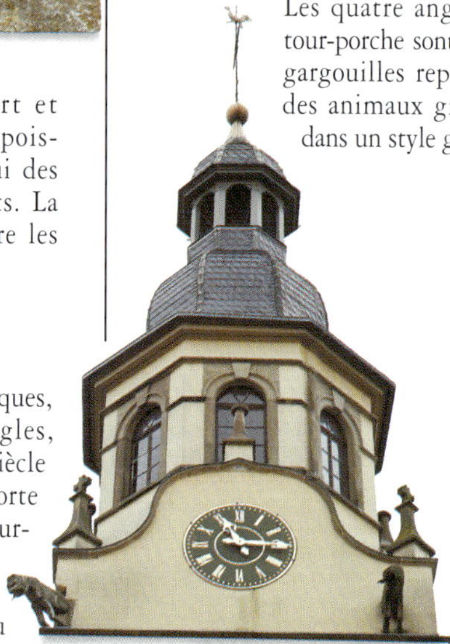

PORTE-CIERGE
XVIIIe siècle
Bois polychrome
Église Saint-Barthélemy
67081105

Ce porte-cierge est orné de trois apôtres qui posent leurs pieds sur des poissons. L'un d'entre eux est saint Jacques, dont le collet orné de coquilles est un attribut du pèlerin. Le fût du porte-cierge est en effet toujours orné de saints patrons de la corporation ou d'outils rappelant le métier. Osthouse possède ainsi deux porte-cierges de la confrérie des pêcheurs. Les porte-cierges appartiennent aux différentes corporations qui se doublent généralement d'une confrérie religieuse. Ils sont sortis lors des processions et encadrent le cercueil lors de la messe d'enterrement d'un membre de la confrérie.

Schaeffersheim

Canton d'Erstein
Arrondissement de Sélestat-Erstein
Superficie : 396 ha
Population 1990 : 669 hab.
Habitants : les Schaeffersheimois
Cours d'eau : la Scheer, le Bruch
et l'Andlau

Origine du nom : de l'allemand *Schöfer*, berger, et *Heim*, foyer.

Blason : le mouton, qui fait allusion aux bergers du village, a été transformé en agneau pascal.
67081200

HISTORIQUE

Le village, situé au bord du Bruch et de l'Andlau, est mentionné pour la première fois en 777. À cette époque, il fait partie des biens de la villa regali *Herinstein. C'est là que se pratique l'élevage des animaux, confié à de nombreux bergers. Plus tard, les abbayes de Hohenburg et de Murbach y possèdent des biens. Cette dernière donne Saint-Léger comme patron à l'église de Schaeffersheim. Cette église est reconstruite en 1754 par Balthazar Dörgler. En 1867, elle est agrandie et transformée par Antoine Ringeisen. Le village garde des exploitations agricoles. Les établissements Baumert donnent aussi du travail aux habitants. Beaucoup se rendent à Obernai, dans la zone industrielle d'Erstein, ou à Strasbourg.*

CROIX DE CHEMIN
XVIIe siècle
Grès *67081202*

Ce christ aux mains bénissantes a un corps très court, disproportionné par rapport à sa tête, à ses pieds et à ses jambes. Cette croix est attribuée au « maître de 1620 », l'auteur de deux croix datées de 1620, qui se trouvent dans les villages voisins de Hindisheim et Limersheim.

ÉGLISE SAINT-LÉGER
1754 -1867
Architectes : Balthazar Dörgler et Antoine Ringensein *67081203*

Cette église, qui doit son patron à l'abbaye de Murbach, est reconstruite en 1754, peut-être à la suite des ravages de la guerre de Trente Ans. Balthazar Dörgler est chargé de ces travaux. En 1867, le chœur, une tour et un transept sont ajoutés par Antoine Ringeisen, architecte issu d'une vieille famille ersteinoise qui a transformé de nombreuses églises de la région. L'église possède une cloche de 1420 et une Vierge à l'Enfant polychrome de la fin du XVe siècle.

CLOCHE
1420-1991
Bronze (d. : 80 cm)
Église Saint-Léger *67081205*

Restaurée en 1991, cette cloche, qui pèse 280 kilogrammes et sonne en do dièse, porte l'inscription latine « Benedictus qui venit in nomine domini – hosana in exelsis », qui signifie : béni soit celui qui vient au nom de Dieu – gloire au plus haut des cieux. Elle a été offerte au monastère Sainte-Barbe de Strasbourg par le roi Louis XV et son épouse Marie Leszczynska à l'occasion de la naissance de leur fils le dauphin de France en 1729. Vendue ou cachée à l'église de Schaeffersheim, elle a pu être sauvée de la destruction pendant la Révolution.
(Cl. M. H. 1982)

VIERGE À L'ENFANT
Fin du XVe siècle
Bois polychrome
Église Saint-Léger 67081204

Cette statue polychrome est en bois creux. La couronne, le sceptre ainsi que la peinture de cette œuvre en bois creux ont été refaits. Inspirée des Vierges en majesté, cette statue présente un enfant vaillant qui lève le bras droit pour bénir les fidèles. La polychromie est de facture plus récente que la sculpture elle-même.

CHAPELLE SAINT-BLAISE
Vers le XVIIIe siècle
Grès et crépi blanc 67081201

Cette chapelle est le seul vestige du village de Battersheim, situé près de Schaeffersheim, cité dès 1292 et disparu sans doute à la fin du XVe siècle ou au XVIe siècle. Elle sert de lieu de pèlerinage aux habitants des villages environnants. Citée pour la première fois en 1371, elle est restaurée en 1652, mais il semble que l'édifice actuel date du XVIIIe siècle. Comme dans les autres chapelles de la région, le balayage y était autrefois une pratique répandue. Pour faire pénitence et obtenir une réponse favorable à une prière, le croyant balaie la chapelle à reculons à l'aide d'un balai confectionné avec des branches de bouleau. Le balai est laissé dans la chapelle et posé à l'envers, en guise de trace de passage. Les 14 statues qui ornaient la chapelle ont été volées à la fin du XXe siècle.

FERME
XVIIIe siècle
Pan de bois 67081206

Témoignant du riche et ancien patrimoine rural de la commune, ce genre de ferme appartenait aux gros paysans. Situés au centre du village, ces bâtiments s'opposaient aux logements des journaliers, qui étaient plus petits et se trouvaient alentour.

ÉCOLE
1903
Pierre
29, rue Principale 67081207

USINE
Vers les années 1970
50, rue Principale 67081209

L'entreprise Baumert Industrie SA, issue de la forge familiale, s'est développée et agrandie après la Seconde Guerre mondiale. Elle est spécialisée dans la construction métallique et exporte sa production dans de nombreux pays.

Uttenheim

Canton d'Erstein
Arrondissement de Sélestat-Erstein
Superficie : 477 ha
Population 1999 : 533 hab.
Habitants : les Uttenois
Cours d'eau : la Scheer

Origine du nom : de l'anthroponyme germanique Utto, et du germanique *Heim*, village.

Blason : il reprend les armes des Uttenheim zu Ramstein, seigneurs de la localité jusqu'au XVIIe siècle.
67081300

HISTORIQUE

L'origine du village pourrait remonter à l'occupation romaine. En 1952 a été découvert un cimetière mérovingien, composé de sept tombes avec des poteries et des armes. Plusieurs abbayes de Strasbourg, ainsi que celle d'Ebersmunster, avaient autrefois des possessions à Uttenheim. Cet ancien village appartenant à l'évêché est inféodé au XVIe siècle à la famille de Seebach, aux barons Reinach-Werd, et aux Uttenheim zu Ramstein, dont la famille s'éteint en 1676. L'abbaye d'Ebersmunster possède alors l'église et reçoit la dîme du village. Au XXe siècle, à l'instar d'autres villages, Uttenheim est devenu un endroit moins agricole. Beaucoup d'habitants se déplacent pour chercher du travail.

CALVAIRE
1686-1802
Grès
Rue de Magenheim *67081304*
Cette croix de cimetière, qui comporte les dates de son édification, est particulièrement surélevée.

FERME
Début du XVIIIe siècle
Pan de bois
8, rue Principale *67081306*
Cette vaste ferme, qui se situe dans un alignement avec d'autres maisons à colombage, possède des bâtiments d'exploitation entourant les trois côtés de la cour, fermée vers la rue. La construction très soignée repose sur une cave, contrairement aux maisons plus modestes, qui en possèdent rarement une.

ANCIENNE FERME
1693
Pan de bois
3, rue Principale *67081305*
Cette ferme, dont la date de 1693 figure sur un hourdis, a un décor exceptionnellement riche. Dans la poutraison se trouvent des croix de Saint-André, des chaises curules et des losanges, symboles de prospérité et de multiplication, à la fois pour la descendance et les récoltes. Cette ferme est restée longtemps dans son état d'origine, tant à l'extérieur qu'à l'intérieur.

ÉGLISE SAINT-PIERRE-ET-SAINT-PAUL
1743
Pierre, crépi et grès *67081301*
L'église Saint-Pierre-et-Saint-Paul est reconstruite en 1743 par l'abbaye d'Ebersmunster et par les villageois. La tour porte des frontons curvilignes. L'intérieur est de style baroque. Les deux autels latéraux auraient été offerts par l'impératrice Joséphine.

PLAFOND
Milieu du XVIIIe siècle
Stuc
Église Saint-Pierre-et-Saint-Paul
67081302

Le plafond de l'église est décoré d'arabesques rococo, comme la chaire.

CHAIRE SUSPENDUE
Milieu du XVIIIe siècle
Stuc
Église Saint-Pierre-et-Saint-Paul
67081303

L'originalité de cette chaire tient à son emplacement. Un escalier permet d'y accéder depuis la sacristie. La chaire s'intègre dans l'ensemble du décor, qui se distingue par son unité. Les artistes qui ont réalisé les stucs de l'église auraient été appelés par les bénédictins de l'abbaye d'Ebersmunster, qui possède le même décor dans son église abbatiale.

Westhouse

Canton d'Erstein
Arrondissement de Sélestat-Erstein
Superficie : 1 194 ha
Population 1990 : 1 170 hab.
Cours d'eau : la Scheer

Origine du nom : de l'allemand *west*, ouest, et de *Haus*, maison, signalant probablement l'emplacement du village par rapport à la *villa* Herinstein.

Blason : ce sont les armes de la famille de Westhausen.
67081400

HISTORIQUE

Westhouse appartient à l'origine aux Habsbourg, qui le donnent en fief aux Rathsamhausen zum Stein de 1369 à 1689. Le comte de Wurmser, dernier seigneur du fief, y possède un château, qui est transformé en ferme après la Révolution. Une première église, dont il subsiste d'importants vestiges au XIXe siècle, se trouve dans le cimetière fortifié et entouré d'un fossé. Westhouse possède une synagogue, construite en 1856 et détruite lors de la Seconde Guerre mondiale. Le village a de nombreuses fermes, dont beaucoup datent du XVIIIe siècle.

CHAPELLE SAINT-ULRICH
XIIe-XVIIIe siècles-1978
Pierre et crépi
Holzbad *67081403*

Cette chapelle très ancienne est l'église paroissiale d'un village disparu, Holz. La nef date du XIIe siècle ; le chœur est reconstruit au XVIIIe siècle. La tradition rapporte que saint Ulrich, ayant soif, aurait fait jaillir une source à cet endroit. Cette eau aurait eu des vertus curatives exploitées pour la guérison des perclusions, de l'arthrite et des calculs. Très endommagée pendant la Seconde Guerre mondiale, la chapelle est restaurée de 1975 à 1978.

PEINTURE MURALE
Première moitié du XIVe siècle-1978
Chapelle Saint-Ulrich *67081404*

Les peintures murales de la chapelle Saint-Ulrich ont été restaurées en même temps qu'elle, entre 1975 et 1978. Parfois difficiles à interpréter, elles représentent des scènes bibliques de l'Ancien Testament et de l'Apocalypse.

ANCIENNE MAISON DE BAINS
Milieu du XVIIIe siècle
Architecte : François-Joseph Derivaux
Pan de bois
Holzbad *67081409*

Les eaux curatives du Holzbad sont exploitées dès l'époque romaine. D'après la légende, au XIe siècle, saint Ulrich y aurait fait jaillir une source pour étancher sa soif. Cette maison de bains construite pour soigner les calculs, l'arthrite et les perclusions comprend la chaufferie et les cabines de bains au rez-de-chaussée, une cuisine, une salle et des chambres à l'étage, et 13 cham-

bres dans les combles. Au XVIIIe siècle, 100 à 120 bains sont donnés par jour. Cet établissement a fonctionné jusqu'en 1910.

FERME
1745
Pan de bois
67, rue Principale 67081406

Cette ferme possède une loggia dans le pignon, ce qui est caractéristique des maisons de Westhouse.

FERME-RESTAURANT
1807
Architecte : Jean-Georges Derivaux
Pan de bois
Holzbad 67081408

Cette ferme-restaurant s'ajoute en 1807 à l'ensemble du Holzbad, situé à l'ouest du village de Westhouse, et qui regroupe différents bâtiments. Par son toit à quatre pans, par ses nombreuses fenêtres très rapprochées et par la quasi-symétrie de ses ouvertures, elle est caractéristique de l'époque du premier Empire.

ÉGLISE SAINT-MATTHIEU
1895-1897
Pierre et crépi 67081401

Cette église se situe à l'emplacement de l'ancienne église de 1720-1724, qui elle-même remplaçait une église primitive. Le bâtiment est de style néo-gothique, de même que l'aménagement intérieur et le buffet d'orgue. L'instrument est le dernier fabriqué par la maison Stiehr-Mockers.

RELIEF
Fin du XIIe siècle
Grès
Église Saint-Matthieu 67081402

Ce relief de femme, sculpté sur l'une des faces d'une pièce carrée, viendrait de l'église primitive. La tête date du dernier quart du XIIe siècle, alors que le corps est postérieur. La sculpture a été réemployée dans le mur de la sacristie de l'église paroissiale.

SAINT JOSEPH À L'ENFANT
Fin du XVIIe-début du XVIIIe siècle
Bois doré
Église Saint-Matthieu 67081405

Cette statue proviendrait de la chapelle Saint-Ulrich du Holzbad toute proche, qui a été détruite à plusieurs reprises. La présentation de Jésus par saint Joseph se rencontre rarement dans l'iconographie religieuse.

Canton de Geispolsheim

- Blæsheim
- Duppigheim
- Entzheim
- Eschau
- Fegersheim
- Geispolsheim
- Holtzheim
- Kolbsheim
- Lipsheim
- Plobsheim

Blæsheim

Canton de Geispolsheim
Arrondissement
de Strasbourg-Campagne
Superficie : 996 ha
Population 1990 : 1 000 hab.
Habitants : les Blæsheimois
Cours d'eau : l'Ehn

Origine du nom : de l'anthroponyme germanique Bland et du germanique *Heim*, village.

Blason : l'édifice religieux est l'ancienne église romane du Glœckelsberg.
67090100

HISTORIQUE

Les découvertes archéologiques réalisées sur la colline du Glœckelsberg prouvent une occupation ancienne du site : il s'agit de trois tombes de l'époque de La Tène, de vases du IIe siècle et d'une tombe de la période des migrations germaniques vers le IVe siècle. D'après les historiens, cette colline est un des sites possibles de la bataille d'Arioviste en 58 av. J.-C. Le couvent de Hohenburg, situé au mont Saint-Odile, possède des terres à Blæsheim, ou Bladensheim, dès 1050, ainsi qu'un Dinghof, *ou cour colongère. Ancien fief du Saint Empire romain germanique, le village est vendu par les héritiers de Hans von Rosheim à Ulrich Bock en 1425. En 1527, les terres du couvent de Hohenburg et la cour colongère sont achetées par Friedrich Bock von Blæsheim ; c'est lui qui introduit la Réforme en 1539. Dans les procès de sorcellerie du XVIIe siècle, la colline du Glœckelsberg est mentionnée comme lieu de rencontre des sorcières avec le diable : le 27 mai 1616, Apollonia Spener et sa fille Dorothea, de Geispolsheim, soumises à la torture, reconnaissent avoir dansé avec le diable et avoir renié Dieu ; elles sont pendues à Saverne. Le dernier héritier mâle des seigneurs, Frédéric Henri Bock von Blæsheim et Gerstheim, meurt en 1791, et l'ancien château seigneurial est démoli en 1806. Blæsheim était réputé pour son vin rouge du Glœckelsberg et la qualité de ses choux. Les activités restent essentiellement liées à l'agriculture, au commerce et à l'artisanat.*

TOUR-PORCHE
Vers le XIe siècle-1873
Grès rose des Vosges
Glœckelsberg *67090119*
L'ancienne église paroissiale, implantée au sommet du Glœckelsberg, soit à une altitude de 198 mètres, est partiellement démantelée en 1830-1831. La tour-porche subsiste. Son toit en bâtière, c'est-à-dire à deux pans, est remplacé en 1873 par un toit plat avec des créneaux en brique, qui fait fonction de plate-forme d'observation. *(I. M. H. 1841)*

CLEF DE CINTRE
Grès rose
Ancienne église du Glœckelsberg
67090120
Cette pierre sculptée comporte les représentations de deux personnages d'interprétation difficile. Le Glœckelsberg est un haut lieu du paganisme romain au moment de la christianisation de la région. Cette pierre, remployée en clef de cintre, témoignerait peut-être de l'attitude générale du christianisme conquérant de cette époque qui, tout en condamnant et détruisant les manifestations du paganisme, en intègre certains éléments dans ses propres usages dans un souci de transition sans heurts. Conservant certaines croyances, certaines imageries antérieures, la religion nouvelle facilite ainsi sa propre intégration dans les mentalités.

FERME
1669
Pan de bois
18, rue du Maréchal-Foch *67090107*
Cette demeure est la plus ancienne de Blæsheim. Intégrée dans un ensemble de maisons en pans de bois des XVIIe et XVIIIe siècles ayant conservé leur caractère d'exploitations agricoles, elle fait l'objet d'une reconstruction consécutive aux guerres du XVIIe siècle.

ANCIENNE ÉCOLE
1691
Pan de bois
Place de la Mairie 67090110
Ce bâtiment abrite un établissement scolaire de 1691 à 1868, année de la construction de la nouvelle école, par l'architecte Matuszinski. Le rez-de-chaussée comprend deux salles de classe. Au premier étage, une salle de classe côtoie le logement du maître. Au XIXe siècle, cette école est un sujet de conflit entre la commune et le préfet qui veut imposer la création d'une école de filles et qui, en 1846, interdit la tenue des classes durant cinq semaines.

CADRAN SOLAIRE
XVIIIe-XXe siècles
Grès rose
Place de la Mairie 67090117
Au XVIIIe siècle, ce cadran solaire multiface se trouve dans le parc du château des Bock. Lors de la démolition du château en 1806, il est transporté au jardin du presbytère. Abandonné pendant de longues années, il est restauré au XXe siècle et placé au milieu d'une fontaine.

ÉGLISE
1761-1762
Architecte : Jean-Laurent Goetz
Pierre 67090101
Une nouvelle église est construite au XVIIIe siècle pour remplacer l'ancienne chapelle du château. Jean-Laurent Groetz est par ailleurs architecte de l'Œuvre Notre-Dame. Cette église baroque à clocher de façade comporte une inscription au-dessus de la porte occidentale rappelant qu'elle a été inaugurée en 1762 alors que les frères François Charles et Frédéric Henri Boch étaient seigneurs et que Jean Daniel Büttner était pasteur.

LE PETIT CHÂTEAU
Début du XVIIIe siècle
Pierre
28, rue du Maréchal-Foch 67090106
Le Petit Château dont la datation est incertaine se distingue par sa construction en pierres de taille et sa maçonnerie. Les portes d'entrée sont constituées de deux colonnes surmontées d'un tympan triangulaire qui permettent cependant de le faire remonter à la période baroque, soit au début du XVIIIe siècle. La baronne Wilhelmine von Bock en devient la première propriétaire noble en 1780. Vers 1850, le domaine est vendu à Jean Georges Weber et reste propriété de cette famille jusqu'en 1962.

TRONC
Fer
Église 67090102
Orné d'une fermeture artificielle et d'une grande serrure, c'est un véritable coffre qui sert à recevoir les dons des fidèles.

MOÏSE ET AARON
1763
Église 67090103

Le temple comprend deux tableaux offerts en 1763 par Frédéric Borhauer, marguillier, et Laurent Bauer. Celui-ci représente Moïse et Aaron, son frère aîné, premier grand prêtre des Hébreux. Le second tableau représente saint Jean Baptiste.

PUITS
1763
Rue du Moulin 67090109

Le puits familial est, jusqu'aux travaux d'adduction entrepris au cours des années 1930, la règle en matière d'approvisionnement en eau potable. Les fermes de Blæsheim ont, comme dans d'autres communes du canton, leur puits foré à environ 8 mètres de profondeur jusqu'à la nappe phréatique. Dans un certain nombre de maisons, celui-ci est creusé dans la cave de l'habitation, une pompe à levier étant disposée dans la cuisine.

SÉCHOIR À TABAC
1779
65, rue du Maréchal-Foch
67090114

Le tabac est implanté en Alsace dès le XVIIe siècle, et cette culture occupe très vite une place importante dans l'économie agricole alsacienne. La plaine d'Erstein n'échappe pas à la règle, et en 1731 la commune de Blæsheim compte déjà 6 acres de tabac. Celui-ci est cultivé, séché puis vendu aux manufactures de Strasbourg, qui devient ainsi un centre important de fabrication et de négoce de cette denrée fort prisée.

TOMBE BOCK
1806
Cimetière du Glœckelsberg 67090116

Wilhelmine von Bock, dernière de ce nom, est restée à Blæsheim après la Révolution, dans son Petit Château, où elle meurt en 1806.

TOMBE DE CHARLES FRÉDÉRIC JEAN DE DÜRCKHEIM-MONTMARTIN
1836
Cimetière du Glœckelsberg 67090104

Charles Frédéric Jean Eckbrecht de Durckheim-Montmartin est le gendre de Louise Amélie Eckbrecht de Dürckheim, née von Bock, sœur de Wilhelmine, aux côtés desquelles il est enterré. Son père, Louis Charles, est élevé au rang de comte en 1764 et épouse en 1769 la comtesse de Montmartin. La famille tire profit de la Restauration pour récupérer ses possessions perdues en Alsace en 1677. Après avoir vendu une partie de ses domaines, il vit au château de Blæsheim à partir de 1822. Charles Frédéric, chambellan de la cour royale de Suède et de Wurtemberg, y meurt le 31 juillet 1836, âgé de 66 ans.

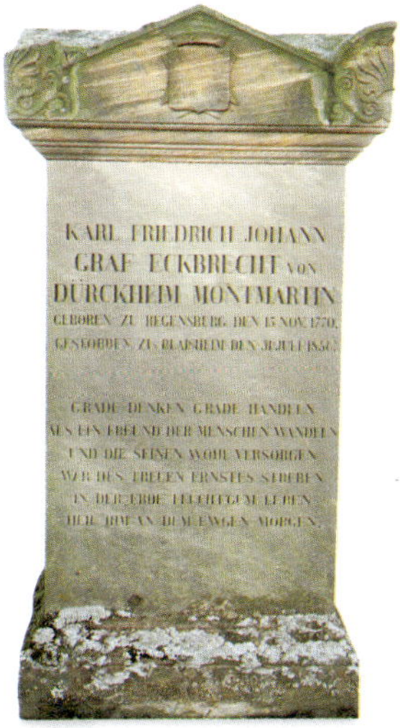

TOMBE DE JEAN FREYSZ
1945
Cimetière du Glœckelsberg
67090115

Martyr de la résistance, Jean Freysz (1921-1944) quitte l'Alsace pour échapper à l'incorporation de force. Maquisard en Creuse, il y commande une section. Pour permettre le repli de ses hommes, il reste sur place et tire 58 de ses 60 cartouches avant d'être touché. Inhumé au Glœckelsberg le 23 août 1945, il reçoit à titre posthume la croix de guerre avec étoile d'argent.

COLONNE COMMÉMORANT LE COURONNEMENT DE NAPOLÉON
Grès rose
Place de la Mairie *67090105*

Lors de la démolition de l'église du Glœckelsberg en 1833, les matériaux sont mis aux enchères, et seules quatre colonnes sont conservées. Deux colonnes sont réutilisées pour soutenir l'encorbellement du premier étage de la mairie, les deux autres pourraient avoir été superposées et retaillées pour former la colonne napoléonienne érigée sur la place de l'Église. L'origine et la signification de cette colonne restent cependant incertaines.

ANCIEN MOULIN
1812
Pierre
Rue du Moulin *67090112*

Dans un inventaire de 1773, le moulin de Blæsheim est mentionné comme existant « de temps immémorial ». Il appartenait au seigneur de Blæsheim dès 1365, même avant d'être racheté par les Bock en 1425. Le mur de clôture du jardin semble très ancien. Les bâtiments actuels datent de 1812, les anciennes constructions ayant été incendiées plusieurs fois. Le moulin servait pour les céréales, le chanvre, l'huile. Au XXe siècle, par manque d'eau, le moulin s'est converti en entreprise agricole.

MAIRIE
1833
Grès et pierre *67090108*

Jusqu'au XIXe siècle, le conseil municipal de Blæsheim se réunit à l'école du village, ou même au presbytère au cours de la période révolutionnaire. Ce n'est que vers 1830 qu'un projet de bâtiment réservé aux activités de la municipalité est élaboré et soumis au préfet. L'ancienne halle est rachetée à sa propriétaire à cette fin. Le devis estimatif adressé au préfet par l'architecte voyer Samain en vue des aménagements liés à la nouvelle fonction de l'édifice contraint la commune à contracter un emprunt et à vendre 3 hectares de communaux.

ANCIEN FOUR COMMUNAL
1848
Pierre
Place de la Mairie *67090123*

Une boulangerie est mentionnée à Blæsheim dès 1527, probablement déjà un four communal dont le locataire est en 1590 Hanns Herman. Le boulanger est astreint à un règlement dont subsiste la version de 1597, qui stipule qu'il doit pétrir correctement la pâte, ne pas jurer ni blasphémer, et éviter rixes et disputes. Il bénéficie d'un logement pour lequel il paie un loyer annuel à la commune, et l'entretien du four est à sa charge. À partir de 1789, un salaire lui est versé comme à un employé communal ; il est élu chaque année par le conseil municipal. En 1816, le four est vendu sur ordre de l'État à Madeleine Schneider. Ravagé par un incendie en 1831, l'édifice est reconstruit par Jean Georges Fegers en 1848, dorénavant boulanger et aubergiste.

PRESBYTÈRE
1890
Architecte : Heinrich de Barr
Entrepreneur : Meyküchel de Graffenstaden
Brique
6, rue du Presbytère *67090122*

Le presbytère est reconstruit à plusieurs reprises sur le même emplacement, au moins en 1662 et en 1739. Abandonné pendant la Révolution, il fait l'objet de réparations au début du XIXe siècle, grâce au pasteur Gerhardt qui avance l'argent requis, mais de nouveaux dommages surviennent en 1883. Il apparaît alors nécessaire de construire un nouveau presbytère. En 1889, l'administration allemande accorde dans ce but une subvention importante, et un nouvel édifice est réalisé, dans un style plus allemand que français.

RÂPE À CHOUX
XIXe-XXe siècle
Bois
1, rue de la Marne *67090113*

La culture du chou remonte au moins au XVIIIe siècle et occupe encore une place importante. Le chou à choucroute est cultivé en tête d'assolement, suivi par le maïs, les céréales et les pommes de terre. Il nécessite des terres humides. Récolté en automne, il est râpé et pressé avant de fermenter pendant trois semaines. Une encyclopédie de 1907 affirme que « Blæsheim a donné son nom à la meilleure variété de chou blanc, pommé, de forme très aplatie ». La fabrication de choucroute n'y a cependant débuté qu'en 1947.

ANCIENNE BASCULE
1900
Mairie *67090124*

Cette bascule a été installée vers 1900 à proximité de la mairie. Pesant jusqu'à 7 tonnes, elle se composait d'un plateau à l'extérieur et d'un instrument de pesage placé à l'intérieur de la mairie. Elle fonctionnait sans courant électrique, et son utilisation nécessitait la présence d'un appariteur. Le bétail et les choux y étaient pesés jusqu'à ce que les poids deviennent trop lourds. Elle a depuis été déplacée dans l'entrée de la mairie.

COSTUME TRADITIONNEL
XXe siècle
Fusain
Collection particulière *67090118*

Jusqu'au début du XIXe siècle, les Blæsheimoises n'arborent guère le grand nœud noir, au profit d'un chapeau de feutre noir en forme de bicorne. Ce n'est que vers 1830 que le nœud noir devient la coiffe prépondérante, se fixant dans sa forme définitive vers 1880. Blæsheim est d'ailleurs situé à l'extrême limite de la région d'adoption de cet attribut. Comme dans les villages protestants du Kochersberg, la coiffe des femmes de Blæsheim est de couleur noire, alors qu'à Geispolsheim, localité catholique, les femmes arborent un nœud rouge vif. À Blæsheim, les femmes portaient une jupe froncée de couleur verte, noire pour les femmes plus âgées. Ce costume de fête fait place à une tenue de travail comprenant un corsage et un chapeau de toile blanche ou de paille orné d'un nœud sur l'arrière.

Duppigheim

Canton de Geispolsheim
Arrondissement
de Strasbourg-Campagne
Superficie : 737 ha
Population 1990 : 1 357 hab.
Habitants : les Duppigheimois
Cours d'eau : l'Altorferarm

Origine du nom : peut-être de l'anthroponyme germanique Thiuda-big et du germanique *Heim*, village.

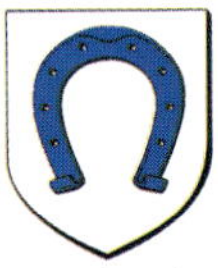

Blason : l'azur est la couleur de la chasuble de l'évêque saint Arbogast, patron de la paroisse. Les clous dorés représentent les attributs d'or de l'évêque, mitre et crosse.
67090200

HISTORIQUE

L'occupation du site de Duppigheim est probablement très ancienne : en effet, le nom de la commune est mentionné sur une carte, exposée au Musée préhistorique de Strasbourg, répertoriant les tumuli *en Alsace. Duppigheim est cité pour la première fois en 951, les frères Wizerich et Asso donnant certains de leurs biens immobiliers à l'église de Strasbourg. L'église Saint-Thomas de Strasbourg y possède également des biens, cités en 1163, tout comme l'abbaye de Murbach, mentionnée en 1211. Le village est ensuite donné en fief au langrave de basse Alsace qui y installe les seigneurs de Hohenstein et Landsberg. Subissant comme d'autres la guerre des Évêques, la guerre de Trente Ans et la bataille d'Entzheim, Duppigheim est entièrement détruit par trois fois au cours de cette période. À partir de 1715, les terres de Duppigheim passent aux mains des Flachlanden qui les conservent jusqu'à la Révolution. Au XIXe siècle, les activités sont encore essentiellement agricoles ; les habitants pratiquent également de nombreux travaux artisanaux à domicile, comme le gavage des oies et le tissage du chanvre, et la commune abrite des fabriques de sucre de pomme de terre, d'amidon, de moutarde, de fécule et de tuiles, activités désormais disparues. Duppigheim, craignant de devenir une cité-dortoir, crée dans les années 1970 une zone industrielle.*

ORATOIRE
1760-1770-1927
Pierre *67090202*
Cette petite abside semi-circulaire trouve son origine dans un événement survenu à un certain Lips. Son attelage de chevaux s'étant emballé, il aurait fait le serment d'ériger une chapelle à l'endroit où les chevaux s'arrêteraient. Le sanctuaire est dédié à Marie dont il comportait une statue qui a été volée. Au cours de la nuit du 29 au 30 juin 1893, des vandales patriotes inscrivent sur la porte « Vive la République » alors que la présence allemande demeure effective. L'oratoire a été rénové en 1927.

ÉGLISE SAINT-ARBOGAST
1765-1846
Architecte : Christiani *67090208*
L'édifice conserve un clocher-porche dont la base pourrait dater de l'époque romane, soit le XIIe siècle. Un projet de reconstruction de l'église paroissiale est établi en 1763 par Jean-Michel Rüscher, mais n'est pas retenu. Les travaux sont exécutés d'après des plans de l'architecte Christiani. La nef porte la date de 1765 ; elle est agrandie vers l'est vers 1846, le chœur étant reconstruit d'après un projet de Ch. Morin qui respecte le style du XVIIIe siècle. L'édifice, dédié à saint Arbogast, évêque de Strasbourg du milieu du VIe siècle, subit un incendie en 1885. Le tableau de saint Arbogast est refait, et la chaire, l'orgue et le chemin de croix sont restaurés.

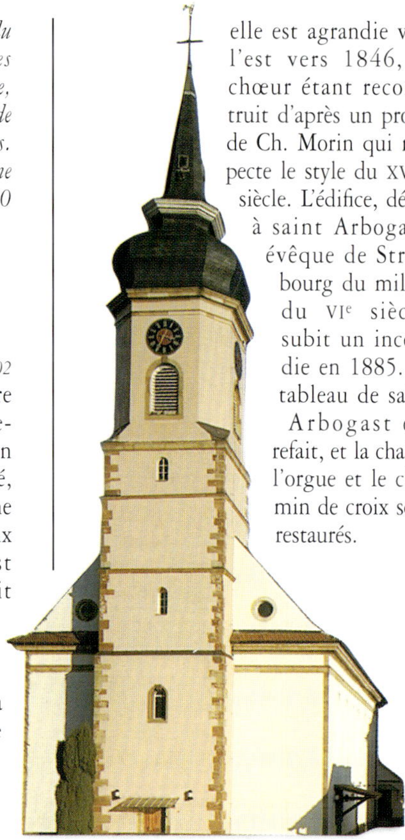

CHAIRE
Vers 1770
Église Saint-Arbogast *67090209*
L'ensemble du mobilier de l'église remonte au XIXe siècle, à l'exception de la chaire, exécutée sans doute après la reconstruction de l'édifice. Sa réalisation témoigne de la simplification de la décoration dès 1770. Au sommet de l'abat-voix, le pélican nourrit ses petits, en rappel du sacrifice de Jésus-Christ.

MAIRIE
1862 67090205
Ce bâtiment administratif abritait initialement au rez-de-chaussée les halles du marché.

ORGUE
1818-1819
Facteurs : Seltz et Stiehr-Mockers
Église Saint-Arbogast 67090210
Cet orgue conserve un buffet de style Empire, en chêne orné de reliefs ajourés dont l'iconographie est d'inspiration fantastique, semée d'instruments de musique, de sirènes et de griffons : l'instrument proprement dit a été remanié par la suite.

ANCIEN MOULIN
Pierre
Rue du Moulin 67090206
Le doute plane sur ce moulin dont la datation demeure incertaine et dont la fonction même de moulin est discutée. L'édifice est désormais éloigné de tout cours d'eau, mais une dénivellation du terrain permet de supposer la présence du lit d'un ancien cours d'eau, peut-être détourné.

CALVAIRE
1811
Rue de la Chapelle 67090207
Ce calvaire particulièrement surélevé sur un socle sert de pèlerinage aux fidèles et aux passants. La polychromie du monument insiste sur les stigmates de la Passion, notamment avec des traces de sang.

SYNAGOGUE
1876
Grès
Rue des Prés 67090201
L'implantation de la communauté juive à Duppigheim est ancienne. Celle-ci se dote, en 1876, d'une synagogue comprenant cinquante-quatre places pour les hommes et quarante-six pour les femmes. Le sanctuaire est depuis désaffecté, reconverti en caserne des sapeurs-pompiers, mais conserve des baies à arcs outrepassés s'apparentant à l'architecture musulmane.

Entzheim

Canton de Geispolsheim
Arrondissement
de Strasbourg-Campagne
Superficie : 817 ha
Population 1990 : 1 796 hab.
Habitants : les Entzheimois

Origine du nom : de l'anthroponyme germanique Anno et du germanique *Heim*, village.

Blason : ce sont les armes des Zorn, seigneurs du village.
67090300

FERME
Vers le XIXe siècle
26, rue du Général-de-Gaulle *67090203*
Cette ferme se distingue par le rapprochemet singulier qui caractérise les panneaux situés entre les deux fenêtres par rapport au reste de la maison.

VILLA SAINT-JOSEPH
1905
10, rue du Général-de-Gaulle *67090204*
Cette villa se caractérise par ses décors modernes qui contrastent avec une tourelle abritant une statue de saint Joseph.

HISTORIQUE

Mentionné pour la première fois en 736, Entzheim est possession du duc de Lorraine, puis, dès le XIVe siècle, de l'évêché de Strasbourg. La seigneurie est attribuée à la famille Zorn en 1297 et reste en leurs mains jusqu'à la Révolution. Le 4 octobre 1674, Entzheim est le théâtre de l'affrontement qui oppose les troupes impériales à celles du vicomte de Turenne. Au XXe siècle, c'est le développement de l'aéroport civil et de la base aérienne militaire qui favorise la croissance de la commune, qui est un centre d'emploi attractif et un village-résidence.

TEMPLE
XIIe-XVIIIe siècle
Route de Strasbourg *67090301*
De l'édifice primitif du XIIe siècle seul subsiste le porche, restauré en 1719. Du vaisseau plus rectangulaire de 1714 il ne subsiste que le mur sud exhaussé. La nef et le chœur sont reconstruits en 1810, et le clocher est surhaussé et couvert d'une flèche sous la direction de l'architecte Morin en 1848. Le côté sud est orné d'un cadran solaire daté de 1694. En 1996, la paroisse protestante d'Entzheim signe un contrat d'hospitalité avec la paroisse catholique de Saint-Denis pour une utilisation commune de l'église ; l'édifice est restauré la même année.

AUTEL
Début du XVIIIe siècle
Bois
Temple *67090302*
Le temple d'Entzheim comporte un mobilier baroque. De la chaire et de l'autel réalisés par J. Loger, menuisier à Strasbourg, et Ch. Mod, sculpteur, ne subsiste que le devant de l'autel. L'édifice comprend également un orgue 1811 de Stiehr-Mockers, restauré, mais dont le buffet n'a pas subi d'altération. Le panneau qui complète l'autel provient de la cuve de la chaire et est orné d'un médaillon peint sur toile représentant l'Adoration des Mages.

STÈLE FUNÉRAIRE
DE GEORGES FREYSZ

Grès

Temple *67090304*

Les seigneurs se réservaient le droit de se faire enterrer dans l'église même, droit dont bénéficiaient également certains de leurs amis. La tradition prescrivait plus généralement l'inhumation des paroissiens dans l'ombre de leur église, entourée d'un cimetière. Trois stèles funéraires, datées de 1766, 1730 et 1801, subsistent.

RELAIS DE POSTE

XVIIIe siècle

Pierre

28, route de Strasbourg *67090310*

La création du relais de poste d'Entzheim est réalisée à la demande du maître de poste de Strasbourg, afin de réduire l'éloignement des relais d'Obernai et de Molsheim d'une ville comme Strasbourg. Les écuries, les granges et l'auberge qui constituent l'établissement s'articulent autour d'une cour accessible par deux grandes portes de bois disposées de chaque côté du bâtiment. Le premier maître de poste, propriétaire des lieux, est un certain Lorenz Freysz, qui loue un de ses fiacres, comme c'était parfois l'usage, à Euloge Schneider, accusateur public ayant emmené son sanglant tribunal ambulant en Alsace en 1793. Deux ans après la mort de Jean-Philippe Freysz, dernier maître de poste, en 1868, le relais est officiellement supprimé, faisant définitivement place au chemin de fer. En 1914, l'enseigne est déplacée et installée au-dessus des écuries sur ordre de la *Kommandantur*. En 1926, l'établissement est transformé en restaurant.

FERME

1832

Pan de bois

1, rue de la Hache *67090305*

Une inscription placée sur le poteau cornier de la demeure révèle que cette ferme a été construite à l'initiative de Michel Noeppel et son épouse, Marie Muller. Le bâtiment est caractéristique de la fidélité des constructions du XIXe siècle aux modèles du XVIIIe siècle.

FERME-COUR SAINT-DENIS

Pierre et pan de bois

2, rue Saint-Denis *67090306*

La première mention du village remonte à 737, dans une charte de l'abbaye de Murbach : Entzheim est alors possession du couvent de Lièpvre. Le nom de cette métairie témoigne de cette origine, se référant à l'abbaye Saint-Denis dont dépendait le monastère de Lièpvre. En 1450, elle devient propriété des hospices de Strasbourg. En 1819, elle passe aux mains du métayer Jean Martin Freysz.

AÉROPORT

XXe siècle *67090308*

La construction de l'aéroport est commencée en 1923. En 1935, Air France y implante sa liaison entre Paris et Strasbourg. Il a un statut particulier du fait de sa gestion par les instances militaires et de l'utilisation partagée du terrain jusqu'en 1994, année de la dissolution de la base aérienne 124.

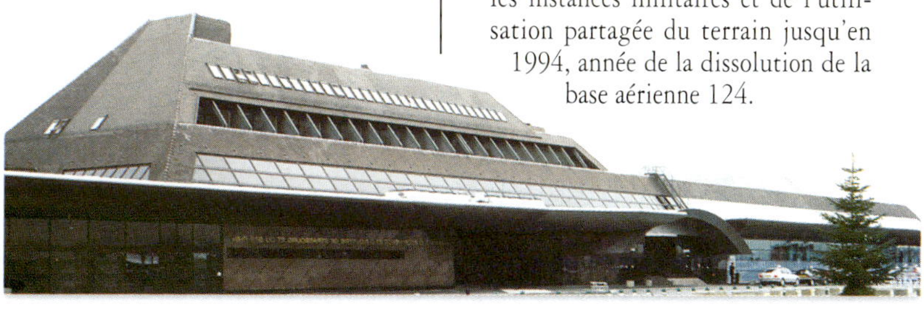

ENSEIGNE DE L'HÔTEL-RESTAURANT
AU PÈRE BENOÎT
1930
Pierre
34, route de Strasbourg 67090309

L'hôtel-restaurant est l'un des partenaires entzheimois du projet initié en 1991 sous le nom de route de la choucroute. Traversant seize communes du Bas-Rhin, cet itinéraire regroupe producteurs, fabricants et hôteliers-restaurateurs autour d'une entreprise de promotion d'un légume considéré unanimement comme typiquement alsacien.

MAIRIE
1935-1936
Grès 67090307

Ce bâtiment abritait auparavant deux salles de classe d'école élémentaire, un bureau servant de mairie et, au premier étage, les logements de fonction des enseignants.

Eschau

Canton de Geispolsheim
Arrondissement
de Strasbourg-Campagne
Superficie : 1 183 ha
Population 1990 : 3 828 hab.
Habitants : les Escoviens
Cours d'eau : l'Ill, le Canal du Rhône au Rhin et le Schwarzwasser

Origine du nom : de l'allemand *Esche*, frêne, et de *Au*, île.

Blason : la gerbe de blé est symbole de prospérité.
67090400

HISTORIQUE

L'histoire d'Eschau est liée à celle du couvent des bénédictines fondé par l'évêque Remigius en 770, sur l'île formée par l'Ill et le Rhin. Le couvent, déclinant au XVe siècle, est supprimé en 1525 par l'évêché qui prend possession de ses terres avant de les céder au grand chapitre de la cathédrale. L'annexe Wibolsheim relevait quant à elle de la seigneurie de Lichtenberg et était tenue en fief par les Rathsamhausen. L'agriculture occupe désormais une place très faible dans une zone industrielle, où l'extraction de graviers et la formation constituent la majeure partie de l'activité économique.

ABBATIALE SAINT-TROPHIME
(façade ouest)
991-996-XIIIe-XVIIIe-XIXe siècles
Pierre, grès et brique
Rue de la 1re-Division-Blindée 67090402

Une communauté de moniales bénédictines s'installe à Eschau dès 770 grâce à une fondation de l'évêque strasbourgeois Remigius. De cette occupation, qui s'achève en 1525 seule subsiste l'abbatiale restaurée à la fin du Xe siècle par l'évêque Widerold. Alors que l'abbaye est dédiée à sainte Sophie, l'abbatiale est placée sous le vocable de Notre-Dame et de saint Trophime. L'établissement monastique est durant toute la période médiévale le centre d'un pèlerinage dédié à sainte Sophie et ses trois filles, dont les reliques avaient fait l'objet d'un transfert de Rome à Eschau dès 777. Particulièrement importante au XIIe siècle, cette dévotion engendre même la fondation en 1143 d'un hôpital pour les pèlerins.
(Cl. M. H. 1839 et 1930)

ABBATIALE SAINT-TROPHIME
(façade est)
991-996-XIIIe-XVIIIe-XIXe siècles
Pierre, grès et brique 67090403

C'est l'évêque Widerold, personnage influent de la cour d'Otton III, empereur germanique, qui entreprend, entre 991 et 996, la restauration de l'abbatiale Saint-Trophime. Le plan basilical cruciforme à trois nefs date de cette époque, et de nombreux éléments architecturaux de cette période de travaux subsistent.

Des remaniements ont néanmoins jalonné l'histoire de l'édifice. Ainsi, l'incendie de 1298 entraîne la reconstruction de la façade occidentale et l'élévation de deux contreforts, de même que le rehaussement du toit et du pignon de la nef. Vers 1747, cinq baies sont percées en remplacement des six fenêtres romanes dans la nef. Enfin, la sacristie est ajoutée au cours du XIXe siècle entre l'abside et le transept sud. Cette abside semi-circulaire déploie des arcades aveugles retombant sur des chapiteaux et des pilastres, contribuant au mouvement et à l'allégement de l'ensemble. Trois ouvertures ont été percées, parmi lesquelles la fenêtre axiale.
(Cl. M. H. 1839 et 1930)

ABSIDE
996-XIXe siècle
Pierre, brique et grès
Abbatiale Saint-Trophime 67090405

L'abside monumentale, de forme semi-circulaire, directement accolée à la croisée, est voûtée en cul-de-four. Elle affecte la forme d'un quart de sphère qui doit évoquer la sphère entière, symbole de la perfection divine. Les trois fenêtres représentent le caractère trinitaire de cette perfection.

NEF
991-996-XIIIe-XVIIIe-XIXe siècles
Pierre, brique et grès
Abbatiale Saint-Trophime 67090404

La nef romane charpentée est d'une largeur peu commune. Elle compte six travées et communique avec les collatéraux par des arcades à piliers rectangulaires. À l'origine, le sol se trouve à 70 centimètres au-dessous de son niveau actuel, ce qui accroît les proportions de l'édifice initial. À la tribune, un orgue a été réalisé en 1816 par Michel Stiehr et restauré par Alfred Kern en 1969. Lors de travaux pour le chauffage, de la peinture rouge carmin a été mise au jour au bas des murs, révélant la polychromie d'origine de l'édifice, conformément à l'usage médiéval.

CHÂSSE DE SAINTE SOPHIE
1300
Grès polychrome
Abbatiale Saint-Trophime 67090418

Le 10 mai 777, l'évêque Remigius de Strasbourg, fondateur de l'abbaye, rapporte de Rome à Eschau le « très précieux corps de sainte Sophie » reçu du pape Adrien Ier. Ce sarcophage en grès du XIVe siècle contient jusqu'à la Révolution les reliques de la sainte et de ses filles, Fides, Spes et Caritas. Depuis 1938, il renferme de nouveau une relique de sainte Sophie, reçue de Rome et transférée par Mgr Ruch. Il comporte des traces de peinture dans les arcatures trilobées, évoquant notamment Sophie, sainte Catherine, saint Oswald et saint Jean-Baptiste. Cette châsse était initialement placée dans l'abside, derrière le maître-autel.

CHRIST EN MAJESTÉ
XIVe siècle
Vitrail
Abbatiale Saint-Trophime 67090419

Ce vitrail de la fenêtre axiale du chœur provient probablement de l'ancienne église des Dominicains à Strasbourg. Il a été posé au XXe siècle par Lucien Schaeffer. Il représente le Christ souverain dans une posture de bénédiction et tenant l'orbe, symbole de sa royauté universelle.

SAINTE SOPHIE
1470
Bois polychrome
Bras nord du transept
Abbatiale Saint-Trophime *67090417*

Sophie est une dame romaine du IIe siècle, d'extraction patricienne. Chrétienne, elle donne par dévotion à ses filles les noms des trois vertus théologales, Fides (foi), Spes (espérance), et Caritas (charité). En sa présence, ses enfants subissent le martyre en 122, sous le règne de l'empereur Hadrien. Sophie meurt de douleur et est ensevelie auprès de ses filles. Le groupe sculpté représente la mère en costume du XVe siècle, tenant les Écritures saintes sur son cœur et abritant ses enfants sous son large manteau. Ici, aucun attribut du martyre n'est figuré, même au travers d'une palme. La composition insiste davantage sur les vertus incarnées par cette famille : Foi a les mains jointes en signe de prière et de piété,

Espérance croise les bras en signe d'attente confiante tandis que Charité engage un geste d'accueil. Leur mère, qui symbolise ici la sagesse, tient un livre ouvert. *(Cl. M. H. 1930)*

PIERRE TOMBALE
DE MINNELINA HÜFFEL
1480
Grès rose (220 × 950 cm)
Collatéral nord
Abbatiale Saint-Trophime *67090423*

La pierre tombale comporte une représentation de l'abbesse debout sous un arc trilobé, portant un livre. Quatre écus sculptés en bas relief figurent pour ceux du haut les armoiries des Hüffel et des Müllenheim. Au bas se trouvent un écu à trois marteaux et un autre à deux épées entrecroisées. L'inscription du pourtour indique en lettres gothiques que la religieuse, abbesse depuis 1460, est morte le 24 novembre 1480.

PLAT DE SAINT JEAN BAPTISTE
1500
Bois
Bras nord du transept
Abbatiale Saint-Trophime *67090415*

Précurseur du Christ, appelant à la conversion et à la pénitence, Jean tire son nom des baptêmes qu'il conférait dans le Jourdain. Emprisonné par Hérode Antipas, il est décapité à la demande de Salomé. Le culte de saint Jean Baptiste est très répandu dans les abbayes bénédictines. Sainte Odile voue ainsi une grande dévotion à ce saint et lui consacre une chapelle sur sa montagne.

SAINTE BARBE
Vers 1500
Bois polychrome
Bras sud du transept
Abbatiale Saint-Trophime *67090420*

Martyre du IIIe siècle, Barbe est enfermée par son père, Dioscore, dans une tour. Elle fait percer dans celle-ci une troisième fenêtre pour adorer la sainte Trinité. Un ange lui apporte le réconfort de l'eucharistie. Son père est foudroyé après l'avoir décapitée de sa main. La tour est donc naturellement devenue l'attribut de la sainte, qui la tient ici, instrument à la fois de sa souffrance et de son salut.

SAINT CHRISTOPHE
1500
Bras nord du transept
Abbatiale Saint-Trophime 67090421

Martyr en 250, son nom signifie porte-Christ. Ici, la représentation du saint insiste sur la difficulté de sa marche. Tout robuste qu'il est, il semble plier sous le poids du petit enfant. *(Cl. M. H. 1930)*

ÉPITAPHE
1541
Abbatiale Saint-Trophime 67090406

L'épitaphe latine est celle d'un chanoine décédé le 21 septembre 1540.

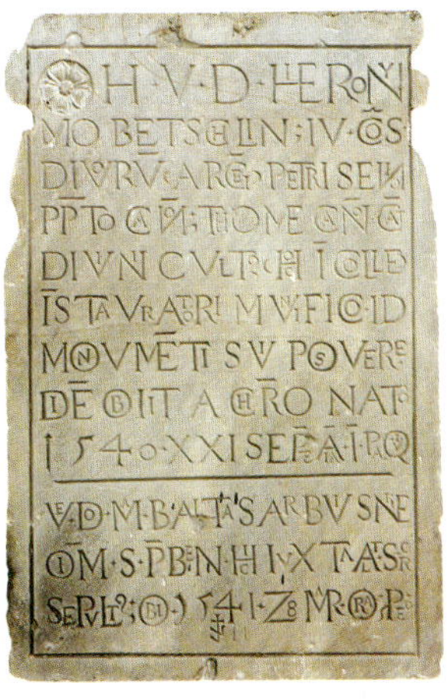

Les lettres gravées contiennent parfois d'autres lettres inscrites à l'intérieur, et une formule d'accompagnement, « qu'il repose en paix », a été ajoutée au-dessous de l'épitaphe.

MONUMENT SÉPULCRAL
DE SAMSON KIEFFER
1606
Grès rose (290 × 130 cm)
Collatéral sud
Abbatiale Saint-Trophime 67090424

Samson Kieffer, chanoine de Saint-Pierre-le-Jeune et de Saint-Pierre-le-Vieux à Strasbourg est mort en 1606. Le défunt est représenté agenouillé au pied de la croix, dans un paysage, sous un fronton avec médaillon circulaire où figure Dieu le Père bénissant, avec couronne et colombe du Saint-Esprit. Les deux statues qui groupaient le relief central ont disparu. Le médaillon du bas, sous l'épitaphe, a été martelé. L'édifice comporte de nombreux autres monuments, dont celui d'Anna Maria Kassmennin, dans le mur nord du cimetière, morte à l'âge de 6 ans en 1610.

RELIQUAIRE
1938
Orfèvre : atelier Treser frères
Métal
Bras nord du transept
Abbatiale Saint-Trophime 67090422

Cette châsse en métal renferme trois petites monstrances. Celle du milieu contient une relique de la Croix du Christ donnée au curé Bruder en 1845. Celle de droite renferme une relique de sainte Sophie, tandis que celle de gauche abrite un cheveu de sainte Thérèse de Lisieux.

SCEAU
1255
Musée archéologique et du patrimoine
67090416

Le musée d'Eschau expose les reproductions des sceaux d'abbesses et de l'abbaye Sainte-Sophie d'Eschau. Ici, celui de l'abbesse Guta est le plus ancien conservé. L'abbesse Guta est la cinquième abbesse connue. Adala était la première, dirigeant la communauté dès 778.

TESSON DE POÊLE
XVe-XVIe siècle
Faïence (H. : 40 cm)
Musée archéologique et du patrimoine
67090401

Ce tesson représente un apôtre. Outre cette pièce, le musée, abrité par la mairie, expose une mâchoire de mammouth, de la poterie romaine, un fragment de tailloir provenant du cloître roman, des reproductions de sceaux d'abbesses, une analyse géologique d'Eschau et son costume traditionnel.

PLAFOND PEINT
1794
Bois
38, rue de la 1re-Division-Blindée
67090408

Le plafond peint de ce restaurant a été découvert puis restauré. Il comporte un décor de rinceaux de feuillages et de tulipes, avec une dominante de rouge et de noir. La date de 1794 se mêle au feuillage. L'ensemble de la bâtisse date probablement de cette époque.

CALVAIRE
1728
Pierre
Mairie *67090425*

L'œuvre est celle d'un sculpteur anonyme parfois désigné sous l'appellation de Maître du calvaire d'Eschau. Une dizaine d'autres croix ou calvaires, réalisés dans le même style archaïsant, ont pu lui être attribués dans l'ancien arrondissement d'Erstein.

PUITS
1767
Pierre et ferronnerie
217, rue de la Paix *67090409*

Lorsque J.-F. Blondel est chargé vers 1767 d'aménager la place Kléber, à Strasbourg, quatre puits y sont réalisés. Un seul subsiste, transporté à Eschau. Sa ferronnerie est probablement l'œuvre d'Antoine Courtenaire, serrurier de la ville de Strasbourg à cette époque.

FERME
Pan de bois
10, rue du 27-Novembre *67090407*

Les environs de cette exploitation agricole s'organisent en trois ensembles. Cette ferme appartient au noyau ancien, tandis que les maisons ouvrières remontent à l'entre-deux-guerres, des lotissements postérieurs constituant la troisième partie. À Eschau, le secteur agricole est devenu une activité minoritaire. Il se partage entre céréaliculture (blé, orge, maïs) et élevage, bovin et porcin.

MOULIN STOSKOPF
XIXᵉ siècle
Rue de Stoskopf *67090411*
Ce bâtiment de grande dimension était spécialisé dans la mouture des céréales. Proche d'un cours d'eau, il exploitait la force motrice de celui-ci.

BONNET ALSACIEN
XIXᵉ-XXᵉ siècles
Lin
Musée archéologique et du patrimoine d'Eschau *67090414*
Accompagné au musée d'une chemise en lin portant les initiales brodées de E. K. et datant de 1885-1890, d'un foulard et de photos d'époque, le bonnet appartient à un costume exprimant une identité, une manière d'être, une hiérarchie sociale. Les coiffes paysannes marquent les différents statuts sociaux des femmes et révèlent leur degré d'opulence, leur mariage. Les vêtements sont confectionnés à la main, dans les foyers. La confection rassemble la culture du lin, le tissage et la couture.

Fegersheim

Canton de Geispolsheim
Arrondissement
de Strasbourg-Campagne
Superficie : 625 ha
Population 1990 : 3 953 hab.
Habitants : les Fegersheimois
Cours d'eau : l'Andlau, la Petite Ill, l'Ill et la Scheer

Origine du nom : de *Heim*, ferme, et du patronyme des premiers propriétaires francs ou alamans, Verger ou Vegir.

Blason : la lettre grecque est représentée en raison de la sonorité Fegersheim.
67090500

HISTORIQUE

La découverte de tombes datant du IIIᵉ siècle avant J.-C. atteste une occupation du site dès l'époque celtique. Vergersheim est cité pour la première fois au XIᵉ siècle, le couvent des bénédictines d'Eschau y possédant une importante propriété. Fegersheim et son annexe Ohnheim appartiennent successivement comme fief épiscopal aux Ochsenstein, Hanau-Lichtenberg et Rathsamhausen qui en sont seigneurs jusqu'à la Révolution. En 1680, la cour du Roi-Soleil, suivi de Bossuet et de Mᵐᵉ de Maintenon, séjourne à Fegersheim, où elle attend Marie Christine de Bavière, future épouse du Grand Dauphin. Ce sont cinq jours de fêtes éblouissantes et de réjouissances publiques. Village traditionnellement agricole, Fegersheim devient un centre de plus en plus attractif à la fin du XIXᵉ siècle. En 1933 s'y installe la première entreprise, Cajofé, une fabrique de jouets. En 1962, la municipalité aménage une des premières zones industrielles du secteur pour fournir des emplois sur place.

MAISON
1568
Pan de bois
Rue de l'Ill *67090518*
L'ancien restaurant *À la Carpe* est la plus ancienne maison d'Ohnheim. Six générations de Helfer y ont vécu. Le nom *À la Carpe* rappelle les origines de ce hameau d'Ohnheim, village de pêcheurs qui s'installèrent dès le Xᵉ siècle au bord de l'Ill, à proximité de Fegersheim.

FERME
1667
Pan de bois
4, rue du Général-de-Gaulle *67090516*
Cette demeure fait partie d'un ensemble de maisons à colombage dont le plus grand nombre date du XVIIIᵉ ou XIXᵉ siècle et dont elle constitue donc l'élément le plus ancien. La rue de Lyon et celle du Général-de-Gaulle sont très représentatives de ce style.

AUBERGE *AU SOLEIL*
Vers 1745
Pierre
27, rue de Lyon 67090515

Cette auberge au toit brisé est détenue par la famille Hansmaennel depuis le milieu du XVIIe siècle. Elle a été reconstruite peu avant 1745 et acquise en 1827 par François Joseph Schalck.

HÔTEL DU RELAIS DE POSTE
1754
Pierre et pan de bois
46, rue de Lyon 67090519

La mise en place du relais postal dès 1683 à Fegersheim est une conséquence du rattachement de l'Alsace à la France sous Louis XIV. Ce relais de la poste royale installé sur la route de Strasbourg à Bâle assure le monopole du transport du courrier et des voyageurs. La famille Waldejo en est la gérante. En 1754 est construit cet hôtel du relais de poste. La

tradition rapporte que c'est la présence de Marie Salomée, fille du maître de poste, qui fait de Fegersheim un des lieux préférés de promenade du jeune Goethe lors de son séjour à Strasbourg. En 1822, la poste est transférée à Saint-Ludan. En 1835, la commune achète le bâtiment pour en faire une école de garçons et la maison communale. Il sera ensuite transformé en caserne des pompiers, puis converti en salle polyvalente.

ANCIEN MOULIN
1747
Pierre
8, rue du Moulin 67090514

Jusqu'au début du XXe siècle, Fegersheim vit d'agriculture et d'artisanat. On y cultive du froment et de l'orge, puis du maïs, du tabac, du lin et du chanvre filés et tissés sur place. La pêche professionnelle, le commerce du lin, du chanvre, de la farine et des bestiaux y sont également pratiqués. Au début du XXe siècle, deux moulins à céréales sont encore en activité.

IMPOSTE
XVIIIe siècle
Fer forgé
Hôtel du relais de poste 67090520

Un grillage en fer forgé orne l'imposte de la porte de l'hôtel du relais postal. En cartouche, le cor, emblème de la poste royale, est surmonté des initiales du maître de poste François Waldejo et de son épouse. François Waldejo, d'abord portillon à partir de 1706, devient maître de poste vers 1710.

PRESBYTÈRE
Seconde moitié du XVIIIe siècle 67090517

En 1790, le prêtre jureur, qui subissait l'opposition de la population, fait installer le corps de garde dans ce presbytère situé derrière l'église paroissiale.

CARTOUCHE D'ESCALIER
XVIIIe siècle
Bois
Hôtel du relais de poste 67090521
L'escalier intérieur de l'hôtel du relais de poste comprend un départ sculpté d'un cartouche rocaille qui contient un messager à cheval.

ÉGLISE SAINT-MAURICE
1768-1870
Architectes : Christiani et Jean-Michel Rüscher
Grès et pierre 67090501
En 1578, saint Maurice est mentionné pour la première fois, dans un inventaire, comme patron de l'église. L'ancienne église étant trop petite et délabrée, la construction d'un nouvel édifice est ordonnée le 29 août 1763. Plusieurs projets se succèdent, et la réalisation du sanctuaire, dans un style baroque, est confiée à Rüscher, qui s'inspire des plans ou corrections de Christiani, inspecteur des Ponts et Chaussées.
(I. M. H. 1994)

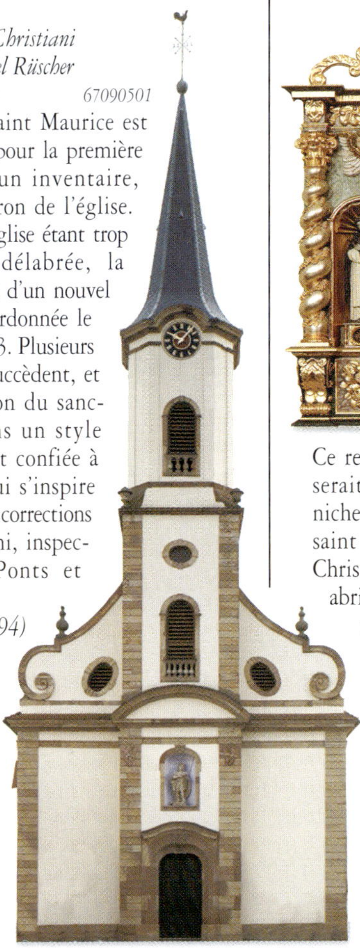

LE CHRIST ET SAINT-JEAN
XVIe siècle
Bois polychrome
Église Saint-Maurice 67090512
Reprenant un thème iconographique apparu au début du XIVe siècle, ce groupe statuaire développe néanmoins une composition plus tardive, qui préfère à la représentation traditionnelle cette posture assoupie de saint Jean aux pieds d'un Christ en majesté, évoquant de façon allégorique l'âme reposant entre les mains souveraines de Dieu.

RETABLE DE LA SAINTE CROIX
Fin du XVIIe siècle
(l. : 2 m)
Église Saint-Maurice 67090503

Ce retable installé au nord de la nef serait originaire de Suisse. Dans la niche centrale, une statue représente saint François d'Assise soutenant le Christ, tandis que les niches latérales abritent des statuettes de sainte Thérèse d'Avila et de sainte Catherine de Sienne. *(I. M. H. 1994)*

MAÎTRE-AUTEL
1785
Sculpteur : Thomas Hechinger
Bois
Église Saint-Maurice 67090502
Thomas Hechinger, menuisier à Oberhausen (canton de Bade), est l'auteur du maître-autel de l'église, mais aussi des autels latéraux. Peint en faux marbre et réalisé en bois stuqué, cet autel comporte un tableau représentant saint Maurice couronné de lauriers par des angelots, surmonté de Dieu le Père. Des consoles abritent à l'origine des statues des saints Jean et Paul qui ont depuis disparu. L'ensemble déploie un style rococo assez tardif. La dorure est réalisée par Xavier Kopp, vernisseur et doreur à Ettenheim.
(I. M. H. 1994)

SAINT MAURICE
XVIIIe siècle
Église Saint-Maurice 67090505
La niche au-dessus du portail d'entrée abrite une statue en grès de saint Maurice, vêtu à l'antique. Cette œuvre baroque, contemporaine de l'église, représente le saint patron de la paroisse, officier romain et martyr très populaire du IIIe siècle. De nombreux sanctuaires en Alsace lui sont consacrés.

ORGUE
1840-1888-1917
Facteur : Georges Wegmann
Sculpteur : Joseph Runggaldier
Bois et zinc
Église Saint-Maurice 67090506
La commune acquiert en 1840 un jeu d'orgue à Georges Wegmann, facteur strasbourgeois. Le curé Rohmer fait décorer en 1888 le buffet de sculptures baroques et la balustrade de représentations de saints sur la thématique du *Cantique des trois enfants*. Un sculpteur autrichien, Joseph Runggaldier, sculpte ainsi les trois enfants dans la fournaise, sainte Odile, les saints François d'Assise, Grégoire et Louis, sainte Élisabeth et sainte Cécile, saint Antoine de Padoue, sainte Catherine de Sienne et saint François Xavier. L'ensemble fait l'objet d'une réfection en 1917 par la maison Roethinger. *(Cl. M. H. 1980)*

TABERNACLE
Fin du XVIIe siècle
Bois polychrome
Église Saint-Amand 67090510
La provenance de cette œuvre demeure inconnue. Sa composition, marquée par le style auriculaire, se partage en quatre faces délimitées par des colonnettes et ornées d'alcôves abritant des statuettes d'anges.

CIMETIÈRE JUIF
1813
Rue de Lyon 67090507
En 1813 est accordée une concession destinée à l'établissement d'un cimetière pour la communauté juive. Vers 1865, celle-ci représente 544 des 1938 habitants de la commune et se compose de 88 familles dont 60 commerçants ou courtiers. Ils vivent alors à part avec leur propre boulanger, leur propre boucher. En 1862, une école israélite est construite, fréquentée par vingt-cinq garçons et vingt filles, dont huit enfants en dessous de 7 ans et quatre étrangers. Elle ferme ses portes en 1915 par manque d'élèves. En 1890, une synagogue est construite dans un style néo-oriental. Dévastée durant l'occupation allemande, elle disparaît en 1974.

ÉGLISE SAINT-AMAND
1866
Pierre
Ohnheim 67090508
La construction de l'église paroissiale d'Ohnheim, autorisée par décret impérial de Napoléon III, est entreprise en 1858 et s'étend sur plusieurs années en raison des frais importants qu'elle entraîne pour le village. L'édifice, consacré à saint Amand, premier évêque de Strasbourg, est ouvert au culte et inauguré en 1866. Trois ans plus tard, les cloches sont acquises et intégrées au sanctuaire.

CHAPELLE SAINT-ULRICH
XIXe siècle
Pierre
Rue de la Chapelle 67090509
Une ancienne source aux effets salutaires pour les yeux et la peau est devenue un lieu de pèlerinage et l'emplacement d'un sanctuaire lié à cette dévotion. En 1755 est mentionnée « la chapelle Saint-

Ulrich près du confluent de l'Andlau dans l'Ill, où se trouve une source bienfaisante ». Cette chapelle aurait été agrandie au XIXe siècle.

SAINT ULRICH
Vers 1850
Fonte
Chapelle Saint-Ulrich *67090511*
Les eaux de la source réputée bienfaisante sont captées au XIXe siècle, et une fontaine encastrée est construite, devant laquelle est érigée une statue de saint Ulrich.

TOMBE DE JULES HERTRICH
1907-1940
Cimetière *67090513*
Né le 23 février 1907, Jules Hertrich est successivement employé à la SNCF et secrétaire de mairie à Fegersheim. Il est l'auteur de plusieurs pièces de théâtre en dialecte alsacien et de petits ouvrages d'*Essais poétiques* et de *Contes d'amour* en français. Il publie également dans la revue *La Vie en Alsace*, avec laquelle il collabore dès 1937, des études historiques et folkloriques sur la région de Fegersheim. Mobilisé au grade de sous-lieutenant lors de la Seconde Guerre mondiale, il meurt le 7 juin 1940 et reçoit la

croix de guerre et la croix de la Légion d'honneur à titre posthume. Son corps est transféré au cimetière de Fegersheim en 1948.

MAIRIE
1933
Grès
Rue de Lyon *67090504*
La maison communale est installée à partir de 1835 dans les anciens bâtiments de l'hôtel du relais postal avant d'être transférée en 1933 dans de nouveaux bâtiments attenants. Des bains publics, aujourd'hui désaffectés, sont alors aménagés au sous-sol, ainsi que de nouvelles salles de classe. L'instruction des filles est assurée de 1843 à 1980 par des sœurs de la Divine Providence de Saint-Jean-de-Bassel. Avant de disposer d'une chapelle, la communauté protestante tient ses offices dans la salle de la mairie jusque dans les années 1970.

Geispolsheim

Canton de Geispolsheim
Arrondissement
de Strasbourg-Campagne
Superficie : 2 195 ha
Population 1990 : 5 546 hab.
Habitants : les Geispolsheimois
Cours d'eau : l'Ehn

Origine du nom : peut être de l'anthroponyme Gebitzo ou Buahigiezo, ou du celte *djeis*, à côté de, et *bodina*, borne.

Blason : la chèvre fait référence à la particule *Geis*.
67090600

HISTORIQUE

Mentionné pour la première fois au IXe siècle, Geispolsheim est une possession de l'évêque de Strasbourg, et plusieurs couvents y ont des biens, tels Eschau en 1180 et Saint-Arbogast de Strasbourg et 1240. Dès le XIIIe siècle, le village de Geispolsheim est entouré d'un fossé et d'une haie défensive dont quatre portes, démolies en 1832, permettent l'accès. Pourtant, Geispolsheim subit, tout comme ses voisins, pillages et destructions dus au comte palatin en 1359, aux Armagnacs en 1444, aux Lorrains en 1587, puis à la guerre de Trente Ans. À cette époque les hameaux environnants de Hattisheim et Sundhousen disparaissent. Si Geispolsheim passe aux XIIIe-XIVe siècles au landgrave de basse Alsace, il retourne entre les mains de l'évêché vers 1400, et cela, jusqu'à la Révolution, période au cours de laquelle le village fait l'objet d'une terrible répression : le maire Nuss et six notables sont guillotinés place Kléber. Geispolsheim devient chef de canton en 1790. Le XIXe siècle est marqué par l'incendie de 1868 qui détruit 168 bâtiments. Une quinzaine d'exploitations agricoles et 65 entreprises constituent les ressources de la commune.

MOULIN DES PIERRES
1489
Pierre
Geispolsheim-Gare 67090612

En mars 1773, les moulins du ban de Geispolsheim sont recensés. On en dénombre quatre, à savoir ceux de Hotzenmühl, Mittelmühl, Steinermühl et Grünmühl, futur hospice Élisa. Le document indique 1489 comme date de construction du Steinermühl, ce qui en fait le plus ancien moulin de Geispolsheim. L'appellation Steinermühl se rapporte au patronyme d'un des premiers occupants des lieux, un dénommé Stein. Le dernier propriétaire y installe un élevage avicole, dans les années 1950. Toute activité a depuis cessé.

CHAPELLE NOTRE-DAME-DES-SEPT-DOULEURS
1674-1833
Rue de la Chapelle 67090620

Les premières mentions de la chapelle de Hattisheim remontent à 1300. L'édifice est détruit en 1445 par les Armagnacs et reconstruite en 1449 par le prévôt du chapitre

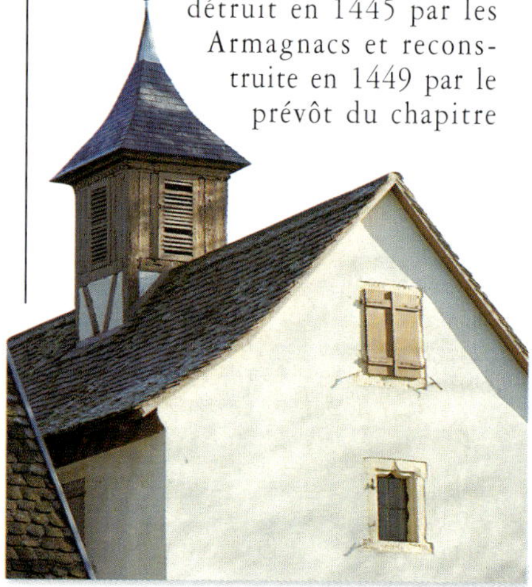

Saint-Pierre-le-Jeune de Strasbourg. Ravagée à nouveau pendant la guerre de Trente Ans, puis en 1674 au cours de la campagne de Turenne, elle est reconstruite une nouvelle fois avant d'être ruinée en 1833 par un incendie, et restaurée.

FERME
Fin du XVe siècle
Pan de bois
19, rue des Moines 67090608

La ferme Zaegel, bien que considérée comme l'une des plus anciennes d'Alsace, comporte certains éléments qui ne se rencontrent par ailleurs qu'à partir du milieu du XVIe siècle. Elle comprend ainsi une structure de poteaux allant d'une pièce de la base à la toiture. Les murs-pignons ont depuis été profondément remaniés.

FERME
1631
Pan de bois
19, rue Sainte-Jeanne-d'Arc 67090626

Cette demeure au décor géométrique comprend une multitude d'éléments ornementaux, parmi lesquels des symboles d'inspiration franque, caractéristiques des maisons du XVIIIe siècle, comme des chaises curules, des losanges barrés de la croix de Saint-André et des svastikas.

CARRÉ AJOURÉ
Vers le XIXe siècle
Tôle
Chapelle Notre-Dame-des-Sept-Douleurs 67090622

Sur la porte d'entrée de la chapelle, un carré ajouré en tôle découpée comporte une inscription avec les caractères majuscules PNQEIC, qui représentent la première lettre des premiers mots latins du *Pater Noster*.

FERME
1686
Pan de bois
29, rue Maréchal-Leclerc 67090627

Cette ferme en encorbellement, qui porte une date, n'a subi aucune transformation extérieure, tandis que les divers bâtiments annexes qui complétaient l'exploitation ont disparu au cours d'un incendie.

HOSPICE ÉLISA
1760-1770
12, route de Lyon 67090606

Le Moulin vert appartient en 1740 au négociant strasbourgeois Antoine Livio. C'est son fils François qui fait construire ce bâtiment vers 1760-1770. Au début du XXᵉ siècle, celui-ci fait office de pavillon de chasse pour l'industriel Charles de Wendel, avant d'être reconverti en maison de retraite à partir de 1949. L'édifice comporte un avant-corps décentré, et la grille en fer forgé du balcon placé au premier étage porte les initiales de François Livio.

CALVAIRE
1693-1838
Pierre
Steinermühl 67090613

Érigé à l'entrée du moulin par le meunier André Edel, ce calvaire est le plus ancien du ban de Geispolsheim. Il porte la roue du meunier en écu, sur le socle. Sculpté sur ses deux faces, il comporte d'un côté le Christ et, de l'autre, une Vierge à l'Enfant. La Vierge est couronnée d'un diadème et porte dans sa main un sceptre. L'Enfant tient un globe terrestre. L'ensemble a été restauré en 1838 par Antoine Edel.

PRESBYTÈRE
1759
Brique et grès 67090607

Le presbytère paroissial, construit derrière l'église, est de composition traditionnelle, avec un toit brisé à croupes, des ouvertures disposées régulièrement et un escalier dit à la française. Deux petits bâtiments entourent le corps principal et abritent une remise et des écuries.

CALVAIRE
1767
Pierre 67090621

L'œuvre se distingue par le contraste entre l'aspect massif et géométrique du fût et de la croix et le corps frêle du supplicié, dont l'expression du visage évoque la résignation.

CERF BERR
Hospice Élisa 67090615

Cerf Berr est le grand-père par alliance de Louis Ratisbonne, fondateur de l'hospice. Syndic général des juifs d'Alsace, il obtient en 1775 de Louis XVI des lettres patentes lui accordant la naturalisation. Ces lettres sont peut-être celles qu'il tient sur ce portrait.

ÉGLISE SAINTE-MARGUERITE
XVIe siècle-1770-1771-1784
Grès
Place Sainte-Marguerite 67090601
De la première église paroissiale seul subsiste le clocher, daté du XVIe siècle et intégré au nouvel édifice, même si le dernier étage est un ajout de 1784. Situé dans la phase finale du baroque alsacien, le sanctuaire comporte une façade avec pignon en aileron et un portail à vantaux moulurés du XVIIIe siècle.
(I. M. H. 1990)

SAINTE MARGUERITE
1480
Bois
Église Sainte-Marguerite 67090605
Jusqu'alors située dans une niche de la façade, au-dessus du portail, cette statue a fait l'objet d'une restauration et laissé sa place à une statue de saint Sébastien pour rejoindre l'intérieur de l'église. Marguerite foule au pied un dragon que perçait probablement la hampe de la croix tenue à l'origine par la sainte. Cet instrument a été remplacé par un crucifix postérieur.

VIERGE COURONNÉE
XVIIIe siècle
Église Sainte-Marguerite 67090624
Ce tableau représente la Vierge couronnée debout sur le globe, écrasant le serpent incarnant le mal. Elle tient dans ses bras le Sauveur du monde et est protégée par le Saint-Esprit figuré par la colombe.

NEF
Église Sainte-Marguerite
67090623
La nef a subi des modifications au cours des XIXe et XXe siècles, notamment avec l'ajout en 1881-1883 de médaillons au plafond, stuqués par Voltz et peints par Ebel, de vitraux, puis, en 1921-1923, de peintures de Charles et Raymond Jaeg. Elle comprend également un mobilier baroque réalisé en 1770-1772 par François Antoine Kettrer et des tableaux du XIXe siècle de Monique Tarrisch représentant l'apothéose de sainte Marguerite, la Vierge à l'Enfant et le martyre de saint Sébastien.
(I. M. H. 1990)

VIERGE DE L'IMMACULÉE CONCEPTION
Seconde moitié du XVIIIe siècle
Bois doré
Église Sainte-Marguerite 67090602

Cette statue est portée en procession lors de la célébration de la Fête-Dieu, l'une des plus importantes manifestations de l'année à Geispolsheim. La longue procession réunit toute la population.

ORATOIRE DOMESTIQUE
XVIIIe siècle
Église Sainte-Marguerite 67090632

L'église Sainte-Marguerite conserve deux oratoires domestiques provenant de la chapelle Notre-Dame-des-Sept-Douleurs de Hattisheim. Il s'agit peut-être initialement d'ex-voto. L'un d'eux représente un évêque célébrant la messe surmonté par un Christ supplicié dont le sang est recueilli par des angelots, sans doute en rapport avec la dévotion au Saint Sang, c'est-à-dire au sang du Christ.

CALVAIRE
1770
Église Sainte-Marguerite 67090603

L'érection de ce monument répond à l'accomplissement d'un vœu de son commanditaire, André Schaal. Il se compose d'un socle orné de motifs rocaille et de deux hauts-reliefs représentant l'arrestation du Christ et le mont des Oliviers, de statues de la Vierge, de saint Jean et de Marie Madeleine au pied de la croix. Le Christ qui surplombe l'ensemble est probablement postérieur au reste du calvaire. Remplaçant une première représentation peut-être endommagée à la Révolution, il a sans doute été réalisé au début du XIXe siècle par Laurent Huber, sculpteur à Obernai. Le monument est restauré en 1913.
(Cl. M. H. 1989)

BILDSTOCK
1793
Sculpteurs : Rietsch et Marguerite Schael
Route de Blæsheim 67090630

Les *Bildstocks* étaient placés aux croisements de deux routes pour honorer le Seigneur, et la tradition voulait que l'on dît une prière en passant. Celui-ci a été érigé en l'honneur de sainte Marie par Rietsch et Marguerite Schael. Le village compte deux autres *Bildstocks*, L'un d'eux, rue Porte-Basse, a été érigé en 1806 par Pierre Spaiser et Marie Catherine Schaal et abrite une pietà à l'intérieur. Le deuxième, rue du Presbytère, date de 1819. Réalisé en grès des Vosges sur une hauteur de 1,80 mètre, il comporte une statue de la Vierge en céramique placée derrière un grillage de fer.

RUE SAINTE-JEANNE-D'ARC
XIXe siècle
Pan de bois 67090609

La rue Sainte-Jeanne-d'Arc se compose d'un alignement de maisons particulièrement significatif de l'urbanisme geispolsheimois. Les fermes comportent un mur-pignon tourné vers la rue et une coursière sans garde-corps, mais fermée par une légère structure en bois destinée au séchage du tabac. Elles datent pour la plupart de la première moitié du XIXe siècle.

POTEAU CORNIER

13, rue Sainte-Jeanne-d'Arc 67090617

La date inscrite en bas du poteau cornier est probablement celle du mariage des personnes dont les noms sont inscrits. Trois signes hautement symboliques sont représentés – une couronne, une croix et un cœur –, qui, d'une certaine façon, « signent » les convictions des propriétaires de cette maison à cette époque.

POTEAU CORNIER

1805

9, rue du Maréchal-Leclerc 67090618

Sur ce poteau, le style de l'écriture est particulièrement soigné. Ces poteaux corniers sont faits pour être remarqués de loin, et les caractères sont ici nettement visibles.

RESTAURANT

AUX BONS AMIS

1838-1931

1, rue de Verdun

67090616

C'est en 1840 qu'est installée la ligne ferroviaire Strasbourg-Bâle. La même année, la gare de Geispolsheim est construite à quelques kilomètres du village. Geispolsheim-Gare, un lotissement avant l'heure, émerge. De l'autre côté de la voie ferrée apparaît sur les plans une ferme-restaurant, qui s'avère la plus ancienne maison de Geispolsheim-Gare. Agrandi en 1931, le restaurant demeure le dernier témoin de cette époque depuis la démolition de la gare en 1992.

BILDSTOCK

1869

Fer et pierre

Route de Blæsheim 67090614

Cette œuvre composée d'un pied en pierre surmonté d'une croix en fer commémore un assassinat survenu en 1869. Le garde champêtre ayant surpris un voleur de têtes de choux, ce dernier le tua à coups de bâton.

MAIRIE

1910

Grès

Rue François-Nuss 67090610

En 1910, les Allemands achètent des terres sur le ban de Geispolsheim dans le but d'y construire un fort. Avec cet argent, la commune de Geispolsheim s'offre une imposante mairie, flanquée de part et d'autre de deux écoles, elles aussi en grès, réservées aux filles pour l'une, aux garçons pour l'autre. Ces bâtiments scolaires sont désormais abandonnés.

ÉCOLE DE GARÇONS
1933
Grès
1, rue du Presbytère 67090611
La commune avait construit en 1910 deux écoles qui, avec la croissance de la population, se sont révélées insuffisantes. En 1933, une nouvelle école de garçons est édifiée. Toutes sont aujourd'hui désaffectées.

ÉGLISE SAINTE-THÉRÈSE
1934
Architecte : C. Clauss
Geispolsheim-Gare 67090625
Marquée par le mouvement néo-baroque, l'église Sainte-Thérèse comporte une nef longue de 60 mètres. Elle appartient au quartier de Geispolsheim-Gare, qui n'est pas un simple hameau de Geispolsheim-Village, mais possède sa paroisse, donc son église et ses conseillers municipaux.

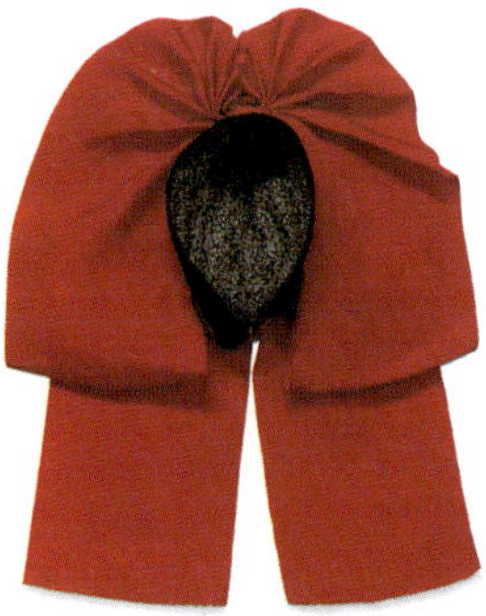

COIFFE TRADITIONNELLE
Groupe Les Coquelicots 67090629
Geispolsheim est le seul village d'Alsace où le nœud de la coiffe des jeunes filles est en soie rouge. De nombreuses thèses ont été émises sur l'origine de cette couleur. Il s'agirait de montrer qu'elles sont encore jeunes filles, les femmes mariées portant des coiffes noires.

Holtzheim

Canton de Geispolsheim
Arrondissement de Strasbourg-Campagne
Superficie : 691 ha
Population 1990 : 2 292 hab.
Habitants : les Holtzheimois
Cours d'eau : la Bruche

Origine du nom : de l'allemand *Holtz*, bois et *Heim*, village, ou du fondateur alaman Hoholf.

Blason : la racine d'arbre s'inspire de l'étymologie de la commune.
67090700

HISTORIQUE

Dès 780, mention est fait d'une villa *Holzheim appartenant au couvent de Lorsch. En 1137, celui d'Iltenwiller y a des possessions, et l'évêque de Strasbourg en est le premier seigneur. Au* XIII*e siècle, Holtzheim est l'enjeu de combats entre l'évêque, et la ville est incendié en 1262. Il est ensuite donné en fief à André Murnhart en 1336 et vendu 500 florins en 1437 à Burkard de Müllenheim. La Réforme y est introduite de 1534 à 1683. L'histoire de Holtzheim au* XX*e siècle a été celle de toutes les localités de la grande banlieue de Strasbourg. Dès avant la Seconde Guerre mondiale, la moitié des actifs de la commune travaille en ville. Le secteur agricole est encore présent, et plusieurs entreprises sont implantées sur son ban, spécialisées dans les sablières ou la construction de fours professionnels.*

PRESBYTÈRE
1763
Pierre et pan de bois
10, rue de l'Église 67090706

Ce presbytère aux allures de petit château, en pierre, contraste avec l'habitat de l'époque, qui emploie plus volontiers le colombage, dont est d'ailleurs constituée la remise. Le linteau au-dessus de la porte d'entrée porte la date de 1763, ce qui en fait la plus ancienne maison de la commune.

FERME
1828
Pan de bois
25, rue du Lieutenant-Lespagnol
67090707

Caractéristique des fermes de cette époque, cette demeure, qui porte une date, comprend un étage, un toit à demi-croupes et un balcon donnant sur la cour. Son sol surélevé est accessible par une volée de marches.

ÉGLISE SAINT-LAURENT
1866-1868
Architecte : Mathieu Jehn
Grès et ardoise 67090703

Une première église paroissiale est mentionnée en 1219. Un pèlerinage de saint Pirmin pour la guérison des yeux est attesté depuis 1597. L'huile de saint Pirmin est conservée dans un vase daté de 1765. La tradition rapporte qu'un curé de la paroisse était agacé par le fait que trois clochettes sonnaient toutes les heures. Un jour, la foudre tomba dessus et détruisit définitivement le mécanisme. Depuis, les clochettes sont placées dans le chœur et ne sonnent plus. Un nouvel édifice a été érigé en 1782, reconstruit dans la seconde moitié du XIXe siècle.

ORGUE
1757
Facteur : Nicolas Boulay
Église Saint-Laurent 67090704

À la mort de Nicolas Boulay, facteur d'orgues à Herrlisheim, la paroisse d'Erstein qui détenait cet orgue le vend à celle de Holtzheim et rachète l'orgue de Guebwiller. L'instrument proprement dit a été remplacé plusieurs fois depuis son installation au XVIIIe siècle. Le buffet est orné de cartouches rocaille et de rinceaux ajourés. Il arbore les armoiries d'Erstein et constitue le seul buffet réalisé par Boulay conservé en Alsace.

SAINT LAURENT
XIXe siècle
Pierre
Église Saint-Laurent 67090708

Saint Laurent, né vers 210-220, est diacre à Rome en 258. Sommé par le préfet de livrer les richesses de l'Église, il vend les vases sacrés et distribue le produit aux pauvres.
À l'arrivée du préfet, il montre la foule et déclare : « Voilà les trésors de l'Église. » Il est alors supplicié, étendu sur un gril chauffé à blanc. Son martyre est célébré le 10 août. Cette statue ornant la façade de l'église porte dans les mains la palme du martyre et le gril, instrument de son exécution et attribut permettant de l'identifier.

Kolbsheim

Canton de Geispolsheim
Arrondissement
de Strasbourg-Campagne
Superficie : 335 ha
Population 1999 : 767 hab.
Habitants : les Kolbsheimois
Cours d'eau : la Bruche

Origine du nom : de l'allemand *Kolben*, massue et *Heim*, village.

HISTORIQUE

Mentionné pour la première fois en 735 sous le nom de Colobocisheim, le village de Kolbsheim est au XIVe siècle divisé en deux parties et comprend en conséquence deux seigneuries, deux châteaux. Le château d'Altenau, dans la partie basse, appartient à la famille de Ramstein et est incendié vers 1420 lors d'un conflit qui opposait Stras-bourg au propriétaire Clauss-Lappe. Cette partie basse passa en 1479 aux Voltz qui revendent leur part en 1651 aux Müllenheim-Rechberg, déjà détenteurs de l'autre moitié du village, ainsi que du château supérieur. Après un nouveau partage, l'entière seigneurie échoit au baron Frédéric de Falkenhayn. L'activité agricole y demeure importante, et les autres actifs de la commune travaillent en majorité à Strasbourg.

CALVAIRE
1869
Pierre
Église Saint-Laurent 67090705
L'église paroissiale a été élevée grâce aux dons de particuliers et à l'aide bénévole. Lors de la construction, une fillette, en tombant dans une fosse, trouve la mort en 1869. Le calvaire porte ainsi une inscription en souvenir de Marie Catherine Kelhetter.

RECONSTITUTION
D'UNE CABANE NÉOLITHIQUE
1984
Pisé, roseaux, bois de noisetier, de chêne et de pin
Rue des Platanes 67090701
Des fouilles archéologiques ont livré sur le ban de Holtzheim la présence d'agriculteurs néolithiques. Les plans de maisons datées du Néolithique ancien ou de la période rubanée ont été découverts, révélant de grands bâtiments allongés de dimensions variant de 10 à 40 mètres de long et de 6 à 10 mètres de large. En 1984, de telles maisons ont été reconstruites à Holtzheim.

ARMOIRIES DES VOLTZ D'ALTENAU
Fin du XVe siècle
Pierre
4, rue du Château 67090804
Ces armoiries proviennent de l'ancien château des Voltz d'Altenau. Elles sont conservées dans le mur d'une maison particulière. Le cimier des armoiries des Voltz est constitué de deux cornes de buffle coupées.

DALLE FUNÉRAIRE
XVIe siècle
4, rue de la Division-Leclerc 67090818
Une incertitude demeure concernant la date de cette dalle, qui provient peut-être de l'église du Glœckelsberg. L'Inventaire des monuments historiques indique celle de 1505 ; la dalle inscrite sur la dalle est 155, le dernier chiffre étant illisible. Il s'agit de la dalle funéraire d'un ecclésiastique, ainsi que le révèle la silhouette gravée en méplat, de même que le prénom du défunt, Nicolaus.

FERME
1655
Pan de bois
22, rue de la Division-Leclerc 67090807
Cette maison comporte un étage en encorbellement sur le mur gouttereau dont les seules ouvertures sont situées sur le mur-pignon et sont protégées par un double auvent. Reconstruite après la guerre de Trente Ans, elle n'est plus entourée de ses dépendances, détruites. Le poteau cornier est sculpté d'un cartouche contenant des instruments de charpentier et les initiales A. S.

CHÂTEAU
XVIIIe siècle
Grès
21, rue de la Division-Leclerc 67090819
Cet édifice est le château supérieur du village, le château de la Porte-Basse ayant disparu au cours du XVIIIe siècle. C'est à cette époque que le propriétaire, Frédéric de Falkenhayn, construit l'aile nord du château actuel. *(I. M. H. 1972)*

PRESBYTÈRE PROTESTANT
1743
Grès
9, rue de la Division-Leclerc 67090805
Le presbytère dévolu au pasteur de la communauté protestante de la ville est construit par le prince de Rohan, évêque de Strasbourg pour les doyens de l'Église de Strasbourg. La

porte cochère porte la date singulière de 1704, faisant état d'une construction antérieure à celle du reste de l'édifice. Il s'agit peut-être d'un élément de remploi.

PUITS
1765
Place de la Mairie 67090813
L'abreuvoir daté de 1660 borde l'un des quatre puits qui alimentaient en eau potable la commune avant l'installation de l'eau courante en 1937. *(I. M. H. 1935)*

ÉGLISE MIXTE SAINT-LÉGER
1768
Architecte : Lemine
Maître maçon : Jean-Michel Rüscher
Rue de la Division-Leclerc 67090801
La Réforme est introduite par les seigneurs de Kolbsheim en 1567, le simultaneum, en 1691. L'ancienne église romane se trouvait au milieu de l'ancien cimetière et était en si mauvais état au XVIIIe siècle qu'il n'était plus possible de la réparer. Cette vétusté s'explique par la division de la propriété et le fractionnement des responsabilités qui en découle. En effet, si les seigneurs étaient protestants, le grand chapitre de la cathédrale de Strasbourg y percevait toujours la dîme. C'est ainsi que le chœur, le clocher et la sacristie de l'ancienne église, comme de la nouvelle, appartenaient aux catholiques, la nef revenant aux seigneurs et à la communauté villageoise. Sans doute par ordonnance du roi Louis XIV, la construction d'une nouvelle église fut décidée.

NEF PROTESTANTE
1768
Architecte : Lemine
Église mixte Saint-Léger 67090815
Le terrain fut choisi entre le château et la cour colongère du grand chapitre. Les deux propriétaires

chargèrent chacun un architecte d'en établir les plans, et le projet de Lemine fut finalement préféré à celui de Massol. L'ancienne église démolie, la communauté villageoise commença l'édification le 23 octobre 1767 pour l'achever le 25 août 1768. La nef, appartenant à la communauté protestante, abrite la loge seigneuriale et la tribune des habitants.

VIERGE À L'ENFANT
Fin du XVIIIe siècle
Église mixte Saint-Léger
67090802

Cette statue, posée sur un socle en forme de colonne, représente une Vierge à l'Enfant, écrasant un serpent de ses pieds. Elle tenait initialement dans sa main droite un sceptre qui a disparu.

TOMBE DE CHARLES MATHIEU SYLVESTRE DE DARTEIN
1814
Ancien cimetière *67090809*

Dernier noble du village, Charles Mathieu Sylvestre de Dartein est né à Toulon en 1749. Prêteur royal à Sélestat, commissaire général des fontes de l'artillerie, conseiller de la préfecture du Bas-Rhin, il est également chevalier de l'ordre du Mérite civil de Bavière. Il rachète le château en 1804 et est enterré à Kolbsheim, où il meurt le 24 octobre 1814.

CHŒUR CATHOLIQUE
1768
Église mixte Saint-Léger *67090816*

Le financement de la construction fut assuré par des collectes. Le curé Christophe Hallz d'Ernolsheim consacra le chœur au culte catholique le 4 septembre 1768. Le pasteur Roser prit possession de la nef le 8 septembre de la même année.

ORGUE
1792-1901-1998
Facteur : Conrad Sauer
Église mixte Saint-Léger
67090803

Si le buffet d'orgue a été réalisé par le facteur Sauer, qui avait travaillé avec J. A. Silbermann à partir de 1768 et dont l'œuvre porte cette influence de façon très nette, la partie instrumentale ne date que de 1901 et est attribuée à E. F. Walcker. En 1998, le facteur Antoine Bois reconstruit entièrement l'orgue, en conservant le buffet Sauer de 1792 et en rétablissant une composition typiquement baroque.

CARTOUCHE
1835
Bois
Rue Brûlée 67090814

Une des deux boucheries cacher du village comporte une inscription en caractères hébraïques, témoignant de la présence d'une communauté juive au XIXe siècle. Il s'agit d'une formule de bénédiction destinée aux personnes pénétrant dans la demeure ou en sortant.

CHÂTEAU D'EAU
Vers 1900-1901
Pierre 67090812

Cette construction a pour fonction d'alimenter en eau le château. Un deuxième château d'eau, construit en 1937, alimente quant à lui le village.

TOMBE DE JACQUES MARITAIN
1973
Nouveau cimetière 67090810

Philosophe français et catholique né à Paris en 1882, Jacques Maritain occupe la fonction d'ambassadeur de France au Vatican (1945-1948), mais passe de longs moments à Kolbsheim. Il fait don de sa bibliothèque au château qui abrite depuis un cercle d'étude Jacques Maritain.

TOMBE DE NICOLAS NABOKOV
1978
Nouveau cimetière 67090811

Musicien d'origine russe né en 1903, émigré aux États-Unis en 1933, Nicolas Nabokov est en 1952 organisateur du Festival de musique du XXe siècle. On lui doit des pièces pour piano, de la musique de chambre, de la musique vocale. Conformément à ses dernières volontés, il est enterré à Kolbsheim, où il avait souvent séjourné.

ANCIENNE SYNAGOGUE
1850
Grès
Rue de la Liberté 67090817

Témoin de l'importance et de l'influence culturelle réelles de la population juive en Alsace, ce lieu de culte concernait une communauté présente à Kolbsheim depuis au moins le XVIIIe siècle. En 1784, la ville compte 106 israélites pour 577 habitants. En 1865, 123 Kolbsheimois sont de confession hébraïque. En 1850, la communauté construit une synagogue, ouvre sa propre école. Deux boucheries cacher sont ouvertes à cette époque au village. La synagogue est rénovée en 1909. Avant la Seconde Guerre mondiale, quinze familles vivent encore à Kolbsheim. Après le conflit, elles ne sont plus que six. Le sanctuaire, vendu, est désormais une maison d'habitation.

Lipsheim

Canton de Geispolsheim
Arrondissement
de Strasbourg-Campagne
Superficie : 496 ha
Population 1999 : 2 266 hab.
Habitants : les Lipsheimois
Cours d'eau : l'Andlau

Origine du nom : de l'anthroponyme germanique Liutpot et du germanique *Heim*, village.

Blason : saint Pancrace est le patron de la paroisse.
67090900

HISTORIQUE

Une mention est faite en 823 du domaine de Lintpolesreim qui deviendra Lupsheim, puis Lipsheim. Possession des évêques de Strasbourg, le village est donné en fief aux landgraves de basse Alsace, puis aux Hohenburg. Victime des guerres, Lipsheim est continuellement reconstruit. Village agricole, son ouverture vers le marché urbain est assez précoce : Lipsheim se dote dès 1839 d'une gare, appelée Fegersheim-Gare conformément au vœu du donateur des terrains. Intégré à la vie des banlieues de l'agglomération strasbourgeoise, quatre cents emplois sont néanmoins disponibles sur place grâce à l'installation en 1936 de l'usine Pain, fabriquant de cuisinières.

CALVAIRE
1754
Pierre
42, rue du Général-de-Gaulle
67090903
Placé contre le mur pignon d'une maison, ce calvaire a été rapproché de celui du cimetière de la commune d'Ebersmunster, notamment en raison du traitement de l'anatomie du Christ et du geste de bénédiction esquissé des deux mains.

PRESBYTÈRE
1776
5, rue Jeanne-d'Arc *67090904*
Cet édifice s'inscrit dans un type architectural propre aux presbytères avec l'alignement régulier et symétrique des ouvertures des deux étages et son toit à pan brisé. Il se distingue néanmoins par l'étroitesse et la multiplication des lucarnes percées dans la toiture, ainsi que par le plancher surhaussé décelable aux divers soupiraux affleurant à sa base.

AUTEL LATÉRAL
Début du XVIIIe siècle-1824
Église Saint-Pancrace *67090902*
Exécuté dans un style Louis XIV, cet autel pourrait provenir, comme celui qui lui fait pendant au sud et dont le tableau représente l'Annonciation, de l'église Saint-Étienne de Strasbourg. D'autre part, des similitudes stylistiques rapprochent les deux œuvres de celles réalisées par Jacques Bergerat entre 1699 et 1702, notamment pour la cathédrale de Strasbourg. Ce tableau représentant sainte Attale, comme celui de l'autel latéral sud, est l'œuvre du peintre Joseph Sorg.

ÉGLISE SAINT-PANCRACE
XVIe-XVIIe siècles-1830
Architectes : Samain et Frédéric-Louis Osterrieth
Pierre *67090901*
Bien que conservant dans les parties inférieures du clocher des vestiges d'un premier édifice du XVIe ou du XVIIe siècle, l'église Saint-Pancrace est le produit d'une reconstruction réalisée en 1830 par l'architecte Osterrieth d'après un projet de Samain. Le clocher flanque le chœur à chevet plat, nettement plus étroit que la nef. L'édifice est à l'origine entouré d'un cimetière, déplacé depuis, ceint d'un mur orné d'un chemin de croix aménagé dans treize niches.

FERME
XVIIIe siècle
Pan de bois
5, rue de l'Andlau 67090906
Le village a pratiqué jusqu'au milieu du XIXe siècle un système de culture traditionnelle, qu'il s'agisse du chou, des céréales, du tabac ou des navets salés, en faire-valoir direct, c'est-à-dire dans le cadre d'exploitations familiales employant peu de journaliers. Un complément de revenu est alors généralement fourni par la culture du chanvre et un petit artisanat textile. 8 % de la population travaillent encore dans le secteur agricole.

CALVAIRE
1833
Pierre 67090907
Accolé à l'église paroissiale, ce calvaire est vraisemblablement une croix de mission, élevée en souvenir du passage d'une mission d'évangélisation dans la commune.

Plobsheim

Canton de Geispolsheim
Arrondissement
de Strasbourg-Campagne
Superficie : 1 664 ha
Population 1990 : 3 306 hab.
Habitants : les Plobsheimois
Cours d'eau : le canal du Rhône au Rhin

Origine du nom : non élucidée.

HISTORIQUE

Plobsheim est mentionné pour la première fois en 778 sous le nom de Bladbodesheim dans le testament de l'évêque Remigius qui en fait don à l'évêché de Strasbourg. On retrouve Plobsheim au XIe siècle, époque au cours de laquelle il est donné en fief à l'empereur Henri II. En tant que propriété impériale, le village est ensuite cédé à plusieurs reprises comme gage, notamment en 1416 à Johann Zorn von Eckerich, fondateur des Zorn de Plobsheim. Avec le rattachement de l'Alsace à la France, le lieu échoit à Louis XIV qui, en 1684, l'attribue à Nicolas de Kempfer et Christophe de Güntzer, seigneur jusqu'en 1789. Village agricole et artisan où la pêche occupait une grande place, Plobsheim est devenu une commune résidentielle qui s'oriente vers les loisirs depuis la mise sous eau du bassin de compensation ou plan d'eau en 1970.

CHAPELLE NOTRE-DAME-DU-CHÊNE
Seconde moitié du XVe siècle
Grès 67091030
La tradition fait de ce site un lieu de culte celtique, mais aucun sanctuaire n'est avéré avant 1454, date à laquelle le chevalier Adam Zorn fait construire cette chapelle en mémoire de Martin Zorn, mort au cours de la bataille de Marlenheim face aux Armagnacs, dix ans plus tôt. Le chœur de l'édifice est un ajout de la fin du XVe siècle, période à partir de laquelle la corporation des boulangers fait de celui-ci un lieu de pèlerinage et de processions. L'arrivée de la Réforme provoque son abandon, et la dévotion ne reprend qu'à la fin du XVIIe siècle. La chapelle, vendue par les Zorn en 1812, est ensuite restaurée par M. Berger, commerçant d'Erstein. En 1886, la paroisse l'acquiert. Avec la réalisation au XIXe siècle du Canal du Rhône au Rhin, les enfants de bateliers y sont baptisés.
(I. M. H. 1930)

VIERGE GLORIEUSE
Fin du XVe siècle
Chapelle Notre-Dame-du-Chêne 67091026
Deux peintures ornent la nef, représentant une Vierge Glorieuse, au plafond, et une Vierge du Secours, au-dessus de la porte latérale.

VIERGE DU PÈLERINAGE DE NOTRE-DAME DU CHÊNE
XVIe siècle
Bois polychrome (H. : 60 cm)
Maître-autel
Chapelle Notre-Dame-du-Chêne 67091028

La tradition fait remonter l'origine et l'emplacement du lieu de culte à une légende selon laquelle un seigneur de la famille Zorn, parti pour la deuxième croisade, aurait fait le serment, s'il revenait vivant, d'élever un sanctuaire dédié à la Vierge. Revenu mais ayant oublié son vœu, il aperçoit au cours d'une chasse une colombe blanche qui passe devant lui et va se poser sur le chêne sacré ; voulant lui décocher une flèche mortelle, il voit apparaître à sa place la Sainte Vierge qui, d'un regard plein de reproches, lui rappelle la promesse faite alors qu'il était en danger. Il fait alors construire la chapelle, où furent placés la statue et le tronc qui l'abritait. Une nouvelle statue remplace la première au cours du XVIIe siècle, sculptée dans le bois du chêne d'origine. Au cours de la période révolutionnaire, elle est cachée et échappe au vandalisme. Elle est depuis placée dans un tabernacle gothique tardif du XIXe siècle, où un tronc évidé et des branches de chêne évoquent la niche primitive de la statue, désormais remplacée par une copie.

SAINT MARC
Fin du XVIIe-XVIIIe siècle
Chapelle Notre-Dame-du-Chêne 67091025

Cette statue provient de l'église de Riquewihr et d'un ensemble de quatre évangélistes dont il subsiste également à Plobsheim la représentation de saint Jean. Il s'agit d'un don de la famille Grinner. Ici, Marc est traditionnellement accompagné de son attribut, le lion.

MONT DES OLIVIERS
Début du XIXe siècle
Chapelle Notre-Dame-du-Chêne 67091023

Dans le vestibule de la chapelle, une niche abrite sur un soubassement de pierre un Christ au mont des Oliviers, et ici trois apôtres sont figurés endormis, allongés sur le sol.

LA PROMESSE
1940-1950
Maître verrier : atelier Ott frères
Vitrail
Chœur
Chapelle Notre-Dame-du-Chêne 67091027

Les quatre vitraux du chœur évoquent la légende attachée à la chapelle, qui est aussi l'origine d'un pèlerinage fréquenté à la fin du XVe siècle.

APPARTEMENT DU *WALDBRÜDER*
1812
Pan de bois
Chapelle Notre-Dame-du-Chêne 67091022

À partir de 1697, un *Waldbrüder*, ermite célibataire, est hébergé à côté de la chapelle. C'est en 1812 que le propriétaire de celle-ci, Franz Joseph Berger, fait construire à son intention un bâtiment en pans de bois contre le mur ouest. La liste complète des *Waldbrüder* a été conservée. Le frère Ludwig Herdrich, premier d'entre eux, est trouvé poignardé le 10 février 1781. Johann Baptiste Berger d'Erstein est lui aussi poignardé le 6 juin 1871. Florent Bottemer de Lipsheim, que se retire en 1912, est le dernier d'une série ininterrompue. Casimir Kieffer d'Erstein, gardien de 1944 à 1965, est le dernier gardien de la chapelle, excepté un gardiennage de courte durée assuré en mai 1966 par Mme Mendé, de Mulhouse.

CHÂTEAU ZORN
1588-1590
Pierre
16, rue du Général-Leclerc 67091015

Les seigneurs de Zorn, propriétaires du village depuis 1414, ont construit un premier château, remplacé au XVIe siècle en raison de sa vétusté par un nouvel édifice situé plus au sud du domaine. Le château actuel, réalisé dans un style Renaissance, comporte notamment un oriel placé dans l'angle nord-est et une canonnière percée au rez-de-chaussée. Il conserve de nombreuses marques de tâcheron. Lorsque Louis XIV intègre l'Alsace au royaume français, il enlève Plobsheim aux Zorn qui avaient embrassé la religion réformée, entraînant avec eux le village dans la nouvelle confession, et donne le domaine à Nicolas Kempfer en 1684. En 1836, la commune fait l'acquisition du château et le convertit en mairie, puis en école. *(I. M. H. 1929)*

PIERRE DU TRIPLE-BAN
1669
Pierre
Mairie 67091007

Sur l'emplacement où se rejoignaient autrefois les bans des communes d'Altenheim, d'Ichenheim et de Plobsheim, cette pierre, nommée Dreibannstein, témoignait de l'accord réalisé entre les trois communes à propos du lieu exact de jonction des trois bans. Sur trois des côtés de la pierre figurent d'ailleurs les blasons des trois agglomérations. L'ensemble monolithe a été transporté jusqu'à la mairie de Plobsheim afin de le préserver des travaux du Grand Canal d'Alsace qui l'auraient condamné à l'immersion définitive. Replacée hors de son contexte initial, la pierre est néanmoins orientée afin que les blasons coïncident avec la direction des communes concernées.

MANOIR JEAN-CHRISTOPHE DE GÜNTZER
1705-1706
Pierre
14, rue de l'Église 67091016

En 1684, le fief de Plobsheim est retiré par Louis XIV aux Zorn et attribué aux seigneurs Nicolas de Kempfer et Christophe de Güntzer. De 1705 à 1706, les Güntzer construisent leur résidence, le châtelet dit Güntzerschloss. Ils demeurent seigneurs de Plobsheim jusqu'en 1789.

ANCIEN MOULIN À HUILE
1719
Pan de bois
201, rue de la Poste 67091011

Le logis est caractéristique des spacieuses maisons du XVIIIe siècle, éclairées par de grandes ouvertures. La fenêtre placée sous le toit indique vraisemblablement la présence d'une remise.

POTEAU CORNIER
1807
Ancien moulin à huile 67091010

Sur ce poteau cornier figurent le nom du constructeur et la date de 1807. La réalisation de ce genre d'inscriptions est une pratique répandue jusqu'au début du XXe siècle, disparue avec la construction de maisons à colombage.

MEULE
1719
Ancien moulin à huile 67091009
Cette meule tournante est le seul vestige du moulin qui date du XVIIIe siècle. Elle témoigne d'une activité évincée par l'arrivée des minoteries.

CHAPELLE DU KEMPFERHOF
XIXe siècle
Kemperfhof 67091021
Cette chapelle à deux niveaux comporte une arcature aveugle, en plein cintre. Les occuli sont visibles de l'extérieur. La nef affecte la forme d'un U, et l'édifice comprend un clocheton de pierre.

CHŒUR
XIXe siècle
Chapelle du Kempferhof
67091020
Constitué de voûtes et d'arcs en plein cintre, le chœur du sanctuaire comprend un appareillage saillant de brique qui réduit l'espace apparent. Les fenêtres sont en occuli au niveau inférieur et supérieur, en dents de scie ou lisses.

KEMPFERHOF
XIXe siècle
Architecte : Jules Édouard de Dartein
Brique, pan de bois et béton
Rue du Moulin 67091018
Propriétaires du domaine jusqu'en 1837, les Kempfer lui ont légué leur nom. À cette date, les terres sont acquises par Félix de Dartein, dont le fils Jules Édouard, ingénieur issu de l'École centrale, élabore les plans et entreprend la construction de cet édifice vers 1880.

CHÂTEAU DE LA THUMENAU
1817
Grès
La Thumenau 67091014
Jusqu'en 1709, la famille de Ribeaupierre et la commune de Nordhouse possèdent conjointement le ban dit de La Thumenau, pourvu de droits régaliens et judiciaires. Le domaine est partagé à cette date entre le comte palatin de Birkenfeld, héritier des Ribeaupierre, et la commune susdite, dont la part est vouée à devenir un communal. La partie des terres dévolue au comte est réunie après 1760 à Plobsheim. Jean Frédéric de Türkheim, banquier et amateur d'agronomie, acquiert le domaine en 1815, avant de devenir maire de Strasbourg en 1830. Il fait ériger une maison de campagne et un jardin à l'anglaise. Ce château actuel de La Thumenau ne se situe pas à l'emplacement de l'ancien château médiéval, dont les vestiges se trouvent au-delà du Canal du Rhône au Rhin.

ÉGLISE SAINT-PIERRE-ET-SAINT-PAUL
XIXe siècle
Pierre
Rue de l'Église 67091001

Liutelmann II de Rathsamhausen, fils de Suzanne de Zorn et seigneur de Wiebolsheim, acquiert en 1427 les droits patronaux relatifs à Plobsheim. Il fait construire le chœur et la sacristie attenante de cet édifice voué aux saints Pierre et Paul. La première extension de l'église paroissiale remonte à la même période que la construction du chœur de la chapelle Notre-Dame-du-Chêne, soit à la fin du XVe siècle. Le sanctuaire est par la suite, de 1589 à 1688, dévolu au culte réformé avant d'être soumis, avec le rattachement par Louis XIV de l'Alsace à la France, au régime du simultaneum. L'église est agrandie en 1750, par l'ajout de la moitié ouest de la nef qui comprend un clocher. Au cours de la période révolutionnaire, le lieu de culte est converti en temple de la Raison et voué au culte de l'Être suprême. L'église est probablement reconstruite à la fin du XIXe siècle.

MAÎTRE-AUTEL
Milieu du XVIIIe siècle
Église Saint-Pierre-et-Saint-Paul
67091002

Flanqué d'ailerons et placé sur un gradin, le tabernacle de cet autel a fait l'objet d'aménagements dans le style rococo.

TOMBEAU DE LA CANTINIÈRE MARIE-ANNE WILM
XIXe siècle
Pierre
Église Saint-Pierre-et-Saint-Paul
67091004

L'édifice funéraire situé au pied de l'église catholique est celui de Marie-Anne Wilm, cantinière au régiment à pied de la garde impériale en Crimée, sous le second Empire. Décorée de la médaille de Crimée en 1855, elle meurt le 25 janvier 1880, âgée de 58 ans, à Plobsheim.

CALVAIRE
Pierre
Église Saint-Pierre-et-Saint-Paul
67091005

Louis Herdrich de Nordhouse, *Waldbrüder*, est trouvé assassiné. Son corps est alors inhumé devant cette croix de mission de l'ancien cimetière, près de l'église catholique.

ANCIENNE MAISON DU VEILLEUR DE NUIT
Fin du XIXe siècle
Grès
18, rue du Général-Leclerc 67091006

Ce bâtiment est à l'origine celui des *Wachter*, veilleurs de nuit, qui effectuaient des rondes, allumaient les réverbères et, plus généralement, faisaient régner l'ordre à la nuit tombée. Une prison était aménagée dans le fond de la cour et accueillait les sans-domicile pour une nuit. Cette *Wachterhüss* était assortie d'une *Spretzehüss*, petite maison en pans de bois servant d'abri au matériel de lutte contre l'incendie. La maison a depuis été reconvertie en bibliothèque municipale.

PANNEAU
1886
12, rue du Général-Leclerc 67091008
Plobsheim est desservi par le tramway à partir de 1886. La commune tire profit du passage de ce tramway suburbain de Strasbourg à Marckolsheim qui permet aux ouvriers-paysans de rejoindre leur lieu de travail en ville, qu'il s'agisse de Strasbourg ou de Graffenstaden. La population augmente rapidement, et le tramway favorise la transformation du village agricole en cité résidentielle.

TEMPLE
1898
Rue du Général-Leclerc
67091003
Le pasteur Carl Schuller est à la tête de la paroisse protestante en 1891. Il est à l'origine de la construction de ce temple. La paroisse compte alors 1 126 âmes, et l'ancienne église 270 places. La décision est prise en 1895, et un édifice avec un plan en croix grecque est construit, la première pierre étant posée en 1897. Le 14 août 1898, le nouveau sanctuaire est inauguré.

MOULIN À TURBINE
Début du XXe siècle
347, rue du Moulin 67091012
Au bord d'un cours d'eau, le Muehlgiessen, en face d'un moulin à roue désormais disparu, est construite une petite centrale électrique actionnée par une turbine ; elle ne fonctionne plus, et sa turbine a été déplacée.

MAISON D'ÉCLUSIER
XXe siècle 67091029
L'éclusier était chargé de la montée et descente des péniches et de veiller au bon fonctionnement des installations. L'activité a décru, mais cette maison à l'écart de l'agglomération témoigne de l'existence passée d'écluses sur le canal.

MAISON DE DARTEIN
Fin du XIXe siècle
Pierre et béton
12, rue du Général-Leclerc 67091017
C'est la famille de Dartein qui fait construire cette demeure sur le site de Meyergarten. Elle se distingue par la tourelle bétonnée de l'entrée principale et les armoiries parlantes qui se trouvent sur les bâtiments, évoquant le nom des propriétaires d'un D percé d'un dard. Le domaine a depuis été acquis par la commune.

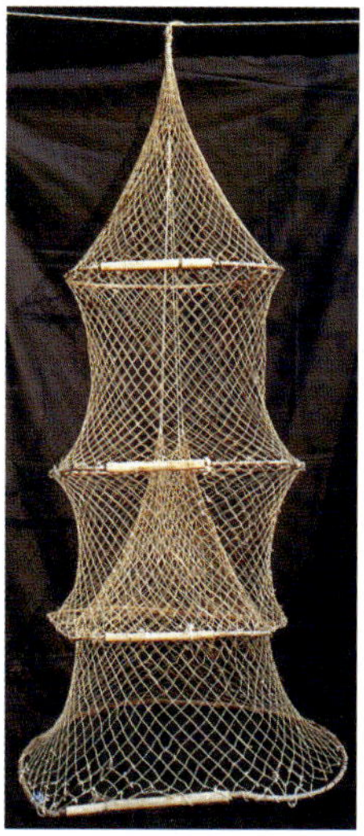

NASSE
Première moitié du XXe siècle
Corde et bois
Collection particulière 67091013
La pêche reste pratiquée professionnellement par un pêcheur sur la commune, témoignant d'une activité en repli, mais issue d'une tradition séculaire.

Canton de Haguenau

- Batzendorf
- Berstheim
- Dauendorf
- Haguenau
- Hochstett
- Huttendorf
- Kaltenhouse
- Morschwiller
- Niederschaeffolsheim
- Ohlungen
- Schweighouse-sur-Moder
- Uhlwiller
- Wahlenheim
- Weitbruch
- Wintershouse
- Wittersheim

Batzendorf

Canton de Haguenau
Arrondissement de Haguenau
Superficie : 674 ha
Population 1999 : 826 hab.
Habitants : les Batzendorfois
Cours d'eau : le Betengraben

Origine du nom : de l'anthroponyme germanique Pazzo et du germanique *Dorf*, village.

Blason : il représente saint Arbogast.
67100100

HISTORIQUE

Des vestiges de cimetière néolithique, sept haches de bronze et autant de tombes romaines, découvertes près de l'ancienne voie romaine de Brumath à Mackwiller, une sépulture mérovingienne, qui remonte probablement au VIe siècle et qui recelait une fibule en or et un collier de perles en terre cuite, attestent une occupation ancienne et continue du territoire. C'est en 739 que le nom du bourg, sous la forme Batsinagmi, apparaît dans un document, en l'occurrence une donation à l'abbaye de Wissembourg. Il est alors uni à trois autres villages, disparus depuis : Olenheim et Orgheim, devenus respectivement les lieux-dits Olchenweimweg et Orgheimweg en 742 et 1340, et Littelsheim, ancienne léproserie dont la chapelle Saint-Nicolas existe encore au XVIIIe siècle. En 1139, le pape Innocent III ordonne à l'évêque Otto von Bamberg de restituer Batensdorff, inféodé sans droit au comte Sigibert von Werd, à l'abbaye de Gegenbach. La ville, que les seigneurs Hohenstaufen soumettent au bailliage impérial de Haguenau, devient alors le siège d'une prévôté comprenant neuf villages impériaux. En 1391, les habitants fuient le grand incendie et les seigneurs de Fleckenstein-Neinheim et se réfugient à Haguenau. Les différents conflits se lisent dans l'histoire de Batzendorf : le repeuplement, après la guerre de Trente Ans, est ainsi évoqué par les noms de lieux-dits tels que Walshehof, Scwitzer ou Bayershof. Durant la Seconde Guerre mondiale, les Allemands ouvrent un camp de travail pour jeunes filles, puis jeunes gens, jusqu'à la libération de la ville le 28 novembre 1944.

ÉGLISE SAINT-ARBOGAST
1781-1782 *67100101*

En 1748, Batzendorf s'émancipe de la paroisse de Berstheim, dont elle est jusque-là une filiale.
C'est donc tardivement qu'est édifiée l'église, attribuée, en raison de sa parenté avec celle de Dettwiller, à l'architecte Nicolas Alexandre Salins de Montfort, directeur des bâtiments du Cardinal de Rohan à Strasbourg entre 1780 et 1790. L'édifice, très symétrique, répond aux critères néo-classiques en vigueur à cette époque. La nef, dont le plafond, avec grand cartouche central, était autrefois peint, est percée de dix baies en plein cintre, cinq de chaque côté. Dans le chœur, l'arc triomphal est orné d'un cartouche rocaille et l'abside à deux pans coupés forme un arrondi percé de quatre baies, dont une est murée. Au-dessus de la première travée de la nef s'élève une tour-clocher de quatre étages, coiffée d'un toit en bulbe, et dont le dernier niveau, conçu sur un plan circulaire, est percé de quatre occuli abritant un cadran d'horloge, un globe, une girouette et un coq en fer. À l'extérieur, sur un linteau de la porte, un chronogramme précise la date 1781, sous un oculus flanqué de branches d'oliviers et de palmes sculptées en bas relief. Au centre du pignon, une baie rectangulaire, surmontée d'une table en grès sculptée d'une guirlande, porte la date de 1782. Au sud, la sacristie s'adosse au mur du chœur.

CHRIST EN CROIX
XVIIIe siècle
Bois polychrome
Église Saint-Arbogast
67100103

Sur cette croix de procession figure un Christ au revers travaillé, constitué de plusieurs pièces assemblées. Les yeux ouverts, il est attaché à la croix par trois clous, les pieds superposés et les jambes fléchies, la tête penchée sur la gauche. Le périzonium est tenu par une double cordelette avec un pan aux plis tuyautés vers la droite. Le titulus et la couronne d'épines ont été ajoutés ultérieurement.

MAÎTRE-AUTEL
1833
Peintre : Joseph Sorg
Église Saint-Arbogast *67100102*

Au-dessus de l'autel se trouve un retable, inscrit sous une architecture plaquée qui fait écho au décor du tabernacle, situé en dessous : entablement mouluré sur pilastres cannelés composites, surmonté de rinceaux et d'angelots dorés. Le tableau, peint par Joseph Sorg (1791-1870) représente saint Arbogast ressuscitant Sigebert, le fils du roi Dagobert accidenté au cours d'une chasse. Au centre du tabernacle, dans une niche en plein cintre, est sculpté le Bon Pasteur en haut relief. Une Annonciation, et saint Nicolas en évêque bénissant des enfants ornent respectivement les autels latéraux nord et sud.

MONUMENT SÉPULCRAL
XVIIIe siècle
Grès rose
(150 × 80 cm)
Église Saint-Arbogast
67100104

Le monument sépulcral, encastré en partie dans le mur sud du cimetière, est dédié à l'origine à Georges Heitz, mort dans la première décennie du XVIIIe siècle. Il se compose d'une croix à extrémités fleuronnées, découpée au-dessus d'une stèle en bas relief. Sur chaque branche, un décor végétal est sculpté de part et d'autre d'une couronne torsadée centrale. Un crâne et un fémur ornent la base de la croix.

CALVAIRE
1740
Grès rose (380 × 180 × 120 cm)
Enclos de l'église Saint-Arbogast *67100106*

Le Christ, couronné d'épines, poings fermés, présente une plaie sanglante au côté. Il est entouré de la Vierge et de saint Jean. Les personnages sont d'une facture traditionnelle du XVIIIe siècle mais la tête de Marie a été restaurée. Une inscription, gravée postérieurement, figure au pied de la croix : « Missions kreuz 1932 -1950 ».

MONUMENT
À BARBARA OHLMANN
1845
Grès rose (192 × 64 cm)
Enclos de l'église
Saint-Arbogast
67100105

Comme l'indique l'inscription en minuscules gothiques, ce monument a été élevé pour Barbara Ohlmann, épouse de Florent Berenbach, décédée le 4 mai 1845 à l'âge de 58 ans. Sous la croix décorée d'une rosace, le fronton, triangulaire, est orné d'un œil rayonnant et doté, de part et d'autre, d'un acrotère à palmettes. Sous l'entablement étoilé, entre les colonnettes engagées, un Christ en majesté, debout sur un nuage, est entouré des quatre évangélistes. Deux saules aux branches tombantes sont gravés sur le socle et la face arrière porte une couronne de lauriers.

PRESBYTÈRE
1866
Architecte : Samain
Grès et brique
1, rue de l'Église *67100107*

Le presbytère, qui se trouve à l'origine dans l'enclos au sud de l'église, est incendié vers 1840-1850. Il est reconstruit sur les bases d'un corps de garde datant vraisemblablement de 1829. Le bâtiment, un étage sur sous-sol, s'élève par travées voûtées en berceau.

Berstheim

Canton de Haguenau
Arrondissement de Haguenau
Superficie : 309 ha
Population 1999 : 357 hab.

Origine du nom : de l'anthroponyme germanique Berold et du germanique *Heim*, village.

HISTORIQUE

Mentionné en 777 parmi les biens appartenant à l'abbaye de Saint-Denis, le village est alors connu sous la forme Benisthaim. Le toponyme fluctue encore jusqu'en 1371, date à laquelle il prend sa forme définitive de Berstheim. De nombreuses abbayes possèdent des biens sur le territoire, où la présence d'une paroisse est attestée au tout début du XIIIe siècle : le couvent de Schwarzach ou encore les moines de Saint-Martin de Surbourg, ces derniers étant probablement à l'origine du choix du nom de l'église. Des oppositions naissent alors entre les différentes autorités religieuses : le curé de Berstheim, Bertold, et l'abbaye de Neubourg sont en conflit en 1202 à propos de Harthouse et de sa chapelle. En 1266, les Lichtenberg sont décimateurs et, en 1303, les Fleckenstein deviennent collateurs et obtiennent patronage à Berstheim et à Wittersheim, droits que possédait jusque là Hugo van Batzendorf. Ils gardent ce droit jusqu'au XVIIe siècle. Impérial puis royal, le village est administré par les grands baillis jusqu'en 1713, date à laquelle la charge des grands baillis est inféodée au Comte de Chatillon. Au village se déroule, à la fin de 1793, la bataille qui oppose les royalistes de Condé aux républicains, sous les ordres du général Gouvion Saint-Cyr, et qui fait plus de 1 200 victimes.

FERME
1832
Pan de bois
49, rue Principale
67100110

La ferme est composée de plusieurs corps de bâtiment, disposés en quadrilatère. Dans le corps de passage, l'entrée se fait par deux portes, l'une charretière et l'autre destinée aux piétons. À l'étage, une coursière reposant sur des poteaux occupe toute la largeur. Les chambres sont situées à l'étage du corps de logis, à l'est, et la grange se trouve au fond de la cour. L'ensemble est construit en pan de bois sur solins de maçonnerie, à hourdis crépis, dont certaines parties ont été refaites. Dans les allèges des fenêtres, des croix de Saint-André curvilignes viennent renforcer le mur. Deux inscriptions sont gravées, l'une sur le troisième poteau des balustres : « Joseph Keith et Marie Lang 1809 », et l'autre sur le pilier de l'étage de la grange : « Antoni Schneider Katherine Keith 1832 ».

FERME
1849
Pan de bois, brique et grès
4, rue de l'Église *67100109*

L'entrée dans la ferme, à cour fermée, se fait soit par le passage pour piétons, surmonté d'une niche abritant une statue de saint Joseph à l'Enfant Jésus, soit par la porte charretière. Sur la façade sur rue, les trois niveaux sont bien distincts : un rez-de-chaussée en maçonnerie surmonté d'un étage noble en pan de bois séparé de l'étage sous comble par un auvent. Les chambranles en grès, aux linteaux en arc segmentaire et le colombage décoratif alternant losanges et demi-hommes s'accordent et s'harmonisent. Les bâtiments d'exploitation, dont aucun n'est ancien, ont été reconstruits en brique dans le mur de clôture.

CROIX DE CHEMIN
XIXe siècle
(420 × 87 × 66 cm)
Rue du Cimetière
67100112

Le monument est attribué au sculpteur des croix du couvent de Dauendorf, actif dans la deuxième moitié du XIXe siècle et qui a réalisé plusieurs œuvres dans le canton. L'artiste a traité les figures en haut relief et fait figurer le nom des commanditaires sur le bord supérieur du socle : « Dieses Kreus hat einrichtet Johannes Acker und Maria Mader ».

FERME
Fin du XVIIe siècle-1827
Pan de bois
44, rue Principale *67100211*
Cette ferme est composée de plusieurs bâtiments, nécessaires à l'exploitation. Le corps de logis, prolongé d'une annexe percée de portes charretière et piétonne, est distribué de manière traditionnelle avec petite et grande salle, lambrissée, cuisine et débarras ; l'étage, carré, est en très léger encorbellement au-dessus des deux rues. Un logis secondaire, sur cave voûtée en berceau est construit en 1827. Une étable, une porcherie et un four à pain ainsi qu'un hangar et une grange de 1842 viennent compléter l'ensemble.

FERME
1698
52, rue Principale *67100212*
De nouveaux bâtiments, plus adaptés à la fonction, sont construits sur les ruines d'une ancienne ferme. Des remaniements et reconstructions interviennent tout au long du XIXe siècle. Le corps de logis principal, construit sur une cave, s'élève sur deux étages sous un toit à longs pans avec coyaux, couvert de tuiles plates. Tout autour sont aménagés des bâtiments d'exploitation. Le logis secondaire sur cave qui inclut le passage d'entrée, porte piétonne surmontée d'une balustrade portant l'inscription : « E BAVDIM/IAHRANO/1827/IGNATZ/ACKER UND/GERTRUTIS/KEHREN », est prolongé d'un local qui fait office d'atelier, de four et de porcherie. Des anciennes écuries ne subsiste que le portail, mais la grange, reconstruite en 1842 et prolongée d'un hangar ouvert, voisine avec l'étable, face au verger et à l'ancienne serre à tabac.

ÉGLISE SAINT-MARTIN
1742-1769
Grès *67100201*
Les marques de tâcheron, visibles sur les chaînes d'angle à refend du murpignon ouest, et le style général de l'édifice permettent de le dater. Le vocable peut avoir un lien avec le couvent Saint-Martin de Surbourg, propriétaire à Berstheim en 1190. L'église est édifiée dans un enclos surélevé qui inclut le cimetière et une croix monumentale. La nef, à vaisseau unique, s'achève sur un chœur plus étroit, à pans coupés, surmonté d'un campanile de plan hexagonal, à deux bulbes séparés par un lanternon aveugle. Le plafond de la nef est orné de tables moulurées quadrilobées ; le motif central représente un agneau sur le livre aux sept sceaux, dans un décor végétal. Sur le portail, le chambranle en arc surbaissé mouluré est orné d'une agrafe sculptée d'un calice entouré de têtes d'angelot.

MAÎTRE-AUTEL
XVIIIe siècle
Bois peint et doré (91 × 268 cm)
Église Saint-Martin *67100202*
Sur l'autel, couvert de tables en bois à profil mouluré, le tabernacle est décoré de volutes, de résilles et d'acanthes, et surmonté d'un crucifix. La porte, en plein cintre, est sculptée d'un Christ en bas relief portant calice, et ornée de têtes d'angelot dans les écoinçons. L'Agneau pascal est représenté sur un côté du dôme. Au-dessus de l'hôtel subsiste un encadrement mural en stuc de style rocaille du XVIIIe siècle.

PRESBYTÈRE
XVIIIe siècle
Pan de bois et grès rose
5, rue de l'Église *67100207*

Le presbytère est édifié au sud de l'église, dans un jardin communiquant avec le cimetière. Le bâtiment est rectangulaire, long de cinq travées, bâti sur un sous-sol enterré, avec un rez-de-chaussée à peine surélevé, séparé de l'étage par un bandeau plat. Aucune ouverture n'est ménagée dans le long toit à deux croupes. Un petit bâtiment annexe en rez-de-chaussée est adossé contre le mur nord.

FERME
XIXe siècle
Pan de bois et brique
38, rue Principale *67100208*

La ferme est conçue sur un plan en fer à cheval discontinu. Autour de la cour ouverte sont disposés les bâtiments nécessaires à l'exploitation : le corps de logis, à pignon sur rue, est prolongé d'un hangar et la partie agricole inclut une porcherie, un four à pain et un puits. La construction est en pan de bois assemblé à mi-bois et chevillé ; les hourdis en brique sont recouverts d'enduit. Le puits à balancier est d'un type très courant dans la région jusqu'en 1945, mais pratiquement disparu depuis : le montant est formé d'un tronc d'arbre évidé dans lequel passe un tuyau descendant dans le puits. Par un orifice latéral passe la goulotte, d'où jaillit l'eau lorsqu'on actionne le balancier.

FERME
1815-1924
Pan de bois
39, rue Principale *67100209*

La ferme, incendiée en 1814, est entièrement reconstruite l'année suivante sur un plan en fer à cheval. Le logis et les étables, qui ont pignon sur rue, sont reliés par un mur de clôture coiffé d'un chaperon à deux versants en tuile, où sont ménagées deux portes, l'une charretière coulissante et l'autre piétonne. L'habitation est bâtie sur un plan rectangulaire, avec une petite aile en retour côté rue et un four en hors-d'œuvre dans l'angle. Une partie de l'encorbellement de l'étage, côté cour, est occupée par la coursière. Au sous-sol, deux caves servent d'annexes, l'une étant divisée en deux pour la conservation du vin et des betteraves. Un hangar et une porcherie, avec séchoir à l'étage, sont adjoints à l'ensemble.

POTEAU CORNIER
1814-1815
Bois
39, rue Principale *67100210*

La ferme a entièrement brûlé en 1814. La nouvelle grange, construite en 1815, garde la marque des propriétaires par le biais des inscriptions gravées sur un poteau cornier.

MAIRIE
1860
Brique et enduit
Rue Principale *67100206*

À l'origine école construite pour faire pendant à la mairie-école, édifiée en 1840 en avant de l'église, la mairie dispose d'un rez-de-chaussée sur sous-sol, couronné d'un toit à longs pans.

Dauendorf

Canton de Haguenau
Arrondissement de Haguenau
Superficie : 763 ha
Population 1990 : 1 372 hab.
Cours d'eau : la Moder

Origine du nom : du patronyme germanique Davo ou Dawin et du germanique *Dorf*, village, ou de l'ancien allemand *Tagwan*, mesure agraire, et *Thort*, communauté rurale.

HISTORIQUE

Dauendorf est occupé de manière continue depuis le Néolithique. Le village fait partie des nombreuses possessions de l'abbaye de Wissembourg et est cité comme telle dès 742. L'abbaye cistercienne de Neubourg, fondée en 1128 ou 1133 par le comte Reynald de Lutzelbourg et le duc Frédéric le Borgne, père de Barberousse, devient rapidement prospère et érige, au XIIe siècle, une grange à Dauendorf. Collateur depuis 1209, elle obtient la totalité du fief des mains des Falkenstein en 1237. L'abbé devient alors seigneur, décimateur et patron jusqu'à la fin de l'Ancien Régime. Bien qu'un filon de minerai de fer ait été exploité sur le ban entre 1773 et 1877, le village est à vocation essentiellement agricole. Les agriculteurs y pratiquent la polyculture céréalière et l'élevage des bovins. Il subsiste quelques fermes anciennes mais l'augmentation de la population, depuis 1962, après un siècle de décroissance démographique, a entraîné une nouvelle vague de construction.

MAISON
1566-XIXe siècle
Pan de bois
2, rue de l'Étoile
67100323

Cette maison à colombage présente les caractéristiques des maisons de la fin du XVIe siècle : les étages en encorbellement sont constitués de poteaux à liens en chevron et liens pleins sous les sablières liantes. Les colombages de l'étage et les goutteraux proviennent d'une récupération à Rosheim et ont été installés au XIXe siècle.

FERME
Fin du XVIe-début du XVIIe siècle
Pan de bois de chêne et enduit
3, rue de l'Église 67100310

À défaut d'inscription, le style de la maison, murs à surplombs, fenêtres Renaissance et pigeatres avec œil-de-coq, permet de dater l'édifice. Ceinte d'une clôture basse percée de deux portes hautes, l'une charretière, l'autre piétonne, la cour inclut également une grange-étable.

FERME
XVIIe-XVIIIe-XIXe siècles
Pan de bois de chêne et grès
5, rue l'Étoile 67100330

La ferme, constituée de bâtiments d'exploitation agencés autour d'une cour fermée, a connu plusieurs étapes de construction : au logis initial, agrandi par la suite, sont adjoints successivement une grange en 1792, un bâtiment à usage économique en encorbellement provenant des porcheries de l'abbaye de Neubourg vers 1820 et un corps d'entrée en 1866.

CALVAIRE
Vers le début du XVIIIe siècle
Grès polychrome
(H. : 395 cm, l. : 125 cm, P. : 34 cm)
Enclos du cimetière
67100304

Le style des figures montre qu'elles sont probablement exécutées à l'époque pour l'abbaye de Neubourg. Le Christ, d'aspect classique, s'apparente au calvaire réalisé par François Fransin en 1699. Il doit faire partie à l'origine d'un groupe sculpté incluant, sur un autre soubassement, saint Jean et une première statue de Madeleine. Celle qui l'accompagne aujourd'hui est certainement un peu plus tardive. Elle ne repose pas sur son socle d'origine.

PORTAIL MONUMENTAL
DE L'ABBAYE DE NEUBOURG
1744 67100318

L'église abbatiale de Neubourg, dédiée à la Bienheureuse Vierge Marie, est bénie en 1158. Un autel y est dressé en 1262 en l'honneur de saint Bernard et une chapelle du chœur consacrée aux apôtres saint Jacques et saint Jean ainsi qu'à saint Pantaléon. La porte, conçue comme un arc triomphal, est percée dans le mur sud de l'enclos de l'ancienne abbaye. Légèrement en retrait, elle est raccordée à l'enceinte par deux pans concaves, couronnés par une corniche moulurée et arrêtés par un chaînage d'angle. Sur le fronton, doté de trois amortissements en forme d'artichaut, le blason bûché jumelait probablement les armes de l'abbaye et celles de l'abbé Jacques Gacier d'Auvilliers. Au revers sont sculptées les armoiries de l'abbaye de Clairvaux.

PORTE DE
LA MAISON
DU PORTIER
1744
Grès
Abbaye de Neubourg
67100319

La maison du portier est adossée contre le mur d'enceinte de l'abbaye, près de l'entrée monumentale. Elle est conçue sur un plan carré ménageant un jour central, où se trouve le four, et qui communique avec les pièces par quatre portes. Le chambranle de la porte d'entrée est décoré de crossettes et couronné d'une corniche en chapeau de gendarme. Cinq piliers, dont les amortissements font écho au portail monumental, délimitent le jardin antérieur.

ANCIENNES ÉCURIES
XVIIIe siècle
Grès
Abbaye de Neubourg 67100320

Dans l'abbaye, plusieurs bâtiments à usage agricole sont agencés autour d'une cour centrale. L'édifice rectangulaire qui prolonge le corps de logis, avec lequel il partage la corniche en grès, semble être l'emplacement des anciennes écuries. Construit en rez-de-chaussée sur un sous-sol voûté, il est percé de dix arcs surbaissés appareillés, obturés depuis pour la plupart. La distribution, modifiée par la suite, incluait en outre le logement des valets et les remises. Une nouvelle grange et une porcherie sont venues remplacer d'anciens bâtiments tombés en ruine.

PUITS
Vers le XVIIIe siècle
Grès rose et bois
5, rue de l'École 67100329

Le puits, qui se trouve aujourd'hui dans la cour de l'école communale, est couvert d'un chaperon à deux pans, soutenu par des montants en bois qui supportent également le treuil, la chaîne et la roue. Une auge en grès se trouve au pied de la margelle, utilisée autrefois pour abreuver les animaux domestiques. Il s'agit en fait d'un sarcophage trouvé au cimetière de l'abbaye de Neubourg au XIXe siècle.

CHAPITEAU
Vers le XIIe siècle
Grès rose (37 × 56 × 56 cm)
Abbaye de Neubourg 67100321

Le chapiteau provient probablement de la nef de l'église abbatiale de Neubourg. L'abbaye, vendue en 1794, est systématiquement démolie entre 1794 et 1854, afin de servir de carrière. L'église romane est démolie en 1818 ; les pierres, notamment les encadrements de fenêtres, sont ensuite utilisées pour la construction d'une usine textile à Haguenau – désormais clinique Saint-François ; la lanterne des morts, édifice gothique dont il ne reste que quelques fragments, est abattue en 1844.

FERME
1751-1840
Pan de bois de chêne, grès, brique et enduit
Neubourg *67100322*
Construite pour desservir l'abbaye de Neubourg, la ferme comprenait, outre le corps de logis, une porcherie ainsi qu'une grange et une étable réunies sous le même toit. Malgré la présence de bâtiments agricoles, certaines parties de la maison sont réservées à des usages liés à l'exploitation : la cave, le four, le grenier et la salle réservée au séchage du houblon.

CHAPELLE SAINT-ANTOINE
XVIIIe siècle
Grès et crépi *67100313*
La chapelle est assimilée à l'oratoire dédié à saint Antoine et saint Urbain, mentionné en 1763 et figurant sur la carte de Cassini. Sa fondation serait liée à la réalisation d'un vœu qu'aurait fait une famille de la région, lors de la mobilisation de ses huit garçons.

DÉTAIL DE FAÇADE
1801
Peinture
21, rue de l'Église *67100311*
La façade du passage d'entrée de la ferme porte des inscriptions datant de 1803, peintes sur le crépi du hourdis. Y sont mentionnés le nom des propriétaires, différentes dates et des intentions pieuses, mêlés de représentations d'outils agricoles, de fleurs, de cavaliers et de bouteilles. Ce bâtiment permet l'accès à la cour de la ferme, autour de laquelle sont disposés les bâtiments d'exploitation, étables-écuries, grange, bûcher, séchoir et logis. Au milieu de la cour se trouvent un fumier sur base en pierre, un puits et une auge.

CHAPELLE SAINT-BERNARD
1845
Grès, bois et crépi
Neubourg *67100317*
En 1844, la chapelle mortuaire de l'ancienne abbaye de Neubourg appartient à une famille juive de la région. Les habitants du village, qui l'accusent de vouloir abattre le bâtiment pour en faire une étable, la détruisent et utilisent les matériaux ainsi récupérés pour édifier la chapelle Saint-Bernard. Ils sollicitent alors le préfet pour une aide financière, aide refusée car la construction a été réalisée sans autorisation en détruisant un édifice intéressant. Deux vitraux de l'église Saint-Georges, représentant deux personnages de l'Ancien Testament et disparus depuis, sont cédés en 1899 à la chapelle par le conseil municipal de Haguenau. En 1948, la maison Ott en a réalisé de nouveaux, placés dans le chœur et la nef.

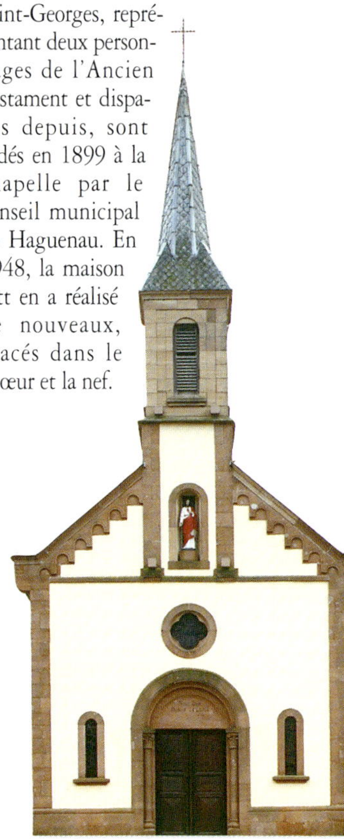

GRANGE
XIXe siècle
Bois, torchis et brique
23, rue de l'Église *67100309*
Sur une assise en pierre, la structure en bois se compose de pièces verticales, horizontales, et obliques, ces dernières assurant la stabilité du mur. Les vides de cette ossature sont hourdés d'un torchis, constitué de paille broyée et d'argile, appliqué sur un treillis de plaquette de bois. Des modifications ultérieures ont été apportées : des briques ont ainsi remplacé le torchis, matériau dégradable.

COUVENT DES SŒURS
DU SACRÉ-CŒUR
Seconde moitié du XIXe siècle-1932
Grès, brique et enduit
Impasse du Couvent 67100305

En 1867, M. Kandel fait don d'un bâtiment de sa propriété à Olivia Ulrich, qui y fonde un couvent. Construit en plusieurs campagnes de travaux, celui-ci comprend, outre la maison des sœurs, une chapelle, un oratoire et des parties agricoles, ainsi qu'une cour, un puits, un jardin et un verger. Sur la façade antérieure de l'édifice primitif, la porte, murée, est flanquée de part et d'autre d'un Christ en croix.
(I. M. H. 1990)

CHAPELLE
1885-1897
Grès, pan de bois et brique
Couvent des Sœurs du Sacré-Cœur
67100328

Cette chapelle, à l'origine en croix grecque, est édifiée sur les plans du curé Martz, composés d'après les conseils de l'architecte Dacheux. La nef, ajoutée en 1897, est seule visible de l'extérieur. Elle est composée de trois vaisseaux, l'un voûté d'arêtes et les autres plafonnés, précédés d'un porche étroit surmonté d'une tribune, accessible par deux tourelles d'escalier. Un oratoire est élevé au sud du chœur.

PUITS
XIXe siècle
Grès rose et bois
(d. : 120 cm, H. : 260 cm)
Couvent des Sœurs du Sacré-Cœur
67100306

Le mur lisse de la margelle est doté d'une console à seaux. Les montants de bois, situés de chaque côté, supportent le treuil et un chaperon à deux versants. Devenu inutile, le puits est transformé en parterre de fleurs.

CHAPELLE
DE LA CROIX-NOIRE
1876
Grès rose et crépi 67100315

Un pèlerinage existe à cet endroit bien avant l'édification de la chapelle, peut-être suite à l'épidémie de peste qui décime la paroisse en 1350. La croix noire que les habitants avaient dressée ici, et qui a donné son nom au site, est abattue par le curé, inquiet de ces manifestations de superstition. L'édifice, créé *ex nihilo* ou reconstruit sur les bases d'un bâtiment plus ancien, est composé d'une nef rectangulaire, d'un chœur à abside et d'une sacristie latérale.

VITRAIL
1918
Chapelle de la Croix-Noire 67100316

Le vitrail est dédié à la mémoire de Jean Herrburger, victime de la Première Guerre mondiale.

ÉGLISE SAINT-CYRIAQUE
1881-1882-1982
Architecte : G. Bernhard
Grès et brique
Rue de l'Église 67100301

Fondée au VIIIe siècle par les paysans libres de Dauendorf et Morschwiller, l'église est mentionnée pour la première fois en 774. Les droits sont cédés en 1190 à l'abbaye de Neubourg, puis la collation, qu'elle conserve jusqu'à la fin de l'Ancien Régime. Le nouveau bâtiment est érigé sur les fondations de l'ancienne église, dont il subsiste la tour-chœur du XVe siècle et une baie axiale en arc brisé. Sur un plan en croix latine, il inclut une nef à trois vaisseaux, un chœur et un transept voûtés d'arêtes, une salle annexe, en rez-de-chaussée dans l'angle entre le chœur et le transept nord, et une sacristie, composée de deux salles en enfilade. Sur la façade ouest, le mur-pignon du vaisseau central est flanqué de contreforts et de deux tourelles d'escalier. Le tympan du portail en plein cintre est orné d'une Vierge à l'Enfant, réalisée par Albin Heckman en 1941.

RELIQUAIRE DE SAINT CYRIAQUE
XVIIIe siècle
Bois, tissu, dorure et huile sur toile
(64 × 33 cm)
Église Saint-Cyriaque 67100325

L'église, tout d'abord placée sous le patronage de la Vierge, passe au XVIIe siècle sous le vocable de saint Cyriaque et saint Pancrace puis, à la fin du XVIIIe siècle, sous celui de saint Cyriaque seul. Ce reliquaire est le pendant symétrique d'un autre, consacré au patron secondaire. Il est composé d'une plaque de carton, prise dans un cadre de bois orné d'un décor asymétrique de rinceaux et de palmettes. Sur le petit tableau sont collées des fleurs de tissu et des reliques saintes.

RELIQUAIRE DE SAINT PANCRACE
XVIIIe siècle
Bois, tissu, dorure et huile sur toile
(64 × 33 cm)
Église Saint-Cyriaque 67100326

Dans *La Légende dorée*, Jacques de Voragine évoque l'étymologie diverse de Pancrace, jeune noble romain : du latin *pan*, tout, et *gratus*, agréable, car le jeune homme était tout prompt à être charmant, de *panracratiarius*, soumis au fouet, qui évoque son martyre, ou encore de *pancrus*, pierre de différentes couleurs qui rappellent toutes les vertus dont il était paré.

CROIX
XVIIIe siècle
Bois (124 × 85 × 26 cm)
Église Saint-Cyriaque 67100327

Cloué sur une croix de bois simple, le corps du Christ est arqué et marqué de blessures sanglantes.

ORATOIRE
1892
Grès
Route d'Ohlungen 67100303

Dans le nouveau cimetière, aménagé vers 1890-1891, un oratoire a été érigé. De plan carré, voûté d'arêtes, il abrite un autel en grès consacré, élevé sur deux colonnettes. Le retable porte un tableau, peint sur toile et représentant les damnés en enfer et la Vierge à l'Enfant.

Haguenau

Canton de Haguenau
Arrondissement de Haguenau
Superficie : 18 259 ha
Population 1990 : 27 675 hab.
Habitants : les Haguenoviens
Cours d'eau : la Moder

Origine du nom : du germanique *Hagen*, ou *Hagan*, haie, enclos, et *Aw*, ou *Au*, eau.

Blason : la rose symbolise le renouveau du printemps et, par extension, les libertés communales.
67100400

HISTORIQUE

Née à l'ombre de la burg, *le château construit vers 1115 par Frédéric le Borgne, duc d'Alsace et de Souabe, Haguenau prospère immédiatement grâce aux libéralités des empereurs Frédéric Barberousse et Frédéric II, qui y résident occasionnellement jusqu'en 1250 et lui accordent des droits importants. C'est à Haguenau que siège le grand bailli, représentant de l'empereur en Alsace, après 1280. C'est encore Haguenau qui, avec Colmar, joue le rôle de chef-lieu de la décapole créée en 1354 pour défendre les droits des villes impériales d'Alsace. C'est alors un centre culturel non négligeable, avec deux ateliers d'imprimerie à la fin du XV*[e] *siècle. La guerre de Trente Ans ouvre un siècle noir, avec les occupations et les exactions successives de Mansfeld, des Suédois et enfin des Français. Le rattachement à la France, en 1648, met fin au statut privilégié de l'ancienne ville impériale, peu disposée à accepter l'autorité centralisatrice de Louis XIV, qui ordonne le double incendie de la ville, en 1677. Les destructions sont considérables, l'ancien château impérial, notamment, disparaît. Haguenau, qui se reconstruit à partir de 1715, devient un grand centre de commercialisation et de transformation des produits agricoles de sa région, garance d'abord, puis houblon et tabac, et une importante ville-garnison, surtout après 1871, lorsque les Allemands multiplient les casernes, tout en tirant des avantages considérables du massif forestier possédé par indivis avec l'empereur depuis 1434, puis avec l'État français depuis 1648. La ville est meurtrie au cours de la Seconde Guerre mondiale, particulièrement lors des combats qui se déroulent sur la ligne de la Moder entre le mois de janvier et le 16 mars 1945, date de la libération. Reconstruction et développement vont de pair après 1950. Tout en mettant l'accent sur son image de marque, grâce à d'importants travaux d'embellissement et à l'essor des activités culturelles, Haguenau est devenu un centre industriel attractif, véritable plaque tournante de l'Alsace du Nord.*

PARURE EN AMBRE
1500 à 1200 av. J.-C.
Ambre (37 × 16 cm)
Musée historique *671004F6*
Les hommes de l'âge du bronze, entre 1800 et 750 av. J.-C., utilisent l'ambre issu de gisements de la mer Baltique pour réaliser des perles et des plaquettes, qui constituent les parures. Ces ornements sont retrouvés dans les sépultures enfouies sous des tertres funéraires dans la forêt de Haguenau.

ANNEAU DE JAMBES
1450 à 1350 av. J.-C.
Bronze (10 × 8 cm)
Musée historique *671004F5*
À l'âge du bronze, les femmes et les fillettes portent des bijoux réalisés en bronze moulé. Les anneaux de jambes portés par paire à raison d'un à chaque jambe, au-dessus de la cheville, constituent un élément important de la parure féminine. Ils sont quelquefois ornés de décors gravés et se terminent très souvent par des spirales plates.

CRUCHE
1350 à 1150 av. J.-C.
Terre cuite (20 × 15 cm)
Musée historique *671004F7*
Les céramiques constituent le type d'objet le plus largement répandu à l'âge du bronze. De forme généralement très fonctionnelle, elles sont adaptées aux aliments qu'elles doivent contenir : les cruches sont destinées aux liquides, essentiellement les laitages. Les décors dont elles sont ornées sont toujours de forme géométrique, gravés et parfois estampés à l'aide de matrices.

NEPTUNE RHENUS
Ier-IIe siècle
Bronze (H. : 22,3 cm)
Musée historique
671004G2

Cette statuette romaine représente une divinité aquatique pouvant être identifiée au dieu du Rhin en raison de la présence, dans sa main droite, d'un poisson ou d'un dauphin, tandis que sa main gauche tenait un trident aujourd'hui disparu. Un autel votif romain découvert à Strasbourg atteste la divination de ce fleuve dans l'antiquité.

JUPITER TARANIS
Grès (128 × 45 cm)
Musée historique *671004F8*

Des colonnes surmontées d'un cavalier terrassant un monstre anguipède sont fréquentes en Gaule romaine où elles se situent à proximité de domaines agricoles. Le cavalier représente une divinité gallo-romaine assimilée à Jupiter brandissant un foudre, symbole du feu céleste, et à qui l'on recommande la prospérité des récoltes. Les quatre têtes visibles sur le chapiteau symbolisent les quatre saisons, tandis que le monstre à queue de serpent, terrassé par le cavalier, est une allusion aux puissances de l'ombre.

GOBELET DE MAGISTRAT
1696
Vermeil (H. : 18 cm)
Musée historique *671004G4*

Les gobelets de magistrat ou *Rathsbecher* sont offerts aux échevins à l'occasion de leur élection. Les gobelets munis d'un couvercle sont réservés aux *Stettmeister* qui, au nombre de quatre, sont désignés parmi les échevins pour présider aux destinées de la ville à tour de rôle, chacun pendant un trimestre.

TORAH
XIXe siècle
Parchemin, bois, tissu et argent
(132 × 30 cm)
Musée historique *671004G6*

La torah fait l'objet d'une grande vénération dans le culte israélite. Elle consiste en un rouleau de parchemin enroulé autour de deux baguettes. Sur le parchemin, écrit à la plume d'oie, figurent les cinq livres de Moïse, dénommés Pentateuque. La torah est enroulée dans une bande de tissu puis revêtue d'un manteau richement brodé. Elle est surmontée de deux couronnes appelées *Rimonim* et ornée d'une plaque d'argent, le *Tass*, qui rappelle le pectoral du grand-prêtre.

PLAT
1754-1760
Faïencier :
Paul Hannong
Faïence
(32 × 42 cm)
Musée historique
671004G5

Paul Hannong, prestigieux faïencier du milieu du XVIIIe siècle, produit à Strasbourg et à Haguenau de la vaisselle en faïence destinée à garnir jusqu'aux tables princières d'Europe. Ce plat, orné d'un décor floral de fleurs fines, est l'œuvre d'un des nombreux peintres sur faïence qui créent des décors à main levée souvent copiés de gravures du XVIIe siècle.

Une partie du mobilier trouvé, notamment de la céramique, peut être datée du XIIe siècle.

AUTOMOBILE
1900-1910
Fabricant : Nürnberger Motorfahrzeug Fabrik
(156 × 320 × 137 cm)
Musée historique 671004G7
Cette automobile a appartenu à Xavier Nessel, maire de Haguenau de 1871 à 1902, grand collectionneur et archéologue, qui est à l'initiative de la construction du Musée historique.

PREMIÈRE ENCEINTE
Calcaire, grès et mortier de chaux
(P. : 1,70 m)
Chantier du Raisin 67100435
Les vestiges de la première enceinte du *castellum hagenowe* sont mis au jour en mars 1989. Elle daterait de la première moitié du XIIe siècle, mais certains chercheurs penchent pour une datation plus récente. Sur plus de 50 mètres dégagés, entre l'église Saint-Georges et la porte des Arquebusiers ou Arbalétriers, démolie à la veille de la Révolution, seuls 8 mètres de mur ont été conservés. La paroi est formée de blocs de 20 centimètres de haut sur 45 centimètres de large. La construction a nécessité le creusement d'une tranchée de fondation dont l'étude montre que le site était déjà remblayé en partie, indiquant une occupation antérieure à cette édification : la fosse d'un des puits, en particulier, qui empiète sous le rempart.

ÉGLISE SAINT-GEORGES
Vers les XIIe-XIIIe-XVe-XVIe-XVIIIe siècles
Rue Saint-Georges 67100401
Haguenau, filiale de Schweighouse, est élevée au rang de paroisse par l'empereur en 1143. La première église, édifiée en style roman, comporte un chœur surélevé sur une crypte, accessible par un escalier comme dans la cathédrale de Strasbourg. Les deux tourelles d'escalier situées de part et d'autre du clocher en sont deux vestiges. L'église est modifiée ensuite au fil du temps et de l'évolution de la paroisse. Un narthex, qui constitue en outre les trois dernières travées occidentales, est intégré au début du XVe siècle, une sacristie est construite par Frédéric Hammer, puis la chapelle Saint-Jacques est édifiée en gothique rayonnant en 1496. En 1517, les chevaliers de Saint-Jean, les Johannites, qui administrent la paroisse de 1354 à 1535, dédient une chapelle à leur protecteur. La nouvelle sacristie est inaugurée au XVIIIe siècle.
(Cl. M. H. 1930)

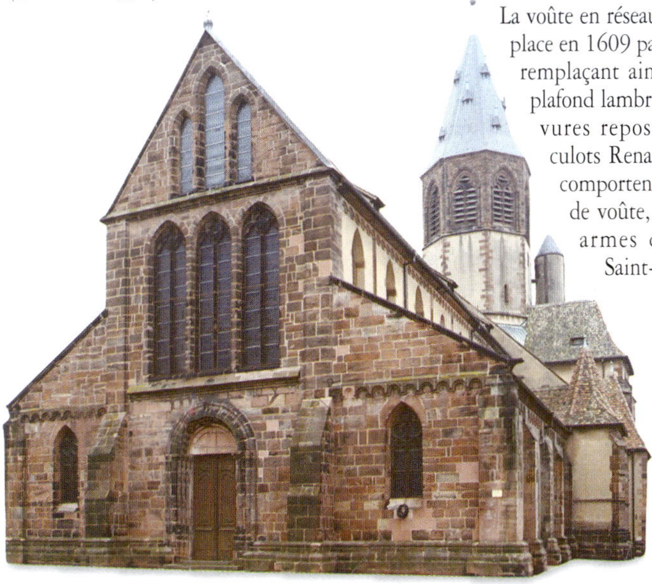

NEF
1225-1230
Église Saint-Georges 67100402
Les murs nus et pleins de cette nef, sans division verticale ni horizontale, ainsi que les moulures du socle extérieur, qui englobent les tympans non sculptés, rappellent l'influence de Hirsau, construite à la fin du XIe siècle. Les colonnes cylindriques sont coiffées de chapiteaux cubiques sculptés seulement d'un liseré double. La base de ces colonnes est identique à celle de l'ancienne église de l'abbaye de Neubourg, qui a pu servir de modèle, ce qui permet d'imaginer ce qu'a pu être sa propre nef. Des fenêtres des bas-côtés agrandies et transformées en style ogival dans la deuxième moitié du XIIIe siècle, seule une, romane d'origine, subsiste, à côté du chœrel. Les fenêtres hautes en revanche sont restées romanes. La voûte en réseau est mise en place en 1609 par les jésuites remplaçant ainsi le simple plafond lambrissé ; les nervures reposent sur des culots Renaissance et ne comportent qu'une clef de voûte, sculptée des armes de l'Œuvre Saint-Georges.

LES GRIFFES DU DIABLE
Moyen Âge
Église Saint-Georges 67100408

On dit qu'au Moyen Âge les jeunes époux venaient échanger leurs anneaux dans le chœrel, la chapelle-auvent où se trouve le portail roman sud. Ils se promettaient alors mutuellement fidélité sur une épée, préalablement sanctifiée au contact de la pierre, et qui y aurait laissé sa trace. À moins qu'il ne s'agisse de la marque laissée par des chevaliers, aiguisant et consacrant leur arme avant de partir à la guerre ou à la croisade. De telles griffes du diable existent dans d'autres églises, par exemple à Hohatzenheim.

CHŒUR
1250-1283
Église Saint-Georges 67100403

Dès le XIIIe siècle, les familles patriciennes de la paroisse rêvent d'y installer un chapitre de chanoines, afin de disposer pour leurs fils cadets de places estimées et lucratives. Ils commandent à cette fin un chœur gothique, plus vaste et au décor soigné. Les fenêtres à meneaux ainsi que les voussures ornées de fines sculptures florales rappellent le travail des tailleurs de pierre de l'Œuvre Notre-Dame. Quant à la croisée de transept, elle évoque le style d'église-halle, tout le poids de la voûte reposant sur deux piliers. Un clocher octogonal, haut de 62 mètres, est dressé ; il renferme notamment une cloche de 1268, encore en service à la fin du XXe siècle. Les contreforts à pinacle, à l'extérieur, abritent des statues qui, descendues avant 1914, sont exposées au Musée historique. Le chœur abrite une custode eucharistique, réalisée par Frédéric Hammer sur les dessins de Veit Wagner, qui comporte un saint-Georges dans sa partie supérieure, et des vitraux de Jacques Le Chevalier, installés entre 1956 et 1970.

RETABLE DU JUGEMENT DERNIER
1496-1497
Peintre : Diebold Martin
Église Saint-Georges 67100404

Dans le retable primitif, les volets peints, représentant l'Annonciation, la Nativité et l'Adoration des mages, flanquent un relief de Veit Wagner. Cette partie centrale ayant disparu, ils sont achetés en 1884 par le curé Munzenberger de Francfort, qui les fixe sur un panneau sculpté d'origine franconnienne : la position des clercs de l'Église, placés du bon côté lors du Jugement dernier, trahit la conception du XIXe siècle qui proclame l'infaillibilité pontificale. L'ensemble, récupéré par la paroisse Saint-Georges dès 1886, a subi de graves dommages en 1945. Les œuvres de Diebold Martin, qui s'inspirent manifestement de l'école de Schongauer d'une part, et de Matthias Grünewald d'autre part, sont de qualité inégale, ce qui laisse supposer que le maître s'est fait aider par ses apprentis, comme cela se faisait couramment à l'époque.

CHAIRE
1500-XIXe siècle
Sculpteur : Veit Wagner
Église Saint-Georges 67100406

Sur la cuve de la chaire figurent les quatre évangélistes et deux pères de l'Église, saint Ambroise et saint Grégoire le Grand. Sur la rampe de l'escalier est représenté saint Georges, patron de l'église, combattant le dragon. La chaire ayant été mutilée sous la Révolution, la plupart des sculptures visibles dateraient du XIXe siècle, à l'exception de la légende de saint Georges, dont le décor végétal, en particulier les feuilles d'arbre immenses, rappelle celui du mont des Oliviers de la cathédrale de Strasbourg. Sur le mur faisant face à la chaire subsiste un Christ en croix, réalisé par Clément de Bade en 1488, seul rescapé du jubé détruit en 1628.

AUTEL DE LA VIERGE

1859-1867

Sculpteurs : Adalbert Sickinger et Schmider

Église Saint-Georges, chapelle Saint-Jean-Baptiste 67100407

Dès son installation dans la cure de Saint-Georges, en 1855, Victor Guerber entreprend d'importants travaux de restauration et de rénovation de l'église. Il fait notamment remplacer l'ancien orgue par un nouveau, sorti en 1867 des ateliers Walcker de Ludwigsburg, et installer, entre 1859 et 1867, cinq autels réalisés par des artistes de Munich dans le style néo-gothique alors en vogue. Seul subsiste celui-ci, le maître-autel dédié à la Sainte-Trinité et à Jésus-Christ dans ses mystères, gravement endommagé à la fin de la Seconde Guerre mondiale, ayant disparu et tout le reste du mobilier du même style enlevé lors de la restauration de l'église.

MONUMENT AUX MORTS

1870

Cimetière Saint-Georges 67100477

Dans l'enclos sont érigés deux monuments en forme d'obélisque, en mémoire respectivement des soldats

français et allemands de la guerre de 1870. Après ce conflit, en effet, les autorités allemandes créent un cimetière de garnison où sont inhumés les militaires tués et notamment les blessés du champ de bataille de Woerth Froeschwiler Reichshoffen décédés à Haguenau. Ces officiers, sous-officiers et soldats, 308 Français et 39 Allemands sont enterrés dans des fosses communes. Ce cimetière comporte par ailleurs une importante nécropole de 1914-1918, où reposent 859 soldats dont 472 Roumains, et de 1939-1945, 902 soldats dont 358 Français et 535 Soviétiques.

TOMBE CORRÉARD

1873

Cimetière Saint-Georges 67100478

Sur le monument d'Octavie Corréard Neunreuther, décédée en 1873, se trouve une croix écotée couverte de lierre et ornée d'une couronne de fleurs. La famille Neunreuther est une des familles influentes de Haguenau dans la première moitié du XIXe siècle. Octavie a été mariée au général de brigade Frédéric Corréard, conseiller municipal ; sa soeur Marie-Joséphine a épousé Dominique Chompré, également officier et maire de Haguenau entre 1853 et 1866.

FONTAINE SAINT-GEORGES

XIIe-XVIIIe-XIXe siècles

Rue Saint-Georges 67100485

Avant la mise en place du réseau de distribution d'eau courante, en 1885, la ville dispose d'un certain nombre de fontaines, alimentées par une importante poche d'eau, *Brunnenstube*, située au sud-ouest de la ville. La fontaine Saint-Georges est l'une des plus anciennes de la ville. Jusqu'en 1854, le montant central orné de quatre têtes de lion porte un pilier néo-gothique de la première moitié du XIXe siècle surmonté d'une urne Louis XVI. En 1885, une petite vasque octogonale est placée sur le moignon du fût. *(I. M. H. 1939)*

TOUR DES CHEVALIERS
1230-1763-1920
Grès *67100434*

Cette tour-porte constitue un des rares vestiges de l'architecture militaire urbaine en Alsace au XIIIe siècle. Les quatre étages, qui ne présentent que des fentes d'éclairage à faible valeur défensive, perdent leur utilité après la construction de la troisième enceinte et sont alors utilisés comme poudrière puis, à partir de 1763, en tant que geôles. La tour et son annexe, accolée à partir de 1763, sont ainsi utilisées comme prison cantonale jusqu'à la Première Guerre mondiale. La petite ruelle de la Mos correspond au tracé de la deuxième enceinte de la ville et la porte de Wissembourg *(I. M. H. avril 1930)*, très remaniée au XVIe siècle et dotée alors de canonnières rondes, est un vestige de la troisième enceinte. Les datations de la deuxième (1230) et de la troisième enceinte (1300) sont désormais remises en question ; elles pourraient être plus récentes. *(I. M. H. 1930)*

TOUR DES PÊCHEURS
XIIIe-XVIe siècles
Quai des Pêcheurs *67100433*

C'est avec la tour des Chevaliers un des vestiges de la deuxième enceinte de la ville. Jusqu'à la Révolution, la Moder est navigable, et des bateaux de pêche à fond plat entrent et sortent de la ville. Pour contrôler cette activité et assurer la perception de l'octroi, l'arche enjambant la rivière est complétée par une herse, abaissée le soir et remontée le matin. C'est l'existence de cette herse qui explique la dénomination du moulin de la Herse, *Rechenmühle*, construit derrière la tour au XVIIIe siècle et démoli au XXe siècle. La tour a subi de nombreux remaniements : le premier niveau est en partie du XIIIe siècle, avec l'intérieur voûté en cul de four, et les niveaux supérieurs, avec trois canonnières côté campagne, sont du XVIe siècle. *(Cl. M. H. 1923 et 1930)*

BASILIQUE DE MARIENTHAL
Vers 1257-XVe-XVIe siècles-1866
Marienthal *671004C2*

Cette église, construite pour le couvent guillemite fondé par le chevalier Albert de Haguenau, abrite une statue de la Vierge qui attire de nombreux pèlerins. Entre 1460 et 1520, la première chapelle est remplacée par un édifice gothique plus important, et le renom du pèlerinage dépasse alors très largement le cadre régional. Après un déclin au XVIe siècle, il connaît une nouvelle période faste sous les jésuites, entre 1617 et 1765 et atteint son apogée après les tourmentes révolutionnaires, au XIXe siècle. C'est à cette époque que le sanctuaire est reconstruit pour s'adapter aux nouveaux besoins.

SACRISTIE
1519
Maître d'œuvre : Frédéric Hammer
Basilique de Marienthal *671004C7*

La sacristie est érigée dans le nouveau sanctuaire du XVe siècle, église gothique à vaisseau unique, avec chevet à pans coupés épaulés de contreforts. Toutes les sculptures de la chapelle, parmi lesquelles les bustes des deux commanditaires placés sous la retombée des voûtes, sont attribuées au maître d'œuvre, qui a laissé sa marque sur une dalle commémorant la construction. Il serait également l'auteur du saint-sépulcre, d'un buste de Dieu le Père, d'un saint-Guillaume et d'un lion ressuscitant ses lionceaux.

NEF
1866
Architecte : Charles Morin
Basilique de Marienthal 671004C3

La construction de la nouvelle église est confiée à Charles Morin, auteur du théâtre de Haguenau. Adoptant le style gothique, il surhausse de 3 mètres les murs de l'ancien bâtiment qui forme le chœur actuel, ajoute un transept, avec absidioles orientales destinées aux deux statues de pèlerinage, et une nef à trois vaisseaux et cinq travées. Le maître-autel et les autels des deux statues de pèlerinage, réalisés par Muller, de Strasbourg, entre 1866 et 1869, sont installés peu après dans l'église, élevée au rang de basilique mineure en 1892.

VIERGE DE PITIÉ
Vers le début du XVe siècle
Basilique de Marienthal 671004C4
Cette Vierge au visage légèrement souriant est une figuration un peu populaire du thème de la pietà, qui se répand en Allemagne vers le début du XIVe siècle. Statue de pèlerinage, elle connaît une plus grande ferveur que la Vierge glorieuse de la même époque. Cet engouement, qui correspond à l'évolution de la piété populaire, est entretenu par la place même des statues, la Vierge glorieuse étant dès l'origine systématiquement placée derrière celle-ci. Le maître-autel de 1741 sur lequel elles sont installées est cédé en 1782 à l'église de Wahlenheim. La pietà, alors placée dans une chapelle votive, est couronnée en 1859 sur autorisation du pape Pie IX.

DORMITION DE LA VIERGE
Premier quart du XVe siècle
Grès
Basilique de Marienthal 671004D6

Installée dans le bas-côté nord, cette Dormition de la Vierge est très certainement l'œuvre de Frédéric Hammer, comme toutes les autres sculptures du début du XVIe siècle conservées dans la basilique.

OSTENSOIR
1748
Basilique de Marienthal 671004C6
Entre 1720 et 1725, Marie Leczinska, fille de Stanislas, roi de Pologne exilé et établi à Wissembourg, est avec sa famille une hôte de marque du pèlerinage. Reine de France depuis son mariage avec Louis XV, Marie montre une grande générosité envers la communauté, qui commande à Augsbourg cet ostensoir, où sont sertis le diamant de fiançailles de la mère du roi Stanislas et les joyaux, diamants, émeraudes, rubis, améthystes et perles, du bouquet de la princesse Marie. Seul l'ostensoir de vermeil, dont la lunule est ornée de 58 diamants, offert par celle-ci en 1763, disparaît pendant la Révolution.

EX-VOTO
1870
Basilique de Marienthal 671004C5
Dans la basilique sont déposés 31 ex-voto de techniques variées, dont le plus ancien remonte à 1813. Offerts par les pèlerins pour demander une grâce ou en remerciement, ils sont dans l'ensemble de style naïf et populaire et représentent soit des scènes célestes, consacrées le plus souvent à la Vierge de pitié de Marienthal, parfois à la Vierge à l'Enfant, soit des épisodes terrestres variés, montrant l'église de Marienthal, un sanctuaire, un autel, un paysage, un village, une chambre ou un fond abstrait. Les personnages, fréquemment en famille, sont parfois représentés seuls. Celui-ci est exécuté en remerciement d'une libération de prison, sans doute pour un habitant du village de Gunstett.

L'ORIGINE LÉGENDAIRE
DE MARIENTHAL
1889
Peintre : Martin Feuerstein
Basilique de Marienthal 671004D7

Cette fresque, peinte dans le bras nord du transept, fait pendant au Couronnement de la Vierge, réalisé par le même artiste en 1859 dans le bras sud. Albert, fondateur de Marienthal, issu par sa mère des maréchaux de Haguenau, chargés des chevaux de l'empereur, est introduit à la cour de Frédéric II, qu'il suit en Italie en 1220. Il y fait probablement la connaissance de l'ordre de Saint-Guillaume-de-Maleval, mort en 1157, qui, comme les cisterciens, vénère particulièrement Notre-Dame. Retiré sur ses terres du Rothbach, Albert attire quelques disciples et fonde un couvent guillemite en 1250, dix ans avant sa mort. Les moines, qui pratiquent un jeûne sévère, le silence absolu et la vie dans des cellules isolées, vont en outre généralement pieds nus, réservant les chaussures aux longues randonnées.

CALVAIRE
XVIIIe siècle
Chemin des Pèlerins
et rue de la Gare 671004D0

Ce calvaire se trouvait auparavant dans le cimetière situé à proximité de la basilique, désaffecté depuis 1930. La table et les anges, placés devant le calvaire, les statues de la Vierge Marie, de Marie Madeleine et de saint Jean, installées au pied de la croix, donnent à l'ensemble l'apparence d'une mise en scène.

CIMETIÈRE JUIF
Moyen Âge-XIXe siècle
Rue de l'Ivraie 67100480

Situé hors les murs, ce cimetière a également servi de lieu de sépulture pour les juifs des villages environnants. La maison de la purification des morts, de la fin du XIXe siècle, conserve deux anciens lavabos extérieurs en grès, dont l'un est sculpté d'une tête d'enfant, l'autre d'un mufle de lion et d'une inscription datant de la deuxième moitié du XVIe siècle. Les monuments du XVIIe siècle, les plus anciens, sont les plus simples : ils ne précisent que le nom en hébreu suivi du sexe, homme ou femme, de la date du décès et de la formule « Repose en paix ». Les stèles du XVIIIe siècle sont souvent plus riches et comportent des figures symboliques révélant les fonctions religieuses ou l'appartenance sociale du défunt. Ceint d'une clôture depuis 1801, le cimetière est ravagé au cours de la Seconde Guerre mondiale. À l'entrée est érigé un monument de 1948 à la mémoire de 148 victimes juives, déportées, fusillées ou tombées au champ d'honneur au cours du conflit.

SOUVENIR DE LA BATAILLE
DE BERSTHEIM
Cimetière juif 67100481

À l'automne 1793, les Autrichiens, commandés par Wurmser, envahissent le nord de l'Alsace, suivis par une armée d'émigrés aux ordres de Condé. À partir du 28 novembre, Pichegru attaque le village de Berstheim, où sont stationnées les forces du prince de Condé, et de ses fils et petit-fils, les ducs de Bourbon et d'Enghien. Le 2 décembre, Ferino, à la tête de l'aile gauche de l'armée du Rhin, se heurte à son tour à leur résistance. Ils restent maîtres du village jusqu'à la retraite, une semaine plus tard, sur l'ordre pressant de Wurmser, en déroute. Les affrontements sont terribles, aux cris de « Vive le roi » ou « Vive la République ». Une épidémie de typhus déclarée au début de 1794 incite les autorités à faire enterrer les nombreuses victimes, sans doute plus de 400 tués dans les rangs de l'armée de Condé, et peut-être le double du côté des républicains, dans une fosse commune au cimetière juif de Haguenau, où une stèle rappelle l'événement.

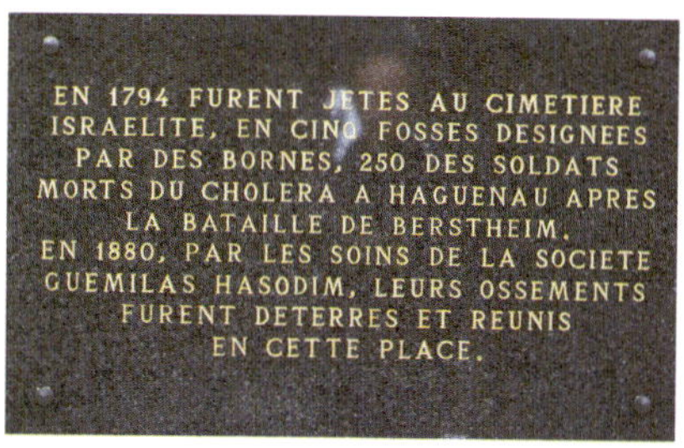

ÉGLISE SAINT-NICOLAS
1280-1320-1785-1831-1851
Architecte : Dietrich
(H. : 13 m, l. : 16 m, L. : 62 m)
Grand-Rue 67100409

Avant de partir pour la troisième croisade en 1189, Frédéric Barberousse confirme et dote richement l'établissement déjà cité en 1164 et destiné à accueillir les nécessiteux. De l'église romane construite sous les Hohenstaufen et probablement détruite lors de l'incursion des Strasbourgeois à la fin du XIIIe siècle, il ne reste que la partie inférieure et carrée du clocher, conservée dans l'avant-chœur. Le nouvel édifice gothique, un des plus grands de la région, est de type basilical, comportant un chœur développé réservé aux prémontrés et une nef à trois vaisseaux destinée aux paroissiens. Cette dernière est couverte de voûtes sur croisées d'ogives, en pierre de taille dans la nef et en brique dans les bas-côtés. Les clefs de voûtes sont ornées de têtes, de feuillages et même d'une rose quintefeuille. Une petite chapelle semi-circulaire, dédiée à l'immaculé cœur de Marie, est construite en 1785 contre le bas-côté sud. Une voûte néo-gothique y est construite en 1860. Les bâtiments sont gravement endommagés lors des combats de janvier-mars 1945, la flèche, notamment, est totalement détruite. *(I. M. H. 1930)*

SAINT-SÉPULCRE
Milieu du XIVe siècle
Pierre
Église Saint-Nicolas 67100499

Ce saint-sépulcre, destiné initialement à l'église Saint-Étienne de Strasbourg, est installé dans une chapelle spécialement élevée en 1785 contre le bas-côté sud, sur le caveau funéraire des Prémontrés. Sur la structure, primitivement dorée, sont sculptés des gardiens à l'équipement très détaillé : cotte de mailles, cotte d'armes, chausses renforcées par un cloutage de métal ou de cuir, jambières à genouillères de métal, gantelets de cuir, bacinet en tête, camail, carquois à la ceinture, épée à pommeau circulaire, hache d'armes et heaume. Les trois saintes femmes, qui ne semblent pas de la même main que les autres sculptures, proviennent probablement d'un autre saint-sépulcre, peut-être celui de la chapelle Sainte-Catherine de la cathédrale de Strasbourg.

SAINT NICOLAS
Vers le premier tiers du XVe-XIXe siècles
Pierre et grès rose
Église Saint-Nicolas
67100410

Sur la façade du porche occidental, ajouté vers 1500, figurent deux statues en pendant, qui ne sont pas l'œuvre du même artiste. Saint Nicolas, placé à droite, est le patron de la paroisse. Lors des troubles révolutionnaires, notamment lorsque le club des Jacobins local réclame la destruction de tous les signes de la superstition, ces deux sculptures sont décapitées. La restauration du XIXe siècle, faite en grès rose qui tranche sur la couleur claire des corps, en fait des témoins visibles de la période révolutionnaire. La tête de saint Nicolas est conservée au Musée historique.

SAINT NORBERT
Vers le premier tiers du XVe-XIXe siècles
Pierre et grès rose
Église Saint-Nicolas 67100411

Saint Norbert est le patron de l'ordre des Prémontrés, qui ont administré la paroisse entre 1189 et 1535, puis à nouveau au XVIIe siècle, jusqu'à la Révolution.

CHRIST AU PRESSOIR
XVIe-début du XVIIe siècle
Grès polychrome
Église Saint-Nicolas 67100415

Ce relief illustre la parole de saint Augustin, par laquelle il évoque la Passion : « Le Christ est la plus noble des grappes qui fut soumise au pressoir ». Le jus de raisin est assimilé au sang de Jésus, offert pour sauver l'humanité. Rien n'indique l'emplacement primitif de la sculpture, de facture populaire, dont seul le montant dénote l'influence de la Renaissance, et qui semble avoir été emmuré ultérieurement seulement dans le mur du bas-côté nord. Dans d'autres reliefs du même type, des XVe et XVIe siècles, le sang s'écoule par le dégorgeoir du pressoir dans le calice de la sainte Cène, ce qui laisse supposer que le pressoir haguenovien, dont la partie avant paraît sciée, comportait de tels éléments, détruits ultérieurement.

SAINT AMBROISE
Vers 1715-1759
Église Saint-Nicolas 67100412

Après la Révolution, les paroissiens ont acquis le mobilier provenant de l'abbaye de Neubourg. Dans le chœur ont trouvé place les stalles rococo, réalisées par le menuisier Weber d'Ohlungen pour Jacques Gacier d'Auvilliers et qui portent les armoiries de l'abbaye et des abbés. Des lambris de style Louis XVI, commandés vers 1786 par l'abbé Dreux au menuisier Frickler et au sculpteur strasbourgeois Ketterer, prolongent ces stalles dans l'avant-chœur. C'est là que sont placées les

quatre grandes statues des Pères de l'Église : saints Grégoire, Augustin, Ambroise et Jérôme, représentés dans leur tenue de pape, d'évêque ou d'anachorète avec un livre ouvert ou fermé et leur attribut distinctif. Aux pieds de saint Ambroise, évêque de Milan, figure ainsi une ruche, qui rappelle les abeilles qui déposèrent leur miel sur ses lèvres lorsqu'il était bébé.

ORGUE
1747-XXe siècle
Facteurs : Georges Rohrer et Alfred Kern
Église Saint-Nicolas 67100414

Les sculptures sont vraisemblablement l'œuvre de Wenceslas Boehm : les panneaux du garde-corps de la tribune sont sculptés d'instruments de musique tandis que rocailles, rinceaux, volutes, fleurs, acanthes et lambrequins

décorent le garde-corps, le buffet et les ailerons. Le couronnement central, monumental, est formé par un grand cartouche rocaille avec cadran d'horloge et armoiries du commanditaire. Quant à l'orgue proprement dit, il subit de nombreuses transformations avant d'être remplacé, à la fin du XXe siècle, par un nouvel instrument, réalisé par Alfred Kern.

CHAIRE
Milieu du XVIIIe siècle
Église Saint-Nicolas 67100413

Bien que ne figurant dans aucun livre de dépenses de l'abbaye de Neubourg, cette chaire suspendue avec escalier tournant, de style Louis XV, fait probablement partie du programme d'embellissement de l'abbé Gacier d'Auvilliers pour son église. Orné de rocailles et de scènes religieuses dans des encadrements curvilignes, ce meuble liturgique évoque la figure de Bernard, fondateur de l'abbaye de Clairvaux, et qui, d'après la légende, serait passé à Haguenau. Le saint est ici représenté prêchant la croisade, allusion à l'empereur Barberousse, parti de Haguenau pour la troisième croisade en 1189. Sur l'abat-voix se trouvent deux *putti*, l'un tenant les tables de l'ancienne Loi et l'autre désignant le Nouveau Testament, qui, à Neubourg, devait faire face à la chaire.

STÈLE THUROT
1835
(H. : 4 m env.)
Cimetière Saint-Nicolas
671004B2

Charles Nicolas Thurot (1773-1835) appartient à la génération des officiers auxquels la période révolutionnaire et napoléonienne a permis de s'illustrer et de gravir rapidement les échelons. Le berger originaire du Bourbonnais devient colonel de cavalerie, puis baron de l'Empire en 1815 et enfin maréchal de camp honoraire. Dans les couronnes de laurier sont gravés les noms des grandes batailles où il s'est illustré : Zurich, Iéna, Dresde, Waterloo. Après cette dernière défaite, il se fixe à Haguenau, dans la maison de sa femme. Il occupe ensuite successivement la fonction de maire de la ville entre 1820 et 1830, puis le poste de colonel de gendarmerie à Moulins.

MONUMENT NESSEL
Troisième quart du XIXe siècle
Cimetière Saint-Nicolas *67100476*

Ce monument, dédié à la famille Nessel-Paganetto, abrite notamment la dépouille de Xavier-Joseph Nessel, maire de Haguenau entre 1870 et 1902.

MOULIN DISCHLACH
(mécanisme)
Vers les XIVe-XVIIIe siècles
67100465

Haguenau dispose de moulins certainement dès le XIIIe siècle. À la veille de la Révolution, on en dénombre sept, dont six sur la Moder, à l'intérieur des fortifications. Celui-ci, destiné à la farine, situé près du confluent de la Moder et de son bras nord aujourd'hui comblé, est restauré au XVIIIe siècle, puis démoli en 1968. Les vestiges, une roue à aube, des pans de murs et de fondations et les mécanismes de transmission de la fin du XIXe siècle, sont abrités sous un toit moderne. La petite niche grillagée datée de 1765, employée dans le mur, ne provient pas du moulin.

GRENIER DE L'HÔPITAL
1423-1769
Brique et bois
Rue de la Filature *67100424*

Au Moyen Âge, l'hôpital dispose de ce grenier d'abondance pour entreposer les redevances en nature, et notamment les céréales provenant des nombreuses terres dont il est propriétaire. Chacun des quatre niveaux comporte une grande salle unique, avec une rangée centrale de sept poteaux en bois portant les plafonds à solives et divisant longitudinalement le bâtiment en deux vaisseaux de huit travées. D'étroites baies en arc brisé, percées à cru dans les façades, ajourent les étages. La charpente suspendue remonte à 1769. Avant le double incendie de 1677, les pignons se terminaient probablement par des redents, comme ceux de la maison Fleckenstein ou du grenier de Saint-Georges, depuis tronqués en demi-croupes. *(I. M. H. 1969)*

CHANCELLERIE
1484-XXe siècle
Place J.-Thierry 67100425

L'importance des fonctions politiques et administratives de Haguenau au Moyen Âge commande la construction de cette chancellerie. La façade porte les armes et le sceau de la ville, les armoiries de l'empire et les blasons des familles patriciennes. Le bâtiment, vendu à des particuliers pendant la Révolution, est racheté par la ville en 1838 pour différents usages : bibliothèque municipale, école, archives. La tour, dont les quatre niveaux sont voûtés, abrite à l'origine les archives de la ville, qui y restent jusqu'à leur transfert au Musée historique, au début du XXe siècle. À cette époque, Charles Stoll, architecte de la ville, applique un couronnement néo-gothique à l'extrémité droite de la façade du bâtiment, qui comportait primitivement des pignons à redents, et la porte d'entrée, qui donnait accès à la salle du rez-de-chaussée de la tour, est déplacée vers l'extérieur. Depuis 1972, la chancellerie abrite notamment les collections du Musée alsacien de la ville.

HORLOGE ASTRONOMIQUE
1904
Horloger : Maison Hörz
Chancellerie 67100426

Cette horloge astronomique, copie exacte de celle de l'hôtel de ville d'Ulm réalisée au XVIe siècle, imite les mouvements apparents des étoiles, du Soleil et de la Lune autour de la Terre, vus depuis celle-ci, considérée comme le centre fixe de l'univers. Endommagé en 1945, l'astrolabe est réparé en 1958 et transféré sur la façade de l'ancienne chancellerie. L'une des aiguilles, celle qui se termine par une main, indique l'heure légale tandis que l'autre marque l'heure solaire, en retard de 31 minutes. Les levers et couchers du Soleil, le jour du mois, les phases de la Lune, les éclipses solaires et l'heure sidérale sont également signalés, ainsi que les signes du zodiaque, parcourus par l'aiguille du dragon.

MEUBLE POLYCHROME
Fin du XVe siècle
Bois de sapin peint
(112 × 133 × 55 cm)
Musée alsacien 671004F3

Ce meuble, destiné au rangement et à la conservation des archives, est réalisé à une époque où le mobilier peint présente encore une ornementation particulièrement sobre et généralement exécutée au pochoir. Son décor de chaise à dossier ou cathèdre, du latin *cathedra*, fait référence à l'identité de son propriétaire, l'Œuvre Saint-Georges, institution chargée de l'édification et l'entretien de l'église éponyme.

VERROU DE FÛT
XVIIIe siècle
Bois (24 × 53 cm)
Musée alsacien 671004F0

Le verrou destiné à bloquer le portillon cintré sur la façade du fût est très souvent sculpté et décoré. Le thème de Jonas et la baleine représenté ici est à mettre en parallèle avec la mythologie de Dyonisos, le dieu de la vigne et du vin dans la Grèce antique, qui a métamorphosé en dauphins les pirates qui l'avaient enlevé.

ARMOIRE POLYCHROME
Bois de résineux peint
Musée alsacien 671004E7

Le mobilier polychrome est d'un usage fréquent en Alsace. Le décor de cette armoire est exceptionnel dans la mesure où il représente des scènes de la Passion du Christ ainsi que des paysages. Il s'agit d'un meuble sans doute exécuté à la demande d'une communauté religieuse.

GÉNÉRAL FOY
XIXe siècle
Peinture sous verre
Musée alsacien 671004E9

Les peintures sous verre sont confectionnées par plusieurs ateliers en Alsace aux XVIIIe et XIXe siècles et diffusés par des colporteurs. Les sujets le plus fréquemment rencontrés sont religieux, tandis que les sujets profanes comme ce portrait du général Foy sont rares. Ils sont l'expression de la sympathie populaire à l'égard de quelques personnages illustres.

PLAQUE COMMÉMORATIVE
1502
Rue du Bouc 671004B3

Cette plaque commémore la reconstruction d'une ancienne maison gothique, désignée sous le nom *Zum Bock* dès 1367, et qui a survécu au grand incendie de 1667. Les écus, probablement bûchés pendant la Révolution, devaient porter les armes du commanditaire, l'échevin Michel zur Tannen. Outre la cave voûtée, le bâtiment conserve quelques fenêtres d'origine, dont celle qui éclaire au sud la salle du premier étage, à l'arrière de l'immeuble.

MOULE À MASSEPAIN
XIXe siècle
Bois (13 × 9,5 cm)
Musée alsacien 671004F1

Le massepain, connu depuis le XVIe siècle, a longtemps été considéré comme une confiserie de luxe. Réalisé à base d'amandes et de sucre, il sert à confectionner les premiers gâteaux moulés que l'on rencontre en Alsace. Le moule présenté ici est orné de symboles de l'amour : fleurs, fruits et un cœur vide où celui qui offre le gâteau peut noter un nom ou des initiales.

COSTUMES DES MARIÉS DE SEEBACH
XIXe siècle
Tissu et papier
Musée alsacien
671004E8

Le costume de mariage protestant, tant féminin que masculin, se doit d'être le plus beau costume pour marquer cet événement capital de la vie. C'est à Seebach que ce costume traditionnel, unique en Alsace, est resté le plus longtemps en usage. La mariée porte des vêtements noirs, des brassards ornés de rubans multicolores et une coiffe en fleurs de tissu et papier doré, symbole de dignité, de vertu et de pureté.

DOUANE
1515-1518
Grès 67100431

Une première douane existe dès le milieu du XIVe siècle, mais la ville achète à la fin du XVe siècle un bâtiment élevé sur les rives de la Moder, bâtiment qu'elle fait entièrement reconstruire pour y entreposer les marchandises qui entrent à Haguenau, pour la vente ou le transit, et pour lesquelles elle perçoit l'octroi. Le bâtiment, très remanié au cours des siècles, comprend, dans le sas d'entrée, une porte murée provenant peut-être d'un édifice religieux et sur lequel est sculptée la sainte Face sur le voile de Véronique tenu par deux mains. Perdant sa fonction économique au cours de la Révolution, l'édifice devient l'entrepôt principal des pompiers jusqu'en 1954. Le cadran solaire au-dessus de la porte ouest avec deux chevaliers en armure a été réalisé en 1905 par un sculpteur strasbourgeois, Albert Schultz.

SALLE DES FÊTES
1893-1895
Architecte : Charles Stoll
Peintre : Auguste Spinner
Douane 67100497

La grande salle du premier étage, destinée à l'origine à entreposer et à exposer les tissus, est utilisée pour des spectacles depuis le milieu du XVIIIe siècle. Aménagée en salle de concert en 1866, elle est ensuite transformée en salle des fêtes par l'architecte de la ville, Charles Stoll, et décorée de stucs et de peintures par un artiste de Wissembourg. La douane est sérieusement endommagée en 1945 et les décors pour le plafond, appliqués sur des toiles de lin, sont abîmés par des infiltrations d'eau et finalement retirés.

GRENIER SAINT-GEORGES (portail)
1527
Architecte : Frédéric Hammer
Maître maçon : Michel
Charpentier : Diebold Gottchalk
Grès, brique et sapin
10, rue du Grenier 67100423

Le portail, avec l'inscription commémorative et l'écu bûché du commanditaire, est le principal élément d'origine du grenier. Important décimateur et bénéficiant de dons variés, la paroisse Saint-Georges fait construire cette grange dîmiaire, afin de stocker les redevances souvent payées en nature. Élevé sur deux niveaux, le bâtiment possède à l'origine des pignons à redents et une succession d'arcades au rez-de-chaussée de la façade postérieure, en partie murées ultérieurement. Un escalier à vis permet alors d'accéder aux étages. Les murs sont percés d'étroites ouverture ; certaines, en accolade, conservent leur petit auvent de briques. Sur la rue, les baies, plus grandes et agrémentées de linteaux et d'appuis en grès, ont sans doute été remaniées et les autres portes en plein cintre rajoutées. *(I. M. H. 1930)*

FERME DES ANABAPTISTES
XVIe-XVIIIe siècles-1945
Pan de bois
Chemin des Anabaptistes 67100492

Cette ferme, citée dès 1535, est successivement la propriété des Hoffmann, les garanciers, au XVIIIe siècle, puis des Neunreuther, Paganetto et Nessel, au XIXe siècle. Elle porte son nom depuis la première moitié du XIXe siècle, lorsqu'elle est louée à des anabaptistes. Une allée de tilleuls, coupés au début du XXe siècle, donne à l'époque accès à deux maisons de maître, deux maisons de métayer et une bergerie. Les bâtiments ont été reconstruits en brique après 1945, mais le logis actuel, en rez-de-chaussée, pourrait dater du XVIIIe siècle.

FERME DU CHÂTEAU FIAT
Rue du Château-Fiat 671004B5

Au même emplacement se trouvait au Moyen Âge une ferme isolée, appartenant, en 1535, avec son annexe des Quatre-Vents, au boucher Marzolf Fuessel. D'après une tradition tenace, l'origine de la dénomination de château, *Schloessel*, ou île, *Isle*, Fiat serait à chercher dans la volonté de l'un des propriétaires du XVIIIe siècle, Courtioux ou d'Outerssoon, de convertir la demeure en une véritable forteresse, entourée de fossés avec des ponts-levis. En réalité, l'appellation figure déjà dans un contrat de location de 1698 signé par Jean-Joseph Wangen, alors propriétaire de la ferme. La propriété comporte jusqu'au XIXe siècle la maison de maître, une tuilerie et un moulin qui ont disparu, ainsi qu'une ferme et une longue maison en rez-de-chaussée sous vaste toit à croupes qui seules subsistent encore. En janvier 1945, des affrontements d'une violence extrême opposent dans ce secteur soldats américains et allemands, lors de l'offensive allemande Nordwind.

PORTE
1544
Hôtel Fleckenstein 67100427

De l'ancien hôtel Fleckenstein subsistent quelques éléments, parmi lesquels trois portes, dont une est datée de 1589 et celle-ci, de 1544. À cette date en effet, les propriétaires font ajouter à leur maison médiévale une tourelle octogonale en demi hors-d'œuvre abritant l'escalier à vis à noyau creux. La tour s'inscrit dans une aile de bâtiment dont les pignons à redents chaperonnés d'aspect médiéval, les derniers encore visibles à Haguenau après l'incendie de 1677, remontent peut-être à 1480, date à laquelle l'hôtel est acquis par Jacques de Fleckenstein. *(I. M. H. 1930)*

VOÛTE
Vers le XVIIe siècle
Hôtel Flekenstein 67100429

Sur la clef de voûte sculptée figurent les armoiries des Fleckenstein-Dagsthul, qui possèdent l'hôtel entre 1514 et 1661, et qui ont fait ajouter la chapelle, au premier étage d'une aile de la maison. Le plafond stuqué de la salle est sans doute réalisé pour Wolf, notaire du bailliage, ou pour le bailli royal Huguin, successivement propriétaires dans le dernier quart du XVIIe siècle.

MAISON ZUCKMANTEL
1565-1675-1907
104, Grand-Rue 67100432

Le marchand qui reconstruit l'édifice le dote d'un oriel sculpté de motifs Renaissance et décoré dans l'allège d'un saint-Georges combattant le dragon, probable évocation du nom de la maison, alors appelée *zum Lindwurm*, au dragon. En 1675, la maison est acquise par le boulanger Höhn qui la fait restaurer et ajoute ses initiales et son emblème sur la base de la logette. Les armoiries de Paul Zuckmantel et de son épouse, bûchées sous la Révolution, sont devenues illisibles et la restauration de 1907 a modifié la façade, supprimant la base de l'oriel et remplaçant les ouvertures des XVIIIe et XIXe siècles par trois baies en arc surbaissé. Les fenêtres sont dotées de vitres en cul de bouteille. *(I. M. H. 1930)*

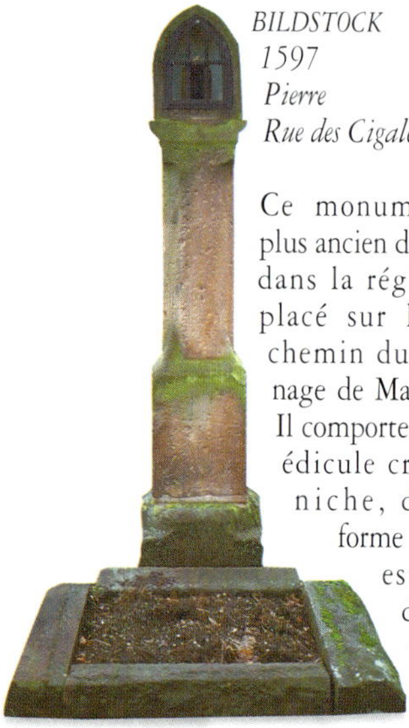

BILDSTOCK
1597
Pierre
Rue des Cigales
671004B4

Ce monument, le plus ancien de ce type dans la région, est placé sur l'ancien chemin du pèlerinage de Marienthal. Il comporte un petit édicule creusé en niche, dont la forme générale est celle d'un oratoire ou d'une chapelle miniature. Une petite image, *Bild*, du Christ, de la Vierge ou d'un saint est placé dans l'alcôve, qui repose sur un fût droit, *Stock*.

MAISON HENCHES (détail)
XVIIIe siècle
Pan de bois et grès
Rue du Maréchal-Foch *67100430*

Propriété de la ville, la maison est cédée en 1614 aux protestants, qui la destinent à abriter l'école latine, puis aux jésuites, qui s'y installent pour peu de temps en 1624. Unique témoignage des maisons à pan de bois sculpté, probablement nombreuses à Haguenau avant le double incendie de 1677, elle mélange la tradition gothique et les éléments Renaissance, c'est le cas notamment du chambranle en grès de sa porte d'entrée, datée de 1614, avec ses moulures entrecroisées du gothique tardif. Un vestige de chambranle isolé dans la façade est, vers l'église, a conservé son meneau en bois sculpté d'un masque léonin feuillu, d'une gaine gravée et d'une tête d'homme moustachu avec barbiche.

LION D'OR
1614
Maison Ury
Rue du Bouc *67100482*

Cette plaque rappelle l'existence d'une brasserie, *Au Lion d'Or*, acquise par Derendinger au début du XXe siècle, devenue depuis une maroquinerie. La famille Derendinger a joué un rôle essentiel dans l'introduction de la culture du houblon dans la région de Haguenau au XIXe siècle.

LINTEAU ARMORIÉ DES BILDSTEIN
1620
Grès
Ferme des Missions africaines *67100418*

Barthélemy Bildstein (1590-1651), *stettmeister*, maire de la ville, catholique fervent, résiste à la Réforme. À la mort de son épouse, il se retire dans un couvent et cède aux jésuites la ferme qu'il possède. Celle-ci accueille ensuite les jeunes travailleurs de la maison de redressement qui fournissent à l'établissement une bonne partie de son ravitaillement alimentaire Dans l'étable, reconstruite en 1886 avec les autres bâtiments agricoles, le linteau armorié des Bildstein a été remployé. Parmi les armes figure un *Bildstöckel*, monument commémoratif.

PORTE
1672
Maison « À la Cour Verte »
127, Grand-Rue *671004E3*

Cette porte, ornée de pilastres ioniques et d'un fronton interrompu, est surmontée d'un linteau, daté 1672, sculpté de deux écus avec initiales et marque de propriété non identifiée. Elle ouvre sur une tourelle en demi hors-d'œuvre, avec escalier à vis. Sous celui-ci est visible une porte donnant accès à un souterrain qui déboucherait sous la place de la Torture et qui aurait servi autrefois à conduire hors de l'enceinte de la ville les criminels et condamnés pour y être torturés ou exécutés. L'aile nord de la maison vers l'impasse comporte au rez-de-chaussée une petite pièce voûtée d'arêtes avec porte sur cour. Le chambranle de celle-ci est sculpté de moulurations entrecroisées de style gothique tardif, mais porte la date, sans doute rajoutée, de 1672. Entre les deux guerres, ce restaurant porte le nom de *La cave profonde*.
(I. M. H. 1930)

BALCON

1672

Maison « À la Cour Verte » 671004E4

Les façades sur cour intérieure des deux ailes en retour de la maison sont longées par deux niveaux de coursières en encorbellement avec balustres tournés en bois et plafonds à frise stuqués d'origine. On ignore à peu près tout des propriétaires de cette riche demeure qui était complétée autrefois par une grande maison arrière et un vaste jardin. En 1705 s'y tient une auberge à l'enseigne *Aux trois Rois* devenue en 1825 *À l'Ancre* puis *À la Cour Verte*. Dans la salle du restaurant, sur la Grand-Rue, est aménagée une petite salle avec un plafond stuqué du dernier quart du XVIIe siècle, très proche de celui de l'hôtel des Fleckenstein. *(I. M. H. 1930)*

BOISERIES

Entre 1678 et 1720

Restaurant Au Tigre 67100483

Le restaurant *Au Tigre* est situé à l'emplacement primitif du *Zollkeller*, cellier de la Douane, déplacé au XVe siècle. La maison, reconstruite après l'incendie de 1677 et avant la mort, en 1720, de son riche propriétaire, le négociant et *stettmeister* Jean-Georges Wimpfen, est vendue pendant la Révolution comme bien national, et remaniée à plusieurs reprises. Vers 1918, des lambris néo-baroques,

provenant du château de Walbourg, propriété des Haniel, sont réutilisés dans la salle du restaurant et la hauteur de sa cave est abaissée en 1924.

ANCIEN COUVENT
DES ANNONCIADES

1717

Rue du Maréchal-Foch 67100419

À cet emplacement se trouve à l'origine un béguinage occupé en 1371 par les recluses ou pénitentes de Sainte-Catherine, qui est restée par la suite la patronne de la chapelle, consacrée en 1372. Les annonciades qui leur succèdent en 1621, reconstruisent entièrement le couvent, qui devient rapidement le plus riche de Haguenau, en effectifs et en biens. De tous les bâtiments conventuels existant à Haguenau depuis le Moyen Âge, celui-ci est le seul à avoir échappé à la Révolution et à la vente des biens nationaux. Les annonciades, en effet, ne se dispersent qu'en septembre 1792. Cédé à la ville en 1804, l'ensemble est transformé en collège, plus tard lycée de garçons. Jusque vers 1760 les bâtiments se composent de trois ailes en U contre la façade nord de la chapelle ; les trois ailes postérieures vers l'est et le sud semblent dater des années 1770. Les fenêtres sur la rue du Maréchal-Foch sont du XIXe siècle. Les couloirs des ailes, voûtés, s'ouvrent sur deux jardins intérieurs.

L'ARBRE DE VIE

1473

Peintres : Hans et Diebold Martin

Chapelle des Annonciades 67100421

La fresque fait partie d'un ensemble d'œuvres qui comprend le *noli me tangere*, résurrection du Christ, la tradition des messes grégoriennes – le pape Grégoire le Grand qui aurait eu, au moment de l'élévation, une apparition du Christ, est à l'origine des 30 messes grégoriennes qu'il faut dire sans interruption, pendant 30 jours, pour obtenir des indulgences plénières –, et surtout l'arbre de vie, représentation la plus ancienne de ce qui deviendra en Alsace le sapin de Noël. Les personnages en costumes d'époque, debout de part et d'autre, sont probablement les portraits des donateurs. Les peintures, badigeonnées vers 1755 lors des travaux, sont dégagées et légèrement restaurées en 1875, puis à nouveau recouvertes en 1935 lorsque l'établissement est fréquenté par les garçons.

MAÎTRE-AUTEL
Troisième quart du XVIIIe siècle
Chapelle des Annonciades 67100420
Ce maître-autel fait partie du mobilier baroque, commandé à un même atelier et mis en place lors de la transformation de la chapelle. Les tableaux qui ornent les autels peuvent être attribués aux Daniche, ou Tanisch, de Strasbourg. Le maître-autel qui représente l'Annonciation est très proche, et par certains détails identique, à celui d'Ichtratzheim daté de 1770 et signé Tanisch. L'autel sud représente Marie Madeleine, alors que l'autel nord montre saint Augustin remettant la règle de son ordre à Jeanne de France ou de Valois, fondatrice en 1500 de l'ordre de l'Annonciade à Bourges.

BALCON
1700
Ancien hôtel du Commandant de la place
67100444

L'hôtel du Commandant de la place se compose à l'origine, pour l'essentiel, d'un long bâtiment, dont la façade sur jardin s'interrompt d'un avant-corps central à fronton triangulaire enrichi de baies en anse de panier à mascarons. Ce balcon, situé dans la quinzième travée de la façade sur jardin, en est l'un des derniers vestiges. Il porte encore sa ferronnerie d'origine et ses consoles en forme de personnages simiesques accroupis.

COLLÈGE DES JÉSUITES
1730-1775-1912
1, rue du Château 67100440
La chapelle de l'ancienne *Burg*, château impérial du XIIe siècle, est confiée aux jésuites, installés à Haguenau à partir de 1604. En 1688, l'ancien palais et la chapelle palatine étant détruits, les conventuels obtiennent l'autorisation de construire leur collège, un bâtiment flanqué de deux ailes, rez-de-chaussée et étage édifiés sous un vaste toit « à la Mansard ». Une chapelle est aménagée dans l'aile sud. Interdite en France, la Compagnie de Jésus est expulsée en 1765. Le Magistrat de Haguenau, soucieux d'alléger la charge du logement des troupes de passage qui pesait sur les habitants, propose alors au roi d'accueillir des troupes dans les locaux de l'ancien collège : c'est le début de la fonction de ville-garnison de Haguenau. Le bâtiment, avec écuries au rez-de-chaussée et adjonction d'un étage supplémentaire en 1775, puis d'un troisième en 1912, sert de caserne des dragons jusqu'à la fin de la Deuxième Guerre mondiale. Il abrite désormais la maison de retraite de la ville.

ANCIEN HÔTEL DU COMMANDANT DE LA PLACE
1700
11, rue Georges-Clemenceau 67100443
Élevé aux frais de la ville pour loger le commandant de la place, l'hôtel est vendu après 1760 au receveur Deis puis au *stettmeister* Hoffmann. Il subit alors d'importants remaniements, avec notamment la mise en place d'un décor sculpté de style rocaille. Au début du XIXe siècle, la résidence appartient à Xavier Hallez qui accueille, lors des conférences de Haguenau de juin 1815, des personnalités comme le duc de Wellington, le roi de Prusse et le prince de Hohenzollern. Reconverti en hôtel de voyageurs, sous le nom d'*Hôtel de l'Europe*, le lieu est au début du XXe siècle fréquenté par la bonne société haguenovienne, civile ou militaire. Il accueille désormais le siège des services de l'orientation scolaire. *(I. M. H. 1930)*

ANCIEN HÔTEL
DE L'ABBAYE DE KOENIGSBRÜCK
1748-XXe siècle
142, Grand-Rue *671004E2*

Dans cette résidence occasionnelle des religieuses de l'abbaye loge, au XVIIIe siècle, le receveur des dîmes. De nombreux remaniements, intervenus au XXe siècle, changent son aspect, notamment la suppression des deux portes cochères latérales ouvrant sur une cour et un jardin. Seule l'ouverture de la travée médiane subsiste. L'ancien portail d'entrée montre un important cartouche rocaille où devaient figurer les armoiries de l'abbaye ; au-dessus, la baie donne sur un balcon soutenu par deux consoles sculptées rocaille. Entre 1940 et 1944, le bâtiment sert de siège au responsable nazi de l'arrondissement, le Kreisleiter. *(I. M. H. 1930)*

PORTAIL D'ENTRÉE
DE L'ÉGLISE SAINT-WENDELIN
1755
Harthouse *671004D2*

Seule église du XVIIIe siècle qui subsiste à Haguenau, ce sanctuaire rural est composé d'une nef unique, à fenêtres en plein cintre. L'accès se fait par cette porte, dont le chambranle à fasces, avec linteau en arc segmentaire, porte la date de reconstruction. Dans le chevet, les baies murées, gothiques ou romanes, rappellent l'origine médiévale, probablement carolingienne, de l'édifice.

SAINTS PIERRE ET PAUL
XIXe siècle
Église Saint-Wendelin *671004D3*

Dans l'unique vaisseau de cette église, parmi le mobilier, figurent deux tableaux : une sainte-Catherine couronnée et celui-ci, qui représente les deux apôtres saints Pierre et Paul.

SAINT WENDELIN
XIXe siècle
Église Saint-Wendelin *671004D4*

Saint Wendelin est le patron de l'église, mentionnée pour la première fois en 1105 sous le vocable Sainte-Catherine. Elle est alors une possession de l'abbaye de Neubourg, qui la cède, ainsi que ses terres et ses droits, à l'hôpital de Haguenau en 1525.

ANCIEN HÔPITAL BOURGEOIS

1757

Architecte : Georges-Joseph Barth

5, place d'Armes 67100441

En 1328, Erlewin Truttmann met à la disposition de la ville un terrain pour construire un nouvel hôpital. Dans un grand état de délabrement après les nombreuses déprédations des XVIIe et XVIIIe siècles, le bâtiment est reconstruit par l'architecte de la ville d'après un premier projet de Joseph Massol, projet jugé trop coûteux par la ville. Le fronton de la chapelle rappelle, par une représentation allégorique de la charité, que les indigents et les orphelins sont à l'origine également accueillis dans l'établissement, où ils se doivent de subvenir à leur entretien en travaillant dans l'atelier de filature et de tissage de laine que l'hôpital possède depuis 1760. Construit sur un plan en U, dans le style Louis XV, l'édifice est orné de quelques fenêtres et consoles à mascarons et de balcons rocaille. Tous les sous-sols sont voûtés, ainsi que le rez-de-chaussée de l'aile postérieure qui abritait les cuisines. Il abrite désormais la résidence Saint-Martin, établissement destiné aux personnes âgées. *(I. M. H. 1930)*

CHAPELLE

Architecte : Chassain

Ancien hôpital bourgeois 671004A3

Le chœur central circulaire, où est placé l'autel, est couvert d'une coupole aveugle ; les fenêtres des deux niveaux supérieurs communiquent avec les salles et les couloirs de l'hôpital, permettant aux malades d'assister aux offices sans descendre les escaliers. Le buffet en chêne de la sacristie est une commande de la deuxième moitié du XVIIIe siècle. Dans la cour intérieure est placé un calvaire de référence gothique, vestige de l'ancienne chapelle de 1614 consacrée à saint Martin, détruite lors de la construction de l'hôpital. *(I. M. H. 1930)*

PORTAIL

XVIIIe siècle

Couvent des Augustins 67100447

Jusqu'à la Révolution Haguenau possède de nombreux couvents, notamment celui des Augustins, qui semble être le plus ancien d'Alsace, établi vers 1273 à l'emplacement des anciennes écuries impériales. Endommagé lors de l'incendie de 1677 et réduit à une simple bâtisse provisoire à la fin du XVIIe siècle, il est reconstruit au XVIIIe siècle. L'église est ensuite démolie vers 1800 ainsi que les bâtiments conventuels utilisés en tant que séchoirs à garance. L'hôpital militaire, en 1870, puis la clinique Sainte-Odile à partir de 1923, s'installent ensuite successivement dans ses murs. Ce portail rococo et quelques voûtes d'arêtes du sous-sol de l'aile sud comptent parmi les derniers vestiges du prieuré.

CADRAN SOLAIRE

1764

Grès

Place De-Gaulle 671004E1

Ce cadran solaire, longtemps installé dans le cimetière Saint-Georges, provient de l'ancienne abbaye de Neubourg. Érigé sur une base rococo, il indique les heures judaïques sur la face sud, italiques et babyloniennes sur les faces est et ouest. Sur le front nord, sont gravés un verset biblique et le chronogramme : l'addition des lettres majuscules, correspondant à des chiffres romains, donne la date de 1764.

FERME DU ROI DE POLOGNE
Vers la seconde moitié du XVIIIe-XIXe siècles
Route de Wissembourg 67100491

Cette ancienne ferme, primitivement isolée, n'est pas mentionnée avant le XVIIIe siècle et figure sous le nom de Roi de Pologne sur un plan de 1779. Cette appellation se rapporte sans doute aux passages du roi Stanislas Leczinski en ces lieux, situés entre sa résidence de Wissembourg et le pèlerinage de Marienthal où il aimait se rendre avec sa famille. En 1825, l'administration royale des Forêts, alors propriétaire, fait construire un séchoir à graines forestières et à cônes de pins. La maison, restaurée en 1870, est acquise en 1889 par la famille Frey, qui fait aménager le séchoir en maison d'habitation.

HÔTEL DU PRÊTEUR ROYAL (entrée)
Vers le troisième quart du XVIIIe siècle
Place de la République 67100446

Cet hôtel est construit pour Jean-Philippe-Antoine de Cointoux, prêteur royal de 1741 à 1775. Sur la façade, composée de sept travées sur deux étages et rez-de-chaussée surélevé, la partie axiale est nettement soulignée, ornée d'un balcon et d'un fronton.

Hôtel de ville entre 1802 et 1855, le bâtiment abrite le tribunal d'instance depuis 1955.

MAISON BARTH
1760
Architecte :
Georges Joseph Barth
Grès rose
59, Grand-Rue 67100437

Georges-Joseph Barth, sous-greffier de la ville et architecte, plus tard contrôleur des Eaux et Forêts de la basse Alsace, conçoit sa maison sur un plan en équerre : le corps de logis est prolongé dans la cour par des dépendances. Les fenêtres sont ornées de mascarons, les quatre saisons au rez-de-chaussée, hiver et été à gauche, printemps et automne à droite, et des visages à l'étage, peut-être deux couples, un de la ville et un de la campagne. La travée axiale est nettement soulignée, notamment à l'étage noble par le balcon d'origine en fer forgé doré, à motifs rocaille. La porte de droite, symétrique à l'entrée d'origine, est percée ultérieurement, lors de l'installation de la banque. L'escalier primitif de style Louis XVI, avec départs richement sculptés de rocaille et double balustrade, est conservé.
(I. M. H. 1930)

FONTAINE AUX ABEILLES
1760-1777
Square Saint-Georges
67100449

Les armoiries du couvent de Neubourg, la double tour, de son fondateur Renaud de Lutzelbourg, le lion dressé, et de l'abbé Specht, l'oiseau, qui figurent sur les faces du bassin quadrilobé, attestent l'origine de cette fontaine, ainsi que le groupe sculpté sur le fût, qui illustre la devise monastique « *Ora et labora* », « Prie et travaille ». Restée en place après la Révolution, menaçant ruine, elle est achetée en 1866 par le curée d'Uberach qui la cède à la ville de Haguenau en 1886. Installée à son emplacement actuel, elle est alors reliée au réseau d'eau courante.
(I. M. H. 1984)

MAISON CASSINA
1761
111, Grand-Rue 67100445

Comme les autres constructions haguenoviennes du XVIIIe siècle, la maison a un rez-de-chaussée appareillé et traversé par un passage d'entrée. Le balcon habituel des hôtels y est remplacé par une niche dont le culot et le dais sont ornés de motifs rocaille et qui abrite la statue de saint Joseph à l'Enfant, patron du commanditaire, riche négociant d'origine italienne.

MAISON
Vers le troisième quart du XVIIIe-XIXe siècles
Rue des Roses 67100448
Propriété du prévôt de Batzendorf, Kreutter, puis de son fils, procureur du bailliage impérial, la maison porte des armes, probablement celles de la famille, sculptées sur un cartouche au-dessus de la fenêtre axiale du rez-de-chaussée. Situé à l'angle de deux rues, le corps de logis primitif est ensuite prolongé de part et d'autre sur un plan en équerre. La résidence revient après la Révolution au maire Thurot, gendre du procureur Kreutter, qui accueille le tsar Alexandre Ier lors des Conférences de Haguenau de juin 1815. Le domaine, vendu par la suite, abrite en 1840 un restaurant d'été dans son jardin. Une porte cochère donne accès à la cour intérieure où se situent des dépendances construites après cette date.

FERME
Vers le troisième quart du XVIIIe siècle
Pan de bois
Rue de la Mare-aux-Canards 67100470
Cette ancienne exploitation d'agriculteur ou de jardinier est construite à l'origine intra-muros, près de l'enceinte nord, dans un quartier qui compte depuis l'origine beaucoup de fermes et de jardins. Le logis en rez-de-chaussée est couvert par un haut toit dont le pignon antérieur à pan de bois symétrique et décoratif comporte trois niveaux de fenêtres. De la petite remise, également à pignon sur rue, ne subsiste que la porte charretière en arc surbaissé.

HÔTEL HOFFMAN LE BAILLI
Dernier quart du XVIIIe siècle
57, Grand-Rue 67100438
La famille Hoffmann joue un rôle très important dans l'économie alsacienne du XVIIIe siècle. Véritables capitaines d'industrie, ils s'enrichissent grâce à la garance, plante tinctoriale dont la racine donne une teinture rouge vif pour les tissus. François Joseph Ignace Hoffmann, qui achète la charge de bailli à Benfeld, fait construire cet hôtel, en quadrilatère, lorsqu'il fait faillite en 1781. Certains cartouches, témoins de cette époque, restent alors inachevés. L'édifice est vendu à la ville puis à un particulier en 1784. Si l'aile sur rue a perdu son aspect d'origine, le corps central ayant été surélevé d'un niveau au-dessus du chambranle en chapeau de gendarme, le bâtiment entre cour et jardin est demeuré en revanche en l'état, si l'on excepte l'écu aveugle au-dessus du portail, où devaient figurer les armes des Hoffmann. *(I. M. H. 1985)*

ESCALIER
Dernier quart du XVIIIe siècle
Hôtel Hoffmann le Bailli 67100439
Si le bâtiment a perdu pour partie son aspect d'origine, les principaux éléments du décor intérieur sont conservés : un escalier à balustres en bois à la française, style Louis XV, des stucs, lambris et portes. Le bâtiment entre cour et jardin abrite des salons, restaurés par le propriétaire, qui servent pour des réceptions, des conférences ou des repas de fêtes.

CONSOLES
DE L'ANCIEN HÔTEL DE VILLE
1783
31, Grand-Rue 67100486

Les propriétaires de la maison, endommagée en 1783 lors de la destruction de l'immeuble voisin, accolée à la tour des Arbalétriers de la première enceinte, reçoivent en dédommagement des matériaux de construction et des consoles moulurés en grès provenant de hôtel de ville démoli à la même époque. La maison est alors soit reconstruite, soit réparée et les hautes consoles coupées en deux sont réutilisées pour porter le long balcon de la façade.

ANCIEN HÔPITAL CIVIL
ET MILITAIRE
1783-1788
Architecte : Charpentier
Rue du Maire-Traband 67100442

L'édifice est construit par la ville sur la demande de l'intendant d'Alsace de La Galaizière. Le gros œuvre est achevé lorsqu'une ordonnance royale de 1788 supprime les hôpitaux militaires régionaux. Construit sur un plan fonctionnel, le bâtiment, de style Louis XVI, est orné de motifs néo-classiques, triglyphes, guirlandes, pommes de pin, concentrés sur le portail central. Après avoir servi malgré tout d'hospice militaire sous les guerres révolutionnaires et napoléoniennes, puis de dépôt de mendicité, l'immeuble est cédé en 1822 au ministère de la Justice qui y installe une maison centrale pour femmes, puis un centre pénitentiaire pour hommes, jusqu'en 1987. Il abrite désormais un IUT. *(I. M. H. 1990)*

ANCIENNE MAISON WEINUM
Vers 1820
2, rue des Soeurs 671004A4

André Weinum, médecin et maire de Haguenau sous la Révolution, achète l'ancien couvent des franciscains, vendu comme bien national, qu'il fait démolir à l'exception de l'aile est, surélevée par la suite. Avec les matériaux ainsi récupérés, il fait construire une maison comportant un étage sur rez-de-chaussée, sous toit à croupes. Le sous-sol voûté d'arêtes pourrait être un vestige de l'aile sud du couvent. À la fin du XXe siècle, le bâtiment sert de résidence aux sous-préfets.

SYNAGOGUE
1821
3, rue du Grand-Rabbin-Bloch 67100450

La communauté juive, qui fait partie intégrante de l'histoire de Haguenau, ceci pratiquement depuis l'origine, fonde plusieurs sanctuaires au cours du temps, le premier probablement dès le XIIIe siècle dans le centre ville. Ces lieux de culte ne doivent alors pas se distinguer des maisons voisines. En 1821, leur qualité de citoyen étant rétablie, les juifs obtiennent enfin l'autorisation d'édifier une nouvelle synagogue. Deux vestiges lapidaires, conservés dans le narthex, à proximité des fontaines rituelles, évoquent en hébreu et en allemand un ancien temple, construit en 1492, détruit dans l'incendie de la ville en 1677 et reconstruit dès 1683. *(I. M. H. 1984)*

FONTAINE DE L'HÔPITAL
1825-1830
Place d'Armes 67100484

Dès le Moyen Âge, une fontaine est installée à proximité du marché. Le trop-plein s'écoule alors dans une auge où les marchands et voituriers abreuvent leurs bêtes. Reconstruite, elle est dédiée au roi Charles X dont elle porte le buste, mais après les Trois Glorieuses de juillet 1830, les Haguenoviens, soucieux de faire disparaître les signes de leur allégeance au roi déchu, remplacent le buste par une vasque et effacent l'inscription dédicatoire grâce à la taille de cannelures sur le fût de la colonne. Sur les parties saillantes de ces cannelures sont encore visibles des lettres de la dédicace. Seule fontaine à ne pas être rattachée au réseau de distribution d'eau potable en 1885, elle est très utile à l'hôpital voisin en 1945, après la destruction du château d'eau et lorsque l'eau venant de Rohrwiller n'arrive plus à Haguenau.

ANCIENNE ÉCOLE
1835-1838 671004A5

Un hospice patronné par saint Jacques et destiné aux voyageurs et aux pèlerins, Elendherberge, est fondé à cet emplacement vers le milieu du XIVe siècle. Un *Bettelvogt,* conducteur de mendiants, y prend alors en charge les mendiants et leur distribue des aumônes. Utilisé en tant qu'hôpital militaire pendant la guerre de Trente Ans et après 1690, le bâtiment tombe en ruines lorsqu'il est aménagé en théâtre municipal en 1803. L'ancien édifice, qui comporte notamment une tourelle d'escalier hors œuvre, est détruit et remplacé vers 1835-1838 par une école primaire, longtemps réservée aux enfants juifs et protestants. Le bâtiment abrite le centre d'animation scolaire et notamment les services de l'inspection départementale de l'Éducation nationale.

THÉÂTRE
1842-1846
Architecte : Charles Morin
Grès, fer et fonte
Place du Maire-Guntz 67100452

La bourgeoisie aisée, souvent des rentiers et de grands propriétaires fonciers, qui dirige la ville au XIXe siècle, souhaite rivaliser avec Strasbourg, notamment dans le domaine culturel. Elle confie la construction du théâtre à Charles Morin, venu de Paris et entré en fonctions à Haguenau en janvier 1838. Nommé architecte en chef des travaux pour l'arrondissement de Strasbourg en mai 1843, il devient ensuite architecte départemental, fonction qu'il occupe jusqu'en 1870. Le choix de la rotonde antérieure avec entrée principale lui a peut-être été inspiré par le projet pour un théâtre publié au début du siècle par Jean-Nicolas-Louis Durand dans son *Précis des leçons d'architecture. (I. M. H. 1995)*

SALLE DU THÉÂTRE
1842-1846
Fonte, fer et pierre
Théâtre 67100451

Dix ans avant le chemin de fer, le théâtre est le premier témoin de la révolution industrielle à Haguenau. La crainte du feu pousse les Haguenoviens à promouvoir la charpente métallique, mais, le produit industriel étant encore considéré comme inesthétique, l'architecte masque ce squelette par une façade traditionnelle. Dans la salle, les nombreuses colonnes en fonte révèlent l'existence de cette ossature, qui supporte le premier balcon et la galerie supérieure, alors que le plafond est suspendu à une structure de barres et de tiges de fer qui soutient également le toit.

MAISON FORESTIÈRE BRUDERHAUS
1843-1844
Architectes : Charles Morin et Alexandre Matuszynski
Route de Woerth 671004C0

Cette maison forestière, construite parmi une dizaine d'autres du même type, s'élève à l'emplacement des terrains de l'ancienne communauté d'ermites, d'où son nom de Bruderhaus, maison des frères. Confiés aux Prémontrés de Saint-Nicolas jusqu'à la Révolution, puis vendus comme biens nationaux, ces terrains sont finalement rachetés par la ville. Il semble que des ermites se soient succédé dans le secteur du gros chêne au XVe siècle, peut-être même déjà au XIVe, et également le long de la route menant de Haguenau à Wœrth. Leur présence au Moyen Âge, ainsi que l'installation de différents monastères en périphérie du massif forestier, Neubourg, Biblisheim, Walbourg, Surbourg et Kœnisbruck, sont vraisemblablement à l'origine de l'appellation forêt sainte, et non pas Saint-Arbogast comme la tradition le rapporte.

SÉCHOIR À POMMES DE PIN

1844

Rue des Dominicains 67100462

Au siècle dernier, le pin sylvestre compte parmi les douze espèces de résineux sélectionnées par l'administration des Forêts pour reboiser les massifs domaniaux. Le premier séchoir à étuve en France, destiné à faire ouvrir artificiellement les cônes, est créé en 1824 à Haguenau, doté d'un massif forestier riche en pins. Élaborée à partir de modèles allemands, cette deuxième génération propose un agencement nouveau qui en fait le prototype des sécheries à étuve françaises ultérieures. L'installation se situe à deux niveaux : au rez-de-chaussée se trouve le calorifère, ici un four en brique, qui communique avec l'étage par des bouches distribuant l'air chaud ; les cônes sont exposés à la chaleur dans une sorte d'armoire à tiroirs en bois, munis de claies en bois et de toiles métalliques, et fermés par des volets horizontaux. *(I. M. H. 1993)*

FERME DU POSTILLON

Vers le milieu du XIXe siècle

Route de Wœrth 67100490

Les bâtiments actuels de cette ancienne ferme sont édifiés à l'emplacement de la tuilerie municipale, détruite au milieu du XIXe siècle, louée au XVIIIe siècle par la ville au gérant puis au maître de la poste aux chevaux, qui lui donnèrent son nom actuel.

GRAND MANÈGE

1847

Grès, brique et bois 67100474

Construit en 1847 pour répondre aux besoins du régiment de cavalerie, le grand manège est installé dans l'ancien collège des jésuites. La salle, en brique et grès, éclairée par des grandes baies en plein cintre, est couverte d'une charpente en bois formée de quatorze fermes d'une portée supérieure à 21 mètres. La base rentrante des murs s'explique par la fonction du bâtiment : il faut empêcher les chevaux de s'approcher trop près du mur et d'écraser la jambe de leur cavalier. Un nouveau bâtiment, voisin de la caserne de cavalerie, est construit en 1874, à proximité de la caserne de cavalerie.

VESTIGES DE L'ANCIENNE GARE

1855

Pan de bois et brique

Boulevard de la Libération 67100453

Construite lors de l'inauguration de la ligne Haguenau-Strasbourg en 1855, la première gare est démontée pour laisser place à une nouvelle, construite en grès et brique par les Allemands en 1892. Les matériaux sont alors remployés par des particuliers ; une partie des pans de bois, notamment, est réutilisée pour la construction d'un atelier, boulevard de la Libération. La gare de 1892 est détruite en 1944, au cours des combats de la Seconde Guerre mondiale.

CHÂTEAU HALLEZ, DIT « WALK »
1860 671004B6
L'industriel Hardel-Vilvot fait construire en 1785 un moulin à foulon, *Walkmühle*, sur le Rothbaechel, au sud-ouest de la ville. Bientôt abandonné, faute de travail, le bâtiment tombe en ruine. Il est alors acquis avec les terrains environnants par les Hallez qui y font ériger leur château. Acheté en 1932 par la Société pour le relèvement des victimes de l'intempérance, il sert depuis de maison de cure.

CHAPELLE
Vers 1860
Pierre et brique
Château Hallez 671004B7
La petite chapelle de plan carré, d'inspiration médiévale, à deux niveaux, est construite dans le parc. Son étage en brique apparente percé de fenêtres moulurées à meneaux est couvert par une petite flèche polygonale.

ANCIENNE ÉGLISE PROTESTANTE
1860
Architecte : Christian-Auguste Arnold
Grès
Rue du Maréchal-Foch 67100455
En 1565, les luthériens haguenoviens obtiennent la jouissance de la nef des franciscains. Après les exactions du général Mansfeld, toutefois, en 1621-1622, une commission impériale pend des mesures très strictes et en 1628 les protestants doivent se convertir au catholicisme ou quitter la ville. Il faut attendre 1845 pour que la centaine de protestants obtienne à nouveau l'autorisation de se réunir dans des maisons particulières et 1857 pour que Napoléon III permette la construction d'un temple, longtemps repoussée par la communauté catholique et par le curé Guerber. Première apparition de style néo-médiéval à Haguenau, l'église est le seul exemple de cette époque qui soit d'inspiration romane. Elle comporte une nef charpentée ouverte sur une petite abside semi-circulaire en cul-de-four avec, à l'opposé, la tribune d'orgue à trois arcades en plein cintre.

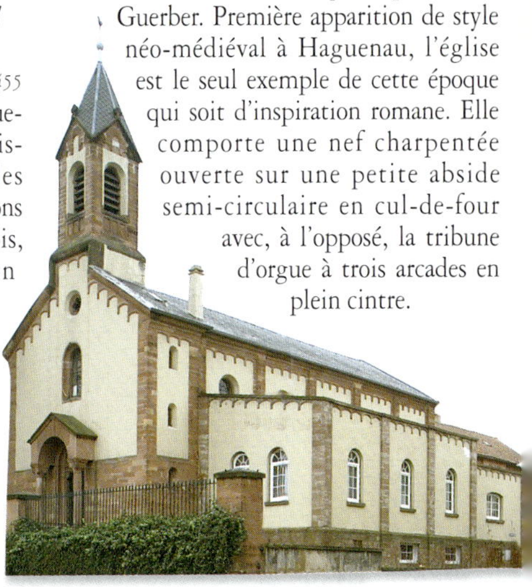

PENSIONNAT
1860
Brique et grès
Rue du Maréchal-Foch 67100468
Élevé par la congrégation des Sœurs de la Divine Providence de Ribeauvillé pour l'éducation des jeunes filles, le bâtiment est orné d'une statue en grès polychrome de sainte Philomène tenant l'ancre de son martyre, nichée dans la façade. Dans la cour de la chapelle est abritée une Vierge à l'Enfant assise, en bois, sculptée en 1866 par J. Glatz. Les vitraux, de 1964, sont l'œuvre de Tristan Ruhlmann.

STÈLE DU GROS-CHÊNE
1862
Grès
Gros-Chêne 671004B9
Le curé de Saint-Georges fait ériger à proximité du Gros-Chêne une stèle en mémoire de saint Arbogast : « Ici, dans l'ermitage qui a donné son nom à la forêt sainte, séjourna longtemps, ignoré du monde et ne vivant que pour Dieu, saint Arbogast. La renommée de sa vertu exemplaire se répandit et, plébiscité par les clercs et le peuple, il fut appelé en l'an 673 au siège épiscopal de Strasbourg dont il développa le prestige par ses actes, ses miracles et son exemple. L'Alsace reconnaissante lui voue un culte éternel. » Cette légende, à l'origine d'un pèlerinage, n'a aucun fondement et Victor Guerber se trompe doublement : Arbogast vit au VIe siècle et n'a certainement pas été le dix-neuvième évêque de Strasbourg. Il est probablement venu en Alsace pour christianiser les Alamans, vaincus en 496 par les rois francs, convertis depuis le baptême de Clovis.

GROS-CHÊNE
Chêne et ciment
Gros-Chêne
671004B8

La légende raconte que saint Arbogast aurait vécu en ermite au pied du gros chêne avant d'être appelé au siège épiscopal de Strasbourg. La réalité est tout autre : Arbogast, sans doute originaire d'Aquitaine, envoyé en Alsace avec une mission évangélisatrice, est probablement à l'origine de la première fondation monastique du massif forestier, Surbourg. Peut-être a-t-il traversé la forêt pour se rendre à ce couvent, ce qui aurait pu donner naissance à la légende du saint ermite. L'arbre, déraciné par la foudre en 1913, est renforcé depuis par une coulée de ciment dans sa partie intérieure.

CASERNE
POUR LES GENDARMES À CHEVAL
Vers 1861
Architecte : Alexandre Matuszynski
671004E6

Changeant de fonction à plusieurs reprises, la caserne pour les gendarmes à cheval sert ainsi de poste aux lettres entre 1872 et 1902, avant d'abriter la Caisse d'Épargne. L'édifice se caractérise par de massives chaînes d'angle à amortissement et des pignons débordants à édicule de faîtage. Les fenêtres du rez-de-chaussée sont modernes et celles des deux étages ne sont plus exactement conformes au projet d'Alexandre Matuszynski.

ÉCOLE SAINT-NICOLAS
1865
Rue des Roses *67100454*

École de style néo-classique, elle comporte deux niveaux de salles de classe avec de larges fenêtres en plein cintre et un niveau de logements de service. Dans le même enclos est construite en 1867 une école maternelle, alors appelée salle d'asile, composée de trois corps de bâtiments en rez-de-chaussée autour d'une cour d'entrée centrale. Le bâtiment est surhaussé d'un étage en 1901. Une école de garçons, du même nom et du même style, se trouvait à côté de la porte de Wissembourg jusqu'à la Seconde Guerre mondiale. Endommagée, elle est détruite à la fin de la guerre.

HALLE AUX HOUBLONS
1867-1881-XXe siècle
Architecte : Guntz
Fer et maçonnerie
115, Grand-Rue *67100469*

À cet endroit se trouve, au XIVe siècle, le poêle des tonneliers, et au XVIIIe siècle, l'hôtel du bailli royal Barth. Au XIXe siècle, l'essor de la culture du houblon autour de Haguenau est tel que les autorités municipales décident la construction d'une halle spécifique, avec l'espoir avoué de faire de Haguenau le concurrent de Nuremberg. L'édifice, réalisé d'après les plans de l'architecte municipal, comporte une structure métallique, englobée dans une enveloppe en maçonnerie, mais visible à l'intérieur des trois vaisseaux ; la couverture est ajourée par une verrière. En 1881, la halle est prolongée de cinq travées et la façade postérieure reçoit un avant-corps. Dès la fin du XIXe siècle, toutefois, les négociants se dotent d'équipements spécifiques pour le commerce et le traitement du houblon, et le rôle de la halle décline. Elle reçoit depuis les marchés hebdomadaires. Une deuxième halle, plus petite, lui est adjointe au nord en 1908. Les deux bâtiments sont réaménagés à la fin du XXe siècle.

CAISSE D'ÉPARGNE
1869
Architecte : Steller
Brique et grès
37, Grand-Rue 67100471
Cet hôtel-restaurant remplace une auberge citée depuis 1740 environ à l'enseigne *À la Couronne*, à laquelle succède lors de la Révolution, lorsque les couronnes cessent d'être en odeur de sainteté, celle *Au Bœuf* puis, depuis 1826, celle *Au Raisin*. En 1925, l'immeuble est acquis par la paroisse Saint-Georges, pour mettre à la disposition des associations et cercles paroissiaux des locaux pour leurs réunions et répétitions. Racheté par la Caisse d'Épargne après l'incendie de 1983, le bâtiment est transformé : la façade est conservée, mais la structure intérieure a été totalement bouleversée pour abriter le siège de la banque.

CARMEL
1887-1895 671004C8
Fondée en 1887 par Joséphine Jenner, en religion Sœur Marguerite du Saint Sacrement, cette église néo-gothique du Sacré-Cœur est bénie en 1895. L'intérieur est entièrement orné de peintures murales par Asal, avant la Seconde Guerre mondiale.

ANCIENNE CASERNE D'INFANTERIE
1878-1887
Brique et grès
Quartier des Dominicains 67100473
Les bâtiments de l'ancien couvent des dominicains sont utilisés comme caserne après la Révolution ; les deux ailes qui en subsistent sont détruites dans un incendie en 1887. À partir de cette date, la caserne elle-même se développe surtout entre l'enceinte de la ville et la Moder ; elle prend le nom de quartier Aimé après 1919. Lorsque l'armée abandonne les lieux, une partie est remployée pour la construction d'immeubles résidentiels ou du centre nautique, mais les autres édifices sont gardés, certains reprenant des éléments de style néo-gothique, et reconvertis en lycée (A. Siegfried), en école de musique ou encore en hôtel de police.

MESS DES OFFICIERS
Fin du XIXe siècle
Quartier Thurot 671004B1
La dualité du grès et de la brique apparente se retrouve sur la grande caserne de la redoute, construite entre 1888 et 1892. À l'époque allemande, le mess des officiers porte le nom de « casino ».Cette caserne d'artillerie est la seule caserne encore occupée par l'armée dans la ville même.

ÉCOLE SAINT-GEORGES
1880
Architecte : Charles Stoll
Brique vernissée
Rue des Johannites
671004A6
À cet emplacement se dressait depuis 1287 la cure de l'église, occupée successivement par les johannites, de 1354 à 1535, les jésuites et les chanoines de Surbourg. La façade, de style néo-roman, allusion évidente à la résidence impériale des Staufen, traduit la volonté des Hohenzollern, qui règnent alors en Allemagne, de justifier dans l'Alsace transformée en Reichsland leur légitimité et leur autorité. Ils se présentent ainsi comme les successeurs et les héritiers lointains des Hohenstaufen, donc de Frédéric Barberousse et Frédéric II, dont le nom et la gloire font partie intégrante de l'histoire et de la grandeur passée de Haguenau.

ÉGLISE PROTESTANTE DE GARNISON
1893-1895
Architecte : Hertlein
Place Albert-Schweitzer 67100495

Après 1871, l'afflux massif des soldats et fonctionnaires, originaires de l'Allemagne du Nord et en majorité protestants, aboutit à la création d'une paroisse militaire en 1883. Les autorités militaires prennent alors l'initiative d'édifier une église pour la garnison, construite en style néo-gothique d'après les plans de l'architecte du contingent. Le parti de distribution des espaces, sur un plan asymétrique, répond aux besoins de la nombreuse communauté. Le vaisseau central voûté en berceau brisé s'ouvre au nord par des arcades sur un collatéral avec tribune et au sud est ménagée une étroite coursière en encorbellement. Le chœur à pans coupés, voûté d'ogives, est flanqué par deux sacristies et une tourelle d'escalier. Après la Première Guerre mondiale, l'église est devenue le lieu de culte de la paroisse protestante haguenovienne.

CHAPELLE
DES MISSIONS-AFRICAINES
Rue des Missions-Africaines 671004A2

Le sanctuaire construit à l'époque allemande, pour la Knaben Besserungs und

Erziehungsanstalt, comporte en réalité deux chapelles, pour tenir compte de la présence de jeunes et d'éducateurs des deux confessions. La principale est vouée au culte catholique et la petite, accolée perpendiculairement, réservée aux protestants. À partir de 1927, lorsque les Missions africaines occupent les anciens locaux de la colonie agricole, cette église, placée sous le patronage de l'Immaculée Conception, est consacrée exclusivement à la confession catholique.

SAINT ARBOGAST
1921
Peintre et graveur sur verre : Th. Bohl
Chapelle des Missions-Africaines 67100416

Th. Bohl réalise plusieurs vitraux pour la chapelle, notamment Arbogast, le patron de l'école des Missions africaines, François Xavier, l'apôtre des Indes, Pierre Claver, l'apôtre des esclaves noirs, et enfin Aloyse ou Louis de Gonzague, patron des séminaristes, ces trois derniers témoignant du rôle important qu'a joué la Compagnie de Jésus à Haguenau entre 1604 et 1765. Peintre, Th. Bohl ne travaille pas le verre teinté dans la masse pour jouer de sa matière, mais privilégie le tracé pictural en appliquant des oxydes qu'il recuit.

POSTE
1902
Architecte : Louis Bettcher
Place du Maire-Guntz 671004A7

Ce bâtiment est construit d'après les plans de l'architecte des postes impériales de Strasbourg, dans le style historiciste du début du siècle. Au-dessus de la porte d'entrée principale apparaît une tête de femme, symbolisant la Germania, et portant en guise de couronne un château, censé représenter l'ancienne *Burg* impériale, et rappeler ainsi le passé prestigieux de Haguenau à l'époque médiévale.

ANCIENNE GLACIÈRE
Brique
Route de Weitbruch 671004A9

Constituée d'un dôme recouvert de terre, la glacière est conçue sur un schéma traditionnel : la glace, provenant en partie d'un petit étang voisin, est chargée par le haut en hiver, et récupérée à la belle saison par une ouverture ménagée à la base. C'est le dernier vestige de ce type à Haguenau, où leur nombre était beaucoup plus important autrefois, pour conserver la glace nécessaire, en été notamment, pour les brasseries-restaurants. L'existence de celle-ci est probablement liée à la présence à proximité, à l'emplacement de l'ancienne ferme Falk, d'un restaurant *Zum Englischen Garten*, au jardin anglais. Au XIXe siècle, il en existe deux autres, l'une dans le quartier de la Musau, ce qui explique le nom de la rue de la Glacière, et l'autre, dans l'enceinte des ateliers municipaux.

FOUR À SOUFRER
Début du XXe siècle
Graineterie Schletzer 671004B0

À la fin du XIXe et au début du XXe siècles, les installations pour sécher et conditionner le houblon sont nombreuses dans la ville. Après la cueillette, les cônes de houblon sont séchés pour éviter la fermentation, puis exposés à l'action de vapeur de soufre pour empêcher la moisissure. Ce four à soufrer, fabriqué par une fonderie de Bischwiller, provient d'un séchoir voisin, comme il en existait beaucoup. Pour réduire au maximum les effets des émanations de soufre, les installations nécessitent des cheminées très hautes, nombreuses dans le paysage haguenovien du début du siècle, et toutes disparues depuis la démolition du séchoir Ehrlich, rue de la Torture.

CAVES À CHAMPAGNE
1903
Entrepreneur : entreprise Muller 67100463

La firme Deutz et Geldermann, qui fournit de nombreux clients allemands, décide d'échapper à la hausse des taxes douanières sur le vin en bouteille prélevées aux frontières du Reich en s'installant à Haguenau. Elle livre le vin en vrac, soumis à des taxes moindres, et opère l'embouteillage dans les nouvelles caves : le vin est mélangé dans un grand tonneau, placé dans un coin de la halle-entrepôt où s'effectuent empaquetage et expédition, acheminé ensuite dans la salle de mise en bouteilles par des conduites en cuivre puis descendu dans les caves grâce à un monte-charge, caves voûtées constituées d'une vingtaine de galeries. Sous le béton, un réseau de conduites de drainage permet de collecter l'eau et de la pomper vers le haut. Après trois mois, les bouteilles sont changées de place et remuées. C'est ainsi seulement à l'automne 1904 que les vins pressés en 1902 sont prêts à être expédiés. En 1914, l'entreprise, considérée comme une succursale d'une firme française, est confisquée par l'administration allemande. Les caves sont reprises par une entreprise allemande, Lallier, jusqu'en 1923, puis abandonnées à d'autres usages.

VILLA
1904
10, rue de la Ferme-Falk
67100457

Cette villa est construite par la famille Kauffmann qui, associée à Achille Weill, possède une maison à houblon depuis 1858. Elle est révélatrice de la prospérité liée au commerce de houblon, représenté en 1910 par vingt et un négociants et treize courtiers.

VILLA
1905
35, rue de l'Aqueduc 671004G0

Cette villa de style néo-baroque, conçue sur un plan complexe, est agrémentée d'un porche à colonnes galbées avec terrasse en couverture, et d'un oriel à pignon festonné. Dans ce quartier ont été construites des villas destinées aux hauts fonctionnaires et aux officiers supérieurs allemands, nombreux à Haguenau à l'époque du Reichsland.

FONTAINE MARIENTHAL
1908
Grès et fonte de fer 671004C9

Érigée à l'origine devant la basilique, la fontaine est déplacée en 1958. La statue en fonte, placée au centre du bassin octogonal, a été réalisée par les ateliers Tusey en Meuse. Elle est inspirée par la peinture de Raphaël, conservée au musée du Louvre, et représentant l'archange saint Michel terrassant le dragon.

HÔTEL DE VILLE
1908-1910
Architecte : Wendel
Grès
Place du Général-de-Gaulle
67100456

Construit à l'origine pour abriter le palais de justice, cet édifice de style néo-baroque comprend un corps central, couvert d'un toit en pavillon légèrement galbé et flanqué de deux ailes en équerre avec toits à la Mansard. En 1955, la ville et le ministère échangent leurs locaux : le tribunal s'installe dans l'ancien hôtel de ville et la municipalité dans ce bâtiment.

VILLA HEINDORF
Début du XXe siècle
3, rue de la Redoute 67100458

Cette villa est construite sur le terre-plein de l'ancien glacis, pour l'aumônier protestant de la garnison allemande, dont les initiales figurent sur un écu du garde-corps de la terrasse, et qui en fait don après 1918 à sa paroisse. Située dans un grand jardin, la maison à décor d'inspiration Renaissance se présente avec un rez-de-chaussée surélevé avec comble mansardé. Elle comporte deux avant-corps avec pignons à redents et à volutes, un porche à colonne, une terrasse, une tourelle à bulbe et un oriel montant de fond avec balcon en couronnement couvert d'une flèche.

LA KAOLIN DE L'EST
Vers 1918
Route de Strasbourg 671004G1

Le bâtiment est à l'origine le siège de la Kaolin de l'Est, entreprise de produits céramiques dont le capital est constitué par quelque 600 actionnaires de la région. Déclarée en faillite en juin 1928 en raison d'une mauvaise gestion, l'usine est rachetée par une société parisienne, la Porcelaine Haute Tension. Mentionnée dès 1931 dans l'annuaire du département, elle propose une production variée : poterie culinaire, couronnes mortuaires, céramique de bâtiment, appareillage électrique, isolant à base de porcelaine. Occupé par une usine d'armement en 1942, l'établissement, qui comprend trois bâtiments, soit 5 000 m², a alors doublé sa surface d'exploitation. C'est à la Société Porcelaine Haute Tension que l'État achète en décembre 1947 les quelque 13 hectares constituant la future cité scolaire.

BAINS MUNICIPAUX
1924
Architecte : Gustave Oberthur
Maître verrier : Th. Bohl
Place Robert-Schuman 671004A8
Les bains municipaux sont construits à la suite d'un concours architectural organisé en 1926. Les cinq verrières rondes réalisées pour le hall d'entrée ont été déposées dans les réserves du musée lorsque la plus grande partie du bâtiment a été affectée au Centre socioculturel.

MONUMENT AUX MORTS
1925
Architecte : Theo Berst
Sculpteur : Édouard Preiser
Fondeur : Christofle et Cie
Grès rose et bronze
(d. : 7 m env., H. : 5 m env.) 67100487

Ce monument, situé dans la partie supérieure du parc aménagé à l'entrée sud de la ville, est édifié à la suite d'un concours d'architecture, à la mémoire des morts des deux guerres mondiales et des guerres d'outre-mer. Placé sur une plate-forme carrée de 11 mètres de côté, au centre d'un péristyle de huit colonnes, le groupe allégorique est formé de la Paix et l'Espérance consolant la Tristesse, respectivement représentées sous la forme d'une jeune fille, d'un petit garçon et d'une jeune femme affligée. Le socle porte l'inscription « À nos morts. 1914-18 - 1939-1945 - et Guerres d'Outre Mer ». Sur ces pilastres accolés aux colonnes sont gravés les noms de 369 soldats haguenoviens morts ou disparus pendant la guerre 1914-1918 ainsi que 4 enfants victimes en 1918 de bombes d'aviation. Sur la face intérieure de la couronne est gravée une inscription latine signifiant : « Ils ne peuvent plus mourir ; ils sont semblables aux anges et fils de Dieu. »

ANCIENNE USINE À GAZ
1927-1929
Route de Bitche 67100467
En 1862-1863, la ville de Haguenau se dote d'une usine à gaz, située dans la rue du Dépôt, qui transforme la houille. Après la Première Guerre mondiale, l'établissement, qui arrive à la limite de la saturation et qui occupe un site à risque en zone urbanisée, est transféré en 1927 près de la route de Bitche, sur un terrain communal disposant d'un embranchement ferroviaire. Elle entre en service fin 1929. Dès les années 1950 cependant, elle commence à vieillir et atteint souvent la limite de production de 10 000 m³. La fourniture d'énergie est confiée à Gaz de France en mai 1963 et, le 14 juillet 1964, toute production de gaz est arrêtée. Le site accueille désormais le service des eaux de la ville et l'abattoir.

MOULIN NEUF
Début du XXe siècle 67100464
Le moulin, également appelé « moulin des quatre tournants », est situé à l'extérieur de la ville, à l'ouest de la gare. Au XVIIIe siècle, il dispose de six roues, dont trois servant à moudre le grain et deux à broyer le chanvre, la dernière étant destinée à scier le bois. En 1789, l'une des roues est signalée comme foulon à tan. Remanié ou reconstruit en 1875, le moulin est détruit par un incendie en 1928 et remplacé par un bâtiment industriel, qui a longtemps abrité une importante chocolaterie. De l'ancien moulin subsistent les trois arches enjambant la Moder et les fondations des roues.

LYCÉE

1930-1931

Architecte : Adolphe Dollmeyer

Sculpteur : Alfred Marzolff

Béton armé

Place Robert-Schuman 67100461

En 1923, Haguenau ouvre, dans un bâtiment de la rue du Tournoi, une école pratique de commerce et une école de perfectionnement, auxquelles s'ajoute en 1927 l'école des maîtres-sondeurs. Le manque de place nécessite la construction de ce nouveau bâtiment. De part et d'autre du perron sont placées des statues allégoriques du commerce du bois et du houblon, représentées par un bûcheron et une jeune femme tenant des rameaux de houblon. Cet édifice abrite désormais le LEGT Haguenau.

ÉGLISE SAINT-GÉRARD

1931-1932

11, route de Winterhouse 671004A0

Après un premier projet avorté en 1826, les rédemptoristes s'installent à Haguenau à partir de 1929. La construction de leur maison est achevée en 1931 et l'église, dédiée à saint Gérard Mejilla, un des maîtres à penser du XVIIIe siècle, est consacrée en novembre 1932.

KIOSQUE À MUSIQUE

1936

Entrepreneurs : Mull, Hild et Auguste Brisach et fils 67100488

Les archives municipales conservent les plans et dessin du kiosque à établir sur la place du théâtre et destiné à l'orchestre de la garnison de Haguenau. Ce projet, lancé en 1859 puis à nouveau en 1867, est resté lettre morte, comme celui de l'architecte de la ville, Antoine Dollmeyer, proposé après la Première Guerre mondiale. Finalement plusieurs associations musicales, sous la direction de l'instituteur Scheffels, constituent un comité du kiosque à musique. Une fois les fonds collectés, les travaux sont réalisés par des chômeurs, encadrés par les ouvriers municipaux et par des entreprises de la ville.

AIRE DES CHARBONNIERS

1941

Forêt de Haguenau 671004C1

Dès le XIXe siècle, la production de charbon de bois est une activité répandue dans la forêt de Haguenau. L'administration allemande fait construire, à côté de l'allée Rendel, ces deux fours qui restent en service jusqu'en 1947. L'un d'eux, restauré, permet de comprendre le procédé de fabrication. Après le chargement, exclusivement en bois de hêtre, les accès supérieur et central latéral sont obstrués au moyen de portes métalliques recouvertes de sable, pour que la combustion s'effectue avec le moins d'air possible. L'allumage, facilité par de la laine de bois, se fait au moyen d'une tige métallique enflammée avec un chiffon à partir d'un conduit situé dans l'accès central. La carbonisation dure 24 à 36 heures, suivie de 5 jours de refroidissement. Le charbon de bois produit est alors expédié notamment vers Karlsruhe, mais aurait également fourni un fondeur de cloches de Colmar, Causard.

MONUMENT DU 16 MARS 1945

1946-1947

Concepteur : Théo Berst

Sculpteur : Albert Schultz

Pierre et bronze coulé

Boulevard de la Libération 67100475

La première pierre de ce monument, qui célèbre le jour anniversaire du franchissement du canal de la Moder par les Américains et de la libération définitive de la ville, est posée le 16 mars 1946, en présence du général de Lattre de Tassigny et du général américain Smith. L'inauguration a lieu le 14 juillet 1947. Avec son avancée triangulaire, il symbolise les chars américains fonçant vers l'autre rive ; il comporte deux bas-reliefs en bronze coulé. De ce monument, emporté et détruit par une crue exceptionnelle de la Moder en janvier 1955, seuls les deux bas-reliefs sont récupérés et fixés sur un support maçonné ; l'un représente le passage de la Moder par les chars américains, l'autre porte un texte commémoratif.

Hochstett

Canton de Haguenau
Arrondissement de Haguenau
Superficie : 213 ha
Population 1999 : 244 hab.

Origine du nom : du germanique *hoch*, haut ou ancien, et *Statt*, endroit.

HISTORIQUE

Le village est cité pour la première fois, sous l'appellation Hohesteden, dans un document de 1147 qui évoque la grange dîmière de l'abbaye de Neubourg. D'autres autorités cléricales y ont des possessions, telle l'abbaye de Schwarzach, également propriétaire à Berstheim, qui cède ses biens en 1347 à Heinze von Höhstetten, bourgeois de Haguenau. L'existence d'une église, filiale de Berstheim, est attestée au XII*e siècle ; elle est signalée sous le patronage de sainte Gertrude en 1666. C'est en 1648 que ce village d'empire devient village royal. La plupart des maisons ont été reconstruites aux* XIX*e et* XX*e siècles et Hochstett ne s'est pratiquement pas étendu depuis 1840, date du cadastre napoléonien. La population, après un léger reflux dans les années 1960, a tendance à s'accroître.*

ÉGLISE SAINTE-GERTRUDE
1777
Grès rose et crépi 67100501

L'église de Hochstett est citée pour la première fois en 1437, de manière indirecte, et ce n'est qu'en 1666 que le patronage de sainte Gertrude est attesté. La paroisse est alors affiliée à Berstheim. En 1775, l'édifice menace de s'écrouler et une requête est déposée par les villageois auprès du Conseil souverain d'Alsace pour demander que le décimateur, M. Barth, la fasse reconstruire. Celui-ci, banquier à Strasbourg, est déjà à l'origine du bâtiment existant ; les comtes de Hanau-Lichtenberg et de Hesse-Darmstadt étaient propriétaires de la dîme avant lui.

CHAIRE À PRÊCHER
Vers le dernier quart du XVIII*e siècle*
Bois et peinture à l'huile
(H. : 339 cm, l. : 90 cm, L. : 148 cm)
Église Sainte-Gertrude 67100502

La chaire est composée d'une cuve, à laquelle on accède à l'origine par un escalier, un abat-voix et un dorsal. Chacun de ces éléments est le support d'un décor peint – saint Paul et saint Pierre sur les panneaux de la partie inférieure, le Bon Pasteur sur le dorsal – ou sculpté – la colombe du Saint-Esprit en ronde bosse sous l'abat-voix, des volutes et une sphère crucifère au-dessus.

SAINT SÉBASTIEN
XVIIIe siècle
Bois peint (H. : 103 cm)
Église Sainte-Gertrude
67100503

Saint Sébastien et sainte Gertrude sont deux statues baroques en pendant, placées de part et d'autre du maître-autel. Elles devaient faire partie de l'autel original, dont il reste quelques fragments. Dans l'iconographie traditionnelle, depuis la Renaissance, Sébastien est représenté sous les traits d'un jeune homme, attaché à demi nu à un tronc d'arbre, et criblé de flèches. L'artiste a ici pris le parti de montrer le saint vêtu en centurion, l'instrument de son martyre à la main.

SAINTE GERTRUDE
XVIIIe siècle
Bois peint (H. : 100 cm)
Église Sainte-Gertrude 67100504

La statue, de style baroque, est le pendant de saint Sébastien. Gertrude porte ici l'habit d'abbesse et tient un livre ouvert et une crosse, ses attributs traditionnels. Il semble qu'il s'agisse de sainte Gertrude de Nivelles, représentée également sur le tableau d'autel, bien qu'aucun élément supplémentaire ne permette de l'assurer.

MONUMENT SÉPULCRAL DE JOHANN OSTER
1831
Grès rose polychrome (138 × 70 cm)
Enclos de l'église Sainte-Gertrude
67100505

Le monument funéraire est encastré dans le mur extérieur de la sacristie. Sous un fronton à corniche moulurée terminée par des têtes voilées, deux saules pleureurs et une guirlande de feuillage encadrent un petit Christ en croix. Le crâne, le sablier et la bougie brisée, sculptés en bas relief sur le socle, sont les attributs traditionnels de la vanité.

CHAPELLE DE L'IMMACULÉE-CONCEPTION
1822
Grès rose et brique
Nahbruch *67100510*

Une promesse, faite à l'occasion de la campagne de Russie, est à l'origine de l'édification de la chapelle, consacrée en 1826 par le curé Flicker de Saint-Georges de Haguenau. La marque de tâcheron, sur le socle, indique que le grès est un matériau de remploi, qui provient probablement de l'abbaye de Neubourg, alors utilisée comme carrière. Aucun office n'est plus célébré dans ce lieu de culte, qui reçoit pourtant toujours un pèlerinage local. De 1830 à 1850, une hutte élevée près du bâtiment sert de refuge à un ermite.

CROIX DE CHEMIN
1804
Grès rose et fonte (385 × 110 × 53 cm)
67100512

Le monument est dédié à Anna-Maria et Jacob Adam, Anna-Maria Arbogast et Antoni Röhni. De la croix originale, seuls subsistent le socle et le bas de la hampe, devant laquelle est représentée la Vierge en haut relief, les yeux tournés vers le Christ, et dont les bras sont manquants.

STUB ET ALCÔVE
XIXe siècle
14, rue du Village *67100509*

Dans cette *Stub*, plus spacieuse que les *Stubs* traditionnelles, l'alcôve constitue une pièce à part entière.

FERME
Début du XIXe siècle
Pan de bois et grès
14, rue du Village *67100514*

La ferme est agencée sur un plan en fer à cheval. Un premier bâtiment, construit probablement au XVIIIe siècle, a été démonté vers 1980-1981 et déplacé dans le village d'Eckversheim. Il faisait face au corps de logis actuel, conçu à l'origine comme logis secondaire, étendu par la suite dans le corps de passage construit en 1840. La partie réservée à l'exploitation comprend en outre des étables, dans le prolongement de l'habitation, qui inclut une porte jumelée avec le logis, et une grange en retour. Dans la cour, un puits avec auge-abreuvoir dispense l'eau nécessaire au travail agricole.

Huttendorf

Canton de Haguenau
Arrondissement de Haguenau
Superficie : 440 ha
Population 1999 : 450 hab.
Cours d'eau : le Willergraben

Origine du nom : du patronyme germanique Hutto et du germanique *Dorf*, village.

HISTORIQUE

Occupé depuis l'époque gallo-romaine, le village est mentionné pour la première fois en 797 sous le nom de Hittendorphe. Il fait alors partie des possessions de l'abbaye de Wissembourg comme la plupart des agglomérations de la région. D'autres communautés, Schwarzach, Surbourg, Walbourg, ou lŒuvre Notre-Dame de Strasbourg, sont propriétaires sur le territoire, simultanément ou successivement, et la puissante abbaye de Neubourg y possède une ferme en 1281. L'église est citée dans un texte de 1351. De vocation essentiellement agricole, Huttendorf, Hittendorf à cette époque, compte 28 fermes en 1376. Au sud du village se trouvaient des mines de fer dont l'exploitation a été abandonnée en 1875. Le déclin de la démographie, qui a commencé dans les années 1900, est enrayé depuis les années 1990.

PONT ROMAIN
Époque gallo-romaine 67100612
Ce pont se trouve sur l'ancienne voie romaine secondaire reliant Schwindatzheim à Mertzwiller, en passant par Minversheim, Huttendorf et Dauendorf.

FERME
Seconde moitié du XVIIe siècle-1822
Pan de bois de chêne, bois de sapin et pierre
22, rue Principale 67100610
Le corps de logis de la ferme est une maison de type ancien avec loggia de pignon en encorbellement et étage en léger surplomb sur les deux façades principales. Des bâtiments lui sont associés : les porcheries basses, les étables, la grange et le hangar sont disposés autour de la cour. Le mur de clôture, percé d'une porte charretière marquée de piliers de grès, est surmonté en partie d'une balustrade.

EGLISE SAINT-VINCENT
Seconde moitié du XVIIIe siècle-1863-1894
Grès rose et crépi
Rue de l'Église 67100601
Aucune épigraphe ne permet de connaître exactement la date d'érection de l'église mais différents documents et témoignages évoquent l'année 1746. Elle est construite sur les bases de l'ancien bâtiment, pour partie avec des matériaux remployés, comme l'attestent les marques décoratives d'outils, de type médiéval, dans le grès des chaînes d'angles de la tour-chœur et du petit contrefort nord-est de la tour. Elle abrite un buffet d'orgue à trois tourelles, dont les ailerons sont agrémentés d'instruments de musique, conçu par Peter Rivinach en 1853. La sacristie, édifiée ultérieurement, a fait l'objet d'une souscription en 1863 et l'ensemble de l'église a été restauré par Weyh, de Colmar, en 1894.

CHAIRE À PRÊCHER
Début du XVIIIe-XIXe siècles
Bois, peinture, dorure, et faux marbre
(5 × 3,20 × 1,10 m)
Église Saint-Vincent 67100606
La chaire, composée d'un escalier droit, d'un dorsal étroit, d'une cuve et d'un abat-voix octogonaux, est ornée de tables moulurées rentrantes et de sculptures, parmi lesquelles un Bon Pasteur en haut relief et un ange agenouillé en ronde bosse. Au mobilier initial est ajouté au XIXe siècle le décor en relief de la cuve, un culot en forme de grappe de raisin et une frise ornée de rinceaux.
(I. M. H. 1976)

VIERGE
DE L'IMMACULÉE CONCEPTION
Fin du XVIIIe siècle
Peinture sur enduit
Église Saint-Vincent 67100602

Les murs de l'église Saint-Vincent sont ornés de nombreux stucs, parmi lesquels cette Vierge de l'Immaculée Conception. Les représentations des évangélistes, réalisées dans le chœur par l'atelier Muler Teurer, de Mertzwiller, au début du XXe siècle, sont cachées par un badigeon depuis la dernière rénovation.

MAÎTRE-AUTEL
1776
Bois, peinture, dorure et huile sur toile
(H. : 8 m env., l. : 3,90 m env., P. : 7,70 m env.)
Église Saint-Vincent 67100604
Le maître-autel, peint en faux marbre est doté d'un décor très riche. Sous le fronton, orné d'un *Couronnement de la Vierge*, le tableau du retable, représente une *Adoration des Mages*. Les deux tableaux, non signés, proviennent probablement de Würzbourg. Les statues de saint Vincent et de saint Urbain, second patron de l'église entre 1666 et 1758, sont disposées de part et d'autre du tabernacle. Leurs attributs, respectivement un grilloir et un corbeau pour l'un, un livre et une grappe de raisin pour l'autre, ont disparu.

AUTEL LATÉRAL
Première moitié du XIXe siècle
Bois, peinture et dorure
Église Saint-Vincent 67100605
Cet autel latéral, situé au sud, est dédié à saint Joseph tandis que son pendant, au nord, est consacré à la Vierge. Il semble peu vraisemblable, au vu du style et de la datation, que ces autels proviennent de l'abbaye de Neubourg. Saint Joseph est représenté avec ses attributs, l'équerre de charpentier et la fleur de lis. *(I. M. H. 1976)*

CROIX DE CIMETIÈRE
1781
Grès rose (5 × 1 × 1 m)
Enclos de l'église
Saint-Vincent 67100609
Le socle et la statue de Madeleine, apparentés à la croix de cimetière de Morschwiller, sont antérieurs à la figure du Christ, qui date probablement du début du XIXe siècle.

MONUMENT
SÉPULCRAL
DE GEORGES DAULL
1874
Sculpteur : A. Marx
Grès gris
et marbre blanc
(245 × 60 × 52 cm)
Enclos de l'église
Saint-Vincent
67100607
Le monument est orné d'un décor foisonnant, sculpté en bas relief. Les inscriptions, sur la dalle blanche, rappellent la mémoire de tous les membres de la famille Daull, ensevelis dans le caveau.

MONUMENT SÉPULCRAL
DE J. RITTER
1885
Sculpteur : Schneider
Grès gris et marbre blanc
(300 × 65 × 55 cm)
Enclos de l'église Saint-Vincent 67100608
Le monument est composé de manière symétrique. Érigé sur un plan carré, il présente le même décor sur toutes ses faces ; les quadrilobes des arcatures aveugles répondent à ceux de la croix qui surmonte l'édicule.

Kaltenhouse

Canton de Haguenau
Arrondissement de Haguenau
Superficie : 372 ha
Population 1990 : 1 695 hab.
Cours d'eau : la Moder

Origine du nom : du germanique *kalt*, froid, et *Haus*, maison.

Blason : il comporte la moitié du blason des villes de la Décapole , Kaltenhouse était en effet sous le protectorat de Haguenau. Le sablier, rajouté par la suite, rappelle le sous-sol sablonneux.
67100700

HISTORIQUE

S'il n'est mentionné pour la première fois qu'en 1260, le village est probablement occupé dès l'époque gallo-romaine, comme en témoigne la route romaine d'Italie à Mayence, qui relie Brumath à Seltz et traverse la Moder près de Kaltenhouse. La chapelle, consacrée en 1443 sous le vocable de saint Wendelin, est construite sur autorisation de l'évêque de Strasbourg mais reste filiale de Saint-Georges de Haguenau jusqu'en 1751, date à laquelle Kaltenhouse devient une paroisse à part entière. La population compte alors 480 habitants mais, au XIXe siècle, l'émigration vers l'Amérique entraîne un fléchissement démographique, contrarié par la suite.

ÉGLISE SAINT-WENDELIN
1443-1845-1860-1873-1875
Rue Principale *67100701*
Une première chapelle Saint-Wendelin, filiale de Saint-Georges de Haguenau, est érigée dans le village en 1442. De style gothique, elle se compose d'un chevet à pans coupés flanqué de contreforts et surmonté d'un campanile, et d'une nef courte précédée d'un petit porche. Un prêtre, chargé de dire deux messes par semaines est nommé en 1467, mais ce n'est qu'en 1751 que la paroisse est créée. En 1847, l'église est agrandie de 8 mètres sur un projet de l'architecte Charles Morin et une sacristie ajoutée en 1860. L'édifice reste toutefois trop exigu et une nouvelle église est alors édifiée dans le bourg entre 1873 et 1875.

ORGUE
1838
Facteur : atelier Stiehr
Bois de chêne (4 × 3,3 × 1,3 m)
Église Saint-Wendelin *67100705*
Acquis à l'origine par l'église de Weitbuch, l'orgue est transféré en 1873 à Kaltenhouse. Il est restauré en 1912 par Louis Mockers et la façade, réquisitionnée en 1917, est remplacée en 1924. Le buffet, à trois plates-faces entre pilastres à chapiteaux composites est surmonté d'une corniche moulurée. La frise est ornée de motifs répétés d'ailerons de rinceaux et de volutes. *(Cl. M. H. 1981-1982)*

STALLES
1714
Ébéniste : André Bender
Bois de chêne
Église Saint-Wendelin *67100703*
Ces stalles, conçues à l'origine pour l'église d'Obernai, sont cédées à la paroisse par le recteur Lorber, ancien curé de Kaltenhouse. Les lambris sont composés de panneaux plats moulurés, organisés en travées sur trois niveaux, et de trônes en saillie. Un entablement à corniche ornée de feuilles d'acanthes court le long du bord supérieur des stalles.

AUTEL SAINT-JOSEPH
1874
Ébéniste : Ignace Hertrich
Sculpteur : K. Amann
Bois, dorure et plâtre
(H. : 5 m, l. : 2,8 m, P. : 1,07 m)
Église Saint-Wendelin *67100702*
L'autel est composé d'un tombeau droit orné de volutes à ses extrémités et de tables moulurées portant au centre le monogramme de saint

Joseph et une Vierge en médaillon. Au-dessus du retable, un arc en plein cintre, soutenu par deux colonnes composites cannelées, encadre la niche où est placée la statue. Saint Joseph est représenté accompagné de l'Enfant, tenant la fleur de lis, ici symbole de pureté.

CROIX DE CIMETIÈRE
1751-1820
Grès rose
(315 × 80 × 61 cm)
Cimetière 67100706

La croix, placée à l'origine dans l'ancien cimetière, est érigée en 1820 sur un socle plus ancien, qui porte un cartouche indiquant l'année 1751. La base de la croix, en forme de pilastre cannelé, est sculptée d'un crâne sur tibias en haut relief.

FERME
XIXe siècle
Pan de bois
2, rue du Presbytère 67100707

La ferme est composée de deux bâtiments, un corps de logis, à pignon sur rue, et un édifice à usage agricole au fond de la cour. Les toits, à longs pans et une demi-croupe, sont couverts de tuiles plates. Deux auvents de façade, soutenus par les sablières longitudinales des façades latérales et la solive centrale, répondent au pan de toiture rampant.

Morschwiller

Canton de Haguenau
Arrondissement de Haguenau
Superficie : 460 ha
Population : 388 hab.
Cours d'eau : le Landgraben

Origine du nom : de l'anthroponyme germanique Maur, ou Moro, et du latin *villa*, hameau, ferme.

HISTORIQUE

Morschwiller, ancienne colonie romaine, porte encore les traces de cette installation : une voie de Brumath à Pfaffenhofen, un cimetière, cinq statuettes votives qui auraient été incorporées dans le mur d'une chapelle et une pierre avec inscription romaine et trois bustes de guerriers, remployée dans une maison depuis 1842. La nécropole mérovingienne atteste en outre l'occupation continue du village, cité dès 771 en tant que propriété de Wissembourg sous le nom de Moraswilari. Saint-Thomas de Strasbourg et l'abbaye de Loersch y possèdent des terres au Xe *siècle, Dauendorf au* XIe *siècle. L'église est ensuite cédée par Otton III à l'abbaye de Seltz, mais, en 1666, le collateur et décimateur est l'abbaye de Neubourg. Sur le finage se trouvait le village disparu de Bachhofen dont la chapelle Saint-Ulrich marque l'emplacement. Voué essentiellement à l'agriculture, Morschwiller ne compte plus, en 1982, que sept agriculteurs et dix paysans ouvriers. Ils se consacrent à la culture du maïs, de l'orge, du blé et du tabac. Quelques arpents de vignobles permettent de produire un vin à usage domestique.*

FERME
Vers 1688
Pan de bois
2, rue des Roses 67100809

Le corps de logis de la ferme est bâti en pan de bois sur un rez-de-chaussée en pierre. Le toit, à longs pans et demi-croupe, est couvert de tuiles mécaniques. Les éléments de décoration de façade sont localisés sur les fenêtres, agrémentées de chambranles en grès à linteaux en arc segmentaire ou de chambranles saillants sculptés avec colonnettes et têtes d'angelot.

ÉTABLE
Vers 1688
Pan de bois
2, rue des Roses 67100810

Les bâtiments de la ferme réservés à l'exploitation sont disposés autour d'une cour ouverte : une porcherie, aménagée en rez-de-chaussée dans le prolongement du logis, une grange, au fond, et les étables, en retour, avec demi-croupe et coursière à balustres.

PRESBYTÈRE
1729
Pan de bois et crépi
51, rue Principale 67100807

Le presbytère s'apparente aux maisons rurales par sa structure et sa distribution. Au rez-de-chaussée, bâti sur un sous-sol partiel aménagé en cave, une entrée ouvre sur la cuisine, une salle et deux pièces. À gauche de la porte, un escalier en spirale, avec rampe de balustres plats découpés, dessert l'étage. Deux remises sont adjointes au bâtiment principal, l'une ouverte, composée d'un toit à longs pans supporté par deux murs-pignons en moellons et quatre poteaux de bois avec pigeatres, et l'autre, au fond du jardin, construite en pan de bois et percée de trois portes, deux petites de part et d'autre d'un grand portail à deux battants. La façade conserve les armoiries du commanditaire, Jacques Gracier d'Auvilliers, abbé de Neubourg.

CROIX MONUMENTALE
1789
Grès rose
(500 × 178 × 94 cm)
Cimetière 67100806

Sur le socle, galbé dans sa partie inférieure, Marie Madeleine et ses attributs, crâne et pot d'onguents, sont sculptés en haut relief. L'ensemble s'apparente à la croix de cimetière de Huttendorf. La partie supérieure du monument semble le fruit de la restauration de 1947.

CROIX DE CIMETIÈRE
1866
Sculpteur : Schneider
Grès polychrome
(450 × 89 × 74 cm)
Cimetière 67100805

Le monument, érigé en mémoire de Michael Durch et Maria Anna Lutz, se compose d'un socle avec table, surmonté d'une colonne tronquée abritant une Vierge nichée traitée en haut relief. La base de la croix, en forme de chapiteau renversé, est sculptée de feuilles d'acanthes.

FERME
Vers 1791
Pan de bois
2, rue de l'Argile 67100811

La maison est caractéristique des constructions en pan de bois sur rez-de-chaussée de maçonnerie. Un sous-sol enterré permet de conserver diverses denrées. En façade, deux auvents sont supportés par les solives, en saillie sur le mur, et les fenêtres, aux chambranles de grès à linteaux légèrement cintrés, sont autant de touches de couleur.

FERME
1808
Pan de bois, grès, brique et enduit
23, rue Principale 67100812

Les différents bâtiments, caractéristiques des grosses exploitations, sont agencés autour d'une cour fermée : l'habitation proprement dite, un corps de passage avec entrée piétonne et porte charretière en bois, une grange, en pan de bois et brique, un hangar et un pressoir à pommes. Le logis empire, à rez-de-chaussée en grès et étage en pan de bois, est construit sur deux sous-sols à demi enterrés aux extrémités. Il est distribué de manière traditionnelle et comporte une alcôve double en merisier, décorée d'une frise de lis ajourée. Les poteaux corniers antérieur et postérieur et la clef de la porte d'entrée portent des inscriptions précisant le nom des propriétaires et la date d'édification.

CHAPELLE SAINT-ULRICH
1832
Pierre et crépi 67100815
La chapelle, œuvre de particuliers, est construite à proximité de l'église Saint-Ulrich de Bachhofen. L'église est détruite en 1841 et le village lui-même a disparu. Le bâtiment, très simple, est composé sur un plan rectangulaire. Il ne contient ni mobilier ni décor, mais la légende veut que les cloches soient enterrées à proximité.

CROIX DE CHEMIN
1836
Grès (2,70 × 1,50 m) 67100816
De part et d'autre du Christ, onze saintes Faces sont sculptées en haut-relief sur un linge blanc. Cette représentation évoque la légende du précieux sang : Un prêtre de Walldurn, ayant renversé le calice sur un linge liturgique, aurait vu apparaître onze têtes de Christ à l'emplacement des taches de vin.

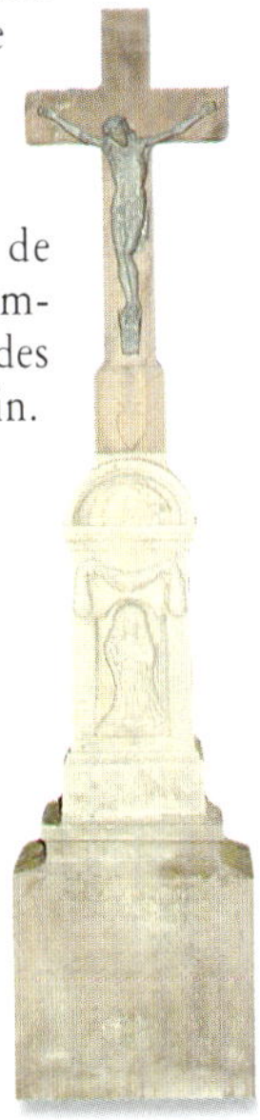

ÉGLISE SAINT-ÉTIENNE
1840
Entrepreneur : Schmitt
Grès rose et enduit
54, rue Principale 67100801
La mention de l'église de Morschwiller apparaît pour la première fois en 1371, puis en 1454 dans un document qui évoque l'existence d'un rectorat et du collateur, l'abbaye de Neubourg. La nouvelle église Saint-Étienne est construite en une campagne de construction sur les bases d'un précédent édifice de 1759 à 1764. Le maître d'œuvre pourrait être Louis-Martin Zégowitz, l'architecte de l'arrondissement de Strasbourg, bien que des hypothèses soient avancées en faveur de Samain.

SAINT ÉTIENNE
1875
Maître verrier : Pierre Petit-Gérard
Vitrail (3 × 1,60 m)
Église Saint-Étienne 67100802
Les baies de l'église sont ornées de nombreux vitraux, à thèmes géométriques ou figuratifs. Dans la nef sont ainsi honorés sainte Odile et saint Wendelin, sur des verrières réalisées par les frères Ott en 1890. Dans la fenêtre axiale du chœur, saint Étienne est deux fois représenté, au centre, debout, entouré de ses attributs, et dans la partie inférieure, agenouillé,

les bras ouverts. Le monogramme BPG signe le travail de Pierre Petit-Gérard, qui a alors repris l'atelier de son père, Baptiste.

TABERNACLE
XVIIIe siècle
Marbre, bois et métal
(101 × 145 × 52 cm)
Église Saint-Étienne 67100814
Du maître-autel disparu, seul subsiste ce tabernacle de plan galbé, orné d'un couronnement chantourné et de motifs rocaille en relief. Un ostensoir est gravé en bas relief sur la porte et chaque côté est décoré d'une croix avec feuilles de vigne et épis de blé.

Niederschaeffolsheim

VIERGE
DE L'IMMACULÉE
CONCEPTION
XVIIIe siècle
Bois polychrome
(110 × 40 × 27 cm)
Église Saint-Étienne
67100803

Le sculpteur a choisi une représentation traditionnelle du thème, figurant une Vierge debout, terrassant le serpent et la pomme, symboles du péché originel, le pied gauche reposant sur un croissant de lune. Elle est nimbée d'étoiles et porte le sceptre.

MONUMENT SÉPULCRAL
DU PRÊTRE REUZ
1804
Grès gris
Église Saint-Étienne *67100804*

Le monument est scellé dans le mur ouest de l'église, en mémoire de Franz Joseph Reuz, prêtre et instituteur. La dalle est ornée de feuilles d'acanthes et de guirlandes décoratives. Le calice, avec hostie, est surmonté d'une croix trilobée.

Canton de Haguenau
Arrondissement de Haguenau
Superficie : 624 ha
Population 1990 : 1 267 hab.

Origine du nom : du germanique Scheffel, anthroponyme, *nieder*, en bas, et *Heim*, village.

HISTORIQUE

Niederschaeffolsheim, occupé de manière continue depuis le néolithique, est mentionné pour la première fois en 1210. Le couvent de Neuwiller y est probablement déjà détenteur de terres, puisqu'en 1269, Ludwig et Konrad, fils du bailli Hanau-Lichtenberg, confirment le don de leur père à l'abbaye. En 1351, d'autres seigneurs sont cités dans des actes de propriété, parmi lesquels Walbourg, le nouvel hôpital de Haguenau, et Saint-Pierre-le-Jeune. Haguenau est alors siège de l'administration impériale, et les nobles locaux sont souvent en opposition avec celle-ci. C'est ainsi que plusieurs villages, parmi lesquels Niederschaeffolsheim, sont incendiés en 1391 par les Fleckenstein, en conflit avec le baillli, l'abbé de Murdach. Saint-Pierre-le-Jeune, déjà possessionné, acquiert en 1469 le droit de patronage et la moitié de la dîme, l'autre partie revenant au curé, et, en 1478, l'église est inféodée de plein droit à ce chapitre, qui reste collateur et décimateur jusqu'à la fin de l'Ancien Régime. Le bourg, qui subit d'importantes fluctuations démographiques, victime des affrontements et des conflits qui se succèdent au fil du temps, notamment la guerre de Trente Ans, lors de laquelle il est incendié, retrouve, depuis le début des années 1970, une nouvelle vitalité.

FERME
1761
Pan de bois, grès et crépi
4, rue du Tilleul *67100913*

Le corps de logis, construit primitivement en retrait, est prolongé jusqu'à la rue par un bâtiment transversal avec passage d'entrée, bâtiment qui abritait à l'époque un four à houblon : un escalier mène à la coursière à balustrade qui dessert l'étage où se trouvent les claies mobiles et les tiroirs servant au séchage du houblon. À l'ensemble sont adjointes à l'origine des étables, face au logis, et une grange, remplacée ultérieurement par une villa. La maison est construite sur un plan traditionnel, composé d'une entrée ouvrant sur trois salles, dont une incluant une alcôve, et une cuisine.

FERME ANTOINE GOETZ
1765
Pan de bois
37, rue de l'Église *67100911*

Le poteau cornier de cette maison à colombage porte la date de 1765 et le nom des premiers propriétaires. Sur la clef d'arcade du grand portail, une épigraphe indique 1784 et sur celle du petit portail sont gravées les initiales des commanditaires.

ÉGLISE SAINT-MICHEL
1781-1853-1855
Architecte : Nicolas-Alexandre Salins de Montfort
Grès et crépi 67100901

La paroisse est mentionnée pour la première fois en 1371. Elle dispose alors d'une chapelle, construite au XIIIe ou au XIVe siècle. Malgré l'agrandissement de la nef, en 1747, l'édifice est trop petit et les habitants du village obtiennent en 1779 l'autorisation de la détruire afin d'en faire édifier une nouvelle. La tour, dont les frais de construction et d'entretien incombent au décimateur, est conservée et remployée par Nicolas-Alexandre Salins de Montfort dans son projet de 1780. C'est sur celle-ci que se concentrent les travaux de l'architecte Alexandre Matuszynski, en 1853 : il ajoute un étage, conforme les baies du troisième niveau à celles de l'agrandissement et remplace le toit en bâtière par une flèche. La sacristie, qui se trouvait au rez-de-chaussée de la tour, est déplacée à cette occasion. Lors de la campagne de travaux suivante, en 1855, la nef est allongée de 10 mètres. Le portail est alors remployé *in extenso*, les portails latéraux probablement recentrés et le pignon occidental refait.

MAÎTRE-AUTEL
XVIIIe siècle
Ébéniste : Laufer
Bois polychrome
Église Saint-Michel 67100902

Le maître-autel de l'église Saint-Michel est isolé. Il se compose d'un tombeau rectangulaire, d'élévation droite, avec un panneau central flanqué de pilastres cannelés, d'un gradin droit, et d'un tabernacle de plan galbé ; inscrits dans un décor architecturé d'ordre corinthien. Au-dessus du tableau d'autel représentant saint Michel terrassant le démon, le fronton porte une figure de Dieu le Père sur une gloire en bois doré. Sur le tabernacle, la scène des disciples d'Emmaüs, sculptée en bas relief, est flanquée de symboles liturgiques, raisin, blé ou calice, et sur le tombeau, dans la partie frontale moulurée, est représenté l'Agneau aux sept sceaux.

CHAIRE À PRÊCHER
1784
Ébéniste : Laufer
Bois polychrome
Église Saint-Michel 67100903

Cette chaire à prêcher, adossée, ne comporte pas de dorsal et se compose donc de trois parties. L'escalier droit à rampe mène à la cuve, parée de deux panneaux en bas relief illustrant les paraboles du Bon Pasteur et du Semeur, cuve surmontée de l'abat-voix, orné de la colombe et sommé d'une statuette de saint Jean Baptiste.

MONUMENT SÉPULCRAL
1750
Grès rose (137 × 41 × 10 cm)
Enclos de l'église Saint-Michel 67100906

La pierre tombale, déplacée contre le mur extérieur du chœur de l'église, possède toujours le socle épannelé, prévu pour être enterré. Sur la stèle, la croix aux bras brisés, sculptée en bas relief, prend appui sur les ossements d'Adam. L'inscription commémorative est gravée de part et d'autre de la hampe.

MONUMENT SÉPULCRAL

Première moitié du XIXe siècle

Grès rose (161 × 82 × 88 cm)

Enclos de l'église Saint-Michel 67100905

Sur la stèle rectangulaire, avec cartouche inscrit, s'élevait autrefois une croix dont il ne subsiste que la base, ornée de deux cœurs enflammés, et le support, composé d'un double emmarchement.

MONUMENT NONNENMACHER

1874

Sculpteurs : Villeroy et Boch

Terre cuite et pierre blanche

(210 × 75 × 65 cm)

Enclos de l'église Saint-Michel 67100908

Le socle porte un groupe sculpté en ronde bosse : une colonne ionique tronquée, symbolisant la vie brisée, sur laquelle s'appuie une jeune fille. Ce genre iconographique est généralement réservé aux sépultures d'enfants. Dans les cimetières Saint-Nicolas et Saint-Georges de Haguenau, deux monuments sépulcraux sont constitués de statues identiques.

MONUMENT SÉPULCRAL

Fin du XIXe siècle

Grès rose

Enclos de l'église Saint-Michel

67100907

Le monument, composé d'un bloc monolithique, est sculpté en sorte de former un soubassement, une stèle sur laquelle sont sculptés des ossements et un sablier, en équilibre sur le crâne, et une croix ornée de feuillage. La petite figure séraphique ailée, dans la partie supérieure, est peut-être une représentation allégorique de l'âme. Le dos de la croix est orné des mêmes motifs végétaux que la face, motifs qui rappellent ceux peints sur le mobilier de bois de la même époque.

MONT DES OLIVIERS

1885

Grès jaune et grès rose

(2,50 × 1,95 m)

Enclos de l'église Saint-Michel

67100904

Ce monument, sans inscription, est érigé par le chanoine Lang (1816-1895), curé de la paroisse Saint-Nicolas de Haguenau, pour ses parents. Abrité sous un toit de tuiles plates, le groupe est composé de différents blocs de grès, sculptés, reliés entre eux et posés sur un socle. Il représente un passage de la Passion selon saint Luc.

MAIRIE

1790

Grès et crépi

1, place de la Mairie 67100909

Cette maison est construite en 1790 pour abriter l'école communale. En 1840, l'architecte Louis-Martin Zégowitz établit les plans d'un corps de garde, incluant une salle communale au premier étage, dans laquelle la municipalité s'installe en 1846. Une seconde école, édifiée en 1854, brûle au cours de la Seconde Guerre mondiale, ainsi que le bâtiment de 1840. Les deux immeubles sont alors démolis et la mairie est transférée au rez-de-chaussée de l'école des garçons.

CROIX DE CHEMIN

1808

Grès rose, grès jaune et fonte

(490 × 80 × 50 cm) 67100915

Sur le socle en balustre surmonté d'une Vierge orante en haut-relief, une croix et un Christ ont été ajoutés en 1982, lors de la restauration commandée par Joseph et Marie Schoenfelder.

FERME
Vers 1815
Grès et crépi
1, rue de la Paix 67100912

La ferme est conçue sur un plan carré, avec des bâtiments disposés autour de la cour : un corps de logis, des écuries incluant une porcherie, abritées dans un édifice à coursière tout au long de la façade, une grange en retour, avec étable, et un hangar ayant servi au tabac et au houblon. Le four à pain, traditionnellement présent dans les fermes, est ici fabriqué en fonte.

POTEAU CORNIER
1842
Pan de bois
Maison Nonnenmacher
11, rue du Tilleul 67100916

La maison est communément connue sous le *Hofname s' « américaner's »*. Les aïeux de l'actuel propriétaire, natifs de Niederschaeffolsheim, se sont en effet fixés à Saint Paul Minneapolis, sur le Missisipi, à la suite de leur voyage de noces en 1891. Leur fils aîné, Jérôme, né aux États-Unis, se marie à Niederschaeffolsheim en 1923. Sur le poteau cornier de la maison, sous le nom des commanditaires, est inscrit le message suivant : *« Dem Bauher ein gebradener haas dem leser ein drech auf die Nas »*, « Au maître d'œuvre un lapin rôti, au lecteur (curieux) un fléau de battage sur le nez. »

Ohlungen

Canton de Haguenau
Arrondissement de Haguenau
Superficie : 839 ha
Population 1999 : 1 264 hab.
Cours d'eau : le Jaegerbaechel

Origine du nom : du celte *a*, colline, et *longa*, domicile.

Blason : il s'agit sans doute d'un château qui fut détruit durant la guerre des Paysans.
67101000

HISTORIQUE

Ohlungen est occupé de manière continue depuis la préhistoire. Plusieurs campagnes de fouilles archéologiques ont permis de mettre à jour des vestiges néolithiques, deux tumuli *des époques de Hallstatt et de La Tène, de nombreuses haches celtiques en jade vert et une tombe mérovingienne. Le nom celtique Alonga, sous lequel le village est mentionné en 742 dans un titre de possession de l'abbaye de Wissembourg, atteste en outre cette origine ancienne. C'est en 1662 que le village et Keffendorf, son annexe depuis 1401, sont détachés du bailliage de Haguenau au profit du marquis de Ruzé d'Effiat, premier seigneur d'Ohlungen. Un château est alors bâti dans la partie ouest de la ville, près du lieu-dit Herrengarten. Le domaine est cédé en 1707 au baron de Vorstadt. Les idées révolutionnaires, en effet, reçoivent un bon écho au village, jusqu'à l'introduction des lois antireligieuses. La population se dresse alors contre l'autorité et demande, sans résultat, aux États généraux de statuer en leur faveur. Bien que le village, en proie à l'insurrection, ait été pillé en 1793, le château, confisqué à la famille Vorstadt, est choisi en 1796 pour installer l'administration cantonale. Il est détruit peu après. Ohlungen est la capitale du houblon d'Alsace.*

FERME
1669
Pan de bois de chêne
115, rue de Sandbuhl 67101007

Les différents bâtiments de la ferme sont agencés autour une cour fermée. Un passage d'entrée, avec porte charretière surmontée d'une balustrade, est ménagé dans le mur-pignon des étables, construites en 1700. Le corps de logis est bâti en grande partie sur une cave enterrée. Sur le pignon, une loggia fait saillie sous la demi-croupe. Au rez-de-chaussée, une *Stub* lambrissée est aménagée dans la salle principale, desservie par une entrée dallée de grès.

FERME
1684
Pan de bois
14, route d'Ohlungen 67101017

La maison principale, à mur-gouttereau sur rue, est construite en pan de bois sur soubassement maçonné. La distribution, traditionnelle, inclut une salle lambrissée avec alcôve à rideau et balustrade. Les autres bâtiments nécessaires à l'exploitation sont disposés autour de la cour, fermée par un mur de clôture : une remise et des étables en brique et une grange en retour, construite en 1829 et dotée de deux portes charretières. Dans le cellier de 1783, en retour sur le corps de logis, un étage en pan de bois sert de séchoir à tabac.

ÉTABLES
XVIIIe siècle
Pan de bois et grès
74, impasse de la Charrue 67101009

De la ferme primitive, seules les étables subsistent. Construites sur un plan rectangulaire allongé, elles s'élèvent sur un rez-de-chaussée légèrement enterré. Une coursière, en encorbellement sur les trois quarts de la façade sur cour, dessert l'étage sous le long pan de toit. Les ouvertures, nombreuses, sont toutes rectangulaires et soulignées de chambranles de bois.

CROIX DE CHEMIN
Vers 1781
Grès (360 × 87 × 34 cm) 67101010

Sur un double emmarchement, le balustre, surmonté d'un fût droit puis galbé, porte une inscription pieuse gravée, précisant la date d'érection. La croix et le Christ sont ajoutés postérieurement, peut-être en 1811 ou 1830, date présumée de restauration.

ÉGLISE SAINT-JACQUES
1811
Pierre et crépi
Keffendorf 67101016

L'église est mentionnée pour la première fois en 1381 et citée sous le vocable de Saint-Jacques à partir de 1570. Elle dépend alors de la cure d'Uhlwiller et les Hanau-Lichtenberg en sont les décimateurs. Depuis le XVIIe siècle, la paroisse est filiale de celle de Berstheim. L'édifice, reconstruit en 1811, se compose d'une nef et d'un chœur surmonté d'un campanile. L'architecte Charles Morin en fait un croquis en 1843 et établit un état estimatif des travaux nécessaires pour réparer la chapelle. En 1867, l'édifice est encore agrandi pour répondre aux nouveaux besoins de la paroisse.

FERME DE FORGERON
Vers la première moitié du XIXe siècle
Pan de bois
117, rue de Sandbuhl 67101008

Les bâtiments s'élèvent un peu en retrait de la rue, dans une cour fermée, dotée d'une porte charretière et d'une porte piétonne, en brique. Au rez-de-chaussée, de plain-pied, se tenait autrefois l'atelier du forgeron, le soufflet de la forge se trouvant à l'étage. L'élévation est en pan de bois sur rez-de-chaussée en pierre.

CHAPELLE SAINT-MAURICE
1817
Pierre et crépi 67101012

D'après une inscription du portail et une plaque commémorative, la première chapelle, construite en 1213, est détruite en 1526 puis restaurée en 1532, à nouveau mise à bas en 1791 et convertie en écurie avant d'être rénovée en 1804 par Léopold Théodore Baehr, curé à Uhlwiller et à Ohlungen, et rebâtie en 1817. Le nom de Notre-Dame-des-Douleurs lui est associé en raison de la statue de la Vierge de pitié du XVIe siècle, qu'elle abritait jusqu'en 1974, et qui est à l'origine d'un pèlerinage, tombé en désuétude après avoir connu un regain de ferveur dans les deux derniers tiers du XIXe siècle. La nécropole découverte en creusant les fondations permet de supposer la présence d'un village ou d'un cloître disparus depuis.

CALVAIRE

Vers 1820

Grès rose (5 × 1,05 × 1,05 m)

12, route d'Ohlungen 67101020

Un important socle en balustre, sculpté d'une Vierge de pitié en bas relief sur sa face antérieure, est le support du fût orné d'un bas-relief de la sainte Famille surmonté de trois anges et du Saint-Esprit. De part et d'autre se trouvent les statues en ronde bosse de Madeleine et saint Jean. La croix est sommée de la figure du Père bénissant, traité en ronde bosse.

ANCIENNE ÉCOLE

1847

Architecte : Charles Morin

Grès et crépi peint

39, rue de l'Église 67101005

L'école est installée dans un bâtiment rectangulaire, sous toit à long pan et croupe, avec couloir central transversal au rez-de-chaussée et deux cages d'escaliers opposées au milieu. Deux salles de classe sont aménagées au rez-de-chaussée, de part et d'autre du couloir, et deux appartements de fonction à l'étage. La façade est agrémentée d'un bandeau de grès qui fait écho aux chambranles des fenêtres organisées en travées régulières.

MAÎTRE-AUTEL

Vers 1738-1758

Menuisier : Weber d'Ohlungen

Sculpteur : Michael Zobulé

Peintre : Michel Oster

Grès et bois (3,60 × 1,28 m)

Église Saint-Georges 67101002

Le maître-autel, architecturé, est placé primitivement dans le chœur de l'église de 1762. Il se compose d'un tombeau galbé couvert d'une dalle de grès, d'un gradin droit, curviligne au centre, qui supportait le tabernacle aujourd'hui disparu, d'un retable, flanqué de deux colonnes corinthiennes à bases moulurées et sculptées de reliefs rocaille supportant une corniche, et d'un baldaquin. L'ensemble est peint en faux marbre et les reliefs sont réalisés en bois doré. Le peintre a pris pour thème saint Georges terrassant le dragon pour le retable et la Sainte-Trinité pour le tableau du couronnement.

FERME

Vers le début du XIXe siècle

Pan de bois

40, rue de l'Église 67101006

Les bâtiments sont disposés autour de la cour, totalement fermée : le corps de passage, qui relie le logis et les étables à pignon sur rue, fait face à la grange en brique. La porte en plein cintre surmontée d'une croix, en façade, donne accès à un petit oratoire privé, qui ne sert que pour la Fête-Dieu. De part et d'autre, deux portes charretières coulissantes permettent le passage des véhicules agricoles.

ÉGLISE SAINT-GEORGES

1914-1915

Architectes : Ewalt Steller et Antoine Buchmann

Grès et enduit 67101001

Une église est mentionnée pour la première fois à Ohlungen en 1344 et citée comme filiale d'Uhlwiller en 1440. Elle est reconstruite en 1762 ou 1766 et prolongée de plus de 7 mètres vers 1862. Détruite en 1914, elle est immédiatement réédifiée, dans un style néo-baroque, et comprend une nef articulée sur un chœur à abside semi-circulaire et une tour-clocher, couronnée par une coursière à balustrade surmontée d'un niveau octogonal avec bulbe. Une sacristie néo-romane lui est adjointe.

AUTEL DE SAINT ANTOINE
XVIIIe siècle
Menuisier : Weber d'Ohlungen
Peintre : Michel Oster
Bois, peinture et dorure
Église Saint-Georges 67101003

L'autel latéral dédié à saint Antoine et son pendant, consacré à la Vierge de l'Immaculée Conception, forment un ensemble avec le maître-autel et sont traités de manière identique, seulement différenciés par les œuvres peintes et sculptées. Les tableaux représentant saint Aloys, saint Stanislas et saint Louis de Gonzague ont été ajoutés en 1858.

CALVAIRE
1767
Grès rose (390 × 126 × 85 cm)
Enclos de l'église Saint-Georges 67101004

Sur le socle en piédestal à balustre, de part et d'autre de la croix, les statues de saint Jean et de la Vierge sont traitées en ronde bosse.

CHEMIN DE CROIX
1916
Peintre : Martin Feuerstein
Huile sur toile (122 × 78 cm)
Église Saint-Georges 67101021

Chaque station de ce chemin de croix est marquée d'un tableau rectangulaire étiré en hauteur. Arrondi aux angles inférieurs et curviligne au sommet, il s'inscrit sur le mur dans un encadrement en stuc néo-rococo.

Schweighouse-sur-Moder

Canton de Haguenau
Arrondissement de Haguenau
Population 1990 : 991 hab.
Cours d'eau : la Moder et la Zinsel

Origine du nom : de l'anthroponyme germanique Swaid, ou de *Schweige*, étable, marcairie seigneuriale, et *Haus*, maison.

HISTORIQUE

Des haches néolithiques constituent les plus anciens témoignages connus de la présence humaine sur le territoire. Le nom celtique, ou gaulois, des deux cours d'eau, les nécropoles des âges du bronze et du fer, la tombe richement dotée d'un guerrier gaulois sont en outre autant de signes d'une occupation dense et continue du site, jusqu'à l'installation d'une tuilerie romaine, d'une villa et d'un sanctuaire à Jupiter, Junon et peut-être Mercure, puis d'un palais. Rattaché tour à tour aux abbayes de Wissembourg puis de Seltz, le village est un bien impérial depuis l'assimilation de l'Alsace par l'empire germanique. Le comte de Souabe, en révolte contre l'empereur Conrad II, détruit la ville en 1027, entraînant en 1115 la fondation d'un nouveau château sur la Moder par Frédéric le Borgne. La ville qui se développe alors autour de celui-là, Haguenau, prend peu à peu le pas sur Sweichusan, tel est son nom à l'époque, qui perd de son influence et de son importance. Seigneurie des Lichtenberg, le village subit en 1359 incendie et pillage par les Haguenoviens lors des guerres féodales, puis par les compagnies anglaises en 1375. Bien que ceint d'une clôture de bois et d'un fossé, il est encore ravagé par les Armagnacs en 1439 et 1444 et enfin par les paysans en révolte en 1525. Après l'introduction de la Réforme, en 1557, de nombreuses familles protestantes se réfugient à Schweighausen, qui, dévasté au cours de la guerre de Trente Ans, est repeuplé et relevé de ses ruines par des Suisses réformés. Les guerres du XXe siècle n'épargnent pas la ville, qui prend son nom actuel à partir de 1949.

PRESBYTÈRE CATHOLIQUE
1740
8, rue du Général-de-Gaulle 67101104

Vers 1740, une cure royale est érigée à Schweighouse. Un presbytère, identifié à celui-ci, est alors construit pour loger le premier curé. Il s'agit probablement de cette maison, qui perd sa fonction presbytérale à la Révolution. Elle est rachetée en 1890 par la famille Jung.

MOULIN À GARANCE
Dernier quart du XVIIIe siècle
Grès et enduit
Geisselbronn 67101110

La fabrique de garance est fondée à l'emplacement d'un ancien moulin à huile devenu manufacture des tabacs. Les racines, qui produisent un colorant vendu sous le nom de Haguenauer Röthe, sont séchées par des fours, au nombre de quatre-vingt-onze lors du plein essor. L'affaire, qui fait pourtant faillite, est reprise par les familles Meniolles et Revel, cette dernière étant affiliée aux Hoffmann. L'usine compte jusqu'à quatorze bâtiments en 1788, mais elle subit la forte concurrence des colorants chimiques et est une nouvelle fois mise en faillite en 1848. Une filature de laine et de soie s'installe ensuite dans les murs, en 1856, mais cesse son activité avant la guerre de 1870 et les premières machines à papier sont installées à partir de 1878. La Seconde Guerre mondiale entraîne de multiples destructions et, du complexe industriel d'origine, seul subsiste le moulin.

ANCIEN MOULIN À FARINE
XIXe-XXe siècle
Grès et crépi
32, rue du Moulin 67101109

Le moulin, fondé avant 1500, est reconstruit entièrement au cours du XIXe siècle. Un état des moulins du district de Bischwiller le décrit au XVIIIe siècle. Le roi est alors son seigneur direct, mais il est affermé à un seigneur local. L'eau, qui coule le long du pignon postérieur, actionne alors deux tournants à faire de la farine, un à piler le tan et un dernier qui met en action deux foulons à chanvre.

PRESBYTÈRE PROTESTANT
1878
Architecte : G. Bernhard
Grès et crépi
12, rue d'Ohlungen 67101106

Le presbytère est construit à l'emplacement d'un premier bâtiment, détruit ainsi que la mairie lors de la bataille de Berstheim.
Bien que le terrain et la maison aient été achetés par la paroisse dès 1822, la démolition et le nouveau projet ne sont réalisés qu'en 1878, après diverses tentatives de réparations et agrandissements.

ANCIENNE BRASSERIE
1, rue du Général-de-Gaulle
67101108

L'entreprise fondée par La famille Strohl est constituée à son origine d'une brasserie artisanale avec une auberge, connue sous le nom *Auberge de la Couronne*. Malgré l'incendie de 1900, elle prend de l'essor et se développe ensuite sous la direction de Louis Müller, qui devient le fournisseur de la ligne de chemin de fer Strasbourg-Paris et de quatre-vingt-dix restaurants dans le nord de l'Alsace. La concurrence, qui devient trop forte, l'oblige pourtant à cesser son activité en 1956.

ÉGLISE
SAINT-JACQUES-LE-MAJEUR
1900
Grès et crépi
Rue d'Ohlungen 67101105

Le nouveau temple Saint-Jacques-le-Majeur est érigé sur de très anciennes fondations. L'origine de cette église, en effet, remonte au Xe siècle. Elle aurait été bâtie avec les pierres des anciens temples païens francs et gaulois, à l'emplacement de la villa installée par Lucius en l'an 200. L'ancienne tour, qui date probablement du XIIe siècle, laisse supposer que le bâtiment est reconstruit à l'époque romane. Connu sous le vocable de saints Pierre et Paul puis sous celui de saint Jacques-le-Majeur uniquement, il est détruit lors des guerres du XVe siècle et reconstruit en style gothique, mais subit à nouveau des déprédations lors de la guerre de Trente Ans, en 1618 puis en 1648. À partir de 1715, les cultes catholique et protestant sont célébrés simultanément dans la paroisse et une nouvelle tour est édifiée à cette occasion, tour à nouveau incendiée en 1744. La nef est reconstruite en 1770. Lorsque l'église est rendue au seul culte protestant, le 13 avril 1891, la paroisse acquiert le bâtiment. Elle procède à sa démolition en 1899, ne gardant que les fondations et les murs de la nef. L'édifice a depuis subi de nouveaux dommages, lors de la bataille de la Moder à la fin de l'année 1944.

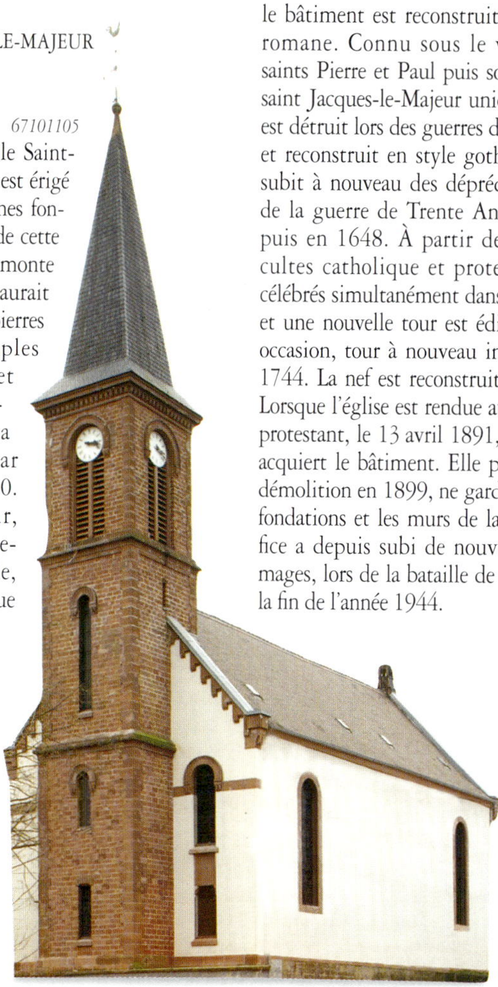

PORTAIL
1888-1891
Grès et crépi
Église Saint-Jacques-le-Majeur
67101101

La paroisse catholique, qui existe à Schweighausen depuis l'origine jusqu'à l'introduction de la Réforme, est recréée sous Louis XIV après la guerre de Trente Ans. Le culte est alors célébré dans le temple protestant Saint-Jacques, qui sert de simultaneum jusqu'à l'édification de la nouvelle église catholique. Celle-ci est édifiée dans le style roman et comprend une nef et un chœur, chacun à vaisseau unique, une tour carrée en semi-hors-d'œuvre et deux sacristies latérales. La petite chapelle des fonts est enterrée.

MONUMENT SÉPULCRAL
1841
Grès rose (145 × 90 cm)
Enclos de l'église Saint-Jacques-le-Majeur
67101102

Le monument est érigé à la mémoire de la famille Meniolle, propriétaire du moulin à garance de Geisselbronn.

MONUMENT AUX MORTS
1935-1936
Sculpteur : Valentin Jaeg
Grès rose
1, rue du Général-de-Gaulle 67101107

Le monument aux morts est inauguré le 8 novembre 1936 en présence de M. Maurin, directeur de l'usine à papier et du général de Pouy. Il représente la mère de famille, avec sa jeune enfant, et la fiancée, avec une couronne et un bouquet de fleurs, toutes deux un genou à terre, devant une colonne polygonale qui portait primitivement un globe et croix. Les noms des morts de 1914-1918 ont été effacés par les Allemands.

Uhlwiller

Canton de Haguenau
Arrondissement de Haguenau
Superficie : 746 ha
Population 1990 : 642 hab.
Habitants : les Uhlwillerois
Cours d'eau : la Moder

Origine du nom : de l'anthroponyme germanique Ul et du latin *villa*, ferme, hameau.

Blason : il porte un griffon, vautour fauve autrefois familier en Alsace.
67101200

HISTORIQUE

*Uhlwiller est mentionné pour la première fois en 742, sous le nom d'Olenchaim, dans un acte faisant état des possessions de l'abbaye de Wissembourg. Domaine privé des ducs d'Alsace, puis administré par les baux de l'empereur, le village est inféodé avec son annexe Niederaltdorf aux Huttendorf au début du XIV*e *siècle. La cession des droits au couvent de Neubourg en 1315 entraîne des troubles dans la population. Les paysans, en désaccord avec la décision du tribunal épiscopal de Strasbourg de 1333 confirmant les droits de l'abbaye, assassinent l'abbé Berthold. Les coupables sont châtiés et les habitants condamnés à payer chaque année le* mordhafer *: les garçons de plus de vingt ans doivent se rendre en pèlerinage à Strasbourg, nu-tête et nu-pieds pour faire brûler un cierge à la cathédrale, le dimanche avant Carême. En 1337 et en 1347, Louis de Bavière et Charles IV confirment les moines de Neubourg dans leur propriété. Uhlwiller, qui subit fortement la guerre de Trente Ans, est repeuplé par les immigrés d'Allemagne du Sud et de Suisse.*

ÉGLISE SAINT-NICOLAS
1617
Pierre, bois et crépi
Niederaltdorf *67101215*

L'église s'élève à l'emplacement d'un premier bâtiment, cité dès 1393. La fabrique, qui possède alors des terres, décide la construction d'un nouvel édifice, composé d'une nef rectangulaire articulée sur une tour-chœur de plan carré. Il est bordé d'un petit cimetière réservé à l'inhumation des enfants et doté d'une sacristie axiale.

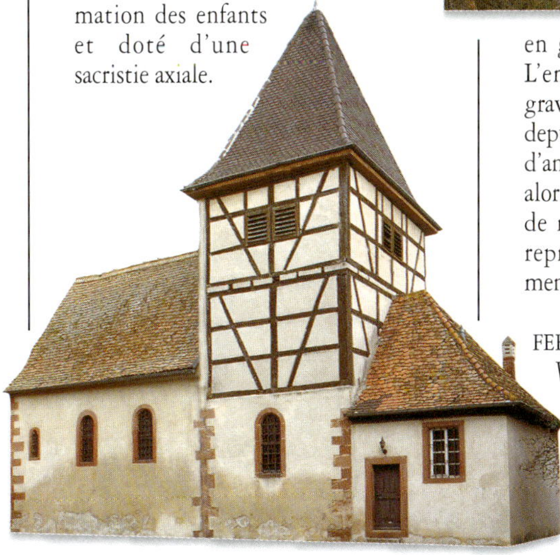

CROIX MONUMENTALE
1870
Grès rose polychrome (H. : 5 m env.)
Enclos de l'église Saint-Nicolas *67101216*

Au pied de la croix, Madeleine est agenouillée sur le rocher du Golgotha, représentée en pleurs, les cheveux défaits près de ses attributs traditionnels : un crâne et un pot d'onguents.

MOULIN À EAU
1673
Grès, brique et bois
Uhrbruck *67101217*

Le moulin existe depuis longtemps déjà lorsqu'il est cité, en 1463, dans une cession de l'abbaye de Wissembourg à celle de Neubourg. Détruit pendant la guerre de Trente Ans, il est confisqué et vendu pendant la Révolution et reconstruit en briques sur un rez-de-chaussée

en grès à chaînes d'angle harpées. L'emblème de meunier est encore gravé sur le linteau de porte, déposé depuis dans le jardin. Une étable sert d'annexe à la maison, qui se prolonge alors jusqu'au bord de l'eau. L'activité de meunerie, de chanvre et de blé, reprise au XIXe siècle, cesse totalement en 1920.

FERME
*Vers le début du XVIII*e *siècle*
Pan de bois, grès et crépi
120, rue de l'Église *67101213*

Le corps de logis et le bâtiment de passage de la ferme sont disposés autour d'une cour fermée. Au-dessus de la porte piétonne, surmontée d'une petite balustrade, un saint Michel terrassant le démon est gravé, entouré d'angelots. Une inscription précise les noms des propriétaires et la date de restauration de l'édifice, 1830.

PRESBYTÈRE
1729
Pierre
120, rue de l'Église 67101203

Le nouveau presbytère est construit à l'emplacement exact de l'ancien. De plan rectangulaire, avec une entrée latérale, il comprend une cuisine, au fond, et trois pièces disposées de part et d'autre d'un couloir central. Le couvrement se compose de quatre voûtes d'arêtes reposant sur un pilier central. Le bâtiment est doté d'une grange et d'une annexe accolée au logis, communiquant avec la cuisine.

SAC À DOT
1848-1902
Bois (100 × 50 cm)
Musée du Pain 67101207

Les sacs en toile de jute sont fabriqués à Bischwiller jusqu'au début du XXe siècle. Leur décoration ressemble à celle des coffres en bois offerts à la mariée, dans lesquels elle range alors le linge blanc, les lainages étant remisés dans le sac.

BATTEUSE
1875
Fabriquant : Grusenmeyer
Musée du Pain 67101205

Actionnée à la main à l'aide de deux manivelles, cette machine permet d'extraire le grain sans pour autant broyer la paille. À partir de 1910, l'arrivée de l'électricité dans les fermes permet l'installation d'un moteur.

MACHINE À FABRIQUER LA PÂTE À MILLE-FEUILLES
Fin du XIXe siècle
Musée du Pain 67101210

Cette machine, actionnée autrefois à l'aide d'une manivelle, sert à donner une épaisseur uniforme à la pâte, qualité nécessaire pour la réalisation des mille-feuilles et des tartes flambées. Pourvue d'un moteur électrique, elle sert encore, essentiellement à la fabrication de ces dernières.

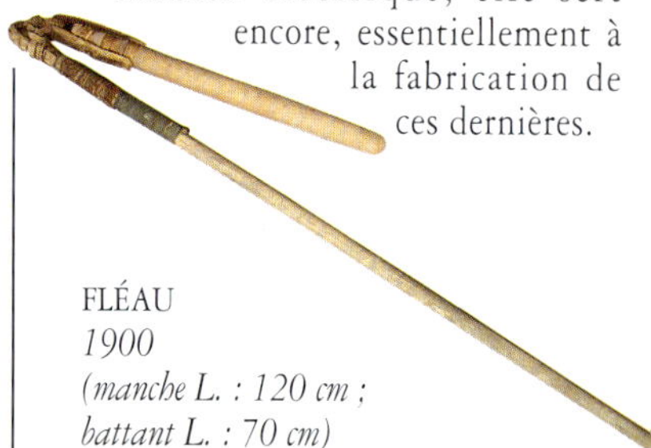

FLÉAU
1900
(manche L. : 120 cm ; battant L. : 70 cm)
Musée du Pain 67101208

Le fléau est utilisé jusqu'en 1945, longtemps après l'invention des machines. Il sert à battre le seigle dont on récupérait la paille très haute pour faire des liens.

VAN
Osier (d. : 100 cm)
Musée du Pain 67101209

Le van est un panier utilisé pour le vannage des grains, c'est-à-dire l'élimination de la balle – enveloppe du grain – et des impuretés.

FOUR À PAIN
Vers 1910
(120 × 100 × 200 m)
Musée du Pain 67101206

Le four métallique, encore utilisé de nos jours, sert à la cuisson du pain de ménage, des tartes flambées et de la pâtisserie aux jours de fête. Les briques réfractaires gardent la chaleur de façon à permettre la cuisson des brioches après un repas de tartes flambées.

CROIX DE CHEMIN
Vers la seconde moitié du XIXe siècle 67101218

Le monument est l'œuvre du sculpteur des croix du couvent de Dauendorf, à qui sont attribuées généralement les différentes Crucifixions de Dauendorf, Morschwiller et Batzendorf.

ÉGLISE SAINTS-PIERRE-ET-PAUL
1877
Entrepreneur : Richard Richert
Pierre et crépi
Rue de l'Église 67101211

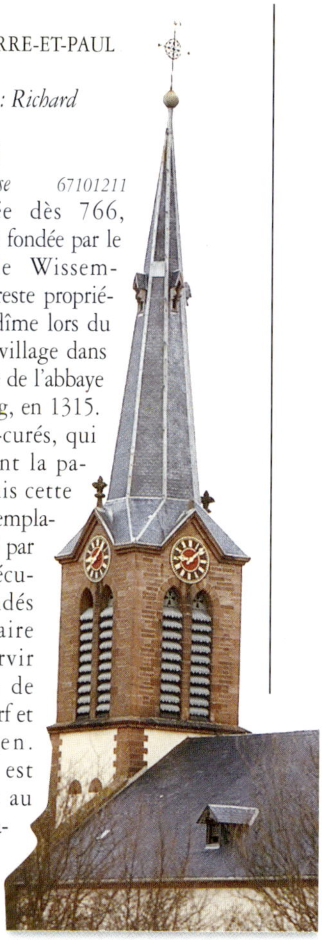

Mentionnée dès 766, l'église a été fondée par le couvent de Wissembourg, qui reste propriétaire de la dîme lors du passage du village dans la seigneurie de l'abbaye de Neubourg, en 1315. Les moines-curés, qui administrent la paroisse depuis cette date, sont remplacés en 1688 par des curés séculiers, secondés par un vicaire pour desservir les filiales de Niederaltdorf et d'Ohlungen. L'édifice est reconstruit au même emplacement et selon la même orientation que la première église, dont il subsiste une clef de voûte gothique.

AUTEL
XIXe siècle
Église Saints-Pierre-et-Paul
67101201

De part et d'autre du maître-autel sont disposés deux autels latéraux. Celui-ci est composé d'un tombeau droit de plan rectangulaire, et d'un retable architecturé abritant une statue de la Vierge à L'Enfant et deux peintures sur bois, l'une consacrée à sainte Anne, l'autre à saint Antoine.

BAS-RELIEF
1535
Grès rose (66 × 47 cm)
Église Saints-Pierre-et-Paul 67101202

La dalle commémore probablement d'importants travaux ou une reconstruction de l'église. Elle est gravée aux armes de Rudiger Fischer, dernier abbé de l'abbaye de Wissembourg, grand propriétaire et décimateur dans la région, qu'il change en prévôté séculière en 1526.

Wahlenheim

Canton de Haguenau
Arrondissement de Haguenau
Superficie : 255 ha
Population 1990 : 368 hab.

Origine du nom : de l'anthroponyme germanique Walo ou Wallo, et *Heim*, village.

HISTORIQUE

Comme de nombreux villages de la région, Waholom, tel est son nom au VIIIe siècle, est une possession de l'abbaye de Wissembourg. Il est cité comme tel dans un document de 774. Par un don de l'empereur Otton Ier, l'abbaye de Lorsch en est également propriétaire, ainsi que l'Hôpital Saint-Nicolas de Haguenau. L'église n'est mentionnée pour la première fois qu'à la fin du XIIe siècle et la paroisse, autonome, a Hochstett pour filiale. L'abbaye de Neuwiller en est le décimateur, sur une décision du pape Alexandre III de 1178. Pendant la guerre de Trente Ans, les Suédois détruisent la paroisse qui, à la fin du conflit, perd son autonomie et devient village royal, cédé à la seigneurie de Choiseul-Stainville au XVIIIe siècle. Elle est à nouveau émancipée pendant la Révolution. De vocation agricole, Wahlenheim compte encore, dans les années 1960, une quarantaine d'exploitants, qui possèdent chacun entre 2 et 25 hectares de terre. En 1982 il en subsiste seulement une dizaine qui cultive entre 15 et 60 hectares de houblon, tabac, céréales ou pommes de terre et élèvent jusqu'à cent vaches laitières par exploitation.

MAIRIE
1878
Grès et brique
118, rue de l'Église *67101204*

La mairie est construite sur les bases d'un ancien bâtiment rectangulaire construit en 1787 pour abriter l'école. En 1853, un projet prévoit la construction d'une nouvelle école et l'installation de la mairie dans les murs ainsi désertés, projet qui voit le jour cinq ans plus tard : le nouvel édifice comporte alors un garage avec pompe à incendie au sous-sol, un corps de garde et une prison au rez-de-chaussée, une salle de délibérations et un bureau de greffe à l'étage. À la fin du XXe siècle, le rez-de-chaussée est aménagé en secrétariat et le bureau de greffe est transformé en salle annexe de la salle de délibérations ; la pompe à incendie a été transférée au dépôt d'incendie, le corps de garde et la prison n'existent plus.

ÉGLISE DE L'ASSOMPTION-DE-LA-BIENHEUREUSE-VIERGE-MARIE
1781-1869
Grès et enduit *67101301*
Un premier édifice du XIIIe siècle, qui aurait été interdit au culte en 1759 et 1780, est érigé à l'emplacement d'une chapelle légendaire dédiée à la Vierge, pèlerinage de Notre-Dame-des-Douleurs assez fréquenté, détruite durant la guerre de Trente Ans. L'église de l'Assomption-de-la-Bienheureuse-Vierge-Marie est édifiée sur ses bases. En 1869, un devis est demandé en vue de la réparation des combles, de l'élargissement de la tribune et de la reconstruction du plafond sur gorge, orné en 1882 d'une *Assomption de la Vierge*. La démolition du campanile de bois, prévu dès cette époque, n'est réalisée qu'en 1902, lors de la reconstruction de la sacristie.

MAÎTRE-AUTEL
1741-XXe siècle
Bois polychrome et doré
Église de l'Assomption-de-la-Bienheureuse-Vierge-Marie
67101302
Dressé tout d'abord dans l'église de Marienthal, l'autel est cédé par le

chanoine Barthle vers 1781 et transféré dans la nouvelle église de Wahlenheim en 1782. Le crucifix et les chandeliers de bois doré, réalisés à cette occasion par Michel Pfaff, de Haguenau, sont disposés au pied de la copie de la statue de la Vierge de Marienthal, datant également de 1782. Cette Vierge de pitié serait celle qui se trouvait dans la chapelle de pèlerinage et aurait été cachée dans le lit de la rivière lors de la destruction de la ville par les Suédois. Le maître-autel est restauré à la fin du XXᵉ siècle par MM. Bruckert et Meyer. *(Cl. M. H. 1969)*

MONUMENT SÉPULCRAL
1891
Grès gris
(235 × 60 × 36 cm)
Enclos de l'église L'Assomption-de-la-Bienheureuse-Vierge-Marie
67101311

Le monument est érigé en mémoire de la famille Ingwiller, bienfaiteurs de la paroisse. Leur don pour l'érection du clocher-porche de l'église est rappelé par une inscription sur la face latérale de la tour.

ÉCOLE-MAIRIE
Vers 1880
Grès et crépi
Rue Principale *67101304*

Au rez-de-chaussée de ce grand bâtiment, long de trois travées, sont aménagés une classe et un bureau. À l'étage se trouve un logement de service.

PRESBYTÈRE
Dernier quart du XIXᵉ siècle
Pierre, brique et crépi
16, rue Principale *67101305*

L'ancien presbytère, qui figure sur le cadastre napoléonien, est réparé en 1859. L'avant-métrage de Samain, établi en 1830, et le métrage de réception de 1859, signé de Kliber sont encore conservés aux Archives départementales. Reconstruit au même emplacement, près de la mairie, le nouveau bâtiment a vu son plan en L remanié pour l'installation d'une école et d'un logement de particulier.

FERME
1809-1841-1857
Pan de bois et grès jaune
13, rue Principale *67101306*

Les bâtiments sont disposés en quadrilatère autour d'une cour fermée : le logis et les étables, à pignons sur rue, sont reliés par un corps de passage. Dans ce dernier, à l'étage sur cour, au niveau de la coursière à balustrade, sont prévus à l'origine une pièce pour les domestiques, un four et un séchoir à houblon. Une grange en pan de bois et un hangar avec bûcher, utilisé depuis en bergerie, viennent compléter l'ensemble.

FERME
Vers le début du XIXᵉ siècle
Pan de bois de chêne et enduit
23, rue Principale *67101307*

La ferme est constituée d'un corps de logis en rez-de-chaussée à deux niveaux de combles, d'une grange et d'étables en brique, disposés autour d'une cour ouverte. Un puits à pompe permet de dispenser l'eau nécessaire aux travaux d'exploitation.

Weitbruch

Canton de Haguenau
Arrondissement de Haguenau
Superficie : 1 511 ha
Population 1990 : 2 323 hab.

Origine du nom : du germanique *Weg*, chemin, et *Bruch*, marais.

Blason : il représente le chemin marécageux sur lequel se situe l'agglomération, qui se sépare en deux directions.
67101400

HISTORIQUE

De nombreux vestiges du Néolithique, de l'âge du bronze et de La Tène témoignent d'une occupation ancienne du territoire. Les fouilles dans la nécropole tumulaire trouvée au nord du village ont permis de découvrir neuf tombes de guerriers du VIe ou Ve siècle av. J.-C., tombes richement dotées. La découverte des restes d'une villa romaine atteste en outre de la continuité de cette installation. Cité en tant que possession de l'abbaye de Wissembourg en 743, Weitbruch fait partie des terres cédées à l'abbaye de Lorsch par le roi Arnulf Ier. Elle s'agrandit du finage de Bersheim, ville voisine disparue au XIVe siècle à son profit. La chapelle de pèlerinage Sainte-Agathe en faisait probablement partie et aurait été l'église paroissiale primitive de Weitbruch. Le village, qui passe sous la tutelle des Lichtenberg en 1332 puis celle des Deux-Ponts-Bitche en 1480, est en effet le siège d'une paroisse catholique depuis 1371. Sous la domination du comte de Hanau-Lichtenberg qui introduit la Réforme en 1572, elle devient protestante, filiale de Gries. Ce n'est qu'en 1686 que le culte catholique est à nouveau autorisé, sous la protection du roi. Le village vit essentiellement de l'agriculture, bien qu'un banc de minerai de fer y soit exploité entre la fin du XVIIIe siècle et 1845. L'implantation de la garance, à partir de 1756, triple la surface cultivée.

BORNE MILLIAIRE
Grès (195 × 210 × 65 cm)
67101416

La colonne s'apparente aux bornes de la voie romaine de Chartres à Orléans et est identifiée comme telle. Sa découverte par des bûcherons en 1859 sur l'ancienne voie romaine de Brumath à Seltz renforce cette hypothèse. Des marques sur le fût tendent à montrer qu'elle a longtemps été utilisée pour affûter les haches. Elle est déplacée en 1890 pour servir de pierre commémorative à une société de vétérans. *(I. M. H. 1934)*

ANCIEN PRESBYTÈRE CATHOLIQUE
1783
Pan de bois, grès et crépi
2, rue du Cimetière *67101412*

Le presbytère, qui se trouvait avant la Réforme près de l'ancienne église, a disparu en 1588. Depuis la recréation de la paroisse, en 1686, les prêtres qui desservent Weitbruch résident donc dans les couvents de Haguenau. Pour remédier à cette situation, la commune acquiert en 1725 une maison dans le village et décide, par la suite, la construction d'un nouveau bâtiment. Les travaux commencent en 1782, au bout de la rue de l'Église. Une annexe est édifiée en 1842 et le mur d'enceinte en 1844, d'après un projet de Louis-Martin Zégowitz. Après construction d'un nouveau presbytère à côté de l'église catholique, ce bâtiment est cédé à un particulier.

PRESBYTÈRE PROTESTANT
1842
Architecte : Hornuss et Louis-Martin Zégowitz
Grès et crépi
9, rue de Brumath *67101411*

Le presbytère est construit sur une parcelle vierge par Hornuss, sur un de ses projets de 1839. Pendant la campagne de construction, Louis-Martin Zégowitz édifie en outre un bâtiment annexe, qui, incendié en 1854, fait l'objet d'un nouveau projet de l'architecte Alexandre Matuszynski. L'ensemble est restauré par Charles Morin en 1863.

FERME
1860
Pan de bois
47, rue Principale *67101408*

La maison est construite sur une parcelle encore vierge en 1840. Une inscription sur le poteau cornier, au rez-de-chaussée, précise le nom des commanditaires. Le bâtiment est typique de l'architecture vernaculaire, en pan de bois, avec rez-de-chaussée surélevé sur sous-sol partiellement enterré.

ANCIENNE ÉCOLE PROTESTANTE
1861
Grès et enduit
6, rue de Brumach *67101410*

C'est entre 1654 et 1658 qu'un instituteur de Weitbruch est mentionné pour la première fois, mais seule l'école protestante reconstruite en 1778 sur les plans de Müller est connue par des documents. Il s'agit à l'époque d'une construction en pan de bois de chêne et de sapin, le projet de Clinchamps pour un bâtiment de pierre ayant été jugé trop coûteux. Dans un rez-de-chaussée sur sous-sol sont alors prévues une salle de classe, une cuisine, des latrines et trois chambres, l'une pour les enfants, l'autre pour l'instituteur et la dernière pour la servante. L'école doit cependant être démolie en 1861 et l'architecte chargé de la reconstruire s'inspire probablement du projet de Charles Morin pour l'établissement catholique, construit dix années plus tôt : un plan en T avec trois salles de classe. La travée supplémentaire dans la façade antérieure et l'étage sur l'aile qu'il ajoute dégagent toutefois un plus grand espace.

ÉGLISE SAINT-GALL
1868-1872
Architecte : Alexandre Matuszynski
Pierre, brique et crépi
Rue Principale *67101401*

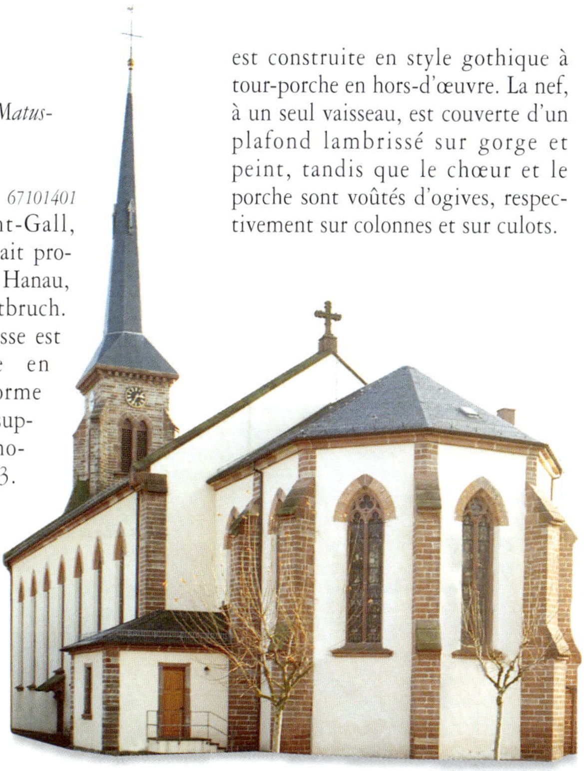

Le vocable de Saint-Gall, cité dès 1371 pourrait provenir du couvent de Hanau, possessionné à Weitbruch. Une première paroisse est bien mentionnée en 1478, mais la Réforme introduite en 1570 supprime le culte catholique jusqu'en 1693. Dans la seconde moitié du XIXe siècle, des projets sont proposés pour édifier un bâtiment distinct, destinés à éviter le simultaneum, utilisé jusque-là. L'église est construite en style gothique à tour-porche en hors-d'œuvre. La nef, à un seul vaisseau, est couverte d'un plafond lambrissé sur gorge et peint, tandis que le chœur et le porche sont voûtés d'ogives, respectivement sur colonnes et sur culots.

MAÎTRE-AUTEL
1869
Ébéniste : Joseph Müller
Église Saint-Gall *67101402*

Commandé pour le chœur de la nouvelle église Saint-Gall, le maître-autel est conçu dans le même style. Devant un tombeau droit, trois colonnettes soutiennent la table. Le retable, quant à lui, comprend un tabernacle, couronné en pinacle et flanqué de part et d'autre de statuettes des quatre évangélistes avec leurs attributs, de Melchisedech et d'Isaac, nichées sous un portique architecturé orné de lancette gothiques.

CROIX
Vers le XVIIIe siècle
Bois (H. : 92 cm)
Église Saint-Gall
67101403

Ce christ en croix provient probablement de l'ancienne église. Les pieds disproportionnés, le sourire et le style général de l'œuvre dénotent une facture populaire.

ÉGLISE PROTESTANTE
1873-1875
Architecte : G. Bernhard
Grès
Rue Principale 67101406

À la suite de l'introduction de la Réforme puis de la création d'une nouvelle paroisse catholique en 1686, le temple est utilisé comme simultaneum, jusqu'à la décision concomitante, dans la seconde moitié du XIXe siècle, d'édifier une nouvelle église et de reconstruire le temple. Du bâtiment d'origine, seule la tour de 1663 est conservée, mais les matériaux issus de la démolition sont remployés. Les architectes Alexandre Matuszynski et Jacques-Albert Brion sont pressentis, le second reçoit même l'accord de la commune mais c'est finalement G. Bernhard qui reçoit la mission. Son projet, conforme à la commande, suit le style de l'église catholique, prévoyant toutefois des parements de grès et non de brique.

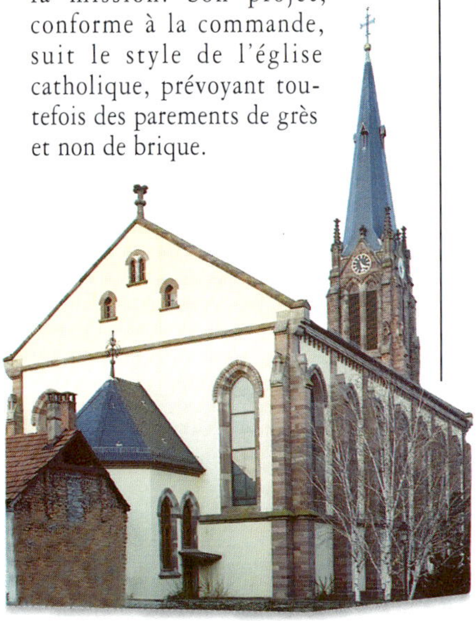

LA CONCORDE DE WITTENBERG
1914
Maître verrier : Joseph Ehrismann
Église protestante 67101407

Le mouvement de rébellion contre Rome atteint son point de non-retour en 1530 lorsque la confession signée des princes et des villes d'empire qui ont adhéré à la Réforme est présentée à Charles Quint, lors de la diète d'Augsbourg. Ce texte symbolise l'unité religieuse des princes allemands

autour de Luther. Plusieurs tendances naissent ensuite au sein du mouvement évangélique, qui comprend trois pôles : Wittenberg, Zurich et Strasbourg.

MONUMENT SÉPULCRAL
1904
Grès gris, marbre noir et pierre blanche
(224 × 63 × 44 cm)
Cimetière 67101404

Le nom gravé sur le socle laisse à penser que le créateur pourrait être Karl Braun, actif à Bischwiller en 1911.

MONUMENT AUX MORTS
1927
Architecte : Stambach
Sculpteur :
Edouard Preiser
Grès rose (6 × 1,85 m)
Rue Principale 67101413

Le monument, inauguré le 1er mai 1927, est dédié à la mémoire des soldats de la Première Guerre mondiale morts au combat.

Wintershouse

Canton de Haguenau
Arrondissement de Haguenau
Superficie : 366 ha
Population 1990 : 517 hab.

Origine du nom : du patronyme germanique Winther, et *Haus*, maison.

Blason : la croix rouge sur fond blanc symbolise saint Georges et la croix bleue semée de fleurs de lis doit rappeler les armes de l'ancien bailliage de Haguenau dont Winterhouse dépendait avant la Révolution.
67101500

HISTORIQUE

Des haches de pierre et des silex taillés néolithiques sont les témoins du passé préhistorique de la commune. Quatre tombes du Hallstatt et six de La Tène attestent en outre une occupation continue, ainsi que les urnes funéraires et les monnaies romaines découvertes au cours du XIXe siècle. La première mention de Wintershouse remonte à 1187, dans un acte de propriété de l'abbaye de Koenigsbrück. Dans cette paroisse d'empire filiale de Berstheim, administrée par le Landvogt, les décimateurs sont les Lichtenberg. Les chevaliers Conrad et Albert de Wintershouse, en conflit avec Surbourg pour la dîme de Berstheim, voient leurs prétentions rejetées en 1240 ou 1242 et, en 1303, les Fleckenstein obtiennent les dîmes des deux localités en sous-fief. Le village souffre des fréquents conflits entre seigneurs et entre nations. En 1445, un document relate les ravages commis par les Armen Gecken, *les Armagnacs. Après la guerre de Trente Ans, Wintershouse devient possession royale et est cédé par la suite à la seigneurie de Choiseuil-Stainville, qui le conserve jusqu'à la fin de l'Ancien Régime.*

FERME
Fin du XVIIe-début du XVIIIe siècle
Pan de bois de chêne
17, rue Principale 67101508

Dans cette ancienne ferme, à cour ouverte, le logis est composé de manière traditionnelle, avec un étage carré à très léger surplomb sur cour et un comble avec loggia en encorbellement sur le pignon. La baie rectangulaire est dotée d'un garde-corps ouvert orné de deux chaises curules. Le bâtiment garde trace de son histoire : au rez-de-chaussée, sur la façade postérieure, une adjonction remplace l'ancien four à pain et, à l'étage, sur le pignon arrière, la porte gerbière servait autrefois à monter le tabac. L'étable et la grange, au fond de la cour, constituent la partie agricole de l'ensemble.

LAMBRIS
Milieu du XVIIIe siècle
Église Saint-Georges
67101503

Une partie des œuvres commandées par Jacques Gacier d'Auvilliers, de Neubourg, est récupérée en 1802 par le curé Shaak pour son église Saint-Nicolas de Haguenau. Certaines pièces ont échu à la fabrique de Wintershouse, parmi lesquelles ces vestiges de lambris. Détachés de leur ensemble original, ils forment quatre panneaux ornés d'emblèmes sacerdotaux.

ÉGLISE SAINT-GEORGES
1771
Grès et crépi
Rue Principale 67101501

L'église de Wintershouse est connue sous le vocable de Saint-Bernard sans doute dès le Moyen Âge, bien avant la première mention, en 1666. La date de construction probable, inscrite sur la porte latérale nord, est confirmée par le style de l'édifice et les marques de tâcherons. Il se pourrait toutefois que le bâtiment soit plus ancien et date de 1721. Il se compose alors d'une nef à porche latéral, d'une tour-chœur et d'une sacristie axiale. Restauré en 1872, il est agrandi en 1926 par l'architecte Camille Claus. À l'occasion des travaux, le peintre Michel Feurer, de Mertzwiller, orne le plafond.

TUILERIE
Troisième quart du XVIIIe-début du XIXe siècles-1902-1904
Pan de bois et brique
Kaelberbruck-Ziegelhof 67101509

De la tuilerie, transformée en ferme, seul le corps de logis original subsiste. L'ancien four industriel, comme le four à pain attenant à la cuisine, est détruit mais les trous de prélèvement de l'argile, autour des bâtiments, attestent l'activité tuilière. Toutes les façades, autrefois en pan de bois, ont été restaurées en brique au début du XXe siècle.

AUTEL LATÉRAL
XVIIIe siècle
(4 × 2,20 m)
Église Saint-Georges 67101502

Cet autel et son pendant proviennent vraisemblablement de l'église de Neubourg, dont la fabrique de Wintershouse a acquis des éléments en 1802. Si tel est bien le cas, il est probable qu'ils aient été réalisés par le menuisier Weber d'Ohlungen sur une commande de l'abbé Jacques Gacier d'Auvilliers (1715-1759). Les tableaux sont l'œuvre de Michel Oster, qui a restauré les autels en 1839 : une Vierge de l'Immaculée Conception pour l'un et, pour l'autre, une représentation de saint Florent évêque, bénissant la fille aveugle et muette du roi Dagobert.

CALVAIRE
1822
Grès rose
(4,50 × 1,30 × 1,04 m)
67101510

De part et d'autre du pied de la croix, sur laquelle Madeleine est sculptée en bas-relief, saint Jean et la Vierge sont traités en ronde bosse.

PRESBYTÈRE
1847
Architecte : Charles Morin
Pierre et crépi
36, rue Principale 67101505

En 1844, lorsque la paroisse s'émancipe de Berstheim, la commune projette de construire un presbytère pour loger le nouveau curé. Bien qu'un premier terrain ait été choisi à cet effet dès 1842, l'implantation définitive du bâtiment se fait sur une autre parcelle. Un bâtiment incluant buanderie, remise et écurie-porcherie lui est annexé en 1850.

ANCIENNE MAIRIE-ÉCOLE DE GARÇONS
1866
Grès et brique
25, rue Principale 67101506

La mairie-école est reconstruite à l'emplacement d'un premier édifice public, peut-être une école, qui a fait l'objet d'un projet d'agrandissement, établi par Charles Morin en 1845. Elle dispose d'un soubassement en grès appareillé et d'un étage légèrement en retrait sur le rez-de-chaussée, étage délimité par un bandeau horizontal de grès. Au-dessus de la salle de mairie et de la salle de classe, de plain-pied, un logement de fonction est aménagé. À la fin du XXe siècle, la mairie et l'école sont respectivement transférées dans d'autres bâtiments.

Wittersheim

Canton de Haguenau
Arrondissement de Haguenau
Superficie : 705 ha
Population 1990 : 443 hab.
Cours d'eau : le Duerrbachgraben

Origine du nom : du patronyme germanique Winther, et *Heim*, village.

HISTORIQUE

Wittersheim forme, avec son annexe Gebolsheim, un territoire occupé depuis l'époque gallo-romaine. Le premier est cité pour la première fois sous le nom de Unittrestrusi dans un acte de propriété de l'abbaye de Wissembourg en 742 et le second parmi les possessions de la communauté de Neubourg dans la région en 1158. Dès le XIIe siècle, les deux villages sont rattachés au prospère Haguenau, résidence du grand baillli impérial. En 1374, Gebolsheim, bien allodial, est vendu à Thomas d'Endigen, tandis que Wittersheim est brûlé en 1391 par les Fleckenstein au cours de la querelle qui les oppose au landvogt *de Haguenau, l'abbé de Murbach. La paroisse est ensuite annexée à l'abbaye de Seltz sur une décision du pape en 1412. Lors de la guerre de Trente Ans, l'Alsace devient protectorat français. Malgré la suzeraineté de Louis XIV, roi de France, confirmée par le traité de Ryswick en 1697, les seigneuries locales perdurent jusqu'à la Révolution. Wittersheim et son annexe sont ainsi cédés dès 1661 en propriété indivise à Jean Adolphe Krebs et à la famille Herisheim, qui deviennent alors seigneurs, patrons de la cure et décimateurs. Les deux agglomérations subissent de nombreuses déprédations au cours des différentes guerres et Gebolsheim est détruit au XVIIe siècle. À la fin du XIXe siècle, une synagogue et une école israélite se trouvent encore au village. Elles disparaissent après la Première Guerre mondiale.*

FERME
1718
Pan de bois et brique
47, rue Principale 67101616

Les bâtiments d'exploitation, qui sont agencés autour d'une cour fermée, comprennent une grange, un hangar, une étable et un corps d'entrée abritant le four à pain.

PRESBYTÈRE
1723
Pan de bois, grès et crépi
Rue du Presbytère 67101611

Construit sur les ruines d'un premier bâtiment détruit dans l'incendie du 9 avril 1723, le presbytère est conçu sur un plan rectangulaire double en profondeur. La façade ouest est restaurée en 1827, probablement par l'architecte Reiner.

ÉGLISE SAINT-ULRICH
1762-1765
Architecte : Günther
Entrepreneur : Mennel
Grès et crépi
Rue de l'Église *67101601*

L'église Saint-Ulrich est construite aux frais des décimateurs, après destruction d'un premier bâtiment, composé en grande partie de bois et trop vétuste pour être restauré. L'édifice, occidenté, est composé d'une nef, d'un chœur, surmonté d'un campanile, et d'une sacristie latérale. Après une première campagne de construction, consacrée à l'édification de la nef, son couvrement et son décor, les travaux sont repris en 1763, le 26 mai : le toit est alors consolidé, et le chœur élevé à partir de matériaux récupérés de l'ancien clocher et de l'ancienne nef. En 1965, dans une dernière phase de gros œuvre, le chœur et la sacristie sont couverts, les cloches suspendues et les verrières installées.

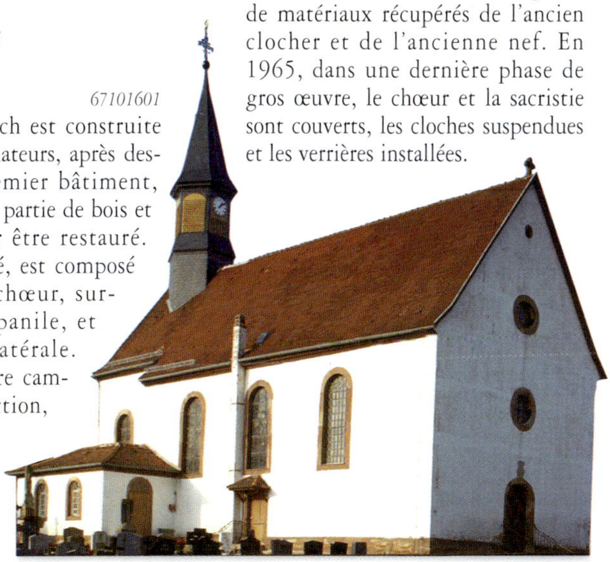

SAINT ULRICH
Vers 1766
Sculpteur : Michael Zeberlé
Église Saint-Ulrich
67101605

Saint Ulrich et sainte Pétronille, son pendant, sont sculptés dans une attitude symétrique : debout, une jambe fléchie, un bras tendu et l'autre plié, la tête inclinée et les yeux levés vers le ciel. Le saint est ici représenté avec ses attributs traditionnels : le Livre, un poisson, la crosse et les vêtements d'évêque.

TABERNACLE MURAL
Vers le début du XVI*e siècle*
Grès rose et fer forgé (185 × 48 cm)
Église Saint-Ulrich *67101608*

Le tabernacle, qui provient certainement de l'ancienne église, a été fabriqué dans la région de Haguenau. Sous le couronnement orné de rinceaux ajourés et de branchages en accolade, la niche est fermée par une porte grillagée en fer forgé. Dans la partie inférieure, l'écu, orné des *Arma Christi*, le Christ sortant du tombeau entouré des instruments de la Passion et de deux têtes de bourreaux, et timbré d'un heaume à lambrequins ajouré, repose sur *l'Agnus Dei* flanqué d'un calice. Les symboles de Marc et Luc, un ange et un démon le soutiennent. *(I. M. H. 1934)*

MAÎTRE-AUTEL
1694-1766-1859
Église Saint-Ulrich *67101604*

En 1765, le maître-autel de la première église est récupéré et installé dans le nouvel édifice. Il reçoit un nouveau retable, œuvre de Sébastien Koch, en juillet 1766, et deux autels latéraux réalisés par Michael Zeberlé lui sont adjoints l'année suivante. C'est en 1859 que le tableau de *La Sainte Trinité*, attribué à Louis Sorg, est placé sur l'autel.

SAINTE PÉTRONILLE
1766
Sculpteur : Michael Zeberlé
Église Saint-Ulrich *67101606*

Pétronille, martyre romaine du Ier siècle, a longtemps été considérée comme la patronne de France, car ses reliques étaient placées à Saint-Pierre-de-Rome dans la chapelle concédée au roi de France depuis l'époque carolingienne. Elle fait partie de l'ensemble réalisé par Michael Zeberlé pour l'église Saint-Ulrich, ensemble qui incluait deux autels latéraux et les statues du chœur.

VIERGE
DE L'IMMACULÉE CONCEPTION
1860
Peintre : Caroline Sorg
Église Saint-Ulrich 67101607

Cette œuvre est venue remplacer le tableau de Nicolas Santer, réalisé en 1776 pour orner l'autel latéral, sculpté par Michael Zeberlé. L'autel des Intercesseurs, son pendant, a été supprimé vers 1960 pour permettre l'installation des fonts baptismaux. Il était orné d'un tableau de Louis Sorg représentant les Quatorze Intercesseurs.

NOTRE-DAME-DES-DOULEURS
Vers 1420-1430
Noyer peint et doré
(H. : 82 cm, l. : 71 cm, L. : 37 cm)
Chapelle Notre-Dame-des-Douleurs
Église Saint-Ulrich 67101602
Ce groupe sculpté, restauré à plusieurs reprises, est à l'origine d'un pèlerinage qui se perpétue depuis plus de quatre siècles. Il est abrité dans la chapelle Notre-Dame-des-Douleurs, construite ou reconstruite dans l'enclos de l'église paroissiale en 1761, soit une année avant la reconstruction de celle-ci. *(Cl. M. H. 1971)*

CITERNE
XVIIIe siècle
Pierre
92, rue Principale 67101618
Dans cette construction, à appareillage de gros moellons gris équarris, se trouve une citerne à usage collectif.

CALVAIRE
Seconde moitié
du XVIIIe siècle
Enclos de l'église
Saint-Ulrich
67101614
Ce calvaire s'apparente aux statues de Michael Zeberlé, réalisées pour le chœur de l'église en 1766. On reconnaît notamment le traitement des drapés et des pieds, et une parenté de traits entre Madeleine et sainte Pétronille.

FERME
1763-1782
Pan de bois et grès
57, rue du Paradis 67101615
Le corps de logis est construit en retrait, au fond de la cour. On y accède par un perron à rampes opposées avec balustrades en grès. À l'intérieur, la distribution est traditionnelle, avec *Stube* et alcôve. La cuisine est dotée d'une *Kuchekammer*, un garde-manger, et d'un four à pain, construit en hors d'œuvre.

CROIX DE CIMETIÈRE
1768
Grès rose (200 × 50 cm)
Gebolsheim 67101619

La croix, érigée en l'honneur de sainte Pétronille dans le cimetière de l'église de Gebolsheim dont elle est la patronne, est le dernier vestige de cette paroisse, déjà mentionnée comme abandonnée et ruinée en 1666. Connue sous le vocable de saint Pierre entre 1672 et 1715, elle prend le nom de Sainte-Pétronille de 1717 à 1737, en raison d'une mauvaise interprétation du bas-relief romain encastré dans le mur le l'église et déposé, après la destruction, au pied de la croix. L'église figure sur la carte de Cassini du XVIIIe siècle, mais n'est plus mentionnée sur le cadastre napoléonien.

LAVOIR
Vers le XIXe siècle
Grès rose 67101613

Au XIXe siècle, les femmes catholiques et les femmes juives ne sont pas autorisées à faire leur lessive au même endroit. Deux lavoirs sont donc construits sur le même modèle par la commune, à peu de distance l'un de l'autre.

FERME (inscription)
1789
Pan de bois et grès
62, rue des Guerriers 67101612

Cette statuette votive se trouve dans la façade du passage d'entrée de la ferme, au-dessus d'un linteau de grès. Les bâtiments d'exploitation comprennent, outre le corps de logis, une grange, un bûcher, et un hangar. Les étables-écuries qui fermaient autrefois la cour ont été détruites.

MAIRIE-ÉCOLE
Vers 1840
Architectes : Samain et Louis-Martin Zégowitz
Pan de bois et grès
Rue de l'Église 67101609

L'école est édifiée à l'emplacement d'un précédent bâtiment, trop peu adapté à sa fonction. Construit en rez-de-chaussée, il juxtaposait en effet une salle de classe, avec alcôve pour le logement du maître, et le logement du gardien municipal. Le nouvel édifice, distribué sur deux niveaux, inclut en outre une petite salle de mairie.

ÉCOLE DE FILLES
Fin du XIXe siècle
Pierre et crépi
Rue des Sœurs 67101610

L'école est aménagée sur deux niveaux : au rez-de-chaussée, de part et d'autre du couloir, une salle de classe, à l'étage, le logement de service. Elle est construite à l'emplacement d'un ancien corps de ferme en pan de bois, propriété de Joseph Kleinglaus au début du XIXe siècle.

Canton de Hochfelden

- Alteckendorf
- Bossendorf
- Duntzenheim
- Ettendorf
- Friedolsheim
- Geiswiller
- Gingsheim
- Grassendorf
- Hochfelden
- Hohatzenheim
- Hohfrankenheim
- Ingenheim
- Issenhausen
- Lixhausen
- Melsheim
- Minversheim
- Mittelhausen
- Mutzenhouse
- Ringeldorf
- Ringendorf
- Saessolsheim
- Schaffhouse-sur-Zorn
- Scherlenheim
- Schwindratzheim
- Waltenheim-sur-Zorn
- Wickersheim-Wilshausen
- Wilwisheim
- Wingersheim
- Zœbersdorf

Alteckendorf

Canton de Hochfelden
Arrondissement de Strasbourg-Campagne
Superficie : 572 ha
Population 1990 : 707 hab.
Habitants : les Alteckendorfois
Cours d'eau : le Landgraben

Origine du nom : peut-être de l'anthroponyme germanique Aldiko et de l'allemand *Dorf*, village.

Blason : les armoiries d'Alteckendorf représentaient saint Martin coupant son manteau en deux. En raison de la fréquence de ce saint dans les armoiries des communes du Bas-Rhin, il est remplacé par sa chape.
67110100

HISTORIQUE

Le site d'Alteckendorf est occupé dès l'âge du bronze, comme le prouve la découverte d'un poignard triangulaire datant de cette époque. La localité actuelle est constituée de deux villages, Eckendorf, mentionné dès 744, et Altdorf, dont l'existence est attestée en 752. Les abbayes de Wissembourg, de Sindelsberg de Neuenbourg en 1356 et de Sturzelbronn en 1417 y ont des possessions. Passés dans le domaine des Lichtenberg en 1332, les deux villages sont confrontés à la Réforme en 1545. À la fin de la guerre de Trente Ans, ils sont tous les deux ruinés. Inclus en 1790 dans la France, ils sont repeuplés grâce à une importante immigration suisse. Les deux communes fusionnent en 1777 et prennent le nom d'Alteckendorf. Les nombreuses fermes du village témoignent de l'activité essentiellement agricole des habitants.

ÉGLISE PROTESTANTE
1667
Grès, bois et pierre du pays
Eckendorf *67110102*
Il existe vraisemblablement un édifice sur cet emplacement dès le Moyen Âge, car le clocher fortifié, rehaussé par la suite, est d'époque médiévale. La nef est éclairée par trois hautes fenêtres. Sur la clef de voûte, qui porte la date de construction du bâtiment, se distinguent les restes de la silhouette de saint Argobast, très martelés.

ÉGLISE PROTESTANTE (nef)
1775
Grès, bois et marne grise
Route de Ringendorf *67110103*
Reconstruite sur l'emplacement d'un sanctuaire plus ancien, cette église possède un clocher-chœur massif à l'est. À l'intérieur, les peintures d'origine de la tribune, des boiseries et de l'autel, ont été retrouvées. La nef est garnie de bancs sculptés néo-gothiques provenant d'une église de Strasbourg. Les piliers, repeints à l'identique en faux marbre, supportent une tribune décorée de caissons à étoiles et à fleurs de lis.

FRESQUE
Église protestante *67110113*
Mise au jour lors des travaux effectués en 1915, cette fresque représente la Passion du Christ et le Jugement dernier. Elle est restaurée par Ebel, de Fegersheim, et par Hoffen, de Strasbourg. Dans l'iconographie religieuse, la fresque n'a pas seulement une fonction décorative et esthétique, mais elle répond à un souci de pédagogie. Les fidèles qui ne savent pas lire peuvent apprendre l'histoire sainte en regardant les peintures, les vitraux et les sculptures des églises.

AUTEL
Vers le XVIII*e siècle*
Bois polychrome
Église protestante 67110116

Cet autel est décoré sur toutes ses faces. À l'avant se trouve une représentation de l'agneau pascal. Depuis l'époque paléochrétienne, l'agneau est, dans l'iconographie religieuse, le symbole du Christ. Lorsqu'il est représenté couché, il rappelle l'agneau sacrifié donné par Dieu aux hommes.

BRENNHIESEL
XVIII*e siècle*
Pierre enduite et grès des Vosges
146, rue Principale 67110112

Cette maison, qui porte la date de 1783, appartenait au *Stabhalter* des Hanau de Lichtenberg. La Brennhiesel – de l'allemand *Brennerei,* distillerie – est une petite construction où l'on élaborait le schnaps au moyen d'un alambic.

FRESQUE
1776
146, rue Principale 67110114

Peinte sur le mur nord de la propriété, cette fresque représente un pandour du Baron von Trenk. Les pandours sont les soldats croates et hongrois qui ont participé de 1740 à 1748 à la guerre de Succession d'Autriche. L'attitude agressive de ce cavalier brandissant son sabre témoigne de la violence de ces soldats, et de la terreur qu'ils ont fait régner dans les esprits.

FERME
1791-1801
Pan de bois
25, rue Principale 67110108

L'inscription figurant sur le linteau de la maison livre les noms de ses commanditaires, Jacob Mattern et Margareta Fuschzin – vraisemblablement un couple marié –, ainsi que la date de sa construction. À l'arrière, la poutre du balcon confirme cette date. Le pignon du bâtiment, sans aucun ajout, est d'origine. En revanche, les dépendances situées côté est sont élevées au début du XIX*e* siècle. L'entourage des fenêtres du rez-de-chaussée est en grès, mais celui des fenêtres de l'étage est en bois.

GARE
Vers 1895
Grès et bois 67110106

Malgré les remaniements qu'il a subis, ce bâtiment conserve son caractère originel. Il est tout à fait représentatif des petites gares rurales construites dans la région à la fin du XIX*e* siècle. Arrivé à Alteckendorf en 1895, le chemin de fer permet à la commune de se développer et de s'ouvrir à l'extérieur.

Bossendorf

Canton de Hochfelden
Arrondissement de Strasbourg-Campagne
Superficie : 398 ha
Population 1999 : 279 hab.
Habitants : les Bossendorfois
Cours d'eau : le Bachgraben

Origine du nom : peut-être de l'anthroponyme germanique Bozzo et de l'allemand *Dorf*, village.

HISTORIQUE

Le nom de Bossendorff apparaît pour la première fois dans un document en 1074. Plusieurs abbayes, dont celle de Neuwiller, sont possessionnées dans cet ancien village impérial du grand bailliage de Haguenau. Au XIVe siècle, l'épidémie de peste noire fait des ravages dans la région, et les deux hameaux situés à proximité du village, Heckendorf et Bodenhausen, disparaissent. Au XIXe siècle, la population atteint 450 habitants, dont certains émigrent aux États-Unis. En 1852, un incendie détruit six fermes au centre du village, et seule l'arrivée des pompiers de Hochfelden, Bouxwiller et Saverne permet d'éteindre le feu. La fête du maïs doux, l'une des spécialités de Bossendorf, a lieu tous les ans à la fin du mois d'août.

FERME LUTZ
1787-1857
Pan de bois
21, rue Haute 67110211

Propriété de la famille Lutz depuis cinq générations, cette maison appartenait auparavant à une famille noble du village, les Boss. La ferme brûle en 1857. Le rez-de-chaussée reste en place, mais les étages et le grenier sont remplacés par les éléments d'une maison construite à Wickersheim au XVIIIe siècle, comme l'indique le poteau cornier. Ces éléments sont démontés et remontés sur les restes de la maison brûlée. Selon la tradition, la grange située au fond serait une ancienne grange dîmière.

MAISON
1791
Pan de bois
15, rue Haute 67110210

Si cette maison à colombage a été restaurée, la cour pavée, la montée d'escalier en grès, les tuiles anciennes et la sonnette à tirer sont autant d'éléments qui témoignent d'une volonté de reconstruire à l'identique. La date de construction de l'édifice, qui figure sur le poteau cornier avec le nom des commanditaires, Andoni Aman et Maria Huliger, est reprise au-dessus de l'entrée de la cave. Comme souvent dans la région, les mitres de cheminées sont constituées de tuiles.

CHAPELLE ET CROIX
1789
Brique et mortier
Route de Lixhausen 67110205

Cette chapelle de pèlerinage est dédiée à la Vierge Marie. Un médaillon au-dessus de l'entrée porte la date de 1784, mais le reste de l'inscription est aveuglé par un tenon. À droite de l'entrée se trouve une grande croix en grès rose, sur le fût de laquelle une inscription demande de prier pour le curé Joseph Andoni Baehr. La base présente un texte illisible, à l'exception de la date de construction du bâtiment.

Duntzenheim

Canton de Hochfelden
Arrondissement de Strasbourg-Campagne
Superficie : 620 ha
Population 1998 : 540 hab.
Habitants : les Duntzenheimois

Origine du nom : peut-être de l'anthroponyme germanique Tunzi et de l'allemand *Heim*, village.

Blason : il représente les émaux inversés des armes du comté de Hanau.
67110300

HISTORIQUE

Duntzenheim possède un riche passé préhistorique et gallo-romain, comme l'attestent deux importants gisements archéologiques antiques. Plusieurs abbayes, dont celles de Marmoutier et de Schwarzach, y ont des possessions à partir du VIII*e siècle. Ancien village impérial, Duntzenheim appartient aux Ochsenstein puis aux Lichtenberg et à leurs successeurs, avant de passer sous la domination de la prévôté de Bouxwiller. Le village se convertit à la Réforme en 1547. Il est intégré au canton de Hochfelden en 1790. À Duntzenheim, ainsi qu'à Gougenheim, Rohr et Wilgotheim, les cloches sonnent habituellement midi à 11 heures du matin. Cette curieuse pratique remonterait à une ruse de l'évêque de Strasbourg, grâce à laquelle il aurait gagné contre toute attente une bataille en 1125.*

CALVAIRE
Grès rose et fer
Cimetière *67110207*
Cette croix, vraisemblablement constituée de trois ensembles d'époques différentes, se distingue d'abord par les trois personnages brûlant dans les flammes de l'enfer qui sont représentés à sa base. Ce sujet est très rarement traité sur une croix. Sur le fût, un texte en latin indique qu'elle est érigée par le curé Joseph Georges Antoine Baehr. De l'autre côté de la scène de l'enfer figure un texte assez long en allemand, en partie illisible. Peut-être s'agit-il d'un remploi. Le mot *Höllen*, enfers, qui pourrait avoir un rapport avec la scène représentée sur la face avant, est malgré tout déchiffrable.

ÉGLISE SAINT-LAURENT
1833
Pierre du pays, grès et brique
Rue Principale *67110201*
L'intérieur de l'église est de style baroque. Sur l'autel principal, saint Laurent, premier patron du sanctuaire, et sainte Catherine entourent une croix. La Cène est représentée sur l'avant de l'autel. Quatre statues ornent la nef : saint Wendelin, second patron de l'église, saint Nabor, une pietà et saint Nicolas. Un baptistère, daté de 1666, en grès rose, se trouve devant l'autel latéral droit consacré à saint Wendelin. L'orgue est l'œuvre de Dubois.

CHAPELLE DE PROCESSION
Vers 1960
Brique, bois et fer forgé
6, rue Principale *67110209*
Cette chapelle moderne, construite en matériaux du pays, perpétue la tradition des chapelles de procession. Comme leur nom l'indique, elles sont utilisées lors des processions, en particulier le jour de la Fête-Dieu. Certaines localités, comme le village voisin de Lixhausen, ont conservé leurs chapelles anciennes.

FERME
XVIIIe-XIXe siècle
Grès et pan de bois
Rue de Hochfelden *67110306*

Le village possède un très riche passé rural, comme en témoignent ses nombreuses fermes à colombage, souvent dotées de portillons anciens. La facture du portail – qui donne accès à une cour carrée entourée de dépendances – est un bon indicateur de l'importance de ces exploitations. Le corps d'habitation renferme en général une *Stub* dotée d'un plafond de bois communiquant avec l'alcôve, décorée dans quelques cas de lambris de noyer.

LINTEAU
1788
Grès
1, rue des Pierres *67110305*

Il semblerait que la ferme ornée de ce linteau soit d'abord habitée par un fermier général de Louis XIV. Parmi les nombreux propriétaires qu'elle connaît ensuite se trouve un pâtissier de Strasbourg. Le bretzel représenté sur le linteau est l'emblème de la corporation des boulangers, et il est vraisemblablement placé au-dessus de la porte par le pâtissier. Peu avant la Seconde Guerre mondiale, l'armée prend ses quartiers dans cette maison, et des chars stationnent dans la grande cour.

ALCÔVE
Fin du XVIIIe siècle
Bois de noyer
8, rue d'Ingenheim *67110315*

Dans la disposition traditionnelle de l'habitation alsacienne, la pièce principale est constituée de deux parties. La première, une grande salle dotée d'une ouverture sur la rue, est réservée à la vie quotidienne de la famille. Un buffet et un coffre en bois représentent son seul mobilier. La deuxième partie, l'alcôve, contient le lit pour les enfants en bas âge et les parents.

ÉGLISE PROTESTANTE
1880
Grès, bois et pierre du pays
Place de l'Église *67110307*

Reconstruite sur l'emplacement d'un sanctuaire plus ancien, cette église est constituée d'un chœur-nef unique. La base du clocher, qui date du premier édifice, est rehaussée en 1893. À l'intérieur de l'église, un grand panneau de bois porte les noms des pasteurs qui se sont succédé depuis 1550. Un vitrail, intitulé Hanau-Lichtenberg, représente le blason des anciens seigneurs du village et ceux de six familles qui leur sont alliées. L'orgue pneumatique Dalstein Haerpfer date de la reconstruction de l'église.

MONUMENT AUX MORTS
XXe siècle
Grès *67110312*

Dans un ciel chargé de nuages, une colombe, foudroyée par un éclair, porte un rameau d'olivier. À la base du monument se trouvent une rangée de croix de bois et cette inscription : « À nos morts ». Les noms des enfants de Duntzenheim tombés au champ d'honneur figurent sur deux plaques accrochées de part et d'autre du monument, sur le mur de l'église.

Ettendorf

Canton de Hochfelden
Arrondissement de Strasbourg-Campagne
Superficie : 630 ha
Population 1998 : 669 hab.
Habitants : les Ettendorfois

Origine du nom : peut-être
de l'anthroponyme germanique Etto,
et de l'allemand *Dorf*, village.

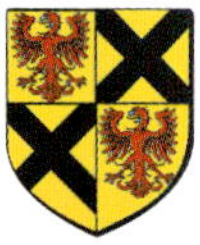

Blason : il s'agit des armes
de la famille d'Ettendorf.
67110400

HISTORIQUE

Ancienne possession impériale, le village est donné en fief aux XIIIe et XIVe siècles à la famille d'Ettendorf. En 1409, il est intégré au bailliage de Haguenau. D'abord incorporé au canton de Bouxwiller, il rejoint en 1801 celui de Hochfelden. Ettendorf possède une école rabbinique très réputée. Trois maîtres y enseignent à un groupe d'une vingtaine d'élèves. Le village possède également l'un des plus vastes cimetières juifs d'Alsace, remontant probablement au Moyen Âge, où reposent de nombreuses personnalités juives.

MAISON
1609
Pan de bois
134, rue Principale *67110406*

Cette maison est dotée d'une façade Renaissance dont une fenêtre est entourée de décorations en bois sculpté. À l'avant, l'ensemble conserve ses caractéristiques originelles. Il en est de même à l'intérieur, où toutes les pièces possèdent des plafonds avec poutres apparentes.

POTEAU CORNIER
1730
Bois
120, rue de la Montée *67110411*

Les poteaux corniers de la région portent en général le nom du propriétaire de la maison et la date de sa construction. Celui-ci ne fait pas exception à la règle. Agrémentée de deux croix, dont une croix de Lorraine, l'inscription fournit le nom du couple qui fait élever le bâtiment : Davit Fornes et Gertrutt Schererin. L'orthographe des prénoms est hésitante, comme c'est souvent le cas à cette époque. Le patronyme Fornes, germanisé de bonne heure, correspond certainement au nom de famille actuel Fornaise.

CALVAIRE
1762
Grès
Cimetière *67110414*

Cette croix se distingue des autres calvaires du village par son exécution particulièrement soignée. Les poses des personnages révèlent une influence baroque. L'inscription qui figure sur la base est difficile à déchiffrer, à l'exception de ces quelques mots : « *Jesu meine Lieb* ».

TOMBE DU CIMETIÈRE JUIF
67110409

Des centaines de tombes, alignées ou isolées, sont éparpillées dans le cimetière juif, qui s'étend sur 2,5 hectares. Situées de part et d'autre d'un ancien mur d'enceinte, elles ne sont séparées des champs avoisinants que par une simple haie.

Elles sont ornées de textes en hébreu et de divers décors sculptés. Les tombes les plus récentes comportent une traduction en français, souvent sur le revers, et parfois sur le même côté que le texte hébreu. Les stèles les plus anciennes datent de la seconde moitié du XVIe siècle.

CALVAIRE
Vers la fin du XVIIIe-XIXe siècle
Grès
134, rue Principale 67110405
Plus de quinze calvaires et croix à niches sont situés sur le territoire de la commune. Sur la base de cette croix naïve figurent les noms des deux personnes qui l'ont fait élever, Michel Fornaise et Gertrauda Daul. Il semblerait que le patronyme Fornaise provienne des colons français venus s'installer dans la région après l'annexion de l'Alsace par Louis XIV. Un côté du calvaire comporte une prière accordant une indulgence, et sur un autre est gravée une citation du prophète Jérémie.

LINTEAU
1822
Grès rose
135, rue Principale 67110419
Placé au-dessus de la porte d'entrée, ce linteau représente un attelage de deux chevaux tirant une charrue guidée par un paysan vêtu d'une redingote et d'un pantalon, et coiffé d'un chapeau traditionnel. Cette image donne une idée fidèle du labour, du harnachement des chevaux, des pièces de la charrue et du vêtement au début du XIXe siècle. De part et d'autre de cette scène, une dédicace indique les noms des premiers propriétaires de la maison.

LINTEAU DE L'ANCIENNE SYNAGOGUE
1868
86, rue des Tilleuls 67110410
Entouré à l'origine de petites maisons juives qui ont disparu, le bâtiment de la synagogue fait désormais partie des dépendances de la ferme Hannes. Il possède deux caves voûtées. Celle qui est située au sud abritait l'ancien bain rituel, ou *Miqvé*, destiné aux femmes qui venaient s'y purifier après leur accouchement.

ÉGLISE SAINT-NABOR
1895
Grès 67110401
Construite sur un lieu de culte plus ancien, cette église possède deux patrons, saint Nabor et saint Symphorien. Une partie de son mobilier, en particulier les statues des saints patrons en bois de la nef, provient de l'ancien sanctuaire. Un chemin de croix, dont les stations sont surmontées de médaillons de saints, fait le tour de la nef. Dans le mur d'enceinte du cimetière sont encastrées plusieurs pierres tombales anciennes, dont l'une est en fonte. La Saint-Nabor se célèbre à Ettendorf le 12 juillet et à Lixhausen le 12 juin.

CALVAIRE
Vers 1920
Granit 67110416
Déplacée au moment de la construction du monument aux morts, cette croix se distingue par son matériau, le granit, très rare dans la région, et par son inscription, qui rappelle l'émigration des Alsaciens vers les États-Unis au début du XXe siècle. L'émigré Augustin Kieffer, qui fait élever cette croix en mémoire de son épouse Magdalena Koch, décédée en 1914, serait le fondateur d'une brasserie aux États-Unis.

Friedolsheim

Canton de Hochfelden
Arrondissement de Strasbourg-Campagne
Superficie : 350 ha
Population 1990 : 193 hab.
Habitants : les Friedolsheimois

Origine du nom : peut-être de l'anthroponyme germanique Friddo ou Dridolt, et de l'allemand *Heim*, village.

Blason : il s'agit des émaux inversés des armes d'Avenheim.
67110500

HISTORIQUE

Deux stations gallo-romaines situées sur le territoire de la localité indiquent que le site est occupé à cette époque. Selon la tradition, la plus importante de ces stations aurait livré, il y a quelques siècles, un trésor monétaire. Une voie romaine longe également au nord le ban du village, qui est mentionné pour la première fois sous le toponyme de Villa Friedeolfeshaim en 770 et abrite, semble-t-il, le château de Friedolf. En 777, les abbayes de Fulda et de Saint-Denis en deviennent propriétaires et en 826, Friedesheim fait partie des Graffschaftsdörfer. *En 1236, une moitié du village passe en la possession du diocèse de Strasbourg et relève du bailliage du Kochersberg, tandis que l'autre est acquise en 1496 par la ville de Strasbourg, sous le règne de Maximilien Ier. La paroisse est une annexe de Maennolsheim jusqu'en 1343, date à partir de laquelle elle devient un* Kaplanei, *ou vicariat, dépendant du chapitre rural de Bethleur. Elle est à nouveau rattachée à Maennolsheim du XVIIe siècle à 1803, puis devient une paroisse autonome. L'administration est exercée à la fois par l'évêque de Strasbourg et l'empereur. Une croix de mission située à côté du monument aux morts prouve que le village est touché par le mouvement de rechristianisation des campagnes du XIXe siècle.*

CHAPELLE SAINT-LÉGER
XIIIe-XVIIe siècles
Grès et pierre du pays *67110505*

Très ancien lieu de pèlerinage, cette chapelle serait érigée à l'emplacement d'une tour de guet romaine. À côté d'elle se trouve un *Bildstock* à quatre faces à la niche profonde. L'édicule porte une inscription indiquant qu'il est élevé en 1700 par Hans Fritsch.

BAPTISTÈRE
1652
Grès
Église Saint-Denis *67110506*

Construite en 1802 et 1803, l'église Saint-Denis possède trois autels néo-baroques de 1860, ainsi qu'un orgue Schwenk Edel de Strasbourg. Les trois cloches sont fabriquées en 1772. Ce baptistère à la décoration sobre provient d'une autre église. Le remplacement des piscines primitives par des baptistères, où le croyant n'est plus complètement immergé, est en relation avec la diminution progressive de l'âge du baptême. Dès le Moyen Âge, il est en effet courant que le baptême soit administré à des nouveau-nés ou des enfants en bas âge.

DORMITION DE LA VIERGE
XVIIe siècle
Bois
Église Saint-Denis *67110507*

La Bible ne fournit aucune information sur la mort de la Vierge. Selon la légende, elle serait enterrée à Éphèse, où elle aurait suivi saint Jean, ou bien à Jérusalem. Une basilique est élevée sur le lieu supposé de son tombeau. Les représentations de la mort de la Marie varient entre l'Orient, où elle est figurée sur son lit de mort, et l'Occident, où elle est habituellement mourante. Très en vogue au Moyen Âge, le thème de la mort de la Vierge connaît un renouveau à l'époque baroque, car cette scène correspond à l'attirance pour le macabre qui règne alors dans les esprits.

Geiswiller

Canton de Hochfelden
Arrondissement de Strasbourg-Campagne
Superficie : 320 ha
Population 1990 : 167 hab.
Habitants : les Geiswillerois

Origine du nom : peut-être de l'anthroponyme germanique Geiso et du latin *villa*, ferme.

HISTORIQUE

L'abbaye de Wissembourg possède des biens à Geiswiller en 739. Plusieurs familles de seigneurs se succèdent ensuite à la tête du village : les Lichtenberg, les Hanau-Lichtenberg et les Hesse-Darmstadt. Sous l'Ancien Régime, il fait partie du bailliage de Bouxwiller. La réforme y est introduite en 1571. Comme beaucoup d'autres villages, Geiswiller est d'abord incorporé au canton de Bouxwiller en 1790, et ne rejoint celui de Hochfelden qu'en 1801. Des vergers entourent le village au sud et à l'ouest.

CHAPE
Velours brodé
Église Saint-Denis
67110510

Ample manteau en forme de demi-cercle, la chape est réservée à l'officiant lors du chant des vêpres, à l'évêque tenant chapelle, au chapitre qui l'assiste ainsi qu'aux processions. Ce vêtement de cérémonie trouverait son origine dans le *pluvial*, vêtement de pluie, en raison du capuchon qui préserve la tête des intempéries pendant les processions.

FERME SAINT-ANDRÉ
XIXe siècle
Pan de bois *67110504*
La façade de cette ferme est ornée d'une niche contenant une Vierge à l'Enfant. Dotée d'un domaine d'environ 25 hectares de terre, la maison appartient également à la congrégation des Sœurs de la Divine Providence.

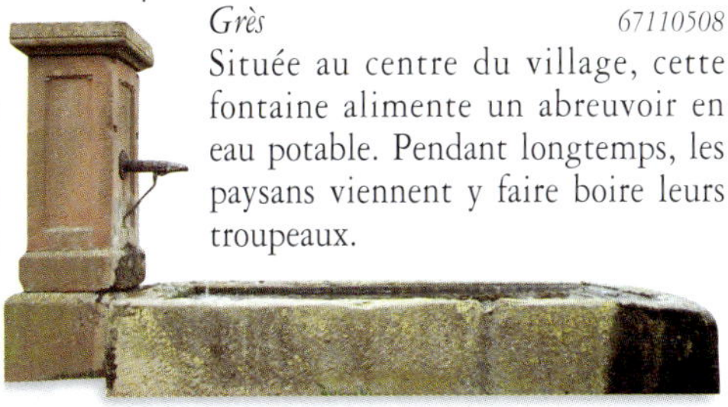

FONTAINE
XIXe siècle
Grès *67110508*
Située au centre du village, cette fontaine alimente un abreuvoir en eau potable. Pendant longtemps, les paysans viennent y faire boire leurs troupeaux.

MAISON DES SŒURS DE LA DIVINE PROVIDENCE
Vers le XIXe siècle
Grès et bois
Rue Principale
67110503

Cette grande maison flanquée de dépendances est la maison provinciale des Sœurs de la Divine Providence de Saint-Jean-de-Bassel, en Lorraine. Elle accueille dans les années 1930 une école ménagère destinée aux jeunes filles du canton, qui est ensuite transformée en école primaire privée, l'une des rares du département.

ÉGLISE PROTESTANTE
XVIIe siècle
67110601

Cette église est constituée d'une petite nef à plafonds et loggia en bois, séparée du chœur carré par un arc gothique. Du côté droit, la chaire couverte en bois sculpté est fabriquée ou financée par Michel Valledin, comme l'indique l'inscription : « *Michels Valledin hat dieses cantzel machen lassen.* » La tête du donateur est sculptée entre ses initiales. Une fresque orne le mur gauche.

BALCON
1697
Menuisier : Michel Valledin
Pan de bois
3, rue Principale *67110612*

Le grand corps de ferme se compose d'une maison à l'ouest et de dépendances à l'est datant de 1697 et de 1780. Le balcon qui se trouve à l'est est décoré de six chaises curules. L'inscription figurant sur le poteau cornier de la grange porte les initiales MV, qui sont celles de Michel Valledin, qui réalise aussi la chaire de l'église. La grange est construite par Hans Michel et sa femme Margaretha à la veille de la Révolution.

FERME MUGLER-RICHERT
XVIIIe-XIXe siècles
Pan de bois
18, rue Principale *67110606*

Cinq inscriptions donnent les noms des constructeurs de cette ferme et de ses dépendances. Johannes Schneider et Catarina Hoffman font élever un premier bâtiment à la fin du XVIIIe siècle. Des travaux sont ensuite réalisés au XIXe siècle par Jacob Jung et Margaretha Schneider, puis par un autre Jacob Jung, fils du précédent, dont la femme s'appelle également Margaretha Schneider. Après la mort de sa première épouse, Jacob Jung fils se marie avec Anna Hammann, et le couple fait réaliser de nouveaux aménagements dans la ferme. Les raisins et les feuilles qui décorent la façade rappellent l'époque où un grand nombre de vignes étaient cultivées à Geiswiller.

PIGEONNIER
XVIIIe siècle
Bois
Ferme Mugler-Richert *67110607*

L'avancée sur pilotis, en grès, permet une double utilisation de l'espace : elle forme un auvent au rez-de-chaussée et un pigeonnier à l'étage.

FERME
1792-1850
1, rue Principale *67110605*

La date de construction de ce corps de ferme figure sur le poteau cornier de l'angle ouest, ainsi que le nom de ses commanditaires, Hannes Michel et Anna Catharina Mehl. Elle est sans doute restaurée au XXe siècle, car le 1 de 1792 n'est pas écrit à la manière de l'époque. Rajouté au XIXe siècle par Michel Michel et sa femme Eva, le portail conserve sa porte d'origine. Un vieux pressoir, à droite de l'entrée, rappelle la tradition viticole de la région. Il ne reste plus que quelques rares pièces de vigne au sud du village.

PIERRE TOMBALE
Milieu du XIXe siècle
Grès
Cimetière *67110604*

Parmi les vingt-deux pierres tombales qui se trouvent dans l'ancien cimetière, quatre ont une forme hexagonale, ce qui est relativement rare. L'une d'entre elles porte la date du 13 Heumonat 1834, c'est-à-dire du 13 juillet 1834.

Gingsheim

Canton de Hochfelden
Arrondissement de Strasbourg-Campagne
Superficie : 370 ha
Population 1998 : 390 hab.
Habitants : les Gingsheimois

Origine du nom : peut-être de l'anthroponyme germanique Gingi et de l'allemand *Heim*, village.

Blason : il s'agit des armes de la famille Munch de Wilsberg, qui possède des droits dans le village jusqu'en 1587.
67110700

HISTORIQUE

Le nom du village est attesté dès le VIIIe siècle. Il semble d'ailleurs qu'il y ait deux villages au XIVe siècle, Gündeshaim et Oberund Niedergundollzheim. L'abbaye de Fulda et celle de Marmoutier y possèdent des terres. Ancienne propriété de l'évêché de Strasbourg, puis du bailliage du Kochersberg, Gingsheim entre dans le canton de Hochfelden en 1790. Actuellement, les habitants travaillent hors de la commune ou tiennent de petites exploitations agricoles.

CROIX
1724
Grès
35, rue Principale *67110717*
Située à l'origine au milieu des champs, cette croix à niche, ou *Gierskritz*, dotée de bras fleuronnés, est remontée de l'autre côté de la route à l'endroit où une personne a trouvé la mort. L'inscription gravée sur sa base indique qu'elle est construite à l'instigation de Jacob Egezin et de sa mère Maria.

ÉGLISE SAINT-NICOLAS
Vers 1850-1895
Grès et marne grise *67110701*
Le clocher de cette église est rajouté après la construction, à l'extrême fin du XIXe siècle. Le plafond de l'entrée, sous le clocher, est doté d'une clef de voûte décorée. La tribune en bois porte un orgue Stiehr de 1853.

PIERRE TOMBALE
Vers 1800
Grès
Église Saint-Nicolas
67110713
Trois pierres tombales sont encastrées dans le mur sud de l'église. Elles présentent toutes la même mutilation : la tête du Christ a été martelée. Sur leur base se trouvent les symboles traditionnels de la mort : la bougie brisée, le crâne et le sablier.

SAINT NICOLAS
1897
Peintre : Carola Sorg
Huile sur toile
Église Saint-Nicolas *67110710*
Cette peinture représente saint Nicolas dans ses attributs d'évêque, penché au-dessus d'un baquet logeant les trois enfants qu'il aurait, selon la légende, sauvés du saloir.

CRUCIFIXION
Début du XXe siècle
Vitrail
Église Saint-Nicolas *67110709*
Une partie des vitraux de l'église est réalisée par G. Van Treek, de Munich, et restaurée en 1920 par René Kuder. Ce vitrail représente un dominicain enseignant à un fidèle – peut-être le donateur – la crucifixion du Christ. La figure du dominicain, en tant que moine prêcheur, se retrouve sur toute la série de vitraux.

Grassendorf

Canton de Hochfelden
Arrondissement de Strasbourg-Campagne
Superficie : 220 ha
Population 1998 : 210 hab.
Habitants : les Grassendorfois

Origine du nom : peut-être d'un anthroponyme germanique commençant par Gras, et de l'allemand *Dorf*, village.

Blason : il représente la martyre sainte Agathe.
67110800

HISTORIQUE

Des découvertes archéologiques gallo-romaines faites à l'emplacement du village disparu de Bachhoffen attestent que le site est habité à cette époque. Ancien village du Saint Empire romain germanique, Grassendorf fait partie du bailliage de Haguenau. Décimé pendant la guerre de Trente Ans, le village est repeuplé par des immigrants français, et certains noms de fermes en gardent la mémoire. Sous l'impulsion de Bernard Ingwiller, maire de Grassendorf et conseiller général du canton de Hochfelden, la culture du houblon se développe considérablement dans la région. Récoltées au début du mois de septembre, les fleurs femelles de cette plante sont utilisées par les brasseurs après dessiccation, pour donner à la bière sa fine amertume. Une partie importante de la production est exportée aux États-Unis, mais les brasseries alsaciennes utilisent également le houblon local.

FERME
1683-1849
Pan de bois
27, rue Principale *67110805*
Cette ferme à colombage est la plus ancienne du village. Sa partie est, c'est-à-dire le pignon avec une sablière et un poutrage légèrement courbé, est d'origine. L'ancien portail en grès, démonté à la suite d'un accident, porte une guirlande avec, en son centre, une croix de même facture que celle du cimetière, datée de 1789. À l'intérieur se trouve une alcôve à double entrée, en bois fruitier.

CALVAIRE
1789-XIXe siècle
Grès
Cimetière *67110802*
Ce calvaire est déplacé à la fin des années 1920, au moment du réaménagement du cimetière. Restauré au XIXe siècle, il est constitué d'une croix avec une femme en pleurs à la base. Seule une partie de l'inscription est lisible : « *Sehet alle auf mich beckehret euch zum mir und ihr werdet selig werden. ISAC 45 V 22 – 1789.* »

INSCRIPTION
1822
Grès rose
4, rue des Vergers *67110807*
Cette double inscription est répartie de part et d'autre d'une niche portant à la base la date de construction de la maison. Sur la partie gauche se trouve un texte insolite : « *Dieser Bau ist mein und doch nicht mein, der mir nachkommt, dem wirds auch so sein* », « Cette maison est à moi, mais en même temps elle n'est pas à moi, il en sera de même pour mon successeur. » L'inscription de droite, plus classique, donne le nom des constructeurs de la maison, Johannes Kraener et Barbara Wind.

ÉGLISE SAINTE-AGATHE
Vers 1824
Grès et pierre
Rue Principale 67110801
La croix de Lorraine située au sommet du clocher rappelle que l'abbaye de Sturzelbronn est possessionnée dans le village. La paroisse dépend de Morschwiller jusqu'en 1724. L'église possède des autels baroques, dont l'un est dédié à saint Ulrich, patron de l'église du village disparu de Bachhoffen. L'orgue Stiehr, daté de 1824, est à peu près contemporain de la construction de l'église. Le presbytère, situé à proximité, contient une rampe d'escalier en chêne datant d'environ 1750.

ALCÔVE
Vers le XIXe siècle
Bois de noyer 67110806
Occupant le fond de la pièce centrale d'habitation, appelée la *Stub*, l'alcôve abrite le lit où dorment les parents et les enfants en bas âge. Souvent fermée par une porte, elle est ici simplement séparée de la pièce à vivre par un rideau coulissant.

GROTTE DE LOURDES
XXe siècle
Brique
27, rue Principale 67110808
Il s'agit de l'une des nombreuses reconstitutions de la grotte de Lourdes qui se trouvent dans les villages catholiques du canton de Hochfelden.

Hochfelden

Canton de Hochfelden
Arrondissement de Strasbourg-Campagne
Superficie : 1 209 ha
Population 1998 : 2 796 hab.
Habitants : les Hochfeldois
Cours d'eau : la Zorn

Origine du nom : du germanique *hoch*, haut, et *Feld*, champ.

Blason : il représente saint Pierre, patron de la paroisse, avec ses attributs.
67110900

HISTORIQUE

Le site de Hochfelden est habité depuis des millénaires, comme l'atteste la découverte de fonds de cabanes et de nombreuses sépultures néolithiques, de lingots de fer, d'armes et de bijoux celtes, ou encore de fondations de bâtiments gallo-romains. Des nécropoles barbares sont également retrouvées, parmi lesquelles la tombe d'une princesse du Ve siècle. Le nom de Hochfelden apparaît pour la première fois en 816 : « Hocfeldis » est un établissement important et un lieu de justice au temps des Carolingiens. Le village et les terres appartiennent en partie à l'abbaye de Wissembourg, et en partie aux empereurs. Ils passent ensuite aux sires d'Ochsenstein. Pendant la guerre de Trente Ans, Mansfeld incendie Hochfelden et son château, qui domine le bourg depuis le XIIe siècle. En 1630, la seigneurie devient la propriété des barons Albertini d'Ichtratzheim jusqu'à la Révolution. Jusqu'au milieu du XIXe siècle, Hochfelden forme une entité économique basée essentiellement sur les ressources agricoles. Deux activités industrielles se développent tour à tour : les tuileries et la brasserie.

ÉGLISE SAINTS-PIERRE-ET-PAUL
XIIe siècle-1826
Grès, marne grise et brique
Place de l'Église 67110909
La première mention de l'église catholique paroissiale apparaît en 968 dans le cadre de la donation de la cour royale de Hochfelden par l'empereur Othon Ier à son épouse Adélaïde. Située dans l'enceinte du château féodal des seigneurs de Hochfelden, l'église dépend de l'abbaye de Neuwiller. Détruite et restaurée à plusieurs reprises, elle est totalement délabrée au moment de la Révolution. Reconstruite au début du XIXe siècle, l'église actuelle conserve son clocher roman, dont les étages inférieurs datent du XIIe siècle. Une église protestante est bâtie dans le village en 1896.

ORGUE
1841
Facteur : Joseph Stiehr
Église Saints-Pierre-et-Paul 67110911
Financée par la paroisse et par une souscription, la réalisation de cet orgue n'a pas été soumise à l'approbation de l'architecte d'arrondissement. Joseph Stiehr dessine donc sa façade en toute liberté. La structure classique comporte une réminiscence de la tourelle tripartite de Jean André Silbermann, et une ornementation antiquisante avec des chapiteaux corinthiens et des frises en bas relief.

CHAPELLE SAINT-WENDELIN
XIIIe siècle-1435
Grès et marne grise
Route de Saverne 67110902
Reconstruit sur l'emplacement d'un sanctuaire plus ancien, comme l'atteste l'inscription située à l'extérieur du chœur, l'édifice gothique actuel se compose d'un chœur polygonal, d'une nef couverte d'un plafond à caissons et d'un clocher dont les parties les plus anciennes remontent au XIIIe siècle. Une grande partie du mobilier date du XVIIIe siècle.

CLOCHE
Vers 1260
(d. : 85 cm, p. : 380 kg)
Chapelle Saint-Wendelin 67110906
Le clocher de la chapelle abrite l'une des plus anciennes cloches d'Alsace. Elle porte cette inscription : *« O Rex glorie Christe veni cum pace. Intem ich loben dich ins Marien en luternich. »*

SAINT WENDELIN
1659
Huile sur toile
Chapelle Saint-Wendelin 67110905
Ce tableau est offert à la chapelle par Anne von Wolbrann, veuve d'Ascamir Albertini, seigneur de Hochfelden. Il représente saint Wendelin, ermite du VIe siècle, patron des bergers et protecteur du monde rural.

CHÂTEAU
Vers le XVIIe-début du XXe siècles
Grès et marne grise
Rue Schauenburg 67110915

Seule partie subsistante de l'ancien château de Hochfelden, ce bâtiment sert de résidence à l'intendant. Il est profondément remanié au début du XXe siècle par Balthazar de Schauenburg, héritier des Albertini, anciens seigneurs de Hochfelden. Couvert d'un toit en ardoise à fenêtres mansardées, le château est orné à l'avant d'un escalier à double volée en partie masqué par une tourelle.

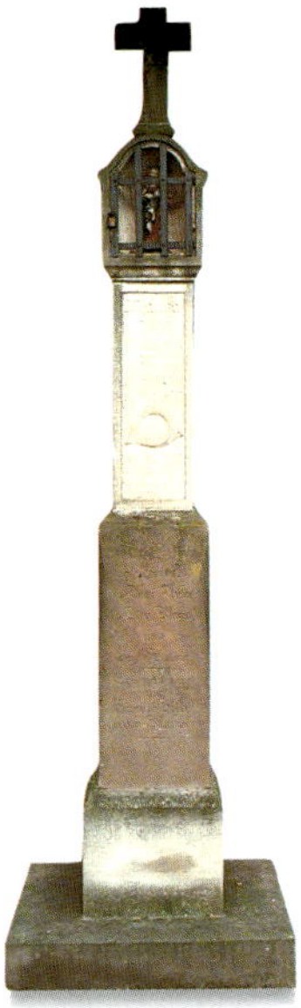

BILDSTOCK
1807
Grès
Rue des Quatre-Vents 67110920

Ce *Bildstock* surmonté d'une petite croix est érigé par les Ziller, maîtres de poste de Hochfelden pendant de nombreuses générations. Il est d'ailleurs décoré d'un cor de postillon. Rénové le 18 mai 1868 par des descendants de cette famille, il est renversé lors de travaux de réalisation du lotissement Scherlenheimerweg et recueilli par Georges Wencker.

CALVAIRE
1826-1874-1988
Grès
Route de Strasbourg 67110916

Cette croix d'indulgence, comportant une longue citation d'Isaïe, est élevée par les époux Anton Diebolt et Anna Maria Wendling. Elle est restaurée une première fois en 1874, puis en 1988 par Keller, de Molsheim. Sur la traverse de la base sont représentés Marie et saint Jean.

SYNAGOGUE (porte)
1841
Marne grise, bois et grès
Place du Marché 67110912

À Hochfelden sont réunis les vestiges d'un centre communautaire juif rural, sans modification notable depuis sa construction. L'architecte de la synagogue a choisi de suspendre le plafond à la charpente, puis la galerie des femmes au plafond. La cave de l'école juive abrite le bain rituel alimenté par l'eau de deux puits situés à quelques mètres. Les plans originaux de la synagogue se trouvent au fonds d'archives du Leo Baeck Institute de New York. La maison du rabbin, sise à côté de l'école, est restaurée à l'identique.

TUILERIE LANTER
Début du XXe siècle
Brique
Rue de la Tuilerie 67110913

En 1900, six tuileries sont en activité dans le bourg. Elles fabriquent environ 15 millions de briques et de tuiles par an, en employant 150 personnes. La tuilerie Lanter, spécialisée dans la tuile de luxe, est la seule qui subsiste. Le château de Frédéric II à Sans-Souci, près de Berlin, est recouvert avec des tuiles issues de ces ateliers.

Hohatzenheim

Canton de Hochfelden
Arrondissement de Strasbourg-Campagne
Superficie : 200 ha
Population 1998 : 240 hab.
Habitants : les Hohatzenheimois

Origine du nom : du celte *aithin*, petit endroit.

HISTORIQUE

Le site de Hohatzenheim est occupé à date ancienne, comme en témoigne la découverte d'une tombe néolithique et de fonds de cabane de l'âge du fer. À l'époque romaine, un castel est construit à proximité de l'actuelle église, sur la colline qui domine Strasbourg, la vallée de la Zorn et la Forêt-Noire, et qui constitue par conséquent un endroit stratégique. Propriété du couvent de Sindelsberg, de l'abbaye de Neuwiller puis de l'hôpital de Haguenau, le village passe en 1480 aux mains des Hanau-Lichtenberg puis à leurs successeurs. Convertie à la Réforme en 1546, la population retourne à la foi catholique à la fin du XVIIe siècle.

ANCIEN TRIBUNAL
Brique et grès
1, rue du 14-Juillet *67110914*
Cet ancien tribunal, dont l'intérieur est doté de fresques, est agrémenté d'un oriel d'angle à clocheton. Le toit est décoré de tuiles vernissées peintes. La suppression du tribunal de Hochfelden entraîne la reconversion du bâtiment en Trésor Public.

PLAQUE COMMÉMORATIVE
Début du XXe siècle
Grès des Vosges
Rue du Maître *67110917*
Cette plaque est posée sur la maison natale de Mgr Corbet, évêque de Diego Suarez. Évangélisateur de l'île de Madagascar, Mgr Corbert naît à Hochfelden en 1836 et meurt à Madagascar en 1914.

CUVE
Début du XXe siècle
Cuivre
Brasserie Meteor
6, rue du Général-Leboq *67110919*
La première mention d'une brasserie à Hochfelden remonte à 870. À l'époque, les moines de Wissembourg réclament à leur annexe un loyer sous forme de bière. La brasserie Meteor appartient à la famille Haag, huitième génération de brasseurs. Elle a réalisé d'importants investissements afin de disposer d'un instrument de travail à la pointe de la technique, tout en restant dans le respect de la tradition. Meteor distribution, sa filiale, approvisionne les détaillants de la grande région de Strasbourg.

ÉGLISE
DE LA VIERGE-DOULOUREUSE
Vers 1200-1888
Grès et pierre *67111001*
Construite à l'emplacement d'un ancien temple romain et d'un sanctuaire du VIIIe siècle, cette église possède un souterrain taillé dans le lœss. Une partie des lésènes et des modillons est sculptée en forme de masques grimaçants humains ou animaux. L'intérieur de l'église est orné de fresques peintes en 1930 dans un style néo-médiéval, qui illustrent des scènes bibliques. De nombreux ex-voto sont

déposés par les pèlerins. À côté de l'église, le presbytère est occupé par des pères capucins qui en sont les desservants.

PIETÀ
XVIIe-XIXe siècles
Bois doré
Église de la Vierge-Douloureuse 67111002

La Vierge ne prend une place importante dans la vie religieuse qu'à partir du XIIe siècle, sous l'influence de saint Bernard. Les représentations de la Vierge de pitié se font plus nombreuses à la fin du Moyen Âge, car la scène répond à la sensibilité pathétique de l'époque. Marie reçoit sur ses genoux le Christ descendu de la croix. Au XVe siècle, Jésus est le plus souvent représenté sur les genoux de sa mère. À partir du XVIe siècle, il est généralement étendu aux pieds de Marie.

INSCRIPTION COMMÉMORATIVE
XIXe siècle
Grès rose
Église de la Vierge-Douloureuse 67111003

Cette inscription latine reprise en allemand rappelle que l'église, passée à la Réforme pendant plus d'un siècle, est restituée au culte catholique sous Louis XIV.

STÈLE DE NICOLAS BLAISE
Vers 1793
Granit
Cimetière 67111007

Nicolas Blaise meurt guillotiné par Eulogius Schneider sous le règne de la Terreur. L'inscription du monument rappelle la cruauté du révolutionnaire : « Schneider, cette âme de boue, fit mourir innocents un grand nombre d'honnêtes hommes de la basse Alsace. » Le fils de la victime, Nicolas Blaise, percepteur des contributions directes, décède à Hohatzenheim en 1848, à l'âge de 84 ans.

FERME
1798
Pan de bois
2, rue du Maire 67111012

Cette ferme à colombage est dotée de dépendances importantes. Sur le linteau de la porte sont indiquées la date de construction de la maison et les initiales des commanditaires, GF et BK. Le père et le grand-père du propriétaire actuel sont maires du village pendant de nombreuses années, ce qui explique le nom de rue.

Hohfrankenheim

Canton de Hochfelden
Arrondissement de Strasbourg-Campagne
Superficie : 280 ha
Population 1990 : 218 hab.
Habitants : les Hohfrankenheimois
Cours d'eau : le Rohrbach

Origine du nom : le nom traduit peut-être la trace d'une colonisation franque.

Blason : les armes aux couleurs de Hanau rappellent celles de la famille d'Ulm, anciens seigneurs dans le village au XVe siècle.
67111100

HISTORIQUE

Le site est occupé dès l'âge du fer. La première mention du village date de 830. Au cours du Moyen Âge, plusieurs abbayes sont possessionnées sur le village. Après un passage dans la maison des Dagsbourg puis des Hunebourg, le finage passe aux mains des Lichtenberg et de leurs successeurs. La Réforme y est introduite en 1570.

ÉGLISE PROTESTANTE
1683
Grès et marne grise
Rue de l'Église *67111106*

Très courte, la nef rectangulaire de cette église est ornée d'un plafond en bois. La sobriété du décor rappelle les églises de Geiswiller, de Ringeldorf ou de Ringendorf. Elle possède une chaire contemporaine de sa construction, constituée d'une cuve monolithe en grès et supportée par un pilier. Un départ d'escalier en grès poursuivi par des marches en bois permet d'y accéder.

POTEAU CORNIER
1782
Bois
19, rue Principale *67111105*

Les poteaux corniers ont plus qu'une fonction décorative, puisqu'ils renseignent sur l'identité des propriétaires et de la date de construction. Ils ont également une vocation de protection de l'habitation contre l'incendie. Ce poteau est décoré d'une croix surmontée d'un coq. L'inscription donne les noms des constructeurs de la maison, Jacob Arbogast et sa femme Anna Litt.

MAISON
1776-1782-1834
Pan de bois
18, rue Principale
67111101

La porte charretière surbâtie de cette ferme est encadrée par deux montants en grès rose décorés de coquilles Saint-Jacques. Côté rue, une série de losanges assez allongés porte des petites fenêtres. Le pignon se trouve du côté sud. Plusieurs inscriptions gardent la mémoire des différentes rénovations du bâtiment, ainsi que des initiales des propriétaires, IG, EL, MH et ML.

Ingenheim

Canton de Hochfelden
Arrondissement de Strasbourg-Campagne
Superficie : 540 ha
Population 1990 : 300 hab.
Habitants : les Ingenheimois
Cours d'eau : le Zorn et le Canal de la Marne au Rhin

Origine du nom : peut-être de l'anthroponyme germanique Ingo et de *Heim*, village.

HISTORIQUE

L'abbaye de Wissembourg a des possessions dans le finage d'Ingenheim, ainsi que celle de Marmoutier. Cette dernière les échange avec le couvent de Sindelsberg. Ces possessions passent ensuite aux mains de l'évêché de Strasbourg, qui les cède aux Greifenstein. Cette famille les vend par la suite aux Lichtenberg. Le château des Lichtenberg, qui s'élève au lieu-dit Schlossgraben, est détruit par les Armagnacs en 1449. L'église, consacrée à saint Ulrich, dépend de Lupstein. La Réforme est introduite dans le village en 1571. Selon la tradition, il s'est trouvé dans le village un sanctuaire des eaux païen, christianisé par saint Ulrich et où les pèlerins catholiques sont venus chercher de l'eau jusqu'en 1867.

ÉGLISE PROTESTANTE
Moyen Âge-1784-1887
Grès et marne grise *67111201*
Une église consacrée à saint Ulrich existe sur cet emplacement avant 1571, date à laquelle la paroisse et le sanctuaire passent à la Réforme. Le premier pasteur, nommé en 1573, s'appelle Christophe Martin Grosswinterfeld. À la fin du XVIIIe siècle, la foudre tombe sur le clocher qui brûle entièrement. Il est alors reconstruit, et l'église est agrandie à cette occasion. L'orgue, réalisé en 1800 par Koulen, est restauré par Kern, de Strasbourg. En 1925, Johannes Claus, de Sacramento, aux États-Unis, offre une cloche pour remplacer celles qui sont fondues par les Allemands en 1917.

MAISON
Vers 1650
Pan de bois
40, rue Principale *67111211*
Cette maison à colombage au torchis apparent présente toutes les caractéristiques de son époque. Une fenêtre Renaissance sculptée et des chaises curules apparaissent à l'arrière, du côté est. À l'intérieur de la maison se trouvent un escalier et une cheminée d'époque, ainsi qu'une alcôve en sapin dans l'une des pièces de l'étage. L'inscription du poteau cornier situé au nord est illisible.

LINTEAU
1597
Grès
76, rue de l'Église *67111206*
Seul vestige d'une ancienne ferme, le portail porte la plus ancienne date relevée sur une construction du village. Son linteau est décoré de signes difficiles à interpréter. Peut-être s'agit-il d'une marque de tâcheron ou de figurines symboliques. Sur le linteau de la porte, qui date vraisemblablement de la même époque que le portail, figurent des outils de vigneron et deux noms qui sont probablement ceux des premiers propriétaires de la maison, Hanse et Lorentz.

Issenhausen

Canton de Hochfelden
Arrondissement de Strasbourg-Campagne
Superficie : 210 ha
Population 1998 : 85 hab.
Habitants : les Issenhoussois

Origine du nom : du germanique *Issen*, fer, en référence aux exploitations de fer.

Blason : il s'agit des armes brisées des comtes de Lichtenberg, anciens propriétaires du village au XIVe siècle.
67111300

HISTORIQUE

Le hameau de Isanhusen est la propriété de l'abbaye de Marmoutier en 1127. Il passe ensuite entre les mains des Hanau-Lichtenberg, et prend son nom actuel d'Issenhausen en 1480. En 1546, la Réforme est introduite dans le village. Issenhausen fait partie du canton de Bouxwiller en 1790, puis intègre en 1801 celui de Hochfelden, comme tous les villages de ce secteur. Issenhausen possède une série particulièrement importante de fermes à colombage.

FERME
1802-1843
Pan de bois
78, rue de l'Église
67111208

Cette ferme située à l'arrière de l'église aurait été habitée par un général anglais lors de la campagne de France en 1814. Le portail, postérieur à la construction de la maison, porte la date de 1843. Comme souvent dans la région, le rez-de-chaussée du bâtiment est en grès alors que le premier étage est à colombage.

MAISON
1872
Peintre : Pavel Canda
Pan de bois enduit et grès
90, rue Principale *67111210*

L'extérieur de cette maison est entièrement peint par l'artiste Pavel Canda. Côté nord, un ancien four est toujours en place. Le bâtiment, avec son portail latéral, est caractéristique des constructions de la région.

LION SCULPTÉ
Grès
67, rue Principale *67111209*

Ancien restaurant *Au Lion*, cette maison conserve sur sa façade le lion sculpté qui constituait son enseigne.

NID DE CIGOGNE *67111212*

Les cigognes sont très nombreuses dans la région, car le département du Bas-Rhin est un centre de réintroduction de cette espèce en voie de disparition. Les nids des cigognes, constitués de branchages, sont perchés sur les cheminées des habitations.

FERME SCHNEIDER-SCHINI
1790-1829-1835
Pan de bois
5, rue Principale *67111304*

La partie de la ferme qui donne sur la rue se compose de deux façades jumelles. La plus ancienne, au nord, est datée de 1790, et la plus récente de 1835. Entre les deux maisons se trouvent deux portails de grande hauteur. Le poteau cornier situé à l'extérieur

DÉPENDANCE
XIXe siècle
Bois
Ferme Hans Im Schnockeloch *67111303*
Au début du XXe siècle, la ferme compte sept chevaux ardennais. Cette exploitation est la première de la région à posséder une machine à vapeur alimentant une turbine et une dynamo qui fournit le courant d'abord à la ferme, puis à une partie du village et même à Strasbourg. La première école du village se trouve dans les dépendances de la ferme.

porte une inscription : « *Dieses Haus hat gebaut Jacob Edel und Margreda Firnin anno 1790.* » Au-dessus des portails figurent les noms des propriétaires qui ont construit la deuxième partie du bâtiment : « *Diesen Bau hat gebaut Michel Schafer und Margaretha Urban anno 1835* », l'étable de la cour est transformée en habitation par deux veuves, Margaretha Urban et Margaretha Edel, en 1829.

façade sont des sentences : « *Die Arbeid ist des Menschen Pflicht den Trüge had den segen Gottes nicht* », « *Mit Gott ihn alles fangen an so wirst du Glück und Segenhan Menschen Fleiss gar nicht gelingt wo Gott nicht seinen Segen bringt. Dieses Haus steht in Gottes Hand. Gott bewahre vor Feier und Brand und das ganze Vaterland.* »

HORLOGE
XIXe siècle
Ferme Hans Im Schnockeloch *67111309*
Sur le côté sud du bâtiment, un clocheton muni d'une cloche servait, au début du XXe siècle, à rappeler les journaliers pour les repas.

FERME *HANS IM SCHNOCKELOCH*
1809
Pan de bois
2, rue Principale 67111302
Cette ferme aux dimensions imposantes est tout à fait représentative des constructions du pays de Hochfelden. Charles Sprindler, artiste renommé pour ses marqueteries, représente son *Hans im Schnockeloch* devant le balcon sud du bâtiment. L'inscription qui figure sur la poutre au-dessus de la grande porte indique : « Georg Richert 1832 Margreta Stath ». Au-dessous figurent trois svastikas.

FERME
1837
Pan de bois
15, rue Principale *67111307*
Cette ferme est dotée d'un balcon sur la rue. Sa façade est ornée d'une série d'inscriptions ainsi que d'une riche décoration peinte figurant des fleurs, des pigeons… Les inscriptions de la

ÉGLISE PROTESTANTE
Pierre enduite
Route de Kinwiller *67111301*
Cette église est dotée d'une décoration intérieure sobre avec un autel en bois. De chaque côté de la nef, un panneau en bois porte les noms des victimes des deux guerres mondiales. Dans le cimetière, au nord de l'église, se trouvent quelques tombes anciennes, dont une en fonte.

Lixhausen

Canton de Hochfelden
Arrondissement de Strasbourg-Campagne
Superficie : 330 ha
Population 1998 : 250 hab.
Habitants : les Lixhausenois

Origine du nom : peut-être de l'anthroponyme germanique Liutolt et de *Hûs*, maison.

Blason : il représente saint Nabor, patron de la paroisse, tenant une épée d'argent.
67111400

HISTORIQUE

Possession de l'abbaye de Wissembourg puis du bailliage de Haguenau, le village de Lixhausen passe aux seigneurs de Hochfelden au XIVe siècle. L'abbaye de Sturzelbronn y possède une ferme. La paroisse est une filiale de Bossendorf, avant de retrouver son indépendance au XIXe siècle. Sous l'Ancien Régime, la moitié de la dîme est versée aux Hanau-Lichtenberg et l'autre moitié à l'évêque de Spire.

CROIX
1732
Grès
28, rue de Bouxwiller
67111403

Selon la tradition locale, ce *Bildstock* serait édifié à proximité d'une ancienne voie romaine. Elle comporte une inscription indiquant le nom du couple qui l'a fait construire, Johanis Hansz et Maria Grunin, et la date de son élévation. Les croix à niches sont très nombreuses dans la région, et le village de Lixhausen en compte trois à lui seul.

DÉPENDANCES
1826-1878
Pan de bois
27, rue Egerlé *67111404*
Malgré plusieurs remaniements, la partie sud de ce bâtiment présente un grand intérêt en raison du balcon courant sur toute sa longueur. Décoré de cinq losanges prolongés par quatre chaises curules, il est soigneusement étayé afin d'éviter son effondrement. Le poteau cornier torsadé, situé à l'angle sud-est, est en partie illisible. Le clausoir et l'abreuvoir, plus anciens que le bâtiment, sont construits respectivement en 1752 et en 1798. Plusieurs inscriptions donnent les initiales des propriétaires successifs de la maison aux XVIIe et XVIIIe siècles.

ÉGLISE SAINT-NABOR
1861
Grès et marne grise *67111402*
L'église est reconstruite au XIXe siècle sur l'emplacement d'un ancien sanctuaire. Le clocher-chœur carré, assez trapu, et le cimetière sont surélevés de près de 1,50 mètre par rapport à la route, et pourraient laisser supposer une fortification ancienne de l'église, même si cette théorie n'est étayée par aucune preuve. Dans la nef se trouvent deux statues antérieures à la reconstruction du bâtiment, dont une Vierge debout sur le globe terrestre entouré d'un serpent. Trois tableaux en céramiques ornent le chœur.

ORGUE
XIXe siècle
Facteur : Merckel
Bois
Église Saint-Nabor *67111401*
Cet orgue intègre une partie d'un orgue Silbermann. D'abord installé à Benfeld, en 1835, il est remonté à Lixhausen en 1863 par Stiehr.

CROIX D'INDULGENCES
Grès
Route de Bouxwiller 67111406

Exemple typique des nombreuses croix d'indulgences qui se trouvent dans les villages catholiques, cette croix est située à la sortie du village, au milieu des champs. Une inscription rappelle un verset de l'évangile selon saint Jean, puis énumère les conditions d'obtention de l'indulgence : « *Alle die welche vor diesem Kreuze 5 waterunser und 5 Ave Maria und das Catholische Glauben... obheten können einen Ablab hoben von 40 Tagen...* »

CHAPELLE PROCESSIONNELLE
Pierre enduite
5, rue Principale 67111407

Ce bâtiment est un exemple des petites chapelles processionnelles utilisées principalement lors de la Fête-Dieu. Dans d'autres villages de la région, un ou plusieurs autels provisoires sont érigés à l'occasion de cette fête, toujours pour accueillir l'ostensoir.

Melsheim

Canton de Hochfelden
Arrondissement de Strasbourg-Campagne
Superficie : 520 ha
Population 1990 : 530 hab.
Habitants : les Melsheimois

Origine du nom : dériverait du celte *meoll*, coteau, et *tas*, maison.

Blason : il représente saint Georges à cheval perçant de sa lance la tête du dragon.
67111500

HISTORIQUE

Le village de Melsheim est une ancienne possession impériale, avant de passer aux Falkenstein. L'abbaye de Seltz y possède des biens. Au Moyen Âge, une famille de petite noblesse porte le nom du village. En 1342, Melsheim passe aux Lichtenberg, puis à leurs héritiers qui le conservent jusqu'à la Révolution. La Réforme y est introduite en 1545.

FERME
1788-1796-1837
Pan de bois
48, rue principale 67111505

Le porche et les dépendances adjacentes sont vraisemblablement construits à l'extrême fin du XVIIIe siècle, quelques années après la ferme elle-même. De type traditionnel, le bâtiment est reconstruit au XIXe siècle, comme l'atteste l'inscription du pignon : « *Dieses Haus hat gebant Iacob Michel und Maria Heier ihm Jahr Anno 1837.* »

FERME
1726
Pan de bois
57, rue principale 67111508

Cette ferme d'angle construite pour Felden Karcher a fait l'objet de plusieurs restaurations. Le porche est reconstruit en 1872 par Georg Richert et sa femme Margaretha Kauffmann, comme l'atteste une inscription figurant au-dessus du portillon. La cour intérieure conserve la disposition classique. Un escalier à double volée, avec une rampe en bois ornée d'un losange et d'une croix de Saint-André, permet d'accéder à la maison elle-même.

ÉGLISE PROTESTANTE (porte)
1879
Grès et crépi 67111501
Reconstruite au XIXe siècle à l'emplacement d'un premier bâtiment, cette église est dotée d'un clocher à deux étages. Sur le mur extérieur du chœur se trouve une inscription presque illisible, gravée sur une dalle en remploi. La nef unique est agrémentée d'une chaire en bois. Le plafond peint est également en bois. À droite de l'entrée, une plaque en marbre porte les noms des victimes de la Première Guerre mondiale. À l'extérieur, sur la place de l'église, un monument aux morts d'une grande sobriété représente un homme, allongé sur le dos, avec la simple mention : « À nos morts ».

ÉCOLE
1900
Brique et grès
93, rue Basse 67111511
Une aile de l'école était destinée aux filles, l'autre aux garçons. Un escalier en grès à double volée, avec une rampe en fer forgé, complète l'ensemble. Sous cet escalier se trouve le poste d'incendie.

Minversheim

Canton de Hochfelden
Arrondissement de Strasbourg-Campagne
Superficie : 540 ha
Population 1998 : 510 hab.
Habitants : les Minversheimois

Origine du nom : pourrait provenir du patronyme d'un chef alaman ou franc, ou encore de l'exploitation du minerai de fer.

HISTORIQUE

Le village est occupé dès le Néolithique, entre 4 500 et 1 800 avant J.-C., comme le prouve la découverte d'un soc de charrue de cette époque. Au lieu-dit Bœsch, plusieurs tombes gallo-romaines, ainsi qu'un foyer destiné aux rites funéraires indiquent la présence d'un cimetière antérieur au VIIe *siècle. Les fondations d'une tour romaine ont été retrouvées sur le territoire de la commune. Le clocher actuel serait construit sur cette tour. Enfin, la mise au jour d'un cimetière mérovingien atteste la continuité de l'occupation du site. Deux villages autrefois situés sur le finage de la commune, Uffheim et Etschausen, ont disparu. Minversheim est à l'origine un village libre rattaché au grand bailliage de Haguenau. Il passe ensuite en fief aux Wangen. Le village est très éprouvé par la guerre de Trente Ans, puis par la Révolution. La moitié des habitants émigre alors vers le pays de Bade, et le curé du village est déporté à l'île de Ré. Dans ce village subsiste une tradition assez rare, celle du* Rummelbrett *: il s'agit d'un petit tableau décoré d'images pieuses, qui circule de famille en famille. Si un orage éclate, la famille qui le détient a l'obligation de faire sonner la cloche de l'église.*

MAISON
1701
Pan de bois
52, rue Principale 67111606
Cette maison est probablement la plus ancienne du village. Le pignon sur rue est constitué de colombage en chêne sur toute sa hauteur. Restauré, le balcon est décoré de deux chaises curules situées au-dessus de lui. L'arrière de la maison a été ajouté après la construction du bâtiment principal.

FERME
1715-1763-1766
Bois et grès calcaire du pays
23, rue Haute 67111608
Ce corps de ferme présente plusieurs caractéristiques particulières. En premier lieu, les dépendances donnant sur la rue proviennent d'un ancien moulin situé sur le Minversheimerbachel, et dont il ne reste plus aucune trace. Le bâtiment est construit en plusieurs étapes, comme l'indiquent les dates inscrites à l'entrée de la cave. La seconde particularité de cette ferme réside dans un groupe sculpté, en grès, qui représente deux guerriers.

PIERRE TOMBALE
XVIIIe siècle
Grès
Cimetière 67111603

Une rangée de neuf tombes anciennes, dont la plus vieille date de 1763, se trouve à l'arrière de l'église.

CORPS DE FERME
1777-1803
Pan de bois
58, Grand-Rue 67111604

De cette grande ferme, il reste la maison, le portail surbâti et la partie est des dépendances. Dans la cour sont aménagés deux balcons, l'un sur la maison et l'autre sur les dépendances. Un ancien pressoir en grès est installé près de l'entrée de la cave à vin. Dans la cuisine, un vieux four à pain visible de l'extérieur est encore utilisé. Une inscription provenant de l'alcôve, démontée avec le texte, indique : « Michaël Debes-Agatha Daul 1829. »

HORLOGE
1900
Collection particulière
67111613

L'intérieur de cette maison se compose d'une *Stub* avec plafond en bois, dont les murs sont eux aussi entièrement recouverts de bois, d'un meuble de coin d'époque et d'une ancienne porte en ferrage. Dans un coin de la pièce se dresse une horloge. À l'étage sont conservées deux armoires, l'une à chapeau de gendarme et une autre portant l'inscription suivante : « Theresia Bignet 1849 ». Il s'agit de la mère d'Anna Ingwiller, de Grassendorf. Lorsqu'elle épouse Jérôme Debes, fils des propriétaires, elle apporte cette armoire en dot.

ÉGLISE SAINT-HILAIRE
1765
Grès et pierre du pays 67111601

L'église actuelle est dotée d'un clocher-chœur fortifié plus ancien que le reste de l'édifice. Au-dessus de l'entrée se trouve une statue ancienne de saint Hilaire, patron principal de l'église. Le patron secondaire est saint Nicolas, ancien patron principal du village disparu d'Etschausen. Le chœur comporte un maître-autel néo-classique avec une représentation de la Transfiguration du Christ. L'église possède une chaire du XVIIe siècle et un orgue Stiehr-Mockers de 1877 comprenant 23 registres, 2 claviers et un pédalier. Il remplace un orgue Hlady, plus ancien, démonté en 1787. Les plafonds peints sont ornés de médaillons de saint Florent, saint Léon IX, sainte Richarde et sainte Odile.

GROTTE DE LOURDES
Brique
Cimetière 67111609

Une grotte de Lourdes est construite dans le cimetière actuel. Sur le côté droit de cette grotte, une plaque reprend les noms des enfants de Minversheim victimes des deux guerres mondiales.

Mittelhausen

Canton de Hochfelden
Arrondissement de Strasbourg-Campagne
Superficie : 480 ha
Population 1990 : 493 hab.
Habitants : les Mittelhausois

Origine du nom : inconnue.

Blason : les trois tours symbolisent les trois portes qui permettaient de franchir l'enceinte médiévale du village.
67111700

HISTORIQUE

Quatre haches-marteaux néolithiques ont été découvertes dans le village, ainsi qu'une fosse datant du début de l'âge du fer. Un cimetière mérovingien a également été mis au jour. Le village est mentionné pour la première fois en 757 sous le toponyme de Mediovilla, dans un acte de donation faite à l'abbaye de Wissembourg par le noble franc Aldricus. Sous l'Ancien Régime, sont aménagés à Mittelhausen une enceinte, sous la forme d'un fossé, Dorfgraben, *et un cimetière fortifié. Au début du XII*e *siècle, le couvent de Sindelsberg a des possessions sur le territoire du village, où se trouve une grange dîmière. L'évêque de Metz donne les terres aux Lichtenberg qui, après en avoir vendu la moitié, en recouvrent la totalité en 1452. La Réforme est introduite à Mittelhausen en 1573. La famille Lichtenberg conserve le village jusqu'en 1739 et le transmet ensuite par alliance aux Hessen-Darmstadt, qui le possèdent jusqu'au traité de Lunéville, en 1801.*

TOUR DU CHÂTEAU
Vers 1540
Calcaire et grès
Rue du Château *67111712*
Construits côte à côte, l'un attesté au XIVe et l'autre au XVe siècle, les deux châteaux du village sont ruinés dès 1672. À proximité subsistent une maison de noble et une ferme. Des fouilles archéologiques ont permis de retrouver le plan d'origine du château, dont il ne reste presque rien. Il s'agit d'un plan régulier flanqué à chaque angle d'une tourelle ronde, sauf au nord-est où la tour est carrée. Un fossé rempli d'eau entourait ce château de plaine. Il reste désormais les ruines d'un moulin à proximité des deux édifices. *(I. M. H. 1984)*

EMBLÈME DE LA MAISON GROLL
XVIIIe siècle
Grès des Vosges
Maison Groll
74, rue Principale *67111716*
Ce linteau de porte est orné d'un écu représentant un fer à cheval et un marteau, les emblèmes du métier de forgeron, et des initiales L. G., pour Laurent Goll, le premier propriétaire. Chargés d'entretenir les fers des chevaux et de fabriquer les outils de labour, les forgerons occupent habituellement une place essentielle dans la vie villageoise.

INSCRIPTION
1801
Maison Groll *67111714*
Jean Arbogast et son épouse Anne, née Würst, ont fait construire ou restaurer cette maison en l'an IX de la République française, c'est-à-dire en 1801. Curieusement, la date libellée en calendrier républicain est accompagnée de fleurs de lis, symboles de la royauté.

ÉGLISE PROTESTANTE
1788
Pierre enduite *67111702*
L'église se compose d'une nef unique, dallée de grès et ornée d'un plafond en bois, et d'un chœur en retrait que coiffe le clocher. Dans le chœur se trouve un autel en grès, à l'avant duquel une plaque de grès rappelle le souvenir des victimes des deux guerres mondiales. Au-dessus de cette plaque est placé un oculus avec la couronne d'épines. La tribune en bois abrite un orgue Koulen marqué 1790-1890, et restauré par Mulheisen en 1969.

PIERRE TOMBALE
DE CAROLINE HESSE
XIXe siècle
Granit
Église protestante 67111704
L'église est entourée pendant des siècles d'un cimetière fortifié. Un document de 1702 précise que son mur d'enceinte est haut d'environ 3,5 mètres. Deux tombes sont remployées dans le dallage, celle d'Elsa von Lampertheim, épouse de l'écuyer Hugo von Still, décédée le 7 septembre 1334 et celle de Clémentine von Weitersheim, morte en 1703.

POUTRES
XIXe siècle
Bois
6, impasse du Neuhof 67111710
Le colombage des habitations répond parfois à un pur souci décoratif. Certaines cours intérieures des fermes sont ainsi dotées de galeries en pan de bois. La finesse du travail des poutres et des poteaux corniers relève de la même préoccupation, et leur sophistication est un signe extérieur de la richesse du propriétaire.

ÉCOLE
Fin du XIXe siècle
Brique
35, rue Principale 67111713
Cette école est entièrement construite en brique, certainement produite par la briqueterie locale.

Mutzenhouse

Canton de Hochfelden
Arrondissement de Strasbourg-Campagne
Superficie : 220 ha
Population 1998 : 390 hab.
Habitants : les Mutzenhousois

Origine du nom : peut-être de l'anthroponyme germanique Muozo et de l'allemand *Haus*, maison.

Blason : il figure un peigne de cardeur, symbole du tissage du lin, et une truelle de maçon.
67111800

HISTORIQUE

Une station néolithique, attribuée à la phase récente de la culture de Roessen, vers 3 600 avant J.-C., a été découverte sur le Kirchberg. Le site est ensuite habité à l'époque romaine. Au XVIIIe siècle, Mutzenhouse vit du tissage du lin et d'une entreprise ayant un lien avec la construction. L'abbaye de Wissembourg y possède des biens à la fin de ce siècle et le village est rattaché au bailliage de Haguenau. Plusieurs familles nobles, les Wickersheim, les Wurm et les Gottesheim se succèdent à sa tête. La paroisse de Mutzenhouse est sous la dépendance de celle de Hochfelden jusqu'en 1820. Depuis la fin de la Seconde Guerre mondiale, la cons-truction de plusieurs lotissements sur la commune conduit à une augmentation sensible de la population.

CROIX À NICHE
1743
Grès 67111802
Ce *Bildstock* était destiné à recevoir, dans sa niche, l'image – en allemand *Bild* – d'un saint, souvent sous forme de statuette.

MAISON
Vers 1800
Pan de bois
Rue Principale 67111807

Cet édifice est l'une des rares maisons à colombage du village. La façade, le long de la rue, est composée de trois sablières superposées, séparées par un petit intervalle. Primitivement située à Reichstett, la maison est remontée à Mutzenhouse.

ÉGLISE SAINT-BLAISE
1859
Pierre enduite 67111803

L'édifice actuel est élevé sur l'emplacement d'une église plus ancienne, dont l'existence est attestée par plusieurs textes d'archives. Saint Blaise est réputé pour la protection qu'il dispense contre les maux de gorge. Lors de la fête de saint Blaise, le prêtre bénit la gorge des fidèles à l'aide de deux cierges disposés en croix. Les fonts baptismaux en grès rose sont datés de 1912. Mécanique à l'origine, l'orgue est converti en pneumatique, avant d'être à nouveau transformé en mécanique. À droite du clocher, une croix de mission dont la base est datée de 1806 est réaménagée en 1889 avec le texte suivant : « Elle est sûre cette parole, si nous sommes morts avec lui, avec lui nous vivrons ». L'église possède une cloche Edel, du nom du fondeur strasbourgeois.

ARMOIRE EUCHARISTIQUE
Grès rose
Église Saint-Blaise 67111804

Cette armoire eucharistique située dans le chœur a peut-être été construite pour le premier sanctuaire. Elle représente l'agneau pascal surmonté d'une fleur. Sur la base est sculptée une tête d'homme barbu. L'autel principal, baroque, est orné d'une statue de saint Blaise, ermite arménien décapité en raison de sa foi sous l'empereur romain Licinius, en 316.

MONUMENT AUX MORTS
XXe siècle
Grès des Vosges
Église Saint-Blaise 67111806

Du côté nord de la nef se trouve le monument élevé à la mémoire des morts de la Première Guerre mondiale.

Érigé à la demande de Richard Robert et de son épouse Thérèse Ebel, née à Mutzenhouse, il représente une Crucifixion. Le couple, propriétaire d'un hôtel à Nancy, avait un fils unique, Léon, mort à Cléry dans la Somme le 13 septembre 1916, à l'âge de 29 ans. C'est donc à sa mémoire et à celle des autres jeunes hommes du village tombés lors de cette guerre qu'est élevé ce monument. La famille Robert fait également partie des donateurs de vitraux.

LA SAINTE FAMILLE
Grès polychrome
Église Saint-Blaise 67111805

À gauche du clocher se trouve une pierre tombale portant les noms d'un fils et de sa mère. Cette tombe est coiffée d'une sainte Famille peinte, réalisée par l'Union artistique de Vireux-Molhain, dans les Ardennes. La tombe est déplacée au moment du réaménagement du cimetière.

Ringeldorf

Canton de Hochfelden
Arrondissement de Strasbourg-Campagne
Superficie : 280 ha
Population 1998 : 75 hab.
Habitants : les Ringeldorfois

Origine du nom : peut-être
de l'anthoponyme germanique Ringilo.

Blason : la Vierge et l'Enfant, indiqués par l'armorial de Louis XIV, ont été remplacés par le symbole de la Vierge, le semis de lis d'or.
67111900

HISTORIQUE

Mentionné en 800 dans un acte de vente à l'abbaye de Wissembourg, le village, ancienne possession impériale, fait partie du bailliage de Haguenau. La commune est initialement intégrée au canton de Bouxwiller. En 1801, elle rejoint celui de Hochfelden. Lors de l'élection présidentielle de 1974, Valéry Giscard d'Estaing recueille 100 % des voix dans le village. En remerciement, il vient fêter l'anniversaire de première année de présidence à Ringeldorf, qui donne alors son nom à une rue.

FERME REBER (fronton)
1716-1837-1861
Grès
11, rue Valéry-Giscard-d'Estaing *67111907*
Ce fronton caractérise un imposant corps de ferme, composé de trois ensembles élevés successivement. La partie principale est construite au XVIIIe siècle, comme l'atteste l'inscription du poteau cornier. La façade est modifiée en 1837, et le fronton est muni d'une série de pilastres ainsi que d'une frise en grès au-dessus de la porte, qui imite le décor en bois traditionnel. Enfin, la partie la plus au sud est rajoutée en 1861 par Antoni Weber et Catharina Kleinclaus.

ÉGLISE
Vers 1764 *67111901*
Cette église surplombe le vallon descendant vers Pfaffenhoffen. Le clocher roman trapu, soutenu par deux contreforts, est adossé à une nef construite en 1764. L'intérieur de l'édifice fait l'objet de plusieurs restaurations. Il abrite des autels baroques. Derrière l'autel principal se trouve une pietà de 1480, et dans le chœur des statues de saint Wendelin et saint Jean. L'église est dotée d'un orgue Stiehr.

CHRIST
Grès
Église *67111904*
Ce christ, d'origine inconnue, est intégré dans le mur d'enceinte de l'église.

Ringendorf

Canton de Hochfelden
Arrondissement de Strasbourg-Campagne
Superficie : 370 ha
Population 1998 : 360 hab.
Habitants : les Ringendorfois

Origine du nom : peut-être
de l'anthroponyme germanique Ringilo
et de *Dorf*, village.

Blason : il représente saint Barthélemy tenant un couteau, instrument de son martyre.
67112000

HISTORIQUE

Au Moyen Âge, plusieurs abbayes ont des possessions à Ringendorf, comme celle de Wissembourg en 855, de Hanau en 884 ou de Sturzelbronn en 1178. Ancien village impérial, Ringendorf passe aux Lichtenberg en 1332, puis à leurs successeurs. Une famille noble, sans doute vassale des Lichtenberg, porte le nom du village au Moyen Âge. Convertie à la Réforme en 1545, la paroisse dépend de Kirrwiller. Après avoir fait partie du canton de Bouxwiller, le village rejoint celui de Hochfelden en 1801. Plusieurs industries se sont implantées à Ringendorf, comme les machines agricoles Vogel & Diebold.

ÉGLISE PROTESTANTE
1764-1935 *67112001*

L'église de Ringendorf fait l'objet de restaurations importantes en 1935. Le buffet abrite un orgue Stiehr Mockers de facture classique. À l'avant de la nef, dans la partie gauche, une plaque rappelle les noms des soldats de Ringendorf victimes de la Première Guerre mondiale. Un monument aux morts est construit sur la place de l'Église à la mémoire des victimes de la Seconde Guerre mondiale.

NEF
1764 *67112002*

La date de construction de la nef est inscrite sur le clausoir de la porte principale et sur la porte sud. L'intérieur de la nef est garni de bancs en bois décorés provenant peut-être de l'église de garnison de Metz. Le garde-corps de la tribune à deux ailes, en bois massif, reprend le motif du décor des bancs.

CUSTODE
Grès et bois peint
Église protestante *67112003*

Dans le chœur se trouvent un autel en bois et une niche gothique fermée par une petite porte en bois représentant une effigie de saint Barthélemy. Cet élément orné d'un saint est manifestement antérieur à la Réforme c'est-à-dire à 1545. Il est donc probable que le chœur et le clocher de l'église sont beaucoup plus anciens que le reste de l'édifice.

MAISON
1842
Pan de bois
29, rue Principale *67112008*

Tous les éléments du pignon de cette maison sont de petite taille, mais de facture soignée, comme les losanges et les frises des fenêtres. Au-dessus de l'entrée de la cave figure la date 1862, qui correspond sans doute à une rénovation du bâtiment. La porte est ornée de deux soleils dans sa partie supérieure, et de deux losanges au-dessous. La porte de la cave située à l'arrière, sous les anciennes dépendances, est datée de 1844.

ANCIENNE LAITERIE
Début du XXe siècle
Pierre enduite
26, rue Principale *67112009*

Au début du XXe siècle, chaque village possède sa propre laiterie. Les producteurs des environs viennent alors y porter le lait le matin et le soir.

PUITS
Grès rose
28, rue Principale *67112010*

Ce type de puits à balancier et auge est très fréquent dans la région de Hochfelden.

Saessolsheim

Canton de Hochfelden
Arrondissement de Strasbourg-Campagne
Superficie : 650 ha
Population 1990 : 411 hab.
Habitants : les Saessolsheimois

Origine du nom : du germanique *Saso*, saxon et *Heim*, village.

HISTORIQUE

Plusieurs fouilles menées dans des fossés attestent l'occupation du site de Saessolsheim deuis l'âge des métaux. Le pape Léon IX attribue en 1050 le village au couvent de Hohenbourg, l'actuel mont Sainte-Odile. Au début du XIIe siècle, l'abbaye de Marmoutier et celle de Sindelsberg y ont également des possessions. Ancien village impérial, Saessolsheim fait partie du bailliage épiscopal du Kochersberg. Comme beaucoup de localités voisines, le village possède une reproduction de la grotte de Lourdes.

ÉGLISE SAINT-JEAN-BAPTISTE
XIIe siècle-1752-1936
Grès 67112101
Le clocher est édifié au XIIe siècle sur les fondations d'une ancienne tour de guet romaine. Il abrite quatre cloches, dont un bourdon à la sonorité réputée. La nef actuelle n'est construite qu'au XVIIIe siècle. Le chœur fait l'objet de restaurations au début du XXe siècle. À la fin du XXe siècle, l'église est équipée d'un nouvel orgue de trente jeux, conçu et réalisé par le facteur Bernard Aubertin, qui est utilisé pour de nombreux concerts et stages annuels.

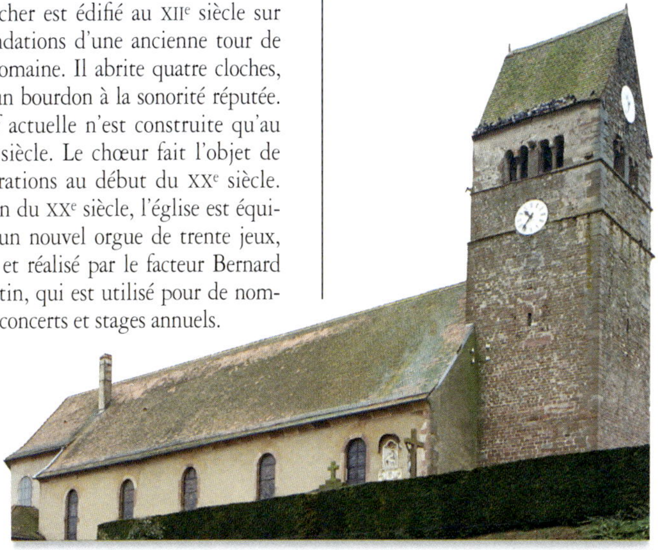

CHAIRE
XVIIIe siècle
Bois
Église Saint-Jean-Baptiste 67112106
L'église est dotée d'un intérieur baroque, dont la chaire constitue l'un des principaux éléments. Elle est illustrée d'un tableau de l'Ascension du Christ. L'autel principal, provenant d'Allemagne du sud, est surmonté d'un tableau de l'Assomption de la Vierge.

BILDSTOCK
1691
Grès 67112117
Comme beaucoup de monuments de ce genre, ce *Bildstock* est situé au milieu des champs. L'inscription, assez longue, précise que Michel Hauber est foudroyé à cet emplacement le 4 juillet 1691, à l'âge de 40 ans. Selon la tradition locale, il s'agirait d'une punition en raison de son impiété, puisqu'il serait allé faire les foins le jour de la Visitation de la Vierge. La commune compte onze autres croix à niche et *Bildstocks*.

PRESBYTÈRE
1750-1780
Grès et bois 67112107
Ce bâtiment est typique des grands presbytères ruraux, assez cossus, qui sont destinés à héberger le curé et ses vicaires, mais aussi à recevoir ses confrères au moment des grandes fêtes de la paroisse.

FERME
1781
Pan de bois
3, rue Principale *67112114*
Cette ferme présente les principales caractéristiques des bâtiments de la région, avec son rez-de-chaussée en pierre et son étage en colombage. Comme souvent, le poteau cornier indique les noms des premiers propriétaires de l'édifice, Lorentz Dossmann et Maria Adam, et la date de sa construction.

POTEAU CORNIER
1787
Grès, bois et pierre du pays
13, rue Principale *67112110*
Cette maison traditionnelle est ornée d'un losange, figure géométrique souvent représentée dans les colombages. À côté de la fenêtre, le poteau cornier porte une inscription en couleur indiquant le nom du couple qui fait élever l'édifice, Michaël Disz et Catharina Wendling, et la date de la construction.

FERME
1791-1888
Pan de bois
8, rue de la Libération *67112108*
Selon la tradition locale, cette maison aurait été habitée par un Jacobin pendant la Révolution. Réquisitionnés pour sa construction, les paysans du village l'auraient élevée sans beaucoup de soin.

BANC NAPOLÉON
1854
Grès
Route de Duntzenheim *67112115*
Ce type de banc réalisé sous le second Empire est fréquent dans la région. De nombreuses paysannes utilisent ces bancs en allant au marché ou en revenant chez elles. Elles déposent sur la barre du dessus les charges qu'elles portent sur la tête et s'assoient pour se reposer sur la barre du dessous.

Schaffhouse-sur-Zorn

Canton de Hochfelden
Arrondissement de Strasbourg-Campagne
Superficie : 378 ha
Population 1990 : 309 hab.
Habitants : les Schaffhousiens
Cours d'eau : le Rohrbach

Origine du nom : du germanique *Schafstall*, bergerie, et *Haus*, maison.

Blason : il figure une épée d'argent et une clef d'or, les attributs des apôtres Pierre et Paul, patrons de la paroisse Saints-Pierre-et-Paul de Hochfelden , dont Schaffhouse est la filiale jusqu'en 1820.
67112200

HISTORIQUE

La localité, mentionnée en 774 sous le toponyme de Villa Scafhusa dans un document de l'abbaye de Wissembourg, appartient en 1120 à celle de Marmoutier. Possession d'empire, Schaffhouse est attribué pour partie puis en totalité de son bailliage aux Bogener de Haguenau au XIVe siècle. Les Lichtenberg puis les Koenigspach leur succèdent au cours du Moyen Âge. En 1630, les Flachslanden prennent possession du village. Filiale de Hochfelden, la paroisse ne prend son autonomie qu'en 1820. Pour remédier à confusion fréquemment commise entre la localité et le village de Schaffhouse, près de Seltz, elle est rebaptisée Schaffhouse-sur-Zorn le 11 avril 1949.

ÉGLISE SAINT-SÉBASTIEN
XIIe-XIIIe siècles-1780-1850-1883
Grès *67112201*
Cette église comporte un clocher roman, mais la nef et le chœur sont construits au XVIIIe siècle, puis agrandis en 1850 et 1883. L'intérieur est de style

baroque, en particulier l'autel principal et les autels latéraux. Une réserve eucharistique de style gothique porte la date 1509, ainsi qu'une inscription sur l'arête. Dans l'entrée à arcs brisés se trouvent des fonts baptismaux de 1660. Dans le chœur, une grande toile de 1851, signée M.J. Selenmayr, représente la mise au tombeau de saint Sébastien. La tribune en bois abrite un petit orgue Stiehr de 1852, restauré par Blessig en 1968 et par Gaston Kern en 1996. La paroisse a pour second patron saint Antoine de Padoue.

PIERRE TOMBALE
1755
Grès
Église Saint-Sébastien 67112209
La pierre tombale de Joseph Conrad de Flachslanden, maître de camp du régiment royal de Cravattes, et de son fils unique, est adossée au mur nord de l'église. Une longue inscription en français explique que cet homme a vécu puis est mort en héros de guerre.

BILDSTOCK
1675
Grès
Route de Rohr 67112205
Pendant la Révolution, ce *Bildstock*, érigé à l'initiative de Michaël Nagel, est caché dans une cave afin d'être protégé.

ANCIENNE SYNAGOGUE
Vers 1850
Pierre enduite
Rue de la Synagogue 67112206
Dans les années 1900, il existe à Schaffhouse une communauté juive établie autour de la synagogue, construite en 1860 et en face de laquelle se trouve alors le *Mikwé*, bain rituel. La dernière famille juive quitte le village en 1932, et en 1930, la synagogue, qui comprenait plusieurs petites maisons et commerces, est vendue à la commune, qui la transforme en école. En 1962, le bâtiment passe en la propriété d'une personne privée, qui le rebaptise ferme Dollinger et l'utilise comme entrepôt de machines.

ANCIEN MOULIN
Vers 1900-1947
Brique, bois, grès et marne grise
Rue du Moulin 67112208
Au début du XXe siècle, cet ancien moulin utilise l'eau du Rohrbach. Détruit à la suite d'un incendie, il est reconstruit en 1947. La ferme qui l'entoure, plus ancienne, possède une batteuse traditionnelle, en trois éléments.

SACRÉ-CŒUR
Après 1945
Grès 67112207
Cette statue du Sacré-Cœur est érigée par la famille Lutz, en commémoration de la Seconde Guerre mondiale.

Scherlenheim

Canton de Hochfelden
Arrondissement de Strasbourg-Campagne
Superficie : 230 ha
Population 1990 : 110 hab.
Habitants : les Scherlenheimois

Origine du nom : peut-être de l'anthroponyme germanique Sherilo et de l'allemand *Heim*, village.

Blason : les armes rappellent le bailliage royal de Haguenau et sainte Odile, patronne de la paroisse.
67112300

HISTORIQUE

Scherlenheim est un ancien village impérial. L'abbaye de Seltz y possède également des terres au Moyen Âge, puis le village relève du bailliage de Haguenau. La tradition orale veut que Louis XIV y ait séjourné lors de l'un de ses voyages en Alsace et qu'il ait offert au village la margelle de la fontaine Sainte-Odile et l'abreuvoir qui la côtoyait en remerciement. La paroisse est dépendante de Haguenau, de Hochfelden puis de Wilwisheim avant de devenir autonome en 1864. Plusieurs industries s'implantent sur le territoire du village telles que la serrurerie et ferronnerie Vogler.

PUITS SAINTE-ODILE
Grès rose *67112301*
Ce puits très ancien, où l'eau affleure à 1,5 mètre de profondeur, se dresse au milieu des champs, en face d'une croix à niche plus tardive, datée de 1897. Il faisait l'objet d'un pèlerinage lors duquel les dévots se lavaient les yeux.

MAISON
1741-1747
Pan de bois
5, rue Principale *67112302*
Cette maison comporte un pignon avec balcon à garde- corps orné de losanges et d'une croix de Saint-André entourant deux chaises curules. Deux inscriptions, sur le clausoir du portillon et sur le linteau d'une porte, indiquent les dates de construction du bâtiment. L'ancienne ferme, de grande dimension, a été lotie, et trois maisons indépendantes se partagent désormais l'espace. En effet, il n'est pas rare que les enfants des propriétaires construisent leur habitation dans la cour de ce qui était autrefois la ferme.

COFFRE
1853
Bois polychrome
Collection particulière *67112307*
Le coffre est un élément traditionnel du mobilier de la *Stub*. Destiné à garder le linge de maison, il est souvent un cadeau de mariage. La *Stub*, pièce principale de la maison traditionnelle, se divise en deux parties, dont l'une est destinée à la vie de tous les jours. L'autre partie de la pièce est l'alcôve, qui abrite le lit des parents et des enfants en bas âge.

TOMBE EYER
1896
Grès
Cimetière *67112309*
Deux frères prêtres, dont l'un est curé de Scherlenheim, sont enterrés sous ce monument. Un troisième frère, instituteur, repose probablement à leurs côtés. Ils trouvent la mort en 1896 à la suite d'une épidémie, alors qu'ils sont âgés d'une trentaine d'années. À la suite de ces trois décès, la commune fait détruire l'ancien presbytère, pour des raisons sanitaires. Un bâtiment plus récent est ensuite reconstruit pour abriter la cure. Les trois frères n'étaient pas originaires du village.

GROTTE DE LOURDES
1899
Grès
1, rue Principale *67112308*

Cette grotte de Lourdes, construite à l'initiative de Jospeh Weibel, et la croix tréflée qui l'accompagne sont situées dans le jardin d'une ferme. La croix, datée de 1768, est formée de deux éléments remployés. Sa base, qui provient d'un ancien calvaire, porte une inscription indiquant la date de sa construction. À l'arrière de la grotte se trouvent une tourelle surmontée d'une croix et une cloche en bronze datée de 1931.

ÉGLISE SAINTE-ODILE
Début du XXe siècle *67112304*

Le chœur de l'église est orné d'un tableau représentant sainte Odile. Les vitraux représentent les saints Denis, Michel, Jeanne d'Arc, Luc, Jean, Matthieu et la sainte Famille. Le bénitier en grès date de 1801.

Schwindratzheim

Canton de Hochfelden
Arrondissement de Strasbourg-Campagne
Superficie : 914 ha
Population 1990 : 1 559 hab.
Habitants : les Schwindratzheimois
Cours d'eau : la Zorn

Origine du nom : peut-être de l'anthroponyme germanique Suinderad et de l'allemand *Heim*, village.

Blason : les armes évoquent l'ancienne appartenance de la commune aux seigneurs de Lichtenberg et à l'Œuvre Notre-Dame de Strasbourg, dont le sigle est gravé sur les bornes du finage.
67112400

HISTORIQUE

Des fosses du Néolithique moyen et du bronze final prouvent que le territoire du village est occupé à date ancienne. Plusieurs abbayes et couvents y ont des biens : Wissembourg, puis Schwarzach, Honau et Saint-Jean-de-Saverne. Il existe au Moyen Âge une famille noble portant le nom de Schwindratzheim. Ancienne possession impériale, le bourg passe aux Lichtenberg et à leurs successeurs jusqu'à la Révolution. La Réforme est introduite en 1545, et le village est sous le régime du simultaneum de 1740 à 1902.

ÉGLISE PROTESTANTE
XIIIe-1465-1738-1905
Grès et marne grise
Rue de l'Église *67112401*

La conception architecturale de cette église romano-gothique est proche de certains temples du Sud de la France, comme par exemple celui d'Anduze, dans le Gard. La sobriété de la décoration intérieure – à l'exception du plafond à poutres peintes de la nef – invite à la méditation. Le clocher-chœur est séparé de la nef par un arc triomphal du XIIIe siècle. La tribune en bois abrite un orgue Dalstein Härper de 1806.

MAISON
1783
Pan de bois
14, rue du Général-de-Gaulle *67112403*

Cette maison régionale traditionnelle comporte les caractéristiques habituelles de ce genre de bâtiment. La date de sa construction et le nom de ses premiers propriétaires – illisible – sont inscrits sur le poteau cornier. Le pignon comporte un balcon avec balustres à deux étages, et le colombage situé sous les fenêtres de l'étage forme un losange, figure géométrique symbolique souvent représentée dans les habitations.

Waltenheim-sur-Zorn

Canton de Hochfelden
Arrondissement de Strasbourg-Campagne
Superficie : 500 ha
Population 1998 : 650 hab.
Habitants : les Waltenheimois
Cours d'eau : le Canal de la Marne au Rhin

Origine du nom : peut-être de l'anthroponyme germanique Waldo et de l'allemand *Heim*, village.

HISTORIQUE

La découverte d'une fosse néolithique et d'une fosse de l'âge du bronze prouve que le site de Waltenheim est habité à ces époques. Bodersheim, village aujourd'hui disparu, se trouve sur le finage communal. Au cours du Moyen Âge, plusieurs abbayes y sont possessionnées, dont celle de Loisch, en Hesse, bénéficiaire d'un don du roi Arnulf. En 1332, Waltenheim passe aux Lichtenberg et à leurs successeurs, qui conservent le fief jusqu'à la Révolution. Deux familles nobles portant le nom de Waltenheim, alliées par mariage à d'autres familles de petite noblesse de la région, sont attestées au Moyen Âge. La Réforme est introduite dans le village en 1570, l'église est soumise au régime du simultaneum en 1686. À l'ouest du village se trouvent d'anciennes mines de gypse.

MOULIN
Vers 1869
Pierre enduite
Rue du Moulin *67112404*
La première mention de l'existence d'un moulin à Schwindratzheim date de 1164. Depuis 1869, ce moulin appartient à la famille Fischbach. Il produit de la farine, mais également de l'huile de colza et de noix. Travaillant d'abord avec l'eau de la Zorn, le moulin est équipé en 1890 d'une dynamo, remplacée en 1940 par un alternateur qui fonctionne toujours.

ÉGLISE CATHOLIQUE
1900
Grès et marne grise
Route de Hochfelden *67112405*
Cette église d'un style éclectique possède un intérieur d'une grande sobriété, sans autels latéraux ni chaire. Le mobilier du chœur se compose d'une croix et d'un autel en bois. Les vitraux sont l'œuvre de Muhler Bilger, maître verrier à Strasbourg. À l'entrée de la nef, qui abrite une statue de la Vierge, se trouve une grande tribune en bois, sans orgue.

ÉGLISE PROTESTANTE
XIVe siècle-1759
Grès et pierre enduite *67112501*
Construite au XVIIIe siècle, l'église actuelle conserve le clocher-chœur médiéval, flanqué de contreforts, issu d'un ancien sanctuaire catholique dédié à saint Étienne. La nef unique, au décor baroque, possède un portail latéral en bois orné de losanges imbriqués. L'orgue Roethinger de 1897 est

remplacé par un Link de 1912. Ce dernier est restauré à deux reprises, en 1959 et 1966, par Mülheisen. À l'avant du chœur est installé un monument dédié aux morts des deux guerres mondiales, sous la forme d'un autel gothique.

ARMOIRE
1720
Bois
Collection particulière 67112509
L'ensemble de la pièce conserve ses meubles d'origine. Incrustée dans l'alcôve, l'armoire est souvent accompagnée d'une horloge qui rythme l'activité de cette *Stub*, pièce de séjour.

FOURNEAU
1783
Fonte
Collection particulière 67112508
Élément central de la *Stub*, ce fourneau est marqué Dieboldt Anstett. La *Stub* se divise entre la partie réservée à la vie quotidienne de la famille et l'alcôve, où se trouve le lit des parents et des enfants en bas âge. Cette pièce est en général assez peu meublée, le fourneau, l'armoire et le coffre constituant l'essentiel de son mobilier.

FONTAINE ROHRBRUNNEN
1823
Grès
9, rue de l'École 67112506
L'eau de cette fontaine à sortie double se déverse dans deux grands abreuvoirs, et dans un troisième plus petit. Le pilier central en grès est surmonté d'une fleur de lis. Le texte gravé sur les deux abreuvoirs, dans un losange, est pratiquement illisible.

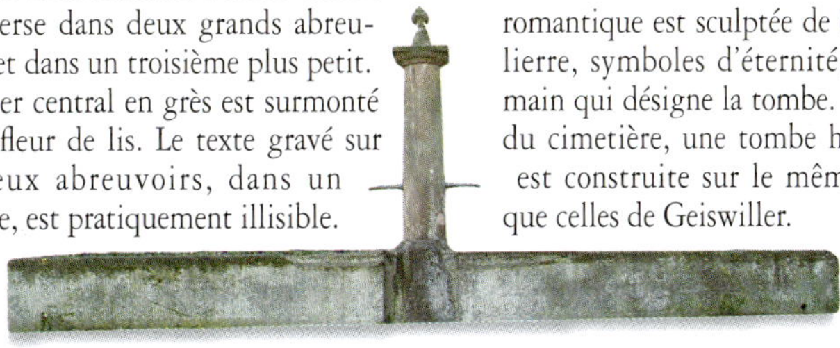

PLAQUE
1869
Fonte
22, rue de l'École 67112510
Dans la cour de cette ferme-auberge se trouve une série de plaques en fonte dont l'une représente Napoléon Ier en costume impérial. Celle de 1869 porte le nom des propriétaires de l'époque.

PIERRE TOMBALE
D'EUGÈNE MÜCKENSTURM
1881
Grès
Ancien cimetière 67112505
Cette colonne brisée d'inspiration romantique est sculptée de feuilles de lierre, symboles d'éternité, et d'une main qui désigne la tombe. À l'entrée du cimetière, une tombe hexagonale est construite sur le même modèle que celles de Geiswiller.

Wickersheim-Wilshausen

Canton de Hochfelden
Arrondissement de Strasbourg-Campagne
Superficie : 520 ha
Population 1990 : 329 hab.
Habitants : les Wickersheimois

Origine du nom : peut-être de l'anthroponyme germanique Wig-hari et de l'allemand *Heim*, village.

Blason : ce sont les armes de la famille noble de Wickersheim.
67112600

HISTORIQUE

Propriété de l'abbaye de Marmoutier puis de celle de Seltz, le village appartient aux Lichtenberg à partir de 1289. Le hameau voisin de Wilshausen, mentionné pour la première fois en 1074 dans une donation de l'empereur Henri IV à l'abbaye de Seltz, passe également dans le domaine des Lichtenberg en 1289. À partir de cette date, l'histoire du village et celle du hameau se confondent. Au cours du Moyen Âge, Wickersheim passe des Lichtenberg à leurs successeurs, les Hanau-Lichtenberg, puis aux Darmstadt. La Réforme y est introduite en 1545.

MAISON
1702-1826-1838
Pan de bois
35, rue Principale *67112606*
Cette maison est vraisemblablement la plus ancienne du village. Elle présente la particularité d'être à colombage au niveau du rez-de-chaussée, ce qui est peu courant. Côté cour, un balcon avec une série de chaises curules encadre deux losanges et une croix de Saint-André, symboles de fécondité. Les dépendances sont construites après le bâtiment principal. Des inscriptions sur le poteau cornier et les clausoirs des portes indiquent les dates des différents remaniements subis par l'édifice.

LOGGIA
Vers 1766
Pan de bois
17, rue Principale *67112615*
La sablière du haut et l'ensemble du mur nord de cette maison sont très déformés. Sur le poteau cornier figure le texte suivant : « *Anno 1766 Görg Mehl und Anna Catrina Romertin* ». La balustrade date vraisemblablement de cette époque.

GRANGE
1824
Pan de bois *67112601*
Cette grange provenant de Sckalkendorf est remontée sur l'emplacement d'un ancien stand de tir, le long de la route. Typique de l'architecture de la région, l'ensemble accueille de nombreuses manifestations. Une inscription indique les noms des premiers propriétaires de cette ancienne grange : Georg Marzolf et Anna Scholler.

ÉGLISE PROTESTANTE (clocher)
Bois et ardoise *67112602*
Située en retrait de la rue principale du village, cette église possède un intérieur très sobre. Le monument dédié aux victimes de la Première Guerre mondiale se trouve dans l'église, alors que celui des morts de la Seconde Guerre mondiale est adossé au mur sud du presbytère, devant l'école. Jusqu'en 1939, la prison municipale se trouve à la place de ce monument.

CORPS DE FERME
XVIIIe siècle
Pan de bois
20, rue Principale *67112605*
Ce bâtiment regroupe tous les éléments traditionnels des fermes de la région de

Hochfelden. Le colombage ne se trouve qu'à l'étage, et chaque fenêtre est portée par un losange. Le rez-de-chaussée est monté en grès soigneusement taillé. Deux portes charretières surbâties permettent d'accéder à la rue. À l'est et à l'ouest, de grandes dépendances munies de balcons délimitent une cour. La disposition intérieure des pièces est restée traditionnelle, en particulier la *Stub*, pièce principale.

ŒIL-DE-BŒUF
XIXe siècle
Grès des Vosges
Wilshausen *67112612*
Élément architectural fréquent dans les régions agricoles, cette ouverture du cellier sur l'extérieur permettait d'aérer les réserves de grains.

ANCIENNE BASCULE
Début du XXe siècle
Bois et fer *67112608*
Jusque dans les années 1950, la plupart des villages disposent d'une bascule municipale. Les paysans viennent y peser leurs chariots chargés, puis repassent à vide pour le calcul de la tare. On peut ainsi peser un chargement de céréales, de foin ou de toute autre denrée pondéreuse.

Wilwisheim

Canton de Hochfelden
Arrondissement de Strasbourg-Campagne
Superficie : 530 ha
Population : 700 hab.
Habitants : les Wilwisheimois
Cours d'eau : la Zorn

Origine du nom : inconnue.

Blason : il rappelle les armes des familles Wangen et Neuenstein, propriétaires du château.
67112700

HISTORIQUE

La présence de meuniers dans le village est attestée dès 1550. Deux moulins sont situés sur le territoire de Wilwisheim et l'un, appelé Pappelmühle et situé sur la Zorn, dans le ban de Lubstein, produit pendant plusieurs années des anneaux en terre réfractaire avant d'être vendu à des agriculteurs. Possession de l'abbaye de Seltz, le village de Wilwisheim passe ensuite entre les mains de la famille noble de Lutzelbourg. Il entre quelques années plus tard dans le domaine de la famille de Wangen, qui en cède un quart au baron von Foge à la fin du XVIIIe siècle. La construction de la chapelle Saint-Joseph, au XVIIe siècle, est entourée d'une légende selon laquelle elle aurait été commandée par le baron de Wangen, rentré chez lui sain et sauf après un violent orage.

CALVAIRE
Vers 1639
Grès rose
Rue Principale *67112704*
Cette croix, dont la date de construction est en partie effacée, est antérieure à la ferme. Afin de la protéger, le propriétaire a fait construire une niche dans le mur d'une des dépendances. Il s'agit d'une croix d'indulgences traditionnelle, accompagnée de trois statues en grès peint de Marie, Marie Madeleine et Jean l'Évangéliste.

MONUMENT FUNÉRAIRE MEHLER
XVIIe siècle
Grès
Cimetière *67112710*
Les Mehler sont une famille de meuniers du village, qui se succèdent pendant plusieurs générations. Sur cette tombe est gravée une roue dentée, symbole de la corporation des meuniers. Jusqu'à la Révolution, les paysans de neuf localités voisines viennent porter leurs grains au moulin de Wilwisheim, et récupèrent ensuite leur farine. Le moulin est ensuite équipé pour traiter du chanvre, puis pour fabriquer de la quincaillerie. Vers 1858, il produit des armatures de crinoline, jupon bouffant porté par les femmes sous le second Empire.

CHÂTEAU DE WILWISHEIM
1669
Grès et bois 67112705
La famille de Wangen, qui fait construire ce château, l'habite jusqu'à la Révolution. Vendu comme bien national, il passe entre les mains de plusieurs propriétaires, qui dispersent son patrimoine. La clochette de la chapelle est acquise par la communauté juive de Hochfelden, et plusieurs tableaux partent pour les États-Unis. Le bâtiment principal, comportant un étage, est flanqué de deux tours d'angle. À l'arrière, une terrasse plein sud s'ouvre sur le parc et ses étangs, ainsi que sur la vallée de la Zorn. À l'origine, le château possède une métairie et une grange dîmière, qui ont disparu.

ALLÈGE DE FENÊTRE
XVIIIe siècle
Rue du Général-Leclerc 67112707
Ce motif de colombage, appelé « losange barré d'une croix de Saint-André », est courant dans la région. Il a non seulement une fonction décorative, mais aussi et surtout une signification symbolique. Le losange est en effet signe de fécondité, et la combinaison de ces deux motifs sur la maison et sur l'étable indique que le paysan implore cette fécondité pour son épouse comme pour ses bêtes.

ÉGLISE SAINT MARTIN
1839
Grès et pierre enduite 67112701
Reconstruite à l'emplacement d'un sanctuaire plus ancien, cette église abrite un orgue Stiehr Mockers de 1856. La paroisse possède une relique de saint Martin et une autre de la sainte Croix, toutes deux acquises en 1870. La nef est ornée de plusieurs statues des XIXe et XXe siècles : saint Joseph, la Vierge, le Sacré Cœur, le cœur immaculé de Marie, sainte Jeanne d'Arc et sainte Thérèse. Dans le cimetière se trouve la tombe de J. Antoine Baehr, curé de Bossendorf pendant 42 ans, puis curé de Wilwisheim jusqu'à sa mort, survenue le 16 avril 1834, à l'âge de 84 ans.

INSCRIPTION LATINE
1463
Grès des Vosges
Église Saint-Martin 67112702
Cette inscription atteste l'existence d'un clocher-chœur gothique antérieur à l'église actuelle.

SAINT MARTIN
Vitrail
Église Saint Martin 67112703
Dans le chœur deux peintures murales de 1864 réalisées par Carola Sorg, de Strasbourg évoquent le saint patron de l'église. À droite, saint Martin partage son manteau pour en donner la moitié à un pauvre et à gauche, il guérit miraculeusement un enfant. Patron des soldats et des cavaliers, mais aussi des drapiers, des fourreurs et des tailleurs, saint Martin est élu évêque de Tours en 370. Sa popularité grandit rapidement, et son culte se développe dès sa mort. Ce vitrail est un don de la famille Schmidt-Dossmann.

Wingersheim

Canton de Hochfelden
Arrondissement de Strasbourg-Campagne
Superficie : 800 ha
Population 1998 : 1 012 hab.
Habitants : les Wingersheimois

Origine du nom : peut-être d'un anthroponyme germanique proche de Vinc-hari, et de l'allemand *Heim*, habitat.

Blason : c'est le symbole de saint Nicolas, patron de la paroisse.
67112800

HISTORIQUE

Le site de Wingersheim est occupé dès l'époque néolithique, comme l'atteste la découverte d'un champ d'urnes de la première partie de l'âge du fer. En 1120, le couvent de Sindelsberg et l'hôpital de Haguenau y ont des possessions. Wingersheim fait partie du bailliage de Haguenau. La localité est avant tout réputée pour son vin, et le couvent du mont Sainte-Odile se fait confirmer ses propriétés viticoles par le pape Alexandre IV en 1257. La paroisse de Wingersheim acquiert son indépendance vis-à-vis de Hohatzenheim au moment où cette localité se convertit à la Réforme. Malgré la présence d'une importante tonnellerie dans le village, la production du houblon remplace désormais largement celle du vin.

ÉGLISE SAINT NICOLAS
Moyen Âge-1767
Grès et pierre du pays *67112801*
Cette église baroque reconstruite au XVIIIe siècle conserve le clocher roman à toit en bâtière du précédent sanctuaire. Richement décoré, l'intérieur comporte un maître-autel flanqué de statues de saint Materne et saint Arbogast. Entre les deux se trouve un retable orné d'un tableau représentant saint Nicolas bénissant les trois enfants dans leur cuve. La chaire en bois est ornée d'un décor illustrant la parabole du semeur. À l'arrière sont représentées les Tables de la Loi. Quelques pierres tombales sont adossées au mur d'enceinte du cimetière actuel, derrière l'église.

ORGUE
1782
Facteur : Nicolas Tollay
Bois
Église Saint-Nicolas *67112803*
Abrité par un buffet à trois tourelles, cet orgue est remanié par Kriess en 1921.

BILDSTOCK
1687
Grès *67112808*
Comme l'indique son inscription, cette croix à bras fleuronnés est élevée par la commune, ce qui est un fait assez rare. Elle sert de borne pour délimiter les possessions de la commune de celles de l'abbaye de Neubourg, propriétaire du moulin des moines.

BILDSTOCK
1827
Grès *67112807*
Selon la tradition locale, c'est à l'emplacement de cette croix que la fermière Catherine de Bodersheim aurait été assassinée, la nuit de Noël, par le seigneur de Waltenheim qu'elle avait refusé d'épouser. Cinq autres *Bildstocks* se trouvent sur le ban communal.

Zœbersdorf

Canton de Hochfelden
Arrondissement de Strasbourg-Campagne
Superficie : 180 ha
Population 1990 : 153 hab.
Habitants : les Zœbersdorfois

Origine du nom : inconnue.

Blason : il rappelle les armes des seigneurs de Lichtenberg et de l'abbaye de Neuwiller, anciens propriétaires du village.
67112900

HISTORIQUE

Zœbersdorf est cité pour la première fois en 1344 dans un document de l'abbaye de Neuwiller, mais un gisement gallo-romain retrouvé sur le territoire du village indique que l'endroit est habité dès cette époque. Zœbersdorf est à l'origine un fief de l'évêché de Metz. Il passe ensuite sous la possession des Lichtenberg et de leurs successeurs. Comme l'ensemble de la région, le village souffre beaucoup de la guerre de Trente Ans. La paroisse, filiale de Kirwiller, est convertie à la Réforme en 1546, et le simultaneum est introduit en 1765. À cette date, la paroisse catholique est desservie par le curé de Kirswiller.

ANCIENNE SYNAGOGUE
Pierre enduite
8, rue de la Libération *67112812*

Cette ancienne synagogue rappelle que le village comptait autrefois une importante communauté juive. Propriété du consistoire israélite, la synagogue est entourée de plusieurs maisons ayant appartenu à des juifs.

MAISON DE JOURNALIER
XIXe siècle
Pan de bois
16, rue du 24-Novembre *67112816*

Située à l'entrée du village, cette maison à un seul niveau, de petite taille, est typique des maisons de journaliers du XIXe siècle. Travailleurs agricoles indépendants, les journaliers louent leurs services, comme leur nom l'indique, à la journée.

MAIRIE
XIXe siècle
Pan de bois *67112813*

Ce bâtiment représente l'alliance de deux styles architecturaux, le style urbain pour le toit à la Mansart et le style rural pour le pignon. Les dimensions imposantes de la mairie s'expliquent par l'importance de la commune.

MAISON HERMANN WENDELING
1566
Pan de bois *67112906*

La date de construction de cette maison et le nom de son propriétaire, Hermann, sont indiqués sur le poteau cornier, mais également sur le poutrage médian, ce qui est assez original. Plusieurs éléments architecturaux sont typiques du XVIe siècle : les solives sont apparentes, les étages sont en encorbellement et une poutre horizontale en diagonale fait la liaison entre les poteaux corniers du rez-de-chaussée et du premier étage. Le rez-de-chaussée étant réservé au passage des charrettes, la *Stub*, pièce principale, se trouve exceptionnellement à l'étage. Côté cour, une galerie à fonction purement esthétique s'étend sur l'ensemble de la façade. Les bâtiments d'exploitation – grange, étable, écurie, porcherie – sont postérieurs à la maison.

PIERRE TOMBALE
1778
Grès
Ancien cimetière 67112902

Plusieurs tombes de l'ancien cimetière sont restées en place, autour de l'église. Cette pierre est ornée sur ses quatre côtés d'inscriptions donnant les noms des enfants des défunts. Les décorations sculptées, agrémentées de fleurs, d'épis, d'une coque de colza et de raisins, sont certainement en rapport avec l'activité du défunt. Une frise d'étoiles entoure le haut de la pierre, et chaque angle est orné d'une tête.

ÉGLISE PROTESTANTE
XVIIe siècle
Grès et pierre enduite 67112901
Cette église à clocher néo-gothique est dotée d'une nef antérieure au reste de la construction et d'un chœur voûté à trois ouvertures. Un vitrail réalisé en 1936 représente le Christ avec la couronne d'épines. L'autel est orné des symboles du corps et du sang du Christ. Dans la nef, une plaque en bois porte les noms des enfants de Zœbersdorf victimes de la Première Guerre mondiale.

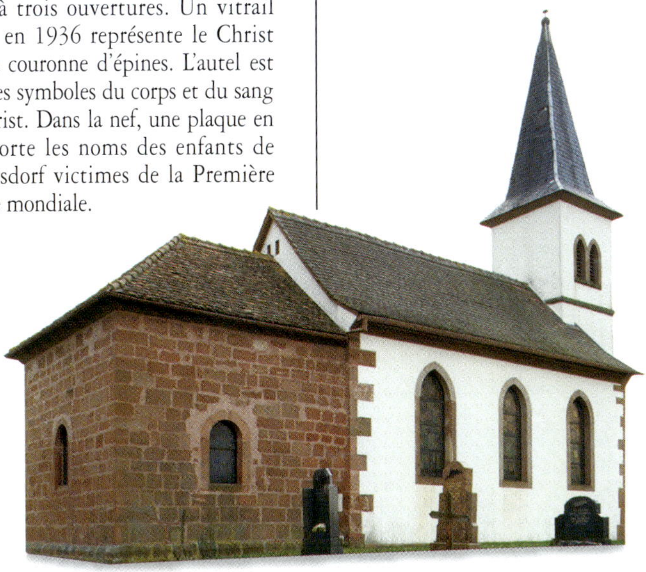

FERME
1790-1819
Pan de bois
11, rue Principale 67112903
Cette ferme se caractérise par ses deux portails surbâtis. Sur le pignon se trouve un double balcon à balustrade. Des losanges, éléments de décoration traditionnels des maisons à colombage de la région, viennent en support des fenêtres. Les noms des premiers propriétaires de la maison, Michel Jacob et Anna Maria Pfender, et la date de sa construction sont indiqués sur le poteau cornier. La date de 1819 inscrite sur le clausoir ouest correspond sans doute à un remaniement du bâtiment.

CHAR À BANC
Fin du XIXe siècle
Bois
28, rue Principale 67112908
Ce véhicule à quatre roues tiré par des chevaux dispose de deux bancs disposés en travers. Avant l'invention de l'automobile, c'est le moyen de locomotion habituel pour les personnes d'une relative aisance financière.

Canton d'Illkirch-Graffenstaden

- Illkirch-Graffenstaden
- Lingolsheim
- Ostwald

Illkirch-Graffenstaden

Canton d'Illkirch-Graffenstaden
Arrondissement de Strasbourg-Campagne
Superficie : 2 221 ha
Population 1990 : 23 738 hab.
Habitants : les Graffenstadois
et les Illkirchois
Cours d'eau : l'Ill et le Canal du Rhône
au Rhin

Origine du nom : de l'allemand *Kirche*, église ; du nom de la rivière ; probablement de *Graf*, comte, et de *Staden*, habitation.

Blason : le soc de charrue et le bout d'une gaffe de pêcheur évoquent le passé rural de la commune.
67120100

HISTORIQUE

Des vestiges découverts lors de la création du tramway font remonter l'occupation du site à l'âge du bronze. Illkirch est cité pour la première fois au VIIe siècle, lorsque le duc Attich (600-720), père de sainte Odile, lègue à sa fille les terres d'Illkirchen. La première mention de Graffenstaden date de 1284, date à laquelle l'empereur Rodolf cède les droits de pêche et de péage du hameau de Graventaden. Les deux villages sont alors peuplés d'agriculteurs et de pêcheurs. En 1291, Nicolas Zorn devient le seigneur d'Illkirch, de Gravenstaden et d'Illwikersheim (Ostwald). En 1369, le chevalier Jean Erb rachète les trois hameaux à l'empereur Charles VI. Les deux villages deviennent fiefs de Strasbourg en 1418. Entre 1439 et 1444 les Armagnacs dévastent les environs de Strasbourg. Les guerres de Trente Ans (1618-1648) et de Hollande (1672-1679) causent d'innombrables victimes. Le 21 octobre 1678, l'armée française, cantonnée à proximité, se retire en incendiant les deux villages. En 1681, Louvois signe la reddition et le rattachement de Strasbourg à la France. En 1735, le prêteur royal Klinglin achète les deux hameaux et y construit un château. Il se rend tristement célèbre par ses excès, avant d'être arrêté et emprisonné en 1753. Le château est rasé lors de la Révolution. En 1838, Schwilgué et Rollé fondent l'Établissement de constructions mécaniques et y fabriquent la célèbre balance au dixième de Quintenz. La production se diversifie peu à peu. En 1872, lorsque intervient la fusion avec les établissements Koechlin de Mulhouse, pour former la Société alsacienne de constructions mécaniques, 1 200 personnes travaillent à l'usine, alors que la ville compte 4 700 habitants. La cité et l'usine se développent parallèlement. Les deux guerres mondiales occasionnent relativement peu de destructions, mais la population est fortement touchée.

TEMPLE PROTESTANT
XIIe-XVe-XVIe-XIXe siècles
Place du Temple
Illkirch *67120140*

De l'église romane du XIIe siècle ne subsistent que quelques vestiges, dont un fragment de linteau représentant le Christ avec un saint. En 1418, la ville de Strasbourg fait construire la nef, de 33 mètres sur 13. La sacristie est ajoutée en 1495. En 1579, l'ancien chœur est remplacé, et une nouvelle tour érigée. Le toit est rehaussé en 1609. En 1678, lors de l'incendie du 21 octobre, l'église est sauvée des flammes par Hans Schwing mais, le bâtiment ayant servi d'écurie aux troupes de Turenne, le mobilier a été mis à sac. Le simultaneum imposé par Louis XIV en 1722 confie aux catholiques l'usage du chœur, tandis que les protestants installent l'autel au milieu de la nef et l'entourent de bancs, disposés en fer à cheval. Après l'inauguration de l'église catholique, une grande rénovation est entreprise en 1872. En 1942, le clocher en pans de bois est édifié par la maison Urban.

RESTAURANT DU CERF
Vers 1712
Pan de bois
305, route de Lyon *67120137*

Ce restaurant est probablement l'un des plus anciens de la commune. Un puits, qui a été démonté lors de la transformation des dépendances et de l'aménagement de la cour, portait la date de 1712. Le restaurant, qui servait également d'hôtellerie, arbore des façades à colombage. Le bâtiment principal n'a pratiquement pas subi de transformations. Situé sur l'axe Strasbourg - Colmar, près du pont de l'Ill appelé pont de péage ou *Zollbrücke*, il doit sa richesse aux voyageurs et aux commerçants transportant des marchandises, qui devaient y régler une taxe, alors appelée l'octroi, et s'y restauraient.

GRILLES DU CHÂTEAU KLINGLIN
1735-1740
Ferronnier : Sigismond Falckenhauer
Route de Lyon 67120107
Ces grilles, ainsi que les ferronneries ornant la coursive et l'escalier de l'orangerie, constituent le seul monument historique de la ville classé comme tel. De style Régence, elles paraissent relativement massives vis-à-vis de la légèreté des autres éléments, plutôt de style rococo. Klinglin avait fait abattre les arbres des lieux-dits Ostwinkel et Nachweid pour pouvoir admirer, de son château, la cathédrale de Strasbourg.
(I. M. H. 1970)

ORANGERIE
1735
Architecte : Jean-Pierre Pflug
Château Klinglin 67120105
L'orangerie est le seul vestige du château d'Illhausen. En 1735, lorsque François Joseph Klinglin acquiert Illkirch et Graffenstaden, il fait agrandir l'ancien château et réaliser un parc important, qu'il agrémente de jets d'eau, d'une quarantaine de statues évoquant la mythologie grecque. Des orangers, des arbres et des fleurs en pots sont disposés comme ornements saisonniers ; c'est ainsi que Klinglin fait construire l'orangerie. Arrêté à cause de ses excès vis-à-vis des habitants d'Illkirch et de Graffenstaden, il meurt en prison, le 6 février 1753. Le château est détruit par les villageois pendant la Révolution. L'orangerie, en fort mauvais état, manque d'être rasée en 1960. Elle est finalement préservée et sert désormais de bâtiment administratif au collège du Parc. Les ferronneries *(Cl. M. H. 1970)* qui ornent la coursive de l'orangerie font écho à celles de l'escalier à l'intérieur du bâtiment.

MAISON KLEIN
1756-XXe siècle
Bois de sapin et torchis
9, rue de la Digue 67120129
Lors de sa construction par la famille Klein, cette maison à colombage ne présentait qu'un rez-de-chaussée et des combles aménagés. Une auge en grès, datée de 1772, orne encore la cour. Au début du XXe siècle, les descendants de la famille décident d'agrandir la maison. La charpente est alors rehaussée à l'aide de vérins qui permettent d'intercaler un étage supplémentaire. La hauteur sous plafond de cet étage est de 2,75 mètres alors qu'elle n'est que de 2,30 mètres au rez-de-chaussée. Cette maison est toujours restée la propriété de la famille Klein-Frankhauser jusqu'en 1964, date à laquelle Charles Ernest Klein vend la propriété à M. Robert, architecte, qui en a respecté le style initial.

CALVAIRE
Début du XIXe siècle
Pierre polychrome
Place du Calvaire 67120123
Ce calvaire est constitué d'un Christ en croix aux pieds duquel est agenouillée une sainte femme, qui pourrait être Marie ou Marie Madeleine. La présence d'un crâne amplifie la dimension tragique de la Crucifixion. En effet, la figure du Christ souffrant témoigne d'une volonté, assez fréquente au XIXe siècle, de toucher la sensibilité des fidèles et des passants. La représentation symbolique, considérée comme insuffisante, est accentuée par la présence d'éléments dramatiques.

MAISON MURSCH-FUTTERER
Vers 1802
Bois de chêne et torchis
6, rue du Denier *67120136*

La plus ancienne trace écrite concernant cette maison est un reçu datant de 1827. La charpente en chêne laisse penser que le propriétaire devait être assez aisé. Cette maison a longtemps appartenu à la famille Mursch, dont plusieurs membres sont devenus maires de la commune. Ainsi, Jean-Jacques Mursch occupe ce poste de 1793 à 1798, Martin de 1839 à 1844, et Georges-Michel de 1848 à 1860. Henri Mursch, le fils unique de ce dernier, s'exile à Dieuze après la défaite de 1870. Le 24 mars 1902, il loue la maison à Peter Lindner, agent de maîtrise au moulin d'Illkirch. Le 24 novembre 1904, Charles Seybold et son épouse Caroline, née Fels, achètent la propriété d'Henri Mursch. Leur fille, Caroline-Julie, épouse de Paul Futterer, en hérite en 1934. Depuis cette date, la maison est restée au sein de la famille Futterer.

ÉCLUSE 84
1804-1834
Canal du Rhône au Rhin *67120142*

Le décret de réalisation d'un canal reliant le Rhône au Rhin est voté le 6 septembre 1791 par l'Assemblée constituante, d'après un projet de Claude Quentin La Chiche. Joseph Liard, ingénieur des Ponts et Chaussées, affine les études, et les travaux commencent après l'adoption du décret du 5 mai 1804. Sur le territoire de la commune, les travaux ont lieu entre 1804 et 1811, sur environ 23 hectares de terrain. La première liaison commerciale avec Lyon est effectuée en 1834. À l'origine, le canal est appelé canal Napoléon puis canal Monsieur. Il relie le port de Strasbourg à la Saône, près de Symphorien, ce qui permet ensuite de rejoindre le Rhône. Initialement, les péniches sont halées par des chevaux, avant que ne fonctionne un système de petits tracteurs électriques, de 1930 à 1960. Depuis la mise en eau du canal d'Alsace, le Canal du Rhône au Rhin est tombé en disgrâce. Seuls les plaisanciers l'utilisent encore, entre Strasbourg et Maskolsheim.

COLONNE DE NAPOLÉON
Vers 1810
Grès des Vosges (H. : 4 m)
Route de Lyon et route du Rhin
67120110

Cette colonne indiquait autrefois le point de convergence entre la chaussée de Bâle et celle de Colmar, désormais route du Rhin et route de Lyon. À l'origine, les inscriptions étaient gravées dans le grès. Plus tard, des panneaux sont fixés sur la colonne. C'est sur l'initiative de Napoléon que de telles colonnes sont mises en place dans les villes de France au début du XIXe siècle.

CALVAIRE DES MISSIONS
1818
Cimetière central *67120124*

Ce crucifix célèbre la mémoire de Jean-Baptiste Klein, décédé le 7 novembre 1871. Édifié par l'épouse et les enfants du défunt, il se trouvait à l'origine en plein champ. Il n'y avait alors aucune construction à l'est du Bürgelweg. Il est rénové, grâce à des dons, en 1854, avant d'être intégré au cimetière central à la fin du XIXe siècle. Ce cimetière remplace celui qui entourait l'église d'Illkirch, où était pratiqué le simultaneum jusqu'en 1865. Ses premières tombes sont celles des militaires prussiens tombés lors du combat du 16 août 1870, près du pont du canal, à La Hollau. Le crucifix devient croix des Missions en 1914, peu avant le début des hostilités. Une plaque rappelle le souvenir d'une *Volksmission*, datée du 17 au 31 mai 1914.

FERME SCHAFHARDT
Vers 1825
Route du Rhin et route de la Schafhardt
67120115

Cette ferme est érigée par un certain Joseph Mennet de Strasbourg. À cause de nombreuses veines de gravier, la terre était peu fertile à l'époque, et le bâtiment a souvent changé de propriétaire. En 1828, elle est acquise par Raphaël Lipmann, qui la revend en 1832 aux époux Dumand. Une nouvelle transaction fait de Daniel Ruhlmann et de son épouse Barbara Voltz les propriétaires des 22 hectares de cette ferme. La famille Wack, originaire du Kochersberg mais de souche irlandaise, acquiert le domaine le 26 janvier 1875. De père en fils, il s'est transmis jusqu'à Michel et Henri, qui exploitent désormais 80 hectares. Des poteries et des urnes funéraires ont été trouvées sur le site de cette propriété, située le long d'une ancienne voie romaine.

TEMPLE PROTESTANT
1834
Faubourg de la Paix
Graffentstaden *67120101*

Au XIXe siècle, les protestants de Graffenstaden, lassés de devoir se rendre au temple d'Illkirch, décident d'avoir leur propre lieu de culte. En 1834, ils rachètent la propriété de Mme Teutsch, et, pendant sept mois, les paroissiens travaillent à transformer la maison de style Mansart. Le temple est inauguré le 9 novembre 1834. En 1836, le pasteur Horning officie dans cette paroisse. En 1845 est ajouté, côté sud, un clocheton équipé d'une cloche, coulée par la maison Edel de Strasbourg. Un orgue est installé en 1848. La cloche est confisquée en 1917 par les Allemands. En 1924, elle est remplacée par une autre, fondue par les frères Causard de Colmar. Le clocheton menaçant de s'écrouler en 1973, il est décidé de réaliser un campanile pouvant accueillir quatre cloches (*do-la-sol-mi*).

FOYER SAINTE-MARIE-MADELEINE
Vers 1838
143, route de Lyon *67120133*

À l'origine, cet imposant bâtiment est une propriété des Hospices de Strasbourg. Le juge Barth l'achète en 1777, et ses descendants vendent le bien en 1802 au baron Streckaloff, ancien chambellan du tsar. Le baron de Livio le rachète en 1804, avant de le céder, dix ans plus tard, à son frère Étienne, alors directeur de la Monnaie de Strasbourg. En 1826, la propriété est acquise par Georges Rohmer, originaire de Kogenheim, qui avait fait fortune comme fournisseur de vivres, de matériels et de chevaux aux armées napoléoniennes. Le domaine passe à ses cousins, les Fux-Koessler, puis à François Laugel. En 1926, la propriété est démantelée. L'association Foyer Sainte-Marie-Madeleine se constitue en 1934, avec le soutien de Mgr Ruch, évêque de Strasbourg, afin de créer un foyer d'accueil pour les filles mères. Elle rachète la propriété pour 450 000 francs et, de 1935 à 1983, les sœurs franciscaines de Sainte-Blandine en assurent le fonctionnement.

MAISON ALSACIENNE
1843
Bois de sapin, torchis et brique
1, quai de l'Abreuvoir *67120135*

Cette maison alsacienne est construite par Diebold Walter et Catherine Felz, comme en témoigne l'inscription sur le poteau cornier. Cet édifice a subi peu de transformations. Le paysan devait avoir une étable bien fournie avec un taureau reproducteur, car il était surnommé D'r Steermayer, qui signifie paysan au taureau. Jusqu'en 1945, les valets de la ferme Urban, du nom de son propriétaire, baignent leurs 24 chevaux devant la maison. Le quai de l'Abreuvoir n'est alors qu'un chemin ; il est ensuite élargi, au moment où le bras de l'Ill qui entourait l'île aux Bouleaux, dite Birkeninsel, est comblé. Plusieurs fermes existaient le long de l'Ill, et, chaque matin, les paysans ouvraient le portail aux oies et aux canards qui allaient sur l'eau. Un lavoir permettait aux fermières de laver leur linge dans la rivière.

HORLOGE
1846
Horloger : Jean-Baptiste Schwilgué
Acier
Hall de l'ancien hôtel de ville 67120122

Cette horloge équipe l'église protestante d'Illkirch jusqu'en 1990. Elle a été réalisée quatre ans après l'horloge astronomique de la cathédrale de Strasbourg. Le mécanisme est mû par des poids qui étaient autrefois remontés manuellement ; l'horloge fonctionne désormais automatiquement, à l'aide de moteurs électriques.

ÉGLISE CATHOLIQUE SAINT-SYMPHORIEN
1863
Architecte : Heinrich Hubsch
Place de la Mairie 67120102

À la suite de l'industrialisation de la commune, la population est en forte augmentation au milieu du XIXe siècle. L'église d'Illkirch devient trop petite, et le simultaneum n'est plus possible. La construction d'une nouvelle église est décidée en 1859. Jacques Messmer, maire catholique, fait adopter un crédit de 208 500 francs. L'usine contribue au financement à hauteur de 15 000 francs. Une collecte parmi les cadres et les ouvriers rapporte 25 000 francs, et le curé Schiele collecte en trois ans la somme de 13 880 francs. Les travaux commencent en 1863 sur un terrain offert par la famille Fux-Koessler. L'église, de style néo-roman, dédiée à saint Symphorien et à sainte Catherine, est inaugurée le 28 août 1865. En 1866 est installé l'orgue de Joseph Stiehr. Les flèches, d'une hauteur de 42 mètres, ne sont construites qu'en 1890.

L'IMMACULÉE CONCEPTION
Seconde moitié du XIXe siècle
Bois polychrome et dorure à l'or fin
Église Saint-Symphorien 67120125

Cette statue était probablement en place lors de l'inauguration de l'église en 1865. La Vierge y est représentée debout et écrase le serpent, symbole du péché originel. Son sceptre a disparu. La polychromie a été reprise lors de la rénovation de l'église en 1970, et le manteau de la Vierge a été recouvert d'or fin, ce qui accentue la solennité de l'œuvre.

VITRAUX
1865
Église Saint-Symphorien 67120141

Ces trois vitraux du chœur de l'église sont l'œuvre de Baptiste Petit Gérard, qui s'est inspiré des vitraux de la cathédrale de Strasbourg, à la rénovation de laquelle il a participé. La Vierge à l'Enfant, avec un médaillon de l'Annonciation, est entourée par les deux saints auxquels l'église est dédiée, saint Symphorien, martyrisé à Autun, et sainte Catherine d'Alexandrie, martyrisée en 307 sous l'empereur Maximin II. Les vitraux de la nef datent de 1924. Ils ont été peints par l'artiste Kuder de Strasbourg et réalisés par Van Freeck à Munich.

MONUMENT DU 16 AOÛT 1870
1872
Place du Souvenir-Français *67120104*
Le 16 août 1870, le colonel Fievet, conduisant un groupe de 42 soldats, tombe sur les défenseurs d'un régiment badois près du pont du canal, au lieu-dit La Hollau. Après un combat acharné, les Français doivent battre en retraite. Quatre morts sont enterrés sur place, et les blessés sont soignés à Ostwald. Cinq d'entre eux décèdent des suites de leurs blessures et sont inhumés dans les cimetières d'Ostwald et d'Illkirch. Les habitants d'Illkirch-Graffenstaden, sous la direction d'un cadre de l'usine, M. Schmitthausler, effectuent une collecte afin d'ériger un monument à la mémoire de ces neuf soldats. Plusieurs noms de rues avoisinantes commémorent cet événement tragique.

VESTIGES DU FORT UHRICH
1873-1877
Route du Fort-Uhrich *67120116*
En 1870, les Allemands dirigés par le général von Werder assiègent Strasbourg, dont la garnison se rend le 28 septembre, après un terrible bombardement. En novembre 1871, les Allemands décident de construire une série de forts entourant Strasbourg. Ce fort, initialement appelé Werder, est conçu pour soutenir un siège. En temps de guerre, il pouvait accueillir jusqu'à 700 hommes, dans une centaine de salles. Mais en temps de paix, l'effectif était limité. À l'instar de la ligne Maginot, les forts de Strasbourg n'ont jamais servi autrement que comme entrepôts ou terrains de manœuvre. Après la défaite allemande de 1918, les autorités françaises donnent au fort le nom d'Uhrich, nom du général qui commandait la garnison de Strasbourg en 1870. En 1944, un incendie dans un dépôt de savon endommage fortement certaines salles. Depuis 1980, il est la propriété de la commune.

RESTAURANT *À L'ÉTOILE*
Vers 1875
Bois de sapin, brique et torchis
133, route de Lyon *67120143*
Ce restaurant témoigne d'une alliance originale entre le colombage alsacien et un toit dit à la Mansart. Des toitures de ce style se retrouvent sur d'autres immeubles, à proximité. Au début du XXe siècle, l'une des salles du restaurant servait à projeter des films muets, abritant ainsi le cinéma Odéon. Après la Seconde Guerre mondiale, une vraie salle de cinéma, le *Lux*, est construite à l'arrière du bâtiment. Un autre cinéma, *Le Palace*, animait la ville, mais les deux salles ont fermé vers 1967-1968.

ÉCOLE DU CENTRE
1875-1892
Place de la Mairie *67120126*
L'école la plus ancienne se trouve à Graffenstaden et date de 1844. En 1856, une seconde école communale, dite du Nord, est construite près du temple d'Illkirch. Compte tenu de l'accroissement très rapide de la population, d'autres écoles sont ensuite régulièrement édifiées. L'école du Centre fait la jonction entre les deux parties de la ville, Illkirch et Graffenstaden. En 1892 lui est adjoint un second bâtiment, qui accueille le cours complémentaire destiné aux enfants voulant poursuivre leur scolarité au-delà du certificat d'études. Jusqu'en 1925, l'enseignement y est assuré par les sœurs de Saint-Jean de Bassel. En 1924, un conflit sur les décrets de l'école laïque éclate entre la municipalité et les catholiques, et conduit à la naissance, en 1926, de l'école Sainte-Thérèse, dans la cour du cercle Saint-Symphorien.

SALLE DES FÊTES
1880
158, route de Lyon
67120144

Cette salle des fêtes se trouve dans l'ancien restaurant *À la ville de Strasbourg*, érigé en 1880 par Émile Millius. Au rez-de-chaussée se trouvaient le bistrot, la salle de banquet et la salle de spectacle, tandis que l'étage abritait les appartements du propriétaire et des locataires. La salle de banquet avait été baptisée De Kaisersall car le Kronprinz, fils de l'empereur Guillaume, y aurait rencontré sa maîtresse alsacienne. L'usine SACM en devient propriétaire pendant l'entre-deux-guerres. Elle y installe sa cantine, et la salle est alors appelée Favarecksall. La commune achète les installations en 1970 pour les transformer en salle des fêtes municipale.

PIERRE TOMBALE
DE JACQUES MESSMER
Vers 1881
Cimetière central, route Burkel *67120118*

Jacques Messmer naît à Karlsruhe (Allemagne) le 3 août 1809. Brillant étudiant en sciences physiques et mécaniques, il est admis au Polytechnicum avant d'y être engagé, à 23 ans, comme professeur. Son laboratoire de mécanique est bientôt connu au-delà des frontières. En 1838, il entre comme directeur technique à l'usine que Schwilgué et Rollé viennent de fonder à Illkirch-Graffenstaden. Il accompagne le développement de l'usine et devient un moteur de l'action sociale en créant une société de secours, une bibliothèque pour les ouvriers ou en construisant des maisons pour le personnel. Il devient aussi le gendre de Schwilgué. Il opte pour la nationalité française en 1854 et est nommé directeur général en 1855. Il est maire de la commune du 12 août 1860 au 5 janvier 1872. Chevalier de la Légion d'honneur, il s'éteint le 16 octobre 1881.

CENTRALE HYDROÉLECTRIQUE
1898
Brique et maçonnerie
Rue du Moulin *67120119*

Dès le XVIIIe siècle, un moulin se dresse sur l'Ill, près de la Niederbourg. Il est racheté en novembre 1868 par Nathan Baumann, négociant en grains à Fegersheim. Avec son frère, il en modernise les installations. En 1894, après son décès, ses deux fils, Lucien et Achille, s'associent à leur oncle pour gérer l'entreprise. Ils agrandissent le moulin en 1899, en installant cette centrale hydroélectrique sur l'Ill. La production passe de 18 000 à 40 000 sacs par mois, et près de 100 personnes travaillent sur le site. Dans la nuit du 21 septembre 1902, un incendie détruit l'ensemble des installations. Le moulin n'est pas reconstruit sur place, mais au port du Rhin, à cause de la desserte ferroviaire. La centrale hydroélectrique est rebâtie et agrandie, passant de trois à sept turbines, en 1903.

MAIRIE
1882-1883
Architecte : Brion
Place de la Mairie *67120109*

De la Révolution jusqu'en 1851, la maison communale se trouve route de Lyon. Elle est ensuite transférée à une nouvelle adresse, route Burkel, jusqu'à la victoire des Prussiens en 1870. Une salle de l'école du Centre sert de local communal après 1875 mais, devant l'essor de la commune, le maire Jean Schertzer fait adopter, le 4 avril 1882, une délibération pour ériger une véritable mairie. L'édifice, inauguré en 1883, comprend, outre les locaux de la mairie, ceux du tribunal d'instance. En 1960, le conseil municipal, présidé par le Dr Reichenshammer, adopte le projet d'agrandissement développé par l'architecte Risch, de Strasbourg. Le nouveau bâtiment est inauguré en 1963.

HÔTEL-RESTAURANT
LA MAISON ROUGE
1899
117, route de Lyon
67120130

En 1895, la commune compte 5 549 habitants et une trentaine de débits de boissons. En 1899, Karl Pulfermuller fait construire cet hôtel-restaurant à proximité de la ligne de tramway à vapeur, surnommée Hara, et du temple d'Illkirch. La ligne est électrifiée en 1900, mais le train à vapeur continue à relier Marckolsheim, *via* Erstein, avant l'électrification complète. Le tramway est supprimé en 1960, pour renaître à Illkirch en 1998.

BÂTIMENT HURON
1899-1902
156, route de Lyon *67120154*
C'est en 1825 que démarre l'activité industrielle du site avec la Fabrique d'acier du Bas-Rhin. En 1838, Schwilgué et Rollé en font l'Établissement de constructions mécaniques, connu sous le nom d'usine de Graffenstaden. Des crics, des machines-outils et du matériel ferroviaire y sont fabriqués, ainsi que des locomotives à vapeur à partir de 1856. En 1872, l'usine fusionne avec les établissements Koechlin de Mulhouse : ainsi naît la SACM (Société alsacienne de constructions mécaniques). À son apogée, l'usine occupe une superficie de 14 hectares et compte 4 000 employés. L'usine n'ayant pas su s'adapter à la traction électrique, la production décline, et la dernière locomotive est livrée en 1956. Seule subsiste désormais la production de machines-outils Huron, avec un effectif de près de 200 personnes.

VILLA SCHNUR
1901
3, rue de la Niederbourg
67120131
Cette villa est construite par Frédéric Schnur, cadre de l'entreprise de constructions Urban, dont le chantier se trouve alors à proximité, au lieu-dit Altgrub. À l'époque, le chemin qui passe devant la maison menait au *Lufthurort Nierderburg*. Il s'agissait en fait d'une guinguette où les habitants d'Illkirch et de Strasbourg aimaient aller le dimanche. La ferme, toute proche, permettait aux enfants d'approcher les animaux ou de faire des tours en calèche. Grâce à une liaison en bateau, des Strasbourgeois venaient sur l'Ill après une escale à l'île des Pêcheurs d'Ostwald et s'en retournaient en tramway.

CENTRALE ÉLECTRIQUE
1903
Brique et béton armé
Rue du Moulin *67120149*
Pour alimenter en énergie électrique les *Illkircher Mühlenwerke* du port du Rhin, les frères Baumann agrandissent en 1903 l'ancienne usine hydroélectrique de la Nierderbourg et lui adjoignent un alternateur de 6,20 mètres de diamètre, construit par Brown et Boveri à Mannheim. La grande salle est éclairée grâce à de larges baies vitrées, et la façade arbore des chapiteaux. Les roues de moulin stylisées aux angles, ainsi que les claveaux surmontés d'éclairs, rappellent l'énergie électrique. L'alternateur est arrêté depuis 1980.

BÂTIMENT FLENDER
1920
Rue du Vieux-Moulin *67120113*
Dès la fin du XIXe siècle, l'usine SACM fabrique des engrenages pour ses machines-outils. Après la Seconde Guerre mondiale, pour diversifier sa production, elle se met à fabriquer des réducteurs ou multiplicateurs de vitesse.

Le département « engrenages » est créé et progresse rapidement, alors que la machine-outil décline. Les deux entités se séparent en 1984, et quatre ans plus tard intervient la fusion avec l'entreprise allemande Flender. Ce bâtiment est le hall de montage et d'expédition.

CHEMINÉE DE L'USINE SACM
1923
Maçonnerie et béton armé
(H. : 67 m env.)
Usine Huron *67120111*

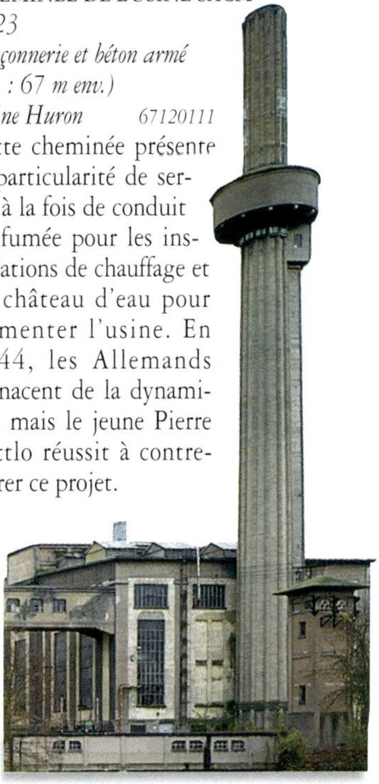

Cette cheminée présente la particularité de servir à la fois de conduit de fumée pour les installations de chauffage et de château d'eau pour alimenter l'usine. En 1944, les Allemands menacent de la dynamiter, mais le jeune Pierre Dittlo réussit à contrecarrer ce projet.

ANCIEN ATELIER BUGATTI
De 1904 à 1909
Île de la Nierderbourg *67120148*

En 1904, Ettore Bugatti vient de quitter De Dietrich à Nierderbronn pour s'installer sur la commune. Il y met au point, avec Émile Mathis, la Hermès-Simplex, dont ils confient la fabrication à la SACM. Une quarantaine d'exemplaires sont réalisés, dont l'un est exposé au musée de l'Automobile de Mulhouse. En 1907, Bugatti cherche à voler de ses propres ailes et s'installe dans un hangar disponible de la blanchisserie industrielle de l'île de la Niederbourg. C'est là que naît le premier moteur à arbre à cames en tête. Tout en collaborant avec Deutz, à Cologne, il construit ses premières voitures avant de quitter l'endroit pour Molsheim. Sur l'île de la Niederbourg, une rotonde rappelle le passage de Bugatti.

CERCLE SAINT-SYMPHORIEN
1906
Maçonnerie et béton armé
7, rue de la Poste *67120134*

Le cercle catholique naît en 1903, sous la forme d'une association de jeunes menés par le curé Wusthorn. Ce dernier organise de nombreuses collectes afin de pouvoir acquérir un terrain, et, en 1905, les fonds sont suffisants pour qu'il puisse acheter 80 ares et y construire ce bâtiment, qui abrite, par la suite, toutes les activités liées à la paroisse depuis 1906. En 1924, pour appliquer les directives du gouvernement Herriot, le maire, Achille Baumann, et le conseil municipal décident de congédier les sœurs qui assurent l'enseignement à l'école du Centre. La construction d'une école privée, dans la cour du cercle, est alors décidée. Inaugurée le 9 mai 1926 et dédiée à sainte Thérèse, l'école a fermé ses portes en 1972. Le cercle Saint-Symphorien est le siège de nombreuses sociétés.

MAISON DE LA SACM
1923
Brique
Rue Ernest-Renan *67120145*

Avec le rapide développement de l'usine SACM (2 500 employés en 1920) se pose un grave problème de logement. Deux groupements, la Société coopérative d'habitat à bon marché et la SACM, s'attaquent à ce problème, entre 1920 et 1935. Les élus municipaux, ainsi que le maire, A. Baumann, participent aux projets, dont l'ambition est de réaliser des maisons coquettes dans des quartiers agréables. Le tracé de nouvelles rues, l'élaboration des plans de maisons ou d'immeubles, ainsi que les surveillances des chantiers, sont réalisés par les architectes Voelckel, Wolff et Hoff. Ils conçoivent des maisons en bande et des petits immeubles.

ÉCOLE DU SUD
1906
Rue des Boulangers 67120127
Au début du XXe siècle, l'école communale de Graffenstaden devient trop petite pour accueillir tous les élèves. L'école du Sud est alors construite par la municipalité au lieu-dit Katzenloch. La petite école communale, située route de Lyon, devient alors école ménagère, c'est-à-dire qu'elle permet aux jeunes filles d'apprendre les tâches domestiques. La démographie est stoppée par les deux guerres mondiales, mais, dès les années 1950, il faut scolariser les enfants du baby-boom. Les écoles se multiplient. Six écoles maternelles et trois primaires viennent également accompagner le développement de la ville.

VILLA BAUMANN
1912
Parc du centre de traumatologie
Avenue Achille-Baumann
67120132
Achille Baumann, maître meunier, fait construire cette villa à proximité de la centrale électrique de la Niederbourg. Imposante par sa taille, elle dispose d'une vingtaine de pièces, éclairées par de larges baies vitrées. Sept personnes assuraient l'intendance de la demeure, quatre travaillaient à la centrale, et quinze autres s'occupaient du parc, des potagers et de la ferme. Achille Baumann est élu maire de la commune le 7 juillet 1914. Après son décès, au lendemain de la Seconde Guerre mondiale, ses descendants vendent le domaine. La ferme a été rasée en 1969 et remplacée, en 1975, par un centre de traumatologie. La villa Baumann abrite désormais les services administratifs de cet hôpital de 300 lits.

LAVOIR
1922
Bois de sapin et tuile
Rue Kraft
Île du Muhlegel 67120138
De tous les anciens lavoirs de la commune, seul subsiste celui-ci. En 1922, le canal de fuite qui traversait la SACM est comblé. Pour apporter un maximum d'eau à la nouvelle centrale électrique de l'usine, le cours de l'Ill est modifié. Le lavoir est construit à cette époque, au bord du bras de l'Ill qui entoure l'île du Muhlegel, dont le nom vient du moulin qui se dressait, au XVIIIe siècle, à proximité. La pollution et l'arrivée des machines à laver dans les ménages font disparaître l'usage des lavoirs dans les années 1960.

RESTAURANT *TERMINUS*
1906-1907
Route Burkel et rue des Vignes 67120128
À l'origine, ce restaurant est construit par Xavier Kintz (1872-1958), serrurier sur locomotive, pour servir de bistrot. L'immeuble, avec ses deux étages d'habitation, son balcon en bois, ses colombages et sa tourelle, est assez cossu. À cause de cette tourelle, signe extérieur de richesse, le propriétaire avait été surnommé *D'r Dermelwirt* qui signifie le restaurateur à la tourelle. Le nom du restaurant, *Terminus*, tient à sa situation de l'époque, au bout du village.

PLAQUE DE RUE 67120117
Ce général, natif d'Illkirch, donne son nom à une rue, ainsi qu'à tout un quartier et à ses deux écoles. Né le 12 octobre 1837, il est le fils de Samson Libermann, médecin, et maire de la commune de 1825 à 1830. Il entre à Saint-Cyr à l'âge de 17 ans. Comme sous-lieutenant, il participe

à l'expédition du Mexique en 1865. En août 1870, après avoir combattu contre les Prussiens, il est nommé capitaine et décoré de la Légion d'honneur. Ne pouvant se résigner à la défaite de la France en octobre 1870, il s'évade de Metz et rejoint les troupes françaises. Il est général de division lorsqu'il prend sa retraite, en 1902. Son décès survient à Paris, en mars 1923, après la victoire de novembre 1918, qui permettait à l'Alsace de redevenir française.

PLAQUE COMMÉMORATIVE
DU GÉNÉRAL LECLERC
1948
1, place du Général-de-Gaulle 67120139

Le 21 novembre 1944, pour atteindre plus rapidement Strasbourg, le général Leclerc décide d'éviter Saverne ou Schirmeck et passe par les chemins forestiers de Dabo. Le 23, quatre colonnes convergent vers la capitale alsacienne. Un jeune officier, qui fait partie de la colonne devant passer par le sud, le lieutenant Christen, demande à être sur le char de tête car il est originaire d'Illkirch-Graffenstaden. La ville est libérée à 13 heures, peu avant Strasbourg. La 2e DB reçoit alors l'ordre de se déployer vers le sud. Du 28 novembre au 3 décembre, Leclerc établit son

quartier général au cercle catholique. Pendant ce temps, il loge dans une maison voisine, chez l'instituteur Zehnacker. Cette plaque commémorative a été apposée sur l'édifice le 26 septembre 1948.

FOYER PROTESTANT
1930
Architecte : Haas 67120153

La paroisse protestante de Graffenstaden décide, en 1930, de construire un foyer en face du temple. L'architecte Haas est chargé d'en dessiner les plans. Une salle de 250 places, avec une scène pour les activités musicales ou théâtrales, est érigée et inaugurée en 1931. Des travaux d'agrandissement sont entrepris en 1957, notamment pour permettre au foyer de disposer d'une salle plus profonde. Le foyer organise des activités pour les jeunes, propose des pièces de théâtre et forme un groupe folklorique.

PLAQUE DU RATTACHEMENT
DE STRASBOURG À LA FRANCE
Vers 1950
91, route de Lyon 67120147

C'est dans l'ancienne maison communale, située au 91, route de Lyon, que le marquis de Louvois signe, le 30 septembre 1681, avec les représentants de Strasbourg, la capitulation de la ville et son rattachement à la France. Les deux tourelles de l'édifice sont enlevées au XIXe siècle, et le bâtiment, à colombage, devenu trop vétuste, est rasé pendant la Seconde Guerre mondiale. Seule subsiste la plaque qui rappelle cet événement historique.

MONUMENT AUX MORTS
1953
Architecte : Fernand Guri
Sculpteur : Lucien Fenaux
Bronze et granit
Place du Général-de-Gaulle 67120103

En 1936, le maire Achille Baumann, les élus et les habitants de la commune inaugurent un monument aux morts, élevé à la mémoire des enfants de la commune victimes de la Première Guerre mondiale. Ce monument est détruit par les Allemands en 1940. Le projet de construction d'un nouveau monument est adopté par le conseil municipal en 1952, et une souscription est aussitôt ouverte. Le 24 juin 1953, les élus choisissent le projet de l'architecte Fernand Guri, et la réalisation en est confiée au sculpteur parisien Lucien Fenaux. Le nouveau monument est inauguré par les autorités le 8 mai 1954. En 1976, compte tenu de l'accroissement du trafic sur la route de Lyon, le conseil municipal décide de transférer le monument à son emplacement actuel, où il est inauguré le 11 novembre.

VITRAIL DE L'HÔTEL DE VILLE
1954
Maîtres verriers : atelier Ott frères
Ancienne mairie *67120150*

Sous les blasons de l'Alsace et de la commune apparaissent tous les symboles de la localité. Sont ainsi représentés des agriculteurs, des ouvriers et techniciens de l'usine, une locomotive et, en arrière-plan, un bateau sur le canal. Ce vitrail donnait autrefois un éclairage particulier à la petite salle des mariages. Depuis 1980, cette salle a été supprimée pour que le palier soit agrandi. Les mariages se pratiquent désormais dans la salle du conseil municipal.

ÉGLISE NOTRE-DAME-DE-LA-PAIX
1962
Architecte : Walker
Maçonnerie et béton armé
Rue de la Plaine, La Hollau *67120152*

Cette église répond au vœu du curé Kieffer, qui souhaitait voir ériger une église dans ce quartier nord si la commune était épargnée par les horreurs de la guerre. Auparavant, les paroissiens fréquentaient une petite chapelle en bois. Le 24 avril 1952, des habitants du quartier décident, avec le curé Wotling, d'ouvrir une souscription pour cette construction. Le curé Ott, qui lui succède, mène le projet à terme. La première pierre est posée le 31 mai 1959, et l'inauguration intervient trois ans plus tard, le lundi 11 mai 1962, en présence de Mgr Weber, évêque de Strasbourg. L'édifice peut accueillir 400 personnes. Depuis 1996, la paroisse est rattachée à Saint-Symphorien.

IMMEUBLE DE LA CITÉ LIBERMANN
1963
19, rue Libermann *67120146*

Lors de la séance du 11 mai 1962, le conseil municipal accorde la garantie communale à la société locale de HLM pour la réalisation d'un immeuble de 40 logements pour les rapatriés d'Algérie. Cette séance marque le début de la réalisation de la cité Libermann. Une quinzaine d'immeubles est édifiée, par tranches successives, avant que les rues de l'Orme et des Roseaux ne viennent doubler l'effectif de la cité. La première série d'immeubles est construite à partir de 1963 par l'entreprise locale Urban.

CHAPELLE SAINT-JOSEPH
1965
Rue de l'Orme *67120151*

En 1963, des immeubles sont édifiés au lieu-dit Feldscheidt et marquent le début de la réalisation de la cité Libermann. Pour offrir un lieu de prière aux habitants du quartier, la paroisse Saint-Symphorien acquiert un terrain de 50 ares, rue de l'Orme. La chapelle de la Meinau est rachetée et transférée par l'entreprise Urban. Elle est dédiée à saint Joseph, patron des ouvriers, et est inaugurée le 21 août 1965 par Mgr Durrheimer, évêque de Katiola en Côte-d'Ivoire et ami du curé de Saint-Symphorien, le curé Ott.

Lingolsheim

Canton d'Illkirch-Graffenstaden
Arrondissement de Strasbourg-Campagne
Superficie : 569 ha
Population 1990 : 16 496 hab.
Habitants : les Lingolsheimois
Cours d'eau : la Bruche et son canal

Origine du nom : probablement du latin *ligno*, bois, ou de l'anthroponyme Linko, et de l'allemand *Heim*, foyer.

Blason : il pourrait s'agir des armes que portait Eberhard de Landsberg lors de la septième ou huitième croisade.
67120200

HISTORIQUE

D'importantes découvertes de vestiges néolithiques attestent l'ancienneté de l'occupation du site, dont la première mention écrite remonte au XIIe siècle. Au siècle suivant, le village est la propriété des Hohenstaufen, et, du XIVe au XVIIIe siècle, la seigneurie est détenue par la famille Landsberg. Le Moyen Âge est une période de conflits, au cours de laquelle se succèdent pillards en 1439, guerre des Paysans en 1525, guerre de Trente Ans de 1618 à 1648, pestes et famines. Un incendie, qui survient lors de la bataille d'Entzheim, en 1674, marque le village. Après le rattachement de Strasbourg à la France, l'agriculture se développe. À partir de 1871, date à laquelle l'Alsace redevient allemande, de grands travaux sont entrepris. Lingolsheim est alors connu pour sa fabrique de cuir, ses sablières et ses cultures de fraises. Les Allemands Adler et Oppenheimer fondent une usine de tannerie en 1888, qui devient l'une des plus grandes d'Europe et vaut au village le surnom de « cité des tanneurs ». Si la ville est épargnée pendant la guerre de 1914-1918, elle est bombardée à deux reprises lors de la Seconde Guerre mondiale. Le 23 novembre 1944, les troupes du général Leclerc libèrent la commune.

LES TROIS CRUCIFIÉS
Vers 1435
Grès des Vosges
9, rue de la Chapelle *67120214*

Vers 1435, de retour de Terre sainte, Eberhard de Landsberg fait ériger trois grandes croix en pierre portant les statues du Christ crucifié et des deux larrons. Une chapelle dédiée à la Vierge est édifiée en 1458, mais elle tombe en ruine lorsque les Landsberg choisissent la Réforme au XVIe siècle. En 1739, Samson de Landsberg se convertit au catholicisme et fait construire une nouvelle chapelle, qui englobe les trois croix. Un chemin de croix, comportant sept stations, est ensuite ajouté. De nombreux pèlerins fréquentent alors le site. En 1793, la propriété est vendue au notaire strasbourgeois Mayer, avec obligation de démolir « chapelle et ermitage dans un délai d'un mois ». Le notaire parvient à cacher les trois bustes, désormais emmurés sur le lieu même de l'ancien pèlerinage.

CHÂTEAU DES LANDSBERG
Début du XVIIIe siècle
Rue du Château *67120203*

En 1344, Henri de Landsberg achète le hameau de Lingelsheim, qui demeure dans la famille jusqu'à la Révolution. En 1789, le comte Samson de Landsberg se retire dans son château de Nierdernai, et celui de Lingolsheim est déclaré bien national par les révolutionnaires. Charles, le fils de Samson, rachète le bien familial et l'occupe jusqu'en 1811, date de son décès. Le dernier des Landsberg s'éteint en 1837, sans laisser de descendance. Désormais, le château abrite un centre médico-social. Un escalier en bois, avec décor de feuilles d'acanthe et balustres sculptés, orne l'intérieur de l'édifice.

INSCRIPTION
1830
39, rue du Château *67120210*

Au début du XIXe siècle, l'agriculture est florissante. De nombreuses fermes sont construites, notamment dans la

rue du Château. Cette inscription, en allemand, évoque la foi des agriculteurs : « Celui qui se fera des amis avec les dons de la terre aura aussi l'amitié au ciel quand il mourra. Selon la promesse de Dieu il habitera les huttes éternelles après avoir acquis son Salut. Le Salut Éternel nous sera donné à cause de notre charité. »

GARE
1857 67120209
Cette gare est construite lors de la création de la voie de chemin de fer de la vallée de la Bruche. De nombreux ouvriers viennent alors s'établir dans la cité et profitent du train pour aller travailler à Strasbourg. En 1883, les abords de la gare sont aménagés, et le raccordement des tanneries à la voie ferrée est réalisé trois ans plus tard. La rue de la Gare s'appelle alors Wolfgasse. À partir de 1903, le tramway permet lui aussi d'aller à Strasbourg. Des rames attendent devant les Tanneries la sortie des ouvriers. Pendant la Seconde Guerre mondiale, la rue prend successivement le nom de Bahnhofstrasse puis de Lohgerberstrasse avant de retrouver en 1945 celui de rue de la Gare.

VESTIGES DU FORT JOFFRE-LEFEBVRE
1873-1877
Béton et grès des Vosges
Rue de Geispolsheim 67120211
Pour éviter une éventuelle reprise de Strasbourg par les Français, les Allemands construisent, entre 1873 et 1877, une ceinture de dix forts autour de la capitale alsacienne. Ils sont alors reliés par un petit train appelé *D'Ringbahn,* la ceinture. À chaque fort sont associés plusieurs petits fortins qui servent d'avant-postes. Celui de Lingolsheim est construit au sud-est de l'agglomération, à plusieurs centaines de mètres des premières habitations. À l'instar de la ligne Maginot, les forts de Strasbourg n'ont jamais servi, sinon comme entrepôts de munitions.

SABLIÈRE
1871
Rue du Maréchal-Foch 67120213
Les premières exploitations de sable et de gravier sont créées en 1871, en partie pour la construction du fort. Le sous-sol de la commune est constitué de deux sortes de sable, à savoir le sable blanc au sud-est, qui a été déposé par les crues du Rhin, et le sable rouge au nord-ouest, amené par la Bruche. Au XIXe siècle, l'extraction s'effectue à la pelle et à la pioche ou avec l'aide de chevaux. La mécanisation n'intervient qu'après la Première Guerre mondiale. Les premiers tracteurs apparaissent vers 1930, et les pelles mécaniques après 1950. Lors des extensions successives des sablières, de nombreuses tombes, remontant jusqu'au Néolithique, ont été découvertes.

MAISON STUMPF FRÈRES
1873
65, rue du Maréchal-Foch 67120212
Des neuf fabriques de moutarde que comptait la région, seule subsiste cette maison. C'est en 1873 que Jean Stumpf commence la fabrication de moutarde, sur l'emplacement du restaurant *Lion d'or*, désormais disparu. Ses trois fils lui succèdent en 1895, et l'un d'eux, Auguste, implante l'entreprise sur son emplacement actuel. En 1927, Robert, son fils cadet, devient propriétaire de l'usine. Il l'agrandit en 1930 et y élabore, en plus de la moutarde, des choucroutes, des merlans frits, des rollmops et des cornichons. En 1939, il crée la marque Alelor, contraction d'Alsace et de Lorraine. Désormais, les douze meules broyeuses de graines à moutarde sont remplacées par deux moulins automatisés.

ANCIENNES TANNERIES
1888
Parc des Tanneries 67120207

À la suite de la faillite de la petite usine agro-alimentaire, amidon et sucres, d'Auguste Schumann, l'entreprise Adler-Oppenheimer de Francfort décide, en 1888, d'ouvrir une usine de traitement du cuir. Le développement est très rapide puisque de 250 ouvriers en 1895 elle en compte près de 2 000 en 1918. En effet, la Première Guerre mondiale avait nécessité beaucoup de fournitures à base de cuir. Après l'armistice, l'usine est acquise par l'établissement Tanneries de France.

CHEMINÉE
(H. : 48 m)
Parc des Tanneries 67120208

Touchée par la crise des années 1930, l'usine de tannage va de conflits en restructurations. En 1935, elle ne compte plus que 800 employés. En 1939, elle est transférée en Bretagne et sert aux Allemands, qui y entretiennent leurs chars. En 1946, les bâtiments retrouvent leur activité initiale, mais l'industrie du tannage cesse dans les années 1970. Le site est ensuite entièrement reconverti pour devenir un parc d'activités tertiaires, appelé le parc des Tanneries. Seuls subsistent quelques bâtiments et cette cheminée.

RESTAURANT *AUX DEUX CLEFS*
Vers 1900
106, rue du Maréchal-Foch
67120216

Ce restaurant se situe sur l'emplacement d'un ancien cabaret du XVIIIe siècle. Le haut du bâtiment est modifié peu avant la Première Guerre mondiale : la toiture est alors surélevée pour permettre la création de logements sous les combles, et ne comporte plus que deux pans afin que la surface habitable soit agrandie. En 1900, il existe déjà une dizaine d'auberges dans la commune.

ÉGLISE SAINT-JEAN-BAPTISTE
1900
Architecte : Joseph Heilig
Grès des Vosges
Rue du Maréchal-Foch 67120201

À la fin du XIXe siècle, l'exercice simultané des deux cultes dans la modeste église de 1750 devient difficile, compte tenu de l'augmentation de la population. En 1895, le curé Bangratz fait l'acquisition d'un terrain, et le 12 octobre 1899 débutent les travaux de fondation de la nouvelle église. La pose de la première pierre a lieu le 4 mars 1900. Les travaux sont exécutés par l'entreprise Rudloff d'Obernai, sur les plans du Strasbourgeois Joseph Heilig. L'église est inaugurée le 30 septembre 1900 par l'évêque Charles Marbach.

De style néo-roman, elle arbore un clocher de façade. En 1906, elle est équipée de trois cloches, puis d'un orgue en 1911. En 1917, les autorités militaires allemandes réquisitionnent deux des cloches, que les paroissiens remplacent en 1924.

SAINT JEAN BAPTISTE
1868
Peintre : Anna Carola Sorg
(250 × 300 cm)
Église Saint-Jean-Baptiste 67120217

Ce grand tableau représente la rencontre du Christ et de saint Jean Baptiste au lac de Tibériade. Il a été peint à la demande de Jacques Mehn, curé de la commune de 1860 à 1873, et de sa sœur. Initialement accroché dans l'église du simultaneum, il est ensuite transféré dans l'église catholique lors de l'inauguration de cette dernière, en septembre 1900.

ÉCOLE DU CENTRE
1903
Rue de l'École *67120206*

Une première école, pour les 6-8 ans, est construite en 1866. Dès 1888, elle est agrandie pour accueillir les enfants de 8 à 10 ans. Les écoles sont alors confessionnelles, et l'augmentation rapide du nombre d'enfants catholiques manque de provoquer un conflit à la fin du XIXe siècle. En effet, en 1894, pressée par les catholiques, la municipalité promet de construire une école en 1900, après l'extinction des dettes dues à la construction de l'école de 1888. Les plans sont dressés dès 1898, mais les travaux n'ont toujours pas commencé en 1900, et les élus catholiques démissionnent. En 1903, les habitants catholiques se rassemblent et proposent un terrain sur lequel édifier ce bâtiment, qui porte encore l'inscription allemande « *Schulhaus* ».

MAIRIE
1908
Maçonnerie et grès des Vosges
7, rue du Château *67120205*

Ce bâtiment, avec tourelle, succède à l'ancienne mairie, rue des Dames, gravement endommagée par un incendie le 11 février 1882. En 1908, l'équipe du maire Jean Krencker décide de construire un nouvel hôtel de ville. L'architecture est typique de l'ère allemande du début du XXe siècle. Sous les combles était prévu un logement pour l'appariteur.

TEMPLE
1907-1909
Architecte : Oberthur
Rue du Château *67120215*

Le simultaneum prend fin en 1901 avec la construction de l'église catholique. L'édifice de 1750 est alors rendu au seul culte protestant, mais l'augmentation de la population est telle que de sérieuses rénovations s'imposent. Le 10 octobre 1906, le conseil presbytéral décide d'ériger un nouveau temple. L'entreprise Urban d'Illkirch-Graffenstaden réalise les travaux. Bien que l'édifice porte la date de 1908, date de la pose de la première pierre, le temple n'est inauguré que le 14 mars 1909. L'orgue provient de la maison Link Frères de Giengen, dans le Wurtemberg. L'horloge est un don des Tanneries Adler-Oppenheim. Le pasteur Klotz, installé dans la commune en 1901, reste dans sa paroisse jusqu'en 1945. L'édifice et l'orgue sont endommagés par le bombardement allié du 25 septembre 1944.

MONUMENT
AUX MORTS
1920
Sculpteur : Stoehr
Granit
Rue du Château
67120202

Le 15 mai 1920, le conseil municipal décide d'ériger un monument à la mémoire des victimes de la Première Guerre mondiale. Ce monument est mis en place devant la mairie par l'entreprise Klein, et l'inauguration a lieu

le 17 octobre 1920. L'ensemble comporte alors une plaque portant les noms des 57 victimes du conflit mais, en 1940, lors de l'occupation allemande, cette plaque et les autres inscriptions françaises sont enlevées. Le 15 avril 1948, le conseil municipal adopte les crédits nécessaires à la rénovation du monument. Désormais, il mentionne également le bombardement du 25 septembre 1944, qui a tué 70 personnes, et honore la mémoire des victimes des deux guerres mondiales.

PLAQUE DE LA LIBÉRATION
1944-1948
(100 × 80 cm)
Ancienne mairie *67120219*
La commune est libérée par la 2e division blindée du général Leclerc

le 23 novembre 1944. Cette plaque, qui ccommémore l'événement, est inaugurée le 13 juin 1948 en présence de M. Edmond Naegelen, ministre, de M. Paira, préfet, et du général Gruss, gouverneur militaire de Strasbourg.

Ostwald

Canton d'Illkirch-Graffenstaden
Arrondissement de Strasbourg-Campagne
Superficie : 711 ha
Population 1999 : 10 764 hab.
Habitants : les Ostwaldois
Cours d'eau : l'Ill, le Gerig et le Bohrie

Origine du nom : du saint éponyme.

Blason : ce sont trois fers de lance qui représentent les places fortes situées aux entrées de la commune.
67120300

HISTORIQUE

Des découvertes archéologiques laissent penser qu'un habitat humain existait sur le site au temps des Celtes. La première trace écrite remonte à 884. En 974 on trouve mention de Wickersheim puis plus tard de Illwickersheim. À l'époque de Frédéric Ier (1122-1190), dit Barberousse, le village appartient aux Hohenstaufen, qui érigent un puissant château fort le long de l'Ill. En 1285, le village est vendu par Rodolphe de Habsbourg à la famille Claus Zorn, de Strasbourg. La peste en 1348, les armées de mercenaires en 1365 et en 1376 déciment la population. En 1418, la Ville de Strasbourg achète le village. En 1444, les Armagnacs sèment la désolation. La misère s'abat à nouveau sur le village au XVIIe siècle. Après le rattachement de Strasbourg à la France, signé à Illkirch en 1681, le village connaît une période de paix et de prospérité. La terre est à nouveau travaillée, avec l'introduction de la pomme de terre et la culture du chanvre, le cheptel est amélioré, et de nombreuses maisons sont construites. En 1789, les élus choisissent de changer le nom du village et optent pour Oswald, qui devient ensuite Ostwald. Le village se développe fortement au XIXe siècle. Depuis 1912, une gravière est exploitée au Gehrig. Le 25 septembre 1944, Ostwald est bombardé par une escadrille américaine.

ÎLE DES PÊCHEURS *67120320*
Un document datant de 1583 révèle que l'île appartient alors aux Wurmbser, de Vendenheim. L'île doit son nom (d'Fischerinsel) aux pêcheurs professionnels qui travaillaient sur place. Un passeur assurait le transport des hommes et des marchandises entre Illkirch et Ostwald.

CHAPELLE SAINT-OSWALD
XIIIe siècle
Maçonnerie et grès des Vosges
Cimetière *67120301*
Cette chapelle est le seul vestige de l'ancienne église érigée au XIIIe siècle, dédiée au moine irlandais Oswald, qui, au VIIe siècle, aurait créé un lieu de prière. Lorsque les villageois décident de construire une nouvelle église en 1846, ils détruisent l'ancien lieu de culte pour n'en conserver que le chœur, qui forme la chapelle actuelle. La partie inférieure est de style roman, tandis que la partie haute, plus tardive, est d'inspiration gothique. Près de la chapelle se trouvait autrefois la fontaine Sainte-Ursule aujourd'hui disparue, réputée miraculeuse, qui fut un ancien lieu de pèlerinage du Moyen Âge.

VITRAIL
Vers 1290
Chapelle Saint-Oswald
67120302
Les vitraux de la chapelle s'inspirent des panneaux des fenêtres hautes de la cathédrale de Strasbourg. Jusqu'en 1867, les quatre vitraux étaient réunis dans la fenêtre du chevet à deux lancettes. Dans la verrière du chevet, seuls subsistent les panneaux représentant la Vierge en prière et le Christ portant un livre. *(I. M. H. 1974)*

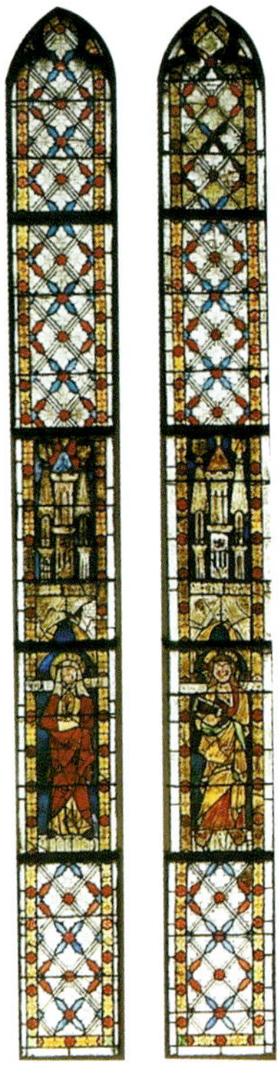

VITRAIL
Vers 1290
Chapelle Saint-Oswald 67120304
Le panneau de la baie nord représente sans doute le généreux donateur Walterus Darenheim, vraisemblablement Walter d'Achenheim.
(I. M. H. 1974)

VITRAIL
Vers 1290-XVe siècle
Chapelle Saint-Oswald
67120305
Ce vitrail, de la baie sud, montre saint Oswald tenant une coupe et un sceptre. La tête du saint, d'un style différent, date d'une restauration du XVe siècle.
(I. M. H. 1974)

PIETÀ
XVIIe siècle
Bois polychrome (H. : 100 cm)
Chapelle Saint-Oswald 67120306
Cette statue représente la Vierge Marie recevant le corps de Jésus avant la mise au tombeau.

CHÂTEAU DE L'ÎLE
XVIIe siècle
Grès et maçonnerie
Quai Heydt 67120312
Au XVIIe siècle, deux châteaux sont édifiés près de l'Ill par des nobles strasbourgeois. Celui qui appartenait aux Gambs a disparu vers 1870, seul subsiste le château de l'Île. Situé sur une île d'environ 4 hectares, ce château appartenait, vers 1750, à l'*Ammeister* Reyssien et à M. Bienvenu. L'un des corps de bâtiment est un vestige de l'ancien château, avec son étage à encorbellement et ses corbeaux en grès.

LOGIS
XVIIe siècle-1891
Grès et maçonnerie
Château de l'Île 67120311
Ce château fait face au village. La façade ornée d'une tour est la partie la plus récente de l'édifice, restaurée en 1891 à l'initiative du maire Léonard Heydt, alors propriétaire du château. Une fabrique de tisane, ouverte par le pharmacien Siegel, y est développée par M. Darbois, maire de la commune de 1935 à 1940. Avant la Seconde Guerre mondiale, le thé du château de l'Île était réputé. Laissé à l'abandon en 1962, le château abrite désormais un hôtel et un restaurant.

ANCIEN PRESBYTÈRE
Fin du XVIIe siècle
Bois de sapin et torchis
16, rue de Normandie 67120315
Cet ancien presbytère est situé au centre historique du village, à proximité de la chapelle du cimetière, qui est l'ancienne église paroissiale. Il s'agit de l'une des plus vieilles maisons du village. Au début du XXe siècle, la rue de Normandie se dénommait Ackergasse, ou rue des champs.

ANCIENNE MAIRIE-ÉCOLE
Début du XVIIIe siècle
Bois de sapin, maçonnerie et torchis
5, quai Heydt 67120317
Cette propriété figure sur un plan de l'ancien village, datant de 1750. À cause des inondations, dues à la proximité de l'Ill, son rez-de-chaussée est rehaussé par rapport au niveau de la cour. Son statut de mairie lui vaut une hauteur sous plafond de 2,40 mètres, plus importante que celle des autres maisons, et des fenêtres plus grandes. Un réduit, situé sur le côté de la maison, servait de prison, alors que les grandes pièces étaient occupées par les écoliers. Ce bâtiment garde sa double fonction de mairie et d'école jusqu'en 1859.

MAISON ALSACIENNE
Fin du XVIIIe siècle
Bois de sapin et torchis
15, quai Heydt 67120313
Cette maison à colombage constitue le logis d'habitation d'une ferme, qui a pour forme un carré, et auquel sont accolées les dépendances. Elle figure sur un plan du village tracé à l'époque de la Révolution. La taille de l'édifice laisse penser que le fermier était assez aisé.

COLONNE
Vers 1810
Grès des Vosges
Rue des Vosges
et rue de Geispolsheim
67120310
Cette colonne, qui date de l'ère napoléonienne, servait à fixer les inscriptions de direction, notamment vers Geispolsheim et Erstein. Elle indiquait également celle de la ferme dite de la Colonie agricole.

1944. Son mobilier compte un christ en croix et une chaire en bois. L'orgue est une réalisation de la maison Roethinger. Les vitraux du chœur sont l'œuvre de l'artiste strasbourgeois Ruhlman.

ANCIENNE ÉCOLE DE FILLES
1869
Maçonnerie et grès des Vosges
Rue des Vosges et rue du Maréchal-Foch
67120318

La mairie-école est construite en 1859 sur l'emplacement de l'actuel hôtel de ville. Face à l'évolution démographique du village, l'équipe municipale du maire Léonard Heydt décide d'ériger une deuxième école, prévue pour être opérationnelle en 1869. Elle est réservée aux filles, et les garçons continuent de fréquenter le bâtiment de la mairie-école. Lors des combats d'août 1870, le sous-sol de l'école des filles sert d'hôpital militaire, appelé le *Lazarett*. D'autres bâtiments sont ajoutés au fil des ans, créant ainsi un véritable groupe scolaire.

FERME DE LA COLONIE AGRICOLE
1839
Rue de la Colonie *67120319*

En 1839, la Ville de Strasbourg fait ériger une ferme à l'ouest du village pour donner du travail à des gens sans emploi. La Colonie agricole est chargée de défricher et de travailler 104 hectares de terre improductive. L'année 1842 marque un changement dans la vocation de l'établissement, qui se met à accueillir de jeunes délinquants, âgés de 6 à 20 ans. Outre les travaux des champs, ces jeunes apprennent des métiers comme ceux de charpentier, de maçon, de forgeron ou de cuisinier. Le fouet ne leur est pas épargné, et, si la faute est grave, la punition est la mise en « cage à poules », une caisse en bois où le puni ne reçoit que du pain et de l'eau. La Colonie fonctionne ainsi jusqu'en 1875, date à laquelle elle est transférée à Haguenau.

CALVAIRE
Vers 1850
Maçonnerie et grès des Vosges
Rue des Arbres et rue des Vosges
67120322

Le milieu du XIXe siècle est une période de prospérité pour le village. À cette époque, les villageois, qui sont pour la majorité des agriculteurs, érigent des calvaires aux carrefours des chemins qui mènent aux champs. C'est le cas de celui-ci, qui, vers 1950, est rattrapé par l'extension du village, après s'être dressé en pleine campagne.

ÉGLISE SAINT-OSWALD
1846-1848
1, rue des Vosges *67120307*

Cette église catholique, dédiée à saint Oswald, est construite sur une ancienne propriété, appatenant à un négociant strasbourgeois. Son style néo-classique est caractéristique de son époque. L'édifice est gravement endommagé lors du bombardement du 25 septembre

ANCIEN RESTAURANT
L'ÎLE DES PÊCHEURS
1850
Rue de l'Île-des-Pêcheurs *67120314*

En 1838, J.-Georges Gross achète l'île et y fait ériger une maison, sur pilotis pour faire face aux inondations. Cette maison devient le siège d'une association de bons vivants, Les Chevaliers de l'ordre des amis de la joie. À la fin du XIXe siècle, une auberge est construite sur l'île, qui devient rapidement une halte de promenade pour les Strasbourgeois. Elle permet aux promeneurs de se restaurer avant de poursuivre avec un bateau à moteur jusqu'à l'île de la Niederbourg, à Illkirch. Les frères Mathis, Albert et Adolphe, ont immortalisé le lieu dans leur poésie. Depuis 1912, une gravière est exploitée à proximité, et, depuis 1962, l'autoroute, toute proche, interdit tout passage vers Illkirch. L'auberge a donc fermé ses portes en 1966.

TOMBE DES SOLDATS FRANÇAIS
1870
Grès des Vosges
Cimetière 67120309

Lors de la guerre de 1870, Strasbourg est assiégé par les troupes badoises. Ostwald est occupé le 13 août 1870 par un détachement du corps badois von Werder. Le 16 août, un détachement français, conduit par le colonel Fievet, se heurte à des troupes allemandes qui défendent le pont du canal à Illkirch-Hollau. Les blessés français sont transportés à Ostwald, où quatre d'entre eux succombent à leurs blessures. Ils sont inhumés au cimetière, et un monument leur est érigé après les hostilités. Cette tombe porte les noms de ces quatre soldats : Louis Rissacher, Louis Quarier, Adolphe Midavaine et Jean Souanin, appartenant tous au 45e régiment de ligne, qui a également participé à la bataille de Woerth, le 6 août 1870.

PLAQUE DU QUAI HEYDT
Après 1945
Quai Heydt 67120321

Léonard Heydt est né le 14 janvier 1829. Entrepreneur de métier, il est maire de la commune de 1861 à 1901. Il participe activement au développement du village, en faisant notamment construire, en 1868, une école pour les filles. Mai 1871 marque la défaite des Français, et Léonard Heydt doit alors travailler sous l'autorisation des Prussiens, qui entreprennent de grands travaux pour empêcher les crues de l'Ill. Il conserve sa fonction de maire jusqu'au 4 mars 1901, jour de son décès.

MONUMENT AUX MORTS
1925-1952
Sculpteur : Édouard Stenzel
Grès des Vosges
Place du Souvenir-Français
67120308

Le 22 mai 1924, le conseil municipal, présidé par le maire Joseph Wild, décide d'ériger un monument aux morts à l'ombre d'un tilleul baptisé l'« arbre de la liberté », planté en 1848. Une statue représentant une mère tenant une palme est réalisée par le sculpteur Marx de Brumath mais, au cours de la Seconde Guerre mondiale, les Allemands effacent les inscriptions françaises, déposent la statue et la remplacent par une pierre pyramidale. Le monument est également endommagé par le bombardement de septembre 1944. En 1952, le conseil municipal fait restaurer le site. Une nouvelle statue représentant un homme prostré est exécutée par le sculpteur Édouard Stenzel. Le monument est inauguré le 30 novembre 1952 par M. Esperandieu, sous-préfet d'Erstein, et par le gouverneur militaire de Strasbourg.

HÔTEL DE VILLE
1953
1, rue du Général-Leclerc 67120316

La première maison communale était située au cœur de l'ancien village, au bord d'un bras de l'Ill, dans un endroit propice aux inondations. En 1859, le conseil municipal, présidé par le maire Xavier Kaufmann, décide de construire une nouvelle mairie-école sur un terrain situé le long de la rue principale. Cet édifice est entièrement détruit lors du bombardement du 25 septembre 1944. Un pavillon léger, en bois, sert alors de mairie provisoire. En 1953, l'équipe municipale, conduite par le maire Paul Oertel, décide de faire édifier l'actuel hôtel de ville, à la place du pavillon. Il est inauguré le 20 juin 1954 par M. Demange, préfet du Bas-Rhin, et par le nouveau maire, Léon Hoerlé.

Canton de Lauterbourg

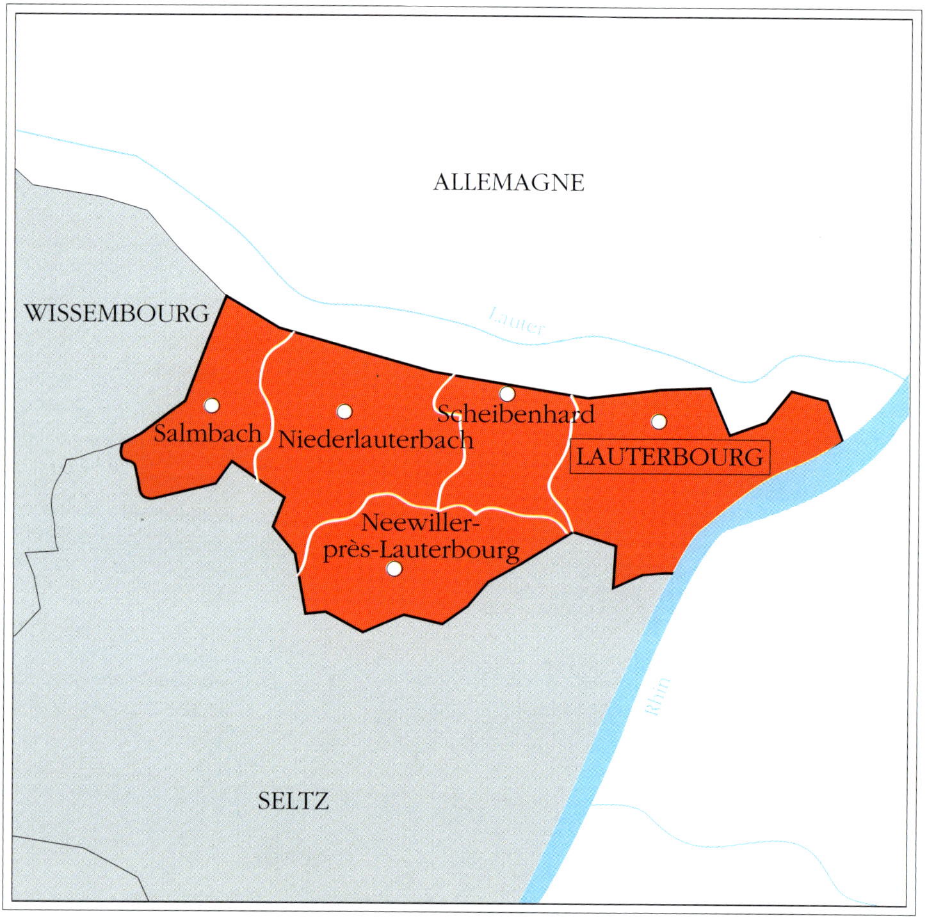

- Lauterbourg
- Neewiller-près-Lauterbourg
- Niederlauterbach
- Salmbach
- Scheibenhard

Lauterbourg

Canton de Lauterbourg
Arrondissement de Wissembourg
Superficie : 1 125 ha
Population 1990 : 2 378 hab.
Habitants : les Lauterbourgeois
Cours d'eau : la Lauter et le Rhin

Origine du nom : du latin *lutera*, la rivière Lauter bordant la commune, et de *Burg*, château.

Blason : il représente l'ancien château médiéval aux trois tours.
67130100

HISTORIQUE

Vers 14 av. J.-C., les Romains établissent un castel, appelé Tibuni, à l'emplacement de la ville. La première mention d'un site habité remonte en fait au Moyen Âge. Le territoire relève du domaine impérial ; la cathédrale de Spire y possède plusieurs biens, dont un domaine situé au hameau de Lauterboug, cédé en 1086 par l'empereur Henri IV. Sous les Stauffen, la ville est fortifiée et un château est construit. En 1390, l'évêque Nicolas étend les fortifications. La ville se développe et devient le siège d'un bailliage de la principauté épiscopale. Elle subit plusieurs incursions : passage des Frisons en 1256, siège du roi Rodolphe en 1286, guerre des Paysans en 1525, guerre de Trente Ans ; elle est occupée et dévastée par les troupes de Mansgfeld dès 1621, puis par les Suédois, les troupes impériales et enfin les troupes françaises, l'évêque de Spire se plaçant sous la protection du roi de France. En 1648, par le traité de Munster, l'évêque doit accepter la suzeraineté française. En 1678, les Français brûlent entièrement la ville, mais les habitants ne font allégeance au roi de France qu'en 1680. Les conflits entre Impériaux et Français perdurent pendant la guerre de Succession d'Espagne (1701-1714) : les fortifications anciennes sont rasées et remplacées en 1706 par d'importantes levées de terre allant jusqu'à Wissembourg et appelées les lignes de la Lauter. Lauterbourg est rattaché au diocèse de Strasbourg lors du Concordat de 1801. Après la chute de l'Empire français, la frontière nationale est reportée sur la Lauter et la ville est occupée par les Alliés durant trois ans. Fin juillet 1870, Lauterbourg est la première ville occupée par les armées allemandes, mais redevient française fin novembre 1918. Le 1er septembre 1939, la population est évacuée à Saint-Priest-Taurion, en Haute-Vienne. La ville, occupée par la Wehrmacht le 14 mai 1940, est détruite à 80 % et n'est libérée que le 14 mars 1945.

TOUR DES BOUCHERS
XIIIe-XIVe siècles
Brique (7,30 × 8,50 m)
Rue de la Gare *67130133*

Le nom de cette tour, unique rescapée des quinze tours intégrées dans les enceintes fortifiées de la ville, est lié à la corporation des bouchers. Elle comporte trois étages, le second étant entouré par une frise lombarde à arceaux. Elle sert longtemps de prison civile. Le mur qui lui est accolé est un témoin de l'enceinte médiévale.
(I. M. H. 1993)

ARCHÈRE
XIIe siècle
Grès rose
Ancien château *67130140*

Cette archère fait partie de l'ancien château médiéval. Au XIIIe siècle, cette demeure appartient au prince-évêque de Spire qui s'y rend souvent. L'évêque Sigibrodo II y est élu en 1302 et l'évêque Rudolf von Frankenstein y meurt en 1560. L'évêque Lothar F. von Metternich (1652-1675) séjourne fréquemment et longuement dans le château, qu'il fait restaurer après les destructions de la guerre de Trente Ans. Il est incendié par l'armée royale française en 1678, puis démantelé : les pierres sont dispersées et réutilisées. Seule subsiste la base, faite de pierre rectangulaire à bosse, de l'une des trois tours qui le flanquaient.

ÉGLISE DE LA SAINTE-TRINITÉ
XVe-XVIIIe siècle
Architecte : Dominique Elmenreich
67130102

L'église gothique, consacrée en 1467, est construite à l'emplacement d'une église primitive, dont il ne subsiste que la base du clocher. En 1678, l'ancien sanctuaire gothique est sérieusement endommagé ; seuls sont conservés le chœur et la sacristie, voûtée de deux croisées d'ogives. Une nouvelle nef est élevée en 1716 d'après les plans de l'architecte Dominique Elmenreich, qui s'inspire du style voralbergeois ; elle est éclairée de chaque côté par deux rangées de sept baies. Une étroite tourelle d'escalier, située à l'extérieur, permet l'accès au clocher et à sa terrasse, entourée d'une balustrade en grès ajouré. La première des quatre cloches, remplaçant celles disparues lors d'un incendie en 1678, est fondue en 1707.
(I. M. H. 1984)

CLEF DE VOÛTE
Église de la Sainte-Trinité *67130145*
Cette clef de voûte, conservée dans la sacristie, provient probablement de l'église primitive et représente la tête du Christ, tandis qu'une autre représente l'agneau pascal.

PORCHE
1716
Église de la Sainte-Trinité *67130147*
Le linteau porte une inscription latine signifiant : « Je suis ici par la grâce de Dieu, à la faveur de la paix et avec l'aide de la ville. » L'assemblage des majuscules de chacun des mots forme un acrostiche, qui révèle la date de construction de l'édifice, 1716, en chiffres romains.

FONTS BAPTISMAUX
XIIIe siècle
Grès rose
Église de la Sainte-Trinité *67130137*
La cuve romane provient probablement de l'église primitive. La colonne carrelée, qui sert de support, est certainement un réemploi, alors que le couvercle est beaucoup plus récent.

CHŒUR
1467
Église de la Sainte-Trinité *67130135*
Le chœur gothique est éclairé par trois baies centrales, comportant des scènes historiées, et deux baies latérales aux motifs géométriques. Il abrite un Christ monumental provenant de la chapelle Saint-Michel, érigée au XVe siècle et détruite en 1940. Les vitraux sont réalisés par Jean Gaudin en 1950 pour remplacer les 123 m² de vitraux détruits lors de la Seconde Guerre mondiale. Les verrières représentent la Sainte-Trinité, le baptême du Christ accompagné de l'inscription latine « *hic ejus mons dilectus* » et sans doute le Sermon sur la montagne, avec l'inscription « *ipsum audite* ».

CHAIRE
1581
Grès rose
Église de la Sainte-Trinité 67130144
Les évêques de Spire ont foulé cette chaire, dont le décor est d'époque. Sa base en grès des Vosges est sculptée d'ornements de style Renaissance.

ARMOIRIES DE L'ÉVÊQUE METTERNICH DE SPIRE
1667
Grès des Vosges
Église de la Sainte-Trinité 67130142
Les armoiries de Lothar Friedrich von Metternich, évêque de la principauté épiscopale de Spire de 1652 à 1675, sont enchâssées dans le mur de la sacristie. L'évêque séjourne fréquemment à Lauterbourg et fait restaurer le château et la ville, fortement sinistrés après la guerre de Trente Ans.

SAINT ANTOINE LE GRAND
1715
Église de la Sainte-Trinité 67130136
Conformément à l'iconographie traditionnelle, saint Antoine est représenté âgé, vêtu de l'habit des

antonins, ordre spécialisé dans l'accueil des malades, et portant le tau, terminé par deux cloches. Saint Antoine est considéré comme un saint guérisseur, invoqué contre la peste ou la lèpre.

ORGUE
1717-1777-XXe siècle
Facteur : Ferdinand Stieffell
Église de la Sainte-Trinité
67130134
Une massive tribune en bois datant de 1717 supporte l'orgue de Ferdinand Stieffell de Rastatt, réalisé en 1777 et restauré en 1998. *(Cl. M. H.)*

CALVAIRE
1810-XXe siècle
Église de la Sainte-Trinité 67130141
Mis en place à l'initiative de Françoise Thieboult, ce calvaire remplace une ancienne croix, érigée en 1489 par la corporation des boulangers bouchers, et saccagée en 1794. Endommagé par une tempête en 1978, le calvaire est rénové en 1981. *(I. M. H. 1932)*

ANCIENNE RÉSIDENCE ÉPISCOPALE
1592
Pierre de taille, brique et grès
Rue de la 1re-Armée et place du Château
67130116

Le bâtiment Renaissance, érigé par le bailli Jacob Holzapfel, est incendié en 1678 et restauré en 1716 sous le règne de l'évêque de Spire, comme le rappellent les initiales en fer forgé inscrites sur le bandeau cernant le bâtiment. L'édifice abrite successivement un conseil de régence épiscopal de 1765 à 1771, le siège du bailliage de 1770 à 1789, les bureaux du commandant de la place de 1809 à 1870 et l'école préparatoire d'élèves instituteurs, avec internat, de 1873 à 1933. La ville acquiert le bâtiment en 1938. En 1960, il accueille le collège d'enseignement général, puis l'école élémentaire en 1968. La porte est surmontée d'un fronton triangulaire avec une inscription latine signifiant « Paix aux entrants, salut aux sortants » et datée de 1592. La cave dîmière du palais, voûtée de trois croisées d'ogives retombant sur vingt-quatre piliers à chapiteau ionique, est la plus vaste cave de la ville. L'étage est accessible par une tourelle polygonale en demi hors-œuvre, dotée de fenêtres rampantes et d'un fronton triangulaire.

CHAPELLE NOTRE-DAME-DU-BON-SECOURS
1666-1667-XVIIIe-XXe siècles
Brique et calcaire gréseux
Rue de la Chapelle *67130106*

La chapelle Maria-Hilf, dédiée à la Vierge, à saint Sébastien et à saint Roch, est érigée par les 200 Lauterbourgeois rescapés de la grande peste, avec l'aide financière du prince évêque de Spire, Metternich. Elle jouxtait le cimetière des pestiférés. Sur l'arc de la porte, trois écus armoriaux rappellent l'appartenance du bailliage de Lauterbourg à la principauté épiscopale de Spire. Cette chapelle est un lieu de pèlerinage aux XVIIIe et XIXe siècles. Elle subit plusieurs réfections notamment en 1772 et en 1983.

PORTE DE LANDAU
1708
Calcaire gréseux et grès des Vosges
Place Vauban *67130130*

Construite sur des fortifications médiévales, cette porte témoigne de l'époque Vauban. Le 24 juillet 1870, une patrouille de dragons badois, commandée par le comte de Zeppelin, pénètre en France par cette porte ; cette incursion constitue le premier acte guerrier de 1870. Un soleil, sculpté sur l'une des faces de la porte, rappelle le serment d'allégeance prêté au roi de France en 1680.
(I. M. H. 1932)

ÉGLISE PROTESTANTE
1708-1888-XXe siècle
Calcaire gréseux et brique
Rue du Temple *67130104*

Le temple rectangulaire, mi-enterré, est à l'origine une poudrière, construite en 1708 et pouvant contenir « 95 000 poudres ». Le 10 octobre 1887, la communauté protestante acquiert le bâtiment pour 760 marks, somme payée par les fidèles. Des baies d'éclairage sont percées dans les pignons, la voûte est couverte d'une toiture en tuile et un campanile est édifié sur le pignon sud. Le temple est consacré en 1888. Endommagé au cours de la Seconde Guerre mondiale, il est restauré en 1952-1953.

PORTAIL DE L'HÔTEL DE VILLE
1731
Brique et grès
21, rue de la 1re-Armée 67130122

L'hôtel de ville est construit à l'emplacement de l'ancienne mairie, incendiée en 1678. Le portail Renaissance porte les armoiries de la ville. La salle de séance du conseil municipal, située à l'étage, mesure 160 m² et contient encore, outre ses boiseries d'origine, deux grands fourneaux en fonte aux armes de la ville.

VOÛTE EN PLEIN CINTRE
1708
Église protestante 67130138

L'intérieur de cette église frappe par sa sobriété. En effet, même si quelques boiseries recouvrent les murs, les sculptures et les habituels panneaux historiés des vitraux sont inexistants. Ce dénuement est volontairement choisi, les fidèles devant se consacrer exclusivement à la prière.

PORTE COCHÈRE DES ANCIENNES ÉCURIES DU BAILLIAGE
1728
Grès des Vosges
Rue de la 1re-Armée 67130139

L'arc de la porte cochère de l'édifice porte la date de 1612 : il s'agit probablement d'un réemploi provenant de l'un des bâtiments Renaissance détruits au cours de l'incendie de la ville en 1678. Il porte également des marques de tâcheron au sommet d'une colonne.

AUTEL ROMAIN
Grès rose
Hôtel de ville 67130101

Découvert en 1891 près de l'église, cet autel, dédié à Jupiter, provient sans doute d'un lieu sacré et témoigne de l'occupation romaine du site.

CROIX DE GUERRE
Après 1945
Hôtel de ville 67130124

La croix est remise à la ville pour les souffrances subies durant les périodes 1939-1940 et 1944-1945. La citation à l'ordre du corps d'armée, signée par Max Lejeune, est la suivante : « Ville martyre, située à l'extrême pointe est du territoire national entre les lignes Maginot et Siegfried, a eu à souffrir particulièrement les événements 1939-1940 et 1944-1945. La population, soumise pendant trois mois à des bombardements d'aviation et d'artillerie intervenus en 1945, a fait preuve d'une attitude particulièrement courageuse dont elle ne s'est pas départie après la Libération en s'attaquant aux travaux de reconstruction ».

MÉCANISME D'HORLOGE
1843
Horloger :
Jean-Baptiste Schwilgué
Hôtel de ville 67130148

Réalisé par Schwilgué (1776-1856), le célèbre rénovateur de l'horloge de la cathédrale de Strasbourg, ce mécanisme donne l'heure au clocher de l'église jusqu'en 1991.

BIBLIOTHÈQUE MUNICIPALE
1738
Brique et grès
Place du Château 67130123

En 1884, une bibliothèque paroissiale, la Borromäus Bibliothek, est installée dans la chapelle Saint-Michel, brûlée en 1940 ; elle est alors transférée à l'hôtel de ville. Après la Seconde Guerre mondiale, les Allemands emportent tous les ouvrages, en grande partie à tendance nazie. En 1948, des séances de prêts sont organisées dans la sacristie de l'église. La bibliothèque s'installe ensuite dans les bâtiments de l'école primaire, puis dans l'ancienne cuisine de la maison Adam. En 1994, en raison du manque de place pour le stockage des livres, la bibliothèque est déménagée dans cet ancien bâtiment militaire de 1738, rénové, et devient bibliothèque municipale.

VIERGE À L'ENFANT
Grès rose
Bibliothèque municipale
67130150

Cette Vierge à l'Enfant d'auteur et de datation inconnus est sans doute l'une des reproductions de la Vierge en pied de 1330, portant l'Enfant Jésus, de la cathédrale de Spire, ville dont elle est la patronne. L'œuvre originale est détruite en 1794 par les révolutionnaires. Cette copie, qui ornait auparavant le jardin du presbytère ou du château des évêques de Spire, a été trouvée dans une partie de l'emprise du château, désormais occupée par le presbytère.

POÈTES ET PROSATEURS D'ALSACE
Auteur : Georges Holderith
Bibliothèque municipale 67130107

Georges Holderith, inspecteur général de l'Éducation nationale, naît à Lauterbourg en 1912. Il est l'initiateur d'une rénovation de l'enseignement de l'allemand dans les lycées et les collèges et le promoteur de la réintroduction de cette langue, matière facultative, au cours moyen des écoles d'Alsace. Tous les ans, le prix Georges Holderith récompense des classes ayant fait des efforts particuliers en français, langue nationale, et en allemand, langue très importante du point de vue historique et géographique.

POTEAU CORNIER
Début du XVIIIe siècle
Maison de l'école de filles 67130120

La colonne torsadée et le masque d'épouvante qui ornent ce poteau cornier sont destinés à conjurer les incendies. Ces figures se retrouvent sur quelques bâtiments publics à colombage de la région, datant également du début du XVIIIe siècle. Ce bâtiment était la résidence du bailli de 1716 à 1765.

MAISON ADAM
XVIIIe siècle
Rue du Moulin 67130119

Léguée à la ville en 1917 par Adam, maire de 1882 à 1912, cette maison d'époque Louis XV abrite la bibliothèque municipale au milieu du XXe siècle. Elle accueille désormais une MJC, maison des jeunes et de la culture.

CORPS DE GARDE
1763
Porte du Moulin *67130105*

Ce corps de garde, l'un des huit existant à cette époque dans la place, appartenait à l'origine à l'ancien hôpital militaire, désormais disparu.

GLORIETTE
1854
Calcaire gréseux, pierre de taille et grès des Vosges
Rue du Moulin *67130143*

Cette gloriette est construite sur la base d'une tour médiévale adossée au mur d'enceinte de la ville.

CIMETIÈRE CHRÉTIEN
Après 1793
Rue de la Chapelle *67130112*

À l'origine, le cimetière catholique se situe de part et d'autre de l'église ; les notables sont alors enterrés dans l'église même, ou dans la chapelle Saint-Michel. Il est agrandi en 1711, puis finalement déplacé et transféré hors les murs en 1793 ; il est tout d'abord placé au Galgenberg ou mont des Suppliciés, puis enfin en bordure des lignes de la Lauter.

TOMBES MAÇONNIQUES
Début du XIXe siècle
Cimetière catholique *67130115*
Les anciennes tombes retracent l'histoire de Lauterbourg à partir de la Révolution. Parmi les pierres tombales transférées et conservées dans un espace réservé, figurent celles de membres de la loge maçonnique « Persévérance » (1806-1835), qui utilise l'abeille comme symbole.

TOMBE DU SOLDAT DUFLOT
1848
Grès rose
Cimetière catholique *67130108*
Louis Josef Duflot, né en 1764 et mort en 1848, est un officier du génie de l'armée impériale, qui assiste à de nombreuses campagnes entre 1800 et 1814. Retraité à Lauterbourg, il commande la garde nationale du canton.

CIMETIÈRE JUIF
Vers 1875
Rue de la Chapelle *67130109*
Au milieu du XIXe siècle, la communauté juive de Lauterbourg possède une synagogue et une école privée. La visite du cimetière révèle que la communauté juive était bien intégrée : les tombes portent les noms de conseillers municipaux et régionaux, médecins, poètes et autres personnalités. La plus ancienne tombe date de 1877. Le cimetière est désormais entretenu par l'unique famille israélite de la ville.

ATELIERS EIFFEL

Route de Mothern *67130127*

Ces ateliers appartiennent à une entreprise industrielle de constructions métalliques de haute technicité qui a réalisé la pyramide du Louvre, l'ascenseur de l'arche de la Défense, la Cité des sciences et de l'industrie, des plates-formes pétrolières et des ponts de grandes portées. L'exportation dans le monde entier est possible grâce à son accès au port du Rhin.

ARCADES DE L'ANCIENNE CAPITAINERIE

Métal

Port du Rhin *67130128*

Les travaux d'amélioration des quais ont entraîné la disparition de la capitainerie du port ; seules en subsistent les arcades, sur lesquelles sont inscrites les hauteurs des crues du siècle.

PORTIQUE DE CHARGEMENT

XIXe siècle

Métal

Port du Rhin *67130129*

Lors de la rectification du cours du Rhin, une anse est aménagée dans le port. Dès 1846, des bateaux à vapeur accèdent à un port d'embarquement. À partir de 1885, l'activité s'intensifie grâce à la présence d'un terminal charbonnier et au trafic d'hydrocarbures ; elle périclite dans les années 1920 au profit du port de Strasbourg. Après un arrêt consécutif à la Seconde Guerre mondiale, l'activité reprend grâce à l'implantation de deux importantes entreprises exportatrices et d'un nouvel équipement portuaire. Sur le quai-berge de 1856 réaménagé en 1962, l'entreprise CFEM-Eiffel a construit un portique de 250 tonnes pour chargement lourd, auquel est adjointe une rampe permettant de mettre à l'eau des flotteurs construits à l'usine de Lauterbourg et destinés aux plates-formes de forage en mer.

Neewiller-près-Lauterbourg

Canton de Lauterbourg
Arrondissement de Wissembourg
Superficie : 700 ha
Population 1999 : 622 hab.
Habitants : les Neewillerois
Cours d'eau : la Née et le Seebach

Origine du nom : du nom de la rivière, Née.

Blason : il rappelle l'ancienne dépendance à la principauté épiscopale de Spire.
67130200

HISTORIQUE

Les découvertes archéologiques permettent d'attester une occupation néolithique de ce site. Le nom de Neewiller est mentionné pour la première fois en 1308. À l'origine, le hameau, appartenant au bailliage de Lauterbourg, dépend de l'évêché de Spire. En 1660, la première église, dédiée à saint Nicolas, est construite. Le village souffre beaucoup lors de la guerre de Trente Ans. Par le concordat de 1801, la paroisse passe au diocèse de Strasbourg. En septembre 1939, la population est entièrement évacuée et transférée en Haute-Vienne à Saint-Sulpice-les-Feuilles. Le francique est le dialecte parlé à Neewiller-près-Lauterbourg, dont les habitants vivent désormais d'exploitations agricoles.

MAISON
Début du XIXe siècle
Pan de bois *67130205*
Cette maison présente une élévation sur rue assez sophistiquée. Le nombre d'ouvertures signale l'importance du bâtiment.

SAINT MICHEL
Pierre
Église Saint-Michel
67130202
Cette statue, qui provient de la cathédrale de Senlis (Oise), est mise en place en 1952 et sert de monument aux morts. L'inscription latine sur la plaque, « In piam memoriam bello mortuis », rend hommage aux soldats tombés au cours des deux guerres mondiales.

CALVAIRE
1816
Grès rose
Route
de Niederlauterbach
67130204
Au pied de la croix, une sculpture en pied présente la mère du Christ. Le socle porte deux inscriptions allemandes, signifiant : « Tout est consommé. » et « Plein de blessures, plein de sang, le bien le plus précieux est suspendu à la croix. »

CALVAIRE
Grès rose
Chapelle Saint-Antoine
67130203
Ce calvaire très ancien et à caractère baroque comporte une base rectangulaire, sur laquelle figurent les statues de deux saintes, et une partie supérieure, où sont représentées deux femmes tenant un enfant par la main, au-dessus desquelles figurent trois petites têtes. L'élément, restauré, a retrouvé ses couleurs d'origine, mais les inscriptions demeurent illisibles.

BRIQUETERIE *67130206*
En 1923, la découverte d'un four de potier du VIIIe siècle av. J.-C. au lieu-dit Geheren prouve que le travail de la terre glaise a été pratiqué de tout temps sur le territoire de la commune. En 1895, le maire Josef Muller décide de créer une tuilerie et, plus tard, une briqueterie. Grâce au four en plein air, 45 000 briques peuvent être cuites à la fois. Le four circulaire et la cheminée datent de 1912. En 1925, grâce au moteur Diesel, plus d'un million de briques sont fabriquées. L'entreprise, qui joue un rôle important dans les reconstructions de l'après-guerre, cesse ses activités en 1993.

CHAPELLE SAINT-ANTOINE
1826-1952 *67130201*
Rénovée une première fois après la Première Guerre mondiale, puis en 1975, cette chapelle, lieu de pèlerinage, attire chaque année, vers le 13 juin pour la procession de saint Antoine, des milliers de pèlerins gitans, qui ont offert un drapeau à la paroisse en 1953.

Niederlauterbach

Canton de Lauterbourg
Arrondissement de Wissembourg
Superficie : 1 122 ha
Population 1999 : 861 hab.
Habitants : les Niederlauterbachois
Cours d'eau : la Lauter et le Landbach

Origine du nom : de *Nieder*, bas, de la rivière Lauter et de *Bach*, ruisseau.

Blason : les couleurs verte et jaune représentent respectivement les prés, la forêt et les champs. Le fer à cheval symbolise les courses hippiques organisées autrefois par les habitants.
67130300

HISTORIQUE

Le village s'étire sur une rue, constituant sans doute l'ancien tracé de la voie gallo-romaine. En 1046, des terres de Lutterbach sont données au chapitre de Spire ; le village, placé sous l'administration du bailliage de Lauterbourg, dépend de la principauté épiscopale jusqu'en 1789. À l'issue de la guerre de Trente Ans, le village est ruiné et désert. Ce n'est qu'en 1680, à l'instar des agglomérations de la vallée de la Lauter, que Niederlauterbach est rattachée à la couronne de France. L'édification des lignes de la Lauter, décidées par le maréchal de Villars en 1706 lors de la guerre de Succession d'Espagne, met les habitants du village à contribution ; ils subissent le passage successif des troupes durant des siècles. En décembre 1793, sous la Terreur, une centaine d'habitants prennent la fuite. Au début du XIXe siècle, en raison de la poussée démographique, beaucoup d'entre eux émigrent ; il en est de même après l'annexion de la commune par l'Allemagne en 1870. Niederlauterbach est rattaché à la France en 1918. En septembre 1940, la population est évacuée en Haute-Vienne, notamment à Cromac et à Mailhac-sur-Benaize. Le village est libéré une première fois le 14 décembre 1944 par les Américains, puis par les Français le 18 mars 1945. Les activités de Niederlauterbach sont l'agriculture, l'artisanat et l'industrie. À la fin du XXe siècle, les exploitations régressent en nombre mais augmentent en taille. L'exploitation forestière est assurée par la commune. Des entreprises de menuiserie, de serrurerie, de ferronnerie et de construction sont installées depuis longtemps sur ce territoire. Plusieurs puits de pétrole sont en exploitation.

ÉGLISE SAINTE-MARGUERITE
1788
Grès et brique 67130301
Cette église se situe sur une butte du quartier ouest du village, à l'emplacement d'un édifice médiéval, sans doute roman, dont seule subsiste la base du clocher. Lors de la reconstruction de l'édifice, cette base est surmontée d'un clocher octogone baroque couvert d'une toiture d'ardoise de la forme d'un casque allongé. La nouvelle église, une église-halle, est consacrée en 1788 en même temps que le maître-autel – qui figure sainte Marguerite – et que les deux autels latéraux – qui sont dédiés à la Vierge et à saint Laurent. Le portail du clocher-porche est surmonté d'une niche abritant une statue de saint Sébastien, qui rappelle une épidémie de peste en 1666. Les vitraux, qui datent de 1918, illustrent les huit béatitudes.

MAISON
1723
Pan de bois
10, rue Principale 67130306
Parmi les 71 maisons du village à dater des XVIIIe et XIXe siècles, plusieurs comportent des combinaisons de poutrages complexes. Certaines d'entre elles ont conservé des cartouches sculptés de dessins symboliques.

BORNE
1738
Pierre 67130307
Cette borne de chemin est gravée d'un écusson couronné et des initiales « R R », pour Reisenbach. Elle délimitait le domaine de 250 arpents acquis en 1736 par cette famille, qui remplace les anciens bâtiments par un nouveau manoir et rebaptise le domaine Neuhof. Confisqué à la Révolution, celui-ci est totalement démantelé en 1832.

SAINTE MARGUERITE
XVIIe siècle
Bois
Église Sainte-Marguerite 67130303
Cette œuvre d'art baroque est découverte dans les années 1950-1960 dans les combles de l'église. Sainte Marguerite d'Antioche est réputée pour

être la protectrice des femmes enceintes. La légende dit qu'elle aurait vaincu le diable, apparu sous la forme d'un dragon, par un signe de croix.

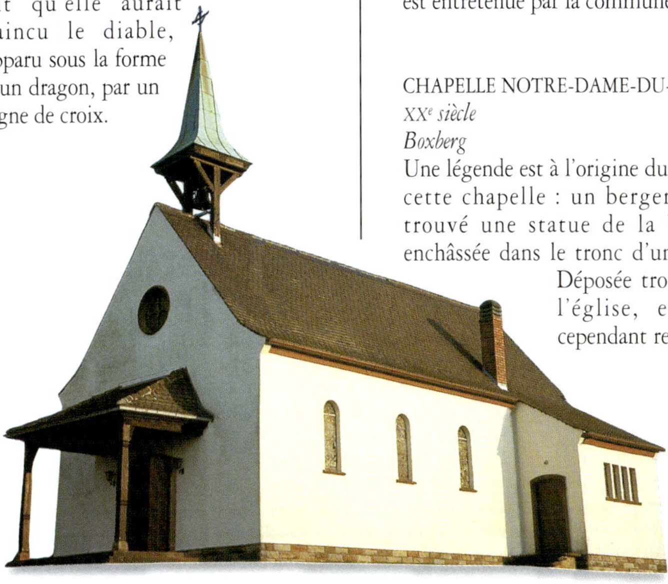

TOMBE DU SOLDAT SCHON
1870
Cimetière
Église Sainte-Marguerite 67130308
Le soldat Schon est l'un des rares morts de la bataille de Wissembourg en 1870. Issu d'une famille de menuisiers-vitriers implanté à Salmbach, sous-officier d'artillerie de l'armée impériale française, Josef Schon meurt au Geisberg le 4 août 1870. Sa tombe est entretenue par la commune.

CHAPELLE NOTRE-DAME-DU-CHÊNE
XXe siècle
Boxberg 67130304
Une légende est à l'origine du nom de cette chapelle : un berger aurait trouvé une statue de la Vierge, enchâssée dans le tronc d'un chêne. Déposée trois fois à l'église, elle est cependant retrouvée, à chaque fois, au même endroit ; un oratoire est alors édifié à cet emplacement. Une première chapelle Sainte-Anne aurait également existé en ce même endroit. Un nouvel édifice est élevé en 1754 par le curé de l'époque, Jean-Georges Schroeder ; détruite pendant la Seconde Guerre mondiale, elle est reconstruite en 1960 en un point élevé appelé le Boxberg. Elle abrite un autel en grès des Vosges.

VITRAIL
Milieu du XXe siècle
Maître verrier : Tristan Ruhlmann
Chapelle Notre-Dame-du-Chêne 67130305
Les vitraux de la chapelle, de composition symbolique, reprennent des invocations de la litanie de la Vierge, à mettre en rapport avec l'histoire de la paroisse et du pèlerinage. Ce vitrail, portant une Vierge consolatrice, a certainement été réalisé après la Seconde Guerre mondiale, dans le but de soutenir les fidèles.

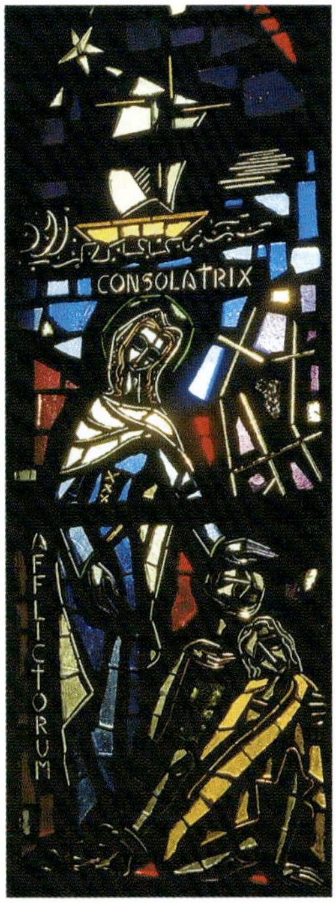

Salmbach

Canton de Lauterbourg
Arrondissement de Wissembourg
Superficie : 981 ha
Population 1998 : 520 hab.
Habitants : les Salmbachois

Origine du nom : de l'allemand *Bach,* rivière, et peut-être de *Salm,* saumon, du fait des nombreux saumons qui remontaient autrefois le Rhin et la Lauter en période de frai, avant de retourner à la mer, ou du latin *salix,* sel.

HISTORIQUE

Le village se situe à l'emplacement d'une ancienne voie gallo-romaine reliant Tribuni (Lauterbourg) à Concordia (Altenstadt), une commune proche de Wissembourg. Par don impérial en date du 7 septembre 1046, le chapitre du diocèse de Spire fait l'acquisition d'un domaine. Jusqu'à la Révolution, le village, qui subit les mêmes conflits que les communes des environs, est administré par le bailli de Lauterbourg. Le 1er septembre 1939, sa population est évacuée au Grand-Chézeaux, dans le Limousin, et en 1940, de nombreuses habitations sont endommagées ou détruites. Désormais, Salmbach entretient toujours des relations avec la commune de Grand-Chézeaux.

BORNE
Grès
Collection particulière *67130409*
Cette borne, qui marquait la limite d'un vaste champ jouxtant le ban de Siegen, appartenait autrefois à l'ordre de Malte, dont la croix est encore visible.

LIGNES DE LA LAUTER
1706
Ingénieurs : Régemorte et Charmont
67130406
Pour verrouiller l'Alsace du Nord lors de la guerre de Succession d'Espagne (1701-1714), le maréchal de Villars érige, en mai 1706, une ligne de défense le long de la Lauter, du Rhin jusqu'aux Vosges. L'ouvrage est constitué d'un parapet continu flanqué de 28 digues retenant la Lauter, pour environ 7 millions de m³ d'eau, et de 50 redoutes, le long des lignes, permettant l'inondation de la vallée, qui paraît alors infranchissable. Le parapet a une hauteur d'un 1,80 et une épaisseur de 2,10 à 3,60 mètres. Les redoutes, entourées d'un parapet de 6 mètres d'épaisseur et de fossés, abritent environ 30 hommes chargés de surveiller les lignes. Le parapet comprend de nombreux redans pour les tirs de flanquement. En 1939-1940, c'est sur cette ligne que l'armée française place ses avant-postes. Entre Scheibenhard et Altenstadlt, les lignes sont bien conservées ; un sentier, récemment aménagé, chemine sur la crête du parapet.

BORNE
1479
Bienwaldmühle
67130404
Cette borne, la plus ancienne connue dans la région, marquait la limite du vaste domaine forestier, dit Untermundatwald, de l'abbaye de Wissembourg.

ÉGLISE SAINT-ÉTIENNE
XIIIe-XVIIIe siècles *67130401*
De l'ancienne église fortifiée, il ne reste que la base de la tour. Le clocher date du XIIIe siècle. L'édifice est reconstruit en 1713, et la nef est agrandie en 1743. Le clocher est relevé en 1769.

Scheibenhard

Canton de Lauterbourg
Arrondissement de Wissembourg
Superficie : 462 ha
Population 1998 : 670 hab.
Habitants : les Scheibenhardois
Cours d'eau : la Lauter

Origine du nom : inconnue.

HISTORIQUE

Dès le XIe siècle, l'évêque acquiert à Scheibenhard un domaine situé près d'une voie romaine. Le hameau, annexé à la paroisse de Niederlauterbach aux XIIe et XIIIe siècles, est érigé en 1306 en paroisse dépendante du prévôt du chapitre de Spire. En 1530, 23 foyers et 123 habitants sont recensés à Scheibenhard. En 1685, une fonderie est créée dans le val Saint-Georges ; elle est transformée en moulin en 1720, géré durant deux siècles par la famille Liebhard. Le village, ruiné par la guerre de Trente Ans, ne compte plus que 16 habitants en 1692. Les lignes de défense de la Lauter, érigées en 1706, traversent et bouleversent l'agglomération. En 1815, la frontière franco-bavaroise est portée sur la Lauter. Les familles de ce village, ainsi coupé en deux, connaissent des situations tragiques lors des conflits franco-allemands. Le 31 décembre 1992, la suppression du contrôle de la douane rétablit l'unité géographique du village, mais la division entre la France et l'Allemagne est maintenue.

BÉNITIER
XIIIe siècle
Grès rose
Église Saint-Étienne
67130402
L'église conserve deux bénitiers, qui proviennent de l'église primitive.

PASSAGE DE SALMBACH
1825-après 1945
Béton *67130405*
Imposé par la convention de 1825, ce pont sur la Lauter permet aux Salmbachois d'accéder à leurs terres devenues bavaroises et de jouir de leur droit de ramassage de bois dans la forêt du Bienwald, jadis propriété du prince-évêque de Spire. Durant la guerre de Succession d'Espagne, une redoute domine la basse vallée de la Lauter, alors immergée, et défend la digue de retenue qui fait désormais office de chemin. Le pont est le lieu de plusieurs combats : le 13 octobre 1793, entre les soldats de l'an II et les Autrichiens, et le 14 mai 1940, entre les avant-postes français et la Wehrmacht. Jusqu'au milieu du XXe siècle, ce lieu est fréquenté par les lavandières du village. Il est partiellement reconstruit après la Seconde Guerre mondiale.

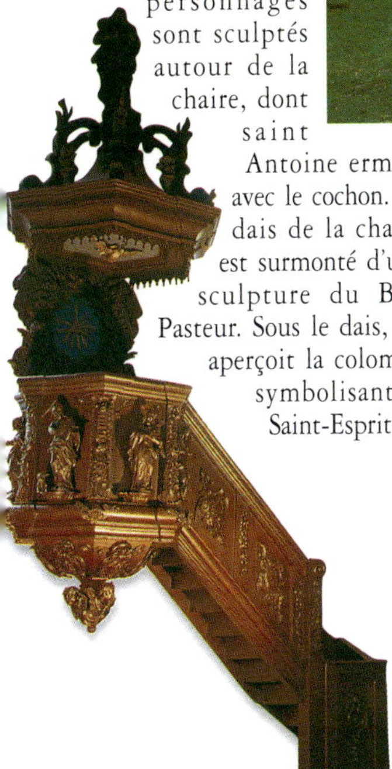

CHAIRE
Bois
Église Saint-Étienne *67130407*
Les panneaux de l'escalier sont ornés de motifs végétaux stylisés. Plusieurs personnages sont sculptés autour de la chaire, dont saint Antoine ermite avec le cochon. Le dais de la chaire est surmonté d'une sculpture du Bon Pasteur. Sous le dais, on aperçoit la colombe symbolisant le Saint-Esprit.

MAISON
XVIIIe siècle
Pan de bois
48, rue Principale *67130403*
Percée de nombreuses ouvertures, cette maison présente un colombage sobre et symétrique : l'emplacement et la dimension des ouvertures sont proportionnels à l'usage et à l'importance symbolique de la pièce qu'elles éclairent.

BÉNITIER
XIIIe siècle
Chapelle du cimetière
67130501
De l'église romane, construite au XIIIe siècle et démolie en 1788, il reste deux bénitiers, emmurés dans la chapelle centenaire du cimetière. L'église, dédiée à saint Georges, est remplacée en 1789 par un édifice plus grand, incendié en mai 1940, puis reconstruit en 1962.

CALVAIRE
1731
Grès rose (H. : 3 m) 67130502
Les plaies du Christ – couronne d'épines, mains, pieds et cœur percés – sont représentées sur les branches et le fût de la croix. Ce calvaire est le plus ancien de la région. Il a été édifié en remplacement d'une croix en pierre médiévale, appelée, selon un texte de 1626, « Am Steiner Creüz ».

MAISON
Vers 1740
Pan de bois
Rue des Tirailleurs-Tunisiens 67130514
Il s'agit de l'une des premières maisons à colombage du village, reconstruit vers 1740. C'est également la première maison visible en venant du Palatinat par le pont de la Lauter.

SCEAU COMMUNAL
1751 67130505
Sur le sceau de l'Amtsgericht, ou tribunal local, une branche en forme de crosse rappelle les liens avec l'évêché de Spire. Le cachet original a été perdu avant la Révolution, mais il subsiste des documents marqués de son empreinte, qui figure également sur une borne communale de 1759, au lieu-dit La Croisée des Quatre Bancs.

SAINT GEORGES
1755
Moulin Saint-Georges
Impasse du Moulin 67130510
Le moulin à grains, exploité par la famille Liebhard de 1715 à 1923, acquiert très rapidement une grande renommée dans la principauté et contribue au développement de l'économie. Le moulin est repris par la Féculerie de l'Est de 1925 à 1956, et les villages environnants intensifient alors la culture de la pomme de terre. Le relief représente saint Georges terrassant le dragon.

STEINERBRÜCK
1765
Grès des Vosges
67130509
Le Steinerbrück est un pont routier typique des routes militaires construites au XVIIIe siècle dans l'Outre-Forêt. De tels ponts sont encore visibles entre Lauterbourg et Wissembourg, dans la forêt.

CROIX

Fer (p. : 521 kg, H. : 4,75 m, l. : 2,50 m)

67130512

L'abbé Laroche, curé de Scheibendhard de 1834 à 1888, offre cette croix à l'église en 1869. Elle coiffe le clocher jusqu'à la destruction de l'édifice, en mai 1940. Le 24 mars 1982, elle est plantée à l'emplacement exact de l'ancienne église.

ANCIEN POSTE DE CONTRÔLE DOUANIER

1925

Frontière de Scheibenhard et Scheibenhardt

67130506

Lors de la suppression des douanes, le bâtiment principal, d'un style presque identique à celui des douanes construites après la Première Guerre mondiale, et qui abritait les bureaux et le logement du receveur de la douane française, se trouve affecté aux services de la commune, tandis que celui-ci, l'ancien poste de contrôle douanier, est transformé en point d'information de l'office de tourisme.

STÈLE COMMÉMORATIVE

Après 1945 67130504

Cette stèle est érigée en souvenir du IVe régiment des tirailleurs tunisiens, qui

force le passage de la Lauter le 19 mars 1945 à 16h30. C'est le premier régiment de l'armée française à pénétrer en Allemagne.

PONT FRONTALIER DE LA LAUTER

1815-1954

Béton

Frontière de Scheibenhard et Scheibenhardt

67130508

Une première frontière est créée sur ce pont en 1815, puis elle est supprimée en 1870 ; remise en place en 1918, elle disparaît à nouveau en 1940, puis est finalement rétablie en 1945, séparant ainsi les villageois en deux communes : Scheibenhard en France et Scheibenhardt en Allemagne. Détruit durant les hostilités, l'ouvrage d'art est reconstruit en 1954. La rivière reste la frontière naturelle entre les deux pays, mais ce pont est devenu un symbole de l'Union européenne et un lieu de rencontre festive.

TOMBE DE LA FAMILLE LIEBHARD

1853

Cimetière

67130507

Cette tombe est celle de la famille des meuniers Liebhard et du Dr Alphonse Schott (1857-1936), leur gendre, premier président du conseil général après 1919.

PUITS DE PÉTROLE

Années 1950-1960 67130511

Ce puits sert à l'exploitation, débutée dans les années 1950, d'un gisement pétrolifère. Huit puits dotés de pompes à balanciers extraient le pétrole de deux nappes profondes, situées entre Scheibenhard et Niederlauterbach.

Canton de Marckolsheim

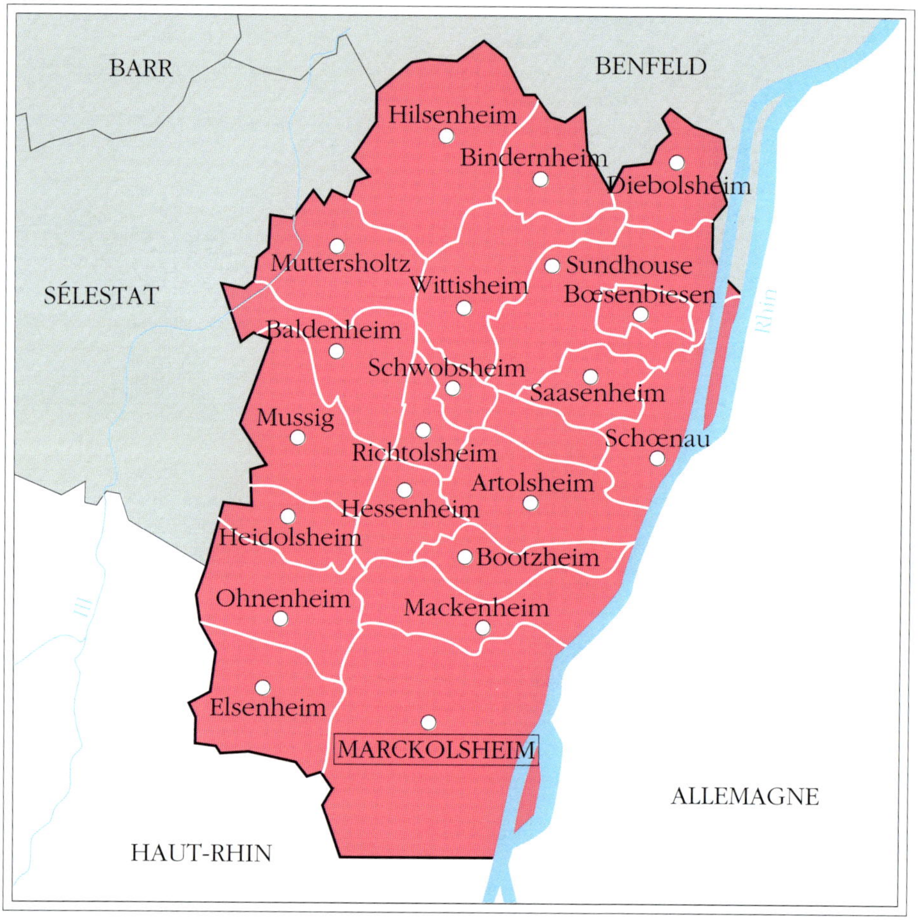

- Artolsheim
- Baldenheim
- Bindernheim
- Bœsenbiesen
- Bootzheim
- Diebolsheim
- Elsenheim
- Heidolsheim
- Hessenheim
- Hilsenheim
- Mackenheim
- Marckolsheim
- Mussig
- Muttersholtz
- Ohnenheim
- Richtolsheim
- Saasenheim
- Schœnau
- Schwobsheim
- Sundhouse
- Wittisheim

Artolsheim

Canton de Marckolsheim
Arrondissement de Sélestat-Erstein
Superficie : 1 125 ha
Population 1990 : 643 hab.
Habitants : les Artolsheimois
Cours d'eau : le Rhin, le Muhlbach et l'Ischert

Origine du nom : de l'anthroponyme germanique Artolf, dérivé de Hartulf, et de *Heim*, demeure, village.

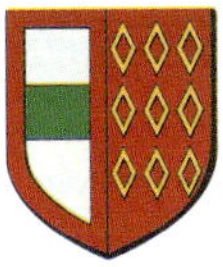

Blason : les armes des Ratsamhausen zum Stein sont associées à celles des Rohan-Soubise.
67140100

HISTORIQUE

L'histoire de ce village agricole est intimement liée à celle de l'abbaye d'Ebersmunster, située près de Sélestat. Ainsi, Artolsheim possède une église dès le Xe siècle et une cour domaniale, propriété de l'abbaye, avant le XIIe siècle. Le village est un bien de l'évêché de Strasbourg. Donné en fief à la famille des Ratsamhausen, il passe, en 1689, aux Rohan-Soubise qui le conservent jusqu'à la Révolution. Occupé par les troupes du baron de Cirey, Artolsheim est dévasté pendant la guerre de Trente Ans. Un état-major allemand s'y installe en novembre 1918, lors de la retraite des troupes. La population est évacuée en Dordogne en 1939 et la commune touchée par l'offensive allemande de juin 1940 sur le Rhin.

MAISON À BALCON
XVIIe-XVIIIe siècle
Bois
24-26, rue Principale *67140103*
Cette ferme, avec son balcon en bois tourné, appartient à de riches paysans qui possèdent un important terrain de culture. Les maisons de ce type sont généralement peu nombreuses dans un village. Les balcons en colombage et torchis, en revanche, sont très répandus aux XVIIe et XVIIIe siècles.

PUITS
Vers le XVIIIe siècle
Pierre
Bains d'Artolsheim *67140101*
Des vestiges de thermes gallo-romains sont découverts au lieu-dit Bains d'Artolsheim. La source d'Artolsheim est mentionnée en 1749 par un médecin qui précise qu'elle fournit « une eau douce et légère que les habitants prennent en bain et en boisson afin de vaincre diverses maladies ». Des bâtiments sont alors aménagés et accueillent des visiteurs qui viennent essentiellement pour soigner la goutte. En mauvais état à la Révolution, les lieux sont alors loués à la famille Waltspurger qui les occupe toujours.

CROIX
1750
Grès
Rue de la Police *67140102*
Cette croix rurale tréflée est d'un modèle courant entre le XVIIe et le XIXe siècle. Elle est simplement ornée d'un cœur surmonté du monogramme du Christ.

GRANGE
XIXe siècle
Pan de bois et torchis
5, rue du Moulin 67140111

Cette grange, restée telle quelle depuis plusieurs générations, est le reflet du monde agricole d'autrefois. L'absence d'enduit ou de crépis met à jour le torchis, mélange de terre et de paille hachée, qui comble l'espace entre les pans de bois. En outre, la bâtisse présente des petites fenêtres ainsi que des traces de décorations peintes et conserve de vieux licols. Ce type de bâtiment, qui ne répond plus aux impératifs modernes, est appelé à disparaître.

SPRITZENHAUS-WACHTHAUS
Fin du XIXe siècle
Grès
2, rue Principale 67140106

Ce genre de bâtiment se trouve dans de nombreuses municipalités au XIXe siècle. Composé d'un local pour la pompe à incendie et d'un corps de garde, il rappelle les institutions de solidarité que sont les corps de sapeurs-pompiers volontaires, d'une part, et la surveillance nocturne du village, d'autre part, qui est généralement effectuée à tour de rôle par le sergent ou le garde champêtre et l'un des chefs de famille de la commune.

MAISON DU CAPITAINE
Vers 1850
Pierre et grès
62, rue Principale 67140105

Un ancien capitaine de vaisseau aurait fait construire cette maison ainsi appelée « S'Kapitan Hüs » ou « maison du capitaine ». Cette construction est la première maison en dur de la commune. Elle est munie d'un toit de peu de hauteur et d'un chaînage d'angle régulier en grès.

ANCIENNE GARE
Vers 1885-1890
Pierre
10-18, rue Principale 67140108

Ce petit bâtiment aujourd'hui sans affectation précise est l'ancienne gare d'Artolsheim. Le « Riedbahn », tramway à vapeur inauguré en 1886 à l'initiative du baron Hugo Zorn von Bulach, offre la possibilité aux habitants des villages ruraux de se rendre, dans un sens à la ville de Strasbourg, dans l'autre aux marchés de Marckolsheim. Cette ligne de chemin de fer à voie étroite permet aussi de relancer la culture de la betterave sucrière, utilisée par l'usine d'Erstein ouverte en 1894. Elle fonctionne, sur ses derniers tronçons, jusqu'en 1956.

BLOCKHAUS
Années 1930
Pierre *67140116*

De par sa position géographique, à proximité de la frontière allemande, Artolsheim se voit doter d'un blockhaus de la ligne Maginot destiné à protéger la région d'une éventuelle attaque ennemie.

ÉCOLE
1952
Architecte : Herrenschmidt
Rue Principale *67140107*

L'école qui fonctionne en 1800 à Artolsheim devient par la suite une auberge puis une épicerie. Une autre école est bâtie en 1818 et des bâtiments de logement pour l'instituteur et pour les sœurs enseignantes sont ajoutés en 1850. Dans les années 1860, l'architecte Ringeisen construit un nouveau complexe scolaire. Celui-ci, très endommagé lors de la Seconde Guerre mondiale, est remplacé par cet imposant bâtiment.

Baldenheim

Canton de Marckolsheim
Arrondissement de Sélestat-Erstein
Superficie : 944 ha
Population 1990 : 875 hab.
Habitants : les Baldenheimois
Cours d'eau : l'Ill

Origine du nom : de l'anthroponyme germanique Baldo et de *Heim*, demeure, village.

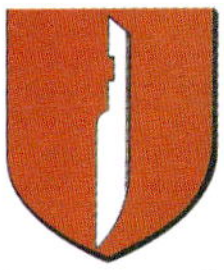

Blason : le blason reprend les armoiries de la famille des Sandersleben-Coligny qui, au XVIIIe siècle, possède un château à Baldenheim.
67140200

HISTORIQUE

L'occupation ancienne du site est attestée par l'existence d'un cimetière mérovingien et carolingien de plus de cent tombes, dont le riche mobilier livre notamment le célèbre casque de Baldenheim, conservé au Musée archéologique de Strasbourg. Baldenheim, qui appartient au domaine des comtes puis des ducs de Wurtenberg, est tenu en fief par les Ratsamhausen, le hameau de Ratsamhausen-le-Haut faisant d'ailleurs partie de son finage. Le village passe successivement aux Chamlay, en 1689, aux Sandersleben-Coligny, en 1697, puis aux Waldnerfrendstein qui le gardent jusqu'à la Révolution. Au XIXe siècle, le tissage à domicile tient une place très importante dans l'économie de la commune.

ÉGLISE PROTESTANTE
(chœur)
Fin du XIe-début du XIIe-XXe siècle
1, rue de l'Église *67140202*

Dès le VIIe siècle, Baldenheim possède une chapelle ou une église dépendant de l'abbaye d'Ebersmunster. L'église paroissiale, qui date de la fin du XIe ou du début du XIIe siècle, est attestée en 1371. La nef est agrandie à l'époque romane ou au début de l'époque gothique, le chœur au XVe siècle. En appui sur le clocher gothique, une sacristie Renaissance est construite. La Réforme protestante est introduite en 1576 et entraîne des modifications du bâtiment, notamment au niveau de la nef. Le simultaneum est établi au milieu du XVIIIe siècle. En 1939, le retour au culte protestant exclusif donne lieu à un projet de nouveaux travaux dans la nef, que la Seconde Guerre mondiale ne permet cependant pas de réaliser. *(Cl. M. H. 1970)*

PEINTURE MURALE
XIV-XVIe siècle
Église protestante
67140204

Les peintures murales du chœur, très probablement réalisées d'après les dessins du célèbre graveur alsacien Martin Schongauer, sont découvertes dès 1904. D'autres fresques bibliques sont révélées lors des travaux effectués dans la nef en 1939. Des relevés sont alors faits et les peintures sont recouvertes d'un badigeon protecteur. Une campagne de restauration a lieu au début des années 1990.

VOÛTE
XIVe-XVIe siècle
Grès des Vosges et peinture murale
Église protestante *67140205*

Cette voûte est ornée du tétramorphe comportant les symboles des quatre évangélistes issus du texte de l'Apocalypse et du livre d'Ézéchiel. L'ange figure Matthieu, le lion Marc, l'aigle Jean et le taureau Luc. L'ensemble est complété par des motifs végétaux, assez peu fréquents dans ce type de représentation. En outre, le claveau porte deux écussons qui sont la marque des seigneurs locaux.

PIERRE TOMBALE
XVe-XIXe siècle
Grès
Église protestante *67140207*

Selon la tradition médiévale, l'église de Baldenheim abrite les monuments funéraires des nobles de la localité. Elle conserve notamment le mausolée, d'époque Renaissance, de Johann Friederich Ratsamhausen zum Stein (1547-1582), le caveau de Ferdinand Eberhard von Sandersleben, comte de Coligny, et les tombes de membres de la famille des Waldner von Freundstein.

PIERRE GRAVÉE
1557
Grès des Vosges
Poste *67140224*

Cette pierre gravée d'une inscription latine et datée est ornée d'un écusson. Elle remonte à l'époque où la commune, qui fait partie du domaine des comtes puis des ducs de Wurtenberg, est un fief des Ratsamhausen.

MAISON DE JOURNALIER
Vers le XVIIe siècle
Pan de bois
36, rue du Haut-Koenigsbourg *67140212*

Cette petite maison semble être, par son style, l'une des plus anciennes du village. La sablière basse est posée sur un étroit solin de pierre qui isole l'habitation de l'humidité du sol. Le colombage est simple et la croupe de la couverture, ainsi que la petite fenêtre ménagée juste sous le faîte du toit, traditionnelle. Ce bâtiment appartenait sans doute à une famille peu aisée.

MAIRIE
Vers le XVIIe siècle
Brique et pan de bois
1, place Ernest-Gisselbrecht 67140214

La mairie occupe l'emplacement de l'école communale qui existe dès 1600 et dispense pendant longtemps des cours séparés pour les enfants des confessions catholique et protestante. Le bâtiment ne porte aucune date de construction. Il se compose d'un rez-de-chaussée en dur et d'un étage au colombage parfaitement ordonnancé.
Le toit à quatre pans rappelle le style des presbytères de la région ou de certaines maisons de maître. Seul le clocheton traditionnel signale la fonction municipale de l'édifice.

ANCIEN RESTAURANT
XVIIIe siècle
Pan de bois
12, rue Principale 67140210
Comme pour beaucoup d'anciennes auberges, la longue façade de cette construction est parallèle à la rue. La bâtisse abrite, jusqu'à la Seconde Guerre mondiale, le restaurant *Au Canon*. Elle devient ensuite une épicerie puis à nouveau un restaurant.

MAISON KOENIG
XVIIIe siècle
Pan de bois
4, rue Principale 67140208
Cette ferme-auberge, autrefois dénommée maison Boegler, appartenait à de riches agriculteurs de la plaine du Ried. Une cour, accessible par une porte charretière, sépare deux groupes de bâtiments abritant, d'une part les dépendances agricoles, d'autre part la maison d'habitation et une étable. La maison présente, côté rue, au second étage, une loggia en surplomb dont la balustrade reprend le motif de celle qui longe, sur la cour, le premier étage. Les façades, la toiture en demi-croupe et la porte d'entrée sont classées monuments historiques en 1929. Par ailleurs, le muret devant l'habitation marque une limite tout en préservant la vue sur la rue. *(Cl. M. H. 1929)*

MAISON DE STYLE PRUSSIEN
Vers le XIXe siècle
Brique
29, rue de Sélestat 67140228
Cette maison individuelle est construite en briques bicolores, rouge et or, dont l'emploi est généralement réservé aux bâtiments administratifs des communes. Elle abrite une exploitation agricole et possédait, comme beaucoup d'habitations de Baldenheim, un atelier de tissage à domicile.

PLAQUE VICTOR NESSLER
XIXe siècle
Pan de bois
2, rue Victor-Nessler *67140215*

Victor Nessler (1841-1890) naît à Baldenheim d'un père pasteur. Il consacre ses études à la théologie et à la musique. Il présente à Strasbourg des chœurs chantés, en 1862, puis un opéra, en 1864. Il part alors pour Leipzig où il devient directeur de plusieurs chorales. S'inspirant des œuvres de Richard Wagner, il est l'auteur de nombreux opéras romantiques. En 1884, il compose *Der Trompeter von Säckingen* qui lui vaut un succès international. Il rentre ensuite à Strasbourg où il meurt quelques années plus tard. Cette plaque fixée au mur de sa maison natale de Baldenheim, qui est également le presbytère, ainsi qu'un buste érigé dans le parc de l'Orangerie de Strasbourg évoquent son souvenir.

ANCIENNE COOPÉRATIVE AGRICOLE
Vers 1900
Brique
11, rue Victor Nessler *67140218*

Cette petite maison avec son quai de chargement est en fait un local à usage professionnel qui servit de coopérative agricole à la commune. Elle est utilisée jusque vers les années 1980, notamment pour le nettoyage des semences.

ANCIEN ATELIER DE FORGERON
Fin du XIXe siècle
Pan de bois
8, rue de l'Église *67140216*

Cette maison présente un colombage tardif de la fin du XIXe siècle. À cette époque pourtant, le fonctionnel primant, la brique est généralement privilégiée et le pan de bois, devenu plus rare, manque d'élégance et reste dépourvu d'éléments décoratifs. Le rez-de-chaussée du bâtiment abrite un atelier de forgeron jusque dans les années 1960.

ANCIEN ATELIER
DE MARÉCHAL-FERRANT
Fin du XIXe siècle
Brique et bois
21, rue Principale *67140217*

Baldenheim garde de nombreuses traces de son importante activité artisanale. Cet atelier est muni d'un auvent de bois protégeant des intempéries celui qui ferre les chevaux. Il emploie plusieurs générations de forgerons et fonctionne jusque dans les années 1990.

ANCIENNE LAITERIE
Vers 1900
8, rue de Hessenheim *67140222*

Comme dans beaucoup de communes alsaciennes, un mouvement coopératif important se développe à Baldenheim à la fin du XIXe siècle. Une Caisse d'épargne est alors créée, ainsi qu'une coopérative d'élevage porcin et une coopérative laitière. Celle-ci accueille les producteurs de lait et les consommateurs pendant de nombreuses années et fonctionne jusqu'en 1981.

ANCIENNE USINE DE CIGARES
Vers 1900
Brique
21, rue de Sélestat 67140226
La culture du tabac est l'une des activités importantes de la région. Cette usine de cigares a employé plusieurs dizaines de personnes dans la localité. Le bâtiment, affecté par la suite au travail des plants de pomme de terre, subsiste encore.

ANCIEN ATELIER DE TISSAGE
Vers 1900-1920
Brique
12, rue de Schwobsheim 67140227
Monsieur Tubach, maire de la commune, conseiller général et député après la Seconde Guerre mondiale, était le propriétaire de ces bâtiments industriels dans lesquels il maintint

une activité de tissage déjà existante et possédait d'autres installations dans la vallée de Sainte-Marie-aux-Mines. L'atelier de Baldenheim fonctionne jusqu'au début des années 1960.

ABRIS DE LA LIGNE MAGINOT
Années 1930
Béton armé
Rue Georges-Jacky 67140223
Ces abris, situés à l'arrière des ouvrages de combat et destinés au logement et au repos des troupes, furent camouflés sous des toits de tuile ne permettant pas à d'éventuels observateurs aériens de les distinguer des maisons environnantes. Ils servent de refuge à la population au moment de la Libération. Les toits sont alors démontés afin d'en récupérer la couverture.

CASERNE DE POMPIERS
Années 1950
Brique
Rue Victor-Nessler 67140221
Construit à l'emplacement d'une ancienne ferme après la Seconde Guerre mondiale, ce bâtiment industriel abrite les Établissements Strubler qui y font germer des pommes de terre revendues comme semences. Les locaux sont rachetés par la municipalité dans les années 1980 et servent alors de caserne de pompiers, mais aussi d'atelier communal, d'école de musique et de salle de répétition.

ÉGLISE CATHOLIQUE SAINT-LOUIS
1937-1939 67140206
L'église paroissiale, devenue protestante, est placée sous le vocable de saint Blaise. À partir de 1758 cependant, alors que le simultaneum est instauré, saint Louis est cité comme patron de l'édifice. Au XIXe siècle, l'exercice simultané des deux cultes commence à poser problème. Des affrontements violents ont même lieu en 1843. La construction d'une église réservée aux catholiques est alors envisagée. La première pierre n'est posée qu'en juin 1937. Consacrée en juillet 1938 par monseigneur Ruch, l'église Saint-Louis est achevée en 1939, à la veille de la Seconde Guerre mondiale.

Bindernheim

Canton de Marckolsheim
Arrondissement de Sélestat-Erstein
Superficie : 662 ha
Population 1990 : 690 hab.
Habitants : les Bindernheimois
Cours d'eau : le Quellgraben

Origine du nom : d'un anthroponyme dérivé de *Bär*, ours, ou de *Brunnen* ou *Burnen*, puits ou source, et de *Heim*, village.

Blason : il représente une poignée métallique sur fond rouge, le symbole de la poignée figurant sur de vieilles bornes de la commune.
67140300

HISTORIQUE

Une chapelle existe à Bindernheim dès le XIe siècle. Les abbayes d'Ebersmünster et d'Eschau possèdent des biens dans la localité. Le village appartient à l'évêché de Strasbourg et fait partie du bailliage de Bernstein puis de celui de Benfeld. En 1803, un gigantesque incendie ravage la commune et détruit la moitié des habitations. Bindernheim est depuis toujours un village à vocation essentiellement agricole, pratiquant notamment la culture du tabac. Au XIXe siècle, l'installation d'un poste des douanes lui donne une relative importance administrative.

MARE DU GROSSBACH
Rue de Sundhouse
et rue de Diebolsheim *67140301*

Une mare vient souvent s'ajouter aux cours d'eau des villages d'Alsace. Elle permet d'abreuver les animaux, de laver les chevaux ou de laisser patauger les canards et les cochons et, surtout, elle est un point d'eau utile en cas d'incendie, dans une région où les maisons sont construites pendant très longtemps en bois et en torchis. La plupart des mares disparaissent, pour des raisons sanitaires, au XIXe siècle et au début du XXe siècle. Celle de Bindernheim est conservée.

MAISON AVEC BALCON
1730
Pan de bois
2, rue de Rouffignac *67140310*

Cette maison comporte un rez-de-chaussée, très remanié, surmonté de trois étages en colombage dont deux niveaux de greniers. Le balcon sur le pignon, partiellement fermé, est conservé. Par ailleurs, la rue de Rouffignac rappelle le nom de la commune vers laquelle les habitants de Bindernheim sont évacués en 1939.

FERME DU TYPE *EINDACHHAUS*
XVIIIe siècle
Pan de bois
3, rue de Wittisheim *67140308*

Cette ferme réunit sous un seul et même toit l'habitation, la grange et l'étable. Probablement occupée par une famille de paysans qui possède déjà quelques bêtes, elle se situe entre la petite maison du simple journalier et la grande exploitation du riche propriétaire terrien.

ÉGLISE CATHOLIQUE SAINT-ULRICH
(clocher)
Début du XIXe siècle 67140302

Une église paroissiale est attestée à Bindernheim en 1371. En 1803, l'édifice, déjà probablement très transformé, brûle dans l'incendie qui ravage le village. Une nouvelle église est alors reconstruite. De taille moyenne et d'aspect modeste, elle présente un intéressant clocher.

CRUCIFIX
1819
Grès peint
Rue de Wittisheim 67140304

Cet élégant crucifix polychrome est mis en valeur, comme beaucoup de petits monuments ruraux de ce genre, par les arbres qui l'entourent. En 1897, un crucifix plus massif est érigé par un particulier, dans la rue Sundhouse, témoignant de la profonde piété des habitants de Bindernheim.

CHAPELLE FERMÉE
Vers le XIXe siècle
Grès et maçonnerie
24, rue du Sel 67140303

En plus des calvaires et des statues saintes, généralement installées dans des niches sur les façades des maisons, certains villages possèdent de grandes chapelles fermées qui servent de stations lors des processions catholiques. Celle de Bindernheim empiète sur les constructions voisines.

MONUMENT AUX MORTS
XXe siècle
Grès
Rue du Sel 67140306

Ce monument est érigé à la mémoire des habitants de Bindernheim morts lors des Première et Seconde Guerres mondiales. La représentation de Jeanne d'Arc, inhabituelle en Alsace, symbolise à la fois la fidélité, la piété et la lutte contre l'envahisseur.

MAISON DE FORGERON
1899
Grès
18, rue du Sel 67140312

Le forgeron est depuis toujours un notable dans les communes rurales et son statut social est souvent rappelé sur un poteau cornier ou sur le linteau sculpté de son habitation. Le linteau de cette maison, daté de 1899, est particulièrement tardif.

Bœsenbiesen

Canton de Marckolsheim
Arrondissement de Sélestat-Erstein
Superficie : 381 ha
Population 1990 : 239 hab.
Habitants : les Bœsenois
Cours d'eau : le Dorfgraben

Origine du nom : du nom de Büssensheim, formé sur le suffixe *Heim*, demeure, village, attesté en 1324.

Blason : le coutre, sorte de couteau fendant le sol en avant du soc de la charrue, est un symbole paysan courant.
67140400

HISTORIQUE

L'abbaye de Niedermunster possède notamment une cour domaniale à Bœsenbiesenn. Au XIV*e siècle, le village appartient aux Wurtemberg qui le donnent en fief aux Ratsamhausen-Ehnwihr. Paroisse indépendante, la localité devient en 1769 une filiale de Schwobsheim. La commune, majoritairement catholique, abrite également une petite communauté juive. Le village ne compte que cinquante maisons au* XIX*e siècle.*

PORTAIL
1728
Grès des Vosges
2, rue de l'École *67140406*
Cette porte piétonne décorée possède un linteau, en arc de cercle, orné de grosses boules. Le grès rose, extrait des Vosges voisines, est maléable et permet un travail de sculpture précis. Il est généralement employé dans les édifices religieux ou dans les bâtiments administratifs, auxquels il confère un aspect prestigieux.

CHAPELLE FERMÉE
Pan de bois
Cimetière *67140402*
Cette petite chapelle est construite en colombage et possède une porte en bois qui occupe toute la largeur d'un mur. Située en bordure du cimetière, elle sert d'étape lors des processions religieuses de la Fête-Dieu.

FERME
1805
Pan de bois
15, rue Principale *67140405*
L'ancien propriétaire de cette belle ferme aux vastes dépendances devait posséder une importante étendue de terres à cultiver. Le portail d'entrée manque sans doute à cet ensemble restauré.

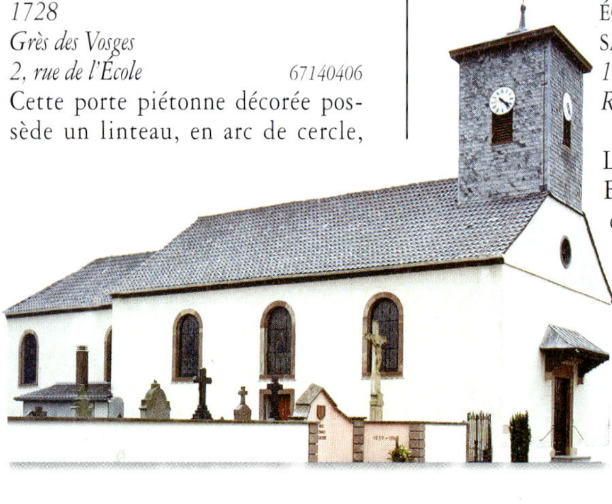

ÉGLISE CATHOLIQUE SAINT-SÉBASTIEN
1836
Rue Principale
67140401
L'église paroissiale de Bœsenbiesenn est citée dès 1371. L'édifice actuel date du XIX*e* siècle. De taille modeste, il est orné d'un clocheton carré, couvert d'ardoises, à l'aplomb du porche d'entrée.

CALVAIRE
1928
Grès et fer forgé *67140403*
Ce calvaire en grès, riche et massif, est entouré d'une grille de protection en fer forgé. Les instruments de la Crucifixion sont sculptés à la base de la croix. Une croix fine et élancée, à bras fleuronnés, se trouve également dans le village. Ces deux petits monuments ruraux attestent, à travers des styles différents, la persistance de la foi paysanne.

Bootzheim

Canton de Marckolsheim
Arrondissement de Sélestat-Erstein
Superficie : 591 ha
Population 1990 : 353 hab.
Habitants : les Bootzheimois
Cours d'eau : l'Ischert

Origine du nom : de l'anthroponyme germanique Bodo et de *Heim*, demeure, village.

Blason : il reprend les armes de la famille des von Bootzheim.
67140500

HISTORIQUE

L'abbaye d'Ebersmunster possède des biens à Bootzheim. La localité est une ancienne possession de l'évêché de Bâle. Les Ratsamhausen-Ehnwihr reçoivent le village en fief en 1427 et le gardent jusqu'à la Révolution. En outre, la famille noble des von Bootzheim, citée en Alsace entre le XIVe *et le XVIII*[e] *siècle, joue un rôle important notamment dans l'histoire de la ville de Sélestat. À la suite des inondations de 1852, des maisons dites « Napoléon » sont construites à Bootzheim, grâce à la générosité de l'empereur. La commune, proche du Rhin, se voit doter d'une brigade des douanes, au XIX*[e] *siècle. D'autre part, l'attaque allemande de juin 1940 n'épargne pas le village.*

STÈLE NAPOLÉON
1853
Grès
27-29, rue de l'Europe 67140501

Le débit du Rhin, de 1500 mètres cubes par seconde en moyenne, monte, en septembre 1852, à 5 650 mètres cubes par seconde. La région comprise entre Marckolsheim et Mackenheim est indéniablement la plus touchée par l'inondation qui en résulte. Une grande souscription publique est lancée, pour venir en aide aux sinistrés, et permet de reconstruire des habitations, notamment à Bootzheim, où deux de ces maisons, quoique très transformées, subsistent encore. Cette stèle rappelle la catastrophe, une marque sur la pierre indiquant le niveau atteint par l'eau.

CORPS DE GARDE
Fin du XIXe *siècle*
Grès
Rue Haute et rue Principale 67140503

La proximité du Rhin encourageant la contrebande, Bootzheim se dote d'un corps de garde, ou *Wachthaus*, important. Chaque soir, un employé communal, souvent aidé d'un bourgeois de la localité, se poste à cet endroit et ne le quitte que pour effectuer ses rondes. En outre, la commune profite de la construction de ce bâtiment pour aménager un local dans lequel le matériel des pompiers est entreposé. Ainsi, la petite tour sert au séchage des tuyaux.

BUNGALOW DU MINISTÈRE DE LA RECONSTRUCTION URBAINE
1945-1946
Bois
8-10, rue de la Forêt 67140502

Plus de vingt maisons sont détruites à Bootzheim lors de la violente attaque allemande de juin 1940. Ce n'est qu'après la Libération que le ministère de la Reconstruction urbaine fait édifier quelques maisons légères en brique ainsi qu'une demi-douzaine de bungalows en bois. Les logements, au confort minimal, sont occupés, pour la plupart, jusque dans les années 1950. La commune conserve cependant deux exemplaires de ces bungalows.

Diebolsheim

Canton de Marckolsheim
Arrondissement de Sélestat-Erstein
Superficie : 703 ha
Population 1990 : 457 hab.
Habitants : les Diebolsheimois
Cours d'eau : l'Ischert

Origine du nom : de l'anthroponyme germanique Dubilo et de *Heim*, demeure, village.

Blason : les rosaces sont des meubles très fréquents en héraldique ; la croix au pied fourché est plus rare et son origine inconnue.
67140600

HISTORIQUE

Un trésor monétaire romain est découvert sur le site. De nombreuses institutions religieuses, notamment le chapitre du Rhinau, l'abbaye de Cröftal, celle de Fulda et celle d'Ebersheim, possèdent des biens dans le finage du village. Une famille de chevaliers von Diebolsheim est citée entre le XII*e et le* XVI*e siècle. Les d'Andlau tiennent la localité en fief des Ribeaupierre, en 1422, et la gardent jusqu'à la Révolution. Le château, construit en bois au tout début du Moyen Âge, est édifié sur une butte de terre artificielle. Il était entouré d'un fossé alimenté par une dérivation de l'Ischert, comme le signale un document du* XVIII*e siècle. Reconstruit en pierre au* XII*e ou* XIII*e siècle, il est loué à un habitant de Diebolsheim dès 1433. Au* XIX*e siècle, il subsistait de ce château deux petites tours à meurtrières, qui ont également disparu depuis. Le village, majoritairement catholique, abrite une communauté juive assez importante ainsi que quelques familles protestantes. Un poste des douanes y est installé au* XIX*e siècle.*

CALVAIRE
XVIIIe siècle
Grès
Route de Bindernheim
67140601

Les grands calvaires, moins nombreux que les simples croix rurales ou que les crucifix, se trouvent presque toujours au sud de Strasbourg, dans le Ried. Comme il se doit, ce Christ en croix est encadré de la Vierge et de saint Jean. Ceux-ci reposent sur une traverse qui sépare la croix d'un large socle sculpté.

PORCHE
1754
Grès
Rue du Riedel *67140608*

Ce double porche en grès se compose d'un passage charretier et d'un passage piéton munis chacun d'une porte en bois de style traditionnel et d'un auvent de tuile.

MAISON
XVIIIe siècle
Pan de bois
18, rue de l'Église *67140605*

Cette maison typique du Ried conserve ses tuiles plates et ses auvents sur le pourtour et le pignon du bâtiment. Les quelques arbres rappellent l'importance accordée autrefois à la verdure. L'entrée de la propriété se distingue par des poteaux en grès sculptés. Seul le portail moderne contraste avec l'ensemble.

MANOIR DES BARONS DE CASTEX
XIXe siècle
Pierre, brique et pan de bois
46, rue Principale *67140604*

Le général Bertrand Pierre de Castex, héros des guerres de la Révolution et de l'Empire, s'installe en Alsace, au château de Thanvillé. Ce manoir est, à Diebolsheim, la résidence de ses héritiers. Il comporte un grand bâtiment quadrangulaire relié à une tour carrée, elle-même dotée de deux tourelles d'angle. La propriété est acquise par les œuvres diocésaines, après la Seconde Guerre mondiale, et transformée en maison de retraite puis en institut médico-éducatif pour jeunes filles.

Elsenheim

Canton de Marckolsheim
Arrondissement de Sélestat-Erstein
Superficie : 961 ha
Population 1999 : 680 hab.
Habitants : les Elsenheimois
Cours d'eau : la Blind

Origine du nom : peut-être du vieil allemand *Ilse*, aulne, et de *Heim*, village.

Blason : le lion rappelle l'appartenance du village au bailliage épiscopal de Bernstein dont le siège se trouve en effet au château de Bernstein, construit par les Dabo-Eguisheim dans les armoiries desquels figure cet animal.
67140700

HISTORIQUE

De nombreuses institutions religieuses, comme l'abbaye de Hugshofen ou le monastère de Marbach, sont possessionnées à Elsenheim. Au début du XIVe siècle, le village est un fief de l'évêché de Strasbourg et appartient à la famille de Werd, Landgraves de Basse-Alsace. Il reste ensuite jusqu'à la Révolution sous la dépendance directe de l'évêché, faisant partie du bailliage de Bernstein puis de Marckolsheim. Un relais du télégraphe Chappe y est installé au XIXe siècle, ainsi qu'une brigade des douanes. En 1939, la population civile est évacuée à Montignac, en Dordogne. Mais la commune subit de terribles destructions avant d'être libérée, le 31 janvier 1945.

ANCIENNE COOPÉRATIVE LAITIÈRE
1901-1904
Brique
35, rue Principale *67140609*

La caisse mutuelle agricole et la coopérative laitière sont fondées à la même époque. Un hangar pour le stockage des engrais des sociétaires des communes environnantes est alors construit, ainsi que des locaux pour la laiterie et les réunions. Aujourd'hui, le grand silo à grain a disparu et la propriété est transformée en logements individuels. Il subsiste cependant ce vieux bâtiment, typique de l'architecture industrielle allemande du début du XXe siècle, avec ses grandes fenêtres vitrées. En outre, le blason de la commune est visible sur le pignon, juste sous le faîte du toit.

SÉCHOIR
Début du XXe siècle
Bois
13, rue de l'Église *67140610*
En appui sur un rez-de-chaussée de pierre, ce grand séchoir s'élève sur plusieurs niveaux et rappelle l'importante activité agricole du Ried, centrée sur les cultures industrielles comme celle du tabac.

GROTTE
DE NOTRE-DAME-DE-LOURDES
1904
Granit
Route de Zelsheim *67140603*

Cette grotte est construite, sur un terrain appartenant au conseil de fabrique de la paroisse, par un maçon italien installé à Diebolsheim et son financement assuré par trois familles de la commune qui reviennent d'un pèlerinage à Lourdes. Déjà mal entretenue pendant l'entre-deux-guerres, elle sert de poste d'observation pour l'artillerie allemande lors de la Seconde Guerre mondiale et est bombardée en 1945. Le curé Wendling et les habitants du village entreprennent alors sa restauration, y ajoutant notamment d'innombrables fleurs.

MAISON STOFFEL
XVIIe-XVIIIe siècle
Pan de bois
6, rue Principale 67140715
Cette belle propriété possède deux entrées dont un porche couvert, daté de 1727, caractéristique des maisons des riches paysans du Ried.

MAISON « AUTRICHIENNE »
XVIIe siècle
Pan de bois
10, rue Principale 67140705
Cette maison, qui aurait été élevée par des immigrés venus d'Autriche au XVIIe siècle, rappelle le type d'architecture de ce pays. Son aspect massif et son balcon en colombage non rempli surprennent dans le paysage bâti du Ried.

PLAQUE DE CHEMINÉE
1811
Fonte
Maison Stoffel 67140718
Cette ancienne plaque de cheminée représente une scène de banquet. Elle est maintenant encastrée dans le mur du logis et sert d'élément décoratif.

RELAIS DE CHASSE
DU DUC DE LORRAINE
1739
Pan de bois et brique
Rue Principale 67140704
Cette propriété aurait servi de relais de chasse aux ducs de Lorraine, seigneurs de la proche commune de Saint-Hippolyte, dans le Haut-Rhin. Au XIXe siècle, un relais du télégraphe Chappe est installé au sommet de la terrasse. En outre, le sous-sol abrite un poste de commandement français lors de la drôle de guerre. Rénové en 1998, ce bâtiment aux proportions inhabituelles est construit sur une imposante charpente de bois de châtaignier, aux pans de bois remplis de briques.

MAISON GASCHY
XVIIe-XVIIIe siècle
Pan de bois
11, rue Principale 67140706
Une grande allée conduit à cette maison aux volumes équilibrés, ornée de colombage et coiffée d'un toit à quatre pans. Cette construction, plus massive et plus cossue que les belles maisons du vignoble, fut la demeure de riches propriétaires de la commune.

PUITS
Début du XIXe *siècle*
Grès des Vosges 67140717

Les puits sont souvent placés de façon à être isolés du vent et peuvent même être couverts, afin de préserver l'eau des pollutions atmosphériques. D'autre part, la poulie, réalisée en bois jusqu'au début du XXe siècle, est le moyen de puisage le plus usité.

ANCIEN CORPS DE GARDE
XIXe *siècle*
Brique
Rue Principale 67140712

Au XIXe siècle, ce bâtiment héberge la petite brigade des douanes de la commune, qui est éloignée de quelques lieues seulement de la frontière. Il est doté d'une cellule et notamment utilisé pour les activités quotidiennes du garde champêtre et sergent de ville. Par la suite, il sert de logement.

ÉGLISE SAINT-JACQUES-LE-MAJEUR
XIXe *siècle* 67140721

Le clocher est élevé en 1825 tandis que la nef et le chœur datent de 1854. Endommagée, l'église est reconstruite en 1875. Lors de la Seconde Guerre mondiale, seuls les vitraux sont détruits. À l'arrière du bâtiment, une reconstitution d'une grotte de Lourdes est réalisée par le curé Ga-dit-Gentil.

BAPTISTÈRE
1607
Grès
Église Saint-Jacques-le-Majeur 67140701

Ce baptistère de forme hexagonale, qui présente des caractéristiques rappelant le style Renaissance, date pourtant du début du XVIIe siècle. Il repose sur un pied sculpté, également hexagonal, qui lui donne toute sa légèreté.

CONFESSIONNAL
XVIIe*-XVIII*[e] *siècle*
Bois
Église Saint-Jacques-le-Majeur 67140722

À la suite des réformes du concile de Trente, de 1545 à 1563, les églises catholiques se dotent d'un confessionnal, afin de promouvoir chez les fidèles la pratique de la pénitence qui doit précéder le sacrement de l'eucharistie.

ANCIENNE FABRIQUE DE CIGARES
Vers 1900
Route d'Ohnenheim 67140709
Le tabac est très tôt une culture industrielle importante dans la région. Au début du XXe siècle, une usine de cigares est installée à Elsenheim. La culture, la fabrication et la vente du tabac étant un monopole d'état, l'usine est placée sous la dépendance de la SEITA, Service d'Exploitation Industrielle des Tabacs et des Allumettes. Par la suite, l'Alsace regroupe les fabrications à Strasbourg. L'usine abrite alors une entreprise de construction de machines agricoles puis un atelier de mécanique de précision.

ANCIEN MONUMENT AUX MORTS
Début des années 1920
Grès
Rue Principale 67140703
Situé devant l'église, ce monument est élevé afin de rappeler la mort des enfants d'Elsenheim causée par le premier conflit mondial.

BLOCKHAUS D'INTERVALLE
Années 1930
Béton
Route d'Ohnenheim 67140710
Ce type de casemates, peu ou pas armé, est situé en arrière des premières lignes directement exposées au feu de l'ennemi, au bord du Rhin ou devant les villages les plus proches de la frontière, et sert de poste de surveillance ou de lieu de repos pour l'infanterie de la ligne Maginot.

Heidolsheim

Canton de Marckolsheim
Arrondissement de Sélestat-Erstein
Superficie : 592 ha
Population 1990 : 299 hab.
Habitants : les Heidolsheimois
Cours d'eau : le Blindbach

Origine du nom : du nom germanique Haidulf ou Heidolf et du suffixe *Heim*, demeure, village.

HISTORIQUE

De nombreux tumuli *présents sur le site livrent notamment un trésor en or de l'âge du fer. Des tombes mérovingiennes sont également découvertes. Heidolsheim est un bien de la famille des Habsbourg. En 1361, le village est donné en fief aux Ratsamhausen. Les Mörsberg en deviennent les seigneurs, partiellement d'abord, puis entièrement au* XVIe *siècle, avant de le revendre aux Ribeaupierre. La commune conserve un moulin ancien et développe, au* XIXe *siècle, le tissage de la soie à domicile. L'activité principale reste cependant l'agriculture.*

MAISON
XVIIIe siècle
Brique et pan de bois
66, rue Principale 67140803
Cette maison, intégrée dans un important corps de ferme, appartenait à de riches paysans de la plaine. Son rez-de-chaussée en dur possède de beaux encadrements de fenêtres cintrées. L'étage au colombage rigou-

reux est couronné d'un toit massif, à quatre pans, percé de nombreuses ouvertures. L'ensemble est très bien entretenu.

MAIRIE-ÉCOLE
XIXe siècle
Grès et maçonnerie
Rue Principale *67140807*

L'importante utilisation du grès des Vosges donne à cette mairie-école une richesse d'aspect assez inhabituelle dans le canton. En outre, la partie centrale, surmontée d'un petit campanile, confère une certaine élégance au bâtiment.

CRUCIFIX
1896
Grès
Route de Marckolsheim
67140802

Ce crucifix élaboré, avec son embase travaillée, est typique de la fin du XIXe siècle, époque à laquelle les différents modèles de petits monuments ruraux montrent l'attachement des fidèles à la religion.

LOCAL DES POMPIERS
XIXe siècle
Rue de l'Église *67140808*

À partir du XIXe siècle, les communes, qui font de leur mieux pour mettre des outils efficaces à la disposition des pompiers bénévoles, construisent des bâtiments réservés au matériel à incendie. Ce petit local conserve une tourelle en bois servant au séchage des tuyaux et subit peu de transformations, malgré la modernisation de l'équipement.

Hessenheim

Canton de Marckolsheim
Arrondissement de Sélestat-Erstein
Superficie : 521 ha
Population 1990 : 438 hab.
Habitants : les Hessenheimois

Origine du nom : de l'anthroponyme germanique Hesso ou du nom de la région de la Hesse (Allemagne), origine probable des premiers habitants, et de *Heim*, demeure, village.

Blason : la bande diagonale évoque les armoiries de l'évêché de Strasbourg et les fleurons rappellent l'appartenance du village aux Landgraves de Werd.
67140900

HISTORIQUE

L'occupation romaine du site est attestée par l'existence d'un cimetière de l'époque de l'empereur Valens, du IVe siècle, avec un important mobilier. La présence d'un cimetière mérovingien témoigne de la continuité de l'occupation. Il semble en effet que le pouvoir impérial fasse s'établir des mercenaires germains dans la plaine du centre Alsace. Le canton serait ainsi colonisé par des Hessois à Hessenheim, des Saxons à Saasenheim et des Souabes à Schwobsheim. Au Moyen Âge, le village est un fief de l'évêché de Strasbourg, tenu par les Landgraves de Werd et, à ce titre, partie du bailliage de Marckolsheim.

ÉGLISE CATHOLIQUE
SAINT-LAURENT
Moyen Âge-1857 67140902

L'église paroissiale de Hessenheim et son desservant sont cités dès 1371. De cette époque date la base du clocher, lui-même médiéval. À l'origine, ce clocher-chœur est peut-être fortifié. Le reste du bâtiment est totalement remanié au XIXe siècle. La flèche du clocher porte, au lieu d'une croix ou d'un coq, un ange du Jugement dernier avec une trompette, ornement sans doute unique en Alsace.

PORTAIL SCULPTÉ
XVIIe-XVIIIe siècle
Grès
Presbytère catholique 67140906

Au XVIIIe siècle, la plupart des communes alsaciennes possèdent un confortable presbytère, bâtiment à l'architecture quasiment immuable, coiffé d'une toiture à quatre pans. Celui d'Hessenheim se distingue par ses poteaux d'entrée, réalisés en grès

des Vosges et notamment sculptés d'une crosse abbatiale qui rappelle la relation de la paroisse avec l'abbé de Munster, son collateur.

FERME
XVIIIe-XIXe siècle
Pan de bois
29, rue Principale 67140909

Cette maison en colombage est construite par un propriétaire aisé de Hessenheim. Elle comporte deux niveaux d'habitation surmontés d'un étage sous toit, assez haut, pouvant loger les domestiques, et d'un grenier. Les huisseries cintrées des fenêtres sont typiques de la fin du XVIIIe ou du début du XIXe siècle.

CRUCIFIX
1809
Grès peint
Route d'Artolsheim 67140903

Ce crucifix du début du XIXe siècle, restauré en 1951, fait partie des nombreux petits monuments ruraux qui ornent les villages alsaciens. L'entrelacement des lettres ne permet pas de déchiffrer l'inscription sur le socle.

MAISONS AVEC PORTES COCHÈRES
XIXe siècle
Pan de bois, pierre et brique
3, rue Principale 67140907

Cette construction est constituée de deux maisons accolées l'une à l'autre. Les deux grandes portes cochères permettent le passage des voitures lourdement chargées de foin. L'entrée est précédée d'un escalier double, typique des anciennes auberges. À l'étage, le balcon en fer forgé est orné d'une statue de la Vierge.

MAISON
XIXe siècle
Pan de bois
9, rue Principale *67140908*

Ce riche village agricole compte encore de nombreuses propriétés construites par des paysans aisés. Celle-ci comporte une maison au dense colombage, coiffée d'un toit à quatre pans et deux étages, à laquelle s'ajoute une chapelle fermée.

MAISON COMMUNE
XIXe siècle
Brique et grès
1, rue de l'Église *67140911*

Durant la seconde moitié du XIXe siècle, ce bâtiment permet à la municipalité de regrouper, en un seul lieu, différentes activités de la commune. Le rez-de-chaussée à arcades, flanqué de hangars et d'ateliers, abrite des locaux administratifs. L'étage, avec son balcon ouvragé, est réservé à la salle du conseil. Un campanile, enfin, couronne la façade.

NICHE
XIXe siècle
Pierre
19, rue Principale *67140913*

Cette niche en pierre abrite une petite statue polychrome de la Vierge à l'Enfant, qui permet à son propriétaire de placer sa maison sous la protection de Marie. Signe de piété populaire, ce genre d'installation est assez fréquent dans les villages à majorité catholique.

CALVAIRE
1910
Métal
Route de Baldenheim *67140904*

Ce calvaire en métal comporte un Christ en croix et les représentations colorées de la Vierge et de saint Jean. L'ensemble est placé sur un rocher servant de socle.

CHAPELLE FERMÉE
Début du XXe siècle
Brique
6, rue de Pâques *67140905*

Les chapelles fermées sont des lieux de dévotion très répandus dans le Ried et servent notamment de stations lors des processions locales. Celle-ci est entièrement réalisée en brique.

BOULANGERIE
Début du XXe siècle
Pierre et maçonnerie
16, rue Principale *67140912*

Les petits magasins que sont la boulangerie, la boucherie et l'épicerie restent longtemps au centre de la vie des villages. Nombre d'entre eux disparaissent cependant ou sont transformés, pour répondre à des préoccupations d'hygiène et de fonctionnalité, à la fin du XXe siècle. Cette boulangerie, en revanche, est toujours en activité.

Hilsenheim

Canton de Marckolsheim
Arrondissement de Sélestat-Erstein
Superficie : 2 038 ha
Population 1999 : 2 115 hab.
Habitants : les Hilsenheimois
Cours d'eau : le Landweggraben et la Zembs

Origine du nom : probablement de l'anthroponyme germanique Hildo et de *Heim*, demeure, village.

Blason : l'épée, arme du combattant noble par excellence, renvoie au mot *Hild*, combat, formé sur la racine du prénom germanique Hildo que l'on retrouve dans l'étymologie du nom de la commune.
67141000

HISTORIQUE

Situé au carrefour de six routes, Hilsenheim détient le finage le plus étendu du canton, après celui du chef-lieu. Le site révèle un groupe de tumuli *de l'âge du fer. De nombreuses trouvailles attestant une occupation romaine sont également faites. En outre, la chapelle Saint-Martin érigée sur terrain royal daterait, selon certains auteurs, de l'époque mérovingienne. L'abbaye d'Ebersmunster possède une cour domaniale à Hilsenheim et se dispute longtemps le village avec l'évêché de Strasbourg qui rattache la localité à son bailliage de Benfeld. Au* XIX*e siècle, une petite industrie de tissage et de tricotage se développe dans la commune qui se voit, par ailleurs, dotée d'établissements éducatifs.*

MAISON
1686
Pan de bois
Rue des Anémones *67141003*

Cette maison, datée de 1686, conserve divers éléments issus d'une technique de charpente bien antérieure au XVIIe siècle : un colombage complexe, avec une grande croix de Saint-André notamment, des petites ouvertures et un toit à Kniestock. La toiture moderne, en revanche, détonne dans cet ensemble archaïque.

GRANGE DÎMIÈRE
1757
Cour du presbytère *67141015*

L'abbaye d'Ebersmunster est possessionnée à Hilsenheim probablement depuis sa création. Une cour domaniale, exploitation agricole suivant des règles extrêmement strictes et à laquelle sont attachés des paysans, libres ou non, existe de façon certaine au plus tard dans les années1000. Le droit de patronage, c'est-à-dire celui de nommer les prêtres desservants, revient également à l'abbaye. Enfin, un ensemble de bâtiments administratifs et économiques, liés notamment à la perception de la dîme, est construit sur place. À la fin du XXe siècle, le bâtiment abrite l'atelier municipal.

INSTITUT MÉDICO-PÉDAGOGIQUE DU WILLERHOF
1845
Maçonnerie et grès
Route d'Ebersmunster *67141013*

Le Willerhof, originellement forêt domaniale de l'État, est cédé à Louis Mertian (1778-1849) en 1831-1832. Selon la tradition chrétienne chère à sa famille, cet industriel de Ribeauvillé décide de consacrer la propriété à une œuvre de bienfaisance. Il commence à défricher le terrain, de 300 hectares, en 1841 et ouvre, en 1845, un établissement d'enseignement agricole destiné à accueillir deux cents orphelins de la région. À la fin du XXe siècle, le complexe est transformé en Institut médico-pédagogique.

LA PROVIDENCE
1850
Grès et maçonnerie
7, rue de Muttersholtz *67141014*

Comme le Willerhof, cette institution voit le jour grâce à la famille Mertian. Elle abrite d'abord la formation des frères de la Doctrine Chrétienne, postulat et noviciat, ainsi que leur collège, à partir de 1855. Les frères partent s'installer à Matzenheim en 1862 et y font transférer le pensionnat en 1871. L'établissement accueille alors l'orphelinat de jeunes filles créé en 1842 à Ribeauvillé, revenant ainsi à sa destination première. À la fin du XXe siècle, La Providence est un foyer pour enfants.

MAISON DES ASSOCIATIONS
XIXe-XXe siècles
Pan de bois
Route de Bindernheim 67141008

À l'origine, cette maison est une école de garçons. Désaffectée, elle est rachetée par le curé Weber, au début du XXe siècle. Celui-ci, déjà actif au sein de la chorale Sainte-Cécile, crée bientôt le cercle catholique Saint-Joseph, dont le but est de développer le sentiment religieux chez les jeunes tout en leur proposant des activités sportives. Il donne alors le bâtiment aux associations. La maison devient une salle des fêtes, de réunion et de répétition musicale. À la fin du XXe siècle, elle est cédée à la commune, qui y effectue d'importants travaux de modernisation.

ÉCOLE DES GARÇONS
Vers le début du XXe siècle
Brique et grès 67141010

Cette construction surprend par sa grande taille. Elle est en effet réalisée, au début du XXe siècle, par une commune riche et en constante expansion, qui veut pouvoir accueillir un nombre d'enfants toujours croissant.

ÉCOLE DES FILLES
Vers 1860
13, rue de l'Église 67141011

Cette école des filles, plus modeste que celle des garçons, se distingue néanmoins par sa taille inhabituelle, reflet de l'importance de la commune dès le XIXe siècle. Elle est construite sur un modèle fréquent, en particulier dans l'arrondissement de Sélestat, qui généralise l'emploi du grès des Vosges pour les encadrements des portes et des fenêtres.

LOCAL DES POMPIERS
Vers le début du XXe siècle
Rue Croisée 67141012

Ce bâtiment est transformé par des restaurations et des travaux de modernisation successifs. Il conserve cependant ses proportions d'origine et, surtout, l'ancienne tour en bois destinée au séchage des tuyaux.

MAIRIE
Fin du XIXe siècle
Grès et brique 67141009

Cette mairie, dont le style wilhelmien marqué est généralement réservé aux constructions des villes comme Sélestat ou Strasbourg, reflète l'importance du bourg de Hilsenheim à la fin du XIXe siècle. Le bâtiment, avec son toit mansardé, présente un aspect austère. Sur le côté ouest, une aile est ajoutée en 1978 pour abriter le nouveau secrétariat.

SÉCHOIR
Vers le XXe siècle
Bois
Rue Grendel *67141016*

Cet immense séchoir rappelle la richesse agricole de la commune. La diminution de la population rurale entraîne peu à peu la disparition des témoins des activités de cette dernière. Les hangars en bois, servant au séchage du maïs ou du tabac, sont souvent les premières victimes, en raison de la fragilité de leur matériau.

ÉGLISE CATHOLIQUE SAINT-MARTIN
XXe siècle
Grès
Place de la Mairie *67141001*

L'église paroissiale est citée dans les premiers documents de l'abbaye d'Ebersmunster. L'ancien édifice dispose probablement d'un cimetière fortifié, entouré d'un fossé et d'une enceinte de terre, pouvant servir de refuge en période de troubles. Le bâtiment actuel, de style néo-baroque, comporte une nef unique, à grandes baies, ouvrant sur un transept et un chœur polygonal. Selon la tradition baroque, le clocher est terminé par un toit à bulbe. L'orgue de Louis Dubois, daté de 1761, est transféré à Bossendorf et remplacé par un instrument moderne de la maison Schwenkedel, en 1962.

Mackenheim

Canton de Marckolsheim
Arrondissement de Sélestat-Erstein
Superficie : 1 179 ha
Population 1990 : 682 hab.
Habitants : les Mackenheimois
Cours d'eau : le Rhin, le Muhlbach, le Steingriengiessen et l'Ischert

Origine du nom : de l'anthroponyme Magan ou Magino et du suffixe *Heim*, village.

HISTORIQUE

Un cimetière mérovingien est mis au jour sur le site. Plusieurs abbayes alsaciennes, celles de Hugshofen et d'Ebersmunster notamment, sont possessionnées dans la localité. Mackenheim est séparé en deux seigneuries, Unter-Mackenheim appartenant à l'évêché de Strasbourg, et Ober-Mackenheim, possédé par les von Herbsheim puis par les Flachslanden. Ces derniers réunissent les deux parties du village au XVIIIe siècle. Un château aujourd'hui disparu existe à Ober-Mackenheim et le cimetière semble être fortifié. Le village, essentiellement agricole, bénéficiait des activités commerciales d'une importante communauté juive et disposait d'un moulin et d'une fabrique de chaux. En outre, le tissage et le tricotage à domicile se développent au XIXe siècle. À l'instar des communes voisines, Mackenheim subit de plein front l'attaque allemande de juin 1940 sur le Rhin.

PIERRES TOMBALES
Vers le XIIe siècle-XVe-XVIIIe siècle
Grès des Vosges
Ancienne église paroissiale
Cimetière *67141111*

L'ancienne église paroissiale est désaffectée lors de la construction d'un nouvel édifice, en 1866. Le bâtiment, dont les différentes parties s'échelonnent du XVe au XVIIIe siècle, est partiellement démoli. Seule la base du clocher-chœur, peut-être romane, est conservée, constituant l'actuelle chapelle du cimetière de Mackenheim. Les pierres tombales du XVIe siècle, intégrées au mur extérieur oriental du chevet plat, proviennent de la famille des Walbach, anciens seigneurs de Mackenheim-le-Bas.

ANCIEN MOULIN
Vers la fin du XVIe siècle
Pan de bois
Forêt communale *67141124*

Ce moulin aurait été construit à la fin du XVIe siècle par la famille von Zimmern. Au XVIIIe siècle, il appartient aux Flachslanden. Les Walter en sont les meuniers jusqu'en 1881, date à laquelle ils partent s'installer à Marckolsheim. En 1898, le moulin est cédé à la commune, qui le transforme en maison forestière. Le dernier forestier meurt en 1958. La bâtisse est alors donnée en jouissance aux adjudicataires de la chasse de la forêt communale. Elle est restaurée à cette occasion.

CIMETIÈRE JUIF
Vers le début du XVIIe siècle
Pierre
Forêt communale 67141114

Les juifs sont présents en Alsace dès le XIIe siècle. Le judaïsme devient essentiellement rural après le massacre de 1349 à Strasbourg. Le cimetière juif de Mackenheim est cité pour la première fois en 1608. Deux agrandissements sont autorisés, l'un en 1629, l'autre en 1685. Les tombes du XVIIIe siècle, très nombreuses, sont celles de personnes originaires du Bas-Rhin, du Haut-Rhin et du pays de Bade voisin. À la fin du XXe siècle, le cimetière appartient toujours à la communauté juive de Marckolsheim-Mackenheim, qui n'est plus représentée que par une seule famille, à Marckolsheim.

CRUCIFIX
1758
Grès
15, rue du Rhin 67141102

Les crucifix ruraux de la plaine du centre Alsace sont en général assez dépouillés. Celui-ci, en revanche, présente un socle de style baroque, très travaillé, ce qui s'explique sans doute par sa situation privilégiée sur l'ancienne route royale de Marckolsheim à Strasbourg.

POTEAU CORNIER
1669
Bois
1, rue des Clefs 67141115

Le poteau cornier est un élément de décoration majeur des constructions à colombage. Celui-ci, avec son motif inhabituel en écailles de poisson, témoigne des moyens financiers du premier propriétaire de la maison, Andreas Heinrich, bourgmestre de Mackenheim-le-Bas de 1655 à 1682, et rappelle le savoir-faire des charpentiers de l'époque.

MAISON
1698
Pan de bois
9, rue Principale 67141116

Cette belle demeure reflète la richesse de la commune. Le double balcon en pans de bois ouvert est unique dans la région. La croupe, les décharges courbes et la largeur de façade sont issues d'une tradition architecturale très ancienne.

PORTAIL SCULPTÉ
1758
Grès rose
16, rue Saint-Cyprien 67141118

Ce portail piéton sculpté se compose de deux poteaux massifs supportant un linteau en arc de cercle. Il témoigne de l'importance accordée à leur demeure par les riches paysans de Mackenheim.

MOULIN À HUILE

XVIIIe siècle

Brique et bois *67141127*

Si les moulins à farine sont installés sur les cours d'eau, de petits moulins à huile, mus par la force humaine ou animale, sont parfois établis dans des propriétés modestes, au centre du village. Le pavot, le colza, la navette, le lin et le chanvre donnent une huile destinée à l'alimentation et à l'éclairage, les tourteaux servant de nourriture au bétail.

STÈLE

1853

Grès

Quartier Napoléon *67141122*

Mackenheim est inondé lors de la terrible crue du Rhin de septembre 1852. Le fleuve s'élève alors à plus de 1,50 mètre au-dessus de ses berges. Il y a même de l'eau jusque sur l'autel de l'église. La résistance des digues du canal du Rhône au Rhin évite que la catastrophe ne s'étende plus à l'ouest, et la crue perd de son intensité au-delà de Strasbourg. Cette stèle rappelle le niveau atteint par l'eau dans la commune.

PLAQUE COMMÉMORATIVE

XIXe siècle

Marbre

23, rue du Rhin *67141123*

Suite aux désastres causés par la terrible crue du Rhin, en 1852, et afin de venir en aide à ses habitants sinistrés, Mackenheim lance une souscription publique, à laquelle l'empereur Napoléon III participe personnellement. Un quartier entièrement neuf est ainsi construit en 1853, dénommé le « Wasserhiessle », maison de l'eau, dont beaucoup de maisons, à peine transformées, existent encore. Cette plaque commémorative rappelle à la fois la catastrophe et l'élan de solidarité alors manifesté.

ANCIENNE ÉCOLE COMMUNALE

Vers 1850

Architecte : Antoine Ringeisen

Maçonnerie et grès

Rue Principale et rue des Clefs *67141120*

Des constructions tout à fait semblables à celle-ci se trouvent dans plusieurs communes des environs. Le style dépouillé de ce genre de bâtiment, avec ses encadrements de fenêtre et ses chaînages d'angle en grès, s'intègre parfaitement au paysage local. Cette ancienne école communale de filles abritait également la mairie jusqu'en 1892 ; c'est aujourd'hui l'école maternelle de Mackenheim.

ÉGLISE SAINT-ÉTIENNE (nef)

1864-1866

Architecte : Antoine Ringeisen

Grès des Vosges

Rue Principale *67141105*

L'ancienne église paroissiale étant devenue trop petite, la municipalité décide, en 1849, d'élever un nouvel édifice, au centre du village. La première pierre n'est posée qu'en 1864, à l'emplacement d'une belle ferme, remontée un peu plus loin. Le bâtiment est construit par Antoine Ringeisen, l'architecte de l'arrondissement de Sélestat. De style néo-gothique, il comporte un

clocher en façade, une impressionnante nef voûtée, de six travées, flanquée de collatéraux, et un chœur à chevet polygonal, de même largeur que la nef. L'œuvre est remarquable et l'église surnommée la « Cathédrale du Ried ».

MAÎTRE-AUTEL
1891
Bois et dorure
Église Saint-Étienne 67141104

Les ameublements et aménagements intérieurs de l'église s'étalant sur plusieurs années, l'édifice, ouvert au culte en 1866, n'est consacré que trente ans plus tard, par monseigneur Marbach, évêque coadjuteur de Strasbourg. Les autels latéraux, baroques, datent de 1750. Les vitraux du chœur sont réalisés en 1885 et les peintures de la nef, sur toile de lin, en 1888. Le maître-autel néo-gothique est exécuté en 1891. En outre, l'orgue Koulen est remplacé, en 1949, par un orgue pneumatique Roethinger. L'église possède également un carillon pourvu de six cloches, qui sonne tous les dimanches à midi.

ATELIER DE MARÉCHAL-FERRANT
XIXe-XXe siècle
Pan de bois
35, rue Principale 67141125

La mécanisation de l'agriculture entraîne la disparition des ateliers de maréchal-ferrant, parfois transformés en garages automobiles et autres ateliers de mécanique. Celui-ci subsiste encore, avec son grand auvent sous lequel les chevaux sont attachés pour être ferrés.

SYNAGOGUE
1867
Architecte : Antoine Ringeisen
Grès
Rue Principale et rue de la Chapelle
67141112

À l'époque de la construction de cette synagogue, la communauté juive de Mackenheim compte environ cent trente personnes. Elle diminue rapidement à partir de la Seconde Guerre mondiale, passant de cinquante-six membres en 1936 à quatre seulement en 1953. Dans les années 1970, l'ancienne synagogue est transformée en bibliothèque et maison des jeunes et de la culture. En 1983, la dernière famille juive de Mackenheim perd son chef et quitte le village.

ANCIENNE BOUCHERIE JUIVE
Vers 1900
3, rue des Clefs 67141126

Cette petite construction présente un pignon sur rue dont le style rappelle celui de nombreux bâtiments administratifs de l'époque wilhelmienne. Elle est conçue pour servir de boucherie à l'importante communauté juive de Mackenheim, l'abattage casher étant une tradition importante de cette religion. Ce commerce ferme après la Première Guerre mondiale, remplacé dans le village par un autre magasin.

MAIRIE-ÉCOLE
1892
Brique
Rue Principale 67141121

Cet imposant édifice est construit dans le style prussien, avec un emploi presque exclusif de la brique. Seul le clocheton qui le surplombe différencie quelque peu ce bâtiment civil des casernes que l'administration allemande fait bâtir dans la région après l'annexion de 1870.

Marckolsheim

Canton de Marckolsheim
Arrondissement de Sélestat-Erstein
Superficie : 3 336 ha
Population 1990 : 3 306 hab.
Habitants : les Marckolsheimois
Cours d'eau : le Rhin, le Muhlbach et l'Ischert

Origine du nom : de l'anthroponyme germanique, Marculf ou Markwolf, ou bien d'un surnom imagé formé sur *Wolf*, le loup, et désignant ce lieu situé au bord du Rhin comme étant le loup de la frontière, avec le suffixe *Heim*, demeure, village.

Blason : le loup rappelle soit l'étymologie du nom de la commune, soit la présence pendant longtemps de cet animal dans la région.
67141200

HISTORIQUE

Cet ancien chef-lieu de bailliage est toujours le chef-lieu du canton. Le bourg se développe probablement face à un gué sur le Rhin, au carrefour d'une route longeant le fleuve et d'une autre venant de Lorraine. Des tombes celtes sont découvertes sur le site, où une ville existerait dès l'époque romaine. La présence de tombes mérovingiennes atteste la continuité de l'occupation du lieu. Le village appartient d'abord aux Habsbourg, qui le vendent, en 1294, à l'évêché de Strasbourg. En 1299, l'empereur Albrecht de Habsbourg accorde à la cité le statut de ville, avec les mêmes franchises que Sélestat. En outre, des remparts sont construits au début du XIVe siècle. Marckolsheim, centre d'activités commerciales et industrielles important, est presque entièrement rasé lors de l'attaque allemande de juin 1940.

FONTS BAPTISMAUX
XIIe siècle
Grès
Église *67141204*
L'église de Marckolsheim est citée dès 1295. Entièrement détruite par les Armagnacs en 1445, elle est remplacée par un édifice de style gothique, dont la nef est refaite vers 1670-1680. Le bâtiment est à nouveau reconstruit en 1837, puis rasé en 1941. Ces fonts baptismaux de style roman, symbole le plus ancien de la vie religieuse de la commune, sont conservés dans l'église actuelle de Marckolsheim, inaugurée en 1965.

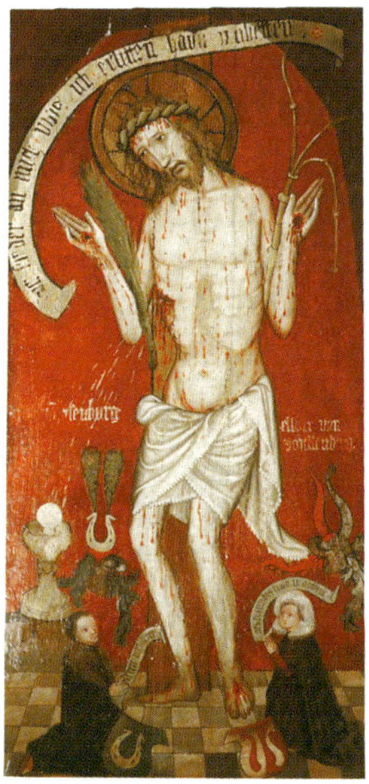

CHRIST AUX OUTRAGES
XVe siècle
Bois polychrome
Église *67141209*
Ce tableau livre une représentation classique du Christ avec les instruments de la Passion. Les deux personnages situés aux pieds de Jésus peuvent être les donateurs de l'œuvre.

VIERGE À L'ENFANT
XVIIe-XVIIIe siècle
Bois polychrome
Église *67141208*
Cette statue restaurée propose une représentation très réaliste de la Vierge à l'Enfant.

SAINT GEORGES
1913
Grès
Église *67141203*
L'église de Marckolsheim est d'abord dédiée à Marie, pour être placée, à partir de 1445, sous le vocable de saint Georges. À l'origine, cette statue orne le fronton de l'édifice. Transférée dans la cour de la maison des œuvres catholiques, elle est à nouveau installée sur la place de l'Église, réaménagée en 1983, puis au-dessus de l'entrée principale de l'église actuelle, en 1993.

CHAPELLE SAINT-GRÉGOIRE
1246
Mauchen 67141205

Le village de Mauchenheim, mentionné à partir de 777, disparaît vers le XVe siècle. Cette chapelle, qui en est le seul vestige, est l'héritière d'un lieu de culte cité dès 953. La nef date du XIIIe siècle, bien que ses fenêtres aient été remaniées au XVIIIe siècle, et le clocheton est de style baroque. Le bâtiment, qui sert longtemps de but de procession aux habitants de Marckolsheim, est restauré en 1740. Au XIXe siècle, il abrite une étable et une maison d'habitation. Des travaux sont effectués en 1952 et la chapelle est rouverte au culte en 1970.

FRESQUES
Fin du XXe siècle
Chapelle Saint-Grégoire 67141207

Des fresques de style roman archaïque sont découvertes en 1943, mais détruites lors des travaux réalisés dans la chapelle en 1952. Un relevé partiel, effectué en 1907, permet leur reproduction, à la fin du XXe siècle.

FOSSÉ DU STADTGRABEN
Vers 1310
Pierre
Rue de l'Hôtel-de-ville 67141202

Entre 1306 et 1322, l'évêque de Strasbourg autorise la cité à s'entourer de remparts, complétés par un fossé en eau, large de près de 3 mètres. Deux grandes tours-porches, la Porte de Strasbourg et celle de Brisach, donnent alors accès à la ville. Les remparts sont détruits au cours des différentes guerres et les portes sont rasées au début du XIXe siècle. Fort utile en cas d'incendie, le fossé, en revanche, est conservé. Marckolsheim est ainsi la seule commune d'Alsace à posséder encore un fossé en eau, avec quelques vestiges des murs et les traditionnels jardins situés au pied des remparts.

MAISON
XVIe siècle
Pan de bois
6, rue de l'Hôtel-de-ville 67141213

Implantée sur un vaste terrain, cette maison est construite par un notable de la ville. Rescapée de l'attaque allemande de juin 1940, elle appartient à un type urbain assez répandu dans la région et comporte notamment un étage en encorbellement sur la cour. Bien que modifiée, une fenêtre Renaissance triple est également conservée côté cour. Le toit, avec sa croupe ancienne, est une rareté à Marckolsheim.

MAISON
XVIIe siècle
Pan de bois
1, rue du Violon 67141214

Cette maison, située aux limites de la ville, près des anciens remparts, est longtemps habitée par des familles modestes qui n'ont pas les moyens de la transformer ni de la remplacer. Ainsi conservée, elle présente encore un colombage archaïque au bois courbe et un étage à Kniestock. Elle est actuellement en rénovation.

MAISON
XVIIe siècle
Pan de bois
18, rue du Maréchal-Joffre *67141215*

Cette maison à colombage conserve des décharges courbes, des petites ouvertures au rez-de-chaussée et une largeur de pignon qui attestent une construction ancienne. Elle est l'une des rares habitations du XVIIe siècle subsistant à Marckolsheim et fait l'objet d'une restauration à la fin du XXe siècle.

TOMBE DE L'ANCIEN BOURREAU
1719
Pierre
Cimetière *67141248*

Chef-lieu de bailliage, Marckolsheim est doté d'une prison et possède également son propre bourreau. Cette tombe est celle de F.-J. Froschäser (1662-1719), dont le patronyme, typique de la région, montre que la profession recrute encore localement à l'époque, avant de devenir la spécialité de quelques familles qui pratiquent l'endogamie.

MAISON AVEC PORCHE
XVIIIe siècle
Pan de bois
25, rue du Maréchal-Foch *67141219*

Au XVIIIe siècle, la rue principale de Marckolsheim, pavée, présente un alignement de grandes propriétés rurales munies d'une porte charretière. Ces maisons sont construites en dur ou bien en bois et torchis et appartiennent aux notables de la ville. Celle-ci conserve encore son ancien porche.

MOULIN WALTER
XVIIIe-XXe siècle
Pan de bois *67141243*

Le Herrenmühle, moulin seigneurial, semble être la propriété de la commune au XVIIe siècle et appartient à la famille Walter à partir de 1881. Doté d'une installation de battage et d'une scierie, il possède, dès la fin du XIXe siècle, un système de turbine très moderne. L'aspect actuel de la propriété, avec sa maison à colombage, est la combinaison de bâtiments du XVIIIe siècle et des aménagements faits jusqu'au milieu du XXe siècle.

ENSEIGNE DU RELAIS DE POSTE
XXe siècle
Fer forgé
Moulin Walter *67141237*

En 1780, le relais de la Poste aux Chevaux de Marckolsheim est tenu par Joseph Walter et installé dans l'ancien pavillon de chasse du prince évêque de Rohan, bâtiment qui disparaît par la suite, lors des combats de juin 1940. L'original de l'enseigne de ce relais est conservé au musée de la Poste à Paris, tandis que cette reproduction se trouve au moulin Walter. En outre, le dessin de l'enseigne est imprimé sur un timbre poste dans les années 1960.

MAISON RITZINGER
Première moitié du XIXe siècle
Pan de bois
30, rue Clemenceau 67141220

Cette construction en colombage, avec son toit à quatre pans, est typique des maisons des bourgeois aisés de la première moitié du XIXe siècle. Elle appartient à la famille Ritzinger, qui compte, outre plusieurs docteurs en médecine, médecins cantonaux à Marckolsheim, un prêtre et un officier, mort pour la France en Indochine.

TOMBE DE LA FAMILLE MÜLLER
1831-1842
Pierre
Cimetière 67141249

La famille Müller, originaire de Brisach, compte plusieurs avocats au conseil souverain d'Alsace. En 1757, François Louis Müller s'installe à Marckolsheim, comme bailli. Ses enfants militaires se battent à la Révolution aux côtés des troupes royales émigrées. Chevaliers de Saint-Louis, ils acquièrent la noblesse en émigration. Jean Chrisostome de Müller (1771-1831), lieutenant colonel, et Placide de Müller (1770-1842), conseiller à la cour des princes de Rohan, sont mentionnés sur cette pierre tombale.

MAISON
XIXe siècle
Pan de bois
2, impasse de l'Ischert 67141224

Cette modeste demeure au plan carré est construite de plain-pied et présente une hauteur de plafond relativement basse. À l'extérieur, une trappe en bois donne accès au cellier. L'ensemble est caractéristique des maisons d'ouvriers agricoles et de journaliers.

HÔTEL DE VILLE
1845
Architecte : Antoine Ringeisen
Grès des Vosges et pierre
Rue du Maréchal-Foch 67141226

Dès le Moyen Âge, la plupart des communes alsaciennes disposent d'un local où se réunissent les échevins, avec, parfois, les bourgeois électeurs. L'ancien hôtel de ville de Marckolsheim est un bâtiment à colombage comprenant une grande halle couverte. Il est déjà délabré en 1833. Le projet d'un nouvel hôtel de ville est établi par l'architecte Kuhlmann. Mais celui-ci décède subitement dans le courant de l'année 1840 et c'est finalement Antoine Ringeisen qui construit cet édifice, dans un style assez monumental.

POSTE
Milieu du XIXe siècle
5, rue de l'Hôtel-de-ville 67141231

La Poste Impériale est installée en Alsace au XVIIe siècle. Marckolsheim, situé au carrefour de deux routes importantes, se voit alors doté d'une Poste aux lettres et d'un relais de la Poste aux Chevaux, qui coexisteront pendant près de deux cents ans. Le bâtiment actuel date du milieu du XIXe siècle. D'autre part, les premiers poteaux d'une ligne télégraphique sont posés entre Marckolsheim et Grussenheim en 1878 et le téléphone fait son apparition vers 1890. La Poste aux Chevaux cesse de fonctionner en 1908, en raison de la concurrence du chemin de fer du Ried.

ANCIENNE ÉCOLE
1856
Architecte : Antoine Ringeisen
4, rue du Général Kolb 67141230

Un maître d'école est cité dans les comptes communaux de 1593 et une école est mentionnée dès 1611. L'école des filles et celle des garçons sont séparées, avant la Révolution. Cette école des filles, qui possède également une école maternelle, sert de modèle à l'école des garçons construite juste à côté. Rescapée de l'attaque allemande de juin 1940, elle garde sa destination première jusqu'à la fin des années 1960. Par la suite, le bâtiment est transformé en maison des jeunes et de la culture.

ANCIENNE PRISON
Vers 1860
Rue de la Prison 67141229

Chef-lieu de bailliage sous l'Ancien Régime, Marckolsheim possède depuis toujours un endroit pour emprisonner les hors-la-loi. En 1746, une prison est construite ou reconstruite, intégrée en 1848 au corps de garde de la Porte de Bâle. En outre, la Porte de Strasbourg comportait, avant sa destruction, un cachot. Des cellules se trouvaient également à la gendarmerie. Cette prison, enfin, est adjointe au tribunal cantonal, au début des années 1860.

ANCIENNE GARE DU RIEDBAHN
Vers 1886
Bois
48, rue Clemenceau 67141241

Créée à l'initiative du député alsacien Hugo Zorn von Bulach, la ligne de chemin de fer à voie étroite du Riedbahn, tramway à vapeur, est inaugurée en 1886. Voyageurs et marchandises circulent ainsi dans les deux sens entre la ville de Strasbourg et les marchés de Marckolsheim. Le trafic est interrompu pendant la Seconde Guerre mondiale et remplacé partiellement par des autobus. La ligne est définitivement abandonnée, au profit de la route, en 1956. Cette ancienne gare est actuellement le hangar d'une station-service.

ANCIEN TRIBUNAL CANTONAL
Vers 1860
Grès
Rue Foch 67141228

Le tribunal cantonal est construit à l'emplacement d'une maison servant de greffe du bailliage épiscopal de Marckolsheim, jusqu'à la

Révolution, puis d'école des garçons, de 1806 à 1857. Ce bâtiment accueille le cabinet du juge de paix et le prétoire, situés auparavant à l'hôtel de ville. Il abrite encore un service du tribunal d'instance, le Bureau foncier.

MONUMENT AUX MORTS
1893
Grès
Cimetière
67141247

En 1870, pendant le siège des forteresses de Neuf-Brisach et de Sélestat, situées toutes deux à une quinzaine de kilomètres de Marckolsheim, un hôpital militaire allemand est installé dans la ville. Plusieurs dizaines de soldats y trouvent la mort. À l'initiative de l'association locale des anciens combattants, onze d'entre eux, dont un défenseur français de Neuf-Brisach, sont exhumés en 1893 et réunis dans une tombe commune, sur laquelle un obélisque est érigé.

CRUCIFIX
Fin du XIXe-début du XXe siècle
Métal
Route de Sélestat
67141212

Ce crucifix, très simple dans sa présentation, comporte une embase ronde et une croix en métal qui résulte d'un fin travail de ferronnerie. Il est l'objet d'une dévotion toujours vivante, comme en témoigne la main anonyme qui le fleurit.

ANCIENNE GARE
Vers 1900
9, rue de la Chapelle
67141238

Déjà relié à Strasbourg par le Riedbahn, Marckolsheim bénéficie de l'installation d'une ligne de chemin de fer de l'État vers la ville de Colmar, qui, bien que située dans le département voisin, constitue un pôle d'attraction économique important. Progressivement remplacée par un trafic d'autobus, une locomotive à vapeur circule jusque dans les années 1930. La gare est ensuite désaffectée et le bâtiment sert d'habitation avant d'être transformé en restaurant.

ANCIENNE LAITERIE
Fin du XIXe-début du XXe siècle
43, rue Clemenceau
67141240

La fin du XIXe siècle est propice au regroupement des agriculteurs qui doivent s'adapter au changement des structures de production et de distribution. Ainsi, une coopérative laitière est créée à Marckolsheim. Ce bâtiment industriel typique de l'époque reste longtemps un lieu de collecte et de conditionnement du lait. En 1907, une laiterie à vapeur, signe de modernité, y est mentionnée.

MAISON COMMUNE
1905
Pierre
Rue du Maréchal-Foch et rue de l'Hôtel-de-ville
67141227

En 1899, un incendie provoqué par un violent orage détruit tout un pâté de maisons, dont une grande propriété servant d'hospice depuis une cinquantaine d'années. L'hospice est alors transféré et la municipalité décide de construire une maison commune sur le terrain laissé vacant. Le nouveau bâtiment, situé à côté de l'hôtel de ville, sert de logement aux employés communaux et comprend des locaux pour les nombreuses associations de la ville ainsi que pour la Caisse d'épargne.

ANCIENNE USINE RUDLOFF
XXe siècle
61, rue Clemenceau *67141242*
Après la guerre de 1870, une usine de tissage appartenant à la famille Klein s'installe à Marckolsheim et travaille notamment avec les filatures de la vallée de Munster. Elle est rachetée par Rudloff avant la Seconde Guerre mondiale et complète alors l'usine qui se trouve rue de l'Industrie. Elle fonctionne encore dans les années 1960. À la fin du XXe siècle, elle devient un commerce d'antiquités, tandis que l'autre usine est toujours en activité, faisant partie du groupe Sommer-Allibert.

CERCLE CATHOLIQUE SAINT-GEORGES
1925
20, rue des Vosges *67141236*
En 1923, le cercle catholique Saint-Georges est créé, regroupant les jeunes paroissiens afin de les former, tant sur le plan religieux que sur le plan moral et social. S'inscrivant dans la suite logique de cette démarche, la maison des œuvres pour l'éducation populaire est fondée en 1924, suivie, en 1925, de la maison des œuvres catholiques, placée, comme la paroisse, sous le patronage de saint Georges. Ce bâtiment est construit par des bénévoles de la commune.

PLAQUE DE CHRÉTIEN HAURY ET JEAN-BAPTISTE SCHMITT
XXe siècle
Marbre
Cimetière *67141246*
En 1870, Marckolsheim devient un lieu stratégique, situé entre les places fortes de Neuf-Brisach et de Sélestat assiégées par l'ennemi. Originaires de deux communes proches, l'aubergiste Chrétien Haury et le cultivateur Jean-Baptiste Schmitt sont arrêtés à leur domicile, tenus pour responsables d'une fusillade à Muntzenheim, et sommairement jugés devant un état-major badois installé à Marckolsheim. Cette plaque est apposée, à la fin du XXe siècle, à l'endroit de leur exécution.

ANCIENNE COOPÉRATIVE DE TABAC
XXe siècle
23, rue de l'Hôtel-de-ville *67141239*
Comme en témoignent les fabriques de cigares de Marckolsheim et Elsenheim, le tabac acquiert rapidement une grande importance dans la région. Pendant plusieurs générations, les cultures sont rassemblées dans ce local, sous la surveillance attentive de l'administration de l'État qui en détient le monopole. Ce bâtiment est aujourd'hui un atelier municipal.

CASEMATE 35-3
Années 1930
Béton armé
Route du Rhin *67141245*
Cette casemate doit former, avec sa voisine, la 34-3, le verrou de Marckolsheim. Mais, en juin 1940, l'ennemi la frappe durement, obligeant le lieutenant Marrois et ses hommes à se rendre après de violents combats. Un peu plus tard, l'ouvrage est visité par Hitler en personne, ce qui lui vaut le surnom de *Führerbunker*. Il est rénové et aménagé en 1971 et devient un musée-mémorial de la ligne Maginot.

ERBHÖFE
1941-1945
Brique et grès
5, rue Le Bugue *67141233*

En juin 1940, Marckolsheim est aux trois quarts détruit. L'occupant décide alors de faire de la ville un modèle d'architecture nazie. Les bâtiments restants sont presque tous rasés et le plan des rues revu. Seul le fossé en eau, rappelant les remparts des villes germaniques anciennes, est conservé. Outre les bâtiments administratifs, des exploitations agricoles, grandes et moyennes, et des maisons d'ouvriers sont construites. Les habitations sont bâties sur un modèle unique. Quant aux exploitations, elles correspondent au système des *Erbhöfe*, fermes héréditaires, instauré par une loi nazie de 1933.

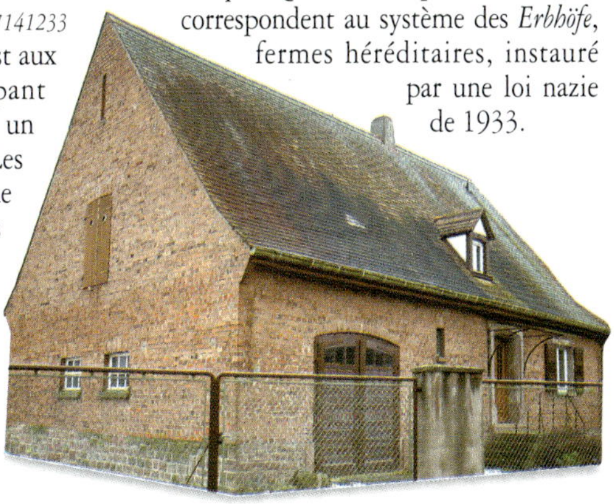

ANCIENNE ÉGLISE PROVISOIRE
1947
Brique
Rue de l'Hôtel-de-ville et rue Poincaré
67141211

L'église de Marckolsheim, fortement endommagée en juin 1940, est définitivement rasée en 1941, les Allemands projetant de faire de la ville un modèle d'architecture nazie. Un bâtiment léger, en bois, est d'abord construit, puis remplacé par cet édifice en dur, consacré en 1947 par l'évêque de Strasbourg. Cette église provisoire est utilisée pendant près de vingt ans, jusqu'à l'inauguration de l'église actuelle, en 1965. Désaffectée au culte, elle est alors transformée en salle des fêtes.

STÈLE D'INAUGURATION
DES *ERBHÖFE*
1941
Grès
4, rue de Verdun *67141235*

En 1941, le *Gauleiter*, directeur de région, Robert Wagner fait démarrer l'ambitieux projet d'urbanisme nazi pour Marckolsheim. Un parchemin est scellé dans cette stèle qui existe encore mais dont l'emblème du *Reich* est martelé à la Libération. Six grandes fermes et quatre moyennes ainsi que quatre maisons d'ouvriers sont construites. Les architectes de l'époque emploient des matériaux de qualité et bâtissent des maisons confortables. Le projet est stoppé par la défaite allemande.

CHAR SHERMAN
XXe siècle
Métal *67141250*

Ce char de la division du général Leclerc date de l'époque de la libération de Marckolsheim. S'il ne s'agit pas de l'original, ce char a pourtant été rebaptisé « Hartmanswillerkopf », du nom du premier char entré à Marckolsheim en 1945, que commandait Alain de Boissier, futur gendre du général de Gaulle.

CHALET
Fin des années 1940
Bois
24, rue du Lavoir *67141223*

La reconstruction de la ville, après la Seconde Guerre mondiale, est longue et coûteuse. Aussi certains habitants préfèrent-ils utiliser le bois, matériau facile d'emploi et peu onéreux, pour se loger dans des chalets qui ne manquent ni d'allure ni de confort.

MAISONS
Années 1950-1960
15-23, rue Clemenceau *67141217*

Durant la Seconde Guerre mondiale, la population de Marckolsheim est logée dans des baraquements en bois construits par l'administration nazie. Après la guerre, le ministère de la Reconstruction urbaine et la ville entament un vaste programme de reconstruction et de rénovation. Les maisons de la rue principale sont toutes bâties sur le modèle de l'ancienne gendarmerie, représentative de l'architecture du XVIIIe siècle à Marckolsheim et rasée depuis.

BARRAGE HYDROÉLECTRIQUE
1957-1961
Sur le Rhin *67141244*
Le premier barrage hydroélectrique sur le Rhin est mis en service, à Kembs, en 1938. Celui de Marckolsheim est achevé en 1961. Une ville provisoire, située dans la forêt, permet alors de loger quatre mille personnes, employées à EDF ou travaillant aux divers chantiers en cours sur le fleuve. Cette centrale, avec une hauteur de chute d'eau de 13,20 mètres, produit plus d'un milliard de KwH par an à la fin du XXe siècle.

Mussig

Canton de Marckolsheim
Arrondissement de Sélestat-Erstein
Superficie : 1 173 ha
Population 1990 : 1 014 hab.
Habitants : les Mussigeois
Cours d'eau : le Bruchgraben

Origine du nom : peut-être d'origine celtique et apparenté au toponyme de Mutzig, ainsi qu'à ceux de Mussy, en Moselle, et Mussey, en vieille France.

Blason : les armoiries rappellent les symboles utilisés sur certaines bornes anciennes de la commune.
67141300

HISTORIQUE

Le site révèle près d'une quarantaine de tertres funéraires datant de l'âge du fer, ainsi qu'un petit établissement romain, servant probablement de station sur la voie Strasbourg - Bâle. Propriété des Habsbourg au Moyen Âge, le village est donné en fief aux Ratsamhausen-Ehnwihr, en 1331, et passe ensuite aux Mörsberg puis, en 1613, aux Ribeaupierre, qui le gardent jusqu'à la Révolution. La culture et le tissage du lin et du chanvre se développent au XIXe siècle. En 1891, un gigantesque incendie détruit une partie de la commune, dont l'église, la mairie et l'école. D'autre part, l'ancien village de Breitenheim, qui conserve quelques maisons, devient une annexe de Mussig.

TUMULI
Âge du fer
Terre *67141302*
Les tertres funéraires de Mussig sont remarqués dès 1861. Les premiers sont fouillés vers 1869, livrant des fragments de poterie, des bracelets et des fibules à spirale. De nouvelles fouilles, effectuées d'une part en 1946, d'autre part entre 1977 et 1983, mettent au jour des poteries, des bijoux et des éléments de parure, ainsi que des pointes de flèche. Une palissade en rondins de chêne, entourant l'un des tertres, est datée de 707 av. J.-C. Ce type de structure, très rare en Europe, constitue la découverte la plus intéressante du site.

MAISON DE NOTABLE
1750
Pierre et pan de bois
199, rue du Moulin *67141306*

Cette belle construction est une maison de notable. Elle est composée d'un rez-de-chaussée en pierre et d'un étage à pan de bois, surmonté d'un toit à la Mansart avec deux niveaux de greniers.

MAISON
XVIIIe siècle
Pan de bois
12, rue du Moulin 67141308

Cette construction, typique des fermes du Ried du centre Alsace, se situe dans une rue qui conserve de nombreuses maisons anciennes. Le colombage du bâtiment se démarque par certaines poutres de décharge à la rectitude hésitante, qui sont le signe d'une relative économie de moyens de la part du propriétaire. En outre, de petits auvents de tuile protègent les sablières hautes et basses des intempéries.

MOULIN STOLL
1855
Pan de bois 67141313

Fondé au milieu du XIXe siècle, ce moulin constitue l'une des principales activités économiques de la commune.

MAISON D'ARTISAN
Seconde moitié du XIXe siècle
Pierre
10, rue de Baldenheim 67141311

Les traditionnelles constructions en pans de bois sont progressivement abandonnées à partir du milieu du XIXe siècle. Beaucoup d'artisans bâtissent alors des demeures plus adaptées à leur activité. Cette petite maison de boulanger, ornée d'un bretzel sur le linteau de la porte, préfigure les magasins modernes comprenant une pièce réservée à la vente.

MAIRIE
1892-1893
Brique 67141310

Cette construction remplace l'ancienne mairie, détruite lors du grand incendie de 1891. Élevée dans un style prussien, sans débordement architectural aucun, elle est en parfaite harmonie avec les bâtiments administratifs de l'Alsace annexée et rappelle les casernes de Sélestat, Colmar ou Strasbourg de la même époque. La hauteur sous plafond, très impressionnante, est finalement réduite par l'adjonction de faux plafonds.

ÉGLISE CATHOLIQUE SAINT-OSWALD
(porche)
1898
Grès 67141303

L'église paroissiale de Mussig est citée dès 1371. L'ancien édifice est détruit lors de l'incendie qui ravage la commune en 1891 et remplacé par ce bâtiment, pour lequel le grès a été très largement employé.

MONUMENT FUNÉRAIRE
DE L'ABBÉ VOGELBACH
XXe siècle
Marbre
Cimetière 67141305

Jean Vogelbach (1691-1749) est un ancien curé de Mussig. Au XXe siècle, les habitants de la commune décident de ramener à l'intérieur de l'église sa pierre tombale, afin de la conserver, tout en faisant ériger au cimetière une croix moderne rappelant le souvenir de sa tombe.

Muttersholtz

Canton de Marckolsheim
Arrondissement de Sélestat-Erstein
Superficie : 1 267 ha
Population 1990 : 1 651 hab.
Habitants : les Muttersholtziens
Cours d'eau : l'Ehn et la Blind

Origine du nom : probablement de l'anthroponyme germanique Mothar ou Moathard et du suffixe *Holtz*, forêt, qui semble indiquer que le village est né d'un défrichement.

Blason : l'arbre rappelle sans doute la forêt que l'on retrouve dans l'étymologie du nom de la commune ; le curoir de soc de charrue et la gaffe de pêcheur évoquent les activités économiques de la localité.
67141400

HISTORIQUE

Un trésor monétaire, des fondations en brique ou encore une inscription latine attestent une occupation du site à l'époque romaine. Au XIIe siècle, l'abbaye d'Ebersmunster possède une cour domaniale dans la localité, ainsi que l'église. Au début du XIVe siècle, le village appartient aux Lichtenberg. En 1367, il est donné en fief aux Ratsamhausen-Ehnwihr, qui le gardent jusqu'à la Révolution. Deux châteaux à l'origine des deux branches de cette puissante famille existent alors à Ehnwihr et Ratsamhausen-le-Bas, hameaux rattachés par la suite à Muttersholtz. Sous l'impulsion des fabricants de Sainte-Marie-aux-Mines, la commune connaît un fort développement industriel au XIXe siècle, basé sur la filature et le tissage. Un moulin y travaille le blé, l'huile et le chanvre, avant d'être transformé, en 1898, en usine hydroélectrique. Ce bourg au commerce important, accueille les trois communautés religieuses catholique, protestante et juive.

ÉGLISE PROTESTANTE
XIIIe-XIVe-XVIIIe siècles
Grès
Rue de Wittisheim *67141401*

L'église paroissiale catholique Saint-Urban est citée dès le XIIe siècle et devient protestante en 1576, alors que la Réforme est introduite. Elle conserve un clocher du XIIIe siècle et un chœur voûté à chevet polygonal, du XIVe siècle, terminé par une abside aux solides contreforts. À ces éléments gothiques vient s'ajouter une nef baroque, datant de la reconstruction de 1733. Le simultaneum, instauré en 1687, prend fin en 1890, lorsque les catholiques, minoritaires dans la commune, bâtissent leur propre église.

MAISON
XVIIe siècle
Pan de bois
13, route de Hilsenheim *67141406*

Un balcon en colombage non rempli décore le pignon sur rue de cette maison très ancienne et présente le motif de la chaise curule, symbole des notables, ainsi que celui du losange barré, double symbole de fécondité. En outre, le bâtiment est coiffé d'un très long toit qui descend jusqu'au-dessus du rez-de-chaussée.

MAISON
XVIIe-XVIIIe siècle
Pan de bois
45, rue Welschinger *67141404*

Située en plein centre du village, cette maison à colombage témoigne de la richesse de son propriétaire. Les losanges qui décorent le pignon symbolisent la fécondité. Ils sont d'un type peu fréquent en milieu rural, plutôt utilisé en ville et dans le vignoble, à partir du XVIIe siècle.

MAISON
XVIIe-XVIIIe siècle
Pan de bois
47, rue Welschinger 67141405

Comme sa voisine, cette maison rappelle la richesse de certains habitants de Muttersholtz. Elle présente un colombage surprenant qui ressemble beaucoup à celui des habitations du vignoble ou de la Forêt Noire et révèle sans doute l'origine du charpentier qui en est l'auteur.

ANCIENNE PROPRIÉTÉ NOBLE
Début du XIXe siècle
Grès et brique
14, rue de Hilsenheim 67141409

Le château des Ratsamhausen, incendié à la Révolution et vendu comme bien national, devient la propriété de l'une des vieilles familles du village. Ce bâtiment, étonnant par ses dimensions, est construit à son emplacement, sur un terrain de plusieurs dizaines d'ares. La maison abrite le notariat jusque dans la première moitié du XXe siècle. Elle est ensuite partagée en plusieurs appartements.

ANCIENNE SYNAGOGUE
1837
4, rue des Tilleuls 67141402

Une importante communauté juive vit à Muttersholtz. Elle croît régulièrement jusqu'au XIXe siècle, passant de 130 membres en 1784 à 286 en 1866, et possède même son propre rabbinat, avant d'être rattachée à celui de Sélestat, en 1863. Au cours du XXe siècle, cette population juive diminue, ne comptant plus que cinq personnes en 1953, et la synagogue est bientôt désaffectée.

MAIRIE
Vers 1847
Brique et grès
39, rue Principale 67141407

La mairie s'intègre parfaitement au paysage urbain environnant, construit entre le XVIIe et le XXe siècle. Ce bâtiment quasi parallélépipédique, de trois travées, comporte deux colonnes typiques de l'époque Louis-Philippe. Seul le clocheton avec son horloge semble émerger de l'ensemble à l'aspect peu élancé.

SÉCHOIR
XIXe siècle
Pierre et bois
1, rue de Wittisheim 67141412

Ce séchoir aux dimensions relativement modestes présente un soubassement en pierre qui remonte au moins au XIXe siècle. Les planches du premier niveau sont encastrées en biais, ce qui permet une aération optimale tout en évitant l'exposition à la lumière du soleil.

ANCIEN ATELIER DE TISSAGE
XIXe siècle-1927
Bois
Rue de Wittisheim
67141417

Au XIXe siècle, le tissage est l'activité économique dominante à Muttersholtz. Ce grand hangar est un ancien atelier de tissage, comme il en existe alors beaucoup dans la commune. En 1927, le charpentier Decker démonte le bâtiment et le remonte sur sa propriété pour y construire des charpentes jusque dans les années 1940.

POSTE
Fin du XIXe-début du XXe siècle
Pierre et brique
51, rue Welschinger
67141408

Cette maison construite par la famille Nebinger présente un imposant volume cubique et comporte des éléments néobaroques, tel l'œil-de-bœuf de la façade sur rue. Le bâtiment accueille très tôt les locaux de l'agence postale, alors simple locataire chez un particulier, comme dans de nombreuses communes. La Poste occupe ensuite les lieux dans leur totalité.

GASTHAUS ZUM SCHLUSSEL
Vers 1900
Pierre et brique
37, rue Principale
67141411

L'expansion économique de la fin du XIXe siècle entraîne la construction de nombreuses auberges où les habitants se retrouvent après le travail et, le dimanche, après la messe.

Par la suite, ces établissements sont souvent transformés et adaptés aux exigences modernes du XXe siècle. Ce restaurant *À la Clé*, situé en plein centre de la commune, conserve néanmoins son allure ancienne.

MONUMENT
AUX MORTS
Années 1920
Grès
67141403

Ce monument aux morts comporte une colonne brisée qui évoque la fragilité de la vie et présente une femme pleurant son père, son frère, son mari ou bien son fils, dans un style pompier typique de l'entre-deux-guerres. La plaque apposée au mémorial est modifiée après 1945, afin de mentionner les victimes de la Première et de la Seconde Guerre mondiale.

PLAQUE COMMÉMORATIVE
DE LOUIS ET ADOLPHE ADAM
1967
Marbre
Rue Louis-Adam
67141410

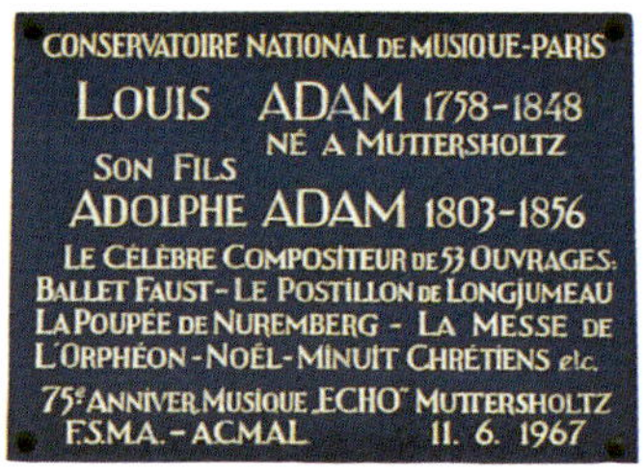

Louis Adam (1758-1848) naît à Muttersholtz. Musicien talentueux, il étudie sans maître le violon et la harpe et devient pianiste et compositeur. Professeur au conservatoire de Paris de 1797 à 1842, il met au point une méthode de pianoforte qui le rend célèbre, et reçoit la Légion d'honneur en 1827. Son fils Adolphe Adam (1803-1856), également musicien, est l'auteur de plusieurs ouvrages connus. Cette plaque apposée dans la rue Louis-Adam rappelle le souvenir des deux artistes.

Ohnenheim

Canton de Marckolsheim
Arrondissement de Sélestat-Erstein
Superficie : 1 212 ha
Population 1990 : 629 hab.
Habitants : les Ohnenheimois
Cours d'eau : la Blind

Origine du nom : peut-être d'un nom gaulois renvoyant à la présence de fours à métaux, ou bien d'un nom celtique Ionan, associé au suffixe *Heim*, demeure, village, ou encore de la signification de *Ohnenheim*, sans foyer, en allemand, en rapport avec les mœurs nomades des populations primitives.

HISTORIQUE

Ohnenheim partage avec Heidolsheim une immense nécropole funéraire celte où des dizaines de tumuli *ont été mis au jour, livrant notamment les restes d'un char princier en bois, daté du début du VIe siècle av. J.-C., dont la reconstitution se trouve au Musée archéologique de Mayence (Allemagne). Des découvertes de l'époque romaine attestent la continuité de l'occupation du site. L'abbaye de Munster et celle d'Ebersmunster sont possessionnées dans la localité. Bien d'empire, le village est donné aux Geroldseck, en 1301. Il passe ensuite aux Ribeaupierre, qui le gardent, intégré au bailliage de Guémar, jusqu'à la Révolution. Majoritairement catholique, Ohnenheim est cependant, à la fin du XVIIe siècle, la commune d'Alsace qui compte le plus grand nombre d'anabaptistes, après Sainte-Marie-aux-Mines.*

ÉGLISE CATHOLIQUE
SAINT-GRÉGOIRE (clocher)
XIIIe-XVIIIe siècles
Rue de l'Église *67141502*

L'église paroissiale d'Ohnenheim, attestée en 1371, dépend de l'abbaye du val Saint-Grégoire, dans la vallée de Munster. De ce premier bâtiment subsiste encore la base du clocher, du XIIIe siècle, dont la clef de voûte présente les armoiries des Ribeaupierre. Le reste de l'édifice date du XVIIIe siècle. Un tableau de la nef porte la signature de l'un des membres de la célèbre famille de peintres Daniche. L'église possède un riche mobilier, notamment une Vierge à l'Enfant en tilleul polychrome du XVIe siècle, des fonts baptismaux en grès sculptés du XVIIe siècle, ainsi qu'une patène en argent doré du siècle suivant. Par ailleurs, les dimensions du presbytère rappellent l'importance du bourg d'Ohnenheim et de sa paroisse.

ANCIEN RELAIS DE POSTE
1700
Pan de bois
13, route de Marckolsheim *67141509*

Cette maison aux grandes dimensions présente en particulier un large pignon comportant trois fenêtres. Au niveau du grenier, quelques décharges sont ouvragées comme certains pans de bois du XVIIe siècle. Cette construction aurait servi de relais de poste.

MAISON
XVIIe siècle
Pan de bois
74, rue du Général-de-Gaulle
67141512

Cette maison à colombage est peut-être la plus ancienne demeure d'Ohnenheim. Le type d'ossature, extrêmement simple, la longue croupe en bois et surtout le balcon de bois en encorbellement sont caractéristiques des techniques de construction du XVIIe siècle.

MAISON DE LA DÎME
XVIIIe siècle
32, rue de l'Église 67141511

L'abbaye de Munster possède de nombreux biens fonciers dans le finage d'Ohnenheim, ainsi que le droit de nommer le prêtre desservant et celui de percevoir la dîme. Cette construction en dur, avec sa grande porte charretière, est l'ancienne maison de la dîme. Située juste à côté de l'église, elle semble être l'héritière directe de la cour colongère de l'abbaye, mentionnée dès le XVe siècle. La grange dîmière proprement dite existe encore à l'arrière de la propriété.

PLAQUE
Fin du XVIIIe siècle
Grès
Maison de la dîme 67141510

Cette plaque de grès représente une tête de Marianne en relief encadrée de deux têtes de lion également sculptées. Probablement apposée au bâtiment lors de la Révolution, elle témoigne du patriotisme du nouveau propriétaire de ce lieu hautement symbolique de l'asservissement du tiers état.

MAISON
XVIIIe siècle
Brique et pan de bois
59, rue de l'Ill 67141514

À l'origine, cette grande bâtisse est l'école du village. À la fin du XIXe siècle, le tonnelier Schmitt, également cafetier, rachète le bâtiment et en fait une auberge. En 1928, son petit-fils Edmond Flecher ouvre, avec pour seul véhicule une voiture au châssis rallongé, une ligne régulière Ohnenheim-Colmar, puis Ohnenheim-Sélestat. Les cars Flecher, dont le siège se trouve toujours dans cette maison, emploient, à la fin du XXe siècle, près de soixante-dix personnes dans toute la région.

SÉCHOIR À TABAC
XVIIIe siècle
Brique et bois
164, rue du Moulin 67141516

Ce bâtiment surprend par son mélange de colombage et de brique rouge, ainsi que par son élévation. Témoin de l'activité agricole de la commune au XVIIIe siècle, ce séchoir fut utilisé pour le tabac et le houblon, dont la culture disparaît par la suite du centre Alsace, en même temps que les brasseries locales. Les planches posées de biais permettent une bonne aération.

SÉCHOIR À TABAC
1864
Brique et pan de bois
98, rue de la 2e-Division-Blindée
67141515

À partir de la fin du XIXe siècle, les séchoirs sont généralement entièrement en bois. Celui-ci est encore construit en colombage, le remplissage actuel étant fait de brique. Les trois niveaux de séchage servent non seulement au tabac mais aussi au houblon. L'ensemble de la propriété comporte notamment, outre le bâtiment d'habitation, une distillerie, une grange, une écurie et des étables.

Richtolsheim

Canton de Marckolsheim
Arrondissement de Sélestat-Erstein
Superficie : 363 ha
Population 1990 : 243 hab.
Habitants : les Richtolsheimois
Cours d'eau : l'Ischert

Origine du nom : peut-être d'un anthroponyme germanique, bâti sur la racine *Reich* ou *Rich*, et du suffixe *Heim*, demeure, village.

Blason : les armes des Landgraves de Werd, anciens possesseurs du village, sont surchargées d'une clef.
67141600

HISTORIQUE

Les quelques objets découverts en 1893 attestent une probable occupation des environs à l'époque romaine. À l'origine, la localité est une possession de l'évêché de Strasbourg, tenue en fief par les Landgraves de Werd. En 1325, elle revient entièrement à l'évêché, qui la garde jusqu'à la Révolution. Rattachée tout d'abord au bailliage de Bernstein, elle est ensuite intégrée à celui de Marckolsheim. Au XIV*e siècle, l'abbaye d'Erstein y possède une cour domaniale. Les habitants de Richtolsheim sont évacués dans le Sud-Ouest en septembre 1939, échappant ainsi à la terrible offensive allemande du 15 juin 1940, qui éprouve durement le village.*

MAIRIE
XIXe siècle
Brique
Rue Principale *67141513*

Jusqu'au début du XIXe siècle, les échevins municipaux se réunissent en général dans la maison d'école, qui est aussi celle de l'instituteur, ou bien dans une auberge. Cette petite mairie sert un temps de corps de garde ainsi que de logement pour les religieuses qui œuvrent dans le village. Le bâtiment, fonctionnel avant tout, comporte cependant un curieux hall d'entrée ouvert.

ÉCOLE DES GARÇONS
XIXe siècle
Brique
35, rue de l'Église
67141518

La brique jaune majoritairement employée dans cette construction rompt avec le style d'architecture habituel de la région, où le grès des Vosges est en effet souvent utilisé pour renforcer l'aspect solennel des bâtiments administratifs.

MOULIN SUR LA BLIND
XXe siècle
Rue du Moulin *67141517*

Au Moyen Âge, les seigneurs de Ribeaupierre autorisent l'exploitation d'une demi-douzaine de moulins sur la Blind. Celui d'Ohnenheim abrite souvent les réunions des anabaptistes qui font du village un haut lieu de dissidence protestante. Vendu comme bien national à la Révolution, il appartient à la même famille pendant près de cent cinquante ans. Fortement endommagé lors des combats de la Libération, il est entièrement reconstruit après la guerre et cesse de fonctionner, à la fin du XXe siècle.

ÉGLISE CATHOLIQUE
SAINT-ARBOGAST
1858
Architecte : Antoine Ringeisen *67141601*

L'ancienne église de Richtolsheim date du XVIIe siècle. Devenue trop petite, elle est également vétuste, et une partie du clocher tombe sur le toit de la nef, en 1845. Un nouvel édifice est alors élevé. De style néo-classique, il se compose d'un clocher en façade et d'une nef unique terminée par un chœur polygonal en retrait, voûté d'arêtes. Le mobilier ancien de cette église comporte un retable du XVIIIe siècle et un buffet d'orgue baroque à trois tourelles, fortement remanié.

CHAPELLE
XIXe-XXe siècle
18, rue Principale *67141604*

Richtolsheim conserve plusieurs petites chapelles construites sur la voie publique, décorées d'une statue en façade et ouvertes lors des fêtes paroissiales et des processions. Témoins de l'importance de la religion dans la vie des habitants, ces petits édifices sont encore parfois entretenus.

CASEMATE DE LA LIGNE MAGINOT
Années 1930
Béton armé *67141610*

Richtolsheim, situé à quelques kilomètres seulement du Rhin, entre dans le cadre du dispositif de défense que doit constituer la ligne Maginot. Une casemate dite incassable, la 32-3, ainsi que plusieurs blockhaus de moindre importance, comme celui-ci, sont ainsi installés. Ni les casemates ni les troupes du 242e régiment d'infanterie ne parviennent cependant à stopper l'ennemi, lors de l'attaque allemande de juin 1940.

MONUMENT AUX MORTS
XXe siècle
Maçonnerie et peinture *67141614*

La commune de Richtolsheim fait un choix assez original concernant son monument aux morts de la Première et de la Seconde Guerre mondiale, qu'elle installe en effet dans l'une de ses nombreuses petites chapelles.

MAISON
XIXe siècle
Pan de bois *67141613*

En 1931, une grille en fer forgé qui porte les initiales des propriétaires est ajoutée à cette maison ancienne, signalant une volonté de rompre avec les habitudes de construction traditionnelle.

Saasenheim

Canton de Marckolsheim
Arrondissement de Sélestat-Erstein
Superficie : 780 ha
Population 1990 : 458 hab.
Habitants : les Saasenheimois
Cours d'eau : l'Ischert
et le Karpfergraben

Origine du nom : d'après l'origine géographique de Saxons venus coloniser la localité et du suffixe *Heim*, demeure, village.

Blason : il reprend les symboles communaux qui figurent sur une borne de 1736 et les couleurs des armes des seigneurs d'Andlau.
67141700

HISTORIQUE

L'occupation du site à l'époque germanique, attestée par la découverte d'un cimetière mérovingien, relève probablement d'une colonisation planifiée des environs. Près de Saasenheim existent les villages de Linkenheim et Biblosheim, aujourd'hui disparus. La localité appartient aux Ribeaupierre. En 1360, elle passe en fief aux von Schoenau, qui la conservent, avec une interruption entre 1474 et 1499, jusqu'à la Révolution. Au XIV*e siècle, une partie du finage est cependant un fief autrichien, qui échoit bientôt aux d'Andlau. Après l'inondation de 1852, des maisons sont construites, grâce à la générosité de l'empereur notamment. La commune connaît une petite activité industrielle de tricotage et de préparation du chanvre, au* XIX*e siècle. D'autre part, Saasenheim subit l'offensive allemande de juin 1940.*

MAISON À KNIESTOCK
1674
Pan de bois
16, rue Principale 67141706

Des constructions à Kniestock, système de demi-étage qui augmente la surface utile du grenier, existent dès le XVe siècle et sont souvent les maisons de petits laboureurs. Celle-ci est cependant ornée d'un riche balcon en encorbellement, décoré de chaises curules, qui sont le symbole des notables, et son propriétaire originel semble avoir disposé de certains moyens financiers.

ÉGLISE CATHOLIQUE SAINT-JEAN-BAPTISTE
XVIIIe-XIXe siècle
Grès des Vosges 67141701

Cet édifice résulte de la transformation de l'église médiévale originelle, la nef rectangulaire étant remplacée, dans la première moitié du XVIIIe siècle, par un grand vaisseau de style baroque, ainsi que le clocher-chœur et l'abside polygonale, en 1892, par un clocher en façade et un nouveau chœur à pans coupés. Cette église possède par ailleurs un mobilier intéressant, dont une pietà peut-être gothique, un triptyque du début du XVIe siècle, à reliefs et peintures, et un orgue Bergäntzel.

ORGUE
1777
Facteur : Martin Bergäntzel
Église catholique Saint-Jean-Baptiste
67141703

Le facteur d'orgue Martin Bergäntzel (1722-1803) d'Ammerschwihr est un représentant de l'école de Dubois. Après le départ du facteur Besançon, il s'établit à son compte. Il est notamment l'auteur de cet orgue, muni d'un buffet baroque avec trois tourelles. Son ouvrage le plus important est l'orgue de Landser, réalisé en 1789.
(Cl. M. H. 1997)

MAISON DE JOURNALIER
XVIIIe-XIXe siècle
Pan de bois
44, rue Principale 67141709

Les maisons des riches propriétaires sont généralement regroupées au centre du village, tandis que celles des journaliers, qui louent leurs bras à la journée, et des petits laboureurs ou artisans se trouvent à la périphérie. Celle-ci, avec un simple rez-de-chaussée, présente un colombage puisant ses origines au XVIIe siècle. Derrière elle, l'étable et la grange, accolées, forment les dépendances.

CRUCIFIX
1828
Grès
25, rue Principale 67141705

Ce crucifix de facture assez simple est installé sur une chapelle fermée, petit édifice religieux fréquent dans les environs. Deux symboles de la foi rurale sont ainsi associés.

Schœnau

Canton de Marckolsheim
Arrondissement de Sélestat-Erstein
Superficie : 1 037 ha
Population 1990 : 420 hab.
Habitants : les Schœnauviens
Cours d'eau : le Rhin et le Muhlbach

Origine du nom : du moyen haut allemand *Schoen*, agréable, et du vieux haut allemand *Ouwa*, prairie, terrain situé près de l'eau.

Blason : ce sont les armes des Schœnau, ministériaux de l'évêque de Strasbourg.
67141800

HISTORIQUE

La famille des Schœnau est mentionnée en 1229 et le château sur motte cité en 1333. Le village se développe très probablement autour de la basse cour et des cours seigneuriales de ce château. La première mention précise de la localité remonte à 1355. Tenu en fief par la famille des Ramstein, Schœnau est incendié, en 1357, par les bourgeois de Sélestat. Trois moulins existent sur la commune, qui reste de tout temps agricole. Ancienne filiale de Saasenheim, la paroisse ne devient autonome qu'en 1820. D'autre part, Schœnau souffre terriblement de l'attaque allemande de juin 1940.

MOTTE CASTRALE
XIIe siècle
(d. : 50 m)
Rue du Nord
67141801

L'ancienneté du site est attestée par la découverte de tessons datant du XIIe siècle, mais le château, de terre et de bois, n'est cité qu'en 1333. Ruiné entre 1380 et 1444, l'édifice est reconstruit, inféodé aux Ramstein, puis de nouveau ruiné, de façon définitive, avant 1497. Avec sa butte principale et deux cours adjacentes surélevées, ce vestige est l'une des plus belles mottes castrales conservées en Alsace.

MAISON
XVIIe siècle
Bois et torchis
93, rue du Château 67141808

L'attaque allemande du 15 juin 1940 détruit la plupart des habitations de la commune. Cette maison ancienne conserve les restes d'un balcon sur pignon à double arcade. Elle témoigne de la richesse passée des agriculteurs locaux, qui bénéficiaient de la présence de cours d'eau et de terres fertiles, ainsi que de la proximité de la forêt.

CALVAIRE
XIXe siècle
Grès
Vers le Rhin 67141802
Le curé de Schœnau, commune depuis toujours catholique, est cité dès 1371. Jusqu'au XIXe siècle, la paroisse est liée à celle de Saasenheim. Ce calvaire, l'un des quatre situés aux points cardinaux, témoigne de la piété traditionnelle de la campagne alsacienne, dont les villages, même les plus modestes, tiennent à marquer leur attachement à la religion.

MAISON DE MAÎTRE
XIXe siècle
19, rue des Chasseurs 67141805
Cette imposante bâtisse de trois étages, avec son toit à croupe, présente un aspect autoritaire. Le domaine, qui comprend aussi une ferme et un parc, est habité un temps par une famille de notables.

SÉCHOIR
XXe siècle
Bois
Rue des Tilleuls 67141810
Cet immense séchoir rappelle l'importance des activités agricoles de la commune, et en particulier de la culture du tabac, très développée dans les plaines du Ried.

ERBHOF
1942-1945
12, rue Principale 67141803
L'offensive allemande de juin 1940 détruit une grande partie de la commune. Comme dans quatre ou cinq autres communes alsaciennes, l'occupant profite alors de la reconstruction pour faire la propagande de l'urbanisme nazi et notamment des *Erbhöfe* et de la loi de 1933 sur la succession héréditaire des propriétés agricoles. Les nouveaux bâtiments, ultramodernes, sont construits avec les meilleurs matériaux et organisés de façon rationnelle. Les habitants de ces fermes héréditaires reçoivent des exploitations plus ou moins grandes, en fonction de la taille de leurs anciennes possessions.

MOULIN SIEGWALD
Vers 1950
Rue du Moulin 67141809

Trois moulins, travaillant les céréales ou bien le chanvre, existent à l'origine dans la commune. Celui-ci est installé sur le Muhlbach, à cheval sur le canal qui l'alimente. Incendié en 1945, puis reconstruit, il est le seul qui subsiste encore.

Schwobsheim

Canton de Marckolsheim
Arrondissement de Sélestat-Erstein
Superficie : 258 ha
Population 1990 : 216 hab.
Habitants : les Schwobsheimois
Cours d'eau : le Canal du Rhône au Rhin

Origine du nom : du nom des Souabes implantés comme colons dans la localité, ou de l'anthroponyme Schwabo, et du suffixe *Heim*, demeure, village.

Blason : il évoque à la fois l'évêché de Strasbourg et les comtes de Werd, Landgraves de Basse-Alsace.
67141900

HISTORIQUE

L'occupation du site à l'époque germanique, entrant sans doute dans le cadre d'une colonisation planifiée des environs, est confirmée par l'existence d'un cimetière mérovingien. Au X*e siècle, l'abbaye d'Ebersmunster possède des biens dans la localité. L'évêché suisse de Coire y est également possessionné. Au* XIII*e siècle, le village est un fief de l'évêché de Strasbourg tenu par les Landgraves de Werd. En 1325, le fief est revendu à l'évêché, qui le conserve jusqu'à la Révolution, l'intégrant au bailliage de Bernstein puis à celui de Marckolsheim. Malgré sa petite taille, Schwobsheim devient une paroisse indépendante, dont Richtolsheim puis Boesenbiesen sont les filiales. Ce village agricole est touché lors de l'offensive allemande sur le Rhin, en juin 1940.*

ÉGLISE CATHOLIQUE SAINT-JACQUES
1843 *67141901*

Héritière d'une église citée en 1371, cette construction, de style post néo-classique, présente une configuration fréquente dans la région, avec un clocher en façade, une nef unique et un chœur en retrait. Le buffet d'orgue baroque, du XVIIIe siècle, est attribué au facteur Besançon. L'instrument en lui-même, remanié à plusieurs reprises, est un ouvrage de Stiehr. Par ailleurs, des sculptures modernes se trouvent au fond du chœur.

PRESBYTÈRE
XIXe siècle
Grès et brique
40, rue de l'École *67141904*

Plus récent que la plupart de ses homologues de la campagne alsacienne, qui remontent parfois au XVIIe ou au tout début du XVIIIe siècle, ce presbytère en garde néanmoins les éléments caractéristiques. De volume presque cubique, il comprend ainsi deux grands étages d'habitation surmontés d'un toit à quatre pans. Logée sous l'escalier double, une large porte mène à la cave, où sont entreposés le vin de messe et les victuailles, don des paroissiens ou partie de la dîme.

FERME
XIXe siècle
Pan de bois
47, rue Principale *67141905*

Cette ferme de riches paysans comporte une maison d'habitation à colombage, coiffée d'un toit à quatre pans et munie de deux cheminées, ainsi que de vastes dépendances anciennes, bien conservées. Un crucifix daté de 1833, situé devant la propriété, place la maison sous la protection divine.

Sundhouse

Canton de Marckolsheim
Arrondissement de Sélestat-Erstein
Superficie : 1 569 ha
Population 1990 : 1 106 hab.
Habitants : les Sundhousiens
Cours d'eau : le Canal du Rhône au Rhin

Origine du nom : du germanique *Sunt*, Sud, et de *Hausen*, maisons.

Blason : en dehors de la croix pattée, les armoiries sont identiques à celles des Wurmser von Vendenheim, seigneurs de la localité.
67142000

HISTORIQUE

Les abbayes d'Erstein et de Hohenburg possèdent des cours domaniales dans la localité. Bien d'empire, Sundhouse dépend des comtes de Horbourg au XIIe *siècle. En 1300, il passe au duc de Wurtemberg, qui le donne en fief à la famille des Landsberg. Vers 1600, un Landsberg se révolte contre les Wurtemberg, qui pillent alors le village et le château. Repris définitivement aux Landsberg en 1612, Sundhouse est donné en fief aux Wurmser von Vendenheim, qui le conservent jusqu'à la Révolution. La Réforme est introduite en 1602 et le village devient le siège d'un consistoire de la confession d'Augsbourg, dont dépendent notamment les paroisses protestantes de Sélestat. La commune connaît un fort développement économique au* XIXe *siècle et possède plusieurs moulins, une tuilerie, une fabrique de chaux ou encore une usine de tissage. En outre, l'existence d'une gendarmerie et d'une perception témoigne de l'importance du bourg, véritable carrefour ferroviaire. En 1945, lors des combats de libération, le tiers des maisons de Sundhouse est détruit.*

CHÂTEAU DES WURMSER
XVIIe siècle
Pierre et grès
9, impasse du Château 67142004

Les Landsberg auraient fait construire ce château de plaine dans les années 1200. Détruit lors du pillage de Sundhouse par les troupes des Wurtemberg en 1601, l'édifice est reconstruit, avant d'être incendié en 1640, pendant la guerre de Trente Ans, puis de nouveau rebâti. Le corps de bâtiment principal et les différentes tours datent visiblement de cette époque. Le château, passé aux Wurmser avec le village, appartient à cette famille jusqu'à la Révolution.

FAÇADE LATÉRALE
XVIIe siècle
Pierre et grès
Château des Wurmser 67142003

Vendu comme bien national en 1792, le château de Sundhouse est acquis par le notaire de la commune, dont la famille vit finalement à Paris. Après l'annexion de 1871, l'empire allemand, usant des lois sur l'option de nationalité, confisque le bien, qui est rendu à ses propriétaires à la fin de la Première Guerre mondiale. Le menuisier Baldensperger achète bientôt le château et y installe son atelier. Ses descendants possèdent toujours la propriété.

ANCIENNES ANNEXES
DU CHÂTEAU DES WURMSER
XVIIIe siècle
Pan de bois
7, impasse du Château 67142011

Cette grande ferme de maître, avec ses différents corps de bâtiment, est située sur un terrain contigu au château des Wurmser, dont elle constituerait l'annexe. La maison d'habitation comporte deux niveaux surmontés d'un toit à la Mansart. Un poteau de grès, à l'entrée de la cour, daté de 1831 ou 1851, indique une réfection ou un agrandissement réalisé par le notaire de Sundhouse, alors propriétaire du domaine.

MAISON
XVIIe siècle
Pan de bois
11, rue Neuve 67142005

Cette maison à Kniestock possède un colombage dont plusieurs pièces de bois, particulièrement soignées, présentent un caractère relativement exceptionnel dans le canton. En outre, elle conserve ses petites ouvertures d'origine. La croupe du toit, en revanche, a disparu.

ÉGLISE
1822
Place de la Crinoline 67142001

Le simultaneum, qui fait coexister les confessions protestante et catholique au sein de l'église paroissiale, est introduit à Sundhouse en 1687. En 1822, la nef de l'ancien bâtiment, inadaptée, est abattue et un nouvel édifice est construit. D'une grande simplicité architecturale, cette église conserve un orgue Silbermann de 1750, rénové en 1911 et réceptionné alors par Albert Schweitzer.

ÉCOLE DES GARÇONS
XIXe siècle
Pierre et grès
1, rue Principale 67142013

Au XIXe siècle, la plupart des écoles du Ried sont construites sur un modèle unique et sont d'ailleurs souvent réalisées par le même architecte. Celle de Sundhouse possède, en revanche, une particularité. Elle est en effet dotée d'une majestueuse entrée, dont le balcon, au premier étage, et le petit campanile, au sommet, se trouvent habituellement sur les mairies de l'époque.

MAISON DE MAÎTRE
XVIIIe-XIXe siècle
Pan de bois
2, rue de la Potence 67142006

Cette maison de maître, coiffée d'un toit à croupe, proviendrait d'un autre emplacement, la construction en pans de bois autorisant en effet les démontages et les remontages. L'accès se fait par un portail en fer forgé, encadré de deux imposants poteaux de grès. Cette grande exploitation agricole sert également de domicile au médecin cantonal de Sundhouse au début du XXe siècle.

MAISON COMMUNE
1844
Pierre et grès
Place de la Crinoline 67142012

Cette mairie d'époque Louis-Philippe comporte une partie centrale, composée d'un rez-de-chaussée à triple arcade et d'un étage avec balcon, ainsi que deux ailes latérales à un étage également. Ce bâtiment soigné, avec un large emploi du traditionnel grès des Vosges, rappelle l'importance attachée à la vie municipale dans les communes d'Alsace, région où la démocratie est solidement ancrée.

DÉPÔT DE L'ANCIENNE GARE DE MARCHANDISES
Vers 1890
Pierre et brique
20, rue du Tramway 67142017

Les petites lignes de chemin de fer créées sous l'empire allemand sont un trait d'union vital entre les différents bourgs agricoles de la région. Les habitants des proches villages convergent alors à Sundhouse, véritable carrefour ferroviaire sur les lignes qui relient Sélestat, Colmar, Marckolsheim et Strasbourg. Les gares de l'époque sont, avant tout, fonctionnelles, comportant une ou deux pièces pour les voyageurs et les marchandises, ainsi que des quais d'embarquement ou de chargement.

BALANCE PUBLIQUE ET POMPE COMMUNALE
Vers 1900
Bois
Place de la Crinoline 67142014

Ce petit bâtiment en bois, typique du début du XXe siècle, est un point de passage obligé pour les agriculteurs du village. Il abrite en effet la balance publique qui sert à peser les récoltes et la pompe communale permettant de remplir des réservoirs d'eau pour arroser les champs.

ANCIENNE LAITERIE
Vers 1900
Pierre et brique
Rue de la Vallée 67142015

Une coopérative laitière est créée dans le village à la fin du XIXe siècle. La collecte du lait s'organise alors, concrétisée par la construction d'une laiterie commune. Cette maison, avec son quai de chargement et son local de stockage, rappelle l'existence d'une petite industrie rurale à Sundhouse.

ANCIEN RESTAURANT *À L'ANCRE*
Vers 1900
48, rue Principale 67142018

Le Canal du Rhône au Rhin est construit entre 1792 et 1834. Tout un monde de bateliers, de haleurs et d'éclusiers se développe alors le long de cet axe de communication. Auberges et guinguettes apparaissent également en marge de cette nouvelle vie économique. Ce petit restaurant *À l'Ancre*, dont le nom évocateur est aussi la marque d'une ancienne bière, rappelle le souvenir de ces différentes activités, pratiquement disparues à la fin du XXe siècle.

ANCIEN RESTAURANT *LE TRAMWAY*
Vers 1900
Brique et grès
22, rue du Tramway 67142016

Le tramway à vapeur qui passe par Sundhouse est une source d'activité non négligeable pour la commune. Situé à côté de la gare, cet ancien restaurant accueille ainsi longtemps les voyageurs de la région. À la fin du XXe siècle, ce bâtiment en dur abrite plusieurs logements d'habitation. Les vieilles enseignes publicitaires ont disparu et la porte d'entrée principale est murée.

ARBRE DE LA LIBERTÉ
1919
Place de la Liberté 67142002

Bien que la région soit incontestablement prospère entre 1870 et 1914, sous la domination impériale allemande, l'Alsace fait de son retour à la France, à la fin de la Première Guerre mondiale un heureux événement. Les fêtes officielles sont alors nombreuses et donnent lieu à des manifestations riches en symboles. Aussi cet arbre de la liberté est-il planté, rappelant les grands espoirs et les acquis de la Révolution.

MENUISERIE BEHR
Années 1930
6, rue de Wittisheim 67142019

À l'origine, cette longue bâtisse abrite des logements, utilisés pendant la construction de la ligne Maginot. Elle sert ensuite de casernement pour la troupe, tandis que les officiers et les sous-officiers sont logés dans la commune voisine de Wittisheim. Après la Seconde Guerre mondiale, les bâtiments accueillent la menuiserie Behr, installée dans la commune depuis de nombreuses années mais dont les locaux avaient été détruits par un incendie.

SÉCHOIR
XXe siècle
Bois et pierre
31, rue Neuve 67142020

Ce type de séchoir est caractéristique de la plaine d'Alsace, où la culture du tabac se développe à partir des XVIIe et XVIIIe siècles. Le rez-de-chaussée en pierre assure une bonne conservation des étages en bois, isolant en effet le matériau, fragile, de l'humidité du sol.

Wittisheim

Canton de Marckolsheim
Arrondissement de Sélestat-Erstein
Superficie : 1 147 ha
Population 1990 : 1 631 hab.
Habitants : les Wittisheimois
Cours d'eau : le Canal du Rhône au Rhin

Origine du nom : de l'anthroponyme formé sur la racine Widus ou Wido, ou du nom des nobles germaniques Witten von Wittenberg, et du suffixe *Heim*, village.

Blason : le fer à cheval est un symbole rural et paysan fréquent. Il forme un U auquel se mêle un W, peut-être en référence à Ulrich von Wittensheim, chevalier du lieu vers 1200.
67142100

HISTORIQUE

En 823, le roi Louis le Pieux donne à l'évêque de Strasbourg des biens dans la localité et, au début du Xe siècle, l'abbaye d'Ebersmunster y reçoit notamment une cour domaniale, ainsi que l'église. Le village, qui dépend de l'évêché de Strasbourg, est rattaché à la prévôté de Bernstein puis au bailliage de Benfeld. À la fin du XIIIe ou au début du XIVe siècle, les von Schoenau tiennent un moment Wittisheim en gage. Le bourg connaît un certain développement économique au XIXe siècle et pratique notamment le tissage à domicile de la soie. En outre, la commune se voit dotée d'une gare.

ÉGLISE SAINT-BLAISE
XIIe-XXe siècle 67142101

Des piliers aux chapiteaux romans ont été découverts dans le clocher de cette église. Une porte gothique a été également mise au jour. Au milieu du XVIIIe siècle, l'édifice est agrandi. Une nouvelle nef est alors construite. De plus, le clocher est rehaussé et l'ancienne chapelle transformée en chœur. En fort mauvais état depuis la Révolution, l'église est reconstruite entre 1832 et 1835. Après la Seconde Guerre mondiale, elle est à nouveau agrandie, par l'adjonction d'un transept. Ces modifications successives donnent un plan assez inhabituel à l'édifice, avec un clocher situé à l'angle de la nef et du transept. En outre, un imposant porche d'entrée de style Louis-Philippe, muni de deux colonnes massives, caractérise le bâtiment.

MONUMENT AUX MORTS
XXe siècle
Grès rose
Église Saint-Blaise 67142112

Ce monument sculpté, encastré dans le mur de l'église, est dédié aux victimes de la Première et de la Seconde Guerre mondiale. Il rappelle le monument aux morts de Strasbourg, qui met en scène une femme, allégorie de l'Alsace, avec ses deux enfants, un français et un allemand.

MAISON
1729
Pan de bois
10, rue de Bindernheim *67142103*
La date de construction de cette demeure du XVIIIe siècle est gravée sur le poteau cornier. Cette maison à colombage, qui est celle d'un paysan assez aisé, possède encore des petites ouvertures tandis que le poutrage, dense et régulier, présente des bois bien rectilignes.

MAISON
1850
Pan de bois
3, rue de la Mairie *67142104*
Cette modeste demeure est une maison à Kniestock, c'est-à-dire avec un comble à surcroît formant un demi-étage supplémentaire. En outre, le même souci de gagner de l'espace conduit ultérieurement au relèvement partiel du grenier, à l'aplomb de la porte d'entrée. Ces modifications ne sont rendues possibles que grâce à la souplesse de la construction en pans de bois des maisons alsaciennes.

MAIRIE
1892
Brique et grès *67142108*
Par son volume, cette mairie est identique à de nombreuses écoles construites sous le second Empire. Elle est cependant caractérisée par un porche d'entrée massif comportant deux colonnes en grès. En outre, les impostes en grès des fenêtres du premier étage, et en particulier celles qui entourent les armoiries communales, renforcent l'aspect luxueux du bâtiment.

ANCIEN LOGEMENT MILITAIRE
Années 1930
Brique
23-25, rue de Sundhouse *67142106*
Tandis qu'à Sundhouse, des baraques servent pour le cantonnement de la troupe de la ligne Maginot, des immeubles collectifs et des maisons jumelées, comme celle-ci, sont construits à Wittisheim, afin d'héberger les officiers et les sous-officiers. Après la guerre, ces bâtiments au confort très moderne pour l'époque permettent de reloger une population souvent sinistrée.

CHALET
1945
Bois
25, route de Bindernheim *67142107*
Si la commune souffre relativement peu de la Seconde Guerre mondiale, de nombreuses maisons sont néanmoins détruites lors du conflit. Ce chalet, unique à Wittisheim, est du même type que ceux qui sont utilisés à Marckolsheim pour reloger les populations sinistrées. La construction de ce genre de bâtiment est en effet une façon peu onéreuse et rapide de disposer d'une maison suffisamment grande et confortable.

SÉCHOIR
XXe siècle
Bois
13, route de Hilsenheim *67142111*
Les séchoirs du Ried, qui s'élèvent souvent sur plusieurs niveaux, peuvent être étroits et tout en hauteur ou, comme celui-ci, de forme plus allongée. Ce bâtiment est par ailleurs coiffé d'un grand évent qui améliore la circulation de l'air.

Canton de Marmoutier

- Allenwiller
- Birkenwald
- Crastatt
- Dimbsthal
- Gottenhouse
- Haegen
- Hengwiller
- Hohengœft
- Jetterswiller
- Kleingœft
- Knœrsheim
- Landersheim
- Lochwiller
- Marmoutier
- Otterswiller
- Rangen
- Reinhardsmunster
- Reutenbourg
- Salenthal
- Schwenheim
- Singrist
- Thal-Marmoutier
- Westhouse-Marmoutier
- Zehnacker
- Zeinheim

Allenwiller

Canton de Marmoutier
Arrondissement de Saverne
Superficie : 596 ha
Population 1990 : 418 hab.
Habitants : les Allenwillerois
Cours d'eau : la Sommerau

Origine du nom : de l'anthroponyme germanique Allo, et du latin *villa*, ferme.

Blason : il évoque les trois châteaux des seigneurs d'Ochsenstein.
67150100

HISTORIQUE

La première trace écrite d'Allenwiller remonte au Xe siècle. En 828, le village fait partie du territoire de l'abbaye de Marmoutier. À partir de cette date, le village passe tour à tour à l'évêque de Metz, en 1187 aux seigneurs d'Ochsenstein, en 1485 aux seigneurs de Zweibrücken-Bitsch, en 1570 à ceux de Hanau Lichtenberg, qui introduisent la Réforme, et enfin en 1736 aux Hesse-Darmstadt. En 1641, lors de la guerre de Trente Ans, le village est déserté, la guerre, la famine et la peste ayant eu raison des habitants. Le village est repeuplé par des Suisses du Tyrol et des Normands. À partir de 1687, protestants et catholiques utilisent la même église durant deux cent dix-neuf ans.

TEMPLE
XIIe-XIIIe siècles
Grès et bois *67150111*

L'église protestante est édifiée sur une hauteur. L'ancien cimetière, au pied de l'église, sert alors de refuge à la population en cas de troubles. La nef de l'édifice est construite en 1739. Le clocher à quatre niveaux, seul vestige de l'église romane, remplit les rôles de surveillance et de défense. Le dernier étage était entouré de hourds qui supportaient une galerie accessible par quatre portes. Des fentes d'éclairage sont ouvertes aux autres niveaux. Des fenêtres géminées à remplage ont été aménagées au XIIIe siècle au rez-de-chaussée. Les fondations dateraient des Xe et XIe siècles.

ARMOIRE EUCHARISTIQUE
1473
Grès et fer forgé
Temple *67150102*

Une armoire eucharistique a été installée au rez-de-chaussée du clocher roman. D'une facture marquée par la fin de l'époque gothique, l'arc en accolade est surmonté d'un pinacle décoratif. Une grille en fer forgé protège le mobilier eucharistique déposé à l'intérieur. Ce temple a été régi par le simultaneum de 1687 à 1906, date à laquelle l'église catholique actuelle a été construite.

CHAIRE (détail)
Début du XXe siècle
Bois
Temple *67150105*

La chaire de l'église protestante se distingue par ses sculptures des quatre évangélistes. Ils sont reconnaissables aux symboles figurés contre les statues : le lion pour Marc, le taureau pour Matthieu, l'ange pour Luc et l'aigle pour Jean.

JEAN CALVIN
Début du XXe siècle
Vitrail
Temple 67150106

Les vitraux de la nef de l'église protestante représentent quatre grands théologiens de la Réforme : Jean Calvin, Martin Luther, Sturm et Martin Bucer Jacob. De son vrai nom Jean Cauvin, Calvin (1509-1564) adhère aux idées luthériennes dès 1533. Il quitte Paris pour Strasbourg, Bâle et Genève où il se fixe en 1541. Son œuvre principale, l'Institution de la religion chrétienne, est publiée en 1536 ; il y affirme la souveraineté de Dieu, notamment sur le problème du Salut qu'il remet entièrement entre les mains divines, indépendamment des actions bonnes ou rédemptrices de l'homme.

MARTIN BUCER
XXe siècle
Vitrail
Temple 67150108

Martin Bucer ou Butzer, né à Sélestat en 1491, mort à Cambridge en 1551, est un dominicain rallié aux convictions de Luther ; il œuvre à propager les idées de la Réforme

en Alsace et en Angleterre. La réalisation de son portrait dans une église protestante procède d'une tradition iconoclaste. Cette iconographie historique des sanctuaires protestants est en effet liée au rejet de la représentation des figures saintes ou bibliques.

STÈLE FUNÉRAIRE
1840
Grès
Ancien cimetière fortifié 67150114

Deux monuments installés dans l'ancien cimetière sont en forme d'obélisque à trois faces. L'un se terminait par une pointe, aujourd'hui disparue, l'autre par une forme arrondie et un saule pleureur gravé.

MAISON PAYSANNE
1791
Grès, bois et tuile
2, rue de la Bergerie 67150116

Cette maison, l'une des plus anciennes du village, est datée 1791 sur le cartouche du linteau de la cave. Le rez-de-chaussée, construit en maçonnerie de moellons de grès sur une cave semi-enterrée, abrite

les pièces principales. De petits soupiraux éclairent et aèrent la cave. Dans le pignon à colombage, une fenêtre s'ouvre sur une chambre au premier étage. Le grenier est éclairé par une petite ouverture.

ANCIEN ABREUVOIR
XIXe siècle
Grès
Rue de la Bergerie 67150117

Cet ancien abreuvoir monolithique taillé dans le grès comprend quatre anneaux permettant de le déplacer. Il a été remployé comme élément décoratif.

LAVOIR
XIXe siècle
Grès, bois et tuile
Rue de la Bergerie 67150118

Ce lavoir de taille importante a été construit en bordure de la petite rivière de la Sommerau. Celle-ci alimente un bassin central autour duquel dix postes de lavage ont été aménagés. L'ensemble est recouvert d'une large toiture reposant sur une série de piliers et deux murs protégeant des intempéries.

BANC-REPOSOIR
1855
Grès *67150115*

Reprenant l'idée de son prédécesseur, Lezay de Marnésia, le préfet West prescrit la construction de 448 bancs du même type en l'honneur du mariage de Napoléon III avec Eugénie de Montijo, en 1853. Le banc d'Allenwiller porte la date de 1855. Composé d'une banquette et d'un linteau permettant le dépôt d'une charge, ce banc était probablement ombragé mais les arbres ont disparu. *(I. M. H. 1988)*

ÉGLISE SAINT-MICHEL
1905
Grès, bois et tuile
Rue Principale
67150110

L'église protestante actuelle a servi aux cultes catholique et protestant sous le régime du simultaneum, en vigueur à Allenwiller de 1687 à 1906. La commune d'Allenwiller et la paroisse catholique font alors édifier une nouvelle église, consacrée en 1906.

MONUMENT AUX MORTS
XXe siècle
Grès *67150119*

Le monument se compose de quatre colonnes cylindriques à chapiteaux doriques supportant un toit. Celui-ci est surmonté d'une cuirasse coiffée d'un casque avec des trophées militaires. Il commémore les noms des disparus des deux guerres mondiales, gravés sur une stèle centrale.

Birkenwald

Canton de Marmoutier
Arrondissement de Saverne
Superficie : 512 ha
Population 1990 : 228 hab.
Habitants : les Birkenwaldois
Cours d'eau : la Sommerau

Origine du nom : de l'allemand *Birker*, bouleau, et *Wald*, forêt.

Blason : ce sont les armes de la famille de Birkenwald.
67150200

HISTORIQUE

Birkenwald fait partie dès 884 d'un domaine royal donné par l'épouse de Charles le Chauve, sainte Richarde, à l'abbaye d'Andlau. L'abbaye y fait construire un château pour son avoué. Mentionné sous le nom de Byrche en 1158 dans une charte de l'abbesse Mathilde, l'ancien village, détruit pendant la guerre de Trente Ans, s'élève au nord de l'agglomération actuelle, sur une colline. Gabriel Du Terrier, gouverneur de Saverne en 1636, sous Louis XIII, épouse en 1640 Marie Ursule d'Andlau et reçoit en fief de l'abbesse le village, le château, les biens et droits rattachés. Le nouveau village est peuplé après la guerre de Trente Ans par des familles normandes. En 1790, le fief de Birkenwald et ses droits sont vendus comme biens nationaux à des particuliers. Birkenwald est le premier village d'Alsace libéré en novembre 1944 par la 2e division blindée du général Leclerc.

ÉGLISE SAINT-LOUIS
XVe-XVIIe-XVIIIe siècles
Grès 67150202

L'église est construite sur les vestiges d'une chapelle gothique qui aurait succédé à un premier édifice roman. De la chapelle gothique subsiste le chevet polygonal, auquel a été accolée une sacristie Renaissance, comme l'atteste la date de 1704 d'une niche intérieure du chœur. La nef à trois travées est du XVIIIe siècle. Couvert d'ardoises, le clocher à bulbe, autrefois recouvert de bardeaux, donne à l'église les caractéristiques d'une église de montagne.
(I. M. H. 1930)

FONTS BAPTISMAUX
1698
Grès
Nef
Église Saint-Louis 67150205

Les fonts baptismaux sont contemporains de l'église Renaissance, peut-être constituée par la nef mais plus vraisemblablement par la sacristie.

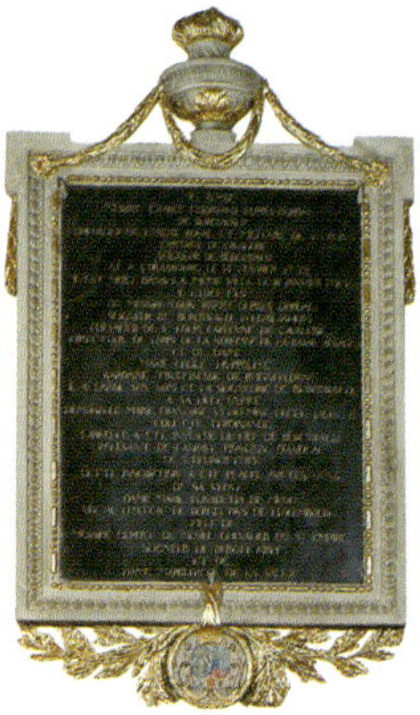

ÉPITAPHE
Fin du XVIIIe siècle
Église Saint-Louis 67150208

Cette plaque porte l'épitaphe de Charles Ferdinand Dupré de Dortal (1732-1783), seigneur de Birkenwald, savant, protecteur des Arts et des Lettres. Il entretenait notamment une correspondance avec Voltaire.

ARMOIRE EUCHARISTIQUE
XVe siècle
Grès
Église Saint-Louis 67150207

Cette niche a été aménagée antérieurement à la date de 1704 figurant au-dessus. Elle servait à accueillir le mobilier liturgique comme l'ostensoir, le calice ou les burettes.

MAÎTRE-AUTEL
XVIIIe siècle
Bois
Église Saint-Louis 67150204

Comme l'essentiel du mobilier polychrome de faux marbre, le maître-autel à tabernacle remonte au XVIIIe siècle. L'ensemble du mobilier a depuis été restauré.

SAINT LOUIS
XIXe siècle
Vitrail
Église Saint-Louis 67150206

Le vitrail de Saint Louis, patron de l'église, représente le souverain avec ses attributs royaux et la couronne d'épines du Christ. Les deux autres vitraux du chœur figurent sainte Richarde, épouse de Charles le Chauve, et saint Charles Boromée, archevêque de Milan au XVIe siècle, dont un morceau d'étoffe lui ayant appartenu était conservé dans un reliquaire, avec morceau de la Croix.

ORGUE
1865
Facteur : Stiehr
Bois et étain
Église Saint-Louis 67150201
Réalisé par la plus importante famille de facteurs d'orgue d'Alsace, les Stiehr, facteurs d'orgue de 1777 à 1926. Fidèles à la tradition mécanique, ils poussent l'audace jusqu'à réaliser des positifs de dos, vigoureusement récusés par les experts de l'époque. Il reste un nombre important d'orgues authentiques avec buffet, sommiers, traction et tuyaux, surtout dans les petits villages.

PLAQUE COMMÉMORATIVE
Début du XXe siècle
Église Saint-Louis 67150209
Cette plaque commémorative est celle de Marie Charles Édouard de Morlaincourt, général du génie. Il épouse Elisabeth de La Touche, descendante des seigneurs de Birkenwald et fait de nombreux séjours à Birkenwald. Il meurt en 1922.

TOUR-BASTION
XVIe siècle
Grès
Château 67150212
Cette tour, flanquée sur le flanc est du château, a été transformée avec sa jumelle en terrasse. Une canonnière est aménagée à sa base. La façade ouest comporte trois tours du même type. Le château juxtapose deux ailes de largeurs inégales, unifiées par une haute toiture. Six tours semi-circulaires flanquent le bâtiment et une tourelle d'escalier, placée à la jonction des deux ailes, dessert la salle des gardes. Le linteau de la porte mentionne la date de 1562, qui correspond à la construction du château par Nicolas Jacques d'Igenheim. Les bâtiments sont marqués par les sculptures décoratives omniprésentes : la moindre surface foisonne d'arabesques et d'autres motifs italianisants, inspirés de la mythologie. Après la signature du traité de Wesphalie, le château devient la résidence

de Gabriel Du Terrier de Fontaine, qui adopte le patronyme de Bückwald. Au cours du XVIIIe siècle, les Birkenwald s'allient aux La Touche. *(I. M. H. 1930)*

CANONNIÈRE
XVIe siècle
Grès
Château 67150213

Les tours de flanquement du château sont aménagées à leur base de canonnières assurant la défense par un tir rasant. Encadrées de blocs de pierre dotés de bourrelets permettant de dévier d'éventuels projectiles, les ouvertures sont décorées de frises aux motifs végétaux encadrant la tête d'un félin. Se révèle ainsi une inspiration italienne. *(I. M. H. 1930)*

SALLE DES GARDES
XVIe siècle
Grès
Château 67150214
Couvertes par des voûtes sexpartites retombant sur des consoles figuratives et sur deux colonnes entourées de bas-reliefs, cette salle dite des gardes se déploie sur trois travées. Elle permettait d'accueillir les visiteurs, les appartements étant situés au premier étage.

PORTE D'ENTRÉE
XVIe siècle
Grès
Salle des Gardes 67150211
La porte d'accès extérieure de la salle des gardes est particulièrement ornementée. Des montants ouvragés supportent un premier linteau avec un visage entouré d'arabesques végétales. Un second linteau comporte une sirène bifide couronnée, émergeant d'un décor végétal. Un blason d'alliance, figurant les armes des familles d'Igenheim et de Landsberg, surmonte l'ensemble. *(I. M. H. 1930)*

STÈLE FUNÉRAIRE
Fin du XVIIIe siècle
Grès 67150210
Cette plaque rectangulaire comporte, de part et d'autre de l'épitaphe peu lisible, deux pilastres ornés de fleurs et de fruits et, à la base, une volute avec palmette ; au-delà, sur le chant sont figurés trophées militaires, épées, lances, gonfanons, canons et trompettes. De l'épitaphe martelée, seul est lisible le nom : « Ludovicus Wolfganus... Bürck ». Le style de ce monument s'apparente à celui du premier Empire.

ANCIENNE ÉPICERIE
XIXe siècle
Grès, bois et tuile 67150217
L'ancienne épicerie du village, dont l'activité cesse dans les années 1960-1970, est l'un des derniers vestiges du commerce de Birkenwald. Le magasin, situé au rez-de-chaussée, comporte une entrée indépendante. Une remise est accessible par un grand portail. Une porte, contiguë à l'entrée du magasin, donne sur un escalier menant à l'étage d'habitation.

MÉTAIRIE
XVIIe-XVIIIe siècles
Grès, bois et tuile 67150216
Situé à l'ouest du château, ce bâtiment se subdivise en deux parties : l'une réservée à usage d'habitation, l'autre aux communs. Une grande porte surmontée d'un arc surbaissé matérialise l'entrée d'une grange, tandis qu'à côté, une plus petite devait correspondre à l'écurie. L'ensemble est surmonté d'une haute toiture à croupe, sur laquelle des lucarnes ont été ouvertes.

BANC-REPOSOIR NAPOLÉONIEN
XIXe siècle
Grès 67150215
Appelés bancs du roi de Rome, ces édicules, érigés en 1811 par le préfet Lezay de Marnésia à l'occasion de la naissance du prince impérial, sont destinés au repos du voyageur ou, plus simplement, du promeneur. Composé d'une banquette sur laquelle on s'assoit, le linteau supérieur permet de déposer la charge du passant. Des arbres sont plantés généralement à proximité pour donner de l'ombre à l'endroit.

Crastatt

Canton de Marmoutier
Arrondissement de Saverne
Superficie : 339 ha
Population 1990 : 177 hab.
Habitants : les Crastattois

Origine du nom : du germanique *Graff*, comte, et de *Statt*, endroit.

HISTORIQUE

Crastatt est mentionné à plusieurs reprises à propos des biens qu'y détiennent les abbayes de Wissembourg en 739, de Marmoutier en 1120 et du prieuré d'Obersteigen en 1220 et 1289. Le village fait partie du bailliage du Kochesberg. En 1236, après de longs différends, l'Empire et l'évêché de Strasbourg s'accordent pour le gérer en commun. Le bourg reste possession indivise jusqu'au XIVe siècle. L'évêque en devient alors le seigneur unique jusqu'en 1790, date à laquelle il est incorporé au canton de Marmoutier. Jusqu'au milieu du XXe siècle, l'église est l'objet d'un pèlerinage à saint Augustin destiné à soigner la coqueluche et les problèmes d'yeux.

ÉGLISE SAINT-AUGUSTIN
XIIe siècle-1883
Grès et bois 67150301

Reconstruite en style néo-roman, l'église catholique de Crastatt comporte une

façade-pignon dont le portail est surmonté d'une niche monumentale entourée de deux rosaces polylobées. La nef à trois travées est éclairée de baies à remplage et s'achève par un chœur polygonal en retrait. Le mobilier comprend cinq autels ainsi qu'une chaire en bois. L'église était un lieu de pèlerinage à saint Augustin, invoqué pour guérir la coqueluche et les maux des yeux.

CLOCHER FORTIFIÉ
Fin du XIIe-début du XIIIe siècles
Grès, bois et tuile
Église 67150302

Lors de la reconstruction de l'église en 1883, le clocher de l'ancien édifice, tout comme la nef, est conservé derrière le nouveau chœur. De style roman tardif, il est voûté d'arêtes au rez-de-chaussée. L'accès au premier étage se fait depuis les combles de la nef. Les fentes d'éclairage amenaient de la lumière aux premier et deuxième étages. Le troisième étage est percé de baies géminées en plein cintre. Le mur du quatrième étage est en léger surplomb vers l'extérieur, de façon à laisser de la place au chemin de ronde. Le parapet a été aménagé sur chacune des faces de deux créneaux et à l'est d'une meurtrière. Le débord est souligné d'une frise d'arceaux, motif fréquent dans l'architecture militaire des XIIIe et XIVe siècles.

ARMOIRE EUCHARISTIQUE
1466
Grès et fer forgé
Église 67150303

L'armoire eucharistique médiévale a été réinstallée dans le chœur de l'église lors de sa reconstruction en 1883. L'arc en accolade est surmonté d'un pinacle décoratif agrémenté d'un décor végétal. L'armoire est fermée par une grille en fer forgé à deux vantaux.

PIERRE DE CONSÉCRATION
1884
Grès
Église 67150304

La pierre de consécration de l'édifice est scellée dans le chœur de l'église, décorée de billettes et surmontée d'une croix. La cérémonie de consécration a été célébrée en 1884 par l'évêque Stumpf, sous le pontificat de Léon XIII.

CROIX À NICHE
1707
Grès 67150307

Les bras de cette croix à niche sont fleuronnés à lobes latéraux épanouis, avec un décor végétal stylisé. Dans le fût peu élargi à épaulement convexe, une niche à arc en plein cintre a été aménagée. Sous celle-ci, des inscriptions rappellent l'identité des donateurs.

CALVAIRE
1772-1938
Grès
Cimetière 67150305

Une plaque de marbre avec la mention « Croix de mission 1938 » a été ajoutée contre le socle de ce calvaire. Au pied de la croix est sculpté un crâne sur des ossements brisés.

MONUMENT AUX MORTS
Milieu du XXe siècle
Grès
Cimetière 67150308

Le monument aux morts est aménagé dans une grande niche de style rocaille, placée contre l'église. Une Vierge de pitié, qui semble dater du XVIIe siècle, a été incorporée au monument.

CROIX
1807
Grès 67150306

Sur cette croix aux bras tréflés, le Christ crucifié est entouré de part et d'autre par des têtes d'angelots et surmonté de deux roses entrelacées. Dans un fût très élargi avec un épaulement concave, une inscription dans un cartouche fait mention des donateurs.

ANCIEN CORPS DE FERME
Début du XIXe siècle
Grès, bois et tuile
9, rue Principale 67150309

Un bâtiment d'habitation témoigne de la tradition agricole de la commune. Une grande partie des exploitations est en activité. Sur un rez-de-chaussée en maçonnerie, le premier étage à colombage est couvert par un toit à forte pente. Les encadrements des ouvertures du rez-de-chaussée sont en grès.

FERME
1857
Grès, bois et tuile
54, rue Principale *67150310*

La grande façade de la maison d'habitation est caractéristique des grandes fermes du Kochesberg. Un grand porche ouvert dans cette façade permettait l'accès à une cour entourée de bâtiments destinés à abriter l'outillage, les animaux et les récoltes. Une Vierge, placée dans une petite niche au-dessus du porche, protégeait l'exploitation.

MEULE
XIXe siècle
Grès
154, rue Principale *67150311*

Réutilisés dans un but décoratif, ces éléments sont ceux d'une meule à écraser les noix.

Dimbsthal

Canton de Marmoutier
Arrondissement de Saverne
Superficie : 191 ha
Population 1990 : 235 hab.
Habitants : les Dimbsthallois

Origine du nom : de l'allemand *dumpfelthal*, vallon humide.

Blason : il évoque l'abbaye de Marmoutier.
67150400

HISTORIQUE

Un habitat gallo-romain a été découvert sur le territoire de la commune. De même, une tombe mérovingienne a été découverte fortuitement lors de travaux effectués en 1924. Le village n'est cependant mentionné qu'en 1120 sous la dénomination de Dumphelsthal. Il fait alors partie des possessions de l'abbaye de Marmoutier. À proximité subsistent les vestiges d'Einsiedeln, un village disparu lors de la guerre de Trente Ans.

ORATOIRE
XIXe siècle
Grès, bois et tuile *67150402*
Une porte surmontée d'un arc en plein cintre ouvre sur un petit autel. L'ensemble est coiffé d'une croix en fer forgé. Ce bâtiment sert de monument aux morts des deux guerres mondiales.

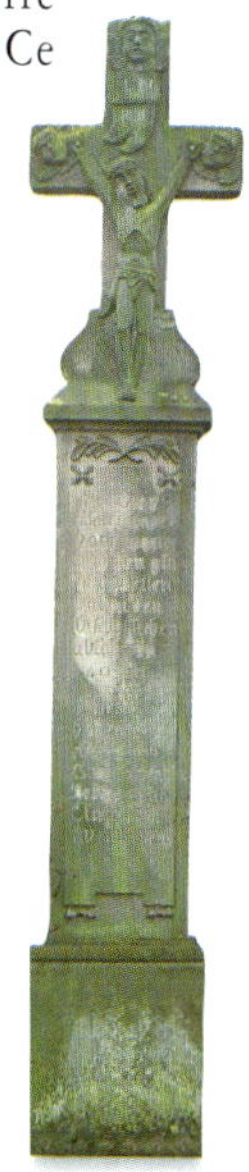

CALVAIRE
1843
Grès *67150401*
Le Christ est entouré de part et d'autre, à l'extrémité des deux bras de la croix, par des têtes d'angelots. Le montant de la croix s'évase à la base en profil de console renversée. Sur le fût élevé, une inscription gothique rappelant les donateurs est surmontée de motifs floraux.

MAIRIE-ÉCOLE
1906
Grès et bois *67150403*
Ce bâtiment a été construit sous l'administration allemande de la région. La mention « mairie-école » figure sur un cartouche travaillé dans une plaque de grès.

Gottenhouse

Canton de Marmoutier
Arrondissement de Saverne
Superficie : 125 ha
Population 1990 : 313 hab.
Habitants : les Gottenhousois
Cours d'eau : le Mosselbach

Origine du nom : de l'allemand *Gotten house*, maison de Dieu.

Blason : l'église réfère à l'étymologie du nom de la commune.
67150500

HISTORIQUE

Peu d'informations subsistent quant à l'histoire de Gottenhouse, si ce n'est que, selon la tradition, le moine irlandais Léobard, disciple de saint Colomban, y aurait séjourné au VIe siècle avant de s'installer à Marmoutier pour y fonder ce qui deviendra plus tard l'abbaye du même nom. Le village est à l'origine une possession de l'abbaye de Marmoutier. En 1790, il est intégré au canton de Saverne puis, en 1801, à celui de Marmoutier.

ÉGLISE SAINT-LAMBERT
Fin du XIIe-XIXe siècles
Grès, bois et tuile
67150504

Au rez-de-chaussée, de section plus importante que le premier étage, des fenêtres ont été ouvertes au XIXe siècle pour éclairer une chapelle. Le premier étage de l'édifice comprend sur trois faces, au niveau des cloches, des baies géminées. La quatrième ouverture est cachée par les combles de la nef élevée au XIXe siècle, après démolition de l'ancienne.

CHAPELLE
Fin du XIIe siècle
Grès
Église Saint-Lambert *67150505*

La chapelle aménagée au rez-de-chaussée du clocher est voûtée sur croisée d'ogives. Elle constituait le chœur de l'ancienne église romane. L'arc brisé de l'entrée placerait l'édification de la première église à la fin du XIIe siècle. Il est vraisemblable, comme l'atteste une partie du mobilier, qu'il y a eu plusieurs nefs, notamment à l'époque gothique et au XVIIIe siècle. La nef contemporaine du clocher est remplacée au XIXe siècle par un ensemble à l'architecture classique. À cette occasion, l'orientation liturgique change également car le clocher se trouve désormais contre la nef.

ARMOIRE EUCHARISTIQUE
XIIIe-XIVe siècles
Grès et fer forgé
Église Saint-Lambert *67150506*

L'armoire eucharistique aménagée dans ce que fut le chœur de l'église romane est plus tardive. L'arc en accolade fermé est surmonté d'une croix. Une grille en fer forgé, à un vantail, ferme l'armoire.

ORGUE
1735
Bois et étain
Église Saint-Lambert *67150501*

Sous l'Ancien Régime, c'était généralement le facteur d'orgue qui fournissait le dessin du buffet joint au devis. Les ailes abondamment ornementées sont caractéristiques de la tradition alsacienne.

BÉNITIER
XVIIIe siècle
Grès
Église Saint-Lambert *67150507*

Le bénitier scellé dans le mur à l'entrée de la nef semble être l'un des seuls vestiges du XVIIIe siècle avec l'orgue de la nef. Taillé en forme de petite cuve hexagonale, il porte la date de 1786 et le nom des donateurs.

MAÎTRE-AUTEL
XVIIIe siècle
Bois
Église Saint-Lambert *67150508*

Le maître-autel ainsi que les autels latéraux de l'édifice sont d'époque baroque. Le tabernacle à porte cintrée comprenant un crucifix est entouré de deux consoles à décor rocaille terminées par des trophées liturgiques : deux urnes. Le coffre de l'entablement, ou tombeau, est ouvragé avec décors rapportés. Un fronton avec l'œil divin, inscrit dans un triangle entouré de nuages, domine l'ensemble. Le bois est peint de façon à imiter le marbre, avec des dorures.

PIERRE TOMBALE
1824
Grès
Église Saint-Lambert *67150509*

Cette pierre se compose d'un corps rectangulaire reposant sur une base. Une corniche denticulée domine l'ensemble. L'épitaphe, en lettres gothiques, est inscrite dans un cadre mouluré avec, à la base, un chandelier, un crâne et un sablier. Deux dates marquent la mort de deux personnes en 1821 et 1824.

NICHE AVEC CHRIST
XIXe siècle
Grès
5, Grand-Rue *67150502*

Cette niche, sans doute pour protéger l'édifice du mauvais œil, a été aménagée dans la façade de la maison. Le buste du Christ sans bras y a été installé et provient probablement d'un crucifix de grande taille.

FONTAINE-ABREUVOIR
XIXe siècle
Grès *67150513*

Plusieurs abreuvoirs ont été tardivement rassemblés autour d'une fontaine réaménagée. Cette association fait alors de la fontaine proprement dite l'axe véritable de la composition.

FERME
1850
Grès
7, Grand-Rue *67150514*

Du logis de cette grande exploitation à cour carrée, le pignon est percé de deux petites ouvertures. Dans le mur de la grange, deux passages sont ouverts : une porte piétonne dont l'arc en plein cintre est marqué d'un cartouche portant la date de 1850 et une porte charretière de grande dimension.

ANCIEN MOULIN
Fin du XIX*e siècle*
Grès, fer et bois
Avenmuehl *67150515*

Le moulin est construit en bordure du ruisseau du Mosselbach, légèrement dévié. Des cartouches datés 1741 sur la maison d'habitation élevée à proximité, et la date de 1751 sur le cartouche scellé au-dessus de l'entrée du moulin, indiquent l'existence de bâtiments antérieurs. Une statue de la Vierge sur un globe, écrasant un serpent, avec les lettres MHK et la date de 1791, décore le cartouche du moulin. L'activité de celui-ci s'arrête en 1936.

MAIRIE-ÉCOLE
Début du XX*e siècle*
Grès et bois *67150510*

Ce bâtiment administratif est construit sous l'occupation allemande. Sur un soubassement légèrement proéminent, les murs sont élevés avec de petits blocs de grès soigneusement appareillés.

LAVOIR
XX*e siècle*
Bois et grès *67150512*

Construit en bordure du ruisseau du Mosselbach, le lavoir a été restauré. Une avancée de grès borde le cours d'eau et permet aux lavandières de « taper » le linge. Un soubassement de moellons supporte une charpente fermée par des planches et couverte par un toit qui protégeait des intempéries et des salissures.

Haegen

Canton de Marmoutier
Arrondissement de Saverne
Superficie : 2 032 ha
Population 1999 : 629 hab.
Habitants : les Haegenois
Cours d'eau : le Zorn, le Baerenbach et le canal de la Marne au Rhin

Origine du nom : de l'anthroponyme germanique Hago, et de *Heim*, village.

Blason : ce sont les armes de l'évêché de Strasbourg.
67150600

HISTORIQUE

Le village de Haegen se trouve sur le passage d'une voie antique reliant Saverne à Reinhardmunster et à la région de Dabo. Un poste de surveillance a probablement précédé l'établissement du village. Une fibule émaillée, des monnaies datées des I*er et* III*e siècles ont été découvertes. L'hypothèse d'un établissement balnéaire, alimenté par la source Saint-Quirin et d'un sanctuaire de source a été avancée. Haegen est par ailleurs cité en 742 dans un inventaire des biens de l'abbaye de Wissembourg. Le village, ancien fief de l'évêché de Strasbourg, se trouve dans les possessions des seigneurs de Geroldseck, avoués de l'abbaye de Marmoutier. À l'extinction de cette famille, plusieurs seigneurs se partagent les biens des Geroldseck, dont la localité. En 1704, Haegen est intégré à l'abbaye de Marmoutier. Le vaste ban de commune est en grande partie recouvert de forêts.*

FIBULE
Époque gallo-romaine
Grès
Musée archéologique, Saverne *67150621*

Plusieurs nécropoles sont apparentes sur le site du Wasserwald. La plus grande, à l'est de l'agglomération, abrite plusieurs enclos funéraires avec des stèles maisons. D'autres nécropoles d'importance moindre paraissent appartenir à de grandes collectivités familiales ; des ensembles funéraires plus isolés témoignent d'incinérations privées. Cette fibule provient de l'un de ces sites.

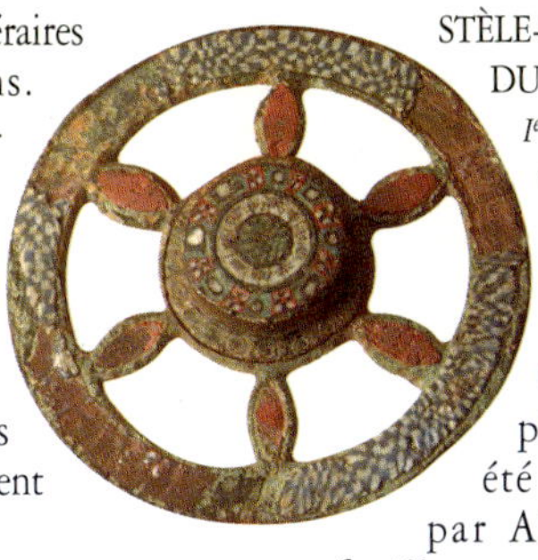

STÈLE-MAISON
Époque gallo-romaine
Grès
Musée archéologique, Saverne 67150618

Sur les hauteurs entourant Saverne, et en particulier sur le site gallo-romain du Wasserwald, ont été découvertes des stèles funéraires en forme de maison à toiture fortement inclinée. Installée au centre du petit enclos funéraire délimité par une bordure de pierre, la stèle recouvre initialement une urne cinéraire. Une petite ouverture est aménagée au bas de la stèle, porte par laquelle l'âme du défunt est en contact avec le monde des vivants. Les stèles-maisons peuvent être décorées de motifs végétaux, floraux ou géométriques. Ces aménagements funéraires subsistent sur une des nécropoles du Wasserwald et au musée archéologique de Saverne.

STÈLE-MAISON
DU WASSERWALD
Ier-IIe siècles
Grès
(H. : 29 cm, l. : 18 cm)
Musée archéologique, Saverne 67150620

Cette stèle-maison, la plus petite découverte, a été mise au jour en 1908 par Albert Fuchs lors des fouilles entreprises au Wasserwald de 1908 à 1910. Elle évoque par son profil en ogive la hutte indigène. La porte, disproportionnée, est soulignée par un encadrement gravé dans la façade. Les dimensions réduites de la pierre donnent à penser qu'elle ornait une tombe d'enfant.

CAVALIER À L'ANGUIPÈDE
Époque gallo-romaine
Grès et plâtre
Musée archéologique, Saverne 67150601

Découvert sur le site de Wasserwald, ce dieu-cavalier à l'anguipède est une figuration originale du panthéon gallo-romain. Ce groupe de sculptures représente un cavalier tenant la foudre dans la main, surmontant un géant dont les membres inférieurs se terminent en queue de serpent. Le géant s'oppose, généralement de ses mains redressées, aux pattes antérieures du cheval qui l'écrase. Ce groupe fait partie d'une colonne surmontée d'un socle sur lequel repose le groupe de sculptures. Parmi les 200 groupes retrouvés en Gaule et en Germanie romaines, la plus grande densité s'observe de part et d'autre des Vosges du Nord, en territoire contrôlé par les Médiomatriques. Le site du Wasserwald a livré deux exemplaires de cavalier à l'anguipède, appelé aussi Jupiter à l'anguipède.

ÉGLISE SAINT-QUIRIN
(clocher)
XIIe-XIXe siècles
Grès et bois
67150602

L'église paroissiale est un édifice composite. La nef et le chœur sont reconstruits en 1842, avec un exhaussement du clocher roman. Les tracés de deux toits sont à cette occasion retrouvés sur la face ouest, attestant une nef primitive, remontant probablement au XIIe siècle. De plan presque carré, le clocher comporte primitivement trois niveaux. Le rez-de-chaussée, chœur de l'église romane puis gothique, est voûté d'ogives se terminant par des tailloirs surmontant des colonnettes. Des vestiges de polychromie permettent d'avancer l'hypothèse d'une voûte et de murs peints. Un passage en bois, aménagé pour les cordes des cloches, subsiste. L'arc triomphal en plein cintre, partiellement muré, comprend des vestiges de fresques. Au second niveau, des sculptures sont encastrées dans la maçonnerie extérieure ; au-dessus de ces reliefs figure la date de 1846, année d'un nouvel exhaussement. Le troisième étage, qui contenait les cloches, conserve dans sa face est une fenêtre géminée séparée par une colonnette à chapiteau cubique. Le quatrième étage, composé de deux pignons, recevait une toiture en bâtière. Elle a été remplacée par l'étage actuel des cloches.

TRONC D'AUMÔNE
XVIIe siècle
Bois et fer
Église Saint-Quirin
67150605

Ce tronc en bois est composé de deux corps et renforcé par des ferrures. Il est déposé à proximité du reliquaire de saint Quirin.

RELIQUAIRE
XVIIIe siècle
Bois et verre
Église Saint-Quirin *67150604*

Le reliquaire contient une phalange de saint Quirin, tribun romain baptisé avec sa fille Balbine par le pape Alexandre Ier. D'après la légende, Quirin, responsable des cachots renfermant les chrétiens, se convertit au christianisme malgré les sévices d'Aurélien, préfet de Rome. Il est alors mis à mort avec sa fille, en 130 ap. J.-C., soit pendant les persécutions des chrétiens par l'empereur Hadrien (117-138). Le reliquaire est l'objet d'un pèlerinage annuel, sa relique étant réputée guérir de certaines maladies, en particulier la scrofule.

DONJON DU CHÂTEAU DU GRAND GEROLDSECK
XIIe siècle
Grès (H. : 30 m env., L. : 9 m, P. : 9 m)
67150607

Édifié au XIIe siècle, en retrait de l'enceinte du château, le donjon du Grand Geroldseck, de section carrée, conserve sa hauteur primitive. Ses murs, épais de trois mètres à la base, sont constitués d'énormes blocs à bossage. Partagée en quatre niveaux, la tour assure le guet et protège les bâtiments construits en enfilade. Le rez-de-chaussée aveugle sert d'entrepôt. Au premier étage est aménagée la porte d'accès ainsi que des latrines, dont le conduit d'évacuation traverse l'épais mur nord. Cet étage et le suivant, dont les planchers reposaient sur des corbeaux, sont éclairés par des ouvertures à fentes sur la face est. Le dernier étage voûté sur croisée d'ogives donne accès à une terrasse par une porte suivie d'un escalier aménagé dans l'épaisseur de la

muraille. Ce voûtement, le plus ancien répertorié dans un donjon en Alsace, s'est effondré avec la face occidentale lors d'un violent orage, à la fin du XVIIIe siècle. Le parapet de la terrasse, aménagé de merlons, était couvert par une toiture ainsi que l'attestent les corbeaux supérieurs qui supportaient les arbalétriers de la charpente. Le château est vraisemblablement abandonné au cours du XVIIe siècle. Différents types de signes lapidaires sont apparents sur les sommiers d'arcs des murs périphériques des caves du château ; groupées par paires, les pierres portant ces signes étaient destinées à un emplacement précis lors de la construction des caves, les espaces entre les piliers et les murs n'étant pas identiques. *(Cl. M. H. 1898)*

VESTIGES DES CAVES
XIIe siècle
Grès
Château du Grand Geroldseck 67150608
La première mention du château du Grand Geroldseck remonte à 1127 : Otton, seigneur de Geroldseck, est témoin lors de la fondation de l'abbaye Saint-Jean de Saverne. Un donjon domine une immense enceinte aux contours irréguliers. Des bâtiments construits en enfilade, il ne reste que des ruines parmi lesquelles les caves du palais. Les voûtes d'arcs en plein cintre reposaient sur deux séries de cinq piliers de section carrée, divisant la salle en trois travées. Sur les murs périphériques, des sommiers d'arcs sont marqués de signes lapidaires originaux. Subdivisée en trois parties indépendantes lors de la dernière période d'occupation, la cave conserve dans sa partie nord les vestiges d'une cuisine donnant accès, par un escalier à vis, au premier étage ; une cheminée dont le conduit d'évacuation des fumées est aménagé dans l'épaisseur du mur ; à proximité, une citerne et un puits sont protégés par des bâtiments. Un escalier, taillé dans le rocher, permet l'accès depuis la cour. *(Cl. M. H. 1898)*

DONJON DU CHÂTEAU
DU PETIT GEROLDSECK
Seconde moitié du XIIIe siècle
Grès 67150609
Le Petit Geroldseck est implanté à proximité de l'autre château de la commune. C'est une basse-cour close d'une enceinte qui donne accès aux logis. Édifiés sur trois rochers, ceux-ci prennent appui de chaque côté d'un donjon à quatre faces, de plan rectangulaire irrégulier et dont il ne subsiste que la partie inférieure. Plusieurs hypothèses tendent à expliquer la construction de ce petit château, tel le manque de place dans la forteresse patrimoniale ou la protection militaire de cette même forteresse sur une zone sensible, au moment des guerres du Grand Interrègne qui opposent partisans du pape et de l'empereur germanique. *(Cl. M. H. 1898)*

MEULE
XVIIIe siècle
Grès 67150617
La roue de pierre de cette meule, reliée à un axe de rotation, repose sur la cuve entourée d'une petite bordure empêchant la farine de tomber. Un bec aménagé dans cette bordure permet d'évacuer la farine.

TOUR-TÉLÉGRAPHE CHAPPE
XIXe siècle
Grès et bois 67150613

La tour de l'ancien télégraphe Chappe se dresse à proximité du château du Haut-Barr, au-dessus de Saverne. Elle fait partie de la ligne qui reliait en 1798 Paris à Strasbourg, grâce à une cinquantaine de stations similaires. La première station se situait sur le rocher dans l'enceinte même du château avant d'être remplacée en 1830 par cette tour. Inventé par Claude Chappe (1763-1805), le système permet de communiquer aux moyens de figures géométriques réalisées par un appareil possédant un grand bras et deux petits. Le réseau télégraphique national atteint son apogée entre 1831 et 1852, avec 8 lignes principales équipées de 550 stations couvrant 4 000 kilomètres. L'activité de cette tour dure jusqu'en 1852, année de la mise en service du télégraphe électrique.

ORATOIRE SAINT-QUIRIN (intérieur)
XIXe siècle
Grès et bois 67150603

Ce petit oratoire protège la source Saint-Quirin, dont l'eau aurait des vertus miraculeuses. Il renferme une pompe déversant l'eau tirée dans une cuve hexagonale, montée sur un socle. Au fond, la date de 1857 est inscrite sur l'arc en plein cintre d'une niche. Une statue de saint Quirin est déposée devant la niche. Le plafond est peint de fresques.

MAISON FORESTIÈRE
XIXe siècle
Grès et bois
Baerenbach 67150611

Cette maison est dite « du Baerenbach », du nom du ruisseau coulant à proximité. Elle prend place dans un environnement forestier très dense, donc humide. De ce fait, l'étage supérieur est protégé par des bardeaux de bois.

ABRI
XIXe siècle
Grès
Baerenbachthal 67150610

Cet abri, construit à une altitude de 218 m, porte le nom de « maisonnette de pierres ». Il ne comprend aucune ouverture autre que la porte et le pignon de façade est taillé dans un bloc monolithique.

ANCIEN HÔTEL-RESTAURANT
XIXe siècle
Grès et bois
Stambach 67150615

Cet établissement touristique est installé au confluent de la rivière de la Zorn et du ruisseau du Baerenbach, dans un hameau appartenant à la commune d'Haegen et situé dans la vallée de la Zorn, au milieu des forêts. Ancien lieu de foire, Stambach est signalé dans les textes comme un lieu-dit « *alter Messtagplatz* ». L'établissement hôtelier connaît son apogée dans la première moitié du XXe siècle. La partie hôtel a depuis été convertie en appartements de location.

ANCIENNE SCIERIE
XIXe-XXe siècles
Brique
Route de la Scierie, Stambach
67150616

Les bâtiments industriels de Stambach, désormais désaffectés, témoignent de l'établissement d'une petite activité économique à partir du XVIIIe siècle, avec la présence en amont d'un moulin puis d'une scierie, exploités par André Stambach, immigré suisse, qui laissera son nom au lieu-dit. Les usines Goldenberg du Zornhoff, près de Saverne, y ont depuis établi un marteau à laminer.

MAIRIE-ÉCOLE
Fin du XIXe-début du XXe siècles
Grès et bois 67150612
Le bâtiment est construit sous l'administration allemande, comme bien des mairies de la région. Une cave, située au rez-de-chaussée, est surmontée

de deux étages. Les murs, faits de blocs de grès rose, sont lisses et soigneusement appareillés. Les chaînages d'angles et les encadrements des ouvertures sont en grès gris.

ANCIENNE GARE
Fin du XIXe-début du XXe siècles
Grès et bois
Stambach 67150614
Stambach étant devenu un haut lieu touristique dans la première moitié du XXe siècle, une gare est construite pour y amener les visiteurs. Réalisée en pierres de taille soigneusement appareillées, elle reflète les constructions de la période allemande.

MONUMENT AUX MORTS
XXe siècle
Grès et bronze 67150606
Sur ce monument aux morts, un ange tenant entre ses mains une croix et un rameau d'olivier est entouré de part et d'autre de stèles portant les noms des disparus des deux guerres mondiales. En dessous, trois rameaux d'olivier en bronze soulignent l'ensemble. Le monument est complété par des murets sur lesquels deux petites plaques commémorent les guerres d'Indochine et d'Algérie.

Hengwiller

Canton de Marmoutier
Arrondissement de Saverne
Superficie : 215 ha
Population 1990 : 107 hab.
Habitants : les Hengwillerois

Origine du nom : de l'anthroponyme germanique Hemming, et du latin *villa*, ferme.

Blason : il évoque les armes des seigneurs de Geroldseck et la seigneurie d'Ochsenstein.
67150700

HISTORIQUE

Hengwiller succède vers 1620 à un village disparu à la fin du XVe siècle, mentionné dans un document de l'abbaye de Marmoutier vers l'an 1000. Probablement en raison de dommages subis au cours de la guerre de Trente Ans, la localité doit être reconstruite à la fin du XVIIe siècle. Le plan de construction est insolite ; les rues se croisent en angle droit au centre du village, occupé par une fontaine, à l'image des villes fortifiées. Le tracé d'une enceinte et le site d'un château sont apparents jusqu'à la fin du XVIIIe siècle. L'abbaye de Marmoutier possède à Hengwiller une cour collongère. En 1700, des contestations de droits entre l'abbaye de Marmoutier et le comté de Hanau-Lichtenberg se font jour. Les hospices civils de Strasbourg détiennent une forêt à Hengwiller. Ancien fief de l'évêché de Metz, le village fait partie de la seigneurie d'Ochsenstein, puis de celle de leurs successeurs, les Bitche-Deux-Ponts en 1480 et les Hesse-Darmstadt en 1736.

BÉNITIER
Fin du XIIe siècle
Grès
Église Saint-Joseph 67150703

La petite église paroissiale est construite en 1830 dans l'enceinte de l'ancien cimetière protestant, en partie avec des pierres ramenées de l'ancien couvent d'Obersteigen. Ces chapiteaux réutilisés ont probablement fait partie du cloître. Les bénitiers d'entrée comme celui-ci sont taillés dans des chapiteaux d'époque romane tardive. Des fleurs géométriques sont inscrites dans des cercles soulignés par une bordure ouvragée. La partie supérieure est ornée d'un bandeau denticulé de pointes de diamant.

MAÎTRE-AUTEL
XIXe siècle
Bois
Église Saint-Joseph 67150702

Le tabernacle, coiffé d'un dôme accompagné de trophées liturgiques, repose sur un tombeau au décor rapporté et peint. Une porte, au profil bombé, ferme l'armoire sacrée.

CALVAIRE
1858
Grès
Église Saint-Joseph
67150701

Ce grand crucifix est dressé contre la nef lors de la mission de Reinhardsmunster, dont dépend la paroisse. Le Christ est veillé par une tête d'angelot en bas relief. Au pied du fût évasé, Marie-Madeleine est agenouillée sur un tas de pierres.

FONTAINE
XIXe siècle
Grès 67150705

La fontaine est située au milieu d'un carrefour formé par les deux rues principales de la localité. Quatre gargouilles de bronze déversent les eaux à partir d'un pilier monolithique. Ces eaux réceptionnées dans une cuve carrée passent à leur tour dans un abreuvoir adjacent.

POMPE À INCENDIE
XIXe siècle
Fabricant : Jos-Beduwe
Bois, cuivre et fer 67150704

Montée sur un essieu reliant deux roues de bois à forts moyeux, cette pompe à incendie est tractée par un cheval. Quatre poignées permettent de la manipuler pour la mener en des endroits difficilement accessibles. Une cuve en cuivre reçoit l'eau tirée par deux corps actionnés par un balancier. L'eau ainsi réceptionnée alimente un tuyau branché en bas de cuve, maintenant ainsi une pression constante. L'ensemble a été fabriqué par les établissements Jos-Beduwe, fabrique de pompes en tous genres, établis à Strasbourg et Liège.

Hohengœft

Canton de Marmoutier
Arrondissement de Saverne
Superficie : 343 ha
Population 1999 : 480 hab.
Habitants : les Hohengœftois

Origine du nom : du moyen haut allemand *zuo dem hohen Geft*, village près du haut belvédère .

HISTORIQUE

Hohengœft apparaît au VIIIe siècle, dans un inventaire des biens de l'abbaye de Hanau. L'ancienne possession de l'évêque de Strasbourg est inféodée aux comtes de Linange qui intègrent le village au comté de Dabo jusqu'à la Révolution. À proximité de Hohengœft, le ban du village d'Utingen ravagé par les Armagnacs au XVe siècle est partagé entre les communes voisines de Hohengœft, Rangen et Zeinhein.

CHAPELLE SAINT-WENDELIN
XVIIIe siècle
Grès et tuile
Goeftberg *67150801*

Le chœur de la chapelle est d'abord élevé en 1722, puis une vaste nef est ajoutée en 1786. Une série de contreforts vient renforcer extérieurement le chœur. Construite peu de temps avant la Révolution, la chapelle du Goeftberg est dédiée à la sainte Croix. Au cours du XIXe siècle se greffe un culte à Wendelin, saint guérisseur des troupeaux mais également des hommes. Des ex-voto en forme de main, en bois, attestent l'intervention du saint dans la guérison des hommes et des animaux.

MONUMENT FUNÉRAIRE
Fin du XVIIIe siècle
Grès
Chapelle Saint-Wendelin
67150805

Deux monuments funéraires sont conservés dans le chœur de la chapelle Saint-Wendelin, celui du curé Michel Adam décédé en 1787 et celui de son père mort en 1779. C'est sous l'impulsion de Michel Adam que l'édifice a pu être édifié.

CROIX DE PESTE
XVIIe siècle
Grès
Chapelle Saint-Wendelin *67150803*

Lors d'une épidémie de peste bovine, en 1666, une *Pestkreutz* ou croix de peste est élevée sur le lieu où sera ultérieurement édifiée la chapelle. Cette croix a été scellée dans la façade, au-dessus de l'entrée, à l'initiative du curé Michel Adam.

STATION DE CHEMIN DE CROIX
1772
Grès *67150802*

Sous la direction du curé Adam, quatorze stations de chemin de croix sont implantées à la fin du XVIIIe siècle de part et d'autre du chemin montant à la chapelle Saint-Wendelin. Les croix, à médaillon central orné

de bas-reliefs représentant les scènes, ont des bras courts fleuronnés. Sur le fût, des inscriptions en allemand inscrites dans un cartouche identifient les scènes. Les pierres étaient peintes et des traces de polychrome subsistent. Les marches-Agenouilloirs portent le nom des donateurs.

PRESBYTÈRE
1808
Grès et bois
67150807

Le presbytère est une vaste construction à un étage. Les chaînages d'angles ont été dégagés lors d'un crépissage du bâtiment. L'étage supérieur est réservé à l'habitation, tandis que le rez-de-chaussée se subdivise en deux parties : l'une, avec de petites fenêtres, sert de remise ou de cave, l'autre de cuisine. Le jardin correspond à l'ancien cimetière, désaffecté en 1866. Il conserve une stèle, tombe ecclésiastique difficilement datable entre les Xe et XIIe siècles, et la base d'un gibet en pierre, ancienne cuve baptismale.

ÉGLISE SAINT-ANTOINE
1866
Architecte : Fürst
Grès, bois, ardoise et tuile *67150806*

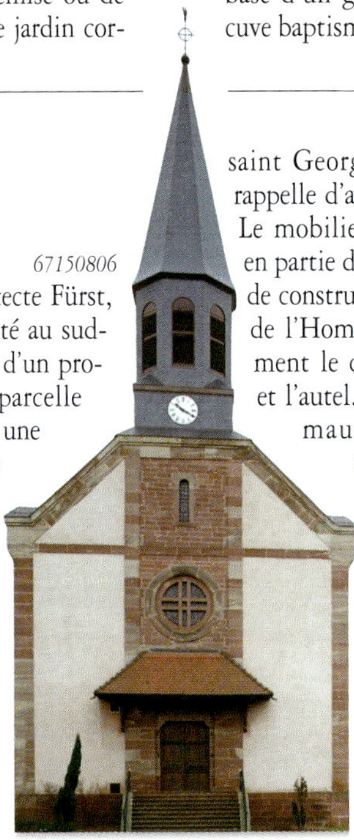

Bâtie en 1866 par l'architecte Fürst, l'église a son chœur orienté au sud-ouest, peut-être en raison d'un problème de cession d'une parcelle qui n'aurait pu permettre une orientation liturgique conforme. L'édifice succède à une autre église, consacrée à saint Georges et qui daterait de 1706. Une statue du XVIIIe siècle représentant saint Georges terrassant le dragon rappelle d'ailleurs cet ancien vocable. Le mobilier du sanctuaire provient en partie d'une chapelle détruite lors de construction du palais des Droits de l'Homme à Strasbourg, notamment le confessionnal, un fauteuil et l'autel. Le pied des fonts baptismaux datés de 1621 est sculpté de flûtes. Un vitrail de la tribune, antérieur à 1918, comportait pourtant une inhabituelle inscription patriotique « Vive la France ». Il a depuis été remplacé.

FERME
XIXe siècle
Grès et bois
Route de Wasselonne *67150808*

Cette ferme est constituée de bâtiments entourant une tour carrée. Perpendiculaire à la rue, l'habitation y dresse un pignon. Une série de fenêtres éclaire le rez-de-chaussée. Des chambres sont aménagées sous la toiture. En face, un bâtiment est réservé aux journaliers. Les deux corps sont relevés par une grande porte charretière, accompagnée d'une porte piétonne. Les montants de section carrée sont en grès et surmontés de consoles supportant une petite toiture à deux versants, couverte de tuiles de type*Biberschwantz*. Au fond de la cour, parallèlement à la rue, les bâtiments de l'exploitation agricole sont réservés à usage de grange, écuries, étable et remise.

Jetterswiller

Canton de Marmoutier
Arrondissement de Saverne
Superficie : 339 ha
Population 1990 : 168 hab.
Habitants : les Jetterswillerois
Cours d'eau : l'Heilebach

Origine du nom : de l'anthroponyme germanique Huoto-hari, et du latin *villa*, ferme.

HISTORIQUE

Village de l'arrière-Kochesberg, Jetterswiller a une vocation essentiellement agricole. Ancien fief de l'évêché de Metz, le bourg faisait partie des possessions des seigneurs d'Ochsenstein et de leurs successeurs. Au XVIe siècle, Jetterswiller fait partie du bailliage épiscopal du Kochesberg de l'évêché de Strasbourg. En 1790, la commune est définitivement intégrée au canton de Marmoutier.

MAIRIE
1701
Grès et bois *67150908*

La mairie est aménagée dans l'ancien presbytère, auparavant maison de la collecte de la dîme par les moines de Marmoutier. Un large porche surmonté d'un arc en plein cintre relie la maison à une dépendance. Un cartouche sur l'arc du porche permet de dater l'édifice de 1701.

CROIX À NICHE

1730

Grès 67150905

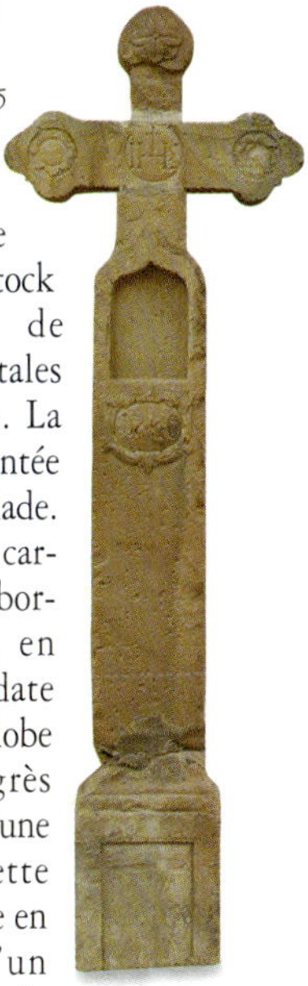

Les bras trilobés de cette croix à niche proche du Bildstock sont décorés de rosaces à six pétales en faible creux. La niche est surmontée d'un arc en accolade. En dessous, un cartouche ovale à bordure végétale en relief porte la date de 1730. Le trilobe supérieur, de grès rose, provient d'une autre croix. Cette croix a été érigée en souvenir de l'un des fondateurs de la ferme située à proximité, décédé d'une hernie lors des travaux de construction.

ÉGLISE SAINT-PANCRACE

1749

Grès et bois 67150901

L'église, entourée du cimetière, est reconstruite en 1749, à l'emplacement d'un édifice de style gothique comme le laissent entrevoir différents éléments d'architecture réemployés. Elle comporte une nef à trois axes et un clocher- chœur à quatre niveaux. Des chaînages d'angle renforcent les arêtes de la tour.

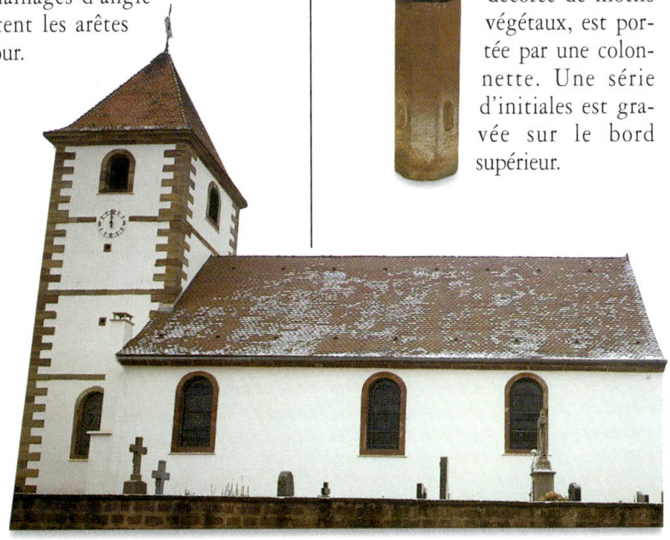

ARMOIRE EUCHARISTIQUE

XVe siècle

Grès

Église Saint-Pancrace 67150902

L'armoire eucharistique, provenant de l'ancienne église, est de facture gothique. Le linteau composé d'un arc infléchi, décoré des motifs végétaux et floraux, est dominé par vestiges d'un pinacle fleuronné. Une grille de fer forgé ferme l'armoire.

FONTS BAPTISMAUX

XVIIIe siècle

Grès

Église Saint-Pancrace 67150903

Une cuve octogonale, décorée de motifs végétaux, est portée par une colonnette. Une série d'initiales est gravée sur le bord supérieur.

TOMBE

1860

Grès

Cimetière

Église Saint-Pancrace 67150907

Ce monument funéraire est celui de la famille Adam-Mengus. Il se compose d'une colonne tronquée à fût cannelé sur socle, surmontée d'une croix pattée aux extrémités fleuronnées.

MONUMENT AUX MORTS

1952

Grès 67150906

Dans un cartouche rectangulaire de grès jaune, un soldat en uniforme américain, sculpté à faible relief, repose, la tête surélevée. Au-dessus de ses pieds, une couronne funéraire est accrochée.

Kleingœft

Canton de Marmoutier
Arrondissement de Saverne
Superficie : 250 ha
Population 1990 : 122 hab.
Habitants : les Kleingœftois

Origine du nom : du haut allemand médiéval *klein Geft*, petite hauteur.

Blason : le soc de charrue dressé évoque l'activité agricole de la commune.
67151000

HISTORIQUE

Au carrefour de voies romaines, Kleingœft est fief de l'évêché de Metz. En 1320, la localité est mentionnée sous le nom de Göffeleheim dans les possessions des sires de Geroldseck, avoués de l'abbaye de Marmoutier. Le village est engagé plusieurs fois à différents seigneurs, tels les Osenbourg, les Andlau, les Hohenstein. La tradition fait de la chapelle de Betbur, sur le ban de Kleingœft, l'ancienne église d'un village apparu autour de l'an 1000, encore mentionné en 1484 mais disparu avant 1553. Elle est le siège d'un des plus importants chapitres ruraux de l'évêché de Strasbourg. Celui-ci transfère en 1504 son siège à Saverne. C'est le signe du déclin du village. En 1621, Kleingœft est détruit par les guerres de Mansfeld et reconstruit sur son emplacement actuel. En 1663, l'évêché de Strasbourg possède la totalité du village jusqu'à la Révolution.

CUVE BAPTISMALE
XIIe siècle
Grès (d. : 103 cm)
Musée de l'Œuvre Notre-Dame, Strasbourg *67151003*

Des fragments de cette cuve baptismale monolithique ont été découverts dans le chœur de la chapelle de Betbur, lors de travaux réalisés en 1916. Des travaux précédents avaient déjà permis de mettre au jour des fragments qui avaient été incorporés dans le mur du cimetière. Cette cuve romane, reconstituée, est déposée au musée de l'Œuvre Notre-Dame, à Strasbourg. Un décor, en bas-relief, d'arcs surbaissés repose sur des colonnes montées sur socles par l'intermédiaire de chapiteaux. Des croix aux bras évasés sont protégées par chacun des arcs. Une frise d'entrelacs domine l'ensemble sur la périphérie de la cuve.

CHAPELLE SAINT-JEAN-BAPTISTE
XIIe-XVIIIe siècles
Grès et bois
Betbur *67151002*

La chapelle du cimetière se compose d'un clocher-chœur roman, vestige de l'église primitive, voûté sur croisée d'ogives retombant sur des colonnettes et d'une nef du XVIIIe siècle, séparée par un arc en plein cintre. Une inscription du XIe siècle, sur l'imposte nord de l'arc, signale le dépôt de reliques. De petites ouvertures éclairent le chœur. Dans le mur nord, une armoire eucharistique surmontée d'un gable gothique renfermait les objets liturgiques. Au premier étage du clocher, renforcé par des colonnettes à chapiteaux richement décorés, des baies géminées sont séparées par des colonnettes à chapiteaux richement décorés. Dans la façade de la nef sont scellées une croix du XVIIe siècle et trois petites ouvertures monolithes romanes, provenant de l'ancienne nef. Un pèlerinage à saint Jean-Baptiste était réputé guérir des maux de tête mais aussi de maladies utérines ou d'hystérie. Des ex-voto de tôle en forme de crapauds étaient déposés dans la chapelle par des femmes souffrant de ces maladies. *(I. M. H. 1965)*

ÉGLISE SAINT-ALBAN
XIXe siècle
Pierre et bois *67151001*

L'église du village est construite sur une pente, obligeant les bâtisseurs au surcreusement de la colline pour disposer d'un niveau horizontal. L'entrée se fait sur le côté de la nef, par une porte encadrée de deux vastes fenêtres, l'ensemble étant surmonté d'arcs en plein cintre. Un occulus domine l'entrée principale. Au bout de la nef, à l'opposé du chœur, une petite porte piétonne permet un second accès. Un petit clocher carré renferme les cloches, à hauteur du chœur. *(I. M. H. 1965)*

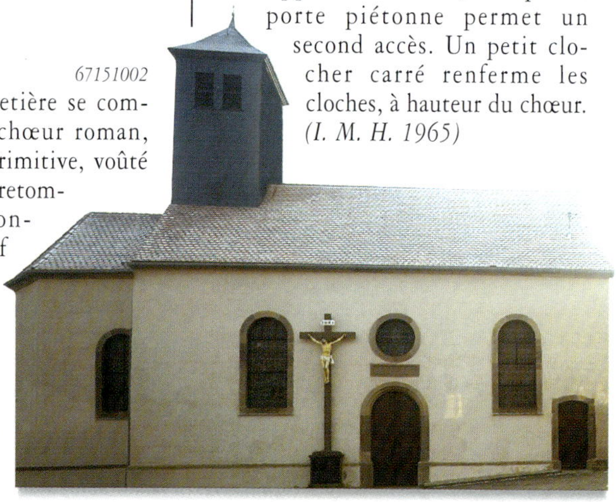

Knœrsheim

Canton de Marmoutier
Arrondissement de Saverne
Superficie : 236 ha
Population 1990 : 174 hab.
Habitants : les Knœrsheimois

Origine du nom : inconnue.

Blason : il rappelle la dépendance du bailliage de Kochersberg.
67151100

HISTORIQUE

Le village est mentionné en 1120 parmi les possessions de l'abbaye de Marmoutier. La localité appartient en 1236 au comté d'Alsace, dont les possessions reviennent pour moitié à l'évêché de Strasbourg et à l'Empire. L'évêché de Strasbourg devient, à partir de 1510, propriétaire de l'ensemble jusqu'à la Révolution.

CROIX À NICHE
1671
Grès *67151104*

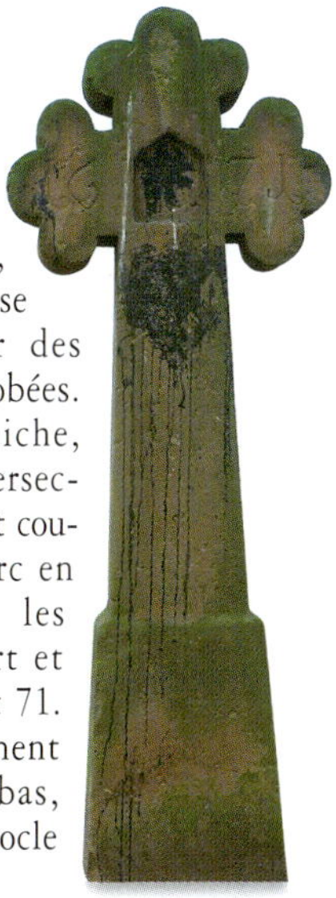

Les courts bras, très épais, de cette croix, se terminent par des extrémités trilobées. Une petite niche, ouverte à l'intersection des bras, est couverte par un arc en mitre, avec les chiffres de part et d'autre de 16 et 71. Le fût, légèrement évasé vers le bas, repose sur un socle de même profil.

CHAPELLE
XVIIIe siècle
Grès et bois
Cimetière
67151102

Le chevet plat de l'ancienne église du XVIIIe siècle est conservé dans le cimetière actuel et aménagé en chapelle.

ÉGLISE SAINT-MICHEL
1863
Grès et bois *67151101*

L'église Saint-Michel est construite en remplacement d'un ancien sanctuaire, dont les vestiges subsistent dans le cimetière. Une nef à trois travées précède un chœur polygonal en retrait. Dans la façade principale, dominée par un clocher carré, une rosace à quatre lobes est percée au-dessus de l'entrée principale.

BANC-REPOSOIR
XIXe siècle
Grès *67151103*

En l'honneur du mariage de Napoléon III avec Eugénie de Montijo en 1853, le préfet West prescrit la création de 448 bancs de même type.
(I. M. H. 1988)

Landersheim

Canton de Marmoutier
Arrondissement de Saverne
Superficie : 231 ha
Population 1990 : 161 hab.
Habitants : les Landersheimois
Cours d'eau : le Rohrbach

Origine du nom : de l'anthroponyme germanique Lanthar, et de l'allemand *Heim*, foyer.

Blason : ce sont les armes de la famille des Holzapfel.
67151200

HISTORIQUE

Le village appartient initialement à la noblesse impériale de basse Alsace. En 1595, les seigneurs de Mittelhauser détiennent la moitié de Landersheim. À la fin du XVII*e siècle, les trois quarts des terres et droits du village échoient à la famille Weinemer de Strasbourg. La réforme est introduite en 1575 par les Mittelhausen, mais le catholicisme est rétabli en 1688.*

LAVOIR
XVIIIe-XIXe siècles
Grès
Rue du Lavoir *67151202*

Ce lavoir est construit avant 1819. De forme circulaire, il est alimenté par une source d'eau pure, arrivant par un petit chenal ; le trop-plein s'écoule par un autre chenal dans un étang. En 1819, ce lavoir est loué à Joseph Muller pour éviter son utilisation par des blanchisseuses étrangères à la commune, notamment des forains. Une redevance est demandée pour bénéficier de ce service. En 1854, le bail n'est pas renouvelé, « vu l'insignifiance du produit et l'absence de forains utilisant le lavoir ».

FERME
XIXe siècle
Bois et pierre
Impasse des Maçons *67151201*

Reposant sur les murs de pierre de la cave semi-enterrée, le rez-de-chaussée et le premier étage de ce corps d'habitation de ferme sont à colombages. Une fenêtre est aménagée sur le pignon afin d'éclairer le grenier. La stabilité de la façade visible de la rue est assurée par une combinaison technique de poutres verticales et obliques, barrées par d'autres, horizontales, chargées d'assurer un bon maintien. Ce type d'assemblage est appelé *Mann*. Un petit auvent couvert de tuiles fait le tour de la maison au niveau du premier étage, assurant ainsi l'étanchéité du rez-de-chaussée.

FERME
XIXe siècle
Bois et grès
36, route de Saverne *67151204*

La maison d'habitation de cette grande ferme du Kochersberg donne sur la route. Une très grande cour est entourée de dépendances. La ferme, construite à l'écart du village, devait appartenir à une famille aisée.

Lochwiller

Canton de Marmoutier
Arrondissement de Saverne
Superficie : 463 ha
Population 1990 : 341 hab.
Habitants : les Lochwillerois

Origine du nom : du latin *Léobardi villa*, maison de Léobard, moine irlandais.

Blason : l'aigle bicéphale évoque l'appartenance au Saint Empire romain germanique.
67151300

HISTORIQUE

Les origines de Lochwiller, village agricole de l'arrière-Kochesberg, remontent au moins à l'époque mérovingienne comme l'attestent les sarcophages découverts sur le site de la commune. La tradition attribue la fondation de la localité à Léobard, moine irlandais disciple de saint Colomban, qui s'y installe avant de fonder ce qui deviendra l'abbaye de Marmoutier. Lochwiller est par ailleurs possession de cette même abbaye, puis de l'évêché de Strasbourg de 1663 à 1789.

SARCOPHAGE
VIIe-VIIIe siècles
Grès
67151301

Une série de sarcophages monolithiques a été mise au jour autour de l'église lors de travaux. D'époque mérovingienne, ils ont une forme anthropomorphe, avec un logement pour la tête du défunt. Ce type de sarcophage est fréquent dans la région.

CUVE BAPTISMALE
XIe-XIIe siècles
Grès 67151302
Cette cuve baptismale monolithique, d'origine inconnue, sert désormais à un usage profane et ornemental. Elle est décorée d'une série d'arcatures reposant sur des piliers, en faible relief.

ÉGLISE SAINT-JACQUES-LE-MAJEUR
XVe siècle
Grès et bois 67151305
Le clocher-porche de l'église est vraisemblablement le clocher-chœur de l'ancienne église, remaniée au XVIIIe siècle comme l'atteste la nef. Élevées sur quatre niveaux, les arêtes du clocher sont renforcées par des chaînages d'angle. De petites ouvertures éclairent les deuxième et troisième niveaux, tandis que de grandes baies sont percées dans l'étage des cloches.
(part. I. M. H. 1935)

ARMOIRE EUCHARISTIQUE
XVe siècle
Grès
Église Saint-Jacques-le-Majeur 67151314
Le tabernacle mural en pierre est surmonté d'un gable en accolade, sculpté de crochets en feuillage. Une grille en fer forgé ferme l'armoire.
(I. M. H. 1935)

STÈLE
1714
Grès jaune
Cimetière
Église Saint-Jacques-le-Majeur
67151307
Cette stèle est gravée d'inscriptions en lettres romaines placées dans un cadre souligné par un trait. Deux épaulements latéraux caractérisent la partie supérieure. Au pied de la stèle, un crâne et deux tibias en croix sont sculptés en léger relief. La partie supérieure, peut-être une croix, a disparu.

STÈLE
1841
Grès
Cimetière 67151306

Une autre stèle est marquée par un fronton courbe, avec petite croix sommitale partiellement conservée. Dans la partie haute, l'œil inscrit dans le triangle divin rayonnant, entouré de nuages, domine deux têtes d'angelots soulignées par deux rameaux croisés avec un ruban. Une guirlande saillante couvre l'inscription gothique de la stèle. En dessous, en léger relief, sont figurés le chandelier, le livre et le sablier. L'encadrement de la stèle est à volutes, en saillie.

CALVAIRE ET TOMBES
XIXe siècle
Grès
Cimetière 67151308
Un groupe de sculptures représente le Christ crucifié entouré de deux personnages : Marie et Jean. Le secteur dans lequel ce calvaire est aménagé est réservé à l'inhumation d'ecclésiastiques.

CROIX DOUBLE
À NICHE
1723
Grès
Carrefour
de Reutenbourg
67151303

Les extrémités de cette croix sont trilobées. Les trois trilobes supérieurs sont ornés d'étoiles à six branches, en relief, tandis que la traverse inférieure est ornée d'un soleil à visage humain et d'un croissant de lune à profil humain. À l'intersection, dans un ovale, *IHS*, cœur et clous sont surmontés d'une croix. Sous un faible épaulement, une niche à arc en accolade est dominée par une petite croix tr-flée en relief. Un autre monument du même style est situé à l'est de la commune. Ces croix doubles dites « croix de Lorraine » sont les seules de la région.

PUITS
XVIIIe siècle
Grès
Mairie *67151311*

Le puits de la cour de la mairie est marqué par une margelle monolithique surmontée d'une potence de pierre. Une tablette est aménagée contre la cuve pour poser les récipients. Une pompe à bras, datant vraisemblablement du début du XXe siècle, permettait de pomper l'eau sans effort. La poutre supérieure a depuis été restaurée.

MÉCANISME D'HORLOGE
XIXe siècle
Fer, fonte et cuivre
Mairie *67151313*

Le mécanisme de l'ancienne horloge du clocher de l'église a été restauré et placé dans son armoire dans le hall d'accueil de la mairie.

FERME
XIXe siècle
Grès et bois
69, rue Principale *67151312*

Cette ferme, caractéristique de l'arrière-Kochersberg, se compose d'un côté de la maison d'habitation, reliée aux dépendances par un porche avec porte piétonne et de l'autre côté d'une partie des dépendances, réservée au logement des journaliers. Le reste des bâtiments, à savoir l'écurie, l'étable ainsi qu'une grange, entoure une vaste cour carrée.

POMPE À BRAS
XIXe siècle
Fonte *67151310*

Cette pompe à bras comporte un grand levier terminé par une boule, ce qui permettait une manipulation aisée.

Marmoutier

Canton de Marmoutier
Arrondissement de Saverne
Superficie : 1 047 ha
Population 1990 : 2 236 hab.
Habitants : les Maurimonastériens
Cours d'eau : le Kohbach et le Haselbach

Origine du nom : de l'abbé Maur et du latin *monasterium*, couvent.

Blason : il représente la façade de l'abbatiale.
67151400

HISTORIQUE

*La valeur stratégique du site explique le développement du bourg. Situé sur la route fréquentée du piémont des Vosges, proche de l'artère Saverne-Strasbourg, Marmoutier est non seulement un lieu de passage mais au aussi un poste avancé en Alsace germanique. Les découvertes archéologiques ont confirmé l'implantation d'établissements romains et francs. Cette situation favorise l'installation à la fin du VIe siècle du premier monastère sous l'influence de moines irlandais menés par Colomban. Au VIII*e *siècle, un nouvel essor de cette communauté, sous l'impulsion de l'abbé Maur, fait de Marmoutier le centre administratif, économique et politique d'un vaste territoire appelé « marche », correspondant déjà approximativement aux limites du canton. Débute alors pour Marmoutier une période de rayonnement spirituel et chrétien, notamment à la suite de l'introduction de la règle bénédictine par Benoît d'Aniane. Au XII*e *siècle s'élève une église avec un imposant massif ouest. La ville s'entoure de fortifications. Au XIII*e *siècle, sous l'influence des différents propriétaires de la ville, dont les seigneurs de Geroldseck, Marmoutier connaît une ère de déclin. C'est à cette époque qu'apparaît une communauté juive à Marmoutier qui représentera jusqu'à un tiers des habitants. Ses membres obtiennent le droit de résidence, contrairement à bien d'autres cités qu'ils devaient quitter la nuit. En 1525, la guerre des paysans entraîne le saccage et le pillage des bâtiments claustraux ainsi que la destruction du couvent voisin du Sindelsberg. Durant les guerres du XVII*e *siècle, l'intérêt stratégique du site redécouvert, Marmoutier s'entoure à nouveau de solides remparts. Le roi de France favorise particulièrement l'abbaye, qui une fois de plus reste le seul maître jusqu'à la fin du XVIII*e *siècle. La Révolution marque la fin de l'emprise de l'abbaye ; une nouvelle administration s'installe et Marmoutier est rattaché avec son canton au district de Haguenau dans un premier temps, puis à partir de 1800 à l'arrondissement de Saverne. L'implantation des lignes du chemin de fer, en 1876, favorise l'implantation d'industries parmi lesquelles une importante scierie ainsi qu'une fabrique de chaussures. L'activité agricole conserve une grande importance jusque dans les années 1960.*

ÉGLISE SAINT-ÉTIENNE
1150-1160
Grès
Rue du Couvent *67151408*

Bordé de bandes et de frises lombardes, le massif ouest ou *Westwerk* a l'allure d'une forteresse renforcée par des tours. Encadré de part et d'autre de tours carrées se terminant en octogone, le vestibule fermé par une triple arcature est dominé par un clocher carré reposant sur quatre piliers. Des baies géminées en plein cintre marquent l'étage des cloches. De petits frontons triangulaires surmontent les galeries naines aveugles des tourelles latérales et encadrent le fronton principal. Le décor, composé d'arcatures rythmées par des lesènes renforçant la stabilité

des murs, est agrémenté de modillons sculptés d'animaux ou de têtes humaines. Des marmousets, des lions, un monstre tricéphale, des gargouilles aux têtes félines ou caprines composent le bestiaire roman de la façade de l'abbatiale. *(Cl. M. H. 1840)*

FAÇADE SUD
*XII*e*-XIII*e*-XVIII*e *siècles*
Grès et bois
Église Saint-Étienne *67151407*

Le côté sud de l'église de Marmoutier permet de distinguer les trois styles de construction de l'édifice. Se succèdent ainsi la façade romane avec un épais clocher percé de fenêtres géminées, une nef et un transept gothiques dont la toiture s'appuie sur le clocher, masquant particulièrement les ouvertures est et le chœur du XVIIIe siècle, dernière étape de construction remplaçant le chœur gothique dont les fondations sont visibles dans l'archéocrypte.
(Cl. M. H. 1840)

ARCHÉOCRYPTE
VIIIe siècle
Calcaire
Église Saint-Étienne 67151401
Les vestiges d'une église mérovingienne sont exposés dans une crypte archéologique sous l'église. Au cours de travaux d'aménagement du chauffage, des éléments de l'église construite en 724 ont en effet été dégagés. L'abside centrale, entourée des absidioles nord et sud, les restes d'un autel et de sépultures sont mis en valeur et présentés de façon didactique. *(Cl. M. H. 1840)*

SARCOPHAGE MONOXYLIQUE
VIIIe siècle
Bois
Archéocrypte
Église Saint-Étienne 67151402
Deux sarcophages monoxyliques, c'est-à-dire taillés d'une seule pièce dans un tronc, sont mis au jour lors des fouilles archéologiques réalisées sous le chœur de l'église. Des deux sarcophages, un seul a pu être sauvegardé.

SARCOPHAGE DE LÉOBARD
XIIIe siècle
Grès
Archéocrypte
Église Saint-Étienne 67151403
Ce sarcophage anthropomorphique est celui où, selon la tradition, était enterré Léobard, moine irlandais disciple de Colomban et fondateur de l'abbaye de Marmoutier. Un couvercle monolithe recouvrait le sarcophage, objet de vénération dans une petite chapelle aménagée sous le chœur gothique de l'église.

BAS-RELIEF
IXe-Xe siècle
Grès
Église Saint-Étienne 67151420
Ce fragment de bas-relief représente partiellement trois personnages. Une figure centrale tient ce qui pourrait être une crosse de la main droite et un livre de l'autre main. À sa gauche, un second personnage tient sa barbe tandis qu'à sa droite un troisième individu tient une bourse. L'interprétation de la scène représentée sur ce fragment provenant d'un tympan reste difficile. Son origine est inconnue. *(Cl. M. H. 1840)*

MONSTRE TRICÉPHALE
Avant le XIIe siècle
Grès
Église Saint-Étienne 67151409
Survivance probable du culte celte, le monstre de pierre de la façade ouest semble protéger l'entrée de l'abbatiale de Marmoutier du mauvais sort. Un être surmonté de trois têtes tient sous ses bras deux têtes coupées et en enjambe une troisième posée sur le sol. Ce bas-relief, de facture beaucoup plus primitive que les autres sculptures, suggère le remploi d'un décor plus ancien. La signification de cette sculpture demeure, quoi qu'il en soit, nébuleuse. *(Cl. M. H. 1840)*

CHAPITEAU
XIIe siècle
Grès
Église Saint-Étienne *67151463*
Des éléments d'architecture romane subsistent dans les chapelles supérieures du massif ouest de l'église. Parmi ceux-ci figurent quatre chapiteaux. Sur les quatre colonnettes supportant les arcs en plein cintre du premier étage du clocher, trois d'entre eux sont ornés de motifs végétaux et le dernier de visages humains. Ils décoraient la tribune ouverte sur la nef au XIIe siècle. *(Cl. M. H. 1840)*

CHAPITEAU
XIIIe siècle
Grès
Église Saint-Étienne *67151416*
Parmi tous les chapiteaux décorés de végétaux que compte la nef, celui-ci, orné de feuilles de vigne aux visages humains, dénote une survivance du culte celte, l'« esprit des feuilles ». Dans les plis des sculptures subsistent des traces de polychromie attestant que ces chapiteaux étaient initialement peints de couleurs vives. *(Cl. M. H. 1840)*

BASILIC
XIIIe siècle
Grès
Église Saint-Étienne
67151417
Un basilic, monstre du bestiaire médiéval, fait face au chapiteau orné de feuilles de vigne aux visages humains. À proximité, se trouvent un paysan en costume marqué par un énorme goitre et un être malformé ployant sous le poids de son arc. L'accumulation de représentations du malheur fait de cet endroit, situé à proximité du narthex et des fonts baptismaux, la zone réservée aux catéchumènes et le lieu où est représenté le Malin. *(Cl. M. H. 1840)*

ARCATURE
Vers le XIIIe siècle
Église Saint-Étienne *67151419*
Un arc en plein cintre surhaussé et décentré surmonte le rétrécissement du passage aménagé dans le mur du narthex à hauteur du bas-côté nord. Sa réalisation démontre une grande maîtrise technique de l'arcature, même si son utilisation à cet endroit reste inexpliquée. *(Cl. M. H. 1840)*

VIERGE DE PITIÉ
XVe siècle
Bois polychrome
Église Saint-Étienne *67151415*
Sur cet ensemble sculpté, le visage marqué par la tristesse de la Vierge de pitié contraste avec l'air serein du Christ. Sous le drapé de la robe se devine le genou de la Vierge qui soutient le bras gauche du Christ. Le costume de la Vierge est caractéristique du XVe siècle. *(Cl. M. H. 1840)*

ANGE MUSICIEN
XVe-XVIe siècle
Fresque
Église Saint-Étienne 67151461
De grandes fresques peintes sur le mur ouest de la nef, fermant la tribune romane, sont en partie masquées par les orgues Silberman. Elles représentent des anges jouant des instruments à vent. Une grande partie des peintures est encore masquée par un mauvais badigeon appliqué probablement au XVIIIe siècle, lors de l'installation des orgues. L'analyse iconographique fait remonter ces fresques aux XVe-XVIe siècles, hypothèse confirmée par la date de 1571 visible sur la voûte audessus de la tribune. *(Cl. M. H. 1840)*

CHAIRE
XVIe siècle
Grès et bois
Église Saint-Étienne 67151459
En 1561, une chaire est aménagée dans la nef de l'abbatiale, contre le bas-côté nord. Son support en forme de cône renversé est soutenu par un angelot monté probablement sur des dauphins : la sculpture étant cassée, seules subsistent deux queues de poissons. Les quatre faces du garde-corps sont ornées de panneaux polychromes représentant les quatre évangélistes avec leurs symboles respectifs. Un

monumental abat-voix, décoré d'une colombe, surplombe l'ensemble. Le support de l'escalier d'accès est orné de motifs végétaux telles des tulipes, symbole de fécondité, témoignant d'un remploi.

CÉNOTAPHE
XVIIe siècle
Grès
Église Saint-Étienne 67151404
Les quatre monuments funéraires des sires de Wangen, Geroldseck, Rathsamhausen et Breitenlandenberg ont été édifiés par l'archiduc Léopold

d'Autriche en mémoire de ses ancêtres. Les seigneurs et leurs épouses sont représentés agenouillés sous des scènes telles que la Nativité ou la Résurrection. L'un des cénotaphes est dominé par un saint-Michel terrassant le dragon. En dessous, des cartouches renferment les épitaphes des défunts. *(Cl. M. H. 1840)*

ORGUE
1710-1746
Facteurs : André et Jean-André Silbermann
Bois et étain
Église Saint-Étienne 67151418

Sur la tribune, l'orgue est une première œuvre majeure d'André Silbermann, complétée par son fils Jean-André en 1746. Sur les trente instruments réalisés par ce facteur d'orgues, deux exemplaires authentiques subsistent, dont celui de Marmoutier. Il comprend notamment trois tourelles et un buffet de style Louis XIV. *(Cl. M. H. 1840)*

VOÛTE
XVIIIe siècle
Grès
Chœur
Église Saint-Étienne 67151410
Au XVIIIe siècle, le chœur gothique est remplacé par un chœur beaucoup plus vaste et surtout beaucoup plus

lumineux. Dans un souci de continuité architecturale de la nef, le style gothique est adopté dans un chœur à trois pans, en plein XVIIIe siècle. La débauche architecturale du voûtement, caractéristique de l'époque, s'organise en ogives formées de tiercerons et de liernes rattachés à des nervures en couronnes. L'œil divin, inscrit dans un triangle entouré de nuages et éclairé de rayons, domine la voûte. *(Cl. M. H. 1840)*

SACRÉ-CŒUR
XVIIIe siècle
Maître verrier : J. Adolphe Dannegger
Vitrail
Église Saint-Étienne *67151411*
Le vitrail du chœur, contemporain de l'édification de celui-ci, est le plus ancien de l'église. Il représente le Sacré-Cœur, surmonté d'une croix. Les couleurs vives qui le composent en font un témoin de la peinture sur verre du XVIIIe siècle. *(Cl. M. H. 1840)*

STALLES
XVIIIe siècle
Bois
Église Saint-Étienne *67151412*
En opposition avec la nudité architecturale de l'édifice, le chœur est habillé de stalles au décor rocaille mêlant moulures, reliefs, sculptures encadrant d'imposants sièges de célébrants entourés de colonnes aux motifs végétaux extravagants. Des angelots symbolisant les saisons et les saints couronnent l'ensemble. Les sièges, emplacement des moines durant les offices, sont agrémentés de miséricordes et des symboles des quatre évangélistes, le taureau, le lion, l'aigle et l'ange. *(Cl. M. H. 1840)*

MAÎTRE-AUTEL
XVIIIe siècle
Bois et marbre
Église Saint-Étienne *67151413*
Le maître-autel se compose d'un tombeau galbé en marbre datant de 1769, surmonté d'un retable en bois doré. De style Louis XIV, ce retable provient du maître-autel précédent. Le tabernacle tournant est surmonté du pélican nourrissant ses trois petits avec son sang, symbole du Christ. Les ailerons latéraux renferment les panneaux en bois polychrome de Céleste et Auteur, évêques de Metz, dont les reliques sont conservées dans les deux châsses posées de part et d'autre du retable. *(Cl. M. H. 1840)*

AUTEL LATÉRAL
XVIIIe siècle
Bois polychrome
Église Saint-Étienne *67151414*
Dans les transepts nord et sud, quatre autels baroques à retables, dont deux d'angle, sont couverts de frontons en plein cintre concaves. Les tableaux figurent la Crucifixion, saint Benoît, saint Martin et les saints Auteur et Céleste. Sur les montants figurent les symboles des quatre évangélistes.

CHAPELLE SAINT-BLAISE
1115-1584
Grès et bois *67151431*
Ce sanctuaire construit en 1115 est le seul élément subsistant d'un couvent de moniales bénédictines chassées en 1525 lors de la guerre des paysans. Les insurgés détruisent à cette occasion le couvent avant d'aller à Saverne au-devant des troupes du duc de Lorraine venu réprimer le soulèvement. La porte latérale sud demeure l'élément roman le mieux conservé de l'édifice. Au XIVe siècle, la tour orientale est construite, suivie d'une abside à trois pans. En 1584, l'église est relevée de ses ruines par Gisbert Agricola, abbé de Marmoutier dont le monument funéraire est placé dans la nef de la chapelle. Celle-ci est le centre d'un pèlerinage dédié à saint Blaise, censé guérir les maux de gorge. Les panneaux de la tribune datée de 1619 représentent le martyre de Blaise. *(I. M. H. 1935)*

FRESQUES
XVIe siècle
Chapelle Saint-Blaise *67151432*
Au cours des travaux réalisés en 1969, des fresques représentant les symboles des évangélistes sont découvertes dans l'avant-chœur, d'autres figurant la Crucifixion, une Vierge de pitié ou des anges portant les instruments de la Passion dans le chœur. Ces peintures semblent contemporaines des travaux réalisés sous la direction de Gisbert Agricola, abbé de Marmoutier, à la fin du XVIe siècle.

MONUMENT FUNÉRAIRE
DE L'ABBÉ GISBERT
XVIe siècle
Grès
Chapelle Saint-Blaise
67151405
Ce monument funéraire est celui de Gisbert, abbé de Marmoutier à l'origine de la restauration de la chapelle en 1584. Sur le mur nord de la nef, le mausolée à composition architectonique comporte une niche encadrée de deux colonnettes, surmontée d'une inscription entourée d'angelots dominés par une croix aux extrémités trilobées.
(I. M. H. 1935)

CHAPELLE SAINT-DENIS
XIIIe siècle
Grès et bois
Rue du Général-Leclerc *67151428*
Sur l'emplacement du cimetière actuel s'élevait l'église paroissiale de Marmoutier, détruite en 1807 et remplacée dans ses fonctions par l'église abbatiale. En 1220, l'église paroissiale est incorporée à l'abbaye. L'ancienne chapelle romane est restaurée. Un chœur plus élevé, au chevet plat soutenu par des contreforts, lui est adjoint. Au début du XVIIIe siècle, lors d'une rénovation, une arcature géminée est murée, un bénitier est intégré dans une niche couverte d'un arc brisé et une pierre portant une inscription est utilisée en guise de linteau. *(I. M. H. 1975)*

VOÛTE SEXPARTITE
1225
Grès
Chapelle Saint-Denis 67151429
Dans la chapelle Saint-Denis, la nef est séparée du chœur par un arc triomphal roman. Le chœur est couvert d'une voûte sexpartite, la plus ancienne répertoriée en Alsace. Les ogives retombent sur des chapiteaux à crochets soutenus par des colonnettes.
(I. M. H. 1975)

RETABLE
Fin du XVe siècle
Bois polychrome
Chapelle Saint-Denis 67151430
Le retable de la chapelle Saint-Denis, surmonté de pinacles ajourés de ciselures, renferme une Vierge à l'Enfant entourée des saintes Barbe et Catherine. L'Annonciation est représentée sur les volets fermés.
(I. M. H. 1975)

ANCIEN HÔTEL
WANGEN-GEROLDSECK
XVe-XVIe siècles
Grès et bois
Rue des Écoles 67151434
L'actuelle école primaire occupe l'ancien hôtel des Wangen-Geroldseck, coseigneur de Marmoutier dont les ancêtres, les Geroldseck, étaient avoués de l'abbaye de Marmoutier. Une tourelle renferme un escalier à vis accédant à l'étage posé sur un rez-de-chaussée surélevé. Les encadrements de fenêtres sont travaillés à la mode de la Renaissance alsacienne. Des chaînages d'angle renforcent les arêtes du bâtiment. Lors de travaux de crépissage, un cartouche surmonté d'armoiries bûchées à la Révolution atteste l'appartenance de l'édifice aux Wangen-Geroldseck.

MUSÉE D'ARTS
ET TRADITIONS POPULAIRES
1590
Grès et bois
Rue du Général-Leclerc 67151439
La maison qui abrite le musée, située près du chœur de l'abbaye, est édifiée très probablement en 1590, cette

date figurant à trois reprises sur l'édifice. L'emblème des bouchers est de même rappelé par deux fois sur le bâtiment. Malgré plusieurs remaniements, la maison a conservé sa façade nord en pan de bois, agrémentée d'un oriel polygonal sur deux étages. L'édifice était autrefois couvert par un toit plat mobile qui permettait aux habitants juifs de célébrer la fête de Soukkoth. Des sculptures ornent les poteaux corniers de la maison et des chaises curules sont inscrites dans le colombage de la façade. Réutilisé en musée d'Arts et Traditions populaires à partir de 1987, l'édifice renferme notamment un miqveh, bain rituel de la communauté juive au XVIIIe siècle.
(I. M. H. 1932)

PLAFOND
XVIe siècle
Bois polychrome
Musée d'Arts et Traditions populaires
67151444

Lors des travaux liés à sa réutilisation en musée d'Arts et Traditions populaires, l'édifice a révélé un plafond polychrome peint. De style Renaissance alsacienne, il comporte un décor de facture populaire à base de motifs végétaux stylisés comme des tulipes et des grenades, symboles de fécondité. *(I. M. H. 1932)*

MIQVÉ
XVIIIe siècle
Grès
Musée d'Arts et Traditions populaires
67151427

Le miqvé construit en 1822 à côté de la synagogue est détruit dès 1925, mais la maison du musée d'Arts et Traditions populaires conserve celui de la communauté du XVIIIe siècle.

MOULE
À GÂTEAUX
XVIIIe siècle
Céramique vernissée
Musée d'Arts et Traditions populaires
67151442

Parmi la collection de moules du musée, celui-ci se distingue par son décor de poupons. Le type de gâteau qu'il servait à confectionner est réalisé à l'occasion de la naissance d'un enfant.

STUB
XIXe siècle
Bois
Musée d'Arts et Traditions populaires
67151440

Cette pièce du musée reconstitue l'atmosphère d'une *Stub*, lieu où la famille se réunit dans la maison alsacienne du XIXe siècle. Un lit-alcôve occupe l'angle de la salle, à proximité d'un poêle dont le chargement se fait par la pièce voisine afin d'éviter les salissures. Le berceau est recouvert d'un tissu pour protéger le nourrisson des insectes.

MEZOUZAH
XIXe siècle
Bois
Musée d'Arts et Traditions populaires
67151443

La mezouzah est un étui en plumes d'oie, en métal ou en bois comme c'est le cas ici, placé dans le chambranle des portes. Il contient un petit rouleau de parchemin portant sur une face une prière, le *Chema Israel*, et sur l'autre le mot *Chaddai*, qui signifie « le Tout-Puissant ». Toute la vie quotidienne d'un juif est ordonnée autour de la croyance en Dieu et du respect de la Torah. Sa demeure est donc elle-même un lieu de culte ; la consécration de la demeure est marquée par la mise en place d'une mezouzah.

LE VIEUX JUIF PRIANT
SUR LA TOMBE DE SON ÉPOUSE
XIXe siècle
Peintre : Alphonse Levy
Lithographie
Musée d'Arts et Traditions populaires
67151445

Alphonse Levy est né à Marmoutier en 1843 et mort à Alger en 1918. Dessinateur et surtout caricaturiste, il a réalisé de nombreuses lithographies retraçant la vie des communautés juives alsaciennes. Son crayon retrace notamment les scènes de la vie quotidienne telles que la noce, le colporteur ou le vieux juif priant. Parti en Algérie, il y croque les communautés juives d'Afrique du Nord.

FORGE
XIXe-XXe siècles
Musée d'Arts et Traditions populaires
67151441

La forge du village voisin de Reutenbourg est reconstituée au musée après la cessation d'activité du forgeron de la commune. Différents types de soufflets sont exposés : du soufflet manuel au soufflet électrique, ainsi que ses instruments de soins aux animaux des campagnes.

ALBERT KAHN
XIXe-XXe siècle
Photographie
Musée d'Arts et Traditions populaires
67151446

Albert Kahn, né à Marmoutier en 1860, mort à Paris en 1940, est issu d'une modeste famille juive, marchande de bestiaux. Il fréquente l'école juive de Marmoutier, puis le collège de Saverne. Monté à Paris où il prend des cours pour passer ses « bacs », il se lie d'une étroite amitié avec Henri Bergson, futur fondateur de la Société des Nations. Entré dans la banque à l'échelon le plus bas, il devient rapidement indispensable grâce à son sens des affaires. En 1892, premier associé de la banque Goudchaux et Kahn, il en devient le seul propriétaire en 1895, à l'âge de 35 ans. Disposant de moyens qui lui permettent de mettre en œuvre un vaste programme humaniste et philanthropique, il crée ainsi les bourses de voyages « autour du monde », divers cercles d'études et de discussions à l'École normale, à la Cour de cassation et dans sa propriété de Boulogne-Billancourt. De grands noms participent à son action, tels Anatole France, Charles Péguy ou Colette. Il initie également l'opération des « Archives de la Planète », documentation comptant plus de 100 000 autochromes et 160 kilomètres de film qui constituent un véritable état de la planète au début du XXe siècle. Ruiné par la crise boursière de septembre 1936, il perd tous ses biens. Il meurt en 1940, dans une propriété qui ne lui appartenait plus.

LE SERGENT HOFF
1879
Peintre : Alphonse Levy
Lithographie
Musée d'Arts et Traditions populaires
67151447

Ignace Hoff est né à Marmoutier en 1836 et mort à Paris en 1902. Le portrait est dessiné par Alphonse Levy à Paris, lors d'une rencontre des deux hommes originaires de Marmoutier. Le sergent est un héros de la guerre de 1870, décoré de la Légion d'honneur pour faits d'armes. Il est fait prisonnier durant la Commune lors de l'attaque d'une barricade de la rue Saint-Lazarre, le bras cassé par un coup de feu. Au cours de sa captivité près de Cologne, il passe pour un traître à la patrie et un espion sous la plume d'un journaliste, Théodore de Banville, qui le réhabilite à sa libération. Le sergent Hoff assure jusqu'à sa mort les fonctions de gardien aux squares des Arts et Métiers, au bois de Boulogne, au Trocadéro, à la colonne Vendôme et enfin à l'Arc de triomphe. Mort à la veille de sa retraite, il est inhumé au cimetière du Père-Lachaise, à Paris.

MAISON
1619
Pan de bois et grès
11, rue du Maréchal-de-Lattre-de-Tassigny
67151436

Cette maison à colombage compte deux étages reposant sur un rez-de-chaussée de maçonnerie, dont les arêtes sont renforcées par des chaînages d'angle. La date de construction, 1619, figure sur le linteau de la porte d'entrée. Les bâtisseurs n'ont pas lésiné sur l'utilisation du bois pour le courbage de la partie haute de la demeure.

REMPARTS
XVIIe siècle
Grès
Rue des Jardins *67151453*

Dès le XIIe siècle, l'agglomération de Marmoutier s'entoure de solides remparts, l'abbaye occupant l'angle nord-est de la ville. Au XVIIe siècle, sous la pression des événements, Marmoutier restaure son mur d'enceinte dont subsistent des vestiges épargnés par l'urbanisation désordonnée du début du XXe siècle. Les deux tours-portes de la ville sont rasées au XIXe siècle mais leur emplacement demeure connu : il s'agit de l'Obertor, au niveau du monument aux morts et le Niedertor, à proximité de la perception. Cependant, aucune gravure n'en restitue l'allure. Un sceau, découverte du musée du Sceau de La Petite-Pierre, est le seul élément iconographique subsistant.

ANCIEN LOGIS DU PÈRE CELLÉRIER
XVIIIe siècle
Grès et bois
Place du Général-de-Gaulle *67151424*

Actuelle mairie, le logis du père cellérier était le centre administratif et économique de l'abbaye. Ce vaste bâtiment à un étage surmontant d'importantes caves voûtées était occupé par la gendarmerie cantonale. Il borde à l'ouest la cour d'honneur.

PORCHE DU CLOÎTRE
XVIIIe siècle
Grès
Rue du Couvent *67151460*

Au cours du XVIIIe siècle, un gigantesque incendie, allumé par la foudre, détruit le cloître

situé au sud de l'abbatiale ainsi que les bâtiments voisins. Le cloître est reconstruit au nord de l'église. Le seul vestige de cette dernière période faste de l'abbaye reste le porche d'entrée du cloître exécuté en grès surmonté d'une tête féminine. L'ensemble est de facture baroque.

ANCIEN PALAIS ABBATIAL
XVIIIe siècle
Grès et bois
Place du Général-de-Gaulle *67151423*

Actuel presbytère, le palais abbatial, résidence de l'abbé, a été partiellement détruit par un incendie à la fin du XIXe siècle. Il borde, à l'est, la vaste

cour d'honneur désormais partiellement occupée par différentes constructions et un parking. Du XVIIIe siècle, seul subsiste un oriel hexagonal aux panneaux agrémentés de sculptures en partie martelés lors de la Révolution. Une balustrade de pierre délimite la place religieuse devant l'abbatiale.

BILDSTOCK
XVIIIe siècle
Grès 67151433

Implantées de part et d'autre de l'ancien chemin vers l'agglomération de Reutenbourg, les quatorze stations du rosaire sont composées chacune d'un bildstock surmonté d'une croix posée sur un édicule à toit en bâtière à pignon. La niche est couverte d'un arc en plein cintre et fermée par une grille derrière laquelle se trouve un carreau de céramique peint par Ernwein, potier à Marmoutier, représentant chacune des stations. Une inscription accompagnée d'une date figure sur le fût du bildstock.

ANCIENNE BIBLIOTHÈQUE CONVENTUELLE
XVIIIe siècle
Grès et bois
Rue du Couvent 67151422

Le bâtiment d'angle de l'ancienne bibliothèque de l'abbaye n'a que très peu été remanié. De grandes fenêtres éclairaient cette vaste pièce où étaient entreposés les livres et cartes, de même qu'un cabinet de curiosités scientifiques. Les plafonds étaient décorés de stucs comme en témoignent les plafonds de la salle capitulaire voisine. Le bâtiment est désormais séparé en deux étages.

ANCIEN HÔPITAL
XVIIIe siècle
Grès et bois
Rue du Couvent
67151425

Devenu bâtiment d'habitation, l'ancien hôpital de l'abbaye est construit à l'est du chœur de l'abbatiale, contre le mur d'enceinte de la ville. Une tour équipée d'un escalier à vis permet l'accès à l'étage supérieur.

CAVES DÎMIÈRES
XVIIIe siècle
Grès
Rue du Couvent 67151421

Voûtées sur croisées d'arêtes, les caves de la grange dîmière servaient à entreposer les produits, ici le vin, provenant de la dîme, impôt levé par l'église qui percevait un dixième des récoltes en échange de mise à disposition des terres. Au-dessus de ces caves, un imposant bâtiment abritait les autres produits de même provenance. *(I. M. H. 1991)*

CIMETIÈRE JUIF
XVIIIe-XXe siècles
Grès
Rue Neuve 67151406

Les habitants de confession juive sont enterrés jusqu'à la Révolution au cimetière juif de Saverne. Ce n'est qu'en 1798 que la communauté juive acquiert un terrain situé en bordure de la forêt du Tannenwald,

au lieu-dit Meisel, pour y implanter un cimetière. Les pierres funéraires se caractérisent par leur simplicité : ce sont de simples dalles, le plus souvent des stèles en grès. Les caractères hébraïques témoignent du savoir-faire des tailleurs de pierre ; la cruche des Lévites ou les mains bénissantes des Cohanim (prêtres) renseignent sur la personnalité des défunts. S'y trouvent notamment les sépultures des ancêtres du banquier et mécène Albert Kahn, du dessinateur Alphonse Levy, du ministre Georges Mandel ou d'Hercule Heimann, instituteur juif de Marmoutier de 1849 à 1894, dont les anciens élèves se sont cotisés pour lui élever un monument funéraire. La tombe la plus ancienne est celle de Moyse Raphaël, ministre officiant de Marmoutier, mort le 24 avril 1799. À l'entrée du cimetière, une stèle portant 14 noms rappelle le tribut payé par Marmoutier à la Choah.

ANCIEN PONT DE CHEMIN DE FER
XIXe siècle
Grès
Rue du 22-Novembre 67151449
Cet ouvrage d'art faisait partie de l'ancienne ligne de chemin de fer aujourd'hui désaffectée. La liaison Saverne-Molsheim est mise en service en 1877, d'abord à voie unique puis, bien plus tard, à double sens. De la même époque date la gare construite un peu plus haut. Un deuxième pont subsiste au bout de la rue Neuve. La ligne est fermée en mai 1978.

LAVOIR MUNICIPAL
XIXe siècle
Grès et béton
Rue Neuve 67151452
Installé au bord d'un ruisseau, le lavoir est une construction massive de blocs de grès couverte d'un toit en béton, autrefois de tuiles. Les plans de travail surplombent un large bassin pour le rinçage des vêtements.

ANCIEN POSTE DE GARDE
Début du XIXe siècle
Grès et bois
Rue du Général-Leclerc 67151437
Appelé *Wacht*, ce bâtiment de plan rectangulaire, bordé du côté de la route d'une galerie soutenue par quatre piliers de bois de section octogonale, est construit à l'emplacement de l'Obertor, tour-porte du sud de la ville utilisée comme dépôt de matériel d'incendie et, à l'occasion, de cachot. La vétusté et l'état de délabrement de cette tour ont entraîné sa destruction en prévision de la visite du frère du roi de France autour des années 1820. Le bâtiment sert longtemps de dépôt d'incendie.

ANCIENS ABATTOIRS MUNICIPAUX
XIXe siècle
Grès et bois
Rue du Suidelsberg 67151450
Marmoutier a compté jusqu'à huit boucheries, dont une boucherie juive. Pour des raisons sanitaires, les abattoirs construits par un particulier à la fin du XIXe siècle regroupent les abattages de bestiaux à l'extérieur de l'agglomération. Désaffectés au milieu du XXe siècle, ils demeurent inoccupés.

PORTAIL
XIXe siècle
Fer forgé
Rue de la Synagogue 67151426
Au XVIIIe siècle, la synagogue de Marmoutier est située au premier étage d'une maison particulière. En 1822, une synagogue à part entière, adaptée à l'importante communauté juive de Marmoutier, est inaugurée. L'intérieur, dévasté en 1940, est remis en 1961 à la municipalité qui l'utilise comme salle communale.

ANCIENNE FORGE
XIXe siècle
Grès et bois
Rue de l'Hôpital 67151451
Parmi les activités artisanales de la ville à avoir disparu, figure celle du forgeron, dont subsiste l'atelier situé en rez-de-chaussée, le premier étage étant réservé à l'habitation.

À l'extérieur subsiste encore le berceau où étaient installés les animaux lors du ferrage de leurs sabots.

USINE DU TRICOTAGE MÉCANIQUE DE MARMOUTIER
1925
Pierre et bois
28, rue du 22-Novembre
67151448

L'usine du tricotage mécanique de Marmoutier s'installe en 1925 sur un site de production qu'elle n'a pas quitté depuis. Elle emploie jusqu'à 150 personnes en 1950, dont un tiers d'hommes chargés de la conduite des métiers et deux tiers de femmes couturières ou finisseuses. Son activité principale est la confection de lingerie féminine pour de grandes marques.

ANCIENNE PHARMACIE CANTONALE
Début du XXe siècle
Grès et bois
Place du Général-de-Gaulle 67151458

De l'ancienne pharmacie cantonale de Marmoutier ne subsiste que la façade ornée d'un balcon à balustrade de fer forgé. L'officine située au rez-de-chaussée était éclairée par deux vitrines aux encadrements de grès entourant une porte terminée par un arc en plein cintre. Un cartouche portait la mention « Pharmacie cantonale ».

USINE EUROFARAD
XXe siècle
Grès et bois
Rue du Général-Leclerc 67151455

Trois activités différentes se sont succédé sur ce site avant de devenir l'actuelle usine Eurofarad. Sur une ancienne exploitation agricole, une fabrique de cigares s'installe en 1911 et emploie jusqu'à 70 personnes. En 1919, l'usine est reprise par les frères Lerch, fabricants de pantoufles. L'activité chaussures dure jusqu'en 1960, date à laquelle les locaux sont vendus à la société Legpa, fabriquant des potentiomètres pour les armées. En 1965, la société Schlumberger rachète l'ensemble et agrandit l'usine par la construction de nouveaux locaux. En 1970, l'usine, qui emploie 80 personnes, change de propriétaire, reprise par le groupe Eurofarad qui fabrique du matériel électronique destiné à l'armement, à l'aéronautique et à l'aérospatiale.

ANCIENNE FABRIQUE DE GAZ
XXe siècle
Grès et bois
Rue du Maréchal-de-Lattre-de-Tassigny, rue Neuve et rue du Berger 67151457

De 1910 aux environs de 1921, date de l'apparition de l'éclairage public à Marmoutier, l'illumination des rues et des maisons est assurée par un réseau de lanternes à acétylène dont le gaz était fabriqué dans une petite usine, désormais désaffectée. Un réseau de tuyauterie de fonte conduisait le combustible à travers le bourg.

POTERIE ERNENWEIN
XXe siècle
Grès, brique et bois
Rue du Général-Leclerc 67151454

Fondée en 1932 par les frères Jules et André Ernenwein, la poterie trouve dans le sol local l'argile nécessaire à la fabrication de ses produits. Spécialisée dans la confection de nains de jardin, elle emploie jusqu'à sept personnes. Dans les années 1960, la production se diversifie avec l'arrivée de Claude, fils de Jules Ernenwein qui lance la fabrication de moules à gâteaux, les *springerlés*. Passionné par le Moyen Âge, il fait connaître l'*Hortus Déliciarum*, manuscrit du XIIe siècle, par la production de plaquettes rappelant les scènes du manuscrit écrit par Herrade de Landsberg. L'atelier est éclairé par d'immenses fenêtres vitrées, dominé par la cheminée en briques à trois niveaux du four de cuisson à bois. Celui-ci n'est plus que peu utilisé, l'électricité permettant de contrôler plus précisément les températures de cuisson et surtout de supprimer le travail astreignant qu'est l'alimentation d'un four à bois.

POSTE
XXe siècle
Architecte : C. Cromer
Grès et bois
Rue du Général-Leclerc 67151438

Ce bâtiment à l'architecture atypique se démarque de l'alignement des bâtiments conventuels dans lequel il est construit. Occupé par la poste en rez-de-chaussée, il est couvert de deux étages, aux fenêtres à l'encadrement massif. Deux balcons sont soutenus par d'énormes consoles de grès. Un fronton, entouré de pinacles décoratifs, dans lequel s'ouvre une fenêtre en chien assis, est coiffé d'un édicule portant un paratonnerre. La poutre supérieure du fronton comprend un cartouche sur lequel est inscrit le nom de l'architecte, C. Cromer, surmonté de la mention « Salve » et de la date de 1908.

ANCIENNE MAISON
DU GARDE-BARRIÈRE
XXe siècle
Grès et bois 67151456

Le long de l'ancienne voie ferrée aujourd'hui désaffectée s'élèvent des maisons habitées par des gardes-barrières. Revendus par la SNCF à des particuliers, ces bâtiments ont connu d'importantes modifications. Celui-ci n'a subi que très peu de remaniements.

Otterswiller

Canton de Marmoutier
Arrondissement de Saverne
Superficie : 328 ha
Population 1998 : 1 233 hab.
Habitants : les Otterswillerois
Cours d'eau : la Mossel

Origine du nom : de l'anthroponyme Authari, qui crée au VIIe siècle un hameau, en latin *villa*.

Blason : ces armes sont composées de celles des seigneurs de Geroldseck et de celles des Fénétrange.
67151500

HISTORIQUE

Cité pour la première fois en 998, Otterswiller fait alors partie du territoire de l'abbaye de Marmoutier et du couvent de Sindelsberg, proche de Marmoutier. Détenu en fief de l'évêque de Metz par les seigneurs de Geroldseck jusqu'au XIVe siècle, le village échoit à l'extinction de cette famille aux Andlau, puis au Hohenstein en 1366 et enfin aux Fenétrange en 1414. En 1503, l'évêché de Strasbourg acquiert un quart du territoire d'Otterswiller, le reste revenant aux Rathsamhausen zum Stein, puis à l'abbaye de Marmoutier en 1650. L'intégralité des terres et droits relatifs au village revient finalement à l'évêché de Strasbourg en 1663. À la fin du XVIIe siècle, Otterswiller, entièrement catholique, fait partie du bailliage de Saverne.

BILDSTOCK
1606
Grès
46, rue de la Chapelle 67151507

Cet ensemble est surmonté d'une petite croix. La niche, haute, est surmontée d'un arc en accolade, légèrement saillant. Sur le fût, l'inscription est accompagnée de la date 1606. Un autre bildstock, situé rue Sainte-Thérèse, date de 1675.

VIERGE À L'ENFANT
XXe siècle
Grès
Ferme
3, rue de la Chapelle
67151501

L'encadrement de la niche, de même que la Vierge portant l'Enfant, est postérieur au reste du bâtiment de ferme dans lequel il prend place. La Vierge, généralement représentée de façon plus fine, est ici figurée comme une personne forte, à petit visage, portant un Enfant chétif.

ANCIENNE GARE
XIXe siècle
Grès et bois *67151508*

L'ancienne gare est encore composée de deux bâtiments : l'un réservé à l'accueil des voyageurs au rez-de-chaussée et à l'habitation du chef de gare au premier, le second servant de remise. Entièrement construite en blocs de grès durant la période allemande, la gare est fermée lors de la désaffection de la ligne Saverne-Molsheim en 1978.

FERME
XVIIIe siècle
Grès et bois
3, rue de la Chapelle *67151513*

C'est le flanc du bâtiment d'habitation de cette ferme, dont l'étage supérieur à colombage repose sur un rez-de-chaussée en dur, qui donne sur la rue. Dans le corps de bâtiment accolé à cette maison sont ouvertes deux portes, l'une destinée au passage des charrettes, l'autre aux piétons.

ANCIENNE ÉCLUSE
XIXe siècle
Grès, bois et fer
Rue du Moulin
67151511

En amont du Mühlgraben, subsistent les vestiges d'une écluse servant à réguler l'arrivée de l'eau au moulin. Une vanne de bois coulisse à l'aide d'une crémaillère fixée sur une poutre d'acier dans deux montants construits en gros blocs de grès. Après plus de dix siècles d'existence, le moulin cesse son activité en 1892 pour laisser place à une taillanderie. Celle-ci tire parti de la force motrice de l'eau, mais aussi d'une machine à vapeur et plus tard de l'électricité. L'atelier est fermé au début de la Seconde Guerre mondiale, en 1939.

ÉGLISE SAINT-MICHEL (nef)
1866-1867
Grès *67151503*

L'église se compose d'une nef unique s'achevant sur un court chœur polygonal, séparés par un arc de triomphe en plein cintre. En 1928, une chapelle annexe consacrée à sainte Thérèse de l'Enfant Jésus est édifiée. Elle est l'objet de pèlerinages importants qui ont depuis disparu.

CHAPELLE SAINT-WENDELIN
1872
Grès et bois
Rue de la Chapelle *67151502*

Le bâtiment élevé à la fin du XIXe siècle fait suite à d'autres édifices, dont le premier remonte à 1436, date à laquelle, l'abbé de Marmoutier, Gaspar Stollhofen, autorise sa construction sur un terrain appartenant à l'abbaye. En 1774, à cause du mauvais état de l'édifice, la chapelle doit être reconstruite. En 1872-1873, une nouvelle chapelle vient remplacer la précédente. Des gravures d'Audiguier, conservées au musée de Saverne, représentent le bâtiment de la fin du XVIIIe siècle avec des éléments d'architecture du XVe siècle, en remploi dans les maçonneries. C'est dans ce sanctuaire, lieu de pèlerinage dédié à saint Wendelin, que sont bénits le pain et le sel qui, mêlés à la nourriture des hommes et du bétail, étaient censés protéger ceux-ci de la maladie. Une croix droite à crucifix du XIIIe siècle est conservée dans le chœur de l'édifice.

VIADUC SNCF
1877-XXe siècle
Grès (H. : 14,5 m, L. : 213,6 m)
67151514

Le viaduc enjambe en seize arches la rivière du Mosselbach. Consolidé de 1912 à 1913, l'ouvrage est miné, fin 1944, par les Allemands dans leur retraite. Il est réparé provisoirement par les troupes du génie américain. Exploitée à double sens, la ligne est désaffectée en mai 1978.

CALVAIRE
1911
Grès
Gaensbrünnel *67151504*

Ce calvaire est élevé en bordure de la route, à proximité d'une fontaine dont l'eau s'écoule au travers de la colonne.

MONUMENT
AUX MORTS
Grès 67151505

Un calvaire, comprenant un Christ en croix traditionnellement accompagné de deux femmes, est entouré de deux petits obélisques portant le nom des disparus des deux guerres mondiales.

LAVOIRS
XXe siècle
Bois et grès
Rue Sainte-Thérèse 67151510

Deux lavoirs sont construits le long de la petite rivière de la Mossel qui traverse le village. Les toits de tuile sont supportés par des piliers en bois montés sur des socles de pierre, protégeant ainsi l'ensemble des intempéries. Les plans de travail composés de plaques de grès sont installés au ras de l'eau. Le lavoir de la rue Sainte-Thérèse semble avoir eu un bac rempli d'eau pour le rinçage du linge. Un troisième lavoir, encore visible en 1952, était installé en aval du moulin, à la sortie du Muhlgraben.

Rangen

Canton de Marmoutier
Arrondissement de Saverne
Superficie : 165 ha
Population 1990 : 149 hab.
Habitants : les Rangenois

Origine du nom : probablement de l'anthroponyme germanique Renco, et du latin *vallis*, vallée.

HISTORIQUE

Le village dépend de l'évêché de Strasbourg, bailliage du Kochesberg, dont la cour domaniale est entre les mains des sires de Voltz d'Altenau en tant que fief des Ochsenstein, et plus tard des seigneurs des Deux-Ponts et des Hanau-Lichtenberg. L'abbaye a également des biens à Rangen au XIIe siècle. Le ban de Rangen englobe le hameau de Mittekurtz. En 1809, le chapitre cathédral de Strasbourg détient d'importants biens fonciers dans le village.

SARCOPHAGE
VIe-VIIe siècles
Grès
46, rue Principale
Mittelkurtz 67151601

Ce sarcophage monolithe anthropomorphe est marqué par un logement pour l'emplacement de la tête. Cet élément, d'origine inconnue, semble d'époque mérovingienne.

CLOCHER-CHŒUR
XVe siècle
Grès et bois
Église Saint-Martin 67151602

Le clocher-chœur témoigne d'une église succédant probablement à un

édifice plus ancien. Il pourrait s'agir d'une construction romane comme l'attestent des sculptures réemployées dans sa maçonnerie. La nef est reconstruite au XIXe siècle.

TÊTE SCULPTÉE
XIIe siècle
Grès
Clocher-chœur 67151603

Cet élément provient vraisemblablement de l'ancienne église de Rangen qui se trouvait au même endroit. Un visage grossier, avec deux yeux globuleux, un nez aux narines épaisses et une large barbe constituent une sculpture caractéristique de l'art régional du XIIe siècle.

STÈLE
1734
Grès
Mur d'enceinte du cimetière
Église Saint-Martin 67151604

De forme rectangulaire aux épaulements arrondis, la stèle est initialement dominée par une croix aujourd'hui disparue. Une tête d'angelot joufflu veille sur une épitaphe écrite avec des caractères romains. À la base, un crâne repose sur un tibia.

MAISON
XIXe siècle
Grès et bois
15, rue des Champs 67151605

Le logement d'habitation de l'ancienne ferme se distingue par sa galerie couverte, devant l'entrée au premier étage. Un escalier, suivi d'une balustrade de bois, permet l'accès aux pièces principales de la maison. La cave se situe au rez-de-chaussée.

Reinhardsmunster

Canton de Marmoutier
Arrondissement de Saverne
Superficie : 1 863 ha
Population 1990 : 366 hab.
Habitants : les Reinhardsmonastériens
Cours d'eau : la source du Mosselbach

Origine du nom : du nom de son fondateur, Jean Reinhart, et de l'allemand *Munster*, église.

Blason : ces armes évoquent l'église paroissiale et les armes des Hanau-Lichtenberg.
67151700

HISTORIQUE

Construit le long de la voie antique menant de Saverne à Dabo, Reinhardsmunster est occupé dès l'Antiquité, comme en témoignent des vestiges gallo-romains découverts sur son territoire. Une première agglomération est signalée au Xe siècle, sous le nom de Dillersmunster, à l'endroit du cimetière actuel. Ce village, partie de la seigneurie d'Ochsenstein, passe en 1485 aux Deux-Ponts-Bitche, puis par héritage, en 1570, aux Hanau Lichtenberg. En 1616, Jean Reinhart, comte de Hanau-Lichtenberg, fonde le village actuel qui prend son nom. Dillersmunster doit alors avoir déjà disparu. La guerre de Trente Ans ravage le village, qui ne compte plus en 1681 qu'une quinzaine d'habitants. En 1664, François Egon de Furstenberg, évêque de Strasbourg, devient propriétaire de Reinhardsmunster jusqu'en 1703. Il tente d'introduire le catholicisme dans une localité traditionnellement protestante, avec succès. En 1790, le village est rattaché au canton de Marmoutier.

STÈLE
Époque gallo-romaine
Grès
Musée archéologique, Saverne 67151701
Découverte dans une ancienne carrière de grès, près du lieu-dit Champagnermühle, cette inscription atteste une exploitation de la pierre par la 8e légion impériale Augusta, qui a par ailleurs réalisé de nombreuses routes et constructions dans la région.

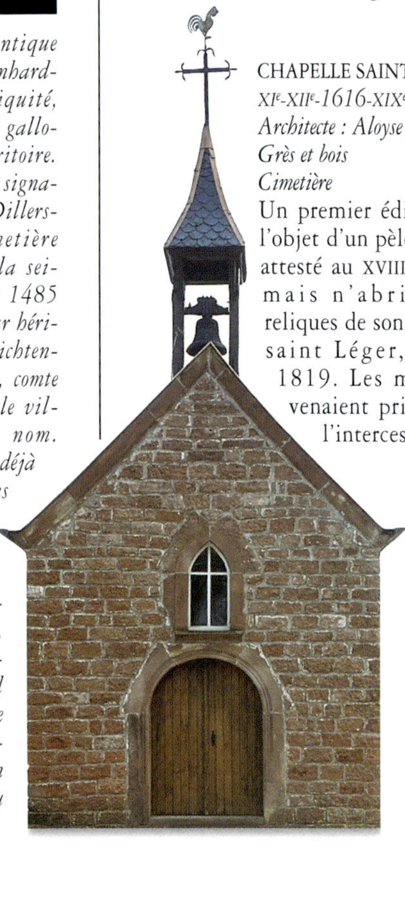

CHAPELLE SAINT-LÉGER
XIe-XIIe-1616-XIXe siècles
Architecte : Aloyse Brucker
Grès et bois
Cimetière 67151708
Un premier édifice est l'objet d'un pèlerinage, attesté au XVIIIe siècle, mais n'abrite les reliques de son patron, saint Léger, qu'en 1819. Les malades venaient prier pour l'intercession du

saint en tenant en main une réplique en bois du membre malade ou la représentation du corps entier. Le lieu de culte disparaît en 1854, lors de la construction de la nouvelle église du village. L'intérieur se trouvait audessous du niveau du cimetière, d'où une forte humidité, et le clocher menaçait ruine. Un nouveau sanctuaire est bâti en 1897, ne conservant que quelques parties anciennes dont l'encadrement de la porte d'entrée de 1616 et un bas-relief roman.

BAS-RELIEF
XIe-XIIe siècles
Grès
Chapelle Saint-Léger 67151709

Ce bas-relief de facture romane provient vraisemblablement de l'édifice détruit au milieu du XIXe siècle. Il représente un personnage debout, saluant de sa main droite démesurée. Il s'agit peut-être d'une première représentation de saint Léger bénissant.

CALVAIRE
1702
Grès
Cimetière 67151707

Sur la croix du calvaire implanté dans le cimetière, le torse du Christ est particulièrement marqué par la douleur. Ce type de sculpture, insistant sur la souffrance du Christ, est classique à cette période. À ses pieds a été sculpté un crâne en léger relief. Le socle porte une inscription relatant l'érection du monument.

STÈLE FUNÉRAIRE
XXe siècle
Béton et galet
Cimetière 67151711

La stèle funéraire, surmontée d'une croix, se distingue par son décor fait de petits galets de différentes couleurs, qui représentent des fleurs dans la partie basse délimitée par un liseré de silex blanc. Sur la croix supérieure recouverte de silex blanc, un crucifix est marqué par des pierres brunes sur lesquelles le Christ est fixé.

CHÂTEAUX D'OCHSENSTEIN
XIIe-XIIIe siècles
Grès 67151712

Le site est composé de deux châteaux : le Grand et le Petit Ochsenstein. Les trois rochers sont couronnés de constructions, entourés d'une vaste basse-cour. Le rocher principal porte un donjon pentagonal derrière lequel s'alignent les habitations étroites avec une chapelle centrale ainsi qu'une citerne à filtration. *(Cl. M. H. 1898)*

ENTRÉE DU ROCHER
XIIe-XIIIe siècles
Grès
Château troglodytique d'Ochsenstein
67151713

Les deux rochers nord supportent un seul château, le Petit Ochsenstein. Leurs formes et leurs entrées donnent au site les caractéristiques de château semi-troglodyte. Appartenant aux sires d'Ochsenstein dès la fin du XIIe siècle jusqu'à l'extinction de la famille, en 1485, les châteaux passent aux Deux-Ponts-Bitche puis aux Hanau-Lichtenberg. Ils sont détruits lors de la guerre de Trente Ans. *(Cl. M. H. 1898)*

CITERNE À FILTRATION
XIIIe siècle
Grès et sable
Châteaux d'Ochsenstein *67151714*

Cette citerne à filtration est conservée sur le château du Grand Ochsenstein. Une cavité taillée dans le poudingue du socle rocheux est aménagée en son centre par un puisard ; l'ensemble est recouvert par une voûte dont il ne reste qu'un arc et une partie du remplissage. L'espace obtenu entre la fosse et le puisard est rempli de pierres et de sable disposés afin de filtrer l'eau, qui est ainsi recueillie dans le puisard. Les eaux proviennent essentiellement des pluies qui sont captées et dirigées vers ce système, assurant ainsi une potabilité acceptable.

BILDSTOCK
XVIIe siècle
Grès *67151705*

Ce *bildstock* est surmonté d'une croix aux bras de travers plus longs que le bras vertical. À l'intersection des bras, on trouve la mention IHS dominant un cœur avec croix gravées. La niche est couverte d'un arc en accolade. Sur le fût est gravée la date de 1686 suivie d'une inscription.

ENCADREMENT DE PORTE
1618
Grès
21, rue Principale *67151715*

L'encadrement de porte Renaissance comporte la date de 1618 sur son linteau. La maison concernée est l'une des plus anciennes du village et remonte à la date de construction du nouveau village par Jean Reinhart, comte de Hanau-Lichtenberg.

ARMOIRIES
XVIIe-XVIIIe siècles
Grès
20, rue Principale *67151716*

Cette plaque couverte des armoiries des Landsberg et des Ochsenstein est utilisée comme élément décoratif dans la façade de cette maison. La tradition rapporte qu'elle provient des châteaux voisins d'Ochsenstein, mais ceux-ci, déjà abandonnés au XVIe siècle, sont définitivement ruinés pendant la guerre de Trente Ans (1618-1648).

MAISON FORESTIÈRE
XVIIIe siècle
Grès et bois
Haberacker 67151718

Une ferme figure à cet endroit sur la carte de Daniel Speckel, dès 1576. Son existence est liée au développement des châteaux d'Ochsenstein voisins, dont elle est le *Viehof*, ou ferme des animaux. Devenu bien national à la Révolution, elle est attribuée par Bonaparte, à titre de dotation, à la 5e cohorte de la Légion d'honneur, puis appartient de 1809 à 1877 à divers propriétaires avant d'être rachetée par l'administration des Forêts.

FERME
XVIIIe siècle
Grès et bois
31, rue Principale 67151717

Ce corps de ferme du piémont des Vosges est caractéristique de la région de Marmoutier. Un rez-de-chaussée construit en maçonnerie de moellons de grès est surmonté d'un étage à colombage. Le bâtiment, très long, accueille toutes les fonctions d'une ferme de moyenne montagne. La partie droite, destinée à l'habitation du fermier, est construite sur une cave semi-enterrée. Le reste du bâtiment se partage entre l'accueil des animaux, de grandes remises ou granges et l'habitation des journaliers.

BILDSTOCK
1764
Grès 67151710

Ce *bildstock* est surmonté d'une petite croix fleuronnée à redents. L'inscription IHS surplombe un cœur au niveau de l'intersection des deux branches. La niche est couverte d'un arc surbaissé. Sur le fût, une inscription dans un cartouche mentionne notamment la date de 1764.

ÉGLISE SAINT-JEAN-NÉPOMUCÈNE
XIXe siècle
Architecte : Louis Furst
Grès et bois 67151702

L'ancienne église, démolie en 1854 en raison de son exiguïté et décentrée par rapport au nouveau village, sert de carrière de pierre à la construction de style néo-gothique qui lui succède. Un clocher-porche mène à la nef qui s'achève par un petit chœur. La façade comporte deux petites tourelles renfermant des escaliers d'accès à la tribune et au clocher.

AUTEL LATÉRAL
XVIIIe siècle
Bois
Église Saint-Jean-Népomucène 67151703

L'aménagement intérieur de l'église est réalisé en 1855, grâce aux dons de fidèles de la paroisse d'Haguenau. Les deux autels latéraux sont des cadeaux de l'église Saint-Nicolas de Haguenau et proviennent de l'abbaye cistercienne de Neubourg, démantelée à la Révolution. Celui-ci est dédié à saint Léger. Le maître-autel est racheté par le curé Scherbech à la paroisse de la commune d'Ammerschwihr (Haut-Rhin).

EX-VOTO
XVIIIe-XIXe siècles
Bois
Église Saint-Jean-Népomucène 67151704
Ces ex-voto proviennent de la chapelle du cimetière, centre d'un pèlerinage dédié à saint Léger. Les membres, corps et tête représentés, indiquent au saint la partie du corps humain qu'on le prie de guérir.

MÉCANISME D'HORLOGE
XIXe siècle
Fer, bronze, laiton et fonte
Église Saint-Jean-Népomucène 67151719
Le mécanisme de l'ancienne horloge de l'église est conservé, dans son armoire restaurée, dans la nef de l'église. Il a été fabriqué par la maison Schwilgé comme nombre d'horloges qui ont équipé les églises de la région. Il a été acquis lors de la construction de l'église au milieu du XIXe siècle.

BILLEBAUM
Bois
Route forestière Billebaum 67151720
Ce tilleul centenaire a donné le nom à la route forestière menant de Saverne à Reinhardsmunster, par les crêtes des montagnes. Si l'arbre a été abattu pour des raisons de sécurité dues à son âge et aux parasites qui l'habitaient, la souche est conservée sur une hauteur importante et protégée par un petit toit.

Reutenbourg

Canton de Marmoutier
Arrondissement de Saverne
Superficie : 440 ha
Population 1990 : 318 hab.
Habitants : les Reutenbourgeois
Cours d'eau : le Reutenburgerbach et le Dachsgrabens

Origine du nom : de *reuten*, nom d'origine germanique signifiant défricher ou mettre en culture.

HISTORIQUE

Reutenbourg apparaît pour la première fois au Xe siècle, dans un état des biens de l'abbaye de Marmoutier. Attribué en fief comme la majeure partie de la marche de Marmoutier aux seigneurs de Geroldseck dès le début du XIIe siècle, il échoit, à l'extinction de cette famille, aux Wangen-Geroldseck, en 1390. Au sud du village, sur une petite hauteur appelée Reinacker et mentionnée dès 1350 se développe un pèlerinage à la Vierge. En 1429, l'abbé de Marmoutier atteste que la chapelle appartient à l'abbaye. En 1537, les sires de Wangen rachètent toutes leurs possessions, dont Reutenbourg. En 1667, l'évêque de Strasbourg, François Egon de Fierstenberg acquiert le village, qu'il revend en 1705 à l'abbaye de Marmoutier. Celle-ci retrouve ainsi l'ensemble de ses possessions primitives. En 1790, le village est rattaché au canton de Marmoutier. En 1827, le curé Fritsch fonde la congrégation des Sœurs franciscaines de la Miséricorde qui prend possession de la chapelle de Reinacker.

CLOCHER-CHŒUR
XIIe-XVe siècles-1859
Grès et bois
Église Saint-Cyriaque 67151802
Le clocher de l'église Saint-Cyriaque est le seul vestige du premier édifice roman. La nef est remplacée au XVIIIe siècle par une nef-salle baroque, agrandie en 1859. Du XIIe siècle subsistent les trois premiers niveaux, séparés par des frises lombardes. Des

lesènes viennent renforcer les murs. Ce décor confère à cette tour toutes les caractéristiques de l'architecture romane de la vallée du Rhin. Le troisième niveau, ouvert de baies géminées sur les quatre faces et recouvert d'un toit en bâtière, était l'étage des cloches. Le dernier étage, octogonal, date des travaux du milieu du XIXe siècle. *(I. M. H. 1935)*

BAS-RELIEF
XIIe siècle
Grès
Église Saint-Cyriaque 67151803
Parmi le bestiaire roman figure la sirène bifide. À Reutenbourg, cette représentation est incluse dans le parement du mur du rez-de-chaussée, avec deux autres sculptures. Un être au large torse tient, dans ses deux mains, deux membres qui se terminent en queue de poisson. Deux visages, plus petits, encadrent ce personnage fantastique. Ces éléments semblent provenir de la nef romane détruite. *(I. M. H. 1935)*

ÉGLISE
NOTRE-DAME-DE-REINACKER
XIVe-XVe siècles
Grès et bois 67151804
Le chœur du sanctuaire, édifié au début du XVe siècle, est dominé par la tour de croisée octogonale, beaucoup plus tardive puisqu'elle date de 1693. L'accès à l'église se fait par un double portail gothique réalisé en 1410. La nef à triple vaisseau est plus basse que le chœur, et de facture différente. Les quatre travées sont soutenues par huit colonnes massives. La façade, prise aujourd'hui dans une construction du XIXe siècle, est surmontée d'une Vierge monumentale, posée en 1827. Les armoiries de Placide Schweighaeuser, abbé de Marmoutier (1742-1762), figurent sur le socle. Dédiée à la Vierge, Notre-Dame de Reinacker attire de nombreux pèlerins. *(I. M. H. 1935)*

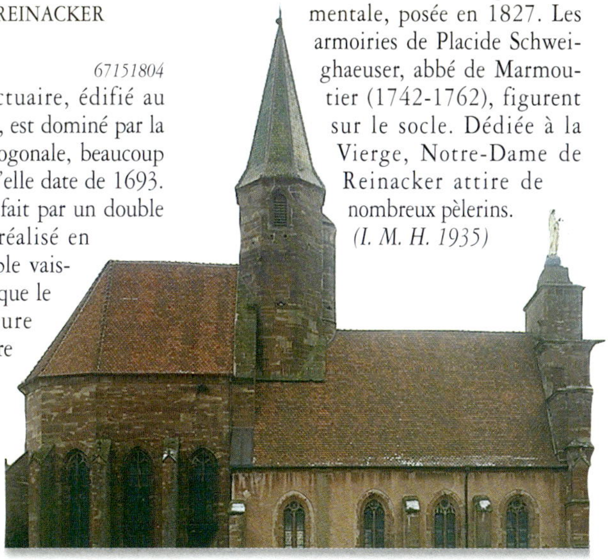

PORTAIL GÉMINÉ
Début du XVe siècle
Grès
Église Notre-Dame-de-Reinacker
67151810
Dans l'axe de la travée centrale de la nef s'ouvre un portail géminé reposant sur une colonne centrale. Derrière celle-ci, sur le meneau se trouve la *longitudo* ou taille du Christ, qui porte l'inscription « Diser stei ist also lang als got was », qui signifie « Cette pierre a la taille de Dieu ». Sur chacun des deux tympans aveugles des portes, se développe un motif trilobé caractéristique du gothique. Au-dessous de ces décors, une inscription rappelle la date de construction de 1410 et le nom de l'architecte Ludeman. Au-dessus de ce portail se trouvent disposées deux petites baies gothiques géminées. *(I. M. H. 1935)*

SERRURE
XVe siècle
Fer
Église Notre-Dame-de-Reinacker
67151816
Cette serrure est installée sur une des portes de l'entrée géminée de la façade ouest de l'église de Reinacker. *(I. M. H. 1935)*

CHAPITEAU
XIIe-XVe siècles
Grès
Église Notre-Dame-de-Reinacker
67151807

De section plus importante que les autres, les colonnes de la croisée du transept comprennent des chapiteaux massifs avec des décors floraux, mêlés de visages humains, l'ensemble symbolisant la parole divine qui est ou n'est pas reçue. Des tailloirs octogonaux surmontent ces chapiteaux qui semblent plus anciens, peut-être du XIIe siècle. *(I. M. H. 1935)*

CONSOLE AVEC ATLANTE
XIVe siècle
Grès
Église Notre-Dame-de-Reinacker
67151801

Au sud du chœur de l'église, la console décorée d'un atlante, en partie mutilé, supporte un faisceau de colonnettes sur lequel repose une partie du voûtement sur croisées d'ogives. Ce type de sculpture, comme beaucoup d'autres détails du chœur, rappelle l'architecture du XIVe siècle. *(I. M. H. 1935)*

NEF ET CHŒUR
XVe siècle
Grès
Église Notre-Dame-de-Reinacker
67151805

La nef-halle de l'église de Reinacker englobe un transept incorporé surmonté d'un clocher. Le voûtement du triple vaisseau est supporté par huit colonnes massives, partageant la nef en quatre travées éclairées par des fenêtres à deux lancettes sous réseau. Parmi les clefs de voûtes peintes, sont figurées les armoiries des sires d'Ochsenstein. Le chœur, plus large que la nef médiane, comprend deux travées oblongues et un rond-point à cinq pans de nonagone, le seul de

ce type en Alsace et l'un des rares dans l'Europe médiévale. Le voûtement, sur croisées d'ogives, retombe sur des faisceaux de colonnettes. De larges fenêtres, aménagées de vitraux de la fin du XIXe siècle, éclairent cette partie du sanctuaire. *(I. M. H. 1935)*

CONFESSIONNAUX
XVe siècle
Grès
Église Notre-Dame-de-Reinacker
67151806

Le mur de séparation du chœur et de la nef est aménagé côté chœur

de deux paires de niches géminées à sièges, qui passent pour être des confessionnaux ou d'anciennes stalles. Les accoudoirs sont sculptés, certains de représentations animales. Un décor accompagne les arcatures, notamment au sud où le soleil et la lune entourent une fleur de lis. La signification de cet ensemble demeure mystérieuse. *(I. M. H. 1935)*

PIETÀ
1443
Bois (H. : 56 cm)
Église Notre-Dame-de-Reinacker
67151814

Cette statue provient de la niche exposée à l'extérieur de l'église et transférée de la Maison de l'Œuvre, que possédait le couvent à Marmoutier, en 1957.

VIERGE MIRACULEUSE
1480
Bois polychrome
(H. : 120 cm)
Église Notre-Dame-de-Reinacker
67151813

Cette statue, Vierge miraculeuse, est l'objet du pèlerinage de Notre-Dame de Reinacker. Légèrement déhanchée, la Vierge porte l'Enfant souriant et couronné sur son bras gauche, sa main droite tenant un sceptre.

VIERGE DES SEPT DOULEURS
XVIIIe siècle
Bois
Église Notre-Dame-de-Reinacker
67151812

La tribune surplombant la nef porte neuf panneaux décorés de peintures polychromes rappelant les grands épisodes de la Vie de la Vierge. Sont représentés successivement : l'Assomption, la Naissance de Marie, La Présentation de Marie, les Fiançailles de Marie et Joseph, l'Annonciation, la Visitation, la Présentation de Jésus à Syméon, la Vierge des Sept Douleurs, l'Assomption. Les Sept Douleurs sont matérialisées par sept glaives plantés dans le cœur de la Vierge.

CROIX
1442
Grès
Cimetière
Église Notre-Dame-de-Reinacker
67151811

Cette croix dite « miraculeuse », objet de vénération par les pèlerins, a été restaurée à plusieurs reprises.

STÈLES FUNÉRAIRES
XXe siècle
Grès
Cimetière
67151817

Ces stèles funéraires ont été élevées à la mémoire de deux aviateurs anglais, les sergents Lightfoot et Butler, respectivement navigateur et tireur et âgés de 26 et 28 ans, morts dans leur appareil au retour d'une mission de bombardement sur l'Allemagne en février 1944.

NICHE AVEC PIETÀ
1443-XXe siècle
Sculpteur : Raymond Keller
Grès
67151808

Cette niche en pierre est un vestige de l'ancienne Maison de l'Œuvre (*Stiftshaus*), aujourd'hui disparue. Elle porte la date de 1443 et renferme, derrière une grille de fer forgé, une pietà en grès gris, œuvre du sculpteur contemporain Raymond Keller.

PORTERIE
XIXe siècle
Grès et bois
Couvent de Reinacker
67151809

Cet élément constitue l'entrée principale du couvent de Reinacker, dont la clef de voûte de l'arc surbaissé porte la date de 1843. Ce couvent, construit au XIXe siècle, appartient aux sœurs franciscaines de Reinacker qui se consacrent aux soins des malades, à l'animation du pèlerinage et à l'accueil de groupes de réflexion et de personnes isolées qui viennent trouver le repos et le recueillement.

Salenthal

Canton de Marmoutier
Arrondissement de Saverne
Superficie : 134 ha
Population 1990 : 140 hab.
Habitants : les Salenthalois

Origine du nom : probablement de l'anthroponyme germanique Salo, ou du germanique *Sahle*, saule, et de *Thal*, vallée.

Blason : ces armes sont inspirées de celles de l'abbaye de Marmoutier et de celles de Geroldseck.
67151900

HISTORIQUE

Mentionné pour la première fois en 1120, dans un acte de l'abbaye de Marmoutier, Salenthal appartient à l'abbaye sans faire partie de la marche de Marmoutier. Trois membres d'une famille de Salenthal sont cités dans les fonds d'archives du chapitre de Saverne et de Saint-Pierre-le-Jeune de Strasbourg, entre 1287 et 1352. En 1390, le village échoit aux sires de Wangen, héritiers des Geroldseck. En 1667, François Egon de Furstenberg rachète les différents territoires ayant appartenu à l'abbaye de Marmoutier, dont Salenthal, et cède le tout en 1705 à cette dernière. En 1790, Salenthal est définitivement rattaché au canton de Marmoutier.

CLOCHER
XIIe siècle
Grès et bois
Église Saint-Maurice *67151901*
La nef de l'église est reconstruite en 1855, selon un plan unique à trois axes avec portail cintré. Le clocher-chœur roman, constitué de l'ancienne chapelle Saint-Maurice , est accolé à la nef. Trois niveaux le composent, le dernier étage étant aménagé de fenêtres géminées. De petites ouvertures éclairent les autres étages. Des baies plus grandes sont ouvertes au

rez-de-chaussée, probablement à l'époque gothique, au cours de laquelle est installée une armoire eucharistique. Plusieurs membres de la famille Geroldseck sont enterrés dans le chœur. L'autel et le tabernacle *(I. M. H. 1975)*, du XVIIIe siècle, sculptés dans le bois et polychromes, sont de style baroque.

ARMOIRE EUCHARISTIQUE
XIIIe siècle
Grès
Église Saint-Maurice *67151904*
Une armoire eucharistique est scellée dans le chœur de l'église. Couvert d'un arc en accolade, décoré de motifs végétaux en crochets sur les rampants, l'ensemble est couronné d'un pinacle fleuronné.

SAINT SÉBASTIEN
XVIIIe siècle
Bois polychrome
Église
Saint-Maurice
67151905
Saint Sébastien est traditionnellement représenté, percé de flèches devant l'arbre il est attaché, conformément à son martyre.

CALVAIRE
1875
Grès et fer forgé *67151903*
Une croix en fer forgé repose sur un socle de grès jaune sur lequel est inscrite une représentation de sainte Madeleine. Ce type de calvaire n'est pas fréquent dans la région de Marmoutier.

Schwenheim

Canton de Marmoutier
Arrondissement de Saverne
Superficie : 495 ha
Population 1990 : 570 hab.
Habitants : les Schwenheimois

Origine du nom : du haut allemand médiéval *Swin*, pâtre, berger et *Heim*, maison.

HISTORIQUE

Cité pour la première fois en 724 sous le nom de Suenheim, Schwenheim appartient à la marche de Marmoutier par un don du roi mérovingien Childebert II, au VIIe siècle. Le village est placé par l'évêque de Metz sous la protection des Geroldseck dès le XIe siècle. Ceux-ci se comportent, comme sur tout le territoire de l'abbaye, davantage en spoliateurs qu'en protecteurs. À l'extinction la famille, en 1390, le village est partagé entre plusieurs nobles dont les Ochsenstein et les Wangen. Malgré la protection de Mansfeld, Schwenheim subit d'importants ravages durant la guerre de Trente Ans (1618-1648) et manque de disparaître. La localité connaît ensuite divers propriétaires jusqu'en 1760, date à laquelle, par échange, elle revient à l'évêque de Strasbourg qui l'incorpore au bailliage de Saverne jusqu'à la Révolution. Depuis 1789, le village fait partie du canton de Marmoutier. Un décret du 15 juillet 1953 transforme Schweinheim en Schwenheim.

POMPE À BRAS
XIXe siècle
Fonte 67151907
Installée près du lavoir, cette pompe permettait, par un large levier réduisant l'effort, d'alimenter une cuve de pierre pouvant également servir d'abreuvoir pour le bétail.

LAVOIR
XIXe-XXe siècle
Bois et grès 67151906
Ce lavoir a des proportions importantes pour un village comme Salenthal. Des piliers de bois, reposant sur des socles de pierre afin de les isoler de l'humidité, supportent une charpente couverte de tuiles. Un bassin central est alimenté par une source, de part et d'autre des plans de travail permettent aux lavandières de nettoyer leur linge à proximité du bassin. Un muret périphérique maintient les animaux à distance.

ÉGLISE
SAINTS-VINCENT-ET-ANASTASE
XIIe siècle
Grès et bois 67152002
La reconstruction de l'église paroissiale, au milieu du XIXe siècle, a laissé en place le clocher roman. De clocher-chœur dans l'église primitive, il devient clocher-porche dans l'actuelle construction. Composée de quatre niveaux de sections différentes marquées par un retrait à chacun des étages, la tour est décorée d'arcatures lombardes sous chacune des corniches rythmées par des lesènes renforçant la stabilité des murs. Le dernier étage est ouvert de baies géminées séparées par des colonnettes, un toit en bâtière recouvrant l'ensemble.

BÉNITIER
1598
Grès
Église Saints-Vincent-et-Anastase
67152003

Cet élément s'inscrit dans la sculpture de la période gothique finissante. Le bénitier de section polygonale est décoré d'un écu portant une étoile. La signification de ce blason est inconnue ; il s'agit peut-être des armes d'une des nombreuses familles nobles du village.

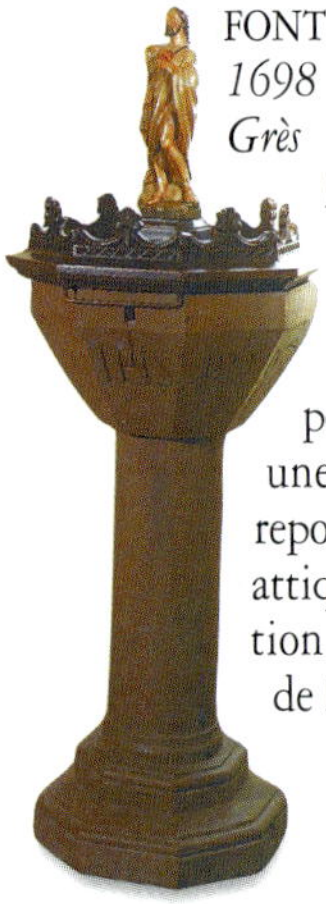

FONTS BAPTISMAUX
1698
Grès
Église Saints-Vincent-et-Anastase
67152004

Une cuve de section polygonale est montée sur une colonnette cylindrique reposant sur un socle de style attique. La date de sa réalisation est gravée sur le rebord de la cuve.

CONFESSIONNAL
XIXe siècle
Bois
Église Saints-Vincent-et-Anastase
67152006

Cette pièce de mobilier est d'inspiration baroque. Le confessionnal est décoré de colonnettes tournées. Les ouvertures, dont celle de l'officiant, sont aménagées de croisillons ouvragés, en particulier celui de la partie centrale qui affecte une forme d'ostensoir. L'ensemble est surmonté d'un fronton avec un décor de style rocaille.

CHAIRE
XIXe siècle
Bois
Église Saints-Vincent-et-Anastase
67152005

Cette chaire de style néo-gothique comportant les représentations des quatre évangélistes autour du garde-corps est ouverte d'un abat-voix ouvragé. Un clocher, surmonté d'une flèche, est maintenu symboliquement par des arcs-boutants. La rampe de l'escalier est ouverte de roses quadrilobées ainsi que d'entrelacs de facture gothique. L'ensemble repose sur une fine colonnette surmontée d'un chapiteau.

MAISON
XIIIe siècle
Grès et bois
130, rue Principale
67152009

Une des plus anciennes maisons de Schwenheim se compose d'un rez-de-chaussée édifié en moellons de grès, percé de petites ouvertures d'éclairage

et d'un étage à colombage. Les arêtes de l'ensemble de la bâtisse sont appareillées en chaînages d'angle puissants. Le premier étage, en léger encorbellement, est supporté dans ses angles par des corbeaux.

CHAPELLE SAINTE-CROIX
1771
Grès et bois *67152001*

La chapelle Sainte-Croix, construite en quatre mois sous l'impulsion de l'abbaye mère de Marmoutier, est, notamment pour

les malades souffrant d'abcès, le centre d'un pèlerinage, une messe étant célébrée le premier dimanche de juillet, en présence d'une parcelle de la sainte Croix. Une nef unique, éclairée par deux séries de grandes ouvertures, est couverte d'un toit surmonté d'un clocher.

CIMETIÈRE JUIF
Fin du XVIIIe siècle
Grès *67152007*

Cet ancien cimetière, désormais désaffecté, est aménagé en 1781. Il constitue l'un des seuls vestiges de la petite communauté juive de Schwenheim. Cette population a compté jusqu'à 163 personnes constituant 35 familles, soit presque un cinquième de la population totale en 1846. Cette communauté a désormais complètement disparu de Schwenheim.

FERME
1838
Grès et bois
134, rue Principale *67152011*

L'habitation, construite parallèlement à la rue, comprend deux étages. Une large porte charretière accompagnée d'une porte piétonne surmontée d'un arc en plein cintre relie l'habitation aux communs. Une niche aménagée au-dessus de l'entrée piétonne accueillait la statuette d'un saint ou d'une Vierge, protégeant symboliquement l'exploitation.

ÉCOLE
Fin du XIXe-début du XXe siècles
Grès et bois
112, rue Principale *67152010*

La construction de cette école date de la période allemande de l'Alsace, comme le démontre le cartouche renfermant l'inscription *Madchenschule*, école de filles. Le bâtiment comporte notamment un soubassement en moellons de grès et des encadrements de portes et de fenêtres en grès gris.

Singrist

Canton de Marmoutier
Arrondissement de Saverne
Superficie : 354 ha
Population 1990 : 319 hab.
Habitants : les Singristois

Origine du nom : du latin *signum Christi*, signe ou empreinte du Christ.

Blason : ces armes évoquent l'étymologie de la commune.
67152100

HISTORIQUE

Le village, partie intégrante de la marche de Marmoutier, est cité dès le Xe siècle dans un acte de l'abbaye de Marmoutier. Il échoit aux sires de Wangen en 1390, après le partage du territoire de l'abbaye. Racheté en 1667 par l'évêque de Strasbourg, Singrist est ensuite revendu à l'abbaye de Marmoutier.

ÉGLISE SAINT-REMI
XIIIe siècle
Grès et bois *67152101*

Entourée du cimetière, l'église Saint-Remi conserve un clocher-chœur du XIIIe siècle suivi d'une nef unique reconstruite au XVIIIe siècle. Le rez-de-chaussée du clocher est voûté et percé de trois ouvertures. L'étage des cloches est marqué par des baies géminées à arcs brisés, caractéristiques du XIIIe siècle.

FENÊTRE
XIVe siècle
Grès
Église Saint-Remi *67152102*

La nef de l'église Saint-Remi est éclairée de part et d'autre par deux séries de fenêtres à remplage d'époque gothique. Il s'agit probablement d'une réutilisation des fenêtres de la nef du XIVe siècle construite par Jean II, abbé de Marmoutier, et reconstruite au XVIIIe siècle. Les grandes ouvertures, séparées par des meneaux, sont surmontées de linteaux aux remplages sculptés d'arcs et de motifs de tradition flamboyante.

STÈLES FUNÉRAIRES
XVIIIe-XIXe siècles
Grès
Église Saint-Remi 67152105
Plusieurs stèles funéraires sont déposées derrière le chevet de l'église paroissiale. Décorées de l'œil divin au centre d'un triangle en partie haute et du crâne sur fémur en partie basse, datant principalement des XVIIIe et XIXe siècles, elles constituent un échantillon de l'art funéraire de ces époques, du style rocaille au style néo-classique. Des croix dominent certaines stèles.

CALVAIRE
1771
Grès rose
Cimetière
Église Saint-Remi 67152103
Ce calvaire est une croix de mission de facture classique, comme il y en a dans la plupart des villages du canton de Marmoutier. Le socle du fût est élaboré et comporte un cartouche à l'inscription effacée.

MONUMENT AUX MORTS
1920
Grès gris
Cimetière 67152106
Cette stèle funéraire a été élevée à la mémoire des soldats de la Première Guerre mondiale. Le tombeau sculpté d'une croix aux bras fleuronnés est dominé par un crucifix monté sur une longue niche arrondie. Celle-ci, en plein cintre, contient une statuette de la Vierge. Sur le socle, un cartouche renferme des inscriptions taillées sur une plaque fixée par trois clous.

ORATOIRE-MONUMENT AUX MORTS
1720-XXe siècle
Grès 67152104
Cet oratoire est daté par le cartouche situé au-dessus d'une porte aux montants et au linteau soigneusement travaillés. Il fait désormais office de monument aux morts des deux guerres mondiales.

VESTIGES DE FOUR À PAIN
XIXe siècle
Brique et grès
Rue des Jardins 67152107
Au premier étage d'une maison se trouvent les vestiges d'un four entièrement construit de briques réfractaires. Le socle reposant sur des blocs de grès gris, ainsi qu'une grande partie de la chambre de cuisson ont disparu, ne laissant apparaître que l'entrée du four. Ce dernier était accroché à l'extérieur de la maison pour des raisons de sécurité.

ANCIEN TUNNEL SNCF
XIXe siècle
Grès (L. : 437 m) 67152108
Ce tunnel perce les collines sous-vosgiennes afin de permettre le passage du tronçon de voie ferrée qui est mis en service le 1er août 1877, sur une voie unique. À la veille de la Première Guerre mondiale, sept omnibus quotidiens circulent dans les deux sens : Saverne-Molsheim-Strasbourg. En 1934, la ligne est exploitée à double voie. En 1951, la voie unique est rétablie. En 1965, les dessertes ferroviaires des dimanches et jours fériés sont supprimées. Enfin, en 1971, la section Romanswiller-Marmoutier dont fait partie le tunnel est définitivement déclassée.

Thal-Marmoutier

Canton de Marmoutier
Arrondissement de Saverne
Superficie : 380 ha
Population 1990 : 637 hab.
Habitants : les Thalois
Cours d'eau : le Rain et le Mosselbach

Origine du nom : du germanique *Thal*, vallée, de l'abbé Maur, et du latin *monasterium*, couvent.

Blason : les armes rappellent les noms de saint Pierre, patron du village, et des seigneurs de Geroldseck, propriétaires du village au XIIIe siècle.
67152200

HISTORIQUE

Le village est mentionné du Xe siècle au XVIIe siècle sous le nom de Dompeter im Thal, puis par la suite sous le nom de Thal. Il fait partie de la marche de Marmoutier et revient aux sires de Wangen, en 1390, à l'extinction de la famille des Geroldseck qui le possédait partiellement. En 1667, Thal devient propriété de l'évêque de Strasbourg qui le revend, en 1707, à l'abbaye de Marmoutier. Le village est détruit en 1622, pendant la guerre de Trente Ans, lors du siège de Saverne par les troupes de Mansfeld. Les hameaux de Schwebwiller et Saint-Gall, situés sur la route antique de Saverne à Reinhardmunster font partie de Thal. Saint-Gall n'est à l'origine qu'une chapelle placée sous ce vocable en 1142, mais figure en tant que hameau sur la carte de Spechel en 1576. Construite au XVIIe siècle, la chapelle Saint-Gall, coiffée d'un clocher à bulbe, était très visitée le jour de la Saint-Gall, le 16 octobre. Ce pèlerinage avait la réputation de protéger les animaux des maladies et des mauvais sorts.

POMPE À BRAS
XIXe siècle
Fonte *67152110*
Une pompe à bras à large levier permet de tirer l'eau avec commodité, notamment pour abreuver les animaux.

ANCIEN CAFÉ-RESTAURANT
AU SOLEIL
XIXe-XXe siècle
Grès, brique et bois *67152109*
Une maison à étage est dotée d'un pignon, côté rue. Ancien restaurant, elle accueillait les convives au rez-de-chaussée, dans une vaste salle. Le cartouche avec l'inscription « Restaurant Au Soleil » se déploie sur toute la largeur de la maison. Une grande salle est aménagée au rez-de-chaussée de la remise construite contre la maison d'habitation. Au-dessus de la fenêtre subsiste un cartouche avec l'inscription « Bière Gruber ».

CLOCHER-CHŒUR
XIIe siècle
Grès et bois
Église Saint-Pierre *67152201*
Comme dans bien d'autres villages, la mode du XIXe siècle a entraîné la destruction d'une partie de l'ancienne église, ne laissant en place que l'ancien clocher-chœur roman. Seuls subsistent le rez-de-chaussée et le premier étage de l'édifice du XIIe siècle. Décorés d'arcatures lombardes, chacun des niveaux est rythmé par des lesènes renforçant la stabilité des murs. Des ouvertures ont été pratiquées au siècle dernier afin d'accroître l'éclairage. La partie supérieure date de la même époque.

FENÊTRE

XIIe-XIXe siècles

Grès

Église Saint-Pierre *67152202*

Cet aménagement est insolite, d'une part par son emplacement – en pleine coupure d'une lesène- et par le décor du linteau de l'arc en plein cintre. Cette ouverture fragilise le mur, car une lesène est non seulement décorative, mais doit également renforcer la stabilité de l'ouvrage. Le décor, sculpté en méplat, comprend deux croix, dont l'une dite « de Saint-André », encadrant une rose géométrique enferrée dans une arche. De part et d'autre, à nouveau, des roses géométriques surmontent une représentation végétale. Bien que ce décor soit cohérent et réalisé en une seule fois, il ne semble pas être contemporain du reste de la construction. L'ensemble se distingue également par les balais de sorcière du XIXe siècle fermant l'ouverture, éléments symboliques de protection contre les mauvais esprits.

ANCIENNE FERME

XVIIIe siècle

Grès et bois

24, rue du Hirschberg, Saint-Gall

67152211

Caractéristique du piémont des Vosges du canton de Marmoutier, cet ancien bâtiment de ferme est construit à flanc de montagne. La partie habitation est édifiée sur un rez-de-chaussée massif, faisant office de cave, dans lequel une porte coiffée d'un arc en plein cintre est ouverte, accompagnée d'une petite fenêtre. L'accès se fait par un escalier extérieur. La partie gauche est réservée à la remise, ainsi qu'aux animaux domestiques.

BILDSTOCK

Fin du XVIIe-début du XVIIIe siècles

Grès

Schwebwiller *67152206*

Sur ce *bildstock* à édicule peu élevé et peu saillant, avec un sommet arrondi en berceau, des moulures saillantes sur trois faces marquent la transition entre le fût et la niche surmontée d'un arc en plein cintre. Une inscription subsiste sur le fût.

CALVAIRE

1774

Grès *67152204*

Cette croix ornée d'un crucifix est une croix de mission, montée sur un socle de style rococo. Le Christ en croix, pieds superposés, se distingue par une musculature marquée par la souffrance. Ses côtes fortement soulignées autour d'un ventre plat indiquent une crucifixion prolongée. Sous ses pieds, un crâne surmontant un tibia est enfermé dans une volute.

MAISON DE MAÎTRE

XVIIIe siècle

Grès et bois

10, rue des Murs, Schwebwiller *67152209*

Cette maison est édifiée à l'emplacement d'une ancienne maison forte. Autour de la maison, dans les prés environnants, un fort dénivelé indique la présence de fossés anciens cernant l'édifice fortifié. Le bâtiment comprend de larges fenêtres aux encadrements de grès. La partie droite est réservée à l'habitation tandis qu'à gauche un large portail s'ouvre sur une remise. Un ensemble de hangar, atelier, étable est construit contre et autour de la maison principale.

ORATOIRE
XIXe siècle
Grès et bois
Schwebwiller 67152203

Deux oratoires de même type sont construits dans ce hameau dépendant de Thal-Marmoutier. Édifiés au XIXe siècle, ils sont dédiés à Notre-Dame. Un petit autel est aménagé à l'intérieur, surmonté d'une statue. Au-dessus de l'entrée, une inscription en gothique allemand rappelle les donateurs ainsi que la date de construction.

CALVAIRE
XIXe siècle
Grès
Rue des Tilleuls, Schwebwiller
67152205

Ce calvaire se distingue par sa croix de pierre dont le décor rappelle le bois par la représentation de l'écorce et des nœuds. Le socle représentant un tas de pierres renferme un cartouche dont l'inscription taillée sur une plaque de marbre mémorise les donateurs ainsi que la date d'érection.

COUVENT (maison des hôtes)
1853-XXe siècle
Grès et bois
1, rue du Couvent 67152207

Le couvent est construit pour les Petites Sœurs de Thal, qui adoptent la règle des Frères et des Sœurs du troisième ordre régulier de Saint-François. La chapelle bleue, entièrement rénovée à partir de l'ancienne, est caractérisée par des formes simples et la nudité du béton. La chapelle et le chemin de Croix sont réalisés à Assise, par un artiste contemporain, Franchi.

MONUMENT AUX MORTS
XXe siècle
Grès et bronze 67152208

La statue de Jeanne d'Arc, montée sur un socle de grès, fait office de monument aux morts des deux guerres mondiales. La statue est commune dans des régions comme la Lorraine ou la Franche-Comté, mais rare dans la région de Marmoutier. Elle est d'ailleurs la seule du canton.

Westhouse-Marmoutier

Canton de Marmoutier
Arrondissement de Saverne
Superficie : 375 ha
Population 1990 : 223 hab.
Habitants : les Westhousiens

Origine du nom : inconnue.

Blason : il est inspiré des armes des Deux-Ponts et de celles des évêques de Strasbourg.
67152300

HISTORIQUE

Mentionné pour la première fois en 1128 sous le nom de Westuo San Marca, Westhouse appartient aux seigneurs d'Ochsenstein jusqu'au XIIIe siècle. À l'extinction de cette famille, en 1485, la localité passe sous la tutelle des Deux-Ponts-Bitche jusqu'en 1539, puis des évêques de Strasbourg. La population chute durant la guerre de Trente Ans, comme dans bien d'autres villages, sans toutefois disparaître. Après avoir fait partie du chapitre rural de Bethur, Westhouse est rattaché à l'archiprêtré de Saverne. En pays de basses collines vallonnées, Westhouse-Marmoutier est un village agricole, dont l'activité est partagée entre la polyculture et l'élevage.

CLOCHER
XVe siècle
Grès et bois
Église Sainte-Barbe-et-Saint-Florent
67152301

Le clocher comporte toutes les caractéristiques d'une construction du XVe siècle, bien que l'important crépissage ne laisse rien apparaître. Le rez-de-chaussée, aveugle, a une section plus importante que les étages supérieurs, comme en témoigne le ressaut visible sur le périmètre. À l'étage des cloches, des ouvertures géminées sont percées sur les quatre faces. Reconstruite en 1830, la nef unique, à trois axes, se termine sur un chœur polygonal en retrait. L'orgue Stiehr date de 1868. Les vitraux, réalisés en 1924, sont l'œuvre du maître verrier Bohl de Haguenau.

LINTEAU
1764
Grès jaune
Presbytère *67152303*

Un linteau de porte ouvragé a été réutilisé dans l'encadrement d'une porte s'ouvrant sur le jardin du presbytère. Un cartouche décoré de motifs floraux et surmonté d'un heaume à visière est encadré de la date 1764 sur toute la largeur du linteau. Cette date est soulignée par une bande que les enroulements des extrémités font ressembler à un parchemin ou un phylactère.

FERME
XIXe siècle
Bois
18, rue Principale *67152305*

Cette façade de ferme, caractéristique de l'arrière-Kochesberg, est celle d'une maison d'habitation à colombage. Le portail, qui comprend une porte charretière et une porte piétonne, est recouvert d'un petit toit de tuiles castor.

FERME
XIXe siècle
Pierre
4, rue des Acacias *67152306*

La façade de cette ferme, réalisée en maçonnerie, se termine par le logement des journaliers, qui fait face à l'habitation principale. Un large portail, aux montants de grès, est accompagné d'une porte piétonne fermée en partie haute par un arc en plein cintre et couverte d'un toit en tuiles castor.

BANC-REPOSOIR NAPOLÉONIEN
XIXe siècle
Grès rose *67152304*

Initiée par le préfet de Lezay de Marnésia et poursuivie sous l'administration de son successeur West, la construction dans les communes de la région de bancs-reposoirs accompagne la célébration du mariage de l'empereur en 1853. De réalisation simple mais robuste, ces bancs sont généralement installés sous les frondaisons.
(I. M. H. 1988)

CROIX RURALE
XXe siècle
Grès et fer forgé *67152302*

Cette croix aux bras fleuronnés comporte un Christ en bronze. Le fût en grès d'une ancienne croix a été réutilisé en support. Sous une niche fermée par une grille, une inscription date la croix primitive du XVIIIe siècle.

Zehnacker

Canton de Marmoutier
Arrondissement de Saverne
Superficie : 218 ha
Population 1990 : 128 hab.
Habitants : les Zehnackerois

Origine du nom : de l'allemand *zehn*, dix, et de *Acker*, champ.

HISTORIQUE

Le territoire de Zehnacker abrite les vestiges d'un établissement gallo-romain, précédé d'une occupation dès l'époque préhistorique. La « Kaiserstrasse », route romaine reliant Saverne à Strasbourg, passe à proximité du village. Cité pour la première fois en 739, Zehnacker appartient dès le XIIe siècle à l'abbaye de Marmoutier. Fief des sires de Fenétrange au XIVe siècle, la localité est vendue en 1503 à la ville de Strasbourg qui en reste propriétaire jusqu'à la Révolution.

ÉGLISE NOTRE-DAME
XIIe siècle-1852
Grès et bois
Église Notre-Dame 67152401

Succédant à une église placée depuis 1686 sous le régime du simultaneum, qui prescrit l'utilisation alternative du lieu pour les cultes protestant et catholique, la nef est reconstruite en 1852, laissant en place l'ancien clocher. Séparé en deux volumes par un mur transversal, réservé d'un côté au culte luthérien, de l'autre, côté chœur, au culte catholique, ce bâtiment est unique dans la région. La partie protestante est aménagée d'un orgue Wetzel de 1867.

CLOCHER
XIIe siècle
Grès et bois
Église Notre-Dame 67152402

Les trois premiers niveaux du clocher, de sections différentes et percés de petites ouvertures, correspondent à la période romane. Le troisième étage est éclairé de baies géminées. La partie supérieure ainsi que la flèche datent de la même période que la reconstruction de la nef.

ARMOIRE EUCHARISTIQUE
XIVe siècle
Grès et fer forgé
Église Notre-Dame 67152403

Cette armoire eucharistique avec décors moulurés, installée dans le chœur, provient de l'église précédente. La niche, fermée par une grille, est surmontée d'un gable en accolade, encadré par deux pinacles surmontés de fleurs à cinq et six pétales enfermées dans un cercle. L'intérieur du gable est décoré d'une rose à trois lobes accompagnée, de part et d'autre, de deux arcs trilobés. La surface libre entre le gable et les pinacles est ornée de fleurs de lis en creux.

FONTS BAPTISMAUX
XIVe-XVe siècles
Grès
Église Notre-Dame 67152404

Un solide socle cubique aux arêtes effacées en écus supporte, par l'intermédiaire d'une couronne polygonale, la cuve semi-sphérique des fonts baptismaux. Une frise d'éléments végétaux entrelacés décore le bord de cuve sur le pourtour.

CROIX RURALE
Début du XVIIIe siècle
Grès 67152405

Le territoire de Zehnacker abrite une grande croix à niche à bras fleuronnés. À l'intersection des bras, le chrisme IHS est enfermé dans un cercle et domine une niche avec arc surbaissé. En dessous, subsiste partiellement une inscription avec la date de 1722.

MAIRIE
XIXe siècle
Grès et bois 67152406

La mairie de Zehnacker comporte une architecture peu commune dans la région. Sur un rez-de-chaussée assez trapu, l'entrée du bâtiment est aménagée sous un arc surbaissé, au fond d'un petit patio fermé par l'aménagement de deux petits piliers reposant sur deux parapets. Les parties basses pleines de ces derniers sont décorées de cartouches vierges inscrits dans un rectangle. L'étage supérieur est éclairé par un alignement de trois grandes fenêtres, encadrées par des corniches. Le toit est dominé par un petit clocheton, surmonté d'une girouette. Cet ensemble, dont les éléments semblent rapportés de constructions différentes, est donc singulièrement hétéroclite.

LAVOIR
XIXe siècle
Grès 67152407

Le bassin de section carrée est entouré d'un muret protégeant le lavoir des souillures. Quelques marches permettaient d'accéder à la zone de travail dont les plans de travail sont aménagés sur un second muret fermant les trois côtés du bassin.

Zeinheim

Canton de Marmoutier
Arrondissement de Saverne
Superficie : 246 ha
Population 1999 : 151 hab.
Habitants : les Zeinheimois

Origine du nom : de l'ancienne langue germanique *Zan* ou *Zaun*, enclos, enceinte et *Heim*, maison, foyer.

Blason : ces armes évoquent celles des seigneurs de Wangen-Geroldseck et des Rathsamhausen.
67152500

HISTORIQUE

La découverte de sarcophages en grès à proximité de la localité permet d'affirmer que le hameau existe déjà à l'époque mérovingienne. Un tronçon de l'ancienne voie romaine Saverne-Strasbourg passe à proximité du village au lieu-dit Altstrasse. Zeinheim est partie intégrante du Nordgau, comté d'Alsace du Nord, du IXe siècle jusqu'en 1152. À cette date, Frédéric de Hohenstaufen, duc d'Alsace et de Souabe, devient empereur du Saint Empire romain germanique et, agrandissant ses domaines personnels, détache la plupart des villages du Kochesberg du landgraviat de basse Alsace qui avait succédé au comté du Nordgau. Zeinheim devient village d'Empire et est administré par le prévôt impérial de Haguenau. Revendiquant l'héritage des Egnisheim-Dabo, gouverneurs du Nordgau, l'évêque de Strasbourg devient en 1236 propriétaire de la moitié du bourg. La part de l'empereur est donnée aux seigneurs de Wangen, qui reçoivent la part de l'évêque en 1247, puis aux Rathsamhausen. La guerre de Trente Ans décime presque totalement le village, les survivants agrandissant leurs domaines. Jusqu'à la Révolution, Zeinheim fait partie du bailliage du Kochesberg et, à partir de 1789, du district de Haguenau.

CLOCHER

XIIe siècle

Grès et bois

Église Saint-Cosme-et-Saint-Damien

67152501

Le clocher latéral jouxte la nef et le chœur polygonal reconstruits en 1844. Un grand portail permet l'accès au vaisseau de la nef. Trois niveaux composent le clocher : un rez-de-chaussée surélevé et percé de petites ouvertures avec arc en plein cintre, un second niveau aménagé lui aussi du même type d'ouverture mais de section moins importante, enfin le dernier étage éclairé de baies géminées et couvert d'un toit en bâtière. Chacun des niveaux est marqué d'un retrait, matérialisant ainsi des sections différentes.

ORGUE

XIXe siècle

Facteur : Charles Wetzel

Bois, zinc et fer

Église Saint-Cosme-et-Saint-Damien

67152506

Cet instrument a été construit par un des grands facteurs d'orgue alsaciens, Charles Wetzel (1828-1902), auteur notamment des orgues de la

synagogue de Mulhouse ou de l'église Saint-Louis de Strasbourg. Plus modestes que les orgues Stiehr-Mockers, ces instruments sont le témoin de la foi des fidèles qui se sont cotisés pour orner musicalement leurs églises et leurs prières.

BILDSTOCK

1699

Grès *67152502*

Autrefois surmonté d'une croix droite, ce *bildstock* comporte une grande niche à profil rectangulaire dominant une inscription sur le fût.

NICHE AVEC VIERGE À L'ENFANT

XVIIIe siècle

Grès

1, rue des Pâturages *67152503*

Abritée dans une grande niche avec rebord plat surmonté d'un arc en plein cintre, une Vierge couronnée tient l'Enfant Jésus sur son bras gauche. L'ensemble est placé sur le pignon d'une grosse ferme, comme pour en préserver l'opulence.

FERME

XVIIIe-XIXe siècle

Grès, brique et bois

3, rue de l'Église *67152504*

Ce corps d'habitation témoigne de l'aisance financière des bâtisseurs de ces grandes fermes de l'arrière-Kochesberg. La maison, de taille imposante, aux angles marqués de chaînage mais d'aspect modeste, révèle cependant un fermier peu soucieux du paraître.

Canton de Molsheim

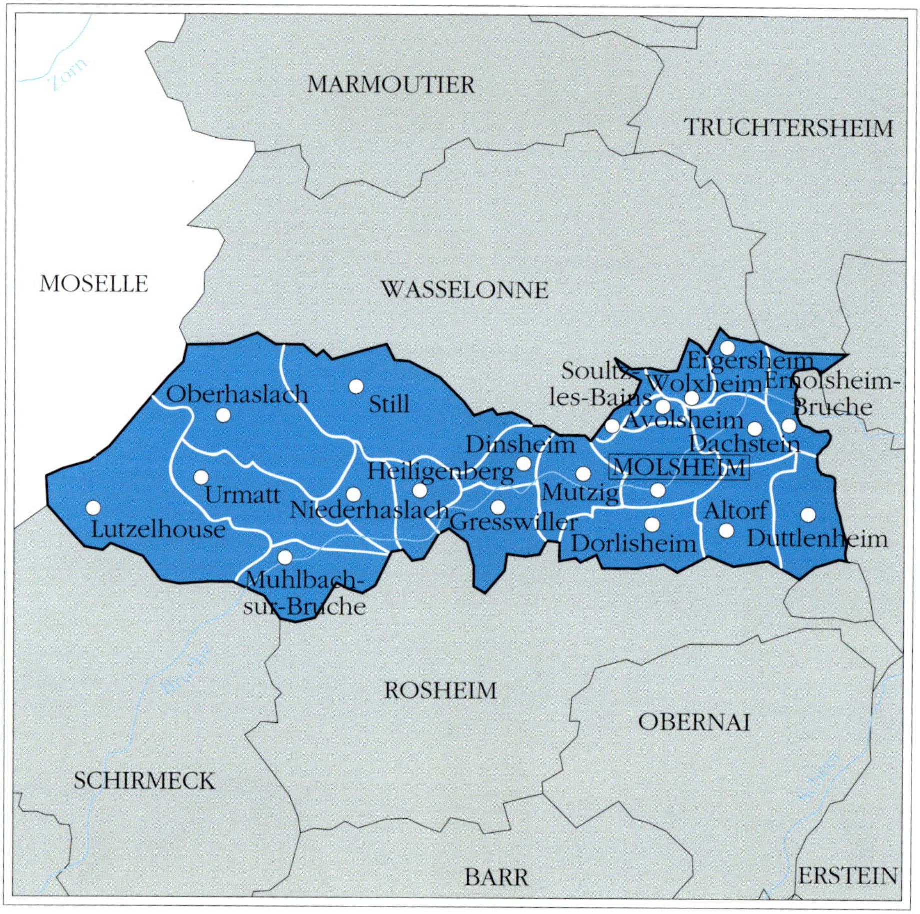

- Altorf
- Avolsheim
- Dachstein
- Dinsheim
- Dorlisheim
- Duttlenheim
- Ergersheim
- Ernolsheim-Bruche
- Gresswiller
- Heiligenberg
- Lutzelhouse
- Molsheim
- Muhlbach-sur-Bruche
- Mutzig
- Niederhaslach
- Oberhaslach
- Soultz-les-Bains
- Still
- Urmatt
- Wolxheim

Altorf

Canton de Molsheim
Arrondissement de Molsheim
Superficie : 1 019 ha
Population 1990 : 941 hab.
Habitants : les Altorfois
Cours d'eau : le bras de la Bruche

Origine du nom : de l'allemand *alt*, vieux, et *Dorf*, village.

Blason : il figure un crampon de piège à loup accroché à un anneau.
67160100

HISTORIQUE

Altorf est situé sur l'ancienne voie romaine de Strasbourg au Donon. Son histoire se confond au départ avec celle de la maison d'Eguisheim-Dabo, l'une des plus puissantes familles du Saint-Empire. Les abbayes d'Altorf, de Marmoutier et de Steige possèdent des biens dans la localité qui passe, en 1228, dans le domaine de l'évêché de Strasbourg. Le village et le couvent sont incendiés en 1262 par les Strasbourgeois en révolte contre l'évêque Walter de Geroldseck. Un désastre identique a lieu en 1525, au moment de la guerre des Rustauds, puis au siècle suivant, pendant la guerre de Trente Ans. Depuis sa création, la paroisse d'Altorf était prise en charge par l'abbaye, qui possédait le droit de patronage et percevait la dîme. À la disparition du monastère en 1791, le village compte 648 habitants. Au milieu du XIXe siècle, l'activité économique tourne autour de la culture du chanvre et du tabac. Deux féculeries et une usine de briques et de chaux étaient installées sur la commune. Depuis la fin de la Seconde Guerre mondiale, Altorf est un village de résidence, dont la population salariée travaille essentiellement à Molsheim et à Strasbourg.

ÉGLISE SAINT-CYRIAQUE
Vers 1180-1725 *67160101*
Fondée en 974 par le comte Hugues III d'Eguisheim, cette abbatiale bénédictine est reconstruite à la fin du XIIe siècle, à une époque de transition architecturale. La triple nef romane ressemble beaucoup à celle de l'église contemporaine de Sigolsheim. Au XVIIIe siècle, le chœur et le transept sont construits dans le style baroque par Peter Thumb, architecte de l'église d'Ebersmunster. La pénombre régnant dans les parties romanes attire le regard vers le chœur éclairé de neuf grandes baies. La continuité entre les deux styles tient essentiellement au prolongement du décor baroque sur l'ensemble des voûtes, ornées de stuc et de médaillons peints. *(Cl. M. H. 1983)*

PORTAIL
Vers 1180
Grès
Église Saint-Cyriaque *67160103*
Sur le bas-côté sud de l'église s'ouvre un portail roman décoré de feuillages et de palmes. Des cordons entourent le tympan et le divisent en deux parties, chacune décorée d'une fleur, ornementation à caractère didactique. *(Cl. M. H. 1920)*

FAÇADE
Fin du XIIe-début du XIIIe siècle
Grès
Église Saint-Cyriaque
67160102

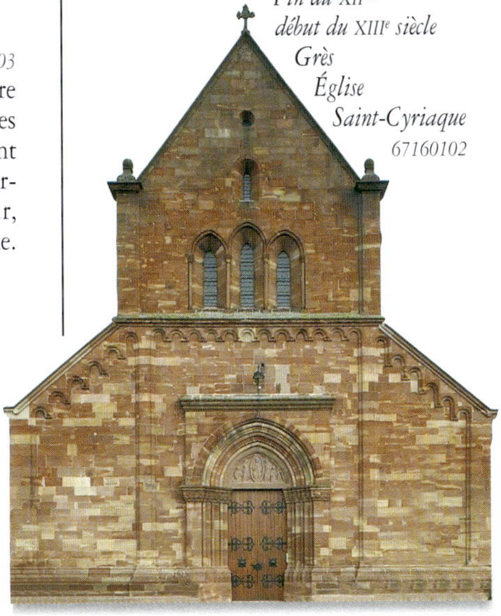

L'église est ornée de bandes lombardes qui courent au-dessous des corniches du toit et traversent la façade occidentale. Percée d'une triple fenêtre et dotée d'un portail à arc brisé, cette façade reproduit le profil de la nef. Les sculptures du tympan, réalisées en 1886, représentent le Christ bénissant, entouré de la Vierge et de saint Benoît à gauche, et de Léon IX et de saint Cyriaque à droite. *(Cl. M. H. 1920)*

BUSTE RELIQUAIRE
DE SAINT CYRIAQUE
Seconde partie du XIIe siècle
Bois polychrome
Église Saint-Cyriaque 67160104

Pillée à maintes reprises, l'église ne conserve que quelques pièces de son mobilier ancien, parmi lesquelles le buste reliquaire de saint Cyriaque. Le reliquaire proprement dit contient des ossements qui seraient ceux de plusieurs saints, ainsi que divers tissus orientaux à motifs figurés ou décoratifs. Ces reliques auraient été offertes à l'abbaye en 1049 par le pape Léon IX, ce que semble confirmer la bourse d'étoffe de saint Cyriaque, datée du XIe siècle.

PIERRE TOMBALE
DE CONRAD DE GOUGENHEIM
1360
Grès (L. : 255 cm)
Église Saint-Cyriaque 67160114

Dans les collatéraux de l'église est conservée une dalle funéraire à l'effigie du moine Conrad de Gougenheim. Économe et chantre de l'abbaye bénédictine au milieu du XIVe siècle, il était par conséquent responsable des finances du monastère, mais également du déroulement des offices religieux. Le défunt est représenté debout entre deux colonnettes surmontées d'une accolade fleuronnée. Il tient dans les mains un livre, tandis que ses pieds reposent sur un chien.
(Cl. M. H. 1987)

CUVE BAPTISMALE
Fin du XVe siècle
Grès (d. : 90 cm)
Église Saint-Cyriaque 67160106

Au fond de l'église sont conservés des fonts baptismaux à réseaux, représentatifs du gothique tardif. La cuve octogonale repose sur une base étagée et un tronçon de colonne circulaire décoré de rameaux et de feuillages. Dans l'Église primitive, le baptême ne peut être administré que dans un baptistère, c'est-à-dire un bâtiment faisant partie du complexe cathédral et possédant une piscine creusée dans le sol. À partir du XIe siècle, le baptême peut être reçu dans n'importe quelle église. Le remplacement de la piscine par des fonts baptismaux s'explique par l'abaissement progressif de l'âge du baptême, qui n'est administré à l'origine qu'à des adultes.
(Cl. M. H. 1987)

DOS DU BUSTE
RELIQUAIRE
DE SAINT CYRIAQUE
Vers 1180
Bois polychrome et vermeil
Église Saint-Cyriaque
67160105

Dans la première moitié du XIIIe siècle, le buste est revêtu de plaques d'argent à semis de médaillons en vermeil. Le dos de saint Cyriaque est orné d'un Christ en gloire, encadré des symboles des quatre évangélistes.

CHAIRE
Après 1692
Bois polychrome
Église Saint-Cyriaque 67160107

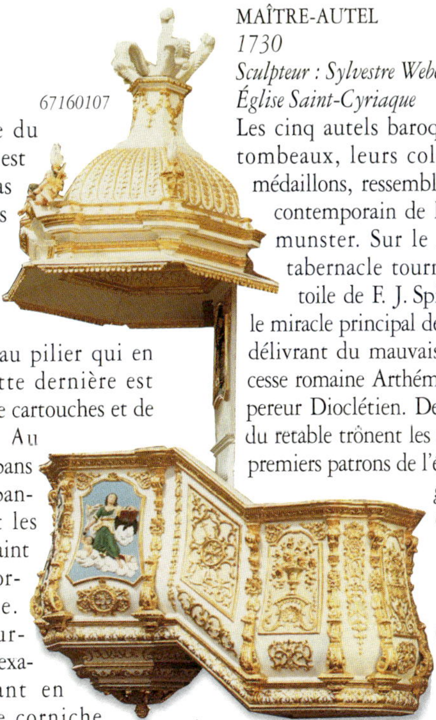

Une grande partie du mobilier de l'église est baroque. C'est le cas des boiseries et des stalles du chœur, mais aussi des autels, du buffet d'orgue et de la chaire. Suspendue au pilier qui en permet l'accès, cette dernière est richement décorée de cartouches et de rinceaux sculptés. Au centre de la cuve à pans galbés, les quatre panneaux représentent les évangélistes, dont saint Luc peignant le portrait de la Vierge. L'abat-voix est surmonté d'un dôme hexagonal se terminant en panache, avec une corniche ornée de pots à feu et d'angelots. *(Cl. M. H. 1987)*

MAÎTRE-AUTEL
1730
Sculpteur : Sylvestre Weber
Église Saint-Cyriaque 67160108

Les cinq autels baroques, avec leurs tombeaux, leurs colonnes et leurs médaillons, ressemblent au mobilier contemporain de l'église d'Ebersmunster. Sur le maître-autel à tabernacle tournant, la grande toile de F. J. Spiegler représente le miracle principal de saint Cyriaque, délivrant du mauvais esprit la princesse romaine Arthémie, fille de l'empereur Dioclétien. De part et d'autre du retable trônent les statues des deux premiers patrons de l'église, saint Grégoire le Grand et saint Barthélemy, œuvres d'un artiste de Tannheim. *(Cl. M. H. 1932)*

ÉPITAPHE DE GRÉGOIRE MATERN
1719
Grès
(H. : 3 m env.)
Église Saint-Cyriaque 67160113

Scellé dans le bas-côté de l'église, ce monument sépulcral se rapporte à Grégoire Matern, 43e abbé d'Altorf, originaire de Willgottheim et décédé le 14 mai 1711, à l'âge de 68 ans. Dans la partie centrale, l'abbé portant la crosse est agenouillé devant un pupitre sur lequel reposent sa mitre et un livre ouvert, le tout dominé par une Vierge de gloire. Dans le couronnement, deux anges tiennent un cartouche représentant un pélican nourrissant ses petits, symbole de l'amour paternel. *(Cl. M. H. 1987)*

ORGUE
1730-XIXe siècle
Facteur : André Silbermann
Bois de chêne et étain
Église Saint-Cyriaque 67160110

Destiné d'abord à l'église des Franciscains de Sarrebourg, cet instrument est acquis par les bénédictins d'Altorf. Livré avec quatorze jeux, l'orgue est modifié au milieu du XIXe siècle par les facteurs Stiehr et Mockers de Seltz. Il est ensuite transformé par Martin Rinckenbach, qui remplace le clavier d'écho par un récit expressif. Avec ses trois tourelles reliées par des plates-faces, le buffet est caractéristique de l'œuvre d'André Silbermann, et possède une façade en étain d'origine. Composée de panneaux ajourés coulissants, la balustrade de la tribune est contemporaine de l'instrument. *(Cl. M. H. 1971)*

TABLE DE CRÉDENCE
XVIIIe siècle
Bois doré et marbre (L. : 125 cm)
Église Saint-Cyriaque 67160109

Dans le mobilier intérieur de l'église abbatiale se trouve une console de style Louis XV, recouverte d'une plaque de marbre. La traverse comporte deux rocailles agrémentées d'une plume et d'une aile d'oiseau. Richement ouvragés, les quatre pieds sont unis par un entre-croisement, lui-même enrichi d'un jeu de rocaille et d'un oiseau.

PUITS
Renaissance
Grès
Place Saint-Cyriaque
67160117

Provenant de l'ancienne cour du cloître de l'abbaye, ce puits aux colonnes trapues est paré d'un décor de ferronnerie en méplat. Son linteau en bâtière présente des emblèmes ecclésiastiques, sculptés en 1739 et martelés à la Révolution. *(I. M. H. 1937)*

MAISON
XVIIe siècle
Pan de bois
3, place Saint-Cyriaque 67160120

Située non loin de l'ancienne abbaye, cette demeure est sans doute l'une des maisons à colombage les mieux conservées à Altorf. Le portail d'entrée est constitué de colonnes corinthiennes et d'un double entablement. Le rez-de-chaussée en maçonnerie comporte, côté rue, des fenêtres de style Renaissance. Le deuxième niveau est éclairé par deux ouvertures à encadrements sculptés de motifs floraux. Les étages présentent une intéressante combinaison de pièces de bois, dans laquelle se trouvent des croix de Saint-André, des chaises curules et des figures symboliques, dites *Mànn*.

GRANGE DÎMIÈRE
XVIIe siècle
Moellon de grès
10, cour de la Dîme 67160119

Au nord-ouest de l'abbaye s'élevaient les dépendances économiques. La grange dîmière, amputée du tiers de sa longueur primitive au XVIIIe siècle, subsiste. La forme des combles permet de penser qu'il s'agit d'un édifice remontant peut-être à la fin de l'époque gothique. Il servait à entreposer le produit de la dîme en céréales, redevance en nature due à l'église depuis le haut Moyen Âge. *(I. M. H. 1993)*

MAISON ABBATIALE
1708
Grès et moellon
6, place Saint-Cyriaque 67160112

Les bâtiments de l'abbaye sont démolis vers 1800, à l'exception de l'aile des abbés et de leurs hôtes, qui abrite la cure. Cette longue construction de trois niveaux s'élève parallèlement à l'église, à laquelle elle est reliée par un passage couvert. Le bâtiment se distingue par des réminiscences de la Renaissance tardive, en particulier son pignon incurvé à volutes et sa façade étroite flanquée de pilastres. *(I. M. H. 1937)*

BILDSTOCK
1738
Grès (H. : 225 cm)
Obermatten *67160121*

Érigé au bord de l'ancien chemin d'Altorf à Molsheim, ce *Bildstock* est situé à proximité d'un grand crucifix du XVIIIe siècle et d'un banc reposoir du Second Empire. Surmonté autrefois d'une croix, il se compose d'un édicule à toit en bâtière avec niche, reposant sur un fût gravé d'une roue à six rais – emblème héraldique de la cité voisine – et des initiales du couple ayant financé le petit monument.

BORNE ARMORIÉE
1764
Grès (H. : 65 cm)
Rue Principale *67160122*
Provenant du bois de Birckenwald, cette ancienne borne-limite est exposée devant la mairie du village. Elle porte un blason orné de l'hermine de Bretagne, figurant les armoiries simplifiées des cardinaux de Rohan qui se sont succédé à la tête de l'évêché de Strasbourg pendant le XVIIIe siècle. Sur la face opposée se trouvent les deux lettres AA, qui correspondent aux initiales de l'abbaye d'Altorf. Elles entourent une crosse martelée, insigne de l'abbé.

CHÂTEAU DU JAEGERHOF
Vers 1780
Moellon de grès
Jaegerhof *67160115*
Dépendance de l'abbaye bénédictine d'Altorf, ce domaine situé au nord de la localité est vendu à la Révolution comme bien national. Pendant la Première Guerre mondiale, la ferme est convertie en hôpital pour chevaux, tandis qu'un camp de prisonniers russes est établi du côté de Molsheim. À la même époque, les champs environnants sont transformés en aérodrome pour avions d'observation ; une vocation délaissée quarante ans plus tard au profit de la base militaire d'Entzheim.

RELIEF SCULPTÉ
1843
Grès
5, rue de Strasbourg *67160116*
Témoin original de l'art populaire du XIXe siècle, ce bas-relief surmonte la porte piétonne d'une maison de la rue principale du village. Il représente la Vierge accompagnée de Jésus portant une croix, de Dieu le Père accoudé sur le globe terrestre, et de la colombe, symbole du Saint-Esprit.

CORPS DE GARDE
XIXe siècle
Bois et moellon de grès
Rue Principale *67160118*
Avec ses arcades en bois, l'ancienne *Wachstub* rappelle le service de la garde de nuit. Le veilleur passait à deux reprises dans les rues pour annoncer l'heure et surveiller les habitations, où toute lumière devait être éteinte. Il était interdit aux mineurs et aux personnes âgées de sortir dans la rue, et les femmes se trouvaient obligées de porter une lanterne afin de se signaler. Cette institution est supprimée vers 1900, lorsque la municipalité estime que la sécurité peut être assurée par la bonne conduite des personnes.

Avolsheim

Canton de Molsheim
Arrondissement de Molsheim
Superficie : 183 ha
Population 1990 : 567 hab.
Habitants : les Avolsheimois
Cours d'eau : la Bruche et le canal de la Bruche

Origine du nom : origine germanique inconnue.

Blason : inspiré de celui de Molsheim, il représente une demi-roue à cinq rais surmontée d'une couronne.
67160200

HISTORIQUE

Figurant parmi les communes les moins vastes du département, Avolsheim est néanmoins considéré comme le berceau du christianisme en Alsace. L'existence d'une voie antique laisse penser que le site est occupé à l'époque romaine. Des vestiges mérovingiens ont été découverts au sud-ouest de la localité, dont l'existence est attestée en 788 sous le nom de Hunzolfesheim. Plusieurs institutions religieuses, dont l'abbaye de Fulda, le couvent du Mont-Sainte-Odile et le chapitre Saint-Thomas, y possèdent des terres et des vignes au Moyen Âge. Intégré à la seigneurie de l'évêque de Strasbourg, le village relève du bailliage de Dachstein et conserve, sous l'Ancien Régime, des liens politiques et religieux très étroits avec la cité voisine de Molsheim. La localité atteint son apogée démographique en 1846, avec 703 habitants. Elle est divisée en deux parties séparées par la Bruche, qui est déviée à la fin du XVIIe siècle pour alimenter le canal Vauban. Ancien pays de viticulteurs et de bateliers, Avolsheim est devenu un village de résidence, dont les habitants travaillent majoritairement à Molsheim.

CHAPELLE SAINT-ULRICH
X^e^-XIIe siècles-1774
Moellon de grès
Place de l'Église *67160205*

Longtemps considéré comme un baptistère, le tétraconque ou *memoria* d'Avolsheim constitue le plus ancien sanctuaire d'Alsace encore existant. Il se trouve au bord de l'ancienne voie romaine du piémont des Vosges, non loin de la confluence des vallées de la Bruche et de la Mossig. Cette chapelle de plan centré, en forme de trêfle à quatre feuilles, est couverte d'une coupole. Le clocher octogonal est ajouté à l'époque romane. En 1774, les habitants d'Avolsheim, jugeant Le Dompeter trop éloigné du village, élèvent une église contre la face est de la chapelle. Mais cet édifice, trop petit, est détruit en 1911 après la construction de l'église Saint-Materne.

(Cl. M. H. 1862)

FENÊTRES GÉMINÉES
Vers 1170-1180
Grès
Chapelle Saint-Ulrich *67160206*

À l'époque romane, le clocher de la chapelle est percé de plusieurs baies encadrées par un riche décor. Les fenêtres géminées de la face nord-est de la tour sont ainsi bordées d'une frise de palmettes. Enrichi de têtes humaines, le trumeau en forme de colonnette engagée repose sur une frise en damier.

FRESQUES
Seconde moitié du XIIe-XVe siècles
Chapelle Saint-Ulrich *67160207*

Dégagées en 1968, ces peintures, contemporaines de la construction du clocher, étaient masquées par des couches de badigeon. Elles représentent le Christ bénissant le monde, les évangélistes, les douze apôtres, ainsi que des scènes de la vie des saints. Elles subissent une profonde restauration au XVe siècle, ce qui explique la différence de style et de maîtrise d'exécution.

ÉGLISE DU DOMPETER
XIe-XIIe-XIXe siècles
Moellon de grès
Le Dompeter *67160201*

Cette église a donné son nom au lieudit, Le Dompeter, issu du latin *domus Petri*, maison de Pierre. Il s'agirait de la plus ancienne église d'Alsace, bien qu'il ne subsiste aucune trace du sanctuaire primitif qui, selon la légende de saint Materne, remonterait aux premiers temps du christianisme. Des fouilles effectuées en 1914 révèlent que l'édifice actuel est érigé sur des fondations de l'époque mérovingienne. L'église est reconstruite au XIe siècle, et les travaux achevés en

1049, lorsque le pape Léon IX vient visiter Le Dompeter. Dans la seconde moitié du XIIe siècle, l'église est dotée d'un clocher partiellement reconstruit en 1767 à la suite d'un incendie. *(I. M. H. 1930)*

BLASON ARMORIÉ
XVe siècle
Grès (H. : 100 cm env.)
Le Dompeter 67160210
Noyau d'un hameau disparu au XVIIIe siècle, le Dompeter est enserré par un mur servant de fortification à l'ancien cimetière. Plusieurs monuments funéraires y ont été encastrés, le plus insolite étant semble-t-il ce fragment de bas-relief médiéval. Il consiste en un écu oblique surmonté d'un heaume à cimier en forme de buste, et porte les armoiries des Schwab von Molsheim, famille noble possessionnée dans les environs aux XIVe et XVe siècles.

CHAPITEAU
XIIe siècle
Grès
Église du Dompeter 67160203

Le montant droit du portail de la nef, sous le porche, se termine par un curieux chapiteau roman cubique, figurant trois masques rudimentaires qui pourraient correspondre à une représentation symbolique de la Trinité. Au-dessus du linteau trône une sculpture de saint Pierre assis, tenant la clé et la crosse.

CHŒUR
1829
Église du Dompeter 67160204
La reconstruction des murs des bas-côtés de l'église s'accompagne du remplacement de l'abside par un chœur polygonal à cinq pans. Après l'abandon de l'édifice, dans l'entre-deux-guerres, le mouvement scout y effectue d'importants travaux afin d'assurer sa sauvegarde. Le maître-autel constitue le mémorial des 185 scouts d'Alsace morts durant la Seconde Guerre mondiale, dont les noms sont gravés sur des plaques ornant les lambris du chœur.

TILLEUL
Le Dompeter 67160220
Compagnon indissociable du vieux sanctuaire, un tilleul pluriséculaire s'élève à l'endroit où, d'après la tradition, saint Materne aurait enseigné les paroles de l'Évangile. S'il est peu probable que cet arbre, au tronc noueux et démesurément large, remonte au début de l'ère chrétienne, il est cependant l'un des plus anciens de la région.

SOURCE SAINTE-PÉTRONILLE
XVIIIe siècle
Grès
Le Dompeter 67160219

Un sarcophage, qui aurait servi de sépulture à sainte Pétronille, fille spirituelle de l'apôtre Pierre, se trouvait autrefois au Dompeter. Ce tombeau disparu avait la réputation de guérir de la fièvre ceux qui s'y couchaient. Au XVIIIe siècle, il est admis que le sarcophage est en réalité celui d'une dame romaine nommée Terentia Augustula. À côté de l'église jaillit une source dont les eaux sont considérées comme miraculeuses. Elle est très vite surnommée « source Sainte-Pétronille », l'eau étant utilisée comme traitement contre les fièvres.

FENÊTRE
XVIe siècle
Pan de bois
3, rue de la Boucherie 67160216

Partiellement datée de 1548, cette baie possède un encadrement sculpté, caractéristique de la Renaissance. La production viticole est depuis longtemps la principale activité économique du village, et il n'est pas étonnant d'y découvrir plusieurs fermes vigneronnes avec cave haute et logement accessible par un escalier extérieur.

PORTE CHARRETIÈRE
1600
Grès
9, rue de la Paix 67160217

Parmi les nombreuses portes cochères donnant sur l'artère principale du village, celle-ci se distingue par son encadrement sculpté de motifs géométriques et floraux, de têtes d'anges et d'un blason portant l'emblème des pêcheurs : un poisson accompagné d'une gaffe. Cette porte appartient à une curieuse maison à colombage datée de la même époque, mais remaniée au XVIIIe siècle.

BILDSTOCK
1623
Grès (H. : 245 cm)
Rue du Dompeter 67160211

À proximité de l'église du Dompeter se dresse un *Bildstock* composé d'un édicule à niche de quatre faces surmonté d'une petite croix aux bras tréflés. Ce monument présente la particularité d'avoir conservé sa grille en fer forgé d'origine, dont les tringles croisées sont fixées par des rivets décorés de rosettes. Érigée par Jacob Riehl et son épouse Magdalena, cette croix rurale est restaurée trois siècles plus tard, comme l'indique la date gravée sur le montant.

MAISON AUDÉOUD
Fin du XVIIIe-XIXe siècles
Moellon de grès
1, rue de l'École 67160221

Donnant sur un parc ombragé, cette maison de maître trône au cœur du village, sur les berges de la Bruche. Acquise en 1804 par la famille Audéoud, elle se compose de trois niveaux et d'un étage de comble, avec un escalier extérieur à deux volées. Remaniée au cours du XIXe siècle, la propriété est léguée en 1935 par Mary Audéoud aux religieuses de la Doctrine chrétienne, de Nancy. Laissée à l'abandon et victime de plusieurs incendies, la « maison des sœurs » est désormais réhabilitée.

FERME DU FINKENHOF
XVIIIe siècle 67160218

Mentionné dès le XIVe siècle, le coteau de *Finkenberg* est acheté par les chartreux de Molsheim en 1648, et exploité directement par le personnel domestique du monastère. Les acquisitions successives permettent de constituer un terroir compact de six hectares de vignes. Au XVIIIe siècle, le vin du domaine est vendu jusqu'à la cour d'Angleterre. Située à la limite du ban d'Avolsheim, la maison d'habitation est détruite en 1887 et reconstruite quatre ans plus tard à quelques mètres de là, sur la commune de Molsheim.

BARRAGE
DE LA BRUCHE
XIXe siècle
Le Canal 67160214

À partir de 1682, la construction par Vauban d'un canal artificiel permet d'acheminer vers Strasbourg les blocs de grès extraits des carrières situées entre Soultz-les-Bains et Wolxheim. Au XIXe siècle, alors que le trafic fluvial est encore important, de nombreux ouvriers gagnent leur vie en tant que bateliers ou transporteurs. Au nord du village, un premier barrage forme une chute d'eau importante. Cette retenue est destinée à garder un niveau d'eau suffisant pour alimenter le canal proprement dit, situé 100 mètres plus loin.

CORPS DE GARDE
XIXe siècle
Moellon et bois
16, rue de la Paix 67160213

Donnant sur une petite place, l'ancien corps de garde, qui fonctionne jusqu'au début du XXe siècle, est constitué d'un rez-de-chaussée en maçonnerie que surmonte un étage à pans de bois crépi avec un balcon à balustres découpés, soutenu par trois poteaux. Le fronton à colombage est garni de l'horloge municipale et coiffé d'un campanile élancé.

EMBLÈME DE BATELIER
1867
Grès
4, rue du Dompeter 67160215

Point de départ du canal de la Bruche, Avolsheim est également aux XVIIIe et XIXe siècles une contrée de bateliers. Les clés d'arcature des portes sont souvent ornées du symbole de cette profession, une ancre, et parfois des initiales du propriétaire ou de la date de construction de la maison. Cet emblème orne le passage d'entrée d'une grosse exploitation agricole, dont les chevaux servaient autrefois au halage des embarcations sur le canal.

ÉGLISE SAINT-MATERNE
1911
Architecte : Johann Knauth
Grès et moellon 67160208

Construite par l'architecte en charge de la cathédrale de Strasbourg, l'actuelle église d'Avolsheim n'est consacrée qu'en 1936. L'édifice néo-roman se compose d'une nef à bas-côtés donnant sur un chœur voûté en berceau, avec abside en cul-de-four. Surmontant la sacristie, le clocher latéral abrite trois cloches fondues dans la seconde moitié du XVIIIe siècle pour l'ancienne église paroissiale. Sur la tribune se trouve un orgue de 1867, initialement installé par Joseph Stiehr dans l'église du Dompeter, et transféré ici en 1911.

MAIRIE-PRESBYTÈRE
1889
Brique et grès
8, rue de la Paix 67160212

D'inspiration gothique, l'ancienne maison curiale se signale par sa façade symétrique aux proportions harmonieuses. Après le départ du dernier curé desservant, cet édifice est transformé en mairie avec l'accord de l'évêché de Strasbourg. Appartenant à la commune, il constitue un bon exemple de cohabitation concordataire, regroupant le secrétariat, le bureau du maire et la permanence paroissiale au rez-de-chaussée, et, à l'étage, la salle du conseil municipal, le bureau des adjoints et les archives de la paroisse.

Dachstein

Canton de Molsheim
Arrondissement de Molsheim
Superficie : 746 ha
Population 1990 : 957 hab.
Habitants : les Dachsteinois
Cours d'eau : la Bruche
et le Dachsteinbach

Origine du nom : viendrait du nom de Dagobert, roi mérovingien qui, selon la tradition, aurait fondé le village.

Blason : l'évêque bénissant représente saint Martin, patron de la paroisse, et rappelle que Dachstein est, au Moyen Âge, la résidence de plusieurs évêques de Strasbourg.
67160300

HISTORIQUE

Occupé depuis le néolithique, le ban de Dachstein est particulièrement riche en vestiges archéologiques. Au Moyen Âge, les évêques de Strasbourg sont attirés par le site, qui forme une grande île enserrée par les bras de la Bruche. La localité est pillée et incendiée en 1262, au lendemain de la bataille de Hausbergen. Vers 1574-1580, Jean de Manderscheid renforce les fortifications de la ville, mais celle-ci est malgré tout prise en 1592, lors de la guerre des évêques. Au siècle suivant, Dachstein est occupé par les Suédois, puis par les troupes impériales. Chef-lieu d'un bailliage épiscopal, la ville passe en 1663 sous administration française. En 1675, à la suite d'un siège mémorable, le maréchal Turenne laisse les Français piller Dachstein. Le cardinal de Rohan-Soubise donne en 1718 la localité, redevenue village, au bailli François Antoine Herrenberger. Depuis la Seconde Guerre mondiale, la commune s'est fortement développée, notamment vers le quartier de la gare, et la population s'est accrue de plus de la moitié.

SARCOPHAGE
VIIIe-IXe siècles
Grès (L. : 195 cm) *67160301*
Généralement réservés à des catégories aisées de la population, les sarcophages sont en usage surtout au haut Moyen Âge. Celui-ci constitue l'unique témoin de l'occupation du site de Dachstein à l'époque carolingienne. Trouvé dans le parc du château, il est offert dans les années 1950 à la Société d'histoire et d'archéologie de Molsheim et environs par le baron Bernard de Turckheim. Il comporte une niche céphalique et un trou d'écoulement central et un couvercle bombé, déposé sur le côté.

ÉGLISE SAINT-MARTIN
XIIIe siècle-1721
Rue Principale *67160302*
Cette église, citée en 1240, se compose d'un chœur gothique plat, en retrait par rapport à la longue nef transformée au début du XVIIIe siècle. Retouchée en 1907, la façade présente deux baies flanquant le clocher, coiffé d'un bulbe baroque. Ce dernier est surmonté d'une croix en fer forgé portant la date de 1878. Le linteau de la porte d'entrée est orné d'un blason présentant les armoiries martelées de l'évêque Guillaume de Honstein, encadré de la date de 1721. La façade sud de l'édifice comporte également une petite niche gothique, abritant une pietà offerte en 1777 par François-Joseph Klein et Anne-Marie Lentz.

SAINT SÉBASTIEN
XVIe siècle
Bois polychrome (H. : 95 cm)
Église Saint-Martin *67160304*
Protecteur des récoltes et des champs, saint Sébastien est particulièrement vénéré en Alsace, où son culte est attesté dans de nombreuses églises. Il est représenté ici dans la pose traditionnelle, attaché à un tronc d'arbre et frappé de plusieurs flèches, simplement vêtu d'un linge noué sur la hanche droite.

MAÎTRE-AUTEL
Vers 1700
Église Saint-Martin 67160303

Le chœur de l'église contient un imposant maître-autel baroque à passages latéraux, richement décoré de têtes d'angelots, de rinceaux et d'ailerons. La partie médiane du retable abrite une statue de saint Martin, patron de la paroisse, tandis que les niches latérales sont ornées des représentations de saint Materne et de saint Wendelin. La niche centrale, au-dessus de l'entablement, contient une statue de la Vierge entourée de sainte Anne et de Saint Joachim avec, de part et d'autre, saint Maurice et saint Antoine de Padoue. Dans la nef se trouvent deux autels latéraux du XVIIIe siècle et une chaire baroque à cuve polygonale. *(Cl. M. H. 1977)*

ARMOIRIES
DE GUILLAUME DE HONSTEIN
1522
Grès (85 × 85 cm)
8, rue Principale 67160316

Non loin de l'église du village, la façade de l'ancienne école est ornée, côté nord, d'une pierre armoriée en remploi. D'origine inconnue, elle représente un écu à pointe arrondie aux armes de Guillaume III de Honstein, évêque de Strasbourg de 1506 à 1541. Le blason est bordé d'une banderole sculptée portant une inscription à caractère religieux fortement dégradée, mais qui peut être reconstituée ainsi : « *Maria, mein Trost {und Hilf – 15} 22* », « Marie, ma consolation et mon secours. »

PORTE DE LA BRUCHE
Début du XIVe siècle-1574
Moellon de grès
Rue Principale 67160312

Cité pour la première fois en 1017, Dachstein est probablement fortifié sous Jean de Dirpheim, évêque de Strasbourg de 1306 à 1328. Cette mise en défense du village fait suite à la construction en 1214 d'un château de plaine, qui est intégré à l'enceinte urbaine. Une nouvelle campagne de fortification est réalisée dans les années 1570, sous l'impulsion de l'évêque Jean de Manderscheid. Principal témoin des fortifications médiévales, la porte de la Bruche ou *Breuschtor* possède des angles renforcés par des pierres à bossage. De plan carré, elle est abaissée de moitié à la fin du XVIe siècle, comme l'atteste l'inscription de 1574 ornant la façade extérieure de l'édifice. *(I. M. H. 1929)*

DALLE FUNÉRAIRE
XVe siècle
Grès (L. : 192 cm)
Cimetière 67160305

Adossée contre le clocher de l'église Saint-Martin, cette dalle rappelle que le château épiscopal et la localité étaient défendus en permanence par plusieurs familles de chevaliers, ou *Burgmänner*. Ce monument est érigé pour Margretha von Rebstock, veuve de Peter von Firdenheim, dont les armoiries sont représentées sur la stèle. En 1415, la famille patricienne des Rebstock, propriétaire d'importants biens fonciers dans le secteur, détient des rentes en gage à Dachstein.

PRESBYTÈRE-MAIRIE
1553-XVIIIe siècle
21, rue Principale 67160309

Située au centre du village, cette sobre construction remaniée au XVIIIe siècle est couverte d'un vaste toit à croupes. Ouvrant sur une cour intérieure et un jardinet, l'arrière du bâtiment abrite le presbytère, tandis que la partie qui donne sur la rue accueille les bureaux de la mairie et la salle du conseil municipal.

CHÂTEAU DE TURCKHEIM
Vers 1577-XIXe siècle
4, rue Principale *67160307*
Résidence privilégiée des évêques de Strasbourg du XIIIe au XVe siècle, le premier château de Dachstein est victime des luttes engagées contre ses propriétaires. À partir de 1572, Jean de Manderscheid fait construire un château de plaisance dans l'enceinte de la forteresse médiévale. Au fil du temps, et notamment au XIXe siècle, l'édifice subit un certain nombre d'embellissements et de restaurations. La demeure est composée de deux ailes en équerre à deux niveaux. À l'est, la façade principale est agrémentée de deux oriels, alors que l'aile ouest est interrompue par une tourelle d'escalier, couronnée d'une toiture élancée.

MOULIN SEIGNEURIAL
XVIe-XVIIIe siècles
Dachsteinbach *67160318*
Situé au bord du Dachsteinbach parmi les dépendances de l'ancien château épiscopal, l'unique moulin de Dachstein est doté d'une grande roue à aubes métallique du XIXe siècle. Mentionné dès 1353, le bâtiment conserve des chaînes d'angle en pierres à bosse. L'arcature de la porte d'entrée comporte des armoiries et la date de 1502, qui pourrait correspondre à un remaniement de l'édifice sous l'évêque Albert de Bavière. Réparé à maintes reprises aux XVIIe et XVIIIe siècles, le moulin comporte en 1773 quatre tournants, dont l'un actionne une râperie.

TOUR RONDE
Fin du XVIe siècle
Moellon de grès
Dachsteinbach *67160313*
Au nord du *Breuschtor*, à proximité du château de Turckheim s'élèvent encore quelques vestiges des fortifications de la localité, dont deux tours rondes. Remaniée vers 1580, cette tour de flanquement est équipée de sept canonnières horizontales, et ornée d'un blason aux armes de l'évêché de Strasbourg. Il est probable que l'architecte militaire Daniel Specklin (1536-1589) ait été consulté pour la modernisation des ouvrages défensifs de Dachstein. *(I. M. H. 1929)*

CLEF D'ARC
DU *LEHETOR*
Fin du XVIe siècle
Grès (75 × 100 cm)
Rue Principale *67160314*
La porte vers Molsheim, dite *Lehetor*, est prise en 1675 par les troupes du maréchal de Turenne, lors du siège de Dachstein. À la suite de cette défaite, les fortifications sont partiellement détruites, même si des travaux de restauration sont encore attestés au cours des XVIIIe et XIXe siècles comme le prouvent les dates gravées sur cette clé d'arc. Le *Lehetor* est démoli au milieu du XIXe siècle, et seule subsiste la partie orientale du passage, avec son bossage en coussinet et sa demi-canonnière.

MAISON AVEC ORIEL
Fin du XVIe-début du XVIIe siècle
30, rue Principale *67160308*
La partie inférieure de cette construction en moellon remonte à la Renaissance, alors que le pignon à pans de bois est probablement plus tardif. L'oriel d'angle se développe sur deux niveaux, séparés par une corniche décorée d'une frise d'oves et de dards. L'ornementation, qui se concentre sur cette partie du bâtiment, se compose de fleurs stylisées et de têtes humaines harmonieusement disposées.

BAS-RELIEF
Début du XVIIe siècle
Grès (86 × 33 cm)
108, rue du Couvent 67160315

Surmontant une porte latérale de la propriété du baron de Turckheim, ce pot à fleurs de style Renaissance est décoré sur sa panse de motifs végétaux. Ses lèvres sont traitées en corbeille de chapiteau ionique, duquel émergent trois fleurs. Appelé *Maikrug*, ce motif est le symbole de l'amour et de l'immortalité. À droite du bas-relief se trouve un grand signe lapidaire.

FERME AVEC BALCON
Vers 1709
Grès et pan de bois
29, rue Principale 67160311

Située au cœur du village, cette maison possède, côté cour, une porte de cave en plein cintre datée de 1709. Le bâtiment se distingue par son balcon en encorbellement à double ouverture en arc segmentaire, surmonté d'un auvent. Propriété de Paul Luck, boulanger-pâtissier à Dachstein, la maison est pendant plusieurs années le siège d'une agence bancaire.

FERME
XVIIIe siècle
Grès, bois et moellon
99, rue du Couvent
67160310

Avec sa cave en maçonnerie et ses deux niveaux d'habitation à colombage, cette ferme cossue est l'une des maisons traditionnelles les mieux conservées du village. La façade sur rue comporte deux auvents surmontés d'un toit à petite croupe, tandis que le mur gouttereau est parcouru par une galerie en bois à balustres découpés. La cour intérieure s'ouvre sur la rue par une porte charretière et un portillon en plein cintre. La demeure appartient à la famille Willem, dont les ancêtres sont, aux XVIIe et XVIIIe siècles, au service de l'évêché de Strasbourg en tant que greffiers, receveurs ou baillis.

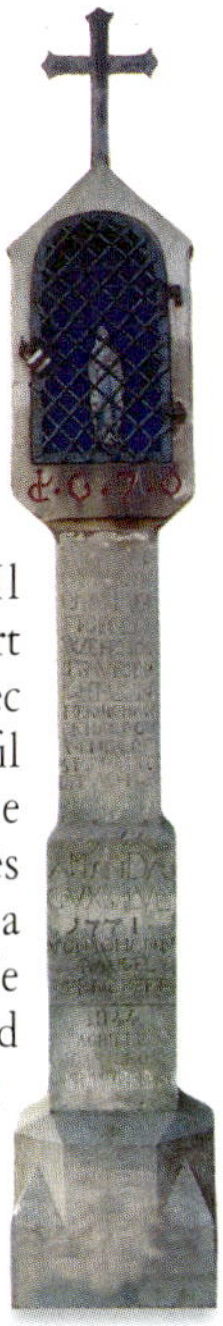

BILDSTOCK
1670-1771-1944
Grès (H. : 190 cm)
67160306

Surmonté d'une croix en fer, ce *Bildstock* est situé à la sortie sud-ouest de Dachstein. Il forme un édicule couvert d'un toit en bâtière avec une grande niche à profil arrondi, fermée par une petite grille. Le fût très étroit indique que la croix rurale a été érigée par Johann Richard Gudendorf, greffier du bailliage. Rénovée dès 1771, elle est à nouveau restaurée en 1944, par la famille Raugel.

LA MAGNANERIE
1750
Architecte : Joseph Massol
31, rue Principale 67160319

En 1742, M. de Brou, intendant d'Alsace, crée au nord-est de Dachstein une vaste pépinière destinée à assurer le remplacement des arbres détruits par les guerres et constituée de 210 940 arbres, répartis en une trentaine d'essences principales. L'intendant de Vanolles entreprend en 1747 d'annexer à cette pépinière une école royale pour la fabrication des vers à soie et fait bâtir pour cet usage un édifice achevé trois ans plus tard. La direction de l'école est confiée à une dame Rouqueyrolle, originaire du Languedoc et ayant des notions approfondies de sériciculture. Vingt jeunes Alsaciennes doivent y recevoir un enseignement, et le répandre ensuite dans leurs villages respectifs. Dès 1752, les bâtiments sont vendus au sieur Natalis de Regemorte, ancien directeur général des fortifications. De style Régence, cet édifice à deux niveaux se compose d'une façade principale et de deux ailes en retour.
(I. M. H. 1986)

ÉDICULE DE SAINT-MATTHIEU
1780
Grès (H. : 200 cm env.)
Rue de la Chapelle 67160317

Au XVIIIe siècle, la procession de la Saint-Marc, le 25 avril, s'arrête devant les quatre *Bildstock* de la localité qui sont consacrés chacun à un évangéliste. Cette station dédiée à saint Matthieu se trouve dans le jardin d'une propriété privée. Autrefois surmonté d'une croix, le monument présente une niche creusée en forme d'abside avec un homme accompagné d'un enfant, qui pourrait correspondre à saint Matthieu et l'ange. C'est le seul *Bildstock* de la région dont la niche renferme deux personnages.

Dinsheim

Canton de Molsheim
Arrondissement de Molsheim
Superficie : 498 ha
Population 1990 : 1 275 hab.
Habitants : les Dinsheimois
Cours d'eau : la Bruche et le Stillbach

Origine du nom : il dérive du vieux prénom germanique Dungo ou Tungo.

Blason : reproduit d'après une ancienne borne du village, le croc rappelle le flottage du bois pratiqué jadis sur la Bruche.
67160400

HISTORIQUE

Aux Ier et IIe siècles, des artisans romains exploitent, près de l'actuel village, une officine spécialisée dans la production d'une poterie de couleur rouge brique, dite « céramique sigillée ». Ils confectionnent plusieurs dizaines de milliers de vases, comme en témoignent les nombreux tessons, fragments de moules et accessoires de cuisson découverts sur le site. Mais il faut attendre l'an mille pour voir apparaître dans les textes la localité de Dunginisheim. Possession de l'évêché de Strasbourg, le village fait partie de la prévôté d'Ochsenstein, rattachée au bailliage de Schirmeck. La population atteint 1 453 habitants sous le Second Empire. Il s'y trouve alors un martinet de forge, dit Breuschwerk, *un laminoir, trois marteaux avec moteur hydraulique, une scierie, une tuilerie, un four à chaux, des carrières, trois huileries et une féculerie de pommes de terre. Désormais, la majeure partie de la population active travaille à l'extérieur du village, qui connaît une régression démographique.*

PORTE
Début du XVIe siècle
Grès
96, rue du Général-de-Gaulle
67160409

La présence d'un encadrement de porte ancien dans une localité aussi modeste, qui a souvent souffert des invasions et des destructions, est rare. Probablement rapporté, cet arc en accolade, caractéristique du gothique tardif, est le plus ancien vestige architectural existant à Dinsheim.

CHAPELLE DE LA VIERGE
XVIIe siècle-1804
Rue du Général-de-Gaulle 67160410

Ce petit sanctuaire dédié à Notre-Dame était particulièrement fréquenté par les femmes enceintes et par les personnes atteintes de la teigne. Vendue comme bien national à la Révolution et restaurée en 1804, la chapelle se compose d'une courte nef de deux axes et d'un chœur à pans coupés. À l'intérieur se trouvent deux vitraux issus des ateliers Berges, de Toulouse, une meule servant d'autel et une Vierge à l'Enfant, de style baroque, qui orne l'entrée du chœur.

MAISON
XVIIe-XVIIIe siècles
Moellon de grès
131, rue du Général-de-Gaulle 67160403
La construction à colombage ne semble pas avoir été beaucoup en usage à Dinsheim, où la quasi-totalité des édifices sont en pierre, matériau disponible en grande quantité à proximité du village. Cette sobre maison à moellons apparents, dont la porte de cave est datée de 1600, en témoigne. Remaniée au XVIIIe siècle, la façade sur rue possède des chaînes d'angle et des fenêtres arquées au premier niveau.

MAISON
1696
Moellon et pan de bois
80, rue du Général-de-Gaulle 67160404
Constituant l'une des rares demeures à pans de bois du village, cette maison est remaniée au XVIIIe siècle. Le premier niveau en maçonnerie est surmonté d'un unique étage à colombage. De tradition Renaissance, la porte d'entrée est surmontée d'un linteau millésimé avec l'emblème professionnel du premier propriétaire, un couperet de boucher.

EMBLÈME DE MEUNIER
1734
Rue du Général-de-Gaulle 67160412

Dès le XIIIe siècle, Dinsheim dispose de plusieurs moulins utilisant la force motrice de la Bruche, du Stillbach et du canal de dérivation, dit *Mühlbach*. Hommes influents et respectés, les meuniers figurent souvent au rang des personnalités locales. L'un d'entre eux, Michel Wucher (1702-1746), a fait élever au centre du village un crucifix portant son emblème professionnel, dont l'original est conservé au musée de Molsheim.

Pendant la première moitié du XIXe siècle, trois meuniers sont maires de Dinsheim.

CROIX RURALE (détail)
1806
Grès (H. : 5 m env.) 67160402
Parmi les nombreuses croix disséminées sur le ban communal, celle-ci se singularise par une curieuse inscription. Le Christ en croix repose, en effet, sur une grande base rectangulaire avec cartouche signalant que le monument à été financé par un habitant du lieu, Jean Nicolas Marx. Au centre du texte, un grand signe énigmatique correspond au « quatre de chiffre » terminé par une ancre et chargé d'un grand S. Assez répandu en Alsace, le chiffre 4 combine la croix chrétienne et le triangle, symbole de la Trinité, et pourrait ici correspondre à la marque personnalisée du commanditaire ou du sculpteur.

ÉGLISE SAINTS-SIMON-ET-JUDE
1828-1832-XXe siècle
Architecte : François Reiner
Rue du Général-de-Gaulle 67160401
Commencé sous la Restauration, cet édifice néo-classique, qui remplace un ancien édifice – proche du cimetière, jugé trop petit et délabré – comprend un clocher semi-engagé à portique, une spacieuse nef de six travées et un chœur polygonal plus étroit. Le fronton du portail principal, soutenu par deux colonnes doriques, mentionne la traduction allemande d'un verset de l'Ancien Testament : « Ce lieu n'est autre que la maison de Dieu, c'est la porte du ciel. » L'église est restaurée en 1987, après un grave incendie.

ORGUE
1835-1987
Facteur : Joseph Stiehr
Bois de chêne et étain
Église Saints-Simon-et-Jude
67160408

Sorti des ateliers de Seltz, cet instrument est transformé en 1896 par Franz Kriess qui y installe une console indépendante mécanique et remplace le positif par un récit expressif. Le buffet néo-classique possède trois tourelles droites encadrant deux plates-faces, et un positif de dos avec deux tourelles et une plate-face centrale.

MAIRIE
1869
Moellon de grès
Rue du Général-de-Gaulle 67160405

Située au centre du village, la mairie de Dinsheim est un édifice de tradition néo-classique, dont les façades sont rythmées par des pilastres. Les ouvertures en plein cintre du rez-de-chaussée éclairent l'ancienne halle, alors que l'axe médian est rehaussé par un balcon en ferronnerie que surmonte un campanile à cloche apparente.

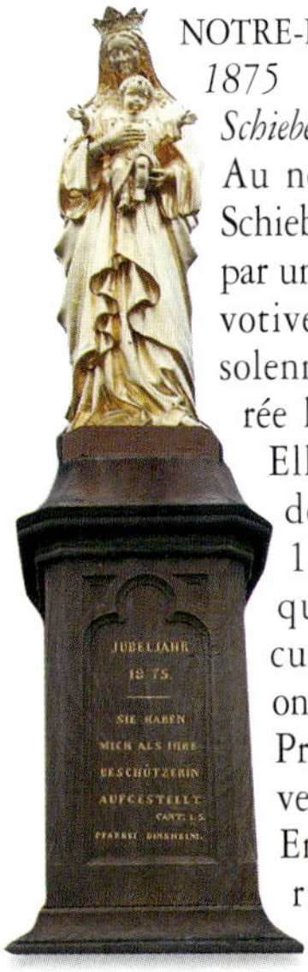

NOTRE-DAME
1875
Schiebenberg 67160411

Au nord du village, le Schiebenberg est dominé par une imposante statue votive de Notre-Dame, solennellement inaugurée le 18 juillet 1875. Elle tire son origine des événements de 1870, durant lesquels le maire, le curé et le sacristain ont été arrêtés par les Prussiens pour connivence avec l'ennemi. En réalité, la sonnerie de l'angélus a coïncidé avec une attaque des francs-tireurs sur Mutzig, et a été interprétée comme un signal par l'état-major prussien. Les habitants ayant été relaxés, une statue de la Vierge a été érigée en remerciement.

ANCIENNE RUCHE
Début du XXe siècle
Bois et paille
Collection particulière 67160413

Apiculteurs de père en fils depuis 1873, les Durner ont pratiqué l'élevage des abeilles d'abord à Grendelbruch, puis à Dinsheim, où Ernest Durner est, dans l'entre-deux-guerres, l'un des premiers apiculteurs professionnels du Bas-Rhin. Inventé à la fin du XIXe siècle par le pasteur François Bastian, ce type de ruche à cadre mobile, dit « ruche alsacienne » ou « ruche Bastian », est fabriqué sur place jusqu'en 1953. Il est composé de deux parties mobiles : le corps de ruche, ou *Brutraum,* pour accueillir les cadres de couvain et la reine, et la hausse de ruche, ou *Honigraum,* pour stocker la réserve de miel récoltée par l'apiculteur.

ANCIENNES USINES JACQUEL
XIXe-XXe siècles
Breuschmühle 67160406

Attestée vers 1600, la *Breuschmühle* est, à l'origine, un moulin à papier établi sur la Bruche, en amont de Dinsheim. Ce moulin est acquis en 1903 par l'industriel Frédéric Jacquel, de Natzwiller, qui y construit un tissage de coton qu'il complète en 1908 par une filature. Les bâtiments sont ensuite occupés par une fabrique de volets roulants connue sous le nom de Fermetures Weber. Créée en 1898, cette entreprise florissante a fait connaître la localité dans le monde entier, avant de déménager en 1994 à Saint-Pierre, dans le Bas-Rhin.

Dorlisheim

Canton de Molsheim
Arrondissement de Molsheim
Superficie : 1 153 ha
Population 1990 : 2 128 hab.
Habitants : les Dorlisheimois
Cours d'eau : le bras de la Bruche

Origine du nom : du dieu germanique de la guerre, Thor, et de *Holz*, bois, ce qui pourrait signifier le lieu habité près de la forêt de Thor.

Blason : il s'inspire d'un fer à cheval représenté sur un linteau de porte du XVIe siècle.
67160500

HISTORIQUE

Située au pied des collines sous-vosgiennes, la localité s'est établie sur une ancienne voie romaine, dite Bergstrasse, *reliant Wissembourg à Belfort. Habité sous les Mérovingiens, Dorlisheim est cité en 737 dans un acte de donation attribuant le village à l'abbaye de Murbach. D'autres établissements religieux y possèdent des biens, dont le monastère de Sainte-Odile, l'abbaye bénédictine d'Altorf et les couvents lorrains de Hesse et de Haute-Seille. Cet ancien domaine de la famille d'Eguisheim est transmis au début du XIIIe siècle à l'évêché de Metz, puis à l'évêché de Strasbourg. Morcelés entre plusieurs familles, les droits seigneuriaux sont progressivement rachetés par la ville de Strasbourg, qui introduit la Réforme dans le village en 1525. Vers 1600, la localité est dotée d'une enceinte entourée d'un fossé rempli d'eau. Au cours de l'année 1632, les troupes autrichiennes du général Montecucculi rasent et détruisent entièrement le village. Ce n'est qu'au milieu du XIXe siècle, avec le développement du chemin de fer, puis avec l'installation de Ettore Bugatti au début du XXe siècle, que le village connaît une nouvelle ère de prospérité. Du point de vue confessionnel, il constitue la seule commune du canton de Molsheim à majorité protestante.*

MENHIR *LANGE STEIN*
Hallstatt final
Grès (H. : 2,25 m)
Gaensweidt 67160501

À la pointe est du ban communal, sur le chemin rural reliant Molsheim au village d'Altorf, se dresse le témoin le plus ancien de l'histoire du village. Appelé *Hexebuckel*, tertre des sorcières, par la légende populaire, ce monolithe est longtemps considéré comme une pierre de calendrier néolithique. Les fouilles entreprises en 1928 par F.A. Schaeffer amènent la découverte de tessons du premier âge du fer, mêlés à des os calcinés, confirmant que ce menhir est l'une des rares stèles tumulaires d'Alsace restées à leur emplacement d'origine. La conservation de la pierre s'explique par son ancienne utilisation comme borne-limite mitoyenne aux trois localités d'Altorf, de Dorlisheim et de Molsheim. L'énigmatique visage humain ornant la face orientale de la stèle a été gravé par un sculpteur local dans les années 1930. *(Cl. M. H. 1930)*

ÉGLISE PROTESTANTE
XIIe siècle
Rue de l'Église 67160502

À l'origine, l'église fait partie de la dotation de l'abbaye d'Altorf, fondée par les comtes d'Eguisheim. En 1225, l'évêque Berthold de Teck incorpore l'édifice à l'abbaye cistercienne de Haute-Seille. La Réforme est introduite à Dorlisheim au XVIe siècle, et l'église est affectée au culte protestant jusqu'en 1685, date à laquelle Louis XIV instaure le simultaneum. En dépit de ses dimensions modestes, le sanctuaire construit en plusieurs étapes révèle une structure particulièrement complexe. Il se compose d'une triple nef d'origine romane, d'un clocher-porche gothique et d'un chœur flanqué de deux chapelles carrées.
(Cl. M. H. 1994)

PORTAIL PRINCIPAL
XIIe siècle
Église protestante 67160503

Le clocher-porche est une adjonction du XIVe siècle masquant le portail occidental roman. L'archivolte est surmontée de deux dragons à la queue enroulée, qui ouvrent leurs gueules vers la tête d'un fauve. Le bandeau est orné d'un rinceau de sarments de vignes et de grappes de raisin coulant de la bouche d'une figure représentant le Christ. Placées en retrait, deux torsades soulignent le contour de l'arc en plein cintre.

CHAPITEAU
XIIe siècle
Église protestante 67160505

Représentatif du style roman, le piédroit de l'arc triomphal comporte deux chapiteaux. Celui-ci est sculpté d'un curieux personnage barbu dont on ne voit que la tête et les bras soutenant le tailloir ciselé d'une frise et de palmettes. La sculpture figurative abonde également en remplois, à l'intérieur et à l'extérieur de l'édifice, et pourrait provenir de l'église primitive.

BAS-RELIEF
XVIe siècle
Église protestante 67160511

À l'extérieur du chœur de l'église romane, un bas-relief représentant une chaussure évoquerait le souvenir tragique du *Bundschuh*, emblème de la guerre des Paysans. Au printemps 1525, une grande effervescence agite les villageois, qui se réunissent sur le parvis de l'église, et nomment Erasmus Gerber, capitaine des paysans révoltés de la région de Molsheim. Cette bande d'insurgés met ensuite à sac l'abbaye d'Altorf et la commanderie de Saint-Jean toute proche. En réalité, cette pierre reproduit l'emblème des cordonniers, dont la corporation aurait financé des travaux à l'église à la fin du Moyen Âge.

CLEF D'ARCADE
1572
10, Grand-Rue 67160516

Encastrée dans le mur extérieur d'une maison Renaissance remaniée au XVIIIe siècle, cette clef d'arcade est ornée d'un blason représentant un griffon, animal mythique à corps de lion, à tête et à ailes d'aigle.

LINTEAU ARMORIÉ
1594
41, Grand-Rue
67160520

Ce linteau portant les blasons de Dorlisheim et de Rosenwiller témoigne de l'existence d'une école intercommunale qui aurait fonctionné autrefois entre les deux localités. Mentionnée dès 1541, la première école remonte à l'introduction de la Réforme et à l'installation du célèbre prédicateur Wolfgang Musculus dans le village. Détruit en 1592 lors de la guerre des évêques, le bâtiment est reconstruit six ans plus tard, au même emplacement. Il abrite désormais la mairie de Dorlisheim.

PUITS
1605
Grès
Grand-Rue
67160519

Surmonté d'un linteau en bâtière sculpté de tuiles, le puits est composé de deux montants rectangulaires décorés d'une imitation de ferronnerie en méplat, de feuilles de vigne et de la représentation de deux vignerons. Sa réalisation est un témoin du développement économique de la localité et de sa richesse viticole. Un cartouche mentionne le nom de Christmann Wagner, prévôt de la commune au début du XVIIe siècle. *(I. M. H. 1932)*

COLONNE
1662
Bois de chêne (H. : 2,50 m)
Mairie *67160522*

Située au rez-de-chaussée de la mairie, cette colonne est surmontée de deux consoles sculptées sur lesquelles repose la poutre maîtresse. Les consoles en sapin sont décorées de motifs végétaux et de mascarons. La face arrière de la colonne représente un écu baroque où figurent la date et les initiales du charpentier ou du sculpteur. Cet ensemble est une preuve de la réfection du bâtiment ou de l'adjonction d'une nouvelle pièce au cours du XVIIe siècle.

CHÂTEAU DU BARON HERVÉ
XVIIIe-XIXe siècles
103-105, Grand-Rue *67160515*

Selon une inscription figurant sur la voûte de la cave, cette demeure aurait été érigée en 1714, restaurée en 1820, puis transformée sous le Second Empire par l'adjonction d'une tourelle ronde. Flanqué de deux petites dépendances, le château est construit sur un plan rectangulaire, à deux niveaux de fenêtres. Seuls le perron et la balustrade en fer forgé semblent remonter à l'époque baroque, alors que le reste de la construction n'est guère antérieur à la fin du XIXe siècle. Propriété de la branche protestante des Montbrison, la maison passe ensuite à la famille Hecht – d'où le brochet servant de girouette à la tourelle –, puis au baron Hervé-Gruyer.

MAISON RURALE (détail du pignon)
XVIIe siècle
Bois et torchis
9, rue Meyer *67160521*

Cette maison est recensée parmi les corps de ferme dès le XVIe siècle. L'intérêt majeur de la construction réside dans le fait que son dernier propriétaire a laissé le clayonnage apparent entre les poutres, ce qui permet de distinguer l'enchevêtrement des lattes de bois, cachées d'ordinaire par la couche superficielle du torchis.

MAISON DE NOTABLE
XVIIIe siècle
Grès, moellon et pan de bois
3, rue de la Paix *67160517*

Dorlisheim possède une demi-douzaine de constructions du XVIIIe siècle, dont les propriétaires étaient des protestants de Strasbourg possédant des terres sur le ban communal. Parmi ces demeures, celle située dans la rue de la Paix devient au XIXe siècle une maison d'éducation privée pour jeunes filles, le pensionnat Prud'homme. Cette construction à façade symétrique et toit mansardé exprime pleinement la rencontre entre le style classique français et l'architecture traditionnelle à pans de bois. *(I. M. H. 1995)*

CHRONOGRAMME
1767
Grès
Presbytère catholique *67160507*

Promoteur de l'œcuménisme à Dorlisheim où il est prêtre de 1729 à 1771, le curé Michel Wohlrab fait graver audessus de la porte d'entrée du presbytère les quatre mots suivants : « *Cantemus uni Deo Alleluia* », « Chantons à un seul Dieu, Alléluia. » Si l'on considère les majuscules comme des chiffres romains et qu'on les additionne, on obtient le nombre 1767, correspondant à l'année de construction ou de réfection de la cure.

COLONNE ROUTIÈRE
XVIIIe-XIXe siècles
Grès *67160527*

Au rond-point situé à l'entrée du village se trouve une grande colonne avec cadran solaire, dressée sur une butte artificielle. La partie supérieure est formée d'un cube massif dont chaque face est ornée d'un cadran tourné vers le point cardinal correspondant. Les quatre cadrans accusant une discrète déclinaison, cette installation gnomonique ne se trouve peut-être pas à son emplacement d'origine. La colonne à chapiteau ionique ressemble curieusement à celle qui se trouve place de l'Étoile, à Strasbourg, et qui daterait du Premier Empire, à moins qu'elle ne provienne d'un château de style classique des alentours.

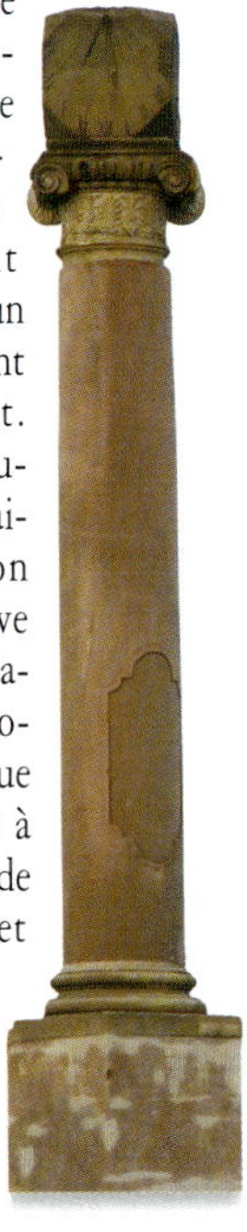

MAISON DE RETRAITE SAREPTA
Début du XIXe siècle
Rue Luther *67160509*

La maison des Diaconesses est fondée en 1903 par le pasteur Paul Ziegelmeyer, futur maire de Dorlisheim. Appelé à ses débuts *Diakonessen Verein Sarepta*, l'établissement est transformé en hôpital militaire entre 1914 et 1917. La station de soins se développe dans l'entre-deux-guerres avec la construction de plusieurs pavillons. L'accueil des personnes âgées se poursuit, malgré la dissolution de la communauté des diaconesses en 1982.

CHAPELLE DES DIACONESSES (détail)
1912
Maison de retraite Sarepta
67160510

Construite à la veille de la Première Guerre mondiale dans le parc de la maison de retraite, la chapelle des Diaconesses est restaurée en 1972. Surmontée d'un élégant clocheton hexagonal, elle abrite un orgue Muhleisen de 1968.

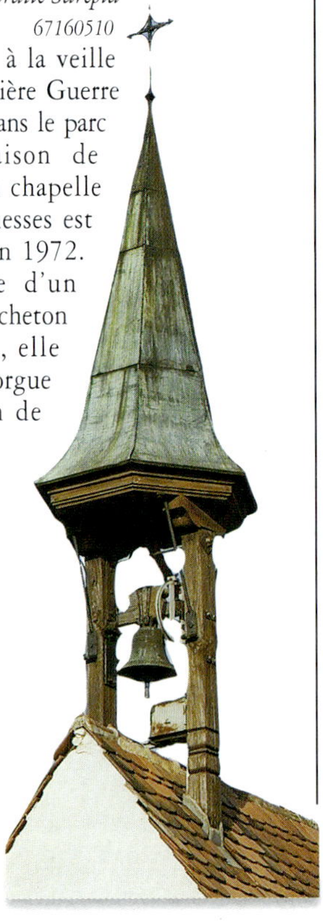

BANC NAPOLÉONIEN
XIXe siècle
Grès (H. : 140 cm)
Rue de l'Altenberg *67160526*

Situés en bordure du chemin communal allant vers Rosenwiller, trois bancs-reposoirs semblent correspondre à un type particulier de bancs napoléoniens. Celui-ci, non daté, est composé de trois pierres, complétées par une dalle-siège placée à côté du reposoir. La tradition prétend qu'ils étaient utilisés par les femmes qui allaient rejoindre les marchés locaux de Molsheim ou Rosheim.

CROIX DE MALTE
Vers 1780
Grès
Commanderie de Saint-Jean 67160512

Fondée au début du XIIIe siècle, une commanderie de l'ordre des Hospitaliers de Saint-Jean de Jérusalem est implantée à l'est de Dorlisheim. Elle possédait une église romane détruite en 1802, qui servait de lieu de sépulture à de nombreux chevaliers de l'Ordre, mais également à des membres de la noblesse, tel l'évêque Walter de Geroldseck, battu par les Strasbourgeois en 1262 lors de la fameuse bataille de Hausbergen. Détruits en 1445 par les Armagnacs et incendiés durant la guerre des Évêques, les bâtiments ont disparu définitivement au début du XIXe siècle.

PAVILLON DE CHASSE
1853
Commanderie de Saint-Jean 67160514

De part et d'autre du château Saint-Jean, le baron de Wangen fait ériger deux grandes dépendances ornées chacune de façades en bois sculpté, aujourd'hui masquées par la végétation. Celle de gauche correspond à un ancien pavillon de chasse, dont la porte principale est encadrée par une tête de taureau et une tête de cheval. Datant de la même époque, le pavillon de droite englobe une ancienne grange de la commanderie, dont la façade est décorée de plusieurs croix de Malte.

ÉGLISE SAINT-LAURENT
1887-1895
Rue de la Bruche 67160506

Mettant fin à deux siècles de simultaneum à Dorlisheim, l'église catholique est érigée à la périphérie du vieux bourg, dans un jardin dont le propriétaire est alors de confession protestante. Cette église néo-romane est ornée en façade des statues de Jeanne d'Arc et de saint Martin. L'intérieur est éclairé de grandes verrières offertes vers 1912 par des notables du village, dont le baron Hervé-Gruyer. Celles du chœur évoquent des épisodes de la vie de saint Laurent. L'orgue réalisé en 1900 par Franz Kriess, de Molsheim, est équipé d'un ventilateur électrique offert par le constructeur automobile Ettore Bugatti.

CHÂTEAU SAINT-JEAN
1857
Grès et moellon
Commanderie de Saint-Jean 67160513

Entouré d'un parc de 6,5 hectares, ce manoir est érigé par les Wangen de Geroldseck à l'emplacement de l'ancienne commanderie. La demeure change plusieurs fois de propriétaires, avant d'être finalement utilisée par Ettore Bugatti dans les années 1930 pour ses réunions publiques et ses réceptions. Dominant le perron et l'escalier d'honneur, le fronton arbore fièrement la devise *Semper fidelis*, toujours fidèle.

ÉCOLE CATHOLIQUE
1889
Rue de la Bruche 67160508

Contemporain de la construction de l'église catholique voisine, ce bâtiment remplace l'ancienne école de 1822, qui se trouve derrière le presbytère catholique. Alors que cette dernière possédait deux bâtiments distincts – la salle d'enseignement et le logement de l'instituteur – dans la nouvelle école, le logement se situe au-dessus des salles de classe.

VILLA *MON PLAISIR*
Fin du XIXe siècle
Brique et bois
21, avenue de la Gare 67160518

Particulièrement représentative de son époque, cette villa est située à l'extérieur du village, dans le quartier qui se développe à la fin du XIXe siècle autour de l'ancienne gare. Elle appartenait au guérisseur Gottfried Jost, un tailleur originaire de Dorlisheim, qui y pratiquait des consultations sous hypnose.

GOTTFRIED JOST
Émail
Collection particulière 67160524

Dans les années 1900, Dorlisheim est connu dans toute la vallée du Rhin à travers la personnalité controversée du *Schloofer*, Gottfried Jost (1846-1912), rebouteux devenu célèbre grâce à ses dons de magnétisme qui lui permettent d'opérer des guérisons étonnantes. En 1870, il s'installe dans le village où de nombreux malades de plusieurs pays affluent pour le consulter. Condamné en 1894 pour escroquerie et pratique illégale de la médecine, il poursuit néanmoins ses consultations jusqu'au moment où la paralysie le réduit à l'inactivité.

PLAQUE DE RUE
XXe siècle
Métal
Rue Ignaz-Pleyel 67160523

Violoniste, chef d'orchestre et compositeur de renommée internationale, Ignace Pleyel naît en 1757 près de Vienne, en Autriche. Maître de chapelle à la cathédrale de Strasbourg en 1789, il habite à Dorlisheim dans une maison de l'actuel faubourg des Vosges. Lors des événements révolutionnaires, ses origines lui valent d'être assigné à résidence et surveillé de près par les autorités. C'est ici qu'il compose *La Révolution du 10 Août*, en référence à la fameuse journée de 1792 qui marque en France la chute de la royauté. En 1795, Ignace Pleyel vend sa propriété pour se retirer à Paris, où il meurt en 1831.

CAVEAU DE LA FAMILLE BUGATTI
XXe siècle
Grès
Cimetière communal 67160525

Installée à partir de 1909 aux confins de Dorlisheim, la famille Bugatti est restée très proche du village où reposent les principaux membres du clan, Carlo Bugatti (1856-1940), patriarche de la famille, et son épouse Thérèse, née Lorioli, ainsi que leurs enfants Deanice, Rembrandt et Ettore Bugatti (1881-1947) avec sa première femme Barbara Mascherpa. Enfin, deux enfants d'Ettore, L'Ebé et Jean (1909-1939), sont également enterrés ici.

Duttlenheim

Canton de Molsheim
Arrondissement de Molsheim
Superficie : 860 ha
Population 1990 : 2 291 hab.
Habitants : les Duttlenheimois
Cours d'eau : le bras de la Bruche

Origine du nom : origine germanique inconnue.

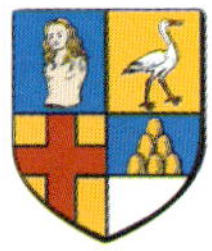

Blason : ces armes modernes évoquent d'anciens seigneurs du village : les Reich von Platz, les Andlau et les Landsberg.
67160600

HISTORIQUE

L'existence de Duttlenheim est attestée pour la première fois à la fin du Xe siècle, à l'occasion d'une donation de biens que le comte du Nordgau fait à l'abbaye d'Altorf. Au XIIIe siècle, le village fait partie des possessions de l'évêché de Strasbourg qui le donne en fief aux Landsberg. Au siècle suivant, l'évêque attribue une partie de la localité aux Andlau, et une autre partie aux Sturm de Sturmeck. La part de ces derniers passe en 1640 à une famille originaire du Tyrol, les Reich von Platz. En 1553, la Réforme est introduite dans le village, mais il retourne à la religion catholique en 1686. À la Révolution, le bourg est intégré au canton de Geispolsheim et y reste jusqu'en 1974. Duttlenheim a toujours été un village important qui, en 1861, compte 1 577 habitants. C'est un centre important de la production de choux à choucroute, mais on y cultive également le tabac et les betteraves sucrières. Toutefois les deux tiers de la population active travaillent à l'extérieur, principalement dans l'agglomération strasbourgeoise.

LINTEAU DE PORTE
1578
Grès
Rue du Maréchal-de-Lattre 67160618
Ce linteau de porte de cave d'une maison traditionnelle porte la date la plus ancienne relevée sur un édifice à Duttlenheim.

PUITS
XVIIIe siècle
Impasse des Francs-Bourgeois 67160610
De nombreux puits sont disséminés dans le village. Celui-ci se compose d'une cuve massive transformée en bac à fleurs. Le treuil en bois autour duquel s'enroule la chaîne est abrité par un toit en bâtière, recouvert de tuiles alsaciennes, dites *Biberschwänz*.

FERME
1687
Pan de bois
102, rue du Centre 67160612
Cette petite maison à façade symétrique en léger encorbellement possède un colombage agrémenté de chaises curules et d'une allège à losange barré. Son comble à surcroît, *Kniestock* en dialecte, permet d'éviter la perte de place dans le grenier et correspond, traditionnellement, aux maisons appartenant à des petits laboureurs.

PRESBYTÈRE
1764
108, rue du Centre 67160607
Représentative des maisons curiales élevées en Alsace au XVIIIe siècle, cette bâtisse est coiffée du traditionnel toit à quatre pans. Elle présente deux niveaux séparés par un bandeau et cantonnés de chaînes d'angle. Centrée sur la porte d'entrée, la façade s'anime d'un léger ressaut de trois axes.

CALVAIRE
1718
Grès
Avenue du Général-de-Gaulle 67160605
Le village possède plusieurs croix des XVIIIe et XIXe siècles, parmi lesquelles ce calvaire baroque en forme de T. Restauré dans le courant du XIXe siècle, il est érigé à l'initiative de deux femmes, Anna et Maria, et met en scène les trois protagonistes habituels, le Christ en croix, la Vierge et saint Jean, ces deux derniers étant d'une facture un peu fruste.
(I. M. H. 1937)

ÉGLISE SAINT-LOUIS
1777
Rue du Maréchal-Leclerc 67160601
Cette église néo-classique comporte une façade à clocher semi-engagé et un portail à fronton triangulaire, une nef unique à portails latéraux rectilignes et un chœur polygonal en retrait animé par des chaînes. L'édifice peut être attribué à l'architecte Desbordes, inspecteur principal des Ponts et Chaussées, qui établit en 1773-1775 des plans et des devis pour le projet primitif, modifié à l'exécution. Le nombre de travées de la nef a été porté de quatre à six, et le portail à colonnes et fronton surbaissé a cédé la place à une entrée plus sévère.

CADRAN SOLAIRE
1705
Grès
Église Saint-Louis 67160602
Sur l'une des façades de l'église paroissiale, tournée vers le sud, est installé un cadran solaire sculpté dans une dalle carrée. Recouvert à une certaine époque d'une couche de crépi, celui-ci revoit la lumière en 1967, à l'occasion de la rénovation du revêtement du mur. Tous les chiffres sont orientés vers le centre, probablement dans un souci d'harmonie de la part de l'artisan créateur.

MAÎTRE-AUTEL
XVIIIe siècle
Bois et huile sur toile
Église Saint-Louis 67160615
Encadré de quatre colonnes corinthiennes semi-engagées, le tableau d'autel daté de 1838 est l'œuvre d'un peintre anonyme. La toile présente le patron de l'église agenouillé, en prière devant un autel. Le manteau orné de fleurs de lis et les attributs royaux déposés à ses pieds rappellent que Saint Louis est roi de France à partir de 1226. Il meurt de la peste en 1270 aux portes de Tunis, pendant la huitième croisade.

ORGUE
1817
Facteur : Michel Stiehr
Église Saint-Louis 67160617
Sorti des ateliers de Seltz, l'orgue de Duttlenheim est transformé par Koulen, par Kriess, puis par les frères Steinmetz au cours des XIXe et XXe siècles. Également très remanié, le buffet en chêne comporte des parties latérales réalisées en 1920. Malgré ces travaux, l'orgue reste un instrument de qualité, comprenant quatre plates-faces et trois tourelles surmontées d'urnes en demi-relief.

ANNONCIATION
1840
Peintre : Joseph Sorg
Huile sur toile
Église Saint-Louis 67160616
De part et d'autre de l'arc triomphal, les autels latéraux du XIXe siècle sont ornés des représentations de deux scènes capitales du Nouveau Testament : l'Annonciation et la Crucifixion. Œuvres d'un peintre alsacien connu pour ses sujets religieux, elles mettent en valeur les personnages centraux de la Bible, dans des compositions classiques.

Ergersheim

CHAPELLE PRIVÉE
1808
Moellon de grès
91, rue du Général-de-Gaulle 67160603
À la suite de la naissance de trois enfants sourds et muets, une famille du village fait le serment d'édifier une chapelle si un enfant sain vient au monde. Le vœu se réalise, et le père fait alors construire cette chapelle privée, allant lui-même chercher les matériaux nécessaires à son édification.

INSCRIPTION HÉBRAÏQUE
XIXe siècle
13, rue de la Poste 67160613
Située sur une vieille pierre de l'ancienne synagogue du village, cette inscription en hébreu signifie : « Prépare-toi dans l'antichambre pour pouvoir pénétrer dans le palais. »

ANCIEN LAVOIR
XIXe siècle
Rue du Moulin 67160614
Ce lavoir traditionnel est abrité par un toit à deux pans, supporté par huit piliers. Au bord de l'eau, on distingue neuf emplacements, dit *Waschbretsche*, réservés aux lavandières qui y battaient le linge. Comme beaucoup de constructions du même type, il est élevé à l'époque où les municipalités disposent d'une plus grande autonomie budgétaire, et où la population prend conscience de l'importance de l'hygiène individuelle.

MAIRIE-ÉCOLE
1864
1, rue de l'École 67160609
Situé au centre du village, ce bâtiment municipal de tradition classique est transformé à plusieurs reprises. Son architecture soignée traduit les fonctions différentes de chaque niveau séparé par un bandeau. Le pignon, présentant trois ouvertures cintrées au rez-de-chaussée, se termine par un clocheton, alors que la façade principale est surmontée par un curieux fronton dominant l'ensemble du bâtiment.

Canton de Molsheim
Arrondissement de Molsheim
Superficie : 625 ha
Population 1990 : 843 hab.
Habitants : les Ergersheimois
Cours d'eau : la Bruche et le canal de la Bruche

Origine du nom : dériverait du nom d'un chef alaman nommé Arger.

Blason : il représente saint Nicolas accompagné selon la tradition de trois petits enfants dans un baquet.
67160700

HISTORIQUE

Le site est occupé dès l'époque mérovingienne, ce dont témoignent quelques découvertes faites au sud de l'actuel cimetière. Dans sa donation de vignes et de terres en faveur de l'église Saint-Thomas de Strasbourg vers 920, l'évêque Richwin (913-933) fait mention de la localité, alors appelée Argeresheim marca. *Plusieurs autres institutions religieuses possèdent des biens dans le village, où une léproserie est attestée en 1387, dans une charte au bénéfice de la collégiale de Haslach. En tant qu'ancienne possession épiscopale, Ergersheim est particulièrement touché lors de la guerre des Évêques. Une estimation des dégâts dressée en 1593 par le bailli de Dachstein y recense la destruction de 63 maisons, 46 granges, 37 pressoirs et 161 étables. En 1622, le village est à nouveau pillé et des maisons incendiées. À la suite de ces événements, les finages des localités disparues d'Altbronn et de Rimlenheim sont incorporés au ban communal. Situé sur la rive gauche du canal de la Bruche, le village fait partie de l'Ackerland, mais son vignoble et son type d'habitations lui confèrent les caractéristiques des communes du vignoble de Molsheim. Désormais, Ergersheim est un village résidentiel dont les actifs travaillent notamment à Molsheim et dans l'agglomération strasbourgeoise.*

ÉGLISE NOTRE-DAME D'ALTBRONN
XIVe-XVIIIe-XIXe siècles
Altbronn 67160703

Altbronn était un village situé entre Ergersheim et Dahlenheim qui, au Moyen Âge, possédait ses propres finages. Dévasté à la fin du XIVe siècle ou au début du XVe siècle, l'évêque de Strasbourg en fait don aux jésuites de Molsheim en 1590. Le ban d'Altbronn est assimilé à celui d'Ergersheim en 1664. La chapelle, ancien lieu de pèlerinage à la Vierge, dépend de l'église de Dachstein. La nef unique, percée de grandes baies en tiers-point, date de l'époque médiévale, alors que le clocher est reconstruit en style néo-gothique à la fin du XIXe siècle.

INSCRIPTION
DE GUILLAUME DE DIEST
1397
Grès
Église Notre-Dame d'Altbronn 67160704

À la fin du XIVe siècle, cette église est élevée au rang de pèlerinage par la volonté de l'évêque de Strasbourg. Cet événement est relaté sur une dalle scellée sur le côté sud du bâtiment. En caractères gothiques, l'inscription annonce : « En l'an 1397,

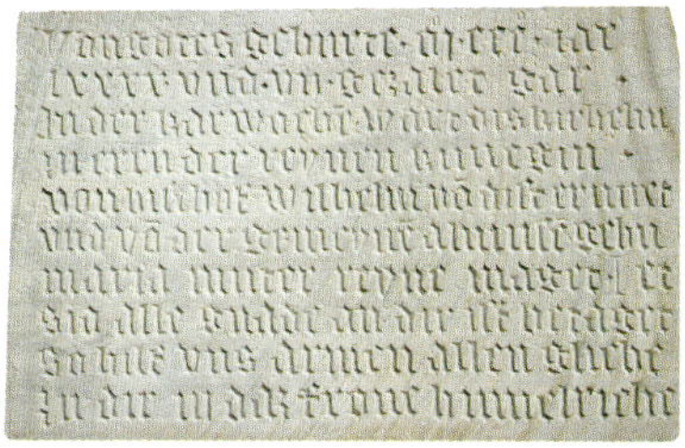

cette chapelle fut restaurée par l'évêque Guillaume de Diest en l'honneur de la Vierge, grâce aux aumônes données par tous. » Elle est accompagnée d'une prière à Marie afin que les plus humbles puissent partager le ciel avec elle.

MAÎTRE-AUTEL
Début du XVIIIe siècle
Bois polychrome
Église Notre-Dame d'Altbronn
67160705

Le chœur de l'église, de petite taille, contient difficilement ce maître-autel de style baroque. La niche centrale abrite une Vierge à l'Enfant assise en bois du XVe siècle, curieusement revêtue d'un manteau du XVIIIe siècle. *(Cl. M. H. 1982)*

SOURCE SAINTE-ANNE
XVIIIe siècle
Brique
Altbronn 67160714

À quelques pas du pèlerinage se trouve un petit édicule qui abrite une source. Il s'agit de la fontaine qui est à l'origine de la naissance du village d'Altbronn, dont le nom signifie vieille fontaine. Les miracles recensés par les jésuites dès la fin du XVIe siècle parlent des vertus de l'eau du *Annabrünnlein*, la source Sainte-Anne. Beaucoup de femmes venaient ici demander l'aide de la Vierge et de sainte Anne dans la perspective d'accouchements difficiles, car l'eau de cette source était considérée comme salvatrice.

PASSION DU CHRIST
XVIIIe siècle
Grès
Altbronn 67160707

Cette sculpture est un élément du chemin de pèlerinage qui s'étendait autrefois entre Molsheim et Altbronn. Sept stations de la passion du Christ invitaient les pèlerins à s'arrêter et à se mettre à genoux pour réciter une prière. Dernier de la série, le *Fussfall* d'Altbronn représente le Christ au moment où il est jeté sur la croix, tandis qu'un soldat lui arrache sa tunique.

LINTEAU ARMORIÉ
1538
Grès
Rue des Tuiles 67160709

Aujourd'hui déposé, ce linteau est orné de la croix de l'hôpital de Strasbourg, possessionné dans le village, dès le début du XIIIe siècle. L'autre blason figure deux instruments agricoles traditionnels, une serpette de vigneron et un soc de charrue stylisé.

CHAPELLE SAINT-MICHEL
XVIIe siècle
Rimlen 67160706

Cette chapelle est le seul témoin du village disparu de Rimlenheim. Mentionné sans doute dès 884, le hameau est détruit par les Armagnacs en 1444 et il n'en reste que cinq maisons au début du XVIIe siècle. La chapelle était jadis ornée d'un retable de 1741, à la gloire de la Vierge, réalisé par le sculpteur Ostermeyer, de Soultz-les-Bains. Une messe à la mémoire des habitants du village disparu est célébrée dans cette chapelle le 29 septembre, jour de la Saint-Michel.

EMBLÈME DE TUILIER
1718
Grès
114, rue des Tuiles 67160710

Ce linteau de porte de l'ancienne tuilerie du village est orné d'un blason représentant un agneau et l'emblème professionnel des tuiliers, deux moules à tuiles entrecroisés.

FERME
1741
Moellon et pan de bois
75, rue de Wolxheim 67160713

La période faste du XVIIIe siècle se concrétise par la construction de demeures à colombage. Cette maison à pignon sur rue respecte la disposition traditionnelle de l'habitat rural en pays viticole. La façade symétrique montre deux soupiraux correspondant à la cave à vin maçonnée, auxquels succèdent les trois fenêtres de l'étage d'habitation. Surmontés d'un toit à petite croupe, les deux niveaux de combles sont éclairés chacun par une ouverture.

ÉGLISE SAINT-NICOLAS
XVIIIe siècle-1873
Rue Principale 67160701

L'église paroissiale est composée d'un unique vaisseau et d'un chœur polygonal. Le clocher latéral, dont la partie inférieure remonte à l'époque médiévale, s'achève par un dernier niveau octogonal coiffé d'un toit à bulbe. La façade principale possède un portail néo-roman de 1873. À l'intérieur se trouve un mobilier baroque, notamment la chaire et les autels latéraux avec colonnes, statues et angelots.

ORGUE
1818
Facteur : Stiehr-Mockers
Étain et bois
Église Saint-Nicolas 67160702

Œuvre de Michel et Xavier Mockers, de Seltz, cet instrument, avec grand orgue et positif de dos, possède 23 jeux. Mis au goût du jour par Franz Kriess en 1898, il est doté de jeux romantiques venus remplacer les tuyaux Stiehr. En 1976-1977, Paul Adam, de Lingolsheim, remet l'orgue dans son état d'origine. Le buffet de style néo-classique reprend la structure traditionnelle des buffets Silbermann. *(Cl. M. H. 1973)*

MAISON D'ÉCLUSIER
XVIIIe siècle
Canal de la Bruche 67160711

Sur le chemin de halage, le long du canal de la Bruche, se trouvent quelques anciennes maisons d'éclusiers. Coiffé d'un toit mansardé, le pavillon de cette maison se prolonge vers l'est par une aile de plain-pied, parallèle à l'écluse du canal.

ANCIENNE BLANCHISSERIE
1835
Bleiche 67160712

Le long du canal de la Bruche se trouve un groupe de bâtiments connus sous le nom de la *Bleiche*, « blanchi », nom qui indique que cet endroit est consacré au blanchiment des draps écrus qui sont ensuite séchés sur les prés alentour. La tour carrée, désormais propriété privée, est souvent considérée comme un édifice médiéval, sa forme rappelant celle d'un donjon.

COUVENT DES TRAPPISTINES
1895
16, rue Principale 67160708

Venue d'Italie, la famille Simonis s'installe à Wolxheim et Ergersheim. Elle s'enrichit et, en 1826, fait construire à Ergersheim une demeure appelée « le château ». Plusieurs membres de cette famille s'illustrent dans les rangs du clergé et se dévouent pour les œuvres sociales et charitables. En 1895, le château des Simonis est cédé aux cisterciennes d'Oelenberg, qui le transforment et y ajoutent une église et des bâtiments conventuels pour y installer un couvent de trappistines, baptisé « abbaye Notre-Dame d'Altbronn ».

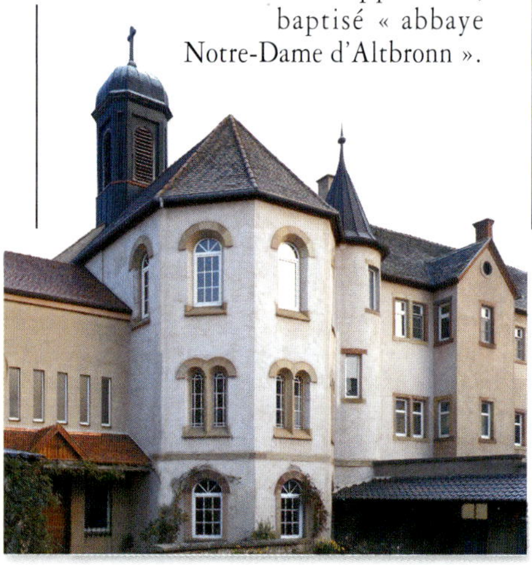

Ernolsheim-Bruche

Canton de Molsheim
Arrondissement de Molsheim
Superficie : 659 ha
Population 1990 : 1 583 hab.
Habitants : les Ernolsheimois
Cours d'eau : la Bruche et le canal de la Bruche

Origine du nom : dérive probablement du prénom germanique Ernold ou Arnold.

Blason : la rame de batelier fait allusion à l'ancien flottage sur le canal de la Bruche.
67160800

HISTORIQUE

Ernolsheim est une ancienne possession de l'évêché de Strasbourg. Plusieurs abbayes et couvents y possèdent des biens, comme Marmoutier ou Haslach. En 1262, le village est détruit par les Strasbourgeois. Vendu en 1280 à Henri IV, évêque de Strasbourg, par le comte Henri de Veldenz, le village devient au XVe siècle fief-gage des seigneurs de Pfettisheim, dont la lignée s'éteint en 1516. En 1603, les Brandebourgeois et les Lorrains se livrent bataille près d'Ernolsheim. Situé sur le rebord sud du plateau de l'Ackerland, Ernolsheim domine la dépression de la Bruche. Au XIXe siècle, le village atteint son maximum de population. Celle-ci diminue ensuite, mais Ernolsheim connaît une reprise démographique avec l'urbanisation des campagnes. La population active travaille en partie sur place, dans les entreprises implantées dans le parc d'activité de la Basse-Plaine de la Bruche, et en partie dans l'agglomération strasbourgeoise.

TERTRE FUNÉRAIRE

Hallstatt 67160801

Le site d'Ernolsheim-Bruche est connu depuis l'âge du fer. Ces *tumuli*, qui n'ont été que partiellement fouillés, se trouvent à la limite des bans de Dachstein et d'Ernolsheim. En 1911, l'archéologue Robert Forrer en dénombre 21. Leur diamètre varie entre 10 et 32 mètres, et leur hauteur entre 50 centimètres et 3 mètres. Au centre de chaque tertre se dresse une pierre en grès des Vosges, stèle funéraire marquant l'emplacement de la tombe. Dans un *tumulus* fouillé en 1912, Forrer a trouvé quelques fragments de poterie ainsi que des ossements calcinés, ce qui prouve que les morts étaient incinérés.

STÈLE

XVIIIe siècle

Grès

6, rue Principale 67160807

Deux châteaux sont mentionnés dans le village : le château d'Urendorf et le château de Breuschwald, dont il ne subsiste que cette stèle, représentant un indigène.

DALLE FUNÉRAIRE DE CASPAR D'URENDORF

1499

Grès

Cimetière 67160805

Membre de la famille possédant le château du village, Caspar d'Urendorf est représenté en armure sur sa dalle funéraire. Cette dernière est située à l'arrière de la chapelle du village.

CHÂTEAU DES URENDORF

1554

1, rue du Château 67160806

Une inscription figurant sur un cartouche du mur-pignon oriental donne la date de construction de l'édifice. À l'extinction de la famille d'Urendorf en 1636, le château revient à la noblesse d'Empire. Au cours du XVIIIe siècle, il est aux mains des Cléry, puis des Wimpfen, avant d'être converti en exploitation agricole. La tourelle d'escalier circulaire desservant la façade nord est à moitié dissimulée par une aile plus basse, également flanquée de tourelles à ses deux extrémités. Bien que d'apparence plus récente, l'aile parallèle à la rue est dotée d'encadrements de fenêtres Renaissance, en pierre au rez-de-chaussée et en bois aux niveaux supérieurs.

(I. M. H. 1936)

CANAL VAUBAN

XVIIIe siècle

Canal de la Bruche 67160810

Sur l'ancien chemin de halage du canal de la Bruche est aménagée une piste cyclable partant de Strasbourg, et permettant de gagner Molsheim ou Marlenheim.

ÉGLISE SAINTS-COSME-ET-DAMIEN
1838-1839
Rue Principale 67160802
Cet édifice est construit à l'emplacement d'une église ou d'une chapelle dédiée à saint Côme et à saint Damien depuis 1666 seulement. À l'origine, l'église paroissiale, placée depuis 1711 sous le patronage de la Vierge, dépend de la cour domaniale de l'évêque de Strasbourg, appelée *Oberhof*. En 1498, les droits patronaux et la dîme sont dus à la prévôté de Haslach. À partir de 1694, la paroisse devient filiale de celle de Kolbsheim, qui tient presbytère. Jusqu'en 1802, Ernolsheim fait partie du chapitre rural de Molsheim.

AUTEL DE LA VIERGE (détail)
XVIIe siècle
Bois polychrome
Église Saints-Cosme-et-Damien 67160815
Retravaillée par les ateliers Klem dans un style baroque, cette statue provient de l'ancienne église. Au-dessous se trouve une icône de Notre-Dame du Perpétuel Secours, peinte sur du bois exotique et datant de 1913.

SAINT MATTHIEU ET SAINT MARC
1912
Bois de chêne
Église Saints-Cosme-et-Damien 67160803
La chaire de l'église, réalisée par le sculpteur Klem dans le style Louis XVI, est ornée des bustes des quatre évangélistes, ici, saint Matthieu et saint Marc.

STÈLE DU CURÉ LIEBERMANN
XIXe siècle
Mur du presbytère 67160812
Cette stèle est scellée dans le mur sud du presbytère après la Seconde Guerre mondiale. Sur le fronton triangulaire figure saint Georges à cheval terrassant le dragon, et dans la table se trouve le buste du théologien Bruno Franz Léopold Liebermann (1757-1844). Ce Molshémien a desservi la paroisse de 1787 à 1792 puis de 1795 à 1801, comme commissaire ecclésiastique. Sous le buste est gravée une inscription latine signifiant : « Honneur au défenseur de la foi, Liebermann, vicaire général. »

CHAPELLE DU CIMETIÈRE
1857
Rue Principale 67160804
Cette chapelle est érigée au nord du village par les époux Raugel, considérés comme les plus riches propriétaires du lieu. Sur la façade figurent deux croix de mission, témoins de la politique de rechristianisation des campagnes pratiquée au XIXe siècle.

BILDSTOCK
1865
Grès 67160814
Relativement sobre, cette croix à niche érigée par Antoine Fiechsteiner, un habitant du village revenu indemne de la guerre de Crimée, serait le *Bildstock* le plus récent d'Alsace.

Gresswiller

Canton de Molsheim
Arrondissement de Molsheim
Superficie : 927 ha
Population 1990 : 1 181 hab.
Habitants : les Gresswillerois
Cours d'eau : la Bruche

Origine du nom : de l'allemand *Weiler*, hameau, et d'un prénom germanique non identifié.

Blason : saint Martin, évêque de Tours à la fin du IVe siècle, coupant son manteau pour le partager avec un pauvre.
67160900

MAIRIE-ÉCOLE
1899
Brique et grès
2, rue Principale *67160808*
Située au cœur du village, la maison communale est construite selon un plan en L. Sobre et fonctionnel, ce bâtiment municipal surprend par son parement en briques. Il accueille également la classe unique de l'école de garçons jusqu'en 1978.

CORPS DE GARDE
1900
Rue Principale *67160809*
Situé à l'emplacement de l'ancienne mairie, ce bâtiment abrite le corps de garde et le dépôt d'incendie. L'édifice néo-Renaissance se distingue par son petit pignon à volutes. Les différentes ouvertures présentent une grande variété de formes, fenêtres à meneaux et linteaux en accolade notamment.

HISTORIQUE

Le village est mentionné pour la première fois en 849, lorsque l'empereur carolingien Lothaire Ier donne à l'abbaye d'Erstein une cour domaniale située à Gresswiller. Aux XIVe et XVe siècles, la localité est inféodée à plusieurs seigneurs, parmi lesquels les Andlau, les zum Trübel et les Wetzel von Marsilien. En 1507, elle passe sous l'autorité de l'évêque de Strasbourg qui la conserve jusqu'à la Révolution. Les habitants sont parfois surnommés Schwedekorps, *corps de Suédois, à cause de l'occupation du village pendant la guerre de Trente Ans, et en référence à un comte suédois qui y aurait possédé des biens. Grâce à l'industrie, Gresswiller connaît une importante croissance démographique dans la première moitié du XIXe siècle. La population double durant cette période, atteignant 1 002 habitants en 1851. La commune subit ensuite plusieurs phases de régression jusque dans l'entre-deux-guerres, puis retrouve un solde migratoire positif.*

ÉCLAT DE DÉBITAGE
Néolithique récent
Basalte (L. : 8 cm)
Collection particulière *67160901*
Unique témoin d'une occupation temporaire du site de Gresswiller à la fin de la préhistoire, cet éclat de débitage à pointe arrondie est un outil de la civilisation de Michelsberg. Retrouvé sur les pentes du Wurmberg, une butte isolée au sud du village, il a été taillé dans une roche volcanique, il y a près de 6000 ans, et présente plusieurs retouches ainsi que des traces d'utilisation.

SAINT-SÉPULCRE
Vers 1500
Grès (l. : 47 cm, L. : 93 cm)
Cimetière *67160906*
Le mur d'enceinte du cimetière contient une niche renfermant un groupe de personnages sculptés. La scène représente le Christ au tombeau, entouré de trois femmes voilées – les trois Marie – portant chacune un flacon de baume. Le thorax de Jésus présente une petite cavité dans laquelle, d'après une tradition locale, l'hostie était autrefois conservée, du jeudi saint au dimanche de Pâques. Cette coutume symbolisait à la fois la mort et la résurrection du Christ.
(Cl. M. H. 1982)

ASSOMPTION DE LA VIERGE
1856
Grès
Cimetière communal 67160907

L'ancien champ des morts regroupe encore une quinzaine de monuments funéraires figuratifs des XVIIIe et XIXe siècles. Posée à proximité de l'entrée du cimetière, la stèle du maire François Coffin reprend le thème classique de l'assomption de la Vierge. Accosté par deux pilastres, le médaillon montre Marie, soutenue par deux anges, dominée par la Trinité qui émerge d'une nuée.

CADRAN SOLAIRE
1523
Grès
Église Saint-Martin 67160904

Sur le clocher de l'église se trouve un cadran solaire déclinant vers le sud-ouest. Contemporain du portail sculpté, cet ouvrage serait l'un des plus anciens cadrans dits « modernes », apparus en Europe à la fin du XVe siècle. La lettre W correspondrait à la signature de son auteur. Dans le coin inférieur gauche, une main anonyme a ajouté un dessin qui pourrait représenter la main du Christ bénissant avec trois doigts, symbole de la Trinité.

ÉGLISE SAINT-MARTIN
XVIe siècle-1766
Grès
Place de la Mairie 67160902

L'église se compose d'un clocher gothique avec tympan sculpté, d'une nef plafonnée et d'un chœur polygonal ajoutés au XVIIIe siècle. Le mobilier, trois autels à retable et les lambris rocaille du chœur, date de la même époque. Sur la tribune se trouve un orgue néo-baroque réalisé en 1812 par Michel Stiehr. Surmonté d'une flèche en 1880, le clocher renferme quatre cloches, dont l'une est datée de 1521.

CHARITÉ DE SAINT MARTIN
1523
Grès
Église Saint-Martin 67160903

De style gothique tardif, le portail principal de l'église est dominé par un tympan en haut-relief contenant une représentation équestre de saint Martin, inspirée des gravures de la fin du XVe siècle. Cette scène montre le saint, présenté sous les traits d'un gentilhomme tranchant la moitié de son manteau pour la donner à un pauvre en haillons, parfois assimilé au Christ. *(I. M. H. 1937)*

ÉPITAPHE
1793
Grès
Église Saint-Martin 67160917

Cette épitaphe située dans la nef de l'église se rapporte à Michel Kessler, citoyen de Gresswiller guillotiné en raison de sa foi catholique par l'accusateur public Euloge Schneider, le 18 novembre 1793, sur la place principale de Mutzig.

JÉSUS DEVANT PILATE
1840
Peintre : Joseph Sorg
Huile sur toile
Église Saint-Martin 67160905

Les murs de la nef sont décorés de quatorze stations dues à Marie Joseph Louis Sorg (1791-1870), peintre de sujets religieux originaire de Mutzig. Rarement traité par les artistes, cet épisode de la Passion met en valeur les deux principaux antagonistes : le Christ prisonnier, au premier plan, et derrière lui, Ponce Pilate assis, se lavant les mains.

EMBLÈME DE CHARRON
XVIIIe siècle
33, rue du Général-de-Gaulle 67160909

Témoins discrets de l'artisanat d'autrefois, quelques rares emblèmes de métiers ornent les linteaux des portes et des fenêtres de certaines maisons. Celui-ci représente la roue d'un charron surmontée d'une plane, outil formé d'une lame tranchante et de deux poignées, qui sert à dégrossir et à aplanir une surface en bois.

MAISON FORESTIÈRE DE WANGENHARDT
XVIIIe siècle
Wangenhardt 67160913

D'une superficie de 492 hectares, le bois de Gresswiller est localisé au pied des premiers contreforts des Vosges. Située au cœur de ce massif, la maison forestière de Wangenhardt appartient jusqu'en 1871 au baron de Wangen, qui possède également depuis le XVIe siècle une part non négligeable des forêts environnantes.

CARTOUCHE
Fin du XVIIe siècle
Quartier Chassepot 67160915

L'Établissement régional du matériel de l'armée de terre conserve des éléments sculptés provenant de la façade de l'ancien arsenal de Strasbourg. Au centre, un cartouche couronné repose sur un trophée militaire composé d'armes et de drapeaux, disposé audessus d'un drapé. *(I. M. H. 1929)*

MAISON RURALE
XVIIIe siècle
35, rue du Général-de-Gaulle 67160908

Cette demeure donnant sur la rue principale du village est la maison natale du peintre-graveur Auguste Dubois (1892-1973). Élève à l'école des arts décoratifs de Strasbourg de 1908 à 1910, il fréquente ensuite l'Académie des beaux-arts de Munich, où il s'initie à la gravure. À partir de 1920, il travaille à Molsheim comme dessinateur industriel chez Bugatti, puis à Paris. Rentré à Gresswiller, il illustre des livres et restaure les peintures murales de plusieurs églises. À partir de 1928, il abandonne progressivement la gravure pour se consacrer à l'aquarelle, à l'huile, et au dessin à la plume souvent rehaussé d'aquarelle.

LE VOITURIER
Vers 1930
Peintre : Auguste Dubois
Dessin aquarellé
Collection particulière 67160916

Les premiers travaux d'Auguste Dubois sont des dessins au crayon et à la plume, et des aquarelles. La Première Guerre mondiale le mène sur le front russe et en Argonne, d'où il rapporte des croquis coloriés. Mais dès son retour, il produit principalement des eaux-fortes. Artiste sentimental et méditatif, il trouve son inspiration dans les paysages alsaciens et auprès des gens humbles et besogneux. Il se considère lui-même comme un peintre-paysan, ce qui ne l'empêche nullement de participer à de nombreuses expositions, surtout à Strasbourg.

PONT DU SCHABACH
1918
Béton
Rue des Acacias 67160910

Durant la Première Guerre mondiale, un dépôt militaire allemand est installé à l'emplacement de l'actuel Établissement régional de matériel. Une voie ferrée est spécialement construite pour approvisionner ce dépôt, avec un embranchement sur la ligne Molsheim - Rothau. Pour franchir le petit ruisseau du *Schabach*, les autorités construisent ce pont. Il possède pour tout ornement un médaillon millésimé en grès, avec un blason correspondant vraisemblablement à celui de l'unité allemande qui a construit le pont.

ÉTABLISSEMENTS COULAUX
1813
Rue du Moulin 67160911

Au XIXe siècle, plusieurs activités industrielles se développent dans le village, en particulier une usine d'articles de grosse quincaillerie et de mécanique fine, établie sur un canal de dérivation de la Bruche. Annexe de l'entreprise Coulaux et Cie, cette fabrique confectionne principalement des outils, des scies, des faux, mais aussi des ressorts de montres et des baïonnettes. La manufacture emploie 140 personnes vers 1860, dont des ouvriers de Dinsheim, Dorlisheim, Heiligenberg, Mollkirch, Mutzig, Rosenwiller et Still.

Heiligenberg

Canton de Molsheim
Arrondissement de Molsheim
Superficie : 547 ha
Population 1990 : 535 hab.
Habitants : les Heiligenbergeois
Cours d'eau : la Bruche

Origine du nom : de l'allemand *heilig*, saint, et *Berg*, montagne.

Blason : il est composé des armes de l'évêché de Strasbourg, de celles des Pfaffenlapp et des sires d'Andlau, anciens seigneurs du village.
67161000

HISTORIQUE

Le village de Heiligenberg est implanté sur un site perché. Les vestiges de l'enceinte couronnant le sommet de la localité ont été diversement interprétés par les historiens, mais il est certain que, contrairement à la tradition populaire, le château des Ochsenstein n'a jamais existé sur le territoire de la commune. Une chapelle Sainte-Croix, citée dès 1295, semble être à l'origine du village. Possession des évêques de Strasbourg, il est inféodé à plusieurs seigneurs au cours du bas Moyen Âge. En 1610, lors de la guerre des Margraves, il est incendié. Relevant de la justice de Haslach, la communauté villageoise dépend de la paroisse de Still jusqu'en 1772. Au XIXe siècle, Heiligenberg connaît un certain développement, avec 482 habitants en 1851. La population diminue ensuite jusqu'à la Seconde Guerre mondiale, puis bénéficie d'une nouvelle hausse.

AMMONITE
Jurassique
Calcaire (d. : 40 à 50 cm)
49, rue du Château 67161012

Établi dans un champ de fractures géologiques, le village de Heiligenberg se trouve à la limite entre les affleurements calcaires et le grès vosgien du trias, dans une région relativement pauvre en fossiles. Deux ammonites du jurassique sont pourtant incrustées dans les murs du presbytère érigé en 1773 entre l'église et le cimetière communal. Il y a donc tout lieu de croire que ces fossiles ont été ramenés ici par un amateur averti.

VASE SIGILLÉ
Début du IIe siècle
Potier : Ciriuna
Céramique (d. : 22 cm)
Musée de la Chartreuse, Molsheim
67161010

L'officine romaine de céramique de Heiligenberg-Dinsheim est installée à mi-chemin entre Strasbourg et le sanctuaire du Donon, sur la voie antique qui borde la vallée de la Bruche. Dès le XVIIIe siècle, des travaux routiers révèlent la présence de fours de potiers, et de véritables fouilles sont menées à partir de 1909 par Robert Forrer, alors conservateur du musée archéologique de Strasbourg.

MOULE À CÉRAMIQUE
IIe siècle
Terre cuite (d. : 22 cm)
Musée de la Chartreuse, Molsheim
67161011

À la découverte des fours de potiers s'ajoute celle d'une grande quantité de tessons et de fragments de moules à céramiques, ainsi que de nombreux accessoires d'enfournement. L'étude approfondie du matériel montre qu'une centaine de potiers travaillent dans l'officine entre la fin du Ier siècle et le milieu du IIe siècle. La plupart d'entre eux n'y fabriquent que de la sigillée lisse, et quelques-uns seulement signent la sigillée ornée. Les maîtres potiers qui confectionnent les

moules de la sigillée ornée fabriquent essentiellement des vases hémisphériques du type Dragendorff 37.

MAQUETTE
DE FOURS ROMAINS
1910
Auteur : Robert Forrer
Plâtre (l. : 88 cm)
Musée de la Chartreuse, Molsheim
67161009

La réalisation de fouilles archéologiques au début du XXe siècle permet la découverte d'un ensemble de quatre fours disposés en batterie. Deux de ces fours, circulaires et de petites dimensions, sont destinés à la cuisson des céramiques, tandis que les deux autres servent principalement à la cuisson des tuiles. Partant de l'aire de chauffe, une voie longue de 21 mètres relie ces fours aux ateliers de façonnage et aux aires de stockage.

BERGERIE SEIGNEURIALE
XVIIe siècle
115, rue Principale 67161008

À la périphérie du village se trouve une ancienne bergerie seigneuriale. Sa façade sur rue est agrémentée d'une fenêtre Renaissance en saillie, élément assez rare dans une localité aussi modeste que Heiligenberg.

MAISON FORESTIÈRE
DE WEISSENBERG
1848
Moellon de grès 67161005

Débutant au pied du Weissenberg, la forêt domaniale de Haslach est aménagée pour la chasse vers

1780-1783 par le cardinal Louis René Édouard de Rohan-Guéméné. Les grandes allées rectilignes tracées dans le massif forestier, et qui convergent vers le carrefour de l'Étoile et le carrefour de la Trinité, datent de cette époque. Succédant à un édifice plus ancien, cette maison forestière était autrefois complétée par une petite station météorologique.

ÉGLISE SAINT-VINCENT
1866
Architecte : Alexandre Matuszinski
67161001

L'église primitive de Heiligenberg se situe au sommet du village, à l'endroit où se trouve le cimetière communal. Particulièrement représentative du style néo-gothique en faveur sous le Second Empire, la nouvelle église est précédée d'un clocher de façade à tympan sculpté, auquel succèdent une triple nef à piliers composés, un transept débordant et un chœur polygonal. Œuvre de Ferdinand et Xavier Stiehr, l'orgue de 1869 est construit dans le style de l'église et conserve son buffet d'origine.

MONUMENT AUX MORTS
Vers 1920
Grès
Jardin de l'église *67161006*

Manifestation tardive du néo-gothique, cet édicule jouxtant l'église paroissiale se compose de six arcades ogivales reposant sur des chapiteaux feuillagés. À l'intérieur, un haut-relief est environné de plaques de marbre portant les noms des victimes de la Première et de la Seconde Guerre mondiale.

MONUMENT FUNÉRAIRE
(détail)
1866
Cimetière *67161002*

Cette stèle funéraire se distingue par sa croix en fer forgé. Elle surplombe la tombe d'un jeune cultivateur de Heiligenberg, Vincent Dibinger, décédé le 18 juillet 1866 à l'âge de 26 ans. Un enfant tenant une amphore, symbole de l'immortalité, est prostré au pied de la croix envahie de lierre.

ANCIENNE PAPETERIE
XXe siècle
Durrmatten *67161003*

À leur création, les papeteries de Heiligenberg sont spécialisées dans la production de papier cartonné et de papier kraft. Vendue en 1947 aux fromageries Rentz d'Ostheim, l'entreprise compte alors 120 salariés et confectionne des boîtes destinées à l'emballage des fromages fondus. Propriété de la famille Fink depuis 1951, la Papeterie du Mont-des-Saints fabrique par la suite du papier pour les bobines de filature. Le site industriel ferme finalement en 1967 à cause de la récession du tissage dans les vallées vosgiennes.

PEINTURE MURALE
1990
Peintre : Dorkas Roussel
33, rue Principale
67161007

Cette fresque ornant la façade d'une maison relate l'événement survenu à Heiligenberg le 25 octobre 1870. Ce jour-là, un ballon postal quitte Paris pour se rendre à Nancy. L'équipage est obligé de se poser à Heiligenberg en raison du vent. Il est repéré par l'armée prussienne, mais les habitants du village font disparaître le ballon et aident l'équipage à fuir vers la Lorraine.

L'armée prussienne exige alors une amende considérable, qui est payée par deux familles aisées du village.

Lutzelhouse

Canton de Molsheim
Arrondissement de Molsheim
Superficie : 2 889 ha
Population 1999 : 1 555 hab.
Habitants : les Lutzelhousois
Cours d'eau : la Bruche et le Netzenbach

Origine du nom : du vieil allemand *lützel*, petit, et *Haus*, maison.

HISTORIQUE

Lutzelhouse est situé sur un territoire qui appartient aux évêques de Strasbourg, dès l'époque carolingienne. Son nom apparaît dans un document de l'évêque Conrad établi en faveur du chapitre de Haslach en 1290. Ce chapitre est collateur et décimateur de la paroisse. La charge d'avoué est occupée par les Geroldseck, puis par les Ochsenstein. En 1366, l'évêque Jean III de Luxembourg vend le village à Jean de Salm, qui le revend à son tour. Du XVe au XVIe siècle, les évêques rachètent les éléments de l'ancien domaine épiscopal, dont Lutzelhouse fait partie. Après avoir diminué d'un quart dans la seconde moitié du XIXe siècle, la population se stabilise jusqu'à la Seconde Guerre mondiale. L'industrie et le tourisme constituent l'essentiel de l'activité de la commune.

LE JARDIN DES FÉES
Protohistoire
Langenberg *67161101*
Dominant le val de Bruche, la Grande Côte antérieure est considérée par certains comme l'un des plusieurs anciens lieux de culte celtique en Alsace. Ce sommet, surnommé « le Jardin des Fées », présente une curieuse enceinte circulaire et les vestiges d'un cromlech où, selon la légende, les fées venaient danser la nuit. Elles auraient entrepris la construction d'un pont gigantesque pour enjamber la vallée, comme en témoignent les nombreux blocs de grès dispersés sur les hauteurs. Mais cet ouvrage ne put être mené à bien car la puissance magique des fées s'arrêta trop tôt.

CROIX RURALE
1735
Grès
Rue de la Fontaine *67161103*
Érigée à la périphérie du village, cette croix à niche est l'un des plus anciens monuments visibles dans le village. Elle comporte le monogramme du Christ.

PIERRE TOMBALE (détail)
1788
Place de l'Église *67161109*
Situé à la limite de l'ancien département des Vosges, Lutzelhouse reste un village à majorité francophone, comme en témoigne cette épitaphe de Joseph Himbert comportant un texte en français.

FILATURE
1836
Rue de la Gare *67161106*
Village précurseur de l'industrie textile dans le val de Bruche, Lutzelhouse abrite au milieu du XIXe siècle une filature de coton et de laine peignée, un moulin et une scierie mécanique. À proximité de l'usine, la famille Scheidecker fait ériger un château avec perron, complété par un pavillon de chasse et des écuries.

ÉGLISE SAINT-URBAIN (portail)
1851
Rue Principale 67161102
Dépendant du chapitre rural de Molsheim, la paroisse englobe en 1666 les villages de Muhlbach et Netzenbach qui n'ont alors pas d'église. Wisches était une annexe de Lutzelhouse, mais cette situation est inversée entre 1758 et 1802. L'église néo-médiévale comporte un clocher engagé, une nef de six travées et un chœur en retrait.

FORGE
XIXe siècle
84, rue Principale 67161108
Cette ancienne forge, qui appartient désormais à la commune, conserve de nombreux outils et accessoires relatifs aux métiers de forgeron et de maréchal-ferrant, deux professions particulièrement sollicitées dans le village avant l'ère de l'automobile.

LE NETZENBACH
XIXe-XXe siècles 67161104
Le hameau du Netzenbach fait partie de la commune de Lutzelhouse jusqu'en 1976. Il est alors rattaché à Wisches, dont il n'est séparé que par le ruisseau du même nom. Avant 1871, ce cours d'eau correspondait à la limite entre le département du Bas-Rhin et celui des Vosges.

FOSSÉ *WELSCHGRABEN*
Rue des Gros-Prés 67161107
Les habitants de Lutzelhouse sont surnommés *d'Welsche*, les Français, car en venant de la plaine, Lutzelhouse est le premier village francophone de la vallée de la Bruche. La frontière linguistique est matérialisée par ce fossé.

CHAPELLE NOTRE-DAME-DU-BON-SECOURS
1922
Grès rose
Rue Principale 67161110
Réalisée à la suite d'un vœu, cette chapelle surplombe la route reliant Wisches à Lutzelhouse. Précédée d'un auvent, la nef à trois travées est épaulée par des contreforts peu saillants. Elle débouche sur une abside circulaire que domine un campanile à toit en bâtière.

Molsheim

Canton de Molsheim
Arrondissement de Molsheim
Superficie : 1 085 ha
Population 1990 : 7 973 hab.
Habitants : les Molshémiens
Cours d'eau : la Bruche
et le Dachsteinbach

Origine du nom : du latin *mola*, moulin établi autrefois sur les berges de la Bruche.

Blason : il représente une roue de martyre sur laquelle est enlacé un homme nu assimilé à saint Georges, patron de l'église paroissiale.
67161200

HISTORIQUE

Ancienne ville épiscopale et universitaire, berceau des voitures Bugatti, Molsheim est une cité alsacienne à l'histoire et au patrimoine riches et variés. À l'époque romaine, le site n'offre pas assez d'avantages pour permettre l'implantation d'une agglomération permanente. Des fouilles ont révélé l'existence de nombreuses tombes mérovingiennes, mais la première mention de Mollesheim n'apparaît que vers 820, dans un acte de donation de vignes en faveur du chapitre de Saint-Thomas. Les évêques de Strasbourg sont propriétaires de biens de plus en plus étendus sur la commune, qui leur sont périodiquement contestés par les empereurs germaniques. Les transactions conclues entre les deux parties en 1308 se font à l'avantage de l'évêque Jean de Dirpheim. Aux XIVe et XVe siècles, la cité se développe, mais les malheurs du temps et les misères de la guerre ne l'épargnent guère. Au moment de la Réforme, Molsheim accueille les chanoines de la cathédrale chassés par le magistrat protestant de Strasbourg. Ils sont précédés par différents ordres religieux, les jésuites et les bénédictins dès 1580, puis les chartreux, et enfin les capucins. C'est ainsi que la cité épiscopale devient pour un temps le bastion de la Contre-Réforme catholique en Alsace. Après la Révolution, l'installation des ateliers Coulaux marque l'entrée de la ville dans l'ère industrielle. Chef-lieu d'arrondissement en 1871, Molsheim diversifie ses activités au cours du XXe siècle, en particulier grâce à l'implantation des usines du constructeur automobile Ettore Bugatti, dont les nombreuses victoires exportent le nom de la ville dans le monde entier.

CITÉ OUVRIÈRE
Vers 1928
Rue Basse-la-Pèle *67161105*
Trois blocs d'habitations, rehaussés en 1948, constituent le logement des ouvriers de l'ancienne filature. L'ensemble est réaménagé au cours du XXe siècle, ce qui brise son homogénéité.

CHARLES BIRETTE
Vers 1940
Collection particulière *67161111*
Héros et martyr de la Résistance, Charles Birette est né à Lutzelhouse le 11 avril 1895. Entré en 1942 dans le mouvement Résistance-fer, il tombe le 16 août 1944 dans une embuscade. Fait prisonnier par les nazis, il est torturé et exécuté avec trente-quatre de ses compagnons à la cascade du Bois de Boulogne, quelques jours avant la Libération de Paris. Sa dépouille repose au cimetière de Lutzelhouse depuis 1948.

STÈLE GALLO-ROMAINE
IIe-IIIe siècles
Grès (H. : 100 cm)
Place de l'Église *67161241*
Quelques trouvailles isolées permettent d'affirmer qu'il existe dès le Bas-Empire des points d'occupation temporaire à proximité de la ville actuelle. Parmi elles figure cette stèle funéraire découverte en 1970 dans le quartier du Rott, lors de travaux de voirie. De forme quadrangulaire, elle constitue un monument original dans l'art populaire de l'époque romaine. L'inscription en lettres maladroites peut se traduire ainsi : « Aux dieux mânes, à Calius, fils de Caliodubnus Nemodlianus. »

BOUCLE DE CEINTURE
Fin du VIIe siècle
Bronze argenté
(l. : 15 cm)
Musée de la Chartreuse

67161242

Plusieurs campagnes de fouilles menées à 800 mètres au nord de Molsheim, au lieu-dit *Im Zich*, aboutissent à la mise au jour d'un important cimetière des VIe-VIIe siècles. Cet ensemble d'environ deux cents sépultures constitue l'une des plus vastes nécropoles mérovingiennes fouillées de la région. Les nombreux objets exhumés du sol fournissent des renseignements sur la vie quotidienne et les activités humaines de cette époque. Il s'agit aussi bien d'armes que d'instruments domestiques ou d'éléments de parure.

COLLIER
VIIe siècle
Terre cuite et pâte de verre
Musée de la Chartreuse *67161243*

Ce collier de cinquante-neuf perles a été retrouvé dans l'une des tombes de la nécropole mérovingienne *Zich*.

PIERRE *JUDENSTEIN*
Vers 1300
Grès (L. : 150 cm)
Musée de la Chartreuse *67161224*

Seul vestige de la présence d'une communauté israélite dans la cité, cette inscription commémore le don d'un juif en faveur de la synagogue médiévale de Molsheim. Avant 1343, l'évêque Berthold de Buchegg autorise les juifs à construire un sanctuaire à Molsheim. Lors des persécutions de 1349, ils sont chassés de la ville, leurs biens sont confisqués et la synagogue est dévastée. La provenance exacte de cette pierre hébraïque, jadis scellée dans le mur d'une maison de la rue des Étudiants, est inconnue. Exposée pendant des siècles à toutes les dégradations, elle est mutilée à divers endroits, et le nom du bienfaiteur et la date sont effacés. *(Cl. M. H. 1985)*

ARMOIRIES DE NICOLAS GEYER
1613
Vitrail (42 × 32 cm)
Musée de la Chartreuse *67161238*

Acquise par la Société d'histoire et d'archéologie de Molsheim, cette œuvre provient d'une collection particulière suisse. Elle présente une intéressante composition autour des armes parlantes de Nicolas Geyer, commandeur de l'ordre de Saint-Jean à Strasbourg et à Sélestat de 1610 à 1630. Ce vitrail se distingue avant tout par la virtuosité du dessin de l'architecture et des personnages, dont les moindres traits sont mis en valeur.

VUE GÉNÉRALE DE MOLSHEIM
1644
Auteur : Jean-Jacques Arhardt
Musée de la Chartreuse *67161286*

Ce dessin représente une vue plongeante de la cité depuis le vignoble, où l'artiste était probablement installé pour dessiner les fortifications et les principaux monuments. Parmi ceux qui ont disparu se trouvent l'église des chartreux, le château médiéval, le séminaire des jésuites et l'ancienne église paroissiale Saint-Georges, dans laquelle sont transférés au XVIIe siècle le grand chapitre et le grand chœur de la cathédrale de Strasbourg.

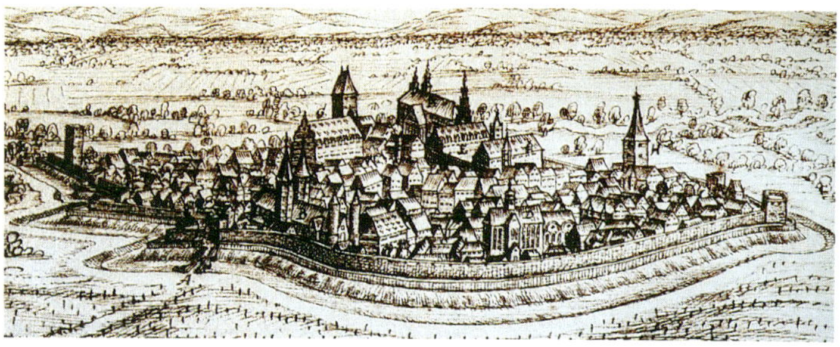

SAINT AMBROISE
XVIIIe siècle
Huile sur toile (110 × 120 cm)
Musée de la Chartreuse 67161217

Un ensemble de dessus de portes provenant de l'ancien couvent des capucins représente les quatre Pères de l'Église – saint Jérôme, saint Augustin, saint Grégoire le Grand et saint Ambroise. Évêque de Milan à la fin du IVe siècle, ce dernier est représenté assis et bénissant. Il est entouré d'ouvrages, symboles des nombreux sermons et oraisons dont il est l'auteur. À côté de lui se trouve une ruche, allusion aux abeilles qui déposèrent leur miel sur ses lèvres d'enfant, alors qu'il dormait.

PORTE-MONTRE
Milieu du XVIIIe siècle
Bois polychrome (H. : 24 cm)
Musée de la Chartreuse 67161289

Ce porte-montre est un travail allemand ou autrichien affichant les caractéristiques de l'art populaire. Un personnage présenté de profil regarde le spectateur. Il avance à grands pas et porte sur son dos un motif rocaille dans lequel est ménagé le logement de la montre de gousset. La polychromie met en valeur le visage joufflu et les yeux ronds à la pupille marquée en noir. L'attitude et le dynamisme du personnage rappellent que le temps passe vite et inexorablement.

BAPTÊME DU CHRIST
Fin du XVIIIe siècle
Bois sculpté (H. : 55 cm)
Musée de la Chartreuse 67161218

Les premiers capucins s'installent à Molsheim en 1657. Leur église, consacrée à saint Bonaventure, est transformée en maison d'habitation après 1791. Plusieurs objets du couvent, comme ce médaillon en relief, ont été déposés au musée municipal.

POÊLE
Début du XIXe siècle
Faïence (H. : 300 cm env.)
Musée de la Chartreuse 67161227

Provenant du château d'Oberkirch, ce poêle est légué à la ville de Molsheim en 1955 par la veuve du notaire Pierre Jehl, de même qu'une statue de Flore exposée en face de la sous-préfecture. Orné de trophées militaires sur trois faces et couronné par une colonne tronquée avec urne, ce poêle trône dans la grande salle du musée municipal.

ICARE ESSAYANT SES AILES
1841
Sculpteur : Philippe Grass
Bronze (H. : 54 cm)
Musée de la Chartreuse 67161290

Le musée de Molsheim possède plusieurs statues, médaillons et tableaux réalisés par l'artiste alsacien Philippe Grass (1801-1876). Attaché à l'Œuvre Notre-Dame de Strasbourg, ce statuaire se fait remarquer au Salon de Paris dès 1831 avec cette sculpture, dont une grande réplique est exposée à l'hôtel de ville de Strasbourg.

CAMILLE SCHNEIDER
1954
Peintre : Paul Weiss
Toile (55 × 46 cm)
Musée de la Chartreuse 67161293

Né à Molsheim, Camille Schneider (1900-1978) a marqué le monde culturel alsacien durant un demi-siècle. Professeur et homme de lettres, il

partage sa vie entre ses activités professionnelles et la littérature régionale, dont il est l'un des principaux animateurs. Chroniqueur à Radio-Strasbourg pendant plus de trente ans, ancien président de l'Académie d'Alsace, il fonde en 1928 la Société des écrivains d'Alsace et de Lorraine, dont il assure longtemps le secrétariat général. Commandeur des palmes académiques, il est surtout connu pour avoir été, dans les années 1930, le promoteur de la fête des Mères.

FORTIFICATIONS
Vers 1250-1260
Rue de l'Hôpital 67161287

Liée à l'émergence de Molsheim en tant que ville, la construction des fortifications est inséparable du contexte politique de l'époque, c'est-à-dire la rivalité entre l'évêque de Strasbourg et le souverain du Saint Empire romain germanique. Succédant à une enceinte primitive en terre et en bois, les remparts de la cité sont élevés vers le milieu du XIIIe siècle, et leur agencement est perfectionné par la suite. D'une longueur totale de deux kilomètres, la muraille est à l'origine couronnée d'un parapet garni de meurtrières et d'embrasures de tir.
(I. M. H. 1989)

PORTE DES FORGERONS
Début du XIVe siècle
Rue de Strasbourg 67161236

Dernière ouverture subsistante de l'enceinte médiévale, la porte des Forgerons, ou *Schmiedtor*, se dresse à l'entrée de la vieille ville. Précédé d'un pont-levis, le passage en arc brisé était protégé par une herse. Au XVIIe siècle, deux maisonnettes sont accolées aux remparts, de part et d'autre de la porte. Celle de gauche sert au péager qui perçoit une taxe sur toutes les marchandises entrant et sortant de la cité, et celle de droite abrite le corps de garde. Elle permet d'accéder à la tour, dans laquelle se trouvent les cachots. La Vierge qui domine le passage est installée en 1868.
(I. M. H. 1929)

CLOCHE
1412
Fondeur : André II de Colmar
Bronze (d. : 160 cm)
Porte des Forgerons 67161288

Provenant de l'ancienne église Saint-Georges, cette cloche est hissée après la Révolution au sommet de la porte des Forgerons. Le bourdon sonne les offices, le glas, l'angélus et le couvre-feu. Sa panse est ornée des symboles en relief des quatre évangélistes. Sur le plan musical, cette cloche serait l'une des plus remarquables du XVe siècle en Europe. *(Cl. M. H. 1982)*

POUDRIÈRE
XVe siècle
Rue du Général-de-Gaulle 67161237

En face de la sous-préfecture, plusieurs bouches à feu signalent la présence de l'ancienne poudrière, ou *Pulverturm*. Cet ouvrage défensif occupant l'angle sud-ouest du mur d'enceinte était destiné à entreposer les armes et les munitions des bourgeois. Cachée par deux platanes, une inscription commémore le siège de la ville par les Strasbourgeois en 1592, lors de la guerre des Évêques. *(I. M. H. 1989)*

LINTEAU DE PORTE
XVe siècle
Grès
Rue de la Boucherie 67161260

Situé à l'extrémité de l'impasse dite *Hirtegaessel*, cet élément architectural est l'un des rares vestiges d'habitation médiévale visibles dans la vieille ville. Il s'agit des deux montants et du linteau d'une porte piétonne en plein cintre, ornée d'un écu de forme arrondie qui devait représenter les armoiries du propriétaire initial de la maison.

METZIG
Vers 1525
Place de l'Hôtel-de-Ville 67161263

Érigée à la fin du Moyen Âge pour la corporation des bouchers, la *Metzig*, parfois appelée « grandes boucheries », est un édifice à mi-chemin entre le gothique et la Renaissance. Ce bâtiment exprime pleinement la richesse des corporations alsaciennes de l'époque. Tournée vers la place, la façade principale s'agrémente d'une galerie et d'un double escalier surmonté d'une tourelle à bulbe. Le rez-de-chaussée voûté en arcades servait de lieu d'abattage et de boutique. À l'étage se trouve une grande salle dans laquelle la corporation des bouchers tenait des banquets et des réunions. *(Cl. M. H. 1920)*

HORLOGE À JAQUEMARTS
1607
Métal, grès et bois
Metzig 67161264

La *Metzig* abrite l'une des trois horloges publiques de Molsheim, avec celles de l'hôtel de ville et de la porte des Forgerons. Installée dans la tourelle Renaissance, cette horloge à jaquemarts possède deux cadrans n'ayant qu'une seule aiguille chacun. Celle du cadran supérieur décrit un tour en douze heures, tandis que celle de l'autre cadran indique les minutes. Au-dessus, les phases lunaires sont signalées à l'aide d'un disque doré disparaissant derrière un écran en tôle. Le grand cadran est flanqué de deux anges munis chacun d'un bras mobile et frappant, à l'aide de marteaux, les heures et les quarts d'heure sur deux clochettes. L'ensemble est couronné d'une statue de la Vierge à l'Enfant.

MOULIN SEIGNEURIAL
XVIe siècle
10-12, rue Jacques-Coulaux 67161272

Le moulin des paysans, ou *Bauernmühle*, était l'un des trois moulins situés sur le *Mühlbach*, un canal de dérivation de la Bruche qui alimente en eau les fossés de la ville. Cet ensemble est acquis vers 1817 par l'industriel Jacques Coulaux, qui y établit une annexe de sa célèbre fabrique d'articles de quincaillerie. Au milieu du XIXe siècle, cette florissante entreprise emploie 600 personnes à Molsheim, sans compter les annexes de Dinsheim, de Gresswiller et d'Urmatt, et produit divers outils en acier pour l'industrie, comme des rabots, des ciseaux, des limes, des scies ou des faux.

EMBLÈME DE TANNEUR
1533
Grès
12, place de la Liberté 67161259

Non loin du canal qui alimente les douves de la cité, la rue des Tanneurs perpétue la mémoire de cette importante corporation de Molsheim, dont le plus illustre représentant, Erasme Gerber, est le capitaine général des paysans révoltés au printemps 1525 pendant la guerre des Rustauds. Dans ce même quartier, un grand couteau cintré en relief orne la porte d'une ancienne maison à colombage, remaniée au début du XVIIe siècle.

EMBLÈME DE CORDONNIER
1560
Grès
2, rue de la Boucherie *67161282*

Ce linteau de porte est orné d'une poulaine, soulier à longue pointe souvent relevée, en usage à la fin du Moyen Âge. Il constitue un précieux témoignage sur les métiers de l'habillement à cette époque.

HÔTEL DES ABBÉS D'ALTORF
Vers 1580-1668
Grès
7, rue de l'Hôpital *67161219*

Laurent Gutjahr, abbé d'Altorf, acquiert cette propriété en 1580. À la fin du XVIIIe siècle, elle comprend trois maisons, une chapelle et des dépendances. La résidence des bénédictins, dite *Altorferhof*, englobe la maison à pignon donnant sur la rue des Vosges, qui conserve une chaîne d'angle d'époque médiévale. Le mur de clôture est percé de deux ouvertures, une porte cochère à pilastres corinthiens et une porte piétonne provenant de Rosheim, ornée d'un écu daté 1602, sur lequel se trouve un grand signe lapidaire martelé. En 1666, l'abbé Bède Heldt, de Trèves, fait construire la maison donnant sur la rue de l'Hôpital. Deux ans plus tard, elle est prolongée par une chapelle dédiée à saint Joseph.

MONNAIES
Début du XVIIe siècle
Argent (d. : 2 cm env.)
Collection particulière *67161240*

Dès 1570, l'évêque Jean de Manderscheid installe un atelier monétaire à Molsheim, mais la frappe ne démarre qu'en 1573. L'atelier déploie rapidement une grande activité. Au dire du chroniqueur Büheler, on y fabrique « toutes sortes de pièces d'argent et même des florins d'or ». Fermé provisoirement au moment de la guerre des Évêques en 1592, l'atelier réapparaît au début du XVIIe siècle, avant son transfert définitif à Saverne, siège de la régence épiscopale.

MAISON DES SŒURS
Début du XVIIe siècle
Grès
1, rue de l'Église *67161228*

Cette demeure aux dimensions modestes abrite à partir de la fin du XVIIIe siècle l'école des filles, berceau de la congrégation des sœurs de la Divine Providence de Ribeauvillé, dans le Haut-Rhin. Elle est fondée par Madeleine Erhardt (1751-1794) et l'abbé Louis Kremp (1749-1817).

Antérieur à la création de l'école, l'édifice possède un pignon Renaissance à éperons lestés de pinacles, dont la partie supérieure est ornée d'une tête humaine tenant dans sa bouche une corne d'abondance.
(I. M. H. 1930)

MONTANT DE FENÊTRE
1601
Bois
17, rue des Étudiants *67161234*

Non loin de la chartreuse se trouve une demeure à colombage présentant un décor de style Renaissance particulièrement original. Sur l'un des montants de fenêtres, un ours tient un blason aux armes du maître de maison – un oiseau sur mont avec deux initiales –, l'ensemble étant surmonté d'une tête de lion et d'un chapiteau ionique.

MAISON
1605
Pan de bois
9, rue de Strasbourg *67161233*

Cette maison à deux étages en encorbellement est construite dans le style des demeures bourgeoises du XVIIe siècle. Chaque étage est éclairé par une grande fenêtre avec encadrement de type Renaissance, comportant des colonnettes latérales. Plus richement décorée, la fenêtre du premier étage est ornée de plusieurs têtes de lions et d'un angelot tenant un bretzel, emblème des boulangers.
(I. M. H. 1929)

MAISON DE LA DÎME
1606
Place du Marché
67161266

L'imposant grenier des comtes, ou *Grafenkast,* est la maison dîmière des chanoines-comtes du chapitre de la cathédrale de Strasbourg, qui trouvent refuge à Molsheim de 1605 à 1681. Au sous-sol, la cave forme une salle à trois nefs, dont les voûtes retombent sur d'imposants piliers. Sous l'Ancien Régime, les nombreux étages et le triple grenier de cette bâtisse servent à entreposer les redevances en nature perçues par l'évêché de Strasbourg.

MAISON
1607
Grès et pan de bois
14, rue de Saverne *67161283*

Malgré le remaniement de son rez-de-chaussée vers 1900, cet immeuble constitue la demeure bourgeoise à colombage la plus abondamment décorée de Molsheim. Soutenu par trois consoles, l'oriel d'angle est orné sur deux étages de motifs nombreux et variés. Particulièrement riches, les encadrements de fenêtres des deux façades sont dotés de masques grotesques, de têtes d'anges et de génies, de frises de fruits et de fleurs stylisées, de feuilles d'acanthe, de têtes de lions, d'oiseaux et de serpents.
(I. M. H. 1929)

ORNEMENT DE FONTAINE
1609-1848
Sculpteur : Hans Frauler
Grès
Place de l'Hôtel-de-Ville *67161230*

Cette fontaine de style Renaissance possède un bassin circulaire doté d'une colonne cannelée avec chapiteau corinthien. Au sommet, un lion réalisé en 1848 veille sur les armoiries de Molsheim. Le bassin est entouré par des bornes reliées entre

elles par des chaînes, également mises en place au milieu du XIXe siècle. Le piédestal de la colonne est orné de quatre gueules de lions en bronze d'où sortent les jets d'eau.

ÉGLISE DES JÉSUITES
1615-1617
Architecte : Christophe Wambser
Rue Notre-Dame 67161201

Construite en deux ans et neuf mois, ce qui constitue un record dans la vallée du Rhin, cette église est solennellement consacrée le 26 août 1618 par l'évêque de Bâle, Guillaume Rinck de Baldenstein. Elle reste affectée au collège jusqu'à sa suppression. Après la Révolution, elle est donnée à la paroisse de Molsheim afin de remplacer l'ancienne église romane. Dressée dans l'axe même du bâtiment, la tour Saint-Michel était jadis coiffée d'un toit rond sur lequel se dressait une statue de la Vierge.
(Cl. M. H. 1939)

COFFRET RELIQUAIRE
Vers le XIIe-XIXe siècles
Bronze (H. : 22 cm)
Église des Jésuites 67161252

Réplique d'un ouvrage conservé dans le trésor de la cathédrale de Xanten, ce reliquaire roman se présente sous la forme d'un coffret rectangulaire surmonté d'un couvercle en forme de toit. Ce coffret renferme une relique du crâne de saint Materne, apôtre de l'Alsace et patron de l'église des jésuites, auxquels elle est offerte en 1604 par le cardinal Charles de Lorraine. Plusieurs historiens mettent cependant en doute l'authenticité de cette pièce d'orfèvrerie qui aurait été réalisée dans l'atelier d'un faussaire de Cologne ou d'Aix-la-Chapelle, vers le milieu du XIXe siècle.

SAINTE LUCIE
Début du XIVe siècle
(H. : 50 cm)
Église des Jésuites 67161210

La réfection des verrières de l'église paroissiale a permis de mettre au jour un fragment de vitrail provenant de l'hôpital médiéval de Molsheim, dont il constitue l'un des rares vestiges. Il représente le visage d'un personnage désigné comme sainte Lucie. Sa tête est couronnée de fleurs et porte un nimbe décoré de losanges. Sur la droite se trouve l'extrémité de la palme que tenait la sainte, et qui constitue l'attribut de son martyre. Soigneusement restauré, ce vitrail a été placé dans le remplage de la sixième baie du bas-côté nord.

GISANT DE JEAN DE DIRPHEIM
Vers 1328
Grès (L. : 2,60 m)
Église des Jésuites 67161221

Évêque de Strasbourg de 1306 à 1328, Jean Ier de Dirpheim s'emploie à raffermir la discipline ecclésiastique et à développer la pratique religieuse dans son diocèse. Seigneur temporel de Molsheim, il renforce les remparts de la cité et fait construire le château qui devient résidence épiscopale. En 1316, à la suite d'une épidémie de peste, il fonde un hôpital pour les pauvres, dans la chapelle duquel il est enseveli après sa mort, survenue le 6 novembre 1328. Intégré dans l'église des Jésuites au début du XVIIe siècle, son monument funéraire est mutilé à la Révolution et dressé dans la chapelle de la Vierge. Il a retrouvé depuis sa disposition primitive de gisant. *(Cl. M. H. 1982)*

STÈLE DE L'ÉVÊQUE
GUILLAUME DE DIEST
1394
Grès (70 × 116 cm)
Église des Jésuites *67161222*

Considéré comme le plus impopulaire des évêques alsaciens, Guillaume de Diest est une personnalité complexe dont les agissements ont souvent été condamnés par ses contemporains. Arrêté à Molsheim en 1415, il est emprisonné six mois dans la cathédrale de Strasbourg pour avoir dilapidé une partie de la fortune de l'évêché. Après bien des déboires, il meurt à Saverne, le 6 octobre 1439, mais est enterré à Molsheim comme il l'avait demandé. Ce monument commémore son élection, quarante-cinq ans plus tôt, et représente les armoiries du prélat, surmontées d'une crosse et d'une mitre, insignes de la dignité épiscopale.

GRANDE CROIX
DES CHARTREUX
Vers 1480
Grès (H. : 4,50 m)
Église des Jésuites *67161215*

Œuvre anonyme proche de celle réalisée par Nicolas de Leyde à Baden-Baden, cette croix est sculptée pour les chartreux de Strasbourg-Koenigshoffen. Les moines la transportent avec eux à Molsheim, où elle est érigée en 1626. Transférée dans le cimetière de la ville après la Révolution, elle est finalement mise à l'abri des intempéries sous le porche nord de l'église des Jésuites en 1970. La croix est coiffée d'une inscription en langues hébraïque, grecque et latine, portant la mention « Jésus de Nazareth, roi des juifs ». *(Cl. M. H. 1979)*

VIERGE À L'ENFANT
Vers 1510
Bois doré (H. : 120 cm)
Église des Jésuites *67161211*

Le chœur de l'église est orné de plusieurs statues polychromes, dont une Vierge à l'Enfant. Debout sur un croissant de lune, elle porte une robe plissée à la mode du XVIe siècle. Cette œuvre provenant d'un des édifices religieux de Molsheim a été attribuée au maître de la Vierge d'Obernai et, plus récemment, à l'atelier de Nicolas de Haguenau.

PORTE
1618
Bois et métal (H. : 180 cm)
Église des Jésuites *67161206*

L'église paroissiale conserve huit portes d'origine à un ou deux vantaux ornés d'un riche décor Renaissance. Garnies de ferrures de grande taille, elles portent la date 1618 sculptée en relief, et permettent d'accéder à l'extérieur de l'église, à la sacristie, à la tour Saint-Michel ou aux tourelles d'escalier menant aux tribunes.

ARMOIRIES
DE LÉOPOLD D'AUTRICHE
Vers 1621
Peinture murale
Église des Jésuites *67161202*

Devant l'importance croissante de la Réforme protestante, des pères jésuites s'établissent dans la ville épiscopale de Molsheim dès 1580 pour y fonder un collège. Mais il faut attendre plusieurs dizaines d'années avant que les dons, les collectes et surtout la générosité de l'archiduc Léopold d'Autriche leur permettent d'y entreprendre la construction d'une église. Administrateur de l'évêché de Strasbourg de 1607 à 1625, Léopold est le frère cadet de l'empereur Ferdinand II de Habsbourg. Ornant le

chœur de la chapelle Saint-Ignace, son blason représente les armoiries des domaines dont il possède les titres, ainsi que celles de la maison d'Autriche dont il est issu.

SAINT IGNACE PRÊCHANT À LOYOLA
1621
Peintre : Zébédée Muller
Église des Jésuites 67161204
À l'occasion des cérémonies de canonisation de saint Ignace en 1622, les jésuites font réaliser des fresques et des peintures retraçant des épisodes de la vie du fondateur de la Compagnie de Jésus. Restaurée en 1755 par Charles Fischer, cette scène représente Ignace de Loyola dans sa patrie, avouant publiquement avoir volé des fruits dans un jardin, larcin pour lequel un autre garçon a été puni. Il demande pardon et fait don de deux fermes à l'innocente victime.

DÉTAIL DE FONTS BAPTISMAUX
1624
Sculpteur : Hans Faber
Église des Jésuites 67161205
La cuve baptismale de la chapelle Saint-Ignace provient de l'ancienne église paroissiale de Molsheim. Les angles sont animés de personnages traités avec aisance : saint Georges et le dragon, la Vierge à l'Enfant, saint Paul avec l'épée, sainte Ursule, saint Sébastien et sainte Catherine avec la roue. Les six bas-reliefs représentent les sacrements de l'Église, à l'exception du baptême symbolisé par la vasque elle-même. L'inscription latine indique le nom des donateurs : Rodolphe de Neuenstein et son épouse, Maria Ursula de Flaxlanden.
(Cl. M. H. 1995)

DÉCOR STUQUÉ
Vers 1630-1686
Stucateur : Jean Kuhn
Église des Jésuites 67161203
Les décors des chapelles du transept constituent le seul exemple de style jésuite en Alsace. Murs, arcs et voûtes sont ainsi couverts de motifs figurés, têtes d'anges, angelots, cariatides, acanthes, chapiteaux, vases ou guirlandes. Traditionnellement attribué à Jean Kuhn, artiste originaire du Wurtemberg, le décor primitif est remanié

quelques années plus tard à l'instigation de Gabriel Haug, évêque de Tripoli, vicaire général et suffragant de trois évêques de Strasbourg, comme l'indique l'inscription apposée sous la fenêtre de la chapelle de la Vierge.

CHAIRE (détail)
1631
Bois
Église des Jésuites 67161207
Adossée à une colonne de la nef, la chaire est ornée des statuettes de saint Pierre, de saint Paul et des quatre pères de l'Église latine, saint Jérôme, saint Augustin, saint Ambroise et saint Grégoire. Les bas-reliefs sur la cuve représentent saint Ignace de Loyola, Jésus guérissant un lépreux, l'envoi des apôtres en mission, saint Jean Baptiste prêchant la pénitence et

saint François-Xavier. L'abat-voix est surmonté du Bon Pasteur, des quatre évangélistes et du sigle des jésuites « I.H.S. », c'est-à-dire *Iesus Hominum Salvator*, Jésus sauveur des hommes.
(Cl. M. H. 1995)

LÉGENDE DE LA CROIX DE NIEDERMUNSTER
XVIIIe siècle
Huile sur toile (L. : 200 cm env.)
Église des Jésuites 67161208
L'autel latéral nord est dédié à la sainte Croix, en l'honneur de la célèbre croix de Niedermunster, dont l'*antependium* relate le périple. D'après la légende, elle aurait appartenu à Charlemagne qui l'aurait fait charger à dos de chameau. Livré à lui-même, l'animal se serait dirigé jusqu'au pied du mont Sainte-Odile. La croix est vénérée pendant des

siècles au couvent de Niedermunster. Confiée en 1580 aux jésuites de Molsheim par l'évêque Jean de Manderscheid, elle disparaît pendant la Révolution. Recouverte de plaquettes d'or, d'argenterie et de pierres précieuses, cette croix reliquaire constituait le plus remarquable objet d'orfèvrerie médiévale d'Alsace. *(Cl. M. H. 1991)*

ORGUE
1781
Facteur : Jean André Silbermann
Bois et étain
Église des Jésuites *67161212*

Du premier orgue construit dans l'église, on ne sait que peu de chose, sinon qu'il a probablement été joué par le compositeur Georges Muffat, élève du collège des jésuites en 1671. Comptant parmi les dernières œuvres de Silbermann, cet instrument de 22 jeux illustre son ultime conception de l'orgue. Il est en effet le seul en Alsace à posséder un clavier d'écho complet de quatre octaves. Constitué de trois tourelles, le buffet possède des ailes représentant des instruments de musique, qui, bien qu'anciennes, ne sont pas dues à Silbermann. Le fleuron de la tourelle centrale représente une roue, emblème héraldique de la cité. *(Cl. M. H. 1977)*

MAISON D'ARTISAN
1618
Grès et moellon
15, rue de Strasbourg *67161261*

Situé dans l'artère principale de la ville, cet immeuble est le dernier de Molsheim à conserver des arcades boutiquières Renaissance en plein cintre. La date de 1618 qui figure sur l'entablement de la porte se rapporte à l'ensemble de l'édifice. Au niveau du toit, la coursière en encorbellement qui longeait deux côtés de la maison est pourvue de deux pignons à volutes. *(I. M. H. 1929)*

MANUSCRIT BLUTBUCH
1619
(20 × 32 cm)
Archives municipales *67161294*

Considéré comme la pièce la plus importante du patrimoine historique de la ville, le *Blutbuch*, livre du sang, est un document capital pour l'étude de la sorcellerie en Alsace. Dans ce volume de 277 feuillets sont en effet consignées 113 affaires de justice présentées devant le tribunal des maléfices de Molsheim entre 1619 et 1630. Pour chaque procès sont mentionnés la date de la séance, le nom des quinze juges et des sept témoins, celui du représentant de l'accusation, puis les aveux de la victime et sa condamnation.

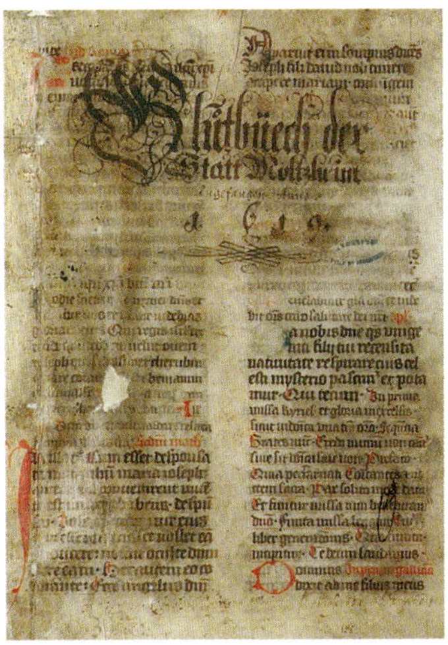

FRANÇOIS-JOSEPH WESTERMANN
Fin du XVIIIe siècle
Gravure (H. : 14 cm)
Archives municipales *67161291*

Au n° 8 de la rue de Saverne, une discrète plaque de fonte signale la maison natale de François-Joseph Westermann (1751-1794), révolutionnaire dont la carrière controversée divise les historiens. À la tête d'une colonne de Marseillais et de Brestois, il joue un rôle décisif dans la prise du palais des Tuileries le 10 août 1792, qui marque la chute de la royauté. Surnommé le « Boucher de la Vendée » en raison de la manière brutale dont il combat la rébellion, ce général de brigade est destitué et déféré devant le Tribunal révolutionnaire. Accusé de complicité avec les ennemis de la République, il est condamné à mort et guillotiné à Paris, le 5 avril 1794, à la suite de son ami Danton.

PUBLICITÉ NÉOLUX
Vers 1927
Illustrateur : Charles Spindler
Buvard
Archives municipales *67161281*
Créée en 1923, l'entreprise Néolux est à l'origine la succursale d'une société suisse, la S.A. Lumière, dont la production se limite à un seul type de lampe en forme de poire. Rebaptisée OSRAM en 1964, elle ne cesse de se développer en agrandissant son champ d'action et en trouvant de nouveaux débouchés en Europe, en Amérique et en Asie.

HENRI MECK
XXe siècle
Archives municipales *67161292*
Ancien président du conseil général du Bas-Rhin, Henri Meck (1897-1966) s'est engagé très tôt dans le syndicalisme ; il est président de la Fédération internationale des syndicats chrétiens de mineurs de 1932 à 1940. Au cours de ses trente-huit années de vie parlementaire, il défend de nombreuses propositions de lois sur les allocations familiales, les congés payés, l'assurance chômage et les assurances sociales, qui aboutissent à la loi Meck du 23 août 1948. Député-maire de Molsheim de 1933 à 1966, il donne une vive impulsion à sa ville d'adoption, qu'il dote de nombreux équipements économiques, sociaux et culturels.

ORIEL
1628
16, rue Jenner
67161225
Construites pour les membres du grand chapitre de la cathédrale de Strasbourg, les maisons canoniales de la rue Jenner, avec leurs portails à niches et leurs oriels médians, constituent deux exemples de l'architecture Renaissance de la ville. En 1860, cette maison appartient au tonnelier Antoine Fritz qui fait graver ses initiales et son emblème professionnel au-dessus de la porte de la tourelle d'escalier. Dans la cour, le mur de clôture cache un relief sculpté du début du XVIIe siècle représentant un couple de danseurs.
(I. M. H. 1929)

PORTE COCHÈRE
Vers 1628
20, rue Jenner *67161226*
Cette maison canoniale est érigée en même temps que la demeure mitoyenne, avec laquelle elle communique à l'origine. La résidence comporte un passage d'entrée avec arc à voussure sculptée et, à l'arrière, une tourelle d'escalier polygonale. Le deuxième étage a disparu lors d'un incendie. *(I. M. H. 1929)*

PRESBYTÈRE CATHOLIQUE
1628
10, rue Notre-Dame *67161256*
Avec ses deux tourelles d'escalier hors-œuvre, l'actuel presbytère catholique est l'une des anciennes résidences des chanoines-comtes du Grand Chapitre. Modifiée vers 1720, la demeure voit alors se succéder d'illustres propriétaires, parmi lesquels Philippe Frédéric de Hasselt, médecin du roi, son gendre le comte André de Pollereczky, ou encore le

receveur François Mathias Courbé. Cédée en 1840 par l'abbé Fix aux chanoinesses de Saint-Augustin qui y installent l'aumônerie du couvent, la maison abrite la cure depuis 1957.

DALLE FUNÉRAIRE
DU CURÉ SEYBOLDT
1648
Grès (124 × 62 cm)
1, rue de la Chartreuse *67161223*
Surmontée d'un Bon Pasteur en relief, cette pierre tombale ornée d'un cartouche avec épitaphe est celle de Jean Seyboldt, docteur en théologie et archiprêtre du chapitre rural de Molsheim. Elle a été érigée par deux de ses collègues du Grand Chœur de la cathédrale. Ce monument provient de l'ancienne église paroissiale Saint-Georges, autrefois située sur la place du Marché et détruite après la Révolution.

PHARMACIE DE LA VIERGE
XVIIe siècle
23, place de l'Hôtel-de-Ville *67161229*
Aménagée dans cette maison en 1736 par l'apothicaire Frantz Jacob Scheitel, la pharmacie de la Vierge est installée au même emplacement depuis sa création. L'immeuble à deux étages en encorbellement est agrémenté de peintures murales en trompe l'œil, dues à l'artiste local Roland Perret, qui a transformé les fenêtres de l'officine en arcades boutiquières Renaissance.

RELAIS DE POSTE
1671
Grès
11, rue de Saverne *67161269*
Sous l'Ancien Régime, ce bâtiment abrite la poste aux chevaux, étape importante au sein du réseau routier de la région, sur la route du piémont vosgien et au débouché de la vallée de la Bruche. De l'édifice primitif subsiste le corps de logis qui abrite l'auberge et les chambres. Au rez-de-chaussée se trouve un escalier de style Louis XV. Côté cour, une longue coursière en bois avec balustres tournés repose sur quatre colonnes.

COUR INTÉRIEURE
1657-1704
Grès et pan de bois
34, rue de la Boucherie *67161284*
Ce corps de logis comporte, côté cour, une porte d'entrée Renaissance et un encadrement de fenêtre en bois daté de 1657, avec un emblème de tuilier. L'édifice est remanié par le boucher Hans Jacob Vogelweidt au début du XVIIIe siècle. Ce dernier laisse son emblème professionnel et ses initiales : H.I.F.W., suivies de celles de sa femme, sur une fenêtre sculptée du premier étage et sur un poteau cornier côté rue.

RÉSIDENCE
DU MARÉCHAL KELLERMANN
XVIIe-XIXe siècles
13, avenue de la Gare 67161209

Siège de la première université alsacienne, le collège des Jésuites devient collège épiscopal en 1765, lors de la suppression de la Compagnie de Jésus. Entre 1804 et 1815, les bâtiments servent de résidence sénatoriale au maréchal François-Christophe Kellermann, duc de Valmy. Ils abritent de 1827 à 1834 une école supérieure de théologie, la « Petite Sorbonne », fondée par Mgr Le Pappe de Trevern, puis sont acquis par les chanoinesses de Saint-Augustin.

PRIEURÉ DES CHARTREUX
Vers 1700
Ancienne Chartreuse
4, cour des Chartreux 67161213

Acquise par la ville de Molsheim auprès des héritiers du docteur Henri Gerlinger, la maison du prieur abrite le musée de la Chartreuse et la Fondation Bugatti. Le bâtiment présente en façade une élévation à deux niveaux avec un avant-corps central couronné par un fronton triangulaire. Dans le tympan, un haut-relief figure Marie Madeleine méditant dans la grotte du désert. À l'intérieur, un escalier en pierre de 1787 mène au premier étage, où se trouve un petit oratoire voûté avec des niches ornées de coquilles. L'aile sud comporte une grande pièce richement décorée de stucs et de panneaux lambrissés.
(Cl. M. H. 1998)

CLOÎTRE TRANSVERSAL
Vers 1614-1630
Ancienne Chartreuse
4, cour des Chartreux
67161245

Le cloître desservant les cellules est délimité par un mur qui matérialise l'isolement des pères, isolement par rapport au monde, mais également par rapport aux autres membres de la communauté monastique. Destinées chacune à un père chartreux, dix-huit cellules individuelles bordent le grand cloître. Chaque cellule forme une petite unité d'habitation comprenant le logis du moine, composé de trois pièces, ainsi qu'un jardinet.
(Cl. M. H. 1998)

ARMOIRIES
DES BOECKLIN
VON BOECKLINSAU
XVIIe siècle
Grès (H. : 45 cm)
Ancienne Chartreuse
67161255

Après la destruction de leur monastère installé depuis 1335 à Koenigshoffen, aux portes de Strasbourg, les chartreux victimes des troubles de la Réforme luthérienne en 1591 s'installent à Molsheim. Le prieur Dom Schustein et quelques moines viennent chercher refuge dans cette ville épiscopale jugée propice à l'édification d'une nouvelle chartreuse. À cet effet, ils achètent le 25 mai 1598 le *Boecklerhof*, une propriété de la baronne de Boecklin von Boecklinsau située dans le nord de la ville. Les fonds nécessaires aux travaux sont fournis par une rente annuelle de 2 500 écus que le roi de France, Henri IV, fait verser aux moines. En 1602, le cardinal Charles de Lorraine donne son accord officiel au transfert du couvent de Strasbourg à Molsheim.

SAINT JEAN BAPTISTE
XVIIe-XVIIIe siècles
Grès (H. : 200 cm)
Ancienne Chartreuse
67161247

En dépit de la volonté de simplicité qui caractérise les chartreux, ceux-ci s'entourent d'œuvres d'art. La chartreuse elle-même conserve deux statues de style baroque, une Vierge surmontant un globe terrestre, exposée dans le jardin de l'hôpital local, et un Jean Baptiste, placé à l'intérieur du grand cloître. Une inscription

sur le socle indique que cette statue a été découverte en 1874 dans l'ancien jardin potager du monastère, près de la poudrière, où elle avait été cachée au moment de la Révolution.
(Cl. M. H. 1985)

VUE DE LA CHARTREUSE
1744
Huile sur toile (135 × 200 cm)
Ancienne Chartreuse 67161244

L'aspect initial de la chartreuse de Molsheim (1598-1792) est connu par une grande peinture à l'huile représentant le schéma traditionnel des couvents cartusiens. Ce plan n'a pas subi de grandes modifications à l'exception de la destruction de l'église en 1791 par un incendie, ainsi que de la transformation des cellules en maisons d'habitation. Adossés au mur d'enceinte de la ville, les bâtiments occupent une superficie de trois hectares, séparés en deux unités complémentaires : au sud, la chartreuse aligne ses dépendances économiques, tandis qu'au nord sont regroupés, autour de l'église, le cloître bordé des cellules et les autres édifices religieux.

SAINT BRUNO
Fin du XVIIe siècle
Bois polychrome (H. : 2,25 m)
Ancienne Chartreuse
Hôtel de ville d'Obernai 67161216

Édifiée entre 1606 et 1609 par l'architecte Ulrich Tretsch, l'église conventuelle des chartreux n'est consacrée qu'en 1614. À cette occasion, les moines célèbrent la canonisation de saint Bruno, le fondateur de l'ordre. À la fin du XVIIe siècle, l'édifice fait l'objet d'une campagne de décoration marquée par la rénovation du chœur et la mise en place de boiseries. Un siècle plus tard, en 1769-1770, le sculpteur Mathias Faller, après avoir longtemps œuvré à la chartreuse d'Ittingen en Suisse, y réalise quatre autels. Vendus aux enchères à la Révolution, ces autels parviennent à Bernardvillé et à Obernai, où ils sont partiellement conservés.

LE MONT DES OLIVIERS
Début du XVIIIe siècle
Ancienne Chartreuse
Place de l'Église 67161248

Le Mont des Oliviers existe déjà à la chartreuse avant 1685. Placé au XIXe siècle à proximité de l'église des Jésuites, le monument actuel présente Jésus et trois de ses apôtres sur un rocher. Guidés par Judas, les soldats venus arrêter le Christ sont sculptés contre le mur formant toile de fond. À l'origine, une coupole en ardoise reposait sur le mur arrière et sur deux colonnes corinthiennes, à l'avant de l'édicule. Vers 1920, la municipalité ordonne la dépose de la toiture sous prétexte qu'elle ressemble à un casque prussien.*(I. M. H. 1929)*

CADRAN SOLAIRE
1703
Auteur : père Constantius
Ancienne Chartreuse
5, cour des Chartreux 67161214

L'importance du secteur temporel de la chartreuse s'explique par la nécessité d'assurer la subsistance des moines, et de leur permettre de mener à bien leur mission d'accueil et d'assistance. Le complexe de bâtiments destiné à ces activités est occupé par l'hôpital local. Face à la maison du prieur s'étire le bâtiment dit de « la recette ». L'ancienne hôtellerie, qui clôt au nord-est la cour des chartreux, se distingue par une toiture plus développée. Une porte est datée de 1699 et l'escalier intérieur comporte une rampe en fer forgé très ouvragée.

ANCIENNE SERRE
1718
Ancienne Chartreuse
Hôpital local 67161246

Adossé au mur d'enceinte, ce curieux édifice dont la façade comporte une série de huit arcades en plein cintre retombant sur des colonnettes passe pour être la serre des chartreux qui abritait un ensemble de citronniers, d'orangers et de grenadiers en pots, vendus aux enchères en août 1793. Au sud-est des dépendances s'étendait le jardin potager destiné à l'approvisionnement des moines en lentilles, haricots, choux, oignons ou navets. Non loin de là se trouvait également un vivier, où les pères chartreux se livraient à l'élevage de poissons destinés à leur propre consommation. *(Cl. M. H. 1998)*

HORTUS DELICIARUM (extrait)
Fin du XIIe siècle
Ancienne Chartreuse 67161249

Les chartreux constituent une très riche bibliothèque, et leurs initiatives dans le domaine du livre les font même considérer comme des précurseurs pour le classement des ouvrages. Selon un inventaire de la bibliothèque dressé en juillet 1790, celle-ci comporte alors 4 133 volumes, 486 manuscrits et 184 liasses d'archives. Parmi ces ouvrages se trouve la célèbre copie de *Hortus Deliciarum*, codex illustré réalisé au couvent du mont Sainte-Odile et abrité durant deux siècles à la bibliothèque de la Chartreuse. Conçu comme une encyclopédie regroupant des textes bibliques et des écrits des pères de l'Église, ce livre est rédigé et enluminé par l'abbesse Herrade de Landsberg. L'auteur y aborde aussi bien la théologie que la philosophie, l'histoire, l'astronomie, la physique, la géographie ou la mythologie. Détruit en 1870 pendant le siège de Strasbourg, il a pu être partiellement reconstitué et n'est connu que par des copies.

PORTRAIT D'ÉLISABETH JENNER
Milieu du XVIIIe siècle
Huile sur toile (H. : 70 cm)
Hôpital local 67161268

À la veille de la Révolution, la richesse immobilière de l'hôpital de Molsheim provient d'un legs effectué en 1730 par Élisabeth Scheffmacher, née Jenner, à charge pour l'établissement de loger gratuitement quatre dames seules dans le besoin. Mais les bénéficiaires de cette « Fondation Jenner » ne représentent qu'une infime partie de la population de l'hospice qui, au début du XIXe siècle, accueille principalement des vieillards et des enfants pauvres ou abandonnés.

SCÈNE D'HÔPITAL
Fin du XIXe siècle
Peintre : E. Daimé
Huile sur toile (67 × 92 cm)
Hôpital local 67161267

Fondé au début du XIVe siècle par l'évêque Jean Ier de Dirpheim, l'hôpital se trouve successivement installé dans trois immeubles de la ville. Les malades et les personnes âgées bénéficiaient depuis 1829 des soins dévoués que leur prodiguaient les sœurs de la charité de Saint-Vincent-de-Paul. Offerte à l'établissement dans les années 1970 par Mlle Noetinger, de Molsheim, cette peinture représente une sœur au chevet d'un malade rédigeant son testament.

BOULE MINÉRALE
XVIIIe-XIXe siècles
Fer et potassium (l. : 5 cm env.)
Ancienne Chartreuse
Collection particulière 67161250

La pratique de la pharmacie a longtemps été le monopole des couvents. Ainsi, les chartreux de Molsheim préparent au XVIIIe siècle des boules ferrugineuses aux vertus médicinales célèbres, presque identiques à celles qui étaient fabriquées à Nancy. Ces billes d'acier sont constituées d'un mélange de tartrate, de fer et de potasse, de gommes et de diverses substances résineuses. Plusieurs prospectus de l'époque vantent les mérites de ce remède populaire, longtemps utilisé contre la chlorose, le rachitisme, la leucorrhée et, plus généralement, dans l'anémie et l'asthénie.

HÔTEL DE LA MONNAIE
1722
Rue de la Monnaie 67161265

Située à l'emplacement de l'atelier monétaire fondé au XVIe siècle par les évêques de Strasbourg, cette bâtisse abrite jusqu'à la Révolution la recette épiscopale. Au début du XIXe siècle, l'industriel Jacques Coulaux y établit une partie de ses usines d'articles de grosse quincaillerie. Loué de 1945 à 1959 à la Régie des tabacs, le bâtiment a été restauré par la commune et affecté à la vie associative et culturelle locale. Longue de 56 mètres, la façade est cantonnée par des chaînes d'angle de type Renaissance et des fenêtres à moulures du XVIIIe siècle.

DEMEURE DU GÉNÉRAL DE STREICHER (détail)
Milieu du XVIIIe siècle
Grès et pan de bois
3, rue du Général-Streicher 67161262

Occupée par une école maternelle, la propriété qui se cache derrière cette porte cochère avec arc surbaissé est l'ancienne maison du général François Ignace de Streicher (1758-1828). Fils de notaire, il est officier au régiment de Royal-Suédois et émigre en 1792, pour terminer sa carrière comme major général au service de sa majesté britannique. Chevalier de Saint-Louis et membre de plusieurs ordres étrangers, il est enterré au cimetière de Molsheim où se trouve le caveau de sa famille.

EMBLÈME DE CAVALIER
XVIIIe siècle
Grès
Rue des Sports 67161285

Autour de l'actuelle place de la Liberté, le *Feldbaum* désigne un espace aménagé en promenade à la fin du XVIIIe siècle. De part et d'autre de cette place se trouvent plusieurs demeures cossues et confortables, reconnaissables à leurs fenêtres sinueuses et à leurs grands portails.

CHÂTEAU D'OBERKIRCH
Vers 1770
2, rue Notre-Dame 67161257

La tradition populaire attribue le nom de *Schloessel* d'Oberkirch à cette demeure située non loin de l'église des Jésuites, à l'emplacement de l'ancien château épiscopal. Résidence d'une famille de noblesse militaire, ce manoir doit son nom à deux cousins de la célèbre baronne d'Oberkirch. Sous le premier Empire, le général Jean-François Barbier (1754-1828) hérite du manoir et décore une grande salle de la demeure d'un vaste panorama disparu. Le château et ses dépendances sont ensuite la propriété de la famille Jehl, puis le siège d'un notariat.

PRESSOIR
1782
Bois
(H. : 260 cm)
22, rue Jenner
67161235

La viticulture a toujours occupé une place prépondérante à Molsheim. C'est au IXe siècle que les vignes y sont mentionnées pour la première fois, dans une donation faite par Adaloch, évêque de Strasbourg, en faveur du chapitre de Saint-Thomas. À la fin du Moyen Âge, le vignoble local atteint un niveau de développement très élevé avec une surface totale dépassant les 300 hectares. Impuissants devant les caprices de la nature, les vignerons imploraient le secours des saints protecteurs de la vigne, saint Urbain, saint Médard ou saint Georges, patron de la paroisse de Molsheim.

HÔTEL DE VILLE
1832
Architecte : Samain
Grès
17, place de l'Hôtel-de-Ville 67161231

L'actuelle mairie est construite à l'emplacement de trois immeubles des XVe et XVIe siècles qui abritaient l'ancien manoir des Mullenheim, l'hôtel de ville gothique et le bâtiment des archives démolis par souci de modernisme sous l'administration du maire Jean-Pierre Carl. La façade de l'édifice est animée par un avant-corps en ressaut coiffé d'un large fronton triangulaire. Les ouvertures du rez-de-chaussée correspondent à l'ancien marché couvert, tandis que la porte cochère médiane est dominée par un balcon en fer forgé.

CHAPELLE DES ENFANTS-DE-MARIE
Vers 1860
Grès et moellon
Avenue de la Gare 67161251

Dans le parc de l'église des Jésuites se trouve un oratoire néo-gothique, qui correspond à l'ancienne chapelle du cimetière des chanoinesses. Connu autrefois sous le nom de chapelle des Enfants-de-Marie, cet édifice comporte un porche, une nef voûtée et un petit chœur. La chapelle est désormais à l'abandon, tandis que les dépouilles des religieuses décédées à Molsheim entre 1841 et 1954 ont été transférées au cimetière communal, où est apposée une plaque commémorative.

CHAPELLE DES CHANOINESSES
1864-1867
Architecte : Claude-Léon Vautrin
Rue Notre-Dame 67161298

Venues de Dieuze, en Moselle, les chanoinesses de Saint-Augustin s'établissent en 1836 dans l'ancien collège des jésuites, afin de se consacrer à l'éducation des jeunes filles de la région. Ce pensionnat connaît un certain essor, et l'édification d'une chapelle est envisagée dès 1861. Dix-sept projets se succèdent sans trouver l'agrément des religieuses. Dédiée au Sacré-Cœur, cette chapelle néo-médiévale est pourvue d'une façade principale percée d'un portail à colonnettes et d'une rose monumentale.

ANCIEN ORPHELINAT
1887
Grès
13, avenue de la Gare 671612A0

Afin de développer leur institution, les chanoinesses de Saint-Augustin font ériger un orphelinat au sud-est de leur propriété. Vendu à la ville de Molsheim en 1954 lors de la fermeture de l'établissement, ce bâtiment est converti en centre d'apprentissage, puis en lycée professionnel. Caractérisé par son avant-corps central couronné d'un fronton, l'édifice possède deux étages surmontés d'un toit brisé et d'un campanile.

MOULIN À CAFÉ
Fin du XIXe siècle
Bois et métal
Collection particulière 67161273

Spécialisés dans la production d'articles de grosse quincaillerie, les Établissements Coulaux et Cie fabriquaient également après 1870 toute une série de moulins à café et à poivre, ainsi que plusieurs modèles de moulins de comptoir en fonte très prisés par les collectionneurs.

HOSTELLERIE DU PUR SANG
Vers 1900
Rue de la Commanderie 67161280

À cent mètres au nord des usines Bugatti se trouve un petit hôtel particulier avec tourelle, attesté au début du siècle sous le nom de Villa Gertrude. Acquise par Ettore Bugatti entre les deux guerres, la demeure est transformée en maison d'hôtes destinée à recevoir les amis et les clients de renom. Vendue ensuite à la ville de Molsheim, l'hostellerie du Pur Sang est le siège des associations Enthousiastes Bugatti, Fondation Bugatti et Bugatti-Molsheim.

ÉGLISE PROTESTANTE
1900-1901
Architecte : Eduard Fürstenau
Grès
Rue des Vosges 67161220

L'origine de la communauté protestante de la confession d'Augsbourg remonte au début du XIXe siècle, lorsque les frères Coulaux font appel à des Prussiens spécialisés dans la métallurgie pour travailler dans leur usine de Molsheim. L'accroissement progressif du nombre de luthériens, en particulier après 1870, rend nécessaire l'édification d'une église. De style néo-Renaissance, cet édifice comporte un curieux clocher latéral et une courte nef de deux travées, ouverte sur un petit chœur à chevet plat.

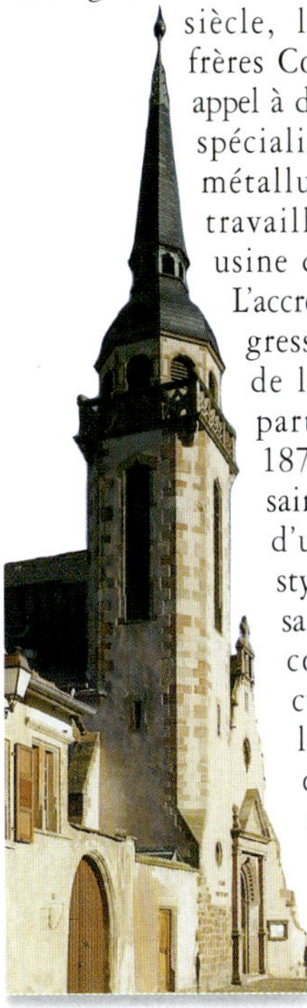

CHRIST BÉNISSANT
1901
Auteur : Fritz Geiges
Vitrail
Église protestante 67161253

Inaugurée le 15 septembre 1901, l'église protestante est ornée de vitraux réalisés à Fribourg-en-Brisgau. Au-dessus du portail, la rosace présente le monogramme de Jésus, tandis que les vitraux de la nef sont ornés de motifs floraux, variations sur le thème de la rose de Luther. Composée de trois panneaux, la grande verrière du chœur figure un Christ assis bénissant avec, de part et d'autre, les représentations de deux grands réformateurs allemands : Martin Bucer et Martin Luther.

RÉSIDENCE DU SOUS-PRÉFET
Vers 1905
Grès, moellon et bois
1, route de Mutzig 67161270

Chef-lieu d'arrondissement à l'issue de la guerre franco-allemande de 1870-1871, Molsheim possède un certain nombre d'édifices d'époque wilhelminienne, dont la sous-préfecture, située hors les murs, sur les premières pentes du vignoble. La résidence du sous-préfet s'élève dans un vaste jardin où se trouvent également le bâtiment administratif et le logement du concierge. L'édifice comporte deux étages avec balcons, et un étage de comble en pans de bois, agrémenté en façade d'un pignon sur lequel figurent les armoiries de la cité.

TRIBUNAL D'INSTANCE
1906
Architecte : Maximilian Metzenthin
3, rue Kellermann 67161271

Instauré en 1870 au premier étage de la *Metzig*, l'ancien tribunal impérial n'est établi dans un bâtiment spécifique qu'au début du XXe siècle. L'architecte de cette construction néo-Renaissance a été d'ailleurs nettement influencé par le modèle de la *Metzig*, dont on retrouve les pignons à volutes, les fenêtres à meneaux ou la rampe d'escalier. À l'arrière du tribunal se trouvait une prison, transformée depuis 1958 en maison d'habitation.

BORNE COMMÉMORATIVE
XXe siècle
Béton (H. : 97 cm)
Rue des Peupliers 67161274

Molsheim est connue comme le berceau des voitures les plus prestigieuses de l'histoire de l'automobile, les Bugatti. Certains prétendent que le célèbre constructeur s'est inspiré du symbole même de Molsheim, la porte des Forgerons, pour tracer la forme en fer à cheval des radiateurs de ses bolides. À l'entrée de la ville, à proximité des anciennes usines, cette stèle discrète rappelle la fameuse épopée des « pur-sang » de la route.

ETTORE BUGATTI
XXe siècle
Auteurs : Munch-Brassler
Aluminium (210 × 150 cm)
Fondation Bugatti 67161239

Issu d'une famille d'artistes de Lombardie, Ettore Bugatti (1881-1947) construit en 1900 sa première voiture, pour laquelle il obtient la Coupe de la ville de Milan. Ingénieur chez De Dietrich à Niederbronn, puis chez Deutz à Cologne, il crée en 1909 sa propre usine à Molsheim et étudie, en trente années d'activité, près

de 80 types d'automobiles différents. Ceux-ci lui permettent de remporter près de 10 000 victoires sur tous les circuits du monde, établissant 37 records internationaux entre les deux guerres. De 1910 à 1947, seules 7 500 Bugatti sont construites à Molsheim. Ces automobiles sont pourtant l'objet d'un véritable culte, qui trouve aujourd'hui son prolongement dans la ferveur de certains collectionneurs.

CHÂSSIS DE VOITURE
1912
Bugatti type 15
Fondation Bugatti 67161277

Au moment de sa construction, l'usine de Molsheim n'est pas équipée pour la fabrication des carrosseries. Pour habiller ses châssis, Ettore Bugatti doit faire appel aux artisans de la région, plus habitués aux voitures à chevaux, qui créent un style susceptible de mettre en évidence les caractéristiques de ces nouveaux véhicules. Tout en faisant une entrée remarquée dans le sport automobile, le Patron se met à construire des châssis dotés de caisses plus spacieuses qui ouvrent la voie au grand tourisme. En 1910, au volant d'un « type 15 », Ettore Bugatti relie Strasbourg à Paris à une moyenne de 60 km/h, ce qui représente alors un exploit spectaculaire, si l'on tient compte de l'état des routes et de la faible cylindrée du moteur.

ÉTAU BUGATTI
Vers 1920
Métal usiné (L. : 52 cm)
Fondation Bugatti 67161278

Artiste particulièrement fécond, Ettore Bugatti dépose environ 1 200 brevets au cours de sa vie, dans tous les domaines. Il achète ainsi les machines-outils les plus modernes pour les transformer à son idée. Les étaux de l'usine manquant de style, il se penche sur ce problème et conçoit

un nouvel instrument aux lignes futuristes et à l'efficacité garantie. Pouvant pivoter sur son axe, cet étau révolutionnaire permet à l'ajusteur d'être toujours en face de sa pièce.

BUGATTI TYPE 35
1926
Fondation Bugatti *67161275*

Présentée au Grand Prix de Lyon en 1924, la Bugatti *Bleu de France* est la première voiture de course conçue dès l'origine pour être fabriquée en série. Elle possède une silhouette très fine qui se prolonge jusqu'à l'habitacle par la ligne du capot, maintenu par deux sangles de cuir et percé sur les flancs d'ouïes destinées à faciliter le refroidissement du moteur. Grâce à ses performances et ses qualités esthétiques, le type 35 compte à son palmarès plus de mille victoires, qui ont vite fait oublier les quelques problèmes de ses débuts. Il a également été à la mode parmi les clients fortunés, comme Philippe de Rothschild, André Dubonnet et Antoine de Courseau.

SCULPTURE D'ÉLÉPHANT
Vers 1926
Sculpteur : Rembrandt Bugatti
Bronze (H. : 19 cm)
Fondation Bugatti *67161232*

En 1904, Rembrandt Bugatti, frère cadet du constructeur automobile, réalise un *Éléphant dressé jouant*, qui est légèrement modifié vingt ans plus tard pour servir de modèle au bouchon de radiateur du type 41, la célèbre Royale, dont il symbolise les qualités : majesté, puissance, rapidité et docilité. Avec ce véhicule, Ettore Bugatti atteint en 1926 le sommet de son art. Il apporte ainsi une réponse aux voitures prestigieuses de l'époque comme les Rolls Royce. La Royale fait en effet six mètres de long, et elle est dotée de trois cents chevaux et de huit cylindres en ligne. Sa vitesse peut atteindre les 200 km/h. Garantie à vie, elle est construite en six exemplaires seulement, dont le premier n'est vendu qu'en 1932.

CABRIOLET *STELVIO*
1934
Fondation Bugatti *67161276*

Lorsqu'en 1936 Jean Bugatti remplace son père à la direction de l'usine, l'entreprise adopte une nouvelle politique commerciale basée sur un seul modèle de voiture, le type 57, fourni au client en châssis ou revêtu d'une carrosserie d'usine cataloguée. C'est le cas de ce cabriolet quatre places, une Bugatti de type 57 baptisée *Stelvio* et réalisée par l'atelier Gangloff de Colmar. Plusieurs carrosseries sont dessinées par Jean : une berline quatre portes dénommée *Galibier*, un coach dit *Ventoux*, un coupé deux places *Atalante* et, un peu plus tard, *l'Aravis* et l'étonnante *Atlantic*, modèle à compresseur directement inspiré de l'aviation.

AUTORAIL BUGATTI
Papier (H. : 89 cm, l. : 53 cm)
Fondation Bugatti *67161279*

La situation économique mondiale n'étant pas favorable à la fabrication de voitures luxueuses, Ettore Bugatti cherche d'autres applications pour le moteur de sa fameuse « Royale ». À partir de 1931, il travaille au projet d'un autorail qui est utilisé par la SNCF pendant une vingtaine d'années. Baptisé *Présidentiel*, c'est une sorte de micheline luxueuse non compartimentée, qui bat tous les records de vitesse jusqu'en 1953. Reconnaissables à leur cabine de conduite surélevée, ces engins rapides et confortables constituent les plus gros véhicules construits à l'usine de Molsheim.

Muhlbach-sur-Bruche

Canton de Molsheim
Arrondissement de Molsheim
Superficie : 838 ha
Population 1990 : 583 hab.
Habitants : les Muhlbachois
Cours d'eau : la Bruche et le Muhlbach

Origine du nom : de l'allemand *Mühle*, moulin, et *Bach*, ruisseau.

Blason : il représente les armoiries des princes de Rohan, surmontant une demi-roue de moulin, d'après une sculpture du XVIIIe siècle.
67161300

HISTORIQUE

Le village fait partie, à l'origine, des terres des comtes d'Eguisheim-Dabo. L'abbaye de Neuwiller y possède des biens dès 1150, de même que le monastère de Neubourg, qui dispose d'une cour domaniale en 1176. Rattaché au bailliage de Schirmeck, le village en partage le destin tout en demeurant sous la dépendance des seigneurs de Girbaden, lesquels possèdent un château dans la vallée de la Magel. À la fin du Moyen Âge, l'évêque de Strasbourg engage ses biens dans la région à plusieurs familles, notamment, à partir de 1504, aux Rathsamhausen zum Stein, puis, de 1719 à la Révolution, aux Rohan. Dépendant de l'archiprêtré d'Obernai, Muhlbach est une filiale de la paroisse de Lutzelhouse jusqu'en 1742. Intégrée en 1790 au canton de Rosheim, arrondissement de Sélestat, la commune est réunie au canton de Molsheim par décret du 10 juillet 1928. Au XIXe siècle, la localité connaît un essor grâce à l'industrialisation de la vallée de la Bruche : deux tissages mécaniques de coton et une filature s'y implantent, de même qu'une scierie. Soixante-dix pour cent du territoire communal est occupé par la forêt.

ENCADREMENT DE PORTE
1778
4, rue de Grendelbruch *67161311*
L'emblème de tailleur de pierre qui orne le linteau fait référence aux anciennes carrières, situées au sud du village.

ANCIEN ATELIER DE TISSAGE
1828
Rue de la Gare *67161313*
Employant 674 ouvriers en 1894, l'ancien atelier de tissage Sincotex connaît son apogée au début du XXe siècle. Il est fermé dans les années 1960, en raison de la récession du tissage dans les vallées vosgiennes, consécutive à la perte des marchés indochinois et africains.

CHÂTEAU DU MULLERHOF
Vers 1840
Le Mullerhof *67161306*
Ce bâtiment de tradition classique est construit par M. Muller, fondateur d'une usine de textile. Bien que située sur le ban de Muhlbach, cette usine procure également du travail à bon nombre de familles d'Urmatt. Le château abrite désormais une école privée de jeunes filles. Flanquée de deux tourelles, la façade principale du manoir est centrée sur un imposant avant-corps à trois côtés ; l'ensemble était autrefois couvert d'une toiture mansardée.

CROIX RURALE
1844
Sculpteur : Sommer
Grès
Rue de la Forêt 67161305
Originaire d'Urmatt, le sculpteur Sommer a laissé dans les environs de nombreux petits monuments ruraux, dont cette croix.

CHAPELLE FUNÉRAIRE
1861
Mullerhof 67161304
Élevée non loin du château, à la demande de l'industriel Jean-Baptiste Muller, cette construction néo-gothique dénote une connaissance approfondie de l'architecture médiévale. Au portail d'entrée, le tympan figure le Jugement dernier, surmonté d'une grande rose à colonnettes. La nef est voûtée sur croisées d'ogives.

Les vitraux figuratifs sont de Baptiste Petit-Gérard. À l'intérieur reposent plusieurs membres des familles Muller et Coulaux, liées à l'économie industrielle de la vallée de la Bruche. L'architecte de cette chapelle n'est pas connu, mais les spécialistes ne sauraient exclure la main de Viollet-le-Duc lui-même. *(I. M. H. 1992)*

ÉGLISE
NOTRE-DAME-DE-L'ASSOMPTION
1878
Architecte : A. Brion
Rue Principale 67161301
L'ancienne église baroque de 1721, agrandie en 1826, est totalement reconstruite un demi-siècle plus tard, sur les plans d'un architecte strasbourgeois. Cet édifice néo-gothique comprend un clocher de façade hors-œuvre, une nef unique et un chœur polygonal en retrait. À l'intérieur, l'orgue Stiehr-Mockers de 1881 comporte un buffet néo-gothique d'origine. L'église renferme également un bénitier roman provenant du château de Girbaden. Haut de 40 mètres, le clocher abrite une cloche fondue en 1746 par Mathieu Edel de Strasbourg.

FONTS BAPTISMAUX
Milieu du XVIIIe siècle
Grès
Église Notre-Dame-de-l'Assomption
67161302
Ces fonts baptismaux proviennent de l'ancienne église du village, détruite à

la fin du XIXe siècle. Ornée d'une frise de godrons, la cuve circulaire est interrompue par un cartouche rocaille.

MAISON FORESTIÈRE
DU HIRSCHBAECHEL
1898
Hahnenberg 67161309
Cette maison de campagne, érigée par Mme Villemin, a été la résidence d'été de Mgr Muller-Simonis, prélat de la papauté. Un poste de gendarmerie y est installé en 1940 par les autorités allemandes, avant d'être transféré à Urmatt.

Mutzig

Canton de Molsheim
Arrondissement de Molsheim
Superficie : 801 ha
Population 1990 : 4 552 hab.
Habitants : les Mutzigeois
Cours d'eau : la Bruche

Origine du nom : origine celtique ou germanique inconnue.

Blason : il représente le saint patron de la paroisse, saint Maurice, à cheval, et portant armure, bouclier et étendard.
67161400

HISTORIQUE

La découverte d'un important site du Paléolithique moyen indique que le site est occupé à une date ancienne. À l'époque romaine, la voie reliant Strasbourg au Donon franchit la Bruche à la hauteur de Mutzig. Un cimetière mérovingien a également été mis au jour, mais il faut attendre le Xe siècle pour trouver la première mention du nom de la localité, Muzzecca. *La petite ville devient l'enjeu d'une longue lutte entre l'empereur germanique et l'évêque de Strasbourg, conflit qui se termine en 1308 par la suprématie de ce dernier. À partir de ce moment, Mutzig reste sous sa souveraineté jusqu'à la Révolution. La ville est engagée à plusieurs familles nobles, dont la plus illustre est celle des Landsberg. En 1444, elle se défend victorieusement contre les Armagnacs qui anéantissent les villages voisins de Wege et de Hermolsheim. Dix ans plus tard, la localité est occupée par le duc de Deux-Ponts, puis libérée par les Strasbourgeois. La guerre de Trente Ans éprouve durement Mutzig, qui est investie par les troupes de Mansfeld, puis par les armées suédoises. Dans le sillage de la guerre, la peste fait trois cents victimes. Le XVIIIe siècle ouvre une ère de prospérité grâce au développement économique et démographique. Du point de vue administratif, la cité devient le siège du bailliage de Mutzig-Schirmeck. Au XIXe siècle, plusieurs industries s'implantent à Mutzig, dont une manufacture d'armes et une brasserie. Après 1870, la cité connaît une nouvelle vocation grâce à la construction du fort, dit « Feste Kaiser Wilhelm II », et des deux casernes.*

OUTILS
Paléolithique moyen
Schiste et phtanite (L. : 7 à 8 cm)
Musée de la Chartreuse, Molsheim
67161407

Le campement paléolithique découvert sur le versant méridional du Felsbourg est le seul connu en Alsace. Par l'abondance des objets découverts, ce site a permis de faire avancer de façon prodigieuse les connaissances sur la préhistoire alsacienne, tout en multipliant par dix le matériel lithique recensé pour cette période dans la région. Plus de 1 500 outils et éclats de débitage témoignent de la présence de l'homme de Neandertal dans la vallée de la Bruche. L'emploi de roches dures locales a ainsi pu être démontré et constitue l'une des principales caractéristiques des outils de ce site.

VERTÈBRE DE MAMMOUTH
Paléolithique moyen
Os (L. : 24 cm)
Musée de la Chartreuse, Molsheim
67161406

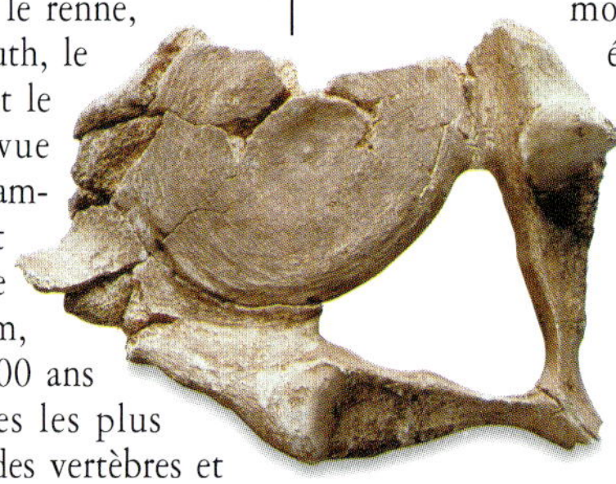

Dans la région de Mutzig, l'homme de Neandertal chasse le renne, le cheval, le mammouth, le bison, le cerf, l'ours et le loup. Du point de vue chronologique, ces mammifères correspondent à la dernière phase de la glaciation du würm, entre 60 000 et 30 000 ans avant J.-C. Les pièces les plus exceptionnelles sont des vertèbres et des molaires de jeunes mammouths. Le gisement paléolithique de Mutzig constitue le plus ancien site d'Alsace, protégé par la législation sur les Monuments historiques.
(I. M. H. 1994)

PORTE DE STRASBOURG
Début du XIVe siècle
Rue du Maréchal-Foch 67161439

Principal vestige des anciennes fortifications, la porte du Bas possède d'imposants murs munis de chaînages d'angle. Son couronnement est modifié au milieu du XVIe siècle et doté, en 1663, d'un oriel triangulaire encadré de deux bouches à feu. Jusqu'en 1775, la porte est précédée d'une barbacane qui est ensuite remplacée par un arc monumental démoli en 1894. Depuis cette époque, une représentation de saint Maurice orne la face sud de la tour. À la veille de la Première Guerre mondiale, le premier étage sert encore de prison municipale. Les deux maisonnettes attenantes, correspondant à l'ancien corps de garde et à la maison du péager, sont détruites en 1940.
(Cl. M. H. 1923)

ARC EN ACCOLADE
1495
1, rue de l'Église
67161429

En face de la mairie, les bâtiments bordant le petit square cachent deux arcs en accolade, typiques du gothique tardif. Dessinant un arc dédoublé, ce premier linteau porte la plus ancienne date visible dans le canton de Molsheim. Il fait le pendant à un autre arc en accolade, daté de 1563 et enrichi des armoiries des familles Schauenbourg et Truchsess, jadis propriétaires de biens importants à Mutzig.

CHAPELLE SAINT-WENDELIN
1566 *67161416*

Dédiée initialement à la Vierge, cette chapelle est érigée par Adam de Landsberg, dont les armoiries figurent sur le linteau au-dessus de la porte occidentale. À l'intérieur se trouvent les vestiges des fresques qui ornaient le chœur et une partie de la nef. Le vocable actuel de Saint-Wendelin s'est substitué à celui de la Vierge au cours du XVIIIe siècle. La présence d'ermites dans la chapelle est attestée au XIXe siècle. Elle est finalement achetée par la paroisse de Mutzig en 1885.
(I. M. H. 1977)

CADRAN SOLAIRE
XVIIe siècle
Grès (H. : 90 cm)
Chapelle Saint-Wendelin *67161417*

Le jardin entourant la chapelle Saint-Wendelin conserve un curieux cadran solaire horizontal, fortement détérioré par le temps. La face supérieure du bloc de forme cubique laisse deviner le tracé horaire de cet instrument gnomonique, dont le style a disparu depuis fort longtemps.

ARMOIRIES
DES BEINHEIM-LAUENSTEIN
Vers 1589
Grès
19, rue du Maréchal-Foch *67161448*

Bien que la Révolution ait souvent essayé de faire disparaître tout symbole de l'Ancien Régime, Mutzig peut s'enorgueillir de posséder plusieurs beaux blasons armoriés des XVIe et XVIIe siècles. Ce couronnement de portail agrémente la demeure érigée pour Judith Streiff et Guy de Beinheim, simple tailleur anobli par l'empereur Rodolphe II de Habsbourg en 1582. Les armoiries avec heaume et lambrequins sont encadrées des représentations des trois vertus théologales : la Foi, l'Espérance et la Charité.

EMBLÈME DE VIGNERON
1602
Grès
49, rue du Maréchal-Foch *67161438*

Dès le Xe siècle, les évêques Richwin et Ruthard donnent à l'église Saint-Thomas de Strasbourg des vignes situées *in Muzzecca*. La viticulture constituant la principale ressource de la population locale, les Mutzigeois n'hésitent pas à doter leurs arcatures de porte et de cave d'emblèmes de vignerons. Œuvre d'un sculpteur professionnel, cet emblème de vigneron-agriculteur symbolise la double activité du propriétaire des lieux. La représentation des outils est particulièrement réaliste : la serpette, dont le manche est terminé par une cordelette, et le curoir comportent des poinçons.

MAISON DES LANDSBERG
1607
Grès et moellon
16, rue du 18-Novembre 67161428

Cette maison à deux étages possède un oriel de style Renaissance. La façade arrière est ornée d'un escalier en colimaçon, et dans les dépendances sont représentés plusieurs blasons aux armes de la famille des Landsberg-Mutzig. Selon la tradition locale, la demeure sert au XVIIIe siècle à la maîtrise épiscopale des eaux et forêts, qui a son siège à Mutzig. Le porche donne sur une vaste cour intérieure, dite « cour des Juifs » ou *Judehof*.

CHAPELLE SAINT-JACQUES
1626
Weykirchel 67161418

Située au milieu des champs, entre Molsheim et Mutzig, la chapelle Saint-Jacques s'élève à l'emplacement du village de Wege, détruit en 1444 par les Armagnacs. Construit par Jacques de Landsberg, ce sobre édifice possède une abside à trois pans. Un ermite, chargé d'en prendre soin, occupe pendant plusieurs années le logement accolé à la façade ouest. La chapelle est donnée au milieu du XIXe siècle à la paroisse par le vicaire général Nicolas Schir (1794-1864).
(I. M. H. 1931)

SAINT JACQUES
EN HABIT DE PÈLERIN
1627
Grès (90 × 95 cm)
Chapelle Saint-Jacques 67161419

Au-dessus de la porte de la chapelle, un relief sculpté représente saint Jacques le Majeur en habit de pèlerin, entouré de quatre blasons armoriés relatifs à la famille du fondateur de l'édifice : celui de Jacques de Landsberg, celui de sa seconde épouse Amélie Zand de Merl, de sa mère Béatrice de Landeck et de sa belle-mère Hildegarde Bechel de Sürsberg. L'original de cette pièce est exposé au château des Rohan.

LAVABO DU COUVENT
DES RÉCOLLETS
XVIIe siècle
Grès
Chapelle Notre-Dame-de-Lorette 67161414

À la suite de la mort prématurée de son fils cadet, Jacques de Landsberg favorise la fondation d'un couvent de récollets. L'église est construite en 1631-1632, mais laguerre de Trente Ans arrête le projet et les bâtiments conventuels ne sont édifiés qu'à partir de 1658. À la Révolution, le monastère est vendu comme bien national. L'église est démolie en 1795 et le reste du couvent est converti en habitations, après avoir servi d'ateliers à la manufacture d'armes. Provenant du couvent, ce lavabo est scellé dans le mur d'enceinte de la chapelle Notre-Dame-de-Lorette.

MONUMENT FUNÉRAIRE
DE GABRIEL HAUG
1691
Grès (115 × 230 cm)
Chapelle Notre-Dame-de-Lorette 67161415

Attiré par la quiétude des lieux, Gabriel Haug, évêque suffragant de Strasbourg, y fait élever une chapelle en 1666, à la manière de la *Sancta Casa de Loreto* en Italie. Elle était adossée au chevet de l'église des Récollets. Les armoiries du fondateur qui surmontent l'entrée se retrou- vent, presque effacées, sur sa pierre tombale qui orne l'intérieur de la chapelle.

MAISON DE SAVETIER
XVIIe siècle
Pan de bois
17-19, rue du 18-Novembre 67161449
Cette maison possède, au premier étage, un poteau cornier décoré d'un soulier et trois fenêtres avec encadrements sculptés d'origine. Refait à neuf, le colombage de la façade présente également des chaises curules et des croix de Saint-André inscrites dans des losanges.

ARMOIRIES DES ROHAN
Début du XIXe siècle
Fer forgé (L. : 4 m)
Château des Rohan 67161427
La cour du château est fermée, à l'ouest, par une grille en arc de cercle reliant les deux ailes. Son couronnement en ferronnerie représente les armoiries des cardinaux de Rohan, inscrites dans un médaillon lauré. Parmi eux, Louis René Édouard de Rohan-Guéméné, évêque de Strasbourg de 1779 à 1802, est triomphalement accueilli dans la cité le 11 février 1789, après l'affaire du Collier de la reine.

COUVERCLE DE SARCOPHAGE
Vers le Xe siècle
Grès (H. : 165 cm)
Château des Rohan 67161408
Découvert en 1879 lors de la démolition du chœur de l'ancienne église, ce couvercle de sarcophage a été longtemps entreposé dans le jardin lapidaire du palais des Rohan, à Strasbourg. Orné d'une croix latine, il comporte une étonnante épitaphe collective, aujourd'hui mutilée : *(Re) Quiescant in Christo*, « Qu'ils reposent dans le Christ. »

CHÂTEAU DES ROHAN
XVIIe siècle
Rue du Château 67161426
Depuis le XIVe siècle, un château de type *Wasserburg* défend l'entrée de la vallée de la Bruche. Par la suite, l'évêque de Strasbourg l'engage à différentes familles nobles. Après la guerre de Trente Ans, le château est repris par le prince-évêque Egon de Furstenberg. Sous l'épiscopat des quatre cardinaux de Rohan, de 1704 à 1790, il devient résidence épiscopale. Cet édifice en fer à cheval est composé d'un corps de bâtiment principal, avec un avant-corps à refends, et de tours carrées aux angles, sauf au sud-est où s'élevait une chapelle, démolie en 1942. À la Révolution, le château est vendu comme bien national, avant d'être acheté en 1803 par les frères Coulaux pour être transformé en manufacture d'armes. Acquis par la commune de Mutzig en 1962, il a été reconverti en centre culturel.
(I. M. H. 1976)

CUVE BAPTISMALE
XIIIe siècle
Grès (d. : 130 cm)
Château des Rohan 67161409

Lors de la démolition de l'ancienne église, les éléments les plus remarquables de l'édifice sont transportés à Strasbourg, avec le consentement des autorités civiles et religieuses de l'époque. Seuls restent à Mutzig les fonts baptismaux de style gothique, à arcatures trilobées. Ils servent d'abord de bassin dans le jardin du presbytère, avant de trouver refuge au musée municipal. Dans les champs de la cuve apparaissent des figures symboliques : la salamandre, l'agneau, le lion, la sirène, l'aigle et l'homme.

ARMOIRIES DES MÜLLENHEIM
Début du XVIe siècle
Grès (83 × 71 cm)
Château des Rohan 67161447

Ce médaillon est à l'origine placé en regard de celui des Stauffenberg. Il se rapporte à Henri de Müllenheim le Jeune, dont les armoiries représentent une rose à cinq pétales. Les heaumes à cimier et phylactères surmontés d'une tête d'ange témoignent d'une grande finesse d'exécution.

ARMOIRIES DES STAUFFENBERG
Début du XVIe siècle
Grès (85 × 70 cm)
Château des Rohan 67161446

Ce médaillon est celui de Susanne Widergrün de Stauffenberg, épouse de Henri de Müllenheim. Son blason comporte un calice à deux patènes, sur un mont de trois coupeaux.

BORNE ARMORIÉE
1556
Grès (H. : 110 cm)
Château des Rohan 67161445

Considérée comme l'une des bornes les plus intéressantes de la commune, cette pierre est également l'une des plus anciennes. Elle porte, gravé sur une face, un blason avec le cor du postillon, emblème de Mutzig par opposition à saint Maurice, patron de la paroisse, représenté depuis 1263 sur l'ensemble des sceaux de la localité. La face opposée porte une roue à six rais, emblème héraldique de la cité limitrophe de Molsheim. Sur le côté se trouve un signe lapidaire, particularité rare sur les bornes-limites en Alsace.

MONUMENT
DE THÉODORE SCHNEIDER
1857
Grès (H. : 230 cm)
Château des Rohan 67161460

En 1803, le château de Rohan et ses dépendances sont achetés par l'industriel Jacques Coulaux qui y installe une manufacture d'armes à feu. Sous le Premier Empire, elle emploie plus de mille personnes. Elle fournit à la nation non seulement des armes de première qualité, mais aussi d'excellents armuriers et contrôleurs, comme en témoigne cette stèle pyramidale érigée par les ouvriers à la mémoire du manufacturier Théodore Schneider (1792-1857), originaire de Rouffach dans le Haut-Rhin.

FONTAINE (détail)
1667
Grès (H. : 250 cm)
Place de la Victoire 67161430

De la fontaine Renaissance ne subsiste plus que le fût de colonne, orné d'un riche décor végétal composé de feuilles d'acanthe d'où émergent des fleurs. Dans la partie supérieure, quatre têtes d'angelots soutiennent un chapiteau corinthien surmonté d'un globe. Le bassin octogonal, remplacé en 1880 par un ouvrage en ciment, est refait à l'identique en 1911 par Johann Knauth, architecte de l'Œuvre Notre-Dame.

EMBLÈME DE BOULANGER
1726
3, rue du 18-Novembre 67161437

Parmi les six emblèmes de boulanger connus à Mutzig, celui-ci, sur la clé d'arc d'une porte cochère, est le plus ancien. Il associe un bretzel et un pain long à la date et aux initiales du propriétaire. Les proportions des deux aliments ne sont pas respectées, comme cela arrive couramment dans ce genre de représentations.

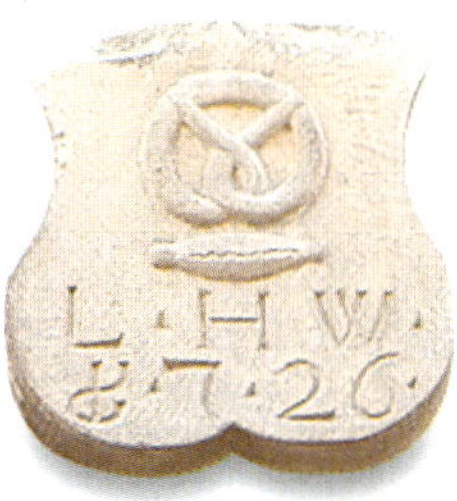

HÔTEL DE VILLE
1746
Architecte : Joseph Massol
4, rue de l'Église 67161431

Une dizaine d'années ont été nécessaires à la construction de cet édifice municipal, confiée à l'architecte de l'évêché de Strasbourg. Tel qu'il se présente actuellement, l'hôtel de ville est un bâtiment dont la façade, rythmée par des chaînages, est ornée d'un avant-corps surmonté d'un fronton triangulaire. Le second étage, qui abrite à l'origine l'école de filles, est réaménagé en 1851. Cet édifice se signale surtout par une curieuse tour octogonale recouverte de bardeaux et coiffée d'un toit à bulbe.
(I. M. H. 1934)

AUTOMATE DU BEFFROI
XIXe siècle
Bois (H. : 70 cm)
Hôtel de ville 67161432

Placé dans une ouverture du beffroi de l'hôtel de ville, un automate figurant une tête grimaçante tire la langue et remue les oreilles à chaque fois que l'horloge égrène les heures et les demies. Longtemps considéré comme la représentation d'une tête de Jacobin, ce curieux dispositif conserve des origines et une signification mystérieuses.

SCEAU DE CORPORATION
1755
Bois et laiton (d. : 30 mm)
Collection particulière 67161405

Ce sceau de corporation, objet d'une grande rareté, se compose d'une matrice destinée à laisser son empreinte dans la cire, et d'une partie en bois ouvragé servant à la préhension. Les emblèmes de cinq métiers différents – le menuisier, le serrurier, le cloutier, le vitrier et le tourneur sur bois – sont entourés d'une inscription en allemand : *Die hochleblichen Zunft Sigel in Muzich*, sceau de la très honorable corporation de Mutzig.

CHAPELLE
Vers 1780
Hermolsheim *67161421*
Dédiée à Notre-Dame des Sept Douleurs, cette chapelle à pignon baroque est plus communément appelée *Heilighiesel*. Sa construction serait due à un luthérien paralytique qui a recouvert l'usage de ses jambes à la faveur d'un pèlerinage. En reconnaissance, il fait don d'une forte somme d'argent destinée à l'érection d'une chapelle, à l'emplacement même de sa guérison.

BRASSERIE WAGNER
1810
Boulevard Clemenceau *67161436*
Issue d'une fabrique fondée sous Napoléon, la brasserie de Mutzig devient société anonyme en 1886, tout en restant une affaire familiale jusqu'en 1969. Créé en 1810 par Antoine Wagner dans le centre de Mutzig, l'établissement est transféré sur le site actuel au milieu du XIXe siècle. En 1870, il produit déjà 6 000 hectolitres par an. Comptant un siècle plus tard parmi les fleurons de l'industrie brassicole d'Alsace, la brasserie de Mutzig offrait des produits unanimement reconnus et appréciés, aussi bien en France qu'à l'étranger.

PUBLICITÉ BIÈRE MUTZIG
Vers 1960
Collection particulière *67161404*

Produisant la bière la plus consommée en Alsace dans les années 1950, la brasserie de Mutzig est associée à celle de l'Espérance. Elle participe en 1969 à l'Albra, ou Alsacienne de Brasserie, avant d'être intégrée, trois ans plus tard, au groupe hollandais Heinecken.

SYNAGOGUE
1787
Rue Haute *67161422*
Édifiée à l'initiative d'Aaron Meyer, préposé général de la nation juive en Alsace, la synagogue conserve son état d'origine. De l'extérieur, le bâtiment ressemble à une grande maison bourgeoise, et seules les hautes fenêtres et la façade agrémentée de colonnes toscanes font penser à un édifice cultuel. À l'intérieur, la vaste salle est ornée à l'est de la niche de l'arche sainte, tandis que l'ouest est occupé par la tribune des femmes qui sert d'oratoire. Témoin de la présence d'une importante communauté juive à Mutzig, le rideau de l'arche sainte est le plus ancien rideau de ce type conservé en Alsace. *(I. M. H. 1984)*

CRUCIFIX
1850
Rue de la Trinité *67161420*
Le crucifix est érigé par la famille Burstert, de Mutzig, devant un oratoire appelé *Lawerkapelle* dans le langage populaire. À cette époque, lors de la procession de la Saint-Marc, le 25 avril, le premier arrêt se fait devant cet édifice, situé au carrefour de plusieurs chemins, où a lieu la bénédiction du vignoble. Fermée par une grille, la chapelle est couverte d'un dallage en grès et comporte, à l'intérieur, un petit autel orné d'une image de la Trinité.

FUSIL CHASSEPOT

1866

Collection particulière *67161401*

Fils d'un contrôleur de la manufacture d'armes, Antoine Alphonse Chassepot (1833-1905) est doué d'une vive intelligence et possède parfaitement la mécanique. Il devient l'inventeur du fusil à aiguille qui porte son nom, et dont l'armée française est munie de 1866 à 1874. Supérieure au fusil prussien de l'époque, cette arme est employée pour la première fois le 3 novembre 1867, à la bataille de Mentana en Italie où, selon le mot du général de Failly, : « Le chassepot a fait merveille. »

STÈLE DES FRANCS-TIREURS

1870

Sculpteur : Rudloff

Grès (H. : 210 cm)

Cimetière catholique *67161424*

En septembre 1870, à l'époque du siège de Strasbourg, 2 000 Prussiens prennent garnison à Mutzig et sont logés chez l'habitant. Une échauffourée avec 300 francs-tireurs retranchés sur les pentes du Felsbourg est particulièrement sanglante, en raison de la disproportion des combattants. L'affrontement terminé, les Mutzigeois ramassent les corps de 19 francs-tireurs qui sont ensevelis dans le cimetière communal. La stèle érigée par l'artiste, originaire de Westhoffen, à cet endroit rend hommage à Eugène Guyotte, 19 ans, originaire de Besançon, glorieusement tombé à Mutzig avec 18 compagnons d'armes, le 22 septembre 1870.

HOSPICE MARQUAIRE

1870-1895

Grès et moellon

3, impasse de l'Hôpital *67161433*

À la fin du second Empire, François Pierre Marquaire, ancien avocat au barreau de Strasbourg, décide de consacrer sa fortune à la fondation d'un hôpital à Mutzig. Donnant sur un jardin d'agrément, le bâtiment primitif, dit « pavillon Marquaire », est construit selon un plan en H, avec deux ailes à pignons ajoutées en 1895. La façade comporte une porte axiale surmontée d'une fenêtre à balcon, elle-même couronnée d'un entablement. Comptant une quarantaine de lits en 1945, l'hospice fait désormais partie intégrante de l'hôpital local.

ÉGLISE SAINT-MAURICE

1879-1880

Architecte : Charles Winkler

Rue de l'Église *67161410*

Attestée dans les années 1150, l'église de Mutzig présente la particularité d'être située en bordure de l'agglomération. Succédant à un édifice roman, l'église actuelle est construite sous l'égide du curé Hasselmann dans le style gothique du début du XIIIe siècle. Elle comporte une nef à trois vaisseaux, un transept avec deux chapelles latérales et un chœur pentagonal. Du point de vue architectural, cette église offre certaines particularités par rapport aux édifices contemporains, comme, par exemple, les arcs-boutants soutenant le vaisseau central. Avec ses 72 mètres de haut, le clocher de façade est le plus haut de la vallée de la Bruche.

MAÎTRE-AUTEL
1886
Sculpteur : Théophile Klem
Bois polychrome
Église Saint-Maurice *67161411*

Commandé pour la somme de 9 000 marks par le curé Adolphe Ebel, le maître-autel n'est livré qu'après sa mort, le 26 décembre 1886. Hérissé de pinacles, l'ensemble frappe par sa verticalité qui attire le regard vers les voûtes. Le retable est centré sur une niche flanquée des statues de sainte Richarde, saint Maurice, saint Florent, saint Jacques le Majeur, saint Henri et sainte Odile. *(Cl. M. H. 1982)*

CHAIRE
1898
Sculpteur : Théophile Klem
Église Saint-Maurice *67161413*

Livrée en janvier 1898, la chaire à prêcher a été conçue dans les ateliers Klem, de Colmar, d'où provient d'ailleurs la quasi-totalité du mobilier intérieur de l'église. Soutenue par des colonnettes, la cuve octogonale est ornée des représentations du Christ, des quatre évangélistes et des prophètes. La rampe d'accès est composée de baies lancéolées, alors que le couronnement de l'abat-voix est centré sur un pinacle élancé qu'enserrent trois niches abritant des anges. *(Cl. M. H. 1982)*

DÉDICACE DE L'ÉGLISE À SAINT MAURICE
1900
Verrier : Burkhard
Vitrail
Église Saint-Maurice *67161412*

Posé dès l'achèvement de l'église, le vitrail central du chœur est complété, vingt ans plus tard, par deux autres verrières provenant également des ateliers Burkhard, de Munich. Celui de gauche figure un évêque accompagné de deux personnages, et présentant à saint Maurice une église que l'on peut identifier comme l'ancienne église romane de Mutzig, détruite à la fin du XIXe siècle pour laisser place à l'édifice actuel. *(Cl. M. H. 1982)*

MONUMENT AUX VICTIMES DU FUNICULAIRE
1895
Grès et fer forgé (H. : 160 cm)
Cimetière protestant *67161425*

Ce monument pyramidal orné d'une croix de guerre commémore l'accident survenu le 3 décembre 1895 à l'ancien funiculaire, qui entraîne la mort de trois ouvriers participant à la construction du fort. Mis en place dès 1893, ce funiculaire à wagonnets transportait les matériaux de construction, les équipements techniques et les premières tourelles cuirassées livrés en gare de Mutzig. En 1904, la réalisation d'une nouvelle route permettant d'acheminer au fort des charges lourdes par le vallon de Soultz-les-Bains entraîne l'abandon progressif du funiculaire.

FORT OUEST
1895
Peintre : André Brauch
Feste Kaiser Wilhelm II 67161451

Construit de 1893 à 1916, le fort de Mutzig, ou *Feste Kaiser Wilhelm II*, est la première fortification moderne en Allemagne. Il dispose de tourelles d'artillerie et d'observation cuirassées, et d'une centrale électrique pour assurer la ventilation et l'éclairage. La *Feste* est le prototype d'une nouvelle fortification éclatée. Les ouvrages sont disséminés sur le terrain, enterrés et reliés par des galeries souterraines. De nombreux équipements et de nouvelles technologies ont été testés pour la première fois dans l'enceinte de ce fort.

BATTERIE À BOUCLIER
1899
Batterie n° 1 67161458

Quelques batteries provisoires pour tourelles de 105 millimètres ont été installées à Strasbourg et à Mutzig. Cette batterie est la seule subsistante de ce type. Ces tourelles se caractérisent par leur masse de 18,5 tonnes, leur portée de 13 000 mètres, et leur cadence de tir de 10 coups par minute. Les soutes à munitions des deux côtés de chaque tourelle ont une capacité de 1 000 coups par tourelle. Au sous-sol sont installés les ateliers de recalibrage et de recharge des douilles, mais aussi la cuisine et les chambres de troupes.

BATTERIE D'OBUSIER
1895
Fort ouest 67161453

L'artillerie du fort de Mutzig est entièrement logée sous tourelles cuirassées. Cette batterie de quatre tourelles pour obusiers de 150 millimètres dispose d'une cadence de tir de quatre coups par minute pour une portée de 8 000 mètres. Avec une masse totale de 62 tonnes, cette tourelle de modèle 1893 constitue la première tourelle réglementaire allemande.

FAÇADE
1899
Béton
Abri d'infanterie n° 1 67161452

Toutes les constructions sont entièrement réalisées en béton dès 1895. Les travaux de l'abri n° 1 débutent en 1898. En 1910, une deuxième phase ajoute trois blocs pour une compagnie de mitrailleurs et modernise la partie ancienne. À l'épreuve des bombes, un tel abri comporte des murs extérieurs et des dalles en béton de 2,5 mètres d'épaisseur. Il doit permettre aux troupes d'infanterie de survivre au pilonnage d'artillerie afin d'être prêtes à repousser les offensives terrestres, lorsque celles-ci sont déclenchées.

CLOCHE D'OBSERVATION CUIRASSÉE
1905
Observatoire d'artillerie n° 2 67161459

Parmi les nombreuses expérimentations menées au fort figure ce prototype de la cloche d'observation modèle 1905. Son optique fabriquée par Carl Zeiss, à Iéna, est un binoculaire télématique. Cette cloche d'observation, dont six exemplaires étaient installés à Mutzig, remplace les tourelles de modèle 1894 et 1896.

CENTRALE ÉLECTRIQUE
1913
Abri d'infanterie n°16 *67161454*
Quatre centrales électriques sont successivement installées au fort, chacune d'elle comportant quatre groupes électrogènes d'une puissance de 15 à 20 kilowatts par heure, fournissant du courant continu en 110 volts. Les moteurs fabriqués par la société Deutz ont une masse de cinq tonnes et fonctionnent par injection pneumatique.

CUISINE
1913
Abri d'infanterie n°16 *67161456*
Comme toutes les cuisines du fort, celle de l'abri n° 16 dispose de trois appareils de cuisson, deux autocuiseurs à vapeur, dont un à bain-marie et un grille-viande. La cuisine est équipée d'un système d'extraction d'air. L'apport d'air frais est réalisé par une ventilation centralisée.

GALERIE OVOÏDE
1914
Abri n°1 à n°16 *67161457*
En 1898, les ingénieurs militaires allemands inventent la fortification éclatée, type *Feste*, qui consiste à disséminer les éléments défensifs sur le terrain et à les relier par des galeries souterraines. Le profil ovoïde est inauguré en 1910. Il permet de résister à une pression latérale exercée par les masses de terre soumises à un tir d'artillerie intense, et d'éviter ainsi un écrasement de la galerie.

ANCIENNE *WINSTUB*
1898
Architecte : Heinrich Hannig
Brique et grès
7, rue du 18-Novembre *67161450*
Créée en 1897, la Caisse mutuelle de Mutzig entreprend l'année suivante la construction de locaux pour son siège et pour la mise en vente du vin produit par ses sociétaires. Cette cave coopérative cause malheureusement beaucoup de soucis aux administrateurs qui, après bien des déboires, la vendent en 1926 à la brasserie de Mutzig. Connue sous le nom de *Winstub*, taverne, cette curieuse construction d'inspiration Renaissance surprend par ses larges baies à meneaux et son pignon à volutes surmontant un portail richement ouvragé.

CASERNES MOUSSY ET CLERC
1898-1914
Avenue de la Gare *67161441*
La construction d'une forteresse sur les hauteurs de Mutzig conduit, en 1895, à l'installation d'une garnison dans la localité. Une caserne d'infanterie, le quartier Moussy, est construite dans les faubourgs à partir de 1897. Avec l'augmentation du nombre de batteries du fort, un régiment d'artillerie est également installé à Mutzig en 1900 mais, pour des questions budgétaires, la construction d'une deuxième caserne, le quartier Clerc, ne débute que douze ans plus tard. Les deux quartiers sont actuellement occupés par le 44e régiment de transmissions.

BOUVET DE MENUISIER
Fin du XIXe siècle
Bois, laiton et acier (L. : 23 cm)
Collection particulière 67161403

En 1870, à la veille de la guerre franco-allemande, la manufacture impériale de Mutzig ferme ses portes. Le château et ses dépendances sont rachetés par la société Mutzig-Framont, spécialisée dans l'outillage de précision, comme en témoigne ce bouvet de menuisier qui sert à faire des rainures. En 1929, cette entreprise est absorbée par les Établissements Coulaux et Cie, de Molsheim, qui cessent définitivement toute activité en 1966.

PLAQUE DU GÉNÉRAL STIRN
XXe siècle
Grès (l. : 57 cm, L. : 83 cm)
39 rue du Maréchal-Foch 67161443

Enfant de Mutzig, Jean-Paul Stirn (1867-1915) est élève de Saint-Cyr. Admis à suivre les cours de l'école supérieure de guerre, il obtient en 1895 son brevet d'état-major avec la mention « très bien ». Colonel au 33e régiment d'infanterie en 1914, il est nommé général de brigade le 11 mai 1915, à titre temporaire, mais meurt au front le lendemain, à Berthonval dans le Pas-de-Calais.

ÉCOLE PRIMAIRE RENÉ-SCHICKELÉ
Vers 1900
Grès et moellon enduit
15, rue de l'Église
67161434

Cette école est construite à l'emplacement de l'ancienne école des garçons de 1668. Alors que les deux premiers niveaux sont consacrés aux salles de classes, le troisième étage est affecté, à l'origine, au logement du personnel enseignant. L'un des instituteurs les plus marquants est Jean-Baptiste Koehly, directeur de l'école de 1895 à 1924, qui est l'auteur d'une chronique des événements mutzigeois durant la Première Guerre mondiale.

PLAQUE DE RUE
XXe siècle
Tôle émaillée (L. : 50 cm)
Place du Chanoine-Gass 67161444

Dénommée place des Franciscains, ou *Paterplatz*, jusqu'en 1952, l'actuelle place du Chanoine-Gass rappelle la mémoire de Joseph Gass (1867-1951), prêtre et historien originaire de Mutzig. Docteur en théologie, il devient dès 1899 bibliothécaire du grand séminaire de Strasbourg puis est, de 1932 à 1947, président de la Société pour la conservation des monuments historiques. Officier de la Légion d'Honneur, il consacre sa vie à publier des ouvrages et des articles sur l'histoire de l'Alsace, dont plusieurs études sur les localités de Molsheim et de Mutzig.

GARE
1902
Grès
Avenue de la Gare
67161435

Prolongement naturel de la ligne Strasbourg - Molsheim, la liaison ferroviaire vers Mutzig est ouverte le 15 décembre 1864, alors que la ligne Mutzig - Rothau n'est opérationnelle que treize ans plus tard. Destinée à remplacer la gare initiale, détruite en 1882, l'actuelle gare est édifiée par l'entreprise Vogt, de Schirmeck. De style historisant, cet édifice entièrement construit en moellons apparents constitue un exemple caractéristique des gares érigées en Alsace sous le *Reichsland*.

Niederhaslach

Canton de Molsheim
Arrondissement de Molsheim
Superficie : 663 ha
Population 1990 : 1 088 hab.
Habitants : les Niederhaslachois
Cours d'eau : la Hasel

Origine du nom : de l'allemand *nieder*, inférieur, et du nom du ruisseau traversant le village.

Blason : saint Florent, évêque de Strasbourg à la fin du VIe siècle.
67161500

HISTORIQUE

Niederhaslach doit son origine au couvent de Haslach. La localité appartient à l'évêché de Strasbourg, et la cour domaniale relève de la prévôté d'Ochsenstein. Le village souffre de la guerre de Trente Ans : alors qu'il comptait 35 bourgeois en 1630, il n'en possède plus que 13 en 1660. La paroisse, incorporée à l'abbaye de Haslach, a plusieurs filiales : Urmatt, Oberhaslach, Gensbourg et Munchhof. Blotti dans la vallée de la Hasel, Niederhaslach a la physionomie d'un village-rue. Comme pour les autres villages de la vallée de la Bruche, sa vocation première est l'exploitation de la forêt qui l'entoure. Au XIXe siècle, de nombreuses petites entreprises exploitent les bois et les carrières de pierres.

COLLÉGIALE SAINT-FLORENT
XIIIe-XIVe-XIXe siècles
Place de l'Église *67161501*
Chef-d'œuvre de l'art gothique alsacien, ce sanctuaire dépendait d'une abbaye fondée à la fin du VIe siècle par l'ermite saint Florent. Le bâtiment est reconstruit aux XIIIe et XIVe siècles. La façade est dotée d'un portail sculpté surmonté d'un clocher, dont le couronnement est reconstitué dans les années 1850. La nef et le massif occidental sont l'œuvre d'un fils de maître Erwin, de Strasbourg. Incendié par les Suédois en 1633 et provisoirement restauré à la fin du XVIIe siècle, le sanctuaire est l'objet, au XIXe siècle, de travaux d'envergure menés par l'architecte des Monuments historiques, Émile Boeswillwald, l'un des principaux collaborateurs de Viollet-le-Duc. *(Cl. M. H. 1846)*

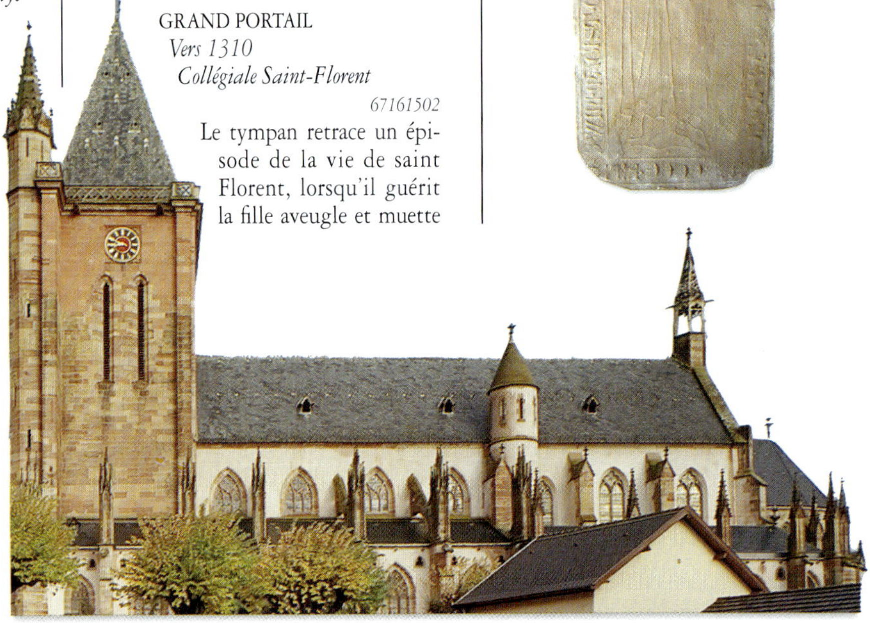

GRAND PORTAIL
Vers 1310
Collégiale Saint-Florent
67161502
Le tympan retrace un épisode de la vie de saint Florent, lorsqu'il guérit la fille aveugle et muette du roi Dagobert et, reçu au palais, accroche son manteau à un rayon de soleil. Le registre supérieur est consacré au couronnement de la Vierge. Dans la voussure unique se trouvent des prophètes et des anges, ainsi que le masque de Dieu. L'ensemble de ces sculptures s'inspire largement des représentations de la cathédrale de Strasbourg.

PIERRE TOMBALE DU FILS D'ERWIN VON STEINBACH
1329
Collégiale Saint-Florent *67161518*
Dans la chapelle de la Vierge-Douloureuse construite en 1344 se trouve la dalle funéraire du maître d'œuvre de l'église, mort accidentellement sur le chantier en 1329. Il est représenté avec l'équerre emblématique de sa fonction. *(Cl. M. H. 1980)*

GRANDE ROSACE
Vers 1340-1350
Collégiale Saint-Florent 67161515

Sur le portail occidental se trouve une rosace inspirée de celle de la cathédrale de Strasbourg, même si l'architecte a préféré ici la rose curviligne. L'orgue Martin Rinckenbach, daté de 1903 et remanié par Roethinger en 1952, dégage la rose grâce à son buffet dédoublé.

GISANT DE L'ÉVÊQUE RACHIO
XIVe siècle
Collégiale Saint-Florent 67161505

Les reliques de saint Florent se trouvent dans l'avant-chœur. Elles sont présentées dans une châsse en cuivre de 1716 restaurée en 1857, scellée dans l'enfeu du gisant de l'évêque Rachio, qui fait transférer les reliques du saint à Niederhaslach au début du IXe siècle. Représenté avec sa mitre et sa crosse, l'évêque tient la Bible dans sa main gauche.

SAINT-SÉPULCRE
XIVe siècle
Collégiale Saint-Florent
67161517

Cette mise au tombeau est présentée au sud de l'édifice, dans la chapelle de la Vierge. Comprenant trois travées et un chevet à pans coupés, cette chapelle conserve, au fond, un escalier ajouré qui proviendrait de l'ancien jubé. *(Cl. M. H. 1982)*

VIE DE SAINT FLORENT
Vers 1360-1365
Vitrail
Collégiale Saint-Florent
67161516

Deux ensembles de vitraux se distinguent dans l'église. Le plus ancien, du XIIIe siècle, occupe les fenêtres du chœur. Les huit verrières des bas-côtés de la nef constituent le second ensemble, réalisé au XIVe siècle. Trois lancettes retracent la légende de saint Florent, de sa venue dans le pays jusqu'à la translation de ses reliques par l'évêque Rachio. Dans le réseau, le saint nu et mitré, les reins ceints d'un linge, est ravi par les anges dans un nuage festonné, environné du soleil et de la lune.

DALLE FUNÉRAIRE
DE NICOLAS DUTSCHMANN
1394
Grès
Collégiale Saint-Florent 67161514

La chapelle Saint-Joseph se prolonge par une sacristie qui communiquait avec l'ancien cloître roman. Son emprise fait office de dépôt lapidaire, et plusieurs dalles funéraires s'y trouvent, parmi lesquelles celles de Nicolas Dutschmann, avec un heaume à cimier en forme de tête de taureau.

LE MONT DES OLIVIERS
1492
Grès
Collégiale Saint-Florent 67161504
Figurant parmi les plus anciens Monts des Oliviers conservés en Alsace, le relief de Niederhaslach reprend la composition traditionnelle avec les apôtres Jean, Jacques et Pierre endormis aux pieds du Christ. Celui-ci est agenouillé devant un piton rocheux qui supporte un calice, dominé par un ange tenant la croix.

MAISON CANONIALE
Vers le XVIe-XIXe siècles
8, place de l'Église 67161506
Remontant probablement à la fin du Moyen Âge, cette demeure est flanquée au côté sud d'une tourelle crénelée d'inspiration romantique, ajoutée probablement au XIXe siècle. La bâtisse de plan rectangulaire comporte une cave voûtée à laquelle succède un premier niveau entièrement dallé de grès, qui a conservé la hotte en pierre de l'ancienne cuisine.

SCIERIE FERDINAND BRAUN
1850
Rue Principale 67161511
Cette entreprise est l'une des plus grandes scieries d'Europe. Elle comprend deux sites, implantés l'un à Niederhaslach et l'autre à Heiligenberg, sur lesquels sont entreposés régulièrement des milliers de stères de bois servant à la confection de bois de charpente.

STALLES
1691-XIXe siècle
Ébéniste : Dominique Stoll
Collégiale Saint-Florent 67161503
L'époque baroque est représentée par les stalles du chœur, restaurées et augmentées du tiers au XIXe siècle par M. Feuerstein de Barr. La boiserie ouvragée montre une alternance de pilastres corinthiens et de panneaux moulurés, agrémentés de guirlandes et de médaillons.
(Cl. M. H. 1982)

CHALET SUISSE
1851
Bois 67161509
Cette maison isolée, située à la sortie d'Urmatt, est surnommée *Schweizerhof*, maison suisse, en raison de son décor en bois qui rappelle l'habitat traditionnel valaisan.

Oberhaslach

MAIRIE-ÉCOLE
1900
Grès des Vosges
Place de l'Église 67161510

La façade principale de cette construction néo-gothique, typique de l'architecture wilhelminienne, est percée de fenêtres trilobées que surmonte un pignon crénelé axial. L'édifice abritait autrefois trois classes, les services municipaux et plusieurs logements de fonction.

TROPHÉE D'UN CERF DE QUATORZE CORS
1913
Collection particulière
67161519

La tradition orale raconte que l'empereur Guillaume II, féru de chasse, venait épisodiquement dans sa maison forestière de Haslach pour chasser le cerf. À l'automne 1913, le *Kaiser* et sa suite sont ainsi venus dans la région, où un cerf de quatorze cors avait été repéré. L'empereur aurait parcouru la forêt pendant des heures, en vain. Quelques jours plus tôt, un braconnier de la région avait abattu la bête.

Canton de Molsheim
Arrondissement de Molsheim
Superficie : 2 522 ha
Population 1990 : 1 333 hab.
Habitants : les Oberhaslachois
Cours d'eau : la Hasel

Origine du nom : de l'allemand *ober*, supérieur, et du nom du ruisseau traversant le village.

Blason : la branche de noisetier et la houlette de berger font référence aux activités forestières et pastorales pratiquées dans le village.
67161600

HISTORIQUE

Oberhaslach doit son origine à saint Florent, fondateur de l'abbaye de Haslach au VIIe siècle. En 1315, le prévôt de Haslach ordonne la construction d'une chapelle dédiée au saint. Cette dernière est agrandie en 1750. Le village appartient à l'évêché de Strasbourg et relève du bailliage de Schirmeck. La dîme est perçue par l'abbaye de Haslach. En 1656, Oberhaslach est pillé par les troupes lorraines. Au milieu du XIXe siècle, il s'y trouve deux moulins à blé, deux moulins à huile et quatre scieries mécaniques. L'importante étendue de forêt limite le secteur agricole, dont la majeure partie reste en herbe.

OUTILS
Paléolithique
Roche volcanique
Musée de la Chartreuse, Molsheim
67161611

Ces outils constituent un témoignage unique et inédit de la présence de l'homme préhistorique dans la vallée de la Hasel. Ils ont été découverts dans le massif du Nideck, où les roches se prêtent particulièrement bien à la confection de tels outils.

ENCEINTE DU PETIT-RINGELSBERG
Époque romaine
(l. : 60 m, L. : 20 m)
Le Petit-Ringelsberg 67161614

Le site occupe un petit sommet de 611 mètres d'altitude entre Le Grand-Rigelstein et Le Hohenstein. L'enceinte occupe la cime de son ovale. Le rempart est constitué d'une muraille en pierres sèches. Le site est occupé depuis la protohistoire, comme en témoigne une hache à talon en bronze retrouvée dans l'enceinte. Il est ensuite réoccupé au Moyen Âge, lors de l'exploitation d'une carrière de blocs à bossage. *(Cl. M. H. 1898)*

CHÂTEAU DU RINGELSTEIN
XIIe-XIIIe siècles
Le Grand-Ringelsberg *67161615*

Cette propriété des Eguisheim est citée dès le milieu du XIIe siècle. Une enceinte polygonale protège les constructions basses qui s'y adossent et le rocher où se dressait le haut château. La courtine basse peut être datée du début du XIIIe siècle, de même que les parties hautes qui présentent un donjon pentagonal à l'attaque vers le nord et un logis à cheval sur les rochers. Après l'extinction de la famille Eguisheim, le château passe à l'évêque de Strasbourg. Repaire de chevaliers brigands, il est détruit en 1470 par le comte palatin.
(Cl. M. H. 1898)

CHÂTEAU DU HOHENSTEIN
Début du XIIIe siècle
Le Hohenstein *67161616*

Situé sur un rocher à 440 mètres d'altitude, le château du Hohenstein est construit par la famille noble du même nom. Le côté le plus vulnérable, au nord, est protégé par un donjon derrière lequel se trouvent logis et dépendances. Cette défense est complétée plus tard par une enceinte flanquée d'un bastion semi-circulaire. Dans la lutte qui oppose l'évêque Berthold de Buchegg à une partie de son clergé en 1337, Rodolphe de Hohenstein prend parti pour ce dernier et retient l'évêque prisonnier pendant quatre mois dans son château. Dès sa libération en 1338, l'évêque assiège la forteresse et la détruit complètement.
(Cl. M. H. 1898)

CHÂTEAUX DU NIDECK
Milieu du XIIIe-début du XIVe siècle
Le Nideck *67161606*

Il s'agit de deux châteaux distincts qui s'élèvent à flanc de montagne, à une altitude de 534 mètres. Celui du haut, daté du XIIIe siècle, présente un fossé et un mur-bouclier à l'attaque. Celui du bas, plus tardif, est sans doute construit au début du XIVe siècle. Il possède un donjon carré protégeant un logis exigu. Fief de l'évêque de Strasbourg, Le Nideck est confié au landgrave de basse Alsace, puis à plusieurs familles nobles. En 1636, un incendie détruit les bâtiments, qui sont abandonnés par la suite. *(Cl. M. H. 1898)*

LA GÉANTE DU NIDECK
1937
Peintre : Ringenbach
Fresque
Restaurant Ruines du Nideck *67161613*

Cette fresque illustre la légende des géants du Nideck, immortalisée au XIXe siècle par le poète romantique von Chamisso. Ce détail montre la jeune géante emportant dans son atelier un laboureur et son attelage, pensant qu'il s'agit d'un jouet. À son retour au château, elle est réprimandée par son père qui lui explique que cet homme sème le blé qui donne du pain, indispensable à la survie des géants.

GROUPE D'ANGELOTS
1573
24, rue saint-Florent *67161612*

Au-dessus de la porte du presbytère, des chérubins reposant sur un globe surmonté d'une croix se partagent une guirlande florale retenant un phylactère avec l'inscription gothique « *Allein Gott die Ehr* », « À Dieu seul, l'honneur. »

CHAPELLE SAINT-FLORENT
1750
Rue Saint-Florent *67161602*
Située à la sortie du village, la chapelle de pèlerinage Saint-Florent se trouve sur l'emplacement légendaire de l'ermitage du saint. Cette construction baroque abrite une série d'ex-voto des XVIIIe et XIXe siècles, tableaux peints déposés par les fidèles pour rendre grâce au saint ou pour appuyer une démarche auprès de lui. Ils constituent parfois un moyen d'expression pour ceux qui ont du mal à se faire comprendre par le discours. L'iconographie reflète les événements fondamentaux du lieu de pèlerinage. Saint Florent y est représenté dans ses habits de dignitaire de l'Église, tenant sa crosse d'évêque.

ÉGLISE SAINT-ARBOGAST
1782-1784-1937
Rue du Nideck *67161601*
N'étant pas sans rappeler les pignons baroques des décennies précédentes, la façade néo-classique de l'église est dominée par un clocher couronnant un portail à entablement. Élargi en 1937, cet édifice renferme le premier orgue d'Edmond Alexandre Roethinger, de Strasbourg, construit en 1893 et agrandi par son fils en 1952.

BAS-RELIEF
1828
Grès
4, rue Saint-Florent *67161603*
Ce bas-relief, représentant saint Florent bénissant une femme agenouillée, orne une croix rurale portant l'inscription « *Heiliger Florenz bitt für uns* », « saint Florent, prie pour nous. »

MAISON
1836
Grès rose *67161607*
Le style de cette maison, construite avec soin mais en utilisant un bossage rustique, est assez exceptionnel. Elle abrite d'abord la scierie Spiss, avant de devenir le Restaurant du Hohenstein. Le pignon étagé est ponctué de dix-sept boulets en pierre utilisés en 1338 lors du siège du château du Hohenstein.

CHAPELLE DE GENSBOURG
1856
Grès rose *67161604*
Cette annexe de la commune d'Oberhaslach faisait partie d'un village disparu, appartenant à l'évêché de Strasbourg. Vers 1900, elle compte quatre maisons et douze habitants. Il en subsiste la chapelle d'inspiration romane.

INSTRUMENTS DE LA PASSION
1871
14, rue Saint-Florent 67161605
Cette croix rurale comporte tous les symboles et les objets cités au cours de la passion du Christ.

BORNE ROUTIÈRE
1935
Grès 67161608
Dans l'Antiquité, le village se trouve à un carrefour assez important, avec une voie transvosgienne qui part d'Oberhaslach et remonte le cours de la Hasel pour rejoindre la crête au sud du Grossmann. La route touristique vers Wangenbourg est seulement tracée dans les années 1930, comme l'atteste cette borne commémorative érigée à proximité de la maison forestière du Nideck.

Soultz-les-Bains

Canton de Molsheim
Arrondissement de Molsheim
Superficie : 355 ha
Population 1990 : 654 hab.
Habitants : les Soultzois
Cours d'eau : la Mossig

Origine du nom : traduction française de *Sulzbad*, de l'allemand *Salz*, sel, et *Bad*, bain.

HISTORIQUE

La première mention de Sulcia *n'apparaît qu'en 737, mais sa proche banlieue est occupée dès le* VIe *siècle, comme l'attestent les tombes mérovingiennes découvertes sur le ban communal. Ancienne possession des évêques de Strasbourg, Soultz-les-Bains est réputé depuis le* XIVe *siècle pour ses eaux de source aux vertus thérapeutiques dans le traitement des maladies de la peau. À cette époque, elles sont surtout utilisées sous forme de bains et font l'objet de cures et de pèlerinages dédiés à saint Amand. Le village est également connu sous le vocable de Soultz-près-les-Carrières, en raison des carrières exploitées à partir du* XVIIe *siècle. L'industrie est très faiblement représentée dans la vie économique du village, l'essentiel de l'activité étant lié au commerce et aux services.*

EMBLÈME DE VIGNERON
1565
Grès
3, rue Saint-Maurice 67161717

Cette clef d'arc, qui ornait la porte cochère d'une ferme, constitue le plus ancien emblème de métier du village, et rappelle que la viticulture y tenait sous l'Ancien Régime une place importante. Situé sur la route des vins, Soultz-les-Bains fait partie de la « Couronne d'Or » qui regroupe 19 communes désireuses de promouvoir les joyaux de leur vignoble. Les sept cépages alsaciens y sont présents, avec une prédominance du riesling, du gewurztraminer et du sylvaner.

GRAVURE DE MÉRIAN
1663
Collection particulière 67161719
Au Moyen Âge, Soultz-les-Bains comporte une enceinte avec fossé, dit *Dorfgraben*, dont le tracé se devine encore au début du XIXe siècle. Partiellement détruite en 1333, elle était percée d'au moins trois portes. Bien visible sur la gravure publiée par Mathias Mérian dans sa *Topographia Alsatiae*, cette fortification n'a laissé aucune trace. La situation topographique de l'église paroissiale laisse supposer l'existence d'un cimetière au centre du village.

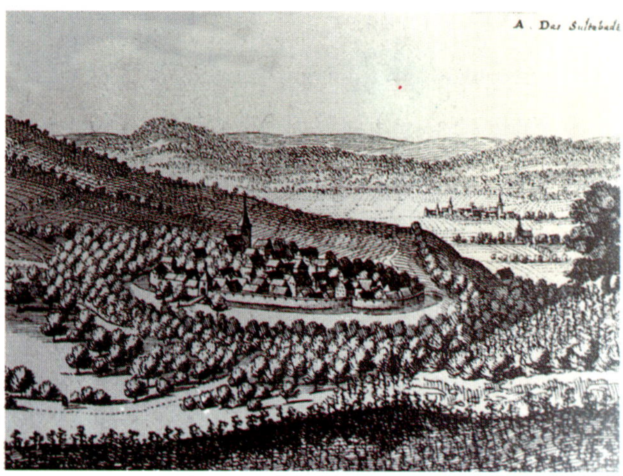

POTEAU CORNIER
1670
Pan de bois
13, rue Saint-Maurice 67161710
Le rez-de-chaussée de cette maison vigneronne comporte un chaînage d'angle orné de deux têtes sculptées. À l'étage, le décor du colombage se concentre sur les fenêtres à colonnettes de style Renaissance et sur les poteaux corniers à têtes grimaçantes, dites *Schreckenmasken*, destinées à repousser les esprits malfaisants.

CARRIÈRE ROYALE
XVIIe-XVIIIe siècles 67161712
Exploitée dès le XVe siècle, la carrière est rouverte en 1682 sur les ordres de Vauban afin d'en extraire les matériaux nécessaires à l'édification de la citadelle de Strasbourg. Au XIXe siècle, elle fait l'objet d'études géologiques qui permettent de découvrir de nombreuses plantes et restes de crustacés fossiles, et de définir le grès à Voltzia, d'après le nom du savant alsacien Philippe-Louis Voltz.

MOULIN *KOHLENMÜHLE*
XVIIIe siècle-1812
Grès et moellon
Chemin du Moulin 67161715
Ancienne propriété de l'Œuvre Notre-Dame, ce moulin à grains est établi sur la Mossig, qui en actionnait autrefois la roue. Le bâtiment principal possède un étage à pans de bois crépi. La date de 1812 gravée sur une pierre correspond à un agrandissement du moulin, qui est alors complété par une exploitation agricole, en activité jusqu'en 1977.

ORATOIRE
XVIIIe siècle
1, rue du Fort 67161707
Cet édicule abrite une Vierge de pitié en bois polychrome du XVIIIe siècle. La légende rapporte que celle-ci a été trouvée flottant sur le canal de la Bruche à l'époque de la Révolution. L'éclusier qui l'a recueillie prétendait avoir été alerté par un chant provenant de la statue. Depuis cette époque, elle est vénérée dans la chapelle où la paroisse se rend en procession à l'occasion de la fête de l'Assomption.

FERME DU BIBLENHOF
Vers 1750
Biblenheim 67161716
Située au nord-est du village, l'annexe de Biblenheim est réunie à Soultz-les-Bains dès 1556. Son église, détruite au début du XIXe siècle, était l'église mère du chapitre rural de Molsheim-Biblenheim. Cour domaniale de l'Œuvre Notre-Dame de Strasbourg jusqu'en 1971, la ferme du Biblenhof constitue un ensemble en quadrilatère, fermé par un mur de clôture, percé d'une porte piétonne et d'une porte cochère à arc segmentaire. Les bâtiments datent principalement du XVIIIe siècle et abritent, outre le logis, les étables, les écuries, les hangars, une vaste grange, un pressoir et un cellier.

ÉGLISE SAINT-MAURICE
1845
Architecte : Charles Morin
Grès et moellon
10, rue Saint-Maurice 67161722

Cette église paroissiale est l'une des premières églises néo-gothiques construites en Alsace. Succédant à une église du XVe siècle trop exiguë dont on a conservé le clocher, cet édifice se compose d'un chœur polygonal en retrait et d'une nef unique de sept travées qui se termine par une façade à portail sculpté. En 1888, la nef est couverte d'une voûte en berceau lambrissée. Le mobilier néo-gothique en bois est réalisé par le sculpteur Théophile Klem, de Colmar, en 1897 et en 1904.

CLOCHER
Seconde moitié du XIIe siècle
Église Saint-Maurice 67161702

Le niveau inférieur du clocher latéral constituait le chœur de l'église primitive. À l'intérieur, le rez-de-chaussée est voûté d'ogives sur colonnettes se terminant par des masques expressifs, particularité assez rare en Alsace. La clef de voûte représente l'agneau pascal et les quatre murs laissent apparaître des traces de fresques polychromes. D'un décor plus simple, le deuxième niveau du clocher est également de style roman, alors que la partie supérieure, avec ses fenêtres gothiques, a été remaniée au XVe siècle.

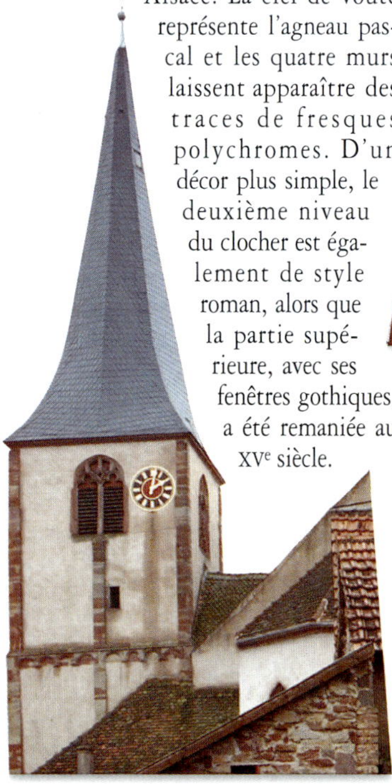

TYMPAN
Vers 1845
Grès
Église Saint-Maurice 67161703

Inscrit dans la façade-pignon de l'église, le tympan du portail principal représente probablement le jugement du roi Salomon, à moins qu'il ne s'agisse d'une représentation du Christ, consolateur des affligés.

ORGUE
1762
Facteur : Jean André Silbermann
Bois de chêne et étain
Église Saint-Maurice 67161704

Transféré à Soultz-les-Bains en 1865, cet orgue a été réalisé pour la partie catholique de l'église Saint-Pierre-le-Jeune de Strasbourg. C'est la raison pour laquelle le buffet de style Louis XV porte les clefs de saint Pierre. Bien que transformée au XIXe siècle dans un esprit romantique, la partie instrumentale conserve de nombreux tuyaux d'origine. Les soufflets de l'orgue sont les derniers subsistant dans un instrument de Jean André Silbermann. *(Cl. M. H. 1977)*

CLOCHE SAINTE-CATHERINE
1803
Fondeur : Matthieu III Edel
Bronze (d. : 86 cm, p. : 350 kg)
Église Saint-Maurice 67161705

Fondue par la maison Edel de Strasbourg, cette cloche est réquisitionnée en 1917 et envoyée à Francfort. Après l'Armistice, les autorités françaises récupèrent les cloches non fondues, et *Catharina* est ainsi rapportée à Soultz-les-Bains en 1919. Remontée dans le clocher, elle y reste jusqu'à l'installation de quatre nouvelles cloches en 1988. Son cerveau porte une inscription commémorative et sa panse est ornée des représentations de sainte Catherine, d'un évêque et d'une Crucifixion.

SAINT MAURICE
ET LA LÉGION THÉBAINE
1847
Peintre : Joseph Seelenmayer
Toile (H. : 4 m env.)
Église Saint-Maurice 67161706

Œuvre d'un peintre autrichien installé à Strasbourg puis à Molsheim, ce portrait équestre représente saint Maurice, patron de la paroisse, sous l'aspect d'un chevalier en armure. Provenant de l'ancien maître-autel, le tableau est aujourd'hui exposé sur la tribune, non loin d'une Crucifixion du XVIIIe siècle attribuée au peintre Daniche.
(I. M. H. 1996)

STÈLE FUNÉRAIRE DU PÈRE SIEFFERT
1826
Église Saint-Maurice 67161709

Les chartreux de Molsheim préparent au XVIIIe siècle des boules ferrugineuses utilisées contre l'anémie et la dysenterie. Après la fermeture du monastère à la Révolution, le père Jean Georges Sieffert se réfugie à Soultz-les-Bains, où il obtient le poste de vicaire. Il continue à tirer profit de la fabrication des fameuses boules jusqu'à sa mort en 1826. Propriété de la maison de Molsheim, le secret des boules d'acier passe ensuite à la grande chartreuse, puis à la chartreuse de Farneta, en Toscane.

FONTAINE
XIXe siècle
Grès
Holzbrunnen 67161720

À l'origine, cette fontaine sert à abreuver les troupeaux qui passent sur les communaux. L'auge actuelle en pierre remplace probablement une ancienne auge en bois, d'où le terme allemand de *Holzbrunnen*, fontaine en bois.

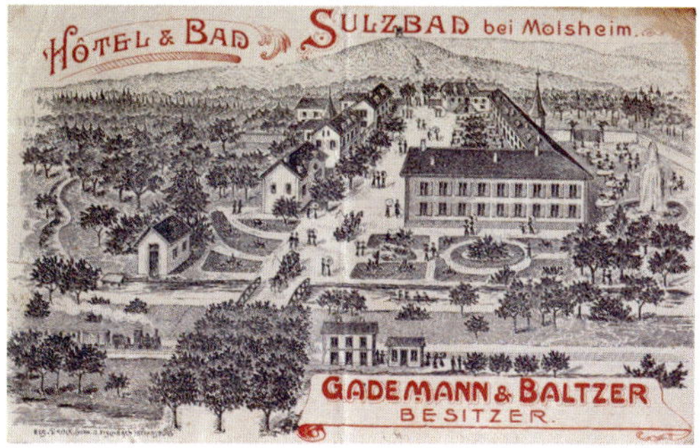

SITE THERMAL
Début du XXe siècle
Carte postale
Collection particulière 67161721

Certains documents permettent de penser qu'il existe dès le IVe siècle un établissement de bains placé sous le patronage de saint Amand. Du XVe au XIXe siècle, les eaux de Soultz-les-Bains sont un lieu de cure très fréquenté. La station connaît d'importantes améliorations avec les premières analyses de l'eau, l'installation de l'éclairage électrique, l'organisation d'une ligne d'omnibus qui amène les curistes de Strasbourg et l'ouverture d'une station de chemin de fer aux portes même du site. Très en vogue au début du XXe siècle, le complexe thermal est détruit par un incendie en 1913. Après la Première Guerre mondiale, les investissements manquent pour reconstruire la station et l'eau minérale est seulement vendue en bouteilles. En 1975, l'activité de la société s'arrête et le site est abandonné jusqu'en 1999, date à laquelle le Sulzbad, établissement thermal, rouvre ses portes.

MAIRIE-ÉCOLE
1868-1877
Architecte : Alexandre Matuszinski
1, rue de Molsheim 67161711

L'actuelle mairie est construite vers 1877 par l'architecte de l'arrondissement, d'après un projet de 1865. Elle est prolongée, à l'est, par l'ancienne école des garçons, érigée dès 1868 et maintenant occupée par la bibliothèque municipale.

CASEMATE
1914-1916
First 67161718
La mise en état de défense du fort de Mutzig débute à la déclaration de guerre, en août 1914. Prévus dès le temps de paix, ces travaux comprennent une extension du fort jusqu'au sommet voisin du Scharrach. De nombreux ouvrages sont ainsi construits sur la colline de Soultz-les-Bains, comme des abris d'infanterie, des observatoires d'artillerie, des tranchées de tir ou des soutes à munitions. Ils constituent le début de la position de la Bruche, ou *Breuschstellung*, sur les hauteurs dominant la rivière et jusqu'à la ceinture fortifiée de Strasbourg.

FOUR À CHAUX
Vers 1920
Rue de Strasbourg 67161714
Dès la fin du XVIIe siècle, plusieurs fours à chaux sont construits au pied de la carrière royale. Au lendemain de la Première Guerre mondiale, un projet de grande cimenterie voit même le jour sur les pentes du Soultzberg, mais il se termine par une faillite de la société. Si les bâtiments de l'exploitation de M. Thau ont disparu depuis longtemps, la tour de l'ancien four à chaux se dresse toujours sur les pentes de la colline. Elle était alimentée par une carrière ouverte plus haut, dans les roches du calcaire coquillier ou *Muschelkalk*.

Still

Canton de Molsheim
Arrondissement de Molsheim
Superficie : 2 320 ha
Population 1990 : 1 314 hab.
Habitants : les Stillois
Cours d'eau : le Stillbach

Origine du nom : de l'allemand *stille*, tranquille, ou, plus vraisemblablement, du nom de famille von Still.

Blason : les anciennes armoiries, représentant saint Laurent, sont remplacées en 1962 par le blason de la famille de Still.
67161800

HISTORIQUE

Still est une ancienne possession de l'évêché de Strasbourg, confirmée en 773 par Charlemagne. Le village dépend de l'administration de Schirmeck et en partage le destin. Il est ainsi mis en gage de 1366 à 1510. L'abbaye de Neubourg y possède des biens dès 1156. Le château de Still est tenu en fief par l'évêché de Strasbourg, mais au cours des siècles suivants, il connaît différents propriétaires avant d'être vendu en 1762 au Strasbourgeois Claude Jaccoud, qui érige un manoir à la place des ruines du château. En 1834, André-Adolphe Jaccoud démolit le manoir de son père et édifie un nouveau château. Trois briqueteries, des fours à chaux et des moulins à huile emploient les villageois au XIXe siècle.

SARCOPHAGE
IXe siècle
Grès
École primaire 67161805
Ce sarcophage scellé dans le mur de la cour d'école présente une niche céphalique et un trou d'écoulement.

ARMOIRIES DES PFAFFENLAPP ET DES LANDSBERG
XVIe siècle
École primaire 67161806
Scellée dans le mur de la cour de l'école, cette composition d'époque Renaissance représente les trois cornes des Pfaffenlapp et les six coupeaux de la famille des Landsberg.

TÊTE SCULPTÉE
XVIIe siècle
Grès
2, rue de la Liberté 67161809
À l'angle d'une maison alsacienne typique, cette tête d'un personnage moustachu aux yeux globuleux est sculptée dans une console qui soutient l'étage en encorbellement.

FERME DU MUNCHHOF
XVIIe siècle
Grès et moellon
67161811

Correspondant vraisemblablement à la Casa Romualdi, attestée en 817, cette ferme, appelée *Munchhof*, est caractéristique des exploitations agricoles isolées de la région. Elle est constituée de deux logis accolés et presque symétriques.

CHEMIN DE CROIX
1789 67161804
L'histoire de ce chemin de croix est liée à la figure du curé Jean-Étienne Straubhaar, qui le fait ériger l'année même du début de la Révolution. En quinze stations au lieu des quatorze habituelles, la passion du Christ est représentée par de grands bas-reliefs polychromes. La noblesse de certains drapés antiquisants se fait l'écho du néo-classicisme ambiant. *(Cl. M. H. 1983)*

INSTITUT DES AVEUGLES
1834
25, Grand-Rue 67161808
Le village est doté d'un établissement spécialisé destiné aux mineurs déficients intellectuels et aux non-voyants. Érigée à l'emplacement du château médiéval, la demeure est acquise par l'évêché en 1889 et sert par la suite de maison de rééducation pour garçons sortant du pénitencier de Haguenau. En 1895, les Sœurs de la Croix y fondent l'institution épiscopale Sainte-Odile.

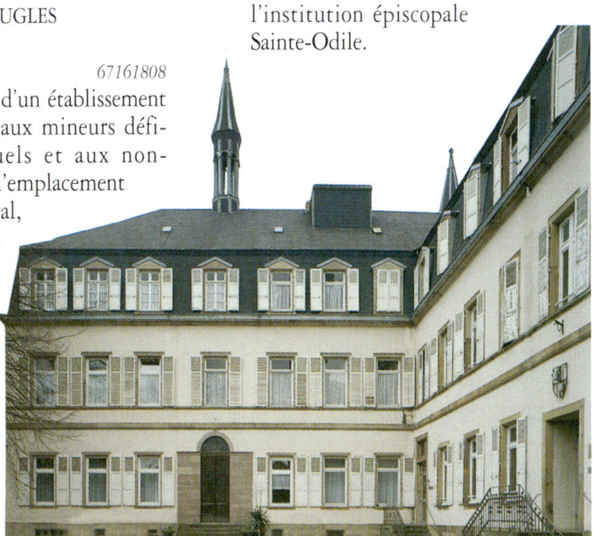

ÉGLISE SAINT-MATHIAS
1866
Architecte : Alexandre Matuszinski
Grand-Rue 67161801
Représentative de l'architecture religieuse sous le Second Empire, l'église est contemporaine de celle d'Urmatt et de Heiligenberg. Le clocher forme un porche qui protège le portail principal. La nef comporte six travées et aboutit à un chœur polygonal.

BAPTISTÈRE
XIVe siècle
Grès
Église Saint-Mathias
67161803
Reposant sur une base étagée, la cuve octogonale est ornée de motifs caractéristiques du style gothique. Elle a été restaurée en 1989. *(I. M. H. 1937)*

MAIRIE
1893
Grès rose
36, Grand-Rue *67161810*
Érigée sous le *Reichsland*, la maison communale est à l'origine ornée d'une monumentale statue du *Kaiser* qui est brisée en 1918, après l'Armistice, par les jeunes gens du village. Elle est remplacée par une allégorie de l'Agriculture, une paysanne portant des épis de blés et des grappes de raisins.

JEAN II DE LICHTENBERG
1905
Parvis de l'église *67161807*
Évêque de Strasbourg de 1353 à 1365, Jean II de Lichtenberg fait don d'une partie de la forêt dite « des sept communes » au village de Still. En reconnaissance, la commune fait ériger cette statue sur le parvis de l'église.

MAISON FORESTIÈRE DE HASLACH
1899 *67161812*
La maison forestière de Haslach a été construite à l'intention de Guillaume II et de sa cour pour de grandes parties de chasse. Tout en reprenant des techniques et des formes traditionnelles, elle affecte un jeu complexe d'imbrications de couleurs et de volumes qui trahit bien son époque.

Urmatt

Canton de Molsheim
Arrondissement de Molsheim
Superficie : 1 383 ha
Population 1990 : 1 243 hab.
Habitants : les Urmattois
Cours d'eau : la Bruche, le Soultzbach et l'Eimerbach

Origine du nom : de l'allemand *ur*, primitif, et *Matte*, prairie, c'est-à-dire vieux pré.

Blason : selon la légende, le dernier aurochs d'Alsace a été abattu près de la localité.
67161900

HISTORIQUE

L'origine de la localité est inconnue. Le chapitre de Haslach possède des biens sur le territoire de la commune dès 1141. Ancienne possession des évêques de Strasbourg, Urmatt dépend du bailliage de Schirmeck et est mis en gage de 1366 à 1510. Au lendemain de la guerre de Trente Ans, il ne reste plus que six habitants au village, mais un siècle plus tard, en 1763, trente-trois familles y sont installées. Les activités anciennes sont surtout basées sur l'exploitation de la forêt qui couvre encore les trois quarts du ban communal. Depuis le début du XIXe *siècle, Urmatt connaît une croissance démographique régulière et fournit aujourd'hui à sa population l'essentiel des services et des commerces.*

BAPTISTÈRE
XVIIe siècle
Grès (H. : 95 cm)
Place de l'Église *67161901*
Ces fonts baptismaux constituent l'unique vestige de l'église primitive qui se trouvait au milieu de

l'ancien cimetière réaménagé en square. L'orgue de 1829 et les bancs ont été acquis par la paroisse de Birkenwald, tandis que les anciennes stations du chemin de croix sont accrochées dans l'église de Climbach.

STÈLE FUNÉRAIRE
1765
Grès (H. : 140 cm)
Ancien cimetière 67161905

Lors du réaménagement du cimetière, plusieurs pierres tombales ont été encastrées dans le nouveau mur. Elles constituent un ensemble unique d'une trentaine de monuments funéraires, dont les plus anciens remontent au premier quart du XVIIIe siècle. Cette croix tréflée est la stèle du prévôt Nicolas Duvoid.

CHAPELLE
DE LA VIERGE-DOULOUREUSE
1828
Rue du Général-de-Gaulle 67161903

Propriété de la famille Léon Siat, cette chapelle néo-classique a été édifiée par les époux Antoine Schuller et Marguerite Osswald. Elle abrite une Vierge de pitié et est surmontée d'un clocheton octogonal renfermant une cloche de 1862. Devant la chapelle se dresse une croix de 1868 portant une inscription en lettres gothiques.

CRUCIFIX
1840
Sculpteur : Balthazar Rebell
Grès (H. : 4 m)
2, rue Saint-Jean 67161907

L'inscription gothique sur la base de la croix nous apprend qu'elle a été érigée par Balthazar Rebell, sculpteur local, dans le jardin de sa maison. Entre 1826 et 1870, Balthazar et son fils Martin Rebell, né à Urmatt en 1834, produisent une multitude de croix, calvaires, statues et monuments funéraires. Ces œuvres, au décor néo-gothique précoce, sont réparties sur un vaste secteur. Elles allient la tradition artisanale à des impulsions venues de la sculpture officielle. Ce crucifix est rénové en 1929 par le sculpteur Xavier Obert, de Rothau.

MAIRIE
1837
Architecte : Noyer
Grès
Rue du Général-de-Gaulle 67161911

Ce bâtiment néo-classique est remarquable pour son vestibule à colonnes doriques. À l'origine, cet ancien corps de garde comprend le logement de l'appariteur et la prison communale au rez-de-chaussée et, à l'étage, la maison commune avec le bureau du secrétaire et la salle du conseil.

MAISON VOSGIENNE
XIXe siècle
Rue de l'Église 67161920
À partir d'Urmatt, la maison de style vosgien remplace les habitations à colombage de la plaine, avec leurs bâtiments regroupés autour d'une cour carrée. Il s'agit ici d'une maison-bloc, dite *Eindachhaus*, où tous les éléments sont réunis sous le même toit, la façade principale donnant sur la rue. Elle dispose de trois entrées : une porte piétonne, une porte de grange surmontée d'un arc en plein cintre pour le passage des charrettes de foin et une porte d'étable.

ANCIENNE ÉCOLE
XIXe siècle
Grès et moellon
Rue de l'Église 67161910
Transformé en bureau de poste, ce bâtiment abrite d'abord une école mixte puis, à partir de 1845, l'école des garçons. Les boulets en grès qui garnissent l'escalier symbolisent les obus tirés le 18 août 1914 du fort de Mutzig, suite à de faux renseignements indiquant que les soldats français étaient arrivés jusqu'à Urmatt. Il n'y eut heureusement aucune victime, la population s'étant réfugiée dans les caves.

ANCIENNE AIGUISERIE
XIXe siècle
Rue du Général-de-Gaulle 67161915
Canal formé par un bras de la Bruche et de l'Eimerbach, le Muhlbach fait pendant longtemps tourner les turbines du bourg et permet d'irriguer les prés. À la Révolution, un moulin à un seul tournant fonctionne à cet endroit, ainsi qu'une huilerie, l'ensemble appartenant au maire Nicolas Valentin. À ce moulin, succède la *Schliffmehl*, un atelier d'aiguiserie et de fabrication de limes appartenant à M. Muller et exploité par les Établissements Coulaux et Cie, de Molsheim, jusqu'en 1864.

ÉGLISE SAINTE-CROIX
1863-1865
Architecte : Alexandre Matuszinski
Grès
Place de l'Église 67161902
Inaugurée le 29 octobre 1865 par Mgr Raess, la nouvelle église d'Urmatt est une construction qui illustre parfaitement le néo-gothique alsacien sous le Second Empire. Au clocher de la façade à trois portails succède une nef de six travées, prolongée par un chœur polygonal de même largeur. L'église est pourvue d'un mobilier néo-gothique et d'un orgue Stiehr-Mockers de 1865.

CROIX DE CIMETIÈRE
1869
Sculpteur : Martin Rebell
Grès (H. : 4,50 m)
Place de l'Église 67161908
Ce crucifix se trouve à l'origine dans l'ancien cimetière, à l'emplacement du chœur de l'église primitive. Gravement endommagé par une tempête, il est rénové, puis transféré sur la place de l'église en 1989.

ANCIEN RÉSERVOIR
1884
Rue de Molsheim *67161912*

Construit sous l'administration du maire Jean-Philippe Siat, ce premier réservoir a été remplacé par un réservoir plus récent. Selon la tradition locale, les enfants d'Urmatt ne naissent ni dans les choux ni dans les roses, mais bien sûr dans ce réservoir, la *Burnstub*. Le bruit que l'on entend dans le réservoir serait le gazouillement des bébés prêts à naître et jouant dans l'eau.

FONTAINE PUBLIQUE
1887
Grès *67161913*

Cas unique dans la vallée de la Bruche, Urmatt possède une dizaine de fontaines publiques. C'est en 1885 qu'est prise la décision d'alimenter le village en eau potable. Les terrains nécessaires à l'implantation de onze fontaines sont acquis deux ans plus tard, mais la municipalité prend rapidement conscience de la nécessité d'une conduite d'eau générale et décide d'y raccorder toutes les maisons. Trois sources captées dans la forêt communale alimentent ainsi le village : celles du *Gutenbrunnen*, du *Kappelbronn* et du *Laeger*.

LAVOIR
1895
Rue du Général-de-Gaulle *67161914*

La construction de ce lavoir s'inscrit dans le mouvement d'amélioration de l'hygiène publique du XIXe siècle. De nombreux lavoirs sont en effet élevés à cette époque par les municipalités qui viennent d'acquérir une plus grande autonomie budgétaire. Lieu de convivialité pour les femmes qui viennent y laver leur linge, le lavoir se situe souvent au centre du bourg.

NICHE FORESTIÈRE
Fin du XIXe siècle
Bois
Sentier du Meisenwald
67161919

Une niche accrochée à un vieux chêne fait survivre la croyance des ouvrières qui venaient de Haslach, par le sentier du Meisenwald, pour travailler à l'usine du Mullerhof. L'histoire locale raconte que les jeunes filles entendent ici, la nuit, des rires sataniques, et que des cailloux leur sont jetés. Elles pensent immédiatement aux sorcières qui leur veulent du mal et, pour conjurer le sort, fabriquent une niche en forme de maisonnette renfermant une statuette de la Vierge. Les incidents cessent miraculeusement et les jeunes filles peuvent rentrer sans crainte à leur domicile. Cette niche est appelée *Hexenkapelle*, chapelle aux sorcières.

SCIERIE SIAT
XXe siècle
Rue du Général-de-Gaulle *67161916*

Venu d'Oberhaslach, Jean-Philippe Siat installe en 1821 une première scierie sur le Soultzbach, un endroit difficile d'accès et ne permettant pas d'expansion. En 1875, il rachète la scierie de Florent Mosser, implantée sur le Muhlbach. L'entreprise regroupe désormais une scierie et une exploitation forestière, équipée pour travailler le sapin et l'épicéa qui servent à la confection de charpentes, mais qui sont également vendus à des fabricants de meubles et à des magasins de bricolage. Les écorces sont récupérées pour des aménagements paysagers, pour le chauffage et pour la fabrication de terreau et d'engrais.

BUNKER
1916
Béton
Rue du Soultzbach *67161917*
En avril 1916, des soldats bavarois originaires de Dillingen sont logés dans les familles du village. Ils sont chargés de construire des abris bétonnés et de creuser des tranchées pour compléter la défense du fort de Mutzig. À l'intérieur de ce bunker, une plaque rappelle sa construction par les soldats de la 1re et de la 4e compagnies du *Bayrische Landsturm Bataillon*.

MONUMENT AUX MORTS
1920
Granit et marbre
Place de l'Église *67161918*
Le conseil municipal fait ériger un monument à la mémoire des victimes de la Première Guerre mondiale, suite aux lois de 1919 et 1920 décidant d'accorder aux communes des subventions pour la réalisation de ces monuments. Le monument aux morts est placé devant l'église paroissiale et entouré d'une clôture en fer forgé. Deux stèles rappellent les noms des cinquante-trois victimes des deux guerres mondiales. En plus des soldats figurent les victimes du bombardement du 29 octobre 1944, qui a détruit entièrement l'école de filles et une maison voisine.

L'ERMITAGE
Vers 1920 *67161909*
Après le désastre du phylloxéra, l'usine du Mullerhof achète la quasi-totalité du vignoble et le plante d'acacias. Au lendemain de la Première Guerre mondiale, Étienne Muller, banquier à Paris, construit au sommet de la colline cette résidence d'été, l'Ermitage, dans un style plus normand qu'alsacien. Elle abrite ensuite une colonie de vacances, avant d'être rachetée par des particuliers.

Wolxheim

Canton de Molsheim
Arrondissement de Molsheim
Superficie : 297 ha
Population 1990 : 795 hab.
Habitants : les Wolxheimois
Cours d'eau : la Mossig, la Bruche et le canal de la Bruche

Origine du nom : il dérive du prénom Wolfgang.

Blason : il représente un double crochet ou crampon de piège à loups.
67162000

HISTORIQUE

Le village apparaît sous le nom de « Folcolfesheim » en 742. De nombreux établissements religieux sont alors possessionnés dans le village. Wolxheim fait partie du bailliage de Dachstein, dépendant de l'évêché de Strasbourg. Dès le XIVe siècle, il est compris dans les biens des nobles de Fénétrange. Ces derniers en cèdent une partie aux nobles de Hohenstein en 1387. Après l'extinction de la famille, cette part du village revient à l'évêché. L'autre part reste en possession des nobles de Fénétrange jusqu'aux XVe et XVIe siècles, puis revient elle aussi à l'évêché qui conserve le village dans son entier jusqu'à la Révolution française. La localité vit essentiellement de ses moulins et de ses vignes et atteint son maximum démographique en 1846, avec 1 221 habitants.

CROIX DE PROCESSION
1552
Argent
Église Saint-Étienne *67162001*
Reconstruite au XVIIIe siècle, l'église se compose d'une nef unique à façade-pignon et portail, d'un chœur polygonal en retrait et d'un clocher axial. Le vocable de l'église vient de l'abbaye Saint-Étienne de Strasbourg

qui est largement possessionnée dans le finage sous l'Ancien Régime. Sur le maître-autel se trouve une statue de saint Urbain, patron des viticulteurs. L'église possède également une croix processionnelle ornée des symboles des évangélistes.

LAPIDATION DE SAINT ÉTIENNE
XVIIIe siècle
Église Saint-Étienne 67162002
Le chœur de l'église est orné de quatre grandes toiles marouflées comme celle-ci. *(Cl. M. H. 1980)*

CHAIRE
Milieu du XVIIIe siècle
Bois polychrome
Église Saint-Étienne
67162003
Contemporain de l'église, le mobilier de la nef se compose de deux autels latéraux dédiés à la Vierge et à saint Joseph, et d'une chaire à prêcher. Celle-ci est peinte à l'imitation du marbre et est surmontée de la statue du Bon Pasteur. *(Cl. M. H. 1982)*

ORGUE
1844
Facteur : Claude-Ignace Callinet
Église Saint-Étienne 67162005
L'orgue initial est construit par Sébastien Krämer en 1780. Il conserve son opulent buffet à trois tourelles et deux plates-faces, mais la partie instrumentale est refaite par Callinet en 1844, puis transformée par Rinkenbach en 1887.
(Cl. M. H. 1980)

ANGE
1837
Sculpteur : Philippe Grass
Cimetière Saint-Denis 67162016
Le sculpteur Philippe Grass (1801-1876) réalise plus- ieurs œuvres pour les monuments funéraires de ses proches, et entreprend la création d'un ange qu'il n'acheva jamais. Ces tombes ont été transférées de l'ancien cimetière, qui enserrait l'église paroissiale, sur le site actuel.

CHAPELLE SAINT-DENIS
XVIIe siècle
Le Canal 67162006
Placée au centre du cimetière, la chapelle, dont l'existence est attestée en 1342, comporte une nef et un chœur à cinq pans. D'après la tradition locale, un sanctuaire dédié à Dionysos, dieu du vin, existe déjà sur cet emplacement à l'époque romaine. Le patronage de saint Denis est sans doute introduit par les moines de Lièpvre, qui possèdent une cour colongère à Wolxheim. Au XVIIe siècle, le curé du lieu, Friedrich Daham, fait restaurer la nef et la toiture. La chapelle abrite des tableaux de Carola Sorg ainsi que la pierre tombale de la femme du meunier Audran, de Wolsheim, décédée en 1703.

PRÉFET LEZAY-MARNESIA
1857
Sculpteur : Philippe Grass
Musée de la Chartreuse, Molsheim
67162017

Plusieurs commandes témoignent de la célébrité du sculpteur Philippe Grass dans sa province natale, dont celle du préfet Adrien de Lezay-Marnesia, administrateur habile et très populaire, mort en 1814 des suites d'un accident.

EMBLÈME DE VIGNERON
XVIIe siècle
1, rue de Strasbourg *67162014*

Les vins de Wolxheim sont réputés depuis longtemps. En 1851, Jacques Baquol note dans son *Dictionnaire* qu'on y trouve les meilleurs vins blancs du Bas-Rhin. Napoléon III tient également en haute estime le riesling de Wolxheim, qui figure régulièrement à la table impériale.

PRESSOIR
Début du XVIIIe siècle
Bois
14, rue de l'Église *67162015*

Jusqu'à la Seconde Guerre mondiale, chaque famille de Wolxheim possède son arpent de vignes, et dans chaque ferme trône un pressoir. Chaque année à la Saint-Urbain, le 25 mai, le village fête le patron des vignerons.

CADRAN SOLAIRE
1710
Grès
14, rue de l'Église *67162018*

En face de l'église paroissiale, un cadran solaire est fixé par des crampons de fer sur la façade sud d'une maison de viticulteur.

CHAPELLE SAINT-ARMUTH
1738 *67162007*

Cette chapelle porte le curieux nom de *Sankt-Armuthskappelle*, chapelle de la Sainte-Pauvreté. Sans doute ce patronage fait-il référence à la pauvreté du Christ au moment de sa mort. Mentionné dès 1512, le premier sanctuaire est détruit et reconstruit en 1614. Ruiné pendant la guerre de Trente Ans, il est relevé au XVIIIe siècle. Un petit habitat, pour loger l'ermite qui s'occupe du lieu, est ajouté à ce moment. Enfin, en 1861, le conseil de fabrique rachète la propriété passée entre des mains privées. La chapelle est alors agrandie, et l'ermitage est rénové, comme l'indique l'inscription apposée au-dessus de la porte.

LA MAISON ROSE
1761
33, Le Canal 67162011

La famille Grass a résidé pendant plusieurs générations dans cette demeure. Les monuments de Kléber et de Lezay-Marnésia ont été réalisés par l'un de ses membres, le sculpteur Philippe Grass, né dans la maison. Son succès lui permet de devenir statutaire de l'Œuvre Notre-Dame de Strasbourg. À proximité de la maison se trouve la chapelle Notre-Dame-de-Bon-Secours, bâtie en 1864 à l'initiative du maire Charles Prost.

EMBLÈME DE MEUNIER
1783
Rue du Moulin 67162012

Par le biais du Mühlbach, la Bruche alimentait ici un moulin ressemblant à un manoir, Les Moulins Siebert, qui comptaient dans les années 1920 parmi les plus grands moulins de la région. Les emblèmes de meuniers figurant sur ces bâtiments sont un souvenir des puissantes familles qui ont longtemps dirigé le village.

DEMEURE DES MULLER-SIMONIS
Début du XIXe siècle
17, rue Principale 67162009

Construite par les Muller-Simonis, une famille de fournisseurs des armées napoléoniennes installée à Wolxheim, cette maison possède une grande cave, témoin de l'intérêt porté par la famille au vin de la région. La demeure abrite désormais la mairie du village.

MAISON DE RETRAITE SAINT-LÉON
XIXe siècle
8, Le Canal 67162010

Probablement construite par la famille Laquiante, cette maison de maître était destinée, comme ses voisines, à accueillir les familles de la bourgeoisie venues prendre les eaux à Soultz-les-Bains. Les pères de la congrégation du Saint-Esprit rachètent la demeure en 1949 et y installent une maison de retraite.

SACRÉ-CŒUR
1912
Colline du Horn 67162008

Grâce à la générosité de la famille Klotz, cette statue a été érigée sur la falaise calcaire du Horn. Sur le socle sont gravées des paroles de paix du Christ à une époque où l'on ne parlait que de guerre. L'inauguration de la statue a lieu le 27 juillet 1912. Symbole de la paix souhaitée par toute la population, la statue est volontairement tournée vers le fort contemporain de Mutzig.

LEXIQUE ET ABRÉVIATIONS EMPLOYÉES

Abaque (n. m.) : couronnement rectangulaire d'un chapiteau.

Abat-voix (n. m.) : dais d'une chaire à prêcher rabattant la voix du prédicateur vers les fidèles.

Abat-son (n. m.) : lames posées obliquement dans les baies des clochers pour renvoyer la sonnerie des cloches vers le sol.

Abside (n. f.) : extrémité arrondie de la nef principale, qui comprend le chœur.

Absidiole (n. f.) : petite chapelle en demi-cercle d'une abside.

Acanthe (n. f.) : ornement d'architecture imité de la feuille d'acanthe et caractéristique des chapiteaux corinthiens.

Acrotère (n. m.) : socle disposé aux extrémités ou au sommet d'un fronton, servant de support à une statue, un vase ou tout autre ornement ; cet ornement lui-même.

Adjudication (n. f.) : attribution d'un marché de travaux ou de fournitures à l'adjudicataire (fournisseur) offrant les meilleurs prix.

Afféager (v. tr.) : aliéner une partie des terres nobles d'un fief contre redevance.

Age (n. m.) : pièce de traction de la charrue ou de l'araire.

Aisselier (n. m.) : pièce de consolidation placée sous la base d'une pièce horizontale de la charpente et reportant les poussées sur une pièce oblique ou verticale, le plus souvent des arbalétriers.

Aître (n. m.) : terrain libre servant de cimetière près d'une église.

Allège (n. m.) : pan de mur souvent oblique fermant l'embrasure d'une fenêtre, placé sous l'appui.

Alleu (n. m.) : terre de pleine propriété affranchie de toute redevance et ne relevant d'aucune seigneurie. Il s'oppose au fief.

Ambon (n. m.) : tribune surélevée ou chaire en pierre placée dans la nef ou à l'entrée du chœur de certaines basiliques et églises primitives. Remplacées au XIIIe siècle par la chaire à prêcher ou le jubé.

Amphibole (n. f.) : minéral vert, marron ou noir provenant de roches éruptives ou métamorphiques.

Angon (n. m.) : javelot d'origine franque terminé par une pointe barbelée.

Antependium (n. m.) : pièce d'étoffe, parfois remplacée par un panneau de bois ou de métal, tombant de la table de l'autel et en dissimulant le soubassement.

Antiphonaire (n. m.) : recueil liturgique regroupant les chants des offices et des messes.

Apanage (n. m.) : part du domaine royal accordée aux cadets de la famille royale en contrepartie de leur exclusion de la couronne.

Aplat (n. m.) : teinte appliquée à plat, de façon uniforme.

Appareil (n. m.) : façon dont les pierres d'un mur sont taillées et assemblées, et, plus généralement, dont un mur est constitué. Il peut être grand, moyen, petit, régulier, irrégulier, mixte, réticulé, en bossage, etc.

Appentis (n. m.) : toit à une pente adossé à un mur. Par extension, désigne le bâtiment, remise ou hangar le plus souvent, couvert de ce type de toit.

Arbalétrier (n. m.) : pièce oblique d'une ferme de charpente.

Arc de décharge (n. m.) : arc construit dans un mur, souvent au-dessus d'un linteau, pour dévier le poids de ce mur et soulager les parties sous-jacentes.

Arc diaphragme (n. m.) : arc transversal séparant les travées, supportant un mur destiné à soutenir une voûte, un plafond, une charpente.

Arc en plein cintre (n. m.) : arc dont la courbure est un demi-cercle.

Arc-boutant (n. m.) : arc qui part d'un contrefort externe, ou culée, et dont la tête s'appuie sur le mur gouttereau afin de contrebuter la poussée des voûtes ou des arcs internes.

Arc-doubleau (n. m.) : arc séparant deux parties de voûte ou renforçant un berceau.

Archidiacre (n. m.) : dignitaire ecclésiastique en charge de l'administration d'une circonscription, sous l'autorité de l'évêque.

Archiprêtré (n. m.) : territoire dépendant de l'archiprêtre, prêtre le plus ancien ou désigné comme le plus éminent.

Architrave (n. f.) : partie inférieure d'un entablement, linteau ou plate-bande, qui repose sur des supports verticaux.

Archivolte (n. f.) : face verticale moulurée d'un arc.

Aron Hakodesh (n. m.) : arche sainte qui contient les rouleaux de la Loi dans une synagogue.

Aronde (n. f.) : assemblage où tenon et mortaise sont en forme de queue d'hirondelle.

Arpent (n. m.) : mesure de superficie d'une quarantaine d'ares.

Arrière-fief (n. m.) : fief qui dépend d'un autre fief.

Art déco (style) (n. m.) : se dit du style représenté par l'Exposition des arts décoratifs de 1925.

Art nouveau (style) (n. m.) : se dit des styles d'arts plastiques développés en Europe entre 1885 et 1914.

Asparagiculteur (n. m.) : planteur d'asperges.

Astragale (n. m.) : moulure de forme semi-cylindrique séparant le chapiteau du fût de la colonne.

Attique (n. m.) : étage de moindres proportions situé au sommet d'une construction.

Atrium (n. m.) : cour intérieure d'une maison romaine, généralement entourée d'un portique couvert.

Aumusse (n. f.) : pièce de fourrure portée par les chantres et le chanoine pour aller à l'office.

Bail emphytéotique (n. f.) : bail de très longue durée, concédant au preneur un droit réel, sous la condition d'une redevance.

Bailliage (n. m.) : tribunal du bailli, officier de justice.

Baillé à domaine congéable : loué contre une rente, et pouvant, à tout moment, être récupéré par le seigneur.

Balustre (n. m.) : support vertical d'une balustrade.

Ban (n. m.) : ensemble des vassaux d'un seigneur tenus au service militaire ; par extension, tous les membres d'une communauté, d'une famille, d'un village.

Banalité (n. f.) : obligation de l'usage d'un bien public appartenant au seigneur, tel que le four ou le moulin, moyennant une redevance, le droit banal.

Banc d'œuvre (n. m.) : banc réservé aux membres du conseil de paroisse.

Banche (n. f.) : élément plan du moule utilisé pour la construction des murs en béton ou en pisé.

Banvin (n. m.) : droit par lequel le seigneur se réservait la vente du vin de sa récolte, avant ses vassaux, pendant une période déterminée ; proclamation du seigneur ouvrant la saison de la vente du vin dans sa seigneurie.

Barbacane (n. f.) : meurtrière ; ouverture étroite et verticale qui, insérée dans la maçonnerie, permet l'écoulement des eaux pluviales.

Bardeau (n. m.) : planchette de bois ; élément de support d'un plafond ou d'une partie carrelée.

Barlotière (n. f.) : traverse de fer servant à rigidifier le châssis d'un vitrail.

Baroque (adj. et n. m.) : se dit d'un style qui s'est développé aux XVIe, XVIIe et XVIIIe siècles, d'abord en Italie, puis dans de nombreux pays catholiques, caractérisé par la profusion des ornements et la liberté des formes. Se dit, par extension, d'un style qui laisse libre cours à la sensibilité et à la fantaisie.

Bas-relief (n. m.) : ouvrage de sculpture en faible saillie sur un fond uni.

Bâtardeau (n. m.) : digue en maçonnerie limitant la partie en eau d'un fossé.

Bâtière (n. f.) : forme de toit à deux versants et à pignons découverts.

*Bauge (*ou *bauche)* (n. f.) : mortier de terre grasse et de paille hachée (synonyme de torchis).

Bec (n. m.) : pointe de terre au confluent de rivière ; maçonnerie placée aux extrémités de la pile d'un pont ; moulure saillante.

Beffroi (n. m.) : tour communale, à l'origine tour de guet, abritant généralement des cloches ; ou assemblage de charpente portant les cloches.

*Bêma (*ou *Bèmah)* (n. f.) : dans une synagogue, tribune sur laquelle on plaçait les Écritures pour en faire la lecture aux fidèles.

Besant (n. m.) : petit meuble circulaire en métal.

Beurré (n. m.) : joint de maçonnerie affleurant le mur, qui recouvre une partie des matériaux.

Bieberschwänz (n. f.) : littéralement queue de castor ; désigne des tuiles alsaciennes plates, à extrémités arrondies.

Bief (n. m.) : section d'un canal ou d'un cours d'eau comprise entre deux écluses ou entre deux chutes. Le terme désigne également le canal de dérivation servant à amener l'eau à une machine hydraulique.

Bildstock (n. m.) : petit édicule formé d'une base surmontée d'un fût qui porte une niche rectangulaire, abritant une sculpture, une peinture ou un relief. L'ensemble est généralement surmonté d'une croix.

Billette (n. f.) : terme héraldique désignant une pièce d'armoirie rectangulaire ; ornement fait de petits tores tronçonnés et espacés, souvent placés en damier sur plusieurs rangs.

Billon (n. m.) : monnaie divisionnaire de cuivre parfois mêlée d'argent. Monnaie d'appoint de bronze.

Blochet (n. m.) : pièce de charpente horizontale, en bois, de petite longueur, placé au pied de l'arbalétrier.

Bluter (v. tr.) : tamiser, à l'aide d'un blutoir, la farine pour la séparer du son.

Bossage (n. m.) : pierre taillée, brute ou sculptée, faisant saillie sur un mur.

Boulin (n. m.) : trou ou pot en terre où niche un pigeon dans un colombier ; trou d'un mur dans lequel est insérée l'extrémité d'une poutre, d'un élément d'échafaudage.

Bretèche (n. f.) : fortification en encorbellement et à mâchicoulis placée au-dessus d'une porte.

Bretture (n. f.) : outil tranchant utilisé pour dégrossir la pierre et y laissant des marques de stries ; denture de cet outil.

Bürgerstub (n. f.) : salle ou maison communale d'Alsace, où se réunissaient les villageois.

Busserie (n. f.) : mot employé autrefois pour désigner un merrain fendu mesurant deux pieds six pouces.

Cadastre (n. m.) : découpage foncier cartographié.

Cadet (n. m.) : jeune gentilhomme qui servait comme soldat et ensuite comme officier subalterne afin d'apprendre la carrière militaire.

Calende (n. f.) : machine servant à l'extraction des pierres dans les carrières.

Campanile (n. m.) : tourelle surmontant le toit de certains édifices civils. Désigne également un clocher isolé.

Cannelure (n. f.) : longs canaux verticaux et parallèles creusés sur le fût des colonnes, des pilastres.

Canonial (adj.) : réglé par les canons de l'Église ; ou relatif aux chanoines.

Capelé (adj.) : entouré d'une boucle de cordage ; attaché solidement.

Capitulaire (n. m.) : acte législatif divisé en chapitres promulgué par un roi ou un empereur franc ; (adj.) : relatif aux assemblées d'un chapitre, de chanoines ou de moines.

Caponnière (n. f.) : ouvrage de défense bas, placé à l'abri au fond d'un fossé à sec, adossé à l'escarpe.

Capot (n. m.) : pièce de toile ou bâche de construction protégeant de la pluie l'ouverture d'un escalier.

Cariatide (ou *caryatide*) (n. f.) : statue féminine servant de colonne et soutenant une corniche sur sa tête.

Carreau (n. m.) : emplacement des halles, où se font les ventes. Par extension, désigne la place du village.

Carrier (n. m.) : exploitant, entrepreneur ou ouvrier, d'une carrière.

Cartouche (n. m.) : ornement sculpté ou dessiné, en forme de carte à demi déroulée, et, par extension, tout ornement entouré de vide destiné à recevoir une inscription, une devise ou des armoiries.

Cartulaire (n. m.) : recueil des titres de propriété et des privilèges temporels d'un monastère ou d'une église.

Castine (n. f.) : pierre calcaire utilisée comme fondant et épurateur dans le traitement des minerais de fer acide ; ou substance basique cristallisable, tirée du gattilier.

Castramétation (n. f.) : installation d'une armée en camp.

Castrum (n. m.) : petite agglomération fortifiée, le plus souvent placée sur une hauteur.

Casuel (n. m.) : revenu attaché aux fonctions ecclésiastiques.

Catéchumène (n. m.) : personne que l'on instruit dans la foi chrétienne afin de la préparer au baptême.

Cathèdre (n. f.) : haute chaise réservée à l'évêque.

Cavalcadour (n. m.) : écuyer chargé du soin des écuries et des équipages d'un grand personnage, comme un roi ou un prince.

Cavalier (n. m.) : ouvrage de fortification construit sur les courtines et dominant les retranchements.

Cavet (n. m.) : moulure dont le profil concave est équivalent, le plus souvent, à un quart de cercle.

Cella (n. f.) : lieu le plus sacré d'un temple, notamment grec ou romain, où était placée la statue du dieu.

Cens (n. m.) : somme versée au seigneur d'un fief par son vassal à qui est confiée la terre.

Chambranle (n. m.) : encadrement d'une porte, d'une fenêtre ou d'une cheminée.

Chancel (n. m.) : clôture ou balustrade, de forme et disposition très variables, placée entre le chœur et la nef d'une église.

Chancelier (n. m.) : fonctionnaire qui dispose des sceaux et qui les garde.

Chaîne (n. f.) : renforcement vertical en pierres de taille, plus résistantes que la maçonnerie alentour, jouant le rôle d'un support et destiné à donner de la fermeté à un mur, notamment à ses angles.

Chanfrein (n. m.) : demi-biseau que l'on forme en abattant l'arête d'une pierre ou d'une pièce de bois.

Chanoine (n. m.) : dignitaire ecclésiastique investi d'un pouvoir d'administration, membre du chapitre d'une cathédrale, d'une collégiale ou d'une basilique.

Chanteau (n. m.) : pièce de bois ajoutée sur le côté d'une table, ou sur le fond d'un violon, pour en augmenter la largeur.

Chantourner (v. tr.) : découper une surface de bois ou de métal en suivant un tracé particulier.

Chapellenie (n. f.) : charge, dignité ou bénéfice du chapelain.

Chapiteau (n. m.) : partie élargie qui couronne le fût d'une colonne et qui réalise le passage du plan circulaire de la colonne au plan quadrangulaire de la charge.

Chapitre (n. m.) : assemblée de moines ou de chanoines.

Chapitrel (n. m.) : auvent situé devant le portail de l'église.

Char à bancs (n. m.) : voiture rurale, garnie de bancs et utilisée pour le transport des personnes.

Charroi (n. m.) : transport effectué par chariot, charrette ou tombereau ; ou convoi militaire.

Chartil (n. m.) : longue charrette servant à transporter les gerbes de blé ou appentis servant d'abri aux charrettes.

Châsse (n. f.) : reliquaire en forme de coffre.

Chasuble (n. f.) : vêtement sacerdotal pour célébrer la messe, en forme de manteau à deux pans, revêtu par le prêtre au-dessus de l'aube et de l'étole.

Chatière (n. f.) : petite ouverture située dans la toiture et permettant d'aérer les combles. Élément de couverture comportant ce trou d'aération.

Chauler (v. tr.) : traiter un sol ou un mur à la chaux pour lutter contre son acidité et tuer les parasites.

Chaume (n. m.) : sommet dénudé des collines.

Chef-mois (n. m.) : lieu de la seigneurie où les vassaux rendaient foi et hommage et portaient leur aveu et dénombrement.

Chevet (n. m.) : dans l'église, partie qui se trouve à l'extrémité, le plus souvent orientale, de la nef, désigne généralement l'extérieur du chœur.

Chien-assis (n. m.) : petite lucarne destinée à éclairer et à donner de l'air dans un comble.

Chifonie (n. f.) : instrument médiéval équivalant à la vielle, appelé organistrum au Xe siècle.

Chlamyde (n. f.) : manteau court et fendu d'origine grecque, maintenu à l'épaule par une agrafe.

Ciboire (n. m.) : vase sacré en forme de coupe qui contient les hosties consacrées pour la communion.

Ciborium (n. m.) : baldaquin qui recouvrait le tabernacle du maître-autel des basiliques chrétiennes.

Cintre (n. m.) : dispositif de charpente sur lequel on construit un arc ou une voûte ; courbure de la surface intérieure d'un arc ou d'une voûte. « En plein cintre » qualifie un arc en demi-cercle.

Claustra (n. f.) : cloison légère, de faible hauteur, souvent ajourée, généralement employée pour fermer une baie.

Claveau (n. m.) : pierre taillée en forme de coin utilisée dans la construction des plates-bandes, des voûtes et des arcs. Appelé voussoir lorsque l'un de ses pans est arrondi.

Clef (n. f.) : pierre en forme de coin posée en dernier lieu au centre d'une voûte et assurant l'équilibre des autres pierres.

Cloître (n. m.) : partie d'un monastère fermée par une enceinte et interdite aux profanes ou, par extension, le monastère lui-même ; lieu situé dans un monastère comportant une galerie à colonnes généralement quadrangulaire encadrant une cour ou un jardin.

Codicille (n. m.) : acte postérieur ajouté à un testament afin de le compléter, de le modifier ou de l'annuler.

Collatéral (n. m.) : bas-côté encadrant le vaisseau central d'une église, également nommé nef ou nef latérale.

Collateur (n. m.) : personne qui a le droit d'accorder un bénéfice ecclésiastique.

Collation (n. f.) : droit de conférer un titre, un bénéfice ecclésiastique ou un grade universitaire.

Collégiale (n. f.) : se dit d'une église qui, sans être une cathédrale, possède un chapitre de chanoines.

Collet (n. m.) : extrémité la plus étroite d'une marche tournante, qui la relie au noyau d'un escalier à vis.

Colombage (n. m.) : structure de bois dont les vides sont remplis par une maçonnerie légère, nommé aussi pan de bois.

Colombe (n. f.) : poteau de bois vertical faisant partie d'un pan de bois, ou colombage.

Colonge (n. f.) : dans l'Alsace médiévale, groupe de fermiers dépendant d'un seigneur ou d'une institution religieuse à qui ils louent des terres en étant régis par une même loi et placés sous l'instance d'une cour colongère.

Commende (n. f.) : terme issu du latin et signifiant confier. Concession d'un bénéfice ecclésiastique (évêché, abbaye) à un clerc ou à un laïc non résident (droit de commende).

Confession (n. f.) : petite crypte creusée sous la croisée du transept, dans laquelle sont exposés les reliques d'un saint ou le tombeau d'un martyr.

Console (n. f.) : moulure saillante en forme de volute qui sert de support ; table-applique à deux pieds.

Contrefiche (n. f.) : élément de charpente servant à soutenir ou à relier une pièce verticale.

Contre-garde (n. f.) : ouvrage bas à deux faces placé en avant d'un bastion pour le protéger et doubler la ligne de feu.

Contre-table (n. f.) : synonyme de contre-retable. Paroi formant le fond de l'autel et contre laquelle le tabernacle et les gradins sont adossés.

Convenancier (n. m.) : tenancier d'un bien que lui a attribué un seigneur.

Corbeau (n. m.) : grosse pierre, pièce de bois ou de métal en saillie sur le parement d'un mur, supportant une poutre ou toute autre charge en encorbellement.

Corbeille (n. f.) : partie généralement sculptée d'un chapiteau, entre l'astragale et le tailloir.

Corbelet (n. m.) : petit corbeau, petite console.

Cordeau (n. m.) : petite corde utilisée le plus souvent pour tracer une ligne droite, pour aligner.

Corinthien (adj. et n. m.) : ordre d'architecture grecque caractérisé par un chapiteau orné de volutes d'angles et de deux rangs de feuilles d'acanthe interposées.

Corniche (n. f.) : ensemble des moulures en surplomb les unes des autres qui constituent le couronnement d'un entablement, d'une façade, d'un piédestal, d'un meuble, souvent placé au sommet d'un mur pour le protéger de la pluie, et faisant transition avec la toiture.

Couleuvrine (n. f.) : ancien canon dont le tube est effilé.

Coupellation (n. f.) : séparation par oxydation du fer, de l'or ou de l'argent d'un alliage, réalisée au moyen de la coupelle, creuset d'os calcinés.

Cour colongère (n. f.) : tribunal doté du droit de haute justice sur une colonge, qui règle les différends qui s'y produisent.

Cour franche (n. f.) : ensemble de terres et propriétés exemptées de charges fiscales et bénéficiant du droit d'asile.

Courtine (n. f.) : mur construit entre deux bastions.

Coussiège (n. m.) : banc formé dans l'embrasure d'une fenêtre par un ressaut de la baie.

Coyau (n. m.) : pièce de bois placée horizontalement sur la partie inférieure d'un chevron et prolongeant le comble d'une toiture au-delà de la partie extérieure du mur.

Crédence (n. f.) : buffet de la salle à manger dont les tablettes superposées servent à ranger ou exposer les plats, la verrerie et généralement la vaisselle précieuse ; tablette ou console sur laquelle on dépose les burettes, le bassin servant pour la messe ou tout autre objet nécessaire au culte.

Crible (n. m.) : instrument perforé d'un grand nombre de trous, servant à trier des fragments solides (grains, sable, minerai) de grosseur inégale.

Crochet (n. m.) : dans le décor gothique, feuille vigoureusement nervée possédant une base large et dont l'extrémité se termine en enroulement comparable à une crosse de fougère.

Croix de Saint-André (n. f.) : terme utilisé pour désigner la disposition des pans de bois en écharpes croisées ou en X, lorsqu'ils sont situés en allège.

Crossette (n. f.) : disposition en saillie d'une pierre afin qu'elle s'encastre dans une entaille de même forme ménagée dans une pierre adjacente ; consolidation d'un arc en entaillant la partie supérieure des claveaux pour les raccorder aux assises horizontales ; pierre d'angle issue du mur et se prolongeant en léger surplomb de la façade.

Croisillon (n. m.) : partie débordante du transept d'une église.

Croupe (n. f.) : pan de toiture de l'extrémité d'un comble, triangulaire ou trapézoïdale, délimité par deux arêtiers et un égout.

Cubiculum (n. m.) : chambre sépulcrale dans les catacombes.

Cul-de-four (n. m.) : voûte en quart de sphère.

Cul-de-lampe (n. m.) : élément proche de la console, disposé en saillie sur un mur afin de porter une charge et s'évasant comme un chapiteau.

Custode (n. f.) : boîte à paroi de verre dans laquelle le prêtre enferme l'hostie pour l'exposer dans l'ostensoir (pièce d'orfèvrerie) ou pour la transporter afin de porter la communion aux malades.

Dais (n. m.) : ouvrage suspendu ou soutenu par des montants au-dessus d'un trône, d'un autel, d'une statue, parfois mobile, notamment dans les processions religieuses.

Dalmatique (n. f.) : vêtement de soie porté sous la chasuble des évêques ; chasuble réservée aux fidèles qui distribuent les aumônes ; tunique des empereurs romains et de certains souverains.

Davier (n. m.) : outil de serrage métallique, sorte de pince utilisée par le menuisier ou le tonnelier.

Déambulatoire (n. m.) : galerie contournant le chœur d'une église et qui rejoint les bas-côtés, souvent combinée avec des chapelles rayonnantes.

Décharge (n. f.) : forte pièce de bois placée obliquement pour alléger le pan de bois, formant une croix de Saint-André lorsqu'elle est employée croisée avec une autre.

Décimateur (n. m.) : personne qui a le droit de lever la dîme ecclésiastique.

Dehors (n. m.) : relatif aux places fortes, tout ouvrage construit dans un fossé.

Délarder (v. tr.) : biseauter les côtés ou les arêtes d'un élément pour faciliter son insertion.

Demi-lune (n. f.) : Ouvrage fortifié extérieur de forme semi-circulaire ou triangulaire.

Déport (n. m.) : terrain vague où sont déchargés les décombres provenant de démolitions.

Désorientée (adj.) : se dit d'une église dont le chevet ne se situe pas à l'est.

Diacre (n. m.) : clerc qui a reçu le diaconat, second ordre majeur, par lequel il devient ministre principal et immédiat de l'évêque et du prêtre ; dans l'Église primitive, désigne les fidèles chargés de la distribution des aumônes.

Dîme (n. f.) : impôt prélevé par l'Église constitué d'une fraction variable de la récolte.

Dîmerie (n. f.) : étendue de territoire sur laquelle s'exerçait le droit de dîme.

Dinanderie (n. f.) : objet de métal ouvragé (vaisselle, pots, chandeliers), fabriqué à l'origine à Dinant (Belgique), puis à Lyon (France), à Milan (Italie) et dans certaines villes allemandes. Par extension, ustensiles de cuivre jaune ou chaudronnerie utilisés pour les besoins du culte.

Diocèse (n. m.) : circonscription ecclésiastique dépendant de la juridiction d'un évêque, d'un archevêque.

Doline (n. f.) : petite dépression fermée dans les régions à relief karstique.

Doloire (n. f.) : outil du charpentier ou du tonnelier servant à aplanir le bois.

Dorique (adj. et n. m.) : premier et le plus simple des ordres d'architecture grecque, caractérisé par l'absence de base, la colonne cannelée reposant directement sur le soubassement.

Dormition (n. f.) : expression antique désignant le dernier sommeil de la Vierge, sa mort, au cours duquel a lieu son assomption.

Dosseret (n. m.) : pilastre en faible saillie, sans base ni chapiteau, contre lequel s'appuie un autre pilastre ou une colonne, ou servant de jambage, de piédroit.

Doyenné (n. m.) : circonscription ecclésiastique administrée par le doyen d'une église ou d'un chapitre.

Draille (n. f.) : voie de transhumance.

Droit de quevaise (n. m.) : droit par lequel le dernier enfant demeurait le seul héritier, les meubles seuls étant partagés entre les autres frères et sœurs.

Droguet (n. m.) : tissu à trame de laine et à chaîne de coton ou de fil, peut-être d'origine poitevine ; ou étoffe brodée de soie, de laine ou de coton dont les fils forment des motifs.

Eau-forte (n. f.) : estampe obtenue au moyen d'une planche préparée avec de l'acide nitrique.

Échalier (n. m.) : sorte d'échelle utilisée pour franchir une haie, une clôture ; ou clôture mobile située à l'entrée d'un champ.

Échauguette (n. f.) : guérite en pierre, placée en surplomb aux angles d'ouvrages fortifiés pour en surveiller les abords.

Échiffre (n. m.) : mur au faîte rampant qui supporte les marches d'un escalier ; ou guérite de bois bâtie sur les remparts d'une ville.

Échine (n. f.) : moulure saillante placée sous le tailloir du chapiteau dorique ; ornement du chapiteau ionique.

Écobuer (v. tr.) : mode de fertilisation du sol consistant à arracher les mottes d'herbe qui seront séchées et brûlées et dont les cendres seront parsemées sur la terre.

Écot (n. m.) : quote-part due par chaque convive lors d'un repas en commun ; tronc d'arbre ou rameau imparfaitement élagué.

Écu (n. m.) : bouclier des hommes d'armes du Moyen Âge ; par extension, armoiries, puis pièce de monnaie.

Égout (n. m.) : canal longeant le bord d'un toit qui permet l'écoulement des eaux de pluie.

Égrappoir (n. m.) : instrument employé pour débourber le minerai de fer.

Égrugeoir (n. m.) : mortier ou moulin en bois utilisé pour réduire en poudre les éléments tels que le sel et le poivre ; ou instrument pourvu d'un banc portant une sorte de peigne à dents en bois, utilisé pour peigner le lin et le chanvre afin d'en faire tomber la graine.

Élégir (v. tr.) : réduire le volume, la dimension ou l'épaisseur d'un membre d'architecture en y pratiquant des moulures ou rainures.

Emboucheur (n. m.) : éleveur qui achète les jeunes bovins et les mène à maturité.

Encorbellement (n. m.) : position en saillie sur un mur d'une construction (tourelle, balcon, corniche, étage, etc.) soutenue par des consoles ou des corbeaux.

Enfeu (n. m.) : caveau funéraire à fond plat creusé dans les murs des églises pour y placer des tombes.

Engobe (n. m.) : enduit terreux, blanc ou coloré, utilisé pour recouvrir la pâte céramique afin d'en masquer la couleur naturelle.

Engoulant (adj.) : sculpture en forme de gueule grimaçante terminant les entraits, également appelée guivre ou rageur ; en termes héraldiques, animal avalant quelque chose.

Entablement (n. m.) : partie haute d'un édifice portée par des colonnes et composée de l'architrave, la frise et la corniche. Par extension, saillie ou corniche surmontant un meuble.

Entrait (n. m.) : pièce de charpente horizontale qui compose la base d'une ferme.

Éocène (n. m.) : groupe le plus ancien des terrains tertiaires, entre les couches crétacées et l'oligocène ; période préhistorique au cours de laquelle apparaissent les mammifères.

Épi de faîtage (n. m.) : ornement en plomb, en terre cuite ou en faïence placé aux extrémités du faîte d'un toit.

Épitaphe (n. f.) : inscription funéraire précisant le nom du défunt, ses titres et ses dates.

Escarpe (n. f.) : terme de fortification désignant une levée de terre ou de maçonnerie placée au-dessus du fossé, du côté de la place forte.

Essartage (n. m.) : défrichement d'un terrain boisé par arrachage ou brûlage.

Esse (n. f.) : crochet recourbé, fixé à l'extrémité du fléau de la balance, servant à suspendre les plateaux.

Essentage (n. m.) : habillage d'un mur à l'aide de petites plaques de bois (essentes, bardeaux) ou d'ardoises.

Estampille (n. f.) : empreinte qui atteste l'authenticité d'une œuvre d'art ou d'un document, et qui en indique l'origine.

Étiquet (pressoir à) (n. m.) : pressoir à vis doté d'un treuil.

Évent (n. m.) : ouverture pour ventiler un lieu ou pour laisser passer la flamme d'une amorce destinée à enflammer une charge de poudre.

Ex-voto (n. m.) : objet portant une formule de reconnaissance que l'on place dans une église ou une chapelle en remerciement d'une grâce obtenue ou en accomplissement d'un vœu.

Exèdre (n. f.) : dans l'Antiquité, salle munie de sièges pour la conversation, formant la plupart du temps un hémicycle. Dans les basiliques paléo-chrétiennes, banc de pierre situé au fond de l'abside. Banquette de pierre semi-circulaire.

Exomide (n. f.) : manteau ou tunique laissant l'épaule droite nue, porté dans l'Antiquité par les soldats, les esclaves, les marins et les travailleurs.

Fabrique (conseil de la) (n. f.) : conseil de paroisse regroupant l'ensemble des clercs et des laïcs chargés de la gestion des dons des paroissiens ainsi que des dépenses effectuées pour la construction et l'entretien de l'église.

Faîtage (n. m.) : poutre horizontale posée sous l'arête supérieure d'un toit et sur laquelle s'appuient les arbalétriers et les chevrons.

Faîte (n. m.) : angle supérieur formé par le toit.

Fanum (n. m.) : lieu consacré, temple.

Fascine (n. f.) : amas de branchage pour retenir un remblai.

Fendeur (n. m.) : ouvrier dont le travail consiste à fendre le bois, l'ardoise.

Fenestrage (ou fenêtrage) (n. m.) : répartition des fenêtres sur la façade d'un bâtiment ; ou éléments formant l'ossature d'une fenêtre (meneaux, remplage).

Ferme (n. f.) : assemblage triangulaire de poutres constituant la stucture de la charpente d'un toit.

Fermette (n. f.) : ferme de faux-comble (partie supérieure d'un comble) ou de lucarne.

Feuil (n. m.) : revêtement de faible épaisseur (peinture, vernis, etc.).

FFI (n. f. pl.) : Forces françaises de l'intérieur. Il s'agit du nom donné en février 1944 à l'ensemble des forces de la Résistance française intérieure regroupant l'Armée secrète, les groupes francs et les maquis, l'Organisation de résistance de l'armée et les francs-tireurs et partisans français (FTPF).

Fibule (n. f.) : dans l'Antiquité, épingle métallique utilisée pour fixer les vêtements.

Fief (n. m.) : domaine noble qu'un vassal tient d'un seigneur, à charge de redevance et en prêtant foi et hommage.

Finage (n. m.) : étendue d'une paroisse, d'une juridiction.

Flèche (n. f.) : pyramide en bois ou en pierre surmontant et terminant le clocher d'une église.

Florencé (adj.) : terme héraldique désignant une fleur de lis enrichie de styles supplémentaires, à l'instar des armes de la ville italienne de Florence.

Fouage (n. m.) : redevance payée au roi par chaque foyer. À l'époque de Charles VII, se confond avec la taille, sauf en Bretagne et en Normandie.

Fournage (n. m.) : obligation pour les vassaux de cuire leur pain dans le four banal ; nom donné à la taxe perçue à cette occasion par le seigneur.

Frontispice (n. m.) : façade principale d'un édifice de grande taille ; planche illustrée placée face au titre ou avant la page de titre.

Gabelle (n. f.) : impôt indirect sur le sel ; par extension, administration qui perçoit cet impôt.

Gâble (ou gable) (n. m.) : pignon décoratif à rampants moulurés formant un angle aigu, souvent ajouré ou orné ; charpente triangulaire d'un chien-assis ou d'une lucarne.

Galène (n. f.) : sulfure de plomb, notamment utilisé dans les vieux postes de TSF, dits postes à galène.

Galetas (n. m.) : logement situé immédiatement sous le toit, dans les combles.

Génoise (n. f.) : corniche composée d'une frise de tuiles rondes.

Géminé (adj.) : synonyme de jumelé. Disposé, groupé par deux, sans être en contact direct.

Gerbière (n. f.) : fenêtre de service d'un grenier ou d'un fenil permettant d'entrer les gerbes ou le fourrage ; ou charrette utilisée pour le transport des gerbes.

Glacis (n. m.) : pente donnée au-dessus d'un bandeau ou à la saillie d'une corniche pour faciliter l'écoulement des eaux pluviales.

Gloriette (n. f.) : petit bâtiment, pavillon de verdure dans un parc ou un jardin ; volière en forme de pavillon.

Glui (n. m.) : paille de seigle utilisée pour couvrir les toits.

Glyptographie (n. f.) : science et étude des pierres fines et gravées de l'Antiquité.

Gneiss (n. m.) : roche métamorphique constituée de feldspath, de mica et de quartz, et d'éléments variables tels que l'amphibole ou l'apatite.

Gnomon (n. m.) : ancien cadran solaire comportant une tige faisant ombre sur un plan horizontal.

Godron (n. m.) : ornement composé de moulures ovales.

Gothique (adj. et n. m.) : style répandu en Europe du XIIe au XVIe siècle, chronologiquement situé entre le roman et la Renaissance et d'abord caractérisé par une structure architecturale créant des édifices largement éclairés, pourvus de voûtes d'ogives et d'arcs-boutants. On peut distinguer successivement les styles gothiques primitif, classique, rayonnant et flamboyant.

Gourmet (n. m.) : ancien terme d'œnologie désignant un goûteur.

Gouttereau (mur) : mur externe situé sous les chenaux ou les gouttières de la toiture, sur lequel s'égoutte l'eau de pluie.

Gradine (n. f.) : outil coupant et dentelé qui sert, pour le maçon et le sculpteur, à enlever les irrégularités dues au poinçon. Dans les fabriques de faïence, sert à estomper les jonctions des pièces.

Grange (n. f.) : exploitation agricole fondée par les moines cisterciens. Située à moins d'un jour de marche du monastère dont elle dépendait, elle était gérée par des moines convers, c'est-à-dire qui se consacrent à des travaux manuels.

Grangerie (n. f.) : ferme exploitée par le fermier qui en partage les fruits et les récoltes avec le propriétaire. On dit plutôt métairie.

Granulite (n. f.) : roche granitoïde composé de mica noir et blanc et de feldspath alcalin, appelé parfois granit à deux micas.

Grenetier (n. m.) : juge au grenier à sel chargé de percevoir la gabelle.

Grosse (n. f.) : expédition d'une décision judiciaire ou d'un acte notarié, revêtue de la formule exécutoire et écrite dans des caractères plus gros que ceux de la minute.

Grotesque (n. m.) : nom donné aux ornements fantastiques découverts dans les ruines des monuments antiques, appelés « grottes » car ils ont été retrouvés au-dessous du niveau du sol aux XVIe et XVIIe siècles.

Grugeoir (n. m.) : outil de verrier ou de vitrier en forme de petite pince, servant à rogner le rebord d'une pièce de verre et à en rectifier la coupe.

Guète (n. f.) : tour d'un château fort où se tient le guetteur.

Guette (n. f.) : pièce de remplissage oblique dans un pan de bois.

Guilloché (adj.) : se dit d'un décor composé de lignes brisées ou onduleuses.

Guivre (n. f.) : serpent fantastique, synonyme de vouivre. En termes héraldiques, serpent dévorant un enfant.

Hagiographie (n. f.) : récit relatant la vie d'un saint.

Halage (n. m.) : action de tirer un bateau, chemin qui longe un canal ou un cours d'eau pour permettre le halage des navires.

Haquet (n. m.) : charrette étroite et longue, servant au transport des tonneaux.

Harper (v. tr.) : agencer des éléments alternativement courts et longs.

Haut-relief (n. m.) : sculpture présentant un relief important, mais qui ne se détache pas du fond dans toute son épaisseur.

Herriot (n. f.) : instrument agricole en forme d'araire (charrue simple) servant à faire des rigoles après le labour.

Hofname (n. m.) : nom de ferme, qui indique le premier propriétaire et se transmet de génération en génération.

Homme lige (n. m.) : celui qui s'est engagé par un hommage lige, hommage qui lie plus étroitement le vassal au suzerain que l'hommage ordinaire.

Hourd (n. m.) : sorte de balcon de bois, en encorbellement au sommet d'une tour ou d'une muraille. Le plancher du hourd est percé d'ouvertures permettant le jet ou le tir.

Hourdis (n. m.) : corps de remplissage, en aggloméré ou en terre cuite, qui garnit un colombage, entre les pans de bois.

Houteau (n. m.) : petite ouverture disposée sur les versants d'un comble pour assurer une ventilation constante.

Huchier (n. m.) : nom donné aux menuisiers pendant une partie du Moyen Âge.

Hypocauste (n. m.) : système de chauffage utilisé par les Romains qui consiste, à partir d'un foyer de chaleur, à diffuser de l'air chaud par le sol et les parois des pièces.

Imposte (n. f.) : tablette en saillie sur le piédroit d'une porte ou sur un pilier de nef, à l'emplacement du chapiteau. En menuiserie, le terme désigne une petite ouverture située au-dessus d'une baie de boutique ou des vantaux ouvrants d'une fenêtre.

Impressionniste (adj.) : se dit des peintres qui, à la fin du XIXe siècle, s'efforcèrent d'exprimer dans leurs œuvres les impressions que suscitent les objets et la lumière. Mot créé à partir du titre d'un tableau de Monet, *Impression soleil levant* (1874).

Intrados (n. m.) : partie intérieure, concave, d'un arc ou d'une voûte.

Ionique (adj.) : se dit de l'ordre d'architecture grecque caractérisé par un chapiteau pourvu de deux volutes latérales.

Jacquerie (n. f.) : Soulèvement, en 1358, des paysans français contre leurs seigneurs. Par extension, révolte paysanne.

Jambette (n. f.) : pièce de bois verticale soutenant une partie de la charpente.

Javelle (n. f.) : petit tas de céréales ou plantes oléagineuses, coupées et non liées, qu'on laisse sur le sillon avant la mise en gerbes ou en moyettes.

Jetage (n. m.) : action de jeter les bûches dans l'eau pour les faire flotter.

Journal (n. m.) : ancienne mesure de superficie correspondant à la quantité de terrain qu'un homme pouvait labourer en une journée.

Jubé (n. m.) : clôture monumentale, surmontée d'une plate-forme, élevée entre le chœur liturgique et la nef d'une église. Cette dénomination provient du fait que les clercs, avant d'y monter pour y faire des lectures, prononçaient la formule rituelle « Jube Domine Benedicere », « béni soit le Seigneur ». Il disparaît des églises à la fin du XVIIIe siècle.

Jubilé (n. m.) : solennité religieuse publique célébrée tous les cinquante ans. Indulgence plénière solennelle et générale accordée par le pape pour une année, l'année sainte, à la condition d'accomplir certains actes de dévotion.

Kniestock (n. m.) : comble dont le plancher est situé au-dessous du sommet du mur gouttereau.

Lambrequin (n. m.) : bande d'étoffe placée au bas d'une cuirasse ; bordure à festons ; décor en métal ou en bois sur les bords d'un auvent.

Lancette (n. f.) : forme d'un arc très étiré, en pointe, ressemblant à un fer de lance, utilisée surtout dans l'architecture gothique pour les baies à vitraux.

Landgrave (n. m.) : au Moyen Âge, titre donné aux comtes germaniques d'Alsace, de Hesse et de Thuringe, dont les terres relèvent directement de l'empereur.

*Lanterneau (*ou *lanternon)* (n. m.) : petite lanterne située au sommet d'un comble, d'une coupole ou d'un escalier ; partie vitrée ou ajourée située au-dessus d'une charpente ou d'une toiture, pour son aération ; aujourd'hui, les lanterneaux désignent souvent les petites coupoles ou trappes de désenfumage placées sur les toitures et les terrasses.

Larmier (n. m.) : cordon de pierre en saillie destiné à éviter le ruissellement des eaux pluviales sur le mur.

Lauze (n. f.) : plaque de schiste servant de toiture ou employée pour former la clôture d'un champ.

Lazaret (n. m.) : établissement où s'effectuent le contrôle sanitaire et l'isolement des malades contagieux, en particulier des lépreux.

*Lice (*ou *lisse,* ou *lenen)* (n. f.) : pièce du métier à tisser, œillet, que l'on manœuvre avec des pédales, dans lequel passe un fil de chaîne, et destinée à élever ou abaisser ce fil.

Licteur (n. m.) : officier qui marchait devant les principaux magistrats de l'ancienne Rome en portant une hache introduite dans un faisceau de verges liées.

Lierne (n. f.) : nervure de la voûte gothique, joignant les sommets des arcs-doubleaux et formerets à la clef de voûte.

Ligne de refend (n. f.) : canal taillé dans le parement d'un mur pour accuser ou simuler le tracé des joints de maçonnerie.

Lignolet (n. m.) : rang d'ardoises placé sur la ligne de faîtage d'un toit.

Linteau (n. m.) : bloc horizontal (bois, métal ou pierre) placé au-dessus d'une ouverture pour la décharger du poids de la maçonnerie.

Litre funéraire (n. f.) : large bande noire ornée d'armoiries ou des initiales du défunt que l'on pend autour des églises lors de funérailles solennelles.

Mâchicoulis (n. m.) : balcon placé en haut des murailles ou des tours, dont la partie inférieure est percée d'ouvertures afin d'observer l'ennemi ou de lui lancer des projectiles et des matières incendiaires ; ces ouvertures elles-mêmes.

Maie (n. f.) : meuble composé d'un récipient en bois avec un couvercle, dans lequel on pétrissait le pain.

Maillerie (n. f.) : moulin à battre le chanvre.

*Mainbournie (*ou *mundat)* (n. f.) : pendant la période franque, protection accordée à certaines personnes par une église ou un individu puissant. Le tuteur est alors appelé le mainbour.

Maladrerie (n. f.) : hôpital de lépreux, léproserie.

Manécanterie (n. f.) : école assurant la formation des enfants de chœur d'une paroisse en matière de chant ; logement des petits clercs ou des enfants de chœur.

Manique (n. f.) : assemblage de feuilles de tabac.

Mann (n. m.) : désigne un colombage constitué par un poteau et ses deux paires de décharge, dont l'assemblage évoque un homme stylisé.

Manse (n. f.) : domaine féodal de petite taille constituant une unité d'exploitation agricole.

Maquignon (n. m.) : vendeur de chevaux.

Margrave (n. m.) : sous l'empire carolingien, titre donné à certains princes germaniques, gouvernant une marche, circonscription militaire établie sur une frontière.

Marguillier (n. m.) : chacun des membres qui forment le conseil de la fabrique d'une paroisse.

Marmouset (n. m.) : figurine grotesque prenant place par exemple sur les culs-de-lampe, les miséricordes ou au sommet des chenets.

Maroufler (v. tr.) : appliquer une toile peinte sur une surface (mur ou toile) avec de la maroufle, colle forte, afin de la renforcer.

Martinet (n. m.) : Lourd marteau soulevé par une roue à eau ou de la vapeur, en usage dans les forges.

Mascaron (n. m.) : figure, masque fantaisiste ou grotesque.

Mégisserie (n. f.) : mode de tannage des cuirs utilisés dans la ganterie et la pelleterie ; industrie et commerce des peaux mégissées ; lieu ou s'exerce cette industrie.

Membron (n. m.) : baguette en zinc ou en plomb placé sous la ligne de faîte d'un comble afin d'assurer une liaison étanche entre les deux pans du toit.

Meneau (n. m.) : montant en bois ou en pierre divisant une ouverture, généralement une fenêtre, en compartiments.

Merrain (n. m.) : pièce en bois permettant de confectionner les tonneaux.

Mésolithique (n. m.) : période centrale de l'âge de pierre, entre le paléolithique et le néolithique, caractérisée par une phase de développement technique de la société préhistorique s'orientant vers une économie de production, aux dépens d'une activité de prédation.

Métairie (n. f.) : domaine agricole loué par un exploitant agricole (métayer) à charge d'en partager avec le propriétaire les fruits et récoltes.

Meulière (n. f.) : variété de calcaire siliceux à surface rugueuse employée en maçonnerie.

Mezuzah (n. m.) : mot hébreu qui désigne un morceau de parchemin sur lequel sont inscrits des textes bibliques et roulé de sorte que le terme divin *Schaddaï*, écrit au dos, soit lisible. Dans la tradition juive, le *mezuzah* est fixé sur la porte d'entrée de l'habitation pour repousser le mauvais sort.

Migmatite (n. f.) : roche métamorphique, gneissique, formée par l'injection d'un magma clair (feldspaths, quartz) dans une roche sédimentaire ou éruptive sombre (amphibole).

Milliaire (adj.) : se dit d'une borne romaine indiquant la distance en milles (un mille romain = 1481 mètres) entre deux villes.

Ministériaux (n. m. pl.) : serviteurs non libres de seigneurs ecclésiastiques ou laïcs dont le statut est défini dès le XIe ou le XIIe siècle, qui reçoivent le droit à la possession en échange de leur travail comme messager, administrateur de terres, chef du personnel, voire commandant militaire. À la fin du XIIIe siècle, ils sont intégrés dans la noblesse.

Miséricorde (n. f.) : console placée sous l'abattant d'une stalle d'église permettant, lorsque ce siège est relevé, de s'asseoir ou de s'appuyer tout en ayant l'air d'être debout.

Mitre (n. f.) : coiffure triangulaire liturgique portée par les prélats et notamment par les évêques lors des cérémonies pontificales.

Modénature (n. f.) : profil des moulures d'un édifice (proportion et galbe) déterminant des jeux de lumière et d'ombre, dont l'étude permet, en archéologie, de préciser la date des monuments.

Modern style (n. m.) : synonyme d'Art nouveau.

Modillon (n. m.) : petit support placé sous la saillie d'une corniche.

Moellon (n. m.) : bloc de pierre de construction, non taillé, de petite dimension, maniable en raison de son poids et de sa forme.

Montre (n. f.) : recensement des forces militaires, appelé aujourd'hui revue d'effectif.

Mortier (n. m.) : mélange de chaux éteinte, ou de ciment, et de sable délayé dans l'eau, utilisé en maçonnerie pour lier ou recouvrir des pierres.

Motte féodale (n. f.) : tertre artificiel à fonction défensive servant d'assise à un château.

Mouchette (n. f.) : canal creusé sur la surface inférieure d'un larmier pour éviter les écoulements ; élément de remplage à base de courbes alternées formant une ellipse dans un réseau de baie ou de vitrail gothique flamboyant.

Mouture (n. f.) : opération de meunerie qui consiste à moudre les grains de blé afin de les réduire en farine.

Nabis (n. m.) : pluriel francisé du nom hébreu signifiant prophète, que se donne un groupe d'artistes français de la seconde génération symboliste, comme Maurice Denis, Pierre Bonnard, Édouard Vuillard ou Félix Vallotton, tous nés entre 1860 et 1870 réagissant contre l'impressionnisme et s'affirmant disciples de Paul Gauguin.

Naisseur (n. m.) : éleveur qui fait reproduire et vend des veaux en bas âge.

Nappe phréatique (n. f.) : eau souterraine qui alimente des sources.

Navette (n. f.) : plante voisine du colza, dont on fait de l'huile.

Nécropole (n. f.) : vaste cimetière antique de caractère monumental, souterrain ou à ciel ouvert.

Nef (n. f.) : partie longitudinale d'une église, comprise entre le portail et le transept ou le chœur, destinée à recevoir les fidèles. Souvent divisée en plusieurs vaisseaux (trois, cinq ou plus), l'un central, les autres latéraux, parfois nommés également nefs.

Néolithique (n. m.) : période archéologique la plus récente de l'âge de pierre, située de 6000 à 2500 av. J.-C., caractérisée par la sédentarisation des populations, ayant pour premier effet le développement de l'agriculture et de l'élevage.

Néolithique rubané (n. m.) : se dit d'un style décoratif ayant cours en 4500 av. J.-C. et dont le motif principal est le ruban en volute ou en spirale.

Nimbe (n. m.) : attribut universel, en forme d'auréole généralement circulaire mais parfois carrée ou triangulaire, commun à tous les saints ; à l'origine symbole solaire et divin, il prend par la suite une valeur simplement honorifique.

Nonce (n. m.) : archevêque titulaire, nommé ambassadeur du Vatican, chargé de représenter le pape auprès d'un gouvernement étranger.

Noue (n. f.) : arête rentrante formée par l'intersection de deux pans de toiture ; élément de charpente qui porte leur jonction ; bande de plomb, tuile creuse dans laquelle s'écoulent les eaux de pluie.

Obit (n. m.) : messe anniversaire instituée par le biais d'un don pour le repos de l'âme du défunt. Par extension, inscription qui, dans une église, rappelle cette fondation.

Obituaire (n. m.) : registre renfermant la liste des défunts ayant fondé un obit ainsi que les noms des bienfaiteurs, des abbés ou des dignitaires de l'église ou du monastère.

Oblat (n. m.) : au Moyen Âge, enfant offert par ses parents à une congrégation religieuse ou adulte qui se donne comme serf à un monastère ; personne s'agrégeant à une communauté religieuse en lui faisant don de ses biens, mais sans prononcer de vœux ni porter l'habit.

Oblation (n. f.) : action par laquelle on offre quelque chose à Dieu. Pendant la messe, offrande du pain et du vin, précédant la consécration.

Obole (n. f.) : ancienne monnaie grecque, puis française et, par extension, modeste somme, contribution financière peu importante.

Octave (n. f.) : huitième jour qui suit chaque grande fête religieuse de l'année ; commémoration d'une grande fête pendant huit jours.

Octroi (n. m.) : taxe indirecte que certaines municipalités étaient autorisées à percevoir et à établir à l'entrée de la ville sur certaines marchandises de consommation locale.

Oculus (n. m.) : fenêtre ronde, œil-de-bœuf, ou partie découpée dans une porte, une cloison.

Œil-de-bœuf (n. m.) : lucarne ou fenêtre, ronde ou ovale, percée dans un comble ou un mur.

Œillette (n. f.) : sorte de pavot cultivé pour ses grains dont on extrait de l'huile.

Ogive (n. f.) : chacun des deux arcs diagonaux qui se croisent sous l'arête d'une voûte pour en former l'ossature ; particulièrement caractéristique de l'architecture gothique.

Olographe (testament) (adj.) : entièrement écrit, daté et signé de la main du testateur.

Oppidum (pl. oppida) (n. m.) : à l'époque romaine, agglomération fortifiée généralement construite sur un site naturel protégé (hauteur, île) et ne jouissant pas du droit de cité.

Opus incertum (n. m.) : empilage de moellons bruts dans du mortier, sans ordre particulier.

Opus mixtum (n. m.) : appareillage fait d'assises de pierre de taille alternant avec des assises de brique.

Opus reticulatum (n. m.) : appareillage dont les assises sont constituées de pierres taillées en losange posées sur la pointe.

Opus spicatum (n. m.) : appareillage constitué d'assises alternées de pierres placées en oblique, dans un sens puis dans l'autre, dit en arête de poisson.

Orant (n. m.) : personnage représenté dans l'attitude de la prière, souvent dans le cadre d'une sculpture funéraire.

Oratoire (n. m.) : petite chapelle ou lieu destiné à la prière.

Orbe (n. m.) : sphère, globe ; (adj.) qualifie un mur sans ouverture.

Orfroi (n. m.) : large bande brodée d'or, et par extension d'argent, ornant les vêtements liturgiques.

Oriel (n. m.) : ouvrage à claire-voie renfermant de petites pièces, disposé en avant-corps sur la hauteur de plusieurs étages. Souvenir des « chambres de défense » des anciens manoirs, placées au-dessus de la cage d'escalier, devenues salons d'où l'on jouit d'une vue agréable.

Orpaillage (n. m.) : action de recueillir les pépites d'or ; par extension, activité du chercheur d'or.

Ostensoir (n. m.) : pièce d'orfèvrerie contenant l'hostie consacrée, permettant de l'exposer à l'adoration des fidèles.

Ouvroir (n. m.) : dans une communauté de femmes, lieu où les religieuses effectuent des travaux de couture ; atelier de charité où des femmes bénévoles effectuent des travaux de couture pour les pauvres et pour l'ornement d'une église.

Ove (n. m.) : ornement en forme d'œuf employé en orfèvrerie et en architecture.

Paisselage (ou *pesselage*) (n. m.) : action de paisseler, qui consiste à soutenir les ceps de vignes, les arbustes, et les plantes grimpantes à l'aide d'un paisseau (pieu en bois) enfoncé dans le sol.

Paléolithique (n. m.) : période archéologique qui marque le début de l'ère quaternaire, et où apparaissent les premières civilisations humaines, qui produisent des outils de pierre taillée.

Palis (n. m.) : petit pieu enfoncé en alignement avec d'autres pour former une clôture continue.

Palmette (n. f.) : ornement en forme de palme, de feuille de palmier.

Pampre (n. m.) : branche de vigne avec ses grappes et ses feuilles.

Pan de bois (n. m.) : ossature en bois dont les intervalles sont comblés par des matériaux de remplissage.

Pan coupé (n. m.) : surface plane ménagée en particulier dans l'angle formé par deux murs.

Parclose (n. f.) : enceinte de bois renfermant le siège d'une stalle d'église.

Paroisse (n. f.) : aire géographique sous la juridiction spirituelle d'un curé, pour la religion catholique, d'un pasteur, pour la religion protestante.

Parsonnier (n. m.) : membre d'une communauté taisible.

Patène (n. f.) : plat en métal recevant le pain de l'eucharistie.

Patibulaire (fourche) (adj.) : sorte de potence où l'on étendait aux yeux du public le cadavre des suppliciés.

Patriciat (n. m.) : ordre des patriciens, membres de la classe supérieure romaine.

Pavimentum (n. m.) : aire en terre battue, par extension un plancher, un parquet, un carreau, des dalles.

Pédiluve (n. m.) : baignoire à chevaux.

Pennon (n. m.) : drapeau triangulaire à longue pointe porté par les chevaliers au Moyen Âge au bout de leur lance. En termes héraldiques, blason dont les différents quartiers indiquent les degrés généalogiques ou les alliances.

Penon (n. m.) : girouette ou banderole en étamine servant à indiquer la direction du vent.

Penture (n. f.) : élément de ferronnerie généralement décoratif soutenant une porte ou un volet sur ses gonds.

Périssoire (n. f.) : embarcation étroite et longue mue au moyen d'une pagaie ou d'un aviron.

Péristyle (n. m.) : colonnade entourant la cour intérieure d'un bâtiment ou disposée autour de celui-ci.

Perizonium (n. m.) : linge entourant les hanches du Christ en croix.

Personnat (n. m.) : bénéfice donnant préséance sur les simples chanoines, dans une église cathédrale ou collégiale.

Pertuis (n. m.) : ouverture ménagée pour retenir l'eau d'une écluse ou pour la laisser passer.

Pesoir (n. m.) : instrument qui servait à tendre les fils de chaîne sur le métier à tisser.

Phylactère (n. m.) : banderole aux extrémités enroulées portant le texte des paroles prononcées par les personnages représentés.

Pied (n. m.) : unité de mesure variable selon les époques et les régions. (1 pied romain = 29 centimètres, 1 pied royal = 32 centimètres).

Piédroit (ou *pied-droit*) (n. m.) : partie verticale s'étendant du soubassement à la naissance d'une baie, d'une porte ou d'une arcade.

Pietà (n. f.) : sculpture ou tableau représentant la Vierge tenant sur ses genoux le Christ mort, détaché de la croix.

Pigeatre (ou *pijard*) (n. m.) : forte console solidaire du poteau, dans un pan de bois.

Pignon (n. m.) : extrémité supérieure d'une façade, de forme triangulaire, épousant le profil du comble.

Pilastre (n. m.) : support de section quadrangulaire en légère saillie sur un mur ou un autre support, souvent surmonté d'un chapiteau.

Pinacle (n. m.) : élément d'amortissement en forme de tourelle élancée et pointue, très employé dans l'architecture gothique, dans laquelle il couronne les tours, les culées d'arcs-boutants, et flanque les gâbles.

Pisé (n. m.) : maçonnerie faite de terre argileuse, de cailloux et de paille, moulé au cours de la construction dans des encaissements mobiles.

Placitre (n. m.) : vaste enclos autour d'une église ou d'une chapelle.

Poinçon (n. m.) : marque apposée aux pièces d'orfèvrerie pour contrôler la signature du maître, ou comme garantie ; pièce verticale centrale partageant une ferme en deux, reliant le milieu de l'entrait au point de rencontre des arbalétriers.

Pointerolle (n. f.) : outil de mineurs permettant d'extraire des roches très dures.

Poivrière (n. f.) : guérite en pierre à toit conique placée en encorbellement aux angles des châteaux forts et des bastions.

Pont-canal (n. m.) : partie de voie d'eau artificielle passant par-dessus une rivière.

Portique (n. m.) : galerie ouverte portée par un mur et une rangée de colonnes ou par deux rangées de colonnes.

Pot à feu (n. m.) : vase décoratif surmonté d'une flamme.

Potelet (n. m.) : petit poteau d'une charpente.

Poudingue (n. m.) : roche constituée de cailloux cimentés entre eux naturellement.

Pouillé (n. m.) : inventaire, état des bénéfices ecclésiastiques d'une cure, d'une abbaye, d'un diocèse, d'une province.

Pré d'embouche (n. m.) : pâture de très bonne qualité pour l'élevage des bovins.

Prébende (n. f.) : revenu attaché à un titre ecclésiastique, plus spécialement à un chanoine. Le terme désigne également le titre lui-même.

Prévôt (n. m.) : lorsque les domaines seigneuriaux comprennent plusieurs mairies, ils sont divisés en prévôtés afin qu'en soit facilitée la gestion. Un prévôt, le plus souvent choisi dans une famille noble, est alors placé à la tête de ces terres, qui lui sont même parfois données en fief.

Prieuré (n. m.) : couvent dirigé par un prieur.

Prismatique (adj.) : se dit de certaines moulures à arêtes vives ayant la forme d'un prisme.

Protomé (n. m.) : élément décoratif constitué d'un buste d'homme ou d'animal.

Pureau (n. m.) : partie d'une tuile ou d'une ardoise non recouverte par les éléments du rang supérieur.

*Putto (*pl. *putti)* (n. m.) : bébé nu ou angelot, également nommé Amour, Éros ou Cupidon.

Quadrilobe (n. m.) : motif ornemental composé de quatre arcs de cercle, voisin du trèfle à quatre feuilles et caractéristique du style gothique.

Rageur (adj.) : synonyme d'engoulant.

Rai-de-cœur (n. m.) : ornement linéaire formé de feuilles en forme de cœur en alternance avec des fers de lance.

Ravelin (n. m.) : ouvrage renforçant la défense d'une fortification.

Rebec (n. m.) : sorte de violon à trois cordes utilisé au Moyen Âge.

*Redent (*ou *redan)* (n. m.) : ornementation formant des dents. Ouvrage en angle saillant de la fortification bastionnée.

Redoute (n. f.) : anciennement, ouvrage de fortification isolé.

Refend (adj.) : mur formant une séparation à l'intérieur d'un bâtiment.

Réfractaire (adj.) : se dit d'un matériau, comme l'argile, la brique et le ciment, qui résiste aux températures élevées et qui peut être employé pour la construction et le revêtement des parois des fours ou des âtres de cheminées.

Registre (n. m.) : ensemble de motifs peints ou sculptés placés au même niveau horizontal, formant un bandeau, sur une œuvre qui en comporte plusieurs, un tympan, par exemple.

Remplage (n. m.) : réseau de pierre formant des motifs décoratifs à l'intérieur d'une fenêtre.

Renaissance (n. f.) : style artistique débutant au XVe siècle en Italie puis diffusé dans toute l'Europe, caractérisé par un retour à l'antiquité grecque et romaine.

Ressaut (n. m.) : élément saillant d'une façade.

Retable (n. m.) : partie postérieure et décorée d'un autel, surmontant verticalement la table.

Rinceau (n. m.) : ornement peint ou sculpté dont les motifs principaux sont des tiges stylisées, disposées en enroulement, qui décore généralement des frises, des pilastres.

Ringbahn (n. m.) : chemin de fer de la ceinture fortifiée de Strasbourg.

Rocaille (n. m.) : se dit d'un style ornemental en vogue sous Louis XV, plus particulièrement sous la Régence, caractérisé par la fantaisie de compositions dissymétriques où les lignes contournées rappellent les volutes des coquillages.

Rogations (n. f. pl.) : cérémonies religieuses instituées au Ve siècle qui se déroulent le jour de la Saint-Marc ainsi que les trois jours précédant l'Ascension. Elles sont destinées à attirer les bénédictions divines sur les récoltes, les travaux des champs, les animaux d'élevage.

Rôle (n. m.) : feuille ou réunion de feuilles d'un acte notarié, d'un cahier des charges, d'une expédition de jugement ; liste comportant le nom des contribuables d'une commune, avec mention du montant de chacun de leurs impôts directs et taxes assimilées.

Roman (adj. et n. m.) : terme apparu au XIXe siècle qui désigne l'ensemble des expressions artistiques qui se sont développées dans l'Occident chrétien entre la fin de l'époque carolingienne et le début de l'art gothique, caractérisé en architecture par la multiplication des églises voûtées et dans les arts figurés par la soumission des personnages aux structures ornementales ou architecturales.

Rosschwam (n. m.) : bain des chevaux.

Rouelle (n. f.) : tranche, pièce ronde, rondelle ; au Moyen Âge, pièce ronde de tissu que portaient les juifs en Occident.

Rouir (v. tr.) : isoler les faisceaux de fibres de certaines plantes textiles (lin, chanvre) en détruisant les ciments pectiques (matière gommeuse) qui les soudent par une macération dans l'eau ou une exposition à l'air. Cette opération s'appelle le rouissage.

Routiers (n. m. pl.) : gens d'armes entre le XIIIe et le XVe siècle.

Sablière (n. f.) : poutre maîtresse horizontale posée sur l'épaisseur et dans le même plan d'un mur, située en partie basse d'un ouvrage (charpente, pan de bois, plancher) afin de supporter d'autres pièces.

Sacraire (n. m.) : oratoire dans une maison particulière ou sacristie d'une église qui abritait les vases sacrés au Moyen Âge.

Saneftmehl (n. m.) : moulin à moutarde.

Saut-de-loup (n. m.) : fossé profond et court, qu'un loup peut tout juste franchir, creusé souvent à la lisière d'un parc ou d'un jardin pour en défendre l'entrée sans en masquer la vue.

Schafhardt (n. m.) : pré aux moutons.

Schloessel (n. m.) : château.

Schlupf (n. m.) : rigole de séparation.

Schop, (ou *Schopp* ou *Schopf*) (n. m.) : bâtiment en appentis, construit devant la partie exploitation d'une ferme, constitué d'un toit, parfois situé dans le prolongement de celui de la maison, soutenu par des poteaux en bois qui reposent sur un bloc de grès arrondi, en cube ou en pyramide tronquée, afin d'éviter l'humidité.

Scramasaxe (n. m.) : arme des guerriers francs, sabre ou long couteau à un seul tranchant.

Sécularisation (n. f.) : passage d'une communauté ou d'un religieux à la vie séculière, laïque, ou d'un bien religieux dans le domaine de l'État.

Seigneurie (n. f.) : terre d'un seigneur ; droits féodaux relevant d'une terre seigneuriale, indépendamment de la terre elle-même.

Sépulcre (n. m.) : le Saint-Sépulcre, tombeau du Christ, à Jérusalem ; par extension, tombeau.

Sépulture (n. f.) : inhumation en terre sainte d'un chrétien mort dans la communion de l'Église avec les cérémonies du culte (ensemble des honneurs et prières) ; lieu où l'on dépose le corps d'un défunt.

Shed (n. m.) : construction industrielle d'origine britannique, habituellement légère, à toit ayant la forme d'une succession de dents de scie, munie de vitres sur le pan le plus incliné. Il se développe principalement sur le continent à partir de 1850, notamment dans l'industrie textile. Très fréquent sous le second Empire, il tend à être remplacé, à partir de 1880, par des constructions plus hautes à vastes baies et à structure métallique.

Sigillé (adj.) : qui porte un sceau.

Simultaneum (n. m.) : régime introduit en Alsace après le rattachement à la France, sous le règne de Louis XIV, en vertu duquel les offices catholique et protestant peuvent avoir lieu dans le même édifice.

Sole (n. f.) : partie du four où sont placés les produits à traiter ; portion de terre soumise à l'assolement, à la rotation des cultures.

Solin (n. m.) : muret formé de quelques assises, dans un matériau différent du reste du mur, isolant du sol un pan de bois ou un mur ; enduit de plâtre, saillie de pierre ou de métal employé pour combler un vide, pour raccorder différentes surfaces et empêcher les infiltrations, et plus spécialement couvre-joint à la jonction d'un mur et d'un versant.

Solive (n. f.) : pièce de charpente prenant appui sur les poutres et servant à fixer les planches du plancher et du plafond.

Sommier (n. m.) : premier claveau posé sur chacun des piédroits, des supports ou des tas de charge lors de la construction d'un arc ou d'une voûte.

Spilite (n. f.) : roche volcanique, basalte ou andésite, qui a subi une transformation intense.

Staff (n. m.) : matériau constitué de plâtre à mouler armé de fibres végétales, utilisé dans la décoration et l'industrie.

Stalle (n. f.) : siège généralement de bois sculpté, dont l'assise se lève et s'abaisse, réservé aux membres du clergé et placé dans le chœur liturgique.

Station (n. f.) : chacune des quatorze pauses que fit Jésus en allant au Calvaire ; par extension, images décrivant ces scènes devant lesquelles on récite les prières.

Stéréotomie (n. f.) : art de la taille et de la coupe des pierres et matériaux employés dans la construction en vue de leur assemblage, par utilisation de la géométrie descriptive.

STO (n. m.) : Service du travail obligatoire. Sous la pression des Allemands, le gouvernement de Vichy institue ce service le 2 février 1943 afin de fournir de la main-d'œuvre aux usines allemandes et de limiter la réquisition d'ouvriers par rafles, pratiquée par les autorités d'occupation.

Stub (ou *Stube*) (n. f.) : pièce principale de la maison alsacienne traditionnelle.

Stubbehansel (n. m.) : sergent de ville.

Stylobate (n. m.) : soubassement, couronné par une corniche en général moulurée, supportant une colonnade.

Surcroît (n. m.) : partie des murs gouttereaux construite au-dessus du sol du comble.

Tabellion (n. m.) : autrefois fonctionnaire chargé de mettre sous forme de grosses les actes dont les minutes étaient dressées par le notaire ; officier public remplaçant le notaire dans des juridictions subalternes.

Tabernacle (n. m.) : tente des juifs dans l'Antiquité, et plus spécialement tente où l'Arche d'alliance ainsi que les objets sacrés étaient conservés avant la construction du Temple ; petite armoire placée au milieu de l'autel, enfermant les hosties consacrées.

Taillanderie (n. f.) : fabrication et lieu de fabrication de certains outils tranchants (bêche...).

Taille (n. f.) : sous l'Ancien Régime, la taille était un impôt levé par les seigneurs sur leurs sujets, d'après l'ensemble de leur revenu ou d'après leur tenure. La taille royale est un impôt direct, primitivement extraordinaire, qui devient permanent après la guerre de Cent Ans et disparaît à la Révolution.

Tailloir (n. m.) : couronnement de la corbeille d'un chapiteau, généralement de la hauteur d'une assise.

Taisible (adj.) : une communauté taisible est, sous l'Ancien Régime, une communauté civile agricole, construite sur le modèle d'une communauté religieuse.

Tan (n. m.) : écorce de chêne moulue, brun-roux, servant au tannage des peaux.

Tarare (n. m.) : appareil servant à séparer les grains de la balle, par ventilation, après le battage.

Tarière (n. f.) : grande vrille, manuelle ou mécanique, utilisée en charpenterie et en menuiserie pour percer des trous dans le bois.

Tau (n. m.) : figure en forme de T, également employée en héraldique sous le nom de croix de Saint-Antoine.

Tegula (pl. tegulae) : mot latin signifiant tuile.

Teillage (n. m.) : séparation des parties ligneuses de la fibre de lin ou de chanvre par battage ou broyage.

Tenaille (n. f.) : ouvrage fortifié présentant un angle rentrant.

Tène (La) (n. f.) : localité proche du lac de Neuchâtel (Suisse) ayant donné son nom à une époque archéologique divisée en trois phases, située entre 450 et 50 av. J.-C, également nommée second âge du fer, période caractérisée par l'occupation gauloise avant la conquête romaine.

Tenure (n. f.) : terre concédée par un seigneur qui en conserve la propriété ; elle peut être féodale et équivaut alors à un fief noble, ou de roture, c'est-à-dire concédée à un roturier en échange de services déterminés.

Terrier (n. m.) : registre qui contient le dénombrement détaillé des droits seigneuriaux.

Tétramorphe (n. m.) : représentation symbolique, issue d'une vision d'Ézéchiel, des quatre évangélistes sous la forme du lion pour Marc, du bœuf pour Luc, de l'homme pour Matthieu, de l'aigle pour Jean, accompagnant généralement un Christ en majesté.

Thaumaturge (adj. et n. m.) : littéralement, « faiseur de miracles ».

Théologal (n. m.) : chanoine d'un chapitre cathédral chargé d'enseigner la théologie.

Tirant (n. m.) : pièce de charpente qui travaille en traction, et retient des éléments solidaires de ses extrémités.

Tirasse (n. f.) : dans un orgue, manette servant à sélectionner un jeu.

Tommette (ou tomette) (n. f.) : petit carreau de terre cuite, de forme carrée ou hexagonale, utilisé comme matériau de dallage des sols.

Tondo (n. m.) : tableau de forme ronde.

Tore (n. m.) : grosse moulure pleine, de profil généralement demi-circulaire, mais qui peut aussi être segmentaire ou en amande.

Torque (n. m. et f.) : collier métallique rigide des Gaulois puis des soldats romains ; rouleau de fil de fer ; bourrelet d'étoffe tortillée figurant le cimier sur un heaume.

Tourteau (n. m.) : en héraldique, figure circulaire en émail, c'est-à-dire de couleur azur, gueules, orangé, pourpre, sable ou sinople.

Transept (n. m.) : nef transversale le plus souvent orientée nord-sud qui coupe la nef principale de l'église et donne à l'édifice la forme symbolique d'une croix.

Travail, ails (n. m.) : installation permettant de tenir les animaux pour les ferrer.

Travée (n. f.) : partie d'un édifice comprise entre deux points d'appui ou deux supports.

Tref (n. m.) : poutre de gloire, c'est-à-dire poutre placée transversalement dans une église, généralement à l'entrée du chœur, portant un crucifix ou un calvaire.

Trémie (n. f.) : réservoir en forme de pyramide quadrangulaire renversée, dans lequel on déverse des substances devant subir un broyage, un concassage ou un tamisage ; espace réservé dans un plancher pour implanter l'âtre d'une cheminée.

Trevies (n. f. pl.) : divinités celtes des carrefours.

Triboques (n. m.) : peuple de la Germanie Ibère, établi entre les Vosges et le Rhin.

Trilobe (n. m.) : contour ou ornement composé de trois lobes, disposés en forme de trèfle.

Trumeau (n. m.) : pan de mur situé entre deux baies rapprochées ; panneau de glace ou de peinture occupant l'espace d'un dessus de cheminée ou entre deux fenêtres ; pilier central qui supporte le linteau d'un portail d'église.

Tuile canal (n. f.) : tuile en forme de gouttière adaptée aux faibles pentes.

Tumulus (pl. tumuli) (n. m.) : tertre artificiel de terre ou de pierre, élevé au-dessus d'une sépulture.

Tympan (n. m.) : espace compris entre le sommet d'une ouverture et l'arc qui la surmonte ; dans un portail d'église, espace, souvent sculpté, placé entre le linteau et l'archivolte.

Uhlan (n. m.) : cavalier ou mercenaire des armées de Pologne, d'Autriche, d'Allemagne, de Prusse et, par extension, nom de certains corps de troupes dans plusieurs armées européennes.

Vaisseau (n. m.) : espace intérieur allongé qui se développe dans la majeure partie de la hauteur d'un bâtiment ; synonyme de nef.

Vassal (n. m.) : personne liée à un seigneur par le serment vassalique, dont elle reçoit protection et fief en échange de services militaires et économiques.

Vavasseur (ou vavassal) (n. m.) : arrière-vassal ou personne qui occupait le degré inférieur au vassal dans la noblesse féodale.

Vicus (n. m.) : quartier d'une ville, village.

Venelle (n. f.) : ruelle, petite rue étroite.

Vénerie (n. f.) : art de la chasse à courre ou administration des officiers des chasses.

Venteau (n. m.) : ouverture munie d'une soupape par laquelle l'air extérieur pénètre et s'emmagasine dans une soufflerie.

Voie (n. f.) : traces laissées par les roues d'un véhicule, et, par extension, distance entre les roues de ce véhicule.

Volige (n. f.) : planche mince, jointive avec d'autres, sur laquelle sont fixées les tuiles ou les ardoises d'un toit, et utilisée autrefois dans la réalisation de cloisons.

Voussure (n. f.) : petite voûte couvrant l'embrasure profonde d'une baie, constituée généralement de plusieurs rouleaux, parfois nommés également voussures.

Waschkechtle (n. f.) : en Alsace, pierres disposées dans les lavoirs sur lesquelles était battu le linge.

Zelintknedite (n. m.) : sorte de valets chargés de collecter et de stocker la dîme.

Zelintschenern (n. f.) : grange dîmière.